中国检察年鉴

PROCURATORIAL YEARBOOK OF CHINA

最高人民检察院《中国检察年鉴》编辑部 编

2014

中国检察出版社

图书在版编目（CIP）数据

中国检察年鉴 . 2014/最高人民检察院《中国检察年鉴》编辑部编 . —北京：中国检察出版社，2017.6
ISBN 978-7-5102-1774-6

Ⅰ. ①中… Ⅱ. ①最… Ⅲ. ①检察机关-工作-中国-2014-年鉴
Ⅳ. ①D926.3-54

中国版本图书馆 CIP 数据核字（2016）第 255434 号

中国检察年鉴（2014）

最高人民检察院《中国检察年鉴》编辑部　编

出版发行：	中国检察出版社
社　　址：	北京市石景山区香山南路 111 号（100144）
网　　址：	中国检察出版社（www.zgjccbs.com）
编辑电话：	（010）68682164
发行电话：	（010）88954291　88953175　68686531
经　　销：	新华书店
印　　刷：	北京朝阳印刷厂有限责任公司
开　　本：	787 mm×1092 mm　16 开
印　　张：	37.5　插页 12
字　　数：	1156 千字
版　　次：	2017 年 6 月第一版　2017 年 6 月第一次印刷
书　　号：	ISBN 978-7-5102-1774-6
定　　价：	298.00 元

检察版图书，版权所有，侵权必究
如遇图书印装质量问题本社负责调换

《中国检察年鉴》编辑委员会名单

主 任 委 员	孙　谦
副主任委员	陈国庆
委　　　员	（按姓氏笔画排列）

于　萍　　万　春　　王　晋　　王少峰　　王守安
王松苗　　王建平　　王洪祥　　阮丹生　　孙　谦
李文生　　李雪慧　　宋寒松　　张本才　　陈国庆
郑新俭　　赵志刚　　胡卫列　　袁其国　　夏道虎
徐进辉　　郭兴旺　　阎敏才　　彭　东　　穆红玉

《中国检察年鉴》编辑人员名单

主　　　编	陈国庆
副 主 编	缐　杰
编辑部主任	王保权
编　　　辑	（按姓氏笔画排列）

石京学　　代　峰　　曲燕敏　　华　锰　　刘　梅
刘洪林　　刘继国　　李　京　　李高生　　束纯剑
吴旭明　　吴晓冬　　辛　林　　陈　晓　　陈鸷成
周洪波　　周惠永　　孟守平　　胡健波　　曹　东

《中国检察年鉴》联系人名单

马含序	北京市人民检察院
刘雪辉	天津市人民检察院
吕方亮	河北省人民检察院
尹桂珍	山西省人民检察院
武天舒	内蒙古自治区人民检察院
牛凤祥	辽宁省人民检察院
王俊华	吉林省人民检察院
魏　涛	黑龙江省人民检察院
丁　雁	上海市人民检察院
徐红喜	江苏省人民检察院
张新新	浙江省人民检察院
唐一哲	安徽省人民检察院
陈国枝	福建省人民检察院
曾　超	江西省人民检察院
岳宗毅	山东省人民检察院
周登敏	河南省人民检察院
徐泽坤	湖北省人民检察院
江　恒	湖南省人民检察院
孙玉萍	广东省人民检察院
韦盛隆	广西壮族自治区人民检察院
刘　建	海南省人民检察院
孙　强	重庆市人民检察院
赵秉恒	四川省人民检察院
邓学光	贵州省人民检察院
聂荣发	云南省人民检察院
廖红荣	西藏自治区人民检察院
刘雪妮	陕西省人民检察院
陶　星	甘肃省人民检察院
何育秀	青海省人民检察院
米兆庆	宁夏回族自治区人民检察院
张　艺	新疆维吾尔自治区人民检察院
王　江	中国人民解放军军事检察院
李长义	新疆生产建设兵团人民检察院

3月26日,中共中央政治局委员、中央政法委书记孟建柱在北京出席全国检察机关队伍建设工作会议并发表讲话。

郝帆 摄

国际反贪局联合会第五届研讨会6月23日在济南开幕。中共中央政治局委员、中央政法委书记孟建柱出席会议并讲话。

程丁 摄

12月6日,最高人民检察院、中共新疆维吾尔自治区委员会联合召开命名表彰大会,授予张飚同志全国"模范检察官"、自治区"优秀共产党员"荣誉称号。

程丁 摄

3月10日,最高人民检察院检察长曹建明在十二届全国人大一次会议上作最高人民检察院工作报告。

王晔 摄

2月21日，最高人民检察院召开全国检察机关反腐倡廉建设工作电视电话会议，曹建明检察长出席并讲话。

程丁 摄

6月21日，全国检察机关第四次侦查监督工作会议在吉林省长春市召开。

程丁 摄

7月9日,最高人民检察院在河北秦皇岛召开大检察官研讨班,曹建明检察长出席开班式并讲话。

程丁 摄

5月6日,最高人民检察院检察长曹建明出席国家检察官学院新任检察长培训班开学典礼并讲话。

徐伯黎 摄

7月3日，最高人民检察院机关召开党的群众路线教育实践活动动员大会，曹建明检察长出席并讲话。

程丁 摄

12月2日，最高人民检察院召开学习贯彻习近平总书记系列讲话精神培训班开班动员大会，曹建明检察长出席并讲话。

程丁 摄

7月9日，最高人民检察院举行大检察官颁证暨宣誓仪式。最高人民检察院检察长、首席大检察官曹建明带领全体大检察官庄严宣誓。

肖杰 摄

6月28日，最高人民检察院机关举行"检察开放日"活动，曹建明检察长出席座谈会并讲话。

程丁 摄

编辑说明

一、《中国检察年鉴》是记载中国检察工作情况、及时反映检察工作全貌和各个年度的新发展、新成就的大型资料性年刊。年鉴以法律赋予检察机关的任务为轴心,收集了来自检察工作实践丰富、翔实的信息、数据和第一手资料。年鉴所采用的资料均由最高人民检察院各业务部门和省、自治区、直辖市人民检察院,军事检察院,新疆生产建设兵团人民检察院组织专业人员撰写和提供,具有权威性和准确性。

二、《中国检察年鉴》从1988年创刊开始,每年编辑出版一期。《中国检察年鉴》2014年刊反映的是2013年的情况,内容包括12个部分。

三、《中国检察年鉴》收录的资料,均未包括台湾省和香港、澳门特别行政区。

四、《中国检察年鉴》收录的资料,均截止到当年12月31日。

五、《中国检察年鉴》的编辑工作,得到各省、自治区、直辖市人民检察院,军事检察院,新疆生产建设兵团人民检察院和最高人民检察院有关业务部门的大力支持和协助,谨在此表示衷心的感谢。《中国检察年鉴》在编辑工作中存在的缺点和不足,恳请读者提出宝贵意见。

中国检察年鉴编辑部

2017年5月

目 录

第一部分 特 载

第十二届全国人民代表大会第一次会议
　关于最高人民检察院工作报告的决议……（3）
最高人民检察院工作报告…………曹建明（3）
最高人民检察院关于检察机关反贪污贿
　赂工作情况的报告……………曹建明（8）

第二部分 最高人民检察院负责人重要报告和讲话选载

在全国检察机关反腐倡廉建设工作会议
　上的讲话（2013年2月21日）……曹建明（15）
在全国检察机关队伍建设工作会议暨第
　五届全国先进基层检察院表彰大会上
　的讲话（2013年3月26日）……曹建明（19）
在国家检察官学院新任检察长培训班开
　学典礼上的讲话（2013年5月6日）
　………………………………曹建明（24）
在第三批到最高人民检察院挂职法学专
　家座谈会上的讲话（2013年5月9日）
　………………………………曹建明（27）
在全国检察机关第四次侦查监督工作会
　议上的讲话（2013年6月21日）
　………………………………曹建明（30）
在最高人民检察院机关党的群众路线教
　育实践活动动员大会上的讲话（2013年
　7月3日）…………………曹建明（34）
在律师界全国人大代表全国政协委员座谈
　会上的讲话（2013年7月16日）…曹建明（40）
在全国检察机关电视电话会议上的讲话
　（2013年1月29日）……………胡泽君（43）
在全国人大代表议案建议和全国政协提
　案交办会上的讲话（2013年4月9日）
　………………………………胡泽君（46）
在部分省（市）检察机关反贪工作座谈会上
　的讲话（2013年3月29日）………邱学强（49）
在全国检察机关第四次侦查监督工作会议
　上的讲话（2013年6月22日）……朱孝清（51）
在第十四届检察理论研究年会上的讲话
　（2013年5月14日）……………孙　谦（57）
在全国检察机关电视电话会议上的讲话
　（2013年1月29日）……………姜建初（59）
在全国检察机关计划财务装备工作座谈
　会上的讲话（2013年6月21日）
　………………………………张常韧（61）
在全国检察机关第二次刑事申诉检察工
　作会议上的讲话（2013年1月18日）
　………………………………柯汉民（64）
深入贯彻中央纪委二次全会精神努力开
　创检察机关反腐倡廉工作新局面（2013
　年2月21日）………………莫文秀（70）
在全国检察机关队伍建设工作会议暨第
　五届全国先进基层检察院表彰大会上
　的讲话（2013年3月26日）……李如林（76）

第三部分
省、自治区、直辖市人民检察院工作报告

北京市人民检察院工作报告(摘要) ……… （85）
天津市人民检察院工作报告(摘要) ……… （89）
河北省人民检察院工作报告(摘要) ……… （94）
山西省人民检察院工作报告(摘要) ……… （98）
内蒙古自治区人民检察院工作报告
　(摘要) ……………………………………… （102）
辽宁省人民检察院工作报告(摘要) ……… （106）
吉林省人民检察院工作报告(摘要) ……… （110）
黑龙江省人民检察院工作报告(摘要) …… （113）
上海市人民检察院工作报告(摘要) ……… （117）
江苏省人民检察院工作报告(摘要) ……… （122）
浙江省人民检察院工作报告(摘要) ……… （127）
安徽省人民检察院工作报告(摘要) ……… （132）
福建省人民检察院工作报告(摘要) ……… （137）
江西省人民检察院工作报告(摘要) ……… （142）
山东省人民检察院工作报告(摘要) ……… （146）
河南省人民检察院工作报告(摘要) ……… （151）
湖北省人民检察院工作报告(摘要) ……… （157）
湖南省人民检察院工作报告(摘要) ……… （161）
广东省人民检察院工作报告(摘要) ……… （166）
广西壮族自治区人民检察院工作报告
　(摘要) ……………………………………… （170）
海南省人民检察院工作报告(摘要) ……… （176）
重庆市人民检察院工作报告(摘要) ……… （180）
四川省人民检察院工作报告(摘要) ……… （186）
贵州省人民检察院工作报告(摘要) ……… （189）
云南省人民检察院工作报告(摘要) ……… （193）
西藏自治区人民检察院工作报告(摘要) … （197）
陕西省人民检察院工作报告(摘要) ……… （201）
甘肃省人民检察院工作报告(摘要) ……… （206）
青海省人民检察院工作报告(摘要) ……… （211）
宁夏回族自治区人民检察院工作报告
　(摘要) ……………………………………… （216）
新疆维吾尔自治区人民检察院工作报告
　(摘要) ……………………………………… （220）

第四部分
检察工作概况

全国检察工作

综述 ……………………………………………… （227）
全国检察机关学习贯彻全国"两会"精神
　电视电话会议 …………………………………… （230）
大检察官研讨班 ………………………………… （232）
特约检察员、专家咨询委员座谈会 …………… （234）
队伍建设 ………………………………………… （235）
全国检察机关队伍建设工作会议暨第五
　届"全国先进基层检察院"表彰大会 ………… （237）
全国检察机关党的建设理论研讨会 …………… （238）
西部检察教育研讨班暨教师节座谈会 ………… （238）
全国基层检察院女检察长素能培训班 ………… （239）
全国检察机关新闻发言人培训班 ……………… （239）
全国检察机关宣传工作研讨班暨涉检网
　络舆情导控高级研修班 ……………………… （239）
检察官办案责任制改革试点工作部署会 ……… （240）
侦查监督工作 …………………………………… （241）
全国检察机关第四次侦查监督工作会议 ……… （243）
第三届全国检察机关侦查监督业务竞赛 ……… （245）
公诉工作 ………………………………………… （246）
第五届全国优秀公诉人业务竞赛 ……………… （247）
反贪污贿赂工作 ………………………………… （248）
反渎职侵权工作 ………………………………… （249）
全国检察机关反渎职侵权部门与公安机
　关纪检监察部门联席会议制度座谈会
　暨第九次联席会议 …………………………… （250）
全国检察机关反渎职侵权部门部署查办
　和预防发生在群众身边、损害群众利益
　职务犯罪专项工作具体实施方案电视
　电话会议 ……………………………………… （251）
监所检察工作 …………………………………… （253）
民事行政检察工作 ……………………………… （254）
控告检察工作 …………………………………… （256）
刑事申诉检察工作 ……………………………… （257）
全国检察机关第二次刑事申诉检察工作会议
　…………………………………………………… （258）

铁路运输检察工作 ………………………… (259)	贵州省检察工作 …………………………… (320)
全国铁路运输检察机关刑检工作座谈会 … (261)	云南省检察工作 …………………………… (321)
职务犯罪预防工作 ………………………… (262)	西藏自治区检察工作 ……………………… (323)
司法解释工作 ……………………………… (264)	陕西省检察工作 …………………………… (324)
检察专题调研工作 ………………………… (271)	甘肃省检察工作 …………………………… (325)
检察委员会工作 …………………………… (272)	青海省检察工作 …………………………… (326)
案例指导工作 ……………………………… (273)	宁夏回族自治区检察工作 ………………… (329)
案件管理工作 ……………………………… (274)	新疆维吾尔自治区检察工作 ……………… (331)
全国检察机关统一业务应用系统部署工作会议 ……………………………………… (275)	军事检察工作 ……………………………… (332)
检察机关统一业务应用软件试点工作会议 ………………………………………… (276)	新疆生产建设兵团检察工作 ……………… (334)
纪检监察工作 ……………………………… (276)	
全国检察机关党风廉政建设和反腐败工作会议 ……………………………………… (278)	
计划财务装备工作 ………………………… (279)	
全国检察机关计划财务装备工作座谈会 … (281)	
检察改革工作 ……………………………… (281)	

第五部分
最高人民检察院重要文件选载

地方、军事检察工作

北京市检察工作 …………………………… (283)	最高人民检察院关于贯彻执行《中华人民共和国民事诉讼法》若干问题的通知（2013年1月9日）…………………………… (339)
天津市检察工作 …………………………… (284)	最高人民法院 最高人民检察院 公安部 司法部关于印发《关于刑事诉讼法律援助工作的规定》的通知（2013年2月4日）……………………………………… (340)
河北省检察工作 …………………………… (285)	关于刑事诉讼法律援助工作的规定 …… (340)
山西省检察工作 …………………………… (287)	最高人民检察院关于印发《最高人民检察院关于行贿犯罪档案查询工作的规定》的通知（2013年2月6日）…………… (343)
内蒙古自治区检察工作 …………………… (288)	最高人民检察院关于行贿犯罪档案查询工作的规定 ………………………… (343)
辽宁省检察工作 …………………………… (289)	
吉林省检察工作 …………………………… (291)	
黑龙江省检察工作 ………………………… (292)	
上海市检察工作 …………………………… (293)	最高人民检察院 解放军总政治部印发《军人违反职责罪案件立案标准的规定》（2013年2月26日）…………… (346)
江苏省检察工作 …………………………… (296)	军人违反职责罪案件立案标准的规定 … (346)
浙江省检察工作 …………………………… (297)	最高人民检察院关于分、州、市人民检察院向下级人民检察院交办职务犯罪案件应严格执行审批程序和报备程序有关规定的通知（2013年4月2日）……… (352)
安徽省检察工作 …………………………… (299)	
福建省检察工作 …………………………… (300)	
江西省检察工作 …………………………… (302)	
山东省检察工作 …………………………… (303)	最高人民法院 最高人民检察院 公安部关于依法惩处侵害公民个人信息犯罪活动的通知（2013年4月23日）……… (353)
河南省检察工作 …………………………… (305)	
湖北省检察工作 …………………………… (308)	
湖南省检察工作 …………………………… (309)	
广东省检察工作 …………………………… (311)	最高人民检察院关于印发《人民检察院司法警察条例》的通知（2013年5月8日）……………………………………… (354)
广西壮族自治区检察工作 ………………… (313)	
海南省检察工作 …………………………… (314)	
重庆市检察工作 …………………………… (317)	人民检察院司法警察条例 ……………… (355)
四川省检察工作 …………………………… (319)	

最高人民法院　最高人民检察院　公安部　农业部　国家食品药品监督管理总局关于进一步加强麻黄草管理严厉打击非法买卖麻黄草等违法犯罪活动的通知(2013年5月21日)……(357)
最高人民检察院关于印发第三批指导性案例的通知(2013年5月27日)……(358)
　　李泽强编造、故意传播虚假恐怖信息案……(358)
　　卫学臣编造虚假恐怖信息案……(359)
　　袁才彦编造虚假恐怖信息案……(360)
最高人民检察院关于依法严厉打击编造、故意传播虚假恐怖信息威胁民航飞行安全犯罪活动的通知(2013年5月31日)……(361)
最高人民法院　最高人民检察院　公安部　国家安全部　司法部　国土资源部　住房和城乡建设部　交通运输部　农业部　人民银行　林业局　银监会　证监会　保监会　民航局关于印发《公安机关办理刑事案件适用查封、冻结措施有关规定》的通知(2013年9月1日)……(362)
　　公安机关办理刑事案件适用查封、冻结措施有关规定……(362)
最高人民法院　最高人民检察院　公安部　司法部印发《关于依法惩治性侵害未成年人犯罪的意见》的通知(2013年10月23日)……(368)
　　最高人民法院　最高人民检察院　公安部　司法部关于依法惩治性侵害未成年人犯罪的意见……(369)
最高人民法院　最高人民检察院　公安部关于办理组织领导传销活动刑事案件适用法律若干问题的意见(2013年11月14日)……(372)
最高人民检察院关于印发《人民检察院办理未成年人刑事案件的规定》的通知(2013年12月27日)……(373)
　　人民检察院办理未成年人刑事案件的规定……(374)

· 第六部分 ·

最高人民检察院司法解释选载

最高人民检察院关于废止1980年1月1日至1997年6月30日期间制发的部分司法解释和司法解释性质文件的决定……(385)
最高人民检察院关于废止1997年7月1日至2012年6月30日期间制发的部分司法解释性质文件的决定……(388)
人民检察院民事诉讼监督规则(试行)……(390)
最高人民检察院关于审查起诉期间犯罪嫌疑人脱逃或者患有严重疾病的应当如何处理的批复……(400)

· 第七部分 ·

案例选载

刘志军受贿、滥用职权案……(405)
刘自荣工伤认定纠纷抗诉案……(408)

· 第八部分 ·

对外交流与合作

检察外事工作……(415)
国际反贪局联合会新德里执委会……(416)
国际反贪局联合会第五届研讨会……(416)
国际反贪局联合会第七次年会暨会员代表大会……(417)
中国检察代表团赴印度出席国际反贪局联合会执委会议并访问阿塞拜疆……(418)
中国检察代表团赴亚美尼亚出席亚总检察院建院九十五周年庆典活动……(419)
中国检察代表团赴俄罗斯出席国际检察官联合会第十八届大会并访问丹麦、韩国……(419)
中国检察代表团赴吉尔吉斯斯坦出席第十一次上海合作组织成员国总检察长

会议并访问肯尼亚 …………………… (420)
新加坡检察代表团访华 ………………… (420)
哈萨克斯坦检察代表团访华 …………… (421)
亚美尼亚检察代表团访华 ……………… (421)
法国检察代表团访华 …………………… (422)
朝鲜检察代表团访华 …………………… (423)
2013年内地与港澳检察代表团互访情况
……………………………………… (423)
2013年中华人民共和国最高人民检察院
与外国检察院签订的合作协议一览表 … (424)
中华人民共和国最高人民检察院与印度
尼西亚共和国反腐败委员会合作谅解
备忘录 ……………………………… (425)
中华人民共和国最高人民检察院和俄罗
斯联邦总检察院合作协议(1997年3月
29日)的补充协议 ………………… (426)
中华人民共和国最高人民检察院和俄罗
斯联邦总检察院二〇一四年至二〇一
五年合作计划 ……………………… (427)
中华人民共和国最高人民检察院与法兰
西共和国最高法院检察院合作谅解备
忘录 ………………………………… (428)
中华人民共和国最高人民检察院和朝鲜
民主主义人民共和国最高检察所合作
谅解备忘录 ………………………… (429)

第九部分
检察理论研究 报刊出版 学院 技术信息 协会基金会

检察理论研究工作 ……………………… (433)
检察日报社工作 ………………………… (437)
群众路线与新媒体时代社会沟通能力研
讨会 ………………………………… (439)
中国检察出版社工作 …………………… (440)
国家检察官学院工作 …………………… (441)
"检察官与人权保障"国际研讨会 ……… (442)
省级检察院新任检察长培训班、分州市检
察院领导班子成员专题研修班、基层检
察院新任检察长培训班培训 ………… (443)
第九届国家高级检察官论坛 …………… (443)
检察技术信息工作 ……………………… (444)

全国检察机关深入推进统一业务应用系
统平台建设会议 …………………… (445)
中国检察官协会工作 …………………… (446)
中国女检察官协会工作 ………………… (447)
中国检察官教育基金会工作 …………… (448)
中国检察官教育基金会成立二十周年座
谈会暨第四届理事会第八次会议 …… (450)
中国检察官教育基金会第四届理事会第
九次会议 …………………………… (451)
2013年中国检察出版社出版图书目录 … (453)
2013年部分检察理论检察工作文章目录 … (459)

第十部分
大事记

2013年检察机关大事记 ………………… (467)

第十一部分
统计资料

全国检察机构统计表 …………………… (477)
全国检察机关人员统计表 ……………… (477)
2013年人民检察院立案侦查职务犯罪案
件情况统计表 ……………………… (478)
2013年人民检察院审查逮捕、提起公诉案
件情况统计表 ……………………… (479)
2013年人民检察院出庭公诉情况统计表 … (480)
2013年人民检察院办理刑事抗诉案件情
况统计表 …………………………… (480)
2013年人民检察院办理民事、行政抗诉案
件情况统计表 ……………………… (481)
2013年人民检察院纠正违法情况统计表 … (481)
2013年人民检察院办理刑事申诉案件情
况统计表 …………………………… (482)
2013年人民检察院受理举报、控告、申诉
案件情况统计表 …………………… (482)

第十二部分
名　录

大检察官名单 …………………………… (485)
最高人民检察院检察长、副检察长名单 …… (485)
中央纪委驻最高人民检察院纪检组组长
　名单 …………………………………… (486)
最高人民检察院政治部主任名单 ………… (486)
最高人民检察院检察委员会专职委员
　名单 …………………………………… (486)
最高人民检察院检察委员会委员名单 …… (486)
最高人民检察院咨询委员名单 …………… (486)
最高人民检察院各部门负责人名单 ……… (486)
最高人民检察院检察员名单 ……………… (488)
地方各级（专门）人民检察院检察长名单 … (490)
2013年最高人民检察院表彰的先进集体
　和先进个人名单 ……………………… (540)
"模范检察官"荣誉称号名单 ……………… (540)
记集体一等功名单 ………………………… (540)
记个人一等功名单 ………………………… (540)
第五届"全国先进基层检察院"名单 ……… (540)
"全国检察机关基层检察院建设组织
　奖"名单 ………………………………… (543)
索引 ………………………………………… (545)
英文目录 …………………………………… (581)

第一部分

特　　载

第一部分

森　林

第十二届全国人民代表大会第一次会议关于最高人民检察院工作报告的决议

(2013年3月17日第十二届全国人民代表大会第一次会议通过)

第十二届全国人民代表大会第一次会议听取和审议了曹建明检察长所作的最高人民检察院工作报告。会议充分肯定最高人民检察院过去五年的工作，同意报告提出的2013年工作安排，决定批准这个报告。

会议要求，最高人民检察院要全面贯彻落实党的十八大精神，高举中国特色社会主义伟大旗帜，以邓小平理论、"三个代表"重要思想、科学发展观为指导，牢固树立社会主义法治理念，忠实履行宪法和法律赋予的职责，依法独立公正行使检察权，深化司法改革，规范执法行为，加强人民检察院队伍建设，提升执法能力，充分发挥检察机关的职能作用，为维护社会公平正义、促进经济持续健康发展和社会和谐稳定提供有力的司法保障。

最高人民检察院工作报告

——2013年3月10日在第十二届全国人民代表大会第一次会议上

最高人民检察院检察长　曹建明

各位代表：

现在，我代表最高人民检察院向大会报告工作，请予审议，并请全国政协各位委员提出意见。

过去五年检察工作回顾

十一届全国人大一次会议以来，在党中央正确领导下，在全国人大及其常委会有力监督下，全国检察机关紧紧围绕党和国家工作大局，忠实履行宪法和法律赋予的职责，着力强化法律监督、强化自身监督、强化队伍建设，各项检察工作取得新进展。

一、围绕中心、服务大局，保障经济持续健康发展

五年来，检察机关自觉把检察工作摆到经济社会发展全局中谋划和推进，着力为经济建设提供司法保障。

加大惩治经济犯罪力度。积极参与整顿和规范市场经济秩序，推进行政执法与刑事司法衔接，防止和纠正有罪不究、以罚代刑。2008年至2012年，共起诉走私、传销、制售假币、金融诈骗等破坏市场经济秩序犯罪嫌疑人290730人。积极参与打击侵犯知识产权和制售假冒伪劣商品专项行动，起诉54205人。依法妥善办理非法吸收公众存款、非法经营证券等涉众型经济犯罪案件，维护群众合法权益，防范和化解金融风险。

深入查办和预防经济建设重点领域职务犯罪。积极参与治理商业贿赂工作和工程建设领域突出问题、国土资源领域腐败问题专项治理，开展查办涉农惠民领域职务犯罪、查办危害能源资源和生态环境渎职犯罪等专项工作，着力解决重点领域职务犯罪易发多发问题。在灾后恢复重建、南水北调等重大建设项目中开展专项预防，保障国有资产和公共投资安全。最高人民检察院就做好中央预算内投资项目预防职务犯罪工作向有关部门提出建议。

注重严格规范公正文明执法。重视依法保障各种所有制经济健康发展,平等保护各类市场主体合法权益。注意研究改革发展中的新情况新问题,正确把握法律政策界限,依法惩治犯罪者、挽救失足者、支持改革者。依法妥善办理涉及企业案件,注重改进执法办案方式,加强与企业或其主管部门沟通,慎重使用强制措施,慎重扣押涉案款物,保障企业正常生产经营。

二、以人为本、执法为民,维护人民群众合法权益

五年来,检察机关自觉践行执法为民宗旨,更加注重保障和改善民生,努力把严格执法与热情服务有机结合起来。

依法惩治危害民生犯罪。突出查办征地拆迁、社会保障、生态环境、安全生产等领域职务犯罪,深入持久开展查办危害民生民利渎职侵权犯罪专项工作。积极参与校园周边地区集中整治,坚决惩治侵害幼儿园儿童和学校师生的犯罪。严惩危害人民群众生命健康的犯罪,起诉制售假药劣药、有毒有害食品犯罪嫌疑人11251人,立案侦查问题奶粉、瘦肉精、地沟油、毒胶囊等事件背后涉嫌渎职犯罪的国家机关工作人员465人。加强涉农检察工作,严惩制售伪劣农药、化肥、种子等坑农害农犯罪。加强公民个人信息司法保护,起诉非法出售、提供、获取公民个人信息的犯罪嫌疑人640人。依法介入火灾、矿难等重特大事故调查,立案侦查涉嫌渎职等职务犯罪的国家工作人员4365人。

重视困难群众和特殊群体权益保障。加强对妇女儿童、残疾人、老年人的司法保护,起诉拐卖、收买妇女儿童犯罪嫌疑人18752人,会同有关部门完善残疾人法律救助体系。对侵害劳动者权益特别是拖欠农民工工资等民事案件支持起诉,对拒不支付劳动报酬涉嫌犯罪的依法追究刑事责任。建立军事检察机关与地方检察机关协作机制,切实维护国防利益和军人军属合法权益。重视涉港、涉澳、涉台、涉侨和涉外案件,平等保护香港同胞、澳门同胞、台湾同胞、归侨侨眷合法权益,平等保护中外当事人合法权益。

拓展联系群众、服务群众平台。加强服务窗口建设,开展文明接待室创建活动,设立综合性受理接待中心、网上查询平台、民生服务热线。推动检察官进农村、进社区、进企业、进学校活动经常化,加强法制宣传,提供法律服务。推进检力下沉、工作重心下移,在人口集中的乡镇、社区探索设立派出检察室2405个,在偏远乡镇开展巡回检察,就地受理控告申诉,加强法律监督,为群众排忧解难。

三、依法惩治犯罪,积极化解矛盾,维护社会和谐稳定

五年来,检察机关认真履行批捕、起诉等职责,全面贯彻宽严相济刑事政策,努力提高维护社会和谐稳定能力。

依法惩治各类刑事犯罪。积极参与反渗透、反颠覆、反分裂斗争,坚决惩治危害国家安全犯罪。与有关部门密切配合,深入开展禁毒禁赌、治爆缉枪、扫黄打非、打击电信诈骗等专项行动,保障人民群众生命财产安全。对黑恶势力犯罪、严重暴力犯罪、多发性侵财犯罪、毒品犯罪等严重刑事犯罪嫌疑人依法决定批准逮捕2642067人,提起公诉2965467人;对轻微犯罪落实依法从宽政策,决定不批准逮捕311460人、不起诉150309人。

注重化解社会矛盾。建立刑事和解、检调对接机制,对轻微刑事案件、民事申诉案件,积极促成当事人和解。建立执法办案风险评估预警机制,及时研判和化解执法中的不稳定因素。建立法律文书说理制度,对不批捕、不起诉、不抗诉等案件加强释法说理,促进案结事了。探索和完善巡访下访、联合接访、视频接访等工作机制,进一步畅通群众诉求表达渠道,集中清理化解涉检信访积案13626件。加强刑事被害人合法权益保护,对21106名生活确有困难的被害人或其近亲属提供救助。

积极参与社会管理创新。推行涉罪未成年人羁押必要性审查和分案起诉、诉前引导、案后帮教、轻罪记录封存等制度,加强教育、感化和挽救。探索建立涉罪流动人员管护教育制度,协调社区、企业为涉嫌轻微犯罪、可以取保候审的流动人员提供担保、食宿和帮教管理。强化社区矫正法律监督,指导基层组织加强社区服刑人员教育转化。依法惩治利用互联网、手机传播淫秽信息、赌博、诈骗等犯罪,促进网络社会管理,保护信息安全。针对执法办案中发现的突出问题,及时向有关部门提出改进社会管理的建议。

四、深入查办和预防职务犯罪,促进反腐倡廉建设

五年来,检察机关认真贯彻标本兼治、综合治理、惩防并举、注重预防方针,加大查办和预防职务犯罪工作力度。

严肃查办贪污贿赂等职务犯罪。建立和完善全国统一的12309举报电话和举报网站,加强举报线索管理,完善和落实举报人、证人保护制度,健全与执法执纪部门案件移送等机制。共立案侦查各类职务犯罪案件165787件218639人,其中县处级以上国家工作人员13173人(含厅局级950人、省部级以上30人)。加大惩治行贿犯罪力度,对19003名行贿人依法追究刑事责任。严肃查处执法司法不公背后的职务犯罪,立案侦查行政执法人员36900人、司法工作人员12894人。会同有关部门追缴赃款赃物计553亿元,抓获在逃职务犯罪嫌疑人6220人。

着力加强反渎职侵权工作。认真落实全国人大常委会审议渎职侵权检察工作专项报告的意见,会同有关部门制定关于加大惩治和预防渎职侵权违法犯罪工作力度的文件,建立重大复杂案件专案调查、非法干预查办案件情况沟通和处理机制,推动解决渎职侵权犯罪发现难、立案难、查证难、处理难问题。立案侦查渎职侵权犯罪案件37054件50796人,其中重大案件17745件。举办惩治和预防渎职侵权犯罪大型展览全国巡展,各级党政领导干部和国家工作人员216万人参观了展览。

更加重视职务犯罪预防。深入剖析职务犯罪发案原因,向有关单位提出预防建议161786件。建立惩治和预防职务犯罪年度报告制度,分析研究职务犯罪发案态势和预防对策,为党委、人大、政府和有关部门决策提供参考。广泛开展职务犯罪预防宣传和咨询,加强警示教育基地建设,推动预防教育进党校和行政学院。实现行贿犯罪档案查询系统全国联网,为有关单位提供查询223万余次。

五、强化对诉讼活动的法律监督,维护社会公平正义

五年来,检察机关加强对执法不严、司法不公问题的监督,努力适应人民群众对司法公正和权益保障的新期待。

加强刑事诉讼监督。在依法惩治犯罪的同时,更加注重保障人权,重点监督纠正刑讯逼供、滥用强制措施、量刑畸轻畸重等问题。对应当立案而不立案的,督促侦查机关立案118490件;对不应当立案而立案的,督促撤案56248件。建立审查逮捕阶段讯问犯罪嫌疑人制度,严格排除非法证据,支持和保障律师依法执业,依法保障犯罪嫌疑人诉讼权利,对侦查活动中的违法情况提出纠正意见177819件次。开展刑事审判法律监督专项检查,推行量刑建议改革,建立死刑复核法律监督机制,对认为确有错误的刑事裁判提出抗诉24178件,对刑事审判中的违法情况提出纠正意见34636件次。

加强刑罚执行和监管活动监督。推进与监管场所执法信息联网和监控联网,加强和规范派驻监管场所检察室建设,对刑罚执行和监管活动中的违法情况提出纠正意见110656件次。开展保外就医、职务犯罪罪犯刑罚变更执行等专项检查,纠正减刑、假释、暂予监外执行不当52068人。会同有关部门开展看守所监管执法、监狱清查事故隐患等专项检查,排查解决"牢头狱霸"等问题,促进依法文明安全监管。会同公安机关、人民法院集中清理久押不决案件,依法纠正超期羁押1894人次。

加强民事行政诉讼监督。重点监督虚假诉讼、违法调解和其他显失公正,严重损害公共利益和当事人、案外人合法权益的裁判,依法提出抗诉55992件、再审检察建议45823件。在最高人民法院支持下,开展民事执行活动法律监督试点工作。坚持抗诉与息诉并重,对认为裁判正确的143650件申诉,耐心做好申诉人的服判息诉工作。

六、强化自身监督,保障检察权依法正确行使

五年来,检察机关不断强化监督者更要接受监督的意识,自觉接受外部监督,切实加强内部监督。

自觉接受人大监督。每年全国人大会议闭幕后,最高人民检察院对学习贯彻会议精神、落实人大代表建议、批评和意见都作出专门部署。主动向人大及其常委会报告重要工作,积极配合开展代表视察、专题调研和执法检查。最高人民检察院先后向全国人大常委会专题报告了刑事审判法律监督、渎职侵权检察、基层建设、民事行政检察等工作,并报告落实审议意见情况。按照全国人大及其常委会要求,做好司法解释备案和集中清理工作。对各省、自治区、直辖市人大常委会关于加强检察机关法律监督工作的决议或决定,检察机关认真贯彻落实。重视与人大代表的经常性联系,最高人民检察院还开通了全国人大代表联系专网和专线电话。全国人大代表提出的议案、建议全部办结。

自觉接受民主监督和社会监督。坚持社会主义协商民主,经常向政协及各民主党派、工商联和无党派人士通报情况,邀请参加座谈、视察、专题调研，认真听取意见，完善联系机制，完善人民监督员和特约检察员制度，自觉接受民主监督。深化检务公开，推进检察门户网站、微博建设，完善新闻发布、公开审查、公开听证等制度，普遍开展检察开放日活动。把互联网等媒体作为听民声、察民意的重要渠道，及时主动回应社会关切。

强化内部监督制约。认真落实中央司法改革任务，严格规范执法行为，加强对自身执法活动的监督制约，防止检察权的滥用。一是深入推进执法规范化建设。全面整合执法办案各环节操作流程，颁布和完善检察机关执法工作基本规范。建立和完善案例指导制度，统一执法尺度。刑事诉讼法、民事诉讼法、国家赔偿法修改后，最高人民检察院及时修订司法解释，保证检察环节正确适用法律。二是建立案件集中管理机制。2667个检察院成立案件管理机构，对所办案件统一实行严格的流程管理和动态监督。三是重点加强对查办职务犯罪工作的监督制约。对侦查办案活动明确提出"十个依法、十个严禁"，推行和完善讯问职务犯罪嫌疑人全程同步录音录像制度，实行职务犯罪案件审查逮捕上提一级、抗诉权与侦查权由不同部门行使等改革。四是加强对执法活动的监督检查。推行检务督察制度，建立案件评查机制，持续开展扣押冻结款物、警车警械管理使用、规范安全文明执法等专项检查，认真解决自身违法违规办案的突出问题。2012年，人民群众对检察人员的举报比2008年减少32.7%。

七、强化检察队伍建设和基层基础建设，提高整体素质能力

五年来，检察机关坚持不懈地加强对检察队伍的教育、管理和监督，更加重视抓基层、打基础。

持续开展教育实践活动。坚持每年一个主题，开展深入学习实践科学发展观、"恪守检察职业道德、促进公正廉洁执法"等教育实践活动，着力解决执法理念、行为、作风等方面的突出问题。加强示范教育，表彰宣传张章宝、李彬、马俊欣、金淑萍等秉公执法的先进典型。共有109名检察人员获得全国先进工作者、全国模范检察官等荣誉称号。

突出抓好执法能力建设。以领导干部和执法办案一线检察官为重点，大规模推进全员分类培训，集中开展修改后刑事诉讼法、民事诉讼法学习培训，累计培训检察人员141.4万人次。加强基层素质能力建设，广泛开展网络培训、岗位练兵和业务竞赛。加大对西部地区检察教育培训支持力度，每年组织讲师团赴西部巡讲支教，重视帮助民族地区培养"双语"检察人才。最高人民检察院直接培训西藏、新疆和其他西部地区检察人员5056人。

切实加强自身反腐倡廉和纪律作风建设。颁布检察官职业道德基本准则和职业行为基本规范，制定领导干部廉洁从检若干规定，规范检察人员日常交往行为。重视运用检察人员违法违纪案例开展警示教育，举办自身反腐倡廉教育各地巡展。最高人民检察院分批听取和评议各省级检察院检察长述职述廉报告，对19个省级检察院领导班子进行巡视。开展"反特权思想、反霸道作风"专项活动，严肃查处违法违纪检察人员1122人，依法追究刑事责任124人。

着力加强基层基础建设。全面规划和推进基层检察院执法规范化、队伍专业化、管理科学化、保障现代化建设。坚持领导干部联系基层、业务部门对口指导和基层检察院结对帮扶等制度。坚持人、财、物向基层倾斜，新增政法专项编制重点用于基层，改进基层检察人员招录方式，缓解办案力量不足、人才短缺、人员流失等问题。落实经费保障体制和投资保障机制改革，重点解决中西部和贫困地区检察院经费困难，加强信息化、科技装备等基础建设。高度重视援藏援疆工作，加大对口支援力度，促进西藏、四省藏区和新疆检察工作加快发展。

各位代表，五年来检察工作的成绩，是党中央坚强领导的结果，是全国人大及其常委会有力监督的结果，是各级党委、人大、政府、政协和社会各界关心、支持、帮助的结果。在此，我代表最高人民检察院表示衷心感谢！

我们清醒地认识到，检察工作仍然存在不少突出问题：一是检察职能作用发挥得还不充分，惩治和预防犯罪、监督纠正违法的力度和效果与人民群众期待还有不小的差距。二是一些检察机关和检察人员没有树立正确执法理念，服务大局、执法为民意识不强，就案办案、机械执法、不善于化解矛盾、不注重执法效果等问题不同程度存在。三是少数检察人员对群众要特权、逞威风，敷衍应付、冷硬横推。有的滥用权力、越权办案，不按法定程序办案，受利益驱动办案，以权谋私、以案谋私，严重损害执法公信力。四是还存在一些制约检察工作的体制机制障碍，检察组织体系、队伍管理机制、执法保障机制有待进一步完善，基层基础建设仍需进一步加强。对此,我们将认真研究,并在今后工作中切实加以解决。

今年检察工作主要安排

2013年,检察机关要认真贯彻落实党的十八大和本次全国人大会议精神,深入贯彻依法治国基本方略,坚持强化法律监督,维护社会公平正义,努力推动科学发展、促进社会和谐,为全面建成小康社会营造更加良好的法治环境。

一、着力保障经济持续健康发展

紧紧围绕主题主线,找准检察工作服务大局的切入点、着力点。依法惩治经济犯罪,规范市场经济秩序。注重查办和预防产业转型升级、基础设施建设、城镇化建设等领域职务犯罪,促进经济结构战略性调整。依法惩治危害农业生产、影响农村稳定、侵害农民权益的犯罪,保障新农村建设。加强环境资源、知识产权司法保护,促进生态文明建设、自主创新和文化事业产业发展。依法妥善处理深化改革中出现的新类型案件,依法保障非公有制经济发展,依法支持实体经济和小微企业发展,保证各种所有制经济同等受到法律保护。

二、积极推进平安中国建设

坚决打击敌对势力的分裂、渗透、颠覆活动。依法惩治各类刑事犯罪,坚持宽严相济刑事政策,突出打击严重危害社会治安和公共安全的犯罪,增强人民群众安全感。坚持把化解矛盾贯穿于执法办案始终,依法公正对待群众诉求,加大依法受理、纠错、赔偿、救助力度。充分发挥检察机关在加强和创新社会管理中的法治保障作用,深化行政执法与刑事司法衔接,促进提高社会管理科学化水平。

三、积极推进法治中国建设

坚持法律面前人人平等,坚持有法必依、执法必严、违法必究,维护国家法制统一、尊严、权威。认真贯彻实施修改后刑事诉讼法和民事诉讼法,强化公正、程序、证据、效率意识,全面加强对侦查、审判、执行等活动的法律监督,切实尊重和保障人权,维护司法公正。以解决影响司法公正和制约司法能力的深层次问题为重点,深化司法体制和工作机制改革,健全检察权运行制约和监督体系,推进检察权运行公开化、规范化,不断提高执法公信力。结合办案加强法制宣传教育,弘扬社会主义法治精神,引导公民依法维护合法权益、自觉履行法定义务,促进在全社会形成学法尊法守法用法的良好氛围。

四、积极推进反腐倡廉建设

坚持有案必查、有腐必惩,在坚决查办大案要案的同时,围绕人民群众关注的突出问题,集中开展查办和预防发生在群众身边、损害群众利益职务犯罪专项工作。完善反腐举报机制,坚持实事求是、依法办案,对涉嫌犯罪的坚决查处,对举报失实的及时澄清,对诬告陷害的依法追究。高度重视职务犯罪预防,加强重大典型案件剖析,健全行贿犯罪档案查询管理体系,落实和完善年度报告、预防建议制度,推动反腐败法律制度建设。

五、积极推进过硬队伍建设

深入开展以为民务实清廉为主要内容的党的群众路线教育实践活动,倾听群众呼声,增进群众感情,了解群众诉求,着力解决群众反映强烈的突出问题,增强检察工作亲和力和人民群众满意度。加强思想政治建设,全面加强检察队伍素质能力建设,提高专业化、职业化水平。毫不放松地抓好自身反腐倡廉和纪律作风建设,对领导干部和检察人员严格教育、管理和监督,对违法违纪行为严肃查处,决不姑息。注重深入基层加强调查研究、解决实际问题,加大对中西部和革命老区、民族地区、边疆地区、贫困地区检察院支持力度,不断提高基层队伍素质和执法水平。

各位代表,在新的一年里,全国检察机关要紧密团结在以习近平同志为总书记的党中央周围,高举中国特色社会主义伟大旗帜,以邓小平理论、"三个代表"重要思想、科学发展观为指导,更加自觉接受人大监督、民主监督和社会监督,求真务实,开拓进取,努力为全面建成小康社会作出新的贡献!

最高人民检察院关于检察机关
反贪污贿赂工作情况的报告

——2013年10月22日在第十二届全国人民代表大会常务委员会第五次会议上

最高人民检察院检察长 曹建明

全国人民代表大会常务委员会：

根据本次会议的安排，我代表最高人民检察院报告2008年以来反贪污贿赂工作情况，请审议。

查办和预防贪污贿赂犯罪是法律赋予检察机关的重要职责。党中央对反贪污贿赂工作高度重视，纳入全面推进惩治和预防腐败体系建设整体格局进行部署、提出明确要求。全国人大及其常委会及时修订完善相关法律规定，加强执法检查和监督指导，为反贪污贿赂工作提供了重要保障。全国检察机关认真贯彻党的十七大、十八大关于反腐败斗争的决策部署，坚持反腐败领导体制和工作机制，不断加强和改进反贪污贿赂工作，为促进反腐倡廉建设、推动科学发展、保障群众权益、维护和谐稳定发挥了积极作用。

一、忠实履行职责，依法查办和预防贪污贿赂犯罪

认真贯彻标本兼治、综合治理、惩防并举、注重预防方针，加大反贪污贿赂工作力度。2008年1月至今年8月，全国检察机关共立案侦查贪污贿赂犯罪案件151350件198781人，提起公诉167514人。人民法院判决有罪148931人，占已审结案件的99.9%。通过办案为国家和集体挽回经济损失377亿元。

（一）依法惩治贪污贿赂犯罪。深入研究贪污贿赂犯罪特点和规律，积极拓宽案件线索来源渠道，立案侦查的案件中，群众举报48671件，占32.1%；检察机关自行发现53532件，占35.4%；纪检监察机关移送14354件，占9.5%；犯罪嫌疑人自首、其他执法司法机关移送和其他来源34793件，占23%。在全面履行职责的同时，突出查办大案要案，立案侦查县处级以上国家工作人员13368人，其中厅局级1029人、省部级以上32人；立案侦查贪污受贿100万元、挪用公款1000万元以上案件4834件。不断加大对贿赂犯罪的查办力度，立案侦查利用职权索贿受贿的国家工作人员65629人，故意拉拢腐蚀国家工作人员的行贿犯罪嫌疑人23246人。2008至2012年查处的受贿、行贿犯罪人数比前五年分别上升19.5%和60.4%。

（二）深入查办经济社会发展重点领域的贪污贿赂犯罪。坚持把服务大局、促进发展作为反贪污贿赂工作的重要使命，围绕中央转变经济发展方式等重大部署，组织开展一系列专项查办工作。一是加强与行业主管部门、行政执法机关的配合，积极参与治理商业贿赂专项工作，依法查处土地出让、产权交易、医药购销、政府采购等领域涉及国家工作人员的贿赂犯罪案件56963件。二是为遏制工程建设领域腐败，确保政府投资安全，2009年9月以来，检察机关积极参加工程建设领域突出问题专项治理，在项目审批、招标投标、规划调整、质量监管等环节立案侦查贪污贿赂犯罪案件26575件。三是持续开展查办涉农贪污贿赂犯罪专项工作。最高人民检察院分别于2008年和2012年部署开展查办涉农职务犯罪、查办和预防涉农惠民领域贪污贿赂犯罪专项工作。各地检察机关围绕农村基础设施建设、惠农政策补贴、退耕还林等环节，共立案侦查虚报冒领、截留侵吞、中饱私囊的国家工作人员和农村基层组织人员贪污贿赂犯罪案件68152件。

（三）重视查办发生在群众身边、群众反映强烈的贪污贿赂犯罪。坚持把人民群众关注点作为反贪污贿赂工作的着力点，共立案侦查社会保障、医疗卫生、教育科研、扶贫救灾、环境保护等领域的贪

污贿赂犯罪案件79955件。针对食品安全事件频发、严重危害人民群众生命健康安全的情况,集中开展依法严惩食品安全领域贪污贿赂犯罪工作,推动健全食品安全监管长效机制。同步介入重大安全生产事故调查,严肃查办国家工作人员收受贿赂放纵违法违规生产,以及不法业主以行贿方式逃避安全生产监管等犯罪案件,促进安全生产监管体系建设。今年初,最高人民检察院部署开展查办和预防发生在群众身边、损害群众利益职务犯罪专项工作,进一步促进解决涉及群众利益的热点难点问题。

(四)着力从源头上预防贪污贿赂犯罪发生。按照中央更加注重治本、更加注重预防、更加注重制度建设的要求,结合办案加强贪污贿赂犯罪预防工作,共向发案单位、相关部门提出预防建议178185件,促进健全权力运行制约和监督体系。围绕灾后重建、南水北调等37904个重点工程项目,深入开展专项预防工作。建立2727个预防职务犯罪警示教育基地,推进预防教育进党校和行政学院,创作推广廉政宣传短片、预防职务犯罪公益广告,广泛开展预防宣传和警示教育,推动形成廉荣贪耻的社会氛围。完善行贿犯罪档案查询系统并实现全国联网,共受理查询311.9万余次。普遍建立惩治和预防职务犯罪年度报告制度,加强对贪污贿赂犯罪的原因分析和预防对策研究,为各级党委政府决策提供参考。

二、创新完善机制,提高反贪污贿赂工作水平

针对贪污贿赂犯罪新情况新特点,紧紧依靠人民群众的参与和支持,密切与有关方面的合作,进一步健全反贪污贿赂工作机制。

(一)健全举报工作机制。加强举报中心建设,开通全国统一的12309举报电话,最高人民检察院和1161个地方检察院建立网上举报平台,构建了来信、来访、电话、网络"四位一体"举报体系。及时核查处理新闻媒体及网络舆情反映的腐败问题,引导网络举报在法治轨道上运行。对实名举报优先办理,及时答复。在举报线索流转的各个环节严格落实保密制度,坚决惩治打击报复举报人等行为。实行举报线索集中统一管理、集体评估、定期清理等制度,防止有案不办、压案不查。建立举报不实澄清制度,对经查证举报失实、给被举报人造成严重影响的,在一定范围内澄清事实、消除影响。

(二)健全协作配合机制。一是按照"分工履职、依法办案、协调配合"原则,健全与纪检监察机关的协作机制,既明确职责分工,依法独立办案,又强化沟通配合,形成反腐合力。二是加强与行政执法机关的联系,健全行政执法与刑事司法衔接机制,共同推进反贪污贿赂工作。三是为解决涉案信息查询难、收集难等问题,与有关部门建立健全信息共享和快速查询机制。最高人民检察院会同14个部委建立实名制信息快速查询协作执法机制,实现组织机构代码、民航旅客等信息全国联网查询。四是与公安、海关等部门密切配合,完善追逃追赃机制,加大境内外追逃追赃力度,共抓获在逃贪污贿赂犯罪嫌疑人6694名。

(三)健全侦查一体化办案机制。充分发挥检察机关领导体制优势,对重大疑难复杂案件和跨地区、跨部门案件,采取上级检察院交办、提办、督办、指定异地办理等方式,加强统一指挥、组织协调和侦查协作。最高人民检察院对1186件重大案件组织专案侦查、进行挂牌督办。加强检察机关各内设机构在查办职务犯罪工作中的协调配合,落实线索移送、情况反馈、重大案件提前介入引导取证等工作制度,增强查办案件的整体效能。

三、强化自身监督,确保严格规范公正文明执法

认真落实修改后的刑事诉讼法,完善执法规范和监督制约机制,提高执法水平和办案质量。2012年贪污贿赂犯罪案件的起诉率、有罪判决率比2008年分别上升4.6和0.23个百分点,撤案率和不起诉率分别下降1.8和4.6个百分点。

(一)加强反贪污贿赂工作规范化建设。一是围绕反贪工作中容易发生问题的关键环节,加强制度建设,制定和完善人民检察院刑事诉讼规则和检察机关执法工作基本规范等规范性文件,进一步明确管辖、受理、立案、案件交办等程序和标准。二是先后组织开展规范文明执法、办案安全防范、同步录音录像等专项检查,集中解决特权思想、霸道作风、受利益驱动办案、滥用强制措施、违法扣押冻结涉案财物等突出问题,建立健全规范执法长效机制。三是依法规范侦查取证活动,严格按照法定条件和程序采取强制措施,完善和落实非法证据排除机制,坚决防止刑讯逼供、暴力取证等行为,尊重犯罪嫌疑人、被告人和其他诉讼参与人依法享有的诉讼权利,切实加强人权保障。

（二）强化检察机关内部监督制约。一是在落实立案报上一级检察院备案、撤案和不起诉报上一级检察院批准制度的基础上，实行职务犯罪案件审查逮捕上提一级改革，省级以下检察院立案侦查的贪污贿赂犯罪案件，需要逮捕犯罪嫌疑人的，必须报上一级检察院审查决定。二是明确规定讯问贪污贿赂等职务犯罪嫌疑人，必须按照"全面、全部、全程"的要求进行同步录音录像。从2013年1月起，在报请审查逮捕、移送审查起诉时，必须随案移送同步录音录像资料。三是实行案件集中管理，组织研发全国检察机关统一业务应用系统，普遍设立案件管理部门，对办案实行流程监控、质量管理、案后评查、综合考评，统一接收、保管、移送涉案财物，统一管理、开具法律文书，强化全程管理和动态监督。

（三）完善外部监督制约机制。一是实行人民监督员制度，选任18140名人民监督员，对查办贪污贿赂等职务犯罪案件中应当立案而不立案、拟撤销案件、拟不起诉等"七种情形"进行监督。2008年以来，共将13265件贪污贿赂犯罪案件提交人民监督员监督。二是深化检务公开，定期举办检察开放日、举报宣传周等活动，积极宣传查办和预防贪污贿赂犯罪职能，及时公布重大案件办理情况，提高执法透明度。一些地方检察机关建立案件程序性信息同步网络查询和在线服务系统，保障当事人及其近亲属、人民群众更好地监督办案工作。三是对于法院判决无罪的贪污贿赂犯罪案件认真复查，定期开展办案质量分析，深入查找和解决自身执法中存在的问题。四是制定实施加强律师执业权利保障工作等规范性文件，完善侦查、审查逮捕、起诉等环节听取律师意见制度，保障律师的会见权、阅卷权和调查取证权。

（四）自觉接受人大及其常委会的监督。主动向人大及其常委会报告反贪污贿赂工作情况，认真贯彻人大的决定和要求。新疆、吉林、贵州、河南、安徽、甘肃、黑龙江等省级检察院就反贪污贿赂工作向同级人大常委会作了专项报告。18个省（自治区、直辖市）和部分较大的市人大常委会制定了加强预防职务犯罪工作的决议或条例。积极配合人大组织的专题调研和执法检查，认真办理、及时反馈人大代表的议案、建议，邀请人大代表视察反贪污贿赂工作，诚恳听取批评和意见。

四、加强反贪队伍建设，提升执法公信力

坚持把反贪队伍建设放在突出位置，制定实施加强职务犯罪侦查队伍执法公信力建设的意见，严格教育、管理和监督。

（一）突出抓好思想政治建设。组织反贪干警认真开展学习实践科学发展观、践行检察职业道德等教育实践活动，深化社会主义法治理念教育，着力解决执法理念、纪律作风等方面的突出问题。结合反贪工作实际，引导检察人员牢固树立办案力度、质量、效率、效果相统一的业绩观，增强人权意识、程序意识、证据意识、效率意识和监督意识，坚持惩治犯罪与保障人权、程序公正与实体公正等"六个并重"，做到理性平和文明规范执法。

（二）切实加强执法能力建设。深入推进反贪队伍全员业务培训，切实提升发现犯罪、侦破案件、收集证据、运用法律等能力。开展修改后刑事诉讼法专题学习培训，制定反贪侦查工作贯彻实施修改后刑事诉讼法的指导意见。针对反贪工作实践性强的特点，广泛开展岗位练兵和业务竞赛，不断提高执法办案能力。加强人才队伍建设，建立由办案能手组成的三级人才库，有针对性地加强培养锻炼。

（三）深入推进纪律作风建设。坚持更高标准、更严要求，狠抓反贪队伍廉洁从检各项工作。建立廉政风险防控机制，实行反贪部门领导干部廉政档案、反贪局长重大事项报告、反贪干警违纪违法情况分析通报制度。建立完善"一案三卡"、执法档案等制度，加强对反贪干警履职情况的明察暗访。对侦查办案活动提出"十个依法、十个严禁"的要求，抓住群众反映强烈的问题进行专项检查和整改。2008年以来，共查处214名违纪违法的反贪干警，其中追究刑事责任22人。

五、当前反贪污贿赂工作存在的问题

近年来，反贪污贿赂工作取得新进展，但仍存在不少问题和不足：一是办案力度有待加大。一些检察机关和检察人员对查办贪污贿赂犯罪案件存在畏难情绪，缺乏攻坚克难的勇气。一些地方反贪部门力量不足，案多人少矛盾突出，影响办案工作开展。二是工作机制有待完善。案件线索管理、侦查资源整合、侦查预防一体化等机制不够健全，一些地方检察机关与有关部门的协作配合不够顺畅和规范，依靠人民群众开展反贪污贿赂工作还不到位。三是能力素质有待增强。一些检察人员执法理念存在偏差，重实体轻程序、重打击轻保护、重办案轻预防。有的过分依赖言词证据，侦查信息化程度不高。队伍专业化程度总体偏低,熟悉经济、金融、证券、科技等专业知识的侦查人才不足。四是执法规范化水平有待提高。一些地方受利益驱动办案、违法扣押冻结处置涉案财物,在办案中仍存在严重侵犯当事人合法权益等问题,少数干警特权思想、霸道作风严重,有的以权谋私、滥用权力。对这些问题,最高人民检察院将高度重视,认真解决。

六、深入贯彻党的十八大精神,进一步提高反贪污贿赂工作法治化水平

近年来,在党中央的坚强领导下,党风廉政建设和反腐败斗争深入开展,一些领域消极腐败现象滋生蔓延势头得到遏制。但当前腐败现象依然多发,滋生腐败的土壤依然存在,反腐败斗争形势依然严峻复杂。党的十八大突出强调坚持中国特色反腐倡廉道路,全面推进惩治和预防腐败体系建设。习近平总书记多次就党风廉政建设和反腐败斗争作出重要指示,对新形势下加大惩治腐败力度提出新的更高要求,为反贪污贿赂工作指明了方向。检察机关要认真贯彻党中央关于反腐倡廉建设的重大部署,充分认识当前反腐败斗争的长期性、复杂性、艰巨性,以更鲜明的态度、更坚定的决心、更有力的措施,全面履行查办和预防贪污贿赂犯罪职责,不辜负党和人民的期待与重托。

(一)保持惩治贪污贿赂犯罪高压态势。坚持有案必查、有腐必惩,"老虎"、"苍蝇"一起打,既突出查办大案要案,又注意查办群众反映强烈的案件。进一步突出办案重点,严肃查办发生在领导机关和领导干部中的贪污贿赂犯罪案件,严肃查办发生在重点领域和关键环节的案件,严肃查办国家机关工作人员索贿受贿、失职渎职等案件。深入推进查办和预防发生在群众身边、损害群众利益职务犯罪专项工作,坚决惩治危害民生民利的贪污贿赂犯罪。推进治理商业贿赂等工作常态化,加大对行贿犯罪惩处力度。进一步畅通举报渠道,完善举报实名答复、举报人保护、举报奖励等工作制度,强化举报线索管理和监督,加强网络举报和涉腐网络舆情研判处置,及时公正有效处理群众举报。落实贪污贿赂犯罪案件一审判决上下两级检察院同步审查制度,强化对审判活动、刑罚执行活动的法律监督。加强与各国、各地区反贪机构的交流合作,完善境外司法协作和追逃追赃机制。

(二)更加重视贪污贿赂犯罪预防工作。加强侦查预防一体化机制建设,结合办案深化预防。创新预防宣传内容和载体,充分运用典型案例开展警示教育,增强国家工作人员的廉政意识和法治观念。全面开展重点项目专项预防,做好行贿犯罪档案查询工作。深入分析重点领域、关键环节贪污贿赂犯罪的发案特点、规律,进一步加强预防咨询、检察建议、年度报告等工作,促进反腐倡廉制度体系建设。探索完善专业化预防与社会化预防相结合的有效形式,积极推动党委领导的预防职务犯罪工作机制建设,努力从源头上预防和减少贪污贿赂犯罪发生。

(三)大力加强反贪污贿赂能力建设。推进反贪队伍专业化建设,加强全员素能培训、岗位练兵和实战训练,提高侦查技能和执法水平。完善侦查一体化办案机制,加大上级检察院督查、指导力度,增强突破复杂疑难案件能力。加强侦查信息化和装备现代化建设,全面推进使用检察机关统一业务应用系统,提升反贪污贿赂工作科技含量。坚决贯彻修改后的刑事诉讼法,进一步规范执法行为,严格依法适用强制措施,支持和保障律师依法执业,确保依法文明办案。紧密结合党的群众路线教育实践活动,在反贪部门深入开展"整顿作风、严明纪律、规范执法"专项教育检查活动,进一步解决执法不公正、不廉洁等突出问题。完善和落实自身监督制约机制,主动接受人民群众监督。加强反贪机构建设,充实整合办案力量,强化职业保障。

(四)积极营造良好的执法环境。更加自觉地把反贪污贿赂工作置于党委领导和人大监督之下,主动争取有关方面的支持,解决工作中的困难和问题,排除办案阻力和干扰。进一步规范和完善与纪检监察机关在查办案件中的协调配合机制,增强工作合力。会同人民法院做好司法解释等工作,统一执法尺度。健全与公安机关、行政执法机关的协作机制,确保反贪侦查工作顺利进行。深入开展形式多样的法制宣传教育,推动形成全社会支持、参与反贪污贿赂工作的良好氛围。

检察机关将以这次全国人大常委会听取和审议专项工作报告为契机,坚持以邓小平理论、"三个代表"重要思想和科学发展观为指导,牢记使命,锐意进取,不断加强和改进反贪污贿赂工作,努力为推进反腐倡廉建设、保障经济社会科学发展、实现中华民族伟大复兴的中国梦作出新的更大贡献!

第二部分

最高人民检察院负责人重要报告和讲话选载

在全国检察机关反腐倡廉建设工作会议上的讲话

最高人民检察院检察长 曹建明

(2013年2月21日)

这次全国检察机关反腐倡廉建设工作会议,是最高人民检察院党组决定召开的一次重要会议。文秀同志的工作报告已经党组同志审阅,我完全赞成,希望大家认真抓好落实。下面,结合学习贯彻党的十八大和十八届中央纪委二次全会精神,我再讲几点意见。

一、清醒认识新形势下加强检察机关自身反腐倡廉建设的重要性和紧迫性

党的十八大对当前和今后一个时期党风廉政建设和反腐败工作作出新的部署,突出强调反对腐败、建设廉洁政治,是党一贯坚持的鲜明政治立场,是人民关注的重大政治问题;突出强调坚持党要管党、从严治党,深入推进党风廉政建设和反腐败斗争,做到干部清正、政府清廉、政治清明。习近平总书记在十八届中央纪委二次全会的重要讲话,从全局和战略的高度,深刻分析了当前党风廉政建设面临的形势,部署了加强党的纪律建设、作风建设和反腐倡廉建设的重大任务,对全面提高党的建设科学化水平具有重大而深远的意义。王岐山同志所作的工作报告,明确了今年的主要任务,具有很强的针对性和指导性。各级检察机关一定要认真贯彻落实党的十八大、十八届中央纪委二次全会特别是习近平总书记重要讲话精神,既进一步加大查办和预防职务犯罪工作力度,充分发挥检察机关在反腐败斗争中的职能作用;又扎实抓好自身反腐倡廉建设,着力提升检察队伍拒腐防变能力和检察机关执法公信力。

党的十七大以来,全国检察机关始终把自身反腐倡廉建设作为重要任务来抓,坚持以公正廉洁执法为核心,以惩防体系建设为抓手,深入开展教育、制度、监督、改革、纠风、惩治各项工作,取得了明显成效。特别是,普遍持续开展主题教育实践活动,加强廉政文化建设,自身廉政教育的针对性和实效性显著增强;坚持把强化自身监督放在与强化法律监督同等重要的位置,不断健全内外部监督制约机制,狠抓制度规范的落实,促进了检察权依法正确行使;坚持不懈治理人民群众反映强烈的突出问题,不断加大检务督察、查办违纪违法案件等工作力度,检察队伍的执法形象明显改善。这些成绩来之不易,是各级检察院党组高度重视、真抓实干的结果,也凝聚了各级检察机关纪检监察干部和广大党员干部的心血和汗水。在此,我代表最高人民检察院向大家表示衷心的感谢!

从去年查处检察人员违纪违法情况,我们也要清醒地看到,队伍中、执法中仍然存在不少突出问题。一是领导干部违纪违法问题突出。二是执法办案部门违纪违法问题上升。三是违法违规办案问题仍然多发。四是严重违纪违法案件上升。以上情况既充分说明各级检察机关坚持从严治检不含糊,也再次说明我们检察机关自身反腐倡廉建设形势依然严峻、任务依然艰巨,强化内部监督不能有丝毫放松。

当前,检察机关党风廉政建设面临许多新情况新挑战:一是党和人民的要求与期望越来越高。党的十八大把司法公信力不断提高确立为全面建成小康社会的一个重要目标,突出强调加强司法公信建设,对检察机关公正廉洁执法提出了更高要求。每年全国和各地"两会"上,检察队伍建设始终是代表委员最主要的议题之一。二是在改革开放和市场经济条件下,检察人员与其他党员干部、司法人员一样,同样面临"四大考验"和"四种危险"。如何在新形势下不断提高拒腐防变和抵御风险能力,是我们必须始终高度重视的一个重大课题。三是刑事诉讼法、民事诉讼法修改赋予了检察机关新的监督职能和手段。检察人员在执法办案中与当事人、律师接触机会更多，面临很多诱惑和陷阱。比如民事诉讼法第二百零九条的修改，明确规定了当事人可以向检察机关申请检察建议或者抗诉的具体情形，检察机关维护民事诉讼领域司法公正的职能作用更加凸显。但这也可能使控告、民事行政检察部门成为一些人"进攻"的重点。如果我们不警钟长鸣、不严格要求，不切实加强自身监督制约，就十分容易发生违纪违法问题。在落实修改后法律过程中，我们既要坚持维护司法公正，又要高度警惕可能面临的风险考验，真正做到拒腐蚀永不沾，切实承担起维护宪法和法律尊严的神圣职责。

打铁必须自身硬。检察机关承担着查办和预防职务犯罪的重要职责，在党风廉政建设方面必须有更严的要求。我们一定要坚决按照中央要求，坚持标本兼治、综合治理、惩防并举、注重预防方针，全面加强纪律建设、作风建设和自身反腐倡廉建设，以新的明显成效为检察工作科学发展提供坚强的政治和纪律保证。

二、大力加强纪律建设，确保检察机关统一思想、统一行动、步调一致

严明的纪律是我们党的光荣传统和政治优势，也是我们党和国家力量所在。当前，社会结构深刻变动、利益格局深刻调整、价值观念深刻变化，中央如此突出强调加强纪律建设，具有很强的现实针对性。党的坚强领导离不开党的纪律保障。各级检察机关要从维护党的团结统一的高度，深刻认识纪律建设的重要性，严格执行纪律，真正做到统一思想、统一行动、步调一致。

一要严明政治纪律。政治纪律是最重要、最根本、最关键的纪律，也是检察机关全体党员干部在政治方向、政治立场、政治言论、政治行为方面必须遵守的规矩。严明纪律首先要严明政治纪律。在政治信仰、政治立场这些重大原则问题上，各级检察机关和全体党员干部不能有任何偏离。要严肃政治纪律教育，引导广大检察人员认真学习党章、严格遵守党章，坚定道路自信、理论自信、制度自信，在思想上、政治上、行动上同以习近平同志为总书记的党中央保持高度一致。检察机关各级党组织、各级领导干部要切实增强政治敏锐性和鉴别力，对大是大非问题要有坚定立场，对背离党性的言行要有鲜明态度，对各种苗头性倾向性问题要及时提醒和纠正，坚决制止违反政治纪律的行为。

二要确保检令畅通。最高人民检察院领导地方各级人民检察院和专门人民检察院的工作，上级人民检察院领导下级人民检察院的工作，这是我国宪法确立的检察机关领导体制，也是中国特色社会主义检察制度的鲜明特色。完善上下级人民检察院的领导体制，是中央司法体制和工作机制改革的重要内容。要牢固树立大局观念和全局意识，在关系检察工作全局的重大原则问题上，各级检察机关必须高度一致，决不允许上有政策、下有对策，决不允许有令不行、有禁不止。上级检察院要深入实际、深入基层，加强调查研究和对下指导，努力提高领导水平。

三要狠抓纪律执行。近几年，中央出台了许多廉洁从政的纪律规定，最高人民检察院也制定了禁酒令和规范检察人员与律师交往行为、严禁在内部公务活动和交往中用公款请客送礼等一系列纪律规定，各级检察机关认真落实、持之以恒，队伍的精神面貌和纪律作风发生了新的变化。但也要看到，有的纪律规定在一些地方和部门没有得到严格落实。有的合意的就执行，不合意的就不执行，或者采取所谓的"变通"；有的执行纪律失之于宽、失之于软，大事化小、小事化了，以组织处理代替纪律处分、以纪律处分代替刑事追究；有的纪律观念淡薄，明知故犯甚至顶风违纪。最高人民检察院制定的禁酒令，受到广大检察人员的普遍欢迎，并受到社会各界的好评。但去年仍有12名检察人员因酒违纪被查处，有的在办案期间饮酒贻误工作，有的酒后驾车造成重大交通事故。纪律的生命力在于执行，否则就是一种摆设，就会形成"一人违纪、众人随之"的破窗效应。一些地方一而再、再而三地发生严重违纪违法问题，值得我们高度警醒、认真反思。各级检察机关特别是领导干部要把落实纪律规定作为一项重要工作来抓，坚决带头落实，真正做到纪律面前人人平等，执行纪律没有例外，遵守纪律没有特权。纪检监察机构要加强对纪律执行情况的监督检查，对随意变通、恶意规避等违反纪律的行为，坚决严肃批评和纠正。

三、坚决落实中央八项规定，切实加强检察机关作风建设

我们党历来重视作风建设，反复强调作风问题关系党的形象，关系人心向背，关系党和国家的生死存亡。以习近平同志为总书记的党中央积极回应人民群众期盼，制定关于改进工作作风、密切联系群众的八项规定,用实际行动为全党作出了表率。各级检察机关要结合实际认真落实中央要求,既通过履行检察职能促进净化党内风气和社会风气,营造廉洁从政的良好环境,又以"踏石留印、抓铁有痕"的劲头抓好自身作风建设,让人民群众看到我们检风实实在在的变化和成效。

加强作风建设,最核心的是保持同人民群众的血肉联系。以人为本、执政为民是我们党的性质和宗旨的集中体现,也是我们党一贯的政治主张和执政理念。近年来,全国检察机关持续开展主题教育和专项检查活动,队伍的宗旨意识和群众观念显著增强。各级检察机关要按照中央的统一部署,扎实开展以为民务实清廉为主要内容的党的群众路线教育实践活动,教育引导广大检察人员始终坚持全心全意为人民服务的根本宗旨,始终保持同人民群众的血肉联系,不断提高做好新形势下群众工作的能力。要针对人民群众反映强烈的特权思想、霸道作风、受利益驱动办案、滥用强制措施、违法扣押冻结款物等突出问题,持续开展专项治理,维护检察机关良好的社会形象,以实际行动赢得群众的信任和支持。

加强作风建设,最根本的是坚持和发扬艰苦奋斗精神。艰苦奋斗是中华民族的传统美德,也是凝聚人心、战胜困难的强大力量。近年来,在各级党委、政府和有关部门的重视、关心、支持下,检察机关办公办案条件得到了很大改善。检察机关适当改善工作条件是必要的,但艰苦奋斗这个传家宝不能丢。特别是要看到,我们国家毕竟还处在社会主义初级阶段,各方面的困难群众为数众多,群众的眼睛也在看着我们。检察机关作为党领导下的国家机关,要认真执行中央有关规定,严格控制各种开支,大力推进节约型机关建设,坚决防止、严肃查处违反财经纪律的问题。要按照"简化礼仪、务实节俭"的原则,严格控制公务接待的范围和标准,减少公务接待活动。要严肃整治公款大吃大喝、公款旅游行为,继续抓好公务用车问题专项治理,规范出国访问和境外培训工作。广大检察人员特别是领导干部要带头从自身做起,从小事做起,努力使厉行节约、反对浪费在检察机关蔚然成风。

加强作风建设,最关键的是领导机关和领导干部带头。在作风建设上,各级领导干部要坚持严下先严上、严人先严己,带头执行中央和最高人民检察院的各项规定,真正做到以身作则、率先垂范。最高人民检察院要为全国检察机关带好头,从院党组和我本人做起。特别是,要大力弘扬勤勉务实、敢于负责、勇于担当的作风,多做打基础、利长远的事情,坚决纠正和防止形式主义、官僚主义;加强和改进调查研究,多到困难和矛盾集中、群众意见多的地方去,深入了解真实情况,解决实际问题;着力改进会风、文风,下决心精简会议活动和文件简报;切实厉行勤俭节约,坚决防止和纠正讲排场、摆阔气、挥霍公款、铺张浪费现象。最高人民检察院已就贯彻落实中央八项规定制订了实施办法,各级检察机关也要结合实际,真抓实干,防止走形式、搞变通。

四、以健全检察权运行制约和监督体系为重点,深入推进检察机关自身反腐倡廉建设

检察机关自身反腐倡廉建设是一项长期的、复杂的、艰巨的任务,必须常抓不懈、警钟长鸣,既要坚定果断整风整纪,坚决查处检察人员违纪违法问题,又要树立长期作战思想,加强源头治理,铲除滋生腐败的土壤和条件,建设一支过硬的检察队伍。特别是,要按照党的十八大关于"建立健全权力运行制约和监督体系"的要求,严格执行党风廉政建设责任制,以解决影响公正廉洁执法、制约执法公信力的深层次问题为着力点,全面推进检察机关惩治和预防腐败体系建设,确保始终按照法定权限和程序行使检察权。

一要加强对领导干部行使权力的监督。领导干部是检察工作的领导者、组织者,自己不正,何以正人。要加强对领导干部的日常教育、管理和监督,严格执行廉政准则和廉洁从检若干规定,更好发挥巡视、个人有关事项报告、述职述廉等制度的作用,加强上级检察院对下级检察院领导干部的管理监督、考察考核,加强对各级检察长和部门"一把手"的监督。各级领导干部要始终牢记,没有不受监督的权力,没有不受监督的个人。我们必须带头自觉接受监督,严格执行民主集中制,切实守住做人、处事、办案、用权、交友的底线,纯洁生活圈、交友圈,严格要求自己、配偶子女和身边工作人员,永葆清正廉洁的政治本色。

二要加强对执法办案活动的监督制约。执法办案直接关系各方当事人切身利益,历来是腐蚀与反腐蚀的重点领域,应当始终成为我们强化内部监督的重点。要以贯彻修改后刑事诉讼法、民事诉讼法和推行案件管理机制改革为契机,进一步优化检察职权配置,强化各执法环节之间的监督制约,规范自由裁量权的行使,健全科学合理、规范有序的检察权运行机制。要围绕立与不立、捕与不捕、诉与不诉和诉讼监督等容易滋生腐败的重点领域和关键环节,严格规范检察人员对外交往行为,特别是要严格规范办案人员与法官、律师、当事人和中介的关系,健全回避制度,坚决防止检察人员与一方当事人形成利益共同体,坚决防止利用检察监督权谋取私利等违纪违法行为。要建立健全廉政隐患摸排预警制度、防止利益冲突制度、对违反法定程序干预办案的登记备案报告和通报制度、检察人员谈心谈话制度、重点岗位轮岗交流制度,着力防控廉政风险。要进一步加强和改进检务督察、专项检查、案件评查等工作,强化上级检察院和纪检监察、案件管理部门对执法办案活动的监督制约。

三要推进检察权运行公开化。权力运行公开化是民主法治建设和时代发展进步的大势所趋,也是检察权依法正确行使的重要保障。要积极适应开放、透明、信息化条件下执法办案的新要求,依法扩大检务公开的内容和范围,把执法依据、程序、流程、结果及时公之于众,切实以公开促公正、保廉洁。要进一步完善人民监督员、特约检察员、专家咨询制度,探索对重大工作部署、重要司法解释公开征求意见,积极推进门户网站、检察微博建设,不断拓宽人民群众有序参与检察工作途径。要高度重视人民群众对检察机关和检察人员的控告、申诉、举报和批评、意见、建议,积极回应人民群众对检察工作的呼声和关切。特别是要提高把自觉接受外部监督转化为切实加强内部监督的能力,理清外部监督与内部监督的关系,善于从人民群众的控告、举报和网络舆情的反映中,及时发现和解决检察业务和队伍建设存在的突出问题,进一步完善内部监督制度,更好地把外部监督转化为内部监督,使我们这支队伍更加纯洁、更加坚强。

四要严肃查处违纪违法案件。坚持从严治检,纯洁检察队伍,是保持检察机关肌体健康的内在需要和根本要求。勇于坦承自己的不足,勇于查究自己的问题,是我们自身有信心有力量的表现,是提高检察机关执法公信力极其重要的一个方面。要始终保持对自身腐败问题的"零容忍",紧紧抓住执法一线岗位、关键环节和领导干部等重点,坚持有案必办、有腐必惩,坚持严肃查处办关系案、人情案、金钱案的问题,严肃查处滥用职权、越权办案的问题,严肃查处吃拿卡要、索贿受贿的问题,严肃查处违法插手经济纠纷的问题,严肃查处为违法犯罪活动开脱、包庇、提供保护的问题,严肃查处滥用强制措施、乱收费、乱扣押、乱摊派的问题,严肃查处参与经营或变相参与经营娱乐场所和企业、矿山的问题,严肃查处利用人事权、财权和物权贪污受贿的问题。要建立和完善违纪违法案件剖析和通报制度,不断增强自我净化、自我完善、自我革新、自我提高的能力。要抓早抓小、防微杜渐,对检察人员苗头性、倾向性问题,及时谈话提醒、诫勉、教育,防止小错酿成大错。对来信来访和网络舆情等反映的突出问题,我们决不能无动于衷、麻木不仁,以致问题越积越多,负面舆情持续发酵。要高度重视,本着认真负责、实事求是的态度,及时全面核查反映的问题,弄清事实真相,做到有问题绝不袒护,无问题及时澄清。这既是对组织负责,又是对被反映人负责。发现问题及时纠正,防止更大的错误和被动,是对干部真正的爱护和保护。问题澄清了也是对干部的爱护和保护。最高人民检察院不仅要求地方检察机关高度重视、及时查清;涉及最高人民检察院机关自身的,最高人民检察院党组也始终高度重视、及时查清,努力维护检察机关的良好社会形象。

检察机关的纪律作风建设和反腐倡廉建设,事关检察事业兴衰成败。各级检察院党组要严格执行党风廉政建设责任制,切实担负起反腐倡廉的政治责任;党组书记要认真履行第一责任人的职责,领导班子其他成员和各部门负责人要抓好职责范围内的反腐倡廉工作,坚持一岗双责,把纪检监察工作融入检察业务、队伍建设、检务保障等工作中,形成教育监督的合力。要进一步解决一些同志责任意识不强,没有把落实党风廉政建设责任制摆到应有位置;投入精力不够,讲得多、做得少,部署多、落实少;只注重抓业务,忽视反腐倡廉建设等突出问题。要支持纪检监察机构开展工作,关心爱护纪检监察干部,注意保护那些党性强、敢于坚持原则的同志,为他们开展工作创造良好条件、解除后顾之忧。各级检察机关纪检监察机构要牢记使命、勇挑重担,坚持原则、敢抓敢管,重视履行职责、充分发挥作用。全体纪检监察人员要严格要求自己、自觉接受监督,作严守纪律、改进作风、拒腐防变的表率,进一步树立可亲、可信、可敬的良好形象。

让我们更加紧密团结在以习近平同志为总书记的党中央周围，统一思想、振奋精神、扎实工作，不断开创自身反腐倡廉建设新局面，努力推动检察事业科学发展，为全面建成小康社会作出新的更大贡献！

在全国检察机关队伍建设工作会议暨第五届全国先进基层检察院表彰大会上的讲话

最高人民检察院检察长　曹建明

（2013年3月26日）

这次会议是在党的十八大和全国"两会"之后，最高人民检察院党组决定召开的一次重要会议。刚才，中共中央政治局委员、中央政法委员会书记孟建柱同志作了重要讲话，充分肯定了近年来检察工作和队伍建设取得的成绩，对进一步加强检察队伍建设特别是思想政治建设、业务能力建设、党风廉政建设和领导班子建设提出了明确要求。我们一定要认真学习领会，坚决贯彻落实。

2008年以来，各级检察机关认真贯彻党中央关于加强政法队伍建设的决策部署，始终把检察队伍建设作为战略任务来抓，全面加强思想政治建设、领导班子建设、素质能力建设、纪律作风建设，为做好各项检察工作提供了有力的组织保障。特别是，持续开展主题教育实践活动，社会主义法治理念更加深入人心；扎实推进大规模教育培训，促进了队伍整体素质进一步提升；坚持不懈加强管理和监督，执法作风进一步改进，涌现出一大批公正执法、清正廉洁的先进典型。在刚刚闭幕的全国"两会"上，人大代表、政协委员给予了充分肯定，认为过去五年检察队伍建设抓得紧、抓得实，执法水平和社会形象不断提高。这些成绩的取得，是在党中央正确领导下，全国检察机关和全体检察人员共同努力的结果，也凝聚了广大检察政工干部的心血和汗水。在此，我代表最高人民检察院向大家表示衷心的感谢！

下面，我讲几点意见。

一、充分认识新形势下加强检察队伍建设的重要性和紧迫性

党的十八大深刻指出，坚持和发展中国特色社会主义，关键在于建设一支政治坚定、能力过硬、作风优良、奋发有为的执政骨干队伍，明确要求加强政法队伍建设，切实肩负起中国特色社会主义事业建设者、捍卫者的职责使命。今年以来，习近平总书记多次对政法队伍建设作出重要指示，突出强调全力推进过硬队伍建设，坚持严格执法、公正司法，解决影响司法公正和制约司法能力的深层次问题，维护社会主义法制的统一、尊严、权威；加强忠诚教育和职业培训，进一步提高执法能力；坚持司法为民，改进司法工作作风，规范司法行为，提高司法工作亲和力；坚持从严治警，坚决反对执法不公、司法腐败，进一步提高政法工作公信力；加强基层队伍建设，加强司法干部体制和经费保障体制建设，改善司法干部特别是基层司法干部工作生活条件，让他们更好履行职责。年初召开的全国政法工作会议认真落实党中央要求，把队伍建设作为今年"三大建设"之一进行了专门部署，进一步明确了政法队伍建设的总体思路和重点措施。在今年全国"两会"上，代表、委员对加强检察队伍建设依然十分关注，对检察机关严格规范执法、强化自身监督、提升执法能力和公信力等提出了许多中肯的意见和建议。所有这些，为我们加强和改进检察队伍建设提出了新的目标和更高要求。

当前，我国已进入全面建成小康社会的决定性阶段，检察机关在保障人民安居乐业、服务经济社

会发展、维护国家安全和社会稳定中具有十分重要的作用。随着全社会法治意识不断增强,检察队伍建设面临一系列新情况新问题新挑战,人民群众对检察队伍的期待越来越高,不仅对检察人员执法不严不公不廉"零容忍",而且希望我们更加忠实履行法律监督职责,维护整个执法司法工作乃至全社会的公平正义;随着新媒体时代的到来,执法环境越来越复杂,检察机关的执法办案往往被置于舆论的"放大镜"、"显微镜"之下,经常成为社会关注的焦点。与此同时,在全面深化改革开放和发展社会主义市场经济条件下,各种社会思潮更加深刻影响着我们的世界观、人生观、价值观,形形色色的腐蚀、诱惑时时刻刻考验着我们,信念滑坡、消极腐败的危险更加尖锐地摆在我们面前,全面加强和改进检察队伍建设的任务比以往任何时候更为繁重、更为紧迫。

经过近些年持续不断的努力,检察队伍建设取得了明显成绩和进步。但我们必须清醒认识到,与新形势新任务相比,与党和人民的要求相比,检察队伍在执法理念、执法行为、执法水平、执法作风等方面都还有不小的差距,尤其是素质不高、能力不足、作风不正、执法不公等问题在一些地方仍然表现比较突出,特别是少数检察人员严重违法违纪问题时有发生,严重损害了检察机关执法公信力。出现这些问题,既有检察人员自身的原因,也有我们教育、监督、管理不到位的原因。一些检察机关领导班子特别是有的"一把手"还没有把队伍建设放到应有的重要位置,重业务轻队伍、重使用轻培养、重办案轻管理等问题不同程度存在;有的对队伍建设缺乏全局性、整体性、系统性思考,没有长远规划和目标;有的不注意研究新情况新问题,工作老一套,不会抓、不敢抓、不善抓;有的标准不高、要求不严,不仅对队伍要求不严,对自己本身要求也不严,敷衍了事,得过且过,等等。这些问题不仅影响全国检察队伍建设的整体成效,也制约了检察工作科学发展。

检察队伍建设是全部检察工作的根本和保证。各级检察机关特别是领导干部,必须以更大的决心抓好检察队伍建设,继续下大气力认真解决在队伍建设理想信念、能力素质、纪律作风以及方法措施、体制机制等方面还存在的突出问题,努力建设忠诚可靠、执法为民、务实进取、公正廉洁的过硬检察队伍。要始终把队伍建设放在检察工作全局中谋划和推进,牢固树立和强化全局抓、系统抓、长期抓等理念,努力实现队伍建设与业务建设及各项工作的融合、互动;始终把促进检察人员全面发展作为出发点和落脚点,切实尊重检察人员主体地位,保障检察人员合法权益,赢得检察人员最广泛的参与和支持;始终把队伍建设的重心放在基层,注重面向基层、贴近基层、服务基层,把各项政策措施落实到基层,夯实检察工作科学发展的根基。

二、加强思想政治建设,坚定不移做中国特色社会主义事业建设者、捍卫者

加强思想政治建设,最重要的是坚定理想信念。理想信念是人的政治灵魂和精神支柱,是行为的"总开关"。习近平总书记曾形象地指出,没有理想信念,理想信念不坚定,精神上就会"缺钙",就会得"软骨病"。当前,在检察队伍建设中最重要的,首先需要高度重视并切实解决好的,也是理想信念问题。从外部环境看,社会思想多元多样多变的趋势日趋明显,法治领域各种思想交流交锋更加频繁,用社会主义核心价值体系和社会主义法治理念引领检察人员思想观念的要求不能动摇。特别是近年来,检察队伍结构发生了新的变化,一大批出生或成长于改革开放之后的年轻同志逐渐成为检察工作的骨干力量。这些同志学历高、有朝气、有活力,但相对而言对我们党和检察机关的优良传统不够了解,缺乏严格的党内生活锻炼,缺少复杂环境的考验,有的同志还比较容易受到各种社会思潮的影响。如何有针对性地加强思想政治建设,是我们面临的一个重大课题。各级检察机关一定要清醒认识意识形态领域斗争的复杂性,充分认识检察人员思想活动的差异性,进一步加强和改进思想政治工作,着力在增强针对性、深入性、有效性上下功夫,强化理论武装,坚定理想信念,加强忠诚教育,确保检察工作始终坚持正确的政治方向。

一要加强中国特色社会主义理论体系学习教育,进一步把学习贯彻党的十八大精神引向深入。要坚持不懈地用中国特色社会主义理论体系武装检察人员头脑,引导检察人员原原本本研读党的十八大报告和党章,深刻领会中国特色社会主义的三大基本构成,坚定道路自信、理论自信、制度自信,打牢高举旗帜、听党指挥、忠诚使命的思想基础,确保在各种干扰诱惑面前立场坚定、执法如山。要组织检察人员认真学习习近平总书记在十二届全国人大一次会议上的重要讲话精神,引导检察人员更

加坚定自觉地在中国特色社会主义道路上,为实现中华民族伟大复兴的"中国梦"而努力奋斗。

二要加强和改进主题教育实践活动。联系实际深入开展主题教育实践活动,是加强检察队伍思想政治建设的重要载体,也是这些年我们在实践中探索的成功经验,对提高检察人员思想政治素质起到了十分重要的作用。但一些同志反映,一些地方教育活动流于形式、走过场,有的教育活动针对性不强,不解决实际问题。各级检察机关都要求真务实,在主题教育实践活动中不回避问题,敢于直面问题。要坚持理论联系实际,认真研究如何改进方式方法,提高教育实践活动的针对性、实效性和感染力,最大限度调动广大检察人员自觉参与教育实践活动的积极性。要按照中央要求,更好结合广大检察人员思想工作实际,部署好、开展好党的群众路线教育实践活动,突出为民务实清廉主题,突出提高思想认识,突出解决自身问题和不足,突出提高群众工作能力,突出示范教育和警示教育,确保活动取得实效。

三要大力加强检察文化建设。一支高素质的检察队伍,必定有崇高的思想境界和强大的精神动力。要认真贯彻最高人民检察院关于加强检察文化建设的决定,以树立正确的法律信仰和价值取向为核心,把文化建设与理论武装、能力建设、职业道德建设结合起来,创新文化建设载体,繁荣文化作品创作,丰富检察文体生活,促进全体检察人员自觉做社会主义道德的示范者、诚信风尚的引领者、社会公平正义的守护者。

三、深入实施人才强检战略,大力推进检察队伍专业化、职业化建设

一个合格的检察人员,不仅应当具备坚定的理想信念,而且应当具有过硬的专业素质和职业素养。当前,检察工作的任务十分繁重,执法难度越来越大,执法环境日益复杂,对执法办案的能力素质要求也越来越高。我们必须把提高检察队伍整体素质和维护社会公平正义的能力摆在更加突出的位置来抓。重点抓好三个方面:

一要大力加强检察人才队伍建设。检察机关人才队伍建设,对于检察工作发展和检察队伍建设发挥着十分重要的支撑和带动作用。要坚持人才优先发展战略,积极倡导爱才惜才的价值取向,完善人才政策和机制措施,营造人才成长的良好氛围,加快建设一支规模宏大、素质优良的检察人才队伍。要统筹推进各类人才队伍建设,认真组织实施"六项重点工程",既要高度重视引进和培养一批具有深厚法学理论功底、理论联系实际、能够引领司法实践重大课题的高层次法律专门人才,又要夯实基础,重视培养一大批综合素质高、既具有较高检察理论水平又具有丰富办案经验的检察业务专家,还要在检察队伍特别是基层检察人员中培养一大批业务尖子和办案能手,不断优化人才队伍结构、扩大人才队伍规模。要进一步完善检察人才评价、发现、培养、使用和激励保障机制,特别是要尊重、关心和爱护人才,想方设法帮助解决他们的实际问题,使各类人才为检察事业发展发挥更大的作用。

二要积极推进队伍专业化建设。专业化是由检察机关的专门性质和特殊职责所决定的。所有检察人员都必须具备胜任岗位职责所需的专业知识和技能。检察队伍专业化水平的高低,直接影响着甚至决定着检察机关的公正执法能力。加强检察队伍专业化建设,既要注重专业学历,更要重视综合素质能力包括专业技能。一方面,要坚持以法律专业为主体、其他专业为补充,通过完善招录机制、加强学历教育,提高检察人员总体学历水平,优化检察队伍专业素质结构;另一方面,要大力推进专业化教育培训,以领导干部、业务一线和基层检察人员为重点,分级分类全面开展领导素能、任职资格、专项业务、岗位技能培训。要抓紧制定实施检察人员岗位素能基本标准,作为招录、培养不同岗位检察人员的基本依据,推动形成专业化的队伍管理机制和教育培训体系。要加强与高等院校、法学研究机构互相交流挂职,选派优秀年轻检察人员到其他司法机关、行政执法部门挂职锻炼,提高检察人员新形势下全面履行职责的实际能力。要认真研究解决内设机构设置行政化、不统一、不规范的问题,建立符合专业化要求的组织机构体系和办案组织模式。

三要稳步推进队伍职业化建设。提高检察队伍建设科学化水平,很重要的一点,就是要按照检察工作的职业特点和规律,来选拔、培养、使用和管理检察队伍。在这方面,我们过去作了一些探索,但还不系统、不成熟。要进一步加强调查研究和顶层设计,明确目标要求、主要任务、方法途径和机制措施等,全面推进检察队伍职业化建设。要大力开展职业信仰、职业精神、职业道德教育,引导检察人员增强职业认同、提高职业素养。要健全检察人员职业准入制度,完善职业准入标准和任职资格条件,拓宽优秀人才进入检察队伍渠道。要探索建立与检察职业特点相适应的职业保障制度,建立检察人员任用、奖惩、待遇与职务序列和德才表现、工作业绩、能力素质挂钩的制度,完善检察官级别和司法警察警衔评定制度,推动建立和完善牺牲、伤残、特困干警资助资金制度,建立和完善检察人员履行职务受到侵害保障救济机制和不实举报澄清机制。当前,要重点推进检察人员分类管理改革,认真落实中央组织部和最高人民检察院联合下发的《关于人民检察院工作人员分类管理制度改革意见》,科学设置各类人员员额比例,确定职务序列和职数,制定检察辅助人员管理办法等配套规定,逐步建立分类科学、结构合理、职责明晰、管理规范的分类管理制度,使广大检察人员各归其类、各展其才、各得其所。

四、加强领导班子建设,着力建设善于领导检察工作科学发展的坚强领导集体

推进过硬检察队伍建设,领导班子和干部队伍是关键。去年以来,经过省市县集中换届,一大批干部特别是年轻干部走上了各级检察机关领导岗位。检察工作能不能始终做好,能不能在已有的基础上继往开来、开拓创新,很大程度上取决于领导班子自身的能力水平和作风状况。各级检察院领导班子和领导干部要切实加强自身建设,牢固树立正确的发展理念和执法理念,更加重视改进工作作风、提高能力水平,专心致志为党和人民多做工作。

一要认真贯彻落实民主集中制。民主基础上的集中和集中指导下的民主,是领导班子必须遵循的基本准则。要更加坚定自觉地坚持民主集中制,建立健全党组会、检察委员会和检察长办公会议事规则和决策程序,既要坚决反对和防止个人或少数人专断,又要坚决反对和防止无所用心、放任自流或随大流,真正形成团结协作、高效运转、能及时发现并解决自身问题的工作机制和管理机制,不断提高领导班子的凝聚力和战斗力。领导班子主要负责同志要善于当"班长",带头坚持集体领导,更加注重制度建设,严格按程序办事、按规则办事、按集体意志办事。班子成员要讲政治、顾大局、守纪律,自觉维护班子团结和领导集体的权威,既充分发挥主观能动性、认真做好分管工作,又积极参与并自觉接受集体领导,形成整体工作合力。要高度重视、切实纠正当"老好人"或者搞小圈子、班子不团结的问题。

二要着力提高领导能力和水平。形势在发展、实践在深入,检察工作中各种新矛盾、新问题、新情况、新知识、新经验层出不穷。在这样的时代条件下,检察机关领导干部的政治智慧、政策水平和法律素养面临着很高要求,不愿学习,故步自封,吃老本、凭经验,按感觉办事,长此以往就会落伍,就会被淘汰。各级领导干部要切实增强学习的紧迫感和自觉性,落实政治学习、理论研讨和工作研讨等制度,注重掌握马克思主义立场、观点和方法,注重学习和研究检察工作重大理论和实践问题,注重在统筹抓好当前各项工作的同时,加强理论务虚和工作务虚,认真思考检察工作长远发展,不断提高运用法律政策、履行检察职责的能力,战略思维、创新思维、辩证思维的能力和应对复杂局面、引领科学发展的能力。

三要切实增强领导班子执行力。执行力既是组织领导能力的重要体现,也是检验政治上是否清醒和坚定的重要标尺。要进一步严明政治纪律,始终在思想上政治上行动上与党中央保持高度一致,坚决防止和纠正有令不行、有禁不止、我行我素、阳奉阴违等现象,确保中央重大决策部署在检察工作中得到不折不扣地贯彻执行,确保上级检察机关的各项重要工作部署落实到位,确保检令畅通。要防止和纠正履行职责不到位,开展工作不力,重部署、轻落实,重形式、轻实效的不良作风,带头做讲责任、敢担当、重落实的表率。换届后的新班子既要开拓创新、奋发进取,又要保持检察工作发展的连续性、稳定性,使换届成为承前启后、推动发展的新起点。

四要进一步强化领导班子监督管理。领导班子、领导干部掌握着一定的决策权,以权谋私的诱惑和用权不慎的风险更大。要牢固树立严是爱、宽是害的观念,切实加强领导班子内部监督制约,特别是加强对"一把手"的监督。领导班子内部要敢于和善于开展批评和自我批评,增强党内政治生活的严肃性,提高领导班子解决自身矛盾和问题的能力。要加强对下级检察院领导班子的巡视工作,健全上级检察院派员参加下级检察院领导班子民主生活会、定期对下级检察院领导班子情况进行分析和谈心谈话制度,全面推行下级检察院检察长到上级检察院述职述廉报告工作制度,建立符合检察管理体制的领导班子和领导干部考察考核办法。各级领导干部要乐于和善于接受监督,在接受监督中坚守清廉、树立形象、保持本色。

五、坚持不懈抓好基层检察院建设,全面提高基层检察工作和队伍建设水平

基层检察院是检察机关全部工作和战斗力的基础,任何时候都必须高度重视、抓紧抓好。近年来,我们始终坚持抓基层、打基础,基层检察院面貌发生了新的显著变化,涌现出一大批队伍素质高、执法形象好、人民群众比较满意的先进基层检察院,刚才受到表彰的就是其中的杰出代表。要认真总结基层建设的成绩和经验,根据新的形势和要求,制定实施未来五年深化基层检察院建设的总体规划,着力在解决重点难点问题上下功夫。

一要继续深入推进"四化"建设。要围绕执法规范化、队伍专业化、管理科学化、保障现代化,进一步明确基层检察院建设新的目标任务和措施要求。要大力推进学习型检察院建设,更加重视加强基层教育培训工作,特别是加强修改后刑事诉讼法、民事诉讼法和人民检察院刑事诉讼规则、检察机关执法工作基本规范等学习培训,着力提高基层全体检察人员严格规范公正执法的水平。要推动落实和完善有利于稳定基层队伍的政策措施,健全基层检察人员招录机制,改善基层检察人员工作和生活条件,引导检察人才向艰苦地区和基层一线流动,进一步解决一些地方基层检察院案多人少、人才短缺、人员流失、提前离岗离职等问题。要以检察信息化为依托,以深化案件管理机制改革为重点,探索建立符合基层实际,涵盖检察业务、队伍、政务管理等各个方面的内部管理机制,全面提高基层检察院管理水平。

二要进一步加大对西部和贫困地区基层检察院支持力度。受区位条件和经济发展水平影响,目前,西部和贫困地区基层检察院建设相对滞后,特别是革命老区、民族地区、边疆地区人才短缺、经费困难、科技装备落后等问题仍比较突出。要加快推进西部和贫困地区检察院"扶才工程",积极开展远程教育和网络培训,继续组织讲师团开展巡回培训,加强东中部地区与西部地区、经济发达地区与贫困地区检察院的人才对口支援。要进一步推动落实和完善县级检察院公用经费保障标准,积极争取中央和省级财政增加转移支付资金,帮助西部和贫困地区基层检察院加大执法办案、科技装备、教育培训等经费投入。西部和贫困地区基层检察院要强化创先争优意识,切实用好外部援助,把加强基础硬件建设同加强能力素质建设有效结合起来,不断增强自我发展、自我完善、自我提高的能力。

三要健全基层建设指导机制。各级检察院领导干部特别是检察长要把主要精力放在抓基层上,完善和落实领导干部联系基层、业务部门对口指导、基层检察院结对帮扶等制度,重视深入基层、深入实际开展调查研究,有针对性地加强指导,更加扎实地推进基层检察院建设。要进一步加强基层检察院建设抽样评估,定期分析基层建设情况和存在的突出问题,制定完善加强基层建设的措施。最高人民检察院将每年对3至5个省、自治区、直辖市的基层检察院建设工作进行抽样评估。要进一步完善基层检察院建设考核办法,建立健全符合科学发展观和正确政绩观的考核指标和评价体系,更加科学有效地发挥考评机制的导向作用。

检察机关纪律作风建设和自身反腐倡廉建设是推进过硬队伍建设极其重要的方面,前不久召开的全国检察机关反腐倡廉建设工作会议已经作了全面部署,各级检察机关要认真抓好落实。特别是,要以"踏石留印、抓铁有痕"的精神抓好纪律作风建设,认真贯彻执行中央八项规定和检察机关的实施办法,让人民群众看到实实在在的新变化、新成效;要以健全检察权运行制约和监督体系为重点,深入推进检察机关自身反腐倡廉建设,加强对领导干部和执法办案的监督管理,推进检察权运行公开化,坚决防止和抵制金钱、人情、关系的干扰,确保检察权依法正确行使;要坚持从严治检,严格执行各项禁令规定,进一步解决特权思想、霸道作风、受利益驱动办案、违法扣押冻结款物、违规办案致人伤亡和以权谋私、以案谋私等突出问题,坚决反对执法不公、司法腐败,对违法违纪行为严肃查处、决不姑息,以铁的纪律带出一支铁的队伍。

检察队伍建设事关检察事业发展全局。各级检察院党组要切实履行抓班子、带队伍的领导责任,坚持"一把手"负总责、班子成员分工负责、分管领导具体抓,形成齐抓共管的合力。要认真研究和解决队伍建设中的重大问题,支持政工部门履行职责,关心爱护政工干部,注重把优秀干部选拔充实到政工部门,为他们开展工作创造良好条件。各级检察机关政工部门要重视加强自身建设,教育和引导广大政工干部重原则、守规矩,严格按党的政策办事、按组织原则办事、按规章制度办事，公道正派、廉洁奉公，求真务实、不图虚名，努力把政工干部队伍建设成为党性最强、作风最正、工作出色的过硬队伍。

新形势新任务对检察队伍建设提出了新的更高要求。让我们更加紧密地团结在以习近平同志为总书记的党中央周围，锐意进取、扎实工作，不断开创检察队伍建设新局面，推动检察事业科学发展，为全面建成小康社会作出新的更大贡献！

在国家检察官学院新任检察长培训班开学典礼上的讲话

最高人民检察院检察长　曹建明

（2013年5月6日）

国家检察官学院省级院新任检察长培训班、分州市院领导班子成员专题研修班、基层院新任检察长培训班今天开学了。首先，我代表最高人民检察院党组，向大家表示热烈的欢迎！

举办这次培训班，是贯彻落实党的十八大精神和习近平总书记重要指示，适应检察机关领导班子换届后的新形势新任务新要求，加强检察机关领导干部学习培训的重要举措。前不久，习近平总书记在中央党校建校八十周年庆祝大会暨2013年春季学期开学典礼上作了重要讲话，突出强调中国共产党人要坚持学习、学习、再学习，坚持实践、实践、再实践。这是对全党大兴学习之风的有力动员，对于加强学习型检察院建设、推动检察事业科学发展具有十分重要的指导意义。下面，我围绕学习贯彻习近平总书记重要讲话精神，就大兴学习之风、努力增强新形势下做好检察工作的本领谈一点体会，与大家一起交流。

一、大兴学习之风，把学习作为提高素质能力的根本途径

学习是我们加强党性修养、坚定理想信念、提升素质能力的重要途径。重视学习、善于学习是中华民族的优良传统，也是我们党在长期实践中形成的宝贵经验。习近平总书记深刻指出："中国共产党人依靠学习走到今天，也必然要依靠学习走向未来"；"我们的干部要上进，我们的党要上进，我们的国家要上进，我们的民族要上进，就必须大兴学习之风。"这些重要论述，深刻阐明了加强学习的极端重要性。

发展奋进中的中国，所要应对的风险挑战，所要直面的矛盾问题，所要解决的课题难题，大多没有现成经验可借鉴。对全国检察机关而言，当前面临的一个重要课题就是，如何在执法办案中更好地正确认识和依法妥善处理我国发展起来后不断出现的新情况新问题。比如，如何坚持以执法办案为中心，更好地服务发展、维护稳定、保障民生；如何落实党的十八大对法治建设的部署要求，坚持依法独立公正行使检察权，坚持法律面前人人平等，坚持有法必依、执法必严、违法必究，进一步强化法律监督，更好地维护国家法制统一、尊严、权威；如何顺应人民群众对公共安全、司法公正、权益保障的新期待，大力推进平安中国、法治中国、过硬队伍建设，更好地维护人民群众合法权益；如何适应执法环境的深刻变化，强化自身监督制约，自觉接受外部监督，更好地提升检察机关的执法公信力，等等。所有这些，都对我们如何在实践中增长解决问题的新本领提出了新的更高要求。

总的来看，与今天法治建设和检察事业发展的要求相比，我们的本领有适应的一面，也有不适应的一面。特别是随着我国发展起来后不断出现新情况新问题，我们会愈来愈感受到，自身不适应的一面在逐渐上升。如果我们不自觉学习，不加快知识更新，不努力提高自身的综合素养，知识就会老化，思想就会僵化，能力就会退化，就会缺乏新形势下做好检察工作的本领。特别是各级检察机关领导干部,能否在学习中努力增强做好工作的本领,不仅仅是我们自己的事情,还直接关系到检察事业发展全局。近年来,我们按照中央的统一部署,大力推进学习型检察院、学习型党组织建设,检察机关的学习氛围日益浓厚,广大检察人员特别是领导干部的学历、知识和能力有了很大提高。但也要清醒认识到,一些检察人员包括一些领导干部在学习上还存在不少问题:有的不思进取,不愿意学习;有的忙于应付、应酬,不重视学习;有的摆摆样子,不真正学习;有的习惯于用老思路老办法办事,不深入学习;有的学用脱节,不善于学习。所有这些,既是学风问题,也是思想方法、工作态度问题,都将影响和制约检察工作的科学发展。

事有所成,必是学有所成。全体检察人员尤其是各级领导干部一定要切实增强学习的责任感、紧迫感,进一步在检察机关营造良好的学习氛围,掀起学习的热潮。要牢固树立勤于学习、善于学习和善于重新学习的理念。事业发展没有止境,学习就没有止境。要把学习作为一种政治责任、一种精神追求,不断提高贯彻党的路线方针政策、推动检察工作科学发展的本领,不断提高把握客观规律、运用科学理论和法律政策解决实际问题的本领,不断提高应对和驾驭复杂局面、依法科学民主决策的本领。要牢固树立全面、系统学习的理念。既结合工作抓住学习重点,又注意拓展学习领域;既向书本学习,又向实践学习;既向专家学者学习,又向人民群众和广大检察干警学习;既学习法律,又学习经济、政治、历史、文化、社会、科技等方面的知识,主动加快知识更新、优化知识结构、拓宽眼界视野。要牢固树立学用结合的理念。学习的目的全在于运用。要带着问题学、联系实际学,做到干中学、学中干,学以致用、用以促学、学用相长,增强检察工作本领,提高解决实际问题的水平。

二、加强政治理论学习,着力推动检察队伍思想政治建设

强化理论武装是我们加强学习的首要任务,也是提升检察人员思想境界、加强思想政治建设的基本途径。检察机关作为党领导下的法律监督机关,担负着巩固党的执政地位、捍卫社会主义制度的重大使命,全体检察人员都应当具有坚定的政治立场和过硬的政治素养。要始终牢牢抓住思想政治建设这个根本,毫不放松地加强政治理论学习,真正做到在纷繁复杂的形势下坚持科学指导思想和正确前进方向,坚定不移地做中国特色社会主义事业的建设者和捍卫者。

一要深化对马克思主义理论和党的路线方针政策的学习。马克思主义理论是我们做好各项工作的看家本领,也是确保检察事业沿着正确方向深入发展的思想武器。要坚持不懈地学习马克思主义理论和党的理论创新成果,深刻认识共产党执政规律、社会主义建设规律和人类社会发展规律,准确把握马克思主义的立场、观点、方法,自觉提高政治水平和理论水平。当前,要继续把学习贯彻党的十八大精神作为首要政治任务,原原本本地学习十八大文件和习近平总书记一系列重要讲话,牢牢把握重大理论观点、重大方针政策、重大工作部署,进一步坚定道路自信、理论自信、制度自信,毫不动摇地坚持、与时俱进地发展中国特色社会主义,为实现伟大的中国梦而不懈奋斗。

二要深化对社会主义法治理念的学习。社会主义法治理念是中国特色社会主义理论体系的重要组成部分,是社会主义法治建设的指导思想,也是检察机关一切执法办案活动的思想先导。要在全国检察机关进一步深化社会主义法治理念学习教育,引导广大检察人员明辨理论是非,善于从政治上、大局上、战略上、理论上看问题,认清错误观点主张的本质,增强对中国特色社会主义的政治认同、理论认同和感情认同,坚持中国特色社会主义政治发展和法治建设道路,坚持党的领导、人民当家做主、依法治国有机统一,坚持和发展中国特色社会主义检察制度,确保党的路线方针政策和国家法律在各项检察工作中得到不折不扣的贯彻落实。

三要深化主题教育实践活动。这是加强检察机关思想政治建设的重要形式和重要载体。这些年来,我们持续开展主题教育实践活动,把学习政治理论与加强党性锻炼结合起来,紧密联系自己的思想实际和工作实际加强思想修养,不断改进作风,取得了较好的效果。要进一步改进学习教育方式,增强教育实践活动的针对性和实效性。中央政治局决定从今年下半年开始,用一年左右时间,在全党自上而下分批开展党的群众路线教育实践活动。这是新形势下加强学习型马克思主义执政党建设的重大部署,也是检察机关强化思想政治建设的重要契机。各级检察机关要按照中央的统一部署,紧紧围绕保持党的先进性和纯洁性,以为民务实清廉为主要内容,以县处级以上领导机关、领导

班子和领导干部为重点,切实加强马克思主义群众观点教育,坚持不懈地狠抓纪律作风建设和自身反腐倡廉建设,着力解决特权思想、霸道作风和冷硬横推、吃拿卡要等不良习气,切实解决受利益驱动办案、滥用强制措施、违法扣押冻结款物、徇私枉法和办人情案、关系案、金钱案等群众反映强烈的突出问题。

四要创新政治理论教育的方式方法。加强政治理论教育贵在创新,重在增强吸引力和感染力。要及时总结推广组织学习的有效措施和做法,丰富学习教育内容,增强学习教育效果,注重在养成辩证思维、战略思维、全局思维、创新思维能力上下功夫。同时,要积极探索贴近检察人员思想实际、富有时代特点的新方法,尤其是要注意把解决认识问题与解决实际问题紧密结合起来,充分运用交流工作经验、畅谈学习体会、切磋研究成果等方法,使政治理论教育入脑入心、潜移默化。要适应现代传播方式发展的新趋势,重视运用互联网等新兴媒体,着力加强检察文化建设,搭建政治理论教育的新平台,不断增强思想政治工作的活力。

三、加强检察业务学习培训,着力推动检察队伍专业化建设

习近平总书记深刻指出,领导干部加强学习,根本目的是增强工作本领、提高解决实际问题的水平。法律监督是一项高度专业化的工作,专业化是检察机关执法素质能力建设的核心。如果没有更高的法律素养和专业化水平,我们就不能胜任法律监督工作。要坚持把执法素质能力建设置于基础性、先导性的战略位置,在全国检察机关营造学习业务、钻研业务的良好氛围。特别是要坚持人才优先发展战略,有针对性地加强学习培训,提升检察人员综合素质和专业技能,进一步提高严格公正规范文明执法水平,努力建设一支忠诚可靠、执法为民、务实进取、公正廉洁的高素质检察队伍。

一要坚持专业知识的学习积累。熟练掌握法律专业知识和检察业务知识,是履行好法律监督职责的前提和基础。当前,随着经济社会发展及执法环境的深刻变化,执法办案中新情况新问题层出不穷,执法难度越来越大,对我们的执法能力提出了更高要求。每一位检察人员都要坚持专业知识的学习,不断提升职业精神、职业素养、职业操守和履职能力。要适应中国特色社会主义法律体系的完善,自觉加强对法律规范特别是修改后刑事诉讼法、民事诉讼法、刑事诉讼规则和执法工作基本规范的学习,注重社会主义法治精神、法治理念的养成,牢固树立人权意识、程序意识、证据意识、时效意识、监督意识。要适应法律监督业务的拓展,自觉加强对法律监督基本理论、各项检察专业技能的学习,全面深入掌握履行岗位职责所必备的专业知识,真正使自己成为检察工作的行家里手。要适应时代和社会的发展进步,自觉加强对金融、财经、科技、社会等相关知识的学习,不断优化知识结构,提高综合能力,努力成为专家型、复合型人才。

二要推进专业化教育培训。教育培训是提高检察人员能力素质的重要手段,也是推进检察队伍专业化建设的重要载体。要牢固树立向教育培训要检力、要战斗力的理念,研究制定检察队伍专业化建设规划,推动形成专业化的教育培训体系。围绕发现违法犯罪、侦查突破案件、审查运用证据、适用法律政策等能力建设,抓紧制定实施检察人员岗位素能基本标准,细化各层次、各岗位人员尤其是业务部门检察官的专业知识结构标准、履职能力具体标准,为培养不同岗位检察人员提供基本依据。坚持以领导干部、业务一线和基层检察人员为重点,分级分类全面开展领导素能、任职资格、专项业务、岗位技能和通用技能培训,着力培养一大批综合素质高、既具有较高检察理论水平又具有丰富办案经验的检察业务专家、业务尖子和办案能手。深化教育培训改革,充分发挥国家检察官学院及其分院的主阵地作用,完善课程设置,改进教学方法,加快实现从知识培训向能力培训转变,切实提高检察教育培训的质量和效果。

三要强化专业技能的实践锻炼。近年来,随着一大批高学历法律人才进入检察机关,广大检察人员的学历结构和知识层次有了很大提高。同时也要看到,不少年轻检察人员还缺乏社会经验和执法办案经验,还需要在实践中锻炼和提高。要坚持把学习理论知识与研究解决工作实践中的重点难点问题结合起来,边学边干、学干结合,广泛开展岗位练兵、岗位竞赛和岗位技能比武,结合执法办案的具体实践掌握新知识、积累新经验。我们还要特别重视围绕提高群众工作能力,选派优秀年轻检察人员到其他部门挂职交流,组织新进人员和长期在机关工作的同志到基层一线实践锻炼。各级领导干部要带头深入基层、深入一线,带头承办重大疑难复杂案件,在丰富的检察工作实践中积累经验、增长才干。

四要建立完善专业化机制制度。要紧密结合司法体制和工作机制改革,积极推进检察队伍专业化制度建设。加强专业化建设的顶层设计,明确专业化建设的目标任务、工作重点、措施要求和方法步骤。坚持以法律专业为主体、其他专业为补充,健全检察人员职业准入制度,完善检察人员招录机制,严格把好"进人关",不断优化队伍专业素质结构。进一步完善检察人才评价、发现、培养、使用和激励保障的政策措施,积极倡导爱才惜才的价值取向,营造各类检察人才成长的良好氛围。针对检察机关内设机构设置存在的实际问题,加强研究和探索,逐步建立符合执法办案专业化要求,权责明确、协作紧密、制约有力、运行高效的组织机构体系。适应新型案件增多、办案难度加大的新情况,积极推进专门型检察队伍建设。积极争取有关部门支持,加快推进检察人员分类管理,强化上级检察院对下级检察院领导干部的监督管理,完善有利于保障依法独立公正行使检察权的职业保障制度,促进提升检察队伍专业化水平。

最后,我对这次培训提点要求。在座各位都是各级检察院的检察长和领导班子成员,专门抽出时间参加培训十分不易。希望大家珍惜难得的整段时间系统学习机会,沉下心来,以高度的责任感、强烈的求知欲和积极的进取心,认真读书,加强交流,努力成为学习型党组织和学习型检察院的组织者、实践者和示范者,带动各级检察机关形成爱学、勤学、善学的良好学习风气。同时,欢迎大家对最高人民检察院工作提出宝贵意见和建议,使我们能更好地为地方检察机关服务。政治部和国家检察官学院要切实做好服务保障工作,根据学员的意见建议,进一步完善培训计划,改进培训方式,提高培训水平,确保培训取得实效。

在第三批到最高人民检察院挂职法学专家座谈会上的讲话

最高人民检察院检察长　曹建明

(2013年5月9日)

今天,我们专门举行到最高人民检察院挂职法学专家座谈会。刚才,汤维建、曲新久、周光权、张建伟四位同志作了很好的发言,听了很受启发。自2006年最高人民检察院实施聘请法学专家挂职制度以来,已经整整7年。7年来,到最高人民检察院机关挂职的各位法学专家充分发挥自身专长和优势,积极投身司法实践,积极参与检察工作重大决策,积极承担检察理论、检察改革和检察实务研究,为推进我国法治建设、实施依法治国基本方略,为推进中国特色社会主义检察事业贡献了重要智慧和力量。在这里,我代表最高人民检察院党组,向所有到最高人民检察院挂职的法学专家表示崇高的敬意,向新到任挂职的法学专家表示热烈的欢迎!

下面,我就进一步做好法学专家到检察机关挂职工作谈一些想法,与大家交流。

一、高度重视法学专家对中国法治建设和检察事业科学发展所具有的积极推动作用

党的十八大突出强调法治是治国理政的基本方式,对全面推进依法治国、加快建设社会主义法治国家作出了重要部署。十八大以来,新一届中央领导集体高度重视法治建设,中央政治局专门就全面推进依法治国进行集体学习,习近平总书记多次就法治建设和政法工作发表重要讲话、作出重要批示,特别是要求政法机关坚持依法治国基本方略,全力推进平安中国、法治中国建设。法学研究和检察工作,都是中国特色社会主义法治建设不可或缺的重要组成部分。近年来,法学界和检察机关共同致力于推进我国法治建设,法学研究与检察事业不仅都得到蓬勃发展,而且实现了良性互动。实施法学专家到检察机关挂职制度,就是检察机关促进法学研究与检察工作良性互动的一项重要制度,也是检察机关紧紧依靠、充分利用宝贵的法学理论人才资源,加强检察理论建设和检察队伍建设,促进公正执法、提高执法公信力的一项重要举措。从这几年的实践情况看,这项制度无论是对推动中国法治建设和检察工作发展,还是对繁荣法学理论研究,都具有双重的积极意义。

一是有利于促进法学理论研究和法治建设实践的紧密结合、互相促进。法学专家具有缜密的法律思维、扎实的理论功底和精深的学术造诣。检察机关作为司法机关,办理着大量案件,实践经验丰富,联系社会紧密。法学专家到检察机关挂职,对于法学专家而言,可以更好地深入司法实践,在实践中汲取理论创新的营养,促进对依法治国深层次问题的思考,促进理论研究成果的应用和实践检验;对于检察机关而言,可以密切与法学界的联系和沟通,及时掌握和吸收最新法学理论研究成果,提升执法办案能力和水平,推动检察业务骨干和专家型人才的培养。因此,推行这项制度,可以促进法学理论与司法实践更紧密的有机结合,实现法学理论研究与检察工作的"双赢"。

二是有利于推进检察机关专业化建设和职业化建设。当前,我国正面临发展起来后不断出现的新情况新问题,检察机关惩治和预防犯罪、强化法律监督、推进依法治国也面临许多新课题新挑战,我们自身还有不少不适应的地方,特别是检察队伍的执法素质能力还不适应新形势新任务的要求。做好新时期检察工作,推动检察事业科学发展,必须大力加强检察队伍专业化、职业化建设,提升严格公正规范文明执法水平。聘请法学专家到检察机关挂职,参与政策制定、执法办案、理论研究、教育培训等工作,不仅可以向检察人员传授法学理论和专业知识,而且可以运用先进的法治理念和法律思维,帮助检察人员在执法办案中分析疑难案件,更好掌握运用法学理论执法办案的专业技能,促进检察队伍的专业化、职业化水平不断提高。

三是有利于检察机关更好接受社会监督。这些年来,检察机关高度重视自身建设,提出了"强化法律监督、强化自身监督、强化队伍建设"的总要求,特别强调要把强化自身监督放在与强化法律监督同等重要的位置。聘请各位法学专家到最高人民检察院挂职,也是请你们监督我们。各位专家不仅可以直接参与检察工作决策和执法办案活动,直接参与检察理论研究和法律政策制定,而且可以更直接、更具体、更深入地接触检察工作和广大检察人员,及时发现检察机关执法办案和队伍建设中存在的突出问题,从而使我们能够更直接地听到来自法学界和人民群众的意见和建议,更好地运用法律思维和法律方式加强和改进各项检察工作。

二、希望挂职的各位法学专家积极投身于中国特色社会主义检察事业

第三批挂职的各位专家教授都是法学界的知名学者,在法学理论研究方面有很深的造诣。希望大家尽快熟悉新的工作环境和岗位职责,尽快转变角色,充分发挥自身专业特长和优势,各尽所能,各展其才,帮助我们进一步做好各项检察工作,不断推进法学理论创新、司法实践创新、检察制度创新。

一是在检察工作决策中发挥好参谋作用。协助最高人民检察院党组谋划好检察工作的长远发展,是挂职专家的一项重要职责。希望大家紧紧围绕检察中心工作,积极履行职责,踊跃建言献策。特别是,要充分发挥学术视野开阔、知识阅历广博等优势,主动参与检察工作整体规划,推动各项检察工作更加符合法治原则、符合司法规律、符合诉讼原理;充分发挥熟悉各种理论观点、参与过相关立法的优势,积极参与法律监督工作研究、执法办案经验总结、司法政策制定、司法解释论证以及指导性案例的选编,从前沿理论角度发表真知灼见,增强检察机关各项决策的科学性、合理性。

二是在检察改革和检察理论研究中发挥好带头作用。这是各位法学专家的重要使命,也是衡量挂职是否取得实效的重要方面。希望各位专家充分发挥理论功底深、研究能力强的优势,深度参与检察理论研究,为我们解决检察工作面临的重大理论和实践课题提供有力的理论支持,共同构建更加科学完备的中国特色社会主义检察理论体系。特别是党的十八大对深化司法体制改革提出了明确要求,中央正着手研究部署新一轮司法体制改革,最高人民检察院也正在研究制定新一轮检察改革的总体规划。希望各位专家加强对法治建设实践中新情况新问题的研究,加强对全局性、战略性重大问题的研究,围绕如何坚持和完善中国特色社会主义司法制度,确保检察机关依法独立公正行使检察权,特别是按照党的十八大要求,既进一步完善政法机关职权配置及相互关系,又建立健全司法权运行制约和监督体系,在加强党内监督、民主监督、舆论监督的同时,加强法律监督,提高执法司法公

信力等问题积极提出建议,既为深化检察改革、完善检察制度提供理论支撑和智力支持,又使自己的学术研究成果具有更好的应用价值。

三是在检察业务实践中发挥好骨干作用。在平安中国、法治中国建设中,有许多重大问题急需我们从理论与实践的结合上去研究、去解决。立足挂职部门和岗位,研究解决执法办案中遇到的重大疑难复杂问题,是挂职工作的一项重要内容。希望大家对检察实务工作中的重点、难点问题,特别是一些办理难度大、适用法律有争议、此罪彼罪不容易界定的案件,进行深入研究,充分发表意见,促进法律的正确适用和案件的公正处理。对检察机关在执法理念、执法机制、执法方式等方面存在的问题,也请大家及时、真诚、毫无保留地提出建议、批评和意见。同时,要加强与所在部门、最高人民检察院乃至全国检察机关的干部在执法观念和专业法学知识方面的交流和探讨,促进提高检察队伍法学理论水平和执法能力素质。

四是在检察机关与法学界交流中发挥好桥梁作用。各位现在既是法学专家,也是检察机关的领导干部。你们就是法学界与检察机关之间的一道桥梁,就是法学理论与司法实践之间的一道桥梁。希望各位专家积极向法学界和人民群众客观介绍和反映检察工作情况,推动专家学者更加关注检察工作、参与检察理论研究,促进检察机关与法学界的交流与合作。同时也希望各位专家积极与所在单位沟通,积极协助选派检察业务专家到高等院校兼职任教,增进广大教师和同学们对检察机关和检察工作的了解,并欢迎更多的老师们、同学们到检察机关调研、实践、挂职和工作,共同推进社会主义法治国家建设。

三、要为法学专家在检察机关开展工作创造良好的条件

法学专家在教学、科研任务都很繁重的情况下到检察机关调研、挂职和工作,不仅体现了对检察机关的重视,也体现了对中国法治建设和检察事业的责任感,同时也为我们提供了难得的学习和交流机会。最高人民检察院相关部门要积极创造条件,提供良好服务,积极支持他们做好工作。

一要为各位专家履行职责提供便利条件。要在充分征求挂职专家意见的基础上,根据他们的专业特长和个人特点安排工作,多为他们开展检察实务研究和参与执法办案实践创造条件。要为各位专家留出必要的时间进行调研和理论研究,尽可能避免行政性事务占用太多的精力。

二要为各位专家发挥专长提供平台和机会。挂职期间,可以根据各位专家的特长和意愿,安排由专家为主承担重大检察理论课题研究。院党组对一些事关检察工作全局的重大问题,在决策前将专门征求挂职专家的意见。对重要司法解释和规范性文件,要主动邀请挂职专家参与研究讨论。对办理的重大疑难复杂案件,要组织挂职专家进行调研和论证,必要时可请他们列席检察委员会和其他重要会议。同时,还要邀请挂职专家举办专题讲座、辅导报告,促进机关的检察业务学习培训。

三要为各位专家提供良好的工作和生活保障。机关各部门尤其是挂职所在部门,对挂职的专家政治上要信任、工作上要支持、生活上要关心,政治部、计划财务装备局、机关服务中心要想方设法提供良好的服务保障,让各位专家顺利开展挂职工作,尽快融入最高人民检察院这个大集体。

最后,衷心希望各位专家到任后,严格遵守检察官职业道德和职业纪律,严格遵守检察机关各项规章制度,严格遵守党风廉政建设各项规定,严格保守国家秘密和检察工作秘密,严以律己,自警自励,以自己的模范言行树立严格公正廉洁的检察官形象。

在全国检察机关第四次侦查监督工作会议上的讲话

最高人民检察院检察长　曹建明

（2013年6月21日）

这次会议的主要任务是，深入学习贯彻党的十八大和习近平总书记关于法治建设、政法工作的一系列重要讲话、指示精神，围绕全面推进平安中国、法治中国建设，研究部署进一步贯彻实施修改后刑事诉讼法、加强和改进侦查监督工作的措施，努力开创侦查监督工作新局面。

2009年第三次侦查监督工作会议以来，各级检察机关紧紧围绕党和国家工作大局，认真贯彻强化法律监督、强化自身监督、强化队伍建设的总要求，依法履行审查逮捕职责，切实加强立案监督和侦查活动监督，大力推进侦查监督工作机制改革，狠抓侦查监督能力建设，侦查监督工作取得了显著成绩和明显进步。特别是在依法妥善办理一系列重要疑难复杂案件基础上，立足职能，积极参与加强和创新社会管理，推进行政执法与刑事司法衔接，着力化解矛盾纠纷，为维护国家安全和社会和谐稳定、维护市场经济秩序和促进经济又好又快发展、维护人民群众权益和社会公平正义、促进执法公正和依法行政作出了重要贡献！面对繁重的办案任务，广大侦查监督人员恪尽职守、攻坚克难、无私奉献，付出了大量的心血和汗水！在此，我代表最高人民检察院，向各级检察机关全体侦查监督人员表示亲切慰问和崇高敬意！下面，我讲几点意见。

一、清醒认识侦查监督工作面临的新形势新任务，进一步增强责任感和紧迫感

侦查监督是宪法和法律赋予检察机关的一项重要法律监督职责，是中国特色社会主义检察制度的重要标志之一。侦查监督部门既承担着审查逮捕职责，又承担着对立案、侦查活动的监督职责，处于打击犯罪、保障人权、维护社会公平正义、促进社会和谐稳定的前沿。各级检察机关要充分认识侦查监督工作的重要地位和作用，准确把握新形势新任务，不断增强做好侦查监督工作的责任感、使命感和紧迫感。

党中央和人民群众对检察机关期望更大、要求更高。党的十八大明确要求深化司法体制改革，推进公正司法，加强司法公信建设，加强法律监督；修改后刑事诉讼法既细化了逮捕条件，新增了非法取证行为调查核实、继续羁押必要性审查等监督方式，也严格规范强制措施的适用，强化了当事人、辩护人和其他有关人员的知情权、辩护权、申诉权等，对侦查监督工作提出了新的更高要求。人民群众的民主意识、法制意识、维权意识不断增强，不仅要求检察机关自身严格公正执法，也要求强化对其他部门执法司法活动的监督。在当今开放、透明、信息化条件下，随着微博、微信等传播媒介的普及，检察机关审查逮捕工作已经从幕后走到了台前，社会各界对侦监工作的监督和关注度更高。

面对严峻复杂的形势、繁重艰巨的任务，各级检察机关侦查监督部门和广大侦查监督人员要始终保持清醒头脑，既充分看到成绩，也清醒认识到差距，自觉把侦查监督工作放在党和国家工作大局中谋划和推进，更加注重完善侦查监督体制机制，更加注重提高办案质量和监督实效，更加注重提升自身能力素质和执法公信力，推动侦查监督工作健康深入发展。

二、紧紧围绕平安中国、法治中国建设，全面加强和改进侦查监督工作

党中央对平安中国、法治中国建设高度重视，习近平总书记就法治建设、政法工作作出了一系列重要指示。前不久，习近平总书记又对建设平安中国作了重要批示，中央政法委专门召开会议，对深化平安中国建设工作进行全面部署。在平安中国、法治中国建设中，检察机关肩负重大责任。特别是侦查监督工作,其职能作用的发挥直接关系到社会安宁和人民群众的幸福安康,是检察机关参与平安中国、法治中国建设不可或缺的重要途径。各级检察机关要认真学习贯彻习近平总书记的重要批示和深化平安中国建设工作会议精神,切实把侦查监督工作纳入平安中国、法治中国建设总体格局,着力加强审查逮捕、立案监督和侦查活动监督,进一步强化工作措施,提高工作水平,增强工作实效。

(一)围绕维护国家安全和社会和谐稳定推进侦查监督工作。平安稳定是国家繁荣富强的基本前提,是人民幸福安康的内在要求。各级检察机关要切实增强大局意识、全局意识,提高政治敏锐性和鉴别力,紧紧围绕中央关于维护国家安全和社会和谐稳定的各项要求,进一步加大侦查监督工作力度,依法从重从快审查逮捕各类严重刑事犯罪,始终保持高压态势,确保社会治安大局稳定。要毫不动摇地坚持"严打"方针,积极配合有关部门开展打黑除恶、扫黄打非、禁毒禁赌、打击"两抢一盗"、拐卖妇女儿童、非法集资、反走私反洗钱等打击整治活动,有效预防、依法严惩各类刑事犯罪,切实维护公共安全。要加大惩治危害食品药品安全、环境污染、征地拆迁、重大责任事故等民生领域的刑事犯罪力度,依法严惩以报复社会为目的的放火、爆炸、投放危险物质等个人极端暴力犯罪和侵害幼女等犯罪,切实维护人民群众生命财产安全。

(二)围绕维护社会公平正义推进侦查监督工作。当前,人民群众对执法不严、司法不公问题反映强烈,要求检察机关针对一些重大典型案件反映出的问题,进一步强化法律监督,保护当事人合法权益,维护司法公正和法制权威。对侦查机关(部门)立案和侦查活动的监督,是法律监督的重要组成部分。各级检察机关要顺应人民群众对司法公正、权益保障的新期待,深入推进审查逮捕立案监督、侦查活动监督"一体两翼"工作格局,重视纠正侦查机关(部门)在立案、侦查活动等方面的突出问题,促进严格公正规范文明执法。要敢于监督,善于监督,坚持原则,重视监督纠正执法不严不公行为,特别是在监督立案或撤案、建议追加逮捕、发出纠正违法通知书后,要加强跟踪监督,努力使违法行为得到纠正。要坚持把监督纠正个案问题与强化对侦查环节普遍性、倾向性问题的监督紧密结合起来,因地制宜开展专项监督活动,不断完善监督机制,改进监督方式,提高监督效果。要建立健全侦查监督与公诉工作的衔接机制,及时相互通报情况,特别是侦查监督部门提出的立案监督、非法证据排除、纠正漏捕、继续侦查取证意见等监督事项,应当及时抄送公诉部门,更好地形成监督合力。要加强侦查监督与职务犯罪侦查部门之间的配合,完善协作机制,对监督过程中发现的徇私枉法、滥用职权、索贿受贿等线索,及时移送侦查部门处理,坚决惩治司法腐败,促进公正司法。

(三)围绕化解矛盾纠纷推进侦查监督工作。能否有效化解矛盾、促进社会和谐,是对平安建设的直接检验,也是衡量检察工作包括侦查监督工作的重要标准。无论是审查逮捕还是立案监督、侦查活动监督,都要着眼于案结事了和社会和谐,努力做好矛盾纠纷化解工作,促进社会关系的修复。要坚持全面贯彻宽严相济刑事政策,对危害国家安全犯罪、恐怖暴力犯罪、黑恶势力犯罪等严重犯罪从重打击,对初犯、偶犯、未成年犯等轻微刑事犯罪依法从宽处理。特别是要慎用逮捕措施,加强羁押必要性审查,发现捕后不必要羁押的,及时提出意见,改变一押到底、高羁押率等状况,尽量减少不和谐因素。要大力推进侦查监督说理工作,就监督事项送达相关决定或者进行答复时,主动向侦查机关说明理由或者向犯罪嫌疑人、被害人、投诉人等相关人员阐明法理、释疑解惑,最大限度化解矛盾、促进和谐。

(四)围绕加强和创新社会管理推进侦查监督工作。社会管理与侦查监督工作密切相关,既是我们履行职责的重要内容,也是我们必须承担的重要社会责任。要按照中央的要求,更加注重发挥检察机关在加强和创新社会管理中的法治保障作用,促进提高社会管理法治化、科学化水平。要认真落实侦查监督环节社会管理综合治理措施,积极参与平安创建活动,配合有关部门加强对治安隐患和治安盲点的排查整治,促进立体化社会治安防控体系建设。要完善行政执法和刑事司法衔接机制,健全与有关部门的联席会议、重大案件情况通报、备案审查等制度,加快"网上衔接、信息共享"平台建设,做好调查处理举报、建议移送案件等工作,促进行政执法机关依法履行社会管理职责。要认真分析执法办案中发现的社会管理风险漏洞和制度缺陷,深入研究犯罪态势、特点和规律,及时向党委、政府和有关部门提出改进社会管理、防范违法犯罪的对策建议,推动完善社会管理制度。

三、认真贯彻落实修改后的刑事诉讼法，坚守防止冤假错案底线

冤假错案不仅对当事人及其亲属造成难以弥补的伤害，而且严重损害司法权威和司法公信力，影响人民群众对公平正义的信心，影响国家长治久安。如何守住防止冤假错案底线，是我们面临的一个重大考验。侦查监督是检察机关办理普通刑事案件的第一关，也是坚守防止冤假错案底线的第一关，在防范冤假错案方面具有不可替代的重要作用。各级检察机关要深入学习贯彻习近平总书记关于防止冤假错案的重要指示精神，按照中央政法委和最高人民检察院的部署要求，切实转变执法理念，严格遵守法律程序制度，完善相互配合、依法制约的体制机制，提高侦查监督水平，严防发生冤假错案。

（一）深入总结冤假错案成因，牢固树立正确执法理念。坚守防止冤假错案底线，转变执法理念是关键。执法办案中存在的问题，包括执法不严格、不公正、不廉洁、不文明特别是刑讯逼供、暴力取证等，表面上看是执法行为、执法作风的问题，说到底是执法理念有偏差。各级检察机关一定要深刻认识牢固树立正确执法理念的重要性和紧迫性，从思想深处剖析发生问题的根源，坚持不懈地加强对全体检察人员的执法理念教育。要准确把握修改后刑事诉讼法的新精神新理念，牢固树立"五个意识"，自觉坚持"六个并重"，特别是紧密结合侦查监督工作实际，坚决摒弃"有罪推定"、"口供至上"、"构罪即捕"、"以捕代侦"等错误观念，恪守检察官客观公正义务，正确处理好打击犯罪与保障人权、程序公正和实体公正、支持配合与监督制约等关系，坚持办案数量、质量、效率、效果有机统一，坚守防止冤假错案底线，努力让人民群众在我们办理的每一起案件中都感受到公平正义。

（二）高度重视办案质量，严格防范冤假错案发生。办案质量是检察工作的生命线，对侦查监督工作而言更是如此。近年来披露的杜培武、佘祥林、赵作海以及最近出现的一些冤错案件，不断给我们敲响警钟，反映出我们在办案质量上需要引起高度重视的突出问题。我们一定要从这些冤错案件中深刻吸取教训，严把事实关、证据关、程序关和法律适用关，坚持不懈地抓好案件质量，确保办理的案件经得住历史和人民的检验。一要严格把握审查逮捕的质量标准。要按照修改后刑事诉讼法的要求，既重视对案件事实证据的审查，又注重对社会危险性条件的审查；既严格把关，坚持逮捕法定标准，准确适用附条件逮捕措施，防止"带病"批捕，又不纠缠细枝末节，人为拔高批捕条件，影响对犯罪的查处和打击。最高人民检察院正抓紧修订《人民检察院审查逮捕质量标准》，将根据这次会议讨论修改后下发，各级检察机关要抓好贯彻落实。二要全面客观审查证据。要对各种证据进行综合审查判断，既审查有罪和罪重证据，也审查无罪和罪轻证据，特别是正确把握言词证据和客观性证据的审查判断标准，实现审查逮捕由依赖犯罪嫌疑人口供向采信客观性证据为主的模式转变。对于以刑讯逼供等非法方法取得的言词证据，坚决予以排除，不能作为批捕的根据。对暂时还不能确定为非法证据的，要进行存疑处理，并及时通报公诉部门。三要严格落实审查逮捕阶段讯问犯罪嫌疑人和听取律师意见制度。要认真听取犯罪嫌疑人辩解，有条件的地方可以将讯问范围扩大到所有应当逮捕的犯罪嫌疑人。对于命案等重大案件审查逮捕和延长羁押期限的，必须当面讯问犯罪嫌疑人和听取律师意见。对犯罪嫌疑人和律师提出不构成犯罪、受到刑讯逼供、不具有社会危险性等意见，要认真审查核实，不轻易放过任何疑点。四要建立健全案件质量分析通报制度。坚持对捕后撤案、绝对不起诉、判无罪案件和经复议、复核改变原不捕决定的案件进行定期分析，找准错捕或错不捕的成因，提出改进的措施。对于因故意或者重大疏忽导致错捕和错不捕的，严肃追究有关人员责任。各省级检察院要定期对审查逮捕案件质量进行全面分析，形成综合报告，通报本地检察机关，促进办案质量和执法水平的提高。

（三）强化立案和侦查活动监督，坚决纠正执法中的突出问题。出现冤假错案，原因是多方面的，但侦查活动不严格依法进行往往是其中一个重要因素。检察机关作为宪法规定的法律监督机关，必须以高度的政治责任感和历史使命感，进一步加强对立案、侦查活动的监督，着力监督纠正侦查机关执法中的问题，切实把住防止冤假错案发生的"关口"。一要加强立案监督工作。完善线索发现和监督纠正机制，善于通过审查案件、完善行政执法和刑事司法衔接机制、受理当事人控告申诉以及从新闻媒体报道中及时发现监督线索，提出监督意见，切实纠正应当立案而不立案和不应当立案而立案的行为。要坚持日常监督与专项监督相结合，加强

与有关部门的配合,巩固行政执法机关移送涉嫌犯罪案件专项监督成果,结合本地实际部署专项活动,增强监督效果。当前,全国检察机关正在深入开展危害民生刑事犯罪专项立案监督活动,各地要认真总结前一阶段工作情况,采取更加有力措施加以推进,确保取得实效。二要坚决监督纠正刑讯逼供等非法取证行为。要依法监督纠正刑讯逼供、暴力取证、违法动用刑事手段插手民事经济纠纷等行为,特别是认真落实修改后刑事诉讼法,完善对侦查活动中违法行为的调查机制,加大对非法取证行为的调查核实和监督纠正力度。要加强对刑事拘留、指定居所监视居住等强制措施的监督,积极开展对查封、扣押、冻结等强制性侦查措施的监督,探索推进对派出所刑事执法活动的监督,及时纠正不当执法行为。三要规范和深化介入侦查、引导取证工作。近年来,一些地方检察机关与公安机关积极探索开展介入侦查、引导取证工作,在打牢证据基础、规范侦查活动、提高办案质量等方面取得积极成效。各级检察机关要认真总结实践经验,加强与公安机关沟通协调,及时建立健全制度机制,进一步做好这项工作。要明确介入侦查的范围,主要围绕在当地有重大影响或者敏感复杂案件进行,对命案争取第一时间介入,掌握第一手信息。要明确引导取证的重点,坚持按照定罪的标准对证据收集、固定、补充和完善提出建议,引导侦查人员依法全面收集、固定证据特别是客观性证据。要注意把握介入侦查、引导取证的"度",立足对命案等重大案件的有限介入,并对侦查活动是否合法进行监督,但绝不能搞成"联合办案",也不能变成对侦查的指挥。要通过介入侦查、引导取证,及时发现侦查环节存在的突出问题,适时与侦查机关进行个案沟通和类案通报,统一执法标准,减少分歧,增进共识。还要强调的是,侦查监督不仅仅是对侦查机关的监督,也包括对自侦部门的监督制约。要以更高的标准、更严的要求,进一步加强对职务犯罪侦查工作的监督,加强制度机制建设,特别是完善落实职务犯罪审查逮捕上提一级等制度,促进自侦部门严格、公正、规范执法。

(四)进一步完善自身监督制约机制,确保严格公正规范文明执法。这是贯彻落实党的十八大关于健全权力运行制约和监督体系的必然要求,也是实现侦查监督工作科学发展的客观需要。各级检察机关要主动适应修改后刑事诉讼法的新要求,始终把强化自身监督放在与强化法律监督同等重要的位置来抓,用比监督别人更严的要求来监督自己,加强自身监督制约机制建设,确保侦查监督权依法正确行使。一要加强执法规范化建设。深入分析侦查监督工作中存在的执法不规范问题,特别是要抓住反复发生、难以根除的"顽疾",下大气力对执法办案各环节进行更为严格的规范,切实做到严格规范执法。要针对审查逮捕时间短、要求高等情况,进一步细化执法标准,严格办案流程,抓好规范落实,以规范化建设促办案质量和公正执法。二要加强执法办案内部监督体系建设。健全与职务犯罪侦查、公诉等部门相互制约机制,推行执法档案、廉政监督员等制度,加强纪检监察部门对侦查监督工作的监督。特别是最高人民检察院统一业务应用软件将逐步推行,要以此为契机加强案件集中管理,强化办案期限预警、办案程序监控、法律文书管理以及案件考评等工作,促进侦查监督工作严格依法进行。三要大力推进检务公开。完善主动公开和依申请公开等制度,加强对当事人及其近亲属、辩护人和新闻媒体的公开,及时公布执法办案程序和审查逮捕、立案以及侦查活动监督结果,让当事各方和社会公众评判和监督执法办案,增强侦查监督工作透明度,形成严格公正规范文明的执法机制。四要完善执法办案考评机制。深入研究侦查监督工作特点和规律,提出符合司法规律和执法办案实际,有利于引导侦查监督人员全面正确履行职责的考核评价机制,不简单以批捕率、捕后起诉率、判决率来衡量办案质量和效果,更好地发挥考评指标的导向作用。

四、加强组织领导,推动侦查监督工作取得新的更大成效

侦查监督是检察机关的核心业务之一。侦查监督工作开展如何,直接关系到刑事诉讼能否顺利进行,关系到司法权威和司法公信力,关系到社会和谐稳定和社会公平正义。各级检察机关要把侦查监督工作放在更加突出的位置来抓,加强领导,强化措施,推动侦查监督工作迈上一个新台阶。

(一)加强对侦查监督工作的领导。各级检察院党组要把侦查监督工作摆上重要议事日程,及时听取侦查监督工作和队伍建设汇报,把好侦查监督工作方向,研究解决工作中遇到的重大问题。检察长、分管检察长要靠前指挥,必要时亲自办案、认真把关。要根据修改后刑事诉讼法新增的任务量,合理确定侦查监督人员编制,选好、配强侦查监督人

员特别是部门主要负责人,保持业务骨干稳定,使人员力量与所增加的工作任务相适应。上级检察院要加强对下业务指导,深入基层和一线调查研究,帮助解决工作中带有普遍性的问题。要从政治上、工作上、生活上关心、爱护侦查监督人员,帮助解决实际困难,积极营造良好的工作环境,提高干事创业的积极性。

(二)加强侦查监督队伍建设。侦查监督队伍长期战斗在执法办案第一线,其执法能力和办案效果如何,直接影响到检察机关执法形象和执法公信力。要认真贯彻《关于加强和改进新形势下检察队伍建设的意见》和《关于加强侦查监督能力建设的决定》,大力加强思想政治建设、职业道德建设和能力素质建设,提高专业化、职业化水平,努力建设过硬侦查监督队伍。要认真组织实施检察人才"六项重点工程",完善人才评价、发现、培养、使用和激励机制,引进和培养一批侦查监督方面领军型、专家型人才,特别是要培养一批本地区乃至全国有影响的侦查监督业务专家,带动整个侦查监督队伍建设。要针对侦查监督能力建设中的瓶颈问题,突出抓好学习培训,深入开展岗位练兵、业务竞赛等活动,加强实战训练和案例研讨,不断提高侦查监督人员执法办案能力。要认真贯彻中央改进工作作风、密切联系群众的八项规定和最高人民检察院的实施办法,进一步转变工作作风,强化自身纪律作风和反腐倡廉建设,提高公正廉洁执法水平。

(三)加强侦查监督信息化建设。加强和改进侦查监督工作,既要重视队伍、机制等"软件"建设,也要重视技术、装备等"硬件"建设。各级检察机关要深入实施科技强检战略,坚持信息化建设与应用有机结合,努力以信息化引领侦查监督工作现代化。要加大对侦查监督工作信息化硬件设施的投入,根据执法办案需要配备科技装备,特别是加强提前介入命案等重大案件侦查所必需的交通、通信等装备的配备,以保证加强侦查监督的需要,提高侦查监督工作的科技含量。要加强与公安机关等有关部门的协调配合,推进与侦查机关、监管场所的信息联网,加强远程讯问和案卷传输平台建设,通过视频系统提讯犯罪嫌疑人,提高信息化应用实效。要充分运用统一业务应用软件,形成文书自动生成模块,实现审查逮捕意见书繁简分流,运用信息化成果提高工作效率,节约司法资源。

做好侦查监督工作责任重大,任务艰巨,使命光荣,党和人民寄予厚望。希望广大侦查监督人员求真务实、开拓创新、锐意进取,充分履行宪法和法律赋予的职责,积极投身中国特色社会主义检察事业的伟大实践,努力为全面建成小康社会、实现中华民族伟大复兴的"中国梦"而努力奋斗!

在最高人民检察院机关党的群众路线教育实践活动动员大会上的讲话

最高人民检察院检察长　曹建明

(2013年7月3日)

今天,我们召开最高人民检察院机关处长以上干部大会,主要任务是认真学习贯彻习近平总书记等中央领导同志关于开展党的群众路线教育实践活动一系列重要指示精神,按照中央部署和要求,对最高人民检察院机关教育实践活动进行动员部署。中央督导组张维庆组长还要讲话,我们一定要认真抓好落实。

下面,我代表最高人民检察院党组讲三个问题:

一、切实把思想认识统一到中央决策部署上来,以饱满的政治热情积极投身教育实践活动

群众路线是党的生命线和根本工作路线,也是我们党永葆先进性和纯洁性、始终得到人民拥护和支持最根本的保障。中央决定,从今年下半年开始至明年7月,用一年左右时间,自上而下分两批在全党深入开展以为民务实清廉为主要内容的党的群众路线教育实践活动。这充分反映了我们党适应时代发展要求、顺应群众期盼、保持党的先进性纯洁性的高度自觉,充分体现了党要管党、从严治党的坚定决心,是新形势下推进中国特色社会主义、加强学习型服务型创新型马克思主义执政党建设的重大举措。习近平总书记在党的群众路线教育实践活动工作会议上,从实现党的十八大确定的奋斗目标,保持党的先进性和纯洁性、巩固党的执政基础和执政地位,解决群众反映强烈的突出问题等三个方面,深刻论述了开展党的群众路线教育实践活动的重大意义。最高人民检察院作为第一批开展活动的单位,要把思想认识统一到中央决策部署上来,特别是要结合检察工作和检察队伍实际,深刻认识检察机关开展教育实践活动的极端重要性,切实增强政治责任感和紧迫感,扎扎实实开展教育实践活动,为全国检察机关作出表率。

第一,要从更好发挥检察职能作用、巩固党的执政基础和执政地位的高度,充分认识开展教育实践活动的重大意义。巩固党的执政基础和执政地位,是党的建设面临的根本问题和时代课题,也是检察机关必须承担的一项重大政治任务。各级检察机关和全体检察人员一定要深刻认识到,党的根基在人民、血脉在人民、力量在人民,人民的拥护和支持是我们战胜各种艰难险阻的力量源泉,巩固党的执政基础和执政地位最重要的就是要坚持党的群众路线、密切联系群众。我们要通过教育实践活动,进一步引导广大检察人员牢记并恪守全心全意为人民服务的根本宗旨,坚持和发扬群众路线这个优良传统,切实把为民务实清廉的价值追求深深根植于自己的思想和各项执法办案活动中,充分发挥检察机关各级党组织的战斗堡垒作用和广大党员的先锋模范作用,进一步密切与人民群众的血肉联系,在坚持执法为民、保障改善民生、维护群众合法权益、维护社会和谐稳定、维护国家安全上取得新的明显成效,努力使巩固党的执政基础和执政地位具有广泛、深厚、可靠的群众基础。

第二,要从更好体现检察机关根本属性、进一步践行执法为民宗旨的高度,充分认识开展教育实践活动的重大意义。以人为本、执政为民是我们党一贯的政治主张和执政理念。党的十八大以来,新一届中央领导集体特别是习近平总书记在各种场合讲得最多的就是"人民"二字,对政法机关如何落实执法为民也提出了更高要求,突出强调政法机关要以最广大人民利益为念,坚持司法为民,改进司法工作作风,进一步增强人民群众安全感和满意度,进一步提高政法工作的亲和力和公信力,努力让人民群众在每一个司法案件中都感受到公平正义。当前,人民群众对公共安全的期待越来越高,要求检察机关依法严惩各种严重危害社会治安和公共安全的犯罪,切实维护社会安定有序;人民群众对公平正义的期待越来越高,要求检察机关强化法律监督,促进严格执法和公正司法,坚守防止冤假错案的底线;人民群众对反腐倡廉的期待越来越高,要求检察机关将反腐败作为工作重点,做到"老虎"、"苍蝇"一起打,查办、预防两手抓;人民群众对权益保障的期待越来越高,要求检察机关坚决惩治民生领域的犯罪,加强对困难群众和特殊群体的司法保护,更好地保障和改善民生。人民检察院首先承担的是对人民的责任,必须把依法保障人民对美好生活的向往作为检察工作的根本目标,切实把人民群众的关注点作为检察工作的着力点,以执法为民的实际成效取信于民。要通过开展教育实践活动,引导广大检察人员始终把人民放在心中最高位置,忠实履行法律监督职能,更好地满足人民群众对公共安全、司法公正、反腐倡廉、权益保障的新期待,真正做到人民检察为人民。

第三,要从解决群众反映强烈突出问题、加强和改进检察队伍建设的高度,深刻认识开展教育实践活动的重大意义。这些年来,我们始终坚持把队伍建设放在重要战略位置,坚持提升队伍素质能力和执法水平,坚持完善科学管理的制度机制,坚持形成过硬的纪律作风,队伍整体素质和执法形象明显提升,得到了人民群众的充分肯定和认可。但必须清醒看到,面对世情国情党情的深刻变化,面对党中央的新要求、人民群众的新期待,检察队伍在执法理念、执法能力、执法作风和精神状态等方面仍然存在不小差距,特别是形式主义、官僚主义、享乐主义、奢靡之风的问题,在全国检察机关包括最高人民检察院机关都不同程度存在,有的还相当严重。在形式主义方面,主要是学风、文风、会风不正,贪图虚名、不求实效、弄虚作假。有的不注重理论学习,不注重调查研究,不注重提高能力,不注重解决实际问题。在官僚主义方面,主要是群众观念、为民意识、公仆意识淡薄,服务基层、服务群众意识不强。在享乐主义方面,主要是精神懈怠、不思进取,追名逐利、贪图安逸、追求享受。在奢靡之风方面,主要是艰苦奋斗精神淡化、勤俭意识不强、大手大脚、铺张浪费,甚至以权谋私、腐化堕落。

以上这些作风之弊、行为之垢,我们一定要高度警醒起来,坚决整改,如果任由这些问题发展蔓延,后果不堪设想,必将削弱检察机关的战斗力和公信力,最终损害党同人民群众的血肉联系。我们要以这次教育实践活动为契机,来一次大排查、大检修、大扫除,切实解决人民群众反映强烈的突出问题。

二、牢牢把握教育实践活动的指导思想、主要内容和目标要求,确保教育实践活动扎实推进

5月9日,中央下发《关于在全党深入开展党的群众路线教育实践活动的意见》,6月18日又召开党的群众路线教育实践活动工作会议,对教育实践活动的指导思想、目标任务、基本原则、方法步骤等作出了明确规定。近日,中央政法委对政法机关开展教育实践活动也作出了具体安排。根据中央的部署和要求,最高人民检察院党组结合检察工作和机关党员、干部队伍实际,研究制定了教育实践活动实施方案,会后将正式印发。机关各部门、各直属事业单位和全体党员、干部一定要按照中央要求切实抓好落实。关键要把握以下几方面要求:

(一)正确把握开展教育实践活动的指导思想。贯彻落实这次教育实践活动的指导思想,要突出一条主线、抓住一个核心、聚焦四个问题、达到四个目标。一要始终突出学习贯彻党的十八大精神这条主线,强化思想理论武装,弘扬党的优良传统,践行群众路线,筑牢宗旨意识和群众观点,不断夯实立检为公、执法为民的思想理论基础。二要牢牢抓住保持党的先进性和纯洁性、密切党同人民群众血肉联系这个核心,下大气力改进学风、思想作风、工作作风、执法作风和生活作风,提高做好群众工作、服务人民群众的能力和本领。三要重点聚焦形式主义、官僚主义、享乐主义、奢靡之风这四个突出问题,以整风的精神认真查摆、深刻剖析、深度整改,努力实现自我净化、自我完善、自我革新、自我提高。四要扎实开展教育实践活动,努力达到"党员干部思想进一步提高、执法作风进一步转变、检群干群关系进一步密切、为民务实清廉形象进一步树立"四个目标。

(二)正确把握开展教育实践活动的主要内容。开展教育实践活动,要始终突出为民、务实、清廉这个主题。

一要自觉践行为民宗旨,着力增强群众观点、维护群众权益。"为民"是检察工作的根本出发点和落脚点,是检察机关义不容辞的重大责任。要把群众观点、群众路线教育贯穿教育实践活动始终,引导检察人员切实增强"人民检察为人民"的理论认同、感情认同和实践认同,进一步明确"为谁掌权、为谁执法、为谁服务"这个根本问题,真正在思想上尊重群众、感情上贴近群众、工作上依靠群众。要广泛开展"进社区、进农村、进学校、进机关、进企业"活动,组织检察人员到基层一线深入走访,直接接触群众,倾听群众呼声,了解群众疾苦,增进群众感情,努力做到与人民群众同呼吸、共命运、心连心,增强服务群众的自觉性、主动性。要本着对人民利益高度负责的精神,真正从人民群众的新要求、新期待出发改进检察工作,坚决整治消极应付、推诿扯皮、侵害群众利益的问题,坚持把法律监督的着力点放在解决群众关心关注的问题、维护群众合法权益上,努力使执法过程变成保障和改善民生、增加群众幸福感的过程。要坚持把群众工作能力作为检察人员的根本能力来抓,有针对性地开展集中学习培训、典型示范、实践锻炼,使检察人员学会与群众打交道、交朋友,提高掌握群众心理、使用群众语言、疏导群众情绪、处理群众诉求等能力,真正把检察工作做到群众心坎上。

二要大力弘扬务实精神,着力改进工作作风、密切联系群众。"务实"是我们党的宝贵传统和优良作风,也是做好新形势下检察工作的客观需要。要牢固树立正确的政绩观,大力弘扬求真务实、真抓实干的作风,切实克服各种浮躁情绪和私心杂念,做到"讲实情、出实招、办实事、求实效,敢作为、勇担当、言必信、行必果"。要牢记"空谈误国、实干兴邦",大力加强检察机关执行力建设,对各项工作都要以对党、对人民、对检察事业高度负责的态度,以"踏石留印、抓铁有痕"的劲头,锲而不舍、一抓到底,确保实效。要下决心继续改进会风、文风,精简各种会议,精简文件简报,不搞形式主义,不做表面文章。要坚持立足本职、埋头苦干,引导年轻干部和业务骨干到条件艰苦的基层、到矛盾困难最多的一线锻炼,在各自工作岗位上创造一流的工作业绩。

三要始终保持清廉本色，着力提高拒腐防变能力、解决执法不公不廉问题。"清廉"是共产党员的政治本色，是人民检察官的基本操守。要针对检察队伍的思想实际，深入开展岗位廉政教育和警示教育，坚决抵制和纠正挥霍享乐、骄奢淫逸的不良风气，不断健全反腐倡廉教育长效机制，筑牢拒腐防变的思想防线。要突出执法一线岗位、关键环节和领导干部等重点，切实加强教育、管理和监督，规范自由裁量权的行使，规范检察人员对外交往行为，规范检察权运行机制，防止检察权的滥用。要认真落实廉洁从检各项规定，引导广大检察人员特别是领导干部带头自觉接受监督，切实守住做人、处事、办案、用权、交友的底线，纯洁生活圈、交友圈，严格要求自己、配偶、子女和身边工作人员，永葆清正廉洁的政治本色。要抓住人民群众反映强烈的突出问题，深入开展专项治理，坚决查处违法违纪行为，清除"害群之马"，纯洁检察队伍。要坚持和发扬艰苦奋斗的精神，认真落实中央厉行勤俭节约、反对铺张浪费的各项规定，坚持勤俭办一切事情，严格控制各种开支，大力推进节约型机关建设，坚决防止、严肃查处违反财经纪律的问题，坚决反对讲排场、比阔气，树立检察机关的良好形象。

（三）正确把握开展教育实践活动的总要求。中央借鉴延安整风经验，明确提出教育实践活动要坚持"照镜子、正衣冠、洗洗澡、治治病"的总要求。习近平总书记对这4句话、12个字作了系统详尽、鞭辟入里的阐述，我们要加深学习理解，把握精神实质，切实贯彻落实到教育实践活动全过程。

贯彻落实总要求，前提是要把握基本内涵。"照镜子"，就是要认真学习和对照党章，对照廉洁从检各项规定，对照改进作风要求，对照基层和群众呼声，对照先进典型，认真查找自己在宗旨意识、工作作风、廉洁自律方面的差距。"正衣冠"，就是要按照为民务实清廉的要求，严明党的纪律特别是政治纪律，并敢于触及自己思想、敢于正视自身矛盾和问题，从自己做起，从现在改起，端正思想和行为，时时处处维护最高人民检察院机关党员、干部良好形象。"洗洗澡"，就是要以整风精神开展批评和自我批评，深入剖析出现"四风"问题的原因，清洗思想上和行为上的灰尘。"治治病"，就是要坚持惩前毖后、治病救人方针，区别情况、对症下药，对作风方面存在问题的党员、干部进行教育提醒，

问题严重的进行查处，对不正之风和突出问题进行专项治理，对不合格党员、不合格检察人员依纪依规及时处理。

贯彻落实总要求，核心是要解决突出问题。这也是检验教育实践活动成功与否的基本标准。敢不敢、能不能、善不善于有效解决问题，是对领导干部党性原则和领导能力的重大考验。只有紧紧抓住并认真解决好自身存在的突出问题，才能体现教育实践活动的实效，才能把我们的队伍和工作提升到一个更高水平。前面我讲了一些共性的问题，具体到每个单位、每个部门、每个人又各不相同。要本着实事求是的态度，本着对党的事业和检察事业负责的精神，盯着问题抓教育、抓整改，什么问题突出就着重解决什么问题，什么问题紧迫就抓紧解决什么问题。

贯彻落实总要求，关键是要拓展实现路径。开展群众路线教育实践活动更应该坚持走群众路线。要坚持开门搞活动，无论是定方案、查问题、找原因，还是出措施、搞整改，都要坚持从群众中来到群众中去。特别是在查找问题环节，既要自己查，还要请群众提，真心实意听取群众意见，防止自说自唱、自我评价。要探索"开放式"民主生活会模式，把会前准备、会议过程、会后整改等向党员干部开放、向群众开放，自觉接受群众评议和监督。

（四）正确把握开展教育实践活动的基本原则。根据中央的要求，借鉴以往教育活动成功经验，在这次教育实践活动中要注意把握好以下几点：

一要坚持以整风的精神开展批评和自我批评。批评和自我批评是增强党组织战斗力、维护党的团结统一的有效武器。要严格落实"认真"二字，勇于触及问题、触到痛处，防止避重就轻、文过饰非，切实让每一名党员干部思想受到教育、作风得到改进、行为更加规范。要开好民主生活会，营造批评与自我批评的良好氛围，既讲民主又讲集中，既讲批评又讲团结；既深刻剖析和检查自己，触及思想深处，又开展诚恳的相互批评，出于公心，与人为善，善意指出问题、真诚帮助提高，防止和克服好人主义。

二要坚持领导干部带头。领导干部既是活动的组织者、推进者、监督者，更是活动的参与者，要以普通党员身份把自己摆进去。中央领导同志为我们带了个好头。最高人民检察院党组和机关各部门的负责同志都要以中央领导同志为榜样，凡是

要求别人学习的,自己首先学习好;凡是要求别人做到的,自己首先做好;凡是要求别人不做的,自己首先不要做,为党员干部当好标杆、作好示范,力争学习早一点、认识高一点、剖析解决问题深一点。特别是要虚心听取下级、基层和党员、群众的意见,认真查摆个人及分管部门在作风方面存在的突出问题,深刻剖析问题症结和原因,自己撰写剖析材料。

三要坚持分类施教。分类施教既是思想方法也是工作方法,既要进行普遍教育,又要区分对象、各有侧重。各单位、各部门要立足各自不同的工作性质和具体情况,做到基本环节不能少、不变通,把"规定动作"做到位,同时还要结合各自思想实际和工作实际,搞好"自选动作",使教育实践活动富有特色。比如,业务部门要侧重结合执法办案开展教育实践活动,综合部门、技术部门及直属事业单位要重点结合服务检察中心工作开展教育实践活动。同时,还要区分院党组、厅级领导班子、处长以上干部、执法办案人员、普通党员干部和新进检察人员等不同类型,有针对性地组织活动,不搞"一锅煮"、"一刀切"。

四要坚持检察实践特色。要立足检察工作实际,围绕强化法律监督、强化自身监督、强化队伍建设开展教育实践活动,把为民务实清廉的要求落实到检察队伍建设中,努力建设一支让党放心、让人民满意的过硬检察队伍。要把教育实践活动与理想信念和检察职业道德建设结合起来,教育引导检察人员坚定中国特色社会主义共同理想信念,自觉践行检察工作正确发展理念和执法理念,坚定不移走中国特色社会主义政治发展和法治建设道路。要把教育实践活动与提高检察工作亲和力和人民群众满意度结合起来。继续改进执法作风、规范执法行为,提高理性平和文明规范执法水平;继续深化检务公开,最大限度增加执法透明度;继续打牢执法为民一线平台,推动联系服务群众工作制度化、常态化,把群众工作做实、做细、做深、做好,树立检察机关可亲、可敬、可信的良好形象。要把教育实践活动与提高检察机关执法公信力建设结合起来,严格落实公正执法的要求,做到法律面前人人平等;加强检察业务能力建设,提高法律素养和专业水平;不断完善执法工作规范,确保检察权严格按法定权限和程序行使;坚持从严治检、廉洁从检,切实解决执法不严、司法不公等突出问题,不断增强人民群众的认同感和满意度。要把教育实践活动与深化检察改革结合起来,坚持把强化自身监督放在与强化法律监督同等重要的位置,进一步建立健全有效的内外部监督制约机制,围绕职务犯罪侦查、批捕、起诉、撤案、变更强制措施等重点环节,健全上级检察院对下级检察院执法办案活动的监督机制,完善检察机关各业务部门之间、执法办案各环节之间的监督制约机制,强化纪检监察、检务督察机构的监督,深化案件管理机制、办案责任制改革,确保各项检察职权严格规范行使。

(五)正确把握开展教育实践活动的关键环节。按照中央统一部署,第一批教育实践活动从今年7月正式开始,年底前基本完成。具体到最高人民检察院机关,时间服从质量,拟于11月底前基本完成。活动不分阶段、不搞转段,但每个环节的工作不能少、力度不能弱、标准不能降。要重点抓好以下环节的工作:

一要扎实抓好学习教育、听取意见工作。要紧密联系检察工作实际和机关党员、干部思想实际,采取多种形式,组织党员、干部认真学习中国特色社会主义理论体系,学习党章和党的十八大报告,学习习近平总书记一系列重要讲话精神,学习党的光辉历史和优良传统,加强马克思主义唯物史观和群众观点、群众路线教育,加强党性党风党纪教育和检察职业道德教育,引导广大党员、干部坚定理想信念、增强公仆意识,模范践行社会主义核心价值观,坚守共产党人和人民检察官的精神追求。要邀请专家咨询委员、特约检察员、政法部门、法学界和人民群众代表等进行座谈,广泛征求系统内外对最高人民检察院贯彻党的群众路线及加强作风建设方面的意见建议。

二要扎实抓好查摆问题、开展批评工作。重点通过群众提、自己找、上级点、互相帮等方式,认真查摆"四风"方面的问题。院党组和各内设机构、直属事业单位领导班子都要召开专题民主生活会,结合工作分工,重点查找个人和班子在贯彻群众路线、党性党风党纪和执法行为作风等方面存在的突出问题,首先是把自己摆进去,深刻分析原因,开展积极认真严肃善意的批评和自我批评,确保民主生活会质量。主要负责同志要与班子成员逐一谈心,班子成员之间要互相谈心、征求意见。每个班子及其成员都要自己动手撰写对照检查材料。院党组专题民主生活会除请中央督导组参加以外,还要邀请部分人大代表、政协委员、特约检察员、有关专家学者、老干部代表及各厅级单位主要负责同志列席；厅级单位领导班子民主生活会由分管院领导、本单位全体人员参加，机关教育实践活动领导小组派员列席。其他党员、干部要参加专题组织生活会。

三要扎实抓好整改落实、建章立制工作。针对作风方面存在的突出问题，要抓住重点，提出整改措施，并制定整改计划和时间表，在一定范围内公示。要坚持边学边改、边查边改，对能改的马上改，对突出问题集中整改。对一时解决不了的问题要向干部说明情况，逐步加以解决；对深层次的问题，加强调查研究，注重从源头上加以解决。在整改的同时，要更加重视加强检察改革和制度建设，更加重视完善检察机关落实为民务实清廉要求的各项工作机制。要认真落实为民的要求，建立检察人员直接联系群众、服务群众工作机制，完善群众意见收集研究和转化机制，进一步推进综合服务平台、民生服务热线、派出检察室建设，积极拓展专群结合、依靠群众的方法途径；落实检察长接待和视频接访、联合接访、下访巡访等制度，健全涉检信访工作机制，畅通群众诉求反映渠道；健全刑事被害人救助、举报人保护制度，完善群众权益保障机制；推广不起诉和申诉等案件公开审查、法律文书说理、终结性法律文书向社会公开等制度，最大限度满足人民群众知情权、参与权、监督权。要认真落实务实的要求，大力加强执行力建设，健全抓工作、抓落实责任制，健全重要任务分解、督促检查和工作评估制度，落实检务督察、巡视等制度，完善严格执行纪律、确保检令畅通的长效机制，坚决纠正有令不行、有禁不止、选择性执法、选择性执行的问题；健全执法办案和干部考核评价制度，形成良好的工作导向；积极推进检察机关领导体制和检察工作一体化机制改革，完善上级检察院对下级检察院领导干部管理监督、考察考核制度，完善下级检察长向上级检察院述职述廉报告工作、重大案件事项备案审查和请示报告等制度；严格落实修改后的刑事诉讼法、民事诉讼法、刑事诉讼规则和检察机关执法工作基本规范。要认真落实清廉的要求，完善自身惩治和预防腐败体系建设，健全和落实廉洁从检各项纪律规定，推进廉政风险防控机制建设，建立健全廉政隐患摸排预警、检察人员谈心谈话、重点岗位轮岗交流、防止利益冲突等制度，探索建立办案说情报告和通报制度、执法办案部门廉政监督员制度，严格执行公务接待、公务用车、因公出国（境）以及会议、培训、活动等制度，严格执行领导干部住房、用车等工作生活待遇方面的制度。

三、切实加强组织领导，务求取得实效

这次教育实践活动时间紧、任务重、要求高。机关各部门要精心组织、认真谋划，切实把这项重大政治任务抓紧抓实抓好。

一要强化领导责任。最高人民检察院机关的教育实践活动，最高人民检察院党组是责任主体，我是第一责任人。为加强对教育实践活动的领导，党组决定成立教育实践活动领导小组，由我任组长，胡泽君、邱学强同志任副组长，莫文秀、李如林同志为成员。领导小组下设办公室，负责对学习实践活动的具体指导。机关各内设机构和直属事业单位要充分发挥党组织的作用，由主要负责同志作为第一责任人，精心组织实施，确保机关党员、干部全体参与、全程参与。在抓好机关教育实践活动的同时，要注意加强对地方检察机关教育实践活动的指导，推进全国检察机关教育实践活动深入开展。

二要加强督导检查。最高人民检察院党组对每个环节的工作开展情况都要听取汇报并提出要求。我作为第一责任人，将按照中央要求，坚持以身作则，认真履行职责，努力在全面领会和把握政策原则、正确把握各项要求和关键环节、下大气力解决突出问题和完善机制制度上下功夫。其他党组成员也要亲自指导分管部门开展教育实践活动，并带头深入学习，带头对照检查，带头整改落实。领导小组办公室要加强对活动情况的督促指导，把握每个环节的具体要求、工作重点和工作进度，及时总结推广好的经验做法，提出建设性建议，使整个活动要求明确、重点突出、有序衔接、健康发展。

三要注重舆论引导。充分发挥《检察日报》、最高人民检察院门户网站、正义网等检察宣传媒体的主阵地作用，积极争取中央和地方主流媒体的支持，加强对检察机关教育实践活动宣传，特别是要重点宣传检察机关践行党的宗旨和群众路线的新举措、新进展、新成效，宣传执法为民的先进典型，营造良好舆论氛围。政治部、检察日报社要研究制定宣传方案，对宣传报道工作作出具体安排。

四要坚持统筹兼顾。今年是全面贯彻落实党的十八大精神的第一年，各项检察工作任务十分繁重。机关各部门要处理好开展教育实践活动与做好当前各项工作的关系，决不能把两者分割开来甚

至对立起来,尤其要防止搞形式主义、做表面文章、走过场。要统一合理安排,既防止脱离工作实际孤立地搞教育实践活动,也不能因为工作繁忙而不认真抓教育实践活动,切实做到两手抓、两不误、两促进,真正把教育实践活动的成效体现到促进检察工作科学发展上。11月下旬,各厅级单位党委、总支、支部都要向党组报送总结报告。

这次党的群众路线教育实践活动意义重大。我们要认真落实中央的部署要求,以饱满的精神、良好的作风、扎实的工作,切实把教育实践活动抓紧、抓好,取得群众满意的成效,使最高人民检察院机关的整体素质能力、工作水平、工作作风有新的提升,更好地带领全国检察机关深入推进平安中国、法治中国和过硬队伍建设,为全面建成小康社会、实现中华民族伟大复兴的"中国梦"提供更有力的司法保障。

在律师界全国人大代表全国政协委员座谈会上的讲话

最高人民检察院检察长　曹建明

(2013年7月16日)

今天,我们召开这个座谈会,主要是想专门听取律师界全国人大代表、政协委员对检察工作、检察队伍建设和最高人民检察院开展党的群众路线教育实践活动的意见建议。

中央决定,从今年下半年开始至明年7月,用一年左右时间,自上而下分两批在全党深入开展以为民务实清廉为主要内容的党的群众路线教育实践活动,主要解决人民群众反映强烈的形式主义、官僚主义、享乐主义、奢靡之风等突出问题。最高人民检察院作为第一批开展活动的单位,目前正在进行"学习教育、征求意见"阶段的工作。律师与检察机关联系十分紧密,对检察工作非常熟悉。听取律师界的意见建议,对于我们践行群众路线、自觉接受监督、聚焦作风建设、解决突出问题具有十分重要的意义。

刚才,大家作了很好的发言,对进一步做好检察工作、加强检察队伍建设、密切检察机关与律师的联系等提出了许多中肯的、宝贵的、富有建设性的意见建议,听了很受启发。在座的各位都是我国律师界的优秀代表,大家的发言饱含了人民群众对公平正义和法治建设的热忱期盼,充满了广大律师对检察机关依法履行职责、强化法律监督的殷切希望,体现了各位代表委员对检察工作的关心、支持和监督。对大家提出的意见建议,我们将全面梳理、认真研究、充分吸纳到各项检察工作中去,进一步提升检察工作水平。在此,我谈一点体会,与大家一起讨论。

一、高度重视、正确认识律师在诉讼活动中的地位和作用

我国律师制度是中国特色社会主义司法制度的重要组成部分,我国律师是中国特色社会主义法律工作者,是社会主义法治建设的一支重要力量。近年来,律师队伍在法治实践中不断发展壮大,涌现出一大批法学素养深厚、实践经验丰富、职业形象良好的优秀律师,在维护公民合法权益、维护法律正确实施、维护社会公平正义、促进社会和谐稳定等方面作出了重要贡献。

作为司法活动的重要参与者,律师通过履行辩护、代理职责,使受到侵害的权利得到保护和救济,违法犯罪活动得到制裁和惩罚,犯罪嫌疑人的合法权益得到保障,在整个司法程序中具有不可或缺的重要地位。在刑事诉讼中,律师根据事实和法律,提出犯罪嫌疑人、被告人无罪、罪轻或者减轻、免除刑事责任的材料和意见,为当事人提供法律服务,维护其诉讼权利和其他合法权益,既有利于司法机关全面准确查明犯罪事实,正确运用法律,惩罚犯罪分子,也有利于保障无罪的人不受刑事追究,防止冤假错案,保护公民的人身权利、财产权利、民主权利和其他权利。在民事、行政诉讼中,律师依法从事代理活动,帮助当事人行使诉讼权利,协助司法机关查明事实情况,维护当事人合法权益和法律正确实施。特别是,律师职能的全面正确有效发挥,也是对检察权行使的一种有效监督制约,对于促进检察人员严格公正文明执法、提高办案质量和效率,具有十分重要的积极意义。

近年来,随着律师法、刑事诉讼法、民事诉讼法的先后修改实施,律师在诉讼中的职能定位越来越清晰、内涵越来越丰富。特别是刑事诉讼法的修改,共有26条涉及辩护制度,占全部修改条文的五分之一,贯穿了刑事诉讼活动的各个阶段、各个环节。修改后的刑事诉讼法完善了辩护制度,明确了律师在侦查阶段的辩护人身份,丰富了律师会见、阅卷和调查取证等方面的权利,健全了律师辩护权利救济机制,充实了刑事诉讼各阶段听取律师意见的规定,扩大了法律援助的使用范围,这为更好地发挥律师的职能作用、实现当事人的辩护权、确保案件公正审理提供了有力的法律保障。各级检察机关要牢固树立正确的执法理念,认真执行法律规定,充分认识律师的重要作用,积极支持律师开展工作。

二、着力构建检察官与律师的良性互动关系

我国的检察制度和律师制度都是中国特色社会主义司法制度的重要组成部分,相辅相成,共同推进中国法治建设的发展进步。虽然检察官和律师的职责任务、诉讼角色各不相同,在诉讼活动中双方的诉讼主张存在差异甚至截然相反,但在本质上和基本要求上都是共同的、一致的。在职能定位上,检察官和律师都是中国特色社会主义事业的建设者、捍卫者,都是全面推进依法治国基本方略、加快建设社会主义法治国家的重要力量;在价值目标上,检察官和律师都以捍卫司法公正和法律尊严为己任,都必须维护当事人合法权益,维护法律正确实施,维护社会公平正义;在履职要求上,检察官和律师都要坚持以事实为依据、以法律为准绳,履行职责都受到法律保护,都要自觉接受社会各方面和当事人的监督;在职业特点上,检察官和律师同为法律工作者,秉承相同的法治理念、职业信仰和核心价值观,具有相同的职业素养和职业技能要求,是法律职业共同体的重要组成部分。因此,检察官和律师既不是简单的诉辩关系,更不是简单的对抗关系,而是对立统一、相互依存、平等相待、彼此促进的良性互动关系。

这是因为,我国检察机关作为国家法律监督机关,既是诉讼参与者,也是诉讼监督者,还是诉讼权利的救济者,而不是以追求胜诉为目标的一方当事人。在诉讼活动中,检察机关不仅承担着批捕起诉、查办和预防职务犯罪等职责,而且肩负着对诉讼和执行活动进行法律监督的职责;不仅代表国家指控犯罪,而且必须严守客观公正立场,保障当事人合法权益,保障无罪的人不受法律追究;不仅要监督纠正刑讯逼供、违法取证等侵犯当事人合法权益的行为,而且要纠正阻碍辩护人、诉讼代理人行使诉讼权利的违法行为;不仅与律师在刑事诉讼中形成诉辩对抗的诉讼格局,共同推进诉讼进程、确保刑事案件公正处理,而且受理和审查当事人及其代理人的民事、行政申诉,发现和纠正民事、行政诉讼中的违法行为,等等。所有这些,既对检察机关全面、正确、有效履行法律监督职能提出了很高要求,也为检察官和律师形成良性互动关系提供了坚实的基础。

党的十八大明确提出加快建设社会主义法治国家,习近平总书记要求努力让人民群众在每一个司法案件中都能感受到公平正义,检察官和律师使命光荣、责任重大。希望律师界和检察机关围绕国家法制统一、尊严、权威这个共同目标,进一步努力形成既各司其职、各尽其责,又相互尊重、相互支持,既相互信任、平等交流,又规范透明、互相监督的良性互动关系,为实现我们的"法治梦"而携手前行、共同奋斗。

三、检察机关要全面保障和促进律师依法执业

保障律师依法执业是一个法治国家诉讼公开、诉讼民主、诉讼文明和诉讼监督制约的重要标志。近年来,最高人民检察院单独或会同有关部门先后制定了《关于人民检察院保障律师在刑事诉讼中依法执业的规定》、《关于刑事诉讼法律援助工作的规定》、《关于进一步加强律师执业权利保障工作的通知》等一系列规范性文件。刑事诉讼法修改后,又对落实刑事辩护制度作了全面部署。不少地方检察机关相继出台规范性文件,进一步规范律师接待、办理律师申请期限、回复律师申请形式等工作,建立律师预约工作机制,完善听取律师辩护意见和与律师沟通交流制度,进一步细化了刑事诉讼法中有关辩护律师诉讼权利的相关规定。律师界普遍反映,全国检察机关对律师执业保障总体上是更加重视,有不少新措施新要求,但发展不平衡,一些地方问题仍比

较突出,仍不同程度存在律师会见难、阅卷难、调查取证难等问题。各级检察机关要高度重视继续从端正执法理念、规范执法行为、改进执法作风、提高执法公信入手,着力强化人权意识、程序意识、证据意识、时效意识、监督意识,切实做到惩治犯罪与保障人权并重,程序公正与实体公正并重,全面客观收集审查证据与坚决依法排除非法证据并重,司法公正与司法效率并重,强化法律监督与强化自身监督并重,严格公正廉洁执法与理性平和文明规范执法并重,全面贯彻落实各项法律规定,切实加强制度机制建设,更好地保障和促进律师依法执业。

一要依法保障律师的会见权。会见当事人是律师提供法律帮助、维护当事人合法权益的重要内容。修改后刑事诉讼法实施后,律师只需持"三证"到看守所申请,一般都可以直接会见犯罪嫌疑人,普通刑事案件会见难的问题已经基本解决。但一些律师反映,贿赂案件侦查阶段会见难问题仍然比较突出。对此,最高人民检察院已经明确规定了特别重大贿赂案件的具体情形,即涉嫌贿赂犯罪数额在50万元以上、犯罪情节恶劣的,或有重大社会影响的,或涉及国家重大利益的。各级检察机关要坚持严格执法、依法办案,正确理解立法本意,不能做扩张性或限制性的解释,也不能选择性执法或任意性执法。对辩护律师在特别重大贿赂案件侦查期间提出会见申请的,要及时审查,3日内依法决定是否许可并答复,不得无故拖延、推诿甚至刁难,特别是不能把例外条款作为一般规定普遍执行。

二要依法保障律师的阅卷权。阅卷是律师全面掌握证据、行使辩护权的前提和基础。各级检察机关要认真落实修改后刑事诉讼法的规定,自案件审查起诉之日起,对律师提出阅卷申请的,要及时安排。因工作等原因确实无法及时安排的,应当向辩护人说明情况,并安排其即日起3个工作日以内阅卷。律师要复制案卷材料的,只能收取必需的工本费用。目前,上海、江苏、广西等地检察机关在这方面作了很多探索,比如设置网上阅卷中心、提供案卷拍照记录设备、免费刻录案卷光盘等,为律师阅卷提供了便利条件。对这些措施和做法,要进一步总结推广。

三要依法保障律师的调查取证权。修改后刑事诉讼法赋予了律师自行收集证据和申请司法机关收集、调取证据的权利。应当强调,保障律师调查取证方面的权利,是为了更准确、更全面地查明犯罪事实,对于保证案件依法公正处理具有重要作用。要严格执行法律规定,对于辩护人申请检察机关向公安机关调取有关证据的,检察机关要及时办理;审查后认为申请调取的证据已收集并且与案件事实有联系的,应当予以调取,决定不予调取的要向辩护人说明理由。辩护律师向被害人或者其近亲属、被害人提供的证人收集与本案有关的材料,向检察机关提出申请的,也要及时作出决定。

四要认真履行对其他执法司法机关妨碍律师依法执业的法律监督职责。这是修改后刑事诉讼法赋予检察机关的一项新的职能,对保障律师执业权利具有重要意义。目前这方面的工作仍处于起步阶段。今年以来,北京、四川、河南等地检察机关已经办理了几起律师控告侦查机关阻碍行使诉讼权利案,及时纠正侦查机关阻碍会见等违法行为,取得了较好效果。要进一步总结经验,探索完善监督机制,推动这项工作的深入开展,更好地保障律师执业权利。对律师关于公安机关、检察机关、人民法院及其工作人员妨碍律师依法执业的申诉和控告,检察机关要认真办理,查证属实的及时通知有关机关予以纠正。

五要认真听取律师的辩护意见。这是实现当事人辩护权的重要体现,也是确保案件质量、防止冤假错案的必然要求。各级检察机关要始终保持客观公正立场,高度重视、认真听取律师的意见,真正与律师平等相待、彼此尊重,做到让事实说话、用证据服人、以法律为据。尤其是对律师提出无罪、罪轻或不需要追究刑事责任,侦查中有刑讯逼供等违法情况,证据真实性、合法性存在问题的,一定要认真审查核实,及时依法处理。也希望律师对办案中发现的证据材料,及时向检察机关提出,共同保证案件公正处理。

六要依法保障律师的知情权。要重视加强律师接待窗口建设,畅通律师接待渠道,规范律师接待流程,进一步深化对律师的检务公开。健全及时主动公开和依申请公开制度,对侦查终结移送审查起诉等阶段性工作状态,及时向律师告知,增强执法办案透明度,方便律师参与诉讼。要完善庭前证据开示等制度,通过庭前会议及时与律师交流沟通掌握的证据,使庭审集中在重点和关键问题上,节省司法资源、提高诉讼效率。

四、希望律师界进一步关心、支持检察工作

律师是检察机关日常工作中联系最频繁、最紧密的法律职业群体之一,检察工作的发展和进步,离不开广大律师的理解、支持和帮助。近年来,广大律师一直十分支持检察机关的各项工作,双方的交流互动越来越多,呈现良好的发展态势。借此机会,我提几点建议。

一是希望广大律师依法充分履行职责,共同维护司法公正和法制权威。随着依法治国进程的不断推进,人民群众权利意识和法治观念不断增强,诉讼程序和制度逐渐完善。特别是我国经济社会发展面临的矛盾问题和不稳定不确定因素明显增多,无论是刑事诉讼,还是民事诉讼,控辩双方或原被告双方的交锋也会越来越激烈,这是民主法治建设进步的重要体现,是诉讼活动走向更加公开、有序的必然要求,也对律师和检察官依法办案提出了更高的标准和要求。在诉讼活动中,检察机关愿与广大律师一起,始终秉承社会主义法治精神,严格依照法律行使各自职能,规范各自诉讼行为,互相尊重对方权利,真正做到"对抗而不对立、交锋而不交恶",坚守共同的法治理想、共同的法治目标、共同的法律底线和职业道德底线,共同捍卫法治尊严、维护群众权益、提高司法公信。

二是希望广大律师积极建言献策,帮助检察机关提高办案质量和队伍素质。作为法律职业共同体,律师对检察机关执法办案情况和存在的问题看得更清楚,感受更深刻。特别是在长期的执业生涯中,不少律师对检察工作、检察制度有着独到而深刻的认识和理解,有很多真知灼见。真诚希望广大律师特别是作为人大代表、政协委员的律师,积极推动建立健全律师与检察机关常态化的交流沟通机制,及时对检察机关的执法理念、工作机制、办案方式、队伍建设等各方面提出意见建议,帮助我们把工作做得更好。

三是希望广大律师加强对检察机关的监督制约,促进检察权依法公正行使。接受律师监督制约是检察机关强化自身监督的必然要求,也是保障律师依法执业的重要途径和方式。最高人民检察院十分重视规范检察官与律师的交往行为,强调要自觉主动接受律师监督制约。也希望广大律师在与检察人员的交往过程中,能够坚持原则、敢于监督,自觉抵制少数检察人员的不合理要求,及时投诉和举报检察人员执法不公不廉不当行为,监督和促进检察机关提高公正廉洁执法水平。对律师或者律师主管部门对检察人员提出的投诉、举报,各级检察机关要及时查明情况,情况属实的,依法依纪作出处理,并及时反馈处理结果。

四是希望广大律师与我们一起完善交流协作机制,形成更加融洽的法律职业共同体。加强沟通和联系是增进相互了解、理解和支持的基础。各级检察机关要主动加强与各级司法行政部门、律师协会和广大律师的联系,积极探索建立业务沟通交流、信息资源共享、工作会谈协商等长效机制,广泛开展业务研讨、专题讲座、律师和检察官论辩赛等活动,交流研讨法律理论与司法实践问题,完善向律师等专业法律人才群体公开选拔检察官的制度,不断创新完善平台载体,拓展相互支持、加深交流的范围和途径,使律师界与检察机关真正实现良性互动,更好地发挥法律职业共同体的作用,共同为落实依法治国基本方略、加快建设社会主义法治国家建设作出新的更大贡献!

在全国检察机关电视电话会议上的讲话

最高人民检察院副检察长　胡泽君

(2013 年 1 月 29 日)

经最高人民检察院党组决定,今天我们召开全国检察机关电视电话会议,深入学习贯彻全国政法工作会议、全国检察长会议精神,重点研究认真实施修改后民事诉讼法,积极推进民事申诉制度改革,有效应对民事诉讼法第二百零九条实施后的新情况新问题,进一步做好控告申诉和民事行政检察工作,依法保障申诉人合法权益,切实维护社会和谐稳定。

受最高人民检察院党组和曹建明检察长委托,我先简要讲三个问题。

一、充分认识认真实施修改后民事诉讼法、积极推进民事申诉制度改革的重要性和紧迫性

去年8月,十一届全国人大常委会第二十八次会议通过了关于修改民事诉讼法的决定。半年多来,为确保修改后民事诉讼法的正确有效实施,各级检察机关做了大量工作,成效是明显的。今年1月1日修改后民事诉讼法正式实施,检察环节总体平稳,但近一个月来民事申诉大量增加,信访接待压力加大。据最高人民检察院控告检察厅统计,从1月7日至1月25日的15个工作日里,控告检察厅共接待群众来访1477件2177人。接待的来访中,刑事申诉485件,民事申诉517件。这个问题急需引起我们的高度重视,各级检察机关务必统一思想、提高认识,共同做好相关工作。

民事诉讼法第二百零九条规定:"有下列情形之一的,当事人可以向人民检察院申请检察建议或者抗诉:(一)人民法院驳回再审申请的;(二)人民法院逾期未对再审申请作出裁定的;(三)再审判决、裁定有明显错误的。人民检察院对当事人的申请应当在三个月内进行审查,作出提出或者不予提出检察建议或者抗诉的决定。当事人不得再次向人民检察院申请检察建议或者抗诉。"依据这一规定,民事案件一般最多经历4次实体审理就应该终结(法院3次:一审、二审、再审;检察监督后启动再审1次)。这一规定规范了当事人的申诉行为,目的是要克服终审不终、以申诉代替上诉、多头申诉、反复申诉、缠访闹访等问题,努力把矛盾纠纷化解在基层。这是民事申诉制度的重要改革,也是涉法涉诉信访工作改革的重要内容。

我们要清醒认识到,民事诉讼法第二百零九条的实施,为检察机关依法化解矛盾纠纷、规范涉法涉诉信访工作、更好维护社会稳定和法治权威提供了重要的法律保障。同时也给检察工作特别是控告检察和民事行政检察工作带来严峻挑战。一是信访接待任务将大幅增加。据最高人民法院介绍,该院每年受理不服高级法院再审裁判的民事申诉案件约7000件。民事诉讼法第二百零九条施行后,相当一部分当事人从最大限度维护自身权益出发,很可能把法律规定的程序走完,向检察机关提出申诉。目前这方面的压力已经初步显现。二是民事行政检察办案任务将明显加重。目前最高人民检察院控告检察厅接待的民事申诉来访中,属于民事诉讼法第二百零九条规定三种情形的有314件,超过去年民事行政检察厅全年办案数,办案数量大幅增加,加上修改后民事诉讼法又对办案期限进行了严格限定,对民事行政检察部门的办案质量和效率都提出了新的要求。三是息诉维稳压力将明显增大。最高人民法院反映,以往审查办理的不服高级法院再审裁判民行申诉案件中,民事申诉进京访属明显错判的是少数,程序、实体均无错误的也是少数,绝大多数是瑕疵案,虽有一定问题,但不影响实体判决,一般不能改判。因此,检察机关受理的不服再审裁判的民事申诉案件,相当一部分要配合法院做服判息诉工作。而民事案件事关当事人切身利益,如果申诉人的主张没有得到支持,就很可能激化矛盾,检察环节息诉罢访、维护稳定的压力很大。

各级检察机关特别是各省级检察院一定要从推进国家法治建设、维护国家长治久安的高度,深刻认识积极推进民事申诉制度改革的重大意义,特别要清醒看到落实民事诉讼法第二百零九条的有关规定对检察环节涉法涉诉信访工作带来的深刻影响,切实增强责任感和紧迫感,把困难和风险估计得更充分一些,把措施和办法想得更周全一些,认真做好控告申诉和民事行政检察等工作,确保修改后民事诉讼法在检察机关顺利实施。

二、认真办理民事申诉案件,切实维护当事人合法权益和社会和谐稳定

不服法院再审裁判民事申诉案件的大量增加,对检察机关加强法律监督、化解矛盾纠纷、维护社会稳定等都提出了更高要求。曹建明检察长在全国检察长会议上的讲话中,专门对此进行了部署。从初步掌握的情况看,目前一些省级检察院对这个问题已经研究过,但研究得还不够深入,措施还不够得力,尤其是认识还不够到位。修改后民事诉讼法已经正式实施近一个月了,民事申诉来访不断增多,如何做好息诉工作、妥善处理这些申诉案件是当前一项十分紧迫的任务,等不起也拖不得,必须立即采取有效措施,紧锣密鼓抓好相关应对工作。

(一)办理不服法院再审裁判民事申诉案件应坚持的基本原则。对依照民事诉讼法第二百零九条提出的民事申诉案件,总的应坚持"两个在先"原则。一是法院自我纠错在先、检察监督在后。控告申诉检察部门在接待民事申诉来访时，首先要认真审查当事人在人民法院的法定程序是否走完，是否属于民事诉讼法第二百零九条规定的情形。只有在法院的法定程序走完了，而且符合三种情形，才具备受理审查的基本条件，这个"入口关"一定要把住。二是下级检察院审查在先、上级检察院审查抗诉在后。不服高级法院再审裁判的民事申诉案件每年可能有数千件，全部由最高人民检察院审查办理是不现实的，也不符合中央关于把矛盾纠纷化解在基层的要求。因此，必须按照属地管辖的精神，首先由各省级检察院审查把关（不服最高人民法院再审裁判的民事申诉案件除外）。对不符合检察监督条件的案件，各省级检察院要依法严格把关，加强引导和疏导，并会同法院共同做好息诉工作。对符合条件的民事申诉案件要依法受理、依法审查，尽最大努力做好同级监督和息诉工作，尽量把问题解决在当地。要按照全国检察机关贯彻落实修改后民事诉讼法座谈会精神，正确区分、准确把握抗诉与再审检察建议的适用范围和条件，严格掌握"抗诉一般应适用于案件比较重大或者是裁判确实明显不公，发生了重大错误的情形"，切实做到确有必要时才提请最高人民检察院抗诉，更好实现民事行政检察监督数量、质量、效率、效果的有机统一。最高人民检察院将加大进京民事申诉案件交办督办力度，需要特别强调的是，根据人民检察院信访工作规定，控告检察厅是代表最高人民检察院对下交办案件，各地要高度重视、认真办理，防止因受理不及时、工作不到位引起当事人再次进京上访。

（二）抓紧做好执法保障工作。对贯彻落实民事诉讼法第二百零九条涉及的人财物等保障问题，各省级检察院要抓紧测算论证，积极向党委、人大、政府和有关部门反映，争取重视、关心和支持，及时解决执法保障方面的实际困难。当务之急要抓好三项工作：一要加强接访和民事行政检察部门办案人员力量。最高人民检察院正在争取中央机构编制委员会办公室等部门的支持，力争增加一些专项编制。各省级检察院要主动加强与同级机构编制委员会办公室、组织、人事等部门的沟通，采取调整、引进、借调等办法，抓紧为控告申诉检察、民事行政检察部门配备一批精干人员，控告申诉检察部门具体负责接待的同志要熟悉民事检察工作，对申诉案件形式要件是否齐全、是否具备检察监督的基本条件等，要搞得清楚、说得明白。有条件的省级检察院要根据办案情况和发展需要，逐步实行控告检察与刑事申诉检察、民事检察与行政检察部门分设。二要加强接待场所建设。修改后民事诉讼法和刑事诉讼法赋予检察机关很多新的职责任务，控告申诉检察部门的接访任务将明显加重。各省级检察院要抓紧对本院接待场所进行一次专门检查，过于拥挤的，要尽快进行就地改造，扩大候谈室，增加接待室，建设疏散分流场地；接访量增幅特别大、现有场所不能适应工作需要的，要从长计议，争取有关部门支持，建设专门的接待场所。三要做好安全保卫工作。各省级检察院要抓紧完善安检、监控、信息显示屏等硬件设备，增加法警和保安等安保力量，完善应急预案，强化应急措施，加强与公安机关的经常性联系，维护正常的信访秩序，努力防止民事申诉案件当事人在检察院自伤、自残、自杀，或者制造极端暴力事件，给检察机关的执法公信力乃至党和政府的形象造成不良损害。

（三）主动加强与法院的沟通联系。目前，最高人民检察院已经与最高人民法院建立了沟通协调机制，相互通报情况，共同推进修改后民事诉讼法的落实。各省级检察院也要主动加强与高级法院的联系，摸清辖区内不服法院再审裁判民事申诉案件的底数，共同研究民事诉讼法第二百零九条实施中可能出现的问题，共同做好化解矛盾、维护社会稳定和法治权威的工作。各地检察机关要主动向法院学习办理民事申诉案件的经验，特别是检察机关按照民事诉讼法第二百零九条受理的民事申诉案件，都是法院多次审理过的案件，法院的同志对案件的缘由、症结等比较熟悉。在办案过程中，要加强与法院的沟通，了解相关情况，为做好接访、监督、息诉等工作打下基础。

（四）密切检察机关内部的协调配合。办理不服法院再审裁判的民事申诉案件是一个系统工程，检察机关内部各部门要紧密衔接、相互配合，特别是控告和民事行政检察部门要衔接好，对基本符合条件的申诉案件，控告检察部门要先登记、接访、审查受理，再移送民事行政检察部门办理，控告部门审查受理时间不计入三个月期限之内。同时，上下级检察院也要加强沟通衔接，省级检察院受理的民事申诉案件，拟提请抗诉的，要尽可能提高审查效率，为最高人民检察院民事行政检察厅留出必要的办案时间。

（五）着力强化内部监督制约。民事申诉案件背后是当事人之间的利益纠纷。各级检察机关特别是民事行政检察部门要认真贯彻十八届中央纪委二次全会精神,切实加强对办理申诉案件的内部监督制约,完善规章制度,强化案件管理,严明办案纪律,严格规范检察人员与法官、律师、当事人和中介的关系,坚决防止检察人员与民事诉讼一方当事人形成利益共同体,坚决严肃查处关系案、人情案和金钱案,发现一起、查处一起,坚决清除害群之马,绝不姑息,确保民事行政检察工作依法有序健康发展。

三、加强组织领导,确保各项工作落到实处

认真实施修改后民事诉讼法、积极应对第二百零九条带来的新情况新问题,事关检察工作全局,事关社会和谐稳定大局。尤其是当前各省(区、市)"两会"已经陆续召开,春节和全国"两会"也即将临近,要坚决防止因检察机关接访和处置工作不到位,出现申诉人大规模集体访、进京访,造成社会不稳定因素。各省级检察院党组要按照全国政法工作会议和全国检察长会议的部署,真正把办理不服法院再审裁判的民事申诉案件放在重要位置,切实加强领导、统筹安排、细化措施、抓好落实。要严格落实领导责任,省级检察院检察长要高度重视、加强领导,既要在思想上高度警觉,又要弘扬求真务实、真抓实干的精神,真正行动起来,抓紧研究落实应对措施,确保万无一失。这次会议结束后,各省级检察院要尽快向省委领导汇报,重点汇报民事诉讼法实施后检察机关已遇到的新情况新问题和准备采取的措施,主动争取领导和支持。各地在工作中遇到的困难和问题,要及时向最高人民检察院报告,共同总结经验、探索规律,不断提升检察机关办理民事申诉案件的工作水平,为维护社会和谐稳定、推进社会主义法治建设作出积极贡献。

今天这次电视电话会议既是一次动员部署会,也是一次培训会。希望各省级检察院结合本地实际,抓紧研究贯彻意见,把会议的部署一项一项落到实处,为维护社会公平正义、维护社会和谐稳定作出新的贡献。

在全国人大代表议案建议和全国政协提案交办会上的讲话

最高人民检察院副检察长　胡泽君

(2013年4月9日)

过去的五年,最高人民检察院各承办部门认真贯彻十一届全国人大和十一届全国政协历次会议精神,按照最高人民检察院党组要求,将议案、建议和提案办理工作作为自觉接受人大监督、政协民主监督的重要形式,以落实建议、解决问题、推动发展为立足点和出发点,不断完善机制、强化工作措施,狠抓责任落实。通过大家的共同努力,最高人民检察院承办的470件议案、建议和提案全部在规定期限内办理完毕,取得代表委员普遍满意的效果。

根据我国宪法和法律规定,人大代表、政协委员对国家各方面工作提出建议、批评和意见,是依法履行职责、参政议政,积极参与管理国家事务和社会事务的重要形式,也是了解民情、反映民意、集中民智的重要途径。尊重和支持人大代表、政协委员依法履行职责,认真办理好议案、建议和提案,是检察机关的法定职责,也是检察机关加强与人大代表、政协委员联系的一条非常重要的渠道,对于检察机关全面贯彻落实党的十八大精神,切实转变工作作风、密切联系群众,紧紧依靠人大代表和政协委员的监督,不断加强和改进检察工作,具有十分重要的意义。最高人民检察院党组始终高度重视人大代表、政协委员的议案、建议和提案的办理工作。曹建明检察长多次指出,对代表委员提出的议案、建议和提案,要增强责任意识,加大办理力度,改进方式方法,取得实际效果,很好地回应代表、委员的关切,不断加强和改进检察工作。在今年学习贯彻全国"两会"精神电视电话会议上,曹建明检察长又强调,要重视加强与人大代表、政协委员的经常性联系，认真办理议案、建议和提案，努力赢得代表、委员更多的理解和支持。刚才张本才同志传达了全国人大关于代表建议交办会和全国政协关于提案交办会精神，张红生同志通报了我院五年来办理工作的基本情况，以及今年人大代表政协委员议案、建议和提案的有关情况。为进一步做好今年最高人民检察院的议案、建议和提案办理工作，下面我再讲几点意见。

一、进一步加强领导，抓好责任落实

办理人大代表议案建议和政协提案是一项政治性、法律性、时效性很强的工作。从往年的办理工作看，总体情况是好的，得到全国人大常委会办公厅和全国政协办公厅的肯定，人大代表和政协委员比较满意。但也存在一些突出问题，这些问题刚才已作了通报。对这些问题，要在今年的办理工作中切实加以解决。今年最高人民检察院承办数量相比去年有所增加，时间紧、要求高，各部门要高度重视，进一步加大办理力度。一是要切实加强组织领导。把办理工作纳入重要议事日程，列入年度工作计划，与业务工作统筹结合起来。要制定详细的办理工作方案，明确办理要求、办理方式、办理时限和办理责任。主要负责同志要亲自安排部署、亲自协调落实，将每件议案、建议和提案落实到具体处室、落实到具体承办人员。指定的具体承办人员，要具有较强的法律业务、较高的政策理论水平、较强的综合协调能力和扎实的文字功底，要有严谨的工作态度和饱满的工作热情。办理工作方案，要于4月15日前送办公厅。二是要落实办理工作分级负责制。各部门主要负责同志为第一责任人，承担领导、督促和答复文稿的复核工作。承办人员所在处室负责人为第二责任人，负责直接督促承办人员和答复文稿的研究及初核工作。承办人员是直接责任人，要熟悉办理工作的具体要求，负责办理前与代表委员的联系，深入把握代表委员建议、提案的实质，认真研究起草答复意见。各部门的办公室主任，承担本部门和办公厅之间联络员的职责，要了解和掌握本部门承办的议案、建议和提案的内容以及具体承办人，既要负责与办公厅的联系、协调，又要协助主要负责同志制定本部门办理工作方案以及办理工作的督促、答复材料的汇总送交工作。办公厅要充分发挥组织协调作用，联络、协调、督促各部门按时完成办理任务，及时汇总起草答复函（稿），呈报领导审签，并答复人大代表和政协委员。

二、进一步加强研究和审核，提高办理质量

办理议案、建议和提案，质量是关键。代表委员对答复意见不满意的，办公厅要承担责任，各承办部门也有责任。从我院今年承办议案、建议和提案的情况看，许多建议和提案是代表委员在深入调查研究、广泛听取意见、认真分析研究的基础上提出的，反映了代表委员对检察工作的极大关切和人民群众的要求与期待。为进一步提高办理质量，一是要深入分析研究。各部门要认真研究，加强分析，深入了解议案、建议和提案提出的背景，弄清要解决的核心问题。要紧扣代表委员关心、关注的问题，依照国家法律、法规，联系检察工作实际，有针对性地提出解决问题的途径和办法。二是要认真负责地起草答复意见。各部门起草的答复意见要有针对性，对代表委员提出的问题要正面回答，不能答非所问。答复内容要准确、具体、简明，不讲空话、套话。对已经解决或能够解决的问题，应当说明有关情况或尽快解决并明确答复；三年内能够基本解决的问题，应当先如实向代表、委员介绍情况，说明暂时不能解决的原因和下一步工作计划，并明确办理时限；因目前条件限制或其他原因确实不能在三年内解决的问题，应当充分说明情况和原因，取得代表委员的理解和支持。承办人员在起草答复意见时要力争做到内容充实、逻辑清楚、文风朴实、表述准确。三是要严格审核把关。各部门的主要负责同志要对答复意见中法律、政策、文字等进行全面审核，严格把关。对一些综合性较强、涉及面广、办理难度大、问题反映比较集中的建议和提案，要亲自参与和协调，组织部门相关人员深入研究和调研，提出有针对性的落实计划。办公厅要认真审核，对针对性不强、下一步工作计划虚而不实等不符合要求的答复意见稿，应当提出重办意见，退回原承办部门修改完善或重新办理，确保给代表委员的答复函内容全面、观点明确、计划具体、格式规范。

在这里需要强调的是，根据全国人大和全国政协的要求，办公厅结合检察工作实际，确定了3件建议和1件提案作为内部重点办理。这4件建议和提案是代表委员多年多次提出的、社会上比较关注的热点问题，也是我们需要大力加强并努力改进的问题，认真办理并切实落实这些建议和提案，必将有力地推动检察工作的创新发展。对重点办理的建议和提案以及以党派名义提出的提案，各部门主要负责同志要亲自参与研究论证，亲自加强与有关部门或党派以及代表委员的

沟通协调,努力推动问题的解决。重点建议、提案的答复意见应当报分管院领导审批。

三、进一步加大协调配合力度,提高办理效率

代表委员提出的议案、建议和提案,内容丰富,综合性强,许多问题的解决依赖于有关单位的大力支持和内部相关部门的积极配合。因此,办理有关这些议案、建议和提案,需要加大协调配合力度,进一步提高办理效率。一是要积极加强外部协调。今年最高人民检察院主办的许多议案、建议和提案办理难度大,协调难度也大。比如修改检察院组织法的问题,涉及法律修改和司法体制改革的大局。又如有关解决检察院编制、检察经费保障机制等,涉及组织、编制、财政、人力资源和社会保障等多个部门。这些问题单靠检察机关自身是无法解决的,需要多个部门认真调查研究,共同推动问题的解决。各部门负责同志要主动与中央有关部门加强联系沟通,如实反映情况和我们的意见,争取有关部门的理解和支持,必要时,可以邀请中央有关部门和提出建议、提案的代表委员座谈或深入调查研究,努力把议案、建议和提案办好,把代表委员的建议尽早落实好。最高人民检察院协办的建议和提案,各部门要认真研究,充分反映检察工作情况和取得的成效以及下一步工作打算,及时向主办单位提供协办意见。二是要加强内部承办部门间的配合。在最高人民检察院机关内部,各部门之间要各司其职、密切协作配合,主办部门要主动征求协办部门意见,协办部门要及时提供协办意见。三是严格时限要求,及时完成办理工作。办理工作是一项硬任务,希望各承办部门严格按照时限要求,认真抓好落实,加快办理进度。办公厅根据不同的办理类型,在议案、建议和提案分办表上注明了办理期限,请各承办部门按照先协办后主办的原则,及时办理并起草答复意见。确属涉及面广、办理难度大,需要调研论证或与代表委员深入沟通的,可适当延长办理时限,但最迟不得超过6月底。

四、进一步加强联系沟通,提升满意度

衡量办理工作成效最直接的标准是代表委员的满意度。各部门要将与代表委员的联系沟通作为办理工作必需的环节。一是坚持和完善"办前联系、办中沟通、办后回访"的办理工作机制。各部门在办理前应及时与代表委员取得联系,主动了解代表委员提出建议提案的意图,做到快捷办理,不走弯路,答复有的放矢。在办理过程中,根据办理工作的实际情况,加强与代表委员沟通,向他们介绍办理工作情况以及相关检察工作的进展,充分听取意见。要根据代表委员意见修改完善答复意见稿,对改动较大、代表委员意见建议较多的,应再次听取代表委员意见后完善答复意见稿。对近期不具备解决条件的问题,应实事求是地说明情况和原因,争取代表委员的理解支持和满意,再正式起草书面答复意见稿。办公厅在书面答复代表委员后,通过走访、电话、短信或邮件等方式,对办理结果及办理情况及时跟踪回访,征求代表委员对办理工作和答复的意见。办公厅将于下半年召开全国人大代表政协委员座谈会,通报办理议案建议和提案工作情况,当面集中听取代表委员的意见和建议,进一步加强和改进办理工作。二是改进沟通方式。各部门要改"文来文往"为"人来人往",加强与代表委员"面对面"的沟通交流。最高人民检察院独办、主办和分办的建议和提案,在办理过程中必须与代表委员当面沟通。与代表委员沟通坚持"走出去、请进来",通过走访、座谈、邀请共同调研等多种方式,全方位、多渠道地加强沟通互动。沟通前要准备充分,沟通中要态度诚恳,充分体现检察机关的高度重视和办理工作的严肃性和规范性。沟通中,除向代表委员介绍办理情况外,也要向代表委员介绍最高人民检察院和本部门的职能职责、业务重点、工作流程,帮助代表委员全面了解情况。最高人民检察院独办、主办和分办的建议、提案,在内部有主办、协办部门的,主办部门在汇总协办部门意见后,负责或协办部门共同与代表委员当面沟通。与代表委员当面沟通,尽可能由部门负责人出面。对承办建议和提案数量较多的政治部、研究室等部门,可采取设置有关人员、编制问题和司法解释等专题,邀请代表委员来最高人民检察院座谈等方式,集中与代表委员沟通交流。对最高人民检察院承办的议案、协办的建议和提案,以及代表委员提出的供工作中研究参考、不需要书面答复的建议和提案,各承办部门要结合议案、建议提案内容,采取电话、走访、座谈、调研等多种形式,逐件与代表委员联系沟通,说明有关工作情况。没有沟通情况的或沟通情况不符合要求的,办公厅将退回重新办理。

五、进一步加大吸收落实力度,提高办理工作实效

代表委员从关心、支持检察工作的角度,积极提出议案、建议和提案,他们既关心建议提案答复

本身,也关心建议提案所提问题能否解决以及答复所作承诺的落实情况。尤其今年是本届代表委员履职的第一年,代表委员会更加关注建议提案的吸收和落实情况。一要注重吸收落实。各部门要始终坚持注重实效的理念,克服重答复、轻落实的现象,对一些有条件落实的合理化建议,务必积极研究吸收。答复意见中向代表作出承诺、表示将研究采取改进措施的或提出下一步工作计划的,要进一步明确办理责任、办理时限,采取有力措施,努力推动落实。办公厅要认真梳理汇总,将相关答复意见列为督办事项,坚决防止"重答复、轻落实",保证答复意见体现在工作中,落实在行动上。工作进展情况及取得的成效,办公厅应及时再次答复代表委员。二要注重总结。各部门在完成办理工作后,要及时对办理工作进行总结。内容包括办理工作总体情况、与代表委员沟通情况以及办理过程中好的做法和经验,加强和改进办理工作的意见和建议等等,书面总结材料要在6月底前送办公厅。办公厅要对好的做法和经验认真加以总结提炼,继续优化办理工作流程,完善办理工作机制,提高办理工作实效,进一步推进我院办理工作。

今年最高人民检察院议案、建议和提案的办理工作任务重、要求高、难度大,希望大家以更加负责的精神、更加扎实的工作作风,切实把今年的议案、建议和提案办理好、落实好,确保取得代表委员满意的效果!

在部分省(市)检察机关反贪工作座谈会上的讲话

最高人民检察院副检察长 　邱学强

(2013年3月29日)

今天,我们把12个省(市)检察机关分管反贪工作的副检察长、反贪局局长召集来开会,主要有两个目的:一是今年10月全国人大常委会将要听取最高人民检察院关于反贪工作的专题报告,为了集思广益,听听大家对做好这次专题报告工作的意见和建议;二是分析当前反贪办案形势,特别是一些地方案件大幅下滑的原因,研究加大办案力度的措施,推动反贪办案工作深入健康发展。一天来,与会同志分别汇报了今年以来本省(市)检察机关反贪办案工作情况,案件下降的地方认真分析查找了原因,提出了加大办案力度、扭转下降局面的对策措施,并就做好向全国人大常委会专题报告反贪工作提出了许多好的意见和建议,讲得都很好,达到了会议的预期目的。下面,我就做好今年的反贪工作,特别是做好向全国人大常委会专题报告反贪工作,简要讲几点意见。

一、要深刻认识做好今年反贪工作的特殊重要意义,切实增强责任感和紧迫感

今年是深入贯彻落实党的十八大精神的第一年,也是贯彻实施修改后的刑事诉讼法的第一年。尤为特殊的是,今年10月,全国人大常委会将首次听取最高人民检察院关于反贪工作的专题报告,做好今年的反贪工作无疑具有特殊重要的意义。向全国人大常委会做好反贪工作专题报告,不仅要把近年来的工作总结好,把报告起草好,更重要的是要把今年的反贪工作做得更好。从现在起到10月份作报告,也就还有半年时间,我们还有大量工作要做。各级检察机关必须把反贪工作摆在更加突出的位置,切实增强责任感和紧迫感,齐心协力、奋勇拼搏,采取有力措施,推动今年的反贪工作深入健康发展,取得新的更大成效。

二、要全力以赴加大办案力度,不断推动反贪办案工作再上新台阶

加大反腐败力度,是十八大和党中央的明确要求,也是人民群众的殷切期待,查处案件则是衡量和彰显反腐败力度的重要标志。习近平总书记强调:"从严治党,惩治这一手决不能放松。要坚持'老虎'、'苍蝇'一起打,既坚决查处领导干部违纪违法案件,又切实解决发生在群众身边的不正之风和腐败问题。"反贪工作的中心任务是查办案件,在办案工作中第一位的就是要采取切实有效的措施,加大办案力度,形成惩治腐败的高压态势。今年全国检察机关反贪办案工作总的目标要求是,办案总体数量、大案、要案、起诉和有罪判决人数这五项基本指标都要比去年同期有明显上升,查办发生在群众身边、损害群众利益的贪污贿赂犯罪、查办工程建设领域贪污贿赂犯罪、查办商业贿赂犯罪这三个专项工作都要取得更为显著的成效。从今年起,修改后的刑事诉讼法正式实施,客观上办案的难度有所增大,会对反贪办案工作产生一定影响,但是我们必须看到,当前贪污贿赂犯罪在一些地方和领域还相当严重,只要我们决心到位、措施到位、保障到位,反贪办案工作还有很大的提升空间。这次会后,最高人民检察院将要专门召开电视电话会议,对全面推进反贪工作特别是办案工作进行动员部署。这次召集来开会的主要是办案大省,你们这些办案大省在全国反贪办案工作全局中的地位和影响举足轻重,希望各位回去后迅速向本院党组和检察长汇报,一定要从大局出发,切实采取有力的措施把反贪办案工作抓上去,努力为全国反贪办案工作深入健康发展多作贡献。

三、要严格贯彻执行修改后的刑事诉讼法,切实提高执法规范化水平

去年全国人大对刑事诉讼法作了重大修改完善,核心精神是强化人权保障,规范执法办案,今年起修改后的刑事诉讼法已经正式实施,贯彻实施修改后的刑事诉讼法的情况肯定是全国人大常委会审议最高人民检察院反贪工作专题报告的一项重点内容。各级检察机关一定要切实转变执法理念,强化"五个意识",坚持"六个并重",在反贪办案工作中严格贯彻执行修改后的刑事诉讼法和刑事诉讼规则,依法采取侦查措施和强制措施,依法保障犯罪嫌疑人、辩护人及其他诉讼参与人的诉讼权利,依法全面客观收集、固定和审查证据,全面落实讯问全程同步录音录像制度,决不能违法违规办案、刑讯逼供、非法取证,坚决防止侵犯诉讼参与人特别是犯罪嫌疑人的合法权益。要切实加强办案安全防范,认真落实各项办案安全制度,强化医疗保障协作机制,确保不发生涉案人员死亡事故。最高人民检察院反贪总局和纪检组监察局要结合今年全国"两会"人大代表和政协委员反映的检察机关执法办案中存在的问题,组织开展专项整治,重点纠正解决初查阶段违法限制涉案人员人身自由、违法违规适用指定居所监视居住、采取刑讯逼供等非法方法讯问犯罪嫌疑人、侵犯辩护律师和当事人的会见权以及受利益驱动办案、违法违规查封扣押冻结处置涉案财物等突出问题,确保真正取得实效。要结合专项整治,进一步加强执法规范化建设,健全完善反贪侦查工作的监督制约机制,确保反贪侦查权依法正确行使,树立检察机关的执法公信力。

四、要大力加强过硬反贪队伍建设,着力提高职业素质和执法能力

党和人民评价检察机关的反贪工作,不仅仅是看我们的办案业绩,反贪队伍的素质形象也是一个重要方面。没有一支过硬的反贪队伍,也不可能创造出好的反贪业绩。各级检察机关要高度重视反贪队伍建设,始终坚持从严要求、从严管理、从严监督,努力打造一支过硬的反贪队伍。要认真贯彻孟建柱书记和曹建明检察长在全国检察机关队伍建设工作会议上的重要讲话精神,坚持以思想政治建设为根本,以执法能力建设为核心,以党风廉政建设为保障,以领导班子建设为关键,全面加强反贪队伍建设,着力提高广大反贪干警的职业素质和执法能力。反贪队伍是社会普遍关注的焦点,一旦出点问题就会严重损害检察机关的形象,必须突出抓好纪律作风建设和自身反腐倡廉建设,坚决防止和纠正特权思想、霸道作风,尤其是不能滥用权力搞腐败,违法插手经营活动,以案谋私、贪赃枉法。对于发现的苗头性问题,要及时批评教育、诫勉纠正;对于构成违法违纪的,要坚决严肃处理,决不姑息护短;对于害群之马和不适合从事反贪工作的人员,要坚决调离,清除出反贪队伍,防止养痈遗患。

五、要抓住机遇推进反贪改革,破解制约反贪工作发展的难点问题

全国人大常委会听取最高人民检察院反贪工作专题报告,充分体现了党中央和全国人大对反贪工作的高度重视,为我们推动反贪工作科学发展提供了难得的机遇。我们既要扎实做好当前各项工作,又要抓住这个重大机遇,着力破解制约反贪工作发展的体制性、机制性和保障性障碍,为反贪工作科学发展创造良好的执法环境和条件。一是要深入开展调查研究。各地要积极配合最高人民检察院反贪总局做好专题调研工作,认真总结近年来反贪工作取得的成绩和经验,找准自身工作和队伍建设中存在的突出问题,特别是制约反贪工作科学发展的外部因素和深层次问题,提出加强和改进反贪工作的对策建议。二是要积极推进反贪改革。各级检察机关要切实抓好侦查一体化、讯问全程同步录音录像、职务犯罪案件审查逮捕上提一级、人民监督员制度等项改革的落实,进一步巩固和深化改革成果;要大力加强侦查信息化和装备现代化建设,积极转变侦查方式,不断提高反贪侦查的信息化、科技化水平;要积极探索案件线索集体评估和分类动态管理、执法风险和廉政风险防控机制建设等改革,确保公正廉洁执法。三是要着力破解制约反贪工作发展的难点问题和实际问题。各级检察机关要积极争取党委、人大、政府和有关部门的理解和支持,进一步加强反贪机构建设,理顺机构设置和规格,适当增加人员编制,以适应反贪工作新形势新任务的要求;要进一步修改完善要案党内请示报告制度,完善落实违反规定干预执法办案情况通报备案制度,优化执法环境,保障检察机关依法独立办案;要认真研究解决修改后的刑事诉讼法实施中遇到的问题,保证反贪办案工作依法顺利开展;要积极推动反贪污贿赂法制建设,通过推进专门立法、完善相关法律和司法解释,为检察机关依法反腐提供法律依据和武器。

做好今年的反贪工作,做好向全国人大常委会专题报告反贪工作,意义十分重大。各级检察机关特别是反贪部门要认真学习贯彻党的十八大精神,按照中央和最高人民检察院的部署要求,振奋精神、开拓进取,采取强有力的措施,进一步做好反贪工作,强化队伍建设,不断推动反贪工作取得新的更大成效,以优异成绩迎接全国人大常委会的审议!

在全国检察机关第四次侦查监督工作会议上的讲话

最高人民检察院副检察长　朱孝清

(2013年6月22日)

全国检察机关第四次侦查监督工作会议今天就要结束了,两天来,大家听取了曹建明检察长的重要讲话和万春厅长的报告,交流了经验,围绕会议主题进行了认真的讨论。通过大家的共同努力,会议开得很好,达到了提高认识、统一思想、总结经验、鼓舞士气、明确形势和今后一个时期工作任务的目的。曹建明检察长的讲话,站在党和国家工作大局和检察事业全局的高度,深刻分析了侦查监督工作面临的形势,系统部署了今后一个时期侦查监督工作的目标、任务和措施,既充分体现了中央有关会议和中央领导的指示精神,又符合侦查监督工作实际;既有政治高度、理论厚度和专业深度,又有很强的针对性和可操作性,是检察机关重建以来最高人民检察院检察长对侦查监督工作所作的最系统、最全面的一次讲话,是指导今后一个时期侦查监督工作的纲领性文件。万春厅长的报告,总结了第三次侦查监督工作会议以来的工作,对今后的侦查监督工作作了全面部署,我完全同意。对曹建明检察长重要讲话和万春厅长的报告,请各地认真传达贯彻,并以此为新的契机和起点,努力开创侦查监督工作新局面。

为了贯彻好曹建明检察长的重要讲话,我从思想认识和工作原理的角度,对曹建明检察长讲到的以下五个问题作点解读,如符合曹建明检察长讲话精神,则供大家参考;如不符合,则听过了事,责任全由我负。

一、关于侦查监督的地位、作用

对侦查监督的地位、作用,曹建明检察长有三处讲到。我理解,侦查监督的地位,可用三句话来概括:第一句话,侦查监督是检察机关核心业务之一。其中批准和决定逮捕(以下简称"批捕"),是检察机关诸职能中唯一一项由宪法直接赋予的职能,并成为中国特色社会主义检察制度的一个重要特征。第二句话,侦查监督处在检察机关打击犯罪和诉讼监督的前沿。在和平年代,公民权利受到侵害主要来自两个方面:一是来自违法犯罪,二是来自公权力。侦查监督既负责打击犯罪,又负责监督公权,以此来保障公民权利,维护社会公平正义。第三句话,侦查监督是刑事诉讼第一关的把关人,也是冤假错案第一道防线的坚守人。侦查监督所把的关,一是逮捕关,通过审查逮捕,使犯罪分子依法得到惩处,无罪的人不受刑事追究;二是侦查法治关,通过监督纠正立案和侦查活动中的违法和错误,保障法律在侦查程序中得到正确实施。第一关把好了,侦查就能沿着法治轨道前行,侦查职能就能得到正确行使,起诉、审判就有好的基础;第一关失守,侦查权就会像冲出笼子的老虎,侦查就会偏离法治轨道,起诉、审判就失去正确的前提,司法公正就难以有效维护。因此,侦查监督工作是一项关系到犯罪能否得到准确及时打击,公民权利能否得到保障,侦查程序能否实现公正,法律能否在侦查程序中得到正确实施的十分重要的工作。特别是在当前"人民内部矛盾凸显、刑事犯罪高发、对敌斗争形势复杂"、公民的民主意识、权利意识、监督意识显著增强的新形势下,侦查监督尤显重要。它对于惩治犯罪、保障人权、维护社会和谐稳定、促进司法公平正义、保证法律正确实施,都有直接、重要的作用。正因为如此,曹建明检察长对侦查监督的作用用了四个"直接关系到"、一个"重要途径"来概括,即直接关系到刑事诉讼能否顺利进行,关系到司法权威和司法公信力,关系到社会和谐稳定和社会公平正义,关系到社会安宁和人民群众的幸福安康,是检察机关参与平安中国、法治中国建设不可或缺的重要途径。广大侦查监督人员应当充分认识自己工作的地位和作用,进一步增强光荣感和使命感。

二、关于侦查监督面临的形势

根据曹建明检察长的讲话,侦查监督面临的形势,总起来说就是任务越来越重,要求越来越高,难度越来越大,而我们不适应的地方还不少。在国家安全和社会稳定方面,曹检察长说:"随着国际国内形势发生的新变化,影响国家安全和社会和谐稳定的因素增多,侦查监督工作的任务更加繁重和艰巨。"之所以会"更加繁重和艰巨",其原因既有这一发展阶段世界各国的共性,又有我国的某些特殊性。

国际社会一些学者研究认为,社会转型期即传统社会向现代社会、农业社会向工业社会乃至信息社会转型的时期,是社会不稳定的时期,主要表现为:(1)整个社会骚动不安;(2)社会成员都想坐上家庭现代化的首班车,因而格外关注自己的经济利益,并由此引发一系列利益纷争、矛盾和冲突;(3)犯罪急剧上升;(4)公职人员大面积腐败。而社会转型期又是一个国家非常关键的时期,如果把握得好,经济社会发展就有可能进入良性循环,并进一步向高收入国家迈进;如果把握得不好,就有可能发生社会混乱、政局动荡等情况,并掉入"中等收入陷阱"。拉丁美洲、中东、北非一些国家的情况都说明了这一点。

如果以上是一般国家社会转型期的特征,那么,社会转型中的我国在维护社会稳定方面面临的形势就可能会更加复杂,遇到的挑战也可能会更多,任务也可能会更加艰巨。

一是历史发展进程浓缩带来的挑战。我国改革开放三十多年走过了西方几百年走过的历程。西方分散在几百年中发生的矛盾和问题,我们集中在几年几十年里发生了,这必然使矛盾和问题更为集中,挑战更为严峻。

二是社会转型、体制转轨、经济发展方式转变"三转"并存带来的挑战。如果说一般国家仅是社会转型带来挑战的话,我国则还有体制转轨带来的挑战。同时,在原生型市场经济国家,转变经济发展方式是一个自然演进的过程,而我国传统经济发展方式的形成是与计划经济的惯性分不开的,如许多资源的价格由国家管控,而不由市场供求关系决定等。因此,我国转变经济发展方式就必然伴随着改革,且这种改革已处于"攻坚期"和"深水区"。这就决定了我国转变经济发展方式与其他国家相比也有特殊性。转变经济发展方式的命题我国在1995年的"九五"计划时就已提出,虽已过去十七八年,但一直收效不大,究其原因,就是因为艰难。如今,传统的发展方式已难以为继,必须下决心转变。而在国际金融危机的大背景下,体制改革与转变经济发展方式同步推进,给社会稳定带来的挑战会更大。历史经验表明,经济形势好的时候,利益关系相对容易协调,一些社会矛盾和问题容易被遮蔽和冲淡;经济形势困难的时候,协调利益关系难度很大,社会矛盾和问题也会显和暴露。上述几个方面挑战交互作用,带来的挑战势必更多。

三是意识形态差异带来的挑战。国与国之间为了维护各自的利益，难免存在矛盾和冲突。如果说一般国家与他国仅有一般的矛盾和冲突的话，我国则多了一份意识形态差异带来的挑战。

四是地区发展不平衡和众多人口带来的挑战。我国地区环境和条件差异太大，地区发展很不平衡，人口是一般国家的几倍甚至几十倍，这两方面也难免给维护稳定带来更多的挑战。例如，地区发展不平衡容易使欠发达地区的人们心理失衡；充裕的农民工后备军难免使农民工工资增长的速度比一般国家缓慢，并进而影响资本有机构成提高和产业提升；人口如此众多，再小的事，汇集起来就是天大的事。

五是城乡二元结构带来的挑战。在一般国家，随着城市化的推进，城乡差距会逐渐缩小，农民会逐步融入城市，变为市民。而我国，由于城乡二元结构，当下城乡差距却在扩大，多数进城务工的农民不能融入城市成为市民，而只能成为农民工。而城乡二元结构又因农业人口过于庞大和城市承载力所限而一时难以完全打破。这就难免使一些农村人产生不平衡心理，也影响农民工归属感和稳定感的形成。

以上仅是维护稳定方面我国特有的挑战，在监督侦查、维护公平正义方面，也同样存在特有的挑战。例如，封建社会人治、等级、特权以及重权轻法、重言轻法、重情轻法等思想观念残余，漠视法律、信奉潜规则的思想，说情请客送礼风盛行，地方保护主义和部门保护主义等等，都会对侦查的合法性和公正性带来比一般国家更多的挑战。这样，维护社会和谐稳定和公平正义的任务就必然会更加繁重艰巨。当然，我们也有比一般国家更多的有利条件，例如：中国特色社会主义的政治优势和制度优势；党中央对维护社会和谐稳定和公平正义作出的一系列重大决策部署；党和国家正确处理改革、发展、稳定关系的丰富经验；改革开放三十多年来形成的财富、人才等的积累；中华民族"和为贵"的传统思想和广大中国人思定、思富的思想；我国仍处于重要战略机遇期；等等。明确了社会转型期在维护社会稳定等方面的阶段性特征和我国的特殊性，有助于我们深刻认识应对挑战的长期性、艰巨性和复杂性，从而进一步增强忧患意识、大局意识和责任意识，始终保持清醒头脑，树立长期作战思想，立足当前，谋划长远，紧紧围绕平安中国和法治中国建设，全面加强和改进侦查监督工作。

三、关于侦查监督工作格局

"三侦"会议提出了"以审查逮捕为主体，以立案监督和侦查活动监督为两翼"（简称"一体两翼"）的工作格局，这是对侦查监督工作现状的形象概括，也符合资源配置状况的实际。曹检察长的讲话肯定了这一工作格局，并要求我们"顺应人民群众对司法公正、权益保障的新期待，深入推进这一工作格局"。据此，我们必须在"深入推进"上下功夫。怎样深入推进？我觉得要在履行好审查逮捕职能、保持对严重犯罪的高压态势、确保逮捕质量、坚守冤假错案第一道防线的前提下，把两个监督摆到更加重要的位置，进一步予以加强，以切实改变目前"一体两翼"不相协调、两个监督相对薄弱的状况。

首先，这是侦查权的特殊性决定的。权力是一把双刃剑，侦查权表现得尤为明显：一方面，侦查权是国家极为重要的权力，它是打击犯罪的利器，是国家平安的保障，是刑事诉讼的首要环节，是起诉、审判的前提与基础，在案件事实和证据上，它为起诉和审判准备好了所需要的一切（侦查终结、起诉、审判的要求都是"犯罪事实清楚，证据确实、充分"）。没有侦查权，不仅起诉、审判失去前提，而且必然犯罪横行，腐败丛生，民不聊生，国将不国。另一方面，侦查权又是容易产生问题的一种权力：一是许多侦查措施特别是强制性侦查措施的采取，都会损害相关人的权利，包括自由、财产、隐私等权利。二是侦查具有机动、灵活、保密、相对封闭、分散作战、直接接触社会阴暗面等特点，容易滋生违法犯罪等问题。三是任何权力都有扩张性和自腐蚀性，侦查权尤甚。破案的压力、考核办法的不当激励、案多人少的矛盾、侦查装备的落后、侦查人员能力的不适应等等，都有可能使侦查权自我扩张，从而越过法律规定的边界。同时侦查又是腐蚀与反腐蚀斗争较为激烈的一个诉讼环节。在存在犯罪事实的前提下，侦查人员既可以把案件查出来，也可以使它不了了之。侦查人员如想徇私枉法，比起诉、审判人员在证据在案情况下进行徇私枉法要容易得多，而发现、揭露的难度却大得多。正因为侦查权具有上述特点，因而世界各国都既赋予侦查机关充分的侦查措施和手段，以满足控制犯罪的需要，又对侦查权给以严格的监督和控制，以防止被滥用，从而对公民合法权利造成侵害。

其次，这是确保办案质量、保障公民权利、维护司法公正的需要。诉讼实践表明,重大冤假错案基本上是刑讯逼供所致;有些案件破不了,有些案件诉讼困难,有些案件该立不立、不该立乱立,也跟侦查不公、侦查违法、侦查权不能正确行使不无关系。此外,公安机关某些改革措施,在产生积极作用的同时也带来新的挑战。例如,派出所承担了部分侦查的任务,使侦查从集中变为分散,加上预审部门被撤销,影响了侦查的规范化和案件的质量。因此,如不加强两个监督,不纠正侦查中的违法和错误,有些案件的质量就得不到保证,防止冤假错案的底线就无法守住,公民合法权利就得不到保障,诉讼公正就得不到维护。

再次,这是广大群众特别是法学界的呼声。近年来,广大人民群众对包括侦查人员在内的执法不公、司法腐败深恶痛绝,对少数侦查人员执法中不依法文明规范的行为反映强烈,对权利保障非常关注,迫切要求检察机关加强监督,批评检察机关监督不力的声音也时有所闻。在法学界,更是一致要求把两个监督作为诉讼监督的重点。

最后,这是侦查监督名至实归的必然要求。侦查监督要名实相符,就必须把两个监督进一步加强起来。

总之,各级检察机关要顺应人民群众对司法公正、权益保障的新期待,防止和克服两个监督是软任务的思想,下决心予以进一步加强。

为了使两个监督科学理性地加强和开展,还要明确两个监督的特点。根据法律规定的精神,我认为两个监督的特点有:

特点之一:它是救济式的监督,而不是跟班作业式的"都管起来"的监督。侦查活动具有面广量大、灵活机动、保密封闭、全天候作战等特点,跟班作业式的监督既不科学,也不可能。检察机关的监督只是对侦查违法和错误进行救济的一个渠道,除了检察机关的监督外,还有侦查机关自身的纠错机制,诉讼参与人在诉讼中的纠错机制等。检察机关的监督只是诸多纠错机制中的一个机制。

特点之二:全面监督与有限监督相统一、普遍监督与重点监督相统一。刑事诉讼法总则规定,人民检察院依法对刑事诉讼实行法律监督。据此,整个立案和侦查程序都属于检察监督的范围,而不存在检察监督不能涉及的禁区;同时,刑事诉讼法分则又仅对检察监督作了有限的规定,在分则未作明确规定的情况下,进行监督往往难度较大。从这个意义上说,侦查监督又是有限监督。要把全面监督与有限监督统一起来加以理解和把握,只讲全面监督而不讲有限监督就会力不从心,就难以使有限的资源发挥最大的效益,也不利于充分发挥有关机关和当事人纠错机制的作用;只讲有限监督而不讲全面监督,则不利于开阔侦查监督视野,拓展监督范围,实现监督工作的与时俱进。例如,原刑事诉讼法分则对侦查活动监督的规定仅有三处:一是对应当立案而不立案的监督;二是在审查批捕中发现公安机关的侦查活动有违法情况,应当通知纠正;三是人民检察院可以派人参加公安机关对于重大案件的讨论。但实际上,侦查活动监督决不仅仅限于以上三个方面。两个监督还有个特点,就是普遍监督与重点监督相统一。一方面,检察机关有权对侦查活动中的所有违法、错误都进行普遍的监督;另一方面,两个监督又必须突出重点,紧紧盯住那些重罪案件或插手经济纠纷造成严重后果案件进行立案监督,紧紧盯住那些涉嫌职务犯罪和严重违法的问题,如刑讯逼供、暴力取证、隐匿伪造证据、徇私枉法等进行侦查活动监督,尤其要把发现并向职务犯罪侦查部门提供职务犯罪线索作为重中之重。普遍监督使侦查监督容易切入,有时查严重违法或犯罪需要从小的问题入手;重点监督有利于侦查监督取得有关方面的理解支持,减少阻力干扰,取得好的效果。根据这两个相统一,两个监督既要尽力而为,又要量力而行;既要防止消极畏难、无所作为,又要防止大包大揽,四面出击,什么都想抓,什么都抓不住。加强监督,决不能加强在小案小事上,而应加强在重大违法和犯罪上,而且要一纠到底,务使严重违法和错误纠正到位。

特点之三:主动监督与被动监督相统一。两个监督既可以依职权主动行使,又可以依公民控告、申诉、举报被动行使。主动行使有利于自行确定监督的目标和重点,被动监督有利于及时维护公民合法权利。

特点之四:监督与支持相统一。侦查权的特点决定了我们既要最大限度地支持侦查机关侦查破案,又要认真履行监督职责。要从支持的愿望出发进行监督,从监督入手实现支持。既要防止只讲支持不讲监督,放弃原则和职守;又要防止只讲监督不讲支持,把监督演化为相互对立和扯皮。

特点之五:监督人家与监督自己相统一。即既要加强对公安等侦查机关的侦查监督,又要加强对检察机关职务犯罪侦查的监督,还要加强对侦查监督自身的监督制约。要"用比监督别人更严的要求来监督自己",既确保侦查权正确行使,又确保侦查监督权正确行使。

特点之六:敢于监督与善于监督相统一。既要刚正不阿、执法如山,对发现的问题盯住不放、一查到底、一纠到底;又要讲究策略方法,善于排除阻力干扰,争取和动员各方力量对监督的支持。

四、关于确保办案质量、坚守防止冤假错案底线

最近,习近平总书记先后指示:"要努力让人民群众在每一个司法案件中感受到公平正义。""要坚守防止冤假错案的底线。"根据总书记的指示和最近出现的若干冤假错案,曹建明检察长在讲话中就如何确保办案质量、坚守防止冤假错案底线作了部署。在落实这一工作部署中,思想上要明确以下几点:

(一)要明确确保办案质量、坚守防止冤假错案底线,是每一个检察院、每一个执法办案人员的终生追求和重大责任。冤假错案不仅对当事人是一场灾难,而且严重损害司法权威和司法公信力,影响人民群众对社会公平正义的信心、影响国家长治久安。最近披露的几起冤假错案虽然都是若干年前办的,发生冤假错案的也仅是极少数地方,但是,"前事不忘后事之师",目前没有发现冤假错案不等于客观上肯定没有冤假错案,现在没有发现冤假错案不等于今后不发生冤假错案。因此,确保办案质量,坚守防止冤假错案的底线,是每一个检察院每一位执法办案人员终生的追求和重大的责任。任何检察院和办案人员都没有丝毫理由对此自我感觉良好,而必须以高度负责的精神、临渊履薄的心境和一丝不苟的态度来对待,直至退出执法办案岗位。同时还要明确,"坚守"就要坚决守住自己把守的关口,不能自己不守而寄希望于后面的环节和程序去守。"坚守"就要着力发现并坚决排除非法证据,以防冤假错案被非法证据的表象所遮蔽。"坚守"就要严防死守,敢于依法发表并坚持正确意见,敢于依法抗命,发现领导的决定会产生冤假错案的,要向上级甚至越级报告,以防悲剧的酿成。明知上级的决定会产生冤假错案仍予执行,也不向上级报告的,要依法追究责任。"坚守"就不能让办案人员长期超负荷办案,否则,不仅案件质量难以保证,冤假错案难以避免,而且严重影响办案人员

身体健康和学习充电。因此,在案多人少矛盾十分突出的地方,要争取党委、政府支持,招录一些检察辅助人员。人案矛盾突出的地方大多经济较为发达,大学毕业生很愿意去就业不足,只要党委、政府同意,就完全有条件招到有较好素质、能够胜任检察辅助工作的人员。

(二)要明确案件质量的内涵。有同志认为,要坚守防止冤假错案底线,就要宁漏勿错。我不同意这种认识。案件质量的内涵是事实清楚、证据确实充分、定性准确、处理适当、程序合法,这就必须做到不错不漏。因为如果错了,犯罪嫌疑人、被告人就感受不到公平正义;如果漏了,案件的被害人就感受不到公平正义。习总书记说"所谓公正司法,就是受到侵害的权利一定会得到保护和救济,违法犯罪活动一定会受到制裁和惩罚",他说的也包括防漏。当然,根据疑罪从无原则,对疑罪作无罪处理有可能造成"漏",但这种依法不得已的"漏",与指导思想上防止"漏",二者并不矛盾。因此,我们既要坚守防止冤假错案底线,又要坚持"两个基本",防止纠缠细枝末节,宽纵犯罪。

(三)要明确"冤假错案"的标准。我理解,冤案是客观上有刑事案件存在,但被追诉人不是犯罪人;假案是客观上不一定有刑事案件存在,进入诉讼程序的案件或被追诉人是假的。冤案和假案的共同点在于,都把没有犯罪事实的人当作犯罪来追究,通俗地说,就是"把人搞错了"。错案可以有狭义和广义之分,狭义的错案,与冤案假案相同,都是指"把人搞错了"。广义的错案,还包括将犯罪事实不清、证据不足的疑案作为犯罪来追究,因为这样的案件不符合起诉、审判的法定条件,但当作符合条件的来起诉、审判,这从法律规定来衡量,也属于错案。总书记所说的冤假错案,首先指的是"把人搞错了"这一种,同时,也包括把疑案当作犯罪处理。因为在疑案里,可能既有真犯罪的,也有冤的,如果把疑案作为犯罪处理,就会使部分犯罪嫌疑人、被告人蒙冤。例如,100个疑案,即使只有5%是冤的,如果把他们都作为犯罪来处理,就会使5个人蒙冤,这就没有守住冤案假案的底线。因此,为了守住防止冤案假案(把人搞错了)这个底线,就必须坚持疑罪从无,守住不把疑案当作犯罪来处理这个底线。

"不把人搞错",这在百姓看来似乎是很简单的事,为什么到了司法机关就这么难,需要我们去苦

苦追求？这一是因为刑事诉讼的证明是回溯性的证明，它通过收集到的证据去"回复"和"再现"以往的犯罪事实，而这个"回复"、"再现"的过程非常复杂，要受很多因素的制约，真相容易被掩盖和歪曲。二是因为人有没有搞错，某犯罪嫌疑人、被告人是不是真犯罪，只有他自己知道（如果犯罪嫌疑人、被告人不是真正的犯罪人，那犯罪人也知道），而司法人员是不知道的。司法人员看到的只有在案的事实和证据。这在诉讼证明理论上，就有了客观真实与法律真实、客观事实与法律事实的区别。客观事实司法人员没有看到过，司法人员只能凭在案的证据所"再现"的法律事实来认定案件，而通过在案证据"再现"的法律事实只有与犯罪人知道的客观事实相符，人才不会搞错；如果不相符，就会出现冤假错案。因此，在司法证明上，要以客观真实为目标，以法律真实为标准。

（四）要明确检察机关守住防止冤假错案底线的具体工作标准。检察机关的批捕、起诉工作应该提出什么标准，才能守住防止冤假错案的底线，比如，我们能不能要求凡批捕、起诉的案件都要100%判决有罪？我认为不能提这样的要求。

先讲起诉，虽然起诉和审判的标准都是"犯罪事实清楚，证据确实、充分"，但是，在事实清与不清、证据确实充分与不确实充分之间，并不存在一条一看就清楚、一摸就明白的界限，而难免存在一定的"模糊地带"。就多数案件来说，这条界限比较容易划清，但有少数案件，处在清与不清、确实充分与不确实充分的模糊地带上，加上不同的人有不同的认识，因而就会出现有的人认为事实清楚、证据确实充分，有的人却认为事实不清、证据不确实充分的情况。如果提出诉后要100%判决有罪的目标，公诉人员就会把保险系数留得过大，只起诉事实证据不存在任何不同认识、明显构成犯罪的，而将处于模糊地带、容易存在不同认识的案件作不诉处理，从而造成打击不力。正因为如此，世界各国都对检察机关的不诉规定了严格的制约措施，以防止该诉不诉。同时，许多国家还认为，检察机关作为控方，在追诉犯罪上应该保持一定的张力，有的还将起诉标准规定为低于审判标准。为了保持这种张力，一些国家对诉后有罪判决率根本不作统计，以防止检察官为追求有罪判决率而该诉不诉。因此，我国检察机关应该严格按照法定的起诉条件来决定诉与不诉。因为犯罪事实清楚、证据确实充分的，就能排除合理怀疑，从而就能防止冤假错案。对于诉后判无罪的案件，我们要高度重视，认真分析，如果认为判决确有错误，就依法提出抗诉；如果认为判决正确，就认真总结教训，办案人员存在过错的，还应追究其责任；如果认为判决有道理，而检察院的起诉也有道理的，则应加强研究，并与法院沟通，以便统一宽严尺度和证据标准。

对于批捕，基于上面相同的道理，应该根据审查批捕当时在案的事实和证据，严格按照法律规定的条件来决定捕与不捕，凡符合逮捕条件而批捕的，即使后来被判无罪或者徒刑以下刑罚，也不属于错捕；不符合逮捕条件的予以逮捕或符合逮捕条件的不予逮捕，就是错捕或错不捕。对此，我说明以下几点：

一是这里的事实和证据是"审查逮捕当时的事实和证据"，而不是诉讼最终查明的事实和证据，也不是看案件最终是否作了有罪判决。因为逮捕是在侦查初始阶段为了保证诉讼顺利进行而采取的强制措施，随着侦查的深入和诉讼程序的推进，原来的事实、证据以及犯罪嫌疑人的社会危险性可能发生变化；逮捕的事实、证据条件是"有证据证明有犯罪事实"，而不是"犯罪嫌疑人已构成犯罪"，故不能要求逮捕的案件都被判有罪。对于捕后被判无罪的案件，我们同样要高度重视，认真分析，看当时在案的事实和证据是否符合逮捕条件。

二是这里的事实和证据是"在案的事实和证据"，而不仅仅是"在卷的事实和证据"。当前披露的重大冤假错案，如凭当时在卷的事实和证据，估计多数都符合逮捕条件。但这些案件有个共同的特点，就是犯罪嫌疑人都因遭到刑讯逼供而作了有罪供述，而批捕人员对刑讯逼供却没能发现，或者虽发现了也没有引起重视。"在案的事实和证据"，除了案卷里的事实证据外，还应包括犯罪嫌疑人等所知道的事实和证据。审查逮捕时除了审阅案卷外，如果该注意的问题注意到了，该发现的问题发现了，该讯（询）问的犯罪嫌疑人、证人作了讯（询）问，也没有发现与卷内相反的事实和证据，那不属于错捕；如果该注意的问题没有注意，该发现的问题没有发现，该讯（询）问的犯罪嫌疑人、证人没有问，结果被判无罪，那就属于错捕。也正因为如此，修改后刑事诉讼法第八十六条规定审查逮捕应当讯问犯罪嫌疑人的三种情形，还规定"可以询问证人等诉讼参与人，听取辩护律师的意见；辩护律师提出要求的,应当听取辩护律师的意见"。

三是这里的错捕是衡量批捕人员工作质量的错捕,而不是衡量应否对犯罪嫌疑人、被告人赔偿的错捕。衡量应否对犯罪嫌疑人、被告人赔偿的错捕,则应以诉讼的最终结果为标准,如果案件最终被撤销、不诉或判无罪,只要不具有免赔的情形,就都属于错捕,应当予以刑事赔偿。

五、关于进一步加强对侦查监督工作的领导

曹建明检察长就进一步加强侦查监督工作的领导提出了一系列要求,既要求各级检察院党组和检察长加强领导,又要求上级检察院加强指导。对此,我们要深刻理解。一是侦查监督的重要性决定了要加强领导。前面所讲的一个"核心"、两个"前沿"、两个"第一关"、四个"直接关系到"、一个"重要途径",就决定了加强领导的必要性。二是新形势给侦查监督工作带来的严峻挑战决定了要进一步加强领导。新形势给侦查监督工作带来的挑战前所未有,在相当长的时期内,任务越来越重、要求越来越高、难度越来越大是必然的趋势,特别是在公民权利保障意识日益增强、网络媒体发达的新形势下,侦查监督已由幕后走向台前、由相对静态走向动态、由宁静的港湾走向风口浪尖,这些都迫切需要检察长加强领导、靠前指挥,也迫切需要上级检察院加强具体指导。三是监督对象的特殊性决定了要进一步加强领导。侦查权特殊的重要性和出现问题特有的可能性以及侦查工作的特点都决定了对其监督所特有的难度。例如,侦查部门是强势部门,侦查人员抗监督的能力特别强,侦查中的某些问题发现难、调查难、取证难、统一认识难、处理难等,这些都迫切需要检察长加强外部的请示汇报、沟通协调和内部的组织协调。四是侦查监督工作诸多的不适应决定了要进一步加强领导。要解决曹建明检察长所说的侦查监督工作在执法理念、工作发展、能力水平、执法机制、执法保障等方面诸多的不适应,既需要侦查监督部门和广大侦查监督人员自身的努力,更需要各级检察长在领导精力、工作部署、力量安排、装备建设、后勤保障等方面给予更多的关心、支持。

最后讲讲会议精神贯彻问题。这次会议是部署今后一个时期工作的很重要的会议,必须抓好会议精神特别是曹建明检察长重要讲话的贯彻落实。一要及时汇报。要在认真准备的基础上,及时把会议精神、贯彻措施、需要党组解决的问题向党组汇报。二要认真贯彻。各省要在第三季度内召开会议传达贯彻。三要推动落实。要采取交流经验、实地检查、抓两头带中间等办法推动会议精神落到实处。各地向党组汇报和开会贯彻的情况,请及时向最高人民检察院汇报,最高人民检察院侦查监督厅要及时交流各地汇报、贯彻的动态和措施,并在必要时派出检查组检查各地贯彻会议精神和《关于加强侦查监督能力建设的决定》的情况。总之,要通过会议精神的贯彻落实,推动新时期侦查监督工作创新发展,为平安中国、法治中国建设和中国梦的实现作出新的贡献!

在第十四届检察理论研究年会上的讲话

最高人民检察院副检察长 孙 谦

(2013 年 5 月 14 日)

每年此时,我们都会齐聚一堂,总结过去一年的检察理论研究工作,分享大家的研究成果。在此我代表最高人民检察院,向热爱检察理论研究的各位同志和学术界的各位专家学者表示感谢,向检察理论优秀成果获奖作者表示祝贺! 在全国上下认真学习贯彻落实十八大精神之际召开本次会议,根本目的在于准确把握十八大关于法治建设、政法工作的战略部署,探讨检察工作在加快建设社会主义法治国家进程中的职责任务和工作重点,研讨两大诉讼法修改后检察制度的发展完善,从理论层面推动检察工作在依法治国进程中发挥应有的作用。

党的十八大报告将"全面推进依法治国"确立为推进政治建设和政治体制改革的重要任务,对"加快建设社会主义法治国家"作出重要部署,提出全面推进依法治国的目标和要求,为中国社会主义法治确立了新的功能导向和路径选择。这也给检察机关提出了新的更高的要求。作为中国特色社会主义法治的维护者和实践者,检察机关应当把法治精神和法治理念内化于心,外践于行,全面提升法律监督的品质,履行好保障法律实施、维护公平正义的职责。

一、要努力更新司法理念

十八大提出把法治作为治国理政的基本方式,把"人权得到切实尊重和保障"作为重要目标,这给检察机关维护公平正义提出了更高的期望。立足检察职能,牢固树立科学的、正确的司法理念,是摆在我们面前的第一位任务。检察工作要以中国特色社会主义理论为指导,与构建社会主义和谐社会的要求相适应,模范地执行宪法和法律,立足本职,发挥守护法律、保障人权的作用,并将"以人为本"的科学发展观全面贯彻到工作之中。人权意识、正当程序意识、敬畏法律的职业精神、实事求是的科学态度,"理性、平和、文明、规范"的执法观,是我们履行宪法使命、保障人权、保障国家的制度安全、实现社会公平正义所绝对不能缺少的!最近一段时间陆续披露的一系列司法冤错案件,让司法蒙羞,让每一个有良知的人痛心疾首!原因虽然各有不同,但根本上是我们的执法者正确的理念缺失、良心和政绩观错位,用人治的思维和方式去做法治工作,不仅没能维护公平正义,反而制造错案,使无辜的人受到冤狱,使真正的罪犯得以逃脱。也使司法信誉付出了沉痛的代价!我们必须真正地吸取教训!只有在正确的司法理念指引下,严格地遵守法律程序,把犯罪嫌疑人、被告人作为"人"来看待,心存忠诚、公正和良知,身怀应有的职业素养和技能,才能避免司法悲剧的发生!

二、要培养和提升法治思维

提高干部运用法治思维和法治方式深化改革、推动发展、化解矛盾、维护稳定的能力,是全面落实依法治国方略、建设法治政府的关键环节。法治思维决定和支配法治方式,法治方式体现和强化法治思维,法治思维需要通过法治方式来体现。将法治思维和法治方式运用于执法办案应当成为对检察人员的基本要求。运用法治思维,就要遵循权利平等、公平正义等法治理念以及由此决定的法律思维方式去思考和评判一切涉法性社会争议问题,就要遵循职权法定、程序正当、权责一致的法治原则与要求:权力必须来自法律具体而明确的授予,必须在法律规定的权限内履行职责;凡事要有程序观念,必须按照法定程序和正当程序办理;行使权力失职要问责,违法应当受到追究。法治思维的养成有赖于检察人员法律素养的提高和职业伦理的养成。只有具有足够的法律素养,才能真正理解法治的真谛,形成和遵循法治思维,在执法过程中从容应对各种问题,践行法治理念。只有养成成熟规范的职业伦理,检察人员才能从内心深处接受和认同法治思维的约束,将个人私利好恶置之度外,保证客观理性、衡平如水地适用法律,坚守公平正义。

三、要着力提升司法品质

高品质的司法是检察公信力的基础,司法品质的第一要义是公正。检察机关要通过严格、规范、文明执法,切实发挥在解决矛盾纠纷、维护社会秩序、引导民众行为、监督制约权力等方面的社会管理作用,履行维护社会公正的根本职责,从根本上提高办案质量,强化法律监督,从而让民众信服法律、尊重法律。提升司法品质需要司法者巧妙地运用经验与智慧。就检察机关而言,要特别强调检察人员在现有国情下准确适用法律、妥善处理矛盾纠纷的实际能力,既要准确适用法律,又不能机械执法、简单办案。检察职能的有效发挥、检察人员司法智慧的不断提升,才能带来高品质的司法,通过每一个案件的公正办理,为社会"输出"公平正义。

检察机关更新司法理念、运用法治思维、提升司法品质的要求都迫切需要理论研究的呼应和支持。我衷心希望,今后的检察理论研究能够从"推进依法治国"的战略高度,深入研究新法实施和新一轮检察改革中的重点、难点问题,发挥促进法治共识、破解实践难题、总结司法智慧、推动中国特色社会主义检察理论体系发展完善的重要功能。

新形势下检察理论研究任重道远,大有可为,让我们在以习近平同志为总书记的党中央的正确领导下,为推进检察机关理论建设、繁荣检察理论研究作出当代检察人应有的贡献!

在全国检察机关电视电话会议上的讲话

最高人民检察院副检察长 姜建初

(2013年1月29日)

下面，我就民事行政检察部门认真贯彻这次会议精神，讲几点具体意见：

一、按照职责分工，切实加强与控告检察部门的工作配合

为了更好地贯彻执行修改后民事诉讼法的规定，完善案件受理工作机制，最高人民检察院于2013年1月9日下发了《关于贯彻执行〈中华人民共和国民事诉讼法〉若干问题的通知》，明确规定了当事人向人民检察院申请监督，由作出生效判决、裁定、调解书或者正在审理、执行案件的人民法院的同级人民检察院控告检察部门受理。这条规定，一是明确了案件同级受理的原则，二是明确了当事人申请监督的受理部门是各级人民检察院的控告检察部门。这也是民事行政检察工作落实"立审分离"原则的切实体现。控告检察部门承担民事行政申诉案件的受理工作，负责申诉案件的登记、接访和对案件是否符合受理条件的审查，并向申请人发送《受理案件通知书》，实际相当于法院的"立案"环节。民事行政检察部门负责对控告检察部门受理移送案件的审查工作，调阅审判卷宗，并根据案件具体情况进行调查，经过全面审查后作出相关决定。各级检察机关民事行政检察部门要牢固树立正确的程序意识，在坚持"立审分离"、依法履行职责基础上，主动加强与控告检察部门的工作协调和信息沟通，积极支持和配合控告检察部门的工作，共同努力落实好修改后民事诉讼法赋予检察机关的新任务。

二、准确把握修改后民事诉讼法第二百零九条的规定，正确履行民事行政检察监督职责

胡泽君常务副检察长就贯彻执行第二百零九条规定，提出了坚持"两个在先"的原则，各级检察院民事行政检察部门一定要深刻领会，切实履行好民事行政检察监督职责。一方面，对于控告检察部门移送的案件，在办理过程中发现有不应受理的情形时，应及时将相关情况反馈控告检察部门，依法作出处理。同时，要主动加强与人民法院的信息通报，及时了解申请监督案件法院是否启动相应程序的进展情况，把不应当纳入监督视野的案件排除在外，进一步严把"入口关"。另一方面，要严格执行同级受理、同级审查的规定，能提出再审检察建议的，按照程序提出再审检察建议，确需提请上级检察院抗诉的再提请抗诉，尽最大努力做好同级监督和就地息诉工作。各级检察院民事行政检察部门要切实加强检察工作一体化下的内部制约和协作配合，形成工作合力，共同维护司法公正和法治权威。拟提请抗诉的案件，承办案件的检察机关要严把案件质量关，为上级检察院提高审查效率打下良好的基础，保障上级检察院必要的办案时间。上级检察院对下级检察院提请抗诉的案件，也要从办案时限和办案质量上进一步严格要求，为下级检察院做好表率。

三、强化认识和工作措施，切实执行好审限的规定

修改后民事诉讼法对检察机关办案期限作了明确规定，各地要按照曹建明检察长在全国检察机关贯彻实施修改后民事诉讼法座谈会上的讲话要求，充分认识到修改后民事诉讼法对整个民事诉讼过程提高效率都提出了更高要求，进一步强化司法效率理念，端正认识，优化办案结构和模式，加强部门之间在办理民事行政案件中的协作与配合，确保在法定期限内办结案件。按照最高人民检察院通知的具体要求，一是对于2012年12月31日前受理但尚未审查终结的案件，应当在2013年3月31日前审查终结；二是自2013年1月1日起受理的案件,应当在受理之日起三个月内进行审查,作出提出检察建议、抗诉的决定,或者作出不支持监督申请的决定。从修改后民事诉讼法实施不到一个月的情况来看,申请民事行政检察监督的案件已经呈现出大幅增加的趋势,广大民事行政检察人员要更加坚定地树立司法效率理念,严守审限,确保按期结案,不折不扣贯彻执行好修改后民事诉讼法的规定。

四、准确把握职能定位,在充分履行监督职责的同时,做好服判息诉工作

检察机关是国家法律监督机关,民事行政检察工作首先是要切实履行好法律监督职责。同时,民事行政检察工作也应在服务大局、化解矛盾纠纷、维护社会和谐稳定中发挥作用。民事诉讼法修改后,民事行政检察环节防范办案风险、化解矛盾纠纷的压力明显增大。各级检察机关民事行政检察人员要充分认识形势的严峻性,及时更新执法理念,注重矛盾化解,克服就案办案、机械办案的思维和做法。一是要强化监督能力,把化解矛盾贯穿始终,在办理每一起案件过程中,注重释法说理,提高群众工作水平,引导当事人合理表达诉求。二是注意风险研判,健全预警机制,严格落实重大案件向上级检察院和本院控告检察部门报告通报制度。三是对具备和解条件的申诉案件,应当依托大调解工作体系,发挥检调对接工作机制的优势,加强与人民调解、行业调解、司法调解的衔接配合,努力促成当事人和解息诉。按照最高人民检察院通知要求,检察机关认为申请监督的理由和依据不能成立的、决定不提出检察建议或者抗诉的、决定不提请抗诉的,应当制作《民事行政检察不支持监督申请决定书》并发送当事人,文书参考样式已经印发。各地民事行政检察部门要深刻认识到不支持监督申请决定具有终结性,在适用中加强研究,加强文书说理性,对不支持监督申请的理由和依据依法作出阐述,在提高办案质量和效率的同时,力争做到案结事了人和。

五、加强调查研究,及时发现和应对修改后民事诉讼法实施过程中出现的新情况新问题

修改后民事诉讼法的实施,强化了检察监督,随之也大大增加了检察机关的工作任务,这对民事行政检察部门办案力量、人员素质都带来了很大的挑战。目前,最高人民检察院对修改后民事诉讼法的实施可能给检察机关带来的影响进行了分析和预判,并制订了相应的工作措施。这些措施的效果还有待于工作实践的检验,并要在实践中不断完善。各省级检察院民事行政检察部门要及时掌握本地申请监督案件的变化趋势,加强调研和综合分析,注意发现可能影响工作发展的倾向性问题,提出有效解决方案,并注意总结推广经验,成熟的做法可以逐步用规范性文件固定下来。最高人民检察院正在修改《人民检察院民事行政检察办案规则》,将对民事行政检察各项办案工作进行全面规范。这个规则稿还将继续征求各地意见,各地一定要高度重视,结合本地实际,认真提出修改建议。

六、高度重视和强化自身监督,确保民事行政检察监督权在法律规定范围内运行

目前申请民事行政检察监督案件增长的情况,一方面说明民事行政检察监督进一步得到社会各界的认同和信任,要求我们变压力为动力,依法全面履行职责;另一方面也警醒民事行政检察人员要充分认识可能面临更多腐蚀诱惑的严峻形势,自觉接受内部外部监督制约,维护民事行政检察监督的公信力。要坚持把强化自身监督放在与强化法律监督同等重要的位置,按照曹建明检察长在全国检察机关学习贯彻修改后民事诉讼法座谈会上的讲话要求,强化廉洁意识,严守办案纪律,严格规范民事行政检察人员与法官、律师、当事人和中介的关系,健全回避制度,坚决防止检察人员和一方诉讼当事人形成利益共同体,坚决防止利用检察监督权谋取私利等违法犯罪行为。各地要针对修改后民事诉讼法实施中出现的新动向,研究提出强化自身监督的针对性措施。最高人民检察院将认真总结各地的有效经验和做法,适时制定民事行政检察人员加强自身监督的有关规定,维护队伍纯洁性,保证民事行政检察监督权的依法正确行使。

这次会议是根据民事诉讼法修改实施出现的新情况召开的一次重要会议,也充分表明了最高人民检察院对民事行政检察工作的高度重视。广大民事行政检察人员一定要全面贯彻全国检察机关学习贯彻修改后民事诉讼法座谈会精神,认真落实本次会议的各项部署,鼓舞士气、攻坚克难,以良好的精神风貌全力以赴做好各项工作,确保修改后民事诉讼法在检察机关得到全面、正确贯彻实施。

在全国检察机关计划财务装备工作座谈会上的讲话

最高人民检察院副检察长　张常韧

(2013年6月21日)

这次座谈会是最高人民检察院党组同意召开的,主要任务是以党的十八大精神为指导,深入分析当前检务保障工作面临的新形势新任务,全面把握新一轮司法体制改革的新机遇,在新的历史起点上把检务保障工作继续推向前进。王松苗同志将对上年度工作回顾总结,对下一步工作进行全面部署。请大家结合实际认真学习讨论,细致查找存在的差距和不足,深入分析产生问题的原因,研究制定有针对性的工作措施并落到实处,促进检务保障工作全面健康发展。下面,我先讲三点意见。

一、全面把握新机遇新任务新要求,切实增强做好检务保障工作的责任感和使命感

去年8月,最高人民检察院在哈尔滨召开了全国检察机关第七次计划财务装备工作会议(以下简称"七装会"),曹建明检察长出席会议并作重要讲话。会议认真分析形势任务,对"十二五"时期检务保障工作作出总体部署,提出了着力构建"四位一体"检务保障格局等重大举措。一年来,各地认真贯彻落实最高人民检察院部署,统筹推进各项检务保障工作全面发展,取得了新的成效。今后一个时期,各级检察机关要继续贯彻落实"七装会"的各项工作部署:抓好分年度、分项目任务的落实,确保《"十二五"时期检察计财装备工作发展规划》确定的目标圆满实现。同时,要深刻分析和全面把握当前检务保障工作面临的新形势新任务,抓住新机遇,迎接新挑战,以更大的工作力度、更有力的工作措施,抓好各项任务的落实。

(一)党中央对依法治国的新部署为加强检务保障工作提供了新机遇。党的十八大对加快建设社会主义法治国家作出了新的部署,明确提出法治是治国理政的基本方式,突出强调实现国家各项工作法治化;明确提出更加注重发挥法治在国家治理和社会管理中的重要作用,进一步加强法律监督,维护国家法制统一、尊严、权威;强调进一步深化司法体制改革,坚持和完善中国特色社会主义司法制度,确保审判机关、检察机关依法独立公正行使审判权、检察权。这既为加强检察工作提供了重大机遇,也提出了新的更高要求,为推进中国特色社会主义检察事业指明了方向。进一步发挥检察机关的职能作用已成为全社会的共同期待,地方各级党委、政府以及财政、发展改革等部门也对检察工作的重要性和加强检务保障的必要性形成了共识。发展检察事业、强化检务保障,都面临难得的历史机遇。把握机遇、奋发有为,是当代"检察人"共同的责任。

(二)检察机关执法办案面临的新情况对加强检务保障工作提出了新挑战。近年来,各项检察业务工作任务重、要求高的压力是前所未有的,检务保障工作面临新的任务和要求。一是随着修改后刑事诉讼法、民事诉讼法的施行,检察机关办案任务成倍加重,办案成本显著上升,经费供需矛盾明显加剧。修改后刑事诉讼法关于简易程序出庭、未成年人案件办理特别程序、二审案件开庭审理等方面的规定,使各级检察机关的办案任务和办案成本明显增加,需要进一步完善侦查办案手段和加强执法保障。修改后民事诉讼法的实施和涉法涉诉信访工作的改革,使检察机关的信访接待量比以往大量增加,相应地也加大了硬性支出。全国检察机关每年还将新增监视居住、证人作证和证人保护、适用简易程序案件出庭等办案经费支出。二是随着各项检察改革的进一步深化,检务保障工作面临新的挑战。特别是各级检察机关全面实施案件管理体制改革和职务犯罪案件审查逮捕上提一级改革后,每年也将新增业务经费支出。三是随着铁路运输检察院管理体制改革的深化和派出检察室的试点探索,检务保障面临新的课题,各级检察院经费和物质保障上的压力进一步加大。

(三)全社会对党风政风的新期待对检务保障工作理念方法提出了新要求。去年中央制定关于改进工作作风、密切联系群众的八项规定以后,中央纪委、财政部、国家发改委等部门先后就强化财务资产管理、压缩行政经费和"三公"经费、推进预算公开、控制楼堂馆所建设、简化公务接待等工作,作出了一系列规定。地方各级党委、政府结合本地区实际,制定了更具体、更细致的政策规定。最高人民检察院根据检察工作实际,及时制定下发了贯彻落实中央八项规定的实施办法和厉行节约反对铺张浪费的若干规定,提出了严格要求和严肃纪律。贯彻落实这些规定和要求,计财装备部门首当其冲,责无旁贷。一方面,要当好坚定的执行者,在经费和物资管理上坚持原则、坚守制度、坚决把关;另一方面,要努力适应新的要求,更新工作理念,调整工作方法,善于在阳光下当家理财,自觉接受监督。同时,针对实际工作中申请经费、申报基建立项等工作协调难度加大的实际,要进一步树立"一靠政策、二靠协调"的观念,充分运用已有政策,积极争取理解和支持。

面对新机遇、新任务、新要求,我们一定要倍加清醒地认识肩负的历史责任和光荣使命,充分发挥主观能动性,不断增强创造性,努力化挑战为机遇,乘势而上,攻坚克难,以检务保障工作自身科学发展服务检察事业科学发展。

二、精心谋划新一轮经费保障体制改革,推动检务保障工作创新发展

党的十八大明确要求进一步深化司法体制改革,坚持和完善中国特色社会主义司法制度,确保审判机关、检察机关依法独立公正行使审判权、检察权。根据中央的要求和中央政法委的部署,今年以来,最高人民检察院党组及时启动新一轮检察改革的调研论证工作,统筹谋划今后五年检察改革的指导思想、基本原则、目标任务和重大举措。7月中旬,最高人民检察院将举办全国大检察官研讨班,集中研讨今后五年检察改革。检察经费保障体制改革是其中的重要内容,也是今天我们这个座谈会研究的重点。

(一)统一思想,深化对继续推进经费保障体制改革的认识。总的看,上一轮检察经费保障体制改革取得了明显的阶段性成果,突出表现在:经费保障总体水平有新提高,在破解经费紧缺的困局上迈出了重要一步;科技装备和信息化建设取得新进展,在加快推进"科技强检"战略、提升检察工作科技含量上迈出了重要一步;收支基本脱钩,在解决受利益驱动办案等影响公正执法的问题上迈出了重要一步;资金和物资管理日趋规范,在完善检务保障机制、提升规范化管理水平上迈出了重要一步。但检察经费保障中的深层次问题尚未得到根本解决,保障没有达到全覆盖,一些地方存在"上进下退"、"明脱暗挂"的现象,中西部基层检察院办案和业务装备经费仍然短缺。存在上述问题的根本原因在于,上一轮改革建立的以"分类保障"为基础的新体制,与改革前的"分级保障"旧体制相比,虽然是巨大进步,但仍没有摆脱长期以来检察机关事权与财权不统一、检察一体化与分灶吃饭财政相冲突的矛盾,经费受制于地方同级政府。为此,必须按照党的十八大"进一步深化司法体制改革"和"强化司法基本保障"的要求,继续推进检察经费保障体制改革。这是贯彻中央决策部署的政治任务,是从制度上确保检察机关依法独立公正行使检察权的历史任务,也是解决当前检察经费保障中实际问题的现实任务。各级检察院检务保障部门的同志都要自觉地把思想统一到中央的部署上来,积极投身改革,不做袖手旁观的"观潮派",不做事不关己的"逍遥派",争做新一轮改革的"促进派"。

(二)精心谋划,明确进一步完善经费保障体制改革的方向。近期,最高人民检察院计划财务装备局组织各省级检察院进行了专题调研,在集中大家智慧的基础上形成了向党组的专题研究报告,提出了新一轮经费保障体制改革的初步想法。在指导思想上,遵循"四个有利于"原则:一要有利于确保检察机关依法独立公正行使检察权,维护司法权威;二要有利于充分调动各级党委、政府的积极性,建立科学合理的经费保障长效机制;三要有利于实现政法部门之间和同一政法部门内部经费保障水平均等化,切实做到全面保障、全额保障、均衡保障;四要有利于充分发挥财政资金使用效益,提高科学化、规范化、精细化管理水平,实现改革效益最大化。在总体思路上,坚持"回头看"与"向前看"有机结合。一方面,要对上一轮改革情况进行科学评估,在总结成效、找准不足的基础上,有针对性地采取改进措施,特别是要细化保障责任,强化监督考评,切实解决"上进下退"、"收支挂钩"等突出问题。另一方面,要从检察权的运行规律出发,积极稳妥地探索更加符合检察工作需要特别是依法独立行使检察权需要的经费保障新体制。在目标选择上,积极推动经费保障责任适当上收,探索检察经费省级统筹的新路子。在跟进措施上,着力推进追缴赃款赃物通过省级专门账户统一上缴国库、建立绩效考评机制和完善财务管理制度等配套举措,最大限度地释放改革"红利",确保改革成效。当然,这些想法只是初步的,下一步要在中央政法委的领导和财政部的支持下,开展更深入的研究论证。希望各地继续大力支持配合,集思广益,把经费保障体制改革推向前进。

(三)尊重首创,激发各级检察院推动经费保障体制改革的积极性。改革要既有顶层设计,又尊重基层的首创精神。只有尊重基层的首创精神,鼓励探索和创新,才能不断为顶层设计积累经验,增强改革的针对性。在上一轮改革中,甘肃、广东省检察院大力争取省委、省政府和财政部门的支持,对全省各级检察院办案追缴赃款实行集中管理,是一项重大的制度创新。这不仅在检察机关是首创,也为政法各部门有效解决"收支挂钩"难题、促进规范执法提供了有益启示。从实际成效看,这一做法对规范执法行为,增强省级可控财力,加强省级检察院对下指导,促进全省检察机关共建项目的实施,提高经费保障整体水平都发挥了重要作用。此外,内蒙古、江苏等地率先出台新的县级检察院公用经费保障标准,陕西、青海等积极推进经费保障绩效管理,都对推进上一轮改革起到了积极作用。在新一轮改革中,要进一步弘扬首创精神,凝聚改革合力,强化改革实效。

改革是时代的主题。形势催着我们改革,问题逼着我们改革,发展要求我们改革。改革只有进行时,没有完成时。只有进一步推进经费保障体制改革,才能从根本上解决检务保障问题。当前和今后一个时期,各级检察院检务保障部门要坚持以改革统揽全局,解放思想,勇于探索,大胆实践,推动检务保障机制不断完善。

三、努力建设过硬的专业化队伍,为加强检务保障工作提供组织和人才保障

强化队伍建设,始终是加强检务保障工作的重要保证。最近,最高人民检察院出台了《关于加强和改进新形势下检察队伍建设的意见》(以下简称《意见》),为新形势下加强检察队伍建设提供了重要指导。各级检察院检务保障部门要紧密结合工作实际,以《意见》为指导,以思想建设和能力建设为重点,努力打造一支讲大局、善协调、会管理、业务精、律己严、作风硬的队伍,为加强检务保障工作提供有力的组织保障。

(一)进一步加强思想政治建设。加强中国特色社会主义理论体系、社会主义核心价值体系、社会主义法治理念和群众路线教育,引导检务保障人员自觉践行"六观"、"六个有机统一"、"四个必须"和以人为本、服务为先的理念,打牢做好服务保障工作的思想政治基础,努力培养检务保障人员信念坚定想干事、本领过硬会干事、勇于负责敢管事、求真务实干成事、团结协作能共事、廉洁奉公不出事的优秀品质。

(二)进一步提升职业道德素质。把职业道德教育作为经常性思想教育的重要内容,紧密结合"忠诚、公正、清廉、文明"的检察官职业道德,完善监督制约、考核评价长效机制,大力培养检务保障人员"真心服务、爱岗敬业、务实严谨"的职业操守,引导检务保障人员始终保持饱满旺盛的工作激情、求真务实的工作作风、主动服务的工作热忱、艰苦奋斗的优良传统,努力实现"保障有力,干警满意"的工作目标。

(三)进一步提升专业素养。大力倡导学习风气,优化知识结构,提高综合素质,不断提高检务保障人员运用政策能力、改革创新能力、协调沟通能力、研究指导能力和服务管理能力。在"十二五"检察教育培训的整体格局中,编制检务保障干部培训规划,分期分批开展专业轮训。培养引进一批善于把握检务保障工作规律、能够承担重大研究课题、推动检务保障改革的领军人才,带动本地区检务保障人员业务素质、工作水平和整体形象的同步提升。

(四)进一步加强党风廉政建设。认真落实党风廉政建设责任制,坚持严格教育、严格管理、严格监督,切实提高检务保障队伍拒腐防变能力。牢固树立接受监督观念,保持"闻过则喜"的态度,成绩面前找差距,赞誉声中听逆言,自觉把自己置于群众的监督之下。切实加强自身监督制约,加强对财务、资产、车辆管理等重点管理岗位人员的廉政风险防控,规范各项工作程序,逐步形成完备的制度规范体系,坚决防止和纠正各种利用管理职权谋取私利的行为。树立过紧日子思想,倡导俭朴之风,带头执行《检察机关厉行节约反对铺张浪费若干规定》,努力建设节约型机关。

检务保障工作迎来了历史性的发展机遇,也面临着新的问题和挑战。让我们在十八大精神的指引下,坚定信心,扎实工作,改革创新,奋发图强,不断开创检务保障工作新局面,为推动检察工作科学发展作出新的更大的贡献。

在全国检察机关第二次刑事申诉检察工作会议上的讲话

最高人民检察院副检察长　柯汉民

（2013年1月18日）

全国检察机关第二次刑事申诉检察工作会议就要结束了。在与会同志的共同努力下,这次会议开得很成功。下面,我对会议情况作简要总结,就抓好今后一个时期刑事申诉检察工作及贯彻落实会议精神讲几点意见。

一、关于会议的基本情况

这次会议是在全国上下集中精力学习贯彻党的十八大精神的新形势下召开的一次重要会议。刚刚闭幕的全国政法工作电视电话会议和全国检察长会议对全国政法机关和检察机关学习贯彻十八大精神作出了部署,我们这次会议是刑事申诉检察工作进一步贯彻落实十八大精神,在新时期、新起点全面总结工作经验,深入分析形势任务,进一步明确工作方向、工作职能、工作重点、工作措施的一次动员会、部署会、推进会。正如与会同志评价的,这次会议时机关键,影响深远,对于进一步推进刑事申诉检察工作意义重大。最高人民检察院党组和曹建明检察长对这次会议非常重视,专门听取和审议了刑事申诉检察厅关于会议准备情况的汇报。胡泽君常务副检察长代表党组到会并发表重要讲话,是对全体刑事申诉检察干警的鼓舞和鞭策。胡泽君常务副检察长的讲话,深刻分析了刑事申诉检察工作面临的新形势、新任务,对全面加强和改进刑事申诉检察工作,提出了新的更高要求,具有很强的理论性、思想性和指导性,为当前和今后一个时期刑事申诉检察工作科学发展指明了方向。穆红玉同志的工作报告,对近年来的工作进行了全面总结,对下一步工作进行了具体部署,我都同意。会议印发了近年来曹建明检察长等最高人民检察院领导关于刑事申诉检察工作的重要批示,印发了部分省级检察院的经验材料和典型案例,8个省级检察院作了大会交流发言,与会同志还观看了公开审查和再审出庭观摩片。会议期间,同志们认真学习了胡泽君常务副检察长的重要讲话,深入讨论了工作报告以及《关于加强和改进刑事申诉检察工作的意见(讨论稿)》,就贯彻落实会议精神、进一步推进工作提出了很多很好的意见建议。与会同志普遍反映,这次会议主题鲜明,内容丰富,形式新颖,富有成效,达到了统一思想、凝聚力量、明确任务、推动工作的目的,是一次转变作风、求真务实、催人奋进的会议。

一是思想认识更加统一。与会同志认为,通过这次会议,对刑事申诉检察工作面临的形势和任务有了更加准确的把握,对新形势下加强刑事申诉检察工作的重要性有了更加深刻的认识,对今后一个时期推进刑事申诉检察工作科学发展的要求和措施有了更加明确的理解。特别是胡泽君常务副检察长的重要讲话,要求我们深刻认识刑事申诉检察工作的新形势新任务,进一步增强工作责任感紧迫感;要求我们充分发挥刑事申诉检察职能,着力解决群众申诉反映的突出问题;要求我们切实加强和改进刑事申诉检察工作,不断提高司法公信力和群众满意度;要求我们切实加强对刑事申诉检察工作的领导和保障,努力开创刑事申诉检察工作新局面。大家表示,一定要把思想统一到胡泽君常务副检察长的重要讲话和最高人民检察院的部署、要求上来,开拓进取,扎实工作,切实履行好法律赋予的职责,为促进公平正义、维护社会和谐稳定、保障全面建成小康社会作出更大贡献。

二是目标任务更加明确。这次会议的主题十分明确,就是深入贯彻党的十八大精神,坚持以科学发展观为指导,努力开创刑事申诉检察工作新局面。会议进一步明确了今后一个时期刑事申诉检察工作的任务,突出强调要科学把握刑事申诉检察工作的职能定位,坚持以执法办案为中心,全面强化、充分发挥职能作用,积极适应职能拓展,建立健全刑事申诉检察业务规范和机制制度。《关于加强和改进刑事申诉检察工作的意见(讨论稿)》凝聚了集体的智慧,在起草过程中,征求了各省级检察院控告申诉检察部门的意见,会后还要根据同志们的意见进一步修改完善。该文件立足于发挥对外监督、对内制约、救助救济、矛盾化解等职能作用,对进一步强化审判监督和检察机关内部监督制约,增强监督意识,强化监督措施,进一步加强机制制度建设、专业化建设和队伍建设等方面提出了明确的指导性意见。大家表示,要按照这次会议所确立的任务目标,切实加大工作力度,采取切实有效的措施,努力完成好会议确定的各项任务。

三是精神信心更加振奋。这次会议召开的时机好,规格高。在全国检察机关深入学习贯彻党的十八大精神、全面落实全国政法工作电视电话会议和全国检察长会议部署、迎来修改后刑事诉讼法和刑事诉讼规则生效实施之际召开,对于各级刑事申诉检察部门和广大刑事申诉检察人员正确把握努力方向,牢固树立正确执法理念,有效适应新形势新任务,积极应对新职能新挑战,具有鼓舞干劲、提振信心、凝神聚气等十分重要的作用。大家表示,会议对刑事申诉检察工作面临的形势和任务的分析准确、深刻,工作总要求、总任务、总目标的确定科学、实际,推进工作的具体举措和组织保障合理、到位,一定要以这次会议为新的起点,以更加奋发有为的精神状态,以更加求真务实的工作作风,倍加努力地做好各项工作。

二、牢记宗旨,恪尽职守,进一步加强和改进刑事申诉检察工作

刑事申诉检察是检察机关法律监督职能的重要组成部分,在对外监督、对内制约、国家赔偿、司法救助等方面都发挥着重要作用,是检察机关保障国家法律统一正确实施,维护社会公平正义的最后一道"关口",是实现司法人文关怀的重要方面。各级检察机关一定要采取扎实有效的措施,认真抓好贯彻落实。

第一,在践行执法为民根本宗旨、维护人民根本利益上有新作为。申诉权、获得国家赔偿权是宪法赋予我国公民的基本权利。检察机关依照宪法和法律规定办理刑事申诉、国家赔偿等案件,直接关系到人民群众切身利益的保障实现,关系到党的根本宗旨的贯彻落实,关系到党在人民群众中的形象,是检察机关密切联系和服务群众、为群众排忧解难的重要工作,是践行党的根本宗旨、坚持执法为民的具体体现,既是必须履行的法律义务,也是不可推卸的政治责任和社会责任。各级检察机关和广大检察人员必须牢记宗旨、不忘使命,始终把人民放在心中最高位置,牢固树立群众观点,始终坚持群众路线,从维护人民群众的根本利益出发,带着对人民群众深厚的感情执法,热心接待申诉人,耐心听取诉求,精心办理案件,诚心保障权益,想方设法为申诉人解决实际问题,不断满足人民群众日益增长的司法需求,更好地发挥联系和服务群众的职能作用。

第二,在有效化解社会矛盾、维护社会和谐稳定上有新成效。当前,我国既处于发展的重要战略机遇期,也处于社会矛盾凸显期,刑事案件发案率居高不下,案件处理难度加大,不服司法处理决定和裁判的申诉明显增多。特别是在开放、透明、信息化社会条件下,有的案件很容易通过互联网、微博等新手段炒作,形成社会热点问题,甚至引发影响社会稳定的事件,司法机关息诉息访难度加大。我们一定要清醒地看到,在新的社会环境下,申诉案件的社会关注度日益增加,人民群众的诉求也更加复杂多元,每一起申诉案件都与社会和谐稳定紧密相关。化解矛盾、维护稳定是国家治理和社会管理的主要任务之一,刑事申诉检察工作是社会管理的重要组成部分,是检察机关运用法治思维和法治方式化解矛盾、维护稳定的重要途径,必须把化解矛盾贯穿执法办案始终,防止机械执法、就案办案,做到办案不忘稳定、办案为了稳定,为促进社会和谐发挥积极作用。

第三,在促进司法公正、增进司法公信上有新贡献。近年来,人民群众对公平正义、对检察机关履行法律监督职责的要求越来越高。尤其是一些申诉案件和冤错案件,当事人不仅对其他司法机关执法办案中存在的执法不严、不公、不廉问题反映强烈,而且对检察机关强化法律监督提出更高期待。党的十八大报告明确把加强法律监督作为建立健全权力运行制约和监督体系的重要方面,把加强司法公信建设作为社会主义道德建设的重要内容。我们必须深刻认识刑事申诉检察工作执法任务的重大变化,完整准确地把握刑事申诉检察工作的法律监督属性和职能定位,从检察机关充分履行法律监督职责的角度,从有效维护司法公正、有效维护国家法制统一、尊严和权威的高度,进一步增强工作责任感和主动性,努力实现执法理念、执法机制、执法方式、执法作风等方面的深层次转变,不断促进司法公正,增进司法公信。

第四,在强化内部监督、促进检察权依法行使上有新进展。打铁还需自身硬。检察机关要履行好法律监督职责,必须切实强化自身监督,保障自身公正廉洁执法,首先做到自身正、自身硬、自身净。修改后的刑事诉讼法更加强调保障人权,更加强调司法监督,最高人民检察院也适时调整了刑事申诉检察办案机制,赋予了刑事申诉检察部门更多的内部监督职能。刑事申诉检察通过依法办理不服法院生效刑事裁判的申诉,不服检察机关不批捕、不起诉、撤销案件及其他刑事诉讼终结处理决定的申诉,以及办理刑事赔偿案件,发现和纠正检察机关在刑事诉讼各个环节存在的实体和程序问题,发现并依法处理检察人员在执法办案过程中的违法违纪行为,从而发挥刑事申诉检察的对内监督制约作用。从这个意义上讲,刑事申诉检察是对检察机关执法办案不可或缺的内部监督、评价机制,有利于实现对检察机关刑事诉讼活动的全程监控,其职能特定,责任重大。各级检察机关要更加注重加强自身监督制约,切实发挥刑事申诉检察反向审视和源头治理作用,保障检察权依法正确行使。

总之,各级检察机关要坚持以科学发展观为指导,始终保持良好的精神状态,解放思想,转变观念,深化改革,既着眼长远,着力解决机制制度、理念观念等方面制约刑事申诉检察工作和队伍建设发展的根本性问题,又立足当前,突出重点,着力解决提高执法公信力和法律监督能力等紧迫性问题,最大程度地发挥刑事申诉检察工作在强化法律监督、维护公平正义、推动科学发展、促进社会和谐中的职能作用,在服务经济社会发展中努力实现自身工作全面健康协调发展。

三、突出重点,强化措施,扎实推进会议精神贯彻和工作任务落实

这次会议的要求和部署集中起来可以概括为:遵循"一条主线",就是坚持以科学发展观为指导,促进刑事申诉检察工作创新发展。围绕"一个中心",就是坚持以执法办案为中心,充分发挥职能作用。夯实"四个支点",就是要全面完成办理不服检察机关处理决定申诉案件、办理不服法院生效刑事裁判申诉案件、国家赔偿、被害人救助这四项工作,实现"监督、制约、赔偿、救助"四位一体统筹兼顾、全面推进。坚持"两个贯穿",就是要把群众工作和矛盾化解贯穿执法办案的始终。强化"两个建设",就是要深入推进机制制度建设和高素质、复合型、专业化刑事申诉检察队伍建设。各级检察机关要按照科学发展观的要求精心谋划,狠抓落实,务求实效。这里,我着重强调以下几点。

第一,紧紧扭住执法办案这个中心不放松,把履行职能作用落到实处。一要进一步加大办案力度。切实抓好不服检察机关处理决定申诉案件的办理,对不服检察机关处理决定的刑事申诉案件必须做到不推不拖,克服有案不办、该立案不立案的现象,加大复查力度,加快复查进度,切实做到受理一件,办理一件,有效回应人民群众对加强权利救济、维护自身权益的诉求和期待。进一步加大不服法院生效刑事裁判申诉案件的办理力度,在依法受理、全面审查的基础上,选准办好一批有影响的刑事审判监督案件。加大办理国家赔偿案件力度,切实维护赔偿请求人的合法权益。积极拓宽赔偿监督案件来源渠道,加大审查力度,完善监督方式,提高赔偿监督工作水平。深入推进刑事被害人救助工作,对于符合条件的,不论是否申诉上访,都要予以救助,强化救助工作的主动性。目前,有的省级检察院连续几年没有实际办案,有的省被害人救助工作仍然未实际开展。今年应当着力在消灭空白点上下功夫。建立适应检察工作一体化的刑事申诉案件办理机制,既坚持分级管辖、分级办理,又注重发挥上级检察院的业务指导和组织协调作用,统一调配办案力量,切实解决人案不平衡、发展不平衡的问题。二要进一步提高办案效率和质量。始终坚持及时受理、及时办理、及时答复的基本要求,尽可能快地使无辜者得到解脱,获得赔偿,穷困者得到救助。下大力气从根本上解决办案效率低的突出问题,杜绝三年五载不给申诉人说法的现象。

特别是当事人对判处死刑缓期执行不服的申诉案件,经审查认为应当判处死刑立即执行的,一般应当在死刑缓期执行考验期届满前作出抗诉的决定,争取最佳办案效果。由于申诉案件具有一定的滞后性,要在两年考验期内办理完成,对办案期限的要求更严更紧,更要强调提高办案效率,符合抗诉标准的,省级检察院要及时提请抗诉,最高人民检察院要及时审查并作出决定。刑事申诉检察是监督纠正错误裁判和处理决定的工作,对办案质量的要求更高,要切实做到以事实为根据,以法律为准绳,确保所办案件事实清楚、证据确实充分、程序合法规范。要充分听取各方面意见,客观公正地进行审查、复查工作,确保审查事实清楚、适用法律正确、处理理由充分。三要进一步突出监督重点。紧紧抓住人民群众反映强烈、社会各界高度关注的申诉案件开展监督工作。要特别重视重复申诉、多次申诉、久诉不息、事关申诉人重大利益的申诉,重点加强对申诉人反映的有罪判无罪、无罪判有罪、量刑畸轻畸重以及有枉法裁判行为案件的监督,对于原审裁判确有错误的案件要依法抗诉,坚决维护申诉人合法权益,维护司法公正。注意结合办案发现申诉案件背后的执法不公、不廉问题,及时移送职务犯罪线索。四要进一步增强办案效果。执法办案是为了解决问题,解决问题要看实际效果。保证办案效果,依法规范办案是前提,不能突破法律规定的权限、程序办案。要切实提高审查和复查工作水平,提高法律文书制作水平。防止和避免因为执法不规范、说理不到位引起申诉人对办案公正性的猜疑、对办案结果的排斥。统筹解决法律适用、解释疏导、帮困救助等问题,防止机械执法、就案办案。

第二,切实把化解矛盾贯穿执法办案始终。一要切实转变执法观念。牢固树立和全面提升执法办案是业绩,化解矛盾也是业绩的观念,牢固树立和全面提升办理案件与化解矛盾并重的观念,牢固树立和全面提升化解矛盾、维护社会和谐稳定是执法为民、服务大局必然要求的观念,把切实维护人民群众合法权益作为化解矛盾的关键,把理性、平和、文明、规范执法作为促进矛盾化解的前提,坚持办案、监督、制约、息诉有机统一,及时化解矛盾,及时疏解民怨,努力修复社会关系,切实做到"案结事了、息诉罢访"。二要切实抓好公开审查制度的贯彻落实,以公开保公正赢公信促和谐。进一步加大公开审查工作力度,形成规模效应。各级检察机关要加大对申诉案件筛选力度,推出更多"三个效果"有机统一、当事人息诉罢访效果好的典型案件,示范、带动公开审查工作深入健康发展。提高公开审查工作能力,灵活、高效地运用各种公开审查形式,严格规范公开审查程序,熟练驾驭公开审查活动。要把公开审查工作与改进申诉案件办理工作、推进执法办案规范化建设、做好群众工作有机结合起来。三要严格落实首办责任制和"两见面"制度。认真复查每一起申诉案件,有效化解每一件涉检矛盾纠纷,尤其要处理好久诉不息的"骨头案",防止激化矛盾。首次办理申诉的检察院要尽心尽职,严把案件质量关,决不能简单走程序,使早应该解决的问题,通过层层申诉才解决。四要认真执行执法办案风险评估预警机制,强化涉检申诉源头控制。刑事申诉检察部门要增强大局意识和全局观念,积极参与办案部门撤销案件、不批准逮捕案件和不起诉案件的风险评估,对拟作出撤案、不捕、不诉决定的,与自侦、侦监、公诉部门一起进行分析研判,特别是要重点考虑被害人的合法权益是否得到保障。要对办理的申诉、赔偿等案件进行风险评估、预警,做到评估准确,预警及时,防止引发新的社会矛盾。五要注重释法说理。适应人民群众要求改进工作方式方法,用群众能接受的方式执法办案,用群众能听懂的语言析案释法,把释法说理工作贯穿执法办案的始终,做到化解矛盾优先、释法说理在先。特别是对于原判决、裁定和决定正确的,不简单下结论了事,要与申诉人面对面沟通解释,疏导心理,理顺情绪,打消疑虑,促使息诉罢访。要全面、准确地了解申诉人真实诉求,熟悉原案的前因后果,做好释法解惑和疏导说服工作。深化刑事申诉检察文书改革,加大刑事申诉检察文书释法说理力度,增强文书说服力和公信力。善于总结释法说理、息诉罢访新经验,加强推广和指导,及时转化为工作新要求、新机制和新制度,不断增强化解矛盾、促进和谐的成效。六要形成息诉合力。刑事申诉检察部门要加强与相关部门的配合协作,形成息诉息访、促进和谐的合力。对维持原处理决定的,要与原办案单位沟通协调,上下联动,横向配合,共同做好息诉息访工作。对已依法作出复查决定,申诉人仍不服,反复申诉甚至缠诉的,要善于争取当地党委政府和申诉人所属单位、组织的支持,充分发挥社会大调解的平台作用,共同教育疏导,帮扶救助,加大息诉工作力度。

第三,切实把强化监督制约作为重要着力点。一要增强监督意识。增强监督意识,最核心的一条就是要克服怕得罪人的思想和畏难情绪,做到敢于监督。刑事申诉检察部门履行监督职责,既是对法律监督职能的强化,也是对司法救济程序的完善,必须本着对宪法法律负责、对人民利益负责的精神,忠诚履职,秉公执法,敢于较真,敢于碰硬,敢于负责。二要着力加强和改进对生效刑事裁判的监督工作。根据不服法院生效刑事裁判申诉案件逐年增多的实际,及时调整工作重心,充实办案力量,全面承担起审查、复查、抗诉、出庭支持抗诉和审判活动监督等各环节的职责。加大抗诉工作力度,省级检察院要发挥示范作用,带头多办案,多出庭,注意组织出庭观摩,加强业务指导,加强工作督促,推动工作健康发展。省级检察院和分市检察院要明确一定数量的人员专门负责不服法院生效刑事裁判申诉案件的办理工作。人手紧张的地方,要搞好统筹协调,调配好力量,不能顾此失彼,更不能把办理审判监督案件作为软任务。正确运用修改后刑事诉讼法赋予的再审采取强制措施的权力,认为需要对被告人采取逮捕措施的,应当提出意见,移送侦查监督部门办理;认为需要对被告人采取取保候审、监视居住措施的,由办案人员提出意见,部门负责人审核后,报检察长决定。积极适应办案机制新要求,建立健全有利于强化刑事审判监督、符合刑事申诉案件特点的工作模式和办案流程。着力构建以抗诉为中心,灵活运用再审检察建议、纠正违法通知、检察意见等监督手段的多元化监督格局,准确把握各种监督手段的适用条件和范围,既做到准确监督、充分监督,又切实提高监督的效率和效果。抗诉是检察机关对法院审判活动履行监督职责的主要手段,要切实用准用好,对于原审裁判具有刑事诉讼法和刑事诉讼规则规定的确有错误情形的,要勇于提出抗诉。关于再审检察建议,修改后的民事诉讼法增加规定了"检察建议"的监督手段,修改后的刑事诉讼法未作规定,各地可以在以往实践经验的基础上,结合刑事申诉检察工作实际积极探索。办理不服同级法院生效刑事裁判申诉案件,认为已经发生法律效力的判决、裁定确有错误的,经检察委员会讨论决定,可以向同级法院提出再审检察建议;提出再审检察建议法院不采纳,符合抗诉条件的,应当及时提请上一级检察院抗诉。对于审判人员在再审审判活动中存在的违法行为,要及时发出纠正违法通知书监督纠正。对于公安机关、人民法院等工作中存在的普遍性、倾向性问题,要结合办案提出改进的检察意见。三要积极开展国家赔偿监督。切实增强赔偿监督工作的主动性和责任感,突出赔偿监督工作重点,着力加强对该赔不赔、赔偿决定明显错误以及存在司法人员贪赃枉法行为等案件的监督,严格依法、有理有据地提出重新审查意见,并加强跟踪监督,有力保障国家赔偿法统一正确实施,有效促进司法公正。四要切实发挥对内制约作用。刑事申诉检察部门办理不服检察机关处理决定的申诉,是检察机关加强自身监督、强化自我纠错、保障依法正确行使检察权的重要制度安排。各级刑事申诉检察部门要增强责任意识和监督制约意识,认真履行内部制约职责,发现本院处理决定错误的,要坚决提出纠正意见,决不能睁只眼闭只眼当老好人。要依法受理国家赔偿申请,真诚维护申请人权益,实事求是地提出赔偿意见,不能因为本院是赔偿义务机关就推诿和拖延,想尽办法规避赔偿甚至不惜以再次追究当事人刑事责任对抗赔偿。要进一步推动刑事申诉检察工作机制创新,不断健全发现问题的机制、纠正错误的机制、追究责任的机制。要进一步强化源头治理。坚持纠错防错并举,建立申诉、赔偿案件分析报告制度,充分发挥"质量检验"和"反光镜"作用,注意从办案中发现检察机关原执法环节存在的问题、教训,总结反思并提出意见建议,切实提升办案质量和整体执法水平。

第四,抓紧完善有关工作制度。当前,规范化、专业化程度不高已成为制约刑事申诉检察工作长远发展的瓶颈性问题。特别是刑事诉讼法、民事诉讼法修改和刑事诉讼规则修订后,原有的一些司法解释和执法规范,亟须修改完善。各级检察机关一定要对刑事申诉检察工作相关规范性文件进行全面清理,该废止的废止,该修改的修改。同时,对于刑事申诉、国家赔偿和刑事被害人救助等案件办理中存在的相关规定不明确、执法随意性大等问题和困难,要强化顶层设计,细化程序规定,明确执法标准。进行制度建设,要积极营造内外两个良好环境。既要注意加强与立法、司法机关的沟通协商,共同提出有关问题的解决方案,畅通信息沟通渠道,争取最大支持,也要强化刑事申诉检察部门与侦监、公诉、反贪、渎检、监所等部门之间的协调配合,强化法律监督合力。在这次会议之前,刑事申诉检察厅已经对有关重点问题组织课题组进行了专题调研,很多内容已经在提交会议讨论的《意见》和工作报告中体现。下一步,最高人民检察院还将对建立健全制度规范问题进行深入研究,集中精力开展《人民检察院复查刑事申诉案件规定》研究修改工作。各省级检察院要组织力量,加强调查研究,积极提出建议意见。

第五,以理论研究促进观念更新,带动制度建设和队伍建设。近年来,如何加强和改进刑事申诉检察工作,发展完善中国特色的刑事申诉检察制度,始终是摆在我们面前的一个重大课题,迫切需要从理论上作出科学的概括和回答,为推动刑事申诉检察工作创新发展提供有力的理论支撑。一要加强对基本理论问题和重大实践问题的研究。一方面,要深化基础理论研究,重点阐明刑事申诉检察的性质、价值和职能定位,新形势下刑事申诉检察工作的指导思想和基本原则,为刑事申诉检察工作科学发展提供理论指引。另一方面,要加强应用理论研究,特别是对公开审查、出席再审法庭、赔偿监督、刑事被害人救助制度建设以及新形势下如何做好群众工作等重大实践问题及时研究,系统总结实践经验,深刻把握工作规律。二要进一步扩充理论研究队伍和视野。除进一步发展壮大刑事申诉检察干警理论研究队伍,建立激励机制,还要与高等院校建立良性互动机制,邀请专家学者参与刑事申诉检察理论研究。建设稳定的理论研究队伍,使理论研究更加持续和深入。三要注重研究成果转化和运用。实现理论与实践的良性互动,既增强检察理论研究的实践基础,又不断提高检察实践的理性思维,促进刑事申诉检察工作更好地发展,促进中国特色刑事申诉检察制度更加完善,优越性得到更加充分的发挥。刑事申诉检察厅将于今年创办《刑事申诉检察工作指导》,并将确立一批重点课题,进行集中攻坚。这些都是强化刑事申诉检察理论研究、推动刑事申诉检察工作深入发展的重要平台和机制,各级检察机关要积极参与,大力支持。

四、认真抓好会议精神的传达

时隔十二年才召开第二次刑事申诉检察工作会议,从会议的时机、内容和影响上看,可以说,这次会议具有里程碑意义。各级检察机关要切实把会议精神学习好、贯彻好。一是要把学习贯彻这次会议精神与学习贯彻党的十八大精神、全国政法工作电视电话会议精神和全国检察长会议精神有机结合起来。从整体上把握会议精神,深刻领会精神实质,统一思想认识,切实把中央的要求和最高人民检察院的部署转化为各级检察机关和广大检察人员的自觉行动。二是要及时向党组汇报。全面加强和改进刑事申诉检察工作是一项系统工程,并且与检察机关多个业务部门工作相关,需要各级检察院党组高度重视和各部门协调配合。会后,各地要抓紧向本院党组专题汇报会议精神,重点汇报胡泽君常务副检察长的讲话和最高人民检察院的工作要求,并结合本地实际提出贯彻落实措施。三是要争取党委领导和人大支持。贯彻落实会议精神、进一步加强和改进刑事申诉检察工作,涉及人员配备、机构设置、经费保障等各个方面,离不开党委领导和人大支持。各地要积极向党委和人大汇报会议的部署和要求,实事求是汇报新增职责和繁重任务,汇报目前工作中存在的突出问题和困难,汇报本地区贯彻落实会议精神的具体措施,争取更多的关心和支持,为更好地落实好会议精神、完成好各项任务创造良好条件。四是要迅速传达,统一思想行动。尽快把本次会议精神传达到各级检察机关特别是基层检察院,组织广大检察人员认真学习胡泽君常务副检察长的重要讲话,吃透精神,领会实质,切实把智慧和力量凝聚到会议精神上来。五是要改进作风,狠抓落实。各级检察机关领导干部要大力弘扬求真务实、真抓实干作风,深入开展调查研究,细化实化工作措施,加强督促检查,从具体事情抓起,从落实责任入手,对会议提出的任务要进行分解细化,作为实实在在的工作项目抓紧抓实。

新年伊始,万象更新。刑事申诉检察工作已经站在新的历史起点上,我们一定要认真贯彻落实党的十八大精神,全面把握机遇,沉着应对挑战,更加奋发有为、兢兢业业地工作,以良好的作风狠抓落实,努力开创刑事申诉检察工作新局面!

深入贯彻中央纪委二次全会精神 努力开创检察机关反腐倡廉工作新局面

——在全国检察机关反腐倡廉建设工作会议上的工作报告

中央纪委驻最高人民检察院纪检组组长　莫文秀

(2013年2月21日)

这次会议的主要任务是:高举中国特色社会主义伟大旗帜,以邓小平理论、"三个代表"重要思想、科学发展观为指导,认真学习贯彻党的十八大、十八届中央纪委二次全会、全国政法工作会议和全国检察长会议精神,总结五年来检察机关自身反腐倡廉工作,部署2013年工作任务。最高人民检察院党组对这次会议高度重视,专题进行研究,曹建明检察长将作重要讲话。我们要认真学习领会,坚决贯彻落实。

下面,我受最高人民检察院党组的委托,作检察机关自身反腐倡廉工作报告。

一、五年来检察机关自身反腐倡廉工作回顾

2008年以来,全国检察机关忠实履行宪法和法律赋予的职责,着力强化法律监督、强化自身监督、强化队伍建设,为维护公平正义、推动科学发展、促进社会和谐稳定作出了积极贡献。最高人民检察院党组高度重视自身反腐倡廉建设,曹建明检察长亲自抓、亲自安排部署、亲自过问研究,有力地推动了自身反腐倡廉工作深入开展。各级检察机关坚持标本兼治、综合治理、惩防并举、注重预防的方针,坚持强化自身监督与强化法律监督并重,严格执行党风廉政建设责任制,大力加强以完善惩治和预防腐败体系为重点的反腐倡廉建设,着力解决人民群众反映强烈的突出问题,自身反腐倡廉各项工作取得了明显成效。

(一)贯彻中央反腐倡廉决策部署坚决有力。十七届中央纪委历次全会召开后,最高人民检察院党组都及时认真传达学习,结合检察工作实际研究贯彻落实措施,召开全国检察机关纪检监察工作会议进行统一部署。认真落实中央和国家机关反腐倡廉工作分工意见,每年制定贯彻落实具体方案,明确牵头和协办单位及任务要求,狠抓落实。党的十八大召开后,最高人民检察院党组认真组织学习贯彻会议精神,并就加强和改进检察机关党的建设,特别是大力推进反腐倡廉建设提出新的更高要求。认真贯彻中央关于改进工作作风、密切联系群众的八项规定,制定下发实施办法。各级检察机关按照最高人民检察院要求,坚持把反腐倡廉工作与检察业务工作同部署、同落实、同检查、同考核,确保中央决策部署落到实处。

(二)具有检察特色的惩防体系建设扎实推进。召开贯彻落实《建立健全惩治和预防腐败体系2008—2012年工作规划》电视电话会议和惩防体系建设座谈会,制定贯彻《工作规划》实施办法和分工方案,建立健全牵头任务协调工作机制,明确责任,抓好落实。邀请中央政法委、全国人大等协办单位参加,对最高人民检察院机关内设机构和直属事业单位推进惩防体系建设情况进行调研检查。认真组织开展年度检查,中央纪委检查组对最高人民检察院机关进行重点抽查并给予充分肯定。《工作规划》确定由检察机关牵头的3项任务和《实施办法》提出的50项工作扎实推进,法律监督职能不断加强,诉讼监督工作全面深化,检务公开的范围和渠道进一步扩大,具有检察特色的惩治和预防腐败体系初步建成。

(三)反腐倡廉教育和廉政文化建设成效明显。制定落实《2010—2012年检察机关反腐倡廉教育实施意见》。举办检察机关自身反腐倡廉教育展览及巡展,20.1万名检察人员观看展览。开展"反特权思想、反霸道作风"专项教育活动,一些深层次问题得到清理和纠正。去年组织开展的廉洁从检书画摄影创作活动,全国检察人员及家属共创作作品14876件,精选545件优秀作品在北京首都博物馆隆重展出。各级检察机关通过建立反腐倡廉教育基地、开辟教育网络平台、征集格言警句、组织文艺汇演和演讲比赛等多种形式,营造以廉为荣、以贪为耻的良好氛围。

(四)反腐倡廉制度机制进一步健全。修订检察机关党风廉政建设责任制实施办法和责任制追究暂行办法,对落实执行情况开展专项检查和重点抽查。制定实施《检察机关领导干部廉洁从检若干规定(试行)》,促进廉洁从检工作。制定落实《关于深入推进检察机关廉政风险防控机制建设的实施意见》,全面推进廉政风险防控机制建设。修订最高人民检察院巡视工作规定、检务督察工作暂行规定及实施办法,进一步规范巡视和督察工作。颁布实施《禁酒令》、《严禁检察机关在内部公务活动和交往中用公款请客送礼的规定》、《关于规范检察人员与律师交往行为的暂行规定》和《关于严禁检察人员违规使用机动车辆的六项规定》等内部管理制度,健全检察人员行为规范。各地检察机关也结合实际,建立健全了一批规章制度,为从源头上防治腐败提供了制度保障。

(五)内部监督工作不断强化。最高人民检察院党组和曹建明检察长提出把强化自身监督放在与强化法律监督同等重要位置来抓等论述,丰富和创新了检察机关内部监督理论。召开内部监督工作座谈会和经验交流会,省级检察院检察长带头撰写理论文章,制定落实加强内部监督工作意见、执法办案内部监督规定和强化上级检察院对下级检察院执法办案活动监督意见,推动内部监督意识不断深化,机制不断健全。加大对领导干部的监督力度,积极探索对检察长行使权力的监督,认真落实述职述廉、上级检察院主要负责人和下级检察院主要负责人谈话、上级检察院派员参加下级检察院党组民主生活会等制度,组织30个省级检察院检察长述职述廉报告工作。最高人民检察院作为中央专门批复开展巡视工作的中央国家机关,扎实推进巡视工作,对19个省级检察院进行巡视,对25个省级检察院巡视成果运用情况开展检查评估,巡视领导体制、工作机制和制度进一步健全,监督实效

不断提高。加强对执法办案活动的监督,深入推行"流程监督"、"网上监督"、"重点案件回访"等措施,推进执法过错责任追究,建立以规范检察权运行为核心的监督工作机制。检务督察作为中国特色社会主义检察制度的重要组成部分和具有鲜明检察特点的内部监督手段,经过积极探索,内容范围不断拓展,方式手段不断创新,职能作用不断显现。最高人民检察院对29个省271个检察院以及53个派驻监管场所检察室进行督察,地方各级检察院开展检务督察活动137000多次。进一步加强对干部选拔任用工作、重大经费开支使用和重大工程建设项目招投标,以及落实规章制度情况的监督。

(六)专项治理工作取得新成效。组织对2004年至2008年检察机关直接立案侦查案件扣押、冻结、处理涉案款物情况开展专项检查,对涉及扣押冻结款物的13.7万起案件逐案清理,处理款项11.4亿元,推动修订《人民检察院扣押、冻结涉案款物工作规定》。开展"维护人民群众合法权益,解决反映强烈突出问题"专项检查,化解息诉涉检信访案件2753件,查处违纪违法检察人员114人,建立健全长效机制8482项。开展规范执法和办案安全专项检查,对16个省落实办案安全防范规定和讯问职务犯罪嫌疑人同步录音录像制度情况进行专项检查,促进理性平和文明规范执法。针对开霸道车、酒后驾车等突出问题,开展警车违规问题专项治理活动,警车管理和违规驾车问题明显好转。各地还根据本地实际,针对执法办案、纪律作风、机关管理中存在的突出问题开展专项治理工作。

(七)查办违纪违法案件力度加大。坚持把查办检察人员特别是领导干部违纪违法案件工作摆到重要位置。2008年至2012年,全国检察机关纪检监察机构共受理检察人员违纪违法线索13603件,初核10342件,立案查处检察人员违纪违法案件883件1101人,涉及领导干部541人,给予党纪处分359人,检纪处分955人,其中双重处分246人,追究刑事责任128人。最高人民检察院纪检组监察局加大对重大违纪案件线索的交办督办力度,向省级检察院交办案件304件,对312起涉嫌违纪违法案件进行初步核实,对44名违纪检察人员追究了检察纪律责任。健全违纪违法案件线索统一管理,建立案件线索数据库和重要案件线索上提一级备案制度。坚持依纪依法规范安全办案,推行不实举报澄清机制,为一些受到诬告错告的检察人员

澄清事实。组织编辑《检察人员违纪违法案例选编》和《警示与镜戒》，深刻剖析检察人员违纪违法典型案例，以案释法。结合办案建章立制，堵塞漏洞，查办案件治本作用进一步发挥。召开纪检监察机构查办案件工作座谈会，促进了案件查办工作。

（八）纪检监察机构自身建设有新提高。坚持把纪检监察机构自身建设作为长期性、基础性工程来抓，深入开展学习实践科学发展观活动、"做党的忠诚卫士、当群众的贴心人"等主题教育实践活动，政治意识、大局意识、责任意识和服务意识进一步增强。积极开展创先争优活动，对110个先进集体和100名先进个人进行表彰和宣传，发挥了先进典型的示范带动作用。注重纪检监察组织建设，组织机构和人员配备不断加强。积极推进学习型机构建设，加大培训工作力度，纪检监察干部能力素质明显提高。

五年来的实践证明，抓好检察机关自身反腐倡廉工作，必须着眼于保持党员干部先进性和纯洁性、提高执法能力和执法公信力，坚持从严治检，始终把自身反腐倡廉工作作为重大政治任务来抓；必须坚持把反腐倡廉建设放在检察工作全局中谋划和部署，为推动检察事业科学发展提供有力保障；必须坚持把以人为本、执法为民贯彻落实到自身反腐倡廉工作中，着力解决群众反映强烈的突出问题；必须坚持惩治和预防工作一起抓，整体推进以完善惩治和预防腐败体系为重点的反腐倡廉建设；必须坚持完善检察权制约监督机制，保证检察权始终得到正确行使；必须坚持以改革创新精神推进工作，始终保持反腐倡廉建设的生机和活力；必须坚持和完善检察机关自身反腐倡廉工作领导体制和工作机制，形成反腐倡廉工作合力；必须加强纪检监察机构自身建设，努力提高履行职责能力和水平，充分发挥组织协调和监督检查作用。这些经验我们要在新的实践中继续坚持并不断丰富、完善和发展。

检察机关自身反腐倡廉工作取得的成效，是各级党委、纪委和各级检察院党组高度重视和正确领导的结果，是全体纪检监察干部认真履职、勤奋工作和广大检察人员共同努力的结果。在此，我代表最高人民检察院党组，代表中央纪委驻最高人民检察院纪检组、最高人民检察院监察局，向关心、支持纪检监察工作的各级领导和检察人员表示衷心感谢，向辛勤工作在检察机关纪检监察战线的全体同志表示亲切慰问！

同时，我们也清醒地认识到，检察机关自身反腐倡廉建设还存在一些问题和薄弱环节。一是少数地方和领导干部抓自身反腐倡廉工作认识不深、力度不够、措施不力。有的对出现的问题遮遮掩掩，大事化小，小事化了；有的对办案工作不重视不支持，瞻前顾后，畏首畏尾，甚至对违规违纪问题包容忍让。二是对检察权运行的监督制约机制还不健全，尤其是对领导干部和重点岗位权力行使缺乏有效制衡和约束机制，防控违纪违法的制度落实不到位。三是检察人员包括个别领导干部滥用职权、执法不公、为检不廉、贪赃枉法等严重违纪违法案件仍有发生，有的执法办案重点岗位、关键环节违纪违法问题易发多发，特权思想、霸道作风等群众反映强烈的突出问题在一些地方仍不同程度地存在。四是检察机关纪检监察队伍建设和工作中还存在一些薄弱环节。少数纪检监察干部责任感不强，工作抓落实不够，监督力度不大；有的不敢坚持原则，对查办案件不积极、不主动；有的机构不健全、人员不足、能力不强。对上述问题，我们必须高度重视，进一步认真加以解决。

二、2013年检察机关反腐倡廉工作的主要任务

坚决反对腐败、建设廉洁政治，是我们党一贯坚持的鲜明政治立场。党的十八大提出要坚持中国特色反腐倡廉道路，全面推进惩治和预防腐败体系建设，做到干部清正、政府清廉、政治清明。习近平总书记在中央纪委二次全会上强调反腐倡廉必须常抓不懈，拒腐防变必须警钟长鸣，关键就在"常"、"长"二字。全国各级检察机关要以高度的政治责任感和历史使命感，深入学习贯彻党的十八大和中央纪委二次全会精神，切实把思想和行动统一到中央对反腐倡廉形势的科学判断和对工作的决策部署上来，扎实推进检察机关自身反腐倡廉工作。

2013年是全面贯彻落实党的十八大精神的开局之年，做好检察机关党风廉政建设和反腐败工作意义重大。全国检察机关自身反腐倡廉工作的总体思路是：高举中国特色社会主义伟大旗帜，以邓小平理论、"三个代表"重要思想、科学发展观为指导，全面贯彻党的十八大和十八届中央纪委二次全会、全国政法工作会议、全国检察长会议精神，紧紧围绕强化法律监督、强化自身监督、强化队伍建设这一检察工作总要求，顺应人民群众对公共安全、司法公正、权益保障的新期待,严明党的纪律和检察工作纪律,切实转变工作作风,扎实推进惩治和预防腐败体系建设,努力开创自身反腐倡廉工作的新局面,为检察事业科学发展提供坚强的纪律作风保证。要重点抓好以下六个方面工作:

(一)严明党的纪律和检察纪律,确保中央和最高人民检察院决策部署贯彻落实。

要严明党的纪律特别是党的政治纪律。党的纪律是党的生命,党的政治纪律是我们党最重要的纪律,严明党的纪律首先要严明党的政治纪律。要深入开展政治纪律教育,督促广大检察人员坚定中国特色社会主义道路自信、理论自信、制度自信,同党中央保持高度一致,自觉维护中央权威。严格遵守党章,自觉用党章规范自己的一言一行,努力做到政治信仰不变、政治立场不移、政治方向不偏,坚决维护党章的权威性和严肃性。始终坚持党对检察工作的绝对领导,不折不扣地贯彻执行中央路线方针政策和重大决策部署。坚持把维护党的政治纪律放在首位,加强监督检查,发现违反政治纪律苗头性倾向性问题要及时提醒和纠正,对违反政治纪律的行为要坚决制止和查处,切实做到纪律面前人人平等、遵守纪律没有特权、执行纪律没有例外。

要严肃检察工作纪律。检察机关上下级是领导关系,下级检察机关必须自觉接受上级检察机关的领导,坚决贯彻执行上级检察机关的决策部署和决议决定。地方各级检察院对发生的涉及检察机关和检察工作的重大突发事件、影响社会稳定的重要社会动态、重特大案件、重大安全事故等事件,要按照最高人民检察院相关文件要求,在规定时限内,如实向上级检察院报告,紧急事项要立即报告,不得迟报、漏报和不报。要严肃查处违反检察工作纪律的行为,决不允许上有政策、下有对策,决不允许有令不行、有禁不止,决不允许在贯彻执行最高人民检察院和上级检察院决策部署上打折扣、做选择、搞变通。

要加强对贯彻落实中央和最高人民检察院重大决策部署的监督检查。重点加强对检察机关服务保障经济持续健康发展,推进平安中国、法治中国建设,查办和预防职务犯罪,维护司法公正和法制权威等情况的监督。各级检察机关纪检监察机构对最高人民检察院和上级检察院的重大决策部署要及时跟进、积极参与,切实做好服务、监督、保障工作,确保各项决策部署落到实处。

(二)严格遵守中央八项规定和最高人民检察院实施办法,着力转变工作作风。

检察机关的作风问题事关检察事业的兴衰成败,事关检察机关的执法公信力和社会形象。坚强的党性和优良的作风,是检察机关忠实履行法律监督职能的重要保证。中央八项规定及实施细则,是以习近平同志为总书记的新一届中央领导集体以身作则,带头下决心改进作风,始终保持同人民群众血肉联系的具体体现。最高人民检察院结合实际制定的实施办法,是落实中央部署的有效措施和实际行动。各级检察机关要认真贯彻落实中央八项规定和最高人民检察院实施办法,通过加强教育、完善制度、强化监督等方式,确保在改进工作作风方面取得实效。

要密切联系群众,坚决克服形式主义、官僚主义。改进调查研究,坚持深入实际、深入基层调研,帮助解决存在问题。下基层调研,减少陪同,简化接待。改进会风,提高会议实效,可开可不开的会议坚决不开,可以合并的会议尽量合并,严禁以业务协作会、交流会、研讨会等为名义召开跨省区域性的联谊会。改进文风,严格控制各种文件简报,提高公文质量。积极推广电子公文,逐步减少纸质文件。严格警车管理,严禁违反规定使用警灯警笛。

要坚持厉行勤俭节约,坚决反对奢侈浪费。习近平总书记就厉行节约、反对浪费专门作出批示,最高人民检察院已下发贯彻落实总书记重要批示的通知,正在抓紧制定检察机关厉行勤俭节约、反对铺张浪费的具体规定。各级检察机关要按照中央和最高人民检察院的要求,结合实际开展多种形式的教育,大力弘扬中华民族勤俭节约的优秀传统,坚决反对讲排场比阔气,坚决抵制享乐主义和奢靡之风。要从严控制行政经费,加强和规范公务用车配备使用管理,严格控制因公出国(境)团组数量和规模,进一步规范公务接待工作,健全公务接待管理规定,严禁用公款相互宴请、相互馈赠和安排高消费娱乐活动。

要坚持执法为民,坚决反对特权思想。进一步牢固树立以人为本、执法为民理念。认真组织开展以为民务实清廉为主要内容的群众路线教育实践活动,进一步解决特权思想、霸道作风、受利益驱动办案、滥用强制措施、违法扣押冻结涉案款物等人民群众反映强烈的突出问题,着力整治慵懒散奢、冷硬横推、吃拿卡要等执法陋习。

要严格监督检查和责任追究。建立健全检察机关领导干部作风状况评价机制，把作风建设纳入党风廉政建设责任制考核范围。上级检察机关要加强对下级检察机关的督促指导，对执行情况开展专项检查或抽查，发现问题及时督促整改。纪检监察机构要把监督执行"八项规定"和最高人民检察院实施办法作为一项经常性工作，强化日常监督，对违反规定的要责令整改，对情节严重的要严肃处理并予以通报。

（三）严格执行党风廉政建设责任制，全面推进惩治和预防腐败体系建设。

要充分发挥党风廉政建设责任制在反腐倡廉建设中的龙头作用。坚持和完善检察机关党风廉政建设领导体制和工作机制。把反腐倡廉与检察业务工作紧密结合，不断深化"一岗双责"。严格落实《检察机关党风廉政建设责任制实施办法》，加大责任考核、责任追究力度，确保取得实效。年底，最高人民检察院将对部分省级检察院落实党风廉政建设责任制情况进行检查考核。加大对《廉政准则》和《廉洁从检若干规定》贯彻执行情况的检查力度，进一步解决领导干部廉洁自律方面存在的突出问题。

要进一步深化检察机关惩治和预防腐败体系建设。认真贯彻落实中央即将下发的《建立健全惩治和预防腐败体系2013—2017年工作规划》，着眼于整体推进检察机关反腐倡廉建设，统筹谋划，及时研究制定具体的实施办法，抓好任务分解和检查考核，健全工作机制，切实把教育的说服力、监督的制衡力、惩治的威慑力、纠风的矫正力、制度的约束力、改革的推动力有机结合起来，增强惩治和预防腐败体系建设的综合效能。

要把反腐倡廉教育和廉政文化建设作为惩防体系建设的基础性工作。坚持贴近检察人员思想和工作实际，深入开展职业道德教育、岗位廉政教育和示范教育、警示教育，认真组织学习最高人民检察院即将出版的《警示与镜戒》一书，增强教育的针对性和实效性。坚持把廉政文化建设纳入检察文化建设整体布局，深入开展廉政文化创建活动，建立廉政教育长效机制，努力营造抑恶扬善、崇尚廉洁的良好氛围。深化、拓展和延伸廉洁从检书画摄影创作展览活动，开辟网上展馆，开展"看展览、谈体会、促廉洁"专题教育活动。

（四）强化对检察权运行的监督制约，确保权力正确行使。

没有不受监督的权力，没有不受监督的个人。要牢固树立监督者更要接受监督的权力观，始终坚持把强化自身监督放在强化法律监督同等重要位置，严格规范权力行使，防止检察权滥用，切实提高执法公信力。

要突出监督重点。进一步强化对领导班子和领导干部特别是一把手行使权力的监督，在落实已有监督措施的基础上，探索加强对领导干部特别是一把手有效监督的方式方法，防止权力失控、决策失误、行为失范。积极探索对新增检察职能的监督，结合贯彻实施修改后刑事诉讼法，加强对自侦部门延长传唤拘传时间、审查逮捕期限、使用技术侦查手段、指定居所监视居住等侦查措施和强制措施的监督；加强对刑事诉讼监督部门履行诉讼违法行为审查纠正、非法取证行为调查核实、继续羁押必要性审查等职能的监督；加强对检察机关参与未成年人刑事案件、当事人和解的公诉案件、违法所得没收、强制医疗等特别程序监督，切实保障修改后刑事诉讼法正确实施。结合贯彻实施修改后民事诉讼法，积极探索加强对民事检察权和控告检察权的监督。加强对干部选拔任用工作监督，坚决遏制选人用人上的不正之风。强化对重大经费开支、政府采购、重大工程建设项目的监督和领导干部任期经济责任审计工作。

要强化巡视工作。认真贯彻落实中央纪委《关于部分中央国家机关开展对所属单位巡视的意见（试行）》，健全完善巡视工作的领导体制和工作机制，突出巡视重点，增强发现问题能力，重视巡视成果运用。充分利用对25个省级检察院巡视成果运用检查评估成果，适时召开巡视工作理论与实践研讨会，不断提高巡视工作质量和科学化水平。今年，最高人民检察院将对6个省级检察院开展巡视，并对2011年以来被巡视过的单位进行回访。

要强化检务督察工作。按照全国检察机关检务督察工作座谈会的部署，坚持把对执法办案活动督察放在更加突出的位置，拓展检务督察的广度和深度。规范督察工作流程，着力健全检务督察运行、联动协作、成果运用等机制。创新检务督察工作方式方法，积极探索重点案件督察工作，不断增强督察工作的灵活性、针对性和实效性。最高人民检察院将适时组织督察组，对各地贯彻落实中央八项规定和最高人民检察院实施办法情况以及实施修改后刑事诉讼法、民事诉讼法情况进行专项督察。

要整合内部监督工作力量和资源。加强纪检监察机构与案件管理部门的沟通协作,实现信息资源共享和优势互补。加强与政工部门的协调配合,综合运用纪律处分和组织处理两种手段,实现内部监督效果最大化。注重发挥分管检察长、检察委员会以及党组织的监督作用,发挥好上下级检察院之间的相互监督作用,发挥好各业务部门之间的监督制约作用,使内部监督形成网络,增强实效。自觉接受外部监督,及时处理和回应新闻媒体和网络舆情反映的问题。

(五)坚持从严治检,加大查办违纪违法案件力度。

要认真贯彻落实全国检察机关纪检监察机构查办案件工作座谈会精神,坚持把查办检察人员违纪违法案件放在自身反腐倡廉建设的突出位置,坚持有案必查、有腐必惩。重点查处检察机关领导干部违反廉洁从检若干规定的案件,利用检察权以案谋私、贪赃枉法的案件,滥用检察权违法违规办案的案件,跑官要官、买官卖官、违反规定提拔任用干部等违反组织人事纪律的案件以及严重违反财政纪律的案件,刑讯逼供、暴力取证、超期羁押等任意侵犯当事人和利害关系人合法权益的案件,失职渎职导致涉案人员自杀、死亡、脱逃的案件。

要着力加大案件查办力度。最高人民检察院和省级检察院纪检监察机构要带头查办案件,发挥示范作用。进一步扩大案件线索来源,注意从巡视、检务督察、执法监督、专项治理和审计、案件管理以及媒体和网络舆情中发现、挖掘案件线索。健全办案机制,加强办案力量统筹、配备,灵活运用提办、交办、参办、督办等方式方法,保障案件查办工作协调畅通。上级检察院要加强对下指导,着力解决下级检察院在办案中遇到的干扰阻力,确保办案质量和效果。坚持实事求是,依纪依法办案,惩处与保护相结合,为被错告、误告甚至被诬告的检察人员澄清事实,保障其合法权益。

要坚持惩防并举,发挥查办案件的治本功能。认真研究检察人员违纪违法案件的新情况、新特点,加强对重大典型案件的剖析和通报,注重查找违纪违法案件暴露出的体制机制漏洞,有针对性地加强和改进预防工作。

(六)着力推进反腐倡廉制度机制创新,从源头上防治腐败。

要更加注重制度建设。始终坚持把健全完善自身反腐倡廉制度体系作为推动体制机制创新的重要抓手,真正做到用制度管权、管事、管人。制定《检察机关党风廉政建设责任制监督检查办法》,完善检查考核的评价标准、指标体系,规范检查考核的内容、方法和程序。完成《人民检察院监察工作条例》修订工作,推进检察机关监察工作规范化建设。组织起草《人民检察院巡视工作条例(试行)》等巡视工作制度。围绕廉政风险防控机制建设,加快建立防止利益冲突、廉政隐患摸排预警等制度。

要更加注重制度落实。制度的生命力和权威在于实施,必须以"踏石留印、抓铁有痕"的精神和勇气,确保制度规范得到不折不扣的落实。要加强对制度执行的组织领导,领导干部要带头学习制度,严格执行制度。要一级抓一级、层层抓落实,形成自觉遵守和维护制度的良好风气。要加强对制度执行情况的监督检查,建立健全制度执行监督的问责机制,严肃查处违反制度的行为,维护制度的严肃性和权威性,提高制度执行力。

要更加注重调查研究。面对新的形势和任务,要深入研究检察机关自身反腐倡廉工作的特点和规律,科学判断形势,正确制定措施,不断提高自身反腐倡廉建设科学化水平。要充分运用调研成果拓展工作领域,改进工作方法,推进制度创新。今年最高人民检察院将组织开展检务督察理论研究征文活动,请各地积极做好论文的征集选送工作。

三、全面加强检察机关纪检监察机构自身建设

打铁还要自身硬。各级检察机关纪检监察机构担负着维护党纪检纪、推进自身反腐倡廉的重要职责,必须以更高的标准、更严的纪律作风要求自己,全面加强队伍自身建设。

(一)要抓住思想政治建设这个根本。加强理论武装和党性锻炼,深入学习贯彻十八大精神,坚持用中国特色社会主义理论武装头脑、指导实践、推动工作。带头开展以为民务实清廉为主要内容的群众路线教育实践活动,深化社会主义法治理念教育,牢固树立群众观念和公仆意识,始终把人民放在心中最高位置。加强党性教育和党性修养,坚定政治立场,讲党性、重品行、作表率。

(二)要抓住作风建设这个重点。带头树立和弘扬党的优良作风,坚持对纪检监察干部严格要

求、严格教育、严格管理、严格监督。严格落实中央八项规定和最高人民检察院实施办法,切实改进工作作风。要坚持原则、秉公执纪,刚正不阿、不徇私情,公道正派、光明磊落,敬业奉献、真抓实干,努力做到"五严守、五禁止",即严守政治纪律,禁止发表与党的路线方针政策和决定相违背的言论;严守工作纪律,禁止越权批办、催办或干预有关单位的案件处理、干部人事等事项;严守办案纪律,禁止以案谋私、违纪违法办案;严守保密纪律,禁止泄露信访举报内容、案件情况等秘密;严守廉政纪律,禁止利用职权和职务上的影响谋取不正当利益。

(三)要抓住素质能力建设这个关键。要实施素能提升工程,通过强化理论学习、教育培训、实践锻炼等途径,提高思想政治觉悟和理论政策水平,熟悉法律知识和检察业务以及纪检监察工作的有关政策和法规,提升业务素质和工作水平,努力成为反腐倡廉的行家里手。要不断加快知识更新、优化知识结构、丰富知识储备。要学以致用,学用相长,善于把学到的知识运用到工作中去,转化为解决问题、推动工作的能力和实实在在的工作业绩。

(四)要抓住组织建设这个基础。积极探索建立与中国特色社会主义检察制度相适应的检察机关纪检监察工作体制机制,配齐配强各级检察院纪检监察机构领导班子,加强基层检察院纪检监察机构和省市两级检察院检务督察机构建设。进一步完善巡视机构和队伍建设。加大干部轮岗交流、挂职锻炼力度,注重选拔政治坚定、坚持原则、作风过硬的优秀干部充实纪检监察队伍,对不适合从事纪检监察工作的要坚决调离。

空谈误国,实干兴邦。让我们紧密地团结在以习近平同志为总书记的党中央周围,认真贯彻中央的战略决策和最高人民检察院的部署要求,统一思想、坚定信心、开拓创新、扎实工作,全面完成今年的各项工作任务,努力开创检察机关反腐倡廉工作的新局面,为检察事业的科学发展提供有力保证。

在全国检察机关队伍建设工作会议暨第五届全国先进基层检察院表彰大会上的讲话

最高人民检察院政治部主任　李如林

(2013年3月26日)

这次会议是最高人民检察院党组决定召开的第一次全国检察机关队伍建设工作会议。会议的主要任务是:认真学习贯彻党的十八大、十二届全国人大、全国政协一次会议精神和全国政法工作电视电话会议、全国检察长会议部署,总结2008年以来检察队伍建设工作,表彰基层检察院建设先进单位,交流经验,研究部署全力推进过硬检察队伍建设,为检察事业发展提供更加有力的思想组织保障。

今天上午,中共中央政治局委员、中央政法委书记孟建柱同志亲自出席会议并作了重要讲话,这是对我们极大的鼓舞和鞭策。孟建柱同志和曹建明检察长的重要讲话,深入贯彻党的十八大精神和习近平总书记重要指示,紧紧围绕检察机关更好履行中国特色社会主义事业建设者、捍卫者的重大职责使命,明确提出了加强和推进检察工作和队伍建设的重点任务和措施要求,为我们做好新形势下的检察工作和队伍建设指明了前进方向。全国检察机关特别是各级检察政工部门一定要认真学习领会,坚决贯彻落实。

下面,我受最高人民检察院党组委托,讲三个方面问题,供大家讨论。

一、五年来检察队伍建设工作的基本情况和主要经验

2008年以来,全国检察机关在党中央和最高人民检察院党组正确领导下,认真贯彻落实党中央关于加强政法队伍建设的重大决策部署,紧紧围绕检察工作主题和总要求,大力加强检察队伍建设,为检察事业科学发展提供了有力的思想政治和组织人才保障。

一是思想理论和职业道德教育不断深化,检察队伍思想政治和职业道德素养明显提升。坚持用党的创新理论成果和检察工作正确发展理念、执法理念武装检察人员。组织召开加强党的建设理论研讨会,制定实施加强和改进检察机关党的建设意见,广泛开展创先争优和"建设学习型党组织、创建学习型检察院"活动,完善落实党建带队建工作机制。认真开展"深入学习实践科学发展观"、"社会主义法治理念"、"恪守检察职业道德、促进公正廉洁执法"等主题教育实践活动,颁布实施检察官职业道德基本准则、职业行为基本规范和文明用语准则,建立落实检察官宣誓制度,组织开展专题讲座、党日实践等经常性教育活动,为法律监督任务完成奠定了坚实的思想基础。

二是领导干部管理监督不断强化,检察机关各级班子的核心领导作用明显提升。制定实施加强领导班子思想政治建设的意见,完善落实党组中心组学习制度、领导班子定期务虚制度、党员领导干部党性定期分析制度,深入开展领导干部政治轮训和理论研修。认真履行干部协管职责,领导班子的年龄、文化等结构进一步优化。截至目前,地方各级检察机关领导班子成员大学本科以上文化程度达到99.3%。制定实施检察后备干部队伍建设规划,检察后备干部队伍不断充实。认真落实巡视、上级检察院派员列席下级检察院党组民主生活会、任职前谈话、重大事项报告等制度,建立并推行下级检察院检察长向上级检察院述职述廉报告工作制度,各级检察机关领导班子作用进一步发挥。

三是队伍管理制度机制不断完善,检察队伍活力明显提升。认真落实中央关于深化司法体制和工作机制改革重大部署,基本完成林业、铁路运输检察管理体制改革任务。加强检察委员会组织建设和案件管理机构设置,最高人民检察院和绝大多数省级检察院、分市检察院及部分县级检察院成立案件管理专门机构。积极争取增加政法专项编制,基层办案力量得到有效补充。会同有关部门出台分类管理改革意见,加紧完善检察官职务序列设置规定。建立健全公开选拔初任检察官任职人选制度,推行检察官逐级遴选措施,健全落实司法警察编队管理规范,不断完善干部培养锻炼和考核评价机制。最高人民检察院机关率先推出深化干部人事制度改革九大机制,组织工作满意度不断提升,干部人事工作得到中央领导同志和中央组织部充分肯定。

四是教育培训和人才培养不断推进,检察队伍整体素质和执法能力明显提升。制定实施检察教育培训规划和改革指导意见。组织调训地方各级检察院领导班子成员4000多人,顺利完成基层检察院检察长轮训任务,全面实施检察官任职资格培训和新进人员岗前培训,广泛开展专项业务培训、岗位练兵和业务竞赛,年均培训检察人员10万人次以上。完善培训计划生成机制,推行检察教官制度,积极探索和推广实训模式,11所国家检察官学院分院如期建成。加大西部教育培训扶持力度,建设双语教学基地,开展西部巡讲支教。制定落实人才队伍建设中长期规划,评选培养全国业务专家132名、省级业务专家394名,高层次检察人才队伍初具规模。

五是检察宣传文化工作不断深入,检察队伍凝聚力和向心力明显提升。组织召开全国检察机关第七次"双先"表彰会和第三、四届全国先进基层检察院表彰会。与省级党委及中央国家机关工委联合召开荣誉称号命名表彰大会16次,授予(追授)全国"模范检察官"89名,推出张章宝、马俊欣、金淑萍等先进典型。围绕党和国家以及检察机关的重大会议、重要活动、专项行动,深入宣传检察机关服务大局的新举措新成效。大力推进检察门户网站建设,组织开展舆论引导工作培训,初步建立涉检网络舆情应对处置机制。组织召开检察文化建设工作会议,制定实施加强检察文化建设的决定,开通检察文化建设网,评选确定66个全国检察文化建设示范院,组织举办"正义的誓言"、"为了公平正义"文艺汇演等文化活动,检察宣传文化建设呈现蓬勃发展良好态势。

六是纪律作风和反腐倡廉建设不断加强,检察队伍社会形象和执法公信力明显提升。建立健全检察机关惩治和预防腐败体系,修订党风廉政建设责任制实施办法,举办自身反腐倡廉教育巡回展览,颁布领导干部廉洁从检若干规定,推行廉政风险防控机制。制定实施加强检察机关内部监督工作意见、执法办案内部监督暂行规定、强化上级检察院对下级检察院执法办案监督若干意见。深入开展"反特权思想、反霸道作风"专项教育和"维护人民群众合法权益、解决反映强烈突出问题"专项检查，规范内部公务活动廉洁行为和检察官与律师交往行为，全面推行检务督察制度，认真解决执法不公正、不规范、不廉洁问题，检察队伍进一步纯洁。

这些成绩的取得，是最高人民检察院和地方各级检察院党组正确领导的结果，也是全国检察政工部门认真履职、顽强拼搏的结果。在这里，我代表最高人民检察院党组和曹建明检察长向付出辛勤努力的全国检察政工干部表示衷心的感谢和崇高的敬意！

回顾五年来的实践，我们深刻地体会到，做好新形势下的检察队伍建设工作，必须始终坚持以中国特色社会主义理论体系为指导，确保检察队伍忠于党、忠于国家、忠于人民、忠于法律的政治本色；必须牢固树立符合科学发展观要求的"六观"、"六个有机统一"、"四个必须"，坚持检察队伍和检察工作正确的发展理念和执法理念；必须牢牢把握检察工作总要求，自觉把检察队伍建设置于检察工作全局中来谋划和推进；必须严格遵循司法工作规律和干部成长规律，健全完善检察队伍管理制度体系；必须不断深化改革创新，增强检察队伍建设工作活力；必须始终坚持严格教育、严格要求、严格管理，确保政工干部队伍能力水平与工作发展需要相适应。

在肯定成绩的同时，我们更要清醒地看到检察队伍还存在许多与党和人民的要求、与面临的形势和任务不相适应的地方：少数人员理想信念不够坚定，大局意识、宗旨意识、责任意识不强，严格、规范、公正、文明的执法理念有待进一步树立；一些人员思想政治素质、法律监督能力尤其是化解社会矛盾、做好群众工作的能力需要进一步提高；个别人员不重视自身监督，要求自己不严，自我规范不够，甚至以权谋私、以案谋私、执法犯法，严重影响检察队伍的执法形象和执法公信力；一些制约队伍发展的体制性、机制性障碍未能从根本上解决，专业化、职业化建设的任务繁重艰巨，深化队伍管理改革的力度需要进一步加大；抓队伍建设的理念思路、方式方法还比较单一，解决问题的办法、举措还不够多，创新思维、创新工作有待进一步加强。这些问题都需要我们在今后的工作中认真加以研究解决。

二、紧紧围绕新时期队伍建设目标要求，全面加强和改进检察队伍建设各项工作

面对新的形势任务，当前和今后一个时期检察队伍建设的总体思路是：高举中国特色社会主义伟大旗帜，以邓小平理论、"三个代表"重要思想、科学发展观为指导，深入学习贯彻党的十八大精神，顺应人民群众对公共安全、司法公正、权益保障的新期待，牢牢把握"三个强化"总要求，以法律监督能力建设、先进性和纯洁性建设为主线，以执法公信建设为主题，以专业化、职业化建设为方向，全面强化队伍的思想政治、领导班子、人才队伍、专业化、职业化、纪律作风建设，努力打造忠诚可靠、执法为民、务实进取、公正廉洁的过硬检察队伍，为全力推进平安中国、法治中国建设提供坚实的思想基础、组织保证和人才支持。要突出抓好以下六个方面工作：

（一）大力加强和推进思想政治建设，始终保持坚定正确的政治方向。思想政治建设事关检察队伍建设根本和方向，必须始终把思想政治建设摆在首位，坚持理论引领、育人为先，确保检察工作和检察队伍建设始终沿着正确政治方向前进。一要深入学习贯彻党的十八大精神，不断夯实高举旗帜、坚定信念的理论基础。要继续把深入学习贯彻党的十八大精神作为首要政治任务，着力在学习理解、宣传阐释、解疑释惑、贯彻落实上下功夫，不断增强对中国特色社会主义的政治认同、理论认同、感情认同，不断坚定中国特色社会主义道路自信、理论自信和制度自信。要继续采取集中培训、专题研讨、典型巡讲等方式，把学习贯彻活动引向深入。二要扎实开展主题教育实践活动，不断强化忠诚为民、公正执法的宗旨意识。紧密结合法律监督实践和队伍建设实际，不断深化社会主义核心价值观、社会主义法治理念主题教育实践活动，引导广大检察人员牢固树立、自觉践行正确的发展理念和执法理念。认真开展以为民务实清廉为主要内容的党的群众路线教育实践活动，强化群众观念、筑牢宗旨意识，发扬优良作风、树立良好形象，着力解决影响司法公正和制约司法能力的深层次问题。要创新教育实践活动载体、方式，认真解决人民群众反映强烈的突出问题，坚决防止走形式、走过场。要抓紧研究制定加强和改进检察机关主题教育实践活动的指导意见，切实增强主题教育实践活动的针对性、深入性、有效性。三要大力加强文化育检，不

断提升检察队伍的精神境界。认真贯彻加强检察文化建设的决定,充分发挥检察文化引领、渗透、融合、凝聚作用,不断提升检察人员的精神境界和道德操守。探索检察文化发展繁荣有效途径,坚持与理论武装、能力建设、道德培育相结合,充分发挥检察文化对法律监督工作服务保证作用。创新文化建设载体,繁荣文化作品创作,丰富群众文体生活,培育文明风尚,促进全体检察人员自觉做社会主义道德的示范者、诚信风尚的引领者、社会公平正义的守护者。

(二)大力加强和推进领导班子建设,着力打造善于领导检察工作科学发展的坚强领导集体。领导班子建设始终是检察队伍建设的关键,必须摆在突出位置来抓。一要以贯彻民主集中制为重点,进一步增强领导班子的凝聚力。要把选好配强"一把手"作为提高凝聚力的首要任务,加大对下级检察院领导班子协管力度,切实抓好领导班子的调整、充实和配备工作,着力改善班子结构,既要考虑知识、专业、能力结构的合理性,又要注重性格、气质特点、工作阅历经验上的互补性。要把进一步健全、严格执行民主集中制作为提高凝聚力的核心举措,完善领导班子议事规则和决策程序,落实重大决策报告制度,健全决策失误问责和纠错机制,努力做到科学、民主、依法决策。要把坚持和完善党内政治生活制度、民主生活会和专题组织生活会制度作为提高凝聚力的重要环节,积极开展批评和自我批评,形成齐心协力、和谐共事的局面。要把维护团结作为提高凝聚力的重要内容,高度重视和切实纠正当老好人或者搞小圈子、闹不团结的问题。二要以提高领导水平和执法能力为根本,进一步增强领导班子的战斗力。要把推动检察工作科学发展、正确履行法律监督职责作为检验领导班子战斗力的根本标准,进一步健全落实政治学习、理论研讨和工作务虚制度,不断提高领导班子政治素养和理论水平。要加强对重大理论和实践问题研讨,不断提高运用法律政策、应对复杂局面能力、战略思维、创新思维能力,引领科学发展、履行法律监督职责能力。要强化对新任检察长的培训,帮助他们尽快适应岗位、进入角色、驾驭局面。要突出增强带队伍、抓业务的本领,坚持两手抓、两手都要硬。三要以贯彻落实中央和上级决策部署为核心,进一步增强领导班子的执行力。要把执行力作为检验领导班子政治上是否清醒、中央和上级重大决策部署是否全面贯彻落实的重要标尺,进一步严明政治纪律,始终在政治上思想上行动上与党中央保持高度一致,坚决反对和纠正有令不行、有禁不止、阳奉阴违等倾向。要严格执行法律政策,忠实履行法定职责,正确处理执行力与创造性开展工作的关系,促进各项部署更加有效落实。要加大督查力度,用严明的纪律确保政令、检令畅通。四要以强化监督管理为关键,进一步增强领导班子的约束力。要强化组织监督,健全和落实上级检察院派员参加下级检察院民主生活会、上级检察院定期对下级检察院领导班子情况进行分析制度,全面推行下级检察院检察长到上级检察院述职述廉报告工作制度。要加强对领导班子和领导干部考察考核,推动建立符合管理体制、具有检察特色的领导班子和领导干部考察考核办法,落实上级检察院对下级检察院领导班子深度考察制度。今年,最高人民检察院将针对换届后领导班子的开局工作和自身建设开展专项调研,有针对性地提出加强班子建设的意见。

(三)大力加强和推进检察人才重点工程,努力造就适应检察事业发展需要的高素质人才队伍。检察人才是检察机关最宝贵的资源,是检察事业科学发展的重要支撑。必须确立人才优先发展思想,制定实施推进检察人才重点工程的具体意见,推动检察人才整体建设上层次、上水平。一要着眼打造人才战略高地,大力推进高层次人才铸才工程和急需紧缺专门人才引才工程。要培养引进一批善于突破重大疑难案件和新型犯罪案件、能够承担重大研究课题、推动重大检察改革的领军人才,重点培养一批全国检察业务专家和青年法学家等高层次专门人才,培养造就一批业务专家、办案能手、业务尖子等高水平专业人才,形成高端检察人才群体。要采取公开选拔、推举任职、定向借用、专家学者挂职等方式,引进一批急需紧缺的高层次、复合型人才。要加强高层次人才的培养,组织对国家课题和检察重大决策、重点理论实务问题进行攻坚,加快培养一批理论功底深厚、办案经验丰富的专门型检察人才。二要着眼优化人才队伍整体素质结构,大力推进检察人才素质提升优才工程和青年检察官育才工程。要强化人才学历教育、素能培训和实践锻炼,加大上挂下派和东西部互派挂职锻炼力度,提升检察人才整体素质能力。加大后备干部培养力度,科学制定培养计划,积极与地方党委及其组织部门协调,建立完善各级后备干部尤其是各级检察院正职后备干部名单。每年选拔一批优秀年轻检察官到党政部门挂职锻炼,抓紧培养一批中青年高级专家,重点选拔培养一批青年拔尖人才。注重从司法机关、法律专家学者、律师、具有丰富法律工作实践经验的人员中公开选拔青年检察官,优化人才队伍结构。三要着眼解决基层人才短缺问题,大力推进基层检察院聚才工程和西部贫困地区检察院扶才工程。要着力从思路理念、政策待遇、机制环境等方面着手,解决基层检察院特别是西部和贫困地区基层检察院人才难进、人才难留、人才短缺问题。要完善基层检察院聚才机制,制定完善检察官遴选办法,健全检察官逐级遴选制度,探索建立来自基层一线检察领导人才培养选拔渠道,上级检察院都要拿出一定比例的内设机构领导职位定向从下级检察院选拔。要探索建立跨级别、跨单位编制动态调整机制和编制上提一级管理等制度,使有限的编制及时补充使用到基层急需岗位。要进一步加强西部和贫困地区检察院人才队伍建设政策扶持、教育扶持、双向锻炼扶持和对口扶持,促进东中西部和各级检察机关人才队伍建设协调发展。

(四)大力加强和推进检察队伍专业化建设,进一步提高检察队伍整体素质和法律监督能力。检察工作是一项专业性很强的司法工作,检察队伍建设必须走专业化发展道路。一要围绕目标任务推进专业化建设。要研究制定检察队伍专业化建设发展规划,明确专业化建设的指导思想、目标任务、工作措施和方法步骤,努力建设一支能够担负法律监督职责,具有与之相适应的专业学历层次、专业能力水平,以法律专业为主体,以其他专业为补充,专业齐备、结构合理、数量充足的高素质专业化检察队伍。要提高检察队伍学历层次、法律专业人员所占比例,优化专业素质结构。到2020年,全国检察机关本科以上学历人员要达到95%以上,全日制法律专业本科以上人员要达到70%以上。要加强对检察队伍专业化建设的调查研究,及时解决专业化建设中的重大理论和实践问题。二要围绕重点工作推进专业化建设。要制定实施检察人员岗位素能基本标准,建立各层次、各岗位人员素能标准体系,明确任职条件资格、专业知识结构标准、履职能力具体标准,提升检察人员专业化程度。要加强专业化素能培训,以领导干部、业务一线和基层人员为重点,分层分类全面开展领导素能、任职资格、专项业务、岗位技能培训,提高专业素质和专业技能。要推进专业化教育培训体系建设,以专业化建设为导向,以岗位基本素能为依据,构建和完善以培训机构、培训运行、课程、师资教材、组织管理为重点内容的检察教育培训体系,以完善的专业化教育培训体系保证检察人员专业化程度不断提高。三要围绕提高法律监督能力推进专业化建设。继续加强学历教育,着力提高队伍学历层次和专业理论水平。加强岗位培训和业务训练,着力增强专业素养和岗位技能。加强实践锻炼,开展岗位练兵、岗位竞赛和岗位技能比武,着力增强岗位实践能力。加强交流任职、挂职锻炼,着力推进专业能力水平整体提高。当前,要采取切实措施,着力提高做好新形势下群众工作能力、维护社会公平正义能力、新媒体时代社会沟通能力、科技信息化应用能力和拒腐防变能力。

(五)大力加强和推进检察队伍职业化建设,不断提高检察队伍管理科学化水平。职业化是检察工作新形势新任务对检察队伍建设的新要求,是全面正确履行法律监督职责的基本保障,是中国特色社会主义检察制度的重要组成部分,是检察队伍建设的重要方向,必须大力加强和推进检察队伍职业化建设。一要加强检察队伍职业化建设的顶层设计。准确把握职业化建设的主要目标,突出完善职业管理,强化职业保障,确保检察人员依法独立公正行使检察权。准确把握职业化建设的主要任务,突出抓好筑牢职业信仰、培育职业精神、规范职业操守、增强职业能力、树立职业形象、落实职业保障等建设。准确把握职业化建设的方法途径,注重与国家干部人事管理和制度改革相衔接、与国家司法体制和工作机制改革相结合,按照先易后难、先急后缓的原则,扎实推进,稳步实施。准确把握职业化建设的基本要求,注重加强沟通协调,注重政策配套,确保职业化建设各项措施落到实处。二要完善检察队伍职业管理制度体系。要完善落实检察人员分类管理制度,抓好检察人员分类管理制度实施意见的具体落实,完善实施检察官单独职务序列,探索科学设置员额比例,制定检察辅助人员职务设置等配套规定。要建立完善检察人员职业准入制度,完善职业准入标准,提高任职学历资格条件。要深化干部人事制度改革,继续试行面向社会公开选拔初任检察官,拓宽社会优秀人才进入检察队伍渠道,加大培养选拔优秀年轻干部力度,建设高素质职业化领导干部和业务骨干队伍。要改革和完善人民检察院内设机构设置，建立科学的组织管理体系。最高人民检察院将制定关于规范人民检察院内设机构设置的意见，指导规范内设机构设置。三要强化检察队伍职业保障。要建立完善与检察职业特点相适应的职业保障制度，健全落实检察人员任用、奖惩、薪酬待遇与职务序列和德才表现、工作业绩、能力素质挂钩的制度，完善检察官级别和司法警察警衔评定制度。要建立健全体现科学发展观和正确政绩观要求的检察人员工作考评机制和考核评价指标体系，完善绩效考核和激励机制。要加大优抚力度，推动建立和完善牺牲、伤残、特困干警资助资金制度，建立完善解决家庭生活困难等问题常态化机制。要建立和完善检察人员履行职务受到侵害保障救济机制和不实举报澄清机制，保障检察人员合法权益。

（六）大力加强和推进纪律作风建设和反腐倡廉建设，树立和提升检察队伍执法形象和执法公信力。正人先正己，打铁须要自身硬。必须切实把纪律作风建设和自身反腐倡廉建设摆在更加突出的位置来抓，坚持从严治检、从严治队，以自身的清正廉洁过硬赢得人民群众的信任和支持。一要以"踏石留印、抓铁有痕"的精神改进作风。要进一步加强和改进检察队伍的思想作风、学风、工作作风、领导作风、生活作风。当前特别是要严格遵守中央八项规定和最高人民检察院实施办法，大兴求真务实之风，坚持实事求是，说实话、办实事、求实效，坚决克服形式主义、官僚主义，着力整治庸懒散奢等不良风气，下决心整会风、改文风、转作风，精简会议活动和文件简报。大兴密切联系群众之风，多到困难和矛盾集中的地方去，多倾听群众意见，多为群众解难事、做实事、办好事。大兴勤俭节约之风，坚决防止和纠正讲排场、摆阔气、挥霍公款、铺张浪费等现象。二要以更高的标准、更严的要求加强队伍管理。要加强政治纪律教育，引导广大检察人员坚决维护党的集中统一，维护中央权威，自觉遵守党的政治纪律。要严格落实中央和最高人民检察院一系列纪律规定，加强监督检查，强化责任追究，严肃查处违反纪律规定的行为。要坚持靠制度管人管事管权，切实把权力关进制度的笼子，形成不敢腐的惩戒机制、不能腐的防范机制、不易腐的保障机制。要建立健全反腐倡廉教育长效机制，把反腐倡廉教育列入检察干部教育培训规划，寓于培养选拔、管理使用之中。要制定执行党风廉政建设责任制监督检查办法、廉政风险防控机制、防止利益冲突和廉政隐患摸排预警等制度。三要以"零容忍"态度和决心加强自身反腐倡廉。要加强对检察队伍的监督特别是对领导干部、关键岗位和关键环节的监督，确保检察权正确行使。要围绕容易滋生腐败的重点领域和关键环节，继续深入开展执法规范化建设。要推进检察权运行公开化，进一步完善人民监督员、特约检察员、专家咨询制度，切实把外部监督转化为内部监督。要坚持从严治检，严肃查处违法违纪行为。

三、自觉坚持改革创新，切实提高检察队伍建设工作科学化水平

检察队伍建设工作科学化是科学发展观在检察队伍建设工作中的体现和要求。新形势下，检察队伍建设面临的任务要求，所处的工作环境和工作对象等，都在发生深刻变化，新情况层出不穷。强化检察机关队伍建设，必须坚持开拓创新、与时俱进，不断提升队伍建设工作科学化水平。

（一）提升队伍建设工作科学化水平必须强化组织领导。各级检察机关特别是领导干部要充分认识队伍建设在检察事业发展中的根本性、战略性、基础性地位和作用，牢固树立"队伍建设出检力、出战斗力、出法律监督力"的理念，切实把强化队伍建设摆在与强化法律监督同等重要位置，与检察业务工作一同研究部署、一同检查落实，在方向上牢牢把握，在工作上及时指导，在政策上大力支持，在投入上切实保障。要提高领导建设能力，坚持把研究新情况、解决新问题作为领导队伍建设工作的关键，密切关注队伍建设发展趋势，经常分析队伍建设任务要求，及时发现和妥善处理队伍建设中出现的倾向性、苗头性问题，牢牢掌握加强队伍建设工作的主动权。要强化工作责任，健全完善队伍建设工作责任制，探索建立队伍建设职能部门与其他各业务部门分工协作机制，动员各方面力量共同做好队伍建设工作，真正形成党组统一领导、部门齐抓共管、职责分工明确、人人积极参与的检察队伍建设新格局，形成队伍建设工作强大合力和整体效应。

（二）提升队伍建设工作科学化水平必须完善制度机制。加强队伍管理制度机制创新，是提升队伍建设工作科学化水平的重要保障。要坚持以满足法律监督工作需求、增强履行职责效能、提高执法公信力为基本方向，一手抓好现有改革措施的完善和落实,一手抓好深化改革措施的研究和布局。要对正在实施的改革措施进行跟踪研究和经验总结,使之上升为长效制度机制,推动改革成果制度化。要在总结以往改革经验、巩固已有改革成果基础上,抓紧完善改革的配套措施,着力推进制度机制创新。要加强制度机制建设的宏观谋划,充分体现前瞻性、创新性、整体性和科学性、必要性、可行性相结合的要求,合理平衡现实需要与长远目标,使制度机制的创新完善更能突出队伍建设重点,更能契合检察工作规律,更能满足队伍管理需要。

(三)提升队伍建设工作科学化水平必须夯实基层基础。实现检察队伍建设工作科学化,必须始终坚持把工作重心放在基层,大力加强基层检察院建设。要制定实施2013—2017年基层建设规划,合理确定推进基层检察院建设目标任务和工作措施,不断提高基层检察院建设水平。要认真总结基层建设工作经验,强化落实上级检察院领导联系基层、业务部门对口指导、基层检察院结对帮扶等制度,建立健全示范院动态管理、基层建设抽样评估、目标任务督导落实、难点问题有效解决等长效机制,确保基层建设持续深入推进。要进一步完善基层检察院建设考核办法,健全符合科学发展观和正确政绩观要求的考核指标和评价体系,强化日常考评、动态考评、个案考评和网上考评,实现基层工作综合评价和全面考核。建立考评工作与报告工作、奖惩激励等相结合的制度,强化考评工作引领导向作用。要坚持最高人民检察院统筹、省级检察院主导、市级检察院主抓、基层检察院主责,实施上下联动,形成共建合力。

(四)提升队伍建设工作科学化水平必须坚持攻坚克难。近年来,在中央的统一领导下,我们下大力推进检察队伍改革工作,取得了积极成果。但制约队伍发展的一些体制性机制性问题仍未根本解决,攻坚克难的任务仍然十分艰巨。我们一定要增强历史责任感和使命感,正视矛盾问题,加强调研攻坚,推进问题解决。要坚持解放思想、实事求是、与时俱进,积极推进思想观念和工作方式创新,既要有改革的决心和勇气,又要有创新的思路和办法,更要按照客观规律办事,努力在不断研究新情况、解决新问题、总结新经验中破解制约队伍建设的深层次问题。当前,要着力在破解专业化、职业化两个重大课题上下功夫,坚持上下结合,统筹协调,需要中央有关部门支持解决的,最高人民检察院将加大协调力度,争取理解与支持;需要地方协调完成的,地方各级检察院也要积极做好协调工作。各级检察机关要充分发挥主观能动性和首创精神,齐心协力,共同推进攻坚克难任务的完成。

(五)提升队伍建设工作科学化水平必须加强自身建设。曹建明检察长在讲话中对加强队建工作部门自身建设提出了明确要求。各级检察机关政工部门,作为检察队伍建设的重要职能部门,一定要按照曹建明检察长的讲话要求,深刻领会加强自身建设的重要意义,努力把政工干部队伍建设成为高站位谋划发展、高水平推进事业、高质量开展工作、高标准塑造形象的过硬队伍。要树立宽阔眼光,培养战略思维,善于从时代发展和检察事业全局认识和把握队伍建设工作,不断研究新情况,形成新认识;不断提高政治理论素养和业务工作能力,真正成为本职工作的行家里手,成为能够独当一面的业务骨干;遵循检察队伍建设规律,把握干部和人才成长特点,善于用改革的办法破解难题,不断深化改革创新成效;不断改进作风,脚踏实地、埋头苦干,公道正派、廉洁奉公,切实把检察政工部门和政工干部建设成为党组放心、干部满意的模范部门和过硬队伍。

做好新形势下的检察队伍建设工作,责任重大,任务艰巨。让我们紧密团结在以习近平同志为总书记的党中央周围,认真贯彻中央决策部署和最高人民检察院统一要求,解放思想、凝聚力量、开拓创新、奋发有为,努力开创检察队伍建设工作新局面!

第三部分

省、自治区、直辖市人民检察院工作报告

北京市人民检察院工作报告(摘要)

——2013年1月26日在北京市第十四届人民代表大会第一次会议上

北京市人民检察院检察长 慕 平

(2013年1月28日北京市第十四届人民代表大会第一次会议通过)

过去五年工作的回顾

市十三届人大一次会议以来,在市委和最高人民检察院的领导、市人大及其常委会的监督下,全市检察机关深入贯彻落实科学发展观,坚持"以业务建设为中心、队伍建设为根本、改革创新为动力、基层建设为重点"的思路,认真履行法律监督职责,各项检察工作实现了新的发展。

一、切实履行刑事检察职能,努力维护首都和谐稳定

针对刑事犯罪的新情况和社会矛盾的新特点,深入贯彻宽严相济的刑事政策,依法履行审查批捕、审查起诉、控告申诉检察职责。五年来,共批准逮捕各类犯罪74957件102467人,提起公诉96801件132323人,受理群众举报、控告、申诉48035次,切实肩负起维护社会稳定的重大责任。

依法惩治刑事犯罪。开展打击"涉奥"犯罪、"打黑除恶"等专项活动,依法审查批捕、起诉杀人、抢劫、绑架等严重侵犯公民人身和财产权利、"法轮功"邪教组织等严重妨害社会管理秩序、醉酒驾驶等危害公共安全的犯罪案件,有效震慑犯罪分子,让人民群众生活得更加安宁。不断提升打击犯罪的准确性,对侦查机关遗漏的犯罪嫌疑人追捕1259人、追诉1122人,同比分别上升10.9倍和7.4倍;对重大新型疑难案件适时介入侦查、引导取证,依法排除非法证据,提起公诉案件有罪判决率达到99.98%。

依法落实从宽政策。对不构成犯罪或涉嫌犯罪但没有逮捕必要的,依法决定不批捕11400人,同比增加80.8%;对犯罪情节轻微、依法不需要判处刑罚或免除刑罚的,决定不起诉2765人,同比增加64%。完善轻微刑事犯罪案件快速办理等机制,引导当事人达成和解656件,对真诚悔罪、积极赔偿损失的被告人依法向法院提出从宽处罚的量刑建议,努力减少社会对立、促进社会和谐。

把妥善化解矛盾贯穿执法办案全过程。深入开展涉检信访排查化解专项工作,息诉罢访378件群众多年上访的案件。制定执法办案风险评估预警工作办法,分级分类评估案件可能存在的风险隐患,妥善做好处置工作。出台加强释法说理工作的规定,把释法说理纳入执法办案各环节,让当事人明白案件处理的法律和事实依据。积极探索检调对接工作机制,与法院、司法局等签订协作意见,推动息诉工作与司法调解、行政调解、人民调解有效衔接,取得良好的社会效果。

二、切实履行查办和预防职务犯罪职能,积极促进党风廉政建设和反腐败斗争

人民群众对腐败现象深恶痛绝,对检察机关查办职务犯罪高度关注。五年来,我们坚决贯彻落实中央、市委推进反腐倡廉建设的重大部署,立案侦查国家工作人员职务犯罪1945件2308人,为国家挽回经济损失16.6亿元。

查办贪污贿赂犯罪取得新成效。面对职务犯罪日益复杂化、隐蔽化、智能化的新趋势,大力推进侦查信息化、装备现代化建设,与纪检监察、工商、住建委等部门建立案件线索移送机制和涉案信息查询平台,不断提升发现和突破犯罪的能力,立案侦查贪污贿赂犯罪案件数、人数同比分别增长3.2%和6.3%,始终保持惩治腐败的高压态势。突出查办有影响、有震动的大案、要案,立案侦查百万元以上大案295件、县处级以上领导干部要案431人。其中,查办厅局级以上领导干部要案117人,立案侦查了最高人民检察院交办的辽宁省人大常委会原副主任宋勇受贿案等省部级领导干部要案,依法起诉了国家开发银行原副行长王益受贿案等重大案件。集中力量查办群众反映强烈、腐败易发多发领域的职务犯罪,深入开展治理商业贿赂和工程建设领域突出问题等专项工作,共立案侦查595件622人。

查办渎职侵权犯罪取得新突破。深入贯彻中央关于加强惩治和预防渎职侵权违法犯罪的决定,联合相关部门出台加强检察机关反渎职侵权工作的意见,着力解决渎职侵权犯罪发现难、查证难、处理难等问题,立案侦查国家机关工作人员渎职侵权犯罪266件304人。坚决查处徇私枉法、虐待被监管人等司法工作人员渎职侵权犯罪,立案侦查84人。突出查办泄露国防外交、宏观经济数据、国家级考试等重大国家秘密犯罪,立案侦查65人。依法同步介入重大事故调查323起,严肃查办事故背后涉嫌渎职犯罪的国家机关工作人员18人。

预防职务犯罪取得新进展。按照"更加注重治本、更加注重预防、更加注重制度建设"的要求,探索形成侦防一体化工作机制,被最高人民检察院向全国检察机关推广。推进预防职务犯罪与廉政风险防控相结合,依托执法办案形成廉政风险防控报告21篇,查找重点领域廉政风险点550余个;建立惩治和预防职务犯罪年度报告制度,形成年度报告45份、重点领域预防调查报告38个,发出检察建议4494份,受到党委、人大、政府及相关单位的高度重视。成立行贿犯罪档案查询管理中心,为招投标等单位、企业提供查询37846次,积极推动行贿犯罪档案查询纳入工程建设和政府采购廉政准入制度。联合市国资委、教委、农委、卫生局等单位搭建预防网络平台,深入机关、国有企业、乡镇举办预防职务犯罪巡展、讲授廉政法制课,促进惩治和预防腐败体系建设。

三、切实强化对诉讼活动的法律监督,着力维护司法公正和权威

积极适应中国特色社会主义法律体系形成后对严格执法、公正司法的新要求,不断深化诉讼监督工作,努力促进执法司法公正。

坚持不懈地抓好市人大常委会决议的贯彻落实。积极贯彻市人大常委会《关于加强人民检察院对诉讼活动的法律监督工作的决议》,连续五年向市人大常委会专题报告诉讼监督工作情况,推动诉讼监督工作取得明显进步。针对诉讼监督职责分散、程序不完备的情况,出台《关于加强对诉讼活动的法律监督工作的意见》及涵盖各诉讼环节的5个监督工作细则,在全国检察机关率先建立诉讼监督制度体系。着力破解制约诉讼监督发展的机制性障碍,联合市政府法制办建立行政执法与刑事司法衔接机制,与市公安局、高级法院等单位分别建立刑事案件信息通报、列席审判委员会等工作制度,与看守所、监狱实现监管信息和监控系统联网,努力构建检察监督与执法司法机关内部制约相结合的工作格局,诉讼监督环境明显改善。针对部分检察人员监督能力不强的实际,在侦查监督、公诉部门成立诉讼监督工作组,实行个案监督、类案监督、综合监督相结合的监督模式,定期开展精品案件评选,检察人员的诉讼监督能力不断提升。

全面强化对刑事诉讼活动的监督。严格监督公安机关刑事立案、侦查活动,监督公安机关立案1154人,同比上升10.7倍;对不符合立案条件或属于民事纠纷的,监督撤销案件445件;对侦查活动中存在的违法情形,提出书面纠正意见545件,同比上升5.4倍。依法监督法院刑事审判活动,对审查认为确有错误的裁判提出抗诉361件,法院采纳抗诉意见率上升26.2个百分点;对审判程序中的违法情形提出纠正意见28件。不断加强监所检察工作,对减刑、假释、暂予监外执行案件进行同步审查,书面监督纠正不当决定41件;集中开展看守所监管执法等专项检察活动9次,依法纠正违法使用警械具等违法情形58件;完善对社区矫正活动的监督制度,监督纠正未按规定收监、脱管等违法情形137人,促进社区矫正工作依法、规范进行。

积极开展对民事、行政诉讼活动的监督。依法办结各类民事、行政申诉案件8686件,向法院提出抗诉299件,抗诉案件法院再审后原裁判改变率上升38.8个百分点;对符合抗诉条件,但法院自主启动再审程序能够更有效减轻当事人诉累、维护审判权威的,提出再审检察建议276件,同比上升1.8倍。对庭审、送达等程序中的违法情形、不规范行为提出纠正意见或改进工作建议129件。稳步开展对民事执行活动、调解活动的监督试点工作,针对违法执行、虚假调解等申诉案件,提出纠正违法意见、再审检察建议147件。在市院、分院探索开展民事、行政检察机构分设,切实加强对行政诉讼活动的法律监督。坚持抗诉与息诉并重,积极引导当事人和解170件；对不符合抗诉条件的7900件申诉案件积极做好息诉服判工作，营造尊崇司法权威的良好社会氛围。

四、紧紧围绕首都中心工作，不断提升服务大局的水平和效果

自觉把检察工作置于首都发展全局中来谋划、来推进，不断增强工作的主动性和前瞻性，努力为经济社会发展创造良好环境，着力满足人民群众的新诉求。

更加主动服务经济社会发展大局。部署开展服务北京"十二五"规划实施、服务文化建设等7个专项调研，形成了《服务首都"十二五"规划实施的意见》等指导文件，检察职能的履行与经济社会发展贴得更紧、落得更实。全面发挥打击、预防、监督、教育、保护的职能作用，部署开展打击侵犯知识产权和制售假冒伪劣商品犯罪等专项行动，依法起诉1824件2800人，积极服务首都率先形成创新驱动发展格局；开展查办涉农惠民职务犯罪、服务农村集体经济产权改革等专项工作，立案侦查贪污征地拆迁补偿款、惠农政策补贴等职务犯罪208件295人，为北京城乡一体化建设创造良好的法治环境；依法打击非法吸收公众存款、集资诈骗、非法传销等破坏市场经济秩序犯罪，妥善办理涉众型经济犯罪案件，服务首都经济平稳健康发展。各区县检察院积极制定服务重点功能区建设的意见，探索成立知识产权检察处、金融检察处等工作举措，努力为区域经济社会发展创造良好环境。

更加注重保障民生、服务群众。突出惩治严重危害群众切身利益和影响群众安全感的犯罪，依法打击"黑心烤鸭"、"地沟油"等危害食品安全犯罪，对电信诈骗、侵犯公民个人信息等新型案件及时提起公诉。扎实开展严肃查办危害民生民利渎职侵权犯罪等专项工作，在医疗卫生、教育、人防工程、食品药品监管等领域取得突破，查办了国家食品药品监督管理局原副局长张敬礼受贿案、门头沟区原副区长闫永喜贪污、受贿、挪用公款案等一批在社会上有重大影响的案件。注重对刑事被害人等特殊群体和困难群众的司法保护，积极帮助被害人追回经济损失，对生活确有困难的213名被害人及时提供国家救助。不断深化检察机关群众工作，建立"四访合一"检务接待新机制，14个检察院控告申诉检察部门被评为全国检察机关"文明接待示范窗口"、"文明接待室"，在乡镇、街道办事处等建立91个检察联络室，完善群众意见收集转化机制，联系和服务群众的成效不断增强。

更加有效参与社会管理创新。积极为社会管理提供法治保障，配合有关部门加强对社会治安重点地区的专项整治，推动完善社会治安防控体系。依法批捕起诉利用互联网传播淫秽信息、赌博、诈骗等犯罪，促进网络虚拟社会管理。依法起诉职务侵占、挪用资金犯罪案件1320件1638人，探索非公有制领域职务犯罪预防工作，保障"两新"组织合法权益和健康发展。与市妇联在检察机关建立"妇女儿童维权通道"，认真办理涉及妇女儿童权益的案件。区县检察院全部成立未成年人检察专门机构，积极开展未成年人犯罪社会调查、"法制校长"等工作，未成年犯罪嫌疑人逮捕率同比下降15.2个百分点。针对执法办案中发现的社会管理问题，向有关单位和行业主管部门发出检察建议4428份，建立检察建议约谈、跟踪回访等机制，督促堵塞漏洞、完善制度，促进提升社会管理水平。

五、着力加强自身建设，推动检察工作全面协调发展

加强对检察工作的科学谋划，制定《"十二五"时期首都检察工作发展规划纲要》，出台基层检察院建设、检察人才建设、信息化建设等中长期发展规划，全面提升检察工作水平。

加强高素质专业化队伍建设。始终把思想政治建设放在队伍建设首位，深入开展社会主义法治理念等主题教育实践活动，大力弘扬北京精神和检察官职业道德，队伍中涌现出全国模范检察官彭燕、全国政法系统优秀党员门美子等一批先进典型。加快推进队伍专业化建设，不断完善检察人才制度体系，成立国家检察官学院北京分院，集中开展修改后刑事诉讼法、民事诉讼法等专题培训，形成检察业务专家评审、技能比武、公诉实训等具有首都检察特色的人才建设和教育培训品牌。目前，队伍整体学历水平居全国检察机关前列，45名检察人员被最高人民检察院授予全国检察业务专家、全国"十佳公诉人"等称号。

着力推进检察改革和科学管理。深入落实中央、最高人民检察院深化司法改革、检察改革的部署，如期完成以强化法律监督和自身监督为重点的46项改革任务，北京铁路运输检察院正式移交地方。大力加强检察理论研究，牵头成立中国检察学研究会刑事诉讼监督专业委员会，形成一批在全国有较大影响的理论成果。建成全市检察机关统一应用的信息化执法办案系统,形成执法信息网上录入、执法流程网上管理、执法活动网上监督、执法质量网上考核的执法规范化体系。健全执法办案管理机制,建立案件质量标准和执法档案制度,实现"人人参与考核"、"案案纳入考核";在各级检察院成立案件管理办公室,形成案件统一归口、全程监管的管理模式,办案质量和效率明显提升。

全面提升基层检察工作水平。切实把工作重心向基层下沉,将中央返还政法专项编制的80%投入基层;在市委和各区县党委的大力支持下,解决了上下级检察院人才流动难、基层检察院业务部门职级偏低等问题;健全基层检察院公用经费标准和正常增长机制,将中央转移支付专项资金全部投入基层。大力开展创先争优活动,基层检察工作水平和队伍素质能力有了明显提升,朝阳、西城、海淀、昌平、顺义等区检察院先后被评为"全国十佳基层检察院"、"全国先进基层检察院"、"全国模范检察院"。

六、自觉接受人大、政协及社会监督,不断完善自身监督制约机制

牢固树立监督者更要自觉接受监督的意识,完善主动接受人大监督、政协民主监督和社会各界监督的机制,加强内部监督制约,确保检察权依法正确行使。

主动接受人大及其常委会监督。认真贯彻市人大常委会各项决议和审议意见,向常委会报告重大事项83项。制定加强和改进人大代表联络工作的意见,完善代表建议办理及反馈机制,办结代表建议32件。配合人大组织代表调研诉讼监督工作、视察基层检察院建设等活动300余项,对代表提出的意见建议结合工作实际认真督促落实。采取专题通报、定期发送手机彩信报等方式,充分保障代表对检察工作的知情权、参与权和监督权。

认真接受民主监督及社会监督。专题向政协委员、民主党派、工商联、无党派人士及社会各界通报检察工作,认真听取意见建议,政协委员提出的22件提案全部办结。全面推行人民监督员制度,组织人民监督员监督职务犯罪侦查案件204件。加大检务公开力度,加强举报宣传周、检察开放日、检察微博等工作,积极接受新闻媒体监督,切实增强检察工作的透明度。健全特约检察员、特约监督员和专家咨询监督员制度,建立与律师协会的联系机制,广泛听取社会各界的意见建议。

不断强化自身监督制约。把强化自身监督放到与强化法律监督同等重要的位置,职务犯罪案件全部实现审查逮捕上提一级、讯问全程同步录音录像,健全巡视、检务督察、廉政风险防控等机制,组织开展扣押冻结涉案款物专项检查。坚持从严治检,查处检察人员违纪14件20人,同比分别下降63.2%和52.4%,确保队伍严格公正廉洁执法。

回顾过去五年的工作,面对北京筹办奥运会和国庆60周年庆典活动、服务十八大维稳安保、加快转变经济发展方式等重大任务,检察机关在推动科学发展、促进社会和谐中深化检察职能、把握工作规律,在保障民生、联系群众中转变理念、改进作风,在应对任务更加繁重、执法标准不断提高的挑战中勇于变革、磨砺队伍。五年的实践使我们深深体会到:必须始终坚持党的领导、人大监督,确保首都检察工作正确发展方向;必须始终坚持服务大局、执法为民,在满足人民群众新期待中赢得公信;必须始终坚持科学发展,不断开创服务科学发展和自身科学发展的新局面;必须始终坚持改革创新,不断强化法律监督、自身监督和队伍建设,推动各项工作走在全国检察机关前列。这些体会,我们将在今后的工作中进一步发扬光大。五年来,全市检察工作取得的成绩和进步,离不开市委的正确领导和人大及其常委会的有力监督,离不开政府、政协以及社会各界的大力支持和帮助。在此,我代表全市检察机关,向各级党委、人大、政府、政协以及各位代表、委员表示诚挚的敬意和衷心的感谢!

面对新的形势和人民群众的新要求,我们也清醒地看到,首都检察工作中还存在一些不足,主要表现在:服务经济社会发展的视野还不够开阔,方式方法比较单一,工作实效和影响力不够明显;检察职能的发挥还不够充分,职务犯罪侦查水平需要不断提高,诉讼监督工作的力度、成效与维护司法公正、权威的目标还有一定差距;队伍的专业化建设仍需不断增强,高层次人才相对不足,检察人员依法化解矛盾、做群众工作、科技信息化应用等能力有待提升。对于以上问题,我们将高度重视,采取有力措施切实加以解决。

今后五年和2013年工作的建议

站在新的起点上,检察机关适应经济社会发展的新需要,满足人民群众对公正司法的新需求,肩负的责任更加重大、任务更加繁重。全市检察工作总的要求是:认真学习贯彻党的十八大精神,以邓小平理论、"三个代表"重要思想、科学发展观为指导,坚持依法治国基本方略,深刻把握首都发展的阶段性特征,紧紧围绕服务科学发展与推动自身科学发展两大任务,充分履行法律监督职能,统筹推进各项检察工作走在全国前列,努力为北京深入推进中国特色世界城市建设创造安全稳定的社会环境、公平正义的法治环境和优质高效的服务环境。

一、全面发挥检察职能作用,积极为经济社会科学发展提供有力的司法保障

准确有力地惩治严重犯罪,依法化解社会矛盾、维护和谐稳定,促进提升社会管理科学化、法治化水平,切实服务平安北京建设。加强对科技创新、文化建设和生态文明的司法保护,积极服务城乡一体化建设,突出打击破坏市场经济秩序犯罪,服务经济持续健康发展。更加注重服务和保障民生,突出打击危害食品药品安全、网络电信诈骗等犯罪,顺应人民群众对公共安全、权益保障、公平正义的新期待。

二、进一步强化法律监督,努力促进提升法治建设水平

以贯彻修改后的刑事诉讼法和民事诉讼法为契机,着力转变执法理念、提升执法能力、改进执法作风,认真做好向市人大常委会专题报告贯彻修改后刑事诉讼法工作。切实提升把握证据、指控犯罪的能力,深化贯彻落实宽严相济刑事政策工作,更加注重保障人权。坚决查处职务犯罪易发多发领域大案要案、窝案串案,扎实开展为期两年的查办和预防发生在群众身边、损害群众利益职务犯罪专项工作,更加科学有效地防治职务犯罪。全面提升诉讼监督工作水平,制定进一步深化诉讼监督工作的五年规划纲要,加强对刑事诉讼、民事诉讼、行政诉讼的法律监督,切实保障法律统一正确实施,维护司法公正和权威。

三、紧紧围绕提升司法公信力,全面推进自身科学发展

扎实开展以为民务实清廉为主要内容的群众路线教育实践活动,拓展人民群众有序参与司法途径,进一步提高检察工作亲和力。深入持久地推进检察改革和执法规范化建设,健全案件管理机制,大力推进检察信息化建设工程。着力推进队伍专业化、职业化建设,全面提升队伍整体素质能力。健全检察权运行制约和监督体系,完善自身反腐倡廉长效机制,狠抓纪律作风建设,更加有效地接受人大监督、政协民主监督及社会各方面监督,深化以执法办案信息公开为重点的检务公开工作,确保检察权在阳光下运行。

各位代表,置身首都发展新的征程,全市检察机关将在市委和最高人民检察院的坚强领导下,在市人大及其常委会的有力监督下,奋发进取,攻坚克难,忠实履行宪法和法律赋予的职责,努力为北京全面推进科学发展,为建设法治国家作出新的更大的贡献。

天津市人民检察院工作报告(摘要)

——2013年1月28日在天津市第十六届人民代表大会第一次会议上

天津市人民检察院检察长 于世平

(2013年1月31日天津市第十六届人民代表大会第一次会议通过)

过去的五年,是全市经济社会科学发展取得显著成效的五年,也是检察工作争先创优、发生深刻变化的五年。全市检察机关在市委和最高人民检察院的正确领导下,在市人大及其常委会的有力监督下,坚持以邓小平理论、"三个代表"重要思想、科学发展观为指导,按照市十五届人大历次会议决议要求,围绕中心、服务大局,依法履行宪法和法律赋予的职责,推动各项检察工作取得明显成效,为天

津科学发展和谐发展率先发展提供了有力司法保障。

一、紧密围绕全市工作大局，全面推进检察工作科学发展

紧紧围绕市委的中心工作，顺应经济社会发展的新要求和人民群众的新期待，坚持高标准、严要求，全面推进检察工作创新发展。

——科学思路引领检察工作。为适应新形势、新任务的需要，市检察院在深入调研的基础上，于2008年初形成了"四三四四"的全市检察工作思路，在事关检察工作科学发展的一系列重大问题上形成了共识。市"十二五"规划启动后，市检察院又制定了天津检察工作五年发展纲要，为全市检察人员特别是各级领导干部统筹谋划和理性推进检察工作奠定了思想基础。

——主动服务经济社会发展。五年来，市检察院相继制定了服务天津"三个发展"、服务滨海新区开发开放和促进法治天津建设的工作指导意见。结合全市连续四年开展的"上水平"活动，各级检察机关广泛开展了"法律监督进社区、企业、村镇和学校"及"服务大局促发展、保障民生树形象"等专题司法调研服务活动，深入了解社情民意，帮解司法难题，征求加强和改进检察工作的意见建议。同时，建立并不断完善与公安机关、法院、司法行政机关和天津海关等部门的信息沟通及工作协调机制，主动做好检察环节服务发展的各项工作。

——积极参与社会管理创新。深入开展法制宣传和预防犯罪工作，加强社区矫正法律监督，配合有关部门加强对流动人口、特殊人群的服务管理。针对未成年人犯罪特点，成立专门办案机构，探索分案起诉、案后帮教和犯罪记录封存等制度。加强新型犯罪研究，积极参与整治网络赌博、打击传播淫秽物品及电信诈骗等犯罪的专项行动。推动法律监督触角向基层延伸，在城市社区和乡镇建立148个检察工作室，及时受理信访举报、提供法律宣传和服务，充分发挥了就地化解矛盾的作用。探索开展农村"两委"巡查工作，督促农村基层组织依法管理村民事务、规范选举活动。针对办案中发现的问题，提出检察建议2154件，促进了社会管理法治化水平的提高。

二、充分发挥检察职能作用，努力提供坚强有力司法保障

充分发挥打击、保护、监督、教育、预防等职能作用，为经济社会科学发展创造良好环境。

——依法打击刑事犯罪营造安全稳定的平安环境。依法履行批捕、起诉等职责，共受理审查逮捕案件36229件、审查起诉案件51282件，批准逮捕51074人、提起公诉74497人。全面贯彻宽严相济刑事政策，该严则严，当宽则宽，决定不批捕2527人、不起诉1164人。坚决打击危害国家安全犯罪、故意杀人等严重暴力犯罪和抢劫、抢夺、盗窃等多发性侵财犯罪，确保社会治安稳定。依法惩治走私、金融诈骗、非法集资、传销、侵犯知识产权和制售假冒伪劣商品犯罪，维护市场经济秩序。积极参与打黑除恶、扫黄打非、禁毒禁赌及追逃等专项行动，配合有关部门开展治安重点地区和突出治安问题整治，推进平安天津建设。

——依法惩防职务犯罪营造廉洁高效的政务环境。认真贯彻中央、市委反腐败工作部署，坚持有腐必反、有案必办。五年间，共初查各类举报线索2928件，立案侦查职务犯罪案件1696件2244人，其中贪污贿赂犯罪案件1450件1909人，渎职侵权犯罪案件246件335人，通过办案为国家挽回经济损失8亿余元。根据最高人民检察院指定管辖，依法办理了陈良宇、米凤君等在全国有重大影响的案件。坚决查处发生在领导干部中的大案要案，立案侦查杨景林、杨海、陈克勇等县处级以上国家工作人员131人。坚决查处利用行政执法和司法权谋取私利、贪赃枉法的案件，立案侦查189人。高度重视办案质量，强化证据意识，批捕、起诉和有罪判决率均衡提升，努力使办理的每一起案件都经得起法律和历史的检验。讲究办案策略，改进工作方式，注重维护发案单位正常的工作和经营秩序。坚持惩防并举、注重预防，加强预防公共宣传，定期发送《预防职务犯罪专刊》，拍摄宣传反腐倡廉的动漫短片在地铁、机场和网络滚动播放，更加有效地宣传党的反腐倡廉政策、国家的法律法规和检察职能。举办惩治和预防渎职侵权犯罪大型展览，3万余名干部群众参观。成立预防职务犯罪百人宣讲团，各级检察长带队深入企业、村镇、学校等举办讲座，约20余万人受到教育。结合办案剖析发案原因，向有关单位提出预防建议3000余件。与市纪检委等30个党政机关建立预防腐败联席会议机制，深入市文化中心、南水北调等177个重大工程项目开展专项预防。实现行贿犯罪档案查询全国联网，向社会提供查询服务1万余件次，从源头上堵塞漏洞。建立预防职务犯罪年度报告制度,向党委、人大、政府等提供预防对策建议和参考。

——依法加强诉讼监督营造公平正义的法治环境。认真落实市人大常委会关于加强诉讼监督工作的决议,重点纠正执法不严、司法不公问题。加强侦查活动监督,督促立案728件、撤案26件,提出纠正违法意见487件次。加强审判监督,受理刑事、民事和行政申诉案件24023件,对认为确有错误的提出抗诉679件、再审检察建议68件,法院已改判或改变原判决、裁定268件。对认为判决、裁定正确的申诉及缠访,耐心做好申诉人的服判息诉工作,维护司法权威。加强刑罚执行和监管活动监督,提出纠正违法意见577件次,纠正减刑、假释、暂予监外执行不当34人。

——依法办理涉检信访营造和谐有序的社会环境。坚持立检为公、执法为民,扎实做好群众工作。建立健全有访必接、下访巡访、联合接访、检察长接待日和领导包案等制度,共办理群众信访29932件次,连续五年保持涉检进京非正常上访为零。加强接待室建设,改善环境,完善措施,12个单位被评为全国检察系统文明接待室。认真开展案件评查,及时纠正存在错误或瑕疵的案件。办理刑事申诉和国家赔偿案件457件。推进刑事被害人救助工作,为生活确有困难的被害人或其近亲属提供救助。对不属于检察机关管辖的来访,耐心释法说理,主动帮助其他政法机关和有关单位化解矛盾。

三、坚持解放思想改革创新,不断提升全市检察工作水平

坚持把改革创新作为检察工作科学发展的必由之路,大力推动检察理论创新、制度创新和工作创新。

——争创活动带来显著成效。为适应滨海新区"先行先试"的新形势,落实好市委"检察工作要走在前列"的重要要求,市检察院在全系统开展了为期五年的"争创全国先进检察院"活动。采取"看亮点"、现场交流会、专项督查等措施,加强指导和推动。经过五年的努力,我市侦查监督、渎职侵权检察、监所检察、控告申诉信访、检察调研、司法统计、检察队伍和班子建设等工作进入全国先进行列,检察委员会工作、刑事和解"五步工作法"等一批先进经验和典型案例在全国推广。4个检察院被评为全国模范、先进检察院,2个检察院被评为全国"四化"建设、规范化建设示范院,3个检察院被评为全国文明单位,2个检察院被评为全国检察文化建设示范院,185个集体和193名个人受到省部级以上表彰。

——调研工作取得丰硕成果。注重发挥调研在推进检察工作中的基础性、先导性作用。制定了《关于加强调研工作的意见》,领导干部带头开展检察实务调研,连续举办五届"天津检察论坛",组织检察官撰写法学论文。五年间,全市检察人员撰写并发表各类文章2000余篇,其中100余篇在最高人民检察院指定的核心刊物上发表,多篇调研报告被评为优秀调研成果,并转化为工作决策,有效发挥了理论创新对检察工作创新的引领作用。

——各项改革扎实有序推进。按照建立公正、高效、权威司法制度的目标要求,大力推进检察改革。完善非法证据排除和违法侦查行为调查机制,确保批捕、公诉案件质量。将全市驻监狱和劳教场所检察室由基层检察院改为分院派驻,全面提升监督力度和水平。成立案件管理中心,对检察机关办理的案件实行统一受理、流程监控及综合考评。探索建立检察长列席法院审判委员会会议制度。与市司法局会签审查起诉阶段辩护律师依法行使诉讼权利的意见。根据中央和市委的部署,先后完成滨海新区检察院组建和天津铁路运输检察院转制接收工作,并及时出台管理规定,确保工作顺利开展。

——管理机制更加严谨规范。坚持以管理科学化促进工作规范化。建立完善党组会、院务会、检察长办公会和检察委员会四项决策机制,确保决策的科学、民主、依法。根据检察机关内部运行特点,建立并完善管人、管事、管案、管物的四项管理机制,努力使执法、队伍、案件和保障管理规范有序。探索建立检察委员会审议专项业务工作和"四个一"制度,制定规范性业务指导文件46件,统一了全市检察系统执法办案尺度,提高了对下监督指导的规范性和权威性。

四、强化对自身的监督制约,保障检察权的依法正确行使

始终把强化自身监督放在与强化法律监督同等重要的位置,增强司法公信,树立司法权威。

——依法接受人大监督。积极配合市人大常委会开展专题调研和执法检查,五年间,先后就诉讼监督工作、公正司法、渎职侵权检察、民事行政检察及监所检察等情况提请市人大常委会进行专题审议。高度重视听取人大代表意见工作,采取召开座谈会、加强代表联络及派员到代表团驻地等方式诚恳听取意见,及时梳理,认真改进。督促区县检察院加强与人大代表联络,配合区县人大开展专题视察和评议工作。各级人大代表涉及检察工作的议案、建议,已全部按时办复。

——主动接受民主监督。主动配合市政协召开专题协商会,通报检察工作情况,倾听意见建议。注重发挥人民监督员、特约检察员和专家咨询委员监督执法办案和检察工作的作用,人民监督员共监督职务犯罪"三类案件"373件。

——广泛接受社会监督。深化检务公开,组织开展"检察开放日"活动,邀请人民群众走进检察机关深入了解工作运行情况。建立与媒体的良性互动关系,适时举办新闻发布会通报检察工作情况,接受舆论监督。在中央和本市新闻媒体开办"检察长话争创"、"真情公诉人"等栏目,广泛宣传检察工作。重视网络上的社情民意,加强对网络热点问题的应对和引导。

——大力加强内部监督。强化监督者更要接受监督的意识,把强化自身监督作为提升执法公信力的重要手段。注重发挥上级检察机关的领导作用,督促下级检察院严格依法开展检察工作。推行职务犯罪审查逮捕程序"上提一级"改革、讯问职务犯罪嫌疑人全程同步录音录像和案件跟踪制度,建立扣押、冻结款物管理机制,规范职务犯罪侦查工作。全面启动巡视工作,先后对7个基层检察院进行了巡视,肯定成绩,帮解难题,改进不足。开展经常性的检务督察活动,及时解决执法办案、机关管理和工作作风等方面存在的突出问题。

五、全面加强检察队伍建设,不断提升执法办案能力素质

坚持严格教育、管理和监督,努力提高队伍整体素质和公正廉洁执法水平。

——坚持抓好思想政治建设。制定加强检察机关党的建设的意见,不断提高党的建设科学化水平。深入开展学习实践科学发展观、保持党的纯洁性等教育实践活动,引导检察人员牢固树立"三个至上"和"六观"、"六个有机统一"等执法理念。实行检察官宣誓制度,认真落实忠诚、公正、清廉、文明的检察官职业道德基本准则。实施文化育检工程,成立天津市检察官文联,开展丰富多彩的检察文体活动。大力培养和表彰先进典型,树立良好执法形象。

——坚持抓好领导班子建设。深刻总结领导班子建设的经验教训,制定实施《加强领导班子建设的决定》,提出用"六个一定要"抓班子、"五个表率"抓中层,把从严治长落实到日常管理中。坚持党组中心组学习制度,不断提高理论水平、战略思维和科学决策能力,确保党的路线方针政策和宪法法律在检察机关得到正确执行。高度重视基层检察长换届工作,交流任职达60%,并及时进行集体谈话,提出"一把手"要努力做到政治上强、业务上精、要求上严、管理上硬、作风上实。根据中央和市委的有关规定,市检察院选配了一名党外人士任副检察长。加强民主集中制建设,凡属"三重一大"问题均提发班子集体研究决定,防止个人独断专行。改进领导作风,要求各级检察长亲自动脑谋划工作、亲自动手办理案件、亲自动笔参与调研。强调严于律己,凡要求干警做到的自己首先做到,领导干部示范带头作用日益突出。

——坚持抓好检察能力建设。深化干部人事制度改革,实行"竞争上岗"、"凡进必考"和"逢晋必考",建立健全检察官逐级遴选、交流、奖惩等机制,使一批德才兼备、实绩突出、群众公认的干部走上领导岗位。加强队伍专业化建设,认真组织检察人员学习修改后的刑事诉讼法、民事诉讼法,采取专项业务培训、岗位练兵、业务竞赛等方式,全面提高检察人员执法能力和综合素质。培养全国、全市检察业务专家22人,各类办案能手和拔尖人才84人,有4名青年检察官分别被评选为全国"十佳"侦监检察官、公诉人和监所检察业务标兵。鼓励检察人员在职参加学历教育,全系统研究生学历学位人员比例从2007年的5%上升到19%。创设"天津检察讲坛",邀请全国和本市的专家学者进行专题讲座,丰富知识、拓展视野。

——坚持抓好纪律作风建设。坚持从严治检、廉洁从检,提出并严格执行"四个严禁",要求全体检察人员恪守绝不允许以权谋利、以案谋钱、以检察官身份谋私的"三条底线",坚决防止权力滥用。认真落实党风廉政建设责任制,建立执法业绩档案,加强对领导干部、检察人员和办案重点环节的监督制约。严肃查处违纪违法案件,处理违纪人员10名,举报信件和处理数量均大幅下降。落实廉政隐患归零目标,99%的基层科室队未发现违纪违法。

——坚持抓好基层基础建设。全面推进基层检察院执法规范化、队伍专业化、管理科学化、保障现代化建设,把经费和编制重点充实基层,帮助基层解决困难。充分发挥分院的特殊作用,增加了编制,拓展了职能。积极争取财政支持,探索建立检察经费保障正常增长机制。扎实推进办公办案用房建设,和平、蓟县、静海检察院等10个新建项目投入使用。积极推进检察信息化建设,检察工作科技含量进一步提升。

经过五年的艰辛努力和扎实工作,全市检察机关推进工作的思路清了、干事创业的劲头足了、选人用人的风气正了、执法为民的形象好了。回顾五年的工作,我们深刻体会到,做好天津的检察工作,一要坚持党的领导、人大监督,坚定不移走中国特色社会主义政治发展和法治建设道路,坚持中国特色社会主义检察制度,做中国特色社会主义事业建设者、捍卫者和社会公平正义的守护者;二要坚持围绕中心、服务大局,依法履行法律监督职能,充分发挥检察机关保稳定、促发展、促廉政、促和谐、促公平的重要作用,努力实现执法办案法律效果、政治效果和社会效果的有机统一;三要坚持立检为公、执法为民,牢牢把握以人为本的核心立场,把维护好人民群众的根本利益作为检察工作出发点和落脚点,在检察工作中依法保护好当事人的合法权益;四要坚持思路引领、规划先行,不断丰富和完善全市检察工作发展思路,巩固和深化"争创"成果,推动检察工作全面上水平;五要坚持解放思想、改革创新,科学把握检察工作规律和天津检察工作特点,建立完善决策机制和管理机制,推进各项法律监督工作科学理性、平稳健康、统筹协调发展;六要坚持内强素质、外树形象,全面加强思想政治、业务能力、纪律作风和检察文化建设,着力打造一支让党放心、让人民满意的高素质检察队伍。所有这些,是我们通过艰辛探索取得的宝贵财富,需要在新的实践中继续坚持、不断完善。

五年来全市检察工作取得的成绩,是市委和最高人民检察院正确领导的结果,是各级党委领导、人大监督、政府支持、政协关心以及社会各界和广大人民群众支持帮助的结果。

在总结成绩的同时,我们也清醒地认识到,检察工作与中央和市委的新要求、天津发展的新需要以及人民群众的新期待相比,仍然存在一些问题和差距。一是检察职能作用发挥还不够充分,服务全市经济社会科学发展的针对性和实效性有待进一步增强。二是有的法律监督工作还比较薄弱,不敢监督、不善监督的问题仍然不同程度存在。三是检察队伍的执法理念、能力水平、纪律作风与建设过硬队伍的要求还有差距,高层次的专业人才相对缺乏。四是基层检察院建设发展还不平衡,基层基础工作仍需加强。针对这些问题,我们将高度重视,采取有力措施,切实加以解决。

党的十八大确定了全面建成小康社会的奋斗目标和"五位一体"的总体布局,提出了全面推进依法治国、加快建设社会主义法治国家的战略任务。习近平总书记最近发表的一系列重要讲话和对政法工作的重要批示,为做好今后一个时期的检察工作指明了方向。市第十次党代会和市委十届二次全会就加快推进天津经济社会科学发展作出了全面部署,对检察工作提出了新的更高要求。2013年和今后一个时期,全市检察机关要高举中国特色社会主义伟大旗帜,以邓小平理论、"三个代表"重要思想、科学发展观为指导,按照全国政法工作会议、全国检察长会议和全市政法工作会议的要求,依法履行法律监督职责,大力提升执法能力素质和执法公信力,全力推进平安天津、法治天津建设,为推动全市经济社会科学发展、实现中央对天津城市定位,提供坚强有力的司法保障。重点抓好五个方面工作:

第一,着力促进经济社会科学发展。要紧紧围绕发展这个"第一要务"和全市工作大局,认真贯彻落实市委的决策部署,找准检察工作的切入点和着力点,增强服务举措的针对性和实效性。充分发挥检察职能作用,深入化解社会矛盾,促进社会管理创新,创造良好的社会环境和法治环境,更好地保障和促进全市的经济、政治、文化、社会和生态文明建设。

第二,着力维护全市社会和谐稳定。要认真履行维护稳定的"第一责任",依法打击各类刑事犯罪,全力维护国家安全和社会稳定,有效保护人民群众生命和财产安全,进一步增强人民群众的安全感和满意度。依法查办和预防职务犯罪,重点查办以权谋私的大案要案和发生在群众身边的腐败案件,深入开展预防宣传教育,促进干部清正、政府清廉、政治清明。依法加强诉讼法律监督工作,坚决维护国家法律的统一、尊严和权威,切实保障社和谐稳定,有力促进平安天津、法治天津建设。

第三,着力保障人民群众合法权益。要始终把人民放在心中最高位置,以广大人民根本利益为念,依法保护人民群众合法权益。注重司法人文关怀,创新便民利民措施,严格执法、热情服务,深化"四走进"活动,不断提高检察工作的亲和力和公信力,使人民群众在检察机关办理的每一起案件中都感受到公平正义。深化检务公开,自觉接受人民群众监督,使检察工作更加符合人民的期盼和要求。

第四,着力深化检察工作机制改革。要认真落实中央关于司法改革的部署,积极推进检察环节各项改革。以强化法律监督和自身监督为主线,进一步健全检察机关内部的决策、管理和监督机制,加强对执法办案的流程监控和质量管理,严格依照法定权限和程序履行职责、行使权力,确保检察权始终在阳光下规范运行。继续探索符合检察规律和天津实际的管理模式,加强执法保障和基层建设,为推动检察工作全面上水平创造良好条件。

第五,着力加强检察机关自身建设。要围绕坚持和发展中国特色社会主义这条主线,切实增强理论、制度和道路自信,确保检察工作方向正确。深入开展以为民务实清廉为主要内容的群众路线教育实践活动,切实转变作风。全面加强执法能力建设,着力提升服务科学发展、维护社会稳定、维护公平正义以及群众工作、舆论引导和拒腐防变能力。始终坚持从严治检、从严治长,建过硬班子、带过硬队伍,切实担负起中国特色社会主义事业建设者、捍卫者的职责使命。

在新的一年里,全市检察机关要以更加奋发有为的精神状态和求真务实的工作作风,脚踏实地,埋头苦干,努力把全市检察工作提升到一个新水平,为天津的经济社会科学发展、民主法制建设、社会和谐稳定作出新的更大贡献!

河北省人民检察院工作报告(摘要)

——2013年1月28日在河北省第十二届人民代表大会第一次会议上

河北省人民检察院代理检察长 童建明

(2013年1月31日河北省第十二届人民代表大会第一次会议通过)

十一届人大一次会议以来,全省检察机关在省委和最高人民检察院的正确领导下,在各级人大及其常委会的有力监督下,深入贯彻落实科学发展观,忠实履行宪法和法律赋予的职责,强化法律监督,强化自身监督,强化队伍建设,各项工作取得新的成绩,为建设经济强省、和谐河北作出了积极贡献。

一、围绕中心、服务大局,为经济平稳较快发展提供司法保障

坚持把检察工作放到全省工作大局中来谋划和推进,特别是贯彻省第八次党代会精神和省委着力改善"两个环境"的决策部署,充分发挥打击、预防、监督、教育、保护等职能作用,努力增强服务经济社会科学发展的实效。

依法维护诚信有序的市场经济秩序。围绕整顿和规范市场经济秩序,严厉打击金融诈骗、逃税骗税、非法集资、商业贿赂等犯罪活动,共批准逮捕破坏市场经济秩序犯罪嫌疑人6621人,起诉8245人。依法打击侵犯知识产权和制售伪劣商品犯罪活动,共批准逮捕两类犯罪嫌疑人1378人,起诉1496人。依法查办发生在立项审批、招标投标、政府采购、资金管理使用等环节的职务犯罪,立案侦查犯罪嫌疑人920人。根据省人大代表建议,开展"打击侵犯企业合法权益犯罪、服务企业发展"专项活动,注重保护企业合法权益。

依法保护能源资源和生态环境。严厉打击重

大环境污染事故犯罪，非法占用农用地、非法采矿、非法捕捞、盗伐滥伐林木等犯罪，共批准逮捕犯罪嫌疑人835人，起诉1654人。开展查办危害能源资源和生态环境渎职犯罪专项工作，依法查办因失职渎职导致能源资源和生态环境被严重破坏的案件202件408人。

依法保障重大项目建设顺利进行。省检察院制定了《关于加强重大项目建设中职务犯罪预防工作保障政府投资安全的意见》，对全省2319个国有投资重点项目采取预防咨询、预警预测等措施，扎实开展预防工作，保障政府投资安全和项目建设顺利进行。

深入开展涉农检察工作。实行涉农检察工作新机制，是我省延伸法律监督触角、把法律监督职能落实到基层的一项创新性举措。五年来，基层检察院抽调2000多名业务骨干，组建了700多支涉农检察工作队，以巡回检察方式深入乡镇和重点村，宣传法制、接待来访、受理举报、查办案件。开展查办涉农惠民领域职务犯罪专项工作，共立案侦查贪污挪用、截留私分支农惠农资金、渎职侵权等职务犯罪嫌疑人5718人，为国家和农民挽回经济损失7982万元。开展国土资源和农机补贴领域专项调查，结合办案帮助有关单位建章立制，规范管理，保障惠农资金效能的充分发挥。

二、全力维护社会和谐稳定，积极参与和促进社会管理创新

全省检察机关把维护社会和谐稳定作为重要任务，充分发挥检察职能，深入推进社会矛盾化解和社会管理创新，为2008年北京奥运会、建国六十周年大庆和党的十八大胜利召开营造和谐稳定的社会环境。

依法严厉打击严重刑事犯罪。深入开展严打整治专项斗争，坚决打击危害国家安全犯罪、危害公共安全犯罪、严重暴力犯罪、多发性侵财犯罪和黑恶势力犯罪。共批准逮捕各类犯罪嫌疑人194583人，起诉247995人。严厉打击危害食品安全犯罪，依法批捕"问题奶粉"、"毒胶囊"、"地沟油"等涉案犯罪嫌疑人297人，起诉272人。

坚持把化解矛盾贯穿于执法办案的全过程。全面贯彻宽严相济刑事政策，推行释法说理、检调对接、刑事和解、民事息诉和解等工作机制，通过办案有效化解矛盾，体现司法人文关怀，促进案结事了人和。

加强涉检信访工作。畅通12309举报热线、网上举报、来信来访渠道，坚持检察长接待日、上下级检察院联合接访、首办责任制、领导包案等制度。认真开展涉检信访案件清积评查工作，积极参加各级涉法涉诉联合接访服务中心工作，依法公正解决群众诉求，办结涉检信访案件949件。

积极参与和促进社会管理创新。配合有关部门对社会治安乱点进行专项整治，维护社会治安秩序。建立行政执法和刑事司法衔接机制，开展行政执法机关移送涉嫌犯罪案件专项监督活动。密切军地检察机关协作。完善社区矫正检察监督机制。重视发挥检察建议的作用，针对执法办案中发现的问题，研究提出完善管理制度、堵塞管理漏洞的检察建议14545件。

三、积极查办和预防职务犯罪，推进惩防体系建设

全省检察机关把查办和预防职务犯罪工作纳入惩治和预防腐败体系建设的总体格局，加大查办和预防工作力度，努力实现办案数量、质量、效率、效果、安全的有机统一。

依法查办贪污贿赂犯罪案件。严肃查办发生在领导机关和领导干部中的案件、权力集中部门和岗位的案件、损害民生民利的案件。在严惩受贿犯罪的同时，依法查处行贿犯罪。共立案侦查贪污贿赂犯罪7848人，其中大案3227件、县处级以上干部256人，为国家挽回经济损失14.6亿元。进一步完善办案制度和安全防范措施，健全检察机关内部侦查协作机制，不断提高办案工作规范化水平。

依法查办渎职侵权犯罪案件。贯彻落实省委关于渎职侵权检察工作的重要指示和省人大常委会关于反渎职侵权工作审议意见，省检察院制定了《关于全面加强和改进渎职侵权检察工作的决定》，建立重大复杂案件专案调查机制、非法干预查办案件情况沟通和处理机制。11个市级检察院全部建立了办案指挥平台，组建了27支特别侦查团队，共立案侦查渎职侵权犯罪3880人。

深入开展职务犯罪预防工作。把预防职务犯罪工作摆到更加突出位置，积极推进侦防一体化机制建设。开展行业预防和换届选举等专项预防，落实惩治和预防职务犯罪年度报告制度。共开展预防教育30168次，预防调查3114次，预防咨询32393次，接受行贿犯罪档案查询43901次。开展预防工作进机关、进学校、进农村、进企业、进社区

警示教育活动,推进预防职务犯罪警示教育基地建设。

四、加强对诉讼活动的法律监督,努力维护司法公正

认真贯彻落实省人大常委会《关于加强人民检察院法律监督工作的决议》,围绕人民群众反映强烈的执法不严、司法不公等问题,加大监督力度,增强监督实效。

强化刑事诉讼监督。依法纠正有案不立、有罪不究、以罚代刑、动用刑事手段插手经济纠纷等问题,监督侦查机关立案 11012 件、撤案 3679 件。依法纠正违法采取强制措施、违法使用侦查措施、侵犯当事人诉讼权利等问题,提出纠正意见 16434 件次,依法纠正漏捕 9506 人、漏诉 8372 人,决定不批准逮捕 14756 人、不起诉 4256 人。对认为确有错误的刑事判决、裁定提出抗诉 1725 件。依法纠正刑罚执行和监管活动中的违法行为,开展保外就医、戒具使用等专项检察活动,监督纠正减刑、假释、暂予监外执行不当 3321 人。

加强民事行政诉讼监督。坚持维护司法公正与维护司法权威相统一,认真办理民事行政申诉案件,共提出抗诉 3578 件、再审检察建议 5125 件;重视做好申诉人的服判息诉工作,对决定不抗诉的 814 件申诉案件建议并促成申诉人达成和解。开展督促起诉、支持起诉工作,探索开展对民事执行活动和当事人恶意串通、通过调解协议损害国家利益、社会公共利益行为的监督。

完善诉讼监督机制。制定《关于加强侦查协作合力查处司法领域职务犯罪案件的工作意见》,建立检察机关内部情况通报、信息共享、线索移送等制度,健全协作机制,形成监督合力,共查办司法人员职务犯罪 820 人。

五、落实检察改革措施,加强执法规范化建设

围绕强化法律监督和强化自身监督,积极稳妥地推进检察改革,加强执法管理,完善监督制约机制,提高执法规范化水平。

依法规范执法办案程序。进一步完善讯问职务犯罪嫌疑人全程同步录音录像制度,落实职务犯罪审查逮捕权上提一级等改革措施,着力规范职务犯罪侦查工作。推行量刑建议工作,促进实体裁判公正。加强对未成年人的司法保护,实行捕、诉、监、防一体化工作机制,省、市两级检察院和 113 个基层检察院成立了办理未成年人犯罪案件专门工作机构。铁路运输检察纳入国家司法体系的改革顺利完成。把学习贯彻修改后的刑事诉讼法和民事诉讼法作为一项重要任务,广泛开展培训活动,认真做好各项准备工作,平稳过渡,有序衔接。自 2013 年 1 月 1 日起,已按照修改后的"两法"开展执法办案、诉讼监督工作。

加强对自身执法办案的监督管理。全面实行人民监督员制度,共选任人民监督员 1181 人,人民监督员监督检察机关立案侦查职务犯罪案件 1243 件次。推进案件管理机制改革,在全省检察机关构建起统一受案、全程管理、动态监督、案后评查、综合考评的执法办案集中管理机制。完善检察委员会议事和工作规则,充分发挥检察委员会对重大疑难复杂案件的决策把关作用。加强上级检察院对下级检察院执法办案活动的指导和监督,实行办案质量检查制度,对执法办案中容易发生问题的环节定期进行自查和组织互查、抽查,及时发现和纠正执法过错,提高办案质量。

六、加强检察队伍建设和基层基础建设,筑牢检察工作科学发展根基

全面加强检察队伍职业理想和职业道德建设、职业能力和职业纪律建设、职业管理和职业保障建设,为检察工作科学发展提供思想基础和组织保障。

加强思想政治建设。扎实开展"学习实践科学发展观"、"恪守检察职业道德、促进公正廉洁执法"等教育实践活动,突出实践特色,丰富活动载体,通过举办检察官集体宣誓、重温入党誓词等活动,教育和引导广大检察人员铸造忠诚品格,树牢为民宗旨,秉持公正理念,坚守廉洁操守。

加强法律监督能力建设。坚持改善人员结构和提高现有人员素质相结合,面向社会公开招录 1183 名工作人员充实到基层检察院和执法办案一线。开展全员轮训工作,重点开展任职资格、专项业务、岗位技能、司法考试培训,共举办各类培训班 194 期,培训检察人员 62819 人次,有 1229 人通过了司法考试。实施领导干部素质提升工程,发挥领导干部示范引领作用。加强检察理论研究工作,做好高层次检察人才选拔和管理工作,共有 45 名检察人员入选全省检察业务专家库。

加强纪律作风建设。深入开展"维护人民群众合法权益、解决反映强烈突出问题"、"反特权思想、反霸道作风"专项检查活动。向社会公开承诺十项执法便民为民措施，主动接受社会监督。开展扣押、冻结、处理涉案款物专项清理工作，共清理涉及扣押款物案件8436件，退还涉案人员和涉案单位扣押款物6000余万元，进一步完善了管理制度。推进廉政风险防控机制建设，加强检务督察工作，共查处39名违法违纪检察人员，其中，给予党纪政纪处分35人，追究刑事责任4人。加强基层基础建设。强化检务保障工作，落实政法经费保障机制，推进"两房"建设，实施科技强检战略。加大侦查指挥、证据收集、交通通信、检验鉴定等办案装备投入，司法鉴定实验室、电子证据鉴定工作以及远程办案管理系统建设进展顺利。

五年来，全省检察机关队伍建设取得明显成效，共有1390多名个人、670多个集体受到省级以上表彰，两个基层检察院被授予"全国模范检察院"荣誉称号，先后涌现出"全国十大法治人物"李永志、郑喜兰等一批先进典型。

七、自觉接受监督，保障检察权依法正确行使

全省检察机关不断强化监督者更要接受监督的意识，自觉坚持党的领导，接受人大监督、政协民主监督和社会公众监督。省检察院向省委常委会、省人大常委会报告了开展渎职侵权检察工作、法律监督工作情况。办理人大代表建议16件，并及时反馈办理结果。加强与人大代表、政协委员的经常性联系，定期寄送《河北检察工作》专刊，主动走访人大代表，邀请视察检察工作。每年都召开民主党派、工商联负责人和无党派人士代表座谈会，通报工作情况，征求对检察工作的意见和建议。深化检务公开，开通门户网站，完善新闻发言人制度，开展"检察开放日"活动，让群众更多地了解检察机关，更好地监督检察工作。

回顾五年来的实践，我们深刻地体会到，做好检察工作，必须始终坚持党的领导、人民当家做主和依法治国的有机统一，坚定不移做中国特色社会主义事业建设者、捍卫者；必须始终坚持围绕中心，服务大局，忠实履行法律监督职责，服务保障经济平稳较快发展；必须始终坚持以人为本、执法为民，维护人民群众合法权益；必须始终坚持更新执法理念，牢固树立理性平和文明规范的执法观；必须始终坚持强化监督者更要接受监督的意识，不断完善对自身执法活动的监督制约，确保检察权依法正确行使；必须始终坚持把队伍建设作为一项长期的战略任务常抓不懈，不断提高队伍的思想政治素质和法律监督能力。

当前全省检察工作存在的主要问题：一是法律监督职能的发挥还不够充分，与经济社会发展的要求和人民群众的期待仍有差距。二是转变执法理念面临的任务还很繁重，一些检察人员仍存在就案办案、机械执法、不重视办案效果等现象。三是少数检察人员执法不公正、不文明、不廉洁，个别检察人员违法违纪，损害了检察机关的形象。四是基层基础建设仍需加强，基层检察院建设不够平衡，一些地方检察经费保障机制不完善，案多人少的问题比较突出。对于这些问题与不足，我们将采取有力措施，认真加以解决。

党的十八大对全面推进依法治国、加快建设社会主义法治国家作出了战略部署。2013年，全省检察机关将深入学习贯彻党的十八大精神和省第八次党代会、省委八届三次全会精神，全面正确履行法律监督职责，全力推进平安河北、法治河北建设，大力提升队伍素质能力和执法公信力，为全省经济社会发展提供有力的司法保障。

一是着力服务经济强省建设。找准检察工作服务大局的切入点、着力点，增强服务经济发展的针对性和有效性。按照省委关于全省经济工作和"两个环境"建设的决策部署，依法严厉打击危害市场经济秩序、侵害企业合法权益和破坏能源资源、生态环境的各类刑事犯罪，突出查办国家工作人员"不作为、乱作为"涉及的职务犯罪，依法平等保护不同所有制经济和各类市场主体的合法权益，努力营造良好的法治环境。

二是大力推进平安河北建设。把维护稳定摆在突出位置，依法严厉打击危害国家安全、社会治安、公共安全的犯罪活动，积极参与社会治安防控体系建设，落实检察环节综合治理措施，增强人民群众安全感。把化解社会矛盾贯穿执法办案始终，加强涉检信访工作。针对执法办案中发现的问题及时提出检察建议，促进社会管理创新，增进社会和谐。

三是严肃查办、积极预防职务犯罪。按照中央关于加大惩治和预防腐败力度的要求，既坚决查处大案要案，又着力解决发生在群众身边的腐败问题，集中开展查办和预防发生在群众身边、损害群众利益职务犯罪专项工作，依法查办征地拆迁、安全生产、食品药品、支农惠农、社会保障等重点领域的职务犯罪。深化职务犯罪预防工作，努力从源头上遏制职务犯罪,促进反腐倡廉建设。

四是全力维护司法公正。认真贯彻修改后的刑事诉讼法和民事诉讼法、省委关于建设法治河北的要求和省人大常委会《关于加强人民检察院法律监督工作的决议》,坚持有法必依、执法必严、违法必究,切实加强对侦查活动、审判活动和刑罚执行活动的监督,做到既敢于监督、善于监督,又依法监督、规范监督,切实尊重和保障人权,提升司法公信。

五是坚持不懈地抓好队伍建设。加强思想政治、职业道德建设,扎实开展以为民务实清廉为主要内容的群众路线教育实践活动,强化执法为民宗旨意识。坚持素质强检,加强队伍专业化和职业化建设,加大培训工作力度,加强基层基础工作,着力提升检察队伍的专业素养和维护社会公平正义能力。坚持从严治检,健全对检察权运行的监督制约机制,进一步深化检务公开,更加自觉接受外部监督,确保严格公正规范廉洁行使检察权。认真落实中央《关于改进工作作风、密切联系群众的八项规定》和省委《实施办法》,加强工作作风建设,切实解决群众反映强烈的问题,始终保持同人民群众的血肉联系,树立检察机关的良好形象。

在新的一年里,全省检察机关将紧紧依靠省委和最高人民检察院的坚强领导,依靠人大的有力监督和广大人民群众的大力支持,认真贯彻本次会议精神,锐意进取,扎实工作,努力开创检察工作新局面,为建设经济强省和谐河北、为全面建成小康社会作出新的更大的贡献。

山西省人民检察院工作报告(摘要)

——2013年1月26日在山西省第十二届人民代表大会第一次会议上

山西省人民检察院检察长　杨　司

(2013年1月30日山西省第十二届人民代表大会第一次会议通过)

省十一届人大一次会议以来,全省检察机关在省委和最高人民检察院的领导下,认真学习党的十七大、十八大和省第十次党代会精神,深入贯彻落实科学发展观,积极服务转型跨越发展,全面履行法律监督职责,突出抓好班子和队伍建设,各项检察工作取得了新的发展和进步。

一、解放思想,与时俱进,树立争创一流目标

2008年以来,省检察院历届党组都把如何开创全省检察工作新局面,作为首先思考的重大问题,采取诸多措施,使全省检察工作一步一个脚印地扎实前进,为检察工作科学发展打下了坚实的基础,营造了良好的发展环境。2012年,我们在全省检察机关开展了解放思想学习讨论活动,引导全省检察人员特别是领导干部,"跳出检察看检察"、从全国视野审视我省检察工作,摆问题、找差距、找准定位、把握方向,确立新的工作目标。在此基础上,提出了突出抓好执法办案、信息化建设、学习贯彻修改后刑事诉讼法等六项重点工作的总体思路,省委和最高人民检察院给予充分肯定。

二、充分履行检察职责,主动服务全省经济社会发展大局

坚持把检察工作放在转型跨越发展中来谋划,努力使检察工作与全省工作大局同步、合拍。把服务转型综改试验区建设作为检察工作服务大局的切入点和着力点,制定实施服务保障的12条工作意见,积极参与省委、省政府"项目落地年"活动和"吃拿卡要"专项整治活动,严肃查办招商引资领域的职务犯罪202件258人,依法保障试验区建设顺利进行。深入开展煤焦、工程建设、国土资源等重点领域腐败问题专项治理工作,查办此类职务犯罪750件986人。扎实开展专项预防工作,保障"大水网"等全省271项重点工程顺利进行。制定服务企业发展意见,加强对涉企民事诉讼活动的监督,在企业比较集中的经济开发区设立检察室,提供法律咨询和服务,维护企业合法权益。深入开展打击制售假冒伪劣农资产品犯罪等专项行动,向农村基层派驻检察室66个,成立巡回检察小组389个,着力服务和保障新农村建设。

三、自觉践行执法为民宗旨,积极服务和保障民生

制定实施《加强和改进检察机关群众工作意见》,紧贴民生,依法履职,切实把维护人民群众合法权益贯穿到执法办案全过程。严厉打击危害社会政治稳定和人民生命财产安全的各类刑事犯罪,五年来共批捕70588件113085人,起诉95513件151013人,依法保障人民安居乐业。紧紧围绕发生在群众身边、侵害群众切身利益的腐败问题,深入开展查办涉农惠民领域贪污贿赂犯罪等专项工作,查办发生在征地补偿、粮食直补等环节的职务犯罪827件1100人,其中2012年立查646人,在全国检察机关排名第8位;扎实开展查办危害民生民利渎职侵权犯罪等专项工作,查办民生领域渎职侵权犯罪763件962人。认真落实执法办案风险评估预警、检调对接等制度,依法办理当事人达成和解的轻微刑事案件814件,民商事和解息诉案件2339件,积极化解社会矛盾纠纷。扎实做好涉检信访工作,开通12309举报电话,完善涉检信访接待制度,办理群众信访41157件次,依法妥善处理群众涉法诉求,连续五年实现重大敏感时期涉检进京"零上访"目标。

四、坚持"两个监督"并重,努力维护社会公平正义

积极践行"强化法律监督、维护公平正义"检察工作主题,坚持强化诉讼活动监督与强化自身监督并重,着力解决群众反映强烈的执法不严、司法不公问题。

一是强化对诉讼活动的法律监督。认真贯彻落实省人大常委会《关于加强人民检察院对诉讼活动法律监督工作的决定》及其4个配套文件,全面加强刑事诉讼监督、民事审判和行政诉讼监督以及刑罚执行和监管活动监督,五年来共监督立案6629件,监督撤案2628件,追捕4389人,追诉4454人,提出刑事抗诉1346件,纠正减刑、假释、暂予监外执行不当1579人,清理久押不决495人,纠正超期羁押214人,提出民事行政抗诉1236件,办理督促起诉案件4210件,复查刑事申诉案件1656件,依法促进司法公平公正,让人民群众在每一个案件中都能感受到公平正义。

二是加强自身监督制约。制定实施《关于检察人员参与或协助纪检委办案工作的规定》、《检察机关办理企事业单位案件十个不准》等规定,严格执行职务犯罪案件审查逮捕报上一级检察院审查决定、讯问职务犯罪嫌疑人全程同步录音录像和办案工作区准用等制度,确保办案活动依法按规进行。大力加强检务督察工作,开展大规模专项督察11次,及时发现和纠正执法办案中存在的突出问题。坚持从严治检,查处检察人员违法违纪案件49件60人。

三是自觉接受人大监督和社会监督。依法办理人大代表议案、建议及人大常委会转办交办案件1917件,做到件件有着落、事事有回音。加强与人大代表的联系,通过召开座谈会、邀请代表视察等形式,虚心听取意见,认真改进工作。全面推行人民监督员制度,监督"七类案件或事项"938件。开通检察门户网站,与山西青年报社联合创办《检察周刊》,完善涉检网络舆情引导应对机制,主动回应社会关切。深化检务公开,大力推进"阳光检务",广泛开展"开门评检"和"检察开放日"活动,切实提升检察机关执法公信力和社会满意度。

五、加大查办和预防职务犯罪工作力度,坚决维护党的执政地位

坚持从维护党的执政地位、保持干部队伍纯洁性的高度,严肃查办和积极预防职务犯罪,始终保持对职务犯罪的高压态势。以党委和政府重视、社会舆论关注、人民群众反映强烈的大案要案为重点,进一步加大办案力度,五年来共立查各类职务犯罪6337件7910人,其中大案3845件,县处级以上领导干部要案392人(含厅级干部17人);2012年立查贪污贿赂犯罪1206人,是近10年以来立查人数最多的一年。深入推进侦查一体化机制建设,建立纵向指挥有力、横向协作紧密的侦查模式,不断增强发现犯罪、侦破案件的能力。严把事实关、证据关、法律适用关,职务犯罪案件有罪判决率连续五年保持在98%以上。不断深化预防职务犯罪工作,认真落实《山西省预防职务犯罪工作条例》,推动省市县三级建立了党委领导下的预防职务犯

罪工作机制,会同省人大内司委联合开展预防职务犯罪"五个一"宣传活动,社会化大预防格局初步形成;建立预防职务犯罪教育基地513个,对国家工作人员开展预防警示教育138万人次;完善行贿犯罪档案查询系统,实现了全国互联互查,受理查询56527次;组织开展"廉政宣传短片"评选活动,我省参加全国检察机关评比的6部短片全部获奖。

六、深入学习贯彻修改后刑事诉讼法、民事诉讼法,切实提升执法办案公信力

积极适应修改后刑事诉讼法、民事诉讼法对检察工作提出的新挑战、新要求,认真做好新法实施前的各项准备工作。以执法办案人员为重点,全员参加,扎实组织学习培训和实战演练。2012年11月23日,召开全省检察机关贯彻实施修改后刑事诉讼法观摩暨动员大会,以太原市检察机关探索实践修改后刑事诉讼法的18项新机制和忻州、晋中、吕梁等市县检察院的做法为重点,进行推广和再部署。最高人民检察院对这一工作给予充分肯定。我们还组织开展了学习贯彻修改后民事诉讼法学习培训、广泛宣传、专题调研、联系沟通、试点探索等"五项活动",进一步加大民事行政检察工作力度,提高监督质量,增强监督效果。

七、以信息化建设为引领,深入推进科技强检建设

积极应对信息技术发展给检察工作带来的影响,从信息化建设入手,大力推进检务机制改革。制定了全省检察信息化建设三年发展规划,努力使我省信息化建设达到全国一流水平。目前,建设资金已经到位,各项系统建设全面铺开。积极推进办案办公平台软件建设,并与其他政法机关和行政执法机关加强沟通协作,以实现信息互联互通和资源共享。坚持边建、边学、边应用,深入开展"创建科技强检示范院"活动,提升检察人员信息技术应用能力,切实将科技装备转化为现实战斗力。

八、强化领导班子和队伍建设,努力打造高素质检察队伍

坚持以领导班子建设为龙头,通过抓班子带队伍,努力建设一支忠诚可靠、执法为民、务实进取、公正廉洁的检察队伍。

一是大力加强思想政治建设。深入学习宣传贯彻党的十八大精神,牢牢把握检察工作的政治性、人民性、法治性、服务性和创新性,始终保持检察工作正确方向。丰富教育形式,增强教育实效,引导检察人员牢固树立和积极践行正确的发展理念和执法理念。充分发挥文化育人功能,依托检察文联等平台,大力推进具有我省特色的检察文化建设。

二是加强领导班子建设。在省委的统一领导下,省检察院提升配备了2名正厅长级党组副书记,从市级检察院检察长中调整充实了1名副检察长、1名反贪污贿赂局局长;积极履行干部协管职责,调整配备了7名市级检察院检察长,进一步优化了领导班子结构。认真落实对市级检察院领导班子年度考核和下级检察院检察长向上级检察院述职述廉、任职谈话、诫勉谈话等制度,加强对下级检察院领导班子及检察长的管理监督。认真贯彻执行民主集中制,对重大事项决策、重要干部任免、重大项目安排以及大额资金使用等,都由集体讨论决定。

三是深化检察体制机制改革。根据司法体制改革要求和我省检察工作实际,省编委批准省检察院设立检务督察局、监所检察局、公诉局,批准设立并正式组建了未成年人刑事检察处。稳妥推进基层检察院内设机构整合改革,目前已有两个市的基层检察院完成了整合工作,取得了阶段性成果。在全国率先签订了铁路运输检察机关移交协议,全面落实了人员管理、经费保障、资产移交等改革任务,确保了铁路运输检察队伍思想稳定,实现了铁路运输检察机关的顺利移交。

四是加大教育培训力度。省检察院举办各类培训班102期,培训12909人次,全省有1441名检察人员通过国家司法考试。深入推进"351"人才选拔培养工程,培养业务专家35名、业务尖子430名、办案能手1106名。

五是加强机关作风建设。省检察院机关组织开展"三建三创"活动和纪律作风教育整顿活动,大力弘扬实事求是、求真务实的良好作风,倡导少开会、开短会,少发文、发短文,讲短话、干实事,机关办公秩序、工作环境和干警精神风貌得到有效改善,工作效能明显提升。

九、深入推进基层基础建设,夯实检察工作发展根基

全面落实《2009—2012年基层检察院建设规划》,扎实推进基层检察院执法规范化、队伍专业化、管理科学化、保障现代化建设,基层检察院建设水平明显提升。为基层检察院招录公务员1192名,努力缓解人员短缺问题。加大落实基层检察院公用经费保障标准力度,落实率达到100%。制定实施《市县检察机关科技装备配备指导意见》,向基层发放科技装备,基层办案办公条件不断改善。大力推进办案和专业技术用房建设,完成了市县两级检察院办案工作区升级改造项目二期建设任务,2006年立项建设的省检察官培训学院即将启用,省检察院办案和专业技术用房主体结构已经封顶,将于2013年年中竣工。

我们虽然取得了一定的成绩,但还存在不少困难和问题。一是有的检察人员特别是领导干部思想仍然不够解放,对问题和困难存在等靠思想,缺乏解决问题的勇气和智慧。二是服务大局的能力水平与经济社会发展新形势还不相适应,服务成效还不够明显。三是执法办案方式与以人为本、执法为民的理念还不相适应,执法不规范、不文明、不注意化解矛盾等问题还不同程度地存在。四是基层检察官断档、人员短缺、基建债务沉重等问题,还没有得到有效缓解。这些问题,我们将在今后的工作中,努力加以解决和改进。

2013年是全面贯彻落实党的十八大精神的开局之年,是加快转型跨越发展的关键之年。全省检察机关将以党的十八大精神为统领,坚持以执法办案为中心,以检察信息化建设为引领,全面加强检察业务、检察队伍和检务保障建设,推动全省检察工作不断创新发展,为我省转型跨越发展和综改试验区建设提供有力保障和良好服务。主要抓好以下七方面工作。

一是深入学习贯彻党的十八大精神。坚持把学习贯彻党的十八大精神作为首要政治任务来抓,深刻领会党的十八大提出的新思想、新观点、新论断,深刻把握检察工作的政治性、人民性、法治性、服务性、创新性,以党的十八大精神统领检察工作,始终坚持党对检察工作的领导,始终坚持检察工作的政治方向。

二是积极服务全省经济社会发展。坚持把检察工作融入省委、省政府的重大战略部署中去思考和谋划,切实找准工作切入点和着力点,充分发挥各项检察职能作用,保障综改试验区建设和转型跨越发展顺利进行。

三是积极服务和保障民生。坚持人民主体地位,更好保障人民权益,严厉打击民生领域犯罪活动,推动解决关系群众切身利益的突出问题;深入开展以为民务实清廉为主要内容的群众路线教育实践活动,进一步畅通联系群众渠道,完善民意收集、转化机制,确保检察工作充分体现人民群众的愿望和要求。

四是全力保障社会和谐稳定。严厉打击危害国家安全、政治安全和社会稳定的犯罪活动,深入化解社会矛盾纠纷,积极参与社会管理创新,突出抓好涉检舆情引导应对工作,确保我省政治和社会稳定。

五是着力维护社会公平正义。认真贯彻实施修改后刑事诉讼法、民事诉讼法,不断更新执法理念,创新工作机制,全面加强诉讼活动法律监督,促进司法公平公正。立足检察职能,促进提升社会管理水平,努力营造公平公正的社会环境。

六是大力推进反腐倡廉建设。坚决贯彻中央、省委的总体部署,进一步加大查办职务犯罪力度,突出查办社会影响恶劣、危害后果严重的大案要案和侵害群众切身利益的案件。以预防为主,认真贯彻落实《山西省预防职务犯罪工作条例》,深入开展预防工作,促进惩防体系建设。

七是提升检察队伍公信力。以检察信息化建设为引领,大力推进检务机制改革,提升执法办案水平。扎实开展新一轮大规模教育培训,全面提升检察队伍素质能力。坚持从严治检,强化自身监督制约,自觉接受外部监督,深化检务公开,开展"阳光检察"活动,不断提升检察工作满意度和检察队伍公信力。

面对新形势、新任务,我们深感责任重大。全省检察机关将在省委和最高人民检察院的正确领导下,在各级人大及其常委会的监督支持下,以党的十八大精神为统领,认真贯彻落实本次大会精神和决议,解放思想,改革创新,真抓实干,在新的起点上努力开创检察工作新局面,为建设平安山西、法治山西、美丽山西作出新的更大的贡献!

内蒙古自治区人民检察院工作报告(摘要)

——2013年1月28日在内蒙古自治区第十二届人民代表大会第一次会议上

内蒙古自治区人民检察院检察长　马永胜

(2013年2月1日内蒙古自治区第十二届人民代表大会第一次会议通过)

2008年以来,全区检察机关在各级党委、最高人民检察院的正确领导和人大、政府、政协及社会各界的有力监督、关心支持下,认真落实自治区第八次、第九次党代会和十一届人大历次会议精神,紧紧围绕改革发展稳定大局,认真履行宪法和法律赋予的职责,为建设繁荣富裕美好的内蒙古提供了有力的司法保障。

一、立足检察职能,主动服务大局,全力保障经济社会发展

自治区检察院制定了为经济平稳较快发展服务的十四项措施、为加快转变经济发展方式和富民强区服务的意见,主动融入经济社会发展大局。

认真履行检察环节维稳职责,营造和谐稳定的社会环境。全面贯彻宽严相济刑事政策,依法履行批捕、起诉职责,坚决做好奥运会、新中国成立六十周年、十八大等安保工作,严厉打击危害国家安全、黑恶势力、严重暴力和多发性侵财等犯罪。五年来,共批捕各类刑事犯罪嫌疑人81070人、起诉116014人,不批捕11966人、不起诉5621人。深入开展打黑除恶专项斗争,起诉涉黑犯罪被告人245人。着力化解涉检信访积案,涉检信访总量逐年下降,2010年中央政法委交办的29件进京访案件全部化解息诉,2011年9月至今实现了"零交办"。开展社区矫正法律监督24747人次,针对执法办案中发现的管理漏洞积极提出检察建议,促进了社会管理创新。自治区检察院连续9年被评为全区综治工作先进单位。坚持把化解矛盾贯穿执法办案全过程,建立执法办案风险评估预警、检调对接、刑事和解等机制,推进刑事申诉案件公开审查,对不批捕不起诉等案件加强释法说理,对不服法院、公安机关正确裁判和处理决定的,积极做好当事人服判息诉工作。包头市东河区西井湾村部分村民对所举报的一起贪污案判决不服,上访长达5年。检察机关在确认法院判决正确后,召开公开答复会,邀请人大代表、人民监督员参加,通过辨法析理,使上访群众消除疑虑、息诉罢访。

深入查办和预防职务犯罪,营造廉洁高效的政务环境。坚持惩防并举,促进国家工作人员依法行政、廉洁从政。五年来,共立案侦查职务犯罪案件3210件4540人,提起公诉4128人,法院已判决3579人。2012年,五起案件入选全国检察机关反渎职侵权"三十件精品案件"和"百件优质案件"。一是突出查办有影响的大案要案1571件,其中县处级干部187人、厅级干部13人(2012年查办厅级干部6人)。与自治区纪委密切配合,查办了徐国元、蔚小平、白志明、李石贵、赵云翔、武志忠、宋文代等贪污贿赂大要案;组织查办了部分法官非法认定驰名商标案,张建平等35人徇私枉法、行受贿系列案,张和平等人玩忽职守、失职致使在押人员脱逃等大要案。特别是在宋文代"零口供"的情况下,查清其贪污公款6500余万元、挪用公款2100余万元,法院一审判处其死刑。二是严肃查办利用人事权、审批权、司法权搞权钱交易、涉嫌犯罪的国家工作人员320人。查处了兴安盟国土资源系统在工程招投标和干部提拔中涉嫌行受贿等职务犯罪案件8件11人。三是严肃查办涉嫌贪污、私分国有资产等职务犯罪的国企人员788人。惩办了赤峰市水泵厂原厂长刘景臣等8人,使这个职工不断集体上访、面临破产的企业起死回生。2012年11月,这个厂的职工代表为自治区检察院送来"清正廉

洁、大公无私,秉公执法、勤政为民"的锦旗和63名股东签名的感谢信。四是更加注重预防。推进联席会议制度,全区成员单位增加到4207个。举办了各级党政领导和13万干部群众参观的全国检察机关惩治和预防渎职侵权犯罪巡展,建成238个警示教育基地,受教育人数达121万余人次。推进侦防一体化机制建设,启动惩治和预防职务犯罪年度报告制度,为党委、人大提供决策依据,得到自治区党委领导的充分肯定。配合有关部门对2331个关系国计民生、公共利益的重大工程开展了专项预防。2012年,自治区检察院与中国电信集团公司联手护航总投资173亿元的云计算内蒙古信息园工程。

着力解决影响经济发展的突出问题,营造规范有序的发展环境。依法批捕非法吸收公众存款、集资诈骗、假冒注册商标、生产假冒伪劣产品等破坏社会主义市场经济秩序的犯罪嫌疑人1749人,起诉1833人。查办工程建设、能源开发、环境保护等领域职务犯罪1075件1373人。呼伦贝尔市陈巴尔虎旗鄂温克苏木原书记巴雅尔滥用职权,造成9610多亩草场被非法开垦,侵害了牧民的切身利益,引起公愤。检察机关既严肃查处又积极督促有关部门恢复草原植被,得到当地党委、政府和群众的一致好评。针对非法开垦草原现象严重但无明确量刑标准的状况,兴安盟检察机关积极调研论证,提出意见建议,得到自治区检察院及盟委的支持,引起全国人大常委会、最高人民法院、最高人民检察院的重视,最高人民法院作出了司法解释。这一事件被评为2012年"全区十大法治事件"之一。兴安盟检察分院制作的整治非法开垦草原的检察建议,被评为全国侦查监督优秀检察建议书。针对一些行政机关、企业单位怠于履行职责,致使国家和社会公共利益遭受严重损失的状况,依法办理督促、支持起诉案件1373件,为国家挽回经济损失5.3亿元。

二、坚持以人为本,着力保障民生,努力维护社会公平正义

坚持把人民群众的关注点作为检察工作的着力点,依法解决群众最关心、最直接、最现实的利益问题。

加大保障民生力度,维护群众切身利益。依法批捕食品安全领域犯罪嫌疑人577人,起诉675人,严肃查办食品安全犯罪背后涉嫌渎职犯罪的国家机关工作人员16人。赤峰市宁城县马格桃等人将500余头病死猪销售到多家饭店,刘花青等人将6000斤病死猪肉制成肉肠销售到多家饭店和熟食店,被媒体曝光后,社会影响极其恶劣。检察机关依法快速批捕19人、起诉24人,同时严肃查处了监管失职的3名行政执法人员。2012年,自治区检察院出台了《关于依法严厉打击食品安全犯罪行为的意见》,被最高人民检察院转发。先后开展了查办危害民生民利渎职侵权犯罪、集中查办和预防涉农惠民领域贪污贿赂等职务犯罪专项工作,查办教育医疗、社会保障、扶贫开发、征地补偿等民生领域职务犯罪案件891件1363人。依法查办了呼和浩特铁路局社保处财务科原科长王玉文贪污社保资金2300余万元案,法院一审判处其死刑缓期二年执行。巴彦淖尔市检察机关在党委的领导支持下,严肃查办了扶贫系统工作人员与一些基层干部相互勾结,套取扶贫项目返还款窝案8件10人。他们的经验做法在全国推广。集中查办涉农惠民领域职务犯罪专项工作被评为2012年"全区十大法治事件"之一。

依法监督解决群众反映强烈的问题,维护社会公平正义。以落实自治区人大常委会《关于加强人民检察院对诉讼活动法律监督工作的决议》为契机,针对人民群众反映强烈的有案不立、有罪不究、以罚代刑、执法不公、执行难以及刑讯逼供、久押不决和违法减刑、假释、保外就医等突出问题,加大各项诉讼监督力度。五年来,监督应当立案而不立案、不应当立案而立案3363件,纠正漏捕漏诉4876人,提出刑事抗诉428件、民事行政抗诉1016件,纠正减刑、假释、暂予监外执行不当2145人。2009年和2010年,自治区检察院办理民事行政抗诉案件人均结案数在全国位居第4位和第6位;与有关部门联合制发的关于办理减刑、假释案件的规定,被评为"2006—2010年影响内蒙古法治进程十大法治事件"之一,刑罚变更执行同步监督工作走在全国前列,被最高人民检察院充分肯定。积极探索民事执行监督工作,促进解决执行难问题。2009年以来监督执行案件741件,法院采纳率达78.8%,这项工作被评为2011年度"全区十大法治事件"之一。2012年,对公安机关提请批准逮捕、移送审查起诉案件中"另案处理"的案件开展了专项检查,共审查2329件4269人,监督立案、撤案、纠正漏捕、追逃320人。通辽市库伦旗扣河子村村主任张贺军等人将农民兰学辉打伤并砸毁车辆,但只受到行政处罚。检察机关接到被害人申诉后监督立案,并在监督中发现多人多起犯罪,最终被告人张贺军被判处有期徒刑11年,其余6名被告人也分别被判处有期徒刑。严肃查处执法司法不公背后的贪污受贿、徇私枉法、滥用职权等执法司法人员职务犯罪369人。

建立健全群众工作机制,努力为群众排忧解难。积极搭建群众工作平台,将检察工作向下延伸,在全区94.4%的乡镇苏木设立了派驻、巡回检察室等工作机构,深入开展检察官进社区、进企业、进农村、进学校活动,就地受理群众诉求5498件、开展法制宣传2508次、提供法律服务22466人次、化解矛盾纠纷1083件。完善检察长接待日制度,三级检察院检察长共接待群众来访9635次,开通12309举报电话,推进文明接待窗口建设,建立控告申诉接待大厅和网络接待平台,创新重点约访和带案下访等便民利民措施,最大限度地畅通民生诉求表达渠道。积极开展司法救助,向确有困难的刑事被害人发放救助金69万元。乌海市70多岁的退休工人单某某因一起故意伤害犯罪失去儿子,他对处理不服,上访长达18年。自己年迈多病,老伴病瘫在床,使其处于绝望。检察机关在说法释理、热心帮扶、抚平创伤的同时,为他申请解决救助资金3万元,使他信法息诉,重燃生活希望。

三、自觉接受监督,坚持从严治检,确保公正廉洁高效执法

牢固树立监督者更要接受监督的思想,进一步完善和落实监督制约机制,确保人民赋予的权力服务于人民。

自觉接受人大、政协监督,不断拓宽监督渠道。努力做到"四个及时"。一是专项工作和履行职责的重大问题及时报告。自治区检察院先后向自治区人大常委会专题报告了查办渎职侵权职务犯罪、诉讼监督、基层检察院建设、民事行政检察等四个方面的重点工作。二是重大部署、重要工作及时通报。自治区检察院向代表委员寄送《检察工作通报》季刊19期,连续3年编发《内蒙古检察》代表委员特刊,2012年开通手机短信联络平台以来已发送15个方面的重大工作信息近万条。三是重要活动及时邀请。各级检察院邀请人大、政协领导和代表委员视察评议、执法检查、专题调研、案件听证等446人次。四是人大、政协交办事项和代表委员意见建议及时办理。在规定时限内办结人大交办事项和信访案件161件,人大代表议案和政协提案68件。2012年,自治区检察院出台了《关于进一步加强和改进与人大代表、政协委员联络工作的意见》。自治区检察院厅级以上领导干部全部深入到全区12个盟市地区,与代表委员建立了直接联系。

着力加强内部监督制约,强化自身执法活动监督。一是构筑"不想为"的思想防线。举办检察机关自身反腐倡廉教育巡回展览,深入开展"恪守检察职业道德、促进公正廉洁执法"、"维护人民群众合法权益,解决反映强烈突出问题"等专项教育和检查活动。二是构筑"不能为"的制度防线。全面推行讯问职务犯罪嫌疑人全程同步录音录像、职务犯罪案件审查逮捕权上提一级、"一案三卡"等制度,建立"统一受案、全程管理、动态监督、案后评查、综合考评"的案件管理新机制,加大巡视和检务督察力度,完成了对13个分市检察院领导班子的首轮巡视,推广阿拉善左旗检察院首创的"制度加科技"廉政风险防控管理模式,连续3年开展"百万案件评查"活动,评查案件6243件,促进了执法规范化建设。2012年,首次开展了分市检察院检察长向自治区检察院述职述廉报告工作,邀请人大代表、政协委员、人民监督员参与现场评议并向三级检察院同步视频播放。三是构筑"不敢为"的警示防线。以"零容忍"的态度坚决查处检察人员违法违纪案件。五年来,给予纪律处分35人,追究刑事责任3人。严肃查处了乌兰察布市集宁区检察院原检察长付有强滥用职权、贪污、受贿案和乌拉特中旗检察院公诉科原科长郭云玮等2人徇私枉法案。

自觉接受社会和舆论监督,以公开促公正。通过网络、报刊、广播、电视搭建"四位一体"的检察宣传平台,在省级以上媒体刊播新闻稿件6012篇。高度重视网络舆情,制定《内蒙古检察机关涉检舆情引导及应急处置实施意见》,建立新闻发言人制度,主动回应社会关切。大力推行阳光检务,能公开的事项全部依法公开,将检察工作置于社会和群众广泛监督之下。全面推行人民监督制度,选任771名社会各界人士担任人民监督员,监督"七种情形"案件471件。积极开展"检察开放日"活动,各级检察院邀请人大代表、政协委员和人民监督员、特约检察员以及社会各界代表814人次走进检察机关。2012年12月,邀请部分人大代表、政协委员和基层检察人员及各界群众300多人走进自治区检察院,全程观摩了全区公诉人论辩赛。

四、加强队伍建设,夯实基层基础,促进检察工作科学发展

以提高法律监督能力为核心,坚持不懈地加强队伍建设,强化基层基础建设。

加强思想政治建设,筑牢核心价值观。创建了系统抓党建工作机制,部署开展"抓党建带队建、强素质树形象"实践活动,全面提升队伍素质和执法公信力。自治区检察院连续3年被评为自治区党建工作先进单位,在2012年全区机关党的建设工作视频会上作了典型发言。加强社会主义法治理念、规范执法等主题教育,发现、培养和树立了全国重大先进典型——包头市土右旗检察院控告申诉检察科科长张章宝,全面推广以"融入群众、公正执法、情理兼容、促进和谐"为内涵的张章宝工作模式。以他的事迹为原型,合作拍摄了电影《乡村检察官》并公映。高度重视文化的引领和凝聚作用,制定了《关于加强检察文化建设的意见》,成立了内蒙古检察官文联,积极培育和践行内蒙古检察精神,营造创先争优、积极向上的工作氛围。五年来,全区受到自治区检察院及以上表彰的先进集体445个、先进个人662名。继张章宝同志之后,又涌现出了"全国政法系统优秀共产党员"孟志春、"全国十大优秀派驻女检察官"王海萍和"全国最美青年检察官"韩丽春等一批先进楷模。

抓班子、带队伍、强素质,提高法律监督能力。加强领导班子建设,打造学习型、团结型、实干型、廉洁型领导班子。结合换届,选拔、调整盟市旗县检察长70名。2012年,自治区检察院制定了《关于进一步加强和改进领导班子建设的意见》,得到了自治区党委、政法委的高度重视,五年中,93个检察院306次被当地党委评为"实绩突出领导班子"。实施素质兴检工程,强化学历教育,举办司法考试培训班,推动考录补员,依托自治区检察官进修学院和网上培训学校,推进大规模全员培训和岗位练兵,举办培训班371期、培训39256人次,连续两年举办了七大业务系统全员参与的业务技能竞赛,开展全区十佳优秀公诉人和优秀侦查监督检察官评选、全区公诉人论辩赛、全区监所检察业务竞赛等活动,评审检察业务专家和专门人才,促进了执法能力的提高。招录蒙汉兼通双语人才122名,建立了"全国检察机关蒙汉双语培训基地",我区蒙汉双语培训的做法被最高人民检察院转发。2012年,面对修改后的刑事诉讼法和民事诉讼法在执法理念、办案方式、工作机制、执法保障等方面带来的严峻挑战,掀起了学习贯彻和积极应对"两法"的热潮,确保各项新要求落实到位。

强化基层基础建设,夯实检察工作根基。全面推进基层检察院执法规范化、队伍专业化、管理科学化、保障现代化建设。与内蒙古电视台等媒体合作,在全社会组织开展"十佳基层检察院"、"十佳检察官"评选,深入开展争创先进基层检察院和"基层检察院建设年"活动,涌现出了13个全国模范、先进基层检察院,44个全区先进基层检察院,4个院被最高人民检察院荣记集体一等功。大力加强办案和专业技术用房建设,基层检察院经费保障、设施装备、办案条件都有了明显改善。大力加强信息化建设,制定《全区"十二五"检察信息化发展规划纲要》,建成二、三级检察专线网和分支网,2012年启动"信息化建设应用系列年"活动,举办了首届内蒙古检察科技装备建设应用展示会,加快了科技强检的步伐。

我们深深体会到,做好新时期的检察工作,必须紧紧依靠党的领导和人大监督,才能保障检察权正确行使;必须坚持服务大局,才能实现执法办案法律效果与政治效果、社会效果的统一;必须坚持执法为民,以忠诚爱民之心,时刻感恩人民,体察民情,牵挂民生,才能不断满足人民群众对检察工作的新期盼;必须坚定不移地强化法律监督,毫不手软地查办职务犯罪,理直气壮地监督纠正违法,才能让社会普享公平正义的阳光;必须坚持强化自身监督,诚心诚意地接受社会监督,才能保证检察队伍风清气正,做到自身净、自身硬;必须坚持抓基层打基础,才能为检察工作自身科学发展提供保障。

同时,我们也清醒地看到,检察工作距离党和人民的要求还有不少差距。一是服务大局意识和执法理念与我区经济社会的快速发展不相适应。二是检察队伍量少质弱的状况与新形势新任务对检察机关的要求不相适应。三是执法办案的力度、质量、效果与人民群众对反腐败、维护社会公平正义的期望不相适应,仍存在不敢监督、不善监督、监督不到位的问题和畏难情绪。四是科学管理的工作机制和信息化程度与检察工作科学发展的要求不相适应。五是内部监督制约机制与提高执法公信力的要求不相适应,少数检察人员作风不正、为检不廉,甚至贪赃枉法。对此,我们必须保持高度警觉,努力加以解决。

党的十八大和自治区第九次党代会描绘了未来五年发展的宏伟蓝图。当前和今后一个时期全区检察工作的总体思路是:认真学习贯彻党的十八大精神,高举中国特色社会主义伟大旗帜,以邓小平理论、"三个代表"重要思想、科学发展观为指导,坚持依法治国基本方略,紧紧围绕全面建成小康社会的奋斗目标,顺应人民群众对公共安全、司法公正、权益保障的新期待,以加强执法办案为中心,以理念、能力、机制建设为关键,进一步落实强化法律监督、强化自身监督、强化队伍建设、强化基层检察院建设的总要求,大力提升执法能力和执法公信力,全力推进平安内蒙古建设、法治内蒙古建设,为我区经济社会持续快速发展和社会和谐稳定提供更加有力的司法保障。

2013年要重点抓好以下四个方面的工作:

一是着力服务大局、保障民生。紧紧围绕中央和自治区关于主题主线的决策部署,找准检察工作服务大局、保障民生的切入点和着力点,完善服务和保障措施。二是着力推进平安内蒙古建设。全力做好检察环节各项维护稳定工作,依法严惩各类危害国家安全、影响社会稳定的刑事犯罪,切实增强人民群众安全感。三是着力推进法治内蒙古建设。以执法办案为中心,以查办和预防职务犯罪为重点,强化法律监督,促进依法行政,推进公正司法,维护法制权威,使人民群众在每一个司法案件中都能够感受到公平正义。四是着力加强队伍建设和基层基础建设。把深入开展"抓党建带队建、强素质树形象"实践活动与扎实开展以为民务实清廉为主要内容的群众路线教育实践活动相结合,认真执行中央关于改进工作作风、密切联系群众的八项规定,以规范化建设和信息化建设为抓手,全面推进检察队伍思想政治、能力素质、纪律作风、自身反腐倡廉建设和基层基础建设。

在新的一年里,我们决心在自治区党委和最高人民检察院的坚强领导下,更加自觉地接受人大监督、民主监督和社会各界的监督,牢记全区各族人民的重托,求真务实、勇创一流,为我区全面建成小康社会作出新的更大贡献!

辽宁省人民检察院工作报告(摘要)

——2013年1月28日在辽宁省第十二届人民代表大会第一次会议上

辽宁省人民检察院检察长 肖 声

(2013年1月30日辽宁省第十二届人民代表大会第一次会议通过)

2008年以来,省检察院在省委和最高人民检察院的领导下,在省人大及其常委会的依法监督、省政府的大力支持和省政协的民主监督下,带领全省检察机关紧紧围绕全省工作大局,忠实履行宪法和法律赋予的职责,各项检察工作取得了新的进展。

一、服务全省经济社会发展,全力维护社会和谐稳定

始终坚持把服务全省工作大局、维护社会和谐稳定放在首位,依法履行批捕、起诉等职责,为建设富庶文明幸福新辽宁营造安定祥和的社会环境。

五年来,共批准逮捕各类刑事犯罪嫌疑人162236人,提起公诉245835人。一是严厉打击危害社会治安秩序的犯罪活动。针对黑恶势力犯罪、严重暴力犯罪、多发性侵财犯罪和毒品犯罪的高发态势,与公安、法院等部门密切配合,共批准逮捕黑社会性质组织犯罪,故意杀人、强奸、抢劫、绑架、放火、爆炸犯罪,抢夺、盗窃、诈骗犯罪,以及毒品犯罪嫌疑人83455人,提起公诉95151人。二是严肃查处破坏市场经济秩序的犯罪活动。批准逮捕走私、金融诈骗、非法集资、非法传销等严重经济犯罪嫌疑人9099人,提起公诉16752人。加强对知识产权、能源资源和生态环境的司法保护,批准逮捕侵犯知识产权犯罪嫌疑人287人,提起公诉895人,批准逮捕重大环境污染事故、非法采矿等破坏环境资源保护犯罪嫌疑人1248人,提起公诉4385人。三是坚决惩处危害民生的犯罪活动。积极参与治理"地沟油"、"毒豆芽"等食品药品安全专项整治行动,共批准逮捕生产销售有毒有害食品、生产销售假药劣药、生产销售伪劣化肥种子等制售伪劣商品犯罪嫌疑人1369人,提起公诉3544人。严厉打击拐卖妇女儿童的犯罪,批准逮捕拐卖妇女儿童、收买被拐卖的妇女儿童犯罪嫌疑人200人,提起公诉247人。四是积极参与社会管理创新。在全国检察系统率先出台了《关于积极参与深入推进社会管理创新工作的实施意见》,明确了检察机关参与社会管理创新的目标和措施。贯彻宽严相济刑事政策,对涉嫌犯罪但无逮捕必要的,依法决定不批捕18947人;对犯罪情节轻微、依照刑法规定不需要判处刑罚或者免除刑罚的,决定不起诉10758人。切实加强对未成年犯罪嫌疑人的教育挽救,增设独立的未成年人刑事检察机构,对涉嫌轻微犯罪的未成年人依法决定不批捕1624人,不起诉555人。认真办理群众来信来访,五年中化解信访积案和上级交办案件1318件,连续四年实现涉检进京非正常访为零。开展社区矫正法律监督,促进对社区服刑人员的教育转化,推动社区矫正工作依法规范开展。探索建立地方检察机关与军事检察机关协作机制,切实维护国防利益和军人军属合法权益。高度重视涉港、涉澳、涉台、涉侨案件,依法平等保护港澳同胞、台湾同胞、归侨侨眷合法权益。

二、深入查办和积极预防职务犯罪,切实推进反腐倡廉建设

充分发挥检察机关在惩治和预防腐败体系建设中的职能作用,强化依法惩治贪污贿赂、渎职侵权等职务犯罪的力度。五年来,共查办贪污贿赂、渎职侵权等职务犯罪案件7541件10576人,通过办案为国家挽回经济损失14.7亿余元。查办职务犯罪案件的有罪判决率为100%。一是集中力量查办大案要案。立案侦查贪污贿赂大案2794件,查处涉嫌职务犯罪的县处级以上国家工作人员968人,其中厅局级34人,省部级1人。二是突出查办重点领域的职务犯罪。相继开展治理商业贿赂、查办涉农职务犯罪、工程建设领域突出问题专项治理、国土资源领域腐败问题治理、查办危害能源资源和生态环境渎职犯罪、查办危害民生民利渎职侵权犯罪等专项工作,查处了一批事关国计民生的重点领域和重点环节的职务犯罪案件。三是加强追逃追赃工作。健全境内外追逃追赃机制,会同有关部门抓获在逃职务犯罪嫌疑人306人,追缴赃款赃物共计2992.3万元。四是大力加强反渎职侵权工作。认真落实中央和省委《关于加大惩治和预防渎职侵权违法犯罪工作力度的若干意见》,加强反渎职侵权专门机构建设,积极争取有关部门支持,落实同步介入重大生产责任事故、重大食品安全事故等调查机制和重大复杂案件专案调查规程,健全完善信息通报、提前介入、协作配合、共同监督等多项行政执法与刑事司法相衔接工作机制,进一步解决渎职侵权案件发现难、立案难、查证难、处理难等问题。五年来,共立案侦查渎职侵权犯罪案件2121件2771人,其中查处重大、特大渎职侵权犯罪案件822件。五是进一步深化职务犯罪预防工作。坚持"查办职务犯罪非常重要,预防职务犯罪更加重要"的工作理念,深入开展"系统预防、专项预防、个案预防"三大预防工程。建立职务犯罪预防年度报告制度,深入研究分析职务犯罪发案态势和预防对策,形成综合报告提交党委、人大、政府和有关部门参考。结合办案加强重大典型案例剖析,向有关单位和部门提出预防建议4323件,对国家工作人员开展警示教育活动5582次,举办历时三个月的惩治和预防渎职侵权犯罪大型巡展,全省700多家单位7万余人参观了展览。充分发挥职务犯罪预防网的作用,建立行贿犯罪档案查询管理体系,接待查询12338次。

三、加大诉讼监督力度,着力促进司法公正

坚决贯彻省人大常委会《关于加强人民检察院对诉讼活动的法律监督工作的决议》,制定《辽宁省检察机关贯彻落实〈决议〉的实施意见》,全面开展"诉讼监督年"活动,努力做到"司法不公出现在哪里,诉讼监督就跟进到哪里"。一是强化侦查监督。对应当立案而不立案的,督促侦查机关立案6293件;对不应当立案而立案的,督促撤案748件。对应当逮捕而未提请逮捕、应当起诉而未移送起诉的,决定追加逮捕7429人、追加起诉7802人。对侦查活动中的违法情况提出纠正意见3314件次。二是强化审判活动监督。针对适用法律错误、量刑畸轻畸重等问题,对认为确有错误的刑事裁判提出抗诉1674件,对刑事审判中的违法情况提出纠正意见395件次。切实加强民事行政检察工作,出台《关于加强和改进基层民事行政检察工作的意见》,对认为确有错误的民事行政裁判提出抗诉3055件。坚持抗诉与息诉并重,对认为裁判正确的16402件申诉,耐心做好申诉人的服判息诉工作。三是强化刑罚执行和监管活动监督。针对刑罚变更执行中的违法问题和侵犯在押人员合法权益问题,开展减刑、假释、暂予监外执行"百案检察"、"清查事故隐患,促进安全监管"等专项活动,不断加强对监管场所和监外执行罪犯违规违法问题的清查,着力保障监管秩序稳定。五年来,共对刑罚执行和监管活动中的违法情况提出纠正意见5425件次,全省监管事故得到有效遏制。四是严肃查处司法工作人员职务犯罪。针对司法领域中的腐败问题,查处涉嫌贪赃枉法、徇私舞弊等犯罪的司法工作人员809人。五是健全和完善诉讼监督机制。围绕加强对派出所等基层执法单位的监督、加强对强制性侦查措施的监督、检察长列席法院审判委员会会议、量刑建议、对民事审判和行政诉讼以及民事执行活动实行法律监督等,探索建立相关工作制度,积极推动法律监督工作由静态监督向动态监督、由事后监督向同步监督、由各自为战监督向全院一体化监督、由一案一纠错式监督向规范化、常态化监督的转变。

四、强化检察机关自身建设,努力提高执法公信力

坚持严格教育、严格管理、严格监督,努力造就高素质检察队伍。五年来,全省检察机关共有211个(次)集体和570名个人获得省级以上表彰,涌现出全国模范检察官、省"创先争优"优秀共产党员郭有利,"雷锋式的检察官"肖斌等一批先进典型。省检察院机关连续两届(四年)被省委、省政府命名为全省"文明机关单位标兵"。一是突出抓好思想政治建设。相继开展学习实践科学发展观等各类主题教育实践活动,着重解决理想信念、宗旨意识、执法作风等方面存在的突出问题,教育引导检察人员夯实公正廉洁文明规范执法的思想基础,牢固树立执法为民的理念。二是积极推进队伍专业化建设。通过开展领导干部素能、检察官任职资格、专项业务、岗位技能四大类正规化培训,共培训检察人员15万余人次。检察人才队伍不断壮大,学历结构进一步优化,全省检察机关本科学历以上人员比例比2008年提高10.1个百分点,具有博士、硕士学位人员增至702人。三是持续强化基层基础建设。广泛开展"创先争优在基层"活动,充分发挥先进基层检察院的示范辐射作用,共有21个基层检察院被评为"全国模范检察院"和"全国先进检察院",13个基层检察院荣立集体一等功。将补充的政法专项编制重点充实基层,为基层检察院新招录检察人员2243名,定向培养和选调260名优秀大学毕业生,有效缓解了基层检察院办案力量不足、人才短缺等困难。全省基层检察院全部落实了县级检察院公用经费保障标准,"两房"建设任务基本完成,检务保障状况得到明显改善。大力实施科技强检战略,深入开展"科技强检推进年"专项活动,全省检察专线网全面开通,基本实现网上远程讯问、侦查指挥、案件讨论,侦查办案科技含量有大幅度提升。省检察院司法鉴定实验室在全国省级检察院中率先通过实验室国家认可,迈入标准化、规范化、国际化轨道。四是狠抓纪律作风和自身反腐倡廉建设。相继开展"反特权思想、反霸道作风"、"维护人民群众合法权益、解决反映强烈突出问题"等不同内容的专项检查活动,全面推行廉政风险防控工作,深入开展涉检信访案件评查,坚持每年对全省市、县两级检察院规范执法和办案安全防范等情况进行全面深入检查和重点抽查,对查找发现的自身执法不公正、不规范、不廉洁的突出问题进行了认真整改。落实职务犯罪案件审查逮捕上提一级、讯问职务犯罪嫌疑人全程同步录音录像等内部监督制度,检察机关自身监督制约机制不断完善。坚持从严治检,严肃查处违纪违法检察人员38人。五年来,全省检察机关受理群众举报检察人员违纪违法数和查处人数均呈逐年下降趋势。

五、自觉接受监督制约,不断加强和改进检察工作

进一步强化监督者必须接受监督的观念,畅通接受监督的途径和渠道,保障检察机关的执法办案活动严格依法进行。一是认真向同级人大常委会报告工作。五年来,省检察院先后就贯彻省人大常委会《关于加强人民检察院对诉讼活动的法律监督工作的决议》,全面开展诉讼监督工作,以及加强和改进反渎职侵权、民事行政检察、侦查监督和刑事抗诉等项工作,在配合省人大有关部门开展专题调研和专项检查活动的基础上,向省人大常委会作出专项工作报告,并根据常委会审议意见,带领全省

检察机关逐条研究落实整改措施,推动全省检察工作科学发展。全省市、县级检察机关也都分别就全面或单项检察工作情况,认真地向地方同级人大常委会报告工作,并切实落实好同级人大常委会的决议和决定。二是进一步加强与人大代表的联络。省检察院健全代表联络工作制度,研究制定《关于加强与人大代表联络工作的实施意见》,修订完善《省人大代表建议承办制度》,专门成立人大代表联络办公室;创新联络工作载体,建立"检察工作联谊网",搭建电子联络平台;坚持经常性联络,向省人大代表赠阅《辽宁检察工作汇报》30余期,走访人大代表2万余人次,邀请人大代表视察工作30余次;认真负责办理代表建议,按期办结代表提出的建议182件,见面率、反馈率及代表满意率均为100%。三是自觉接受民主监督和社会监督。注重主动向政协汇报检察工作情况,听取政协委员对检察工作的意见并认真研究落实。按期办结省政协提案4件。全面推行人民监督员制度,提请人民监督员监督案件888件。推进检察权运行公开化,开通12309举报电话;开展检察官"进农村、进社区、进企业、进学校"活动;大力开展文明接待室创建工作;深化检务公开,加强网上信息发布,探索实行公开审查等办案机制,切实增加检察工作透明度。

过去的五年,是全省检察机关法律监督全面加强,职能作用切实发挥,为全省经济社会发展作出积极贡献的五年;是队伍素质不断提高,执法形象明显改善,人民群众满意度不断提升的五年;是执法保障更加有力,基础建设发展迅速,检察机关呈现新面貌的五年。

在肯定成绩的同时,我们也清醒地看到全省检察工作仍然存在一些不容忽视的问题:少数检察机关和检察人员服务大局、执法为民意识不强,不善于化解矛盾、不注重执法效果的情况仍有发生;法律监督职能作用的发挥与经济社会发展的要求和人民群众的期待仍有差距,不敢监督、不愿监督、监督乏力的问题不同程度地存在;全省检察队伍的专业化程度还不高,高层次人才仍然相对缺乏;少数检察人员执法不公、司法不严,极个别检察人员甚至以权谋私、贪赃枉法,严重损害司法公信力;基层检察院建设发展不平衡,一些贫困地区检察院的执法保障还需要进一步加强。对于这些问题,我们将在今后的工作中采取坚决措施,认真加以解决。

党的十八大描绘了在新的历史条件下全面建成小康社会的宏伟蓝图,省委十一届五次全会开启了辽宁全面建成小康社会的新征程。在今后一个时期,全省检察机关要坚持以邓小平理论、"三个代表"重要思想、科学发展观为指导,深入贯彻党的十八大精神,全面落实全国政法工作会议、全国检察长会议以及省委十一届五次全会、全省政法工作会议部署,紧紧围绕主题主线,以保障人民安居乐业、服务经济社会发展、维护国家安全和社会稳定为目标,以强化法律监督、狠抓执法办案为中心,以加强自身建设、提升执法能力为保证,充分发挥检察职能作用,为建设富庶文明幸福新辽宁提供强有力的司法保障。

一是更加主动地服务工作大局,保障我省经济持续健康发展。立足检察职能,积极参与整顿规范市场经济秩序。加强涉农检察工作。依法打击财政金融领域的犯罪。积极推动治理商业贿赂和工程建设领域突出问题长效机制建设。进一步加大对国土、资源、生态和环境的保护力度,为实现省委省政府确定的今后五年全省经济社会发展的目标任务营造良好的法治环境。

二是更加积极地维护和谐稳定,推进平安辽宁、法治辽宁建设。坚决打击敌对势力的分裂、渗透、颠覆活动。依法打击各类刑事犯罪,积极参与治安重点地区和突出治安问题专项整治。充分发挥检察机关在加强和创新社会管理中的法治保障作用,着力化解社会矛盾。依法公正对待群众诉求,开展涉法涉诉信访改革,回应人民群众对公共安全、司法公正、权益保障的新期待。

三是更加深入地查办和预防职务犯罪,促进反腐倡廉建设。全面落实党的十八大关于坚定不移反对腐败的部署,加大办案力度,突出查办大案要案。特别要进一步加强惩治和预防渎职侵权犯罪工作。继续推进侦防一体化建设,结合办案深化职务犯罪预防工作,着力解决发生在群众身边的腐败问题。

四是更加有效地强化诉讼监督,维护司法公正和法制权威。认真贯彻实施修改后的刑事诉讼法,重点加强对侦查、审判、执行环节的法律监督。结合贯彻实施修改后的民事诉讼法,进一步加强和改进民事行政检察工作。坚决查处司法腐败案件,努力让人民群众在每一个司法案件中都能感受到公平正义。

五是更加有力地加强自身建设,提升检察队伍的执法能力。大力加强思想政治建设、队伍专业化建设,深入推进执法规范化建设。切实加强基层检察院建设,探索符合基层检察工作规律和实际的管理模式。加快科技强检步伐,加强科技装备建设。进一步提高全省检察人员新形势下的群众工作能力、维护社会公平正义能力、新媒体时代舆论引导能力、科技信息化应用能力和拒腐防变能力,努力建设一支忠诚可靠、执法为民、务实进取、公正廉洁的检察队伍。

六是更加自觉地接受监督,健全检察权运行制约和监督体系。加强内部执法监督制约,坚决查究各类违纪违法案件。推进检察权运行公开化,更加自觉接受人大、政协以及人民群众的外部监督。进一步完善和落实人大代表、政协委员联络工作机制,高度重视并认真落实人大代表、政协委员对检察工作的批评、意见和建议,深入落实人民监督员制度,及时把自觉接受外部监督转化为切实加强内部监督,确保检察权严格依法公正行使。

在我省全面建成小康社会的新征程中,人民检察院肩负着重大责任。全省检察机关要在省委和最高人民检察院的领导下,认真落实本次大会决议,以改革创新的精神和真抓实干的作风,不断开创检察工作新局面,为建设富庶文明幸福新辽宁作出积极贡献!

吉林省人民检察院工作报告(摘要)

——2013年1月28日在吉林省第十二届人民代表大会第一次会议上

吉林省人民检察院检察长 杨克勤

(2013年1月31日吉林省第十二届人民代表大会第一次会议通过)

过去五年全省检察工作

省十一届人大一次会议以来,省检察院紧紧依靠省委和最高人民检察院的坚强领导,在省人大及其常委会的有力监督下,在省政府、省政协和社会各界的大力支持下,带领全省检察机关,认真履行法律监督职责,着力促进司法公正,努力为我省振兴发展提供司法保障。

一是始终把服务经济社会发展作为首要任务。坚持立足检察看全局、着眼全局谋检察,围绕我省"三化"、"三动"战略,不断强化服务大局各项措施。省检察院先后制定实施服务重大项目、服务农业科技创新等意见17个,适时组织开展查办商业贿赂、危害能源资源和生态环境渎职犯罪、涉农惠民领域职务犯罪等专项行动19个。全省检察机关五年累计服务重大项目2862个、小微企业1269家。省检察院向省委省政府报送专题报告21份,有效促进经济发展软环境建设和社会管理创新。

二是切实把维护稳定作为第一责任。坚持执法促进发展、办案考虑稳定,按照"严到位、宽适度"的原则,全面落实宽严相济刑事政策。一方面,严厉打击严重犯罪,共批捕犯罪嫌疑人81790人、提起公诉128294人,有力维护了社会稳定;另一方面,从宽处理未成年人、老年人、初犯、偶犯等轻微犯罪,依法不批捕16503人、不起诉8449人,有效促进了社会和谐。同时,高度重视涉检信访工作,认真开展"积案化解"、"百万案件评查"活动,涉检进京访连续五年全国最少。

三是深入查办和预防职务犯罪。围绕群众反映强烈的突出问题,不断加大办案力度,五年共查处职务犯罪8422人。其中,贪污贿赂犯罪5382人、渎职侵权犯罪3040人。所办案件中,大案要案4373人,处级以上领导干部犯罪401人,为国家挽回直接经济损失173.8亿元,人均立案、起诉、有罪判决等多项指标稳居全国前列。受中央纪委和最高人民检察院指派,成功参与查办上海社保系列案、薄熙来案、中国移动通信集团公司原副总经理鲁向东案、上海申能集团公司原副总经理王维工案等13件具有重大影响的大案要案。在毫不放松严厉查处严重职务犯罪的同时,更加注重预防工作,在全国率先成立职务犯罪预防局,预防领域不断拓展,预防机制建设得到强化。

四是全面加强对诉讼活动的法律监督。以维护公平正义和司法权威为目标,切实加大监督力度。针对诉讼活动中的突出问题,组织开展打击牢头狱霸、纠正刑讯逼供、清理超期羁押、刑事审判监督检查等32个专项监督活动。五年累计监督侦查机关立案3181件,纠正漏捕漏诉6165人,对法院判决裁定提出抗诉3479件,纠正刑罚执行不当581人,查处司法人员职务犯罪560人,有效促进了司法公正。

五是坚持用改革的办法破解工作难题。认真落实中央司法改革部署,全面推进立案监督、向法院提出量刑建议、刑罚执行同步监督、职务犯罪逮捕权上提一级、讯问职务犯罪嫌疑人同步录音录像等72项改革。林业、铁路运输检察管理体制改革取得重大进展。集中规范的案件管理机制逐步建立。检察经费保障机制日益完善。

六是不断强化队伍和基层基础建设。坚持把检察队伍和基层基础建设作为战略性任务,先后组织开展了社会主义法治理念等主题教育实践活动,积极开展大规模全员教育培训,持续开展标准化检察院创建活动,扎实推进检察文化建设,全面加强基础设施和科技装备建设,队伍和基层面貌发生了可喜的变化。始终把强化自身监督放在突出位置,五年累计查处违法违纪检察人员49人,其中追究刑事责任11人。

七是更加自觉主动地接受人大和社会各界的监督。认真履行宪法义务,不断改进接受监督的方式。五年来,全省检察机关向人大及其常委会报告工作550余次,办理人大代表、政协委员议案提案145件,邀请代表、委员视察工作700余次,召开座谈会600余次。省人大常委会先后听取和审议了全省检察机关惩防职务犯罪、诉讼监督、基层基础建设等工作情况的报告,作出了加强法律监督和反渎职侵权工作两个决议,为检察工作有效顺利开展提供了有力的法制保障。

五年来,全省检察工作取得了长足的发展和进步,共有257个集体和1077人次受到省级以上表彰奖励,惩防职务犯罪、标准化建设、服务经济发展等50余个方面的工作经验在全国推广,中央、最高人民检察院和省领导79次批示肯定我省检察工作。省检察院反贪局、反渎局分别被评为全国"十佳反贪局"和"十佳反渎局",先后荣获"全国五一劳动奖章"。这些成绩的取得,既饱含着全省7000名检察人员的辛勤汗水,更是各级党委正确领导、各级人大及其常委会和人大代表有力监督的结果,也是各级政府、政协和社会各界大力支持的结果。

同时,我们也清醒认识到,检察工作与新形势新任务新要求相比,还有许多不适应。主要表现为:一是法律监督能力不强,不敢监督、不愿监督、不善监督的问题仍然存在;二是执法水平不高,还存在执法不规范不文明、重实体轻程序等问题;三是特权思想、霸道作风依然存在,个别干警甚至违法违纪、触犯刑律;四是工作开展不平衡,基层检察院人才流失和部分市辖区、专门检察院保障不足等问题,还没有从体制上得到解决。

总结过去,面向未来,我们深深地感到:坚持检察工作的正确方向,必须牢牢把握检察工作的政治性,在党委领导、人大监督下,自觉把检察工作放在经济社会发展全局中来谋划、来推进;履行好法律监督职责,必须牢牢把握检察工作的法律监督属性,切实把功夫下在监督上;提升检察公信力,必须牢牢把握检察工作的人民性,不断满足人民群众的司法诉求;确保检察工作的路子越走越宽,必须牢牢把握检察工作的社会性,统筹处理好工作中的重大关系;推进检察工作不断发展,必须牢牢把握检察工作的时代性,着力在前人奋斗的基础上勇于开拓、大胆创新。这些认识和体会,是我省几代检察人辛勤探索、薪火相传的宝贵经验,我们将始终坚持、不断发扬。

未来五年全省检察工作总体设想和2013年主要任务

党的十八大描绘了全面建成小康社会的宏伟蓝图,省十次党代会作出了科学发展、加快振兴的战略部署。面对新形势新任务新要求,全省检察机关将以科学发展观为指导,全面加强和改进各项法律监督工作,不断开创我省检察事业的新局面。

未来5年,全省检察工作总的基调是,"务实、规范、创新、科学"发展。始终保持务实作风,防止形式主义和表面文章;坚持规范执法,努力提升检察公信力;深化改革创新,增强工作内生动力;推动科学发展,立足当前,着眼长远,统筹推进各项检察工作。

未来五年,全省检察工作总的思路是,紧紧围绕我省经济社会发展大局,充分发挥法律监督职能作用,服务经济社会发展,服务民生改善,着力维护社会稳定,着力维护政治清明,着力维护司法公正,扎实推进依法治省和法治吉林建设,为我省全面建成小康社会营造良好的法治环境。

未来五年,全省检察工作总的目标是:服务大局能力明显提升,领域不断拓展,措施扎实有效;法律监督全面强化,查办、指控、预防犯罪和诉讼监督水平进一步提高,各项检察业务保持全国前列;检察管理更加科学,案件管理、业务考评等机制日臻完善;队伍整体素质适应工作需要,基层检察院人才流失问题得到有效缓解;基层基础建设再上新台阶,检务保障进一步加强,科技含量明显提升。

2013年是贯彻落实党的十八大和省十次党代会精神的关键一年,也是检察机关实施修改后刑事诉讼法、民事诉讼法的重大考验之年。全省检察机关将围绕上述总基调、总思路和总目标,扎实做好以下六个方面的工作:

一是主动服务发展大局,积极为全省科学发展、加快振兴提供司法保障。以营造良好发展环境为重点,全面强化服务发展的各项措施。加大维护稳定工作力度,严厉打击严重犯罪,从宽处理轻微犯罪,积极参与社会管理创新,运用法治思维和法治方式化解社会矛盾。加大惩治经济犯罪力度,突出打击侵犯知识产权、非法集资、破坏能源资源和生态环境等影响经济发展的犯罪,维护良好的经济秩序。加大服务重大项目和企业力度,注重服务平台、服务机制建设,加强工业园区、大型企业、金融系统检察服务站建设,依法稳妥办理涉及企业的案件,让市场主体平等享受司法保障。

二是强化对诉讼活动的法律监督,促进司法公正。坚持法律面前人人平等,做到敢于监督、善于监督、规范监督。全面加强对刑事立案、侦查、审判、刑罚执行和民事行政诉讼活动的监督,坚决纠正有罪不究、执法不严、裁判不公等违法行为,坚决查处司法人员职务犯罪。强化尊重和保障人权理念,加大对刑讯逼供、超期羁押、违法限制人身自由的监督纠正力度,坚决排除非法证据,保障律师执业权利。

三是坚定不移地查办和预防职务犯罪,用实实在在的成果取信于民。以促进干部清正、政府清廉、政治清明为目标,保持惩治职务犯罪的高压态势。严肃查办大案要案,重点查办工程建设、涉农资金补贴、矿产资源开发、食品药品安全等领域职务犯罪,以及国家工作人员充当黑恶势力"保护伞"的犯罪。高度重视社情民意,认真对待群众举报,对于侵害民生民利的案件,无论大案小案,一律有举必究、有案必查;对于涉及发展稳定的案件,注重法律效果、政治效果和社会效果相统一,依法稳妥处理。坚持关口前移、预防为主,以干部少犯错误、管理少出漏洞为目标,把更多精力投放到职务犯罪预防上,加强与有关部门的预防合作,开展预防教育进党校活动,完善行贿犯罪档案查询机制,促进国家工作人员提高自身"免疫力",构筑廉政"防火墙"。

四是不断深化改革,推动检察工作创新发展。以规范检察权运行、提高工作效能为重点,扎实推进各项检察改革。完善检察管理体制,完成林业和铁路运输检察改革,推进内设机构和人员分类管理改革,不断优化检察职权配置。健全监督工作机制,完善与修改后刑事诉讼法、民事诉讼法相配套的工作机制,加强和规范立案监督、量刑建议、刑罚执行同步监督等工作,强化对民事调解、执行活动的监督。创新案件管理机制,完善"统一受案、全程管理、动态监督、案后评查、综合考评"的案件管理新模式,切实强化对检察权运行的监督制约。

五是全面加强检察队伍建设,以人民满意为标准提高执法能力。深入开展为民务实清廉群众路线教育实践活动,努力打造一支自身正、自身净、自身硬的检察队伍。深入学习贯彻党的十八大精神,切实将法治建设的部署要求贯彻到检察工作中。加强检察文化建设,提高职业道德素质,为检察工作注入强大精神动力。发挥专家型检察官和业务骨干的引领示范作用,实施全员轮训工程,用两年时间将全省检察人员轮训一遍。探索推行"AB岗"工作机制,培养一专多能的复合型检察人才,缓解检力不足问题。开展"下基层、接地气"活动,密切检群关系,改进执法作风,把主要精力放到满足群众期待、务实推进工作上。以"零容忍"的坚决态度,严肃查处检察人员违法违纪案件。委托社会中介机构,开展检察机关社会满意度调查。

六是打基础利长远,统筹推进全省检察工作全面协调可持续发展。以深入开展"基层基础、规范执法提升年"活动为抓手,着力提高检察工作科学化水平。狠抓基层检察院建设,加强指导,加大投入,全面提升基层检察机关法律监督能力。加强执法规范化建设,完善业务流程和工作管理制度,促进严格规范公正文明执法。深化检务保障建设,推动建立检察经费正常增长机制,按照"适度超前、注重应用"的原则,进一步加强基础设施和科技装备建设。

自觉接受人大及其常委会监督,是检察机关必须履行的宪法义务。我们在今后工作中,将一如既往地加强与人大代表的联络工作,创新接受监督的方式,建立邀请代表参加案件公开审查、列席检察委员会等工作制度,经常通报工作、征求意见,为代表监督检察工作创造更好的条件,对代表的意见建议做到件件落实、件件答复。

全省检察工作已经站在新的历史起点上,我们有决心在省委的坚强领导下,在省人大及其常委会的有力监督下,在省政府、省政协和社会各界的大力支持下,忠诚履职,开拓创新,不断推动全省检察工作迈出新步伐,为我省城乡居民生活得更加美好作出新的更大贡献!

黑龙江省人民检察院工作报告(摘要)

——2013年1月28日在黑龙江省第十二届人民代表大会第一次会议上

黑龙江省人民检察院检察长 徐 明

(2013年1月31日黑龙江省第十二届人民代表大会第一次会议通过)

一、过去五年全省检察工作的简要回顾

2008年以来,全省检察机关在省委和最高人民检察院的正确领导下,在人大和社会各界的监督和支持下,紧紧围绕全省工作大局,全面履行法律监督职责,全力服务我省经济社会发展,各项检察工作取得了明显成效。

(一)服务经济社会发展大局。五年来,全省检察机关坚持围绕中心,服务大局,找准检察工作的切入点、结合点和着力点,不断增强建设者、捍卫者的责任意识,先后制定并落实服务我省老工业基地振兴、新农村建设、"八大经济区"和"十大工程"建设的各项工作措施,有力地促进了我省经济社会发展。2012年,积极主动落实省十一次党代会关于营造更加宽松政策环境,推动民营经济加快发展的要求,全省检察机关确定把为非公经济营造发展环境作为履行职能、服务大局的切入点。一是主动建立了与工商联、行政执法机关的协作平台,努力营造支持、关心、服务非公经济发展的氛围。结合职能,制定了《黑龙江省人民检察院关于服务非公有制经济发展的意见》。层层召开非公企业负责人座谈会征求意见。省检察院建立了49个非公企业调研联系点,研究企业发展中的倾向性问题,各级检察院也普遍与非公企业建立了联系制度,帮助企业排忧解难。省检察院专门编印了法律服务手册,为非公企业提供法律咨询服务。二是主动深入企业宣讲法律知识,帮助完善管理,开展企业内部犯罪预防工作,引导企业合法经营、诚信经营、依法维权。配合有关部门对企业生产经营环境进行专项整治,依法惩治侵害企业权益的各类犯罪,共批捕破坏经济秩序犯罪1701人,起诉3046人,同比分别上升115.6%和217%。三是进一步强化对插手经济纠纷、滥用强制措施、违法扣押查封以及涉企债务纠纷、劳动争议、工伤赔偿等执法活动的监督力度,维护企业合法权益。办理涉企案件时,慎重选择办案时机和强制措施,尽可能不影响企业正常生产和经营。四是加大查处索贿、受贿以及滥用职权、玩忽职守、徇私舞弊等职务犯罪,全年查办行政执法和司法机关工作人员渎职侵权犯罪299人和86人,同比分别上升15%和30%。省检察院制定了检察机关服务企业工作守则,作出"十个不准"的规定,规范执法活动,严格禁止侵害企业权益的行为。

(二)全力维护社会和谐稳定。五年来,全省检察机关坚持以提高人民群众安全感为导向,把维护社会和谐稳定作为重大政治责任,紧紧抓住影响社

会稳定的突出性、源头性问题进行综合整治,严厉惩处严重刑事犯罪。共批准逮捕111371人,提起公诉156728人。2012年,全省检察机关着力为十八大胜利召开营造和谐稳定的社会环境。一是全力促进平安建设。重点打击严重刑事犯罪和涉众型经济犯罪,积极参加社会治安防控体系建设并落实检察环节的综合治理措施。批捕严重刑事犯罪23706人,提起公诉36280人。二是化解涉检信访积案。加大矛盾纠纷排查化解力度,排查疑难信访积案120件,采取领导包案、"专家会诊"、逐案剖析、下访专访、督导推进等措施成功化解息诉116件,一批"老大难"案件先后息诉罢访。十八大期间没有发生涉检进京访,全年实现涉检进京访"零登记"。三是落实宽严相济刑事政策。对轻微刑事犯罪不批捕2730人,不起诉345人。加大对监管活动监督力度,积极推动和协助有关部门将服刑人员纳入社会医疗保障体系,省委、省政府将其作为社会管理创新的重点工作。

(三)加大服务民生工作力度。五年来,全省检察机关坚持把保障人民群众合法权益作为检察工作的着力点,着重解决群众反映强烈的突出问题。按照最高人民检察院的统一部署,全力查办社会保障、医疗卫生、食品安全、就业就学等领域职务犯罪案件,取得了明显成效。2012年,检察机关积极回应人民群众的新要求新期待,进一步改进措施,把排查化解矛盾、服务群众与查办案件结合起来。一是完善工作机制。建立和完善了群众诉求表达、权益保障、矛盾纠纷调处、民意收集转化等工作机制,明确规定各级检察院领导班子成员亲自包片接访、下访、倾听群众诉求,带头化解矛盾纠纷。二是开展专项治理。重点查办涉农惠民领域职务犯罪953人、民生民利领域渎职侵权犯罪273人。三是搭建便民服务平台。在乡镇、街道和社区建立和完善了157个检察室和456个检察联络室,延伸法律监督触角,大力开展便民利民助民服务活动,接待来信来访,开展法律宣传和咨询,增强群众的法治意识,引导群众依法维权。

(四)积极惩治预防职务犯罪。五年来,全省检察机关坚持标本兼治、综合治理、惩防并举、注重预防的方针,突出查办大要案和发生在群众身边的腐败案件。共查办职务犯罪8738人,其中贪污贿赂犯罪6622人,渎职侵权犯罪2116人。2012年,全省检察机关进一步加大侦查规范化建设力度,强化侦防一体化各项措施,不断改进执法办案方式,以开展专项整治为切入点,努力实现最佳办案效果。一是加大惩治职务犯罪力度。共查办职务犯罪1961人,同比上升20.4%。其中,贪污贿赂犯罪1503人,渎职侵权犯罪458人。二是搭建与行政执法部门有效衔接平台。省检察院与31个中省直单位建立协作配合、联席会议、信息情况通报、案件线索移送等制度,有效地解决职务犯罪发现难、收集证据难、查处难等问题。三是开展专项行动带动整体办案工作。在工程建设领域突出问题专项治理中查办622人,同比上升26.2%;在开展商业贿赂专项工作中查办379人,同比上升457%。四是推进侦防一体化机制建设。结合办案综合运用宣传教育、预防咨询、预防调查、检察建议等措施,开展个案预防、类案预防、行业预防,不断提高预防的质量和效果。对613件典型职务犯罪案件的致罪因素、犯罪特点进行了分析,有针对性地提出593份检察建议。

(五)深入开展法律监督工作。五年来,全省检察机关坚持强化法律监督能力建设,不断加大监督力度,突出监督效果。共办理立案监督案件3861件,纠正漏捕5002人、漏诉3451人,提出刑事抗诉679件,提出民事抗诉2996件,制发再审检察建议3567件。发现和纠正减刑、假释、暂予监外执行不当391人,立案查办刑罚执行和监管活动中的职务犯罪448人。2012年,适应修改后刑事诉讼法、民事诉讼法对检察机关执法理念、执法模式、执法能力、执法保障等提出的新要求,一是转变监督理念。牢固树立惩治犯罪与保障人权并重的理念,重点解决不同程度存在的重打击轻保护、重惩治轻人权、重实体轻程序、重结果轻过程等问题;牢固树立强化法律监督与强化自身监督并重的理念,重点解决监督者更要自觉接受监督,促进诉讼民主、诉讼文明、诉讼公开。二是加大监督力度。在立案监督中,既注意监督纠正有罪不究、执法不严问题,又重视监督纠正侵犯人权问题,共办理立案监督案件712件。在侦查活动监督中,组织开展"另案处理"专项检查活动,加大防错追漏力度,依法纠正漏捕1151人、漏诉481人。在刑事审判监督中,对确有错误的刑事判决、裁定提出抗诉161件,同比上升40%。在民事行政诉讼监督中,综合运用抗诉、检察建议、纠正违法通知等监督方式,提出民事抗诉652件,同比上升24.7%;制发再审检察建议1119

件，采纳率为97.8%。在刑罚执行和监管活动监督中，针对减刑、假释、暂予监外执行不当等违法问题，提出纠正意见112件次，同比上升23.1%。开展职务犯罪罪犯减刑假释保外就医等专项检查活动，查办职务犯罪150人，同比增长32.7%。三是完善监督机制。建立捕诉衔接工作机制，加强案件信息通报和工作联系沟通，维护程序公正，保障当事人诉讼权利。建立非法证据排除机制，与省法院、公安厅、司法厅联合制定了《关于排除非法证据工作的意见》和实施细则，确定了非法证据的类型、排除范围、审查原则等。建立民事行政案件合议制度，根据民事行政申诉案件特点，实行3人以上合议办案制度，交叉阅卷、集体合议、民主决策、监督制衡，保障了案件质量，提高了办案效率。

（六）不断提高队伍综合素质。五年来，全省检察机关坚持树立正确的发展理念和执法理念，把思想政治建设、能力建设、作风建设和从严治检贯穿始终，深入开展了社会主义法治理念教育活动，开展多项教育实践活动，不断提升队伍的凝聚力、执行力、创造力。2012年，全省检察机关自觉践行"六观"、"六个有机统一"和"四个必须"，全面强化各项检察工作。一是加强思想政治建设。通过"抓系统、系统抓"的方式统筹推进各项工作。确立了"崇德尚法、廉洁公正、胸怀全局、脚踏实地"的省检察院机关精神，引领干警政治坚定，公正执法，爱岗敬业，无私奉献。广泛开展了选树岗位标兵活动，共选树先进典型集体95个、个人164人，形成了院里有典型、岗位有标兵的可喜局面。二是加大教育培训力度。共举办各类岗位培训班118期，培训各级检察人员1215.9人次。重点加强修改后刑事诉讼法和民事诉讼法培训，培训干警11834人次。开展了全省"十佳优秀公诉人"选拔活动。各级检察院通过实训演练、知识竞赛、模拟法庭、对抗赛等形式，提高干警的实战能力。三是加强党风廉政建设。全省检察机关以"深化学习准则规定，促进干警廉洁从检"为主题开展党风廉政教育活动。层层签订党风廉政建设责任状，开展述职述廉活动，坚持用制度管人、管案、管事，从源头上预防违纪违法问题的发生。立案查处检察人员违纪违法7件7人。四是推进工作作风转变。坚持检力精力下沉，深入基层、深入实际，主动研究解决基层人员短缺、经费不足、保障不力、技术落后以及执法不规范等实际问题。

（七）自觉接受社会各界监督。五年来，全省检察机关坚持紧紧依靠党的领导，自觉接受人大和政府、政协及社会各界监督，不断改进检察工作。省检察院先后向省人大常委会专题报告了民事行政检察、反渎职侵权、基层检察院建设等工作情况。主动加强与人大代表的联系，高度重视、认真办理人大代表、政协委员和民主党派对检察工作的意见和建议，有力地推动了检察工作。2012年，全省检察机关共向人大报告工作153次，邀请人大代表、政协委员视察检查工作196次，旁听刑事案件庭审26次。人民监督员监督"七类案件"6件6人。省检察院向省人大常委会专题报告了全省检察机关基层检察院建设情况，并认真贯彻落实审议意见和决定。

我省检察工作按照党的要求和人民的期待还存在着不足和差距：在促进和服务经济社会发展中，如何准确把握检察机关的角色定位，突出法治的作用，不断提高服务能力和效果，还需进一步探索；面对修改后刑事诉讼法、民事诉讼法的全面实施，如何进一步提高办案能力，加大监督力度，促进公正执法，不断满足人民群众对法律监督的新要求，还存在不小差距；如何进一步强化自身监督，规范执法行为，强化高素质队伍建设和执法基本保障，切实解决好制约检察工作科学发展的机制性、制度性问题，仍然是检察机关面临的繁重任务。

二、2013年全省检察工作的总体安排

2013年是全面贯彻落实党的十八大精神的开局之年，是为全面建成小康社会奠定坚实基础的重要一年，也是我省全面推进"八大经济区"、"十大工程"建设的关键之年。检察工作面临着大发展、快发展的大好机遇，也面临着繁重的任务和各种严峻挑战。全省检察机关一定要把压力变为动力，进一步增强责任感和使命感，把党的十八大的战略部署、省委和最高人民检察院的各项要求贯彻落实到检察工作之中。2013年全省检察工作的思路是：深入学习贯彻党的十八大精神，以科学发展观为统领，顺应人民群众对公共安全、司法公正、权益保障的新期待，以服务发展、维护稳定、保障民生为己任，以改革创新为动力，以作风建设为保障，以强化法律监督、强化自身监督、强化队伍建设为重点，提高服务工作大局能力、维护和谐稳定能力、惩治预防犯罪能力、强化法律监督能力，为建设富强、文明、和谐、大美、幸福龙江作出新贡献。

（一）提高服务工作大局的能力，着力促进更好更快发展。一是继续深化服务非公经济发展。积极探索服务非公经济发展的方式和途径，与有关部门协调配合，形成服务网络和机制，在营造环境上下功夫，推进服务向深层次发展。二是深入开展对俄经济贸易服务。按照省委确定的深化对俄经贸合作的发展战略，借助中俄司法协助条约生效二十周年之机，尽快恢复边境地区检察长会晤机制，完善边境地区检察机关司法协助，开展涉俄法律知识培训和法律咨询服务。三是加大生态文明建设服务力度。按照最高人民检察院的统一部署，依法打击严重破坏水资源、土地资源、矿产资源和生态环境的犯罪，突出查办和预防国土空间开发、水利建设、矿产资源开发利用、重大生态修复工程、防灾减灾体系建设、环境监管中的职务犯罪，促进资源优势转化为经济优势。四是进一步加强涉农惠民检察工作。查办和积极预防农业基础设施建设、农村社会事业发展、实施强农惠农富农政策、耕地保护等领域的职务犯罪，促进农业农村发展。

（二）提高维护和谐稳定的能力，着力推进平安龙江建设。一是严厉打击严重刑事犯罪。以不断满足人民群众的安全感为目标，突出打击严重危害人民生命财产安全、严重破坏社会秩序的暴力犯罪、黑恶势力犯罪、多发性侵财等犯罪。落实宽严相济刑事政策，对轻微犯罪从宽处理，加大对未成年人、老年人、残疾人等社会弱势群体的司法保护力度，使执法更加人性化，最大限度促进社会和谐。依法稳妥处理涉及资本和金融市场的案件，认真查办涉及百姓教育、医疗、就业、养老、社保等案件，办理好涉及拆迁、征地、特殊人群权益保护等案件，维护人民群众的合法权益。二是依法公正解决群众诉求。进一步完善检察环节司法协作法律援助机制，让人民群众享受到法律援助制度的实惠。加大依法接访、依法受理、依法赔偿、依法救助的力度，确保释法说理到位、思想疏导到位、困难帮扶到位、息诉罢访到位。拓展便民利民助民项目，通过检察室、检察联络室在基层深入开展普法宣传、法律咨询服务，充分发挥法治在社会管理中的特殊作用，积极引导群众依法维权，使法律成为人民群众维护自身合法权益的重要工具。三是积极参与社会管理创新。全面推行执法办案风险评估预警、刑事申诉案件公开审查、刑事被害人救助等制度，强化矛盾纠纷源头治理。加强监外执行和社区矫正法律监督。推进行政执法与刑事司法衔接长效机制建设。

（三）提高惩治预防犯罪的能力，着力促进反腐倡廉建设。一是突出办案重点。按照中央和最高人民检察院的要求，严肃查办领导机关和领导干部中以权谋私、失职渎职犯罪，以及发生在群众身边、与民生密切相关、损害群众权益的案件。认真查办重大群体性事件、重大环境污染、重大责任事故等背后的渎职侵权犯罪。严肃查办产业转型升级、公共资源出让、国有资产管理、城镇化建设、重点惠民工程等领域的职务犯罪。抓住公共投资的重点领域和产业结构调整的关键环节，深入开展商业贿赂、工程建设领域突出问题的治理。二是完善工作机制。适应修改后刑事诉讼法对侦查工作的新要求，重点推进侦查一体化机制建设，建立以"省检察院为主导市分院为主体，基层检察院为辅助"的侦查指挥体系。建立侦捕诉一体化工作机制，对涉及多个罪名的案件或大案，群众和舆论媒体较为关注的案件等实行横向衔接，有效整合内部资源。建立证据内部审查机制，把审查证据合法性作为侦查终结前的必需程序。完善办案风险评估预警和应急处置机制，审慎评估、及时预警，有效化解办案风险。三是规范执法行为。通过规范执法、文明执法、严格执法、人性化执法，努力实现法律效果、政治效果和社会效果的有机统一。正确区分罪与非罪、个人犯罪与单位犯罪，以及主动与被动、故意与过失、屡犯与偶犯的界限，体现区别对待，化消极因素为积极因素，促进和谐社会建设，为改革发展营造良好的环境。四是深化预防工作。进一步完善侦防一体化工作机制，加强重大典型案件的剖析研究。开展"预防职务犯罪、建设美丽龙江"专题预防，真正承担起建设者、捍卫者的神圣职责。

（四）提高强化法律监督的能力，着力维护社会公平正义。一是加强和改进刑事诉讼监督。牢固树立惩治犯罪与保障人权并重、程序公正与实体公正并重的理念，加强对滥用强制措施、侵犯诉讼权利等问题的监督。着重解决实践中社会普遍关注的侵犯犯罪嫌疑人或被告人合法权益的违法侦查行为，阻碍辩护人或诉讼代理人依法行使诉讼权利的行为，着力监督纠正违法查封、扣押、冻结当事人财物，以及违法减刑、假释、监外执行，随意变更强制措施等问题，维护司法公正。二是强化和规范民事行政检察工作。认真贯彻落实修改后民事诉讼法，根据民事行政检察监督的职能定位、范围对象、方式手段、作用效力,完善监督机制,提高监督能力。加大指导力度,落实和规范修改后民事诉讼法赋予检察机关的监督权和监督手段,充分运用检察建议权和抗诉权,全面加强对民事诉讼活动的法律监督。三是建立和完善诉讼监督机制。健全非法证据排除机制,加强对证据合法性及合法性证明的审查力度,依法排除非法证据。建立捕后继续羁押必要性审查制度,明确职责划分、审查程序、审查措施,正确运用强制措施。完善监督配合机制,既加大监督力度,又体现支持配合,协助侦查活动,维护正确判决。四是推进检务活动公开。开展"检察开放日"活动,邀请人大代表、政协委员视察检查工作,扩大检务公开范围和程序,增强透明度,使检察权在阳光下运行。进一步加大检察宣传力度,完善舆情引导机制,最大限度地增加舆论的"正能量"。

(五)提高检察队伍建设的能力,着力提高执法公信力。一是加强思想政治建设。以党的十八大精神为指导,深化社会主义核心价值体系、社会主义法治理念和检察职业道德教育。深入开展为民务实清廉教育实践活动,使广大检察人员坚定中国特色社会主义道路自信、理论自信和制度自信。二是加强党风廉政建设。坚持从严治检,强化廉政风险防控机制建设。认真贯彻执行中央八项规定,省检察院发挥表率作用,进一步转变作风,深入基层、深入群众,帮助解决实际困难。强化对重点执法岗位、敏感执法环节的监督,突出抓好执法规范化和纪律作风建设。三是加强基层基础建设。以提高专业化、职业化水平,提高办案能力为重点,突出强化基层检察院班子素能建设,强化基层检察委员会建设,增强处理复杂疑难案件的能力。努力形成符合检察工作特点和规律,权责明确、协作紧密、制约有力、运行高效的组织体系。深入开展任职资格、专项业务和岗位技能培训。完善人才引进、培养使用、评价激励、流动配置等工作机制,重点解决好尊重人才、留住人才、重用人才问题,上下联动,使干部交流、下派、遴选、公选规范化。以业务需求为导向,以应用能力为目标,强化资源共享,提高科技应用能力。在发现培养重大典型上下功夫,使典型树得住、推得开、叫得响,做到内有正气、外有形象。

检察机关要牢固树立监督者必须接受监督的理念,坚持党对检察工作的绝对领导,自觉接受人大及其常委会的监督,认真负责地报告工作,及时办理交办事项。主动接受政协民主监督、群众监督和社会监督,完善落实人民监督员制度,不断改进检察工作。

在新的一年里,全省检察机关将在省委和最高人民检察院的正确领导下,在人大及社会各界的监督支持下,振奋精神,凝心聚力,忠诚履职,服务大局,不断开创我省检察工作新局面,为龙江的经济发展、社会进步作出新的更大的贡献!

上海市人民检察院工作报告(摘要)

——2013 年 1 月 29 日在上海市第十四届人民代表大会第一次会议上

上海市人民检察院检察长　陈　旭

(2013 年 2 月 2 日上海市第十四届人民代表大会第一次会议通过)

2008 年以来,全市检察机关在市委和最高人民检察院的领导下,紧紧围绕全市工作大局,依法履行宪法和法律赋予的检察职能,全力维护社会和谐稳定与公平正义,切实加强检察机关自身建设,各项检察工作实现了新的发展。

一、依法履行检察职能,服务保障经济社会发展

全市检察机关围绕大局,服务经济社会发展,保护人民群众利益,维护社会和谐稳定。

严厉打击严重刑事犯罪。五年来,共批准逮捕犯罪嫌疑人125372人,提起公诉163177人,同比分别上升19.9%和39.3%。批准逮捕故意杀人、抢劫、强奸、绑架等暴力犯罪嫌疑人18722人,办理了"5·22"长寿路枪击案、"9·8"抢劫金店案等一批严重危害社会安全的案件。配合公安机关开展"平安世博"、"打击'两抢一盗'"等专项行动,配合有关部门对电信诈骗、非法行医、赌博机犯罪等突出治安问题集中整治,促进平安建设。

加大打击危害民生犯罪的力度。共提起公诉危害食品药品安全犯罪310人,同比上升297%;制售假冒伪劣商品犯罪998人,同比上升237.2%,公诉了生产销售"染色馒头"、"问题豆芽"、"病死猪肉"、"地沟油"等一批危害食品安全的案件,并对加强食品安全监管提出检察建议。严肃查处危害民生案件背后的职务犯罪。

服务保障国际金融、航运中心建设。共提起公诉金融领域犯罪6274人,航运领域犯罪886人,知识产权犯罪2050人。制定了《服务国际金融中心和国际航运中心建设的意见》,成立"上海金融从业人员违纪违法案件防控联席会议",制发金融检察白皮书,定期通报金融犯罪案件情况并提出对策建议。各级检察院成立了专门办理金融、航运和知识产权等案件的办案机构。经最高人民检察院批准,在上海成立全国金融检察专业委员会。

通过执法办案化解社会矛盾。认真贯彻宽严相济的刑事司法政策,积极开展刑事和解工作,对罪行轻微的初犯、偶犯、过失犯等不批捕10254人,不捕率从2008年的5.8%上升到2012年的10.3%,不起诉1711人。建立执法办案风险评估预警机制,注重从源头上预防和化解矛盾,对可能激化矛盾的案件做好释法说理、疏导稳控和风险防范工作。对8518件不符合抗诉条件的申诉案件,耐心细致地做好服判息诉工作。

二、坚决查办和积极预防职务犯罪,推进反腐倡廉建设

坚持标本兼治、综合治理、惩防并举、注重预防的方针,坚决查办和预防职务犯罪。

集中力量查办贪污贿赂大案要案。五年来,共查处贪污贿赂犯罪1658件1941人,人数同比下降14.4%。大案1557件,大案率93.9%,同比上升5.1个百分点;处级干部239人,局级干部14人。依法查办行贿犯罪361人,同比上升12.8%。加强追捕工作,追捕潜逃的案犯27人,其中潜逃境外的5人。

深入查办人民群众反映强烈的案件。坚持把侵犯民生的犯罪作为反腐倡廉工作的重点。查处涉农惠民领域案件377件433人,教育卫生领域案件167件174人,工程建设领域案件226件247人。

坚决查办司法领域犯罪案件。严肃惩处司法腐败,维护司法队伍纯洁。共查办司法机关工作人员贪污受贿、徇私枉法、渎职侵权等犯罪78人。

加大反渎职侵权工作力度。渎职侵权犯罪严重损害国家和人民群众的利益。为了加大查办力度,制定了《关于加强和改进渎职侵权检察工作的实施意见》。五年共查办渎职侵权犯罪157件176人,其中2011年查办32件36人,人数同比上升24.1%;2012年查处38件43人,人数同比上升19.4%。同步介入重大安全生产事故调查,先后查办了"11·15"火灾、"莲花河畔景苑"倒楼等一批重大责任事故背后的职务犯罪17人。

高度重视职务犯罪源头预防。不断探索职务犯罪预防的新途径和新举措。参与世博会、国际旅游度假区、商用飞机、保障性住房等280余项重大建设工程的同步预防工作。在全国率先推行将行贿犯罪档案查询作为政府采购和建设工程招投标的必经程序,查询数从2008年的127次增加到2012年的5.4万余次。采用职务犯罪惩治和预防年度报告、职务犯罪预警预测、检察建议等方法,提高预防工作的针对性和有效性;建立职务犯罪警示教育基地,推进廉政教育进党校,制作廉政公益短片并在电视台、地铁、机场、楼宇、社区滚动播放,加大预防宣传力度;成立金融、涉农、工程建设等职务犯罪预防小组,推行预防工作专业化。

三、切实加强法律监督,全力维护司法公正

市人大常委会于2009年10月颁布了《关于加强人民检察院法律监督工作的决议》(以下简称《决议》),2012年又对贯彻落实《决议》情况进行了专项检查和专题审议,有力推进了检察机关法律监督工作。市检察院先后两次下发贯彻意见,明确工作目标和监督重点,采取有力措施,以更高的要求推动法律监督工作取得新发展。

努力营造良好的法律监督环境。进一步完善法律监督机制,与市高级法院、市公安局、市司法局分别签署加强监督配合的工作意见,建立了年度法律监督工作通报制度,通报全年监督情况,确定下一年度监督工作重点,先后确定了宽严相济刑事司法政策的执行、超期羁押防范、刑事立案监督、量刑规范等53项法律监督重点,并形成合力在全市层面共同推进,对依法公正规范执法起到了重要作用。

依法加强刑事诉讼监督。加强对生效裁判的监督,依法提出刑事抗诉234件,同比上升82.8%,已审结案件中法院改变原裁判135件,改变率69.6%。重视监督有罪不究、执法不严的问题,对应当立案而不立案的,督促立案643件,建议行政执法部门向公安机关移送涉嫌犯罪线索658件,公安机关已立案649件。对应当逮捕而未提请逮捕、应当起诉而未移送起诉的,决定追加逮捕2424人、追加起诉2357人,同比上升37.3%和109.9%。

实行刑罚执行同步监督。在全国率先探索对刑罚执行变更的同步监督,审查减刑、假释、暂予监外执行案件32633件,提出纠正意见1567件。牵头达成《关于推进依法假释工作座谈会纪要》,假释率由2008年的5%上升至2012年的9.7%。协同公安机关对看守所未成年犯与成年犯、未决犯与已决犯混关混押问题开展集中整治,推动全市看守所与拘留所于2011年全部实现分离。开通与看守所、监狱的信息网络,实现对监管执法活动的实时监督。

加强民事、行政诉讼监督。通过完善办案机制、充实办案力量、细化专业分工,加大民事、行政诉讼监督力度。依法提出民事、行政抗诉495件,同比上升82.7%,已审结案件中法院改变原裁判306件,改变率69.5%。推进民事执行监督试点工作,2011年以来,共受理民事执行申诉案件219件,立案82件,针对执行迟缓、执行不到位、财产处理不当等问题向法院制发检察建议31件。积极开展民事督促起诉工作,对侵害国有资产、污染环境等行为督促有关单位提起诉讼140件。

积极探索一类问题监督。为了提高法律监督层次,确保国家法律准确实施,在全国首创对适用法律不统一、执法不平衡等一类问题、一类案件实施监督。先后就量刑不平衡、部分暴力犯罪量刑偏轻、同类案件判决不统一、部分刑事案件超期羁押以及减刑假释工作不规范等问题提出监督建议289件,均取得较好效果。类案监督的做法被最高人民检察院在全国推广。

四、积极参与加强和创新社会管理,推进社会管理法治化

全市检察机关立足检察职能,拓宽工作思路,积极探索参与加强和创新社会管理的新途径和新措施。

充分发挥检察建议作用。检察建议是检察机关扩大法律监督效果,参与加强和创新社会管理的重要途径。2009年以来,共制发检察建议4001件,其中向行政机关制发984件,年均增加81.7%。如针对违规销售市政动迁房、"新农合"医保基金管理漏洞、部分民营医院为少女非法堕胎、流浪未成年人救助管理等问题提出建议并配合开展专项治理,取得了较好效果。市检察院制发的《关于加强献血管理的建议》被评为2012年全国检察机关侦查监督"十佳检察建议书"。

探索未成年人司法保护新举措。坚持"教育、感化、挽救"的方针和"少捕慎诉"的精神,率先建立了"捕、诉、监、防"一体化工作模式,并在全国推广。开展了羁押必要性审查、附条件不起诉、轻罪记录封存和合适成年人参与诉讼等有益探索,为新刑事诉讼法的修改提供了实践经验。运用社会化工作思路,建立了覆盖全市的涉罪未成年人社会观护体系和观护基地,共对1994名涉罪未成年人落实了社会帮教措施,复学就业率达到90%。未成年人犯罪从2008年以来持续下降,2012年涉罪未成年人逮捕934人,较2008年减少50.7%。

扎实推进派驻社区检察室建设。为了加强对基层刑事执法活动监督,提高基层执法水平,2010年起在部分街镇试点设立派驻社区检察室,负责对公安派出所刑事执法活动和社区矫正活动的监督,受理群众举报和控告申诉,开展以职务犯罪为重点的预防和宣传工作。目前,全市已设立31个派驻社区检察室,覆盖86个街镇和117个公安派出所,计划至2015年,设立派驻社区检察室53个,实现对基层执法活动监督的全覆盖。

加强对基层刑事执法活动的监督。规范公安派出所刑事执法活动直接关系法律的正确实施,维护人民群众合法权益。与市公安局会签了《关于本市开展对公安派出所监督工作的实施意见》。先后对部分派出所审讯监控录像不完整、立案手续不完备,以及留置室使用、随身物品扣押、强制措施变更不规范等问题实行监督,并会同市公安局在全市派出所范围内加强规范,取得了较好效果。

深化社区矫正监督。社区矫正工作对于预防和减少犯罪具有重要意义。会同公安、法院和司法行政部门制定了《非监禁刑罚执行衔接工作规定》，从制度上解决了社区服刑人员日常监管、矫正帮教和法律监督等问题。定期联合有关部门开展例行检查，共对732名脱漏管罪犯落实管控帮教措施。协同矫正机构依托企业和社会组织，推进安置帮教基地建设，帮助解决矫正对象工作、生活困难。

五、高度重视自身建设，不断提高检察队伍整体素质

监督者更要做到自身过硬。五年来，我们始终坚持从严治检方针，努力建设一支高素质的检察队伍。

坚持把思想政治建设放在首位。深入开展"实践科学发展观"等主题教育活动，引导检察干警强化宗旨意识、端正执法思想、改进工作作风，提升职业素养。开展"十佳检察官"评选活动，用身边人、身边事激励检察干警忠于职守、爱岗敬业，涌现了"全国模范检察官"葛海英为代表的一批先进典型。积极推进检察文化建设，成立"上海市检察官文学艺术联合会"，加强院史陈列室、图书馆等建设，组织开展各种文化体育活动，提升干警文化素养。

认真抓好领导班子建设。加强政治轮训，举办基层检察院正副检察长及市、分院正副处长政治轮训班，提高领导干部的思想政治水平和领导能力。高度重视调查研究，五年来市检察院党组成员坚持每年开展一至两项课题调研，共完成课题52个，解决了一批工作瓶颈难题。加强对领导干部监督力度，规定基层检察院检察长五年任期内述职述廉一次、接受巡视一次、经济责任审计一次。

重视青年干部培养。为使青年干部加深对国情和社情民意了解，增强宗旨意识和群众工作能力，制定了《关于加强检察机关青年干部培养锻炼的若干意见》，规定35岁以下无社会工作经历的检察官必须到街镇社区工作半年。各级检察院克服人案突出矛盾，已安排422人下基层锻炼，收到了良好效果。加强后备干部培养，安排218名青年干部跨省市、跨系统挂职锻炼。

严格自身监督制约。为防止不当交往影响公正执法和司法公信力，制定了《检察人员社会交往行为守则》和《关于检察人员在办案中与律师交往的规定》，并对涉及的164名检察人员配偶、子女进行登记，严格实行回避。建立案件管理部门，加强对案件流程监控和质量监管。严格执行职务犯罪批捕上提一级、职务犯罪侦查讯问全程同步录音录像等制度。对被宣告无罪等75件依法给予国家赔偿的案件，逐一剖析原因，总结教训。

加大队伍专业化建设力度。从2009年开始，由市检察院统一对全市干警进行每年五天的脱岗集中培训，采取检察官教检察官和案例式、互动式教学方法，提高实务能力。通过听庭评议、案件讲评、文书评比、对抗论辩等方式，开展"岗位练兵、岗位成才"活动。注重职业操守、实务能力、工作实绩和群众公认的考核导向。共有36名干警荣获"全国检察业务专家"、"全国十佳公诉人"等荣誉称号。

加强基层基础工作。坚持把工作重点放在基层，夯实基层基础工作，全市共有11家基层检察院22次获得"全国模范检察院"、"全国十佳基层检察院"、"全国先进基层检察院"等荣誉。加强案例指导工作，完善了典型案例的编撰和发布制度，统一执法标准。编制上海检察文库，积累传承经验，指导工作实践。强化执法为民宗旨，改建扩建信访接待、立案受理、律师阅卷等场所，完善了来信、来电和网络咨询等服务系统，方便群众诉讼。

六、自觉接受监督，虚心改进检察工作

五年来，全市检察机关不断增强接受人大法律监督、政协民主监督和社会监督的意识。主动向人大报告重要工作，各级人大先后就法律监督、反渎职侵权、民事行政检察、职务犯罪预防等专项工作听取报告102次，各级检察院向同级人大报备检察建议180余份、抗诉书400余份。为了认真接受政协民主监督，制定了《自觉接受政协民主监督的若干意见》。市检察院与市政协先后开展了对基层刑事执法活动监督、民事执行监督、职务犯罪预防等调研。各级检察院均成立了代表、委员联络办公室，建立与人大代表、政协委员的经常性联系制度。加大人大代表、政协委员和特约检察员、人民监督员、廉政监督员参与、监督检察工作力度，共参加会议、参与"听庭评议"、"案件讲评"和视察调研等活动8100余人次。市检察院办理代表书面意见和政协提案23件，均已办结反馈，认真落实改进工作。人民监督员共监督职务犯罪案件228件。制定了《检务公开的实施意见》，加大检务公开力度，接受社会各界监督。

回顾五年的实践，我们深深体会到，必须坚持党对检察工作的领导，确保检察工作始终保持正确的政治方向;必须自觉接受人大法律监督、政协民主监督和社会监督,确保检察权依法正确行使;必须牢固树立大局意识,确保检察工作服务党和国家工作大局;必须紧紧围绕人民群众反映强烈的问题加大法律监督力度,确保检察工作始终坚持执法为民;必须坚持夯实基础,全面加强队伍建设,确保检察工作科学发展。

在成绩面前我们更应保持清醒头脑,看到不足和存在的问题,主要是:法律监督的能力还需要进一步提高,发现和解决影响公正执法等一类问题的能力有待加强,落实监督事项、放大监督效果的工作还需要加强;法律监督还存在薄弱环节,民事诉讼监督、行政诉讼监督、民事执行监督、基层刑事执法活动监督等,迫切需要加大人才培养,提高监督水平;人权保护和程序公正的意识需进一步强化;执法的公开性、透明度有待进一步提高;基层基础工作和制度规范的执行力有待加强;执法办案风险防范、内部监督制约机制还需要深化完善;队伍职业道德素养、廉政文化建设应予高度重视并着力抓好。五年来,共有9名干警受到法纪处理,其中2名被追究刑事责任。

检察机关作为国家的法律监督机关,在落实党的十八大"全面推进依法治国"的基本方略中肩负着重要的职责。2013年全市检察工作的总体思路是:认真贯彻党的十八大、市第十次党代会和全国政法工作会议精神,以贯彻实施修改后的刑事诉讼法、民事诉讼法为契机,坚持严格执法,加强法律监督,提高执法水平,提升司法公信力,为创新驱动、转型发展,加快上海"四个中心"建设作出新的贡献。重点将做好以下几方面工作:

一、以党的十八大精神为指导,努力开创检察工作新局面。深刻认识党的十八大对检察工作提出的新任务、新要求,更加自觉主动地服务上海创新驱动、转型发展,服务"四个中心"建设。坚持有法必依、执法必严、违法必究的社会主义法治原则,严厉打击严重危害社会治安以及危害公共安全和人民群众利益的犯罪活动;加大对科技创新、文化发展和生态文明的司法保护力度,为上海经济社会发展创造良好的法治环境;积极参与"平安上海"建设,发挥检察机关在社会管理中的法治保障作用。

二、坚定不移反对腐败,加大职务犯罪查处和预防力度。坚决查处大案要案,始终保持惩治腐败的高压态势;严肃查处司法领域腐败,加大对司法不公、执法违法、徇私枉法职务犯罪的查处力度;着力查处发生在征地拆迁、社会保障、劳动就业、教育卫生、食品安全、个人信息安全等领域侵害民生民利的案件;及时介入重大生产安全事故、重大公共卫生事件、重大环境污染事件调查,依法查处事故背后的职务犯罪;深化重点领域预防,积极推进专业预防和社会预防,更加科学有效地开展职务犯罪预防工作。

三、加大法律监督力度,促进公正廉洁执法。深入贯彻市人大常委会《决议》,坚持敢于监督、善于监督、依法监督,加大对裁判不公、徇私枉法等问题的监督力度;加大对涉及执法指导思想、重要法律政策、类案执法平衡、文明规范执法等一类问题的监督;加大对修改后的刑事诉讼法和民事诉讼法执行的监督,高度重视人权保障和程序公正;稳步推进派驻社区检察室建设,促进基层公正、规范、文明执法;抓好监督事项的跟踪落实,提高监督质量和效果。

四、认真执行修改后的刑事诉讼法和民事诉讼法,提高执法水平。深刻认识刑事诉讼法和民事诉讼法修改对于推动我国法治文明进步的重要意义。重视人权保障,严格证据审查,保护当事人各项诉讼权利;严格执行程序规范,将程序公正的要求落实到每一个执法办案环节;增强执法的公开性和透明度,落实司法为民的各项要求,提高司法的亲和力和公信力;尊重和保障律师在诉讼活动中的作用。

五、坚持从严治院,着力提高队伍职业素养。扎实开展为民务实清廉教育实践活动,培育检察人员秉公执法、刚正不阿、清正廉明的职业品格;坚持对领导干部严格要求,严格监督,加强领导干部作风建设;深入推进队伍专业化建设,开展上海检察业务专家评比,营造钻研业务、岗位成才的浓厚氛围;完善廉政风险防范和内部监督制约机制,确保公正廉洁执法;深化检务公开,及时回应群众呼声,认真接受社会监督;高度重视党风廉政建设,坚决查处检察人员违纪违法行为。

在新的一年里,全市检察机关将认真贯彻落实党的十八大精神,在市委和最高人民检察院的领导下,在新一届市人大及其常委会的监督和支持下,振奋精神,锐意进取,努力开创检察事业新局面。

江苏省人民检察院工作报告(摘要)

——2013年1月21日在江苏省第十二届人民代表大会第一次会议上

江苏省人民检察院检察长 徐 安

(2013年1月26日江苏省第十二届人民代表大会第一次会议通过)

2012年全省检察工作

过去一年是全省检察机关以创先争优实际行动迎接党的十八大胜利召开的一年。在省委、最高人民检察院的领导和省人大及其常委会的监督下,在省政府的支持和省政协的民主监督及社会各界关心帮助下,全省各级检察院深入贯彻落实科学发展观,强化法律监督、强化自身监督、强化队伍建设,各项工作取得明显进步,为又好又快推进"两个率先"、全面实施"八项工程"提供了有力司法保障。

一、充分发挥检察职能作用,为党的十八大召开创造和谐稳定社会环境

全省检察机关切实增强责任感、使命感,通过深化平安江苏、法治江苏建设和创新社会管理,全力维护社会和谐稳定。

依法惩治各类刑事犯罪。认真履行审查逮捕和提起公诉职能,严格把握事实证据,共依法批准逮捕犯罪嫌疑人52904人,与2011年基本持平,提起公诉96268人,同比上升8.6%。依法从重从快打击危害国家安全犯罪、黑恶势力犯罪、严重暴力犯罪和多发性侵财犯罪,提起公诉故意杀人、抢劫等严重暴力犯罪11333人;省检察院联合省公安厅对涉嫌组织领导参加黑社会性质组织犯罪案件进行挂牌督办,全省检察机关共依法提起公诉235人。深入开展打击社会广泛关注的非法生产、销售"地沟油"、"毒胶囊"等危害食品药品安全犯罪专项行动,及时引导侦查机关取证,依法快捕快诉,共批准逮捕生产、销售有毒有害食品犯罪嫌疑人55人,同比上升175%。认真落实宽严相济刑事政策,对犯罪情节轻微的初犯、偶犯、过失犯和老年犯依法实行轻缓处理,对无逮捕必要的犯罪嫌疑人依法不批准逮捕6546人,决定相对不起诉2128人;探索试行未成年人附条件不起诉和犯罪记录封存制度,加强教育挽救,使他们悔过自新、重新回归社会。

着力化解社会矛盾纠纷。全面落实检调对接机制,共促成轻微刑事案件和解2533件;认真做好民事行政申诉案件的息诉调解工作,加强释法说理,共促成当事人息诉、达成和解协议6555件,占受案总数的81.9%。进一步畅通群众信访渠道,各省辖市检察院开通了12309检察民生服务热线,24小时受理群众反映的涉法涉诉问题,及时化解了一批影响社会稳定的事件苗头。常州市检察机关开展"民生检察推进年"活动,兑现服务民生十项承诺,受到群众称赞。全省排查重大涉检信访积案251件,通过挂牌督办、检察长包案等方式化解186件,涉检进京访继续处于全国低水平。

积极参与社会管理创新。省检察院确定了社会风险排查研判等16项参与社会管理创新的工作项目,在全省检察机关重点推进落实。各级检察院及时梳理分析执法办案中发现的社会不稳定、不和谐因素,向地方党委政府报送专题报告400余份,向发案单位及其主管部门提出检察建议1081件,推动相关部门开展专项整治活动50余次。宿迁市检察院提请市人大常委会作出《关于推进检察建议工作的决议》,使检察建议得到更加有效落实,促进有关部门积极解决社会管理中的突出问题。各地通过设立乡镇检察室、检察工作站、开展巡回检察等方式,强化对基层执法司法活动的法律监督,及时化解农村乡镇、城市街道社区管理中的涉法涉诉问题,促进基层和谐稳定。健全涉罪外来人员管护教育机制,使637名涉嫌轻微犯罪外来人员得到有效矫治。认真落实特困刑事被害人救助制度,共向1488名特困刑事被害人发放救助金590余万元,既体现司法人文关怀，又消除了不稳定因素。

二、积极服务转变经济发展方式，保障经济平稳较快发展

为有效保障实施创新驱动战略，推进结构调整，加快经济转型，全省检察机关依法打击危害转变经济发展方式、影响经济平稳较快发展的各类犯罪，积极排查防范经济活动中的风险隐患，共批准逮捕走私、集资诈骗、非法吸收公众存款犯罪嫌疑人666人，同比上升272.1%，维护了市场经济秩序。省检察院深入分析全省非法吸收公众存款案件上升的原因，提出防范遏制的对策建议，经省政府领导批示，推动相关部门加强防范整治。加大对电信诈骗犯罪的打击力度，依法办理了涉案金额达7300余万元的特大跨国电信诈骗案，批准逮捕犯罪嫌疑人131人。对总投资6800亿元的全省百个重大工程建设项目开展职务犯罪专项预防，推动责任单位落实防控措施，保障了国有资金安全。深入开展打击侵犯知识产权和制售假冒伪劣商品专项行动，共提起公诉1029件1855人，同比分别上升108.7%和95.5%，保护和促进了自主创新。省检察院制定了在加快苏北全面建设小康社会中进一步发挥检察机关作用的意见，指导苏北检察机关立足职能保障和促进新型工业化、城乡一体化、农业现代化建设。连云港、南通、盐城等市检察机关强化举措，有效保障沿海开发战略实施。淮安、镇江等市检察机关深入企业开展调研，认真分析经济下行对实体经济发展的影响，帮助企业采取措施防范经营风险，促进经济平稳健康发展。

三、深入查办和预防职务犯罪，有力促进反腐倡廉建设

全省检察机关不断加大查办和预防职务犯罪力度，促进反腐败斗争深入开展。

严肃查办职务犯罪案件。围绕群众反映强烈的突出问题，深入开展专项查案工作，集中力量查办发生在工程建设、环境保护、社会保障、涉农惠民等重点行业领域危害民生民利的职务犯罪大案要案和窝案串案，及时查处重大责任事故背后的渎职犯罪案件。全年共立案侦查贪污贿赂犯罪案件1303件1549人，其中县处级以上要案103人（包括厅级干部3人），同比上升9.6%，涉案金额100万元以上的大案95件，同比上升5.6%；立案侦查渎职侵权犯罪案件346件505人，同比分别上升3.6%和9.8%，其中特大案件123件，同比上升16%；挽回经济损失5.98亿元。徐州市检察机关依法查办在路政执法中私放超载运输车损坏道路设施的贿赂犯罪案件31件36人，为国家挽回经济损失2000余万元，维护了公路交通安全；南通市检察机关立案查办发生在环保系统的职务犯罪案件34件38人，促进了环保队伍廉政建设和环境监管工作。

着力提升侦查规范化水平。积极转变执法理念和办案方式，加强侦查基础信息平台建设，运用科技服务办案。认真落实讯问职务犯罪嫌疑人全面全部全程同步录音录像制度，严防刑讯逼供等非法取证行为发生，切实尊重和保障人权。严格控制监视居住强制措施使用，规范办案场所管理，坚决防止随意超时羁押犯罪嫌疑人，全省检察机关监视居住强制措施使用率由2011年的21.4%下降到2012年的11.5%。职务犯罪案件被告人一审服判率84.6%；对检察机关不文明、不规范办案的投诉大幅减少。

深化职务犯罪预防工作。认真落实省预防职务犯罪领导小组的部署，积极构建预防职务犯罪人民防线，组织社会各界共同参与预防职务犯罪。无锡市检察机关联合全市300多家单位排查出职务犯罪风险点6000余个，落实防控措施8600多项；南京市检察机关在全市1200多家单位开展"争创预防职务犯罪先进单位活动"，得到最高人民检察院充分肯定。全省122个检察院对查办职务犯罪情况进行全面分析，向地方党委报送了惩治和预防职务犯罪年度报告，促进建立、完善制度300余项。实现行贿犯罪档案查询与全国联网，向社会提供查询14万余次，促进了工程建设廉洁准入制度实施和社会诚信体系建设。各级检察长走进机关、企业、学校带头举办预防职务犯罪讲座684场次，24万余名干部群众在警示教育基地接受了生动、具体的反腐倡廉教育。

四、加强诉讼活动法律监督，努力维护司法公正

全省检察机关深入贯彻省人大常委会加强对诉讼活动法律监督工作的决议，与法院、公安、司法行政等部门共同维护司法公正。

切实监督纠正执法不严、司法不公的突出问题。在刑事立案监督、侦查活动监督工作中，依法监督纠正一批应当立案而未立案、不应当立案而立案的案件，对漏捕、漏诉的犯罪嫌疑人依法追加逮捕、追加起诉，并对侦查活动中的违法行为及时提出书面纠正意见;在审判监督工作中,注重监督纠正审判机关确有错误的刑事、民事行政判决裁定,共提出刑事抗诉202件、民事行政抗诉642件;在刑罚执行和监管活动监督工作中,监督纠正不当减刑、假释、暂予监外执行54人,书面纠正刑罚执行和监管活动违法695人次。

切实提升诉讼监督工作水平。推广重大刑事案件讯问犯罪嫌疑人录音录像并同步移送审查起诉制度,促进侦查活动依法规范进行。省检察院制定《减刑、假释、暂予监外执行同步监督规定》,强化对刑罚变更执行的同步监督。积极促进政法信息综合管理平台建设,一些基层检察院通过政法信息互联互通,增强对执法司法活动监督的及时性和有效性。完善诉讼监督案件内部讨论、集体把关、类案分析以及上级检察院备案审查等制度,不断提升监督案件质量。2012年全省检察机关刑事抗诉案件法院审理后改判、撤销原判发回重审率为57.4%,民事行政抗诉案件法院再审改变率为79.3%。

切实增强诉讼监督效果。根据修改后刑事诉讼法、民事诉讼法对惩治犯罪与保障人权并重等新要求,省检察院与有关部门就非法证据排除、简易程序案件出庭公诉、民事执行监督等工作联合开展调研,完善工作机制,有效防范和纠正不严格、不规范执法司法问题。改进监督的方式方法,加强诉讼监督法律文书说理,全面推行刑事案件量刑建议、民事行政再审检察建议工作,全年对68662件刑事案件提出量刑建议,促进了法院量刑规范化改革;提出民事行政再审检察建议651件,法院采纳率77.6%。依法监督虚假诉讼案件318件,维护了国家和社会公共利益以及相关当事人合法权益。认真查处执法不严、司法不公背后的腐败行为,共立案侦查司法工作人员贪污受贿、徇私枉法等职务犯罪案件50件64人,增强了监督实效。

五、加强检察队伍建设,为检察工作发展提供有力保障

全省检察机关把队伍建设作为检察工作科学发展的根本保证,努力建设一支高素质的检察队伍。

加强思想政治建设和检察文化建设。省检察院制定了《关于加强和改进检察机关领导班子思想政治建设的实施意见》,引导各级检察院领导干部坚定理想信念,筑牢思想防线,带头弘扬正气。深入学习党的十八大精神,扎实开展教育实践活动,组织先进事迹报告会、主题演讲比赛等活动,教育广大干警恪尽职守、公正执法。加强检察文化建设,通过开展丰富多彩的文化活动,构筑检察人员精神家园,进一步激发创先争优、干事创业的热情。全省新涌现出一批优秀检察官,南京市检察院林志梅在多年工作中创造了一系列预防职务犯罪机制和方法,赢得了社会各界好评,被最高人民检察院、江苏省委分别授予"全国模范检察官"、"江苏省优秀共产党员"荣誉称号。靖江市检察院丁明霞多年来热心为群众解决司法诉求难题,化解近千件信访案件,最高人民检察院多次介绍她做好新形势下群众工作的经验。

加强检察队伍业务能力建设。结合学习贯彻修改后刑事诉讼法、民事诉讼法,开展全员参与、形式多样的学习培训和业务竞赛活动,不断提高业务素质;泰州、扬州等市检察机关认真开展试点衔接,建立健全工作机制,为两部法律正确实施做好充分准备。全面落实全省检察机关2011—2020年中长期人才发展规划纲要,加快培养高层次、专业化检察人才队伍,29名干警被评为全国检察业务专家、检察理论研究人才。在最高人民检察院组织的优秀诉讼监督案件、优秀公诉团队等评选竞赛中,我省检察机关有34人次(件次)受到表彰。

加强基层检察院建设。以换届为契机,进一步加强基层检察院领导班子建设。既协同地方党委配好检察长,更注重对新任检察长提出严格要求,省检察院领导亲自与基层新任检察长谈话并授课。深入推进基层检察院执法规范化、队伍专业化、管理科学化、保障现代化建设,苏州市检察院制定基层检察院科学发展指标体系,得到最高人民检察院肯定。省检察院制定指导意见,在扬州市江都区检察院等7个基层检察院开展整合资源、科学管理试点,通过精简内设机构,推进专业化建设,提高了执法办案能力,培养锻炼了检察人才。按照中央司法体制改革的要求,顺利完成南京、徐州铁路运输检察院移交地方管理工作。

六、强化自身监督制约,确保检察权依法正确行使

全省检察机关坚持从严治检,不断完善监督制约机制,保证自身公正廉洁执法。

更加自觉地接受人大监督、政协民主监督和社会各界监督。认真贯彻各级人大及其常委会决议和审议意见,及时研究措施,改进检察工作;不断加强与人大代表、政协委员的沟通联系,通过邀请视察检察工作、参与执法检查和涉检信访案件答复、通报情况等多种方式,主动征求对检察机关执法办案和检风检纪方面的意见、批评和建议,并有针对性地完善了相关制度;认真办理人大代表、政协委员提出的议案和提案80余件、转交的案件210余件,确保件件落实。省检察院对部分省人大代表提出的加强对刑事被告人收押监督工作、加强民生领域反渎职侵权工作等建议,及时组织专题调研,提出工作意见。全面实施人民监督员制度,全省检察机关146件拟撤案、拟不起诉等"七种情形"全部接受人民监督员监督。深化检务公开,举办检察开放月、举报宣传周等活动,加强检察宣传,广泛接受社会各界监督。

切实加强内部监督制约。省检察院制定加强对各级检察长监督的规定,组织省辖市检察长向省检察院述职述廉报告工作,坚持定期巡视和个别提醒谈话制度,促使各级检察长严于律己,正确行使检察权。深入推进案件监督管理工作,依托信息化实现对执法办案的全程管理、动态监督,促进公正规范执法。最高人民检察院在江苏召开现场推进会,推广了我省检察机关案件监督管理经验。严格落实党风廉政建设责任制,及时排查防控廉政风险,突出加强对执法办案关键环节、重点部门和重要岗位的监督,把廉政风险防控措施落实到检察权运行的全过程。落实从严治检要求,严肃查处违纪违法检察干警6人,同比下降25%。

尽管过去一年检察工作取得新进步,但仍然存在一些问题和不足,主要表现在:一是惩防职务犯罪和强化诉讼监督的力度仍需进一步加大,查办严重腐败犯罪案件和履行诉讼监督职责的能力还不够强,与人民群众的要求还有一定距离。二是少数检察院片面的执法理念和落后的办案方式还没有彻底转变,个别检察人员仍有特权思想、霸道作风,执法不文明、不规范行为仍有发生。三是一些检察院和部分干警在执法办案中做群众工作的能力还不强,释法说理和检察宣传不够深入有效,一些群众对检察机关法律监督属性、执法依据还不够了解。四是一些基层检察院案多人少矛盾突出,骨干人才缺乏,科学化管理水平不高。对这些问题,我们将高度重视,在今后工作中采取切实有效措施,认真加以解决。

五年来检察工作主要成效和体会

第十一届省人民代表大会第一次会议召开以来,全省检察机关坚持以科学发展观为指导,紧紧围绕"争创一流业绩、打造一流队伍"、"争当全国检察机关科学发展排头兵"的总目标,真抓实干,开拓进取,推动全省检察工作迈入了全面创先争优的新阶段。五年来,全省检察机关立足职能、服务大局的水平上了一个大台阶。省检察院先后制定出台了保障经济平稳较快发展、深入推进三项重点工作、服务全省"八项工程"等12项工作意见,指导各级检察院围绕全省中心工作,在平安江苏、法治江苏建设中积极发挥检察职能作用,强化服务大局举措,做到执法促进发展、办案维护稳定,使检察工作真正融入了"两个率先"大局。五年来,全省检察机关执法办案的水平上了一个大台阶。五年共审查批准逮捕犯罪嫌疑人268973人,提起公诉434427人。立案侦查职务犯罪案件8071件9558人,立案侦查人数与上一个五年持平,贪污贿赂案件大案率从2008年的95.1%上升到2012年的98.9%;2012年立案侦查的渎职侵权犯罪案件也比2008年上升了。办理的诉讼监督案件比上一个五年增加了244.4%,捕后不诉率、撤回起诉率、公诉案件无罪判决率都处于全国低水平;刑事抗诉案件法院审结改判、发回重审率从2008年的51.4%上升为2012年的57.4%;民事行政抗诉案件法院再审改变率由2008年的58.8%上升到79.3%。五年来,全省检察机关执法公信力和人民群众满意度上了一个大台阶。各级检察院切实转变执法理念,坚持把强化自身监督与强化法律监督放在同等重要位置,坚决纠正和解决自身执法中的问题,执法规范化水平明显提高。在2008年至2012年国家统计局江苏调查总队连续五次"人民检察院工作满意度"问卷调查中,人民群众的整体评价满意率保持在97%以上;2012年全省检察机关受理举报检察人员违纪违法的信访比2008年减少了39.5%;在第四次省级机关"万人评议"机关作风中,人民群众对省检察院的满意和基本满意率为96.7%。五年来,全省各级检察院受国务院和中央政法委表彰的集体1个、个人11名,受最高人民检察院表彰的"全国模范检察院"1个、"全国十佳检察院"1个、"全国先进基层检察院"19个、集体一等功4个、"全国模范检察官"4名、全国检察系统先进个人10名,受省委、省政府、省委政法委表彰的集体18个、个人45名。

回顾五年的历程，我们最重要的体会就是检察机关必须以科学发展观为根本指导思想，从全省经济社会发展和人民群众新期待出发，自觉把党和国家对检察工作的新要求与江苏省情紧密结合，创造性地开展检察工作，勇于在实践中与时俱进、改革创新，不断探索中国特色社会主义检察工作的新机制、新方法，使江苏检察工作始终与时代的进步同行，与经济社会的科学发展同步，与人民群众的意愿同心。我们牢牢把握发展这个第一要义，紧扣经济建设中心任务，把检察工作放在全省大局中来谋划和推进，坚持立足职能服务大局，努力为又好又快推进"两个率先"多作贡献。我们坚持把以人为本作为核心立场，始终把人民放在心中最高位置，认真实践"人民检察为人民"的承诺，在执法办案中全力维护人民群众的合法权益，尽力让老百姓感受到公平正义就在身边。我们自觉把全面协调可持续发展作为基本要求，防止急功近利、以偏概全、片面追求一时政绩的做法，坚持惩治犯罪与保障人权并重，坚持理性、平和、文明、规范执法办案，坚持办案的数量、质量、效率、效果、安全相统一，办案的法律效果与政治效果、社会效果相统一。我们注重把统筹兼顾作为根本方法，统筹处理惩治犯罪与预防犯罪、法律监督与自身监督、业务建设与队伍建设、刑事检察与民事行政检察、省市检察院带动作用与基层检察院办案实体作用等一系列重要关系，推动了检察工作科学发展。

2013年全省检察工作主要任务

法治是治国理政的基本方式，检察机关承担着建设法治江苏的重要责任。在新的一年里，全省检察机关将认真学习贯彻党的十八大精神和省委、最高人民检察院工作部署，切实担负起中国特色社会主义事业建设者、捍卫者的职责使命，继续以争当全国检察机关科学发展排头兵为目标，深入实施依法治国基本方略，全力维护社会稳定、维护公平正义、维护人民群众合法权益，在新的起点上回应人民群众的新期待，努力为我省又好又快推进"两个率先"创造安全稳定的社会环境、公平正义的法治环境和清正廉洁的政务环境。

一是着力保障和促进经济社会科学发展。根据建设中国特色社会主义"五位一体"的总布局，找准切入点和着力点，全面履行检察职能。依法严厉打击危害国家安全、利用邪教组织破坏法律实施犯罪和严重暴力犯罪、黑恶势力犯罪、多发性侵财犯罪、毒品犯罪等严重危害人民群众生命财产安全的各类犯罪，坚决维护国家安全和社会稳定。依法打击走私、集资诈骗、制售假冒伪劣商品等严重经济犯罪，积极开展知识产权司法保护工作，促进加快转变经济发展方式。依法打击涉农刑事犯罪，强化农村社会公共安全保障。依法打击破坏生态、污染环境等犯罪，保障自然资源合理开发利用，促进生态文明建设。对利用互联网和电信手段诈骗等新型犯罪和危害社会管理秩序的各类犯罪，也要加大依法打击力度。结合执法办案加强法制宣传教育，及时向有关部门提出完善社会管理制度的建议，促进社会管理的规范化、法治化。

二是着力提升查办和预防职务犯罪工作水平。认真贯彻中央和省委反腐倡廉新部署，始终保持惩治腐败高压态势，突出查办发生在领导干部中的职务犯罪大案要案，深入开展查办和预防发生在群众身边、损害群众利益职务犯罪专项工作，坚决依法打击发生在民生领域人民群众反映强烈的腐败案件，加大打击行贿、介绍贿赂犯罪力度，做到有案必查、有腐必惩。进一步提高查办案件水平，坚持实事求是，重事实、重证据，规范侦查取证行为，切实尊重和保障人权。进一步畅通群众信访举报渠道，既充分保护群众反腐败的积极性，又切实把群众反腐败的热情引导到法治轨道上来。坚持一手抓案件查办，一手抓职务犯罪预防，大力推进预防职务犯罪人民防线建设，促进从源头上有效防治腐败。

三是着力强化对诉讼活动的法律监督。全面实施修改后的刑事诉讼法、民事诉讼法，依据法律新规定进一步突出监督重点，着力监督和纠正有案不立、有罪不究、以罚代刑、量刑畸轻畸重、裁判显失公平、严重违反程序等问题，促进严格执法和公正司法，维护当事人合法权益；进一步提升监督能力，善于综合运用抗诉、检察建议、量刑建议、书面纠正违法、调查核实等多种监督方式，增强监督的效果。注重改进和加强对民事行政诉讼活动的监督，依法正确开展对民事执行活动、调解书和审判人员违法行为的监督，切实担当起修改后民事诉讼法赋予检察机关的新任务。

四是着力做好新形势下检察机关群众工作。坚持执法为民的宗旨不动摇，积极建立健全检察机关执法为民工作机制，认真落实各项便民利民惠民措施，努力在执法办案中紧密联系群众、热情服务群众。坚持以人民群众的关注点作为法律监督的重点,着力解决群众反映的突出问题,切实保障和改善民生。加强各级检察院为民服务窗口建设,全面推行各级检察长下基层接访制度,认真办好12309检察民生服务热线,进一步畅通群众诉求渠道,依法化解矛盾纠纷。规范和加强派驻乡镇检察室、检察工作站建设,进一步贴近群众开展检察工作,切实做到察民情、解民忧、顺民意。

五是着力提高检察工作亲和力和公信力。加强检察队伍思想政治建设和检察文化建设,深入开展"为民、务实、清廉"的群众路线教育实践活动,筑牢检察人员职业道德和思想根基。遵循法律监督工作规律和司法工作规律,健全和落实检察官职业准入、职业培训、分类管理等制度,提高专业化、职业化、正规化水平。坚持强化自身监督,严格落实党风廉政建设责任制,严肃查处和纠正检察队伍中发生的违纪违法问题,不断提高拒腐防变能力。推进落实检察人员职业保障制度,使基层一线检察人员敬业爱岗,严格执法。大力推进检察机关信息化建设,以信息化保障管理科学化、执法规范化。

依法接受人大监督和政协民主监督,是做好检察工作的重要保证。我们将更加自觉地向新一届省人民代表大会及其常委会报告工作,接受审议,并加强与各级人大代表、政协委员和社会各界的沟通联系,虚心听取意见、建议和批评,确保检察权依法正确行使。全省检察机关将认真贯彻落实本次大会决议,锐意进取,创先争优,奋力开创江苏检察工作新局面,为保障和服务全省各项事业发展作出新的更大贡献。

浙江省人民检察院工作报告(摘要)

——2013年1月27日在浙江省第十二届人民代表大会第一次会议上

浙江省人民检察院检察长 陈云龙

(2013年1月31日浙江省第十二届人民代表大会第一次会议通过)

过去的五年,全省检察机关在省委、最高人民检察院的领导下,在省人大及其常委会的监督下,在省政府、省政协以及社会各界的关心支持下,深入贯彻落实科学发展观,紧紧围绕我省经济社会发展大局,认真履行宪法和法律赋予的职责,各项工作取得新的成效。

一、认真履行批捕、起诉等职责,维护社会和谐稳定

紧紧围绕"平安浙江"建设,认真贯彻宽严相济刑事政策,积极参与社会治安防控体系建设,突出做好奥运会、世博会、党的十八大召开等重大活动的检察环节安保工作,在打击严重刑事犯罪和经济犯罪、促进社会和谐稳定上取得积极成效。

依法打击严重刑事犯罪。共批准逮捕各类刑事犯罪嫌疑人392468人,提起公诉525557人,批捕、起诉案件总数居全国第二。在案多人少的突出矛盾下,我们加大对危害国家安全、严重危害社会秩序和人民群众安全感犯罪的打击力度,进一步健全提前介入侦查、引导取证、挂牌督办等机制,对严重刑事犯罪依法从快批准逮捕、提起公诉,严把案件事实关、证据关、程序关和法律适用关,确保及时、准确地打击犯罪。共批准逮捕危害国家安全和国防利益犯罪嫌疑人41人,提起公诉66人;会同公安、法院等部门深入开展"打黑除恶"专项斗争,批准逮捕黑社会性质组织犯罪和恶势力团伙犯罪嫌疑人19940人,提起公诉24337人;批准逮捕抢劫、抢夺、盗窃等"两抢一盗"犯罪嫌疑人177600人,提起公诉199323人;开展打击涉枪涉爆、禁毒禁赌等专项行动,批准逮捕65193人,提起公诉88224人。

依法打击严重经济犯罪。着眼维护公平有序的市场环境和保障经济转型升级,积极参加整顿和规范市场经济秩序等专项行动,依法批准逮捕各类破坏市场经济秩序犯罪嫌疑人13768人,提起公诉28420人。加大对金融犯罪的打击力度,批准逮捕非法吸收公众存款、集资诈骗等犯罪嫌疑人2659人,提起公诉5737人。会同有关部门开展食品药品安全百日大整治等专项工作,加大对制售病死猪肉、假药劣药、利用工业明胶生产食用药用胶囊等危害食品药品安全犯罪的打击力度,批准逮捕632人,提起公诉1604人。围绕自主创新战略实施,开展打击侵犯知识产权和假冒伪劣商品犯罪等专项行动,批准逮捕1974人,提起公诉5059人。围绕生态文明建设,加大对造成重大环境污染和危害能源资源犯罪的打击力度,共批准逮捕552人,提起公诉2387人。严厉打击职务侵占、强迫交易等影响民营企业健康发展的犯罪,共批准逮捕2217人,提起公诉3698人。建立与环保、食品药品管理等部门的协同机制,成立金融证券、知识产权、环保等案件专业指导组,增强打击的及时性和准确性。

着力促进社会和谐。省检察院先后制定实施办理轻伤害刑事案件、未成年人盗窃案件、老年人犯罪案件适用法律问题的指导意见,对初犯、偶犯、未成年人犯罪、老年人犯罪、群体性事件引发刑事案件中的一般参与人员等落实宽缓刑事政策,共对无逮捕必要的14160人依法作出不捕决定,对犯罪情节轻微的11401人作出不起诉决定。同时,结合加强和创新检察环节社会管理的要求,健全配套制度和措施,在全省检察机关重点推进三个方面工作:一是深入推进轻微刑事案件和解工作。对因邻里家庭等民间纠纷引起的可能判处3年有期徒刑以下的轻伤害等案件,积极促进涉罪人员认罪服法、被害方谅解,努力修复社会关系。通过促进和解共对1843人作出不捕、不诉决定。二是全面推行对涉罪未成年人案件的特殊办理。在全省普遍确定熟悉未成年人身心特点的检察官或者设立未成年人刑事检察机构实行专门办理,积极推进未成年人轻微犯罪附条件下起诉,探索免除前科报告义务,加强案后帮教考察,着力教育挽救。共对4614名未成年人作出不捕、不诉决定。三是着力推进涉罪流动人员依法平等适用批捕、起诉。建立涉罪流动人员羁押必要性评估制度,会同有关部门在企业、社区设立帮教基地,切实改变以往为保障诉讼程序正常进行对涉罪流动人员一般构罪即捕即诉的做法,共对8292名涉罪流动人员作出不捕、不诉决定。

二、认真履行惩治和预防职务犯罪职责,促进反腐倡廉建设

认真贯彻中央、省委关于反腐倡廉建设的决策部署,加大查办贪污贿赂、渎职侵权等职务犯罪力度,更加注重职务犯罪预防,努力遏制和减少职务犯罪。

着力查办大案要案。共立案查处贪污贿赂犯罪5512件6735人;查处渎职侵权犯罪1250件1588人。其中,查办贪污贿赂犯罪大案5618人,占立案查处总数的83.4%,比例数比前五年提高24个百分点;查处玩忽职守、滥用职权等行为造成国有资产损失100万元以上或者人员死亡的重特大渎职侵权犯罪667人,占立案查处总数的42%;查处科级干部2346人,处级干部766人,厅级干部44人。加大对情节严重、社会危害大的行贿犯罪的打击力度,共立案查处1115人。通过办案,为国家挽回经济损失13.2亿余元。

着力解决群众反映强烈的问题。积极顺应群众的呼声,加强对举报线索的分析和对反腐败形势的研判,健全侦查一体化工作机制,深挖腐败窝案串案。组织开展查办城镇建设领域商业贿赂犯罪、工程建设领域突出问题和国土资源领域腐败问题专项治理、查办涉农惠民领域贪污贿赂职务犯罪、查办危害能源资源和生态环境渎职犯罪、查办危害民生民利渎职侵权犯罪等专项工作,共查处2301人。围绕关系民生的突出问题,依法查处征地拆迁、社会保障、医疗卫生、教育就业等领域的职务犯罪案件1049人;查处重大安全生产事故、重大食品药品安全事件背后的职务犯罪案件104人;查处司法人员贪污受贿、徇私枉法等犯罪案件300人。

深入开展职务犯罪预防。认真贯彻《浙江省预防职务犯罪条例》,积极履行省委统一领导的预防职务犯罪工作领导小组办公室的职责,会同监察、审计部门,建立和落实三部门合力发挥指导监督作用、相关行政部门、企事业单位发挥预防主体作用的预防工作机制。依托上述工作平台,深入开展对我省"三个千亿"等政府主导性工程的专项预防;强化对重点行业和领域的预防,认真研究职务犯罪发生的深层次原因,以案件剖析会等形式深入到有关部门开展预防,每年向党委、人大、政府提交职务犯罪预防年度分析报告;深入开展预防教育,推进警示教育基地建设加强对干部队伍的警示教育,组建预防讲师团进党校、进机关、进企业开展预防宣讲;更加注重制度预防,行贿犯罪档案查询逐步成为公共工程建设项目招投标、政府采购等活动的准入环节,在服务我省经济建设和诚信浙江建设中发挥了积极作用。

三、认真履行诉讼监督职责,维护司法公正

以贯彻省人大常委全《关于加强检察机关法律监督工作的决定》和接受省人大常委会持续三年的专项审议为契机,围绕人民群众关注的司法热点问题和诉讼监督薄弱环节,依靠省人大常委会的监督支持,主动协商有关部门,以专项行动、制度建设、试点工作为着力点,每年列出具体项目加以推进落实,切实增强了诉讼监督的规范性和实效性。

强化对刑事诉讼活动的监督。加强对有案不立、有罪不究、应当逮捕、起诉而未移送审查批捕、审查起诉的监督,共依法监督侦查机关立案7049人,纠正漏捕4054人,纠正漏诉6751人;监督立案、追捕、追诉后被判处三年以上有期徒刑的共5016人;联合省公安厅开展"另案处理"案件专项监督、行政执法机关移送公安机关未处理案件专项立案监督,从中分别监督立案185件和145件,并督促行政执法机关将939件案件移送公安机关追究刑事责任。加强对非法取证、不文明办案等严重侵犯人权和犯罪嫌疑人诉讼权利的违法侦查行为的监督,发出纠正违法通知书8513件(次)。会同省公安厅全面推进对公安机关刑事拘留活动的监督,重点加强对刑事拘留后作行政处罚、撤案等处理案件的监督。加强对有罪判无罪、量刑畸轻畸重、程序严重违法等刑事审判的监督,共向法院提出刑事抗诉1122件,法院已审结959件,改判406件,指令再审168件、发回重审61件;认真开展死刑二审案件审查和出庭工作,强化对死刑案件办理的监督;全面推行量刑建议改革,加强对刑事裁判自由裁量权的监督。

强化对刑罚执行和监管活动的监督。先后组织开展在押人员久押不决案件专项监督、保外就医专项检察、看守所戒具和禁闭使用情况专项检察、监管场所在押人员非正常死亡问题专题调研等专项工作,以专项监督带动全面监督,共监督纠正超期羁押、违法减刑、假释、暂予监外执行以及违法监管等违法行为5700件(次)。以信息化建设推动监督工作,全省驻看守所检察室基本实现与监管单位信息联网、动态监控,开发运行减刑假释监督、刑期监督计算机辅助审查软件,在全省全面推行依托电子政务平台运行的社区矫正管理系统,加强对监管活动、减刑假释和社区矫正的动态监督。针对群众反映和检察监督中发现的突出问题,加强对看守所在押人员"假立功"、保外就医人员"假病号"等问题的监督。根据司法改革要求,会同监管单位建立了检察机关对减刑、假释案件事先审核并提出意见的制度,会同法院探索开展减刑假释案件开庭审理制度,推进对刑罚执行的同步监督。

强化对民事行政诉讼活动的监督。以抗诉为主要手段,加强对民事行政诉讼领域审判不公、程序违法的监督,提出民事行政抗诉3712件,法院审结3016件,改判863件,发回重审94件,经检察机关调处或者法院再审开庭后调解结案1321件。针对群众关注的执行难问题,会同省法院在全省6个市14个县(市、区)试点开展对民事执行活动的检察监督;针对当事人双方恶意串通提供虚假证据致使法院作出错误裁判和违法调解、损害案外人利益的问题,通过抗诉或检察建议着力监督纠正虚假诉讼155件,并通过深查案件、移送线索使167名参与虚假诉讼的当事人、代理人被追究刑事责任;针对国有资产流失、公共利益遭受损害而有关部门未及时履职的情况,积极开展民事督促起诉,共办理涉及土地出让、财政专项资金出借、环境污染等领域民事督促起诉案件2108件,避免国有资产损失92亿余元。

四、坚持严格执法、服务大局、执法为民有机统一,提升执法办案的综合效果

坚持把检察工作置于法治建设的根本要求、我省经济社会发展大局和人民群众的期待呼声中,在执法办案中做到既严格依法办案,又克服就案办案,充分考虑大局需要和群众需求,更好地把握尺度、化解矛盾、加强服务、提升效果。

提升严格执法水平。把严格执法作为根本来坚守。省检察院健全重大复杂案件报备和指导制度,对重大复杂案件及时掌握、加强指导、重点办理,对杭州"5·7"交通肇事案、温岭"虐童"案等一批热点案件,坚持理性对待舆论,以事实为依据、以法律为准绳,确保案件定性准确、依法办理。更加重视把好证据关和程序关,建立和推行以物证、书证、勘验检查笔录等客观性证据为核心的公诉案件审查模式,在全国推广并被列入国家级重点课题;探索建立非法证据排除机制,对以刑讯逼供等非法

方法取得的言词证据依法予以排除;完善和落实保障律师合法执业权利的相关措施,更好地听取律师等诉讼代理人意见。突出规范职务犯罪侦查行为,严格落实职务犯罪侦查讯问全程同步录音录像制度,落实职务犯罪审查逮捕由上一级检察院决定的司法改革措施,全面建立办案工作区保障办案规范安全,加强人民监督员对职务犯罪"七类案件或事项"的监督,依法文明办案水平有新的提升。

提升服务大局成效。自觉围绕大局来谋划和推进检察工作。认真开展"走进企业、走进基层"等活动,及时掌握经济社会发展对检察工作提出的新要求,根据大局要求动态性地明确执法办案重点,研究把握执法办案法律政策界限和方式方法,提升执法办案的针对性和实效性。密切关注执法办案中反映出的经济社会不稳定因素,针对2008年和2011年国际金融危机冲击、民间融资问题突显的情况,分别出台帮助企业解困十五条意见、促进经济稳定增长支持中小企业健康发展十九条意见,及时明确办理金融领域案件、集资类刑事案件、劳资纠纷民事行政案件的法律政策界限,努力维护经济社会稳定。不断改进执法办案方式方法,在涉企案件特别是涉及民营企业案件办理中,慎重选择办案时机、调查取证时间地点,审慎采取扣押冻结企业财产等强制措施,努力维护企业正常生产经营秩序,更加重视研究办案中凸显的社会管理问题并加强检察建议,省检察院针对知识产权保护、金融管理、招投标、环保等领域犯罪分析及完善制度的建议得到了中央、省委、最高人民检察院的肯定。

提升人民群众满意度。注重在检察工作中充分倾听和回应人民群众的呼声。全面开通运行12309举报电话,积极推进互联网检务中心建设、在线受理群众申诉和举报,开发运行涉检舆情监测系统,畅通群众诉求渠道,更加有针对性地惩治侵害群众切身利益、群众反映强烈的各类犯罪。更加注重在办案中维护人民群众的利益,会同有关部门,积极采取调处手段妥善处理涉及劳动争议、医患纠纷、损害赔偿等方面的民事申诉案件145件;加强对刑事被害人的救助工作,对850名生活确有困难的被害人或其近亲属提供司法救助。更加注重保障群众的知情权,全面推行法律监督说理,对不批准逮捕、不提起公诉、实名举报初查不立案等充分进行释法说理答疑;全面建立各级检察院门户网站,推行建立检务公开大厅,对办案中依法可以公开的内容公开在线查询;建立和落实新闻发言人、检察开放日等制度,定期向人民群众通报检察工作情况。

五、坚持以队伍、制度、基层基础建设为重点,全面加强检察自身建设

坚持服务科学发展和检察自身科学发展两手抓,努力使检察自身建设水平与服务我省经济社会发展的要求相适应。五年来,全省共有263个集体和464名个人受到省级以上表彰,24个基层检察院进入全国先进基层检察院行列,义乌、慈溪检察院分别被评为"全国十佳基层检察院"、"全国模范检察院",40余名干警获得"全国人民满意公务员"、"全国模范检察官"、"全国检察业务专家"、"全国十佳公诉人"等全国性荣誉称号。

大力加强检察队伍建设。认真组织开展学习实践科学发展观、社会主义法治理念教育、创先争优等一系列集中教育活动,进一步树立队伍的政治信念、宗旨意识和理性、平和、文明、规范的执法理念,查摆和整改突出问题,加强队伍思想政治建设。扎实推进队伍专业化建设,加强对干警的业务培训,举办各类培训班712期,培训人员4.2万余人次;加强专业人才的培养选拔和管理使用,组织开展全省十佳公诉人、侦查监督能手、律师和公诉人抗辩赛等岗位练兵和竞赛活动;加强检察文化建设,开展新任检察官宣誓等活动,增强检察人员的职业使命感和责任感。重视创造条件让年轻干警到基层和信访接待岗位锻炼,提高年轻干警做群众工作的能力。坚持从严治检,加强廉政教育,开展检务督察,检查纠正执法不规范和检风检纪方面的突出问题,严肃查处21名涉嫌违法违纪的干部。

大力加强法律监督机制制度建设。抓住贯彻中央司法改革要求和社会管理创新部署、省人大常委会《关于加强检察机关法律监督工作的决定》等契机,全面加强法律监督机制制度建设。围绕强化法律监督,单独或会同其他司法机关就刑事拘留监督、立案监督、民事执行监督、看守所监控联网、检察长列席法院审判委员会等制定制度规范35个;建立国土、环保等行政执法机关与公安、检察等刑事司法的工作衔接机制,完善与纪检监察机关、审计部门在反腐败中的协作机制;建立健全侦查指挥中心,完善省、市、县三级检察院的侦查一体化工作机制。围绕深化职能内涵、促进社会和谐,在建立贯彻宽严相济刑事政策一系列制度的同时,建立检调对接、检察建议、职务犯罪预防年度报告等工作机制。围绕规范执法行为、强化自身监督，完善了各项执法办案工作的质量标准和程序要求，建立和推进了办案信息化动态管理监督系统，开发运行廉政风险防控系统，增强监督效果。

大力加强基层基础建设。坚持以执法规范化、队伍专业化、管理科学化和保障现代化为方向，扎实推进基层检察院建设。通过落实中央关于加强"两院"工作的决定，依靠党委、政府和有关部门的支持，努力解决基层检察院人员、经费、业务装备配备等保障性问题，五年来增编的中央政法专项编制中80%分配到了基层检察院。把推进科技强检作为战略任务来抓，基本完成检察专线网建设，开通运行全省统一的网上办案系统，统筹推进各类案件信息数据库建设，拓展电子数据分析等侦查技术手段运用，检察工作的科技含量明显提升。根据检察改革要求，推进派驻基层的检察室建设，全省现已挂牌运行65个基层检察室，在强化基层执法监督、化解基层矛盾纠纷中发挥了积极作用。

接受人大及其常委会监督是做好检察工作的重要保证。全省检察机关严格执行接受人大监督的各项制度，认真贯彻省十一届人大历次会议对检察工作的决议，主动向人大及其常委会报告工作，主动向人大代表、政协委员和各民主党派通报检察工作，认真办理人大代表、政协委员提出的议案、提案和建议，积极邀请人大代表、政协委员参与检察开放日等活动。省检察院就侦查监督、刑事诉讼监督、贯彻省人大常委会关于加强检察机关法律监督工作的决定及审议意见作了专项工作报告，并根据审议情况认真落实整改措施。同时，深化人民监督员制度改革，完善特约检察员制度，在检察决策和执法办案过程中充分听取意见，接受监督。

同时，我们清醒地认识到，工作中还存在不少问题和不足，主要是：检察职能作用的发挥距离人民群众对反腐败、司法公正的要求还存在不小差距；少数检察干警能力水平与新形势下履职要求还不相适应；理性、平和、文明、规范的执法理念有待进一步树立，执法办案不规范等现象仍有存在；个别干警违法违纪仍有发生；检察机关信息化建设和应用步伐还不快，与新形势新要求还不相适应，对这些问题，省检察院将高度重视，采取有力措施认真加以解决。

今后一个时期是我省加快建设"两富"现代化浙江的关键时期，检察工作的任务将更加艰巨。全省检察机关要深入贯彻党的十八大精神，紧紧围绕省委抓好"一三五"、实现"四翻番"的部署要求，顺应人民群众对公共安全、司法公正、权益保障的新期待，以全力推进平安浙江、法治浙江和过硬队伍建设为重点，以提升"三个效果"有机统一的办案质量为总抓手，以贯彻执行修改后刑事诉讼法、民事诉讼法为契机，进一步提高执法水平和执法公信力，着力为我省经济社会发展创造安全稳定的社会环境、清正廉洁的政务环境和公平正义的法治环境。重点抓好五个方面：

一、围绕"五位一体"总布局，强化在服务我省经济社会发展中的职能作用。认真研究和把握在经济发展方式转变、改革深入推进中反映在司法领域的矛盾纠纷和利益冲突的原因，立足打击刑事犯罪、查办和预防职务犯罪、诉讼监督等检察职能，更加自觉地围绕大局的要求突出办案重点，特别是要加强对知识产权战略实施、生态省建设、金融改革、劳资关系完善等经济社会发展进程中重点问题的关注，重视加强对民营企业的平等法律保护，把握法律政策界限，改进执法办案方式方法，跟进法律服务，更加有效地为我省经济社会发展提供法治保障。

二、围绕深入推进"平安浙江"建设，强化在维护社会安全稳定中的职能作用。加强和改进审查批捕、审查起诉工作，更加及时有力地打击危害国家安全、国防利益、公共安全犯罪和黑恶势力犯罪、严重暴力犯罪、多发性侵财犯罪等严重犯罪，加强对侵犯军人军属合法权益行为的法律监督。密切关注和研究经济社会发展中出现的不稳定因素，在检察执法办案中增强预见性、把握症结、准确定性、促进建设、确保效果。更加注重从根本上、源头上维护社会稳定，深入贯彻宽严相济刑事政策；积极对接"网格化管理、组团式服务"、"大调解"平台，更加有效地倾听和回应群众诉求，化解矛盾纠纷；加强对社会稳定形势的研判报告，针对执法办案中发现的社会管理新情况、新问题积极提出检察建议，促进社会建设。

三、围绕实现干部清正、政府清廉和政治清明，强化在反腐败工作中的职能作用。认真贯彻中央关于更加科学有效地防治腐败、坚定不移把反腐倡廉建设引向深入的决策部署，继续加大惩治和预防职务犯罪工作力度。坚持以查办职务犯罪大案要案和解决发生在群众身边的腐败问题为重点,严肃查办滥用司法权、行政执法权、行政审批权给国家和人民利益造成重大损失的案件,严重损害群众利益、重大群体性事件、重大环境污染事件、重大责任事故背后的渎职侵权犯罪案件,组织开展查办和预防发生在群众身边、损害群众利益职务犯罪专项工作。进一步加强预防职务犯罪工作,在继续强化教育预防的同时,积极促进行政执法与刑事司法信息相衔接等制度性预防工作。

四、围绕深入推进"法治浙江"建设,强化在维护司法公正和促进依法行政中的职能作用。深入贯彻落实修改后刑事诉讼法、民事诉讼法和省人大常委会《关于加强检察机关法律监督工作的决定》,紧紧围绕人民群众反映的司法不公突出问题、诉讼监督工作中的薄弱环节问题和法律明确的新监督职责,在全面加强对刑事立案、侦查、审判、刑罚执行、民事审判执行等活动监督的同时,确定工作重点,加大监督力度,改进薄弱环节,建立健全制度,维护司法公正。积极探索加强对行政执法活动的法律监督,建立健全与政府及其有关部门的执法监督联动机制,综合运用法律手段促进解决突出问题,促进公职人员更好地运用法治思维和法治方式履行社会管理职责。

五、围绕提升执法公信力,强化检察队伍和基层基础建设。深入学习贯彻党的十八大精神,组织开展以为民、务实、清廉为主要内容的党的群众路线教育实践活动,坚定政治立场、端正执法理念。围绕提升新形势下群众工作能力、维护社会公平正义能力、新媒体时代舆论引导能力、科技信息化应用能力和拒腐防变能力,全面加强队伍执法素质能力建设。深入推进执法规范化建设,建立健全尊重和保障人权、突出证据、程序等要求的执法办案工作规程、质量标准,加快案件信息化管理体系建设,依法保障律师执业权利,完善接受人民群众监督的平台机制。大力推进科技强检战略,形成适应法律监督实战要求的案件信息库体系和科技装备体系。进一步加强基层检察院建设,规范和完善基层检察室的职能发挥,夯实检察工作基础。坚持从严治检,认真贯彻执行中央、省委关于改进工作作风、密切联系群众的规定,健全检察权运行制约和监督体系,加强检务督察,打造过硬队伍。

安徽省人民检察院工作报告(摘要)

——2013 年 1 月 25 日在安徽省第十二届人民代表大会第一次会议上

安徽省人民检察院检察长　崔　伟

(2013 年 1 月 28 日安徽省第十二届人民代表大会第一次会议通过)

过去五年的工作

省十一届人大一次会议以来的五年,是安徽经济社会发展取得显著成就的五年,也是全省检察工作励精图治、跨越发展的五年。五年来,全省检察机关认真贯彻中共安徽省委和最高人民检察院的各项决策部署,全面落实省十一届人大历次会议精神,高举旗帜,把握方向,凝心聚力,忠实履职,以敢于担当的气魄、勇于创新的精神、求真务实的作风,不断加大执法办案力度,致力提升法律监督公信力,开创了我省检察工作新局面,为保障和促进我省经济社会发展作出了积极贡献。

一、充分发挥检察职能作用,致力服务兴皖富民大局

全力维护社会和谐稳定。坚持把检察工作融入三项重点工作总体格局,坚决维护黄金发展期全省社会大局稳定。依法履行批捕、起诉职责,严厉打击严重暴力犯罪、黑恶势力犯罪、毒品犯罪和多发性侵财犯罪,增强人民群众安全感。五年来,共批准逮捕各类刑事犯罪嫌疑人124989人,提起公诉188436人。坚持把化解社会矛盾贯穿于执法办案的全过程,认真贯彻宽严相济刑事政策,强化执法办案风险评估预警,切实做好诉前走访、刑事和解、检调对接等工作,加强执法办案重点环节的释法说理,最大限度地减少社会对抗、促进社会和谐。积极参与社会管理创新,配合有关部门深入开展校园周边环境治理,加强对治安重点地区的排查整治,协助基层组织加强对监外服刑人员的矫正帮教,推动完善社会治安防控体系,大力推进平安安徽建设。

多措并举服务经济发展。围绕全省经济发展战略布局,紧扣省委重大决策部署,先后制定《关于充分发挥检察职能服务美好安徽建设的意见》等7个规范性文件,引导全省检察机关着眼全局履职尽责、执法办案服务发展,提升检察工作与中心工作的融合度。积极参与整顿和规范市场经济秩序,加大打击非法集资、金融诈骗、传销等严重经济犯罪力度,着力营造诚信有序的市场环境。五年来,共批准逮捕破坏社会主义市场经济秩序犯罪嫌疑人5759人,提起公诉8257人。抓住涉及国计民生的重点领域和人民群众反映强烈的突出问题,集中开展查办商业贿赂、危害能源资源和生态环境渎职犯罪等专项工作以及工程建设领域、国土资源领域专项治理。主动融入合芜蚌自主创新综合试验区、皖江示范区和皖北振兴等重大战略平台建设,先后对160个千万元以上的重大工程项目开展了跟踪预防。制定实施查办涉及企业案件的意见,准确把握政策法律界限,注重改进执法方式方法,努力做到办案考虑发展、执法不忘稳定、监督促进和谐。

全心全意维护民生民利。积极参与食品药品安全专项整治和打击"地沟油"、"瘦肉精"违法犯罪专项活动,起诉生产销售假药劣药、有毒有害食品等犯罪嫌疑人629人。深入开展查办危害民生民利渎职侵权犯罪和涉农惠民领域职务犯罪专项工作,在征地拆迁、社会保障、医疗卫生、农机补贴等领域查办案件461件。加强对困难群众、留守儿童、孤寡老人、进城务工人员等弱势群体的司法保护,起诉招工诈骗、强迫劳动、拐卖妇女儿童等犯罪嫌疑人578人。完善落实司法便民措施,探索建立检察联络室、民生联系点等服务平台,广泛开展检察官"进农村、进社区、进企业、进学校"活动,倾听群众诉求,为民排忧解难,共办理群众来信来访81308件次,救助刑事被害人或其近亲属1687人。深入开展带案下访、定期巡访、联合接访等活动,妥善化解涉检信访积案,努力使群众冤情有处诉、正义能伸张。五年来,中央政法委和最高人民检察院交办的336件涉检信访案件全部按时办结息诉,全省涉检信访总量持续下降,7个控告申诉接待室被命名为全国检察机关"文明接待示范窗口",33个控告申诉接待室被授予全国检察机关"文明接待室"称号。

依法查办"11·15"系列案件。2012年4月,"11·15"案件依法交由安徽省司法机关办理,这是一起案情复杂、涉案人员身份特殊、国际国内影响极大、境内外媒体广泛关注的敏感案件。面对这一艰巨任务,我省检察机关本着对党、对国家、对检察事业高度负责的精神,依法办案,不负重托,圆满完成了薄谷开来、张晓军故意杀人案的介入引导侦查和公诉工作,重庆市公安局原副局长郭维国等四人徇私枉法案的侦查、公诉以及王立军徇私枉法案的侦查工作,有力维护了法律的尊严和权威,维护了党和国家形象。

二、依法惩治和预防职务犯罪,积极推进反腐倡廉建设

加大查办贪污贿赂犯罪力度。充分发挥检察机关在推进反腐倡廉建设中的职能作用,突出查办领导机关和领导干部中的大案要案。五年来,共立案侦查贪污贿赂犯罪5143件6963人,其中县处级以上干部要案411人(厅级以上干部29人),同比增加4.8%;大案3756件,同比增加11.6%,大案比例由2007年的68%提升到2012年的83%。省检察院注重强化对办案工作的组织领导,积极发挥示范带头作用,坚持"系统抓,抓系统",深化一体化机制运用,采取领办、提办、交办、督办等方式,在煤炭领域、高校系统、国土资源等部门集中查办了一批有影响的大案要案,带动了全省办案工作的深入开展。加大打击行贿犯罪力度,对820名拉拢腐蚀国家工作人员的行贿人依法追究刑事责任,同比增加38.3%。坚持办案数量、质量、效率、效果、安全的有机统一,职务犯罪起诉率逐年上升,2011年以来有罪判决率连续保持100%。

强力推进反渎职侵权工作。深入贯彻中央关于加大惩治和预防渎职侵权违法犯罪工作力度的要求,认真落实省人大常委会审议反渎职侵权工作专项报告的意见,加强机构建设,完善工作机制,主

动与省直30多家执法执纪部门建立联席会议制度,推动反渎职侵权工作的长足发展。五年来,共立案侦查渎职侵权犯罪1126件1565人,同比分别上升16.4%和26.7%,其中重特大案件405件,同比上升130%;行政执法人员犯罪496人,同比上升14.8%。开展预防渎职侵权犯罪共同倡议活动,成功举办"全国检察机关惩治和预防渎职侵权犯罪展览"安徽巡展,全省1200多家单位、8万余名国家工作人员参观展览,提升了反渎职侵权检察工作的社会认知度和影响力。

坚决严惩司法腐败。为回应人民群众关切、推进公正廉洁执法,省检察院主动向省委建议在全省政法机关开展查办司法不公背后职务犯罪专项行动,得到了省委的大力支持,并被列为省委2010年重点工作。在为期一年半的专项行动中,全省检察机关共查处司法人员索贿受贿、徇私枉法等职务犯罪208人,特别是省市两级检察院上下联动、合力攻坚,在一些地方和部门集中突破了一批窝案串案,引起强烈社会反响,有力纯洁了司法队伍、净化了司法环境。

深入开展职务犯罪预防。在坚决惩治腐败的同时,更加注重治本,更加注重预防。五年来,共向有关单位和部门提出预防建议7587件。加强警示教育基地建设,组织服刑人员现身说法,推动职务犯罪预防教育进党校、进机关,共对国家工作人员进行警示教育31.6万人次。推行招投标领域廉洁准入制度,设立安徽省行贿犯罪档案查询管理中心,向社会提供查询15万余次。建立职务犯罪预防年度报告制度,开展涉农等职务犯罪专项调查,深入分析发案态势,积极提出预防对策,促进职务犯罪源头治理。

三、强化诉讼活动法律监督,努力维护社会公平正义

认真落实省人大常委会决定。省人大常委会《关于加强人民检察院诉讼活动法律监督工作的决定》,为诉讼监督工作的深入开展提供了强大动力。全省检察机关抓住机遇,加强与公安、法院、司法行政部门的沟通协调,制定出台一系列规范性文件,创新监督举措,破解监督难题,完善监督机制,推动我省各项诉讼监督工作全面迈进全国先进行列。坚持日常监督与专项监督相结合,深入开展刑事审判法律监督专项检查、"另案处理"案件专项检查等一系列专项监督活动,监督工作的针对性和有效性明显提升。

强化刑事诉讼监督。坚持惩治犯罪与保障人权并重,着力监督纠正有案不立、有罪不究、刑讯逼供、量刑畸轻畸重等问题。五年来,共监督公安机关立案8995件、撤案4314件;纠正漏捕9901人、纠正漏诉8299人;对侦查活动中的违法情形提出纠正意见11344件次,已纠正10929件次。深化量刑建议改革,落实检察长列席审判委员会和职务犯罪案件一审判决两级检察院同步审查制度。五年来,共提出刑事抗诉875件,同比上升58%。加强死刑二审案件审查与出庭工作,监督死刑依法正确适用。

强化民事审判和行政诉讼监督。坚持以抗诉为中心,综合运用纠正违法、检察建议等多种手段,强化监督效果。五年来,共依法提出抗诉3611件,提出检察建议5462件,被采纳4905件。探索拓展监督领域,开展民事执行监督和调解活动监督试点。加强对侵害国家利益、社会公益和弱势群体利益案件的监督,共办理督促和支持起诉案件8243件。坚持抗诉与息诉并重,对认为裁判正确的申诉,耐心做好当事人服判息诉工作,维护司法裁判权威。

强化刑罚执行和监管活动监督。加强对减刑、假释、暂予监外执行的同步监督,纠正减刑、假释、暂予监外执行不当962件次。在全国率先推动建立原县处级以上人员减刑、假释案件一律开庭审理制度,着力解决职务犯罪人员"前门进、后门出"问题。积极开展看守所监管执法专项检查和监狱"清查事故隐患、促进安全监管"专项活动,严厉打击"牢头狱霸",维护在押人员合法权益。落实纠防超期羁押工作机制,全省刑事诉讼各环节连续五年无超期羁押。强化罪犯监外执行法律监督,纠正脱管、漏管3264人次。加强派驻检察室规范化建设,全省规范化检察室达标率由2008年的47%上升为2012年的93%,10个检察室被最高人民检察院评为一级规范化检察室,宁国市检察院驻看守所检察室被评为首届全国"十佳示范检察室"。

四、自觉接受内外监督制约,保障检察权依法正确行使

主动接受外部监督。牢固树立监督者更要接受监督的意识,自觉接受人大依法监督、政协民主监督和人民群众监督。省十一届人大历次会议闭幕后,省检察院都及时梳理审议意见,逐条研究整改措施,逐项抓好落实反馈。五年来,共办理并答复代表、委员意见建议 734 件,办结代表、委员交办案件 312 件。积极邀请代表、委员视察检察工作,主动向人大常委会作专项报告,依靠人大支持推动解决一些制约检察工作科学发展的突出问题。大力推行阳光检务,充分发挥人民监督员、特约检察员等监督执法办案、参与检察决策的积极作用。五年来,人民监督员共参与案件监督 873 件。

自觉强化内部监督。全面推行职务犯罪审查逮捕上提一级、讯问职务犯罪嫌疑人全程同步录音录像制度,制定实施查办职务犯罪工作监察办法,切实加强对执法办案活动的监督。持续加大检务督察力度,省检察院先后开展 25 次对下集中督察活动,对执法办案、检风检纪、警车管理、接待群众来访等情况进行明察暗访,发现问题,督促整改。推动党内监督与执法监督相融合,在办案组建立临时党支部,把思想政治工作延伸到八小时以外,引导干警弘扬党的优良作风、严格公正文明执法。

加强执法规范化建设。开展"规范化建设推进年"活动,构建全省统一的检察业务规范体系和执法办案考评标准。积极推进执法档案建设,定期开展逮捕案件质量复查和不起诉、撤销案件专项检查,共评查各类案件 4195 件,通过评查化解信访积案 697 件。加强司法警察编队管理,推行办案工作区准用证制度,五年来全省检察机关没有发生一起办案安全事故。探索执法办案集中管理模式,强化重点环节监督,严格执法过错责任追究,执法规范化水平进一步提升。

五、大力加强检察队伍建设,提高公正廉洁执法水平

加强思想政治建设。坚持抓党建、带队伍、促业务,积极开展一系列主题教育活动,引导广大检察人员坚定理想信念,牢固树立正确执法理念。省检察院先后被评为省直机关党组中心组学习先进单位、学习型党组织建设先进单位、基层党组织建设年活动先进单位。深入开展创先争优活动,五年来全省检察机关共有 201 个集体和 519 名个人受到省级以上表彰,芜湖县检察院被授予"全国模范检察院",14 个检察院被评为"全国先进基层检察院",太和县检察院、太湖县检察院被评为"全省人民满意的公务员集体",全省涌现出以"全国模范检察官"吴群、王世杰、陈方方、刘擎为代表的一批先进典型,展示了检察队伍的良好形象。

加强法律监督能力建设。全面启动安徽检察官学院建设,大规模推进检察教育培训,五年来共轮训检察人员 32840 人次。目前,全省具有大学本科以上学历的检察人员占干警总数的 82%,比 2007 年提高了 11 个百分点。加强高层次人才的培养选拔,3 名干警被评为全国检察业务专家,11 人入选全国检察理论研究人才,60 人在最高人民检察院组织的岗位练兵和业务竞赛中获奖。深化干部人事制度改革,创新干部选拔任用方式,加大上挂下派、交流任职力度,建立选任干部跟踪考核制度,努力为检察事业科学发展选好用准人才。

加强检察文化建设。深入推进"文化育检"工程,成立安徽省检察官文学艺术联合会,开展文化建设示范院评比活动,我省有两个检察院被评为全国检察文化建设示范院。组织开展经常性文体活动,成功举办纪念安徽省人民检察院成立六十周年大型文艺演出和全省检察机关首届体育运动会,省检察院被评为全国"全民健身活动先进单位"。

加强自身反腐倡廉和纪律作风建设。坚持"内抓管理、提振精气神,外树形象、提升公信力",强力推进机关效能建设,省检察院先后被评为省直效能建设先进单位和省直文明单位。严格队伍日常管理,在省直机关率先推行全员绩效量化考核。积极推行市级检察院检察长到省检察院述职述廉、基层检察院检察长任免备案等制度,突出抓好对领导班子和领导干部的监督。探索建立廉政风险防控机制,强化示范教育、警示教育和岗位廉政教育,努力从源头上防止违纪违法问题的发生。以"零容忍"的态度对待消极腐败行为,五年中先后查处违法违纪检察人员 26 人,比前五年下降 58.7%,检察队伍形象大为改观,检察机关面貌焕然一新。

扎实推进基层基础建设。制定落实解决基层人才断层问题五年规划,为基层补充录用检察干警 1514 名,有效缓解了人才短缺问题,优化了基层队伍结构。积极争取党委、政府和有关部门的支持,认真落实政法经费保障改革措施,加强办案用房和专业技术用房建设,基层检察院执法办案条件明显改善,经费保障困难的状况大为改观。深入推进科技强检战略,持续加大信息网络、科技装备、司法鉴定实验室等方面的投入力度,信息技术在办公办案中的应用日益广泛,检察信息化和装备现代化水平显著提高。2008 年至 2011 年,全省检察机关新建"两房"面积 179100 平方米,人均公用经费增长

89%，科技装备总值增长99%。认真落实改革措施，顺利完成巢湖市区划调整检察干部分流和蚌埠铁路运输检察院移交工作。

五年来的检察工作实践，使我们深深体会到：必须坚持检察工作正确政治方向，坚持党对检察工作的绝对领导，坚定不移地做中国特色社会主义事业的建设者和捍卫者；必须坚持以科学发展观为统领，自觉把检察工作放在全省工作全局中谋划和推进，在服务经济社会科学发展中实现检察工作全面协调可持续发展；必须坚持以执法办案为中心，敢于办案、善于监督，注重法律效果、政治效果和社会效果的有机统一；必须坚持把党的建设与队伍建设、业务建设紧密结合，持之以恒、统筹推进，大力营造风清气正、和谐向上的机关生态；必须大力弘扬改革创新精神，在深化改革中破解难题，在开拓创新中谋求发展，不断推动安徽检察工作向更高层次迈进。

当然，我们也清醒地认识到，当前检察工作还存在不少问题：就案办案、机械执法现象仍然存在，一些检察机关和检察人员的大局意识、责任意识、服务意识仍需进一步强化；法律监督职能作用的发挥与经济社会发展的要求和人民群众的期待还有一定差距，不敢监督、不善监督及监督缺位的状况仍然存在；检察队伍整体素质还不能完全适应新形势新任务的要求，高层次人才相对缺乏；少数检察人员执法犯法、以案谋私，损害了检察机关的执法公信力；一些基层检察院案多人少、检察官断档、科技装备落后等问题还没有得到根本解决。对此，我们将积极采取措施，努力加以解决。

2013年的任务

2013年是贯彻落实党的十八大精神的开局之年，也是实施"十二五"规划承上启下的关键一年。全省检察机关将深入学习贯彻党的十八大精神，高举中国特色社会主义伟大旗帜，以邓小平理论、"三个代表"重要思想、科学发展观为指导，紧紧围绕全省经济社会发展大局，积极顺应人民群众对公共安全、司法公正、权益保障的新期待，以强化法律监督、强化自身监督、强化队伍建设为总要求，坚持有法必依、执法必严、违法必究，全力推进平安安徽、法治安徽、和谐安徽建设，大力提升执法能力和执法公信力，努力为打造"三个强省"、建设美好安徽提供更加有力的司法保障。重点做好以下工作：

一、充分发挥检察职能，着力服务和保障美好安徽建设

准确把握中国特色社会主义五位一体的总体布局，找准检察工作服务经济社会发展的切入点，调整工作重心，完善服务举措。着眼于改善投资消费环境，严厉打击严重破坏市场经济秩序犯罪，营造诚信有序的市场环境；着眼于推进美好乡村建设，严肃查办和积极预防农业基础设施建设、实施强农惠农政策等领域的职务犯罪，加强对涉及土地承包经营权流转、土地征收、房屋拆迁等民事行政申诉案件的法律监督；着眼于推动实施创新驱动发展战略，加大打击侵犯知识产权和制售假冒伪劣商品犯罪的力度，提高知识产权司法保护水平；着眼于壮大实体经济，依法妥善处理涉及企业案件，维护企业合法权益和正常生产经营秩序；着眼于保障和改善民生，强化执法为民的具体措施，着力解决好人民群众最关心、最直接、最现实的利益问题。

二、着力强化法律监督，大力推进平安安徽、法治安徽、和谐安徽建设

认真履行维护稳定的第一责任。加强批捕、起诉工作，依法严厉打击危害国家安全、社会治安和公共安全的犯罪活动，积极参与对治安重点地区和突出治安问题的集中整治，坚决遏制严重刑事犯罪高发态势，努力营造安全稳定的社会环境。加强矛盾纠纷排查化解，推进涉法涉诉信访工作改革，加大依法受理、依法纠错、依法赔偿、依法救助力度。结合执法办案，加强法制宣传教育，弘扬社会主义法治精神。深入推进反腐倡廉建设。严肃查办发生在领导机关和领导干部中滥用职权、贪污贿赂、失职渎职等犯罪案件，严重损害群众合法经济权益、政治权益和人身权利的案件，发生在组织人事、行政执法、司法和工程建设等重点领域和关键环节的案件，促进干部清正、政府清廉、政治清明。组织开展查办和预防发生在群众身边、损害群众利益职务犯罪专项工作，深入推进严肃查办政策性补贴领域渎职侵权犯罪专项行动。推进侦防一体化机制建设，深化职务犯罪预防工作。坚决维护司法公正和法制权威。认真贯彻修改后的刑事诉讼法、民事诉讼法，全面强化对刑事诉讼、民事行政诉讼、刑罚执行和监管活动的法律监督，着力解决执法不严、裁判不公等人民群众关心关注的公平正义问题，维护国家法制统一、尊严、权威。

三、着力强化过硬队伍建设和基层基础工作，提升执法亲和力和公信力

深入学习贯彻党的十八大精神，引导广大检察人员坚持检察工作正确政治方向，坚定不移地做中国特色社会主义事业的建设者和捍卫者。突出抓好能力素质建设，着力提高检察人员做好新形势下群众工作能力、维护社会公平正义能力、新媒体时代舆论引导能力、科技信息化应用能力和拒腐防变能力。严格执行中央、省委关于改进工作作风、密切联系群众的有关规定，深入开展群众路线教育实践活动。坚持从严治检不动摇，建立有权必有责、用权受监督、失职要问责、违法要追究的管理体系，对检察队伍中的违纪违法现象，坚决查处、绝不姑息。认真贯彻省人大常委会审议基层检察院建设专项报告的意见，深入推进基层执法规范化、队伍专业化、管理科学化和保障现代化建设，筑牢执法为民的一线平台。主动接受人大监督、民主监督、社会监督，加强与人大代表、政协委员的经常性联系，真诚听取代表、委员提出的意见和建议，不断加强和改进检察工作。

党的十八大开启了全面建成小康社会新的伟大征程，检察工作也站在了新的历史起点上。全省检察机关决心在中共安徽省委和最高人民检察院的坚强领导下，认真贯彻落实本次会议精神，求真务实，团结拼搏，锐意进取，在已有的基础上推动我省检察工作创新发展，为推进兴皖富民大业、全面建成小康社会作出新的更大贡献。

福建省人民检察院工作报告（摘要）

——2013年1月29日在福建省第十二届人民代表大会第一次会议上

福建省人民检察院检察长　倪英达

（2013年2月1日福建省第十二届人民代表大会第一次会议通过）

过去五年检察工作回顾

2008年以来，在省委、最高人民检察院的领导和省人大及其常委会的监督下，全省检察机关坚持以邓小平理论、"三个代表"重要思想、科学发展观为指导，紧紧围绕福建科学发展跨越发展大局，强化法律监督、强化自身监督、强化队伍建设，忠实履行宪法法律赋予的职责，各项检察工作取得新的进步。

——坚持围绕中心、服务大局，始终把检察工作放在福建科学发展跨越发展全局中来谋划和推进。省检察院及时制定实施《关于充分发挥检察职能为加快建设海峡西岸经济区服务的意见》等五个工作意见和措施，主动服务经济社会发展。在执法实践中正确把握法律政策界限，一以贯之实行"五个不轻易"、"六个严禁"和"六个界限"等规定，切实改进执法方式，规范执法行为，保障犯罪嫌疑人合法权益，维护发案单位正常生产工作秩序。一些地方检察机关推行保护台企台商、服务民营企业"二次创业"、重大项目风险防范评估等做法，服务区域经济发展。深化闽台检察交流与合作，举办两岸检察实务研讨会，积极开展两岸检察机关司法互助和个案协查。

各级检察机关依法打击严重经济犯罪，加强重点领域突出问题专项治理，推进治理商业贿赂工作，参与打击侵犯知识产权和制售假冒伪劣商品犯罪、整治非法集资、"高额返利网"等专项行动，维护市场和金融秩序健康发展。共批捕走私、金融诈骗、非法经营、侵犯知识产权等犯罪嫌疑人8419人，起诉15027人，查办涉嫌商业贿赂犯罪国家工作人员2519人。会同发改委、建设等部门开展工程建设领域突出问题专项治理，查办土地出让、规划审批、招标投标等环节职务犯罪嫌疑

2893 人。围绕服务生态文明建设，依法严厉打击破坏环境资源犯罪，共批捕非法采矿、盗伐滥伐林木、造成重大环境污染事故等犯罪嫌疑人 2947 人，起诉 9165 人。组织开展查办危害能源资源和生态环境渎职犯罪专项工作，查办涉嫌非法批准征用土地、环境监管失职等渎职犯罪国家机关工作人员 428 人。

——坚持把化解社会矛盾贯穿执法办案全过程，全力维护社会和谐稳定。认真贯彻落实宽严相济刑事政策，加强和改进批捕、起诉工作，共批捕各类刑事犯罪嫌疑人 176926 人，起诉 245938 人。突出打击黑恶势力犯罪、严重暴力犯罪和多发性侵财犯罪，共批捕故意杀人、放火、爆炸、绑架等严重暴力犯罪嫌疑人 48755 人，起诉 63239 人；批捕抢劫、抢夺、盗窃等多发性侵财犯罪嫌疑人 67275 人，起诉 75320 人；批捕黑社会性质组织犯罪嫌疑人 1078 人，起诉 2143 人；批捕毒品犯罪嫌疑人 14596 人，起诉 14575 人。

加强社会矛盾化解，推行执法办案风险评估预警、检调对接、不捕直诉、非羁押诉讼等办案机制，开展集中清理信访积案和案件评查工作。共办理刑事和解 4867 件，化解涉检信访 818 件，救助生活确有困难的刑事被害人及其近亲属 325 人。加强对未成年犯罪嫌疑人教育挽救，推行分案起诉、案后帮教，对涉嫌犯罪未成年人依法决定不批捕 1648 人、不起诉 857 人。

——坚持依法查办和积极预防职务犯罪相结合，推进反腐败斗争深入开展。共查办贪污贿赂、渎职侵权等职务犯罪案件 4966 件 6513 人，为国家挽回直接经济损失 6.08 亿元。其中查办 10 万元以上案件 1778 件，百万元以上案件 212 件；查办处级以上干部 246 人，内有厅级干部 20 人。在资源开发、产权交易、政府采购、医药购销等带有行业特点，且易发多发的重点领域查办窝案串案 2797 件 3712 人。加大追逃追赃力度，抓获和敦促 396 名在逃职务犯罪嫌疑人归案，追缴赃款赃物 2123.1 万元。我省查办职务犯罪的工作，坚持遵循司法规律，不提不切实际的口号，也不下硬性的数量指标，侦查案件的综合质量连续多年位居全国检察机关前列。

认真贯彻中央《关于加大惩治和预防渎职侵权违法犯罪工作力度的若干意见》，推进惩治和预防渎职侵权违法犯罪工作。共查办渎职侵权犯罪案件 776 件 951 人，其中重特大案件 210 件，同比上升 22.8%。依法同步介入重大事故调查 1062 起，查办涉嫌渎职失职犯罪国家机关工作人员 107 人。加强对公民人身权利、民主权利的司法保障，查办非法拘禁、刑讯逼供、暴力取证、报复陷害等犯罪嫌疑人 22 人。省纪委、省检察院等九部门共同制定《关于进一步加大惩治和预防渎职侵权违法犯罪工作力度的实施意见》，形成反渎职侵权工作整体合力。组织反渎职侵权主题宣传活动，举办全国检察机关惩治和预防渎职侵权犯罪展览福建巡展，全省各级党政干部共 3.5 万人参观展览。

重视职务犯罪预防，会同有关部门在重点行业、领域和重大工程建设项目开展专项预防，建立廉洁准入制度。完善行贿犯罪档案查询系统，提供查询服务 68184 批次。结合办案分析研究职务犯罪发案态势和预防对策，提出检察建议 5984 件，每年形成综合报告报送党委、人大、政府和有关部门参考。我省检察机关查办预防一体化工作机制、警示宣传教育等在全国检察机关推广。

——坚持加强对诉讼活动的法律监督，增强监督实效。全省检察机关认真贯彻落实最高人民检察院《关于进一步加强对诉讼活动法律监督工作的意见》、省人大常委会《关于加强人民检察院对诉讼活动的法律监督工作的决定》，省检察院制定实施意见，加强与省法院、省公安厅沟通协调，就完善监督机制、改进监督方式，联合制定规范性文件，增强监督的针对性。

加强刑事诉讼监督。健全和完善行政执法与刑事司法衔接工作机制。针对侦查活动中存在的一些不规范问题，对刑事拘留未提请批捕、未移送起诉和另案处理、批捕在逃等组织专项监督。对侦查机关应当立案而不立案、不应当立案而立案的，依法监督立案 2663 件、撤案 1852 件；依法决定不批捕 14844 人、不起诉 8947 人，同比分别上升 37.4% 和 81.3%；对应当逮捕而未提请逮捕、应当起诉而未移送起诉的，纠正漏捕 6300 人、纠正漏诉 4585 人；对侦查活动中违法情况提出纠正意见 4360 件次。加强刑事审判活动监督，对适用简易程序的案件全部出庭支持公诉，完善量刑建议机制。对认为有错误的刑事判决、裁定提出抗诉 684 件，法院已审结 466 件，改判 219 件，撤销原判发回重审 90 件；对刑事审判活动中违法情况提出纠正意见 1047 件次。

加强民事行政诉讼监督。综合运用抗诉、再审检察建议和违法行为调查等监督措施，推进执行监督、调解监督和督促起诉。共受理审查当事人不服生效民事行政判决、裁定、调解书申诉案件8112件，其中依法提出抗诉651件，法院已审结597件，改判201件、调解111件、撤销原判发回重审92件；提出再审检察建议357件，法院已采纳259件；对不符合抗诉或再审检察建议条件的7104件民事行政申诉案件，认真做好当事人服判息诉工作。在漳州、泉州、龙岩市检察机关开展执行监督试点工作，对法院执行活动提出检察建议1618件，对法院非诉行政执行案件监督34件。对涉及公共利益、民生民利的民事案件，督促和支持提起民事诉讼925件，监督纠正民事虚假诉讼案件71件。

加强刑罚执行和监管活动监督。省检察院制定《关于加强和改进监所检察工作若干意见》，全面落实监管场所同级对应派驻检察。推行与监管场所信息系统联网，实施刑罚变更执行同步监督，依法监督纠正呈报减刑、假释、暂予监外执行不当324件。会同省公安厅、省司法厅等部门，联合对看守所监管执法和监狱清查事故隐患等六个专项进行检查，监督纠正久押不决79人，对刑罚执行和监管活动中各类违法情况提出纠正意见1505件，依法查办监管人员涉嫌职务犯罪67人。推进派驻监管场所检察室规范化建设，全省有9个派驻监管场所检察室被最高人民检察院评为全国一级规范化检察室，福州鼓山地区检察院被最高人民检察院授予"全国十佳监所派驻检察院"称号。

——坚持以人为本、执法为民，依法保障和改善民生。依法查办发生在社会保障、劳动就业、征地拆迁、医疗卫生等民生领域犯罪，组织开展集中查办和预防涉农惠民领域贪污贿赂等职务犯罪、危害民生民利渎职侵权犯罪和"违法占地、违法建设"背后职务犯罪等专项工作，查办农村基层组织人员涉嫌贪污、挪用国家支农资金和扶贫、救灾、救济款物犯罪1662人，查办"违法占地、违法建设"背后职务犯罪嫌疑人202人。针对群众反映强烈的执法不严、司法不公等突出问题，查办涉嫌贪赃枉法、徇私舞弊、民事虚假诉讼等犯罪的行政执法人员1701人、司法人员426人。协同行政执法和公安机关开展食品药品安全专项整治、"打四黑除四害"等专项工作，批捕生产销售假药劣药、有毒有害食品等犯罪嫌疑人200人，起诉384人，查办相关职务犯罪嫌疑人28人。在全省检察机关部署开展"六个在基层"活动，组织检察官进社区、进农村、进企业、进学校活动，协调落实帮扶工作，解决群众实际问题。主动参与社区矫正，积极探索加强监督的机制。建立巡回检察制度，推进检察工作重心下移，就地受理群众控告申诉，化解矛盾纠纷。

——坚持实事求是、改革创新，探索建立符合司法规律的检察工作机制。认真按照中央司法体制和工作机制改革部署要求，着力强化法律监督和强化自身监督，率先在全国检察机关开展整合侦查资源和检务督察"两个机制"探索，促进实现执法办案数量、质量、效率、效果、安全有机统一。坚持检察工作一体化，积极整合检察资源，合理配置职务犯罪侦查、预防和诉讼监督等关联性资源和功能，建立健全查办和预防一体化、查办职务犯罪与加强诉讼监督相结合、行政执法与刑事司法衔接、捕诉衔接等机制。福州铁路运输检察院改制工作顺利完成，纳入省检察院派出基层检察院管理。

加强对执法办案过程管理和监督。全省三级检察院率先在全国全面推行人民监督员制度试点工作。在全省检察机关实行检务督察机制和案件集中管理，全面推进职务犯罪案件上提一级审查逮捕、讯问职务犯罪嫌疑人全程同步录音录像。针对执法办案中发现的苗头性、倾向性问题，制定《关于检察人员与案件当事人及其委托人接触的六条禁止性规定》、《关于依法处理扣押冻结款物必须严格执行的五条规定》等制度，开展专项执法检查和专项检务督察。我们每年都按照《检察机关执法工作基本规范》，加强对执法规范执行情况的监督检查，建立并逐步完善案件评查、执法档案、执法过错责任追究等机制。最高人民检察院先后三次在我省召开检察改革座谈会和推进会，总结推广我省检察改革和工作机制创新方面的工作情况。

——坚持全面加强检察队伍建设和基层基础工作，夯实检察工作发展根基。在全省检察机关部署开展学习实践科学发展观等活动。深入开展创先争优活动，涌现出全国优秀共产党员、全国模范检察官李彬先进典型，推动全省检察机关深化向李彬学习活动。加强检察文化建设，弘扬和践行福建精神。推进新一轮大规模检察教育培训，发挥国家检察官学院福建分院培训功能，举办全省性业务培训班83期，轮训市县两级检察院领导班子成员664名。认真组织贯彻修改后刑事诉讼法、民事诉讼法的准备工作,在全省部署专题调研活动、全员培训和业务推进活动,为实施修改后的刑事诉讼法和民事诉讼法做了扎实的准备。

加强领导班子建设,协同地方党委统筹做好市县两级检察院检察长换届工作,组织全省新任基层检察院检察长专题培训。落实党风廉政建设和队伍建设责任制,连续10年逐级签订党风廉政建设和队伍建设责任状。推行巡视和述职述廉报告等制度。在全省检察机关开展"反特权思想、反霸道作风"专项教育,组织"维护人民群众合法权益、解决反映强烈突出问题"等专项检查。举办检察机关自身反腐倡廉教育巡回展览,开展检察机关廉政风险防控机制建设,严肃查处违纪检察人员48人,追究刑事责任11人,检察队伍纪律作风和执法形象有新的进步和提升。

扎实推进基层检察院建设。依靠各级党委、政府重视和支持,解决基层检察院在履职中遇到的问题,基层检察院人力资源、基础建设和检务保障得到加强。全面落实基层检察院公用经费保障标准,全省检察机关财政拨款从2008年的8.5亿元增加到2012年的13.5亿元。中央增加的1573名政法专项编制,中央、省财政安排的5.8亿元专项资金,全部分配落实到基层检察院。五年来选调393名应届法律本科毕业生、研究生到基层检察院工作,遴选111名基层检察人员到上级检察院。全省检察机关推进信息化建设,提高了案件集中管理和网上办案的水平。省检察院制定以工作业绩为导向的评价标准和考核办法,对基层检察院建设实行分类指导、分类考核和抽样评估,山区和沿海基层检察院"结对子"相互交流和支持,引导基层检察院把重点放在更好地履行法律监督职责上。经过多年的努力,基层检察院较好地发挥了在打击犯罪、维护稳定和公平正义中的基础作用。全省有13个基层检察院被最高人民检察院授予"全国模范检察院"和"全国先进基层检察院"称号,60个检察院被评为全国和省级文明单位,4名干警被最高人民检察院授予"全国模范检察官"称号,533名检察干警受到省级以上表彰嘉奖。省检察院被中央文明委授予"全国精神文明建设工作先进单位"称号,连续六届被省委省政府评为文明单位,连续五届被省委评为党建工作先进单位。

——坚持党的领导、人大监督和依法独立公正行使检察权有机统一,自觉把检察工作置于人民群众监督之下。主动向人大及其常委会报告全面工作、重要部署和重要事项,认真落实人大及其常委会的决议和要求。省检察院先后就清理超期羁押、渎职侵权检察工作、刑事审判监督、基层检察院建设、加强诉讼监督等重要工作,向省人大常委会作专项报告。根据省人大常委会审议意见,认真研究提出加强和改进工作的措施。全省检察机关共办理人大代表建议、批评和意见1135件,政协委员提案48件,各级人大常委会转交案件和事项360件,全部在规定期限内办结反馈。重视同人大代表联络工作,走访人大代表、政协委员,当面听取建议、批评和意见。开展"检察开放日"活动,邀请代表、委员视察和评议检察工作139场次。各级人大及其常委会的有力监督,人大代表、政协委员的关心、支持和帮助,对我们加强和改进检察工作起到了有力的推动作用。

过去的五年,是中国特色社会主义伟大事业向前推进的五年,也是深入推进司法体制和工作机制改革、检察工作发展进步的五年。这是在各级党委正确领导、人大有力监督、政府大力支持、政协民主监督和社会各界、人民群众关心帮助下取得的,是全省检察干警团结奋进、努力工作的结果。在推进检察工作发展的实践中,我们深切体会到:必须坚持中国特色社会主义政治发展和法治建设道路,牢固树立社会主义法治理念,确保检察工作正确政治方向;必须坚持围绕中心、服务大局,更加突出维护社会和谐稳定,促进经济社会科学发展;必须坚持以人为本、执法为民,更加突出保障和改善民生;必须坚持理性、平和文明规范执法,更加突出自身监督制约;必须坚持强基固本、协调发展,更加突出执法亲和力和公信力建设;必须坚持党的领导、人大监督、政协民主监督和社会各界监督,更加突出检察工作政治性、人民性和法律性。

同时,我们也清醒地看到检察工作还存在不足和问题:一是法律监督职能的发挥与经济社会发展的要求和人民群众的期待仍有差距,一些检察机关和检察人员服务大局、执法为民意识需要进一步提高。二是对司法活动中有法不依、执法不公等问题监督力度还不够,尤其是民事行政诉讼监督较为薄弱,查办渎职侵权犯罪案件力度还要加大。三是检察人员违法违纪问题仍有发生,队伍整体素质有待进一步提高。四是基层检察院执法能力和水平有待进一步提高,基层基础工作仍需加强。对这些问题,我们要采取更加有力措施,依靠各方面的支持和帮助,逐步加以解决。

2013年和今后一个时期的检察工作

2013年是全面深入贯彻落实党的十八大精神的开局之年,也是实施"十二五"规划的关键一年。全省检察机关要深入学习贯彻党的十八大精神,围绕平安福建、法治福建建设,以强化法律监督、强化自身监督、强化队伍建设为总要求,坚持有法必依、执法必严、违法必究,大力提升执法能力素质和执法公信力,为推动福建科学发展跨越发展、全面建成小康社会提供法治保障。

一要主动服务福建科学发展跨越发展。紧紧围绕中央"五位一体"总布局和省委"七个扎实推进"部署要求,促进加快转变经济发展方式、优化经济结构。严厉打击走私、制假售假等严重经济犯罪,维护市场经济秩序。抓住公共投资重点领域和产业结构调整关键环节,推动治理商业贿赂和工程建设领域突出问题长效机制建设。继续开展集中查办和预防涉农惠民领域职务犯罪等专项工作,依法惩治侵害农民权益、危害农业生产、影响农村稳定的犯罪。加大打击破坏环境资源犯罪力度,服务生态省建设。要在执法办案中体现平等保护各类市场主体的合法权益,营造各种所有制经济公平竞争、共同发展的法治环境。

二要积极融入平安福建、法治福建建设。坚决打击境内外敌对势力的渗透颠覆分裂破坏活动,依法打击严重刑事犯罪,突出打击危害公共安全犯罪、严重暴力犯罪、黑恶势力犯罪、多发性侵财犯罪和毒品、网络等犯罪活动。切实把化解社会矛盾贯穿执法办案始终,加强和改进涉检信访工作,畅通和规范群众诉求表达渠道,依法公正对待群众诉求。

三要坚决查办和积极预防职务犯罪。按照中央深入推进反腐败斗争的部署和省委的要求,坚持标本兼治、综合治理、惩防并举、注重预防方针,依法查办发生在领导机关和领导干部中的职务犯罪案件,严重损害群众经济权益、政治权益和人身权利的案件,行政执法、司法和工程建设以及国土、资源、生态和环境等重点领域和关键环节的职务犯罪案件。针对发生在群众身边的腐败问题,集中开展为期两年的查办和预防发生在群众身边、损害群众利益职务犯罪专项工作。要继续加强对渎职侵权犯罪的查处,更加注重保障民生,严肃查办危害民生民利渎职侵权犯罪,积极参与食品药品安全等综合治理和专项整治。加强职务犯罪分析和对策研究,推进惩治和预防体系的建设。

四要着力加强对诉讼活动的法律监督。按照修改后刑事诉讼法、民事诉讼法对检察机关提出的新任务新要求,加强对侦查、审判、执行环节的法律监督,落实新增加监督职责,加强对非法取证、滥用强制措施、侵犯诉讼权利等问题的监督。落实完善行政执法与刑事司法衔接机制、量刑建议改革,促进量刑公正。落实刑罚变更执行同步监督,促进刑罚执行和监管活动依法进行。要积极探索和努力实践,提高民事行政诉讼监督能力和水平。

五要坚持不懈推进检察队伍和基层基础建设。按照建设过硬队伍的要求,牢固树立正确发展理念和执法理念,以提高执法亲和力和公信力为核心,结合检察机关实际,扎实开展以为民务实清廉为主要内容的群众路线教育实践活动,改进执法作风,密切联系群众,提升执法能力。要加强检察机关党风廉政建设,强化自身监督和制约。要严格遵守政治纪律、执法办案纪律、群众工作纪律。要通过加强基层基础工作,进一步推进基层检察院全面协调发展。

全省检察机关要认真贯彻党的十八大精神,紧密团结在以习近平同志为总书记的党中央周围,在省委和最高人民检察院的领导下,强化法律监督、维护公平正义、推动科学发展、促进社会和谐,为推动福建科学发展跨越发展,为全面建成小康社会作出新的贡献。

江西省人民检察院工作报告(摘要)

——2013年1月25日在江西省第十二届人民代表大会第一次会议上

江西省人民检察院检察长　曾页九

(2013年1月29日江西省第十二届人民代表大会第一次会议通过)

省十一届人大一次会议以来的五年,是江西在科学发展、绿色崛起进程中阔步前进的五年,也是全省检察工作平稳健康发展的五年。全省检察机关在省委和最高人民检察院的领导下,在省人大及其常委会的监督下,依法履行法律监督职责,全面加强自身建设,各项检察工作取得了新的成绩,为建设富裕和谐秀美江西作出了积极贡献。

一、主动融入全省工作大局,服务经济社会科学发展

这几年,为加快江西发展,中央和省委先后实施了建设鄱阳湖生态经济区、支持赣南等原中央苏区振兴发展和打造南昌核心增长极、推进九江沿江开放开发等重大发展战略。全省检察机关积极跟进,深入调研,立足省情,提出了"执法想到稳定、办案考虑发展、监督促进和谐"的工作要求,出台了一系列指导意见和工作措施,充分发挥打击、预防、监督、教育、保护等职能作用,为经济社会科学发展提供了有力的司法保障和法律服务。

保障重大项目建设和政府投资安全。全省检察机关部署开展了"重大项目建设服务年"活动,与发改委等部门建立联系协作机制,集中力量为鄱阳湖生态保护工程、峡江水利枢纽工程、鹰瑞高速公路、南昌航空工业城等256个重大项目提供法律服务,深入项目单位开展预防宣传和法律咨询2018次;完善行贿犯罪档案查询系统,推动有关部门将查询作为工程招投标的重要环节,提供查询服务1235次。严肃查办发生在政府投资领域的职务犯罪案件481件,查办工程建设领域职务犯罪案件563件,针对办案中发现的项目审批、资金拨付等环节存在的问题提出检察建议341件。

服务企业改革发展。积极参与重点企业治安环境专项整治,批准逮捕盗窃、诈骗企业财产和侵占、挪用企业资金等犯罪嫌疑人1862人,维护了企业合法权益和经营秩序。立案侦查贪污、挪用、私分国有资产或受贿的国有企业人员1037人,保障了国企改革顺利推进。省检察院与省工商联加强联系沟通,共同建立了服务非公有制企业发展的工作机制。依法妥善处理涉及企业的案件,慎重采取羁押性强制措施和查封、扣押、冻结等侦查措施,改进执法办案方式方法,最大限度地避免和减少可能对企业带来的负面影响。

营造良好发展环境。致力于维护公平有序的市场环境,积极参与整治非法集资、侵犯知识产权、制售假冒伪劣商品等专项工作,依法批准逮捕涉嫌破坏市场经济秩序犯罪嫌疑人4481人,提起公诉4995人;深化治理商业贿赂专项工作,在资源开发、产权交易、政府采购等领域,立案侦查涉嫌商业贿赂犯罪的国家工作人员1551人。加强对生态环境的司法保护,依法批准逮捕盗伐滥伐林木、非法猎杀贩卖珍稀濒危野生动物等犯罪嫌疑人2128人,提起公诉4747人;立案侦查因失职渎职危害能源资源、破坏生态环境的国家机关工作人员105人;对环境污染等损害社会公共利益的问题,探索开展督促起诉、支持起诉等工作。

二、立足检察职能,全力维护社会和谐稳定

坚持把维护社会稳定作为第一责任,在依法履行批捕、起诉职责的同时,将执法办案职能向化解社会矛盾、完善社会管理延伸,努力从源头上解决影响社会和谐稳定的问题。

依法惩治刑事犯罪。五年来,共批准逮捕各类刑事犯罪嫌疑人 105098 人，提起公诉 125311 人。突出打击危害公共安全犯罪、黑社会性质组织犯罪、严重暴力犯罪和多发性侵财犯罪，批准逮捕此类犯罪嫌疑人 76307 人，提起公诉 89990 人。积极参与食品药品安全专项整治，批准逮捕生产销售有毒有害食品、假药劣药等犯罪嫌疑人 94 人，提起公诉 84 人，维护了人民群众生命健康安全。

注重化解社会矛盾。贯彻宽严相济刑事司法政策，对主观恶性较小、犯罪情节轻微的初犯、偶犯、过失犯和未成年犯依法从宽处理，决定不批准逮捕 6600 人、不起诉 5710 人。与法院、公安和司法行政机关联合制定关于老病残犯适用减刑假释和暂予监外执行的意见，使一批老病残服刑人员提前回归社会。建立检调对接工作机制，对 2808 件轻微刑事案件开展了刑事和解，对 2070 件不服法院正确判决的民事行政申诉案件进行了调解息诉。建立执法办案风险评估预警机制，积极应对和化解执法办案中可能出现的社会矛盾。加强检察法律文书说理，重点在作出不予受理、不立案、不起诉、不抗诉等决定时，详细说明事实和法律依据，促使当事人更好地理解和接受检察机关的执法行为。

着力解决群众诉求。加强控告申诉检察工作，推行检察长接访、下访巡访、远程视频接访，开通"12309"举报热线和"检察民生服务热线"，与信访、民政等部门建立转送处理民生类信访事项联动机制，依法办理群众信访 46515 件。认真开展涉检信访专项排查化解工作，全省涉检进京访、重信重访、信访积案等基本化解息诉。积极开展刑事被害人和信访救助工作，帮助生活确有困难的被害人和信访人员解决救助资金 500 余万元。

主动参与加强和创新社会管理。配合有关部门开展了"黄赌毒"、网络淫秽色情及低俗信息专项整治行动，加强对"城中村"等治安隐患突出地区的综合治理。建立健全社区矫正法律监督工作机制，协助基层组织做好对社区服刑人员的矫正帮教。完善适合未成年人身心特点的讯问、亲属会见、社会调查、分案起诉等办案机制，依法保护未成年犯罪嫌疑人合法权益。针对办案中发现的社会管理问题，及时向党委、政府和有关部门提出完善制度、强化管理的检察建议 1115 件，促进了社会管理法治化、规范化。

三、积极查办和预防职务犯罪，促进反腐倡廉建设

认真贯彻中央、省委关于反腐败工作的总体部署，加大查办和预防贪污贿赂、渎职侵权等职务犯罪的工作力度，充分发挥检察机关在反腐倡廉建设中的职能作用。

始终保持办案工作的力度。五年来，全省检察机关查办职务犯罪案件数量保持稳中有升态势，共立案侦查 4775 件 6306 人，其中贪污贿赂犯罪案件 3857 件 5170 人、渎职侵权犯罪案件 918 件 1136 人。集中力量查办大案要案，共立案侦查贪污贿赂大案 2708 件、渎职侵权重特大案件 367 件，查办县处级以上干部 306 人（其中厅级干部 20 人），大要案占立案总数的 64.4%。蒲日新、汤成奇、吴志明等一批领导干部被依法追究刑事责任。

突出查办危害民生民利的案件。全省检察机关从保障和改善民生出发，加大了查办民生领域职务犯罪案件的力度，切实维护群众合法权益。在涉农惠民领域，依法立案侦查涉嫌贪污、挪用征地补偿款、种粮补贴、农机购置财政补贴等犯罪案件 1293 件 2009 人；在食品安全领域，立案侦查生产销售"瘦肉精"、"地沟油"、"毒胶囊"和病死猪肉制品等有毒有害食品犯罪背后的渎职犯罪案件 53 件 79 人；在社会保障领域，立案侦查贪污、挪用劳动就业培训财政补贴、民政救济资金等犯罪案件 178 件 266 人；在安全生产领域，认真落实同步介入重大责任事故调查机制，依法介入各类重大事故调查 155 起，依法查办因失职渎职导致发生重大责任事故的国家机关工作人员 131 人。

加强职务犯罪预防工作。坚持惩防并举、注重预防，结合查办案件，客观分析职务犯罪发生的特点和趋势，深入剖析职务犯罪的成因，提出具体有效的防治对策和建议，共向各级党委、人大、政府及有关部门报送惩治和预防职务犯罪年度报告 187 件、预防调查报告 9279 件，提出预防检察建议 9039 件。广泛开展预防职务犯罪宣传，组织全国检察机关惩治和预防渎职侵权犯罪展览江西巡展，举办预防讲座 9840 次，建立预防职务犯罪警示教育基地 98 个，对国家工作人员进行反腐倡廉教育 570477 人次。

四、深入推进诉讼监督工作，维护司法公正

认真履行宪法和法律赋予的诉讼监督职责，以贯彻落实省人大常委会《关于加强检察机关对诉讼活动的法律监督工作的决议》为契机，加大监督力度，完善监督机制，增强监督实效，维护司法公正。

全面履行监督职能。加强侦查监督，对侦查机关应当立案而未立案或者不应当立案而立案的,依法监督立案2714件,监督撤案2840件;对应当提请批准逮捕而未提请、应当移送审查起诉而未移送的,依法追加逮捕7120人、追加起诉8473人。落实审查逮捕阶段讯问犯罪嫌疑人、听取律师意见制度,对侦查活动的违法情况提出纠正意见1991件次。加强审判监督,对认为确有错误的法院裁判提出刑事抗诉598件,提出民事行政抗诉762件、发出再审检察建议783件;提出审判活动违法情况纠正意见1235件次。加强刑罚执行监督,监督纠正减刑、假释、暂予监外执行不当4345人,监督纠正超期羁押574人次。查办司法不公背后的职务犯罪,立案侦查涉嫌徇私枉法等职务犯罪的司法工作人员256人。

扎实开展专项监督。紧紧抓住人民群众反映强烈的执法不严、司法不公问题,适时开展专项监督工作,增强了监督的针对性和实效性。在侦查活动环节,与公安机关联合开展了刑拘后未报捕案件专项检查、"另案处理"和"在逃人员"案件专项检查等活动,重点监督纠正了违法立案、以罚代刑、违法采取强制措施等问题。在审判环节,与法院联合开展了刑事审判监督专项检查,解决了检察机关在刑事审判法律监督中存在的一些突出问题。在民事执行环节,经与省高级人民法院协商,在19个检察院开展了民事执行监督试点工作,为全面开展民事执行活动的检察监督积累了经验。在刑罚执行和监管环节,与公安机关、司法行政部门联合开展了保外就医、留所服刑、职务犯罪罪犯减刑假释等专项检查,促进了刑罚执行活动的公开、公平、公正。

建立健全监督机制。建立检察长列席法院审判委员会制度,各级检察长列席法院审判委员会1345次。建立与侦查机关的协作机制,省检察院与省公安厅联合下发了《关于进一步加强立案监督、侦查活动监督和工作配合的意见》、《关于规范办理"另案处理"案件的指导意见》,明确了立案监督和侦查活动监督的范围、方式、手段和程序。完善行政执法与刑事司法衔接工作机制,省检察院与省国土资源厅、省林业厅、南昌海关等20个部门建立了案件线索移送和查办协作机制。

五、强化自身监督,不断提升执法公信力

坚持把强化自身监督与强化法律监督摆在同等重要的位置,主动接受人大及其常委会、政协以及社会各界的监督,确保检察权依法正确行使,促进自身公正廉洁执法。

主动接受外部监督。全省检察机关在向同级人大报告年度工作的基础上,就重要工作向常委会专题报告工作655次,省检察院向省人大常委会专题报告了监所检察、诉讼监督、反渎职侵权工作,按照审议意见不断加强和改进检察工作。邀请人大代表、政协委员视察检察工作1025次,组织人大代表、政协委员观摩庭审739次。通过走访、邀请座谈、编发联络专报等方式,及时听取人大代表、政协委员的意见和建议,全部办结了人大代表的议案和转办案件以及政协委员的提案。全面实行人民监督员制度,健全特约检察员制度,人民监督员对336件拟作撤案、不起诉处理的职务犯罪案件进行了监督。深化检务公开,通过开展检察开放日活动、举报宣传周活动,以及召开新闻发布会等方式,努力保障人民群众对检察工作的知情权、参与权和监督权。

加强执法规范化建设。深入开展规范执法教育,引导检察人员树立理性、平和、文明、规范的执法观。加强了对办理职务犯罪案件全过程的监督,全省检察机关实行了讯问职务犯罪嫌疑人全程同步录音录像制度,落实了职务犯罪审查逮捕上提一级、职务犯罪第一审判决同步审查等改革措施。成立案件管理机构,建立"统一受案、全程管理、动态监督、案后评查、综合考评"的执法办案管理新机制。加强办案质量督察和案件评查工作,共评查案件4494件,及时纠正评查中发现的问题。注重办案质量的提高,全省检察机关职务犯罪案件有罪判决比例一直保持在99.6%以上。高度重视办案安全,没有发生重大办案安全责任事故,实现了办案数量、质量、效率、效果、安全的有机统一。

加强党风廉政和纪律作风建设。注重廉洁从检教育,开展"反特权思想、反霸道作风"专项教育活动,组织检察机关自身反腐倡廉教育江西巡回展,增强了检察人员公正廉洁执法的自觉性。积极推进党风廉政建设,全省三级检察院检察长签订了党风廉政建设责任书,加强督促检查,有效解决了一些突出问题。成立检务督察机构,开展办案纪律、办案安全防范等专项督察,促进了各项制度的落实。认真开展干部作风突出问题集中整治活动,结合检察工作实际,突出抓了扣押冻结处理涉案款物专项检查、警车公务车专项治理、"小金库"专项治理等活动,纠正了一批群众反映强烈的问题。坚持从严治检,严肃查处7名违法违纪检察人员。

六、加强检察队伍和基层基础建设,努力提高法律监督能力

全省检察机关以公正廉洁执法为目标,坚持教育、管理、监督并重,加强检察队伍建设和基层基础建设,提高了法律监督能力。五年来,全省检察机关有40个集体和123名个人受到省级以上综合表彰,涌现了一批"全国十佳基层检察院"、"中国十大杰出检察官"、"全国模范检察官",全省检察机关积极学习宣传,大力弘扬先进。

强化理想信念教育。深入学习贯彻党的十八大精神,开展学习实践科学发展观等一系列主题教育实践活动,举办庆祝建党九十周年、人民检察制度创立八十周年纪念活动,大力弘扬井冈山精神和苏区干部好作风,强化对检察人员的理想信念教育、人民检察史教育和群众观教育。深入开展创先争优和保持共产党员先进性、纯洁性教育活动,有效发挥党组织战斗堡垒作用和党员干部模范带头作用。深入开展"恪守检察职业道德、促进公正廉洁执法"主题实践活动,组织全省三级检察院检察长在井冈山集体宣誓,评选"江西十大检察职业道德标兵"、"全省十佳女检察官",引导广大检察人员自觉践行忠诚、公正、清廉、文明的检察职业道德。

提高队伍专业化水平。加大人才引进力度,五年来共招录1375名本科以上大学毕业生,改善了队伍的年龄、学历结构。全省检察队伍本科以上人员比例达82.4%,全日制法律专业本科以上人员比例达28%,均处在全国检察机关前列。开展大规模教育培训,推行检校合作、巡回讲学、检察官教检察官等培训模式,举办各类岗位培训班87期,培训10551人次。通过专题培训、专门研讨、先行试点等多种方式,深入学习修改后的刑事诉讼法、民事诉讼法,为新法的全面有效正确实施打下了基础。创新岗位练兵形式,开展检察业务竞赛和检察业务专家、精品案件、优秀法律文书等评选活动,提高检察人员的业务素质和执法能力,培养造就了一批业务专家和办案能手。全省检察机关共有25人分别荣获全国检察业务专家、全国优秀公诉人、全国检察理论研究人才等称号,31人被评为全省检察业务专家。

夯实基层基础。利用中央、省里强化政法基层的好政策,加大了基础设施和装备建设的投资力度,市县两级检察院办案用房和专业技术用房基本建成,集中购置了一批侦查指挥、证据收集、检验鉴定、交通通讯等技术装备,执法办案条件明显改善。加大信息化建设投入,全省检察机关基本建成了机关局域网、专线网、视频会议系统和办案工作区,驻所检察室"两网一线"建设稳步推进,信息化应用水平明显提高。加强和规范延伸法律监督触角工作,在农村乡镇、开发区设立派出检察室61个、检察工作站500余个,聘请检察联络员近千名,基层法律监督工作格局进一步完善。在全省基层检察院部署开展"一院一品"创建活动和"培优工程",提高了基层检察院建设整体水平。

回顾五年来的工作,我们深深地体会到,做好新形势下的检察工作,必须坚持党的领导,自觉接受人大监督,发展和完善中国特色社会主义检察制度,确保检察工作正确的政治方向;必须坚持围绕中心、服务大局,自觉把检察工作放在经济社会发展全局中来谋划和推进,在服务经济社会科学发展中实现自身科学发展;必须坚持把人民放在心中最高位置,怀着对人民的深厚感情执法,本着对群众高度负责的精神办案,切实维护人民群众合法权益,努力践行人民检察为人民;必须坚持国家法律监督机关的宪法定位,以执法办案为基本途径,做到敢于监督、善于监督、依法监督、规范监督,切实履行好宪法和法律赋予的职责;必须坚持强化自身监督与强化法律监督并重,自觉加强内部监督,主动接受外部监督,努力做到自身正、自身硬、自身净,确保检察权依法正确行使;必须坚持精力向基层集中、力量向基层凝聚、政策向基层倾斜,坚持不懈抓基层、打基础,着力解决制约基层检察工作发展的突出问题,夯实检察事业可持续发展的根基。

同时,我们也清醒地看到,全省检察工作也存在一些问题和不足:一是检察职能作用的发挥与宪法法律赋予的职责要求、与人民群众的期待仍有差距,不敢监督、不善监督、监督不到位的问题仍然存在,监督意识和监督力度有待进一步加强。二是检察队伍素质和执法能力不能完全适应新形势、新任务的要求,检察队伍中专家型人才、专门型人才,特别是经济、金融、科技等方面的专业人才不多,一些基层检察院人才引进难与人才流失问题同时存在。三是执法不规范的问题仍然存在,影响了检察机关的执法公信力。对于这些问题和困难,我们将高度重视,积极应对,创造条件,努力解决。

2013年是全面贯彻落实党的十八大精神的开

局之年,也是建设富裕和谐秀美江西的重要一年。全省检察机关将高举中国特色社会主义伟大旗帜,以邓小平理论、"三个代表"重要思想、科学发展观为指导,依法履行检察职能,大力加强自身建设,努力把全省检察工作提高到一个新的水平。我们将认真贯彻落实党的十八大精神,更加注重服务科学发展,自觉把检察工作融入中国特色社会主义事业"五位一体"总布局,融入建设富裕和谐秀美江西的全省工作大局,充分发挥打击、预防、监督、教育、保护等职能,为统筹推进全省经济、政治、文化、社会和生态建设提供强有力的司法保障。更加注重依法履职,增强运用法治思维和法治方式维护稳定、化解矛盾、促进和谐的能力,依法惩治刑事犯罪,坚决查办和积极预防职务犯罪,不断强化对诉讼活动的法律监督,深入推进平安江西、法治江西建设。更加注重执法为民,以最广大人民利益为念,顺应人民群众对公共安全、司法公正、权益保障的新期待,加大对涉及民生问题的法律监督力度,不断推出司法便民利民惠民措施,健全服务群众工作机制,切实维护人民群众合法权益,努力让人民群众在每一个司法案件中都能感受到公平正义。更加注重过硬队伍建设,深入开展社会主义核心价值体系教育和为民务实清廉的群众路线教育实践活动,加强领导班子建设、队伍专业化建设和纪律作风建设,深入推进基层检察院建设,努力适应新形势新任务对检察队伍素质和能力的新要求。

党的十八大强调,要更加注重发挥法治在国家治理和社会管理中的重要作用。检察机关作为法律监督机关,在全面推进依法治国、加快建设社会主义法治国家中肩负着崇高使命和重要职责。全省检察机关将在省委和最高人民检察院的领导下,牢记使命,忠诚履职,与时俱进,求真务实,开创江西检察工作新局面,为建设富裕和谐秀美江西作出新的贡献!

山东省人民检察院工作报告(摘要)

——2013年1月27日在山东省第十二届人民代表大会第一次会议上

山东省人民检察院检察长 吴鹏飞

(2013年2月1日山东省第十二届人民代表大会第一次会议通过)

五年来,全省检察机关在省委、最高人民检察院的坚强领导下,在省人大的监督和省政府、省政协及社会各界的支持下,以邓小平理论、"三个代表"重要思想、科学发展观为指导,认真贯彻落实省委、最高人民检察院的工作部署和省十一届人大历次会议决议,依法履行宪法和法律赋予的职责,强化法律监督,维护公平正义,大力加强队伍建设,各项检察工作取得新业绩。

一、用心把握大局,全力服务经济文化强省建设

全省检察机关牢固树立大局观念和责任意识,坚持跳出检察看全局、干检察,紧紧围绕全省经济社会发展大局,立足检察职能,努力为经济文化强省建设营造良好的法治环境。

主动服务第一要务,着力保障经济发展。全省检察机关始终把服务发展作为首要任务,融入中心、积极作为,先后制定了服务加快经济文化强省建设等716个意见,努力为经济建设提供优质高效的法律服务和司法保障。围绕服务转方式、调结构和蓝黄等重点战略的实施,积极参与整顿规范市场经济秩序,深入开展商业贿赂和工程建设领域、国土资源领域腐败问题等专项治理,依法办理金融诈骗、非法经营、侵犯知识产权等犯罪案件9425件,查办工程建设、资源开发、环境保护等领域职务犯罪2944件。着眼于保障实体经济发展,与2426家企业建立经常性联系机制,帮助解决涉法问题1万多个。坚持理性平和文明规范执法,正确区分罪与非罪界限,为384名受到错告、诬告的领导干部和企业负责人澄清了问题,还以清白,保护干事创业的积极性。坚持办案促进发展,既严格执法又热情服务,通过办案为国家挽回损失33.6亿元,帮助170家濒临倒闭的企业走出了困境。国电费县有限公司原总经理史佩珍等10人大肆侵吞国有资产,涉嫌贪污受贿7000多万元,致使企业管理混乱、连年亏损,职工群众强烈不满。临沂市检察机关依法将史佩珍等人绳之以法,并积极配合堵漏建制,使企业迅速扭亏为盈,得到了当地党委、政府及人民群众的好评。

忠实履行第一责任,着力维护社会和谐稳定。牢固树立稳定压倒一切的思想,深化平安山东建设,与公安、法院等部门密切配合,恪尽职守保稳定,千方百计促和谐。深入开展打黑除恶斗争,严厉打击黑恶势力犯罪、严重暴力犯罪和多发性侵财犯罪。五年来,全省共批捕刑事犯罪嫌疑人219098人、起诉339563人,严惩黑恶势力犯罪团伙1458个。积极参与社会管理创新,把化解矛盾贯穿执法全过程,坚持事前抓防范、事中抓处置、事后抓修复,推行办案风险评估预警机制,预先应对办案可能引发的不稳定问题,化解矛盾1.1万起;注重人性化执法,正确适用宽严相济刑事政策,依法对3.1万余名犯罪情节轻微的初犯、偶犯等作出不捕不诉决定,努力减少社会对抗;坚持"教育、感化、挽救"的方针,探索符合未成年人身心特点的办案模式,采取品行调查、分案起诉、犯罪记录封存等方式,对5037名未成年人犯依法作了妥善处理,使他们重新回归社会;创新和谐执法方式,综合运用检调对接、刑事和解等措施,对1.5万余起轻微刑事案件和民事纠纷案件依法作了调解处理,实现案结事了人和。积极参与社会治安防控体系建设,加强对特殊人群的教育管理,配合有关部门集中整治突出治安问题,维护了全省社会治安大局持续稳定。

始终坚持惩防并举,着力促进反腐倡廉建设。坚决贯彻中央、省委的决策部署,加大查办职务犯罪力度,更加重视预防,努力遏制和减少职务犯罪。五年共立查职务犯罪嫌疑人14283人,提起公诉13389人,法院已判决12875人。一是突出查办大案要案9358件,其中县处级干部599人,厅级34人,省级1人。遵照中央纪委、最高人民检察院的指示,依法查办了江西省政协原副主席宋晨光、首都机场集团公司原董事长李培英重大职务犯罪案件;立查了东营市原副市长陈兴銮、省能源集团原董事长马厚亮等一批厅级干部职务犯罪案件,起到了有力地教育和震慑作用。二是严肃查办国家工作人员在项目审批、产权交易、资金管理等领域以权谋私,贪污受贿,失职渎职犯罪案件4633件;查办国有企业人员损公肥私,造成国有资产严重流失的犯罪案件1990件。依法严肃查处了新汶矿业集团原董事长郎庆田,利用企业股权变更隐匿侵吞国有资产,涉嫌贪污受贿1亿多元犯罪案件,为国家挽回巨额经济损失。三是深入开展职务犯罪预防工作。高度关注政府投资安全,对1517个重大建设项目开展职务犯罪同步预防,提供法律咨询和行贿犯罪档案查询21万多次,建议取消了168个单位的市场准入资格。举办了惩治和预防渎职侵权犯罪展览,建立警示教育展览室158个,接受警示教育420余万人次;制作廉政短片、公益广告等4600多套,在广播、电视、机场、车站、商场等进行广泛宣传。健全新型社会化预防协作机制,共建廉政风险防控体系,向有关单位提出检察建议9303份,协助完善预防措施1.9万多项;全面推行预防职务犯罪年度报告制度,向党委、人大、政府及有关部门提交年度报告262份,有246位党政领导批示予以肯定,为源头治理腐败犯罪发挥了积极作用。

二、坚持以人为本、保障民生,切实维护群众合法权益

坚持民生优先导向,在满足群众期盼、回应群众诉求上动真情、见实效,努力使群众利益得到切实保护、群众困难得到及时解决。

严惩危害民生犯罪,尽力解决群众反映强烈的问题。积极参加食品药品安全专项整治活动,依法批捕生产销售假药劣药、有毒有害食品等犯罪嫌疑人589人、起诉753人,立查国家工作人员失职渎职,放纵制售假冒伪劣食品药品的职务犯罪200人。枣庄市山亭区店子镇工商所原所长张显峰等三人玩忽职守,致使2300多吨"地沟油"非法流入市场,严重危害群众健康。检察机关发现线索,迅速立案查处,使张显峰等人受到了法律的惩处。抓住群众关注的上学难、看病贵和拆迁补偿等问题,查办教育、医疗、土地征用、保障房建设等领域的职务犯罪2657人。围绕保护广大农民和弱势群体的利益,开展了查办涉农惠民领域职务犯罪专项工作,查办贪污、挪用惠农资金的职务犯罪3458人,查办劳动就业、社会保障等领域,严重侵犯下岗职工、低保人员等弱势群体利益的职务犯罪901人,并将追回的3.1亿元资金全部交还给受害群众。菏泽市检察机关通过对农机补贴资金落实情况进行核查,发现并查处了郓城县农机局原局长张乾德等13人挪用、贪污补贴资金的犯罪案件,督促有关单位将违规套取、截留的700多万元资金予以追缴或发放给农机户,受到群众的广泛好评。

高度重视涉检信访,诚心解决群众诉求。以爱民之心对待上访群众,用群众认可的态度倾听诉求,用群众接受的语言诠释法理,用群众信服的方法化解纠纷。集中开展"百万案件"大评查,共评查案件6378件;深入开展涉检信访积案清理工作,对中央政法委、最高人民检察院交办和自行排查的496起积案,实行省检察院领办、市检察院参办,集中力量、综合施策,已全部办结息诉;广泛开展涉检"零上访"活动,认真落实检察长接访、下访巡访、首办责任制等制度,全面推行网上受理、视频接访,让数据多跑路,让群众少跑腿,努力把涉检信访化解在基层和初始阶段。对群众申诉合理的,实事求是,有错必纠;对确有实际困难的,全力帮扶,抚慰心灵;对无理缠访缠诉的,通过公开听证、解疑释惑,促其息诉罢访。五年共处理群众信访81579件,其中纠正原处理决定583件,支付当事人赔偿金935万元;涉检信访逐年下降,2012年全省检察机关全部实现了涉检进京零上访。积极探索司法救助的方式方法,为701名困难群众免费提供专业技术鉴定服务,对1467名刑事被害人协调发放救助金853万元,让群众感受到司法的人文关怀。

创新群众工作机制,热情为群众排忧解难。全面推行向群众问计、问需、问检的工作机制,畅通联系群众渠道;广泛开展"进乡村、进农户、进社区、进企业、进学校、服务民生、服务经济"大走访活动,沉下身子察民情,真心实意解民难;创建民生检察服务热线,在大众网开设"请问检察长"栏目,认真受理群众诉求、耐心解答法律咨询,让群众话有处说、难有处帮。五年来,共联系群众99万人次,办理群众求助21万件,提供法律服务19.8万次,帮助困难家庭2.8万户,化解矛盾2.9万起,进一步树立了"立检为公、执法为民"的良好形象。博兴县检察院根据群众求助,调查发现有些企业长期拖欠农民工工资,严重侵害群众利益,采取检察建议、联合执法等手段,配合开展专项检查,督促有关企业将510余万元欠薪如数发放到1.5万名农民工手中。

三、全面加强法律监督,维护社会公平正义

认真贯彻落实省人大常委会《关于加强人民检察院法律监督工作的决议》,深化检察改革,完善监督机制,提高监督能力,维护执法司法公正。坚持惩治犯罪与保障人权并重,强化刑事诉讼监督。加强刑事立案和侦查监督,依法监督纠正滥用强制措施、违法取证等侵犯诉讼参与人合法权益的案件6401件,监督撤案4428件,决定不捕不诉59410人;监督立案7749件,追捕追诉25135人,起诉后法院已判决14018人,其中判处10年以上有期徒刑、无期徒刑或死刑的1363人。高密市检察院从一条服刑犯检举线索入手,严查细究,挖出了李广华等9人抢劫杀人、帮助毁灭证据等犯罪事实,依法监督立案后,有1人被判处死刑、5人被判处无期徒刑或有期徒刑。加强刑事审判监督,提出刑事抗诉1615件,法院已改判和发回重审908件。加强刑罚执行监督,监督纠正违法减刑、假释、保外就医等案件3254件,监督纠正监管活动中的违法行为17977件,维护了被监管人员的合法权利。

坚持监督纠正违法与维护群众权益相统一,强化民事和行政诉讼监督。创新完善民事行政检察工作,综合运用抗诉、检察建议、诉讼违法调查等监督手段,加大对裁判不公案件的监督力度。对认为确有错误的民事行政裁判,提出抗诉和检察建议12093件,法院已改判、发回重审、调解结案3185件,采纳检察建议4657件。农民工胡某等44人因临沂市兰山区宾海板材厂拒付劳务费,五年来历经劳动仲裁、民事诉讼,均未得到解决。检察机关受理申诉后,从快审查、提出抗诉,法院依法改判,为他们讨回10余万元的"血汗钱",维护了群众切身利益,消除了不稳定因素。积极探索开展执行监督、调解监督等工作,努力拓展监督的深度和广度。围绕保护国家和群众利益,依法办理督促起诉、支持起诉案件1337件,挽回经济损失64.2亿元。

坚持惩治司法腐败与维护司法权威相结合,强化法律监督实效。加大惩治司法腐败力度,严肃查处执法不严、司法不公背后的司法人员执法犯法、贪赃枉法等职务犯罪717人。微山县公安局原副局长姜方凯以案谋私,收受贿赂65万元;日照市中级法院原副院长王道新贪赃枉法,收受贿赂49万元;青岛市检察院公诉二处原检察员贺勇滥用职权,收受贿赂16万元。检察机关严肃查办这些腐败犯罪,清除了害群之马,维护了司法公正。坚持监督与支持并重、抗诉与息诉并重,加强与公安、法院等部门的协作配合,共同维护法律尊严和司法权威。对不服公安和法院正确裁判处理决定的2.1万起申诉,耐心做好服判息诉工作。嘉祥县王某因对其子被杀案的判决不服,反复到省进京上访,控告6名公安干警和法官徇私枉法。检察机关受理申诉后,先后走访调查100多人,确认其控告不实,采取释法说理、亲友规劝、困难救助等措施,使其消除了疑惑,信服了法律,终止了上访。

四、大力加强"三项建设",夯实检察工作发展根基

坚持把执法规范化、检察信息化和基层基础建设摆上优先发展的战略位置,着眼长远、固本强基,不断提高检察工作科学发展水平。

加强执法规范化建设,努力提升检察机关执法公信力。始终把执法规范化建设作为提高执法水平和办案质量的重要工作,深化案件管理机制改革,全面构建"上下互动,部门联动,案管推动,全检行动"的执法规范化工作格局。围绕实现规范执法全员化、全员执法规范化,适应修改后刑事诉讼法、民事诉讼法的新规定,不断完善执法规范;加强执法场所建设,各级检察院全部建立了标准化、规范化的办案工作区,严格落实讯问同步录音录像制度;加强案件管理机构建设,全面推行统一受案、全程控制、动态监督、案后评查的执法管理机制,实行精细化、信息化管理;广泛开展"执法规范化建设示范院"创建活动,强化执法监督检查,开展检务督察1028次,深入查找解决执法不规范、不文明问题。通过以上措施,全省检察机关执法规范化水平有新进步,办案质量逐年提升。全省批捕、起诉案件准确率在99.9%以上;职务犯罪案件起诉率、实刑判决率,比五年前分别上升了17.1和16.2个百分点。

加强检察信息化建设,努力增强检察机关综合实力。把信息化建设作为推动检察工作提质增效的必由之路,以"建设、应用、管理"为核心,着力打造检察"信息超市"。按照"统一领导、统一规划、统一标准、统一设计、统一实施"的原则,加快建设全省检务综合平台和案件管理、政务管理、绩效考核、侦查信息等系统,研发推行涉案款物网上监管系统,加强刑事司法与行政执法信息共享平台建设,力求做到互联互通、信息共享,全面实现网上办公、网上办案、网上监督、网上管理。2012年下半年,我省被最高人民检察院确定为全国唯一的业务软件试点单位,全省检察机关以此为契机,全面整合提升信息资源,积极改造扩容检察专线网、局域网和视频会议系统,加大应用力度,信息化建设迈出新步伐。

加强基层基础建设,努力激发检察机关内在活力。全面构建了"省检察院主导、市检察院主抓、基层检察院主责"的基层基础建设体系,齐心协力抓基层,脚踏实地打基础。检察经费保障机制逐步健全,有95%的检察院达到"两房"建设标准,执法办案条件明显改善。坚持重心下移、检力下沉,大力加强派驻检察室建设,省检察院制定了进一步加强和规范派驻检察室建设的指导意见,在人口较为集中、辐射功能较强的乡镇街道设立派驻检察室,扎根培土接地气,服务百姓惠民生。全省已建成派驻检察室289个,覆盖854个乡镇街道、5万多个社区农村,配备了便民巡访服务车和视频接访系统,设立职务犯罪警示教育展览室,主动走出去、深下去,大力开展法制宣传、法律咨询、矛盾化解和帮扶群众等工作,把检察工作延伸到"村头、街头、地头",全心全意为群众做好事、办实事,解决了一大批事关群众切身利益的现实问题。莱芜市口镇东街村民魏某的住宅排水口被村委会围墙封堵,24年来一直没有得到解决,双方矛盾不断加深,多次发生冲突。口镇检察室接到魏某求助后,先后10多次登门走访、疏导调解,最终促使村委会移除了围墙,化解了长期积怨,魏某专门送来"派驻检察室为人民,廿四年干戈化玉帛"的锦旗表示感谢。

五、全面加强检察队伍建设,努力提高公正廉洁执法水平

始终把队伍建设摆在至大至要的位置,坚持政治建检、素质强检、从严治检,努力建设高素质检察队伍。

把思想政治建设放在首位。认真学习贯彻党的十七大、十八大精神和省委一系列重大决策部署,组织开展深入学习实践科学发展观、社会主义法治理念教育活动,用中国特色社会主义理论体系武装头脑,始终做到"三个至上"、"四个在心中"。大力实施文化育检工程,深入开展检察文化创建活动。通过学习教育活动,广大检察人员的思维方式和执法观念发生了深刻转变,政治意识、宗旨意识和大局意识明显增强。

深入推进内部监督制约机制建设。探索构建

了教育自律、制度规范、风险预警、过程监控、考核查究、外部监督"六位一体"的监督制约体系,确保检察权依法公正行使。全面落实廉政风险防控、纪检监察部门跟踪监督、电子执法档案等制度,推行职务犯罪审查逮捕上提一级改革,层层签订廉政责任书,以严明的制度促自律,靠严格的监督促防范。创新完善科学发展绩效考核机制,委托省社情民意调查机构对全省检察工作进行群众满意度测评,对照民声找差距,顺应民意抓整改。大力推行阳光检务,认真落实人民监督员和联系人大代表、政协委员等制度,先后6662次邀请人大代表、政协委员和各界群众走进检察机关,了解和监督检察工作。坚持从严治检,以铁的决心、铁的纪律打造铁的队伍,以"零容忍"的态度,严肃查处了29名违法违纪检察人员;2012年受理检察人员违法违纪信访举报比五年前下降了59.3%。

大力加强领导班子和队伍素质能力建设。坚持把领导班子建设作为重中之重,省检察院党组制定了进一步加强自身建设的意见和改进工作作风的措施,加强对领导干部的教育、管理和监督,讲党性、重品行、作表率。全面推进素质工程,建立检察官教检察官、技能培训、专家讲座、业务竞赛等多元化教育培训机制,组织业务培训班4890期、培训19万人次,开展岗位练兵7485次。加大人才引进力度,在组织人事部门的支持下,选调招录了2564名大学毕业生和公务员充实基层。大力实施人才培养工程,加强检察理论研究,通过建立人才库、评选业务专家等,培养了1256名专业检察人才,其中有43人被评为全国和全省检察业务专家。五年来,全省检察人员以对党、对人民、对法律的无限忠诚,恪尽职守,锐意进取,拼搏奉献,涌现出了一大批先进集体和模范人物。全省有523个(次)检察院、1215名检察人员受到省级以上表彰,其中滕州市检察院等24个单位被授予全国模范检察院、全国先进基层检察院称号,邵明强等6人荣获全国模范检察官称号;地方党委254次作出向检察院或检察人员学习的决定。

回顾五年的工作,我们深深体会到,做好新形势下的检察工作,必须坚持以科学发展观为统领,自觉接受党的领导和人大监督,认真贯彻落实中央、省委的决策部署,牢牢把握检察工作的政治方向;必须坚持围绕中心、服务大局,自觉把检察工作放到大局中去谋划和推进,全力保障经济文化强省建设;必须坚持把人民放在心中最高位置,永怀爱民之心、恪尽为民之责,积极构建检爱民、民拥检的和谐检民关系;必须坚持以执法办案为中心,强化法律监督,维护公平正义,切实担负起宪法和法律赋予的职责;必须坚持抓基层打基础、促规范上水平,追求工作精细、精彩,不断夯实检察工作发展根基;必须坚持把加强队伍建设作为根本,抓党建带队建、抓班子带队伍,练就过硬本领、培育优良作风,为检察事业科学发展提供坚实的组织保障。

我们也清醒地认识到,工作中还存在不少差距和不足:法律监督职能作用发挥还不够充分,一些地方仍然存在不敢监督、不善监督、监督不到位的问题;检察队伍整体素质有待于进一步提高,有的业务能力不强,高层次人才缺乏,执法不规范、不文明的问题时有发生,极个别检察人员甚至执法犯法,以案谋私;基层基础工作仍然较为薄弱,派驻检察室建设和信息化建设有待进一步加强,一些基层检察院案多人少的问题依然比较突出。对这些问题,我们将以务实的态度,认真研究解决。

2013年是全面贯彻落实党的十八大精神的开局之年,是为全面建成小康社会奠定坚实基础的重要一年。全省检察机关要深入学习贯彻党的十八大和省第十次党代会精神,以邓小平理论、"三个代表"重要思想、科学发展观为指导,坚持十在实处、干出实效、走在前列,忠实履行法律监督职责,全力推进平安山东、法治山东和过硬队伍建设,推动全省检察工作再上新水平。

一是服务经济发展要有新作为。紧紧围绕主题主线,积极参与整顿规范市场经济秩序,深化服务蓝黄等重点战略实施的措施,强化对战略性新兴产业、知识产权、环境资源、城镇化建设和实体经济的司法保护,促进经济持续健康发展。

二是关注保障民生要有新举措。完善群众诉求表达和权益保障机制,深入开展"五进两服务"大走访活动,了解人民群众的新要求、新期待,有针对性地开展专项整治行动,集中治理侵害群众合法权益、群众反映强烈的突出问题,切实维护群众利益。

三是查办和预防职务犯罪工作要有新成效。依法严肃查办发生在领导机关和领导干部中的职务犯罪案件,权力集中部门和岗位的职务犯罪案件,以及为黑恶势力充当"保护伞"的案件,着力解决发生在群众身边的腐败问题,始终保持惩治腐败高压态势。更加重视预防,深化警示教育、预防调查和社会化预防协作,促进惩治和预防腐败体系建设。

四是强化法律监督要有新进展。认真贯彻修改后刑事诉讼法、民事诉讼法,进一步提高法律监督能力和水平。深化平安山东、法治山东建设,严厉打击严重刑事犯罪,积极参与社会管理创新,用心化解社会矛盾,维护社会和谐稳定;强化诉讼监督,依法监督纠正执法不严、司法不公问题,严惩司法腐败犯罪,维护公平正义。

五是加强"三项建设"要有新突破。深化执法规范化建设,突出抓好执法主体、执法制度、执法场所、执法信息化和执法监督建设,确保公正执法。深化信息化建设,实现信息共享,提升应用效益,为检察工作创新发展插上"金翅膀"。深化基层基础建设,尽快建成与派出法庭对应设置的派驻检察室,进一步接好地气,更好地联系服务群众。

六是检察队伍建设要有新加强。加强理想信念和思想道德教育,积极开展以为民务实清廉为主要内容的群众路线教育实践活动,加大教育培训力度,狠抓工作作风建设,坚定不移做中国特色社会主义事业的建设者、捍卫者。坚持从严治检、从优待检,倡导快乐工作、幸福生活,不断增强检察队伍的凝聚力、战斗力。

面对新的形势和任务,我们决心在省委和最高人民检察院的坚强领导下,认真落实本次大会决议,牢记全省人民的期望和重托,振奋精神,坚定信心,求真务实,锐意进取,不断开创全省检察工作新局面,为加快建设经济文化强省作出新贡献。

河南省人民检察院工作报告(摘要)

——2013年1月25日在河南省第十二届人民代表大会第一次会议上

河南省人民检察院检察长 蔡 宁

(2013年1月30日河南省第十二届人民代表大会第一次会议通过)

过去五年全省检察工作情况

2008年以来,全省检察机关坚持"四个重在"实践要领,忠诚履职、执法为民,务实重干、科学发展,为中原经济区建设提供了有力司法保障。

——五年来,我们自觉遵循司法规律、积极推进理性司法。遵循司法规律、理性司法,是对司法工作的基本要求。我们紧紧围绕服务科学发展和实现自身科学发展两大课题,一是正确处理履行职责与服务大局、强化法律监督与强化自身监督、司法公正与司法效率、业务建设与队伍建设等重大关系,不断提升检察工作理性、务实、持续发展的水平。二是推进检察工作方式转变:在执法价值取向上,由单纯强调把案件办准向办好转变;在业绩评判上,由重视强调查案数量向数量、质量、效率、效果、安全相统一转变;在开展批捕、起诉工作上,由总体强调严打、维护稳定向更加注重宽严相济、促进和谐转变;在履行反腐败职能上,由更多强调惩治向惩防一体、更加注重预防转变。三是运用法治思维和法治方式执法办案,提出"定分止争,明辨是非"、"案结事了,息诉罢访"、"深化职能,积极促进社会管理创新"办案效果三个层次目标要求,努力实现执法办案的法律效果、社会效果和政治效果的有机统一。同2007年相比,2012年立案侦查的贪污贿赂案件大案比率提高31.2个百分点,实刑判决率提高23.5个百分点;渎职侵权重特大案件比率提高27.2个百分点,实刑判决率提高6.9个百分点。全省122个县、区检察院实现所办案件当事人无涉检赴省进京访。

——五年来,我们主动服务经济社会发展大局。服务大局是检察工作的重大使命。一是始终围绕大局谋划检察工作。2008年以来,省检察院先后制定下发了关于认真履行法律监督职能服务农村改革发展、服务中原经济区建设等4个涉及检察工作全面发展的规范性文件,引导全省检察机关始终做到站位全局、服务发展。各省辖市检察院也分别研究制定服务本地经济社会发展的具体意见。二是把执法办案作为服务大局的最基本手段。坚持"胸怀大局是前提,立足本职是基础,正确履责是关键"的基本要求,做到有利于大局稳定、有利于企业发展的案件坚决办,对大局稳定、企业发展有不利影响的案件慎办、缓办,防止因执法不当造成负面影响。2011年底以来,省检察院组织指挥鹤壁、安阳等市检察机关查处了中储粮河南分公司原总经理李长轩、省烟草专卖局原局长郑建民两个受贿窝案串案,涉案110人,涉案金额近5亿元。办案中,讲究策略,注意方法,维护了企业正常生产经营秩序。2012年,中储粮河南分公司利润同比增长18.1%,河南中烟公司税利同比增加75.34亿元。三是积极创新服务方式。成立服务企业发展办公室,开展服务企业发展年活动,在产业集聚区和较大企业设立检察工作站,2011年以来,三级检察院组织检察干警到4921家企业走访,了解企业需求,帮助解决实际问题。平顶山、濮阳、南阳等市检察院针对辖区内平煤集团、中原油田、南阳油田跨区域经营的实际,实行职务犯罪举报线索由市检察院统一受理、指定管辖,防止多头立案对企业生产经营活动造成不利影响;同时,针对少数行政执法单位对企业乱罚款等吃拿卡要行为,发出检察建议,督促依法行政,维护企业权益。

——五年来,我们全力维护社会和谐稳定。和谐稳定是社会发展的基础,是人民群众安居乐业的前提,也是检察机关的首要责任。一是与公安、法院密切配合,突出打击严重刑事犯罪。共批准逮捕各类刑事犯罪嫌疑人275842人,提起公诉391072人。其中,批准逮捕严重暴力犯罪、"两抢一盗"、拐卖妇女儿童等犯罪嫌疑人160528人,提起公诉211130人;批准逮捕黑恶势力犯罪嫌疑人1563人,提起公诉4167人;批准逮捕金融诈骗、侵犯知识产权以及以担保公司、融资租赁公司为名非法吸收公众存款等破坏社会主义市场经济秩序犯罪10925人,提起公诉14446人。二是依法处理轻微刑事犯罪。对情节轻微、主观恶性较小的未成年人犯罪、老年人犯罪、过失犯罪等,依法从宽处理。省检察院牵头与省高级法院、省公安厅会签文件,调整盗窃罪立案标准,推行轻微刑事案件非羁押诉讼制度;在检察环节建立轻微刑事案件刑事和解制度和未成年人犯罪案件专人办理制度,最大限度地消除不和谐因素,最大限度地增加和谐因素。三是依法认真负责地做好处理涉检信访工作。把处理涉检信访工作作为维护公正、实现公平的重要职责,作为改进工作、提高水平的重要举措。落实办案风险评估、释法说理等制度,加强源头治理;深化首办责任制,实行领导接访,落实下访巡访,完善领导包案制,畅通信访渠道;开展涉检信访积案清理,依法保障合法权益,依法维护公正结论,依法纠正错误裁决,保护合法信访,制止违法闹访。对法度之外、情理之中的问题,协调有关方面做好救助工作。五年共化解涉检信访积案2218件,救助4185人。

——五年来,我们持续加大查办职务犯罪工作力度。始终坚持"一要坚决,二要慎重,务必搞准"的方针,共立案侦查贪污贿赂犯罪案件9861件13366人,渎职侵权犯罪案件4479件6684人,通过办案为国家挽回直接经济损失15.46亿元。一是紧紧依靠人民群众推进查案工作。坚持专门工作与群众工作相结合,全省三级检察院统一开通12309举报电话,随时接受群众举报,每年6月下旬统一组织举报宣传周活动,建立检察门户网站,发动群众积极举报,鼓励群众实名举报,引导群众依法举报。对实名举报件件必查、件件必复,对打击报复举报人的,严肃查处,根据群众举报查办的职务犯罪案件占立案总数的50%以上。二是集中精力查办大案要案。始终突出查办严重危害中原经济区建设、侵害民生权利、影响恶劣的大案要案。共立案侦查贪污贿赂5万元以上和挪用公款10万元以上大案7023件,内有100万元以上案件625件;立案侦查渎职侵权重特大案件3440件;立案侦查涉嫌职务犯罪的县处级以上干部957人,内有厅级干部93人。根据中央纪委和最高人民检察院的指令,省检察院组织信阳、郑州市检察院和铁路运输检察院参与侦查并审查起诉了全国人大常委会财经委原副主任朱志刚、深圳市原市长许宗衡等省部级领导干部受贿案。在省委领导下,省检察院指挥洛阳、许昌、商丘、周口、开封等市检察院依法查办了中石油工程建设公司原党委书记顾满林、省交通厅原厅长董永安、开封市原市长周以忠、漯河市原市长吕清海、郑州市原副市长兼郑东新区管委会主任王庆海等厅级领导干部贪污受贿案,彰显了中央、省委惩治腐败的坚定决心。三是正确处理重点查办大案要案与依法办好小案的关系。在突出查办大案要案的同时,区别对待小案,对一些数额较小、情节较轻的小案,依法从宽处理;但对严重侵害群众利益、情节恶劣的小案,也坚决依法查处。

——五年来,我们更加重视预防职务犯罪工作。树立办好案件是政绩,结合办案搞好预防、减少犯罪是更大政绩的理念。一是结合办案开展警示教育。举办惩治和预防渎职侵权犯罪成果展览,4万余名干部职工接受教育;推行廉政教育进党校,各级检察院检察长受邀到党校做廉政专题报告;建成172个警示教育基地,每年接受社会各界参观、培训45万余人次。焦作、济源等26个警示教育基地被省纪委命名为"全省廉政教育基地"。各地检察机关还创作了一批廉政公益短片,在当地电视台和省检察院"正义中原"官方微博播出,收到较好社会效果。二是结合办案发现的突出问题开展预防调查。2010年和2012年,省检察院统一组织开展了查办人防工程建设领域渎职犯罪专项活动、建设用地容积率调整情况专项预防调查活动。中国银河证券股份有限公司原党委书记、总经理肖时庆内幕交易、受贿案,中储粮河南分公司系列窝串案查处后,省检察院及时组织专题调查,向国家有关部门提出建议,促进了证券管理制度、粮食储备管理政策的完善。三是推进系统预防。省检察院与省纪委、教育厅、卫生厅等部门配合,开展了构建高校惩防体系建设和全省药品统一采购招标监督工作。四是开展重大工程建设同步预防。对南水北调、郑州地铁、石武客运专线等6108个工程项目开展了预防工作,促进工程优质、干部优秀。五是建立职务犯罪预防年度报告制度。三级检察院每年都向党委、政府专题报告预防职务犯罪工作开展情况,卢展工书记、郭庚茂省长及部分市县党委政府主要领导分别作出批示,要求有关方面认真研究、改进工作。

——五年来,我们努力维护司法公正和法制权威。司法公正和法制权威是社会和谐稳定的重要保障。我们坚持把维护公平正义作为首要价值追求,努力解决人民群众反映强烈的执法不严、司法不公问题。一是坚持打击犯罪与保护人权并重,加强对刑事诉讼活动的监督。对应当立案而没有立案的,监督公安机关立案7413人,对不应当立案而立案的,监督公安机关撤案3086人,监督立案案件中,起诉法院被判处3年以上有期徒刑2086人;依法追加逮捕犯罪嫌疑人15569人、追加起诉被告人12706人,追加起诉被告人中,被判处3年以上有期徒刑4393人;对涉嫌犯罪但无逮捕必要的依法不批准逮捕28154人,对犯罪情节轻微、社会危害较小的依法不起诉8153人;对认为人民法院确有错误的刑事判决、裁定,依法提出抗诉1860件,法院审结1595件,改判774件;依法监督纠正超期羁押、违法减刑、假释、暂予监外执行、体罚虐待被监管人等刑罚执行和监管活动违法问题8334人次。二是坚持维护当事人合法权益与维护司法权威并重,加强对民事行政诉讼活动的监督。对人民法院生效民事行政裁判提出抗诉4776件,法院审结3565件,改判1768件;提出再审检察建议5594件,法院采纳5382件;对认为裁判正确的,主动做好当事人的服判息诉工作,维护司法权威。三是坚持监督制约与协作配合并重。在法院、公安、司法等部门支持配合下,组织开展刑事审判法律监督专项检查、"另案处理"案件检查、"清查事故隐患、促进安全监管"等10余个专项活动,共同维护司法公正和法制统一。四是坚决查办执法不严、司法不公背后的职务犯罪。共立案侦查涉嫌徇私舞弊、滥用职权、索贿受贿犯罪的行政执法、司法人员1991人。

——五年来,我们着力保障和改善民生。执法为民是检察工作的根本宗旨。我们一是加大对群众最关心的公共安全、最关切的利益保障、最关注的公平正义等问题的法律监督力度。与公安、法院配合,依法打击造成重大矿难事故、重大交通事故、重大食品安全事件、重大监管安全事件等刑事犯罪,坚决查处其背后的职务犯罪。平顶山市新华区"9·8"特大矿难事故、伊川"3·31"特大煤矿事故、京珠高速"7·22"特大客车燃烧事故、"冲凉死"、"瘦肉精"、"地沟油"、"毒胶囊"等严重影响人民群众生命健康、造成恶劣社会影响的案件发生后,省检察院及时指导案发地检察机关依法介入,对涉嫌刑事犯罪的依法批捕起诉,对涉嫌收受贿赂、滥用职权、刑讯逼供的职务犯罪依法立案侦查,为被害人伸张了正义,维护了河南形象。二是坚决查处直接侵害民生的职务犯罪。开展涉农惠民领域贪污贿赂犯罪、侵害民生民利渎职侵权犯罪等专项查案活动,促进国家强农惠农富农政策的落实,2012年查办社会保障、水利建设、退耕还林、农机补贴、新型农村合作医疗等领域职务犯罪案件1544件2413人。商丘市检察机关结合查处挪用养老保险金犯罪案件,帮助社保部门完善 5 项制度,2012 年全市征缴企业职工养老保险费同比增长 29.7%。网曝郑州"房妹"事件后,郑州市检察院迅速展开初查,并以涉嫌受贿罪对郑州市二七区房管局原局长翟振锋立案侦查,省检察院已批准逮捕翟振锋。三是依法促进社会管理创新。积极推进行政执法与刑事司法衔接工作,加强对行政执法的监督,促进行政执法机关加强和改进社会管理与公共服务。与共青团、关工委、妇联等配合,开展关爱青少年活动,1094 名检察官兼职法制副校长,参与校园安全、法制教育等工作,为未成年人成长营造良好社会环境。探索开展社区矫正法律监督工作,预防和减少重新犯罪,2011 年以来,共对 43234 名社区矫正人员矫正情况进行监督。加强对农民工、进城务工人员等弱势群体的司法保护,通过调解、支持起诉等方式,维护其合法权益。四是不断完善便民利民措施。开展文明接待室规范化创建活动,推行点名接访、视频接访、预约接访,建立公开承诺办实事制度,在重点乡镇设立检察室,组织检察干警进万村,把方便送到群众身边。

——五年来,我们始终依靠党委政府的领导和支持,强力推进基层基础建设。基层检察院是检察机关服务大局、执法为民、维护稳定的一线平台。我们坚持把加强基层基础建设作为一项基础性、长期性战略任务,科学制定建设规划,明确省、市、县三级检察院责任。开展全国先进检察院、全国精神文明单位创建活动,灵宝市检察院被评为"全国十佳基层检察院",郑州市金水区检察院、南阳市宛城区检察院被评为"全国模范检察院",西华县检察院等 22 个基层检察院被评为"全国先进基层检察院",伊川县检察院等 5 个基层检察院被最高人民检察院记集体一等功,信阳市检察院等 12 个检察院被评为全国精神文明单位。加大省市两级检察院联系、指导、帮扶基层力度。五年来,我走遍了全省 163 个县、区检察院,通过调查研究、座谈交流,深切感受到,没有党委政府重视支持,检察工作就不可能全面发展;没有人大代表、政协委员、人民群众监督帮助,检察工作就不可能健康发展;没有基层检察干警维护公平正义的执着追求,检察工作就不可能持续发展。党的领导是检察工作科学发展的坚强后盾,人大监督和社会各界支持,是检察工作科学发展的动力源泉。

——五年来,我们坚持从严治检常抓不懈。检察机关作为国家法律监督机关,承担的职责要求必须建设一支高素质的检察队伍。一是加强对检察干警的经常性教育。组织开展社会主义法治理念等一系列主题教育实践活动,推行检察官职业行为基本规范,建立检察官宣誓制度,加强检察文化建设,教育检察干警树立理性、平和、文明、规范的执法理念,努力做到忠诚、为民、公正、廉洁。二是加强上级检察院对下级检察院的监督。建立基层检察院检察长任免向省检察院备案制度,完善派员列席下级检察院党组民主生活会制度和年度考核制度,省检察院对 10 个市级检察院进行了巡视,12 个市级检察院检察长到省检察院述职述廉。三是狠抓业务能力提升。加强人才队伍建设,着力培养检察业务专家、办案能手等高端人才,分级分类组织专业培训和全员培训,分业务开展精品案件评选和技能竞赛活动,加强对刑法修正案、修改后刑事诉讼法、民事诉讼法培训,法律监督能力进一步提高。推行检察人员公开招录和遴选制度,面向社会公开招录 4 批 1195 名大学生、2 批 865 名初任检察官,充实到基层;省市两级检察院从下级检察院遴选 183 人,2231 名在职人员通过国家司法考试,优化和改善了检察队伍结构。四是持续开展拒腐防变建设。严格执行党风廉政建设责任制和廉政准则,实行领导干部开展廉政专题教育制度和一岗双责制度,建立廉政风险防控机制,组织三级检察院中层以上干部 6000 余人参观检察机关自身反腐倡廉教育展览,提高拒腐防变能力。五是弘扬英模人物精神,凝聚检察"正能量"。重视培养先进典型,发挥英模人物的引领导向作用,努力形成学先进、创先进的浓厚氛围。2008 年以来,陈海宏、马俊欣、李宪中等 8 名干警被授予"全国模范检察官"荣誉称号,布孝军、袁冬等 12 名干警被最高人民检察院记个人一等功。以"全国模范检察官"程建宇为原型拍摄的电影《火红的杜鹃花》被中央宣传部、广电总局确定为迎接党的十八大重点影片在全国公映。六是树立严管就是厚爱的理念。建立并认真落实实名举报投诉检察干警限期答复制度,对群众举报和网络反映的检察人员违法违纪线索,查实后依法依纪严肃处理 176 人,维护队伍纯洁。

——五年来,我们自觉接受党委领导、人大监督,强化内部监督。牢固树立监督者更要接受监督的权力观。一是自觉坚持党的领导、人大监督,重要工作和事项及时向省委、省人大常委会请示报告。省委常委会多次研究检察工作，卢展工书记专程到省检察院视察指导工作，省人大常委会每年都专题听取和审议省检察院专项工作报告和办理人大代表建议情况报告。检察机关根据省委政法委的部署，组织开展了执法能力、效率、责任心大检查活动。二是坚持把代表委员的意见建议作为加强和改进检察工作的强大动力，做到办前沟通、办中反馈、办后回访、件件落实。五年来，省检察院共办理代表委员建议、提案和省人大常委会转办交办案事件167件。根据代表委员建议，我们牵头推行了轻微刑事案件非羁押诉讼制度，加大了对行贿犯罪的打击力度，加强了预防职务犯罪工作，开展了"强班子、抓队伍、树形象"教育整顿活动，推动解决了一批队伍管理和执法办案中存在的薄弱环节和突出问题。三是加强与人大代表、政协委员的经常性联系，畅通接受监督渠道。召开检察机关接受外部监督工作会议，建立三级检察院检察长联系人大代表制度；开通联系代表委员短信平台，在检察门户网站设置联系代表委员专栏，定期向代表委员通报检察工作重要情况，邀请代表委员参与"检察开放日"等重要活动。全面实行人民监督员制度，自觉接受人民法院和公安机关的制约，依法保障律师执业权利。完善检务公开制度，让诉讼参与人和人民群众通过看得见、信得过的法律程序感受司法公正。四是始终坚持强化法律监督与强化自身监督并重，做到以更高的标准、更严的要求加强内部监督。认真落实职务犯罪案件审查逮捕上提一级改革措施，防止以逮捕羁押代替侦查；全面推行讯问职务犯罪嫌疑人全程同步录音录像制度，促进文明执法、规范办案；严格执行职务犯罪案件撤案、不起诉报上一级检察院批准制度，防止检察权滥用；严格落实错案、安全事故、涉检信访案件责任倒查追究等制度，建立检察人员执法档案，明确执法责任；推行案件集中管理，实现对自身执法活动监督管理的全程化、规范化。

过去的五年，是全省检察工作科学发展、持续提升的五年。五年的实践启示我们，只有坚持以科学发展观为指导，把坚持党的领导、接受人大监督与依法独立行使检察权统一起来，才能确保检察工作正确发展方向；只有融入全局、服务大局，把履行职责与服务大局统一起来，才能彰显检察工作价值；只有依靠人民、服务人民，把对法律负责与对人民负责统一起来，才能保障人民的合法权益；只有敢于监督、善于监督，把依法监督与争取支持配合统一起来，才能更好地维护司法公正和法制统一；只有正视问题、接受监督，把强化内部监督与接受外部监督统一起来，才能确保检察权正确行使；只有尊重规律、遵循规律，把务实发展与改革创新统一起来，才能推动检察工作持续提升。

过去五年，我们在工作中还存在一些问题：一是法律监督职能发挥与人民群众日益增长的公平正义期待有差距，部分诉讼监督案件质量、效率不高，对群众反映强烈的司法不公、执法不严等诉讼违法行为的监督还不到位，特别是对徇私枉法、裁判不公以及民事执行难问题监督力度需要继续加大。二是查办和预防职务犯罪工作发展不平衡，有的地方查办职务犯罪力度不够大，不敢查办要案和不重视查办发生在群众身边的腐败案件，人民群众还不满意；预防职务犯罪工作还需要持续加强、突出针对性、提升效果。三是检察机关参与加强和创新社会管理工作需要规范和深化，一些地方存在着不注重参与、超越检察职能参与、参与途径单一等问题。四是一些干警执法能力水平不高，在正确适用法律政策、化解矛盾纠纷、做好群众工作等方面不适应办案工作和社会发展的需要，一些案件质量效果不好，群众还有意见。五是检察权的行使与司法公开、司法民主的要求还不完全适应，检察机关利用新媒介与公众交流互动不够，人民群众参与检察工作、监督检察工作还不充分，检察宣传工作有待进一步加强。六是有的干警事业心、责任心不强，有的执法思想不端正、执法行为不规范，有的特权思想、霸道作风严重，甚至违法乱纪、以案谋私，败坏了检察机关形象。对这些问题，我们将高度重视，继续努力解决。

2013年和今后一个时期检察工作建议

各位代表，党的十八大描绘了全面建成小康社会、加快推进社会主义现代化建设的宏伟蓝图，为检察工作指明了方向；依法治国基本方略全面推进，要求检察机关进一步强化法律监督，转变执法方式；修改后的刑事诉讼法、民事诉讼法等法律法规颁布实施，赋予了检察机关更加繁重任务；中原经济区建设全面深入推进，给检察机关服务好中原崛起河南振兴提出了新要求。

面对新形势新任务，满足人民群众的新期待新要求，检察工作还有不少难题亟待破解：一是案多人少的矛盾随着新刑事诉讼法的实施会更加突出。

二是执法办案工作难度和投入随着新刑事诉讼法的实施会越来越大。三是检察机关处理涉检信访工作随着修改后刑事诉讼法、民事诉讼法的实施面临新的考验。四是基层执法保障随着新刑事诉讼法的实施需要继续改善。2013年和今后一个时期，全省检察机关要重点做好五个方面工作。

一、深入贯彻落实党的十八大精神和中央纪委二次全会精神。引导检察人员做中国特色社会主义事业的建设者和捍卫者，更加自觉地深入贯彻落实科学发展观，遵循司法规律，转变检察工作方式，努力把科学发展观贯彻落实到检察工作各个方面和执法办案全过程。积极落实依法治国方略，按照"科学立法、严格执法、公正司法、全民守法，坚持法律面前人人平等"的要求，落实司法体制和工作机制改革，依法独立公正行使检察权，进一步强化批捕起诉职能，推进平安河南建设；加大查办和预防职务犯罪工作特别是反渎职侵权工作力度，推进廉洁政治建设；加强诉讼监督，坚决维护国家法制统一、尊严、权威，推进法治河南建设。

二、全力服务中原经济区建设。充分发挥打击、预防、监督、教育、保护等职能作用，努力为中原经济区建设营造诚信有序的市场环境、和谐稳定的社会环境、清正廉洁的政务环境和公平正义的法治环境。围绕主题主线和"两不三新"三化协调科学发展核心任务，认真履行法律监督职能，保障经济平稳较快发展；围绕加强民主法治建设，深化司法公开、司法民主，结合办案开展法制宣传教育，促进领导干部提高运用法治思维和法治方式深化改革、推动发展、化解矛盾、维护稳定能力，推进依法治省进程；围绕加快文化强省建设，依法保障文化事业、文化产业健康发展，在执法办案中重视弘扬社会主义法治精神，倡导社会主义核心价值观；围绕建设绿色中原生态中原，加大对生态和环境的保护力度，为建设美好家园、实现永续发展提供司法保障。

三、更好地保障和改善民生。认真开展以为民务实清廉为主要内容的党的群众路线教育实践活动，严格落实中央、省委关于改进工作作风、密切联系群众的规定和意见，进一步转变司法作风，完善群众工作机制，搭建服务群众新平台，拓展联系群众新渠道，把面对面交流与"键对键"沟通有机结合起来，不断提升新形势下检察机关社会沟通能力和服务群众水平。围绕以保障和改善民生为重点的社会建设，依法、有序、合理参与社会管理创新，促进社会管理法治化。围绕人民群众反映强烈的突出问题加大法律监督力度，认真做好处理涉检信访工作，着力解决好人民群众最关心最直接最现实的利益问题，努力让人民群众在检察机关的执法办案活动中感受到公平正义。

四、全面加强检察队伍建设。围绕建设一支忠诚可靠、执法为民、务实进取、公正廉洁的高素质检察队伍，坚持以党的建设带动检察队伍建设，以加强党的执政能力建设、先进性和纯洁性建设为主线，加强检察队伍思想政治建设和领导班子建设；以提高法律监督能力为重点，开展创建学习型、创新型、服务型机关活动，加强队伍专业化建设；以强化执法基本保障为重点，加强基层基础建设；以确保检察权的正确行使为目标，加强自身监督制约机制建设；以公正廉洁执法为方向，全面推进检察机关惩治和预防腐败体系建设，做到干部清正、检风清廉，不断提高检察工作的亲和力和公信力。

五、更加自觉接受党的领导、人大监督、政协民主监督和社会监督。坚持党的领导和人民主体地位，认真贯彻执行党委决策、人大决议，认真听取人大代表、政协委员意见，依法负责地办好建议、提案和转交案事件。完善检察工作接受外部监督机制，健全代表委员信息管理和沟通联系两个平台，提供好四种服务，即利用赠阅报刊，提供全覆盖的检察信息服务；借助彩信平台，提供图文并茂的检情通报服务；利用互联网、检察微博，提供互动式服务；根据代表委员需求，提供"菜单式"服务，做到联系制度化、经常化，让检察权始终在人民监督和阳光下运行。

在全面建成小康社会的新征程中，全省检察机关将认真贯彻落实党的十八大精神，按照本次大会确定的任务，在省委和最高人民检察院的领导下，在人大、政协的监督和全省人民的支持下，坚定信心，振奋精神，开拓创新，务实发展，努力为全面推进中原经济区建设、加快中原崛起河南振兴作出新的更大贡献！

湖北省人民检察院工作报告(摘要)

——2013年1月25日在湖北省第十二届人民代表大会第一次会议上

湖北省人民检察院检察长 敬大力

(2013年1月29日湖北省第十二届人民代表大会第一次会议通过)

省十一届人大一次会议以来,省人民检察院在省委和最高人民检察院正确领导下,在省人大及其常委会有力监督下,带领全省检察机关,深入贯彻落实科学发展观,认真执行省十一届人大会议决议,紧紧围绕湖北经济社会发展大局,忠实履行宪法和法律赋予的职责,全面加强和改进执法办案、诉讼监督和自身建设等工作,各项工作取得了新的进展。

一、坚持充分发挥检察职能作用,着力服务湖北科学发展、跨越式发展

五年来,全省检察机关围绕构建促进中部地区崛起重要战略支点的目标,认真履行打击、预防、监督、保护等职责,为湖北经济社会发展营造良好环境。

保障湖北重大发展战略实施。围绕湖北一元多层次战略体系建设部署,不断完善和落实服务发展的措施。注重保障政府投资安全,连续三年组织开展查办和预防国家投资领域职务犯罪专项工作,深化工程建设、国土资源领域突出问题专项治理,查办相关职务犯罪1675人;协助相关单位在南水北调等591个重大工程建设项目中开展专项预防。注重维护农民权益、促进农业发展,严厉打击制售伪劣种子、农药、化肥等坑农害农犯罪,持续开展查办和预防新农村建设领域职务犯罪专项工作,在退耕还林、粮食直补等环节查办职务犯罪2516人。围绕"两型"社会建设,起诉污染环境、盗伐林木等犯罪嫌疑人2495人,连续三年开展查办危害能源资源和生态环境渎职犯罪专项工作。围绕创新湖北建设,连续三年开展打击侵犯知识产权和制售假冒伪劣商品专项行动,起诉侵犯商标权、专利权等犯罪嫌疑人364人。

维护经济发展环境。切实增强"环境"意识,高度重视为经济发展营造平等、公正、透明的法治环境。积极参加整顿和规范市场经济秩序工作,起诉金融诈骗、逃税骗税、非法传销等破坏社会主义市场经济秩序犯罪嫌疑人7361人。完善行政执法与刑事司法衔接机制,督促行政执法机关向公安机关、检察机关依法移送涉嫌犯罪案件2878件。持续治理商业贿赂,与省工商联共同推进涉及非公有制企业受贿、行贿犯罪预防工作,协助企业防范法律风险。突出打击以暴力威胁手段强迫交易、对企业及其经营者、投资者进行敲诈勒索等犯罪活动,强化对侵害市场主体合法权益案件的诉讼监督,促进公平竞争。贯彻"三个有利于"的要求和"五条办案原则",依法妥善处理改革发展中的新情况新问题,正确把握法律政策界限,慎重采取强制措施,维护企业正常生产经营秩序,努力实现法律效果、政治效果和社会效果的有机统一。

二、坚持以人为本、执法为民,着力维护和保障民生

坚持人民检察为人民,始终把人民群众的关注点作为检察工作着力点,切实维护人民群众合法权益。

坚决惩治和纠正损害民生的违法犯罪。协同公安机关和行政执法机关深入开展食品药品安全专项整治、严厉打击"地沟油"违法犯罪等专项活动,起诉制售假药劣药、有毒有害食品等犯罪嫌疑人548人。连续五年开展查办民生领域职务犯罪、危害民生民利渎职侵权犯罪等专项工作,在社保、教育、就业、医疗、扶贫等领域查办职务犯罪4496

人，促进惠民政策落实。依法同步介入356件重特大事故调查，查办事故背后的职务犯罪125人。注重保障人权，依法查办涉嫌刑讯逼供、非法拘禁、报复陷害等侵权犯罪，监督纠正动用刑事手段违法插手民事经济纠纷、体罚虐待被监管人员等问题。注重加强对侵害消费者合法权益民事案件的监督。

加强对特殊群体和困难群众的司法保护。依法打击招工诈骗、拒不支付劳动报酬等犯罪，办理涉及劳动争议的民事、行政诉讼监督案件730件，维护劳动者特别是进城务工人员合法权益。重视打击侵害残疾人、老年人、儿童、妇女的犯罪，起诉拐卖儿童妇女的犯罪嫌疑人176人。完善未成年人刑事检察工作机制，通过选派法制副校长、网络QQ帮教等方式预防青少年犯罪，配合做好服刑在教人员未成年子女、农村留守儿童的教育保护工作，60个单位被评为全国、全省"优秀青少年维权岗"。推进刑事被害人救助工作，对234名生活确有困难的刑事被害人及其近亲属提供救助。

三、坚持认真履行批捕、起诉等职责，着力维护社会和谐稳定

把维护社会和谐稳定作为重中之重，依法打击犯罪，推进社会矛盾化解、社会管理创新，努力做好检察环节维护社会稳定的各项工作。全省检察机关共批准逮捕各类刑事犯罪嫌疑人158017人，提起公诉175432人。依法妥善办理群众控告、申诉等57276件次。

严厉打击严重刑事犯罪。与公安、法院等部门密切配合，深入推进打黑除恶、禁毒、禁赌等专项行动，严厉打击危害公共安全犯罪、严重暴力犯罪和多发性侵财犯罪，起诉放火、爆炸、故意杀人、故意伤害、绑架、强奸、抢劫、盗窃等犯罪嫌疑人110562人；注重打击欺行霸市、暴力讨债、操纵"黄赌毒"等黑恶势力犯罪以及寻衅滋事、聚众斗殴等危害社会秩序、影响群众安全感的犯罪，起诉13639人。对重大案件挂牌督办，及时介入侦查、引导取证，保持对严重刑事犯罪的高压态势，维护社会稳定。配合开展对城乡接合部、校园及周边等治安重点地区的排查整治，促进平安建设。

依法化解社会矛盾。坚持在法治和公平正义的前提下化解社会矛盾。贯彻宽严相济刑事政策，对初犯、偶犯、未成年犯、老年犯中一些犯罪情节轻微的人员依法从宽处理。构建处理涉检信访一体化工作格局，注重法理情结合，依法妥善化解涉检信访积案629件。建立执法办案风险预警、处置、防范工作机制，防止因自身执法不当引发和激化矛盾。加强不批捕、不起诉、不抗诉等环节的释法说理，对正确裁判、决定认真做好息诉工作。

积极参与加强和创新社会管理。坚持以监督促管理，依法查处、监督纠正社会管理领域的违法犯罪问题，注重结合办案发现管理漏洞，就社会治安形势和中职生培训、家电下乡、移民资金监管等方面存在的问题向有关部门提出对策建议，促进提高社会管理法治化、科学化水平。协助加强对流动人口、特殊人群的服务管理，强化对社区矫正的法律监督，配合做好刑释解教人员帮教管理工作。依法打击利用互联网、手机实施的诈骗、传播淫秽信息、出售和非法提供公民个人信息等犯罪活动，净化网络环境，保护网络信息安全。

四、坚持依法惩治和预防职务犯罪，着力促进反腐倡廉建设

认真贯彻中央、省委和最高人民检察院关于加强反腐倡廉建设的决策部署，积极发挥检察机关在反腐败斗争中的职能作用。全省检察机关共立案侦查贪污贿赂犯罪7775人，渎职侵权犯罪1855人。

严肃查办职务犯罪。加强对查办重大复杂案件的统一组织、指挥和协调，集中力量查办了一批大案要案。立案侦查大案5224件，其中贪污、受贿、挪用公款百万元以上案件321件，重特大渎职侵权案件712件；立案侦查县处级以上干部职务犯罪要案752人，其中厅级干部71人。加强初查工作，强化侦、捕、诉协作配合和监督制约，严格执行讯问职务犯罪嫌疑人全程同步录音录像、逮捕职务犯罪嫌疑人报上一级检察院审查决定等制度，努力做到办案数量、质量、效率、效果、规范和安全的有机统一。深入贯彻中央、省委和省人大常委会加强反渎职侵权工作的要求，建立重大复杂案件专案调查等机制，坚决惩治国家机关工作人员滥用职权、玩忽职守等造成公共财产、国家和人民利益遭受重大损失的犯罪。

积极预防职务犯罪。坚持惩防并举，更加注重预防，推进预防职务犯罪社会化、专业化、规范化、法制化。结合办案剖析发案原因，向发案单位、主管部门提出预防检察建议7758件。建设预防职务犯罪警示教育基地43个，开展预防宣传、警示教育11000余次。组织84500余名国家工作人员参观惩治和预防渎职侵权犯罪巡展；会同有关部门组织省直机关4185名处级以上干部参加预防渎职侵权违法犯罪培训,并在全省部署开展这项工作,收到良好效果。实现行贿犯罪档案全国联网查询,提供查询57427次,促进社会诚信建设。完善预防职务犯罪联席会议机制,实行惩治和预防职务犯罪年度报告制度,整合检察机关预防职务犯罪、预防刑事犯罪和预防诉讼违法三项职能,增强预防整体效能。

五、坚持强化对诉讼活动的法律监督,着力保障严格执法、公正司法

全省检察机关始终坚持宪法定位,认真贯彻省人大常委会《关于加强检察机关法律监督工作的决定》,切实把功夫下在监督上,完善监督机制,提高监督能力,以严格执法、公正司法促进社会公平正义。

加强刑事诉讼监督。坚持惩治犯罪与保障人权并重,强化刑事立案和侦查活动监督,依法监督纠正有案不立、有罪不究、违法立案等问题,监督侦查机关立案6296件、监督撤案2305件,对侦查活动中的违法情形提出纠正意见5720件次。强化刑事审判监督,坚持指控犯罪和诉讼监督"两手抓、两手硬、两手协调",对认为确有错误的刑事裁判提出抗诉786件,采纳意见率为71.46%;对刑事审判活动中的违法情形提出纠正意见1553件次,围绕程序适用、派员出庭和事后审查等关键环节加强对适用简易程序案件的监督。认真做好死刑案件的审查、出庭和监督工作,确保死刑依法正确适用。强化刑罚执行和监管活动监督,加强对刑罚变更执行的同步监督,开展保外就医专项检察,依法监督纠正提请减刑、假释、暂予监外执行不当763人次,防止罪犯逃避刑罚执行。会同有关部门开展打击"牢头狱霸"、清查事故隐患等专项工作,完善纠防超期羁押、被监管人员死亡介入调查等机制,对监管活动中的违法情形提出纠正意见2844件次,维护正常监管秩序和在押人员合法权益。

加强民事、行政诉讼监督。积极构建多元化民事、行政诉讼监督格局,对认为确有错误的民事、行政裁判以及损害国家利益、社会公共利益的民事调解、行政赔偿调解,提出抗诉2127件,提出再审检察建议993件,抗诉案件综合改变率为74%。开展民事执行活动法律监督试点,办理执行监督案件663件,促进解决执行难、执行乱问题。对侵害国有资产和公共利益等行为,探索开展督促行政作为、督促提起诉讼724件。

加强对司法工作人员诉讼违法、渎职行为的监督。建立刑事、民事、行政诉讼法律监督调查机制,开展法律监督调查16300余件次,提高发现、核实、纠正诉讼违法和渎职行为的能力;查办涉嫌贪赃枉法、徇私舞弊、充当黑恶势力"保护伞"等犯罪的司法工作人员339人。

六、坚持加强检察机关自身建设,着力提升执法公信力

以提升队伍素质能力和执法公信力为基点,深入推进检察机关自身建设,确保严格、公正、文明、廉洁执法。

努力提高检察队伍素质。全面实施检察队伍建设"六项工程"。开展深入学习实践科学发展观、提高执法公信力集中评查、争当"十型"检察官等教育实践活动,健全检察职业道德自律机制,教育引导检察人员坚定理想信念,牢记根本宗旨。建立基层检察院检察长任免备案制度,结合换届优化领导班子结构;强化对检察领导干部的教育、管理和监督,对13个检察院领导班子进行了巡视。统筹全员教育培训,广泛开展岗位练兵,共培训检察人员29000余人次,选拔培养全国、全省检察业务专家等各类检察人才478人。严格执行党风廉政建设责任制,组织自身反腐倡廉教育展览,建立廉政风险防控机制,深入开展"治庸问责"、"反特权思想、反霸道作风"等专项治理,严肃查处违法违纪检察人员。加强检察文化建设,3个检察院被评为"全国检察文化建设示范院"。

加强基层基础工作。落实基层检察院建设20件事项,坚持领导同志联系基层、结对共建等制度,为基层检察院补充编制1131个、公开招录1013名选调生和高等院校毕业生充实基层,在30个基层检察院推进内部整合改革,促进检力下沉、提高工作效能,基层检察院"四化"建设取得新进展。深入开展创先争优活动,涌现出马俊镠、李晓宝等一批一心为民、秉公执法的先进典型,24个(次)基层检察院被评为全国模范、先进院和"四化"建设示范院,90%的检察院被评为文明单位,其中省级文明单位76个,全国文明单位3个,全省检察系统被评为省级精神文明建设工作先进系统。在各级地方党委、人大、政府、政协的重视和支持下,检察经费保障水平稳步提升,基层执法办案条件明显改善;推进以强办案、强监督、强管理为主要内容的科技强检工作,3个司法鉴定实验室获得国家认可,检察技术和信息化水平不断提高。

提高群众工作能力和水平。省检察院专门设置群众工作处，将群众工作列为培训必修课程，选派青年干警到基层锻炼，增强亲民、爱民、为民意识，提升群众工作本领。建立综合受理接待中心，实行受理方式"六整合"，开通具有"七合一"功能的"12309"检察服务电话，110个检察院建成视频接访系统，畅通渠道，方便群众反映诉求。积极参加"三万"、检察官"四进"等活动，在乡镇、街道设置164个派驻检察室、检察服务站和检察巡回服务组，落实下访、巡访、联合接访等制度，面对面为群众排忧解难。

深入推进检察改革和工作机制创新。根据中央、最高人民检察院部署，坚持强化法律监督和强化自身监督并重，认真落实各项改革措施，取得积极成效。在法律制度框架内，深化检察工作一体化机制建设，实行诉讼职能和诉讼监督职能、案件办理职能和案件管理职能适当分离，建立与公安、法院、司法行政机关监督制约与协调配合机制，着力解决影响和制约检察工作科学发展的问题。

狠抓执法规范化建设。按照"坚持长期治理、健全长效机制、落实治本措施"的思路持续推进执法规范化建设。扎实开展扣押、冻结款物检查等5个专项整治活动，着力解决受利益驱动违法违规办案等问题。针对执法不规范"顽症"，落实看守所职务犯罪讯问室建设、办案区视频监控、讯问时"强制物理隔离"等任务"倒逼"规范执法，构建促进检察机关公正廉洁执法"五位一体"工作格局。加强执法管理，省检察院成立执法管理与监督委员会，全省检察机关统一设立案件管理办公室，实行"全面管理、统分结合、分工负责、统筹协调"的执法管理模式，提高规范文明执法水平。

回顾五年的检察工作实践，我们注重按照科学发展观的要求谋划和推进检察工作，明确工作思路，保持正确方向；注重把检察工作摆到党和国家工作大局中来谋划，不断增强服务经济社会发展的自觉性、针对性和实效性；注重以人为本、执法为民，把群众工作贯穿于检察工作全过程；注重强化法律监督，接受内外部监督制约，提高执法规范化建设和执法公信力水平；注重解放思想、改革创新，勇于打破习惯思维和陈旧方式，以创新求发展，以创新解难题；注重强基固本，狠抓队伍建设，狠抓基层基础。"六个注重"使我们对检察工作规律的认识不断深化，我

们将在今后的工作中继续坚持并不断完善。

在过去五年工作中，我们牢固树立监督者必须接受监督的观念，自觉接受人大、政协和社会各界监督。每年全省"两会"结束后，省检察院认真研究人大代表、政协委员的审议和讨论意见，逐项制定和落实整改措施。主动向人大常委会报告强化法律监督、反渎职侵权等工作并根据审议意见整改加强，积极配合开展专题调研和执法检查。加强与代表、委员的经常性联系，开通短信联络平台，定期寄送《检察要况》《联络专刊》，通报检察工作情况，诚恳听取建议、批评和意见。对人大、政协交办和人大代表、政协委员反映的65件建议、提案和事项，全部办结并回复。全面推行人民监督员制度，从社会各界先后选任人民监督员2835名，按规定对检察机关直接立案侦查的1082件案件实施监督。深化检务公开，每年统一开展两次检察机关"公众开放日"活动，运用检察门户网站、检察机关官方微博、检务微信公众平台等新媒体与公众交流互动，自觉接受群众监督。重视接受舆论监督，完善新闻发布制度，及时回应社会关注的问题。

当前和今后一个时期，全省检察机关将认真贯彻党的十八大和中央、省委、最高人民检察院有关会议精神，高举中国特色社会主义伟大旗帜，紧紧围绕"五个湖北"建设，把握加强法治建设和提高执法公信力两个主基调，一手抓检察事业长远发展，一手抓各项工作任务落实，勇于担当，履职尽责，为加快构建促进中部地区崛起的重要战略支点、实现富民强省目标提供有力法治保障。

一要进一步抓好服务发展、保障民生工作。以党和国家工作大局为重，牢牢把握湖北"竞进提质"的总要求，立足检察职能，依法惩治破坏市场经济秩序犯罪，惩治和预防新型工业化、农业现代化、新型城镇化过程中的职务犯罪，促进经济持续健康发展。注重通过加强法律监督，推动全省各项事业的法治化。以最广大人民利益为念，严厉打击、监督纠正损害群众切身利益的各类违法犯罪，增强人民群众安全感和满意度。深入开展以为民务实清廉为主要内容的群众路线教育实践活动，进一步深化、细化、实化检察机关群众工作，提高检察工作亲和力。

二要进一步做好维护社会和谐稳定工作。紧紧抓住危害国家安全、影响社会稳定和人民群众生命财产安全的突出问题，严厉打击境内外敌对势力的渗透颠覆破坏活动，严厉打击黑恶势力犯罪、严

重暴力犯罪、"两抢一盗"等犯罪,加大矛盾纠纷排查化解力度,促进完善立体化社会治安防控体系,推动提升平安湖北建设水平,确保人民安居乐业、社会安定有序。

三要进一步加强查办和预防职务犯罪工作。贯彻中央、省委、最高人民检察院要求,坚持有案必办、有腐必惩,转变侦查模式,规范执法行为,积极参与对重点领域腐败问题的专项治理,严肃查办大案要案,着力解决发生在群众身边的腐败问题。更加注重源头治理,深入开展个案预防、专项预防和系统预防,增强预防职务犯罪工作实效,促进惩治和预防腐败体系建设。进一步完善检察机关预防违法犯罪工作格局。

四要进一步加强对诉讼活动的法律监督。深入贯彻党的十八大加强法律监督的要求,认真贯彻修改后刑事诉讼法、民事诉讼法关于强化诉讼监督的规定,牢固树立监督为本的观念,进一步强化监督意识、突出监督重点、健全监督机制、加大监督力度,全面加强对立案、侦查、审判、执行环节的法律监督,构建更加健全完善的法律监督工作格局,推动解决执法不严、司法不公等人民群众反映强烈的问题,促进提高执法、司法公信力。

五要进一步推动检察工作自身科学发展。增强发展意识,坚持按照科学发展观要求推动检察工作,以打造"实力检察、创新检察、法治检察、文明检察、人本检察"为目标,深入推进检察工作方针政策体系、执法办案和法律监督工作体系、检察机关自身建设体系建设,推动全省检察工作平稳健康发展、持续深入发展、全面协调发展、合理规范发展。

六要进一步加强检察队伍建设和基层基础工作。加强思想政治建设,通过深化全员教育培训等途径,提高检察队伍专业化、职业化、正规化水平,强化对检察人员的监督管理,着力建设一支忠诚可靠、执法为民、务实进取、公正廉洁的高素质检察队伍。贯彻落实中央、省委、最高人民检察院关于改进工作作风、密切联系群众的规定,开展"转变执法观念、转变工作作风,狠抓检察管理、狠抓工作落实"专项活动,确保各项部署取得实效。进一步谋划强基固本之策,大力推进基层检察院建设,继续加强检务保障工作,以信息化建设为重点深入推进科技强检,夯实检察事业发展根基。

在新的一年里,全省检察机关将在省委和最高人民检察院正确领导下,更加自觉地接受各级人大、政协和社会各界监督,认真执行本次大会决议,进一步推动检察工作全面发展进步,为湖北科学发展、跨越式发展作出新的更大贡献。

湖南省人民检察院工作报告(摘要)

——2013年1月28日在湖南省第十二届人民代表大会第一次会议上

湖南省人民检察院检察长 龚佳禾

(2013年2月1日湖南省第十二届人民代表大会第一次会议通过)

一、五年检察工作的主要情况

省第十一届人民代表大会第一次会议以来,省人民检察院在中共湖南省委和最高人民检察院的领导下,在省人大的监督和省政府、省政协的关心支持下,坚持以邓小平理论、"三个代表"重要思想和科学发展观为指导,贯彻"强化法律监督、维护公平正义"的检察工作主题,落实强化法律监督、强化自身监督、强化队伍建设的总要求,坚持不懈地抓司法理念更新、法定职能依法履行、工作机制创新、执法条件改善、执法行为规范,推动了全省检察工作不断加强和改进。

(一)履行法律监督职能,服务经济社会科学发展。坚持以执法办案为中心,努力为全省经济社会科学发展提供司法保障。

——强化大局意识,着力服务发展保障民生。围绕省委省政府重大战略实施和民生工作要求,就检察机关服务和保障"两型"社会建设、参与法治湖南建设、依法维护和促进非公有制经济健康发展等重大问题分别提出了实施意见,明确服务发展、保障民生的任务要求和具体措施。深入开展治理商业贿赂和工程建设领域突出问题、国土资源领域腐败问题,查办涉农职务犯罪、危害能源资源和生态环境渎职犯罪、危害民生民利渎职侵权犯罪专项工作,把社会矛盾化解、社会管理创新、公正廉洁执法三项重点工作在检察环节具体化。注重妥善处理群众诉求和涉企涉军案件,保障特殊群体、困难群众、军人军属合法权益。依法保护创造性劳动和创新性探索,既坚决查处腐败,又致力于教育挽救干部;既依法惩治犯罪,又致力于提高预防教育效果;既监督纠正司法不公,又致力于维护司法权威。

——落实维稳责任,着力防范和化解矛盾。把握社会矛盾凸显、刑事犯罪高发的阶段性特征,贯彻宽严相济刑事政策,注重将防范和化解矛盾贯穿执法办案全过程。加强和改进审查批捕、审查起诉工作,共批准逮捕各类刑事犯罪嫌疑人205254人、提起公诉235859人,其中2012年批准逮捕44897人、提起公诉53823人;对轻微刑事案件依法不批准逮捕19058人、不起诉20258人,其中适用刑事和解不批准逮捕4640人、不起诉6763人、提出从轻量刑建议7077人,最大限度促进社会和谐。出台加强涉检信访工作的决定,深化排查化解涉检重信重访和信访积案专项工作,妥善处理法度之外、情理之中的问题,共办结涉检信访10659件、息诉终结信访积案281件、进京重复访102件。加强对不服生效刑事裁判的审查监督,制定实施刑事被害人救助工作办法,共办结刑事申诉案件734件、国家赔偿案件208件,帮助解决救助资金223.6万元。建立重大敏感案件、热点敏感问题分析研判制度,加强隐患排查、检调对接、释法说理、风险评估预警工作,从源头上防范和疏导社会矛盾。

——坚持标本兼治,着力惩治和预防职务犯罪。针对反腐倡廉形势依然严峻、职务犯罪在一些领域仍然易发多发的形势,认真贯彻反腐败工作部署,坚持省、市检察院带头办案,深化侦查一体化,突出查办大案要案。共立案查办贪污贿赂、渎职侵权犯罪案件7078件9168人,其中2012年立案查办1062件1431人。这些案件中,大案4752件、要案556人(厅级干部41人)。报请省委常委会议听取反渎职侵权工作汇报,省委办公厅、省政府办公厅批转《关于加大惩治和预防渎职侵权违法犯罪工作力度的实施意见》,反渎职侵权检察工作进一步加强和改进。深入推进职务犯罪预防工作,落实职务犯罪预防年度报告制度,举办惩治和预防渎职侵权犯罪巡展,强化宣传警示教育,实行行贿犯罪档案全国联网查询,结合办案开展预防调查1504件、犯罪分析2904件、警示教育8010次,提供行贿犯罪档案查询31005次。

——强化诉讼监督,着力维护法制统一和权威。顺应人民群众对诉讼活动加强法律监督的要求,认真执行省人大常委会《关于加强人民检察院对诉讼活动法律监督工作的决议》。加强刑事立案和侦查活动监督,开展行政执法机关移送涉嫌犯罪案件专项监督、"另案处理"案件专项检查,监督纠正侦查机关应该立案而不立案3086件、不该立案而立案1786件,追加逮捕5376件、追加起诉4190件;对不构成犯罪、证据不足的依法不批准逮捕24937人、不起诉2684人。加强刑事审判监督,实行刑事抗诉案件上级检察院网上审查和职务犯罪案件一审判决两级检察院同步审查,提出抗诉1021件,已改判、发回重审285件。加强民事审判和行政诉讼监督,提出抗诉和再审检察建议1677件,已改判、发回重审、调解结案、采纳建议1041件;开展民事行政执行监督1069件,支持相对弱势的被侵害方提起民事诉讼1548件;督促不行使或怠于行使司法救济权的有关单位提起民事诉讼1233件,为国家追回应收款项12亿元。加强刑罚执行和监管活动监督,着力维护监管场所秩序稳定和在押人员合法权益,共监督纠正减刑、假释、暂予监外执行不当6481人、监管活动违法14138人次;开展打击虚假立功专项行动,清理立功案件450件,查处涉嫌买卖假立功材料、帮助犯罪分子逃避处罚12人。开展司法工作人员渎职行为调查工作,共调查涉嫌渎职行为244件,立案查处89人。

——参与综合治理,着力服务和促进社会管理创新。适应社会管理的新情况新特点,参与重点地区、重点领域社会管理综合治理,促进社会治安防控体系建设。探索在人口较多的乡镇、街道设立检察联络室593个,负责受理控告举报、参与化解基层社会矛盾、密切联系群众等工作,延伸参与社会管理创新的法律监督触角。强化社区矫正监督,加强对监外执行罪犯、刑释解教人员、涉罪未成年人等特殊人群的帮教管理监督,推动监外执行工作纳入全省社会管理综合治理考评内容。落实涉检舆情处置办法,配合加强网络虚拟社会建设管理。对执法办案中发现的社会管理问题,提出检察建议和决策建言4329件,被采纳3515件。

(二)以强化自身监督为重点,深入推进改革创新和执法规范化建设。抓住影响检察权正确有效行使的关键环节和突出问题,深入推进改革创新和执法规范化建设。

——坚决落实司改部署。根据中央的司法改革部署和最高人民检察院的具体安排,省内三个铁路运输检察院整体回归司法建制。林业检察体制改革顺利推进。省、市属监狱全部改由市州检察院或派出检察院派驻检察。推进诉讼监督改革,开展公安派出所监督试点,与公安机关建立刑事案件信息通报制度和共享平台。推进与监管场所执法信息联网和监控联网。落实"两个证据规定",全面开展量刑建议工作。与高级法院共同努力,检察长列席法院审判委员会制度改革进一步完善。着眼于制约和规范办案行为,推行职务犯罪案件立案报备和撤案报批、讯问职务犯罪嫌疑人同步录音录像等制度。职务犯罪案件审查逮捕权上提一级改革得到全面落实。

——推进工作机制创新。提出"经常性工作不出纰漏、创新性工作争上水平"的要求,坚持边探索边总结,以机制创新推动执法规范化建设。在全省范围内探索创新刑事和解机制,与刑事诉讼法修改确立的刑事和解特别程序要求相一致。深化人民监督员制度改革,为最高人民检察院肯定的人民监督员公开选任株洲模式已在全省推广。完善议事决策机制,提高依法科学民主决策能力和水平。深化执法状况考评机制,把案件质量控制引导到日常管理监督中来。建立健全业务指导、类案分析、精品项目和优案评选等机制,形成正确的工作和执法导向。完善基层检察院建设分类考核机制,增强工作可比性与考核科学性。建立机关科学化管理机制,发挥科学管理引导规制作用。开展检察人员从业限制和利益冲突回避试点。建立检察机关廉政风险防控机制,提高拒腐防变能力。

——推进内部监督管理。把强化内部监督放在与强化法律监督同等重要位置,加大教育自律、制度约束、案件查究力度,坚决纠正和克服利益驱动、刑讯逼供、执法作风简单粗暴等突出问题。坚持不提非理性办案指标,防止盲目攀比和执法躁动。细化办案流程,推行执法质量终身负责制,健全执法规范化体系。建立案件管理中心,对所有案件进行统一受案、同步管理、全程监督。印发《规范权力运行制度汇编》,强化《检察职业行为基本规范》全员学习和遵循。举办全省检察机关自身反腐倡廉教育展,开展"百万案件评查"、清理扣押冻结涉案款物、清理职务犯罪案件积案等专项活动,强化个案督察,加强对执法办案的动态管理、明察暗访和督促检查。省检察院开展专项明察暗访活动34次;全省共清理消化职务犯罪积案496件,督察个案623件,督促整改121件,其中省检察院直接督察个案136件。加强警示教育,选取检察干警违纪违法12个典型案例制成光碟,教育引导干警从中吸取教训。查处违纪违法检察人员67人。

(三)大力加强检察队伍和基层基础建设。以执法规范化、队伍专业化、管理科学化、保障现代化为方向,以创先争优为载体,大力加强自身建设,夯实基层基础。

——重视理论武装。深入开展学习实践科学发展观、保持党的纯洁性等主题教育实践活动。每年举办市州检察院检察长专题研讨班。强化党组中心组和各支部理论学习,教育引导干警认真学习中国特色社会主义理论体系,努力做到思维理性、心态平和、作风文明、行为规范。推进学习型机关建设,在省社会科学院、湖南大学、湘潭大学建立检察理论研究基地,举办检察理论研究年会,研讨解决影响和制约检察工作的理论和实践问题,完成省级以上研究课题220个,出版检察专著16部,获省以上检察理论研究奖项21个。

——提高队伍素能。采取巡视考察、挂职锻炼、常务副检察长异地交流等措施,加大市、县两级检察院领导班子建设的协管力度。共开展述职述廉5372人次、任前廉政谈话1813人次、上级检察院负责人与下级检察院负责人谈心1364人次。省检察院派员参加下级检察院党组民主生活会90次。大规模推进全员培训和岗位练兵,开展检察业务专家、业务标兵、优秀办案能手评选,着力加强执法素能建设。共举办培训班381期,培训干警2.7万人次,其中,省检察院培训84期1.5万人次。全省检察系统1126人通过国家司法考试,3人被评为全国检察业务专家,11人入选省级以上专家人才库,18

人获全国优秀办案能手、优秀公诉人等荣誉。制定检察机关文明用语规范，建立健全检察职业道德教育培训、奖惩激励制度，着力加强检察职业道德建设。评选出十大湖南检察职业道德标兵。省检察院被中央宣传部纳入全国公民道德建设十个工作典型进行宣传。成立省检察官文学艺术联合会，加强检察文化建设，以检察文化陶冶干警情操。

——强化执法保障。把检务保障建设作为公正廉洁执法的基础性工程，认真落实中央政法经费保障体制改革要求，积极争取党委、政府重视支持。基层检察院最低公用经费标准得到落实，中央和省级财政转移支付资金逐年增加，"两房"建设、办案工作区建设稳步推进，办案装备有新的改善，信息化综合体系初具规模，网上办公办案取得新进展。在争取保障政策落实的同时，严格财经纪律，实行财务公开和内部审计制度，提高财务管理水平。

——夯实基层基础。将基层检察院建设融入全省文明创建大局，把文明单位、文明行业创建作为推动基层检察院建设、促进文明公正执法的载体，136个检察院获得不同层级文明单位称号，其中全国、省级文明单位40个。树立示范院、确定重点联系院，采取省检察院领导挂点、业务部门对口指导、先进检察院结对帮扶等措施，推动基层检察院建设平衡发展。实行政法专项编制向基层倾斜，为基层检察院招录1537人，选派25人到基层检察院挂职锻炼，缓解基层检察院案多人少的矛盾。基层检察院整体执法水平和形象有了新的改进，两个单位被省政府评为人民满意公务员集体，四个单位被最高人民检察院记集体一等功，17个单位被评为全国模范检察院、全国先进检察院。

（四）坚持政治性、人民性和法律性有机统一，确保检察权依法正确行使。在依法履行职责中，始终坚持党的领导、人民当家做主、依法治国的有机统一。严格执行党内请示报告制度，坚定地执行监督法和人大历次会议决议，认真办理人大交办事项、代表建议和政协提案。省检察院改进了人大代表联系人制度，每年举办"两会"精神学习班，先后就加强和改进反渎职侵权检察工作等专题五次向省人大常委会报告工作，并逐条落实审议意见；邀请全国、全省部分人大代表和政协委员视察检察工作10次，办理、答复省人大交办事项68件、代表建议29件、政协提案5件。

致力于保障人民群众的知情权、参与权和监督权，推进司法民主建设。坚持向民主党派、工商联和无党派人士通报检察工作情况。邀请人民监督员见证执法办案、信访接待和专项活动，人民监督员监督评议相关案件1157件。深化特约检察员、专家咨询委员制度，聘请16名法学专家在省检察院挂职，邀请列席检察委员会讨论重大疑难复杂案件，听取对检察决策事项的意见建议。制定检务公开实施意见，全面推进执法过程公开。举办"检察开放日"活动，增强检察工作与人民群众的良性互动。运用民调机制测评检察工作，把公众评价作为加强和改进工作的重要依据。

二、五年工作的主要体会

回顾过去五年，我们深切体会到，做好新时期的检察工作必须坚持做到以下几点。

一是必须牢固地树立对中国特色社会主义的道路自信、理论自信、制度自信，进而自觉地承担起中国特色社会主义事业建设者和捍卫者的使命。中国特色社会主义检察制度是中国特色社会主义司法制度的重要组成部分，也是区别于三权分立的西方司法制度的重要特点。必须坚决划清依法独立行使检察权与西方所谓司法独立的区别，确保在任何情况下都忠诚于宪法和法律，维护中国特色社会主义法制统一和尊严。

二是必须牢固地树立根本政治制度意识，把宪法明确的地方各级人民检察院向产生它的权力机关和上级人民检察院负责统一到正确有效地适用法律上来。人民代表大会制度是我国的根本政治制度，中国共产党领导的多党合作与政治协商制度是我国的基本政治制度。对政治制度的遵循和维护是检察机关坚持正确政治方向的重要内涵，也是检察机关正确履行职责的制度保障。必须坚决执行人大的决议决定，向人大报告工作并接受人大监督，接受政协民主监督和社会各界监督。

三是必须坚守执法为民的根本立场，把人民放在心中最高位置。检察机关的人民性体现在对每一个司法个案的办理中，体现在每一个具体的执法行为中。在每一个司法个案中实现对公平正义的维护是司法价值的终极追求。既要防止怠于行使职责，又要防止滥用职权、执法失度，伤害群众对司法的信赖。

四是必须牢固地树立依法履职意识，规范执法行为，以适应司法文明进步的大趋势。我国已建成完备的中国特色社会主义法律体系，有法必依、执法必严、违法必究是司法机关必循的履职方针。但执法者必须首先模范守法、依法履职,必须做什么、只能怎么做、什么样的行为绝对不能做,法律昭昭,有明确规定。必须坚决地更新、纠正与法治文明进步格格不入的陈旧观念和执法陋习,坚持不懈地抓执法规范化建设,以回应人民群众对司法文明的殷切期待。

五是必须坚持不懈地加强检察队伍素质建设。队伍的素质还不很适应繁重执法任务和法治文明进步的状态依然存在。法律的完善与资源配置的不同步更加剧了这种不适应性。因此,队伍素质建设显得尤为急迫。通过改善管理、强化职业培训、深度挖掘现有资源的潜能是尽可能缩小不适应性的现实选择。同时,坚持从严治检,坚决查办和清除队伍中严重违纪违法人员,保持执法队伍的纯洁性。

五年的检察工作虽然取得了一些进步,但仍然存在不少困难和问题。检察机关在履职中还存在不善监督、监督不到位的问题,与人民群众对反腐倡廉、公平正义的期待尚有差距;一些群众反映强烈的执法不作为、执法乱作为、执法不规范的问题仍然不同程度存在;影响检察职能正确履行的观念性、机制性、保障性障碍没有完全根除。特别是修改后的刑事诉讼法和民事诉讼法强化了法律监督职责,加强了对诉讼当事人的权利保障和救济,对检察机关执法理念、执法能力、执法作风和执法保障等提出了新的更高要求,检察机关依法办案、化解矛盾、保障人权、维护稳定的任务更加艰巨。对此,我们将认真对待,努力加以解决。

三、新的一年工作设想

党的十八大开启了全面建成小康社会的伟大征程,检察工作也站在了一个新的历史起点上。当前和今后一个时期,全省检察机关将始终坚持以邓小平理论、"三个代表"重要思想和科学发展观为指导,紧紧围绕全面建成小康社会的奋斗目标,顺应人民群众对公共安全、司法公正、权益保障的新期待,以强化法律监督、强化自身监督、强化队伍建设为总要求,坚持有法必依、执法必严、违法必究,大力提升执法能力和执法公信力,努力为全省经济社会科学发展提供强有力司法保障。2013年将主要抓好四方面工作。

一是以党的十八大精神为统领,积极服务全省工作大局。党的十八大确定的重大理论观点、重大战略思想、重大工作部署,对中国特色社会主义法治建设提出的一系列新的要求,为检察工作新的进步指明了前进方向。要深入学习贯彻党的十八大精神,进一步增强大局意识,提高服务水平,努力在保障和促进全省"两个率先"、"两个加快"上有新认识、新举措、新成效。立足检察职能,正确履行打击、预防、监督、教育、保护等职能作用,保障和促进社会主义经济建设、政治建设、文化建设、社会建设和生态文明建设。正确把握法律政策界限,注重改进执法办案方式方法,最大限度兼顾法、理、情,确保法律效果、政治效果、社会效果有机统一。

二是全面履行检察职能,努力增强法律监督效果。贯彻宽严相济刑事政策,依法打击严重刑事犯罪,注重化解和防范社会矛盾,积极参与社会管理创新,依法平等保护各种所有制经济合法权益,着力保障社会安定有序、人民安居乐业。建立职务犯罪信息情报体系,健全协作机制,严肃查办发生在领导机关和领导干部中滥用职权、贪污贿赂、失职渎职等犯罪案件,发生在组织人事、执法司法、工程建设、重大事件事故背后等重点领域和关键环节的职务犯罪案件,集中开展为期两年的查办和预防发生在群众身边、损害群众利益职务犯罪专项工作;加大预防咨询、预防调查、预防检察建议工作力度,增强预防宣传和警示教育效果,坚定不移推进反腐败工作深入健康发展。强化人权意识、程序意识、证据意识、时效意识和监督意识,严格执行修改后的刑事诉讼法和民事诉讼法,全面加强和改进诉讼监督工作,着力解决错误立案、非法取证、滥用强制措施、侵犯诉讼权利等诉讼活动中的执法不严、司法不公突出问题,切实保障人权、维护公正。

三是加强检察改革和自身建设,推进公正廉洁执法。深化检察改革和机制创新,完善执法规范体系和引导评价机制,筑牢公正廉洁执法的制度基础。加强检务保障建设,切断利益驱动链条,优化检察工作发展条件,筑牢公正廉洁执法的物质基础。加强检察队伍建设,充实基层检察力量,加强对新任领导班子成员和检察人员的教育、监督和管理,加强对修改后法律的学习培训,着力提高维护社会公平正义、做好新形势下群众工作、新媒体时代舆论引导、科技信息化应用的能力和水平,筑牢公正廉洁执法的素质基础。强化内部监督制约,加强督促检查,确保制度执行到位。

四是自觉接受外部监督,确保检察权依法正确行使。在省委和各级党委的坚强领导下,认真贯彻监督法，自觉接受人大及其常委会监督，改进代表、委员联络工作，拓展代表、委员视察评议检察工作的渠道，广泛听取、认真落实代表、委员建议、批评和意见。推进司法民主，自觉接受政协民主监督，诚恳接受舆论监督，鼓励支持群众有序参与执法监督，让检察权在阳光下运行。

我们将以党的十八大精神为指引，认真落实本次大会决议要求，坚持不懈加强和改进各项检察工作，努力为法治湖南建设、为富民强省战略实施依法履行好应尽职责。

广东省人民检察院工作报告（摘要）

——2013年1月28日在广东省第十二届人民代表大会第一次会议上

广东省人民检察院检察长　郑　红

（2013年1月31日广东省第十二届人民代表大会第一次会议通过）

2008年以来，全省检察机关深入贯彻落实科学发展观，坚持"强化法律监督，维护公平正义"的工作主题，忠实履行宪法和法律赋予的职责，推动科学发展，促进社会和谐，各项工作取得新的发展。过去的五年，是全省检察机关执法理念深刻转变，执法作风明显改进，执法公信力显著提高的五年；是业务建设富有成效，队伍素质得到提升，检务保障明显改善的五年；是制度机制更加完善，检察职能有效发挥，整体工作继续保持全国前列的五年。

一、充分发挥检察职能，着力服务保障全省经济社会发展

全省检察机关充分发挥打击、预防、监督、教育、保护等职能，努力为我省经济社会发展提供有力司法保障。制定实施一系列服务保障改革发展的指导意见。认真贯彻落实中央和省委重大决策部署，省检察院及时制定实施服务保障企业发展、农村改革发展、珠三角改革发展规划纲要、加快经济发展方式转变、广东"十二五"规划实施等指导意见。全省检察机关扎实做好查办和预防经济建设重点领域职务犯罪、参与整顿和规范市场经济秩序、保障政府投资安全、强化知识产权司法保护、促进企业发展等工作，平等保护各类市场经济主体合法权益，积极营造规范有序的市场环境。依法妥善处理涉企经济犯罪案件，准确把握法律政策界限，努力实现查办案件、维护稳定、促进发展的有机统一。

深化重点领域突出问题专项治理。立足检察职能，组织开展工程建设领域突出问题治理、国土资源领域腐败问题治理、查办涉农惠民领域职务犯罪、查办危害能源资源和生态环境渎职犯罪等专项工作，努力增强服务大局的针对性和实效性。积极参与"三打两建"工作，依法严惩欺行霸市、制假售假和商业贿赂犯罪，全省共批捕三类犯罪嫌疑人27281人，起诉31594人，立案侦查商业贿赂职务犯罪嫌疑人1605人，查处国家工作人员充当"保护伞"的犯罪嫌疑人848人。坚持严格公正执法与理性、平和、文明、规范执法并重，严格把好案件质量关。结合办案，积极提出规范市场经济秩序等方面的意见建议237件，促进市场监管体系和社会诚信体系建设。

积极服务和保障民生。坚持把服务和保障民生作为检察工作服务大局的着力点，制定实施《进一步加强和改进检察机关群众工作的意见》，自觉把以人为本、执法为民的理念落到实处。积极开展食品药品安全专项整治、查办危害民生民利渎职侵权犯罪等工作，依法维护群众切身利益。五年来全省共批捕生产销售有毒有害食品等犯罪嫌疑人3461人，起诉3607人；在征地拆迁、社会保障、医疗卫生、安全生产等领域查办渎职犯罪嫌疑人511人。加强对特殊群体的司法保护，对侵害农民工、老年人以及妇女儿童合法权益的犯罪依法快捕快诉,对364名生活确有困难的刑事被害人或其近亲属提供了司法救助。健全为民服务的工作机制,连续五年开展检察官进农村、进社区、进学校、进企业活动,深入了解群众诉求,切实为群众排忧解难。

二、依法打击刑事犯罪,着力维护社会和谐稳定

坚持把维护稳定作为重要任务,坚决依法惩治各类刑事犯罪,妥善化解矛盾纠纷,推动完善社会管理,促进解决影响社会和谐稳定的源头性、根本性、基础性问题。

认真履行批捕起诉职责。突出打击危害国家安全犯罪、严重暴力犯罪和抢劫、抢夺、盗窃等多发性侵财犯罪,坚持提前介入,引导侦查取证,加强督办和协调,确保办案质量、效率和效果的统一。五年来全省共批捕刑事犯罪嫌疑人582093人,起诉594130人。认真落实宽严相济的刑事政策,依法惩罚犯罪,保障人权。对涉嫌犯罪但无逮捕必要的,决定不批捕61002人;对犯罪情节轻微、依照刑法规定不需要判处刑罚或免除刑罚的,决定不起诉14092人。全面开展未成年人犯罪案件亲情会见、分案起诉、案后帮教等工作,推行未成年人犯罪记录封存制度,加强对违法犯罪青少年的教育挽救和权益保护。

深入开展社会矛盾化解。坚持将矛盾化解贯穿于执法办案始终,健全刑事和解、检调对接等制度,促成当事人达成和解,定分止争。对认为裁判正确的19725件刑事、民事、行政诉讼案件,耐心做好当事人的服判息诉工作,切实维护司法权威。深入开展涉检矛盾排查和化解工作,推行执法办案风险评估预警机制,严格落实检察长接访和阅批来信、下访巡访、信访案件首办责任制等制度,集中清理信访积案,扎实做好服务保障平安亚运、平安大运的各项工作。五年来全省各级检察长接待来访群众12224人,督办信访案件5232件,已化解5126件。

积极推进社会管理创新。省检察院制定《推进社会管理创新的实施意见》和《创建平安广东的实施意见》,服务保障社会管理科学化、法治化,促进平安广东建设落到实处。注重将办案效果向完善社会管理机制、促进社会法治进步延伸,针对办案中发现的社会治安、财税金融、医疗卫生、安全生产、食品监管等领域存在的管理漏洞,及时向党委政府、发案单位提出检察建议2232件,促进有关部门完善制度,加强管理。积极参与社会治安综合治理,配合有关部门开展对城乡接合部、"城中村"等社会治安重点地区的排查整治。主动延伸法律监督触角,在基层建立340个镇街检察室,开展对基层执法司法活动的法律监督等工作,促进提高基层法治建设水平。

三、坚决查办和积极预防职务犯罪,着力推进反腐倡廉建设

认真贯彻中央和省委关于加强反腐倡廉建设的部署,坚持标本兼治、惩防并举,充分发挥检察机关在惩防体系建设中的职能作用,努力取得办案法律效果、政治效果与社会效果的有机统一。

突出查办贪污贿赂大要案。集中力量查办发生在领导机关和领导干部中的以权谋私案件、重点领域和关键环节中的犯罪案件以及发生在基层政权组织和重点岗位的犯罪案件。省检察院加强办理重大案件的统一指挥和组织协调,采用直接查办、派员参办等方式加大办案力度,带动了全省办案工作深入开展。五年来全省共立案侦查贪污贿赂职务犯罪案件7818件9025人,人数比前五年增加17.2%,其中涉嫌犯罪的县处级干部629人,厅级干部69人,为国家挽回直接经济损失19.8亿元。省检察院直接立案侦查大要案98件102人。完善境内外追逃追赃和案件协查机制,会同有关部门抓获在逃职务犯罪嫌疑人368人,协助外省检察机关查办案件10273件。

全面加强反渎职侵权工作。深入贯彻中央、省委关于加大惩治和预防渎职侵权犯罪力度的要求,认真落实省人大常委会专项审议意见,完善案件线索移送、侦查办案等机制,推动反渎职侵权工作取得较大进步。五年来全省共立案侦查渎职侵权犯罪案件1947件2218人,人数比前五年增加54.9%,其中立案查处重大安全责任事故背后的渎职犯罪164人,滥用行政执法权或审批权的渎职犯罪1327人,司法工作人员渎职犯罪475人。加强反渎职侵权宣传教育,举办惩治和预防渎职侵权犯罪展览,共有10762个单位34万多人参观,促进公职人员廉洁自律、依法行政。

大力推进职务犯罪预防。坚持把预防职务犯罪放到与查处职务犯罪同等重要的位置来抓,立足检察职能,结合执法办案,深入开展个案预防、系统预防和专项预防。五年来全省共开展预防调查

3305次、预防咨询18750次、案例剖析3685个,提供行贿犯罪档案查询61892次,开展警示教育13404场次,建成预防职务犯罪教育基地117个。联合机关、企事业单位开展系统预防,会同省发改委、建设厅、交通厅等部门制定重点建设项目预防职务犯罪工作指引,加强对1068个重大建设项目资金使用的监督。开展服务和保障基层换届选举专题预防,促进形成风清气正的选举氛围。实行预防职务犯罪年度报告制度,每年向党委政府提出职务犯罪预警和对策建议,促进惩防腐败体系建设。

四、强化对诉讼活动的法律监督,着力维护司法公正

认真履行对诉讼活动的法律监督职责,深入落实省人大常委会《关于加强人民检察院对诉讼活动的法律监督工作的决定》,加大诉讼监督力度,突出监督重点,完善监督机制,增强监督实效。

加强刑事诉讼监督。加强立案监督和侦查活动监督,在全国率先创建呈捕案件质量分析机制,依法监督纠正侦查机关"该立案不立案、不该立案而立案、久拖不立、久侦不结"等问题,五年来全省共监督侦查机关立案2514件、撤案2507件,纠正侦查活动违法1457件,追加逮捕3539人,追加起诉2070人。健全行政执法与刑事司法相衔接工作机制,督促行政执法机关移送涉嫌犯罪案件953件。加强刑事审判监督,对认为确有错误的刑事判决裁定提出抗诉1207件。创新量刑建议机制,提出量刑建议151363件,促进量刑公开公正。

加强刑罚执行和监管活动监督。完善刑罚执行同步监督机制,五年来共审查减刑、假释、暂予监外执行案件283220件,纠正各类违法和不当变更刑罚执行情况2800件。省检察院派员出席减刑假释开庭审理案件4261件,提出监督意见961件次。扎实推进社区矫正法律监督工作,纠正监外执行罪犯脱管漏管2125人次。加强对监管场所安全隐患的专项检察,清查出监管执法问题3012件次,立案侦查监管场所职务犯罪案件84件91人。

加强民事诉讼和行政诉讼监督。坚持以抗诉为中心,综合运用纠正违法、检察建议、违法行为调查等多种手段,加大对裁判不公民事行政案件的监督力度。五年来全省共对认为确有错误的民事行政裁判提出抗诉2897件,提出再审检察建议411件,监督民事执行案件851件。开展打击恶意诉讼专项行动,纠正虚假诉讼案件77件,维护国家利益、社会公益和第三人合法权益。探索采用督促起诉、支持公益诉讼的方式,加强对公害污染案件的法律监督,促进生态环境保护。

五、深化改革,着力提高执法公信力

以推进司法公开、规范执法行为、加强案件管理为重点,以提高执法公信力为目标,大力推进改革创新,保障司法公正。

全力推进阳光检务。制定实施《关于进一步解放思想全面推行阳光检务的决定》,在全省检察机关落实检务告知、办案情况查询、公开审查、检察文书说理、检察工作通报、检察开放日、代表委员联络和检察宣传八项制度,将与检察职权相关的、依法可以公开的活动和事项,全面向社会和诉讼参与人公开。全省举办检察开放日活动959次,有20多万人参加,140个检察院建立提供一站式服务的检务公开大厅,133个检察院开通办案情况查询系统,把司法便民利民措施落到实处。通过深化阳光检务,保障了人民群众对检察工作的知情权、参与权和监督权,最高人民检察院予以充分肯定,要求全国检察机关大力推行。

深入开展执法规范化建设。把规范化建设作为确保公正执法的基础性工程,形成以制度为基础、监督为保障的执法规范化管理模式。完善办案规范体系,建立批捕起诉环节讯问犯罪嫌疑人、轻微刑事案件快速办理等机制,细化量刑建议、刑事立案监督、民事执行监督等环节执法标准和程序,对职务犯罪线索管理、办案区使用、扣押冻结处理涉案款物等严格加以规范。制定检察机关文明用语指引,组织《检察机关执法工作基本规范》轮训及考试。全面落实职务犯罪案件审查逮捕程序上提一级、讯问职务犯罪嫌疑人全程同步录音录像等措施,强化对职务犯罪侦查活动的监督制约。开展涉检信访案件评查,依法纠正确有瑕疵的案件204件,针对发现的薄弱环节,完善执法规范和制度。

率先建立案件集中管理机制。探索改革检察机关所办案件主要由各业务部门分别管理的模式,建立案件管理中心,发挥统一受案派案、统一结案审查、统一法律文书管理、统一赃证款物管理、统一数据管理等职责,实现对执法办案的规范化、精细化、信息化管理。全省三级检察机关全部设立案件管理机构,在提高办案质量和效率等方面取得明显成效,最高人民检察院在全国推广。

六、加强自身建设,着力提升法律监督能力

坚持从严治检、素质强检,加强检察人员的教育、管理和监督,强化基层基础建设,检察队伍公正廉洁执法水平全面提高。

突出抓好思想政治教育。开展社会主义法治理念教育、"恪守检察职业道德、促进公正廉洁执法"等一系列教育实践活动。大力加强检察文化建设,弘扬法治文化和新时期广东精神,涌现出一批执法为民的先进典型,共有279个集体和597名个人受到省级以上表彰,有21个基层检察院被评为全国先进基层检察院,有3个检察院被评为全国检察机关文化建设示范单位。

大力加强队伍专业化建设。制定实施《关于加强法律监督能力建设三年规划》和《广东省检察机关中长期人才发展规划》,创新和完善检察人才培养机制,队伍构成持续优化,全省具有本科以上学历检察人员从2007年的74%上升至目前的84%,有7人被评为全国检察业务专家,有10人被评为全国业务尖子。以领导干部、业务一线和基层检察人员为重点,分层分类全面开展领导素能、任职资格、专项业务、岗位技能培训,五年来全省共举办业务培训班1081期,培训检察人员76822人次。广泛开展岗位练兵和业务竞赛活动,提升检察队伍实战技能。

狠抓纪律作风建设。建立廉政风险防控机制,加强对职务犯罪侦查、批捕起诉等重点岗位和执法环节的监督。集中开展群众反映强烈突出问题的专项检查活动,五年来全省共对执法行为、检风检纪等开展检务督察4584次,排查和解决自身执法不规范等问题,严肃查处违纪违法的检察人员42人。突出抓好领导班子的教育、管理和监督,制定《关于进一步加强对全省各级检察长监督的意见》,落实领导干部任前廉政谈话、上级检察院派员列席下级检察院党组民主生活会制度,省检察院对各级检察院领导班子成员进行轮训,对22个市、分检察院的领导班子进行了巡视检查,组织12个市级检察长到省检察院述职述廉。

全面加强基层基础建设。完善基层检察院量化考评体系,引导基层检察院全面建设、规范管理。坚持领导干部联系基层、业务部门对口指导和基层检察院结对帮扶等制度,帮助基层解决实际问题。加大干部协管力度,配合地方党委调整交流市县两级检察长86人,班子结构进一步优化。积极争取中央政法编制,为基层检察院补充3042人。加大经费保障和基础设施建设力度,经济欠发达地区检察院落实了公用经费保障标准。加快科技强检步伐,建成全省检察专线网、高清视频会议等系统,开展远程视频接访、视频提讯、侦查指挥,推进网上办公、案件管理、队伍管理等信息化应用。按照中央司法体制改革的部署,顺利完成省内两级铁路运输检察机关移交工作。

五年来,全省检察机关进一步健全接受人大监督、政协民主监督和社会监督的工作机制,做到联络经常化、规范化、制度化。主动向各级人大及其常委会报告重要工作,积极配合开展专题视察和执法检查,邀请人大代表参加检察官宣誓仪式、视察反渎职侵权工作和基层检察院建设、观摩公诉出庭等活动。认真办理人大代表、政协委员的建议、提案,27件代表建议和12件政协提案已全部办结并及时反馈。全面推行人民监督员监督办案制度,五年来全省人民监督员共监督评议案件2091件。

回顾五年的实践,我们深深体会到,推动检察工作科学发展,必须坚持党对检察工作的领导,自觉接受人大监督,确保检察工作正确的政治方向;必须坚持以科学发展观为指导,努力实现促进经济社会科学发展与推动自身科学发展的有机统一;必须坚持围绕中心、服务大局,把检察工作放在经济社会发展全局中谋划和推进;必须坚持执法为民,把人民生活得更加安全、更有尊严、更加幸福作为神圣使命,全力维护群众合法权益;必须坚持强化法律监督,使犯罪得到惩罚、正义得到伸张,努力让人民群众在每一个司法案件中都能感受到公平正义;必须坚持解放思想、与时俱进,大力推进阳光检务和机制创新,推动检察事业持续发展;必须坚持强化自身监督,确保检察干警公正廉洁执法,为检察工作科学发展提供有力组织保障。

我们也清醒地看到,我省检察工作仍然存在不少困难和问题,法律监督职能的发挥与经济社会发展的要求和人民群众的期待相比仍有不小差距:一些检察机关和干警的执法理念还存在偏差,执法不规范甚至违法违纪现象仍有发生;结合办案化解矛盾、推进社会管理创新的能力有待进一步提高;诉讼监督工作还存在薄弱环节,监督手段和措施有待完善;修改后刑事诉讼法和民事诉讼法赋予检察机关更大责任,一些地方检察官断档、人员不足等问题较为突出;基层基础工作需要进一步加强,不少基层检察院信息化和装备建设水平不高,制约工作

开展。对此，我们仍需高度重视，采取有力措施加以解决。

党的十八大对全面推进依法治国提出新要求，强调更加注重发挥法治在国家治理和社会管理中的重要作用。省第十一次党代会和省委十一届二次全会提出切实推动法治社会建设，深入推进依法治省。2013年，全省检察机关要深入学习贯彻党的十八大和习近平总书记视察广东重要讲话精神，认真学习贯彻省第十一次党代会、省委十一届二次全会和本次人大会议精神，以邓小平理论、"三个代表"重要思想和科学发展观为指导，顺应人民群众对公共安全、司法公正、权益保障的新期待，以强化法律监督、强化自身监督、强化队伍建设为总要求，以改革创新为动力，全面履行法律监督职能，扎实推进平安广东、法治广东建设，为我省率先全面建成小康社会、率先基本实现社会主义现代化提供有力的司法保障。我们重点做好以下工作：

第一，着力推进法治广东建设。坚持有法必依、执法必严、违法必究的社会主义法治原则，依法监督纠正执法不严、司法不公的问题，切实维护社会主义法制的统一、尊严、权威。

第二，扎实推进平安广东建设。依法打击危害公共安全、人身财产安全和市场经济秩序的犯罪，扎实做好排查、预防、化解涉检信访矛盾纠纷工作，提高运用法治思维和法治方式处理复杂问题、维护和谐稳定的能力和水平。

第三，积极服务我省经济社会发展。充分发挥检察职能，着力保障经济持续健康发展。更加注重执法为民，把满足群众司法需求、接受群众监督贯穿检察工作各个方面，加大对人民群众合法权益的司法保护力度。

第四，推动反腐倡廉建设深入开展。集中力量查办权力集中部门、资金密集领域和人民群众反映强烈的贪污贿赂、渎职侵权职务犯罪。重视保障犯罪嫌疑人诉讼权利和律师执业权利，依法打击犯罪者，挽救失误者，支持改革者。更加注重职务犯罪预防，促进惩治和预防腐败体系建设。

第五，深入推进检察改革。认真落实中央关于司法改革的部署，以强化法律监督和自身监督为重点，深化阳光检务，加强检察管理和执法规范化建设，努力提升检察机关亲和力、公信力。

第六，全面加强检察队伍建设。积极开展以为民务实清廉为主要内容的群众路线教育实践活动，强化内部监督制约，加强工作作风建设和自身反腐倡廉建设，确保检察干警思想纯洁、清正廉洁。加强队伍专业化、职业化建设，全面提高执法水平。

接受监督是检察工作健康发展的重要保证。在新的一年里，我们要在省委和最高人民检察院的正确领导下，更加主动接受人大和社会各界的监督，进一步解放思想，改革创新，扎实工作，为我省率先全面建成小康社会、率先基本实现社会主义现代化作出新的更大的贡献！

广西壮族自治区人民检察院工作报告（摘要）

——2013年1月24日在广西壮族自治区第十二届人民代表大会第一次会议上

广西壮族自治区人民检察院检察长　张少康

（2013年1月29日广西壮族自治区第十二届人民代表大会第一次会议通过）

过去五年工作回顾

自治区十一届人大一次会议以来的五年，是我们在中国特色社会主义道路上奋勇前进的五年。自治区党委、政府带领全区各族人民团结奋斗，开拓进取，攻坚克难，夺取了全区改革开放和现代化建设的新胜利。这五年里，全区检察机关在自治区党委和最高人民检察院的领导，自治区人大及其常委会的监督，自治区人民政府、政协及社会各界的支持下,以邓小平理论、"三个代表"重要思想、科学发展观为指导,围绕我区改革发展稳定大局,以深化三项重点工作为载体,以争创民族地区模范、进入全国先进行列为目标,忠实履行宪法和法律赋予的职责,不断强化法律监督、强化自身监督、强化检察队伍建设,各项工作取得了新的成绩和进步,为实现富民强桂新跨越提供了司法保障。

一、服务经济建设,保障和促进我区经济平稳较快发展

主动融入经济发展大局,自觉跟进服务。

开展服务重点企业和重大项目专项活动。全区检察机关开展了服务企业年、服务项目建设年、检察长服务企业集中行动月、服务"千百十亿元企业工程"行动以及"预防犯罪、保障投资安全"等专项活动。组织全区三级检察院检察长深入北部湾经济区等地全程跟踪服务重大发展战略实施和重大项目建设。检察官主动送法进项目工地、进企业,帮助解决重点企业发展和重大项目建设中遇到的涉检涉法问题。支持发展实体经济,支持小微企业发展、支持非公有制经济发展,从有利于促进和保障经济发展处理相关法律问题,依法平等保护各种所有制经济合法权益,促进实体经济放心发展。加强对基础设施、生态环境建设等重大工程建设和项目资金管理使用的法律监督,推行廉政准入制度,结合办案发出检察建议,协助有关单位堵塞漏洞、完善管理制度,与一批项目单位共建廉政风险防控机制,开展行贿犯罪档案查询,保障政府投资安全。

维护经济发展良好环境。依法严厉打击走私、金融诈骗、非法集资等经济犯罪,开展打击制售假冒伪劣商品、侵犯知识产权、非法传销、破坏环境资源犯罪等专项行动,积极推进行政执法与刑事司法相衔接,维护市场经济秩序。五年来,全区检察机关批捕破坏社会主义市场经济秩序犯罪嫌疑人6145人、起诉5636人。围绕促进可持续发展,批捕造成重大环境污染和严重破坏能源资源保护的犯罪嫌疑人5484人、起诉7155人。推进治理商业贿赂工作,立案侦查资源开发、产权交易、工程建设等领域涉及国家工作人员商业贿赂犯罪案件1845件2119人。

改进执法方式。坚持理性、平和、文明、规范执法,坚持把执法办案放在服务发展大局中谋划,依法慎重对待改革发展中的新情况新问题,正确处理办案与服务发展、打击与保护的关系,严格区分经济纠纷与经济犯罪、合法融资与非法集资、合法收入与犯罪所得的界限。对涉及企业,特别是中小企业的案件,慎重采取强制措施,慎重扣押款物,慎重冻结企业账户,努力使执法办案有利于促进和保障经济发展,有利于促进解放思想、开放合作,实现法律效果和社会效果的有机统一。

二、服务社会和谐稳定,积极参与加强和创新社会管理

全力维护社会和谐稳定,为党的十八大、自治区成立五十周年、中国—东盟博览会等重大活动的顺利进行提供有力司法保障。

依法打击刑事犯罪。五年来,全区检察机关批捕各类刑事案件133955件202554人,起诉134678件205736人。依法打击严重刑事犯罪、危害国家安全犯罪,配合有关部门深入开展打黑除恶、打击涉枪涉爆犯罪、扫黄打非等专项行动,依法严厉打击严重暴力犯罪、多发性侵财犯罪和毒品犯罪等犯罪,积极参与集中整治治安混乱地区和治安突出问题,增强人民群众安全感。

坚持和谐执法。切实把化解矛盾促进和谐贯穿于执法办案始终,全面贯彻宽严相济刑事政策,推行刑事和解、检调对接、轻微刑事案件快速办理工作机制,对初犯、偶犯、过失犯、未成年犯、老年犯等涉嫌犯罪但无逮捕、起诉必要的,依法不批捕11447人、不起诉5659人。加强法律文书释法说理工作,从案件事实认定和法律适用上充分说理,化解当事人心结。积极参与社会管理创新,结合执法办案中发现的问题,向有关部门提出检察建议。加强对青少年犯罪预防、教育挽救和合法权益的保护,推行不捕不诉回访帮教、分案起诉等办案制度,构建未成年人犯罪批捕、起诉、法律监督、预防帮教一体化工作模式。加强社区矫正法律监督,促进对社区服刑人员的教育转化。

妥善做好涉检信访工作。健全下访巡访、联合接访、检察长接待日等制度,推行重大信访案件领导包案及公开审查、公开听证制度,开展视频接访,畅通群众控告申诉渠道,妥善解决涉法涉诉等问题,共办理群众信访71043件次,基本做到事事有着落、件件有回音。中央政法委和最高人民检察院交办的进京访、重复访的涉检案件全部办结,并得到妥善处理。加强控告申诉接待规范化建设,全区有42个控告申诉接待室被评为全国检察机关"文明接待室"。

三、服务群众,保障和维护人民群众合法权益

坚持人民检察为人民宗旨,着力建设亲民检察、民生检察。

坚决惩治损害群众切身利益的犯罪。开展食品药品安全专项整治,严厉打击制售"地沟油"、"毒胶囊"、伪劣农药、化肥、种子等侵害群众生命安全和破坏生产经营的犯罪,批捕生产、销售有毒有害食品药品等犯罪嫌疑人316人、起诉249人。依法打击"两抢一盗"、利用电信实施诈骗等侵害群众财产安全的犯罪。严肃查办征地拆迁、抢险救灾和贪污挪用粮食补贴、学生伙食补助费等方面职务犯罪,立查涉农惠民方面职务犯罪1569件2352人,保障中央、自治区强农惠农政策资金落到实处。

健全联系群众、服务群众长效机制。广泛开展检察官进社区、进农村、进企业、进学校服务活动,推行民生服务热线、检察微博、检察开放日、网上信息查询等便民措施,完善12309统一举报电话、案件全程受理接待中心和查询服务窗口,形成多层次听取群众呼声、多渠道解决群众诉求的工作格局。

加强对困难群众和特殊群体的司法保护。出台刑事被害人救助工作实施办法,对生活确有困难的被害人及其近亲属实行个案救助1274人,体现司法人文关怀。加强对拒不支付劳动报酬案件查处工作,维护劳动者特别是进城务工人员合法权益。加强对妇女、老人和留守儿童的司法保护,批捕拐卖妇女儿童犯罪嫌疑人734人、起诉731人。高度重视涉港、涉澳、涉台、涉侨案件,依法平等保护港澳台同胞、归侨侨眷合法权益。全力协助配合各级党委、政府开展抗击重大自然灾害,为灾区群众抗灾救灾、灾后重建工作提供服务和保障。

四、依法查办和积极预防职务犯罪,促进反腐倡廉建设

认真贯彻中央和自治区党委关于反腐倡廉建设的决策部署,坚持一手查办职务犯罪,一手预防职务犯罪,努力遏制和减少职务犯罪。

严肃查办贪污贿赂犯罪。五年来,共立案侦查各类贪污贿赂职务犯罪案件4611件6385人,其中大案2875件、副处级以上要案218人(含厅局干部10人),通过办案为国家和集体挽回直接经济损失51300多万元。突出办案重点,严肃查办工程建设、征地拆迁、资源开发、农机购置补贴等方面职务犯罪,依法查办网络关注的案件,及时回应社会关注。加大惩治行贿犯罪力度,立案侦查行贿犯罪嫌疑人547人。开展"清网追逃"专项工作,共抓获在逃职务犯罪嫌疑人和敦促投案自首268人。

依法查办渎职侵权犯罪。认真贯彻中央、自治区党委和最高人民检察院关于加大惩治和预防渎职侵权违法犯罪工作力度的要求,落实全国、自治区人大常委会审议渎职侵权检察工作专项报告提出的意见,依法查办渎职侵权犯罪。共立案侦查渎职侵权犯罪案件1240件1299人,其中重特大案件459件,通过办案为国家和集体挽回直接经济损失4900多万元。重点查办了2010年广西公务员考试试题泄密、龙江河镉污染等事件背后的渎职侵权犯罪案件。

准确把握法律政策界限。在查办职务犯罪案件中,坚持"一要坚决,二要慎重,务必搞准"的原则,十分注重把握好"度",把握好办案时机,把握好法律效果与政治效果、社会效果的有机统一。支持改革者、挽救失误者、惩治犯罪者,使执法办案既有力打击了犯罪,又保护国家公职人员干事创业的积极性。

深化职务犯罪预防工作。把预防犯罪放在与查办犯罪同等重要的位置。各级检察机关设立预防职务犯罪专门机构。结合办案剖析职务犯罪发生原因,开展专项预防调查,向有关单位提出预防建议。广泛开展预防职务犯罪宣传,举办预防职务犯罪展览,推进警示教育基地建设。与全国行贿犯罪档案查询系统联网,防止招投标腐败行为。建立职务犯罪年度报告制度,提出预防职务犯罪对策,不少对策被采纳。五年来,预防职务犯罪工作取得较好成绩,有效避免和减少了职务犯罪。

五、强化对诉讼活动的法律监督,维护社会公平正义

认真落实自治区人大常委会《关于加强检察机关对诉讼活动法律监督工作的决定》,加大监督力度,提高监督实效,维护司法公正。

加强刑事立案和侦查监督。重点监督纠正有案不立、有罪不究、刑讯逼供、暴力取证、动用刑事手段违法介入民事纠纷等问题。对应当立案而不立案的,监督侦查机关立案8653件;对不应当立案而立案的,监督撤案1963件;对应当逮捕而未提请逮捕、应当起诉而未移送起诉的,决定追加逮捕11339人、追加起诉8599人。对侦查中的违法情况提出纠正意见2432件。

加强刑事审判监督。推行量刑建议改革,对

90%的公诉案件提出量刑建议。重点监督纠正适用法律错误、量刑畸轻畸重等问题,对认为确有错误的刑事裁判提出抗诉774件。

加强民事行政诉讼监督。加强对涉及人数多、社会影响大、容易引起群诉群访案件的监督,对认为确有错误的民事行政裁判提出抗诉1867件,提出再审检察建议1132件。对涉及国家利益和社会公共利益的案件,督促、支持起诉10407件,为国家和集体挽回了经济损失。

加强刑罚执行和监管活动监督。建立对职务犯罪等罪犯减刑假释案件派员出庭监督工作机制,2011年以来共对5957件减刑假释案件出庭监督。加强对刑罚变更执行和监管活动的监督,纠正监管场所执法不当1653人,纠正不当减刑、假释、暂予监外执行876人,纠正监外执行罪犯脱管漏管660人。

坚持监督与支持并重。正确处理诉讼监督与配合协作的关系,注重在监督中协调、沟通和支持,加强与公安机关、人民法院等部门的良性互动,促进检察监督与其内部纠错机制相结合。对裁判正确但当事人申诉上访的,主动释疑解惑,促使当事人服判息诉2331件,共同维护法制权威。

六、自觉接受人大、政协和社会各界外部监督,加强内部监督

牢固树立监督者更要接受监督的意识,不断完善对自身执法活动的监督制约机制,促进公正廉洁执法。

自觉接受人大监督。每次自治区人大会议闭幕后,我们组织检察人员认真学习落实会议作出的关于检察工作报告的决议和代表审议意见,不断改进工作。高度重视、认真办理人大代表提出的建议、批评和意见以及转办的案件。自治区人大历次会议上代表提出的建议、批评和意见全部按时办结,所提出的事项基本得到解决。主动向人大常委会报告工作,专门就诉讼活动法律监督、渎职侵权检察、刑事审判监督等工作向自治区人大常委会作了专项报告,并根据审议意见进行了认真整改。积极配合人大常委会开展专题调研和执法检查。建立与人大代表专人联系制度,自治区人民检察院每年都召开人大代表座谈会,听取意见建议。开通与人大代表联系专线电话,邀请人大代表旁听公诉人出庭公诉、视察和评议检察工作,在检察门户网站开辟"人民监督专栏",多渠道听取人大代表意见建议,加强和改进工作。

自觉接受政协民主监督及社会各界监督。建立与政协和与各民主党派、工商联和无党派人士的联系制度,每年都通报检察工作情况,听取意见建议。完善特约检察员、专家咨询委员参与监督执法办案、参与检察决策的途径和方式。全面推行人民监督员制度,人民监督员共对817件"七类案件或事项"的职务犯罪案件进行监督。推行阳光检务,每年举办检察开放日活动,邀请群众走进检察机关,了解和监督检察工作;完善和落实公开审查、案件信息查询等制度,增加工作透明度;自觉接受舆论监督。

规范执法行为。市、县检察院立案侦查的职务犯罪案件审查逮捕决定权由本院决定改为报上一级检察院审查决定。实行讯问职务犯罪嫌疑人全程同步录音录像制度,加强办案工作区规范化建设,完善调查取证、搜查、扣押等侦查强制措施适用条件。突出加强对侦查、审查逮捕、公诉等重要岗位和不批捕、不起诉、撤案、变更强制措施等关键环节的监督,确保检察权依法行使。组织开展扣押冻结涉案款物、规范安全文明执法等专项检查活动,并针对检查中发现的突出问题,进一步完善执法办案的标准和程序,不断提升执法规范化水平。

推行案件管理机制改革。全区108个检察院设立专门案件监督管理机构,实行案件集中管理、统一受案、全程监控、综合考评的执法办案新机制,有效提高办案质量和效率。

七、加强检察队伍和基层基础建设,提升整体素质能力

坚持把队伍建设作为根本,努力造就一支政治坚定、业务精通、作风优良、执法公正、清正廉洁的高素质检察队伍。

注重思想政治建设。深入实践科学发展观、社会主义法治理念,开展"恪守检察职业道德、促进公正廉洁执法"等系列主题教育实践活动,扎实开展创先争优、党组织建设年、"建设学习型党组织、创建学习型检察院"活动,积极开展纪念建党九十周年、人民检察制度创立八十周年、广西检察机关成立六十周年活动。开设检察职业道德讲堂,建立检察官宣誓制度,在执法办案一线成立党支部,确保检察人员始终忠于党、忠于国家、忠于人民、忠于法律。涌现出"全国模范检察官"、自治区"优秀共产党员"杜云等一批先进典型。党的十八大召开后，迅速掀起了学习贯彻十八大精神热潮，进一步增强了中国特色社会主义的道路自信、理论自信、制度自信。

注重专业化建设。坚持以领导班子建设为核心，以领导干部和业务骨干、执法办案一线检察人员为重点，大力推进全员培训，广泛开展岗位练兵活动，加快检察业务专家和办案能手培养选拔，先后举办各类培训班564期，培训37000多人次。加大人才引进力度，加强各类高素质检察人员招录工作，全区检察机关具有大学本科以上学历检察人员占83.7%，比五年前提高了15.5个百分点，队伍整体素质有了较大提高。涌现出了"全国十佳公诉人"、"全国优秀业务专家"、"全国检察教育名师"等一批先进典型。

注重检察文化建设。组织创作廉政宣传教育、廉洁从检等方面文艺作品，举办广西检察机关成立六十周年书画摄影展，推动文化兴检。创作拍摄了检察题材电影《你是我的兄弟》，并在2011年全国"两会"期间和作为中国共产党成立九十周年献礼片在中央电视台播放。创作了反腐倡廉长篇小说《暴风眼》，由获得诺贝尔文学奖的莫言先生亲笔作序，并在《检察日报》等连载。罗城县、柳州市鱼峰区检察院荣获"全国检察文化建设示范院"称号。

注重纪律作风建设。构建自身反腐倡廉预防工作"四三"格局，集中开展"反特权思想、反霸道作风"、"维护人民群众合法权益、解决反映强烈突出问题"专项教育活动，不断排查和解决自身执法不公正、不规范、不廉洁等问题。加大对执法行为、检风检纪、警车使用的督查力度。违法违纪检察人员逐年减少，全区由前五年47人减至五年来36人。中央作出改进工作作风、密切联系群众的八项规定和自治区党委出台实施意见后，我们认真贯彻落实。

注重基层基础建设。坚持检察工作重心下移、检力下沉，积极推进乡镇检察室建设，经自治区党委同意、自治区编委批准县级检察院设置派驻乡镇检察室。南宁铁路运输两级检察院移交自治区实行属地管理。自治区检察院与财政厅联合制定《基层人民检察院公用经费基本保障标准》，全区基层检察院办公办案经费得到保障，办案业务用房和技术用房基本建成，基层基础工作明显加强。

五年来，全区检察工作实现了"六个提高"：一是办案规范化程度提高，讯问职务犯罪嫌疑人全程同步录音录像，并同步移送审查起诉；二是办案质量提高，2010年以来查办的职务犯罪案件无罪判决为零，连续17年办案安全事故为零；三是执法公信力提高，自治区人大会议表决检察工作报告赞成率2012年比2008年提高6.34个百分点；四是检察业绩提高，最高人民检察院对全国31个省（自治区、直辖市）办案业务绩效考评中，我区多数指标排名靠前；五是在全国知名度提高，检察业务工作在全国性会议作经验发言46次，获最高人民检察院表彰先进集体71个；六是工作效率提高，对16689件案情简单、事实清楚、证据确实充分的轻微刑事案件依法快速审查起诉。

五年来，我们深切体会到，做好新形势下检察工作，必须紧紧依靠党的领导，自觉接受人大监督，依靠政府、政协大力支持；必须坚持检察工作正确的政治方向，牢固树立社会主义法治理念，坚定不移地推进中国特色社会主义检察制度；必须围绕中心、服务大局，自觉把检察工作融入我区经济社会发展全局来谋划和推进；必须坚持人民检察为人民，自觉践行执法为民宗旨，把人民群众当亲人，把自己当公仆，把人民群众的合法权益维护好、实现好；必须准确把握宪法定位，认真履行法律监督职责，维护社会公平正义；必须坚持科学发展，努力实现办案数量、质量、效率、效果、安全的有机统一；必须抓好队伍建设和基层建设这个根本，坚定理想信念，坚持从严治检，坚决反对特权思想和霸道作风，建设一支高素质检察队伍。

当前检察工作中存在的主要问题，一是检察职能的发挥与经济社会发展的要求、与人民群众对公平正义的期待还有差距，特别是在参与加强和创新社会管理、从源头上化解社会矛盾的工作有待加强；二是检察队伍整体素质还不能完全适应新形势新任务的要求，执法理念和专业化水平有待进一步提高，不敢监督、不善监督、监督不规范等问题仍一定程度上存在；三是有的地方基层基础仍较薄弱，特别是在人力保障、检务保障和信息化建设方面仍不能完全适应修改后刑事诉讼法、民事诉讼法的要求。这些困难和问题，我们将高度重视，认真加以解决。

2013年工作意见

党的十八大为全面建成小康社会描绘了一幅

美好的蓝图。面对新形势、新任务、新要求,全区检察机关将高举中国特色社会主义伟大旗帜,以邓小平理论、"三个代表"重要思想、科学发展观为指导,紧紧围绕我区全面建成小康社会奋斗目标,顺应人民群众对公共安全、司法公正、权益保障的新期待,以强化法律监督、强化自身监督、强化队伍建设为总要求,坚持有法必依、执法必严、违法必究,全力推进平安广西、法治广西建设,大力提升执法能力素质和执法公信力建设,全面提高检察工作科学发展水平,切实肩负起中国特色社会主义事业建设者、捍卫者的职责使命,为实现富民强桂新跨越提供有力的司法保障。建议重点做好如下工作:

一、着力保障经济持续健康发展

自觉把检察工作融入全区发展大局中来谋划和推进,紧紧围绕我区与全国同步建成小康社会和"十二五"时期全区经济社会发展的目标任务,找准检察工作服务发展的切入点和着力点,更加重视依法保障和促进完善社会主义市场经济体制,保障和促进转变经济发展方式、优化经济结构,保障和促进工业化、信息化、城镇化、农业现代化同步发展。

二、着力推进平安广西、法治广西建设

全力做好检察环节维护国家安全和我区社会稳定各项工作,高度警惕和坚决打击境内外敌对势力的渗透颠覆分裂破坏活动,突出打击黑恶势力犯罪、严重暴力犯罪、多发性侵财犯罪、毒品犯罪、网络犯罪等犯罪,保障我区社会安定有序、人民安居乐业。

三、着力保障民生民益

坚持把维护好最广大人民群众根本利益作为检察工作的出发点和落脚点,围绕人民群众最关心的社会治安、权益保障、公平正义、反腐倡廉等问题,加强和改进执法办案工作,加大对发生在"三农"工作和社会保障、生态环境、食品药品安全等重点领域和关键环节犯罪的查处力度,维护人民群众合法权益和身心健康。

四、着力加大查办和预防职务犯罪工作力度

坚持标本兼治、综合治理、惩防并举、注重预防方针,严肃查办发生在领导机关和领导干部中贪污贿赂、失职渎职等犯罪案件,发生在群众身边的腐败案件,严重损害群众合法经济权益、政治权益和人身权益的犯罪案件。继续加强和深化预防职务犯罪工作,推动预防职务犯罪教育进各级党校和行政学院、进乡村等,充分发挥检察机关在反腐倡廉中的作用。

五、着力维护司法公正和法制权威

重点抓好修改后刑事诉讼法、民事诉讼法的贯彻实施,坚决依法监督纠正诉讼中执法不严、司法不公的突出问题,努力让人民群众在办理的每一个案件中感受到公平正义。

六、着力抓好队伍建设和基层基础建设

坚持以党建带队建,深入开展以为民、务实、清廉为主要内容的群众路线教育实践活动。加强业务培训,提升做好群众工作能力、维护社会公平正义能力、新媒体时代舆论引导能力、科技信息化应用能力和拒腐防变能力,不断适应新形势对检察工作的新要求。

全区检察机关将紧密团结在以习近平同志为总书记的党中央周围,在自治区党委和最高人民检察院领导下,高举中国特色社会主义伟大旗帜,以邓小平理论、"三个代表"重要思想、科学发展观为指导,坚持不懈地强化法律监督、维护公平正义、推动科学发展、促进社会和谐,为我区全面建成小康社会、加快实现富民强桂新跨越作出新的贡献!

海南省人民检察院工作报告(摘要)

——2013年1月29日在海南省第五届人民代表大会第一次会议上

海南省人民检察院代理检察长 贾志鸿

(2013年1月31日海南省第五届人民代表大会第一次会议通过)

省四届人大一次会议以来,全省检察机关在省委和最高人民检察院的正确领导下,在各级人大及其常委会的有力监督和各级人民政府的大力支持下,深入贯彻落实科学发展观,不断强化法律监督、强化自身监督、强化队伍建设,检察工作在服务全省经济社会发展中取得了新成绩新进步。

一、用心把握大局需求,全力保障国际旅游岛建设

五年来,我们自觉把检察工作放到海南经济社会发展大局中谋划和推进,找准切入点、结合点,努力当好国际旅游岛建设的有力促进者。

着力强化服务保障措施。省检察院制定了为海南经济社会大局服务、发挥职能作用服务企业经营发展两个指导意见和服务农村"强核心工程"16项措施、服务重大项目建设29项措施,引导全省检察机关综合运用检察职能做好服务保障工作。深入工程建设、城市规划、工商税务等重点行业和农村土地征用、出让、转让等重点领域,开展查办和预防职务犯罪专项工作,办理一案,教育一片,治理一方,有效净化海南投资"软环境"。严格区分改革探索与违法犯罪、工作失误与渎职犯罪等界限,对影响发展的严重犯罪坚决查办,对经济结构调整中出现的新型案件依法慎重办理,保证发展稳定大局不受影响、发案单位正常秩序不受干扰、涉案人员合法权益不受侵害。

着力保障政府投资安全。主动作为,全程跟踪服务投资千万元以上重大项目244个。打好服务项目建设"组合拳",依法批准逮捕敲诈勒索、强迫交易等干扰项目建设犯罪嫌疑人1314人、起诉1293人,查办发生在项目审批、招标投标、资金划拨、质量监管等关键环节职务犯罪237件269人。积极帮助有关单位解决项目建设中遇到的法律政策问题,通过行贿犯罪档案查询建议取消17个单位廉洁准入资格,运用预防咨询、检察建议,帮助建设单位完善内部管理制度,确保项目建设"质量优质、干部廉洁、资金安全"。

着力维护市场经济秩序。积极参与整顿和规范市场经济秩序专项活动,共批准逮捕破坏市场经济秩序犯罪嫌疑人874人、起诉1010人。着眼于促进形成统一开放竞争有序的市场体系,依法严惩走私、金融诈骗、非法经营等严重经济犯罪,批捕此类犯罪嫌疑人299人、起诉365人。着眼于鼓励和保护自主创新,深入开展打击侵犯知识产权和制售假冒伪劣商品专项行动,批捕此类犯罪嫌疑人120人、起诉145人。加强行政执法与刑事司法衔接,积极推进与行政执法机关信息共享、线索移送等机制建设,依法督促移送案件45件。

着力加强生态环境司法保护。围绕促进可持续发展,批准逮捕重大环境污染和严重破坏环境资源的犯罪嫌疑人867人、起诉1036人。积极参与"绿化宝岛"行动,与林业、公安等部门紧密配合,批准逮捕盗伐滥伐林木等破坏林业资源犯罪嫌疑人661人、起诉799人。开展查办危害能源资源和生态环境渎职犯罪专项工作,查办土地、林业、环境监管等领域职务犯罪90件110人。结合办案向相关行政执法部门发出检察建议和纠正违法通知书42份,督促加强监管,形成保护生态环境的执法合力。

二、积极投入平安海南建设,着力维护社会和谐稳定

五年来,我们始终把维护稳定作为首要任务,在认真履行批捕、起诉工作职责的同时,重视化解社会矛盾,推动社会管理创新。

依法打击各类刑事犯罪。五年共批准逮捕各类刑事犯罪嫌疑人41889人、起诉44589人。深入开展"打黑除恶"专项斗争,批捕黑恶势力犯罪和严重暴力犯罪嫌疑人8640人、起诉9004人,批捕"两抢一盗"等多发性侵财犯罪嫌疑人13428人、起诉13706人,批捕毒品犯罪嫌疑人10244人、起诉10175人。会同有关部门开展侦破处置积压命案、打击涉枪涉爆犯罪和对学校、幼儿园及周边治安秩序集中整治等专项行动,认真落实社会治安综合治理措施,全力做好博鳌亚洲论坛年会等重要时期全省维稳工作。

注重结合办案化解社会矛盾。全面贯彻宽严相济刑事政策,依法对初犯、偶犯和未成年犯罪人员,无逮捕必要不批捕1018人、微罪不起诉588人。落实检调对接工作机制,对386件嫌疑人认罪悔罪、积极赔偿的轻微刑事案件促成和解,对1657件不服法院正确判决的民事行政申诉案件调解息诉。实行执法办案风险评估预警机制,对不批捕、不起诉、不抗诉等12类案件,认真评估风险,科学制定预案,及时化解矛盾。推行法律文书释法说理制度,综合运用依法纠正、公开听证、心理疏导等措施,促进案结事了人和。

积极参与社会管理创新。加强对监外执行和社区矫正的法律监督,配合有关部门落实刑释解教人员安置帮教政策,充分运用帮教、感化、挽救等措施,使其尽快融入社会。全省各级检察院均成立办理未成年人犯罪案件专门机构,实行捕、诉、监、防一体化工作机制,开展未成年人犯罪分案起诉、诉前引导、案后帮教和轻罪记录有条件封存等工作,加强对失足未成年人的教育挽救。建立法律监督调查机制,结合办案及时向党委政府和有关部门提出检察建议,促进完善社会管理。

三、坚持为民执法,维护人民群众合法权益

五年来,我们始终把人民群众的关注点作为检察工作的着力点,制定并落实《加强和改进新形势下检察机关群众工作的实施意见》,提升保障民生水平。

坚决惩治危害民生民利犯罪。严厉打击以牺牲人民群众生命健康为代价、捞取"黑心钱"的制售假冒伪劣、有毒有害食品药品等犯罪行为,批捕66人、起诉87人。开展严肃查办危害民生民利渎职侵权犯罪专项工作,查办群众最关心、反映最强烈的教育就业、社会保障、医疗卫生、扶贫救灾和执法司法等领域职务犯罪540人。深入推进查办涉农惠民领域职务犯罪专项工作,查办发生在农村基础设施建设、拆迁改造、土地征用开发、惠农资金管理使用等领域严重侵犯农民切身利益的职务犯罪492件780人,追缴涉案款5100余万元,全部发还给受害群众。

健全完善群众工作机制。在基层设置36个派驻检察室,在村镇聘请1050名信息联络员,搭建服务群众的"新平台"。用心办好检察服务民生热线和12309举报电话,开通视频接访系统,建立检察长专题接访制度,推动带案下访、定期巡访、联合接访工作常态化、制度化,畅通便民利民的"绿色通道"。实行受理群众来访双向承诺、刑事申诉案件公开审查制度,开展重信重访专项治理、涉检信访积案排查化解和"百万案件评查"活动。共办理群众信访、申诉26803件。

尽心尽力为群众排忧解难。推进刑事被害人救助工作,明确救助范围、标准和程序,对151名生活确有困难的被害人或其近亲属提供救助救济271.5万元。重视进城务工人员的权益保护,会同省委群工部联合发出通知,督促相关职能部门加大对恶意欠薪行为的打击力度,监督移送涉嫌恶意欠薪犯罪案件28件,帮助870余名农民工追回被拖欠工资2560万元。深入开展检察官进乡村、进社区、进企业、进学校活动,听民声、释民惑、护民利、解民忧,向群众提供法律咨询15826人次,为群众解决实际困难389件。

四、以执法办案为核心,加大法律监督力度

五年来,我们牢牢把握检察机关的宪法定位,坚持严格、公正、廉洁执法与理性、平和、文明、规范执法相结合,实现办案数量、质量、效率、效果和安全有机统一。

始终保持查办职务犯罪力度。五年来共立案侦查职务犯罪案件1041件1456人,大案589件,县处级干部110人,厅级干部9人,提起公诉1445人,法院已作有罪判决1309人,通过办案挽回经济损失2.2亿元。查办国家工作人员利用项目审批、资金拨付之机,搞权钱交易的犯罪案件441件,查办行政执法人员滥用职权、收受贿赂、吃拿卡要的犯罪案件170件,查办集体上访、群体性事件背后的腐败案件41件。建立职务犯罪侦查一体化工作机制,通过"抓系统、系统抓",查办了规划、城建、地税系统职务犯罪系列案件50件54人,东方市职务犯罪系列案件28件29人,扩大了查办案件的综合效应。

深入推进职务犯罪预防工作。坚持惩防并举、注重预防,结合执法办案,向有关单位提出检察建议1184份,促进健全完善预防措施。建立向党委、人大、政府提交职务犯罪发案态势分析和预防对策年度报告制度,与教育、医药、地税、林业等15个行业建立预防协作机制。广泛开展预防宣传,举办预防讲座2500余场次。与海南电视台联合制作以反腐倡廉教育、职务犯罪预防为主题的法制栏目《检察视窗》,开播7年,获得国家级和省级奖项10个。积极推动预防教育进党校,在全省建立22个农村基层干部职务犯罪警示教育基地,1.2万名村干部接受教育。我省检察机关服务和保障村级组织换届选举工作的做法得到最高人民检察院的充分肯定。

进一步强化诉讼监督。积极应对修改后刑事诉讼法、民事诉讼法的新要求,探索开展了简易程序审理、证人出庭、庭前会议、民事执行监督等试点。认真落实省人大常委会《关于加强人民检察院法律监督工作的决议》,依法监督公安机关立案881件,纠正不应当立案而立案275件,纠正漏捕1090人、漏诉343人。对认为确有错误的裁判提出抗诉309件。纠正减刑、假释、暂予监外执行不当2572人次,纠正刑期计算错误121人,对监管活动违规和监管场所安全隐患等提出纠防意见1839件次。开展了刑事审判法律监督专项检查、监狱"清查事故隐患、促进安全监管"专项活动、监管场所械具使用和禁闭情况专项检查等,将日常监督与专项监督、检察监督与有关部门内部纠错有机结合,增强了监督实效,维护了公平正义。

五、创新检察工作制度机制,增强科学发展活力

五年来,我们坚持把改革创新精神贯彻到检察工作各方面,努力在服务全省经济社会科学发展中提升检察工作自身科学发展水平。

探索建立派驻乡镇检察室。主动呼应社会主义新农村建设对法律监督提出的新需求,2008年11月率先开展了"基层检察重心下移、检力下沉,把法律监督触角延伸到广大农村,设置派驻乡镇检察室"的探索实践。四年来,派驻乡镇检察室扎根农村、贴近群众,通过建立"检察室+工作站+信息联络员"组织体系和"定点+巡回"工作模式,畅通群众诉求渠道,及时收集发现涉农职务犯罪线索和涉检涉稳信息,在依法保障支农惠农政策落实、预防农村基层干部职务犯罪、促进农村社会和谐稳定、推动基层民主法治建设等方面发挥了积极作用。

探索建立民事督促起诉制度。创新监督方式,依法运用民事检察职能保护国有、集体、公共利益不受侵害。与省财政厅等十家单位会签了《关于检察机关积极开展民事督促起诉保护国有、集体、社会公共资产的意见》,建立了工作协作机制,通过民事督促起诉方式,督促国有资产受到损害的监管单位或职能部门依法履职,加大国有资产监管力度。2009年以来共办理民事督促起诉案件6216件,督促追缴拖欠土地出让金6.27亿元,追回逾期农业开发、扶贫项目等贷款资金13.3亿元,收回违规出租土地16.6万亩,增强了国有资产监管单位的法律意识,促进了国有资产规范化管理。

探索建立"四位一体"检察管理机制。以信息化建设为平台,构建执法办案、政务管理、检务保障、队伍建设"四位一体"的检察管理和工作运行机制,实现了政务信息网上处理、执法办案网上监控、工作质量网上考核、车辆GPS定位管理。成立案件管理中心,全省三级检察院所有案件网上统一受理、动态监管、案后评查、综合考评,"制度+科技"、"人控+技控"推动了检察管理向精细化、规范化转型升级。我省检察机关以信息化建设提升检察管理水平、促进执法规范化的做法得到最高人民检察院的肯定和推广。

六、坚持不懈狠抓自身建设,提高检察工作公信力、亲和力

五年来,我们始终以推动公正廉洁执法为目标,以强化自身监督制约为重点,以加强基层基础建设为保障,着力打造高素质检察队伍。

始终把思想政治建设放在首位。深入贯彻党的十七大、十八大和省第五次、第六次党代会精神,每年确定一个主题开展教育活动,引导检察人员坚定中国特色社会主义共同理想,坚定道路自信、理论自信、制度自信。制定检察文化建设实施意见,成立海南检察官文联,推行检察官宣誓制度,举办全省检察机关首届体育运动会、庆祝建党九十周年文艺汇演,组织年轻干警开展"提升自我、熔炼团队"拓展训练,强化检察职业认同感,增强检察事业发展的软实力。

加强执法能力建设。全面启动国家检察官学院海南分院建设,以业务骨干和执法办案一线检察官为重点,组织开展了检察官与律师论辩赛、十佳公诉人、优秀办案能手、优秀法律文书评选等岗位练兵和业务竞赛活动。围绕贯彻实施修改后刑事诉讼法、民事诉讼法,举办专家讲座、网络培训、实战训练、理论研讨127期,培训干警1.3万人次。开展首届全省检察业务专家评选,建立检察人才库,鼓励支持检察人员参加在职学历教育,推动形成学知识钻业务的良好氛围。全省检察干警本科以上学历比例由2007年的46.1%上升为74.5%,硕士研究生学历比例由2.7%上升为11.4%。

强化纪律作风和自身反腐倡廉建设。坚决落实省委部署,认真查找、重点整治执法办案中存在的"庸懒散贪"突出问题,对长期办而未结的65件案件相关责任人进行问责。推行下级检察院检察长向上级检察院述职述廉报告工作接受评议制度,严格落实领导干部重大事项报告、任前廉政谈话规定。省检察院对一分院、三亚市检察院等5个检察院领导班子进行巡视,派员参加下级检察院民主生活会130次。开展检察机关直接立案侦查案件扣押冻结款物专项检查和警车管理、落实"禁酒令"等35个专项督察,明察暗访52次,督促整改81项。加强对自身执法活动的监督制约,建立廉政风险防控机制,做到了及时发现问题、果断纠正失误、监督处理问责。全面推广检察日志管理制度,形成对干警工作情况日监督、月点评的常态化绩效考评机制。坚持受理群众投诉检察人员制度,对14名违纪人员给予党政纪处分,责令调离5人。

扎实推进基层基础建设。认真落实上级检察院联系基层检察院、示范院建设、分类指导等措施,坚持把人、财、物向基层倾斜。新招录570人充实到基层一线,连续三年组织开展司法考试培训,187名基层干警通过考试取得检察官资格,有效缓解了基层检察官"断档"难题。积极争取各级党委政府支持,逐步完善县级检察院经费保障机制。五年来全省检察经费年均增长18.9%,科技强检累计投入1.92亿元,信息化投入增长45.7%,22个县级检察院公用经费保障标准全部落实到位,36个派驻乡镇检察室公用经费保障全部列入地方财政预算,建成了全省检察专线网、三级机要通道系统,执法保障得到进一步加强。

自觉接受人大、政协和社会各界监督。强化监督者更应接受监督观念,五年来各级检察院主动向各级人大及其常委会报告工作427次,办理各级人大常委会转办和人大代表、政协委员转交案件157件,办理各级人大代表议案、建议184件,均在规定期限内办结。建立"检察开放日"制度,3362名各界人士走进检察机关,"零距离"接触检察工作。邀请各级人大代表、政协委员和特约检察员、专家咨询委员、检风监督员视察反渎职侵权、派驻乡镇检察室、驻所检察等工作,诚恳听取意见。健全完善人民监督员制度,共监督职务犯罪案件110件,以监督促公正、赢公信。重视接受舆论监督,与12家新闻媒体会签《检察机关与新闻媒体涉检信息通报制度》,把互联网等媒体作为听民声、察民意的重要渠道,主动回应社会关切。

回顾总结五年来的工作,我们深切地体会到:做好新时期的检察工作,必须坚持以科学发展观为指导,紧紧依靠党的领导,主动接受人大的监督,确保检察工作坚定正确的政治方向;必须坚持以党和国家工作大局为重,立足职能为海南经济社会发展服务,不断增强检察工作的针对性和实效性;必须坚持立检为公、执法为民,始终把人民放在心中最高位置,努力使检察工作符合人民群众的新要求、新期待;必须坚持检察机关的宪法定位,认真落实"强化法律监督、强化自身监督、强化队伍建设"的总要求,推动各项检察工作全面协调发展;必须坚持把加强队伍建设放在战略位置,不断提高整体素质和法律监督能力,为检察事业发展提供坚强的组织保障;必须坚持解放思想,创新发展理念和发展思路,在不断发现解决问题中推动检察事业持续发展。

我们也清醒地看到,检察工作仍然存在不少差距和不足:一是少数检察院和检察人员执法理念存在偏差,充分发挥法律监督职能服务海南科学发展、绿色崛起的意识和水平需要进一步提高;二是执法办案存在薄弱环节,法律监督的力度效果与维护司法公正的要求和人民群众的期盼还有差距;三是队伍的整体素质还有待提高,执法不规范、不文明的现象时有发生,作风建设仍需进一步加强;四是基层检察院案多人少、高素质法律专业人才短缺等问题仍然比较突出。对此,我们将以积极进取的精神,争取各方支持,认真加以解决。

2013年,全省检察机关将深入学习党的十八大、省第六次党代会精神,认真落实省委、最高人民检察院的工作部署,主动争取人大、政府、政协的监督支持,全面履行法律监督职能,进一步细化、实化各项措施,不断开创检察工作新局面。

一要更加用心地做好服务保障工作。把服务保障实现"中国梦""海南梦"作为全省检察工作的着力点和切入点,围绕贯彻省第六次党代会精神和实现海南科学发展、绿色崛起奋斗目标,以执法办案为依托,充分发挥打击、预防、监督、教育、保护等职能作用,更加重视树立正确的执法理念,更加重视改进执法方式、提升服务效果,为国际旅游岛建设营造更依法、更高效、更优质的政务环境和发展环境。

二要更加自觉地维护海南和谐稳定。全面贯彻宽严相济刑事政策,坚决打击危害国家安全、影响社会稳定的严重刑事犯罪,积极参与对治安重点地区和突出治安问题的集中整治,妥善处理好打击与保护、惩处与预防、调解与诉讼、从宽与从严等法律关系,加强苗头性、倾向性、规律性问题的分析研判,完善参与加强和创新社会管理的途径方式,为平安海南建设发挥更大作用。

三要更加有效地保障和改善民生。积极顺应人民群众对公共安全、司法公正、权益保障的新期待,加大查办侵害民生民利职务犯罪力度,加强对涉及民生问题的法律监督,加强对特殊群体和困难群众的司法保护,全面深化派驻乡镇检察室建设,建立健全民意收集、研究和转化机制,不断提高群众工作能力,使执法办案的过程真正成为保障和改善民生的过程。

四要更加积极地查办和预防职务犯罪。坚决落实中央、省委反腐败决策部署,深入开展集中查办土地征用、出让、转让领域职务犯罪专项工作,严肃查办农业生产补贴、农村扶贫开发等强农惠农政策实施中的腐败案件,严肃查办政府投资支持的重点项目建设中的职务犯罪,加大对盗伐滥伐林木、非法占用土地林地、严重破坏生态环境背后职务犯罪的打击力度,结合办案加强预防调查、犯罪分析和对策研究,努力从源头上减少腐败发生。

五要更加有力地推进诉讼监督工作。深入落实省人大常委会关于加强法律监督工作的决议,全面加强对刑事立案、侦查活动、刑事审判、刑罚执行和监管活动的法律监督。以贯彻实施修改后刑事诉讼法、民事诉讼法为契机,推动完善诉讼监督工作机制。加强对自身执法活动的监督,完善执法办案考评机制,规范案件集中管理工作,深化人民监督员制度,维护司法公正和法制权威。

六要更加扎实地推进检察队伍和基层基础建设。认真开展以为民务实清廉为主要内容的群众路线教育实践活动,深入推进"庸懒散贪"突出问题专项整治,坚定理想信念,改进工作作风,密切联系群众。着力加强思想政治建设、专业化建设和职业化建设,扎实抓好素能培训和岗位练兵,全面推进基层检察院建设,筑牢检察工作发展根基。

在新的一年里,全省检察机关将在省委和最高人民检察院的领导下,认真落实本次大会决议,牢记全省人民的重托,积极进取,扎实工作,为实现海南科学发展、绿色崛起作出新的贡献!

重庆市人民检察院工作报告(摘要)

——2013年1月29日在重庆市第四届人民代表大会第一次会议上

重庆市人民检察院检察长 余 敏

(2013年1月31日重庆市第四届人民代表大会第一次会议通过)

一、过去五年工作回顾

2008年以来,市检察院领导全市检察机关以中国特色社会主义理论体系为指导,深入贯彻科学发展观,认真落实市人大历次会议决议及其常委会要求,以维护社会稳定、推进反腐倡廉、促进公平正义为着力点,全面履行检察职能。共批捕104787人,起诉158549人,查办职务犯罪4804人,提出刑事民事抗诉法院改判456件、发回重审135件、民事调解结案577件,息诉不服刑事民事裁判的申诉7062件,监督纠正监外执行罪犯脱漏管2542人次。

(一)服务发展更加有力。先后出台服务"一小时经济圈"建设、促进库区产业发展、推进平安建设、助推两江新区建设、保障民生和贯彻市第四次党代会精神等工作意见,指导各级检察院围绕稳定、发展、民生依法履职。着力营造公平竞争的市场环境,批捕破坏市场经济秩序犯罪3926人、起诉5017人,对非公企业和外来投资者合法权益受损的民事裁判依法抗诉286件。着力服务产业集聚发展,批捕侵害园区企业及从业人员权益的盗窃、寻衅滋事、敲诈勒索等犯罪1183人、起诉1379人;开展"廉洁园区"创建活动,严肃查办园区土地征用、招商引资、招标投标中的职务犯罪845人。着力服务新农村建设,批捕发生在农村的盗窃、诈骗以及强奸、拐卖妇女儿童等犯罪39658人、起诉44339人;深入查办退耕还林、农村道路、农田水利、村镇建设、环境治理等项目实施中的职务犯罪1621人。

(二)保障民生扎实有效。紧紧抓住关系民生的突出问题,在征地拆迁、支农惠农、社会保障、医疗卫生等领域深入查办职务犯罪2803人,对制售有毒有害食品药品、非法行医等危害群众生命健康犯罪依法批捕214人、起诉349人,通过支持起诉成功帮助10053名农民工追回欠薪,运用支持起诉、检察建议等方式参与处置环境污染事件25件。不断丰富便民措施,以市检察院法律监督网为支撑,在全国检察机关率先建成三级检察院整体贯通的互联网站平台,统一开通12309举报电话,方便群众查询信息、反映诉求。认真开展司法救助工作,对1447名生活严重困难的刑事被害人等予以救助596.1万元。

(三)惩防腐败深入推进。充分发挥检察机关在惩防腐败体系中的作用,以持续开展治理工程建设领域突出问题以及查办涉农、资源和生态环境领域职务犯罪专项工作为抓手,保持惩治腐败犯罪强劲势头,查处职务犯罪人数比前五年上升30.1%,大案率78.2%,其中厅级干部60人、处级852人。积极推动预防腐败关口前移,运用检察建议促进建制堵漏,组建宣讲团深入机关、企事业单位和围绕乡镇、区县换届强化预防宣传,首个在省级范围内建立预防职务犯罪教育进党校机制,增强了预防的针对性和实效性。

(四)改革创新成果显著。在全国省级范围内率先开展职务犯罪案件审查逮捕上提一级改革,强化对职务犯罪侦查权的监督;率先实行由基层检察院对监狱、劳教场所履行监督职责改为分院派驻检察室实施监督,加大刑罚执行和监管活动监督力度;率先推行轻微刑事案件和解、委托人民调解制度,多渠道促进矛盾化解;创立的人民监督员上级检察院统一选任、下管一级实施办案监督制度被全国推广。首创的微罪不诉人员社会帮教机制和民事行政检察与法律援助协作维护群众权益机制效果良好,看守所未决人员羁押表现评鉴制度获最高人民检察院和公安部首肯;不断探索形成的办案专业化、保护全程化、预防社会化的未成年人刑事检察工作机制获中央政法委肯定。

(五)执法水平明显提升。在平安建设和法律监督工作中,以质量效果为核心,切实把好证据审查和法律适用关,严格区分罪与非罪、此罪与彼罪的界限,正确运用宽严相济刑事政策,对侦查机关提请批捕、移送起诉的案件,依法不捕27444人,不捕率20.9%;不诉9612人,不诉率5.8%。以规范执法为重点强化内部管理,在全国率先实现网上办案,制定不捕不诉等重点环节内部监督规定,实行讯问职务犯罪嫌疑人同步录音录像,从抽查案卷入手年年开展执法检查。近五年刑事案件撤回起诉率、无罪判决率分别为0.38‰、0.06‰,比前五年下降0.75个、0.56个千分点;职务犯罪撤案率、不诉率为2%、6.8%,下降2.6个、18个百分点;民事行政抗诉改变率、再审检察建议采纳率为86.7%、86.6%,提高13.3个、18.8个百分点。

(六)基层基础全面加强。突出实践特色,扎实开展主题教育活动,提炼弘扬"忠诚廉明、守护正义"的重庆检察精神。统一招录和选调1201名大学生充实基层,逐级遴选194人补充上级检察院;全市检察人员中本科学历以上占87.4%,研究生占17.1%,比2007年上升9.9个、14.7个百分点。制定实施检察干警素能标准,成立全市首家全系统的青年联合会助推青年干警成长成才。获得全国"十佳公诉人"、"十佳侦查监督检察官"、"十佳监所检察标兵"称号人数占全国的8.6%,"全国检察理论研究人才"数量全国第6位。13个检察院新建办公办案和专业技术用房7.97万平方米,将7.3亿元中央政法专款和地方配套资金重点用于规范化办案区、办案信息化和侦查装备建设,注重向"两翼"地区倾斜,科技装备水平整体提升。持续开展为期五年的基层检察院规范化创建,市检察院荣获全国检察机关基层检察院建设组织奖。

二、2012年主要工作

全市检察机关在市委和最高人民检察院领导下,突出社会矛盾化解、社会管理创新、公正廉洁执法三项重点工作,全面履职,各项检察工作取得了新成效。

(一)依法履行批捕起诉职能,维护社会和谐稳定。坚持打击犯罪与化解矛盾相结合,努力夯实社会稳定基础。

依法打击刑事犯罪。共批捕各类刑事犯罪嫌疑人19758人、起诉35247人,其中起诉杀人、绑架、抢劫等暴力犯罪4791人,抢夺、盗窃、诈骗、敲诈勒索等侵财犯罪9866人,"黄赌毒"、寻衅滋事等妨害社会管理秩序犯罪9167人。陈文强等9人在我市涪陵、江北等地持刀入室抢劫5起,致3人死亡,被及时批捕起诉,有力震慑了犯罪分子。认真贯彻宽严相济刑事政策,对情节轻微的初犯、偶犯、未成年犯依法不捕2048人、不诉2098人,对600件因亲友邻里纠纷引发的轻微刑事案件促成双方和解,减少社会对抗。

努力维护市场经济秩序。积极投入整治非法集资、安全生产领域"打非治违"和打击危害食品安全犯罪等专项行动,依法批捕售有毒有害食品药品、金融诈骗、传销等犯罪745人,起诉1434人。陈建辉等成立多家公司诱骗300余人"投资"4051万元,赵国等非法制售用于晚期肿瘤等重大疾病治疗的干细胞试验药品400余瓶,检察机关及时批捕起诉。落实行政执法与刑事司法衔接机制,建议工商、药监等部门将涉嫌犯罪的736人移送公安机关。认真落实全市发展民营经济大会精神,对无逮捕必要的"两虚一逃"案件依法不捕6人、情节轻微的依法不诉26人,努力营造有利于创业的经济环境。以了解需求、法律服务、案例释法为重点,组织开展了"走进民营企业"主题活动。

积极防范化解矛盾纠纷。以"依法办案、案结事了、息诉罢访"为基本要求,狠抓涉检矛盾源头防范,坚持理性平和文明规范执法,强化不捕不诉等环节释法说理,全面落实办案风险评估预警制度,对29件重大敏感案件依法妥善处置,对不服法院正确裁判的927件申诉成功化解息诉。深入开展信访积案排查,充分发挥"一般信访各内设机构联动处理、重大信访上级检察院下沉一级合力化解、疑难信访联合相关部门协力处置"等工作机制效能,67件积案已化解息诉59件,确保了无涉检进京非正常访、无涉检群体性事件。

(二)积极查办和预防职务犯罪,促进反腐倡廉建设。围绕腐败易发多发领域和人民群众反映强烈的突出问题,充分发挥惩防并举的检察职能作用。

依法查办各类职务犯罪。加强与纪检机关及有关单位的协作,高度重视群众举报,既突出查办大案要案,又深入查办发生在群众身边的案件,查办职务犯罪878人。其中,处级以上干部157人,涉案金额10万元以上461人。着力维护国家投资安全,在工程建设、园区建设、征地拆迁等领域查办职务犯罪422人,在查办渝东经济技术开发区原党工委书记洪维俊贪污受贿数百万元案中挽回国家经济损失上亿元。着力查处侵害群众切身利益的职务犯罪,在支农惠农、扶贫救济、城乡社保等领域查办职务犯罪332人。着力保障经济社会永续发展,在生态环保、资源开发、安全生产等领域查办职务犯罪80人,市检察院同步介入致14人死亡的奉节"10·17"矿难事故调查,指定相关分院和基层检察院深入查办事故背后的贪污贿赂和渎职犯罪21人。贯彻打击、教育、挽救相结合的要求,将68名情节轻微的公职人员移送各级纪检监察机关处理,为举报不实的63人澄清了事实。

把预防职务犯罪摆在更加突出位置。立足办案强化个案预防、突出重点强化专项预防、拓展方式推动社会预防。向发案单位或主管部门发出预防检察建议374件,已采纳280件。针对中国移动重庆分公司原总经理沈长富受贿案暴露出的设备采购问题,向中国移动总公司发出检察建议获采纳。在继续推进交通、社保等行业预防的同时,针对园区项目、资金集中的情况,围绕园区土地出让、征地拆迁、基础建设等关键环节主动跟进预防,帮助建章立制117个。全面落实预防职务犯罪法制教育进党校制度,以增强警示教育效果、提升法制意识为关键,三级检察院正副检察长到两级党校授课207场,1.8万余名干部受到教育。分级提交惩防职务犯罪年度报告,深入剖析职务犯罪总体形势、特点和趋势,提出针对性预防对策,31个区县党委、人大、政府主要领导批示肯定。以预防宣传为载体助推全社会廉政文化建设,制作廉政公益动画短片,在电视台、轻轨站、公交车上滚动播出,努力营造"廉荣贪耻"的浓厚氛围。

(三)强化法律监督,增强司法公信力。认真贯彻《市人大常委会关于加强检察机关法律监督工作的决定》,切实强化诉讼活动监督。

健全法律监督工作机制。将机制建设作为落实《决定》的重要基础性工作。着眼于强化和规范对侦查活动的监督,制定了《刑讯逼供、暴力取证等侦查违法行为线索发现、受理规定》,与市公安局会签了《关于刑事立案监督工作的规定》。着眼于提升刑事案件质量,鉴于近年来我市不批捕率居全国高位,与公安机关建立办案情况沟通机制,剖析通报批捕起诉案件质量。2012年,刑事案件不批捕、不诉人数比上年下降47%、28%,证据不足不捕、不诉人数下降39.2%、19.7%。着眼于更好地发挥渎职侵权检察职能促进依法行政,在市委政法委支持下将惩防渎职侵权犯罪纳入对区县综治工作考核。着眼于更好地运用检察建议促进改进工作,制定了规范检察建议工作的规定,针对网络传销犯罪突出、性保健药品市场假药泛滥、以网络交友为名实施强奸等问题提出的检察建议被市领导批转相关部门加强监管。

强化诉讼活动监督。把加强自身案件质量监督放在首位,坚持证据确凿、充分的指控犯罪原则,对起诉后证据发生变化和庭审控辩中发现证据矛盾的14件案件,启动自我纠错程序,主动撤回起诉,切实保障人权。加强立案和侦查活动监督,对不构成犯罪或证据不足的,依法不捕2727人、不诉493人。对应当追究刑事责任而未立案的,监督立案386件,对应当逮捕或提起公诉的,追捕追诉1015人。加强审判活动监督,提出刑事抗诉62件,法院审结52件,改判、发回重审36件。提出民事行政抗诉418件,法院审结336件,改判、发回重审73件,调解结案226件;提出民事行政再审检察建议205件,法院采纳175件。在最高人民检察院发布的民事行政监督指导案例中,重庆占23.8%。市检察院提请抗诉的农行重庆分行与雨田房地产公司系列申诉案获最高人民法院改判,挽回损失2855万元,最高人民检察院为办案干警记一等功。加强刑罚执行和监管活动监督,监督纠正混关混押、违规使用械具等刑罚执行和监管活动违规1154人次,纠正呈报减刑、假释、暂予监外执行不当386人次。全面推行看守所未决人员羁押表现评鉴制度,对1.3万余名未决人员羁押表现量化考评,结果纳入公诉量刑建议提交法庭,维护监管秩序收效良好。严惩司法腐败,依法查办涉嫌受贿、徇私舞弊、玩忽职守犯罪的司法人员26人。

强力推进案件集中管理。为进一步加强自身执法办案的监督制约,市检察院组织精干力量在办案软件、制度规则上集中攻坚,在全市检察机关推行以信息化为特征,促进规范执法、科学管理和检务公开的案件集中管理机制,全部规范设立案件管理中心,履行办案流程监督、涉案款物管理、案件质量评查、律师接待和信息公开等职责,构建起业务条线与案件管理中心"纵横结合"的监督管理模式,律师阅卷权以及当事人对诉讼信息的知悉权得到充分保障,受到了市律师协会和广大律师高度评价。

(四)不断完善工作机制,促进社会管理创新。立足职能深化机制创新,充分发挥检察工作助推社会管理的效能。

健全未成年人刑事检察工作制度。着眼于更好地贯彻"教育、感化、挽救"的方针,以批捕、起诉、监督、预防一体化为方向,三级检察院设立专门机构或办案组;全面推行批捕环节听取律师意见,公诉环节亲情会见、社会调查、分案起诉,办案后社会帮教、"污点封存"等制度。全面推进以"法律援助、心理疏导、法制宣传、犯罪预防"为内涵的"莎姐"青少年维权岗建设,对涉案未成年人和被害人未成年子女,开展法律援助589次、心理疏导131次,在晨报开设"莎姐故事"专栏以案释法,加强与教委、共青团、妇联衔接,在119个中小学开展"莎姐进校园"活动,宣讲法制、赠阅资料、模拟庭审,广受社会好评。在全市法治好新闻和优秀法治文艺作品评选中,"莎姐故事"获法治专栏类一等奖。

稳步推进派驻基层检察室建设。为最大限度地把矛盾化解在基层,加强职务犯罪预防和对基层执法司法活动的监督,充分发挥现有70个检务联络室作用,依靠相关区县大力支持,7个区县检察院在离城区较远、社情复杂的乡镇建立起有规范办公办案场所和固定检察人员的基层检察室13个。一年来,各基层检察室、检务联络室共化解涉法矛盾313件、开展职务犯罪预防宣传教育397次、建议有关单位完善制度63项、实施微罪不诉人员帮教253名、开展社区矫正监督1852人次。

深化民事行政检察与法律援助协作机制。为强化对群众合法权益的司法保护,与市司法局和法律援助中心进一步完善了2008年建立的协作机制,将交通医疗事故赔偿、残疾人权益被侵害等申诉案件纳入协作范围。以涉及劳动争议、征地拆迁、人身损害赔偿等诉求为重点,运用支持起诉职能成功帮助1041名农民工实现合法权益。

(五)扎实抓好队伍建设,提高公正廉洁执法水平。坚持不懈强化教育、管理和监督,努力造就高素质检察队伍。

强化思想政治建设。 结合业务工作特点,着重加强法治信仰、职业道德、群众观念、执法作风教育;认真评选了一批执法为民示范窗口、亲民爱民优秀干警和执法为民精品案件,以身边人、身边事引领全体干警。针对区县检察长换届全面交流调整的实际,在延安干部学院举办了区县检察长培训班,突出理想信念、职业责任、纪律作风教育。深入推进以培育司法素养、锻造职业品格、激发队伍活力为特征的文化育检工程,出台检察文化建设意见,开展文化建设示范院创建,推出了2个全国检察文化建设示范院。深化市检察院党组指导全市检察机关党建工作机制,大力推进创先争优,8个基层检察院机关党委被市委评为先进机关党委。

强化执法能力建设。 把学习贯彻修改后刑事诉讼法作为重点,邀请法学教授和检察实务专家专题讲座32场,举办业务条线培训班和研讨会26次,组织全员大会考,切实增强干警人权意识、证据意识、程序意识、效率意识、监督意识和执行能力。坚持业务培训、岗位练兵、技能竞赛、实战磨砺相结合,分层分类培训2625人次,举办"十佳公诉人"、"十佳控申接待员"竞赛和"十佳预防职务犯罪年度报告"、优秀检察建议书等评比,与市司法局、市律协联办公诉人与律师论辩赛,带动全系统业务练兵。在首届全国监所检察业务竞赛中,我市一名干警以总分第一荣获"十佳"、一名荣获"业务能手"称号。

强化基层检察院建设。 持续推进规范化检察院创建,围绕人民群众最为关注、最容易产生执法不公的重点环节,组织对讯问职务犯罪嫌疑人同步录音录像、扣押处置涉案款物、办案安全等制度落实情况的重点检查,持续开展对办案流程管理、案件质量和执法过错责任追究等情况的全面检查,不断提升基层执法规范化水平。深化基层检察院结对共建,促进业务、队伍、管理和信息化建设,提升区域协同发展水平。按照中央改革企业办司法的部署,顺利完成重庆铁路运输检察院接收,实现平稳过渡。

强化纪律作风建设。 坚持从严治检,持续开展"反特权、反霸道、反腐败"教育,以检察人员违纪案例编印廉政漫画集和案例选编,有针对性地警示教育,促进筑牢廉洁从检思想防线;推进廉政风险防控机制建设,突出领导干部和执法办案两大重点,制定的加强对检察长监督、办理职务犯罪案件防范非法言词证据、人民监督员参与检风检纪监督三个暂行规定,均被最高人民检察院全文转发。严查检察人员违纪违法案件,受党纪政纪处分8人,其中开除公职1人。

(六)自觉接受监督,不断改进工作。检察权来源于人民,受人民监督。不断完善落实接受监督的机制措施。

主动接受人大及其常委会监督。 全市检察机关就重大专项工作向市或区县(自治县)人大常委会报告97次,市检察院向市人大常委会专题报告了参与和促进社会管理创新工作的情况;依法提请人大常委会任免法律职务505人次,用心办理、用力落实代表建议67件,满意率100%,认真办理人大常委会交办的信访案件40件;不断完善常态化联络机制,邀请各级人大代表观摩庭审、联合接访、参与案件当事人和解、视察调研等2507人次。

主动接受政协和社会各界监督。 定期向政协委员通报重要情况,认真办理政协提案19件,满意率100%。主动邀请政协委员和民主党派、工商联、无党派人士参加检察活动,邀请特约检察员、专家咨询委员参与对89件涉众型犯罪案件、重大疑难信访案件的研究处理。将拟不起诉和撤案的77件职务犯罪案件全部提交人民监督员监督,邀请人民监督员94人次参与对检风检纪和群众反映干警执法不文明问题的调查,加大对检察权运行和规范执法的监督力度。深化检务公开,发挥法律监督网络平台信息互动功能,公开案件流程信息4万余件供社会查询,倾力打造三级检察院联动的"检察开放日"活动平台,广泛听取人民群众意见,不断改进工作。

回首这极不平常的五年,我们深切体会到,做好检察工作,必须忠于宪法和法律,始终保持政治上的清醒和坚定,牢牢把握检察机关法律监督属性,在公、检、法三机关相互配合、相互制约的诉讼格局中坚持实事求是、依法履职、敢于担当,守护司法公正;必须认真践行社会主义法治理念,充分发挥检察机关在服务经济社会发展、保障民生民利、推进反腐倡廉、维护公平正义中的职能作用;必须坚持与时俱进,不断深化检察改革和工作机制创新,不断适应经济发展、社会管理、法治建设的新形势和人民群众的新要求;必须把强化自身监督与强化法律监督放在同等位置,以执法质量和执法规范为基本点,切实加强检察队伍建设,不断提高法律监督水平和执法公信力;必须增强人民监督意识,不断拓展接受监督的渠道和方式,确保检察权依法正确行使。

我们也清醒看到,工作中还存在一些问题和不足:一是执法理念还不完全适应新形势新任务新要求,准确把握打击犯罪与预防犯罪相统一、实体公正与程序公正相统一的要求还有差距;二是法律监督能力、群众工作能力、参与社会管理创新的能力还有待进一步提升;三是少数干警仍存在特权思想、霸道作风,极个别甚至以案谋私;四是基层基础工作仍存在薄弱环节,案多人少矛盾较为突出,边远贫困地区检察院人才流失严重。对此,我们将努力改进和解决。

三、今后工作思路

未来五年,全市检察机关要在市委和最高人民检察院的领导下,深入贯彻党的十八大精神,围绕"科学发展、富民兴渝"总任务,顺应群众对公共安全、司法公正、权益保障的新期待,全力推进平安重庆、法治重庆、过硬队伍建设,强化法律监督、强化自身监督,不断提升队伍能力素质和执法公信力,推动重庆检察工作创新发展,为重庆在西部率先全面建成小康社会提供有力司法保障。2013年,全市检察机关的主要任务是:

(一)以十八大精神为统领,积极营造良好法治环境。深刻领会和把握十八大确立的"法治政府基本建成、司法公信力不断提高、人权得到切实尊重和保障"的依法治国目标和"严格执法、公正司法"的基本要求,始终坚持中国特色社会主义法律体系和检察制度,坚持把检察工作置于全市大局中谋划和推进,认真实施修改后刑事诉讼法、民事诉讼法等法律,依法独立公正行使检察权,努力营造和谐稳定的社会环境、公平正义的法治环境和优质高效的服务环境。

(二)切实强化检察服务,着力保障经济建设。围绕推进"一统三化两转变"战略,积极参与整顿和规范市场经济秩序,依法打击制售有毒有害食品药品、非法吸收公众存款、集资诈骗、传销、侵犯知识产权等破坏市场经济秩序犯罪;抓住公共投资重点领域和产业结构调整关键环节,加大对公共资源出让、城镇化建设等领域职务犯罪的惩防力度;进一步加强涉农检察工作,积极预防和查办支农惠农政策实施、农业基础设施和社会事业建设中的职务犯罪;加大对国土、资源和生态环境的保护力度,突出查办矿产资源开发利用、生态修复工程、防灾减灾体系中的职务犯罪,积极开展公害污染案件督促起诉、支持起诉工作。加强对经济领域新情况新问题的研究,依法妥善处理民营经济、外商投资以及小微企业发展等领域的新类型案件,平等保护各种所有制经济合法权益。

(三)深入推进平安建设,维护社会和谐稳定。全面贯彻宽严相济刑事政策,突出打击严重暴力犯罪、黑恶势力犯罪、多发性侵财犯罪、毒品犯罪、电信诈骗以及利用网络实施的犯罪,切实增强人民群众安全感;依法运用不捕、不诉、量刑建议等措施对轻微犯罪从宽处理。积极防范和化解社会矛盾,完善检调对接机制,严格落实办案风险评估预警机制,提高法律文书说理水平。努力拓展参与社会管理的方式,深化未成年人刑事检察工作机制,积极打造"莎姐"青少年维权岗品牌,运用典型案例开展法制进学校、进社区、进乡村、进企业活动,稳步推进派驻基层检察室建设,更好地发挥检察机关在社会管理中的法治保障作用。

(四)坚持惩防并举,促进廉洁政治建设。坚持反腐败大格局,继续保持惩治腐败高压态势,坚决查办领导干部利用职权实施的职务犯罪案件。认真组织开展查办发生在群众身边、损害群众利益职务犯罪专项工作,突出查办行政审批、行政执法、司法、工程建设、政府采购等重点领域、关键环节以及重大环境污染和责任事故背后的贿赂、渎职犯罪案件。进一步提升预防职务犯罪水平,结合办案加强预防调研,增强检察建议在警示教育、健全制度方面的预防功效,坚持预防职务犯罪年度报告制度,充分发挥办案的治本功能,深化预防职务犯罪法制教育进党校制度,促进领导干部增强法治意识。

(五)强化诉讼监督,维护司法公正。坚持惩治犯罪与保障人权并重,严把案件证据、事实和法律适用关,完善非法证据发现、调查和排除机制,细化逮捕必要性标准,准确打击犯罪,保障嫌疑人合法权益。坚持敢于监督、依法监督、规范监督,重点加强对侦查、审判和刑罚执行活动的监督,充分发挥区县检察院在民事审判、执行监督中的基础作用;健全与相关政法部门的沟通协调机制,促进检察监督与有关部门内部纠错有机结合,共同维护司法公正,推进法治重庆建设。

(六)全面加强自身建设,提升执法公信力。认真开展以为民务实清廉为主要内容的群众路线教育活动,继续推进以增强执法办案能力、群众工作能力为重点的分层分类培训,切实提升专业化水平。不断强化自身监督,以增强执行力为关键深化执法规范化建设,以完善案件集中管理机制为抓手加强执法办案同步监督,以"零容忍"的态度坚决查处检察干警违纪违法案件。健全接受人大监督、政协民主监督和社会各界监督的机制,进一步提升接受监督的制度化水平。以市人大常委会专题审议加强检察院基层建设促进公正执法工作为契机,健全考评机制,深化结对共建,加强基层检察院人才培养使用,加大对"两翼"地区检察院倾斜力度,进一步夯实基层基础。

面对新阶段新任务,全市检察机关将认真贯彻本次会议精神,忠实履职、务实进取,为促进经济社会发展、维护人民群众合法权益、维护社会公平正义、维护社会和谐稳定而努力奋斗。

四川省人民检察院工作报告(摘要)

——2013年1月26日在四川省第十二届人民代表大会第一次会议上

四川省人民检察院检察长 邓 川

(2013年1月31日四川省第十二届人民代表大会第一次会议通过)

五年来全省检察工作的回顾

2008年以来,全省检察机关在中共四川省委和最高人民检察院的领导下,在人大及其常委会的监督、人民政府的支持和政协的民主监督下,以邓小平理论、"三个代表"重要思想为指导,深入贯彻落实科学发展观,紧紧围绕四川经济社会发展大局,认真履行职责,着力维护司法公正和法治权威,不断强化法律监督、自身监督和队伍建设,各项检察工作全面健康发展,为四川经济社会又好又快发展提供了有力的司法保障。

始终坚持服务大局,着力抓好执法办案,服务经济社会发展取得新成效。积极服务汶川特大地震抗震救灾、灾后重建和灾区发展振兴,六个重灾市(州)检察机关依法批捕发生在灾区的各类刑事犯罪嫌疑人92295人,起诉115463人,查办涉灾职务犯罪343人。围绕全省经济社会发展重点,及时出台服务西部大开发、农村改革发展、"两化"互动、统筹城乡等实施意见。着眼于营造和谐稳定的社会环境,依法打击危害国家安全、公共安全和社会稳定的严重刑事犯罪,共批准、决定逮捕各类刑事犯罪137947件205116人,起诉172503件259510人。其中,批捕黑恶势力犯罪嫌疑人3420人,起诉3366人;批捕故意杀人、强奸等严重暴力犯罪嫌疑人8991人,起诉10010人;批捕毒品、抢劫、抢夺、盗窃、诈骗等多发性犯罪嫌疑人117631人,起诉130776人。积极参与藏区维稳防控工作,坚决打击分裂国家、破坏民族团结的犯罪。着眼于营造诚信有序的市场环境,依法批捕破坏社会主义市场经济秩序犯罪4398件7032人,起诉5064件8780人;依法平等保护各类市场主体的合法权益,办理督促、支持起诉4284件,依职权提起刑事附带民事诉讼1088件,追回流失的国家、集体资产6亿余元。着眼于营造廉洁高效的政务环境,共查办职务犯罪7619件10318人,其中,查办大案5193件,查办县

（处）级以上国家工作人员532人，抓获在逃职务犯罪嫌疑人209人，为国家挽回经济损失17亿余元。加大惩治行贿犯罪力度，查办691人。开展工程建设领域突出问题专项治理，查办其中的职务犯罪638件878人。深入查办商业贿赂中的职务犯罪，共查办2398件3154人。严肃查办重大安全生产事故背后的渎职犯罪，共查办316件389人。更加注重预防和治本。实现行贿犯罪档案查询系统全国联网。组织宣讲团在全省开展预防职务犯罪宣讲。专题预防、预防宣传和警示教育更加常态化、多样化。坚持惩治和预防职务犯罪工作年度报告制度。依法规范适用宽严相济刑事政策，把化解社会矛盾贯穿于检察执法办案全过程。对没有逮捕必要的不捕12518人，对犯罪情节轻微的不诉6432人。健全检调对接机制，促成刑事和解6804件、民事和解1639件。完善执法办案社会稳定风险评估预警制度，对不批捕、不起诉、不抗诉等案件开展释法说理，促进案结事了人和。

始终坚持执法为民，着力打击损害民生民利犯罪，保障民生取得新成效。紧紧盯住群众关心的食品药品安全问题，积极开展打击制假售假、"地沟油"等违法犯罪专项活动，共批捕制售伪劣商品犯罪494件1025人，起诉483件1089人。紧紧盯住发生在群众身边的腐败问题，开展集中查办和预防涉农惠民领域职务犯罪专项活动，突出惩治征地拆迁、教育就业、社会保障、惠民补贴管理等重点领域的职务犯罪，共查办3210件4263人。开展严肃查办危害民生民利渎职侵权犯罪专项工作，查办464件574人。紧紧盯住涉及困难群体切身利益的突出问题，批捕拐卖妇女儿童等侵犯公民人身、民主权利的犯罪嫌疑人34480人，起诉42201人；批捕非法吸收公众存款、集资诈骗、传销等涉众型经济犯罪嫌疑人547人，起诉645人；建立农民工维权工作机制，办理农民工维权案件1282件，涉案标的0.44亿元；积极开展刑事被害人救助，办理刑事被害人救助案件679件，发放救助金0.1亿元，中央电视台对此进行了独家专访报道。紧紧盯住拓宽群众的诉求表达渠道，创新便民信访方式，建立派驻基层检察室，开通举报网站和12309举报电话，开展远程视频接访，深化文明接待室创建，78792件控告申诉举报得到依法处理，97件信访积案全部化解，经验被最高人民检察院推广。

始终坚持宪法定位，着力强化法律监督和自身监督，推进公正廉洁执法取得新成效。认真贯彻省人大常委会《关于加强人民检察院对诉讼活动的法律监督工作的决议》，坚持追诉犯罪与保障人权并重、维护实体公正与程序公正并重、促进司法公正与维护司法权威并重，着力解决执法司法中的问题。监督侦查机关立案5271件，纠正不应当立案而立案1902件；提出刑事抗诉903件；提出民事行政抗诉1892件、再审检察建议2610件，监督民事执行、调解1613件；监督纠正刑罚执行和监管活动中的违法行为12211人（次）。严惩司法腐败，查办司法人员职务犯罪417件473人。主动接受人大监督和政协民主监督，三级检察院向人大及其常委会报告工作1680次。对省人大、省政协转办的案件和省人大代表、政协委员的议案、提案、建议，逐件督办，认真回复。邀请人大代表、政协委员视察检企共建预防体系建设，参与专项检查、观摩案件庭审等活动。健全与各民主党派、工商联、无党派人士等社会各界的联系机制。重视听取律师意见。深化人民监督员制度建设，自觉接受社会监督。强化内部监督制约机制，抓住容易发生问题的关键环节和重点岗位，落实廉政风险防控机制，加强自身反腐倡廉建设。扎实开展案件评查，推进案件管理机制改革，强化执法规范化建设。狠抓纠风专项治理，2012年查处违法违纪检察人员7人，与2008年相比，检察干警违法违纪案件下降42.9%，检察机关执法公信力和公正廉洁执法水平进一步提高。

始终坚持创新发展，着力深化检察改革，推动检察工作体制机制完善取得新成效。全面落实中央和最高人民检察院关于检察改革的各项措施，推进检察工作科学发展的动力不断增强。在全国检察系统率先启动省级检察院与省政府法制办"双牵头"的行政执法与刑事司法相衔接工作推进模式，共建议行政执法机关移送涉嫌犯罪案件2749件，促进了依法行政。针对修改后刑事诉讼法、民事诉讼法提出的新要求，在保障律师执业权利、羁押必要性审查、非法证据排除、"另案处理"监督等方面进行积极探索和试点。率先实现简易程序案件公诉人100%出庭，加强对适用简易程序审理公诉案件监督和"另案处理"监督的做法被最高人民检察院推广。率先建立人大代表联络网络系统。积极探索民事行政诉讼多元化监督格局，工作做法及提出的立法完善建议被修改后民事诉讼法采纳。全面实施职务犯罪案件审查逮捕程序改革，强化对查办职务犯罪活动的监督制约。立案监督改革、侦查活动监督改革、监所检察改革、检察技术改革等工作走在全国前列。

始终坚持固本强基，着力加强队伍建设和基层基础建设，推动检察工作科学发展取得新成效。全面加强队伍思想、作风、素质、自身反腐倡廉和检察文化建设，发挥先进典型的示范引领作用，全省94个检察院和155名检察干警受到省级以上单位表彰，涌现出全国先进工作者王芝良、李全林等一批模范检察官。实施"人才强检"工程，检察队伍中具有本科以上学历的干警比例从2008年的69.2%提高到2012年的81.2%，检察干警司法考试通过率连续10年保持全省政法系统第一。实施年轻干部培养计划，开展基层检察人员全员集中轮训、岗位练兵、业务竞赛。加强检察业务专家、办案能手和民族地区"双语"人才培养，提升执法能力和执法形象。统筹推进基层检察院执法规范化、队伍专业化、管理科学化、保障现代化建设。在人才、资金、装备等各方面向基层倾斜，重点帮扶革命老区、民族地区、贫困边远地区基层检察院。继续推进内地19个市级检察院对口帮扶藏区、彝区检察机关工作。26个基层检察院被评为"全国十佳基层检察院"、"全国模范检察院"或"全国先进基层检察院"。深入实施科技强检，三级检察院实现了专线网、局域网全覆盖，全面推进网上办公办案。加强检察文化建设，全省检察文化建设巡礼得到最高人民检察院的肯定。

同时，我们也清醒地看到全省检察工作还存在一些问题和困难：一是有的检察干警法律监督理念还不完全适应科学发展观的要求；二是法律监督能力与新形势的要求仍有差距；三是基层基础工作发展不平衡，检务保障还不完全适应检察工作科学发展的需要。对此，我们将高度重视，努力加以解决。

当前及今后一个时期工作的主要打算

2013年和今后一个时期全省检察工作的总体思路是：高举中国特色社会主义伟大旗帜，以邓小平理论、"三个代表"重要思想、科学发展观为指导，紧紧围绕全省工作大局，全面履行法律监督职责，强化法治思维，践行法治方式，大力提升法律监督能力和执法公信力，积极推动平安四川、法治四川建设，为我省实现经济持续快速健康发展、全面建成小康社会提供有力的司法保障。

第一，更加注重发挥检察职能作用，全力服务四川经济社会发展大局。切实以党的十八大精神为指引，确保检察工作正确的政治方向。充分发挥打击、预防、监督、教育、保护等检察职能作用，积极推动平安四川和法治四川建设。围绕省委关于经济和社会发展的决策部署，依法办理涉及公共投资、产业发展、金融管理、知识产权、环境资源等犯罪案件，积极参与整顿和规范市场经济秩序，保障四川"五位一体"建设的顺利实施。

第二，更加注重维护社会稳定，促进社会和谐。顺应群众对公共安全、权益保障的新期待，严厉打击危害国家安全、破坏民族团结的犯罪，突出打击严重暴力犯罪、黑恶势力犯罪、多发性侵财犯罪、危害食品药品安全犯罪、网络犯罪和拐卖妇女儿童、"黄赌毒"等犯罪，保障社会安定有序和人民生命财产安全。加强惩防职务犯罪工作，坚决查处大案要案，严肃查办和预防公共资源出让、国有资产管理、城镇化建设、惠民工程、耕地保护等领域职务犯罪。贯彻宽严相济刑事政策，依法公正维护群众利益，最大限度促进社会和谐。充分发挥检察机关在加强和创新社会管理中的法治保障作用，促进依法行政和社会管理法治化进程。

第三，更加注重强化法律监督和推进公正司法，全面正确实施修改后的刑事诉讼法、民事诉讼法。不断深化检察改革，适应法律修改的新要求，全面加强刑事诉讼法律监督和民事行政检察工作。坚持办案数量、质量、效率、效果、安全相统一，完善诉讼监督机制，增强监督实效。重点加强对侦查、审判、执行环节的法律监督，着力解决群众反映强烈的执法不严、司法不公等问题。

第四，更加注重抓好队伍建设，着力提升执法公信力。认真落实中央、省委和最高人民检察院关于改进工作作风、密切联系群众的规定，扎实开展以为民、务实、清廉为主要内容的群众路线教育实践活动。推进队伍专业化、职业化建设，提高执法规范化水平，提升检察干警的整体素质和执法能力。进一步加强人大代表、政协委员、人民监督员、特约检察员联络工作，自觉接受外部监督。强化内部监督制约机制，深化案件管理机制改革，提升执法信息化水平。严格对领导班子和领导干部的日常管理，抓好纪律作风和反腐倡廉建设。夯实基层基础，加强检察援藏援彝工作，全面提升执法保障水平。

贵州省人民检察院工作报告(摘要)

——2013年1月28日在贵州省第十二届人民代表大会第一次会议上

贵州省人民检察院检察长 袁本朴

(2013年1月31日贵州省第十二届人民代表大会第一次会议通过)

过去五年工作回顾

省十一届人大一次会议以来,全省检察机关坚持以邓小平理论、"三个代表"重要思想和科学发展观为指导,深入贯彻党的十七大、十八大和省人大历次会议精神,认真履行法律监督职责,各项检察工作在服务大局中取得了新成绩、实现了新发展。

一、立足检察职能,保障和促进经济社会又好又快发展

省人民检察院及时制定出台《关于充分发挥检察职能促进经济平稳较快发展的意见》等一系列工作意见,进一步完善和落实服务大局的措施,有力地保障了省委、省政府重大决策部署的落实。

突出打击破坏市场经济秩序犯罪。积极参与整顿和规范市场经济秩序,依法批准逮捕走私、制假售假、合同诈骗、传销等严重破坏市场经济秩序犯罪1752件3026人,提起公诉1825件3255人。开展打击侵犯知识产权和制售假冒伪劣商品犯罪专项行动,共批准逮捕316件591人,提起公诉326件638人。深入推进治理商业贿赂专项工作,立案侦查职务犯罪2469人。

重点打击工程建设领域犯罪和涉农犯罪。紧紧围绕全省工业化、城镇化建设需要,深入开展工程建设领域、国土资源领域突出问题专项治理,立案侦查1051人。针对大量工业项目开工、城市建设用地大量增加的情况,依法查办违章建筑背后渎职犯罪案件,共立案侦查46人。积极服务社会主义新农村建设,开展查办和预防涉农惠民领域职务犯罪专项工作,立案侦查289人,开展查办"退耕还林"领域渎职犯罪专项工作,立案侦查14人。

积极服务和保障重大项目建设顺利进行。主动介入全省784个重点工程建设项目,有针对性地提供法律服务,明确服务重点,细化服务措施,力保工程优质、干部廉洁、资金安全。

二、认真履行批捕起诉职责,全力维护社会和谐稳定

认真开展社会矛盾化解,积极参与和加强社会管理创新,努力解决影响社会稳定的突出问题。

严厉打击严重刑事犯罪。与有关部门密切配合,依法打击危害国家安全、公共安全、社会治安的犯罪,共批准逮捕154748人,提起公诉173965人。突出打击人民群众反映强烈的犯罪,批准逮捕"两抢一盗"、拐卖妇女儿童等犯罪42637件70756人,提起公诉44520件73287人。

认真落实宽严相济刑事政策。认真落实中央提出的"两减少、两扩大"方针,对轻微犯罪、未成年人犯罪做到慎捕慎诉。共不批准逮捕轻微犯罪10710人,不起诉3793人;不批准逮捕未成年人犯罪4121人,不起诉562人。

三、依法查办和积极预防职务犯罪,积极推进反腐倡廉建设

认真贯彻省委《关于支持检察机关依法查办和预防职务犯罪的意见》,坚持惩防并举,促进干部清正、政府清廉、政治清明。

依法严肃查办职务犯罪。始终保持惩治腐败高压态势,坚决查处大案要案,重点查办人民群众反映强烈、案件多发的行业和领域的贪污贿赂、渎职侵权案件,共立案侦查4872件5966人,其中大案3991件、要案327件,地厅级干部20人。通过办案为国家挽回直接经济损失15.09亿元。

不断深化预防职务犯罪工作。坚持标本兼治、综合治理、惩防并举、注重预防的方针,开展预防调查3230次,向相关单位和部门提出纠正违法4806件,发出检察建议7465件,帮助落实预防措施12293项。成功举办惩治和预防渎职侵权犯罪展览贵州巡展,充分运用报刊、网络等传媒开展警示教育活动18835次,受教育人数162万人(次)。向各级党委、人大、政府及有关部门提出职务犯罪预防年度综合报告和预防调查分析报告697份。

四、强化对诉讼活动的法律监督,努力维护公平正义

认真贯彻省人大常委会通过的《关于加强人民检察院对诉讼活动法律监督工作的决议》,法律监督工作取得新成效。

强化刑事诉讼监督。重点监督纠正有案不立、有罪不究、量刑不当等问题。对应当立案而不立案的,督促立案3291件。对不应当立案而立案的,督促撤案2614件。纠正漏捕4941人、漏诉2758人。对侦查活动中的违法情况提出纠正意见9365件(次)。对适用法律错误或量刑明显不当的判决、裁定提出抗诉666件,纠正审判活动中的违法情形1297件(次)。

强化刑罚执行和监管活动监督。对刑罚执行、监管活动中各类违法情况提出书面纠正意见4202件,对不当减刑、假释、暂予监外执行提出纠正意见1479件。加强派驻检察室规范化建设,息烽县检察院驻县看守所检察室被评为全国十佳示范检察室。

强化民事审判和行政诉讼监督。对确有错误的民事、行政生效判决、裁定,提出抗诉613件,提出再审检察建议470件。人民法院再审后改判162件,撤销原判发回重审69件。依法保护国家和社会公共利益,共办理督促(支持)起诉案件7827件,为国家挽回经济损失13.9亿元。

五、自觉接受人大及社会监督,确保检察权依法正确行使

牢固树立监督者更要接受监督的观念,进一步完善和落实监督制约机制,保障检察机关执法办案活动严格依法进行。

自觉接受人大监督。认真落实人大及其常委会决议决定,认真对照人大代表提出的建议、批评和意见,查找检察工作中存在的问题,制定加强和改进工作的制度措施,向各级人大及其常委会报告工作2392次。高度重视、依法办理人大代表议案、建议及人大常委会转办交办案件1453件,及时反馈情况,定期进行回访。加强与人大代表的联系,召开座谈会1567次,邀请人大代表视察工作3256次,虚心听取意见,认真改进工作。

主动接受民主监督和社会监督。主动向政协通报检察工作情况,邀请政协委员座谈、视察,及时办结政协委员提出的建议、转交案件254件。积极推进"阳光检务",完善特约检察员、专家咨询委员参与检察工作的方式,切实发挥其咨询、监督作用。全面推行人民监督员制度,全省572名人民监督员共监督职务犯罪案件364件。

强化自身监督。在全国率先开展职务犯罪审查逮捕上提一级、公诉案件繁简分流等项改革试点,为全国全面推行积累了有益经验。进一步深化侦查工作机制、公诉改革、讯问职务犯罪嫌疑人同步录音录像等项改革。建立健全检务督察、岗位廉政风险防控、执法办案集中管理等机制,内部监督制约机制不断完善。

六、坚持以公正廉洁执法为核心,推进检察队伍建设

坚持以领导干部和执法办案一线人员为重点,严格教育、严格管理、严格监督,确保队伍公正廉洁执法。

加强思想政治建设。深入开展社会主义法治理念、学习实践科学发展观、"恪守检察职业道德、促进公正廉洁执法"主题实践活动,引导检察干警坚定理想信念,确保检察工作始终置于党的领导之下。

加强队伍专业化建设。大规模推进全员培训、分级分类培训和岗位练兵活动,培训检察人员13000余人(次)。司考通过率由15.9%提高到44.2%,共有1251名干警通过司法考试取得初任检察官资格。检察队伍学历结构进一步优化,本科以上学历由2008年的63.8%上升到目前的76.9%。抓好以高层次人才为重点的检察人才队伍建设,有1名检察人员被评选为全国检察业务专家,有10名检察人员被评选为全省检察业务专家。

加强自身反腐倡廉建设。加强对领导干部的教育、管理、监督,对6个市州检察院领导班子及成员进行巡视,5个市州检察院检察长向省检察院党组述职述廉。加强对执法办案、检风检纪的监督制约,检察队伍执法水平和执法能力不断提高,涌现出以"全国模范检察官"彭文忠、谭虎等为代表的一批优秀检察官。五年来,全省检察机关有23个先进集体、13名先进个人受到最高人民检察院和国家有关部门的表彰。

2012年主要工作

2012年是我省实施"十二五"规划承上启下的重要一年,也是完成本届检察工作任务的关键一年。省人民检察院认真贯彻落实省十一届人大六次会议的要求,以让党满意、让人民满意为目标,全面履行检察职责,各项工作取得了新进展。在最高人民检察院通报中,我省预防职务犯罪、查办职务犯罪、侦查监督、公诉、控告申诉检察、监所检察等工作走在全国前列。

更加注重服务经济发展。及时制定全省检察机关服务《国务院关于进一步促进贵州经济社会又好又快发展的若干意见》的工作意见,狠抓落实,得到最高人民检察院和省委的充分肯定。抢抓《国务院关于进一步促进贵州经济社会又好又快发展的若干意见》的重大机遇,主动向最高人民检察院汇报,积极争取国家部委的支持,工作取得突破性进展。着眼于保护国有资产,督促(支持)起诉1556件,运用法律手段为国家挽回经济损失8.94亿元。着眼于实现法律效果与政治效果、社会效果的有机统一,查办职务犯罪案件中切实维护企业融资、生产、销售等正常经营行为,防止造成企业停产、职工失业,受到广大企业和省国资委的赞扬。

更加注重服务和保障民生。积极回应人民群众呼声,突出打击"地沟油"、"毒胶囊"等有毒有害食品药品犯罪,突出打击"黑作坊"、"黑工厂"、"黑市场"等犯罪,批准逮捕50人,提起公诉175人。重点查办发生在群众身边,反映强烈、性质恶劣的危害民生民利的职务犯罪,共立案侦查工程建设、征地拆迁、社会保障、劳动就业、医疗卫生、招生考试等领域的职务犯罪346人,确保惠民利民政策落到实处。

更加注重维护社会稳定。在严厉打击严重刑事犯罪的同时,扎实开展政法机关维稳挂帮工作,排查化解矛盾纠纷236起。认真落实领导包案责任制,中央、最高人民检察院交办、督办的涉检进京访案件11件全部妥善化解。认真处理来信来访9488件,排查并妥善化解重点涉检信访案件3454件。认真贯彻中央、省委关于下基层、接地气、加强群众工作的要求,健全检察官联系群众制度,组织省检察院机关党员干部853人(次)到黔西南州、安顺市的13个县开展帮扶工作,积极帮助争取项目15个,争取资金2000余万元,为党的十八大和省第十一次党代会顺利召开营造稳定的社会环境作出了积极贡献。

更加注重科学有效地防治腐败。坚持有案必查、有腐必惩,全年立案侦查职务犯罪嫌疑人1155人,其中贪污贿赂大案771件,渎职侵权重大特大案件122件,要案56件,通过办案为国家挽回直接经济损失1.93亿元。坚决贯彻省委"教导管防在前,察帮诫劝紧随,惩处罚治在后"的要求,深入交通、水利等18个重点领域和省委、省政府明确的84个重大建设项目,开展以保障投资安全为重点的职务犯罪专项预防2425次,努力使每一项建设工程都成为阳光工程、廉政工程和安全工程,防止出现"一批工程建起来,一批干部倒下去"的情况。

更加注重加强队伍建设。认真开展修改后刑事诉讼法和民事诉讼法的培训工作,积极做好人员准备。大力加强作风建设,着力整治庸懒散奢、冷硬横推等执法陋习,以优良党风带动检风。认真执行省委"四要十不准"的规定,大力提倡"当日事当日毕",切实贯彻"谁主管谁负责",制定省检察院机关《转变作风提高效率的若干规定》、《进一步加强劳动纪律的决定》和《督查工作规定》,以省检察院机关的优良作风带动全省检察机关转变作风、推动工作。2012年9月,最高人民检察院对我省检察工作进行巡视回访后,对2012年以来所取得的成绩给予高度评价。坚持从严治检,查处违纪违法检察干警4人。加大干部"辛苦指数"的考核比重,强化凭业绩任用干部的导向,努力促使优秀人才脱颖而出、健康成长。健全创先争优长效机制,推动党员干警立足岗位发挥先锋模范作用,全省检察机关119个先进集体、177名先进个人受到表彰。六盘水市钟山区检察院王伟琴同志被评为"全国优秀青年检察官"。

全省检察工作虽然取得了新的进展,但也存在一些问题和困难:一是服务大局水平还需要进一步提高,检务保障基础依然薄弱,破解影响和制约检察工作科学发展瓶颈问题的任务十分艰巨。二是个别地方和一些检察干警还没有牢固树立正确的执法理念,化解社会矛盾的水平不高,促进社会管理创新的能力不强,仍然习惯就案办案、机械执法。三是检察队伍整体素质和执法水平还不能完全适应新形势、新任务的要求,精神懈怠危险、能力不足危险、脱离群众危险、消极腐败危险仍然存在,信心不足、自我满足、效率太低、工作懒惰等情况仍然存在，违纪违法问题仍有发生，办案安全隐患还未能从根本上杜绝。对这些问题和困难，我们将高度重视，痛下决心，务求解决。

2013年和今后五年的工作任务

在今后的工作中，全省检察机关将认真贯彻党的十八大、省第十一次党代会和本次人大会议精神，切实履行宪法和法律赋予的职责，努力为贵州实现科学发展、后发赶超、同步小康提供司法保障。

强化政治意识，努力做贵州科学发展的推动者。坚持党对检察工作的领导，始终在思想上政治上行动上同中央、省委保持高度一致，坚决贯彻执行中央、省委的路线方针政策和重大工作部署，在服务科学发展的过程中实现检察机关自身的科学发展。一要切实服务和保障经济建设。积极为"三化同步"战略提供法律服务，继续深入抓好服务"贵安新区"、"毕节试验区"等建设工作。围绕重大工程建设项目开展预防，更加科学有效地防治腐败，依法打击犯罪者，挽救失误者，保护无辜者，支持改革者。二要切实服务和保障民生建设。围绕省委十大民生工程，继续加强法律监督工作，确保中央和省委保障和改善民生的政策惠及广大人民群众。三要切实服务和保障生态建设。依法打击造成重大环境污染和破坏生态资源的犯罪，保障生态文明建设和绿色经济发展，积极服务"美丽贵州"建设。

强化责任意识，努力做平安贵州的建设者。坚持稳定压倒一切，全力做好维护稳定的各项工作，保障国家长治久安、社会安定有序、人民安居乐业。一要全力以赴维护社会和谐稳定。深入开展严打整治斗争，依法严厉打击黑恶势力犯罪、严重暴力犯罪和"两抢一盗"等影响群众安全感的多发性犯罪。始终保持惩治腐败高压态势，坚决查处大案要案，着力解决发生在群众身边的腐败问题。二要加大化解社会矛盾的力度，认真做好执法办案风险评估预警和舆情引导工作，把化解矛盾、定分止争、理顺情绪融入执法办案全过程。三要深化检察改革，完善贯彻宽严相济刑事政策工作机制，最大限度减少社会对抗，最大限度促进社会和谐。

强化使命意识，努力做人民群众权益的维护者。坚持立检为公，执法为民，把严格执法与热情服务有机结合起来，更好地保障人民群众合法权益。一要坚持把人民群众的关注点作为检察工作的着力点，突出打击人民群众反映强烈的犯罪，保障人民群众生命财产安全。二要落实便民利民惠民措施，畅通和规范人民群众诉求表达渠道，加强释法说理，做到以法为据、以理服人、以情待人。三要完善落实检调对接、刑事和解、申诉案件公开审查、刑事被害人救助等制度，让人民群众真正感受到司法人文关怀和司法公正。

强化法治意识，努力做公正执法的保障者。坚持理性、平和、文明、规范执法，努力维护国家法制的统一、尊严和权威。一要继续深入开展社会主义法治理念教育。按照省委提出的"十破十立"要求，继续着力整治人民群众反映强烈的庸懒散奢、冷硬横推等执法陋习，不断提高队伍整体素质和法律监督能力，以忠诚、勇气、力量、素养、智慧肩负起法律监督责任。二要积极应对修改后刑事诉讼法和民事诉讼法实施，加大人员培训和科技强检力度，提高执法能力，夯实执法保障。三要自觉接受人大及其常委会的监督，主动接受社会各界的监督，不断强化自身监督，防止检察权滥用。

全省检察机关决心紧密团结在以习近平同志为总书记的党中央周围，在最高人民检察院和省委的正确领导下，认真贯彻党的十八大和省委十一届一次、二次全会精神，认真落实好本次会议的要求，奋发有为地做好各项检察工作，为我省经济社会又好又快、更好更快发展，全面建成小康社会作出新贡献！

云南省人民检察院工作报告(摘要)

——2013年1月23日在云南省第十二届人民代表大会第一次会议上

云南省人民检察院检察长 王田海

(2013年1月28日云南省第十二届人民代表大会第一次会议通过)

过去五年的工作

2008年以来,省检察院在省委和最高人民检察院领导下,在省人大监督和省政府、省政协及社会各界监督支持下,立足不断发展变化的省情、检情,深入学习实践科学发展观,解放思想,拓宽视野,高标准推动工作平稳健康发展,检察业务跨入先进行列,多个单项工作名列前茅,检务保障持续改善,科技强检扎实推进,法律监督职能得到较好发挥,为全省经济平稳较快发展与社会和谐稳定作出了应有的贡献。

一、全力服务大局,促进经济健康发展

紧紧围绕发展这一"第一要务",及时制定服务"两强一堡"建设、服务企业发展等指导性文件,进一步完善和落实工作措施,自觉把检察工作融入全省发展大局中。

一是依法维护市场经济秩序。深入推进整顿和规范市场经济秩序专项活动,批捕非法经营、合同诈骗、侵犯知识产权等危害市场经济秩序的犯罪嫌疑人6993人、起诉8168人,监督纠正违法动用刑事手段插手经济纠纷案件105件,维护各类市场主体合法权益。依法惩治商业贿赂犯罪,认真开展行贿犯罪档案查询工作,促进市场诚信体系建设。加强对经济领域民事行政裁判的监督,认真办理涉及不正当竞争、股权转让、合同纠纷等申诉案件,共提出抗诉和再审检察建议905件,营造公平竞争的市场环境。

二是用心服务企业发展。多层次召开服务国有企业、服务民营经济座谈会,主动了解企业法律需求,建立服务企业工作机制。依法打击危害企业生产经营的犯罪,有针对性地开展送法进企业、法律咨询等活动,帮助做好预防犯罪、防范风险等工作,为企业提供优质高效的法律服务。

三是大力促进农村改革发展。高度重视涉农检察工作,依法惩治销售假农药、假种子等坑农害农的犯罪,严肃查办发生在征地补偿、退耕还林等过程中的犯罪案件1937件,挽回经济损失3.5亿余元。结合办案深入调研新农合、农机补贴等领域的突出问题,及时提出整改建议,促成完善监督管理制度,确保国家惠农政策落实、惠农资金到位。

四是切实保护绿色经济发展。积极参与"七彩云南保护行动",批捕重大环境污染、非法采矿、盗伐林木等破坏生态环境的犯罪嫌疑人3361人、起诉7053人;充分运用民事督促起诉、支持起诉等手段,促使相关职能部门对破坏环境资源等侵权行为提起诉讼2316件;昆明、怒江等州市设立环境资源检察机构,积极办理相关案件,有力地保护了自然资源和生态环境。

二、认真履行综治维稳职责,维护社会和谐稳定

牢固树立"稳定是硬任务,是第一责任"的思想,在工作中坚持宽严相济、源头治理,努力维护稳定、促进和谐。省检察院连续五年被省委省政府表彰为综治维稳先进单位。

一是依法惩治刑事犯罪。充分履行批捕、起诉职能,共批捕危害公共安全、妨害社会管理秩序、侵犯公民人身财产权利等各类刑事犯罪嫌疑人179466人、起诉214316人,增强人民群众安全感。震惊中外的湄公河中国船员遇害惨案发生后,省检察院高度重视,与公安、法院密切配合,及时介入侦查,认真审查证据,有力指控了糯康犯罪集团对中国公民犯下的严重罪行,打击了跨国犯罪集团的嚣张气焰,彰显了国家司法主权,捍卫了国家利益,保护了公民合法权益,展示了中国司法公平、公开、公正、文明的良好形象,维护了湄公河流域航运安全。

二是积极预防和化解社会矛盾。正确适用宽缓刑事政策,对主观恶性较小、犯罪情节轻微的犯罪案件,依法决定不批捕32850人、不起诉5182人,最大限度地减少社会对抗。积极开展检调对接试点工作,做好民事行政申诉案件的息诉和解工作,最大限度地化解矛盾纠纷。坚持检察长接待日、下访巡访等制度,推进"一站式"受理接待中心建设,开通12309统一举报电话、网络信访举报窗口和检察长信箱,信访工作规范化水平不断提高,重大涉检信访案件逐年下降,涌现出40个全国检察机关"文明接待示范窗口"或"文明接待室"。

三是积极服务保障民生。省检察院制定了服务保障民生的九条措施,指导做好事关民生的法律保障和服务工作。依法惩治"地沟油"、"毒针水"等危害食品药品安全的犯罪,严肃查办发生在社会保障、灾后重建、教育卫生等领域的犯罪,共办理相关案件1707件。强化困难群众和特殊群体司法保护,对涉及人身损害、劳动争议等民事申诉案件优先审查、快速办理,对因刑事案件造成生活困难的987名刑事被害人发放救助金1283.5万元,彰显司法人文关怀。

四是积极参与社会管理创新。挂牌成立派驻乡镇检察室115个,搭建参与基层社会管理的平台,在受理控告申诉、化解矛盾纠纷、加强法律监督等方面发挥了重要作用。各级检察院均设立专门机构或指定专人办理未成年人刑事案件,加强对涉罪未成年人的帮教感化和犯罪预防,12个检察院获省级以上"优秀青少年维权岗"称号。协同相关部门对6938名刑释解教人员开展安置帮教工作,强化对重点人群的服务管理。认真调研上报办案中发现的社会管理问题,促进了相关问题的解决。

三、深入查办和预防职务犯罪,努力营造廉洁高效的政务环境

自觉把查办和预防职务犯罪置于党委统一领导的反腐败工作格局中,坚持"标本兼治、综合治理、惩防并举、注重预防"方针,强化工作措施,促进反腐败斗争深入开展。

一是突出工作重点。按照中央、省委"保持惩治腐败高压态势"的要求,严肃查办侵犯人民群众合法权益、动摇党的执政根基的贪污贿赂、渎职侵权犯罪案件7066件,大案要案率达82.1%。针对职务犯罪嫌疑人从云南潜逃出境较多的现实情况,探索开展边境地区区域性国际刑事司法合作,不断加强边境协查站建设,切实加大境外追逃力度,抓获外逃人员数连续五年名列全国第一。

二是注重提高办案质量。坚持把质量作为办案工作的生命线,建立健全内部监督制约和协作配合机制,严格执行职务犯罪案件审查逮捕上提一级规定,建立完善讯问全程同步录音录像、案件质量监控预警、责任倒查等制度,强化人民监督员对侦查工作的外部监督,推动办案质量大幅提高,职务犯罪案件有罪判决率连续四年保持100%。

三是依法保护干事创业的积极性。严格区分正常人际交往与行贿受贿、工作失误与失职渎职等罪与非罪的界限,及时为受到不实举报的2011名国家工作人员澄清问题;对犯罪情节轻微、认罪态度好、积极退赃的涉案人员,按照惩治极少数、教育挽救大多数的原则,依法从宽处理。

四是全面深化预防职务犯罪工作。深入推进预防专业化建设,结合执法办案深入开展个案预防、行业预防和专项预防,切实增强预防调查、犯罪分析等工作的针对性和实效性,提出预防检察建议4950件,采纳率为89.5%。2008年,省检察院针对办案中发现的问题,向云南铜业集团发出检察建议,帮助建章立制、堵塞漏洞,企业经营管理日趋规范,效益稳步增长,该建议在全国十佳检察建议评选活动中荣获第一名。积极提出地方立法建议,推动预防职务犯罪工作法制化进程。全面落实预防职务犯罪年度报告制度,省委主要领导在省检察院2011年度报告上作出重要批示,充分肯定检察机关所做的工作,要求有关职能部门支持检察机关查办和预防职务犯罪;省委转发该报告并成立云南省预防职务犯罪工作领导小组,为检察机关开展预防职务犯罪工作提供了坚强有力的领导保障。

四、加大对诉讼活动的监督力度,促进公正廉洁执法

认真贯彻落实省人大常委会《关于进一步加强全省各级人民检察院对诉讼活动法律监督的决议》,创新监督机制,完善监督措施,规范监督程序,强化跟踪纠错,形成了诉讼监督工作协调发展的良好局面。

一是强化刑事立案和侦查活动监督。积极推动与侦查机关、行政执法机关的刑事侦查、行政执

法信息共享平台建设,探索开展检察官派驻侦查机关试点工作,拓宽监督信息来源渠道,依法监督纠正有案不立、有罪不究、以罚代刑等问题,对应当立案而不立案的监督立案7523件,对应当逮捕而未提请逮捕的追加逮捕3373件,对应当起诉而未移送起诉的追加起诉1066件。

二是加大审判监督工作力度。探索建立上下两级检察院对职务犯罪案件裁判文书同步审查、检察长列席同级法院审判委员会、量刑建议等工作机制,依法对1077件刑事裁判、1945件民事行政裁判提出抗诉,抗诉意见采纳率为83.2%,8件案件入选全国检察机关"优秀诉讼监督案件"。

三是加强对刑罚执行和监管活动的监督。认真开展保外就医等专项检查活动,建立健全刑罚变更执行同步监督机制,监督纠正违法减刑、假释、暂予监外执行7382人,确保刑罚依法执行。积极推进与监管场所信息联网和监控联网,探索建立被监管人员死亡处理等监督机制,适时开展监管场所执法检查,监督纠正超期羁押、监外执行罪犯脱管漏管985人,维护正常监管秩序。加强派驻监管场所检察室规范化建设,10个检察室被评为全国一级规范化检察室。

四是严查执法司法腐败案件。针对群众反映强烈的执法不严、司法不公问题,把监督纠正违法与查办职务犯罪紧密结合起来,完善在诉讼监督中发现和移送案件线索工作机制,加强对执法司法工作人员渎职行为的调查,严肃查处贪赃枉法、徇私舞弊等腐败案件264件,提高执法司法公信力。

五、加强自身建设,不断提高执法能力

立足云南实际,着力解决制约检察工作健康发展的突出问题,努力提高检察人员依法公正文明规范执法的能力。

一是思想作风建设不断深化。先后开展社会主义法治理念、学习杨善洲等教育实践活动,深入开展"四群"教育,引导全体检察人员牢固树立正确的执法理念,积极开展创先争优活动,涌现出以昌宁县检察院为代表的501个省级以上先进集体和以杨竹芳、杨进昌为代表的933名省级以上先进模范人物。严格执行党风廉政建设责任制,认真执行廉政准则和廉洁从检若干规定,强化廉政风险防控管理,全面推行诫勉谈话、述职述廉等制度,以"零容忍"的态度严肃查处违纪违法检察人员31人,促进廉洁从检。

二是队伍专业化建设成效明显。积极开展大规模教育培训,采取"走出去"、"请进来"以及网络培训等形式,培训检察人员6.5万余人次,不断提升业务素质,10人在全国检察机关业务竞赛活动中获全国十佳等荣誉。切实加大高层次人才培养力度,7人当选"全国检察业务专家",14人被评为"全国检察理论研究人才",445人取得博士、硕士学位。下大气力举办司法考试培训班,1328名学员通过考试,通过率高于全国检察机关平均水平,逐步缓解检察官"断档"压力。

三是自身监督全面加强。牢固树立监督者更要接受监督的理念,强化人权、程序、证据、时效、监督"五个意识",改革案件管理机制,细化执法流程和执法标准,建立执法业绩档案,初步构建起统一受案、全程管理、动态监督、案后评查、综合考评的执法办案监督管理机制。深化检务公开,拓展特约检察员、专家咨询委员参与、监督检察工作的深度和广度,建立"检察开放日"、新闻发言人等制度,广泛开展检察长与网民在线沟通活动,81个检察检察院在知名网站开通官方微博,省检察院云检微博在接受社会监督方面发挥了积极作用,荣获全国政法微博最高奖项"2012微博问政领军奖"。

四是基层基础建设扎实推进。认真做好上级检察院领导联系基层、业务部门对口指导、基层检察院结对帮扶等工作,千方百计为基层检察院解决实际困难。在各级党委政府的关心支持下,切实加强基层检察院领导班子建设,先后提拔任用基层检察院检察长145名,配备非党副检察长92名;积极充实基层办案力量,为基层检察院统一招录检察人员1329名,为少数民族地区基层检察院定向招录"西部定向生"和"双语生"402名,少数民族检察官比例逐年上升;努力完善基层检察院经费保障机制,率先在全国出台基层检察院公用经费保障标准,保障经费实现五年翻一番,使基层检察院检察长能够有更多的精力抓队伍、促业务;着力破解基层检察院办公办案用房建设欠债困局,用三年时间彻底化解了第一轮建设旧债。深入推进科技强检,远程提讯、视频会议等应用项目投入使用,为检察工作提供了强有力的科技支撑。

五年来,全省检察机关自觉接受人大监督和政协民主监督,认真执行人大及其常委会决议、决定,主动向人大常委会报告工作,积极配合开展专题调研和执法检查,各级检察院共向同级人大常委会专题报告工作300余次。加强联络工作，通过发送手机短信、开通专线电话、开设互联网联络窗口等方式，畅通接受监督的渠道，邀请人大代表视察、座谈3500余次、评议出庭公诉案件1308件。人大代表、政协委员提出的议案、提案和建议全部在规定时间内办结。

此外，检察理论研究、检察文化建设等工作也取得了新的成绩，各项工作呈现全面、协调发展的良好态势。省检察院先后3次在每年初召开的全国检察长会议上作大会发言，51次在全国检察机关业务工作会议上交流经验，树立了云南检察机关的良好形象。

回顾五年工作，我们深切感受到：只有坚持党对检察工作的绝对领导，依法接受人大监督，自觉接受政协及社会各界监督，才能保证检察工作正确的发展方向；只有把检察工作置于经济社会发展全局中来谋划和推进，执法服务发展，办案维护稳定，才能彰显检察机关的自身价值；只有充分履行法律监督职责，严格依法办案，才能更好地体现检察机关的宪法定位；只有大力弘扬开拓进取精神，树立赶超之志，勇于担当，才能实现检察事业跨越发展；只有坚持业务建设与自身建设两手抓、两手硬，统筹兼顾推进工作，才能促进检察事业科学发展。

在看到成绩的同时，我们也清醒地认识到，全省检察工作还存在一些不足：一是服务大局的思路还不够开阔，措施还不够有力，效果还有待进一步提升。二是不同地区、不同部门的工作发展还不平衡，尚未达到整体推进的目标要求。三是检察机关执法公信力离群众的期待还有一定差距，少数检察人员执法不文明、不规范甚至违法违纪的问题还时有发生。四是边远民族贫困地区人才难进、人才难留的问题还未能从根本上解决，少数民族检察官的培养力度还需进一步加大。对这些问题，我们将高度重视，积极争取各方支持，认真加以解决。

下一步工作安排

2013年和今后一个时期全省检察工作的主要任务是：深入学习贯彻党的十八大精神，按照省委九届四次全委会和全国检察长会议的部署，高举中国特色社会主义伟大旗帜，以邓小平理论、"三个代表"重要思想、科学发展观为指导，紧紧围绕"翻两番、增三倍、促跨越、奔小康"的新要求，顺应人民群众对公共安全、司法公正、权益保障的新期待，以强化法律监督、强化自身监督、强化队伍建设为总要求，坚持有法必依、执法必严、违法必究，全力推进平安云南建设，大力提升执法能力素质和执法公信力，切实肩负起中国特色社会主义事业建设者、捍卫者的职责使命，为我省科学发展和谐发展跨越发展作出新的贡献。重点抓好以下工作：

一、着力服务经济持续健康发展

紧紧围绕省委"产业建设年"、桥头堡建设、城镇化等重大决策部署，加强对经济领域情况新问题的研究，找准检察工作服务发展的切入点、着力点。抓住招商引资、产业调整、拉动消费等关键环节，依法惩治集资诈骗、合同诈骗、制假售假等严重破坏市场经济秩序犯罪，平等保护国有、民营等各种所有制经济主体合法权益，增强投资者和消费者信心；积极参与加强和创新农村社会管理，依法惩治和预防农业基础设施建设、强农惠农富农政策实施、耕地保护等领域的犯罪，加强对涉及土地承包经营权流转、土地征收等民事行政申诉案件的法律监督，促进农业农村发展。

二、积极深化平安云南建设

清醒认识当前维稳形势的严峻性、复杂性，全力做好检察环节各项工作，在更高起点、更高层次上推进平安建设。高度警惕和坚决打击敌对势力的分裂、渗透、颠覆活动，继续完善边境司法合作机制，确保国家安全、边疆安宁；密切关注社会治安新特点、新动向，积极参与治安重点地区和突出治安问题专项整治，依法惩治严重暴力犯罪、毒品犯罪和危害食品药品安全等犯罪，满足人民群众对社会平安的需求。完善检察环节贯彻宽严相济刑事政策工作机制，研究制定适用标准，依法对轻微犯罪从宽处理，加大预防未成年人犯罪工作力度，促进社会和谐。完善落实刑事和解、申诉案件公开审查、刑事被害人救助等制度，加强矛盾纠纷排查化解，依法公正对待群众诉求。落实执法办案风险评估预警，高度重视热点敏感案件的处理。进一步加强派驻乡镇检察室建设，不断夯实平安建设的根基。

三、深入推进反腐倡廉建设

充分发挥检察机关在惩治和预防腐败体系建设中的职能作用，促进干部清正、政府清廉、政治清明。坚持有案必查，有腐必惩，严肃查办发生在重点岗位、重点人员中滥用职权、贪污贿赂、失职渎职等犯罪案件。围绕社会保障、安全生产、执法司法、工程建设等重点领域和关键环节，集中开展为期两年的查办和预防发生在群众身边、损害群众利益职务犯罪专项工作。坚持专业化预防与社会化预防相结合,注重类案研究和个案剖析,进一步加强预防年度报告工作,积极向党委政府和有关部门提出有价值的检察建议。健全行贿犯罪档案查询管理体系,充分发挥查询结果在工程建设招投标和集中采购资质审查中的准入依据作用。大力推进警示教育基地建设,适时开展生动鲜活的宣传教育活动,促进广大国家工作人员学法尊法守法用法,从源头上遏制和减少职务犯罪发生。

四、切实维护社会公平正义

以维护国家法制统一、尊严、权威为目标,认真贯彻实施修改后刑事诉讼法和民事诉讼法,推进严格执法、公正司法。依法监督纠正诉讼中执法不严、司法不公的突出问题,加强对非法取证、滥用强制措施等刑事诉讼环节突出问题的法律监督,加强和改进民事行政检察工作,努力维护司法公正。推进涉检信访工作改革,建立健全接待、处理涉检信访工作机制,畅通和规范群众诉求表达渠道,加大依法受理、依法纠错、依法赔偿、依法救助力度,使人民群众在检察机关办理的每一起案件中感受到公平正义。

五、不断强化对检察权行使的监督制约

按照司法权力运行机制改革的要求,正确处理依法行使职权与依法接受监督的关系,建立健全科学合理、规范有序的检察权运行机制。切实加强检察机关惩治和预防腐败体系建设,狠抓党风廉政建设责任分解、责任考核、责任追究,健全落实相关制度,切实加强对检察人员的教育、管理和监督。健全办案责任制和案件评查机制,完善案件集中管理模式,对案件实行严格的流程监控和质量管理,从源头上确保严格规范执法。

六、全面加强检察机关自身建设

积极应对执法司法环境的深刻变化,以思想政治建设为统领,深入开展"四群"教育,不断完善和落实便民利民措施,认真解决人民群众反映强烈的问题,全面提高群众工作能力。突出教育培训重点,分层分类开展领导素能、任职资格、专项业务等培训,不断提高队伍素质能力。完善落实稳定基层队伍的工作措施,为边疆民族、条件艰苦地区基层检察院创造更加良好的进人留人环境,不断壮大基层人才队伍。积极构建经费保障、基础设施、科技装备、后勤服务"四位一体"检务保障格局,进一步提高保障水平。

在新的一年里,全省检察机关将在省委和最高人民检察院的领导下,依法接受人大监督,自觉接受政协民主监督和社会各界监督,认真贯彻执行本次会议决议,团结一致,振奋精神,开拓创新,扎实工作,努力为我省与全国同步全面建成小康社会作出新的更大的贡献!

西藏自治区人民检察院工作报告(摘要)

——2013年1月26日在西藏自治区第十届人民代表大会第一次会议上

西藏自治区人民检察院检察长　张培中

(2013年1月29日西藏自治区第十届人民代表大会第一次会议通过)

过去五年检察工作的回顾

五年来,全区检察机关在区党委、最高人民检察院的坚强领导下,在区人大的监督和区政府、区政协及社会各界的大力支持下,认真履行宪法和法律赋予的职责,落实区九届人大历次会议决议,强化法律监督、强化自身监督、强化基层基础建设、强化队伍建设,检察工作在服务稳定发展中,取得了新的发展和进步。

五年来,始终把维护社会稳定作为首要任务,打击犯罪化解矛盾有了新成效。

全区检察机关牢固树立大局观念和服务意识，认真贯彻区党委重大决策部署，特别是自治区八次党代会后，以陈全国书记为班长的区党委作出的十项维稳重大战略决策，把检察工作放在全区工作大局中谋划、推进，着力维护国家安全和社会稳定，着力保护人民生命财产安全，着力服务经济社会发展。

依法打击危害国家安全犯罪活动。五年来，始终把维护社会稳定作为重大政治任务，认真贯彻落实区党委、最高人民检察院的部署要求，坚持抓早抓小抓快抓好，以高度的自觉性、责任感和使命感，履职尽责、忘我工作，攻坚克难、全力以赴，想稳定、干稳定、抓稳定，最大限度地发挥检察机关在维护社会稳定中的作用。五年来，协助侦查部门破获了一批危安案件，依法稳妥惩处了一些严重暴力犯罪分子，帮助教育了一些被裹挟、蛊惑、不明真相的轻微违法人员，维护了全区大局稳定。

依法履行批捕起诉职责，全面贯彻宽严相济刑事政策。五年来，共批准逮捕各类刑事犯罪9021人，提起公诉8010人，比前五年分别下降14.4%和15.9%。坚持区别对待，对严重刑事犯罪坚决打击，依法快捕快诉，体现该严则严，依法追加逮捕9人，追加起诉11人；慎重逮捕起诉，体现当宽则宽，共对1195名涉嫌犯罪但无逮捕必要的决定不逮捕，对613名涉嫌犯罪但情节轻微、社会危害较小的决定不予起诉。

积极化解社会矛盾纠纷。进一步加强控告申诉检察工作，共接待群众来信来访1207件次，及时妥善处理集体访、告急访8次；对人民法院正确的民事、行政判决、裁定，主动做好当事人的息诉服判工作，共息诉106件。深入开展矛盾纠纷排查化解专项工作，化解矛盾纠纷3674起，排查清理各类涉检信访积案29件，已办结和息诉29件。涉检进京上访案件五年为零。

积极参与强基惠民活动。坚持群众工作与检察工作相结合，促进社会矛盾化解和社会管理创新，努力维护群众利益。一是着力维护公平正义，从源头上防范社会矛盾。全区检察机关深入开展向群众问需、问计、问效的"三问"活动，广泛了解社情民意，公正廉洁执法，维护人民群众的合法权益和人格尊严。二是着力延伸执法办案职能，探索参与社会管理的有效途径。坚持主动参与、积极作为，不断拓展检察工作领域。积极参与农村、寺庙社会治安防控体系建设，配合村委会、寺管会，加强对村庄、寺庙及周边安全和治安突出问题的集中整治，广泛开展法律宣传进村、进寺活动，增强群众崇尚法治和依法维权的意识。三是着力搭建群众工作平台，拓宽联系和服务群众渠道。以有限职责、无限服务的理念，用心办好群众控告申诉案件。对群众的控告申诉案件，通过驻村接访、公开听证、答询等形式，广泛听取群众诉求，解疑释惑，解决实际问题。一年来，共派出956名干警驻进239个村（居委会），走村串户接访17333次，解决群众涉访问题1164个。

五年来，认真贯彻中央反腐败斗争总体部署，查处和预防职务犯罪工作取得了新进展。

依法查办职务犯罪，共立案侦查贪污贿赂、渎职侵权等职务犯罪案件177件197人，为国家挽回经济损失9635.15万元。

突出查办职务犯罪大案要案。共立案侦查职务犯罪大案131件，大案率为74%，其中涉案金额50万元以上的案件40件；立案侦查涉嫌职务犯罪的县处级以上要案24人。

严肃查办侵害人民群众切身利益的案件。立案侦查涉农贪污贿赂犯罪案件28件31人，立案侦查商业贿赂犯罪案件40件43人。

积极开展预防职务犯罪工作。结合办案提出检察建议59件；对60个重大公共投资项目开展专项预防；采取多种形式广泛开展预防警示教育活动，以案说法127次；开展行贿犯罪档案查询工作，向社会提供查询服务237次。

五年来，扎实履行诉讼监督职能，对刑事诉讼、民事审判和行政诉讼的监督能力有了新提高。

加强对刑事立案的监督，督促侦查机关立案35件。加强对刑事审判的监督，依法对认为确有错误的刑事判决、裁定提出抗诉10件。加强对刑罚执行和监管活动的监督，依法纠正违法减刑、假释、暂予监外执行69人。加强对民事审判和行政诉讼的监督，依法对认为确有错误的民事行政判决、裁定提出抗诉30件。五年来，检察机关向侦查、审判、司法行政等部门发出检察建议577件。通过加强诉讼监督工作，有效解决了打击不力、执行不严、司法不公等问题。

五年来，以实施三项工程为重点，队伍整体素质和基础设施建设有了新提升。

实施素质兴检工程。一是坚持政治建检。深

入开展学习实践科学发展观、社会主义法治理念教育、"恪守检察职业道德、促进公正廉洁执法"教育和"爱国、团结、和谐、发展、文明"核心价值观等专项教育活动,努力提高检察队伍政治素质和职业道德素质。二是加强检察宣传和文化建设。以西藏检察机关恢复重建三十年发展和成就为主题,在全系统开展了庆祝西藏自治区成立六十周年系列活动。五年来,全区共有979人次受到区地县以上各级领导机关的表彰奖励,涌现出了金淑萍、西绕旺杰等全国"模范检察官"。三是持续抓好教育培训工作。全区检察人员大专以上学历比例达到89.24%,比2007年提高4.76%。司法考试通过人数累计499人,比前五年增长4.7倍。四是加强检校合作。采取双向互动,与北京师范大学、西北政法大学等高校合作定向培养专门型和专家型人才40人。

实施基础固检工程。五年来,全区有45个检察院新建、改建或扩建了办案用房、专业技术用房和周转房;区地(市)检察院建成了大要案侦查指挥室和同步录音录像室;国家检察官学院西藏分院已动工建设,为提高法律监督能力创造了有利条件。

实施科技强检工程。以实现电子政务为目标,推进了检察专线网建设与应用,全区三级检察机关81个检察院均开通了局域网和专线网,实现了与全国检察机关信息互联互通,初步构建起基本满足工作需要的综合信息网络系统。在最高人民检察院和全国对口援助省市检察机关支持下,科技装备建设和检察技术工作不断加强。

五年来,以援藏工作为载体,借外力、用内力、重合力,检察援藏工作有了新气象。

以检察业务援助为中心,注重传帮带和工作交流,共有87名业务骨干赴藏开展个案指导、挂职锻炼、帮助工作,41名专家来藏授课、开展业务巡讲、工作交流;以教育科技援助为动力,共选派437名干警在内地参加司法统一考试培训,定向培养研究生94人,分类培训4012人,检察干警的整体素质得到了提高;以资金项目援助为保障,共争取援藏项目资金7694.85万元,通过集中资金办大事、解难题,使检察装备、办公和基础设施得到改善;以人才智力援助为根本,选派176名业务骨干赴区外岗位实践锻炼,接受39名检察干部来藏工作,与援藏单位加强科技协作,共享优势资源,检察干警的创新力得到了增强。

回顾五年来的工作实践,我们深深感受到:各级党委、人大、政府、政协高度重视和关心支持检察工作。区党委认真落实中央关于加强"两院"工作的《决定》,对加强和改进检察工作作出了一系列重大决策,解决了若干制约检察事业发展的突出问题。区党委领导经常听取检察机关重要工作情况的汇报,十分关心检察工作,先后126次作出重要批示,给予鼓励和支持。区人大常委会加强监督,通过了《关于加强检察机关法律监督工作的决定》,先后10次听取法律监督工作情况的专题汇报,积极支持检察机关依法履行职责。区政府全力支持检察工作,帮助解决了队伍建设和执法保障方面的大量实际困难。区政协以其联系广泛的优势,带动和影响社会各界加强对检察机关的民主监督和工作支持。各级人大代表、政协委员心系检察、关爱检察,为我区检察事业发展倾注了大量心血。

回顾五年来的工作实践,我们深深体会到:做好检察工作必须坚持党的领导、人大监督与依法行使检察权相统一;必须以科学发展观统领检察工作;必须坚持立足全区大局开展检察工作;必须坚持理性、平和、文明、规范的执法观;必须坚持以改革创新推动检察工作创新发展;必须坚持不懈地加强检察队伍建设和基层检察院建设。

回顾五年来的工作实践,我们清醒地认识到:检察工作与党的要求和人民的期待还有不少差距,主要是:法律监督能力与建设平安西藏、法治西藏的要求还不适应;法律监督力度与人民群众期望还有差距,不敢监督、不善监督、监督不到位的问题依然不同程度存在;一些干警对稳定压倒一切的思想内涵理解得不全面、不深入;一些干警执法水平还不高,不善于做群众工作和化解案件相关矛盾,在一定程度上影响了执法效果;一些基层检察院基础设施薄弱、检察保障机制不完善的问题仍然比较突出。对这些问题,我们要高度重视,不断改进工作,在今后的工作中认真加以解决。

2013年和今后一个时期检察工作的建议

以党的十八大为标志,我们党和国家开启了全面建成小康社会新的伟大征程,检察工作也站在了一个新的历史起点上。2013年和今后一个时期检察工作的主要任务是:高举中国特色社会主义伟大旗帜,以邓小平理论、"三个代表"重要思想、科学发展观为指导,紧紧围绕全面建成小康社会的奋斗目标,顺应人民群众对社会和谐稳定、司法公正、权益保障的新期待,以"四个强化"为总要求,坚持有法必依、执法必严、违法必究,全力推进平安西藏、法治西藏建设,大力提高执法能力素质和公信力,自觉肩负起中国特色社会主义事业建设者、捍卫者的职责使命。

一是要自觉把深入学习贯彻党的十八大精神作为当前和今后一个时期的首要政治任务。深入学习党的最新理论成果,深刻理解科学发展观的精神实质,坚持依法治国基本方略,以党和国家工作大局为重,以最广大人民利益为念,不断增强贯彻党的路线方针政策的坚定性和自觉性,毫不动摇地坚持道路自信、理论自信、制度自信,坚定不移地贯彻落实中央和区党委、最高人民检察院的决策部署,进一步开创西藏检察事业发展的新局面。

二是要充分发挥法律监督职能,切实为全区工作大局服务。近期,陈全国书记主持召开区党委常委会议,专门听取了检察工作汇报,并亲自前往自治区检察院视察指导工作,作了重要指示,对做好西藏检察工作提出了明确要求,我们将以此为契机,牢固树立稳定压倒一切的思想,全力做好检察环节维护国家安全和社会稳定各项工作,积极参与平安西藏、法治西藏建设,保障全区长治久安、社会安定有序、人民安居乐业。高度警惕和坚决打击敌对势力的分裂、渗透、颠覆活动,积极投入以反自焚为重点的维稳专项斗争。在涉及国家安全和社会稳定的大是大非问题上,站在国家核心利益的高度,用政治视野认识和做好维稳工作。依法惩治各类刑事犯罪。依法对待群众诉求。提高运用法治思维和法治方式化解社会矛盾的能力。着力加大查办和预防职务犯罪工作力度,充分发挥检察机关在惩治和预防腐败体系建设中的职能作用,促进干部清正、政府清廉、政治清明。着力维护司法公正和法制权威。认真落实党的十八大关于加强法律监督、推进公正司法的要求,重点抓好修改后的刑事诉讼法、民事诉讼法的贯彻实施,切实做到敢于监督、善于监督、依法监督、规范监督。

三是要以提高执法公信力为核心,大力加强检察机关自身建设。把提高执法公信力摆在更加突出的位置,贯穿于执法理念教育、执法规范化建设、执法能力素质建设、执法监督制约和基层基础建设的各个方面。切实践行执法为民宗旨,牢固树立以人为本、执法为民理念,把严格执法与热情服务有机结合起来,更好地保障人民群众合法权益。深入推进执法规范化建设,认真总结实践经验,坚持以规范执法促进公正执法。全面加强执法能力素质建设,以加强思想政治建设和提高专业化、职业化水平为重点,全面加强检察队伍建设,突出抓好素质能力建设。健全检察权运行制约和监督体系,坚持用制度管权管案管人,严格规范权力行使,确保按照法定权限和程序行使权力,防止检察权的滥用。夯实基层基础,强化执法保障,牢固树立强基固本的思想,更加重视基层基础建设,深入推进强基惠民活动,积极支持寺庙管理创新和城镇网格化管理工作。始终坚持党对检察工作的绝对领导,自觉接受人大监督。认真贯彻执行中央和区党委关于改进作风、密切联系群众的有关规定,带头严以律己,努力做坚定理想信念、弘扬优良作风的表率。

在新的一年里,全区检察机关将在自治区党委和最高人民检察院的坚强领导下,认真贯彻党的十八大精神和本次会议精神,以更加负责的态度、更有力的措施、更加规范的执法,强化法律监督、维护公平正义,推动科学发展、促进社会和谐,为富裕西藏、和谐西藏、幸福西藏、法治西藏、文明西藏、美丽西藏建设作出新的更大贡献!

陕西省人民检察院工作报告(摘要)

——2013年1月29日在陕西省第十二届人民代表大会第一次会议上

陕西省人民检察院检察长 胡太平

(2013年2月1日陕西省第十二届人民代表大会第一次会议通过)

过去五年,全省检察机关在省委和最高人民检察院的正确领导下,在省人大及其常委会的有力监督下,在省政府、省政协及社会各界的大力支持下,认真贯彻党的十七大、十八大精神,坚持以邓小平理论、"三个代表"重要思想、科学发展观为指导,紧紧围绕科学发展、富民强省主题,不断强化法律监督、强化自身监督、强化队伍建设,深入推进三项重点工作,各项检察工作取得了新的成绩。

一、坚持服务大局,保障经济社会科学发展

坚持把检察工作放到全省工作大局中谋划和推进,制定并认真贯彻《陕西省检察机关服务经济社会发展实施办法》,充分发挥打击、预防、监督、教育、保护等职能作用,努力为我省稳增长、惠民生、促和谐提供有力司法保障。

(一)切实加强对政府投资安全的司法保护。围绕重点项目建设中公共资金使用、公共资源配置、公共项目实施,完善服务措施,开展检察工作。共深入512个重点工程项目,推行廉洁从业教育和廉洁准入制度,建立健全职务犯罪风险预警机制,帮助建章立制、堵塞漏洞,保证建设资金管理使用安全,涉及资金12600多亿元;依法查办项目决策、规划审批、土地出让等环节职务犯罪嫌疑人771人。

(二)依法维护社会主义市场经济秩序。着力促进社会诚信体系建设、维护公平有序的市场竞争秩序、保护人民群众合法权益,不断加大对经济犯罪的打击力度。共批捕合同诈骗、非法吸收公众存款、制售假冒伪劣商品、侵犯知识产权等破坏市场经济秩序犯罪嫌疑人3288人,起诉3315人;深入推进治理商业贿赂犯罪专项工作,共查办商业贿赂犯罪嫌疑人1268人,提供行贿犯罪档案查询37281件次。

(三)积极促进改善民生政策的落实。着力解决人民群众最关心最直接最现实的利益问题,加强对民生诉求的司法保障。共查办社会保障、劳动就业、征地拆迁、移民补偿、医疗卫生、招生考试等领域的职务犯罪嫌疑人1258人,查办农村土地管理、基础设施建设、新型合作医疗、农业生产补贴等领域职务犯罪嫌疑人1914人,查办重大食品药品安全事件、重大安全生产事故以及危害能源资源和生态环境犯罪背后的渎职犯罪嫌疑人273人。

(四)服务和保障企业正常经营发展。注重维护企业管理秩序、保障企业合法权益,依法办理企业工作人员利用职务上的便利实施的各类犯罪案件。共查办国有企业工作人员贪污贿赂、挪用公款等职务犯罪嫌疑人1457人;批捕侦查机关移送的非国有公司、企业人员职务侵占、挪用资金等犯罪嫌疑人1141人,起诉1528人。办案中,注意正确把握法律政策界限和办案时机,讲究执法策略和办案方式,慎用侦查措施和强制措施,防止给企业生产经营造成负面影响。

二、加强批捕起诉和涉检信访等工作,维护社会和谐稳定

始终把维护社会和谐稳定作为首要任务,五年来,共批捕各类刑事犯罪嫌疑人106952人,起诉114159人。

(一)依法打击各类严重刑事犯罪。突出办案重点,依法严厉打击危害国家安全、社会和谐稳定以及严重影响人民群众安全的严重刑事犯罪,共批捕危害国家安全犯罪、黑社会性质组织犯罪、严重

暴力犯罪、多发性侵财犯罪和毒品犯罪嫌疑人91775人,起诉98451人。在办案中,坚持与侦查、审判机关分工负责、互相配合、互相制约,坚持提前介入侦查、典型案件挂牌督办等制度,严把案件事实关、证据关、程序关和法律适用关,确保办案质量。

(二)全面贯彻宽严相济刑事司法政策。坚持区别对待,依法慎捕慎诉,对涉嫌犯罪但无逮捕必要的,依法不批捕2365人;对犯罪情节轻微,依照刑法规定不需要判处刑罚或者免除刑罚的,依法不起诉3289人。贯彻"教育、感化、挽救"的方针,改进未成年人犯罪案件办案方式,推行未成年人犯罪品行调查、专门办理、回访帮教、犯罪记录封存等制度。完善附条件不起诉、轻微刑事案件快速办理、检调对接等工作机制,加强不捕、不诉、不抗等案件释法说理工作,增强执法透明度和说服力。

(三)加强社会矛盾化解工作。在立案、侦查、批捕、起诉等执法环节全面推行涉检信访风险评估预警和矛盾化解机制,努力从源头上防范涉检信访的发生。坚持检察长接访、带案下访、定期巡访等制度,共处理来信来访37065件次。开展清理涉检信访积案工作,共化解积案195件。开展"案件评查"活动,共评查案件5693件,对执法中存在的问题依法进行了整改。率先开展"基层检察院涉检赴省进京零上访"活动,连续五年实现预期控制目标,111个基层检察院辖区内,90%以上无涉检进京访,85%以上无涉检赴省访。

(四)积极参与和推进社会管理创新。积极参与"平安建设"和社会治安防控体系建设,配合有关部门集中整治社会治安突出问题和治安混乱地区,加强校园安全、网络管理、流动人口管理等工作。完善社区矫正法律监督工作机制,协助做好刑释解教人员、社区服刑人员的帮教工作。认真研究分析刑事案件发案特点和规律,及时向相关部门提出加强和创新社会管理的检察建议。深入开展"两下移三贴近"活动,在乡镇、社区设立检察工作站或联络室929个,促进检力下沉,服务基层群众。加强与军事检察机关及有关部门的联系,建立协作机制,形成工作合力。

三、依法查办和预防职务犯罪,促进反腐倡廉建设

坚持标本兼治、综合治理、惩防并举、注重预防,查办职务犯罪工作平稳健康发展,预防工作进一步深化。五年来,共立案侦查各类职务犯罪嫌疑人7054人。通过办案,为国家挽回经济损失6.4亿余元。

(一)加大办案力度,保持对职务犯罪的高压态势。坚持上级检察院带头办案,省、市两级检察院共查办职务犯罪嫌疑人498人。加强侦查能力建设,发挥侦查一体化机制优势,加大反渎职侵权工作力度,推动查办案件工作,共查办贪污贿赂犯罪嫌疑人5647人、渎职侵权犯罪嫌疑人1407人,其中贪污贿赂大案和渎职侵权重特大案件1996件、要案258人。深化跨地域侦查协作配合,加强追逃追赃力度,共办理跨地域侦查协作案件234件,抓获潜逃职务犯罪嫌疑人123人。

(二)规范执法行为,提高查办案件质量。坚持把理性平和文明规范执法的理念贯穿于执法办案全过程。强化执法规范化建设,完善案件线索管理,推行办案流程管理和干警执法档案制度;强化办案工作区建设和管理,全面推行讯问全程同步录音录像制度;强化办案安全责任,严格落实预案审批、看审分离等制度,加强对看管、审讯等重点环节的监督管理。职务犯罪案件有罪判决率达到100%,未发生办案安全事故。

(三)立足检察职能,深化预防职务犯罪工作。坚持党委领导下的预防职务犯罪联席会议制度,健全和完善社会化预防工作机制。推行惩治和预防职务犯罪年度综合报告制度,为深入推进反腐倡廉工作提供科学决策的依据。加强侦防一体化建设,结合办案向相关单位提出检察建议3727件、提供预防咨询10861次。创新开展预防工作,检企合作预防职务犯罪"未央—长庆"模式在全省国有企业推广,成功举办惩防渎职侵权犯罪展览陕西巡展和全省检察机关廉政教育成果展览。推动预防教育进党校、进学院、进机关,开展预防教育7824次,直接受教育人数207万人次。

四、强化对诉讼活动的法律监督,维护司法公正

认真执行法律和省人大常委会《关于加强人民检察院对诉讼活动法律监督工作的决议》,切实加大对诉讼活动的法律监督力度,努力提升司法公信力。

(一)加强对刑事立案和侦查活动的监督。对侦查机关应当立案而未立案的,依法监督立案5546件;对不应当立案而立案的,依法监督撤案2049

件。对侦查机关应当逮捕而未提请逮捕、应当起诉而未移送起诉的,依法追捕7353人、追诉3734人;对不符合逮捕、起诉条件的,依法不批捕6241人、不起诉3618人。依法监督纠正侦查活动中的违法情况15515件次。

(二)加强对刑事审判和民事行政诉讼活动的监督。严格执行职务犯罪案件一审判决上下两级检察院同步审查、量刑建议等制度,依法提出刑事抗诉414件,法院改判、撤销原判发回重审的案件占审结案件的74.7%;依法监督纠正刑事审判活动中的违法情况2576件次;依法做好死刑第二审案件审查和出庭公诉工作,认真履行检察职责,确保案件质量。依法提出民事行政抗诉971件,法院改判、撤销原判发回重审、调解的案件占审结案件的81.2%;提出再审检察建议1265件,法院采纳880件。

(三)加强对刑罚执行和监管活动的监督。认真开展专项检察工作,依法监督纠正各类违法情况14994件次,纠正超期羁押134人,纠正不当减刑、假释、暂予监外执行2833人。

(四)严肃查办执法不严、司法不公背后的职务犯罪。共查办涉嫌贪污贿赂、徇私枉法、失职渎职等职务犯罪的司法工作人员447人。

五、坚持推进检察改革,强化对自身执法活动的监督

坚持把强化自身监督与强化法律监督放在同等重要位置,认真落实各项检察改革措施,确保检察权依法公正行使。

(一)强化对执法活动的监督制约。加强对下级检察院查办案件工作的监督制约,实行职务犯罪案件撤案、不起诉报上一级检察院批准,逮捕报上一级检察院审查决定制度。加强检察委员会对执法办案工作的审查监督,进一步规范检察委员会议事范围和程序。加强纪检监察部门对执法办案活动的全程动态监督,完善实施搜查、扣押、冻结款物等侦查措施的操作规程。积极推进案件统一管理工作,建立统一收案、全程管理、动态监督、案后评查、综合考评的案件统一管理机制。

(二)全面推行人民监督员制度。实行市、县级检察院人民监督员由上一级检察院选任的办法,省检察院和11个市级检察院共选任人民监督员527人;对检察机关应当立案而不立案或者不应当立案而立案、拟撤销案件、拟不起诉等"七种情形",由人民监督员实施监督,对人民监督员的意见,检察机关均依法予以采纳。

(三)进一步深化"检务公开"工作。坚持以公开促公正,依法扩大检务公开的范围和内容,增加了保障律师依法执业、不起诉案件公开审查、重复上访案件公开听证等10余项规定。广泛开展"检察开放日"、"开门评检"活动,充分利用网络媒体、检察门户网站等现代信息手段,拓宽"检务公开"的覆盖面,提高了检察工作的透明度。

认真落实铁路运输检察管理体制改革措施,在全国率先完成铁路运输检察院的交接工作。

六、强化高素质队伍建设,提高公正廉洁执法水平

紧紧围绕严格、公正、文明、廉洁执法的要求,以提高法律监督能力为核心,全面加强检察队伍和基层检察院建设。

(一)坚持政治建检,深入开展各项教育活动。认真学习党的十七大、十八大精神,先后开展了深入学习实践科学发展观等一系列活动,引导广大检察人员坚持科学理论武装、坚定理想信念、树立正确执法思想。认真开展"三问三解"、"走千访万"等活动,组织干警深入基层、改进作风,践行执法为民。积极推进检察文化建设,开展文化育检系列活动,增强队伍凝聚力、战斗力。

(二)坚持以领导班子为重点,着力加强领导干部队伍建设。加强对领导干部的教育、管理和监督,坚持派员参加下级检察院党组民主生活会制度,省检察院派员参加市级检察院党组民主生活会55次;健全巡视和述职述廉制度,在完成对市级检察院第一轮巡视的基础上,开展了第二轮巡视,市级检察院检察长分期分批到省检察院述职述廉。协助党委配齐配强各级检察院领导班子,调整市级检察院领导班子成员51人次。加强领导干部素能建设,举办各种素能培训班,增强各级检察院领导班子推动检察工作科学发展的能力。

(三)坚持素质强检,不断加强执法能力建设。继续下大力气解决人才短缺、检察官断档问题,不断加大工作力度,进一步提出了"招录千名高素质人才、培养千名硕士研究生、千名干警通过司法考试"的队伍建设目标。通过实施"4321人才工程"、配合组织人事部门为基层定向招考、与西北政法大学联合举办在职法律硕士研究生班、加强对司法考试的组织指导等工作措施,五年来,共为基层招录

各类高素质专业人员1065人;检察干警取得研究生学历及研究生在读人员1072人,是2007年的1.3倍;通过国家统一司法考试、取得检察官任职资格人员1062人,是前五年通过人数的2.2倍;基层人才短缺、检察官断档问题得到有效缓解,检察人员学历、知识结构明显改善。广泛开展各种形式的正规化培训和岗位练兵活动,省、市两级检察院共举办各类培训班、实训班1092期,培训干警50710人次,增强了干警法律理论素养和执法能力。

(四)坚持从严治检,狠抓自身党风廉政建设。积极推进检察机关惩防腐败体系建设,严格执行党风廉政建设责任制。坚持对检察队伍严格教育、严格管理、严格监督,认真开展"反特权思想、反霸道作风"专项教育、自侦案件扣押冻结款物专项检查等活动,深入查找解决自身执法活动中存在的突出问题。深入开展检务督察工作,对办案安全防范、警车警械管理使用等方面存在的问题,认真督查整改。严肃查处检察人员违法违纪案件,检察人员违法违纪问题逐年减少,五年来检察人员违法违纪同比下降30%。

(五)坚持固本强基,深入推进基层检察院建设。认真落实领导干部包联包抓示范院、重点建设院和基层检察院结对共建等制度,加大对基层检察院建设的指导力度,积极帮助基层检察院解决实际问题。协同有关部门落实基层检察院公用经费保障标准,基层检察院经费保障水平不断提高。实施科技强检战略,完成三级检察网络、视频会议系统建设,为基层配备交通通信、侦查指挥等装备25320台(套)。加快基础设施建设,106个检察院完成"两房"建设,占总数的88%。

五年来,全省检察机关深入开展"创先争优"和争创"西部一流、全国先进"检察工作活动,涌现出一批先进集体和个人,先后有240个集体和473名干警受到省级以上表彰奖励。

七、自觉接受人大监督,加强和改进检察工作

认真学习贯彻人大及其常委会的各项决议,主动接受人大及其常委会的监督,切实加强和改进检察工作。坚持向人大及其常委会报告工作,积极配合省人大常委会开展专项检查,主动邀请省人大代表视察省检察院有关工作。建立与人大代表、政协委员的经常性联系,省检察院向人大代表、政协委员通报重要情况和重大活动24次,走访省人大代表、省政协委员征求意见和建议近8000人次。认真办理交办案件和事项,省十一届人大一次会议以来,省检察院共收到省人大交办事项和交办案件26件,已全部按期办结。同时,主动接受政协民主监督和社会各界监督,重视新闻媒体舆论监督,积极回应社会关注的热点问题,促进检察工作科学发展。

我们也清醒地认识到检察工作和队伍中还存在不足和问题,如法律监督能力与维护社会和谐和公正司法的要求相比还有一定差距;执法不规范、不文明等现象在一些地方依然存在;个别检察人员违法违纪问题仍有发生;有些基层检察院检务保障基础比较薄弱;信息化应用水平发展不平衡;修改后刑事诉讼法、民事诉讼法的实施与现有办案力量不足和办案保障滞后的矛盾比较突出。对这些问题,我们将努力加以解决。

党的十八大部署了全面建成小康社会的各项战略任务,省第十二次党代会提出了全面建设西部强省的奋斗目标,这对检察工作提出了新的更高要求。2013年和今后一个时期全省检察机关的主要任务是:认真学习贯彻党的十八大、省委十二届二次全会、全省政法工作会议和全国检察长会议精神,高举中国特色社会主义伟大旗帜,以邓小平理论、"三个代表"重要思想、科学发展观为指导,紧紧围绕全省工作大局,顺应人民群众对公共安全、司法公正、权益保障的新期待,以强化法律监督、强化自身监督、强化队伍建设为总要求,大力提升执法能力素质和执法公信力,全力推进平安陕西、和谐陕西、法治陕西、小康陕西建设,为实现建设西部强省的奋斗目标作出新的贡献。

一、深入学习贯彻党的十八大精神,推动检察工作科学发展。认真学习贯彻党的十八大和省委十二届二次全会精神,教育广大检察人员不断坚定中国特色社会主义的共同信念,坚定道路自信、理论自信、制度自信,进一步提高做中国特色社会主义事业建设者、捍卫者的自觉性和主动性,紧紧围绕全面建成小康社会和全面建设西部强省的目标,积极融入经济社会发展大局,充分发挥检察职能作用,努力提高我省检察工作科学发展水平。

二、全力维护国家安全和社会稳定,营造良好的社会环境和法治环境。坚决打击敌对势力的分裂、渗透、颠覆活动和境内外情报机关的窃密、策反活动,维护国家安全;依法惩治各类刑事犯罪,保障人民权益;全面贯彻宽严相济刑事政策,加强未成年人刑事检察工作,依法从宽处理轻微刑事案件,促进和谐社会建设;依法打击严重破坏市场经济秩序、侵犯知识产权等犯罪,促进形成诚信有序的市场环境和服务科技创新的发展环境;依法妥善处理涉及企业的案件,平等保护各种所有制经济的合法权益;积极参与和创新社会管理,加强涉检信访工作,预防和化解社会矛盾;加强法治宣传教育,促进形成学法尊法守法用法的良好氛围;加强与军事检察机关的协作工作机制,依法办理涉军案件,切实维护国防利益、维护军人军属合法权益;依法保护文化工作者的合法权益,保障文化事业、文化产业健康发展。

三、始终保持惩治腐败高压态势,加强查办和预防职务犯罪工作。坚决查处大案要案,增强突破大案要案的能力,贯彻修改后刑事诉讼法的要求,更加注重保障犯罪嫌疑人诉讼权利和律师执业权利,切实做到严格依法规范文明办案;着力解决发生在群众身边的腐败问题,集中开展为期两年的查办和预防发生在群众身边、损害群众利益职务犯罪专项工作;加强涉农检察工作,维护农民合法权益、维护农村稳定、促进农业发展;认真贯彻中央文件精神,加大惩治和预防渎职侵权违法犯罪工作力度,加强与有关部门的协调配合,严肃查处严重损害群众利益案件、重大责任事故和社会广泛关注的重大事件背后的渎职侵权犯罪;积极推进侦防一体化机制建设。深化职务犯罪预防工作,推行预防工作年度报告制度,加强预防宣传和警示教育,促进反腐倡廉建设。

四、认真贯彻修改后的刑事诉讼法和民事诉讼法,强化对诉讼活动的法律监督。全面加强对刑事诉讼活动的法律监督,坚持惩罚犯罪与保障人权并重,依法监督纠正有案不立、有罪不究、以罚代刑、超期羁押等刑事诉讼活动中的突出问题。进一步加大对民事行政诉讼活动的法律监督力度,依法监督纠正确有错误的生效民事行政裁判。坚持把诉讼监督与查办职务犯罪结合起来,促进严格执法、公正司法。依法公正对待群众诉求,落实司法便民措施,深入推进检务公开,使人民群众在检察机关办理的每一个案件中都感受到公平正义。

五、不断加强检察队伍和基层基础建设,确保公正廉洁执法。深入开展以为民务实清廉为主要内容的群众路线教育实践活动,坚持不懈地改进作风,扎实做好群众工作,不断增强检察机关的亲和力和人民群众满意度。全面加强检察机关思想政治建设、领导班子建设、队伍专业化和职业化建设,积极推进执法规范化建设、纪律作风建设和自身反腐败工作,着力提升"五个能力"。认真贯彻执行中央八项规定和省委的实施意见,努力改进工作作风,进一步密切同人民群众的联系。坚持加强基层基础工作,结合各地实际情况,合理配置司法资源,注意向办案任务比较重、条件比较艰苦的基层检察院倾斜,促进提高基层工作水平。稳步推进检察改革和创新,健全和完善内外部监督制约机制,不断提升检察机关的执法公信力。自觉接受人大及其常委会和社会各界的监督,不断加强和改进检察工作。

我们决心在省委和最高人民检察院的正确领导下,在省人大及其常委会的有力监督下,认真贯彻这次会议的决议,全面履行宪法和法律赋予的职责,开拓进取,扎实工作,为全面建成小康社会作出新的更大贡献!

甘肃省人民检察院工作报告(摘要)

——2013年1月26日在甘肃省第十二届人民代表大会第一次会议上

甘肃省人民检察院代理检察长　路志强

(2013年1月29日甘肃省第十二届人民代表大会第一次会议通过)

过去五年的检察工作

省十一届人大一次会议以来,全省检察机关在省委和最高人民检察院的领导下,在省人大及其常委会的监督下,坚持以邓小平理论、"三个代表"重要思想为指导,深入贯彻落实科学发展观,依法履行法律监督职能,维护社会公平正义,各项检察工作实现了新的发展进步。

一、充分发挥检察职能,主动服务经济社会发展

坚持把检察工作放在经济社会发展大局中谋划和推进,切实强化服务措施,不断提升服务水平。

——不断创新完善服务举措。紧紧围绕省委决策部署,确立"执法想到稳定,办案考虑发展,监督促进和谐"的工作思路,先后制定服务经济社会平稳较快发展、"十二五"规划、农村改革发展、建设幸福美好新甘肃工作等17项规范性文件,引导各级检察院坚持做到执法理念紧贴群众关切、工作重点紧贴发展实际、服务措施紧贴民生诉求,进一步增强了服务效果。注重查办和预防公共政策实施、基础设施建设等领域的职务犯罪,立案侦查民生领域职务犯罪886件953人、涉农职务犯罪1138件2001人、商业贿赂犯罪614件668人。

——依法惩治破坏市场经济秩序犯罪。不断加大工作力度,积极参与整顿和规范市场经济秩序工作,深入开展了打击侵犯知识产权和制售假冒伪劣商品、危害食品药品安全犯罪专项行动。批准逮捕金融诈骗、扰乱市场秩序、侵犯知识产权犯罪嫌疑人1045人,提起公诉1476人;批准逮捕危害食品药品安全、制售假冒伪劣商品犯罪嫌疑人220人,提起公诉257人。批捕起诉了兰州新盛电力投资公司骗取贷款3.2亿元案、兰州海洋石化销售有限公司经理李淑琴等人生产、销售伪劣油品案、高台县强乐乳业公司生产伪劣奶粉案等一批社会影响较大的案件。通过开展行政执法与刑事司法衔接工作专项督查活动,进一步健全完善了与行政执法机关的信息共享、案件移送、情况通报等衔接机制,依法督促移送刑事案件436件554人,有效监督纠正了一些有案不立、以罚代刑的问题。

——积极落实检察环节社会管理综治措施。会同有关部门,加强对校园周边、高发案地区、城中村等重点地区的排查整治,促进完善社会治安防控体系。加强对监外服刑人员管控、矫正工作的法律监督,共监督纠正脱管漏管罪犯1341人次。积极参与打击利用互联网传播淫秽信息、实施赌博等犯罪专项活动,净化网络环境。针对社会治安、安全生产、医疗卫生、食品监管等领域存在的问题,及时向党委政府有关部门和发案单位提出检察建议1340件,促其堵塞漏洞,整章建制。健全完善了联系乡镇、社区制度,建立了与企业的经常性联系机制,了解掌握基层和企业的法律诉求,立足职能提供服务和帮助。

二、依法打击刑事犯罪,全力维护社会和谐稳定

坚持把维护社会和谐稳定作为首要责任,认真履行批捕、起诉职责,及时、准确、有力惩治犯罪。五年来,共批准逮捕各类刑事犯罪嫌疑人58489人,起诉79327人,比前五年分别上升3.9%和23.8%。

——依法严惩严重刑事犯罪。创新完善打击严重刑事犯罪的快速反应、案件指导和侦查引导机制,批准逮捕故意杀人、抢劫、绑架等严重暴力犯罪33824人,起诉43994人;批准逮捕毒品犯罪8159人,起诉8572人;批准逮捕黑恶势力犯罪1591人,起诉1645人,兰州杨春寿、天水余海林、庆阳刘世旭等一批黑恶势力犯罪案件的依法批捕起诉,有力地震慑了犯罪。积极参与处置突发事件和敏感时段的维稳工作,甘南"3·14"事件、"5·12"特大地震和舟曲特大泥石流灾害发生后,省检察院迅速抽调业务骨干参与恢复当地的社会秩序工作,依法打击危害国家安全、破坏抢险救灾和灾后重建的犯罪,收到了良好的社会效果。

——认真落实宽严相济刑事政策。切实规范案件办理标准,加强检调对接机制建设,认真开展附条件不起诉试点工作,依法从宽处理未成年人犯罪、老年人犯罪,以及因家庭邻里纠纷等引发的轻微刑事犯罪,最大限度减少社会对抗、修复社会关系。对涉嫌犯罪但无逮捕必要的1660人依法作出不批准决定,对犯罪情节轻微、社会危害性较小的811人依法作出不起诉决定,促成轻微刑事案件和解1398件。

——依法化解矛盾纠纷。综合运用矛盾信息收集研判、办案风险评估预警、法律文书说理答疑、刑事申诉案件公开审查等措施,统筹各方利益诉求,从源头上预防矛盾纠纷,共立案复查刑事申诉案件396件,改变原处理决定34件;立案审查刑事赔偿案件36件,给予赔偿34件;为408名刑事被害人解决救助金203万余元。通过开展"信访积案化解年"专项活动和落实领导包案责任制等措施,有效化解了一批信访积案。

三、依法查办和积极预防职务犯罪,不断促进反腐倡廉建设

认真贯彻中央、省委关于反腐败工作的决策部署,坚持把严肃查办、积极预防职务犯罪摆在突出位置,在确保办案质量的前提下不断加大办案力度。五年来,共立案侦查贪污贿赂、渎职侵权犯罪案件3169件4676人,比前五年分别上升18.2%和44.9%;除正在侦查、审查起诉和审判的以外,已被判决有罪3798人,比前五年上升182.6%。健全追逃机制,会同有关部门抓获在逃职务犯罪嫌疑人148人,通过办案为国家挽回直接经济损失5.5亿余元。

——依法查办贪污贿赂大案要案。省检察院在带头办案的同时,加强侦查一体化建设,推行交办、参办、督办等方式,带动了各级检察院的办案势头,立案侦查大案1384件;县处级干部261人,厅级干部7人。大案和要案数比前五年分别上升60.6%和19.1%。在省委的领导和地方党委的支持下,依法查办了宕昌县原县委书记王先民受贿1556万元、巨额财产来源不明360余万元案,平凉市人大常委会原副主任任增禄受贿1000余万元、巨额财产来源不明400余万元案,省农垦总公司社保中心原副主任刘保禄贪污2800余万元案等一批大要案。

——认真查办渎职侵权犯罪案件。深入贯彻中办、国办转发的《关于加大惩治和预防渎职侵权违法犯罪工作力度的若干意见》和我省实施意见,着力破解渎职侵权犯罪发现难、取证难、查处难的问题,立案侦查渎职侵权犯罪案件502件737人,重特大案件183人。先后组织开展了查办破坏能源资源和生态环境、家电下乡和涉农领域危害民生民利渎职侵权犯罪专项工作,立案查处上述各类案件278件364人。

——积极开展预防职务犯罪工作。认真落实《甘肃省预防职务犯罪条例》和侦防一体化工作机制。结合办案,加强对典型案件发案原因、特点,以及职务犯罪易发多发行业、领域犯罪态势的分析,及时建议有关部门健全制度、堵塞漏洞,共制发检察建议4317件。向各级党委呈报职务犯罪预防年度工作报告174份。对836个重大公共投资项目进行了专项预防。成功举办了"法治与责任——全国检察机关惩治和预防渎职侵权犯罪展览"甘肃巡展。向社会提供行贿犯罪档案查询服务82857次。

四、加强对诉讼活动的法律监督,切实维护司法公正

不断强化对诉讼活动的法律监督,加大监督力度,创新监督机制,增强监督实效,促进法律统一正确实施。

——加强对侦查活动和刑事审判活动的监督。加大对有案不立、有罪不究、以罚代刑等问题的监督力度,监督侦查机关立案1796件,监督撤案1566件;追捕2729人,追诉671人。对侦查和审判活动中的违法情形提出书面纠正意见872件次。积极推进量刑建议工作,前移监督关口,促进了审判裁量权的规范公正。通过完善检察长列席审判委员会、抗诉一体化工作机制和开展刑事审判法律监督专项检查,对认为确有错误的刑事判决、裁定提出抗诉 560 件，法院审结 411 件，判决改变率达 66.9%。

——加大对刑罚执行活动和监管活动的监督力度。加强对刑罚变更执行的监督力度，完善与有关部门的协调配合机制，建立职务犯罪罪犯刑罚变更执行监督制度，共监督纠正不当减刑、假释、暂予监外执行 683 人。深入开展看守所安全管理大检查、职务犯罪罪犯刑罚执行等专项监督检查，监督纠正了一批违法问题。加强派驻检察室规范化建设，有 10 个派驻检察室被最高人民检察院评定为一级规范化检察室。

——积极开展对民事审判和行政诉讼的监督。着力构建以执法办案为中心的多元化监督格局，立案审查民事行政申诉案件 5145 件，抗诉 923 件，法院审结 819 件，改判、发回重审或作调解处理 629 件，抗诉改变率达 76.8%；提出再审检察建议 620 件，法院采纳 238 件。建立健全民事执行监督等指导意见，监督民事执行和调解案件 2014 件，法院采纳 1741 件；支持和督促起诉 3147 件，疏导息诉服判 1912 件。

——严肃查办执法司法不公背后的职务犯罪。坚持把纠正诉讼违法与健全诉讼调查工作机制结合起来，注意在诉讼监督中发现执法司法不公背后的职务犯罪线索，立案侦查涉嫌滥用职权、徇私枉法等犯罪的执法司法人员 417 人。

五、积极推进检察管理创新，大力提升精准化水平

坚持改革创新，加强制度设计，积极构建培育以执法办案为中心的新规范、新机制，不断提升检察管理水平。

——推行以质量为主导的绩效管理。为建立全省统一的激励引导和质量评价机制，省检察院制定实施了涵盖各项检察工作的《甘肃省检察机关绩效考评办法》，从实体到程序、法律效果到社会效果对执法办案工作进行综合考评，突出对侦结率、起诉率、有罪判决率、办案效率等指标的量化评价，引导各级检察院将工作重心向规范执法行为、提高办案质量、增强工作效率等方面倾斜，办案数量、质量、效率、效果和安全的关系更加协调统一，形成了各级检察院提质量、抓重点、创特色、争位次的良好氛围。刑事案件不起诉率由 2007 年 4.9% 逐年下降到 2012 年的 1%；职务犯罪案件撤案率和不起诉率分别由 2007 年的 2.5% 和 28.3% 逐年下降到 2012 年的 0.3% 和 3.6%。

——强化对执法办案的监督管控。创新案件管理机制，省市两级检察院和部分基层检察院成立了案件管理办公室，对案件实行统一受理、全程管理、动态监督。加强执法监督机制建设，制定并组织实施了职务犯罪案件拟撤案和不起诉报省检察院批准、涉案款物省检察院集中管理等 48 项制度措施。建立案件评查机制，以不立案、不批捕、不起诉等案件为重点，评查各类案件 657 件。强化对下指导，省检察院每年两次组织副厅级以上领导带队深入市县检察院开展督导调研，并就执法办案工作广泛征求人大代表、政协委员意见；通过不断创新完善执法监督机制，执法行为进一步规范，执法尺度进一步统一，一些执法办案难点得到有效破解。

——推进检察管理机制建设。推进流程管理，编订《甘肃省检察机关工作规程》，细化、实化各项工作的内容、程序、时限和标准，促使各项工作有序衔接。推进层级管理，制定各项业务工作层级负责办法，明确办案人员、部门负责人和主管领导的权责，形成了分层分级把关担责的工作运行机制。推进实绩管理，实行了工作计划通报制、季度工作分析制和个人工作情况报告制，做到绩由事考、事从责定、以绩用人。通过管理机制创新，各项工作的规范化、科学化水平进一步提高。

——健全接受外部监督机制。自觉接受人大监督，健全完善领导包团联络、定期走访、邀请视察、网络征询意见等经常性联系人大代表的制度措施，向省人大常委会报告专项工作 6 次，办理代表议案、建议 5 件。自觉接受民主监督，定期邀请政协委员、专家学者、民营企业家座谈交流，主动接受批评和监督。认真接受社会监督，新选任人民监督员 455 名，监督案件 319 件。不断深化检务公开，通过开展"检察开放日"活动、发布检察白皮书、完善新闻发言人制度、开通甘肃检察微博等措施，及时回应社会关切的问题，提高了检察工作透明度。

六、全面加强自身建设，持续提高法律监督能力

坚持以公正廉洁执法为核心，以专业化为方向，切实加强对检察人员的教育、管理和监督，不断增强履职水平和执法能力。

——狠抓思想政治建设和纪律作风建设。先后组织开展了学习实践科学发展观等教育活动，采取开门纳谏、征集意见、分析检查、群众评议等措

施,深入查找和整改队伍在宗旨意识、执法理念、纪律作风等方面的突出问题,打牢了干警公正廉洁执法的思想政治基础。深入推进廉政风险防控机制建设,举办检察机关自身反腐倡廉教育巡展,制定落实检察人员异常行为管理、受托说情报告、廉洁从检承诺等规定,从源头上杜绝执纪不严、执法不廉等问题。认真开展"作风建设年"、"反特权思想,反霸道作风"、"效能风暴行动"等专项活动,不断加大检务督察力度,促进了干警纪律作风的明显改善。深入开展"联村联户,为民富民"行动,全省检察机关共帮扶330个贫困村、9109家困难户,协调立项帮扶项目199个,协调落实帮扶资金6500余万元。五年来,先后有24个检察院、26个集体和54人次受到省级以上表彰奖励。

——狠抓领导班子建设。加强领导班子民主集中制建设,全面推行领导活动公开、重要决策征求意见、重大开支集体决定、提拔任用干部票决等制度,努力实现决策民主、用人民主和经济民主。加强政治轮训和业务能力培训,共培训市县两级检察院班子成员270人次。加强对检察长和班子成员的监督,建立完善了加强市级检察院检察长管理、上级检察院检察长与下级检察院检察长谈话、下级检察院检察长向上级检察院检察长述职和领导干部问责等制度。对11个市级检察院领导班子进行了巡视考察。加强对下级检察院领导班子协管力度,积极向地方党委推荐符合条件人选担任检察长,使两级检察院领导班子专业和年龄结构进一步优化。

——狠抓队伍专业化建设。认真落实《检察官法》,加强教育培训工作,制定《甘肃省检察人才队伍建设中长期规划(2011—2020年)》,全面推进"22184"人才培养工程;组织开展"提高素质年"活动,举办培训班602期,培训人员32640余人次。认真做好修改后刑事诉讼法和民事诉讼法实施工作,邀请12名全国知名专家教授进行系列讲座。高度重视司法考试工作,958人通过司法考试,通过人数比前五年增加695名,通过率由2007年的14.7%上升为2012年的55%。加强高层次人才培养,引进博士4名,硕士150名,1名干警被评为全国检察业务专家,6名干警被评为全国检察理论业务专家,26名干警被评为全省检察业务专家,685名干警录入各类人才库。加大挂职锻炼力度,组织315名干警到党政机关和上下级检察院之间挂职锻炼。全面实施学历攻坚计划,本科以上学历人员比例由2007年的55%提高到2012年的75.6%。

——狠抓基层基础建设。持续推进基层检察院建设,全面实施《2009—2012年全省基层检察院建设规划》,认真落实领导联系基层、年度报告、抽样评估、以奖代补等制度,促进基层检察院全面发展。公开招录、选调1157名急需专业人才充实基层检察院,初步缓解了基层检察院检察官短缺、断档问题。加大对民族地区检察机关的帮扶力度,确定省检察院16个业务部门和18个市县两级检察院"一对一"帮扶甘南、临夏两级检察院。加快信息化建设步伐,筹措3亿元资金加强科技装备建设,自主研发了办公办案辅助软件应用系统,检察专线网、局域网;分支网建成率均达到100%。加强检务保障建设,101个检察院完成"两房"建设,大部分检察院配套建成"五小"设施。铁路、林区、矿区检察院管理体制改革全面完成。五年来,先后有10个基层检察院被评为"全国先进基层检察院",4个基层检察院荣获"全国模范检察院"和"全国检察机关先进集体"称号,17名干警受到省级以上表彰奖励。

回顾五年来的历程,全省检察工作在服务大局中加强,在改革创新中发展,在破解难题中前进,业务工作整体推进,队伍建设全面加强,检务保障明显改善,执法公信力不断提升。我们深切体会到,做好新时期检察工作,必须始终坚持党的领导和人大监督,自觉把检察工作置于社会各界和人民群众的监督之下,保证检察工作的正确政治方向;必须始终坚持服务大局,适时调整工作思路和服务重点,努力提高服务大局的水平;必须始终坚持执法为民,切实把维护人民利益作为检察工作的根本,努力使检察工作符合人民的愿望和要求;必须始终坚持更新执法理念,牢固树立理性、平和、文明、规范的执法观,切实规范执法行为,不断提升执法公信力;必须始终坚持改革创新,着力破解制约检察工作科学发展的突出问题,保持检察工作的生机与活力。

在看到成绩的同时,我们清醒地认识到检察工作中仍然存在不少与新形势新任务新要求不相适应的问题:一是法律监督职能作用的发挥与人民群众的要求还有差距,仍然存在监督意识不强、不敢监督、不善监督的问题,不同地区之间、不同业务部门之间还存在发展不平衡的问题。二是对新形势下检察工作面临的新情况、新问题研究还不够深入,服务经济社会发展的思路还不够开阔、措施还不够有力。三是检察队伍整体素质还不完全适应新任务的要求,检察人员的思想政治素质、法律监督能力、群众工作能力有待进一步提高。四是基层基础建设的力度还需进一步加大,一些基层检察院保障机制还不健全,检察信息化建设相对滞后,检察官断档、专业技术人才短缺等问题依然存在。对此,我们将高度重视,努力加以解决。

2013年检察工作打算

2013年,全省检察机关将认真贯彻落实党的十八大和省第十二次党代会精神,以邓小平理论、"三个代表"重要思想、科学发展观为指导,紧紧围绕全面建成小康社会的奋斗目标,顺应人民群众对公共安全、司法公正、权益保障的新期待,以强化法律监督、强化自身监督、强化检察管理、强化队伍建设为总要求,坚持有法必依、执法必严、违法必究,全力推进平安甘肃、法治甘肃建设,大力提升执法能力素质和执法公信力,切实肩负起幸福美好新甘肃的建设者、保障者的职责使命。

一、始终强化服务大局意识,为转型跨越、富民兴陇提供有力的司法保障

牢牢把握服务经济社会发展的第一要义,紧紧围绕主题主线、"稳中求进、好中求快"的主基调和"一项重大使命"、"八个发展取向"、"十大重点行动"的目标任务,充分发挥打击、监督、预防、教育、保护等职能作用,保障和促进工业化、信息化、城镇化、农业现代化同步发展。围绕服务深化经济体制改革、推进经济结构战略性调整和"3341"工程建设,积极参与规范市场经济秩序工作,平等保护各类市场主体的合法权益,依法妥善处理涉及企业的案件;围绕实施创新驱动发展战略和创新型省份建设,依法惩治侵犯知识产权犯罪,加强对知识产权的司法保护;围绕工业强省战略,依法查办和预防特色优势产业、新兴产业、资源开发利用等领域的职务犯罪;围绕文化大省战略,认真查办和预防文化惠民工程领域的职务犯罪;围绕"三农"工作,依法打击涉农刑事犯罪,严肃查办和积极预防实施强农惠农富农政策过程中的职务犯罪,促进农业农村发展。

二、始终强化法律监督,努力维护公平正义

牢牢把握维护社会稳定的第一责任,全力做好检察环节参与平安甘肃、法治甘肃建设的各项工作,保障社会安定有序、人民安居乐业。认真开展反自焚专项斗争,确保甘南等藏区社会大局稳定。坚决打击"法轮功"、"全能神"等邪教组织的犯罪活动,确保国家安全。严厉打击黑恶势力犯罪、严重暴力犯罪、多发性侵财犯罪和涉众型经济犯罪,依法轻缓处理未成年人等轻微刑事犯罪,积极化解矛盾纠纷,切实促进社会和谐。认真落实省委《关于支持检察机关依法查办和预防职务犯罪的意见》,严肃查办发生在领导机关和领导干部中的职务犯罪案件,发生在行政执法、工程建设等领域的职务犯罪案件,集中开展查办和预防发生在群众身边、损害群众利益职务犯罪专项工作,促进解决人民群众最关心最直接最现实的利益问题。加大力度监督纠正执法不严、司法不公、徇私枉法等突出问题,努力维护国家法制统一、尊严和权威。

三、始终强化队伍建设,不断提高公正廉洁执法水平

牢牢把握以人为本、执法为民的要求,坚持把提高执法公信力摆在更加突出的位置,贯穿于思想政治建设、执法能力建设、领导班子建设等各个方面。深入开展以为民、务实、清廉为主要内容的群众路线教育实践活动。着力强化对领导班子的管理和监督,切实发挥其领导核心作用。着力加强专业能力建设,通过执法规范化建设、全员素能培训、实践锻炼、岗位练兵等多种形式,全面提高办案水平。着力加强作风建设,认真落实中央、省委和最高人民检察院关于改进工作作风、密切联系群众的规定,查实情、出实招、办实事,为人民群众谋利益。着力加强党风廉政建设,严肃查处违法违纪问题,不断纯洁检察队伍,努力实现干警清正、执法清廉、检察清明。

四、始终强化自身监督制约,确保检察权依法正确行使

牢牢把握强化自身监督制约的切入点,以贯彻修改后刑事诉讼法、民事诉讼法为契机,强化各执法环节之间的监督制约,强化对重点执法岗位、执法环节、执法人员的监督,强化上级检察院对下级检察院的监督,依法接受公安机关、人民法院在诉讼中的制约,确保规范执法。深化案件集中管理,健全完善统一受案、全程管理、动态监督、综合考评的执法办案管理监督机制。加强案件评查工作,加大执法过错责任追究力度。更加自觉地接受人大监督、政协民主监督和社会监督,拓宽群众有序参与检察工作的途径,保障群众知情权、参与权、表达权、监督权。推进检察权运行公开化,进一步落实权利义务告知、检察文书说理、新闻发布会、检察开放日等制度,保证检察权在阳光下运行。

五、始终强化基层基础建设,着力夯实检察工作根基

牢牢把握强基固本的根本目标,以"四化"建设为方向,抓好各项工作要求在基层检察院的落实,不断提升基层检察院建设工作水平。重视基层人才培养工作,完善落实稳定基层队伍的政治、经济待遇。对条件艰苦、工作任务重的基层检察院,在人员编制、干警招录、人才引进等方面给予倾斜,着力解决执法办案人员短缺问题。着力构建经费保障、基础设施、科技装备、后勤服务"四位一体"的检务保障格局,认真落实科技强检战略,稳步推进"两房"建设,着力化解基建债务,推动完善公用经费正常增长机制。继续做好帮扶甘南、临夏等少数民族地区检察机关工作。着力深化检察宣传工作,不断提升检察工作的软实力和影响力。

面对新的形势和新的任务,全省检察机关将在省委和最高人民检察院的坚强领导下,在省人大及其常委会的监督下,认真执行本次大会决议,解放思想,实事求是,求真务实,真抓实干,努力做富民兴陇有力建设者、公平正义坚强捍卫者、廉洁为民忠诚实践者,为建设幸福美好新甘肃作出更大贡献。

青海省人民检察院工作报告(摘要)

——2013年1月26日在青海省第十二届人民代表大会第一次会议上

青海省人民检察院检察长　王晓勇

(2013年1月30日青海省第十二届人民代表大会第一次会议通过)

关于过去五年工作的回顾

省十一届人大一次会议以来,全省检察机关在省委和最高人民检察院的正确领导下,在各级人大及其常委会的有力监督、政府的大力支持、政协的民主监督下,坚持以邓小平理论和"三个代表"重要思想为指导,深入贯彻落实科学发展观,全面履行宪法和法律赋予的职责,以"三个强化"为总体要求,以服务大局为第一要务,以维护稳定为首要职责,以执法办案为中心任务,以强化监督为主要路径,以基层基础和科技手段为有力支撑,以改革创新为前进动力,以队伍建设为组织保障,全力推动我省检察事业科学发展,各项检察工作取得新进步。

一、认真履行检察职责,主动服务全省经济社会发展

服从服务于全省工作大局,是检察机关的政治责任和重要使命。五年来,全省检察机关始终坚持把服务大局作为第一要务,把检察工作放在全省经济社会发展全局中谋划和推进,省检察院先后研究制定了检察机关为全省经济社会又好又快发展服务的意见、为非公有制经济发展服务的意见、促进公正廉洁执法的意见和"十二五"时期青海检察工作科学发展规划等一系列服务经济社会发展的措施,指导各级检察机关为经济社会发展提供有力司法保障。各级检察院正确处理执法办案与服务大局的关系,充分发挥打击、监督、教育、预防、保护等职能作用,突出服务重点、创新服务举措、改进服务方式,努力做到执法不忘服务、办案考虑发展、监督促进和谐。积极参与打击侵犯知识产权和制售假冒伪劣商品专项行动,组织开展行政执法机关移送涉嫌犯罪案件专项监督活动,加大对破坏市场经济秩序、危害能源资源和生态环境、破坏社会主义新农村建设等犯罪的打击力度,服务发展的针对性和实效性进一步增强。坚持理性、平和、文明、规范执法,依法慎重对待改革发展中的新情况新问题,正确把握法律政策界限,注重保障涉案人员合法权益,注重维护发案单位正常工作秩序,使执法办案活动有利于促进经济社会发展,实现法律效果、政治效果和社会效果的有机统一。

二、依法打击严重刑事犯罪,全力维护社会和谐稳定

维护社会和谐稳定是青海检察机关的首要职责。五年来,全省检察机关共批准逮捕各类刑事犯罪嫌疑人17554人,提起公诉23011人,出席法庭支持公诉10983件,有罪判决率达99.9%。始终把确保藏区社会稳定作为全省检察机关维稳工作的重中之重,每年进入敏感节点,省检察院及时对全省检察机关维稳工作进行具体的安排部署,确保检察环节维稳工作及时跟进到位,坚决维护国家安全、政治安全、政权安全,共受理公安、国家安全机关提请批准逮捕此类案件36件152人,审查批准逮捕31件118人。依法严厉打击严重暴力犯罪、黑恶势力犯罪、拐卖妇女儿童、涉枪涉毒以及抢劫、抢夺、盗窃等多发性侵财犯罪,共批准逮捕13048人,提起公诉15887人。加大打击制售假冒伪劣商品等破坏市场经济秩序犯罪力度,批准逮捕犯罪嫌疑人369人,提起公诉443人。认真贯彻宽严相济刑事政策,坚持实事求是、区别对待、宽严依法、宽严适度,决定不批捕1987人,不起诉1041人。切实加强控告申诉检察工作,认真开展文明接待活动,开通12309统一举报电话,建立健全检察环节社会矛盾化解、督查专员制度、心理咨询、刑事和解等工作机制,深入开展排查化解涉检信访工作和案件评查专项活动,共评查案件274件,对28件瑕疵和问题案件进行了坚决纠正,涉检进京访案件全部息诉罢访;积极开展国家赔偿、刑事被害人救助工作,共救助38人次,发放救助金44万元;完善举报制度,对177名举报有功人员进行奖励,发放举报奖励金50万元。致力平安青海建设,积极参与社会治安综合治理,针对执法办案中发现的社会管理问题,及时提出消除隐患、堵塞漏洞、健全制度、强化管理的检察建议,促进社会和谐稳定。

三、严肃查办和预防职务犯罪,促进反腐倡廉建设

查办和预防职务犯罪是检察机关在惩治和预防腐败体系建设中的重要职能。五年来,全省检察机关坚持以执法办案为中心,强化措施,加大力度,共立案侦查贪污贿赂等职务犯罪案件663件908人,年均上升4.9%和10.3%。立案侦查大案354件,要案87人,查处行贿案件30件39人,保持了惩治腐败的高压态势。先后部署开展工程建设领域、国土资源领域、涉农涉牧领域和严肃查办危害民生民利渎职侵权职务犯罪等专项侦查活动,共立案侦查工程领域案件146件184人、商业领域案件155件171人、国土资源领域案件32件40人、涉农涉牧领域案件219件324人、涉及民生民利犯罪案件17件27人。着力加强渎职侵权检察工作,向省委常委会议专题汇报反渎职侵权工作情况,认真贯彻省委办公厅、省政府办公厅转发的省纪委、省检察院等九部门《关于加大惩治和预防渎职侵权违法犯罪工作力度的实施意见》,组织开展"反渎职侵权工作宣传月"活动,共立案查处渎职侵权案件94件139人,年均上升23.9%和20.4%。始终把办案质量作为检察工作的生命线,认真组织开展自侦案件"质量月"专项检查和"执法办案质量年"活动,检察干警的程序意识、规范意识明显增强,自侦案件的质量稳步提升。

有效预防职务犯罪。成功举办"全国检察机关惩治和预防渎职侵权犯罪展览"青海巡展,共计3万余人参观展览。针对家电下乡、农村危房改造、农机补贴等支农惠农政策的实施,省检察院编制《乡村干部职务犯罪预防宣传资料》和15个廉政宣传短片,制作发放两部12集共6000套职务犯罪警示教育宣传片,用身边的事教育身边的人,产生了积极反响。在玉树灾区召开灾后重建工程预防职务犯罪警示教育大会,扎实开展检企共建活动,积极保障灾后重建项目管理优良、工程优质、干部优秀、资金安全。对三江源生态保护工程、涉及民生民利的重点工程、5000万以上的重点工程项目进行跟踪预防,保障了重大项目建设的顺利实施。从2010年起向省委呈报全省职务犯罪案件年度综合分析报告,省委主要领导连续两年作出重要批示,《青办通报》全文印发县级以上党政部门,起到了较好的警示作用。积极推进预防工作进党校、进大专院校工作。2012年,省检察院专题向省委常委会议汇报预防职务犯罪工作情况,成立了以省纪委书记为组长的青海省预防职务犯罪工作领导小组,确定37个省级单位、7家大型国有企业为成员,构建起条块结合、上下联动的大预防工作格局。加强犯罪分析、预防调查、行贿犯罪档案查询和检察建议工作,

共开展警示教育1319次,提出检察建议482件,提供行贿犯罪档案查询2483次。

四、强化对诉讼活动法律监督,切实维护司法公正

诉讼监督是检察机关打击犯罪、保障人权、维护司法公正的重要手段。全省检察机关认真落实省人大常委会《关于加强人民检察院对诉讼活动的法律监督工作的决定》,先后组织开展刑事审判监督专项检查、"诉讼监督年"等专项活动,主动与省高级人民法院、公安厅、司法厅等单位沟通协商,研究出台了14个具有指导性、操作性和实用性的规范性文件,有效解决了制约诉讼监督工作机制建设的一些重点、难点问题,探索了一条具有青海特点的诉讼监督工作之路,在2012年全国检察长座谈会上作了经验介绍。各级检察院加强对有案不立、刑讯逼供、违法取证、量刑不当等问题的监督,对应当立案而不立案的,要求侦查机关说明不立案理由336件,通知侦查机关立案71件,监督侦查机关立案61件;对不应当立案而立案的,督促撤案12件;对认为确有错误的刑事判决、裁定提出抗诉123件,刑事抗诉率由2007年的8‰上升到2012年的9.79‰,法院采纳率由2007年的66.7%上升到2012年的94%。加强民事行政诉讼法律监督,积极调整办案结构,注重构建以抗诉为中心的多元化监督格局,探索上下级检察院协调办案等机制,共受理民事行政申请抗诉和再审检察建议案件1765件,立案663件,提请抗诉75件,提出抗诉50件,原审判决改变率达到90.9%;办理督促起诉案件74件,执行监督案件50件,发出再审检察建议50件、检察建议148件,对裁判正确的息诉化解952件。向最高人民检察院提请抗诉案件4件,均被最高人民法院改判或发回重审。加强刑罚执行和监管活动法律监督,全面完成与监管场所监控系统联网工作,推进派驻检察室规范化建设,建立健全刑罚变更执行同步监督机制,实行超期羁押预警告知制度,持续开展以维护在押人员合法权益、维护监管秩序、确保监管安全为重点的日常检察、专项检察、安全检察,对发现的监管安全隐患、提请"减、假、保"不当、脱管漏管等问题,发出检察建议237件、纠正违法通知书226件、纠正意见182件,确保在押人员合法权益。

五、积极推进检察改革,深化工作机制创新

坚定不移地推进检察改革和工作机制创新,是检察工作科学发展的不竭动力。五年来,全省检察机关认真贯彻中央、省委和最高人民检察院关于司法体制和工作机制改革的部署,对职务犯罪侦查全程同步录音录像制度、职务犯罪案件审查逮捕权上提一级、审查逮捕方式和公诉方式改革以及侦查引导取证等重点改革,明确任务,强化措施,加大组织实施力度,取得了实质性进展。大力推进侦查一体化机制建设,建立了西宁、青南两种侦查模式,形成了由省检察院统一领导、以州市分院为主体、基层检察院为基础的侦查一体化工作格局和纵向指挥有力、横向协作紧密的侦查工作机制。切实推进侦防一体化机制建设,促进侦查工作与预防工作紧密衔接,提高查办和预防职务犯罪工作整体效能。全面推行人民监督员制度,全省选任人民监督员211名,共有64件案件进入人民监督员程序。积极推进量刑建议工作,提起公诉时依法提出量刑建议6097件9164人,仅2012年提出的量刑建议占提起公诉案件的98%,法院采纳率为87%,促进了量刑公开公正。健全行政执法与刑事司法相衔接工作机制,会同17个行政执法部门制定实施《关于进一步加强工作联系,建立行政执法与刑事司法相衔接工作机制的意见》,完善了联席会议、信息共享、线索移送、案件协查、共同预防和监督配合等制度。着力推进社会管理创新,制定检察机关参与加强和创新社会管理的意见,建立健全执法办案风险评估预警、检调对接、社区矫正工作机制,加强对刑释解教人员、涉案未成年人等特殊人群的帮教管理。顺利完成西宁铁路运输检察院移交工作。健全民意收集、研究、转化机制,打造"听民声、体民情、察民意"的联系和服务群众的平台,制定《青海省检察机关延伸法律监督触角,促进检力下沉的实施方案》,连续两年组织开展检察人员进企业、进机关、进农村、进学校、进社区的"五进"活动,推动检察工作重心下移、检力下沉,实现民情民意与检察工作的有效对接,农村检察工作联络站、检察联络员、社区矫正室等联系群众的纽带作用开始发挥。推进阳光检务,普遍开展"检察开放日"活动,拓展检务公开的广度和深度,紧密了检察机关同人民群众的联系。

六、大力加强检察队伍建设,提高整体素质和法律监督能力

建设高素质检察队伍,是做好检察工作的基础和前提。省检察院指导各级检察机关大力加强社会主义法治理念教育,深入开展创先争优等教育实践活动,落实检察官职业行为基本规范、检察机关文明用语规则,确保检察队伍始终坚持正确的政治方向和执法为民的根本宗旨。以提高法律监督能力为重点,持续开展"大学习、大培训、大练兵"活动,连续三年与甘肃、宁夏检察机关开展了公诉业务论辩赛,举办了首届律师公诉人论辩赛和两期藏汉双语论辩赛,积极推进全员培训、分级分类培训、跟案培训、岗位练兵、竞赛比武等活动,达到不同类别、不同层次、不同岗位人员培训全覆盖。坚持不懈地抓好司法考试,连续五年举办封闭式培训班,537人参加培训,233人通过考试,通过率为43.4%。2012年,集中狠抓了修改后刑事诉讼法、民事诉讼法学习培训,省检察院对全省自侦部门的干警进行了封闭式全员培训,各州市分院分层次对其他业务部门的干警进行集中培训。深入推进竞争上岗、轮岗交流、检察官逐级遴选等一系列机制改革,从基层遴选四批干警到省检察院工作。树立了以全国模范检察官沙沨为代表的一批先进典型,34个集体、134名个人受到省委、最高人民检察院的表彰,其中,4个检察院被评为全国先进基层检察院,1个检察院被确定为全国检察机关基层检察院建设示范院。坚持把强化自身监督放到与强化法律监督同等重要的位置,把党风廉政建设与业务工作同部署、同检查、同落实、同考核,全面推进检务督察、教育自律、制度约束、外部监督、廉政风险防控机制等工作。组织州市分院检察长到省检察院述职述廉和报告工作,对州市分院业务工作和队伍建设进行了分类考评,对州市分院领导班子及成员开展首轮巡视工作,对巡视意见落实情况进行了回访检查。注重检察理论研究,实施文化育检工程,制定《关于加强检察文化建设的实施意见》,连年举办文艺汇演、干警运动会等系列大型文体活动,启动各级检察院文化基础建设工程,增强检察文化软实力。将从严治检与从优待检紧密结合,以"零容忍"的态度严肃查处检察人员违纪违法案件7人,其中3人被追究刑事责任。据省统计局抽样调查,2012年人民群众对检察机关满意度达95.31%,比上年又有新的提高。

七、注重加强基层基础建设,夯实检察工作科学发展的根基

基层基础建设事关检察工作全局和长远发展。省检察院把加强基层基础工作摆到更加突出的位置,召开第十四次全省检察工作会议,研究提出了走"发挥优势,特色提升,强项争优,整体推进"的基层检察院建设路子的工作要求,向省人大常委会主任会议专题汇报了基层检察院建设情况,扎实组织开展"基层建设年"活动。与省财政厅共同制定《青海省基层检察机关业务装备配备实施标准》,中央转移支付力度进一步加大,经费保障机制不断完善,基层检察院公用经费标准全面落实,检务保障水平大幅提升,开工建设一批州县区检察院的"两房"建设及藏区干警周转房工程,基层检察院工作生活条件不断改善。强力推进检察信息化建设,按照统一规划、统一标准、统一设计、统一实施的原则,投资1.6亿元,全面完成了检察机关二、三级网络数据中心等基础设施建设。其中,涉密信息分级保护系统为全国第二家通过测评的省级检察院。突出提升信息技术实用能力,对1522名检察业务人员进行严格培训和考核,检察工作科技含量明显提升。积极主动做好北京、山东、江苏等六省市检察机关与我省藏区检察机关对口援助衔接工作,受援工作全面起步,取得明显成效。

八、坚持党的绝对领导,主动接受人大监督

坚持党对检察工作的领导,自觉接受人大监督,是确保检察工作正确方向的根本保证。五年来,全省检察机关始终坚持主动向党委和人大汇报检察工作的重大部署、重要改革、重要事项和重大案件,依靠党的领导和人大的监督支持开展工作,破解法律监督难题,排除执法干扰阻力,克服工作中的种种困难。认真贯彻《监督法》和人大的决议及要求,主动邀请人大代表、政协委员视察和评议检察工作,对代表、委员提出的建议和提案,均在规定期限内办结回复。及时向媒体发布有关情况,接受舆论监督。2012年,省检察院制定了关于进一步加强与人大代表、政协委员联系的两个意见,并被省人大常委会评为全省人大代表建议办理工作先进单位。

回顾五年的实践,我们深深体会到,做好新时期的检察工作,必须坚持深入贯彻落实科学发展观,牢固树立社会主义法治理念,始终把握检察工作正确的政治方向;必须坚持把检察工作放在全省大局中去谋划和推进,充分发挥打击、预防、监督、保护等职能作用,努力为经济社会又好又快发展服务;必须坚持检察工作的人民性,关注保障和改善民生,落实司法便民利民举措,完善联系服务群众的长效机制,努力使检察工作符合人民群众的愿望和要求;必须坚持以执法办案为中心,不断强化法律监督,竭力维护社会稳定,努力实现法律效果、政治效果、社会效果的有机统一;必须坚持以党建带队建,狠抓检察队伍建设,坚持基层与基础并举、严管与厚爱并重,全面提高队伍的政治、业务和职业道德素质;必须坚持党对检察工作的领导,自觉接受人大监督,确保检察权的依法正确行使。

在总结成绩的同时,我们也清醒地看到,检察工作与党和人民的要求相比仍有不少差距,主要表现在:一是检察职能的发挥与经济社会发展的要求和人民群众的期望还有明显的不足,一些检察人员服务大局的意识还不强,就案办案、机械执法、不注意化解矛盾、不重视执法效果等问题仍不同程度存在。二是一些检察机关的法律监督意识和能力不强,不敢监督、不善监督、监督不到位的现象依然存在,对民事审判、行政诉讼的法律监督仍然比较薄弱。三是执法办案工作的难度增大,尤其是解决渎职侵权案件发现难、立案难、查证难、处理难等问题的能力需进一步增强。四是一些基层检察院办案力量不足,检察官断档等问题仍然突出,自身监督制约机制、队伍管理机制、经费保障体制还不完善。五是少数检察人员宗旨意识淡薄,不善于做新形势下的群众工作,应急管理、舆论引导等能力不强。对这些问题,我们将进一步采取有力措施,认真加以解决。

关于2013年主要工作的安排

根据党的十八大、省委十二届三次全委会精神和全国检察长会议的部署,2013年全省检察机关将着重抓好以下几个方面的工作。

一、以党的十八大精神为指导,进一步坚定检察工作的政治方向

深入学习贯彻党的十八大和省十二次党代会精神,引导检察人员切实把思想认识统一到党的十八大和省十二次党代会精神上来,把智慧和力量凝聚到会议提出的各项任务和部署上来。坚持用科学发展观统领检察工作,将运用法治思维和法治方式作为谋划检察工作的正确思路、维护公平正义的政策措施、服务经济社会发展的实际能力,努力在执法思想、执法实践、执法作风等方面真正体现中国特色社会主义的正确方向。

二、以全省工作大局为中心,进一步保障经济社会持续健康发展

全力维护社会稳定,始终把防范和打击达赖集团的分裂渗透破坏活动作为重点,深入开展反自焚专项斗争,切实做好敏感时期的各项维稳工作。认真贯彻宽严相济的刑事政策,严厉打击严重危害国家安全、社会治安和市场经济秩序的犯罪。围绕"两新"目标、"三区"建设,依法打击造成重大环境污染、破坏生态环境的犯罪,继续深入查办危害能源资源和生态环境的渎职犯罪。依法妥善处理企业特别是中小企业的案件,平等保护各类市场主体的合法权益。全力参与平安中国、法治中国建设,保障国家长治久安、社会安定有序、人民安居乐业。

三、以关注和保障民生为重点,进一步查办和预防职务犯罪

既要坚持有案必办,力查大案要案,又要着力解决发生在群众身边的腐败问题,围绕项目招投标、物资采购、就业住房、社会保障、招工招考、涉农涉牧、征地拆迁、抢险救灾、医疗卫生、食品安全等重点领域和关键环节,集中开展为期两年的查办发生在群众身边、损害群众利益的职务犯罪专项工作。深入开展预防职务犯罪宣传教育活动,加速推动建立社会化预防工作大格局。深化文明接待室创建活动,不断完善和落实便民利民措施,以实际行动密切与人民群众的感情和联系。

四、以贯彻实施修改后的刑事诉讼法、民事诉讼法为契机,进一步提高执法规范化建设水平

以提高执法公信力为核心,启动"执法规范化建设年"活动,完善相关执法规范和配套制度,健全办案责任制和案件评查机制,全面推进案件管理机制改革,对案件实行严格的流程和质量管理,强化检察权运行制约和监督,依托网上办案,强化公正意识、程序意识、证据意识和效率意识,促进办案数量、质量、效率、效果和安全有机统一。

五、以检察队伍建设为抓手,进一步加强基层检察工作和队伍建设

深入开展为民务实清廉为主要内容的群众路线教育实践活动,着力在提高"五个能力"上狠下功夫,不断增强全省检察人员的政治意识、大局意识、责任意识、法律意识、廉洁意识。坚持开展"大学习、大培训、大练兵"活动,加强队伍专业化建设,提高法律监督能力。全面推进检察人才重点工程,落实检察职业道德规范。毫不放松地抓好自身反腐倡廉建设,严肃查处检察人员违法违纪案件,维护司法廉洁。健全完善向基层倾斜的政策,深入推进基层检察院建设,筑牢执法为民的一线平台。

在新的历史起点上,全省检察机关将在省委和最高人民检察院领导下,更加自觉接受各级人大、政协和社会各界及新闻舆论监督,认真执行本次大会决议,振奋精神,求真务实,锐意进取,努力开创全省检察工作新局面,为实现我省"两新"目标、推动"三区"建设作出应有贡献。

宁夏回族自治区人民检察院工作报告(摘要)

——2013年1月25日在宁夏回族自治区第十一届人民代表大会第一次会议上

宁夏回族自治区人民检察院检察长　王雁飞

(2013年1月29日宁夏回族自治区第十一届人民代表大会第一次会议通过)

一、五年检察工作回顾

2008年以来,全区检察机关在自治区党委和最高人民检察院的坚强领导下,在各级人大及其常委会的有力监督支持下,深入贯彻落实科学发展观,坚持解放思想,创新检察工作理念和方式,以打造"五个检察"为目标,以持续开展"关注民生,走近群众"主题实践活动为载体,认真履行法律监督职能,各项检察工作取得了新的进展。

(一)着力服务发展大局,为建设和谐富裕新宁夏提供有力司法保障

服务发展大局的意识和能力不断增强。全区检察机关认真贯彻落实中央、自治区党委一系列重要部署,紧紧围绕主题主线和自治区工作大局,始终坚持把服务和保障发展作为工作的着力点,制定实施了《检察机关为深入实施西部大开发战略服务的意见》《关于充分发挥检察职能为经济平稳较快发展服务的意见》《关于全区检察机关进一步深入推进查办涉农职务犯罪,为服务"三农"提供强有力法治保障的实施意见》等一系列措施,结合执法办案服务经济社会发展。围绕服务自治区"两大战略",部署开展了"黄河预防工程"专项活动,得到最高人民检察院和自治区党委、政府主要领导的肯定。这些工作的深入开展,为我区深化改革、推动发展、化解矛盾、维护稳定提供了有力的司法保障。

"关注民生,走近群众"主题实践活动成效明显。顺应人民群众呼声,促进检力下沉。在乡镇、街道建立检察工作联络站,聘请检察联络员,设立"阳光检察服务中心",开展巡回检察,开通互联网门户网站和区、市、县三级"12309检察服务热线",向社会公布了三级检察机关反贪污贿赂局局长、反渎职侵权局局长和纪检组长手机号码。认真解决人民群众诉求,化解息诉涉检信访积案168件,办结息诉中央政法委、最高人民检察院交办的涉检信访案件28件。开通宁夏检察微博,正面引导涉检舆情,网民关注度达到78万人,被全国政法微博与管理创新峰会评为2012年"全国政法微博问政新锐奖"。

扎实推进社会管理创新。针对拖欠土地出让金、排污费、国家税款、人防工程建设费等问题,部署开展了为期三年的督促起诉专项活动,共办理督促起诉案件1220件,促进有关部门清理收回拖欠国有资金32.58亿元,防止了国有资产流失。认真落实《宁夏回族自治区刑事被害人困难救助条例》,制定实施细则,共向283名受害人发放救助金198.9万元,彰显司法人文关怀。

稳步推进行政执法与刑事司法衔接工作。在自治区政府的支持下,率先在全国制定实施《宁夏回族自治区行政执法工作与检察监督工作相衔接的若干规定》,截至目前已与44个自治区级和108个市级行政执法机关建立网上衔接信息共享平台,

聘请18名行政执法业务咨询专家,开展了案件信息录入和涉嫌犯罪案件移送工作,"两法"衔接工作被列入政府绩效考核,有力促进了依法行政,得到中央政法委和最高人民检察院的充分肯定。

(二)着力查办大案要案,惩治和预防职务犯罪取得新成效

积极开展查办发生在工程建设、涉农以及能源资源、生态环境、安全生产等领域的职务犯罪专项工作。五年来全区检察机关共查办职务犯罪案件1251件1905人。其中,贪污贿赂犯罪案件1022件1572人,渎职侵权犯罪案件229件333人,挽回经济损失近1亿元。不断提高对大案要案的攻坚能力。大案比例从2007年的34.5%上升到2012年的51.5%,要案比例从4.1%上升到8.3%。依法查办了自治区通信管理局原局长吴省省、自治区团委原书记曹刚、自治区卫生厅原副厅长兼保健局局长李寿芬、自治区高级人民法院原副院长马彦生以及宁夏银行原副行长陈宝等一批有影响、有震动的大案要案。认真贯彻落实中央、自治区党委关于加大惩治和预防渎职侵权违法犯罪工作力度的意见,会同自治区纪检监察机关制定了协作配合的规定和重大复杂案件专案调查工作实施办法,推动查办渎职侵权违纪违法犯罪案件工作的开展。

认真落实《宁夏回族自治区预防职务犯罪工作条例》,推动构建"大预防"工作格局。举办惩治和预防渎职侵权犯罪巡展,完成与最高人民检察院行贿犯罪档案查询管理中心的网络对接,实现了全国范围内行贿犯罪档案查询。会同有关部门在党校、监狱等建立警示教育基地21个。积极开展工程建设、生态移民、食品安全领域和换届选举专项预防活动。结合办案,先后就农村基层组织人员职务犯罪、国土资源领域违法犯罪、交通运输监管违法犯罪等问题,提出有针对性的检察建议或专题调查报告,并建立了职务犯罪预防年度综合报告制度,为党委政府提供决策参考。

(三)着力强化诉讼监督,切实维护公平正义

认真落实自治区人大常委会《关于加强检察机关法律监督工作的决定》,不断强化法律监督。加强与公安机关、法院的协作配合,依法严厉打击严重危害公民人身财产安全和社会和谐稳定的各类刑事犯罪,依法打击制假售假、非法经营等涉及民生民利的重大经济犯罪,实行挂牌督办,加强跟踪指导。五年来共批准和决定逮捕刑事犯罪嫌疑人14091件21750人,提起公诉19462件30271人,不起诉2107人,追诉漏罪漏犯111件420人,发出检察建议410件,纠正违法通知书315件,刑事案件抗诉改判率为58.6%,取得良好的法律效果和社会效果。

加强对公安机关立案和侦查活动的监督。2012年刑事立案监督案件比2007年上升10倍,纠正漏捕漏诉人数比2007年分别上升42.6%和35.6%。在公安机关的支持下,在一些基层公安分局、派出所设立53个检察官监督办公室,创新监督方式,在全国检察机关为首创,并被最高人民检察院作为经验推广。

加强民事行政检察工作,充实办案人员,健全工作机制,综合运用抗诉、检察建议等方式开展监督。五年来,共受理民事行政申诉案件4771件,决定立案审查3308件;提出抗诉260件;法院审结改变率为74.2%,比前五年提高11个百分点;提出再审检察建议233件,法院采纳率为53.22%。积极稳妥地开展对民事执行活动的监督。共办理民事执行监督案件1257件,提出检察建议579件,法院回复采纳479件,采纳率为82.7%。

进一步加强刑罚执行监督。会同有关部门在看守所、劳教所、监狱,对减刑假释、保外就医、事故隐患以及械具和禁闭室使用情况等开展专项检查。加强社区矫正法律监督,督促落实对判处非监禁刑罪犯和刑罚变更执行罪犯的监管、改造措施。

(四)着力强化自身监督,执法行为进一步规范

自治区检察院坚持把强化自身监督摆在与强化法律监督同等重要的位置,连续三年集中开展规范执法活动,决心把规范执法打造成宁夏检察的过硬品牌。确定2011年为"规范执法推进年",2012年为"规范执法深化年",2013年为"规范执法巩固年"。全区检察机关层层开展学习教育,查找执法不规范问题,特别是群众反映强烈的执法不规范"顽疾",层层制定整改措施。自治区检察院采取一系列措施强化内部监督。组织开展了不起诉案件、撤销案件等五类重点案件的专项检查,开展了对自侦案件扣押冻结款物的专项检查;对职务犯罪案件逮捕决定权实行上提一级审批;加强对自侦案件和不起诉决定的监督,规定市县两级检察院对职务犯罪拟不起诉案件报自治区检察院审查批准;纪检监察部门对职务犯罪案件办案活动进行同步监督;全面启动案件管理工作,全区三级检察机关均设立了

案件管理机构,强化对执法办案的管理监督;组织开展庭审观摩评比、案件评查和剖析活动,对评查出的60件不规范典型案件点名通报,并编发《执法不规范典型案例》,开展警示教育。与此同时,加强内部监督硬件设施建设,对各级检察院的办案区进行升级改造,强化监控功能,并在看守所开展了同步录音录像系统建设。

自觉接受人大常委会及社会各界监督。先后就全区检察机关查办和预防贪污贿赂犯罪、查办和预防渎职侵权犯罪、民事行政检察工作,向自治区人大常委会作出专题报告,接受专门视察及满意度测评。对自治区人大常委会对检察工作的决议事项、交办案件、意见建议全部及时办理回复。各级检察院每年举办"检察开放日"活动,邀请人大代表、政协委员及各界人士视察检察工作,听取意见、建议。大力推进检务公开,增强检察工作的公开性和透明度。全面推进人民监督员制度,五年来面向社会选任人民监督员168人,共监督检察机关办理的职务犯罪案件440件。

(五)着力加强队伍建设,整体素质不断提升

注重加强检察机关党的建设。制定实施了《关于加强和改进新形势下全区检察机关党的建设的意见》。深入推进"建设学习型党组织、创建学习型检察院"活动,开展了社会主义法治理念、"反特权思想、反霸道作风"等一系列教育实践活动,涌现出了以"全国模范检察官"马俊同志为代表的一批先进人物和以"全国模范检察院"中宁县检察院为代表的一批先进集体。

注重抓好领导班子建设。实行下级检察院检察长向上级检察院述职述廉。2011年对29个市、县级检察院领导班子进行了届中考察,先后对7个市、县级检察院开展了巡视工作。检察长交流任职的范围进一步扩大,领导班子年龄、文化和专业结构进一步优化。

注重抓好队伍的能力素质建设。在全区检察机关部署开展了为期三年的"业务大学习、素质大培训、岗位大练兵"活动,制定实施了《"十一五"宁夏检察干部教育培训规划》、《2010—2012年检察教育培训工作实施方案》,五年来全区检察人员普遍轮训3次以上。依托中国人民大学、北京师范大学、国家检察官学院为全区检察机关培养高层次优秀人才,委托上海、福建等省市检察机关培训业务骨干。大力实施人才强检战略,制定了2012至2020年《宁夏检察机关人才队伍建设中长期规划》,组织实施了"宁夏青年检察人才育才工程",评选了第一批6名全区检察业务专家和50名青年检察人才,建立了公诉、侦查、技术人才库。想方设法解决基层人员短缺问题,五年来面向社会公开招录640名检察干警。实施文化育检工程,成立了宁夏检察官文学艺术联合会,培育检察文化,弘扬法治精神。

注重加强纪律作风建设。坚持以落实党风廉政建设责任制为抓手,以推进惩治和预防腐败体系建设为重点,通过组织学习《廉政准则》、开展"恪守检察职业道德、促进公正廉洁执法"系列主题教育活动、举办反腐倡廉展览等方式,增强检察干警廉洁从检的自觉性。坚持从严治检,对违纪违法问题实行"零容忍",共查处违纪违法检察干警28人,其中7人被依法追究刑事责任。

注重加强基层基础建设。加大检务保障力度,实施科技强检战略,积极推行网上办公办案。建成了全区检察数据中心、案件侦查指挥中心和高清视频会议系统,检察专网建设在全国检察系统名列前茅。顺利完成了银川铁路运输检察院的移交工作。

过去五年的检察工作还有不少差距,主要是:一是有的检察人员服务大局的自觉性、主动性不够,方法和途径有待拓展。二是执法为民的观念还不够牢固,执法作风还有待改进。三是专家型、高层次人才匮乏,执法水平和监督能力需要进一步提高。四是一些执法不规范的问题还没有得到彻底根治,规范执法的效果尚需巩固。五是法律监督工作发展不平衡、不协调,不愿监督、不善监督、监督不规范不到位等问题还不同程度地存在。对这些问题,我们将在今后的工作中采取实际措施认真解决。

二、2013年及今后一个时期的工作思路

2013年是实现党的十八大提出的奋斗目标的开局之年,全区检察机关将高举中国特色社会主义伟大旗帜,以科学发展观为指导,按照最高人民检察院和自治区党委的重大决策部署,紧紧围绕经济社会发展大局,顺应人民群众对公共安全、司法公正、权益保障的新期待,坚持以执法办案为中心,强化法律监督,强化自身监督,强化队伍建设,求真务实,开拓进取,推动检察工作实现新发展。

(一)深入学习贯彻党的十八大精神,主动服务和谐富裕新宁夏建设

深入学习贯彻党的十八大精神,紧紧围绕自治

区"两大战略"和"两区"建设,实现宁夏与全国同步进入全面小康社会目标,以全面履行法律监督职能为根本,以深化"黄河预防工程"专项活动为载体,不断加强与有关部门的协作配合,积极参与社会管理创新,综合发挥打击、预防、监督、教育、保护等职能作用,着力维护社会主义市场经济秩序,着力促进农村改革发展,着力保障和改善民生,着力维护司法公正和社会和谐稳定,切实肩负起中国特色社会主义事业建设者、捍卫者的神圣使命。

(二)围绕平安宁夏、法治宁夏建设,积极发挥打击犯罪、化解矛盾的职能作用

坚决打击境内外敌对势力和邪教组织的犯罪活动,确保国家安全。突出打击严重暴力犯罪、黑恶势力犯罪、多发性侵财犯罪、毒品犯罪、网络犯罪和危害民生民利等犯罪,维护社会稳定。深入落实宽严相济刑事政策,重视运用简易程序、量刑建议和不批捕、不起诉等机制对轻微犯罪依法从宽处理,坚持该严则严、当宽则宽,减少社会对抗,促进社会和谐。积极开展检调对接、刑事和解、刑事被害人救助等工作,强化矛盾纠纷源头治理,充分发挥检察机关在加强和创新社会管理中的职能作用。

(三)适应新形势新要求,不断加大查办和预防职务犯罪工作力度

进一步转变职务犯罪侦查理念和侦查模式,加强与纪检监察机关、审计部门的协作配合,推动形成反腐败工作合力。坚决依法查处大案要案,严肃查处发生在领导机关和领导干部中贪污贿赂、滥用职权、失职渎职等犯罪案件,发生在行政执法、司法和工程建设等重点领域和关键环节的案件。着力解决发生在群众身边的腐败问题。围绕"三农"工作和教育、就业、住房、水利、社会保障、生态环境、安全生产、食品药品等行业和领域,集中开展为期两年的查办和预防发生在群众身边、损害群众利益职务犯罪专项工作。严肃查处滥用司法权、行政执法权、行政审批权给国家和人民利益造成重大损失,以及重大群体性事件、重大环境污染事件、重大责任事故背后的渎职侵权犯罪案件。落实同步介入重大事故调查、重大复杂案件专案调查、非法干预查处渎职侵权违法犯罪工作情况沟通和处理等机制。健全职务犯罪记录和查询制度,加强职务犯罪预防的专题研究和报告工作,推进反腐败制度建设。

(四)扎实开展"规范执法巩固年"活动,提升执法公信力

2013年,以开展"规范执法巩固年"活动为载体,深化检务公开,落实执法工作基本规范,促进执法规范化建设。适应修改后刑事诉讼法和民事诉讼法的要求,重点围绕辩护权等诉讼权利的保障、非法证据排除制度适用和出庭公诉要求高、监督任务加重,以及民事检察监督范围扩大等方面,完善工作制度和机制,并注意加强行政检察工作。加强与公安机关、法院、司法行政等部门的协调,就简易程序案件集中办理、庭前会议制度、监管场所与派驻检察室信息联网等工作,建立协作配合机制,提高司法效率。加强对侦查、审判、执行环节的法律监督,确保司法权不被滥用。不断完善行政执法与刑事司法衔接机制,2013年力争完成县级检察机关与行政执法机关之间的网上衔接信息共享平台建设,推动形成线索移送、案件协查、共同预防、监督配合的工作格局,促进依法行政。

(五)围绕提升"五个能力",不断加强队伍建设

一是部署开展为民务实清廉群众路线教育实践活动,深入推进检察开放日、检察联络站、巡回检察等联系群众的工作,加强检察宣传,着力提升新形势下检察人员的群众工作能力。二是深化检察改革,坚持敢于监督、善于监督、依法监督和规范监督,着力提升维护社会公平正义的能力。三是以宁夏检察微博为平台,培养和壮大网评员队伍,充分发挥宁夏检察微博的正面引导作用,着力提升新媒体时代的舆论引导能力。四是以全国检察业务软件在我区检察机关试点为契机,全面推进案件管理工作。依托网上办案软件系统,加强对执法办案活动的全程、统一、实时、动态监管,加快视频远程讯问系统建设、看守所同步录音录像系统建设,着力提升信息化应用能力。五是完善执法办案风险点监控和预警机制,加强对各级检察长和部门"一把手"的监督,提高职业保障水平,着力提升检察队伍的拒腐防变能力。

面对新形势新任务,全区检察机关和全体检察人员将以认真贯彻落实本次会议精神为契机,坚定信心,真抓实干,更加扎实地做好2013年和今后的各项检察工作,为建设和谐富裕新宁夏、与全国同步进入全面小康社会作出新的更大贡献!

新疆维吾尔自治区人民检察院工作报告(摘要)

——2013年1月28日在新疆维吾尔自治区第十二届人民代表大会第一次会议上

新疆维吾尔自治区人民检察院检察长　尼相·依不拉音

(2013年1月31日新疆维吾尔自治区第十二届人民代表大会第一次会议通过)

五年来检察工作的基本情况

自治区十一届人大一次会议以来,全区检察机关在自治区党委和最高人民检察院的坚强领导下,在自治区人大及其常委会的有力监督下,认真学习贯彻党的十七大、十八大和中央新疆工作座谈会、自治区第八次党代会精神,深入贯彻落实科学发展观,紧紧围绕推进自治区跨越式发展和长治久安两大历史任务,充分履行宪法和法律赋予的职责,以深化四项重点工作为载体,以服务大局、保障民生、维护公正为着力点,坚持变化、变革、创新,切实加强和改进检察工作,各项工作取得新进展。

一、充分发挥检察职能作用,保障和促进经济社会发展

紧紧围绕我区经济社会发展主要目标任务,进一步完善落实服务大局的措施。积极参与整顿和规范市场经济秩序工作。依法查办和积极预防对口援疆重点项目、国家重点投资领域、资金密集型行业中的职务犯罪。深入开展查办重点领域职务犯罪专项工作。深化治理商业贿赂,推进工程建设领域突出问题专项治理。积极服务和保障以改善民生为重点的社会建设。坚持把人民群众的关注点作为检察工作的着力点,协同公安机关和行政执法部门开展食品药品安全专项整治,部署开展严肃查办危害民生民利渎职侵权犯罪等专项工作、查办和预防涉农惠民领域贪污贿赂等职务犯罪专项工作,坚决惩治损害群众切身利益的犯罪。

二、依法履行批捕、起诉职能,严厉打击严重刑事犯罪

全区检察机关始终不渝地把维护社会稳定作为首要政治任务,坚持"一反两讲",充分发挥检察职能,依法严厉打击乌鲁木齐"7·5"、喀什叶城县"2·28"、和田"6·29"等系列严重暴力犯罪,突出打击各类严重刑事犯罪,积极参与打黑除恶专项斗争和扫黄打非、打击电信诈骗、禁毒等专项行动。配合有关部门开展对重点地区、重点领域的集中整治,有效遏制了犯罪分子的嚣张气焰,促进了社会稳定形势的好转。五年中,全区检察机关共批准逮捕各类刑事犯罪嫌疑人81443人,提起公诉107555人,有力地维护了社会稳定,保障了人民群众生命财产安全。

三、坚决查办和积极预防职务犯罪,促进反腐倡廉建设

全区检察机关坚持把严肃查办、积极预防职务犯罪摆在突出位置,深化重点领域突出问题专项治理,集中清理积案线索和久侦不结案件,集中力量查办大案要案。五年来,共立案查办贪污贿赂、渎职侵权等职务犯罪案件2844件,其中贪污贿赂5万元、挪用公款10万元以上的大案1120件,百万元以上案件99件;查办涉嫌犯罪的县处级以上领导干部要案178人,其中厅局级干部17人。依法查办了原伊犁州人大塔城工委副主任武成元(副厅级)和原伊犁州常委、伊宁市委书记焦宝华(副厅级)受贿案等大要案。通过办案为国家挽回经济损失4.66亿元。针对司法活动中执法不严、执法不公等人民群众反映强烈的突出问题,依法查办司法执法人员滥用职权、枉法裁判、徇私舞弊等职务犯罪案件238人。在不断加大办案力度的同时,狠抓侦查工作规范化建设,侦查水平、办案质量和效果有了较大提高。

把预防职务犯罪工作摆在重要位置。五年来,在交通、国土资源、金融等20多个重点行业和领域,联手开展系统预防。结合办案剖析发案原因和对策,向有关部门提出各类检察建议、调查报告等438件。加强警示教育基地建设,举办反贪污贿赂和惩治预防渎职侵权犯罪大型展览全区巡展,收到了良好的效果。

四、强化对诉讼活动的法律监督,有效维护司法公正

加强诉讼监督,坚决防止和纠正打击不力的问题。一是以纠正有案不立、有罪不究、以罚代刑等问题为重点,加强刑事立案监督,对侦查机关应当立案而未立案的依法监督立案887件。二是以防止漏罪、漏犯为重点,加强侦查活动监督,对应当批捕、起诉而未报请批捕和移送起诉的,依法决定追捕、追诉1128人。三是以解决重罪轻判、有罪判无罪等问题为重点,加强刑事审判监督,依法对确有错误的刑事判决、裁定提出抗诉372件。四是强化刑罚执行和监管活动监督,以解决违反规定不交付执行和违法办理减刑、假释、保外就医等问题为重点,依法纠正各类违法行为300人次。五是加强民事行政诉讼监督,对确有错误的民事行政判决、裁定依法提出抗诉754件。认真落实宽严相济刑事政策,对涉嫌犯罪但无逮捕必要的,依法决定不批捕9924人;对依法不需要判处刑罚或者免除刑罚的,决定不起诉6107人。对诉讼活动中的违法行为提出书面纠正意见1442件次,清理超期羁押517人。

加强控告申诉检察工作,深入开展检察官进社区、进农村、进企业、进学校活动。健全落实下访巡访、联合接访等制度,办理群众来信来访8938件次。立案复查刑事申诉案件368件,依法纠正42件。依法立案复查刑事赔偿案件82件,决定给予赔偿21件。普遍实行检察长接待日制度,接待来访群众4084人次。完善12309举报电话和民生服务热线,建立查询服务窗口,方便群众向检察机关反映诉求。

五、深化检察改革,强化对自身执法活动的监督制约

深化检务公开。全面推行人民监督员制度,增强执法工作透明度。严格执行诉讼参与人权利义务告知制度,对不起诉、申诉、重信重访案件必要时实行公开审查和听证。严格落实非法证据排除规定,落实和规范讯问职务犯罪嫌疑人全程同步录音录像制度,对侦查活动明确提出"十个依法、十个严禁"。依法保障律师执业权利,规定不得无故拖延、推诿或者刁难律师提出的合法要求。实行执法办案集中管理新机制,建立统一受案、全程管理、动态监督、案后评查、综合考评的执法办案管理模式,提高办案质量和效率。

强化内部监督。突出加强对侦查、审查逮捕、公诉等重要岗位和不批捕、不起诉、撤案、变更强制措施等关键环节的监督,防止检察权的滥用。严格执行逮捕职务犯罪嫌疑人报上一级检察院审查决定制度,切实保证侦查权依法正确行使。全面推行检务督察制度,强化上级检察院对下级检察院执法办案全过程的监督,建立健全专项检查、同步监督、责任追究等机制,以"零容忍"的态度严肃查处检察人员违法违纪案件。五年共查处违法违纪检察人员35人。

六、大力加强检察队伍建设,队伍整体素质明显提高

切实加强对检察人员的教育、管理和监督,开展了"维护人民群众合法权益、解决反映强烈突出问题"等专项检查活动。注重解决检察人员在理想信念、宗旨意识、执法办案等方面存在的突出问题,把执法不严、耍特权、逞威风、办关系案、人情案,对待群众冷、硬、横、推,以及吃、拿、卡、要等问题作为重点,采取自查自纠、开门整顿、评查案件、回访当事人等形式,查摆问题,积极整改。突出加强领导班子建设,协助组织部门完成了对地县两级检察院领导班子换届工作,对新任党组书记、正副检察长开展了全员政治业务轮训。加强教育培训工作,以领导干部和执法办案一线检察官为重点推进全员培训。广泛开展业务竞赛和全区"十佳公诉人"、"十佳办案能手"评选,举办各类培训班946期,培训干警33110人次。2010年,最高人民检察院与自治区党委组织部组成联合考察组,对自治区检察院领导班子进行了深度考察,给予了较高评价。

七、全面推进基层检察院建设,基层基础工作明显加强

制定《2009—2012年新疆基层检察院建设规划实施意见》和《分州市级检察院推进基层检察院建设工作意见》,全面规划和落实基层检察院执法规范化、队伍专业化、管理科学化、保障现代化建设。加大增编补员力度,有效解决了基层检察院办案力量不足问题,为基层检察院公开招录检察人员1038名。坚持领导干部联系基层、业务部门对口指导等制度。五年来,全区99个基层检察院中,有21个院和46名干警受到最高人民检察院的表彰。自治区检察院会同有关部门建立完善了地州市和县区两级检察院公用经费保障标准等配套制度,基层检察院经费保障逐年改善。有97%的检察院完成了"两房"建设,基层检察院整体面貌明显改观。落实铁路运输检察院管理体制改革,按期顺利完成了移交工作。检察援疆工作以提高法律监督能力和执法办案水平为中心,以提高检察人员综合素质为重点,把受援重点放在业务、人才、教育和科技等软件建设上,各项工作呈现出成效显著的良好局面。

八、自觉接受人大、政协监督,保障检察权依法正确行使

认真贯彻落实自治区人大常委会《关于加强检察机关法律监督工作的决定》,坚持经常主动向人大及其常委会报告重要工作,积极配合常委会开展专题调研和执法检查。自治区人民检察院已连续五年向自治区人大常委会报告专项检察工作开展情况。加强与人大代表和政协委员的联系,自觉接受人大监督、政协民主监督,主动征求社会各方面对检察工作的意见建议,与各级人大召开联席会议540余次,向各级人大报告工作1200余次。认真办理人大代表、政协委员提案335件,诚恳听取批评、意见和建议、不断改进工作。

兵团检察机关在自治区党委、兵团党委和最高人民检察院的领导下,全面履行法律监督职责,各项检察工作取得了显著成绩。

五年来,新疆检察机关在实践中不断探索和前进,使我们对做好新时期检察工作的认识进一步明确和提高。一是必须把坚持党的绝对领导作为做好检察工作的根本保证。最根本的就是要坚定不移地贯彻落实中央和自治区党委的决策部署,在思想、政治、组织和行动上与党中央和自治区党委保持高度一致,把党的政策主张不折不扣地落实到具体的执法办案实践中,始终保持对党绝对忠诚的政治本色。二是必须把科学发展观作为检察工作的指导思想。才能正确认识和解决检察工作中面临的各种问题;才能有效地统一执法思想,树立正确的执法理念;才能解放思想、与时俱进,不断开创检察工作新局面。三是必须把接受人大监督作为加强和改进检察工作的强大动力。要强化接受人大监督意识,完善接受人大监督的制度化、规范化工作机制,密切同人大代表的联系,在人大监督下不断加强和改进检察工作。四是必须把围绕中心,服务大局作为检察工作的出发点和落脚点。自觉把检察工作置于自治区改革发展稳定的大局中审视、研判和谋划,适时调整工作重点,创新工作思路,综合运用打击、保护、监督、预防等检察职能,化解矛盾,维护稳定,保障改革,促进发展。五是必须把维护社会公平正义作为检察工作的首要价值追求。要牢记宗旨,坚持立检为公,强化执法为民观念,不断适应人民群众的要求改进工作方式、方法,努力在解决人民群众的新期待新要求上有新思路和新举措。六是必须把规范执法作为正确行使检察权的重要保障。坚持程序与实体并重、打击犯罪与保障人权并重,以公开促公正,不断增强检察工作透明度。坚持用法律、纪律和制度来约束检察权的行使,防止利益驱动和执法随意性。七是必须把基层基础建设作为检察事业长远发展的基础。必须紧紧扭住基层检察院建设不放松,下大力气解决制约基层检察院发展的突出问题,促进检察工作整体水平的提高,为检察事业的持续发展奠定坚实的基础。这些实践经验的总结,是检察工作必须始终遵循的重要原则,也是我们不断取得成绩最为宝贵的精神财富。我们一定要倍加珍惜、长期坚持,并在新的实践中不断加以丰富和发展。

在总结成绩的同时,我们也清醒地认识到,检察工作中还存在一些问题和不足。一是法律监督职能作用发挥还不够充分。二是检察队伍整体素质还不适应新形势发展的要求。三是少数检察人员法治意识、宗旨意识淡薄,还存在违法违纪现象。四是基层基础建设还有待加强。对这些问题,我们将在各级党委和人大的有力支持和监督下,通过自身努力认真加以解决。

2013年检察机关的主要任务

各位代表,党的十八大确定了全面建成小康社会和全面深化改革开放的目标,对新的时代条件下推进中国特色社会主义事业作出了全面部署。自治区党委和最高人民检察院对全面学习贯彻十八大精神、认真做好2013年政法工作和检察工作已作出全面部署。2013年我们将重点抓好以下工作:

一、深入学习贯彻党的十八大精神

把深入学习贯彻党的十八大精神作为当前和今后一个时期全区检察机关首要的政治任务,组织和引导广大检察人员,把思想和行动统一到十八大和中央新疆工作座谈会、自治区第八次党代会精神上来,把智慧和力量凝聚到完成中央和自治区党委确定的各项目标任务上来,围绕中心,服务大局,顺应人民群众对公共安全、司法公正、权益保障的新期待,保障和促进我区社会主义经济建设、政治建设、文化建设、社会建设和生态文明建设。继续把学习贯彻修改后刑事诉讼法、民事诉讼法摆在突出位置,积极适应法律修改新要求,牢固树立正确执法理念,准确把握立法精神,进一步加大法律监督力度,提高法律监督水平,确保法律得到全面正确有效实施。

二、切实维护国家安全和社会稳定

坚持反分裂,坚持"反暴力、讲法治、讲秩序",按照"四个坚决"目标,始终把严厉打击"三股势力"分裂破坏活动摆在各项检察工作之首,不断巩固和发展斗争成果。坚持依法治区与以德治区相结合,求实效地抓好社会稳定和平安新疆建设。依法严厉打击各类刑事犯罪,密切关注社会治安和公共安全出现的新特点、新动向,积极参与平安创建和重点地区突出治安问题专项整治,突出打击严重暴力犯罪、黑恶势力犯罪、多发性侵财犯罪、毒品犯罪和危害食品药品安全等犯罪,依法严惩以报复社会为目的的危害公共安全和个人极端暴力犯罪,切实保障人民群众安居乐业、社会安定有序。

三、加大查办和预防职务犯罪工作力度

充分发挥检察机关在惩治和预防腐败体系建设中的职能作用,把查办职务犯罪工作摆在突出位置,对构成犯罪的腐败分子彻底查处,严惩不贷。继续集中力量查办大案要案,重点查办发生在领导机关和领导干部中贪污贿赂等犯罪案件;重大食品药品安全、重大责任事故背后的失职渎职犯罪案件以及严重侵犯公民人身权利、民主权利的犯罪案件;司法人员和行政执法人员贪赃枉法、滥用职权的犯罪案件。积极做好预防职务犯罪工作,努力从源头上预防职务犯罪的发生和蔓延。

四、加强和改进对诉讼活动的法律监督

全面加强诉讼监督,依法监督纠正执法违法、司法不公现象。深化行政执法与刑事司法衔接,拓展参与社会管理途径和方式,促进依法行政和社会管理法制化。坚持惩治犯罪和保障人权并重,完善保障律师执业权利,强化对刑讯逼供等违法取证活动的监督。加强派驻监管场所检察工作,健全刑罚变更执行同步监督机制。加强和规范民事行政检察监督,切实转变"重刑轻民"的观念,促进民事行政检察工作健康发展。坚持经常性监督与专项监督相结合,狠抓薄弱环节,努力在解决人民群众反映强烈的突出问题上取得新成效。

五、积极参与加强和创新社会管理

全面推进平安新疆建设,更加注重把执法办案作为参与加强和创新社会管理的基本手段,重点查办国家工作人员利用社会管理职权实施的职务犯罪案件,促进有关职能部门依法正确履行社会管理职能。更加注重把化解矛盾贯穿执法办案始终,贯彻落实宽严相济的刑事司法政策,全面体现打击、教育、感化、挽救的功能。加强释法说理,耐心细致做好答疑释惑、思想疏导工作,防止因执法办案不当引发涉检信访特别是群体性和突发性事件。更加注重人性化执法,正确把握法律政策界限和办案时机,防止因自身执法不当给社会造成负面影响。

六、全面加强队伍建设和基层基础建设

继续强化对领导干部的教育、管理和监督,树立正确的发展理念和执法理念,提高准确把握大局、严格依法办事的能力。加强队伍专业化建设,不断加大教育培训力度。推进执法规范化建设,深化案件管理机制改革,全面加强案件管理和监督。加大检务督察力度,重点加强对修改后刑事诉讼法和民事诉讼法执行情况的监督检查。严格执行各项纪律和禁令,对检察人员违法违纪行为坚决查处,决不姑息。进一步做好检察对口援疆工作,不断提高受援工作的针对性和实效性。切实加强基层检察院建设,对条件艰苦、工作任务重的基层检察院,在人员编制、干警招录、人才引进等方面给予倾斜,逐步完善落实稳定基层队伍的政治、经济待遇。

七、更加自觉接受人大监督、民主监督和社会监督

认真落实人大及其常委会的决议和决定,完善接受人大监督的制度措施。加强与人大代表、政协委员的经常性联系,认真负责办理议案、提案和建议。全面实行人民监督员制度,进一步深化检务公开,完善民意收集、研究、采纳、回应机制,真诚听取群众意见、接受监督。加强检察文化建设,大力宣传检察工作,最大限度地满足人民群众的知情权和参与权,使人民群众更多地了解检察工作,更好地监督检察工作。

在新的历史时期,检察机关肩负的任务将更加艰巨和繁重。全区检察机关将切实按照本届大会决议要求,以执法办案为中心,强化法律监督,维护公平正义,推动科学发展,促进社会和谐,坚持变化变革、敢于担当、求真务实,更加奋发有为地做好各项检察工作,为推进新疆跨越式发展和长治久安作出新的贡献。

第四部分

检察工作概况

第四部分

材料工艺学

全国检察工作

综述 2013年,在以习近平同志为总书记的党中央正确领导下,在全国人大及其常委会有力监督下,全国检察机关深入贯彻党的十八大、十八届三中全会和习近平总书记一系列重要讲话精神,认真落实十二届全国人大一次会议精神,紧紧围绕党和国家工作大局,忠实履行宪法和法律赋予的职责,全力推进平安中国、法治中国和过硬队伍建设,各项检察工作取得新进展。

一、充分发挥检察职能作用,着力保障和促进经济社会发展。

强化大局意识和民生意识,充分发挥惩治、预防、监督、教育、保护等职能作用,依法保障和促进稳增长、调结构、促改革、惠民生等重大政策措施的落实。

依法惩治破坏市场经济秩序的犯罪。积极参与打击制售假冒伪劣商品、整治非法集资和非法传销等专项行动,加大打击严重经济犯罪力度,批准逮捕制假售假、集资诈骗、组织传销等破坏市场经济秩序犯罪嫌疑人47016人,提起公诉84201人。依法惩治侵犯知识产权犯罪,对假冒注册商标、侵犯著作权、侵犯商业秘密等犯罪嫌疑人批准逮捕5081人、提起公诉8802人。最高人民检察院印发打击侵犯知识产权十大典型案例,为各级检察机关执法办案提供参考。推进行政执法与刑事司法衔接,健全情况通报、信息共享、案件移送机制,督促行政执法机关移送涉嫌犯罪案件6873件8504人,推动解决有案不立、有案难移、以罚代刑等问题。依法平等保护各种所有制经济,注重对非公企业特别是小微企业的司法保护,促进公平参与市场竞争。

突出查办和预防重点领域的职务犯罪。抓住公共投资和产业结构调整的关键领域和环节,依法查办和预防公共资源出让、国有企业改制、铁路公路建设等领域职务犯罪。推动治理商业贿赂和工程建设领域突出问题长效机制建设,立案侦查涉嫌商业贿赂犯罪的国家工作人员4549人、工程建设领域职务犯罪8173人。在全国范围内选择100个重大工程建设项目进行专项预防,会同有关单位共同防控廉政风险。强化对环境资源的司法保护,依法起诉重大环境污染事故、非法采矿、盗伐滥伐林木等犯罪嫌疑人20969人,在环境监管、污染治理、生态修复工程建设等领域查办职务犯罪1290人,促进生态文明建设。

更加重视保障和改善民生。会同有关部门出台办理危害食品安全刑事案件的司法解释,积极参与食品药品安全专项整治,批准逮捕危害食品药品安全犯罪嫌疑人6258人,提起公诉10540人,最高人民检察院对712起重特大案件进行挂牌督办。依法同步介入火灾、矿难等重大责任事故调查,立案侦查事故背后涉嫌失职渎职等职务犯罪的国家工作人员969人,最高人民检察院直接介入中储粮黑龙江林甸粮库大火、山东青岛"11·22"中石化东黄输油管道泄漏爆炸等4起特别重大责任事故调查。部署开展危害民生的刑事犯罪专项立案监督,督促有关部门移送涉嫌危害民生犯罪案件4290件,督促侦查机关立案3148件。深化综合服务平台、民生服务热线、派出检察室建设,深入开展文明接待室创建活动,加强视频接访、下访巡访、巡回检察等工作,进一步健全完善联系服务群众工作机制。加强对农民工、残疾人、老年人、农村留守儿童的司法保护,对侵犯其合法权益构成犯罪的,依法追究刑事责任。

二、深入推进平安中国建设,全力维护社会和谐稳定。

认真贯彻中央关于推进平安中国建设的重大部署,充分履行批捕、起诉等职能,积极探索参与社会治理的途径和方式,维护社会治安大局持续稳定。

依法惩治严重刑事犯罪。积极投入反分裂、反颠覆、反恐怖斗争,坚决打击危害国家安全犯罪和暴力恐怖犯罪。密切关注社会治安和公共安全出现的新特点新动向,积极参与打击"两抢一盗"、治爆缉枪等专项行动,严惩黑恶势力犯罪、多发性侵财犯罪等严重刑事犯罪,严惩以报复社会为目的危害公共安全犯罪和个人极端暴力犯罪,共批准逮捕各类刑事犯罪嫌疑人879817人,提起公诉1324404人。会同有关部门制定依法惩治性侵害未成年人犯罪的意见,严厉打击性侵幼女、校园性侵等犯罪行为。积极参与维护妇女儿童权益专项治理工作,对拐卖、收买妇女儿童犯罪嫌疑人提起公诉2597人。

注重预防化解社会矛盾。全面贯彻宽严相济刑事政策,对涉嫌犯罪但无逮捕必要的,决定不批捕82089人;对犯罪情节轻微、依照刑法规定不需判处刑罚的,决定不起诉51393人,同比分别上升2.8%和34.3%。完善检调对接、刑事和解机制,对轻微刑事案件中犯罪嫌疑人真诚悔罪,通过向被害人赔偿损失、赔礼道歉等方式取得被害人谅解,达成和解协议的,依法不批捕、不起诉,或建议人民法院从宽处罚。全面推行执法办案风险评估预警机制和检察文书说理制度,促进矛盾纠纷的源头治理。坚持和发展"枫桥经验",畅通群众诉求表达渠道,加强检察长接待、视频接访、下访巡访、联合接访等工作,共办理群众信访47.9万件次。完善落实司法救助制度,对13681名生活确有困难的刑事被害人及其近亲属提供司法救助。

积极参与创新社会治理方式。加强检察环节社会治安综合治理,配合有关部门对校园周边、城中村等治安重点地区和突出治安问题开展专项整治,促进立体化社会治安防控体系建设。出台办理利用信息网络实施诽谤等刑事案件的司法解释,加大打击利用网络实施的诽谤、敲诈勒索、非法经营等犯罪力度。修订人民检察院办理未成年人刑事案件规定,推行合适成年人、社会调查、附条件不起诉、犯罪记录封存等制度,加强教育、感化、挽救。推动涉罪人员管护帮教基地建设,依法平等保护涉罪外来流动人员的诉讼权利。结合执法办案,及时向有关部门提出创新社会治理、完善制度机制的检察建议,更好地发挥检察机关在社会治理中的法治保障作用。

三、坚持有案必查、有腐必惩,加大查办和预防职务犯罪工作力度。

认真贯彻中央关于反腐败斗争的重大部署,把查办和预防职务犯罪工作摆上更加突出位置,突出工作重点,加大办案力度,促进惩治和预防腐败体系建设。

突出查办职务犯罪大案要案。全年共立案侦查贪污贿赂、渎职侵权等职务犯罪案件37551件51306人,同比上升9.4%和8.4%。坚持"老虎"、"苍蝇"一起打,坚决查办发生在领导机关和领导干部中的权钱交易、徇私枉法、失职渎职等职务犯罪,立案侦查大案27681件,涉嫌犯罪的县处级以上国家工作人员2871人(含厅局级253人、省部级8人)。依法查处拉拢腐蚀国家工作人员的行贿犯罪5515人,同比上升18.6%。成功举办国际反贪局联合会第五届研讨会和第七次年会,加强反腐败国际司法合作,加大境内外追逃追赃力度,会同有关部门追缴赃款赃物计101.4亿元,抓获在逃职务犯罪嫌疑人762人。

严肃查办群众反映强烈的腐败犯罪。组织开展查办和预防发生在群众身边、损害群众利益的职务犯罪专项工作,深入征地拆迁、教育、就业、住房、社会保障、生态环境、安全生产、医疗医药、执法司法等重点领域,依法立案侦查34147人。严肃查办和积极预防涉农资金管理使用、农村基础设施建设、农村土地制度改革、农村基层组织建设等涉农领域的职务犯罪,促进农业农村发展,维护农民群众合法权益。

深入开展职务犯罪预防。结合执法办案,加强典型职务犯罪案例分析和预防调查,向发案单位和相关部门提出预防建议39516件,促进健全权力运行制约和监督体系。组织百优预防职务犯罪警示教育基地评选,举办首届廉政公益海报大赛,开展警示教育和预防宣传,700多万人受到教育。完善行贿犯罪档案查询系统,共受理查询148万余次。坚持惩治和预防职务犯罪年度报告制度,建立专题报告制度,加强犯罪原因分析和预防对策研究,为同级党委、人大、政府提供决策参考。积极推动预防职务犯罪法制化建设,19个省和部分较大市的人大常委会出台了预防职务犯罪工作条例或决议。

四、强化对诉讼活动的法律监督,深入推进法治中国建设。

认真贯彻修改后的刑事诉讼法和民事诉讼法,全面正确履行对诉讼活动的法律监督职责,促进社会公平正义。

坚守防止冤假错案底线。认真吸取冤假错案的深刻教训,制定《关于切实履行检察职能,防止和纠正冤假错案的若干意见》,健全检察环节错案发现、纠正、防范和责任追究机制。坚持法律面前人人平等,坚持以事实为依据、以法律为准绳,坚持疑罪从无,在自身严格执法的同时,深入学习宣传张飚精神,依法履行监督职责,对侦查机关不应当立案而立案的,督促撤案25211件;对滥用强制措施、刑讯逼供等侦查活动违法情形提出纠正意见72370

件次,对证据不足和不构成犯罪的决定不批捕100157人、不起诉16427人。坚持有错必纠,对浙江张氏叔侄强奸杀人案、安徽于英生杀妻案等重大冤假错案,及时向人民法院提出依法予以再审改判的意见。

加强刑事诉讼监督。修订和落实人民检察院刑事诉讼规则,坚持惩罚犯罪与保障人权、实体公正与程序公正并重,对侦查机关应当立案而不立案的督促立案29359件,不应当立案而立案的督促撤案25211件;对应当逮捕而未提请逮捕、应当起诉而未移送起诉的,追加逮捕39656人、追加起诉34933人;对滥用强制措施、刑讯逼供、暴力取证等侦查违法情形提出纠正意见72370件次;对认为确有错误的刑事裁判提出抗诉6354件。认真履行修改后刑事诉讼法新赋予的职责,依法监督纠正阻碍辩护人行使诉讼权利案件2153件、指定居所监视居住不当606件,对已经逮捕的23894人开展羁押必要性审查,对适用简易程序审理的49万余件公诉案件派员出席法庭。

加强刑罚执行和监管活动监督。完善刑罚变更执行同步监督机制,建立逐案审查制度,提出书面检察意见169926人,从中监督纠正减刑、假释、暂予监外执行不当16708人次。联合公安部、司法部开展罪犯交付执行和留所服刑专项检查活动,监督纠正监管活动违法情形42873件次。完善换押和羁押期限变更通知制度,依法监督纠正超期羁押432人。加强和改进社区矫正法律监督工作,监督纠正交付、矫治活动中不当行为4.8万余件。

加强民事行政诉讼监督。制定深入推进民事行政检察工作科学发展的意见和人民检察院民事诉讼监督规则,完善多元化监督格局,加大对民事、行政审判和执行活动的法律监督力度。对生效裁判、调解书提出抗诉和再审检察建议15538件,对审判中的违法情形提出检察建议18398件,对民事执行不当提出检察建议41069件。对侵害国家和社会公共利益的案件,督促履行职责35915件,支持起诉19021件。坚持抗诉与息诉并重,对认为裁判正确的22305件申诉案件,耐心做好当事人的服判息诉工作。

严惩司法人员职务犯罪。坚持强化诉讼监督与查办职务犯罪相结合,深挖司法不公背后的腐败犯罪,依法查处涉嫌贪赃枉法、徇私舞弊等犯罪的司法人员2279人,纯洁司法队伍。

五、强化自身监督,健全检察权运行制约和监督体系

切实增强监督者更要主动接受监督的意识,自觉接受内外部监督制约,保障检察机关执法办案活动严格依法进行。

自觉接受人大监督。十二届全国人大一次会议闭幕后,最高人民检察院立即召开全国检察机关电视电话会议,对贯彻落实全国"两会"精神作出全面部署。按照全国人大常委会要求,完成司法解释集中清理工作,共清理司法解释452件。主动向人大常委会报告工作,积极配合常委会开展专题调研和执法检查。向全国人大常委会专题报告检察机关反贪污贿赂工作情况,并根据常委会组成人员的审议意见认真研究落实措施。重视与人大代表的经常性联系,通过召开座谈会、邀请视察、联合调研和专网专线联络等形式,诚心诚意听取意见和建议。全国人大代表提出的71件议案、建议全部办结。

自觉接受民主监督。健全与各民主党派、工商联和无党派人士联系机制,主动向政协通报检察工作情况,联合开展专题调研。全国政协委员提出的29件提案全部办结并及时答复。充分发挥人民监督员、特约检察员、专家咨询委员监督执法办案、参与检察决策等作用,人民监督员共监督职务犯罪七类案件2938件。

深化检务公开。大力推行阳光检务,设立检务公开大厅和服务窗口,定期举办检察开放日、举报宣传周等活动,对案件事实、适用法律有疑难或者有较大社会影响的不起诉、申诉等案件,实行公开审查、公开答复。完善检察环节保障律师执业权利的工作机制,注重听取律师意见,促进自身公正执法。加强检察门户网站、检察微博等新媒体平台建设,及时客观向社会公开检察工作信息,增强执法办案透明度。高度重视涉检舆情,认真核查、及时处理,回应社会关切。

加强对执法办案的监督管理。深化案件管理机制改革,全面推行统一业务应用系统,构建业务信息网上录入、业务流程网上管理、业务活动网上监督、业务质量网上考评的综合管理平台,加强对执法办案的全面、实时、动态监督管理。最高人民检察院修订检察机关执法工作基本规范,严格执行讯问职务犯罪嫌疑人全程同步录音录像制度,推行申诉案件受理与办理相分离制度,强化内部监督制约。加大检务督察力度,最高人民检察院对10个

省份的 90 个检察院组织开展交叉督察，重点督察涉案款物管理、执法办案活动等情况，对发现的问题及时通报、限期整改。

六、加强自身建设，提高检察队伍整体素质和执法水平。

坚持把提高执法公信力摆在更加突出的位置，制定实施加强和改进新形势下检察队伍建设的意见，全面强化队伍的教育、管理和监督，努力建设一支高素质过硬检察队伍。

认真组织开展党的群众路线教育实践活动。根据中央的统一部署，最高人民检察院和各省级检察院精心组织，周密部署，扎实推进教育实践活动开展。强化群众观点和宗旨意识教育，引导广大检察人员自觉践行群众路线，不断夯实立检为公、执法为民的思想基础。坚持开门搞活动，广泛听取社会各界和人民群众的意见建议。以整风精神着力整改"四风"和执法司法突出问题，对群众反映集中的控告申诉难等 14 个问题开展专项整治。充分发挥先进典型激励作用，开展"寻找最美检察官"活动，表彰宣传张飚、林志梅、沙沨等一批为民公正廉洁执法的先进典型。

大力加强教育培训。把教育培训作为加强队伍建设的重要抓手，全面部署大规模教育培训工作，积极推进分级分类全员培训和岗位练兵活动，累计培训检察人员 17.2 万人次。最高人民检察院对省级检察院新任检察长、领导班子成员和业务骨干进行了集中培训。制定实施加快推进"检察人才六项重点工程"意见，组织评选第三批全国检察业务专家，开展全国优秀公诉人、侦查监督能手等业务竞赛和岗位练兵，提高专业化水平。加大对中西部和贫困地区检察人才建设扶持力度，加强少数民族地区"双语"人才培养，选派全国检察业务专家、业务骨干赴贵州、云南、西藏巡讲支教，国家检察官学院直接培训西藏、新疆和其他西部地区检察人员 3200 名。

坚持抓好自身反腐倡廉和纪律作风建设。坚决贯彻中央改进工作作风、密切联系群众八项规定精神，制定检察机关实施办法，出台和落实厉行勤俭节约、反对铺张浪费以及检察人员八小时外行为禁令等具体规定，加强示范教育、警示教育和岗位廉政教育，深入推进廉政风险防控机制建设。认真落实领导干部述职述廉、巡视等制度，组织 9 个省级检察院检察长向最高人民检察院述职述廉，对 7 个省级检察院领导班子进行巡视，加强对领导干部行使权力的监督。加大正风肃纪力度，严肃查处违纪违法检察人员 210 人，其中依法移送追究刑事责任 26 人。

全面加强基层检察院建设。坚持不懈抓基层、打基础，完善基层建设指导机制，落实上级检察院深入基层蹲点调研、业务部门对口指导等制度，最高人民检察院对 5 个省市 20 个基层检察院进行抽样评估，表彰宣传 200 个全国先进基层检察院。加大上挂下派和东西部检察机关互派挂职锻炼力度，健全基层检察院结对共建制度，推动解决办案力量紧张、人才流失、经费不足等问题。规范和加强派出检察室工作，全国已设立派出检察室 2758 个，夯实执法为民一线平台。统筹推进检察业务、人才智力、资金项目援藏援疆援青工作，促进西藏、四省藏区和新疆检察工作加快发展。

（最高人民检察院办公厅　程　文）

全国检察机关学习贯彻全国"两会"精神电视电话会议　2013 年 3 月 22 日，最高人民检察院召开全国检察机关学习贯彻全国"两会"精神电视电话会议。会议的主要任务是，深入学习贯彻全国"两会"和习近平总书记一系列重要讲话精神，进一步加强和改进检察工作，努力为维护社会公平正义、促进经济持续健康发展和社会和谐稳定提供有力的司法保障。最高人民检察院检察长曹建明出席会议并讲话，常务副检察长胡泽君主持会议，副检察长邱学强、朱孝清、孙谦、姜建初、张常韧、柯汉民，中央纪委驻最高人民检察院纪检组组长莫文秀，政治部主任李如林，检察委员会专职委员陈连福出席会议。最高人民检察院机关各内设机构、直属事业单位全体干部和离退休干部党支部书记，军事检察院领导、内设机构主要负责人在主会场参加会议。各省、自治区、直辖市人民检察院，新疆生产建设兵团人民检察院领导同志、内设机构负责人，各大军区检察院检察长，市、县级检察院领导同志和内设机构负责人在各分会场参加了会议。

会议强调，十二届全国人大一次会议和全国政协十二届一次会议，是民主、团结、求实、奋进的大会，是承前启后、继往开来的大会。习近平总书记在中央政治局第四次集体学习和"两会"期间的一系列重要讲话，为加强和改进检察工作进一步指明了方向。孟建柱同志在中央政法委全体会议上又对学习贯彻全国"两会"精神提出了明确要求。各级检察机关要认真学习习近平总书记等中央领导同志的重要讲话，学习全国人大常委会工作报告、政府工作报告等重要文件，切实把思想和行动统一到"两会"精神和中央要求上来，进一步增强做好检察工作的使命感和责任感。要通过学习，充分认识五年来我国各项事业取得的巨大成就和宝贵经验，进一步坚定道路自信、理论自信、制度自信。通过学习，全面把握中央对当前形势的分析判断，深入了解我国经济社会发展的目标任务和重大部署，更加积极主动地做好维护改革发展稳定大局的各项工作。通过学习，进一步增强接受人大监督和民主监督的自觉性，坚定不移走中国特色社会主义政治发展和法治建设道路。通过学习，深刻把握党和人民对检察工作的新要求，忠实履行法律监督职责，为全面推进依法治国、全面建成小康社会作出新的更大贡献。

会议指出，"两会"期间，最高人民检察院领导、检察委员会专职委员带队，派出35个旁听组旁听人大代表审议"两高"报告，8个旁听组旁听政协委员讨论"两高"报告。"两会"闭幕后，最高人民检察院党组立即召开扩大会议，逐一听取各旁听小组关于代表、委员审议讨论情况的汇报，研究贯彻落实意见。从全国人大代表、全国政协委员审议和讨论情况看，代表、委员对过去五年的检察工作给予充分肯定，认为五年来，全国检察机关大局观念强，为保障经济持续健康发展作出了积极贡献；坚持执法为民，针对民生热点问题主动作出回应，彰显了惩治危害民生犯罪的决心和力度；重视深入基层、贴近群众开展工作，执法作风明显改进；在依法惩治犯罪的同时，更加注重保障人权，让人民群众感受到法治的进步；敢于直面自己的问题，高度重视从严治检，整体素质和执法水平明显提升，社会形象越来越好。代表、委员对进一步加强和改进检察工作也提出了许多中肯、宝贵的意见建议。最高人民检察院对代表、委员的意见和建议进行了全面梳理并印发各地，各级检察机关要组织检察人员认真学习讨论，对代表、委员给予的肯定，要总结经验、巩固提高；对指出的不足，要剖析原因、及时改进；对提出的意见建议，要深入研究、认真吸纳，切实转化为加强和改进工作的动力。特别是对代表委员反映比较集中的问题，必须采取扎实有力的措施，抓好整改落实，务求取得实效。

会议要求，各级检察机关要把贯彻落实"两会"精神与贯彻落实党的十八大、十八届一中、二中全会和习近平总书记一系列重要讲话精神结合起来，与贯彻落实全国政法工作会议、全国检察长会议精神结合起来，进一步明确任务、突出重点、强化措施，推动2013年检察工作取得新的更大成效。

一、坚持围绕中心、服务大局，更好地保障和促进经济社会发展。要更加自觉地把检察工作放在党和国家工作大局中谋划和推进，充分发挥打击、预防、监督、教育、保护等职能作用，为经济社会发展提供更加有力的司法保障。一要着力保障经济持续健康发展，坚决依法惩治非法集资、非法传销、金融诈骗、内幕交易、操纵证券等严重经济犯罪，注重查办和预防产业转型升级、基础设施建设、城镇化建设等领域职务犯罪，加大打击侵犯知识产权、破坏环境资源犯罪力度；高度重视涉农检察工作，依法惩治危害农业生产、影响农村稳定、侵害农民权益的犯罪，扎实抓好集中查办涉农惠民领域贪污贿赂等职务犯罪专项工作；依法妥善处理深化改革中出现的新类型案件。二要积极推进平安中国建设，全力做好检察环节维护国家安全和社会稳定工作，坚决打击敌对势力的分裂、渗透、颠覆活动，依法严厉打击危害社会治安和公共安全的犯罪，保持社会大局稳定；坚持把化解矛盾贯穿于执法办案始终，积极推进涉法涉诉信访工作改革；更加注重发挥检察机关在加强和创新社会管理中的法治保障作用，落实和完善行政执法与刑事司法衔接等各项机制措施。三要积极推进法治中国建设。坚持法律面前人人平等，坚持有法必依、执法必严、违法必究，坚持依法独立公正行使检察权，充分发挥法律监督职能作用，促进严格执法、公正司法、全民守法，维护国家法制统一、尊严、权威；全面强化对诉讼活动的法律监督，认真解决代表、委员反映的减刑、假释、保外就医过多过滥等问题；认真贯彻实施修改后刑事诉讼法和民事诉讼法，及时解决法律实施中的问题；结合执法办案加强法制宣传教育，推动在全社会形成尊崇法治、敬畏法律的氛围。四要积极推进反腐倡廉建设。继续把查办和预防职务犯罪工作放在突出位置来抓，坚持有案必查、有腐必惩，在坚决查办大案要案的同时，围绕人民群众关注的问题，认真组织开展查办和预防发生在群众身边、损害群众利益专项工作。继续加大打击行贿等犯罪力度，增强人民群众对反腐败的信心。进一步抓好中办发文件的贯彻落实，切实加大查办和预防渎职侵权犯罪力度。完善举报工作机制,对涉嫌犯罪的坚决查处,对举报失实的及时澄清,对诬告陷害的依法追究。更加重视职务犯罪预防工作,加大重大典型案件剖析,加强警示教育基地建设,健全行贿犯罪档案查询系统和年度报告、预防建议等制度,提高预防工作的针对性、实效性。

二、坚持以人为本、执法为民,更好地维护人民群众合法权益。要认真落实中央要求和代表、委员的意见建议,着力解决关系群众切身利益的问题。一要牢固树立群众观点,提高群众工作能力,深入开展以为民务实清廉为主要内容的党的群众路线教育实践活动,不断提高做好群众工作的本领。二要加大法律监督力度,切实保障和改善民生,抓住当前人民群众普遍高度关注的安全问题和民生问题,依法严厉打击黑恶势力犯罪和"两抢一盗"、电信诈骗、拐卖妇女儿童、侵害公民个人信息、盗取网络银行账号等犯罪,严肃查办教育、就业、医疗、涉农、社会保障、安全生产等民生领域职务犯罪,强化对涉及环境污染、征地拆迁、拖欠农民工工资等民事行政诉讼的法律监督,加强对残疾人、农村留守老人儿童和其他弱势群体的司法保护。三要完善便民利民措施,推进检察官"四进"活动经常化、制度化,深化民生服务热线、综合性受理接待中心建设,做好视频接访、下访巡访等工作,规范和加强派出检察室建设,重视运用互联网、微博和其他现代科技手段,搭建联系群众、服务群众新平台。

三、进一步加强检察机关自身建设,提升执法能力素质和执法公信力。要认真对照代表、委员对检察队伍建设提出的意见和建议,加强和改进自身建设各项工作,着力提高公正廉洁执法水平。一要着力加强过硬队伍建设。以思想政治建设、提高专业化、职业化水平为重点,加强理想信念教育和职业道德建设,深入实施人才强检战略,建立与检察职业特点相适应的保障机制,狠抓自身纪律作风和反腐倡廉建设,努力造就一支忠诚履职、严格执法、清正廉洁、作风过硬的检察队伍。二要坚持不懈抓好基层基础建设,抓紧制定实施未来五年基层检察院建设规划,完善基层选人用人机制,拓宽优秀人才进入基层检察队伍渠道,切实稳定基层业务骨干队伍;积极争取有关部门支持,推动落实公用经费保障标准,完善经费正常增长机制;加大对中西部地区特别是革命老区、民族地区、边疆地区、贫困地区基层检察院支持力度,抓好援藏、援疆工作,推动基层检察院建设全面协调发展。三要进一步深化检察体制和工作机制改革,落实好中央的各项司法改革部署,围绕解决影响司法公正和制约司法能力的深层次问题,继续以强化法律监督和强化自身监督为主线,加强检察改革的整体规划和顶层设计,特别是要把健全检察权运行制约和监督体系作为检察改革的重要内容,优化职权配置,规范执法行为,深化案件管理机制改革,确保依法独立公正行使检察权。

四、更加自觉接受人大监督、民主监督和社会监督。进一步完善落实接受监督的机制和措施,不断提高自觉接受外部监督转化为切实强化内部监督的能力。重视加强与人大代表、政协委员的经常性联系,改进联络方式,认真办理议案、建议、提案和转交的案件、事项;进一步完善特约检察员、人民监督员制度,健全与各民主党派、工商联和无党派人士联系机制,实现接受外部监督工作制度化、规范化、经常化。要进一步深化检务公开。拓展检务公开范围、创新公开方式,除法律规定不能公开的外,逐步实现执法依据、程序、流程、结果一律公开。要加强检察宣传和舆论引导工作,加强网络舆情动态监测,完善舆情收集、研判、应对、处置机制,不断提高新媒体时代舆论引导能力。

(最高人民检察院办公厅 王才玉)

大检察官研讨班 2013年7月9日至12日,最高人民检察院在河北省秦皇岛市举办大检察官研讨班。主要任务是:深入学习贯彻党的十八大精神和中央关于深化司法体制改革的部署要求,分析检察改革面临的形势,围绕深化改革的总体思路、发展目标、基本原则和重点任务等重大问题务虚,进一步开阔思路、凝聚共识,共同谋划好今后五年检察改革工作,为检察事业科学发展提供更加有力的体制机制保障。最高人民检察院领导、检察委员会专职委员,机关各内设机构、各直属事业单位负责人;各省、自治区、直辖市人民检察院,军事检察院,新疆生产建设兵团人民检察院检察长和大检察官参加会议。部分挂职最高人民检察院的法学专家、最高人民检察院专家咨询委员应邀出席会议。

最高人民检察院检察长曹建明就深化检察改革的相关问题作了讲话,常务副检察长胡泽君作了总结讲话。研讨班邀请国家发改委副主任连维良、中国人民大学副校长王利明等专家学者围绕深化改革的形势、司法改革和检察改革的有关问题作了专题讲座。与会代表围绕习近平总书记关于法治建设和政法工作的重要讲话和批示及曹建明检察长的讲话,联系实际进行了认真讨论,并对修改完善《关于进一步深化检察改革的意见(2013—2017年工作规划)讨论稿》提出了意见建议。

研讨班期间,曹建明检察长主持召开三场座谈会,分别听取地方检察机关对最高人民检察院开展党的群众路线教育实践活动、加强作风建设等方面的意见和建议,法学专家学者对最高人民检察院开展党的群众路线教育实践活动以及对检察工作、检察队伍建设的意见建议。举行了大检察官颁证暨宣誓仪式,曹建明检察长先后为21名新任的大检察官颁发了一级大检察官和二级大检察官等级证书,并带领全体大检察官面向国旗庄严宣誓。

会议指出,党中央对政法工作和司法体制改革高度重视,党的十八大明确提出,进一步深化司法体制改革,坚持和完善中国特色社会主义司法制度,确保审判机关、检察机关依法独立公正行使审判权、检察权。十八大以来,习近平总书记多次就做好新形势下政法工作和深化司法体制改革作出重要指示,突出强调要重点解决影响司法公正和制约司法能力的深层次问题,努力让人民群众在每一个司法案件中都感受到公平正义,为检察工作指明了方向。同时,随着我国民主法治建设深入推进,人民群众的法治意识、权利意识、监督意识不断增强,积极支持并参与讨论司法改革,迫切要求司法机关提升维护社会公平正义等能力,为深化检察改革创造了良好的外部环境。检察机关要认真学习领会党的十八大和习近平总书记等中央领导同志重要指示精神,坚持解放思想、实事求是、与时俱进、求真务实,既充分看到有利条件,又充分估计困难和挑战,增强改革的信心和决心,敢于进入深水区,敢于直面矛盾和问题,坚定不移地推进检察改革。

会议指出,新一轮检察改革的总体思路是:要全面贯彻党的十八大精神,坚持以邓小平理论、"三个代表"重要思想、科学发展观为指导,以中国特色社会主义检察制度自我完善和发展为方向,以解决影响司法公正和制约司法能力的突出问题为重点,进一步优化检察职权配置,强化法律监督,强化自身监督,强化队伍建设,确保检察机关依法独立公正行使检察权,让人民群众在检察工作中切实感受到公平正义,为全面建成小康社会提供有力的司法保障。

会议指出,做好新形势下的检察工作,就要使依法独立公正行使检察权的体制机制更加健全,党对检察工作的领导得到加强,检察机关宪法地位进一步落实;使检察机关与其他政法机关既相互配合又依法制约的体制机制更加健全,在权力运行制约和监督体系中的作用得到充分发挥;使检察权运行工作机制和自身监督制约机制更加健全,法律监督的公正性、有效性和针对性、规范性显著增强,执法公信力进一步提高;使执法为民的各项工作机制更加健全,检察工作的亲和力和人民群众对检察工作的满意度进一步提升;使队伍专业化、职业化建设和基层建设机制更加健全,检察人员政治业务素质和公正执法水平明显提高,基层基础工作显著加强。

会议指出,要在坚持近年检察工作和检察改革基本经验的基础上,始终坚持正确的政治方向,坚持走中国特色社会主义政治发展、法治建设道路,坚持检察机关的宪法定位。始终坚持检察工作正确发展理念和执法理念,把充分体现科学发展观和社会主义法治理念要求的"六观"、"六个有机统一"和"四个必须"等检察工作正确发展理念和执法理念落实到各项体制机制建设中。始终坚持人民主体地位,积极回应人民群众期待,依法公正对待人民群众的诉求,自觉接受人民群众的监督评判。始终坚持统筹谋划和顶层设计,更加注重改革的系统性、整体性、协同性,统筹推进重大问题和关键环节的改革,坚持积极稳妥推进,坚持以宪法和法律为依据。

会议强调,要正确处理坚持党的领导与依法独立公正行使检察权的关系,既要完善检察机关接受党的领导的制度机制,又要立足法律监督工作的司法属性,真正把坚持中国特色社会主义政治发展和法治建设道路落实到检察工作中。要正确处理依法独立公正行使检察权与遵循司法规律的关系,既要进一步强化检察机关法律监督职能,又要正确认识法律监督的地位、作用及程序的正当性,科学定位法律监督在司法制度中的功能,增强法律监督的公正性和有效性。要正确处理完善政法机关职权配置及相互关系与建立健全司法权运行制约和监督体系的关系,注重发挥检察机关在制约和监督司法权运行方面不可替代重要作用,切实维护司法公正和廉洁。要正确处理强化法律监督与强化自身监督的关系,既要强化法律监督职能,又要重视自身监督制约,坚决防止和纠正检察权滥用,切实保障检察权依法正确行使。要正确处理立足国情与吸收借鉴的关系,在不脱离我国基本国情和经济社会发展实际基础上,积极借鉴人类法治文明的优秀成果,充分吸收各国检察制度的有益经验。

会议强调,要紧紧围绕影响司法公正、制约司法能力的重点领域和关键环节,针对检察工作面临的一些深层次问题特别是全局性、体制性重大问题,研究确定加强检察工作和深化检察改革的重点任务,特别是重点就进一步完善依法独立公正行使检察权的保障机制,进一步完善法律监督工作机制,进一步完善检察权运行工作机制,进一步完善检察机关自身监督制约机制,进一步完善检察队伍专业化、职业化建设机制等问题,加强调研论证,集中攻坚克难,推动各项检察工作和检察改革的全面深入推进。

会议还对抓好下半年检察工作提出要求:一要做好检察环节推进平安中国建设的各项工作。要认真落实中央的决策部署,树立底线思维,充分履行批捕、起诉等职能,切实维护国家安全和社会和谐稳定,增强人民群众安全感,促进提高社会管理科学化水平。二要推动查办职务犯罪工作平稳健康发展。坚持有腐必反、有贪必肃,"老虎"、"苍蝇"一起打,始终保持惩治腐败犯罪的高压态势。坚持日常工作与专项活动相结合,着力解决发生在群众身边的腐败问题,深化行贿犯罪档案查询、年度报告、预防教育等职务犯罪预防工作。三要进一步抓好修改后刑事诉讼法、民事诉讼法的贯彻实施。围绕执法办案中的新情况新问题,继续强化学习培训。全面履行法律监督职责,确保修改后的"两法"在检察机关得到不折不扣的落实,严格防范冤假错案发生。积极推进涉法涉诉信访改革,使群众的诉求得到更好解决。四要抓紧研究推进新一轮检察改革。认真做好各项准备工作,使深化改革开好头、起好步。加强对检察改革的正面宣传工作。尊重和发挥基层的创新精神,确保新一轮检察改革顺利推进。五要深入开展党的群众路线教育实践活动。最高人民检察院和省级检察院作为第一批参加教育实践活动的单位,必须高标准、严要求,更加注重强化理论武装,把解决突出问题作为衡量成效的重要标准,把教育实践活动与思想政治建设、专业化职业化建设、执法公信力建设、自身反腐倡廉建设紧密结合起来,与推动各项检察工作紧密结合起来,确保活动扎实开展、取得实效。六要全面推进检察机关统一业务应用软件工作。要充分认识业务应用软件大统一的重要意义,坚决贯彻落实最高人民检察院的决策部署,加快软硬件基础环境建设,坚持全员、全面、全程应用,同步推进执法规范化建设,完善自身监督制约体系,确保检察权依法正确行使。

(最高人民检察院办公厅　王才玉)

特约检察员、专家咨询委员座谈会　2013年1月10日,最高人民检察院召开了特约检察员、专家咨询委员座谈会,认真听取特约检察员、专家咨询委员对检察工作的意见和建议。最高人民检察院检察长曹建明出席座谈会并讲话。

座谈会在全国检察长会议召开后举行,列席全国检察长会议的44位最高人民检察院特约检察员、专家咨询委员参加座谈会。

座谈会气氛热烈,与会人员踊跃发言,对检察工作取得的成绩给予充分肯定,同时直面检察工作面临的困难和矛盾,积极建言献策。特约检察员周建军、郑业鹭、王元丰、汪舟,专家咨询委员何家弘、龙宗智、左卫民、郭道晖、陈卫东、陈光中、莫纪宏、宋英辉、李浩、赵旭东、潘剑锋等先后发言,从专家学者和特约检察员的角度,就检察机关在新形势下如何进一步加大反腐败力度,强化法律监督,打击刑事犯罪、维护社会稳定、促进社会和谐,在新一轮司法改革和检察改革中把握好工作重心,加强检察队伍建设等问题,提出了有见地、有深度、有针对性的意见和建议。

曹建明检察长感谢各位特约检察员、专家咨询委员对检察工作的关心和支持。他说,各位专家学者、特约检察员提出的真知灼见体现了大家对检察工作的厚爱,为进一步加强和改进检察工作提供了有益的借鉴。检察机关将认真梳理研究这些意见和建议,充分吸收落实到今后的工作中。他表示,在新的一年里,检察机关将继续健全机制制度,推进特约检察员和专家咨询委员工作制度化、规范化、经常化,认真听取特约检察员和专家咨询委员意见和建议,更好地加强和改进检察工作。

最高人民检察院常务副检察长胡泽君主持会议,副检察长邱学强出席会议。特约检察员雷达、陈力、徐一帆、程京、叶日者、张皎、张涛、黄卫东、张野、佟新、卢国懿、张明森、蔡国斌、张连起，专家咨询委员李步云、应松年、高铭暄、樊崇义、王敏远、黄风、韩大元、王保树、尹田、刘荣军、何勤华、张新宝、胡建淼、姜明安、徐敦楷等参加会议。

（最高人民检察院办公厅）

队伍建设 2013年，全国各级检察政工部门深入学习贯彻党的十八大、十八届三中全会和习近平总书记系列重要讲话精神，认真落实全国政法工作会议、全国组织工作会议、全国宣传工作会议和全国检察长会议等重要会议部署，紧紧围绕年度工作安排，全面履行政治工作职责，队伍建设和基层建设整体水平有了新的提升。

一、党的群众路线教育实践活动扎实开展。最高人民检察院、各省级人民检察院认真贯彻中央部署，紧密结合检察机关实际，按照"照镜子、正衣冠、洗洗澡、治治病"总要求，以为民务实清廉为主题，以落实中央八项规定为切入点，着力查找和整改检察工作中存在的形式主义、官僚主义、享乐主义、奢靡之风问题，深入扎实开展第一批党的群众路线教育实践活动，取得了重要阶段性成果。紧紧抓住学习教育这一根本，采取强化自学、集中培训、专题辅导、互动交流等多种形式，认真学习领会党的十八大、十八届三中全会、习近平总书记系列重要讲话精神和中央有关文件、辅导材料，不断深化对教育实践活动和党的群众路线的认识。坚持开门搞活动，全方位、多层次、多渠道征求意见建议，最高人民检察院机关收集各方面意见建议1013条，各省级人民检察院平均征集意见建议100多条。坚持把开好专题民主生活会作为衡量教育实践活动能否取得实效的重要标准，以整风精神开展严肃认真的批评与自我批评。坚持边整边改，对群众反映突出的问题部署开展专项整治，同时对现有规章制度进行全面清理，抓好"废、改、立"工作，按照务实管用、配套衔接的原则，扎实抓好制度机制建设。总的看，通过这次教育实践活动，进一步增强了检察机关广大党员干部践行党的群众路线的思想自觉和行动自觉，扎实整改了一批群众反映强烈的"四风"问题，建立完善了从源头上防止和纠正"四风"问题的制度机制，及时采取了一系列执法为民的新举措，得到广大干部群众的充分认可和积极评价。

二、检察队伍建设开创了新的局面。以2013年3月全国检察机关队伍建设工作会议为标志，检察队伍建设进入了新的发展阶段。会议对新形势下检察机关队伍建设工作作出了新的全面部署，系统提出了新时期打造过硬检察队伍的总体要求和攻坚方向，要求各级检察机关把队伍建设摆到更加突出的位置，紧紧围绕加强党的执政能力建设、先进性和纯洁性建设这条主线，以思想政治建设为根本，以业务能力建设为核心，以党风廉政建设为保证，努力建设一支忠诚可靠、执法为民、务实进取、公正廉洁的高素质检察队伍。根据会议精神，制定出台《关于进一步加强和改进新形势下检察队伍建设的意见》，强调新时期检察队伍建设要坚持政治建检、坚持服务大局、坚持党建带队建、坚持以人为本、坚持务实创新的基本要求，科学谋划新时期检察队伍思想政治、领导班子、人才队伍、专业化、职业化、纪律作风、政工部门"七项建设"的基本布局和主要任务。各级检察机关紧密结合实际，及时作出部署，认真抓好会议精神贯彻，推动检察队伍建设在新的历史起点上取得了新进展新成效。

三、领导班子建设得到新的加强。充分履行协管职责，最高人民检察院配合中央有关部门圆满完成了省级人民检察院检察长集中换届工作。认真做好换届后领导班子的调整考察工作，及时配合地方党委任免检察院领导班子成员，推动各级人民检察院班子的文化、专业和年龄结构明显改善。认真开展下级检察院检察长向上级检察院述职述廉报告工作，主动向地方党委、人大和检察院党组反馈意见，督促整改落实，促进了领导班子自身建设和各项检察工作的开展。举办大检察官颁证仪式，举办新任省级人民检察院检察长培训，进一步提高了领导班子综合素质。高度重视做好领导班子的日常管理工作，及时派员指导下级人民检察院的民主生活会，参与对下级人民检察院领导班子的巡视工作，不断强化对领导班子和领导干部的管理监督，班子的先进性和纯洁性建设取得新进展。

四、人才队伍建设迈出新的步伐。制定实施《加快推进检察人才六项重点工程的意见》，建立领导班子人才工作目标责任制，完善人才工作例会制度，建立健全检察人才库，完善考核办法，推动了铸才、聚才、育才、扶才、优才、引才六项重点工程取得显著进展。加大实践锻炼力度，组织干部上挂下派锻炼，安排西藏、新疆检察人员到对口援藏援疆检察机关岗位实践锻炼。创新评选方式，完善评审规则，突出对办案水平和业务能力的评审，评出第三批全国检察机关业务专家80名，举办颁证仪式，最高人民检察院曹建明检察长为专家逐一颁证并作了重要讲话。制定和实施《卓越检察人才培养实施意见》，启动新一轮高层次检察人才培养工程。积极组织检察人员参加法律硕士报考，组织推荐检察系统优秀青年人才参加全国青年法学家评选活动，加大扶持力度，扩大检察机关在法学界的影响。大力实施"双千计划"，全面推广人才互聘经验，检校合作迈上新台阶，检察人才培养工作更加规范有序。

五、检察宣传思想文化建设有了新的发展。坚持把思想政治建设摆在首位，抓住开展党的群众路线教育实践活动等有利时机，自觉用科学理论武装检察人员，努力为检察工作科学发展提供强大的精神动力和舆论支持。组织"看得见的正义"大型专题宣传活动，启动全国检察机关第八次"双先"评选表彰活动，宣传推出张飚、林志梅、沙润等一批检察英模人物，组织检察机关模范践行群众路线先进事迹报告团，组织全国检察机关先进工作者集体荣誉休假。举办检察机关新闻发言人培训班，加强和改进检察机关新闻发布工作；组织举办全国检察机关宣传工作研讨班暨涉检网络舆情导控高级研修班，推动建立省际涉检网络舆情应对处置联动机制，推动最高人民检察院和地方各级人民检察院官方微博建设，积极做好薄熙来、刘志军等重大敏感案件舆情引导。切实加强涉检舆情收集、分析和研判，较好地发挥了舆情咨政作用。深入实施文化育检战略，组织开展首届微电影展播，联合举办廉政文化论坛等文化活动，建好用好检察文化网站，推出了一批检察题材文化精品力作。

六、专业化职业化建设取得新的成效。扎实推进修改后刑事诉讼法和民事诉讼法培训、执法规范培训、统一业务应用软件全员培训等重点培训工作，3300多个检察院16.6万人参训，实现了执法一线岗位人员全员培训目标。深入开展以领导干部为重点的任职培训和素能培训，全面推进基层检察人员轮训，加强最高人民检察院机关干部培训工作。全面推进以构建检察教育培训体系为目标的教育培训改革创新工作，出台《关于制定检察机关岗位素能基本标准进一步完善检察教育培训体系的意见》，深入研究岗位素能基本标准研制方案。规范检察机关领导干部出国（境）培训工作，进一步增强境外培训工作的针对性和实效性。加强教育培训基础建设，深入开展分院教学质量评估，开展培训基地专项治理工作。精心组织精品课程评选，评选出《公诉实训系列课程》等12门首批精品课程，修订出版执法规范培训教材。组织由全国检察业务专家、教育名师等赴西部地区开展巡讲支教，举办西部检察教育研讨班，有力促进了西部地区教育培训工作。加大检察人员分类管理改革工作力度，最高人民检察院会同中央组织部下发了《人民检察院工作人员分类管理制度改革意见》。加强检察队伍职业化建设顶层设计研究，组织开展大规模、宽领域、深层次调研，形成了6个专题研究报告，研究提出机构改革、派出检察院设置、办案组织模式改革、人员编制创新管理改革等方案建议。制定《检察官办案责任制改革试点方案》，组织召开会议，部署办案责任制改革试点工作。深化干部人事制度改革，继续试行面向社会公开选拔初任检察官，拓宽社会优秀人才进入检察队伍渠道。颁布《人民检察院司法警察条例》和《人民检察院司法警察训练大纲》，进一步推进检察机关司法警察专业化职业化建设。加大优抚力度，认真做好检察官和司法警察因公牺牲特别补助金、特别慰问金审核和发放工作。

七、基层基础得到新的夯实。坚持检力下沉、重心下移，大力加强基层人民检察院建设，强基固本工作更加扎实有效。制定出台《2014—2018年基层人民检察院建设规划》，提出了执法规范化标准化、队伍专业化职业化、管理科学化信息化、保障现代化实用化"八化"发展目标，确定了未来五年基层人民检察院建设的主要任务和措施要求。制定完善抽样评估实施方案、操作规程和基本指标，组织开展了基层人民检察院的抽样评估工作，为进一步研究和加强基层人民检察院建设积累了第一手资料。组织实施第五届全国先进基层人民检察院和基层人民检察院建设组织奖评选表彰工作，对200个全国先进基层人民检察院和50个基层人民检察院建设组织奖获奖单位进行表彰。各地出台有利于基层人才选拔、培训提高、激励保障等方面的制度规定，基层集聚人才的吸引力明显增强。完善落实基层人民检察院建设联系点工作制度，普遍推行基层相互结对共建、领导干部联系基层、业务部门对口指导等经验做法，基层人民检察院建设的模式和途径进一步创新拓展。举办西部检察教育研讨班,扎实开展检察援藏援疆援青工作,统筹推进检察业务、干部人才、教育培训、科技信息、资金项目援助落实,有力促进了基层人民检察院建设协调发展。

(最高人民检察院政治部办公室)

全国检察机关队伍建设工作会议暨第五届"全国先进基层检察院"表彰大会 2013年3月26日至27日,最高人民检察院在北京召开了全国检察机关队伍建设工作会议暨第五届"全国先进基层检察院"表彰大会。会议的主要任务是:深入学习贯彻党的十八大和习近平总书记关于政法工作的一系列重要指示精神,认真贯彻落实全国政法工作会议、全国检察长会议精神,总结2008年以来检察队伍建设工作,表彰基层人民检察院建设先进单位,研究部署全力推进过硬检察队伍建设。中共中央政治局委员、中央政法委书记孟建柱同志出席26日上午大会并发表重要讲话;最高人民检察院党组书记、检察长曹建明同志主持26日上午大会并作重要讲话;最高人民检察院党组成员、政治部主任李如林同志作主题报告。会议表彰了基层人民检察院建设先进单位,安排11个省级人民检察院作了经验交流;会议讨论了加强和改进新形势下检察队伍建设的意见等6个讨论件和征求意见稿。最高人民检察院机关各内设机构主要负责人、各省级人民检察院政治部主任、受表彰基层人民检察院的部分代表参加会议;中央组织部、中央宣传部、中央机构编制委员会办公室、中央政法委、最高人民法院、公安部、司法部等中央和国家机关相关部门同志应邀出席会议。

会议强调,检察队伍建设是全部检察工作的根本和保证,检察机关要切实担负起党和人民赋予的重要职责、时代赋予的神圣使命,就要始终坚持不懈地用中国特色社会主义理论体系武装检察人员头脑,坚定道路自信、理论自信、制度自信,打牢高举旗帜、听党指挥、忠诚使命的思想基础;始终顺应人民群众的新期待,努力让人民群众在每一个司法案件中都感受到公平正义,队伍建设要围绕这个目标来改进,深入解决影响司法公正和制约司法能力的突出问题;始终把队伍建设放在检察工作全局中谋划和推进,牢固树立和强化全局抓、系统抓、长期抓的理念,努力实现队伍建设与业务建设及各项工作的融合、互动;始终把促进检察人员全面发展作为出发点和落脚点,切实尊重检察人员主体地位,保障检察人员合法权益,赢得检察人员最广泛的参与和支持;始终把队伍建设的重心放在基层,注重面向基层、贴近基层、服务基层,把各项政策措施落实到基层,夯实检察工作科学发展的根基。

会议明确,打造忠诚可靠、执法为民、务实进取、公正廉洁的高素质检察队伍,必须遵循"六位一体"建设基本布局:不断强化思想政治建设,始终把保持队伍坚定正确的政治方向作为队伍建设根本;切实加强领导班子建设,始终把造就坚强有力的领导集体作为队伍建设关键;大力加强人才队伍建设,始终把提供有力的人才支持智力保障作为队伍建设主体;深入推进队伍专业化建设,始终把提高业务能力作为队伍建设核心;大力加强队伍职业化建设,始终把确保检察权依法独立公正行使作为队伍建设重要方向;持续强化纪律作风建设,始终把改善执法形象和提升执法公信力作为队伍建设保障。

会议指出,加强检察队伍建设,必须走专业化职业化发展道路。各级检察机关要以解决现有突出问题为基点,以提高执法办案能力为核心,以健全职业保障制度机制为重点,以搞好顶层设计为前提,进一步明确专业化职业化建设的目标任务、重大措施和基本要求,积极推进专业化职业化建设的规划制定、重点任务和当前工作,迎难而上、攻坚克难,加快发展;要遵循检察工作和队伍建设内在规律,既要推进思想观念和工作方式创新,又要把握环境条件,稳步推进各项改革,不断推动检察队伍建设取得新成效;要牢牢抓住人才工程、人才计划、人才项目落实这个抓手,大力加强铸才、优才、扶才、育才、引才、聚才工作,不断取得开发、配置、优化、利用人才资源的新实效;要牢牢抓住宏观规划、整体推进这个关键,着力改善专业化结构,提升专业化能力,在推进检察人员专业化、检察官专业化、办案组织专业化上下功夫、见实效;要牢牢抓住顶层设计、分步实施这个核心,加快推进分类管理改革步伐,重点制定完善配套政策规定,加强与有关部门沟通协调,着力强化职业管理和职业保障,进一步提升队伍管理科学化、职业化水平。

会议强调,开创检察队伍建设工作新局面,必须把建设过硬政工队伍和模范政工部门作为重要前提和有力支撑。各级检察机关政工部门和广大政工干部要坚持高站位谋划发展,善于从推进检察事业科学发展的高度来认识把握队伍建设工作,增强工作的科学性、系统性、预见性和创造性,使队伍建设与时代发展并行、与检察事业发展同步;要高水平推进事业,多谋长远之事、多行固本之举,多在难事、要事、大事上下功夫,坚决克服和纠正只求过得去、不求过得硬和等靠要拖、敷衍塞责、无所用心的倾向;要高质量开展工作,树立质量、效益意识,强化成本、成效观念,推进实施检察政工信息化建设,向管理、向素能要质量、要效益,使有限的人力资源发挥出最大的效能;要高标准塑造形象,坚持从严治部、从严教育、从严管理、从严监督,深入推进政工部门作风建设,始终保持检察政工干部坚守原则、公道正派,淡泊名利、甘为人梯,严于律己、清正廉洁的政治本色。

(最高人民检察院政治部办公室)

全国检察机关党的建设理论研讨会 2013年9月5日至6日,最高人民检察院在辽宁省沈阳市召开了全国检察机关党的建设理论研讨会。会议的主要任务是:深入学习贯彻党的十八大精神,紧密结合党的群众路线教育实践活动,以"改进工作作风 坚持为民务实清廉执法"为主题开展理论研讨,交流检察机关基层党组织建设经验,探索发挥基层党组织对执法办案等业务工作领导、监督和保障作用的新途径,推进检察机关党的建设科学发展。最高人民检察院部分基层党组织负责人、各省级人民检察院机关党委负责人和部分优秀论文作者出席会议。天津、河北、辽宁等12个单位代表进行了大会交流发言。

会议指出,自2013年4月开展全国检察机关党建理论研讨活动以来,各级检察机关把开展党建理论研讨作为贯彻中央加强党的建设要求、推进检察机关党建工作和队伍建设的重要举措,紧密联系实际,精心组织,稳步推进,围绕检察机关党建工作遇到的新情况、新问题深入研究,理性思考,形成了一批有深度、有价值的党建理论研究成果。一是抓住关键、联系实际,提出了许多提高检察机关党的建设的真知灼见,体现了较高的理论水平和思想深度;二是围绕提高检察机关党建科学化水平、推进检察机关党的群众路线教育实践活动集思广益、深入研讨,既注重对近年来检察机关党建实践经验的总结,又突出新形势下检察机关党建工作的创新和理论研究;三是围绕新形势下党的建设的新要求,研究提出了进一步加强和改进党建工作的意见建议。

会议强调,加强检察机关党的建设,必须紧密结合新形势推动学习型党组织建设,不断丰富学习内容,创新学习方法,完善学习制度,努力使检察机关各级党组织成为广大党员增强党性修养、学习业务知识的熔炉;必须紧紧围绕立检为公、执法为民的检察工作永恒主题,积极探索为民服务的方法措施,真正把群众路线贯穿于全部检察工作中,切实把检察工作变成联系群众、服务群众、依靠群众的生动实践;必须从解决存在的突出问题入手狠抓作风建设,加强党性修养,弘扬优良作风,加强教育管理,以良好的思想作风促进和保障各项检察工作顺利开展;必须不断创新党建工作方式方法,找准党建工作和业务工作相结合的切入点,切实提高检察机关党建工作的针对性和实效性。

会议要求,各级检察机关要充分认识到,加强和改进检察机关党建工作,是坚定不移地走中国特色社会主义政治发展和法治建设道路、确保检察工作正确方向的迫切需要,是从根本上解决检察队伍中存在的问题、推动检察队伍建设在新的起点上健康发展的迫切需要,是更好地完成执法办案任务、充分履行法律监督职能的迫切需要。面对新形势、新任务、新要求,要紧紧抓住党的创新理论武装这个根本,深入推进检察机关的思想理论建设;要坚持运用建设"学习型、服务型、创新型"党组织这个载体,带动和促进检察机关基层党组织建设;要紧密围绕开展党的群众路线教育实践活动这个契机,深入推进检察机关纪律作风建设和反腐倡廉建设;要始终围绕党内生活健康有序开展这个经常性工作,健全和完善检察机关党建工作制度,进一步提升党建工作科学化水平。

(最高人民检察院机关党委办公室)

西部检察教育研讨班暨教师节座谈会 西部检察教育研讨班暨教师节座谈会于2013年9月9日在最高人民检察院机关举行。会议由最高人民检察院政治部主办,第五批全国检察教育讲师团的15位教师,西部12省区人民检察院教育培训部门负责人,以及最高人民检察院政治部、国家检察官学院、中国检察官教育基金会负责人参加了会议。最高人民检察院检察长曹建明出席会议并发表重要讲话,副检察长孙谦代表最高人民检察院向国家检察官学院发放了教师节慰问金,政治主任李如林主持会议。曹建明检察长指出,全国各级检察机关要深入学习习近平总书记系列重要讲话精神,按照建设过硬政法队伍要求,从全局和战略的高度,大力推进检察教育培训专业化职业化建设;检察教育培训要提高质量、提高效益,必须以建立检察机关岗位素能基本标准为基础,以专业化、职业化为方向,完善优化检察教育培训体系;要进一步加大对西部地区教育培训工作的帮扶支持力度,协调推进教育培训工作。座谈会后,西部省区人民检察院教育培训部门的同志,结合本地实际,对改进和加强西部检察教育培训工作,提高西部检察教育培训的自我发展能力和整体水平等,进行了深入广泛的研讨。检察官教育基金会、国家检察官学院的负责同志和教师代表,也加大对西部检察教育师资培养、重点培训项目的实施等问题积极建言献策。这次活动对进一步加强西部检察教育培训工作具有较大的推动作用。

(最高人民检察院政治部干部教育培训部)

全国基层检察院女检察长素能培训班 2013年11月15日至20日,全国基层人民检察院女检察长素能培训班在浙江省委党校举行。培训班由中国女检察官协会主办,培训主题为"如何当好基层院检察长",来自全国的81名基层人民检察院女检察长参加了此次培训。最高人民检察院党组副书记、常务副检察长、中国女检察官协会会长胡泽君同志出席开班仪式并讲话,她强调,全体检察人员特别是各级领导干部要认真学习贯彻党的十八届三中全会精神,全面提高素能,增强新形势下做好检察工作的本领,努力为经济社会发展提供司法保障;希望培训班成员珍惜培训机会,端正学习态度,加强交流,努力提高政治素能、业务素能、综合素能,为实现中华民族伟大复兴的中国梦不懈努力,贡献巾帼才智。中央纪委派驻最高人民检察院纪检组组长、中国女检察官协会副会长莫文秀出席了培训班结业仪式并讲话,她强调全国女检察长和女检察官要以强烈的历史使命感,认真学习贯彻党的十八届三中全会精神,立足岗位,为全面深化改革提供有力的司法保障,希望女检察长们在工作中自觉运用好培训成果,不断提升检察工作水平,推进检察工作健康协调可持续发展。培训期间,学员们围绕如何当好基层院检察长,重点学习了"高举中国特色社会主义伟大旗帜,奋力实现中国梦"、"坚持和贯彻党的群众路线"、"刑事法律司法解释"、"科技信息化与检察机关统一业务应用系统"、"冤错案件成因及公诉防范"、"政务礼仪与职业形象塑造"、"环境与健康"等课程。培训期间,还组织了现场教学、学员论坛和全班交流。

(最高人民检察院政治部干部教育培训部)

全国检察机关新闻发言人培训班 2013年11月18日至24日,全国检察机关新闻发言人培训班在北京举办。23个省级人民检察院的新闻发言人、宣传部门负责人及最高人民检察院机关部分业务部门负责同志参加培训。最高人民检察院党组成员、政治部主任李如林同志出席开班仪式并作重要讲话。李如林主任在讲话中深刻指出了全面加强和改进检察机关新闻发布工作的重要意义,对全国检察机关深入推进新形势下新闻发布工作提出了明确要求:一是要始终坚持围绕大局,牢牢掌握舆论引导主动权;二是要始终坚持创新载体,努力拓展新闻发布阵地;三是要始终坚持把握新闻传播规律,切实提升新闻发布水平和实效;四是要切实加强对新闻发布工作的组织领导。

培训班邀请了国务院新闻办一局副局长胡凯红、北京市政府新闻发言人王惠、复旦大学教授孟建、国防大学教授赵子聿、新华网总编辑陆小华、人民网舆情监测室秘书长祝华新等领导和专家学者,分别讲授国务院新闻发布工作、地方政府新闻发布实践、记者眼中的新闻发言人、新闻发布会评估、国家战略安全、网络舆情规律等内容;安排学员参观人民网、中国传媒大学电视台及院史博物馆,了解新闻媒体发展历史、发展趋势和新闻传播报道规律;组织学员接受一对一面对面、一对二新闻会客厅模拟采访及新闻发布会实战演练,强化训练学员新闻发布和舆论引导工作实际操作技能;组织学员论坛和分组讨论,交流工作经验,研究提高改进工作的思路办法。

(最高人民检察院政治部宣传部)

全国检察机关宣传工作研讨班暨涉检网络舆情导控高级研修班 2013年12月15日至20日,最高人民检察院在国家检察官学院四川分院举办了全国检察机关宣传工作研讨班暨涉检网络舆情导控高级研修班。研讨研修班的主要任务是:深入学习贯彻党的十八届三中全会精神,按照全国宣传思想工作会议、全国政法宣传工作会议和全国检察机关队伍建设工作会议的部署和要求,回顾总结近年来检察新闻宣传和舆论引导工作经验,研讨加强和改进新形势下检察新闻宣传工作、提高新媒体时代检察机关舆论引导水平和社会沟通能力的方法和途径,交流探讨推进检察新闻宣传和舆论引导工作的思路和措施,部署当前和今后一个时期检察新闻宣传和舆论引导工作,推动检察宣传工作在新的起点上不断创新发展。各省级人民检察院分管舆情导控工作的院领导,宣传部门或舆情领导小组办公室负责人及最高人民检察院有关内设机构、直属事业单位有关负责同志共80多人参加。

最高人民检察院党组对这次研讨研修班非常重视,曹建明检察长等院领导专门就办好研讨班作出重要指示,提出明确要求。最高人民检察院党组成员、政治部主任李如林同志出席开班仪式并讲话、与部分参训学员座谈。李如林主任在讲话中强调,检察机关要从事关检察事业科学发展的战略高度,切实增进做好新闻宣传和舆论引导工作的积极性、主动性,遵循媒体传播规律,增强平等开放自信意识、立体传播意识、主动发声意识、提升全员媒体素养意识、从源头上预防负面舆情意识,切实增强检察新闻宣传和舆论引导工作的传播力、影响力。他强调,检察机关要牢牢把握总体要求,在大力加强大宣传格局建设、阵地建设、形象建设、机制建设、能力建设上下功夫求实效,切实提高检察新闻宣传和舆论引导工作的能力和实效。各级检察机关领导干部特别是"一把手"要把新闻宣传和舆论引导工作摆在更加重要的位置,列入党组重要议事日程,作为"一把手工程"来抓。要树立检察舆论引导"一盘棋"思想,与同级党委宣传、网络信息监管等部门建立长效工作机制,形成舆情管控快捷通道。要加强专业化队伍建设,抓紧培养一批检察机关网络名人、网评专家等高端人才,团结凝聚一批有影响的网络名人、微博大V,全方位发挥公共关系管理等领域专家的作用。要加强基础设施建设和装备建设,不断满足新媒体环境下舆情引导工作需要。

(最高人民检察院政治部宣传部)

检察官办案责任制改革试点工作部署会 最高人民检察院政治部于2013年12月26日在北京召开了检察官办案责任制改革试点工作部署会。有试点任务的北京、河北、上海、湖北、广东、重庆、四川等7个省级人民检察院政治部主任和17个市县两级试点人民检察院检察长出席了会议。会议还邀请了中央司改办副主任、中央政法委政法研究所所长黄太云,中央编办一司副司长马震等领导同志莅临指导。最高人民检察院政治部副主任张巍同志主持了会议。会上,最高人民检察院党组成员、政治部主任李如林同志作了重要讲话。会议期间,参会同志就如何落实中央关于深化司法体制和工作机制改革的决策部署,进一步搞好检察官办案责任制改革试点工作进行了深入讨论。会议结束时,最高人民检察院政治部副主任王少峰同志就建立以主任检察官制度为主要内容的检察官办案责任制改革试点工作作出具体部署。

这次改革以保障检察机关依法独立公正行使检察权为目标,以突出检察官办案主体地位为核心,以建立权责明确、协作紧密、制约有力、运行高效的办案组织模式为基础,以落实和强化检察官执法责任为重点,科学划分检察机关内部执法办案权限,建立健全检察机关执法办案组织,改革完善检察机关执法办案责任体系,优化人力资源配置,形成符合检察工作规律、检察职业特点、检察队伍管理和法律监督运行要求的组织结构、责任体制和运行机制。

改革试点的主要内容包括五个方面:一是配备主任检察官。主任检察官实行员额制,设置数量根据所在检察院办案数量和检察官队伍实际情况等因素确定;按照本人申请、政工部门综合考评、报院党组决定等规定程序任免。二是建立办案组织。整合内设机构,探索设立相应的主任检察官办公室。三是确定主任检察官职责权限。依法划分主任检察官、部门负责人、检察长及检察委员会在执法办案中的职责权限。除法律规定必须由检察长或检察委员会行使的职权外,其他案件处理决定可以由主任检察官负责的办案组织独立作出。属于主任检察官有权决定的事项,主任检察官对其决定负责。检察业务部门负责人主要负责案件审核、案件办理和行政管理。四是完善监督制约机制。构建完备的执法办案监督制约制度体系,确保检察权依法正确行使和执法办案质量。严格落实检察长、检察委员会审批决定制度,加强检察长、检察委员会对执法办案活动的领导和监督。五是落实主任检察官待遇。主任检察官享受本院内设部门正副职领导待遇;干部选任时,在同等条件下,主任检察官优先提拔使用;探索建立和完善其他相关激励和保障机制,进一步落实主任检察官职业保障。

根据最高人民检察院安排,2014年年底前,相关省级人民检察院将就开展主任检察官办案责任制试点情况进行全面总结评估,最高人民检察院将总结交流经验做法,研究制定改进措施,进一步完善主任检察官办案责任制,为全面推行这项改革奠定基础。

(最高人民检察院政治部干部部)

侦查监督工作 2013年,全国检察机关侦查监督部门全面贯彻执行修改后刑事诉讼法和刑事诉讼规则,以强化侦查监督能力建设为抓手,以提高执法公信力为核心,进一步增强依法打击犯罪的力度,提高审查逮捕质量,提升立案监督和侦查活动监督实效,促进加强和创新社会管理,侦查监督工作取得新的进展。

一、围绕党和国家工作大局,依法履行职责,全力维护社会和谐稳定。

(一)充分发挥审查逮捕职能作用,依法严厉打击严重刑事犯罪。2013年,全国检察机关共受理审查逮捕各类犯罪案件769882件1097486人,同比分别下降2.4%、5.8%。经审查,共批准逮捕和决定逮捕642671件896403人,同比分别下降5.6%、9.1%。不批捕和决定不捕195378人,同比上升13.2%;不捕率为17.9%,同比增加3个百分点。依法打击重大贪污贿赂、渎职侵权等职务犯罪,维护党的执政根基,促进反腐倡廉建设。2013年共受理审查逮捕职务犯罪案件16103件18412人,同比分别上升5.1%、5.3%。经审查,决定逮捕14602件16586人,同比分别上升2.3%、2.7%。决定不捕1619人,同比上升36.4%;不捕率为8.9%,同比增加2.1个百分点。

(二)全面贯彻宽严相济刑事政策,防范化解矛盾,促进社会和谐。2013年,对于不符合逮捕条件的刑事犯罪案件,不批捕193759人。其中,对于未成年犯罪嫌疑人,不批捕16524人,同比上升7.2%,占受理审查批捕未成年人总数的25.1%,同比增加5.3个百分点;对于犯罪嫌疑人真诚悔罪,通过向被害人赔偿损失、赔礼道歉等方式获得被害人谅解,达成和解协议的,检察机关共不批捕17503人,占不捕刑事案件总人数的9%。

(三)依法打击各类经济犯罪和危害民生犯罪活动,保障经济社会发展大局。2013年共批捕破坏经济秩序犯罪47016人,同比下降21.3%。其中,批捕生产销售伪劣商品犯罪9390人,同比上升19.7%。依法打击破坏金融管理秩序犯罪,共批捕4614人,同比下降18.1%。针对一些领域存在的有案不移、以罚代刑问题,督促行政执法机关依法移送涉嫌犯罪案件8504人,公安机关立案8112人,占移送的比率为95.4%。最高人民检察院侦查监督厅联合公诉厅对3批828起危害食品安全犯罪案件和假劣药械、农资案件进行挂牌督办,与公安机关形成打击合力。共批捕危害食品安全犯罪4284人,同比上升156.2%。始终保持对侵犯知识产权犯罪高压态势,依法开展知识产权司法保护,批捕侵犯知识产权犯罪5081人,同比下降27.4%。侦查监督厅对北京秦阔等制售盗版图书案等13起侵犯著作权犯罪案件予以挂牌督办,评选下发2012年度打击侵犯知识产权犯罪十大典型案例,促进知识产权司法保护水平和能力不断提高。

(四)积极参与社会管理综合治理和各类专项整治工作,促进社会管理发展。积极向有关部门提出改进社会管理、防范违法犯罪的建议,促进社会管理创新。2013年,共发出检察建议9148份,采纳8206件,采纳率为89.7%。侦查监督厅在全国检察机关组织开展侦查监督十佳检察建议书评选活动。推动涉罪人员管护帮教基地建设。依法加强对有重大社会影响的敏感案件的办理和指导。

二、以全面贯彻执行修改后刑事诉讼法和刑事诉讼规则为主线,健全工作机制,提升审查逮捕案件质量。

(一)加强证据审查,依法排除非法证据。最高人民检察院侦查监督厅下发《关于侦查监督部门调查核实侦查违法行为的意见(试行)》,加强、规范侦查监督部门调查核实侦查违法行为的工作。2013年,全国各级检察机关在审查逮捕工作中,要求侦查机关补正或者书面解释共3700件,依法开展非法证据调查核实工作,对确有以非法方式收集证据情形,共提出304件,已纠正259件,因排除非法证据而不予逮捕的528人。

(二)强化对社会危险性的审查,准确适用逮捕措施。研究起草关于社会危险性审查的指导意见,推动各地侦查监督部门会同侦查机关(部门)建立社会危险性证明和双向说理工作机制，防止和克服"构罪即捕"，减少对轻微犯罪嫌疑人的羁押。全国检察机关以无社会危险性不批捕82833人，占不批准逮捕总数的42.4%。

（三）依法开展讯问犯罪嫌疑人、询问诉讼参与人和听取律师意见工作。进一步增强审查逮捕的诉讼性，推动各地检察机关探索试行对部分争议较大案件进行公开审查的机制。推动有条件的地方做到每案每人必讯，不断提高讯问水平，防止因讯问不当导致翻供。讯问未被拘留的犯罪嫌疑人做好风险评估和征求侦查机关意见工作，保证办案安全。充分重视律师意见，严格落实对律师意见是否采纳在审查逮捕意见书中说明情况和理由。2013年，共听取律师意见7770件次。

（四）推进修改后刑事诉讼法探索试点工作，健全完善审查逮捕工作机制。依据修改后刑事诉讼法的相关规定，修订完善《人民检察院审查逮捕质量标准》，进一步完善审查逮捕质量标准和案件质量分析评查机制。出台《关于人民检察院审查逮捕工作中适用"附条件逮捕"的意见（试行）》，规范对重大案件适用"附条件逮捕"的范围和程序。出台《关于繁简分流制作审查逮捕意见书的意见》，对审查逮捕意见书进行繁简分流，提高办案质量。会同自侦部门加强对职务犯罪审查逮捕中新情况、新问题的调查研究，健全对讯问犯罪嫌疑人全程同步录音录像的审查机制，完善重大案件介入侦查机制，在偏远、交通不便地区积极推行远程视频讯问和网上传输案件材料工作。

三、以专项监督工作为抓手，规范完善工作机制，不断增强立案监督与侦查活动监督实效。

（一）拓展监督渠道，突出监督重点，增强立案监督的及时性、准确性和有效性。推动刑事案件信息通报和共享机制建设，积极开展接受投诉、听取律师意见和对通知立案案件跟踪监督等工作。严格执行对不应立案而立案进行监督的条件、范围和程序。2013年，全国检察机关共要求公安机关说明不立案理由32889件，公安机关立案30440件，同比上升5.1%，监督立案率为92.6%；要求公安机关说明立案理由26048件，公安机关撤案25365件，同比上升25.8%，监督撤案率为97.4%。

为切实保障人民群众切身利益，贯彻落实党的群众路线主题教育实践活动，2013年3月，最高人民检察院部署开展危害民生刑事犯罪专项立案监督活动。2013年9月12日，召开现场推进会推动专项立案监督活动深入开展。专项活动期间，全国检察机关监督行政执法机关移送4290件5409人，监督公安机关立案3148件3984人，移送职务犯罪线索132件156人。其中，数量最多为食品药品和环境资源两个领域，涉及食品药品产品安全领域监督行政执法机关移送1633件2158人，监督公安机关立案1061件1423人；涉及环境资源领域监督行政执法机关移送689件893人，监督公安机关立案590件751人。

（二）完善和规范监督范围、程序，依法履行法律新赋予的侦查活动监督职责。依法开展对查封、扣押、冻结等强制性侦查措施的监督、对非法取证行为的调查核实、对指定居所监视居住决定的监督，及时总结经验，强化监督效果。下发《关于进一步规范书面纠正违法适用工作的通知》，要求各级检察机关严格执行口头或者书面纠正违法的适用范围。继续探索开展建议更换办案人工作，加强对纠正违法意见落实情况的跟踪监督。针对公安机关侦查活动违法提出纠正72718件次，已纠正70432件次，纠正率为96.9%。高度重视和依法开展侦查阶段捕后羁押必要性审查工作，将羁押必要性审查与审批延长侦查羁押期限工作相衔接，形成监督合力。2013年，共对不需要继续羁押的犯罪嫌疑人向侦查机关提出予以释放或者变更强制措施的书面建议6141件，已采纳5651件；批准延长侦查羁押期限28021人，不批准406人。

（三）推进长效机制建设，推动"两法衔接"工作深入开展。积极配合有关部门大力推进"两法衔接"信息共享平台建设，组织召开"全国检察机关知识产权培训班暨行政执法与刑事司法衔接工作现场推进会"，推动各地信息共享平台建设和两法衔接工作深入开展，上海、云南、宁夏、广东以及江苏、北京、四川等省的部分市、县（区）已经建成信息平台并投入应用，其他地区也正在抓紧建设之中。推动各地健全与公安、监察、行政执法等机关的联席会议、案件咨询和移送、重大案件情况通报等制度，进一步加强对行政执法机关移送涉嫌犯罪案件的监督。2013年，共对涉嫌犯罪而未移送司法处理的案件，建议行政执法机关向公安机关移送6951件8596人，有关行政执法机关已移送6873件8504人，公安机关立案6536件8112人，立案人数占建议移送的比率为94%，对此类案件，检察机关同期批捕 2286 件 3319 人，起诉 1659 件 1770 人。

（四）积极开展探索试点，健全完善侦查监督工作机制。进一步探索和规范对公安派出所刑事立案和侦查活动实行监督的方式，推进相关工作机制建设。对另案处理案件进行规范监督，建立长效机制。对现行侦查监督业务考评办法进行研究分析。加强与案件管理部门沟通，实时监控立案监督和侦查活动监督数据变化，对出现的异常情况及时进行分析、调研，提出应对措施。

四、以强化侦查监督能力建设为抓手，加大队伍建设力度，建设过硬侦查监督队伍。

（一）深入学习贯彻党的十八大、十八届三中全会精神，践行党的群众路线，进一步提高侦查监督人员思想政治素质。落实党风廉政建设责任制，分析通报了一批侦查监督人员违法违纪情况，加强警示教育。

（二）切实抓好《最高人民检察院关于加强侦查监督能力建设的决定》的贯彻落实。推动各地提出具体实施意见，落实侦查监督机构建设、干部配备使用等具体要求，加强执法保障建设，提升信息化水平，努力推动解决人少案多任务重的突出矛盾。指导各地采取侦查监督实训等培训模式，着力提高侦查监督人员的基本业务能力以及在新形势下做群众工作、维护社会公平正义、舆论引导、科技信息化应用和拒腐防变的能力。积极推进侦查监督人员专业化、职业化建设，分层次建立侦查监督人才库，发挥好检察业务专家和骨干人才的引领示范作用。

（三）举办第三届全国检察机关侦查监督业务竞赛活动，以赛代训推动侦查监督能力建设。2013年3月，最高人民检察院政治部、侦查监督厅部署开展全国侦查监督业务竞赛。在全员参与练兵、逐级选拔推荐的基础上，通过全国竞赛推出一批在全国有较大影响的侦查监督业务标兵和业务能手。

（四）强化调查研究和业务指导，提升侦查监督业务水平。充分利用《侦查监督工作情况》和内网网页平台，及时推广、交流实施修改后刑事诉讼法的工作经验，充分利用典型案例加强业务指导。发挥好《侦查监督指南》的作用。

（最高人民检察院侦查监督厅　周惠永）

全国检察机关第四次侦查监督工作会议　2013年6月21日至22日，全国检察机关第四次侦查监督工作会议在吉林省长春市召开。会议的主要任务是，深入学习贯彻党的十八大和习近平总书记关于法治建设、政法工作的一系列重要讲话、指示精神，围绕全面推进平安中国、法治中国建设，研究部署进一步贯彻实施修改后刑事诉讼法、加强和改进侦查监督工作的措施，努力开创侦查监督工作新局面。最高人民检察院检察长曹建明、吉林省委书记王儒林出席会议并讲话。最高人民检察院副检察长朱孝清主持会议并在会议闭幕时讲话。最高人民检察院侦查监督厅厅长万春作了题为《以党的十八大精神为指导深入贯彻落实修改后的刑事诉讼法全面开创侦查监督工作新局面》的工作报告。吉林省委常委、政法委书记金振吉，吉林省检察院检察长杨克勤出席会议。各省级检察院分管副检察长、侦查监督部门负责人，最高人民检察院有关内设机构负责人，两届全国十佳侦查监督检察官和侦监工作联系点代表等参加会议。中央相关部门有关负责人应邀出席会议。吉林、上海、天津、河南、湖北、广东、山西、四川、陕西、江西、山东等11个省级人民检察院分管副检察长进行大会经验交流，江苏省南京市人民检察院介绍了加强对公安派出所刑事执法活动监督的工作成效。会议印发参阅件对习近平总书记关于政法工作的三次重要指示、孟建柱同志在深化平安中国建设工作会议上的讲话摘要、曹建明检察长对侦查监督工作的重要指示进行了学习。并讨论了最高人民检察院起草的《人民检察院审查逮捕质量标准（修订）》、《关于在审查逮捕工作中加强社会危险性条件审查的意见（稿）》等6个规范性文件。

会议认为，2009年第三次侦查监督工作会议以来，各级检察机关紧紧围绕党和国家工作大局，认真贯彻强化法律监督、强化自身监督、强化队伍建设的总要求，依法履行审查逮捕职责，切实加强立案监督和侦查活动监督，大力推进侦查监督工作机制改革，狠抓侦查监督能力建设，侦查监督工作取得了显著成绩和明显进步。特别是在依法妥善办理一系列重要疑难复杂案件基础上，立足职能，积极参与加强和创新社会管理，推进行政执法与刑事司法衔接，着力化解矛盾纠纷，为维护国家安全和社会和谐稳定、维护市场经济秩序和促进经济又好又快发展、维护人民群众权益和社会公平正义、促进执法公正和依法行政作出了重要贡献。

会议确定当前和今后一个时期侦查监督工作

的总体思路是：深入学习贯彻党的十八大精神和习近平总书记对平安建设、法治建设、政法工作的一系列重要批示，积极回应人民群众的新要求、新期待，全面落实宽严相济刑事政策和修改后的刑事诉讼法，进一步转变执法观念、加强能力建设、深化改革创新，不断提高审查逮捕质量，增强立案监督和侦查活动监督力度与实效，依法惩治犯罪，有效保障人权，维护司法公正，促进加强和创新社会管理，努力为推进平安中国、法治中国建设、实现全面建成小康社会奋斗目标创造安全稳定的社会环境和公平正义的法治环境。

会议强调，侦查监督是宪法和法律赋予检察机关的一项重要法律监督职责，是中国特色社会主义检察制度的重要标志之一。侦查监督部门既承担着审查逮捕职责，又承担着对立案、侦查活动的监督职责，处于打击犯罪、保障人权、维护社会公平正义、促进社会和谐稳定的前沿。各级检察机关要充分认识侦查监督工作的重要地位和作用，准确把握新形势新任务，进一步增强做好侦查监督工作的责任感、使命感和紧迫感，自觉把侦查监督工作放到党和国家工作大局中谋划和推进，更加注重完善侦查监督体制机制，更加注重提高办案质量和监督实效，更加注重提升自身素质和执法公信力，推动侦查监督工作健康深入发展。

会议指出，党中央对平安中国、法治中国建设高度重视，作出一系列重要指示并进行全面部署。在平安中国、法治中国建设中，检察机关肩负重大责任。特别是侦查监督工作，其职能作用的发挥直接关系到社会安宁和人民群众的幸福安康，是检察机关参与平安中国、法治中国建设不可或缺的重要途径。各级检察机关要紧紧围绕平安中国、法治中国建设，全面加强和改进侦查监督工作。要按照中央关于维护国家安全和社会和谐稳定的各项要求，进一步加大侦查监督工作力度，依法从重从快审查逮捕各类严重刑事犯罪，始终保持高压态势，确保社会治安大局稳定，围绕维护国家安全和社会和谐稳定推进侦查监督工作。要顺应人民群众对司法公正、权益保障的新期待，深入推进"一体两翼"工作格局，重视纠正在立案、侦查活动等方面存在的突出问题，促进严格公正规范文明执法，围绕维护社会公平正义推进侦查监督工作。要着眼于案结事了和社会和谐，努力在侦查监督环节做好矛盾纠纷化解工作，促进社会关系的修复，围绕化解矛盾纠纷推进侦查监督工作。要更加注重发挥检察机关在加强和创新社会管理中的法治保障作用，促进提高社会管理法治化、科学化水平，围绕加强和创新社会管理推进侦查监督工作。

会议强调，侦查监督是检察机关办理普通刑事案件的第一关，在防范冤假错案方面具有不可替代的重要作用。各级检察机关要认真贯彻落实修改后的刑事诉讼法，切实转变执法理念，严格遵守法律程序制度，完善相互配合、依法制约的体制机制，提高侦查监督水平，坚守防止冤假错案底线。要牢固树立正确执法理念，恪守检察官客观公正义务，正确处理打击犯罪与保障人权、程序公正和实体公正，支持配合与监督制约等关系，坚持办案数量、质量、效率、效果有机统一，努力让人民群众在我们办理的每一起案件中感受到公平正义。要高度重视办案质量，严格把握审查逮捕的质量标准，全面客观审查证据，严格落实审查逮捕阶段讯问犯罪嫌疑人和听取律师意见制度，建立健全案件质量分析通报制度，落实协调案件报告制度，严把事实关、证据关、程序关和法律适用关，确保办理的案件经得住历史和人民的检验。要强化立案和侦查活动监督，坚决监督纠正刑讯逼供等非法取证行为，规范和深化介入侦查、引导取证工作。要进一步完善自身监督制约机制，加强执法规范化建设和执法办案内部监督体系建设，大力推进检务公开，完善执法办案考评机制，确保严格公正规范文明执法，确保侦查监督权依法正确行使。

会议指出，冤假错案不仅对当事人是一场灾难，而且严重损害司法权威和司法公信力，影响人民群众对社会公平正义的信心、影响国家长治久安。每一个检察院、每一位执法办案人员都要把确保办案质量，坚守防止冤假错案底线，作为终生追求和重大责任。"坚守"就要坚决守住自己把守的关口，不能自己不守而寄希望于后面的环节和程序去守。"坚守"就要严防死守，发现领导的决定会产生冤假错案的，要向上级检察院及时报告。

会议要求，侦查监督部门坚守防止冤假错案底线，首先要明确案件质量的内涵，其次要明确冤假错案标准。冤案是客观上有刑事案件存在，但被追诉人不是犯罪人；假案是客观上不一定有刑事案件存在，进入诉讼程序的案件或被追诉人是假的。两者的共同点在于，都把没有犯罪事实的人当作犯罪来追究。狭义的错案，与冤案假案相同，广义的错案,还包括将犯罪事实不清、证据不足的疑案作为犯罪来追究。要坚持疑罪从无,守住不把疑案当作犯罪来处理这个底线。在司法证明上,要以客观真实为目标,以法律真实为标准。要根据审查批捕当时在案的事实和证据,严格按照法律规定的条件来决定捕与不捕。

会议强调,侦查监督是检察机关的核心业务之一。侦查监督工作开展如何,直接关系到刑事诉讼能否顺利进行,关系到司法权威和司法公信力,关系到社会和谐稳定和社会公平正义。各级检察机关要把侦查监督工作放在更加突出的位置来抓,加强领导,强化措施,推动侦查监督工作迈上一个新台阶。一是加强对侦查监督工作的领导。各级检察院党组要把侦查监督工作摆上重要议事日程,及时听取侦查监督工作和队伍建设汇报,把好侦查监督工作方向,研究解决工作中遇到的重大问题。二是加强侦查监督队伍建设。要认真贯彻《关于加强和改进新形势下检察队伍建设的意见》和《关于加强侦查监督能力建设的决定》,大力加强思想政治建设、职业道德建设和能力素质建设,提高专业化、职业化水平,努力建设过硬侦查监督队伍。三是加强侦查监督信息化建设。各级检察机关要深入实施科技强检战略,坚持信息化建设与应用有机结合,努力以信息化引领侦查监督工作现代化。

会议要求,广大侦查监督人员要充分认识自己工作的地位和作用,进一步增强忧患意识、大局意识和责任意识,紧紧围绕平安中国和法治中国建设,全面加强和改进侦查监督工作。

(最高人民检察院侦查监督厅 周惠永)

第三届全国检察机关侦查监督业务竞赛 2013年11月21日至25日,最高人民检察院在国家检察官学院进行了第三届全国检察机关侦查监督业务竞赛,在层层选拔的基础上,由各省级检察院和铁路运输检察系统推选的68名选手参加竞赛。

经过四天紧张激烈的角逐,通过文书制作、综合业务知识笔试和汇报与答问三个环节的比赛,广东省深圳市宝安区人民检察院黎黎等10位选手获得"全国侦查监督业务标兵奖",广东省广州市天河区人民检察院黄海锋等10位选手获得"全国侦查监督业务标兵提名奖",内蒙古自治区呼伦贝尔市人民检察院孙永伟等20位选手获得"全国侦查监督业务能手奖",新疆生产建设兵团第十师巴里巴盖垦区人民检察院孙晓黎等28位选手获得"全国侦查监督业务能手提名奖",海南省海口市龙华区人民检察院王瑞德等5位选手获得"优秀文书制作奖",新疆维吾尔自治区乌鲁木齐市天山区人民检察院李明剑等5位选手获得"优秀汇报与答问奖",天津市河北区人民检察院李龙跃等5位选手获得"综合业务知识优胜奖",上海市人民检察院等5个单位获得"组织奖"。

最高人民检察院党组对第三届全国检察机关侦查监督业务竞赛活动高度重视,曹建明检察长和胡泽君常务副检察长亲自审定竞赛方案和有关报告,成立了朱孝清副检察长为主任、政治部和侦监厅等有关部门负责人为成员的竞赛组委会。组委会多次召开专题会议研究部署竞赛活动,最高人民检察院党组成员、政治部主任李如林同志在竞赛期间亲自到场视察指导,对竞赛活动开展给予高度评价并对"以赛代训"提高侦监能力素质提出明确要求。赛后,最高人民检察院常务副检察长胡泽君、副检察长邱学强、朱孝清、张常韧、柯汉民,中央纪委驻最高人民检察院纪检组组长莫文秀,政治部主任李如林接见参赛选手并合影留念。

第三届全国检察机关侦查监督业务竞赛活动,自2013年3月最高人民检察院政治部、侦监厅部署开始,从市县区到省级,逐级竞赛,历时8个月,在全国侦监系统掀起了学先进、赶先进、超先进的热潮,充分体现了"全员参与、贴近实际、规范提高、激励先进"的要求,达到了锻炼队伍、展示形象、选拔人才、促进规范、提升素质的预期目的,集中展示了侦查监督队伍的精神面貌和良好素质。与前两届相比,第三届业务竞赛活动的主要特点是:一是紧扣业务,更加突出实效性。无论在环节设计上,还是在内容设置上,都紧紧围绕侦查监督工作三项职责和七项业务能力。在竞赛环节设计上,除了以往的"侦查监督实务"和"案件汇报与答问"两个环节之外,新增了业务知识笔试环节,全面考察侦查监督业务知识,既考实体法,也考程序法,既考法学理论,也考侦监实务,既考监督办案所需能力,也考最高人民检察院工作部署的学习领会,具有一定的广度和深度。在竞赛三个环节的加权计分上,突出侦查监督工作特点,汇报与答问环节总分较前两届竞赛减少了权重。竞赛所使用的案例更是精挑细选,精心改编,取材于真实案例,又紧扣侦查监督"一体两翼"工作格局和参与加强和创新社会管理职能、预设立案监督、侦查活动监督、执法办案风险评估、社会治安综合治理等众多考点,体现了一定的难度和强度。整个竞赛对侦监人员的业务素质、法学理论功底和审查阅卷、证据分析、法律政策应用、文书制作、案件汇报、临场应变、电脑操作等实际工作能力进行了全方位、多角度的考察。二是全面开展,更加突出全员性。练兵和竞赛的目的,是要锻炼队伍、提高能力、规范办案。各地积极以业务竞赛为契机,创新形式,将业务竞赛与实训相结合、与研讨交流相结合、与优秀文书案例评比相结合、与知识技能考试相结合,全员参训、参练、参考,做到真学、真练、真比,把竞赛作为优秀侦查监督人员展示才华、脱颖而出的重要舞台,同时也作为广大侦查监督人员相互学习、共同提高的重要平台,实现了普遍受训、整体提高。三是程序规范,更加突出公正性。在参赛资格、比赛环节、比赛规则、评审工作等各方面都进行了深入细致的研究论证和设置安排,确保竞赛全程保密、客观、公正。资格审查由政工部门和侦查监督部门双重把关,出题、交付印制、考生答卷保管严格保密,竞赛和评审由纪检监察部门派员全程监督,参赛选手文书打乱顺序随机编号,文书和答卷密封后由评委交叉评分,竞赛座位、答问的出场顺序以抽签形式决定,答问得分由来自司法实务界和学术界的专家评委独立评判,并对各位评委的打分进行公示,具有较大的透明度。进入汇报与答问环节的40名选手以及竞赛最后的名次和结果完全根据每位选手各项比赛成绩按比例加权计分确定,成绩全部公示,保证了竞赛的公开、公平、公正,也保证了评选活动的总体质量和水平。四是运用科技,更加突出信息化。这次竞赛要求参赛选手必须使用统一业务应用系统中的审查逮捕意见书模板,在5个半小时内审查案件并完成《审查逮捕意见书》的制作,3个小时内制作完成汇报与答问课件并在汇报案件时予以演示,极大考验了选手的信息化操作应用能力。五是激励宣传,更加突出示范性。业务竞赛活动及选拔出的侦监业务标兵和能手等,组织媒体进行同步、动态、深度报道,特别是正义网、法治中国等网络媒体对竞赛进行图文直播和全程视频直播,不仅及时生动地展示了全体参赛检察官的风采英姿,也做到了集宣传性与示范性于一体,为各地侦监人员提供了观摩、学习的平台。

(最高人民检察院侦查监督厅　周惠永)

公诉工作　2013年,各级公诉部门紧紧围绕经济社会发展大局,以贯彻实施新修改刑事诉讼法和刑事诉讼规则为主线,以提高公诉办案质量、效率和效果为重点,以加强规范化建设和高素质公诉队伍建设为保障,公诉工作和公诉队伍建设取得新进展。

一、依法打击各类犯罪,维护社会和谐稳定,促进经济活动健康有序发展。

2013年,全国检察机关公诉部门共受理各类侦查机关(部门)移送案件1106768件1612251人,同比分别下降7.50%和12.95%。其中受理公安、国家安全等侦查机关移送起诉案件1068923件1559092人,同比分别下降7.78%和13.41%;受理检察机关侦查部门移送案件37845件53159人,同比分别上升1.08%和3.07%。

(一)依法打击严重刑事犯罪。深入开展反渗透、反分裂、反恐怖斗争,坚决打击敌对势力的分裂、渗透、颠覆活动和境外间谍情报机关的窃密、策反活动。积极参与社会治安重点地区和突出治安问题集中整治,加大打击严重暴力犯罪、黑恶势力犯罪、多发性侵财犯罪和"黄赌毒"等犯罪力度,依法严惩以报复社会为目的的危害公共安全和个人极端犯罪,切实维护国家安全和社会和谐稳定。

(二)依法打击严重破坏市场经济秩序犯罪大案要案和侵害民生民利的各类犯罪活动。依法打击妨害金融管理秩序、制售假冒伪劣商品、侵犯知识产权和破坏生态环境犯罪,积极配合有关部门深化重点领域、突出问题专项治理,积极参与"打击食品犯罪保卫餐桌安全"专项行动和深化"打四黑除四害"专项行动以及海关总署"国门之盾"、"绿篱"等打击走私专项行动。

(三)依法打击职务犯罪。依法办理了原中央政治局委员薄熙来受贿、贪污、滥用职权案,铁道部原部长刘志军受贿、滥用职权案,山东省人民政府原副省长黄胜受贿案、吉林银行原行长田学仁受贿案等重大职务犯罪案件,推进反腐败斗争和党风廉政建设深入开展。

二、着力强化公诉环节诉讼监督,维护司法公正和法制权威。

各级公诉部门坚持诉讼监督与指控犯罪并重,紧紧围绕人民群众反映强烈的执法司法腐败不公等突出问题,全面加强公诉环节诉讼监督工作,依法监督纠正严重损害群众合法权益的案件,取得明显成效。

（一）侦查监督力度加大。全国检察机关公诉部门书面纠正侦查活动违法数同比上升31.23%，侦查机关（部门）采纳公诉部门意见已纠正数同比上升33.29%，采纳意见率同比上升1.49个百分点。

（二）刑事审判监督工作数量质量稳步提高。全国检察机关公诉部门刑事抗诉率同比上升0.69个千分点，法院审结后采纳意见率同比上升0.78个百分点，其中改判率同比上升8个百分点。书面提出纠正审判活动违法意见数同比上升39.71%，审判机关采纳意见已纠正数同比上升42.20%。

三、围绕贯彻实施新修改刑事诉讼法和刑事诉讼规则的要求，深入推进公诉工作规范化建设。

（一）着力解决刑事诉讼法实施中的重点难点问题。最高人民检察院公诉厅组织"执行新刑诉法工作情况"专题调研，形成《关于公诉部门执行新刑诉法工作情况的调研报告》，起草公诉工作相关法律文书和工作文书，修订《执法工作规范教程》，研究答复广东省检察院请示的《关于第二审阅卷期间如何商请人民法院延期审理的答复》和《第二审案件如何讯问原审被告人》等刑事诉讼法实施中的新问题。

（二）建立完善相关工作机制。着力推进落实重大案件介入侦查引导取证、客观性证据审查与认定、技术性证据专门审查、案件质量评析通报、死刑案件风险评估和矛盾化解等五项工作机制。召开全国检察机关公诉部门命案质量座谈会，开展死刑第二审案件办理和监督工作情况专项调研和久押不决案件专题调研。

（三）强化未成年人刑事检察工作。修改完善了《人民检察院办理未成年人刑事案件的规定》，建立"未成年人刑事检察工作联系点制度"，制定《未检联系点工作办法（试行）》，积极参与全国"青少年维权岗"评选活动和"未成年人健康成长法治保障创新事例"系列评选活动。

四、加强队伍建设，进一步提升执法水平和社会公信力。

各级公诉部门认真贯彻落实最高人民检察院《关于加强公诉人建设的决定》，大力加强以公诉人为核心的队伍建设，公诉队伍的整体素质进一步提高。

（一）大力加强公诉业务培训工作。举办全国检察机关未成年人刑事检察工作培训班、全国检察机关公诉处长领导素能培训班、全国检察机关第五期优秀公诉人高级研修班、全国检察机关第六期优秀公诉人（西部）高级研修班。继续与清华大学法学院和中国政法大学联合招录高端公诉人才法学硕士班，经统一考试招录33名优秀公诉人接受严格的学院教育。

（二）注重强化公诉理论研究。举办"刑事诉讼法再修改与公诉工作"理论研究征文活动，评选出70篇获奖论文，并将获奖论文作为《公诉理论与实践（第三辑）》出版，有力促进了修改后刑事诉讼法实施的理论研究工作。编写《刑事司法指南》、《国家公诉人出庭指南》等图书指导业务工作。召开全国公诉工作咨询专家座谈会，对劳动教养制度废止后公诉工作的应对问题进行了深入探讨。

（三）大力加强公诉队伍文化建设。举办第五届全国十佳公诉人暨全国优秀公诉人业务竞赛活动，联合中央电视台社会与法频道共同制作"检察官说案"系列节目在《法律讲堂》栏目播出，进一步宣传和树立检察机关公诉队伍良好形象。

（四）大力加强公诉队伍纪律作风建设。全面建立三位一体的公诉党风廉政建设工作机制，起草下发了《2012年全国检察机关公诉人员违法违纪情况通报》，组织召开公诉队伍纪律作风建设会，公诉队伍违法违纪现象进一步减少。

（最高人民检察院公诉厅　陈鸶成　李　莹）

第五届全国优秀公诉人业务竞赛　2013年6月17日至24日，第五届全国十佳公诉人暨全国优秀公诉人业务竞赛在北京举办，共有来自全国31个省、自治区、直辖市人民检察院，新疆生产建设兵团人民检察院，解放军军事检察院，铁路运输检察院的102名优秀公诉人参加此次竞赛活动。最高人民检察院检察长曹建明、副检察长朱孝清和政治部主任李如林等领导先后亲切看望参赛选手。

曹建明检察长在看望参赛选手时指出，公诉工作是检察机关强化法律监督、维护公平正义、维护社会和谐稳定的核心职能之一，也是人民群众感受检察工作、感受检察队伍素质能力和形象的主要窗口。这次业务竞赛，是近年来检察机关公诉人队伍建设成果的又一次集中展示，也是在新形势下推进检察队伍专业化建设的积极举措。曹建明检察长强调，近年来，各级检察机关公诉部门高度重视公诉队伍建设，注重提高自身的素质和能力，认真履行依法指控犯罪、强化诉讼监督的职能，展现了很好的职业素质和良好的职业形象。希望各级检察机关公诉部门按照党中央的要求，顺应人民群众的新期待,坚持强化队伍建设,坚持把专业化队伍建设放在更加重要的战略位置,不断提高整体素质和法律监督能力,为平安中国和法治中国建设作出新的更大的贡献。

经过办案质量考评、论文写作、公诉业务笔试、公诉业务答辩、分组论辩和附加赛各个环节的考查,业务竞赛评选出了10名十佳公诉人。这10名同志是:黑龙江省人民检察院马宁、四川省资阳市人民检察院陈王莉、天津市河北区人民检察院李莹、云南省人民检察院武广轶、广西壮族自治区南宁市人民检察院宋萍、天津市人民检察院第一分院刘家卿、广东省深圳市人民检察院张孟东、上海市人民检察院第一分院赵骏、山东省济南市天桥区人民检察院薛辛伟、重庆市潼南县人民检察院陈荣鹏。业务竞赛还评选出了65名优秀公诉人及"最佳论辩奖"、"优秀论文奖"等单项奖。

7月12日,最高人民检察院在大检察官研讨班进行期间举行了第五届全国十佳公诉人颁奖仪式,曹建明检察长等最高人民检察院领导亲自为获得"全国十佳公诉人"称号的10名同志颁奖。

(最高人民检察院公诉厅　陈鸷成　李　莹)

反贪污贿赂工作　2013年,全国检察机关反贪污贿赂部门顺应反腐败斗争的新形势,积极加大查办贪污贿赂犯罪案件力度,严格贯彻执行修改后刑事诉讼法,着力加强侦查能力建设和过硬队伍建设,各方面工作都取得了新的发展。

一、认真贯彻落实中央反腐败决策部署,反贪污贿赂办案工作成效显著。

各级检察机关反贪污贿赂部门坚持以办案为中心,全力以赴加大办案力度,"老虎"、"苍蝇"一起打,反贪污贿赂办案的总体数量、大要案数量等比上年均有较大幅度上升。全年共受理贪污贿赂案件线索36475件,初查31163件,立案侦查28321件38236人,同比分别上升7.9%和7.3%。其中,涉嫌贪污犯罪16167人,占42.3%;挪用公款犯罪3511人,占9.2%;贿赂犯罪18101人,占47.3%;立案侦查大案22680件,占立案件数的80.1%,同比上升9.9%;县处级以上干部要案2407人,占立案人数的6.3%,同比上升6.5%。在保证案件质量的前提下努力提高办案效率,共侦查终结26924件36528人,侦结认定犯罪总金额203亿余元;经公诉部门审查决定起诉24780件34722人,法院审理后作出有罪判决29230人。加强与有关部门的协作配合,加大追逃、追赃工作力度,共抓获境内外在逃贪污贿赂犯罪嫌疑人692人,为国家挽回经济损失80.3亿元。最高人民检察院反贪污贿赂总局办理了中共中央原政治局委员薄熙来受贿案,直接立案侦查和指导省级检察院反贪污贿赂部门查办了国家发改委原副主任、能源局局长刘铁男受贿案,广东省委原常委、统战部长周镇宏受贿、巨额财产来源不明案,内蒙古自治区党委原常委、统战部长王素毅受贿案,广西壮族自治区政协原副主席李达球受贿案,安徽省政府原副省长倪发科受贿、巨额财产来源不明案等省部级干部案件,取得了良好的政治、法律和社会效果。

根据最高人民检察院的统一部署,各级检察机关反贪污贿赂部门深入开展查办和预防发生在群众身边、损害群众利益职务犯罪专项工作,围绕征地拆迁、教育、医疗卫生、保障性住房、就业、社会保障、"三农"资金、生态环境保护等与民生民利相关的领域,聚焦当地人民群众反映强烈的腐败问题,采取以点带面、挖窝查串等方法,查办了一大批发生在群众身边、侵害民生民利的贪污贿赂职务案件。2013年,全国检察机关反贪污贿赂部门共查办发生在群众身边、损害群众利益的贪污贿赂犯罪案件17346件24139人,占立案侦查贪污贿赂案件总数的77.6%,涉案金额总计62亿余元。

二、严格执行修改后刑事诉讼法,着力提升规范执法水平和反贪污贿赂侦查能力。

各级检察机关反贪污贿赂部门积极转变执法理念,强化人权、程序、证据、时效、监督意识,坚持理性平和文明规范执法,严格执行修改后刑事诉讼法和《人民检察院刑事诉讼规则(试行)》,依法保障犯罪嫌疑人、辩护律师及其他诉讼参与人的诉讼权利,全面落实讯问犯罪嫌疑人全程录音录像制度,防止和杜绝刑讯逼供、非法取证等违法办案行为,促进规范执法水平的提升。最高人民检察院反贪污贿赂总局加强调查研究,及时研究解决修改后刑事诉讼法实施中遇到的新情况、新问题,规范侦查阶段限制辩护律师会见、指定居所监视居住的适用等,保障修改后刑事诉讼法的正确实施。积极推动反贪污贿赂侦查方式转变,大力加强侦查信息化和装备现代化建设,强化"两化"建设成果的实战应用,提高反贪污贿赂侦查工作的科技信息化水平,各级检察机关反贪污贿赂部门的侦查能力不断提升。进一步加强办案安全防范工作,首次实现检察环节涉案人员零死亡事故。

三、加强过硬反贪污贿赂队伍建设,提升整体素质和执法公信力。

各级检察机关反贪污贿赂部门深入开展以为民务实清廉为主要内容的党的群众路线教育实践活动,最高人民检察院反贪污贿赂总局会同监察局在反贪污贿赂系统组织开展了"整顿作风、严明纪律、规范执法"专项教育检查活动,着力解决"四风"特别是执法作风方面存在的突出问题,反贪污贿赂队伍的思想政治和纪律作风建设进一步加强。结合贯彻实施修改后刑事诉讼法,大力加强反贪污贿赂队伍专业化建设,最高人民检察院反贪污贿赂总局组织编写出版了《贪污贿赂犯罪案件侦查实务》、《贪污贿赂案件收集证据参考标准》等系列培训教材,各级反贪污贿赂部门广泛开展业务培训、岗位练兵和技能竞赛活动,促进了执法办案能力的提高。认真落实党风廉政建设责任制,坚持反贪污贿赂干警违法违纪情况通报制度,强化自身监督制约机制,自觉接受内外监督制约,坚决对自身腐败问题实行"零容忍",反贪污贿赂队伍形象和执法公信力有了新的提升。

2013年10月,十二届全国人大常委会听取和审议了《最高人民检察院关于反贪污贿赂工作情况的报告》,全国人大常委会委员及列席代表对2008年以来检察机关的反贪污贿赂工作给予充分肯定,对进一步加强和改进反贪污贿赂工作、推动解决制约反贪污贿赂工作发展的突出问题提出了意见和建议。

(最高人民检察院反贪污贿赂总局)

反渎职侵权工作 2013年,全国检察机关反渎职侵权部门全面贯彻执行修改后刑事诉讼法和刑事诉讼规则,积极开展党的群众路线教育实践活动,不断加大查办案件力度,狠抓机制制度落实,强化机构队伍建设,各项工作取得了显著成效。

一、坚持以执法办案为中心,不断加大查办案件力度。始终坚持"老虎"、"苍蝇"一起打,既坚决查处领导机关、领导干部违纪违法案件,又切实解决发生在群众身边的不正之风和腐败问题。加强分类指导、重点指导、具体指导,采取有效措施狠抓办案工作,突出重点、提升质量、保持规模、深化效果,全面提升办案规模、质量。重点查办了中央政治局原委员、重庆市委原书记薄熙来贪污、受贿、滥用职权案,铁道部原部长刘志军受贿、滥用职权案,湖南省政协原副主席童名谦玩忽职守案等一批中央交办和社会影响重大的大要案。严肃查办了吉林省吉煤集团通化矿业公司八宝煤业公司"3·29"瓦斯爆炸事故、山东保利民爆济南科技有限公司"5·20"爆炸事故、吉林宝源丰禽业公司"6·3"火灾事故、山东青岛"11·22"中石化东黄输油管道泄漏爆炸事故等一系列重特大安全生产责任事故所涉渎职等职务犯罪案件。2013年,全国检察机关共立案侦查渎职侵权犯罪案件9230件13070人,同比件数上升14.2%、人数上升11.8%;重特大案件5184件,同比数量上升23.9%;县处级以上干部要案464人,同比数量上升50.2%,其中,厅级干部20人,同比数量上升66.7%,办案规模创历史新高,大要案数量、案件侦结率、起诉率、有罪判决率稳步上升,办案规模、质量实现双提升。

二、着眼保障群众权益,大力抓好专项工作。准确把握保障和改善民生,维护群众切身利益这一工作重点,认真开展查办和预防发生在群众身边、损害群众利益职务犯罪专项工作。加强与有关部门的协作配合,积极参与公安部开展的"打击食品犯罪,保卫餐桌安全"和"打四黑除四害"两个专项行动,严查房产交易过程中法官操作虚假诉讼系列渎职犯罪案件;注重收集、研判涉渎舆情,主动介入查办"房姐"、"房妹"事件,媒体曝光的毁林事件,有毒有害假羊肉卷所涉渎职犯罪案件,冤假错案所涉刑讯逼供案件等一批社会高度关心、媒体高度关注的重点、热点案件;认真调研总结,强化经验交流指导,有针对性开展生态环境保护、食品药品安全、涉农惠民、教育医疗、征地拆迁、城镇低保、政策性补贴、国家助学金等领域"小专项"活动,全面推进专项办案工作。2013年,全国检察机关共受理发生在群众身边、损害群众利益渎职侵权犯罪案件线索8127件,立案侦查7146件10008人,分别占全国检察机关同期查办渎职侵权犯罪案件总数的77.7%和76.6%,专项工作取得阶段性成效,切实有效保障群众权益。

三、全面贯彻执行刑事诉讼法和刑事诉讼规则,推进转变侦查方式。以全面贯彻执行修改后刑事诉讼法和刑事诉讼规则为抓手,强化侦查信息化建设,发挥侦查一体化机制作用,加强执法规范化建设,深入推进侦查方式的转变。积极开展与银行、民航、通信等有关部门的沟通协作,强化信息引导侦查,提高侦查办案科技水平,最高人民检察院渎职侵权检察厅积极协调中国民航信息集团公司、全国组织机构代码管理中心共享使用"民航旅客信息查询系统"、"组织机构代码查询系统",加强与国家工商总局的沟通协调,稳步推进全国检察机关接入全国市场主体数据库工作。创新和完善侦查一体化机制,探索构建侦查指挥、检力资源、侦查装备、线索管理一体化的侦查模式,加强对跨地区、重大复杂疑难案件的统一组织指挥协调,上下一体,增强排除干扰、侦查破案的能力。全面上线运行全国检察机关统一业务应用系统,落实全程同步录音录像制度,依法收集、固定证据,保障犯罪嫌疑人诉讼权利和律师执业权利,切实提升执法规范化水平。

四、加强协作配合,有效推动工作机制落实完善。加强同纪委、公安机关、法院及有关行政执法部门的横向沟通联系,进一步健全完善惩治和预防渎职侵权违法犯罪工作协作配合机制、行政执法与刑事司法衔接机制、重大复杂渎职侵权违纪违法犯罪案件专案调查工作机制、非法干预查处渎职侵权违法犯罪案件情况沟通和处理机制,推动《关于办理渎职刑事案件适用法律若干问题的解释(一)》、《关于办理职务犯罪案件严格适用缓刑、免于刑事处罚若干问题的意见》等司法解释的贯彻执行。最高人民检察院渎职侵权检察厅与反贪总局、国资委监察局协调建立查办涉及中央企业职务犯罪案件联系配合机制,与公安部纪委监察局联合举办全国检察机关反渎职侵权部门与公安机关纪检监察部门联席会议制度座谈会,切实深化与有关部门的协作配合。此外,加强与检察机关内部侦查监督、公诉、民事行政检察、控告申诉等部门的沟通协作,建立健全检察机关内部渎职犯罪侦查工作联系配合机制,切实增强打击渎职侵权犯罪工作合力。

五、立足发挥职能作用,着力建设过硬队伍。坚持抓思想政治建设,认真参加党的群众路线教育实践活动,严格执行中央八项规定,整改"四风"问题,改进执法作风,切实增强工作实效;加强调研指导,不断健全反渎职侵权机构、配齐配强反渎职侵权队伍,部分省、市级检察院专门设立了重大责任事故调查专门机构和检察调查专员;加强队伍业务能力建设,举办侦查信息化应用培训班、两期专项工作侦查素能专题讲座等一系列培训,深入学习交流,研究适应修改后刑事诉讼法和刑诉规则,侦查办案水平不断提高;强化自身监督制约,坚持实行述职述廉制度,促进各级检察院反渎职侵权局班子建设和反渎职侵权局局长廉洁自律、认真履职,加大违纪违法行为的查处和通报力度,严肃开展纪律作风整顿,有效遏制队伍违纪违法行为。

六、大力开展宣传预防工作,全面提升工作实效。着眼提升反渎职侵权工作社会影响力和预防实效,积极开展宣传预防工作。将 2013 年的反渎职侵权宣传工作纳入第 15 个举报宣传周活动,加强与媒体的沟通联系,深入宣传党和国家关于惩治渎职侵权违法犯罪的政策、法律、典型案例以及热点事件最新调查情况等,积极回应社会关切,正确引导社会舆论,推动形成重视和支持反渎职侵权工作的社会氛围。积极开展专项警示教育和党课教育活动,强化个案预防、类案预防、系统预防,深入分析研究公安、林业、税务、交通、环境、食品药品监管等系统渎职侵权犯罪特点规律和管理漏洞,及时反馈有关部门,促进相关部门建章立制,取得良好预防效果。

(最高人民检察院渎职侵权检察厅 胡飞熊)

全国检察机关反渎职侵权部门与公安机关纪检监察部门联席会议制度座谈会暨第九次联席会议

2013 年 8 月 8 日,最高人民检察院渎职侵权检察厅和公安部纪委监察局联合在贵州省贵阳市召开全国检察机关反渎职侵权部门与公安机关纪检监察部门联席会议制度座谈会暨第九次联席会议。会议的主要任务是总结交流联席会议制度建立八年来的经验做法,深入研讨进一步健全联席会议制度和加强工作协作的措施,以及如何继续督促推动各级公安纪检监察部门与检察机关反渎职侵权部门建立联席会议制度,促进形成惩治和预防公安民警渎职侵权违法犯罪的工作合力。会议全面回顾联席会议制度建立以来的主要情况和成效,深刻分析联席会议制度推进过程中面临的新形势,并就下一步工作提出建议和要求。

会议认为,检察机关反渎职侵权部门和公安机关纪检监察部门联席会议制度是将公安机关内部监督与检察机关法律监督有机结合的制度创新,是公检双方凝聚办案合力、提升监督效果、实现优势互补的成功尝试。八年来,全国各级检察机关反渎职侵权部门和公安机关纪检监察部门,通过联席会议制度这一平台,不断寻求深层次、多领域合作,在惩治和预防公安民警渎职侵权违法犯罪,促进公安机关反腐倡廉建设,维护政法队伍良好形象方面作出了积极贡献。

会议指出,在推进联席会议制度过程中,要正确认识和把握面临的形势。一是国内外舆论环境更加复杂,公安民警渎职侵权违法犯罪,尤其是刑讯逼供、非法拘禁等违法犯罪行为,因主体身份敏感、侵害对象特殊,在当前加强人权保障的国际趋势下,极易成为社会舆论关注的焦点。二是人民群众对公平正义的期待更加强烈,因公安民警渎职侵权违法犯罪行为导致的非正常访、极端访甚至是群体性事件时有发生,并通过网络等媒介迅速传播,群众对从严治警、公正司法表达出强烈的愿望和诉求。三是党和国家对法治建设的重视程度越来越高,社会各界对提升司法公信力的呼声越来越高,但当前金钱案、人情案、关系案、冤假错案仍然屡禁不止,执法不公、司法腐败问题仍然比较突出。四是修改后刑事诉讼法对公安机关的执法办案工作和检察机关的法律监督工作提出了更为规范细致的要求。五是涉嫌渎职侵权违法犯罪的公安民警占立案侦查渎职侵权违法犯罪总人数的比例仍然较高,查办阻力仍然较大,犯罪形式日益复杂,不同级别、不同警种间共同犯罪情况突出,渎职犯罪与贿赂犯罪交织的现象突出,刑讯逼供等侵权犯罪和充当黑恶势力保护伞犯罪的危害后果严重,社会影响恶劣,应引起重视。

会议强调,在今后的工作中,要进一步加大合作力度,采取行之有效的措施,促进联席会议制度不断健全完善,推动公安和检察工作科学发展。一是要进一步统一思想认识,把握推进方向。高度重视发挥联席会议制度的作用,突出查办执法和司法领域渎职侵权犯罪案件,全面推进严格执法和公正司法。二是要进一步完善制度内容,延伸覆盖范围。省级公、检机关每年召开一至两次联席会议,市级公、检机关每年至少召集所辖区县召开一次全体会议,互通情况、交流工作,尚未建立联席会议制度的市、县,争取年内都要建立起来。三是要进一步强化线索移送,拓展信息共享。公安机关在工作中发现的民警和其他国家机关工作人员涉嫌渎职侵权犯罪线索,及时移送检察机关反渎职侵权部门。检察机关反渎职侵权部门在作出与对方工作职能密切相关的重大部署时,应及时沟通,听取意见。要定期通报民警因渎职侵权犯罪被追究刑事责任和受到党政纪处理的情况,重大复杂疑难案件及时沟通。四是要进一步强化协作办案,确保查办实效。积极拓展联合督办案件的工作范畴和工作方式,对于重大疑难复杂案件,进行联合调查督办,保证案件查办的及时性和准确性。积极探索相互协助调查或提前介入侦查的案件范畴、执行标准和操作程序。五是要进一步开展调查研究,加强犯罪预防。要对在查办公安民警渎职侵权违法犯罪中存在的需要双方合理解决的全局性、根本性问题,社会广泛关注的焦点问题深入开展调研,并积极推动调研成果的转化,必要时形成规范性文件下发指导工作。研究公安民警犯罪多发高发的主要环节、形成原因、制度缺陷、预防措施,并注重结合办案工作开展宣传和警示教育。六是要进一步做好舆情防控,依法维护民警合法权益。对于重大涉警舆情要做好风险防控和矛盾化解预案,防止矛盾激化和转化。对于来自社会舆论的压力要理性对待,坚持用法治思维和法治方式处理问题。对于公安民警依法履行职责、正当执法中受到不法侵害的,要加强沟通协调,切实维护公安民警合法权益。

(最高人民检察院渎职侵权检察厅 胡飞熊)

全国检察机关反渎职侵权部门部署查办和预防发生在群众身边、损害群众利益职务犯罪专项工作具体实施方案电视电话会议 2013年3月29日下午,最高人民检察院渎职侵权检察厅召开全国检察机关反渎职侵权部门部署查办和预防发生在群众身边、损害群众利益职务犯罪专项工作具体实施方案电视电话会议。各省、市、县级检察机关反渎职侵权部门组织收看、收听了会议。会议首先对全国检察机关严肃查办危害民生民利渎职侵权犯罪专项工作开展情况进行了总结,之后对反渎职侵权部门推动查办和预防发生在群众身边、损害群众利益的职务犯罪专项工作进行了重点部署。

会议指出,2011年3月,最高人民检察院在全国检察机关部署开展了为期两年的严肃查办危害民生民利渎职侵权犯罪专项工作,重点查处国家机关工作人员滥用司法权、行政执法权、行政审批权,严重损害民生民利的案件。各级检察机关对专项工作高度重视,领导有力,重点突出,措施到位,取得了可喜的收获。一是查办案件工作成效显著。全国共受理危害民生民利渎职侵权犯罪案件线索11214件,立案侦查各类案件9975件13833人,分别占全国检察机关同期查办渎职侵权犯罪案件总数的64.6%和62.1%。这些案件造成死亡3126人,重伤1073人,直接经济损失78.46亿元,检察机关通过查办案件,依法惩治了犯罪,挽回了损失。在办案中注意突出查办有影响、有震动、质量高、效果好的大案要案,立案查办重特大案件4615件,占立案总数的46.2%;立案查办县处级以上干部260人(其中省部级干部1人,地厅级干部10人),占立案总人数的2.6%。二是服务了保障和改善民生的工作大局。在专项工作中各地认真贯彻以人为本的科学发展观理念,立查的案件反映了各级党委政府关心的重点、人民群体关切的热点和社会各界关注的焦点,围绕工程建设、土地管理、征地拆迁、食品药品安全、安全生产、社会保障、农林保护、环境监法、司法执法等危害民生民利渎职侵权犯罪多发高发的重点领域和关键环节,不断加大打击力度,赢得了党和人民的肯定。三是抓重点带一般,推动了反渎职侵权工作全面发展。严肃查办危害民生民利渎职侵权犯罪专项工作具有问题集中、时间集中、领导精力集中、社会影响大的特点,各地通过专项工作,形成声势、形成规模、形成合力,争取党委、政府和社会各界的支持,带动了反渎职侵权工作全局。四是提升了反渎职侵权工作的社会认知度。在专项工作中坚持专门工作与群众路线相结合,坚持用办案工作的实效赢得更多的理解和支持,依托相关行政机关、司法机关和新闻媒体的多方资源,凝聚各方力量,提高了社会各界对渎职犯罪严重性、危害性和反渎职侵权工作重要性、必要性的认识,为今后的工作营造了更好的环境和氛围。五是完善了机制,提高了素能。各地结合专项工作,不断提高上级检察机关反渎职侵权部门对案件的掌控和协调能力,更好地发挥和完善了侦查办案一体化的机制作用。通过专项工作进一步锤炼了队伍,提升了能力,培养了许多专门领域的侦查人才,为反渎职侵权工作积蓄了更多的后劲。严肃查办危害民生民利渎职侵权犯罪专项工作有力推进了反渎职侵权整体工作,赢得了社会各界的广泛赞誉,取得圆满成功,达到了预期成效。

会议强调,最高人民检察院党组根据当前形势及职务犯罪惩防工作情况,经报中央政法委批准,决定从2013年1月至2014年12月,在全国检察机关开展为期两年的查办和预防发生在群众身边、损害群众利益职务犯罪专项工作,曹建明检察长、邱学强副检察长分别对专项工作作出了具体指示和要求。此项工作重点突出,与党和国家工作大局联系密切,与反渎职侵权部门的工作职责高度契合,各地反渎职侵权部门要严格按照《全国检察机关查办和预防发生在群众身边、损害群众利益职务犯罪专项工作实施方案》的部署要求,提高认识,强化措施,抓好落实。

各级要着眼全局,提高对查办和预防发生在群众身边、损害群众利益职务犯罪专项工作的认识。立足实际,突出查办和预防发生在群众身边、损害群众利益职务犯罪专项工作重点。当前关系群众切身利益问题较多、职务犯罪案件多发易发、群众反映强烈的"三农"、教育、就业、社会保障、医疗、保障性住房、生态环境、食品药品安全、安全生产、社会治安、执法司法等领域。这既是整个专项工作的重点,也是反渎职侵权部门的办案重点,要结合反渎职侵权工作实际,在专项工作中注重查办以下案件:(1)在涉及"三农"的专项资金、政策性银行贷款、扶贫开发资金等支农惠农资金分配、审批、管理、发放过程中发生的渎职犯罪案件;(2)教育基建投资、国家教育保障资金、教育相关财政专项资金分配、审批、管理、发放过程中发生的渎职犯罪案件;(3)招收公务员、学生徇私舞弊案,公共就业服务体系建设、劳动就业、职业技能培训等环节发生的渎职犯罪案件;(4)养老、医疗、失业、工伤、生育等社会保障和社会保险环节发生的渎职犯罪案件;(5)非法行医、血液管理、药品、医疗器械监管、公共卫生事件防控等环节发生的渎职犯罪案件;(6)土地监管、城市建设规划与房地产开发,以及廉租房、经济适用住房等保障性住房建设环节发生的渎职犯罪案件;(7)生态环境、矿产资源、森林资源、道路交通建设与监管等环节发生的渎职犯罪案件;(8)放纵制售假冒伪劣种子、农药、化肥和其他商品,以及食品安全监管领域发生渎职犯罪案件;(9)安全生产重大责任事故所涉渎职犯罪案件;(10)国家机关工作人员利用职权实施的侵犯公民人身权利、民主权利的犯罪案件;(11)危害司法公正,充当黑恶势力和有组织犯罪保护伞的渎职犯罪案件;(12)其他发生在群众身边,严重损害群众利益的渎职侵权犯罪案件。在专项工作中,要特别注意查处利用组织人事权、行政审批权、行政执法权、司法权,侵害民生民利,破坏依法行政,危害公正司法,毁坏生态环境,给国家和人民利益造成重大损失的渎职犯罪案件,注意查处侵害群众政治权益、经济权益和人身权利的犯罪案件,优先查办那些人民群众反映强烈,党委、政府关注,新闻媒体曝光和危害后果严重、社会影响恶劣、可能引发集体上访、群体事件的渎职侵权犯罪案件。

各级要精心组织,强化措施,切实把最高人民检察院的部署要求落到实处,推进专项工作取得扎实成效。要加强组织领导,及时向当地党委、人大、政府汇报开展专项工作的指导思想、查案重点和基本要求,积极争取领导、监督和支持。要加强内部协作配合,本次专项工作涉及多个业务部门,尤其要做好协调,形成合力。要加强办案安全,严格落实办案安全制度,把加强对自身执法办案活动的监督贯穿于专项工作的全过程,强化办案安全工作,严防办案安全事故的发生。要加强上级检察院的指挥领导责任,充分发挥侦查办案一体化机制的优势,发挥省级人民检察院的龙头作用和市(分、州)人民检察院的主体作用,加强对线索的统一管理,采取交办、督办、提办、参办等方式,打开局面,减少干扰。要注意系统抓、抓系统。行业性、系统性发案是渎职侵权犯罪的重要特点,对可能存在窝案串案的部门和行业,有针对性地部署开展"小专项"活动,集中查办一批案件。要加强同各行政执法、司法机关的联系协调配合,为专项工作创造良好的办案环境。要坚持专门工作与群众路线相结合,通过进机关、进企业、进乡村、进学校、进社区的形式,广泛听取广大人民群众对查办渎职侵权犯罪的诉求和意见,宣讲检察机关惩治和预防渎职侵权犯罪的职责,在广大人民群众的参与和支持下,查办好发生在群众身边、损害群众利益的渎职侵权犯罪案件。要加强信息综合和专题报告工作,要确定专人负责收集、整理专项工作情况,做好统计和综合分析,及时将专项工作进展情况和查办的重大典型案件情况、专题调研和经验总结报送最高人民检察院渎职侵权检察厅。

最后,对贯彻落实会议精神提出了四点要求:一是要提高认识;二是要精心组织;三是要突出重点;四是要惩防并举,推进专项工作取得扎实成效。

(最高人民检察院渎职侵权检察厅 黄 璞)

监所检察工作 2013年,全国检察机关监所检察部门以落实修改后的刑事诉讼法和《人民检察院刑事诉讼规则(试行)》为契机,以强化执行监督、强化人权保障为主线,全面履行刑罚执行和监管活动监督职责,各项工作都取得了新的进展。

一、着力强化和推进减刑、假释、保外就医监督和久押不决案件清理工作。认真贯彻党的十八届三中全会决定关于严格规范减刑、假释、保外就医程序,强化监督制度的要求,修改完善检察机关的监督程序,进一步强化同步监督机制建设。探索和加强减刑、假释庭审监督工作,规范监所检察人员出庭程序。2013年,全国检察机关监所检察部门共检察纠正减刑、假释、暂予监外执行不当16708人次,同比上升15.1%。认真贯彻中央政法委通知精神,深入推进久押不决案件清理工作。共清理纠正久押不决案件920件2685人,其中8年以上案件11件32人。一批有较大社会影响的久押不决案件得到清理纠正。如媒体关注的河南李怀亮案和福建福清陈科云、吴昌龙爆炸案等。

二、突出抓好修改后刑事诉讼法和刑事诉讼规则有关监所检察内容的贯彻落实。在抓好传统监所检察业务的同时,着力抓好新增业务的开展,深入开展调研,积极探索和规范。建立健全羁押必要性审查工作机制,印发了有关指导意见。全国监所检察部门对不需要继续羁押的案件,向办案机关或部门提出释放或变更强制措施建议12579人,被采纳建议11997人,占检察机关被采纳建议总数的54.2%。积极开展刑罚变更执行同步监督工作,认真审查减刑、假释、暂予监外执行提请意见书,共向人民法院和暂予监外执行决定、批准机关提出书面检察意见169925人。对于指定居所监视居住执行不当,提出纠正476人次。对强制医疗执行不当的,提出纠正意见书160人,已纠正156人。加强和改进监外执行和社区矫正法律监督工作。会同有关部门共同推进社区矫正法立法和执法规范化建设。继续做好核查纠正监外执行罪犯脱管漏管工作,完善有关综合治理考评工作标准和办法。依法开展死刑执行临场监督工作。

三、加强日常监督和专项检察。2013年,全国检察机关监所检察部门共检察纠正刑罚执行和监管活动中各类违法情况122626人次,共检察纠正超期羁押432人次。认真总结职务犯罪罪犯减刑、假释、保外就医专项检查和老病残罪犯专项检查活动。通过专项检查活动，摸清了全国职务犯罪罪犯刑罚变更执行和老病残犯的基本情况，发现纠正了一些违法和工作不够规范的问题，促进了相关执行和监管活动的规范进行。联合公安部、司法部开展罪犯交付执行和留所服刑专项检查活动。专项检查活动中，对2012年底前余刑一年以上的违法留所服刑和监狱拒收滞留看守所罪犯进行了清理，监督看守所将罪犯送交监狱执行并监督监狱依法收押。监督各地看守所依照修改后刑事诉讼法的规定将罪犯送交监狱执行刑罚。对看守所违法留所服刑、监狱违法拒绝收监等问题，依法提出纠正意见。

四、深入开展巡视检察。2013年8月至9月，最高人民检察院监所检察厅组织5个巡视检察组，邀请7名最高人民检察院专家咨询委员会委员和特约检察员参加，分别赴内蒙古、辽宁、江苏、安徽、新疆开展巡视检察工作。巡视检察组通过采取召开座谈会、听取汇报、实地检察、查阅材料卷宗、与服刑人员谈话等形式对监狱、看守所和检察机关派驻检察室进行全面、深入、细致的检察。全国各省、市级检察院也开展了巡视检察。

五、加大查办刑罚执行和监管活动中职务犯罪案件力度。2013年，全国检察机关监所检察部门共查办刑罚执行和监管活动中职务犯罪案件995件1200人，同比分别上升22.2%和17.6%。查办了一批有影响的大案要案。如，广东省健力宝集团原董事长张海违法减刑案，立案侦查涉嫌职务犯罪案件23件24人。组织开展了首届全国检察机关监所检察部门"十大精品案件"评选活动。

六、深入推进监所检察队伍建设素质能力建设。加强监所检察宣传工作，树立和宣传先进典型。最高人民检察院监所检察厅成立两个工作组分赴新疆、浙江调查核实张高平申诉案办理情况和新疆石河子检察院监所检察科退休检察官张飚同志先进事迹材料，提请表彰奖励。最高人民检察院授予张飚同志全国"模范检察官"荣誉称号后，立即在全国监所检察部门开展了向张飚同志学习活动。加强监所检察业务培训和理论研究。最高人民检察院监所检察厅会同国家检察官学院举办了全国监所检察人才库入库人员业务培训班。组织编写监所检察系列培训教材和职务犯罪案例评析一书。

七、进一步推进监所检察信息化建设和派出派驻机构建设。截至2013年9月，全国派驻检察室与监管单位实现信息数据交换的检察室达2802个，占总数的84.7%；1840个驻看守所检察室建成可播放可储存功能独立的监控系统，占驻看守所检察室的69%；2379个派驻检察室与检察专线网联网，占71.9%。加强基层检察院建设。辽宁省沈阳市城郊地区检察院和福建省福州市鼓山地区检察院被评为第五届全国先进基层检察院。最高人民检察院修改印发了派驻检察室规范化等级评定标准和管理办法，正式启动了第四届派驻监管场所检察室规范化等级评定活动。

（最高人民检察院监所检察厅　刘继国）

民事行政检察工作　2013年，全国各级检察机关民事行政检察部门认真贯彻落实全国人大常委会审议民事行政检察工作专项报告意见，围绕修改后民事诉讼法的贯彻实施和加强规范化建设等重点工作，坚定信心，开拓进取，努力推动民事行政检察工作实现科学发展。

一、认真贯彻落实全国人大常委会审议民事行政检察工作专项报告意见，深入推进民事行政检察工作科学发展。一是统一提出贯彻要求。最高人民检察院下发了《关于贯彻落实全国人大常委会对民事行政检察工作情况报告审议意见的通知》。二是在全国范围内开展具体贯彻落实工作。各级检察机关民事行政检察部门紧密结合本地实际，进一步加大民事行政检察监督力度，突出工作重点，完善抗诉、检察建议等多元化监督格局，加强民事行政检察机构和队伍建设。三是加强对贯彻落实审议意见情况的调查研究。2013年4月，最高人民检察院民事行政检察厅成立了6个调研组，分赴12个省、自治区、直辖市，就贯彻落实全国人大常委会审议意见和修改后民事诉讼法进行专题调研，及时向全国人大常委会报告了全国检察机关对审议意见的贯彻落实情况。四是制定印发了《关于深入推进民事行政检察工作科学发展的意见》，进一步明确加强民事行政检察工作的总体思路、基本原则和主要措施，全面加强和改进民事行政检察工作，不断开创民事行政检察工作新局面。

二、做好修改后民事诉讼法的贯彻实施工作，制定发布《人民检察院民事诉讼监督规则（试行）》。一是就法律适用问题进行深入研究，及时提出应对措施。最高人民检察院于2013年1月9日下发了

《关于贯彻执行〈中华人民共和国民事诉讼法〉若干问题的通知》，对涉及新旧民事诉讼法衔接过渡的重要问题进行了明确和规范，确保修改后民事诉讼法的贯彻落实。同时，注重加强对各级民事行政检察部门贯彻落实工作的督促检查，开展专项调研。各地在最高人民检察院的统一要求下，大力开展清理积案工作，如山东省民事行政检察部门将2012年12月31日前受理的案件于2013年3月31日前全部结案。二是制定颁布《人民检察院民事诉讼监督规则（试行）》。为正确贯彻实施修改后的民事诉讼法，进一步规范人民检察院民事行政检察办案工作，经过充分调研和多方征求意见建议，最高人民检察院制定了《人民检察院民事诉讼监督规则（试行）》，于2013年11月18日正式发布施行。三是着力开展相关业务培训。最高人民检察院上半年召开了贯彻落实民事诉讼法第二百零九条电视电话会议，就执行检察工作组织了全国专项培训，针对修改后的民事诉讼法开展了全员网络培训。地方各级民事行政检察部门通过集体学习与个人自学相结合、现场培训与网络培训相结合、集中授课与业务指导相结合等多种形式开展了学习培训工作。四是加强检法沟通协调，及时解决新法实施中的问题。全国各级民事行政检察部门注重加强与同级法院的沟通，健全联席会议、联合调研、联合发文等工作机制，共同研究解决工作实践中遇到的问题。

三、加大监督力度，扎实推进多元化监督格局。2013年，全国检察机关民事行政检察部门继续强化办案工作，充分运用多种监督方式履行民事行政检察职能，扎实推进多元化监督格局的形成。一是继续加强对裁判结果的监督。坚持把抗诉工作放在重要位置，充分发挥再审检察建议的作用，维护司法公正。2013年，全国检察机关共提出抗诉6018件，提出再审检察建议9520件，法院同期采纳6615件。二是稳步推进执行监督工作。全国检察机关针对民事执行案件共提出检察建议41069件，法院采纳39164件，采纳率为95.3%。三是积极开展违法情形监督工作。全国检察机关2013年共对民事行政审判活动中的违法情形提出检察建议18398件，法院采纳16213件，采纳率为88%。许多地区还建立健全了与职务犯罪侦查部门的内部协作机制。四是积极探索开展督促起诉和支持起诉工作。围绕收取国有土地出让金、国有资产拍卖和变卖过程中侵害国有资产的情形，积极运用督促起诉方式督促行政机关依法履行职责，防止国有资产流失。密切关注弱势群体的利益，通过支持起诉维护农民工等弱势群体的合法权益。2013年共办理支持起诉案件19021件。五是认真做好民事行政检察环节息诉工作。共有25124件民事行政申诉案件当事人息诉，其中，当事人和解10435件，撤回申诉4212件。六是积极探索行使调查核实权。各地民事行政检察部门在开展工作中积极探索工作方法，如广东省检察院民事行政检察处在审查一起土地使用权侵权纠纷案时，派员到涉案地块进行了实地勘查，并到有关部门调查，查清了造成侵权事实的原因，协调解决了多年来通过司法程序无法解决的重新规划和施工建设等重大问题。

四、加强制度建设，推动民事行政检察工作规范开展。2013年，全国民事行政检察工作坚持将制度建设作为加强和改进工作的重要途径。一是加强工作规范化建设。对民事行政检察工作的职责、议事、办案、办文、学习和纪律等方面作出了全面规定。二是完善业务规范化建设。进一步明确民事行政检察部门与其他业务部门的职责划分，确立"受审分离"的原则，并对相关案件流程管理作出规定。黑龙江省检察院制定了《关于民事行政检察部门与相关部门加强办案工作协作配合的暂行规定》和《关于实行一体化办理民事行政案件暂行办法》，大力推行一体化办案机制，着力解决三级检察院办案不平衡问题。三是落实法律文书说理制度。最高人民检察院民事行政检察厅组织专门力量根据修改后民事诉讼法的相关规定对民事行政检察工作中涉及的法律文书和工作文书进行了全面修订。四是加强对下指导。就全国检察机关统一业务软件应用系统在全国开展培训指导。组织首届"民事行政检察精品案件"评选活动和"全国检察机关民事行政检察优秀法律文书"评选活动。组织开展了行政检察工作专项调研，对行政检察工作进行总结指导。

五、加强队伍建设，不断提高民事行政检察人员的监督能力。一是加强思想政治建设，深入学习贯彻党十八大、十八届三中全会精神。二是积极开展党的群众路线教育实践活动。三是加强理论研究。最高人民检察院民事行政检察厅在《检察日报》开设"贯彻民诉法"专栏，组织部分地方主管民事行政检察工作的检察长和业务骨干围绕贯彻落实民事诉讼法面临的一系列重要问题撰写稿件,加强对全国民事行政检察人员的业务指导。四是强化民事行政检察干警检察职业道德、工作纪律教育。最高人民检察院民事行政检察厅和纪组、监察局联合下发了《人民检察院民事行政检察人员廉洁规范执法行为准则》,要求各级民事行政检察部门采取不同形式组织廉政教育,严明办案纪律,严格规范民事行政检察人员与法官、律师、当事人和中介机构的关系,坚决防止检察人员与一方当事人形成利益共同体,维护民事行政检察队伍的纯洁性。

(最高人民检察院民事行政检察厅
华　锰　李唯一)

控告检察工作　2013年,全国检察机关共接收群众控告、申诉、举报831181件次,同比上升90.1%。其中,最高人民检察院接收329278件次,同比上升154.1%。面对严峻的信访形势和压力,最高人民检察院控告检察部门着力排查化解矛盾纠纷,切实维护群众合法权益、社会和谐稳定和公平正义,努力开创控告检察工作新局面。

一、排查化解矛盾纠纷

(一)畅通群众诉求表达渠道。继续整合来信、来访、电话、网络等诉求表达渠道,推进集控告、举报、申诉、投诉、咨询、查询于一体的综合性受理平台建设。坚持检察长接访和阅批群众来信制度,健全下访、巡访、联合接访制度,充分发挥派驻检察室职能作用,依法及时受理群众诉求。最高人民检察院在12309举报网站开设"检察干警违法违纪举报专区",并与有关部门建立检察干警违法违纪线索办理工作机制。

(二)加强敏感时期维稳工作。在全国"两会"、党的十八届三中全会等重要会议期间,加大对信访老户排查化解力度,制定应急预案、坚持24小时接访、集中办理群众来信,确保涉检信访环节不发生问题,有效维护了社会稳定。

(三)抓好实际问题处理解决。最高人民检察院控告检察厅对1029件重要涉检信访案件进行了交办转办,并采取带案下访、请上来汇报、实地督办、帮扶救助等多种方式,对疑难案件进行督办催办。2013年5月,专门安排5名信访督查专员对长期滞留最高人民检察院的上访老户包案下访,督促协调有关部门解决问题。2013年9月,结合文明接待室检查评比验收,对228件重点涉检案件和25名上访老户重点督办。

(四)强化来访接待安全防范。针对工作量激增、极端信访行为突出的问题,各级检察机关高度重视来访接待安全,在接待场所增加法警及安保人员配备,加强安全检查,维护信访秩序,及时发现和制止危及接访安全的隐患苗头,坚决保证上访群众和接访干警的人身安全。

二、加强案件办理,推进新增业务开展

2013年,全国控告检察部门共审查办理新增业务138656件,其中民事行政监督案件107601件,依法受理后移送民事行政检察部门24231件;初核举报线索21995件,审查不立案举报线索4848件。

(一)加强民事申诉案件的审查受理。各省级检察院制定相关制度,加强与民事行政检察部门的协调配合,确保审查受理工作有序开展。

(二)加强对阻碍辩护人、诉讼代理人依法行使诉讼权利的控告或申诉以及对本院办理案件中违法行为控告的审查办理。各级检察院审查办理了一大批阻碍依法行使诉讼权利和对本院办理案件中违法行为的控告或申诉案件,切实维护当事人的诉讼权利。

(三)加强业务培训指导。针对两大诉讼法修改后,控告检察工作面临的新形势、新任务,各地普遍举办了新增业务培训班。最高人民检察院控告检察厅派出调研组对新增业务开展情况进行调研,多次派人到各地控告申诉检察业务培训班授课指导。吉林、广西、陕西等省先后专门会议部署该项工作,上海、四川等地以"专刊"、"专栏"等形式发布典型案例、经验材料,指导本地区新增业务开展。

三、扎实推进举报工作

(一)积极探索长效机制。最高人民检察院控告检察厅经过深入调研,并经院检察委员会通过,下发了《人民检察院不立案举报线索审查工作办法》。

(二)大力推进举报初核和不立案举报线索审查工作。上海、河南等省级检察院制定了举报线索不立案审查相关规定,浙江、山东等省级检察院把发生在群众身边、直接侵害群众利益、人民群众反映强烈的举报线索作为初核重点,都收到良好效果。各级检察院举报中心共初核举报线索21995件,初核后移送自侦部门10665件;审查不立案举报线索4848件,经检察长批准移送自侦部门立案侦查546件。

（三）部署开展"举报宣传周"工作。2013年6月24日至28日,全国检察机关开展了以"完善举报制度、加强举报人保护"为主题的第十五个"举报宣传周"活动。各级检察机关结合本地实际,借势新兴媒体,创新宣传形式,扩大覆盖面,收到了良好效果。最高人民检察院控告检察厅组织了举报宣传公益广告征集和征文活动,评选出优秀文章在《检察日报》举报宣传专栏上刊登。

四、推进涉法涉诉信访改革

涉法涉诉信访工作改革是中央部署的四项司法体制改革之一,最高人民检察院成立了以常务副检察长胡泽君任组长、副检察长柯汉民任副组长的涉法涉诉信访工作改革领导小组。控告检察厅作为领导小组办公室,根据领导小组安排,在全国展开深入调研,经反复征求各省级检察院及相关部门意见,形成了《最高人民检察院关于进一步加强新形势下涉法涉诉信访工作的意见》,确立了诉访分离原则,坚持程序与实体、公正与效率、法律监督与自身监督并重,明确了检察机关涉法涉诉信访案件的范围,规范了审查受理机制,完善了案件办理机制和息诉化解机制等,为今后控告检察工作的发展指明了方向,提出了要求。

五、抓好"文明接待室"创建评比工作,加强窗口建设

2013年5月,最高人民检察院政治部、控告检察厅联合下发了《关于开展全国检察机关"文明接待室"评比活动的通知》。各地按照自查自评、交叉评比、逐级验收、申报推荐等程序,健康、高效、有序地开展了此次评比工作。2013年9月中旬,最高人民检察院控告检察厅和纪检组、铁路运输检察厅、刑事申诉检察厅等部门联合组成11个考核验收组,对推荐单位进行全面检查验收。

六、深入开展党的群众路线教育实践活动,强化自身队伍建设

在党的群众路线教育实践活动中,控告检察部门立足直面群众的工作特点,有针对性地查摆问题和不足,切实整改在"四风"方面存在的突出问题,牢固树立控告检察部门干警正确的价值观和先进的执法理念,不断提高审查办案、释法说理、息诉化解、沟通协调、监督制约、综合分析、应急处置、拒腐防变等能力,努力提升新形势下做群众工作的能力和水平,确保控告检察事业科学发展和自身健康发展。

（最高人民检察院控告检察厅）

刑事申诉检察工作 2013年以来,全国各级刑事申诉检察部门认真贯彻全国检察长会议和全国检察机关第二次刑事申诉检察工作会议精神,扎实开展党的群众路线教育实践活动,坚持以执法办案为中心,不断加大办案力度,各项工作稳步推进,取得了新的明显成效。

一、狠抓办案工作,各项业务稳中有升。2013年,全国检察机关办理的各类刑事申诉、国家赔偿和刑事被害人救助案件数量都大幅度上升。全国检察机关受理本院管辖的不服检察机关处理决定刑事申诉案件9142件,同比上升43.0%;受理本院管辖的不服法院生效刑事裁判申诉案件13004件,同比上升32.8%;受理国家赔偿申请1657件,与上年基本持平;受理刑事被害人救助申请15511件,同比上升47.5%。2013年,最高人民检察院刑事申诉检察厅坚持带头办案,切实加大监督纠正力度,共办理案件268件,同比上升60.5%。刑事申诉检察厅直接办理了于英生申诉案,向最高人民法院提出再审检察建议,最终使蒙冤17年的于英生由无期徒刑改判无罪,这是最高人民检察院以再审检察建议启动法院再审程序的首例案件。

二、狠抓调查研究和业务指导,推动系统工作健康发展。一是抓调研指导。2013年3月至4月,最高人民检察院刑事申诉检察厅组成4个调研组,深入山西、福建、广东、安徽、河南、云南等地开展专题调研工作,同时组织10多个省级检察院刑事申诉检察部门开展书面调研,调研成果汇编成册,并上载内网供各地阅研。二是抓个案指导。突出加强对办理重大案件的指导,对有重大影响的冤错案件,如浙江张辉、张高平案,安徽于英生案以及湖南刘利民案等,加强再审出庭活动的具体指导,对有的案件组织庭审观摩点评,确保质量和效果。三是抓典型引导。先后转发了于英生案和张辉、张高平案的办案经验,供各地学习借鉴;派专人现场指导、总结河南评选十佳案件、制定办案质量标准、实行赔偿案件分析报告制度的做法。四是抓定期通报。分别对2012年各项刑事申诉检察工作进行了通报,总结经验,分析问题,并提出了改进工作的明确要求。坚持每季度对各地主要办案数据进行分析

通报,在横向比较中实现工作均衡发展。五是抓督促检查。2013年8月,在江苏省常州市召开了刑事被害人救助与刑事申诉案件公开审查工作推进会。2013年12月,在各地自查基础上,组成四个督导组实地督查,推动工作取得显著进展。2013年全国检察机关刑事申诉检察部门共公开审查案件3063件,是2012年的11倍多,刑事被害人救助人数比2012年增加47.5%,保持了大幅上升的良好势头。

三、积极推动改革和制度机制建设,努力提高执法规范化水平。一是积极应对涉法涉诉信访工作改革。组织专题调研,分析改革带来的影响、挑战和机遇,研究提出应对措施。二是启动修改《人民检察院复查刑事申诉案件规定》,以适应新形势新变化。三是创建全国刑事申诉检察人才库。2013年7月,最高人民检察院政治部与刑事申诉检察厅联合下发了关于建立全国检察机关刑事申诉检察人才库的方案,通过严格推选和审核评选,确定了入库人选。四是注重建立完善专家咨询机制和对外沟通协调机制。在办理重大疑难复杂案件和研究起草规范性文件过程中,通过召开专家论证会、邀请特约检察员和人民监督员列席会议、书面征求意见等多种方式听取专家意见。五是积极参与检察业务工作改革。组织修订完善执法工作基本规范中有关刑事申诉检察业务规范,协同制定统一业务软件中刑申相关业务办案程序,修订出台配套法律文书。

四、重视加强理论建设,为工作创新发展提供智力支撑。一是举办刑事被害人救助制度理论研讨会,就刑事被害人救助制度的一系列基本理论问题进行深入研讨,为推进实际工作健康发展、加强相关制度机制建设提供理论指导。二是开展"岭南杯"刑事申诉检察理论与实务研究征文活动,收到来自检察系统和法学界来稿300余篇,有力带动了刑事申诉检察工作理论研究。

五、加强自身建设,努力提高执法水平和执法公信力。一是扎实开展党的群众路线教育实践活动。多次组织专题学习讨论,认真查摆问题,广泛听取意见,坚持边整边改,立行立改,认真制定整改方案,细化实化工作措施。注重加强对干部的教育、管理和监督,严格执行中央关于改进作风的"八项规定"。二是注重加强业务培训工作。在福建举办全国检察机关国家赔偿暨刑事被害人救助业务培训班,组织刑事申诉检察业务执法基本规范网络培训,协同国家检察官学院举办3期刑事检察业务专项培训班。

(最高人民检察院刑事申诉检察厅 孔 静)

全国检察机关第二次刑事申诉检察工作会议

2013年1月17日至18日,全国检察机关第二次刑事申诉检察工作会议在湖南省长沙市召开。会议的主要任务是:深入学习贯彻党的十八大精神,认真贯彻落实全国政法工作会议和全国检察长会议部署,回顾总结2000年以来特别是近五年来的刑事申诉检察工作,研究部署新形势下全面加强和改进工作的措施,努力开创刑事申诉检察工作新局面。最高人民检察院党组副书记、常务副检察长胡泽君出席会议并讲话,最高人民检察院党组成员、副检察长柯汉民出席会议并作总结讲话。最高人民检察院刑事申诉检察厅厅长穆红玉作工作报告。参会人员讨论了《关于加强和改进刑事申诉检察工作的意见(讨论稿)》。湖南省委常委、政法委书记孙建国出席会议并致辞。湖南省检察院检察长龚佳禾、党组书记游劝荣出席会议。最高人民法院有关部门负责人,最高人民检察院机关有关内设机构和直属事业单位负责人,各省(自治区、直辖市)人民检察院、军事检察院、新疆生产建设兵团人民检察院分管检察长和刑事申诉(控告申诉)检察部门负责人参加会议。北京、山西、江苏、安徽、福建、山东、湖南、广东、四川、云南、陕西等11个省、市检察院介绍了开展刑事申诉检察工作的经验。

会议提出,全国检察机关要深刻认识刑事申诉检察工作面临的新形势,深入贯彻落实党的十八大精神,坚持以执法办案为中心,按照加强权利救济、加强监督制约、加强矛盾化解的总要求,全面加强和改进刑事申诉检察工作,不断提高司法公信力和群众满意度。

会议要求,各级检察机关要充分发挥刑事申诉检察职能,着力解决群众申诉反映的突出问题。一要更加注重加强权利救济,依法保障群众合法权益。对各类刑事申诉案件及时受理、依法处理、按时办结,切实畅通和规范检察环节群众诉求表达、利益协调、权益保障渠道。积极做好刑事被害人救助工作,推动完善刑事被害人救助立法。二要更加注重加强监督制约,促进解决司法不公问题。加大对不服法院生效刑事裁判申诉案件的法律监督力度,加强对人民法院赔偿委员会赔偿决定和行政赔偿诉讼的法律监督,注意结合办案发现和查处隐藏在刑事申诉、国家赔偿案件背后的司法人员职务犯罪。加强和改进对不服检察机关处理决定申诉案件的复查工作,注重通过办理刑事申诉案件深入分析职务犯罪侦查和审查批捕、审查起诉等执法环节存在的问题,提出规范执法的意见建议。三要更加注重加强矛盾化解,有力维护社会和谐稳定。要把善后息诉作为刑事申诉检察工作的硬任务,从"三个效果"有机统一出发办理案件,提高运用法治思维和法治方式处理刑事申诉问题的能力。

会议指出,要加强和改进刑事申诉检察工作,不断提高司法公信力和群众满意度。根据修改后的刑事诉讼法,进一步研究明确刑事申诉案件的管辖范围、执法标准、办理程序、监督手段等问题,实现各项执法办案工作规范化。进一步完善和落实刑事申诉案件公开审查等办案制度,深入推进司法公开。进一步改进执法方式方法,把群众工作贯穿到刑事申诉检察工作始终。

会议强调,要切实加强领导,为刑事申诉检察工作提供有力保障。要把刑事申诉检察工作放在更加重要位置来抓,及时研究解决工作部署、案件办理、队伍建设等重大问题;建立健全刑事申诉检察工作机制,注重通过机制创新推动刑事申诉检察工作创新发展;高度重视刑事申诉检察队伍建设,扎实开展党的群众路线教育实践活动,大力加强正规化业务培训,广泛开展出庭实践、以案代训等贴近实际的岗位练兵活动,调配充实办案力量,优化队伍年龄、知识、专业结构,大力宣传表彰一心为民、公正执法的先进典型,树立刑事申诉检察队伍良好形象。

(最高人民检察院刑事申诉检察厅 孔 静)

铁路运输检察工作 2013年,全国铁路运输检察机关紧紧围绕铁路安全稳定发展大局,牢牢把握铁路运输检察工作的职能定位和专门属性,顺应人民群众对公共安全、司法公正、权益保障的新期待,严格规范执法,不断巩固铁路运输检察改革成果,建立健全铁路运输检察长效工作机制,大力提升执法能力素质和执法公信力,为服务铁路运输科学发展作出了积极贡献。

一、准确把握铁路运输检察职能定位,切实维护铁路安全稳定发展大局。一是严厉打击刑事犯罪,积极参与社会综合治理。2013年全国铁路运输检察机关受理审查批准逮捕案件2913件3986人,批准和决定逮捕2565件3372人,受理审查起诉案件3577件5233人。各级铁路运输检察机关创新工作措施,深入开展集中清理涉检信访积案活动,建立了首办责任制、涉检信访风险评估机制、检察长接待制度、维稳救助基金管理办法等工作机制,努力减少不稳定因素。配合有关部门对治安问题突出的线路、辖区、列车集中整治,帮助铁路企业堵塞漏洞,促进铁路治安防控和综合治理。二是坚持惩防并举,查办和预防职务犯罪工作健康发展。各级铁路运输检察机关不断加大查办和预防涉铁职务犯罪工作力度,充分发挥侦查一体化机制优势,突出办案重点,突破了一批有影响的案件。最高人民检察院铁路运输检察厅进一步加强对重大职务犯罪案件的督办、领办、交办指导工作力度,引领全国铁路运输检察机关查办职务犯罪工作的健康发展。2013年,全国铁路运输检察机关共立案侦查职务犯罪案件258件288人,立案人数同比上升3.97%。其中大案187件,同比上升7.47%,查处县处级以上领导干部39人,同比上升21.88%,挽回经济损失9066.33万元。同时,各级铁路运输检察机关主动适应铁路运输检察体制改革带来的新变化,探索建立多层次、多渠道的职务犯罪预防工作体系。针对重点人员、重点领域、重点环节加强预防工作,逐步形成铁路部门、铁路建设单位与检察机关齐抓共管、各司其职的预防工作大格局。三是扎实开展专项活动,深入推进平安铁路建设。全国铁路运输检察机关立足职能,坚持源头治理、系统治理、依法治理,以"平安铁路建设"专项活动为抓手,与铁路公安、法院密切配合,严厉打击各种危害铁路安全稳定的刑事案件,全力保障铁路安全稳定。最高人民检察院铁路运输检察厅先后下发了《关于印发〈全国铁路检察机关加强查办涉铁刑事犯罪案件推进平安铁路建设专项活动工作方案〉的通知》等多个文件,专门开辟了《平安铁路建设专项活动专刊》以推动专项活动顺利开展。最高人民检察院副检察长姜建初亲自赴陕西、河南两地进行实地调研,并作出了"专项活动要在拓展范围、深化内涵、延伸服务上下功夫"的重要指示。自2013年5月专项活动开展以来,全国铁路运输检察机关受理审查逮捕2867人,同比上升4.19%,工作成效明显。

二、不断强化诉讼活动监督力度,切实维护司法公平正义。一是扎实推进新刑事诉讼法贯彻实施,加强对刑事侦查和审判活动的监督。各级铁路运输检察机关认真执行最高人民检察院和公安部《关于立案监督有关问题的规定(试行)》,开展"危害民生刑事犯罪专项立案监督活动"。进一步加强对侦查活动的监督,特别是对非法取证、滥用强制措施、侵犯诉讼权利、漏捕等问题的监督。全年共纠正漏捕40人,同比上升70.48%,坚持惩治犯罪和保障人权并重,实体公正与程序公正并重,加强审判监督,全年共提出抗诉23件。二是加大监所检察工作力度,有效维护监管秩序和被监管人员合法权益。认真开展罪犯交付执行与留所服刑专项检查活动、清理纠正久押不决案件专项活动及被监管人员身体状况定期集中检查活动,不断建立健全罪犯交付执行、留所服刑、收监执行的检察监督工作机制。组织开展羁押必要性审查。铁路运输检察厅就驻所检察室和铁路看守所监控联网问题与铁路公安局沟通协调,促成了解决方案,极大推进了铁路运输检察机关驻所检察室规范化建设。三是加强和规范民事诉讼监督工作,顺应人民群众对权益保障新期待。充分发挥民事检察职能作用,切实维护人民群众切身利益和铁路国有资产安全,努力化解矛盾、维护稳定。特别是对各参建单位在铁路工程建设中遇到的纠纷,在职责范围内积极做好督促起诉工作。全年共受理不服法院生效裁判监督、民事行政审判活动违法监督、民事行政执行监督、支持起诉、督促履行职责等各类民事行政检察案件98件,同比上升96%。

三、深入学习贯彻修改后"两法",切实提高业务能力和执法规范化水平。一是重点研究解决修改后刑事诉讼法实施中出现的疑难问题,采取有效措施提高办案质量。深入研究新刑事诉讼法的有关新规定、新要求,积极探索强制医疗、刑事和解、未成年人刑事案件办理等特别程序,建立庭前会议、非法证据排除、证人出庭等制度。总结推广不捕案件说理、捕后羁押必要性审查、未成年人保护、附条件不起诉、量刑建议规范化、简易程序案件集中开庭等方面的经验做法。二是大力加强案件管理和信息化建设,促进执法规范化。铁路运输检察厅组织了铁路运输检察案件管理工作专项调研,加快推进铁路运输检察机关案件管理机制改革,为探索新形势下铁路运输检察案件管理工作的运作模式奠定了基础。全国绝大部分铁路运输检察分院和铁路运输检察院设立了案件管理机构,逐步实现了统一案件受理、流转,统一流程监控,统一扣押、冻结款物的监管,较好地发挥了案件管理部门程序审查把关的监督作用。三是强化业务素能培养,不断提高整体执法水平。铁路运输检察厅组织专题讲座、业务培训,促进各级铁路运输检察机关更新执法理念、改进执法方式、完善法律监督机制。通过庭审观摩、法律文书评比、岗位技能竞赛、专题调研、加强对下指导等多种方式,不断增强办案能力和执行能力。

四、积极做好移交后续工作,切实深化铁路运输检察改革。一是深入开展思想政治工作,保持铁路运输检察队伍稳定。铁路运输检察改革移交以来,全国铁路运输检察机关深刻认识铁路运输检察改革的重大意义和肩负的重大责任,积极应对改革所带来的变化和阵痛,教育铁路运输检察干警正确处理好眼前利益和长远发展的关系,进一步弘扬顾全大局、甘于奉献的优良传统和精神风貌,确保过渡衔接期间队伍思想不乱、工作不断、队伍不散。二是持续推动移交协议落实,巩固改革移交成果。针对经费保障等问题,最高人民检察院积极与中央有关部门沟通协调,财政部专门下发文件,将铁路运输检察机关的经费纳入中央补助范畴,地方政府也从政策上给予铁路运输检察大力支持。针对铁路运输检察班子和队伍老化缺员等问题,有关省级检察院认真研究,积极争取组织人事部门支持,配齐了班子,通过公开招录等方式,引进急需人才,增强发展后劲。对于"两房"建设问题,各地铁路运输检察机关结合信息化建设等工作统筹考虑,稳步推进。三是探索建立长效工作机制,开展深化铁路运输检察改革调研。移交地方后,铁路运输检察工作遇到许多新情况、新问题。各级铁路运输检察机关按照中央关于铁路司法改革总体部署和最高人民检察院有关规定,从有利于发挥铁路运输检察法律监督职能、有利于铁路运输检察工作科学发展出发,积极探索建立长效工作机制。上海、江苏、浙江、安徽组织召开了华东四省市人民检察院铁路运输检察工作联席会,湖南、广东两省组织召开了两省铁路运输检察工作联席会议。针对原有工作格局被打破,铁路公检法之间信息沟通不畅、协作配合缺位,导致法律适用分歧等问题,铁路运输检察厅牵头组织铁路公检法联席会议,加强与铁路公安、法院沟通协调,形成打击犯罪合力。为解决铁路司法实践中存在的站车交接案件、打击涉票犯罪法律适用等突出问题,铁路运输检察厅还多次协调公安部十局、最高人民法院审判监督庭和最高人民检察院研究室等部门,推动相关问题的立法和司法解释研究工作。

（最高人民检察院铁路运输检察厅　易小斌）

全国铁路运输检察机关刑检工作座谈会　2013年4月24日至26日,全国铁路运输检察机关刑检工作座谈会在江西省南昌市召开。会议主题是总结一段时期以来特别是改革移交以来的铁路运输检察刑检工作,部署下一阶段的铁路运输检察刑检工作,交流铁路运输检察刑检工作中的经验,研究如何加强铁路运输检察刑检工作,提出推进铁路运输检察刑检工作的新思路和方法。最高人民检察院副检察长姜建初出席会议并讲话,铁路运输检察厅厅长阎敏才在会议结束时作了总结,最高人民法院审判监督庭庭长宫鸣,公安部十局局长王广训,铁路运输检察厅有关同志,各铁路运输检察分院的检察长和分管刑检工作的副检察长、吉林省检察院铁路运输检察分院筹备组、湖南省检察院铁路运输检察处负责人,大连、大同、郑州、上海、广州、成都、南昌、福州、昆明铁路运输检察院检察长参加了会议。

会议指出,自2012年6月移交地方管理后,铁路运输检察院的发展进入了全新的阶段,铁路运输检察改革的深入推进也为铁路运输检察工作的发展提供了新的机遇和挑战。旧的管理体制和工作机制被打破,新的管理体制和工作机制如何建立,新体制下铁路运输检察干部的选拔任用和经费保障等问题,都需要加紧研究解决。必须进一步完善和深化体制改革,建立健全铁路运输检察工作长效机制。

会议认为,因各种因素影响,铁路运输检察刑检工作面临着办案数量减少、办案难度增加、办案人员紧缺等一系列困难。面对这一切,铁路运输检察机关坚定信心,正视困难,采取得力措施,积极应对挑战,实现了刑检工作稳定发展。当前,人民群众对社会治安、权益保障、公平正义等问题日益关注,刑检工作面临情况任务新、执法要求高、问题困难多、责任风险大的挑战。新刑事诉讼法的颁布实施,对铁路运输检察机关的执法理念、执法机制、执法方式、执法能力提出了更高的要求。铁路运输检察移交地方管理后,铁路刑检工作又出现了一些新的困难和新问题。如原有统一的铁路政法工作格局被打破,导致铁路公检法机关之间的信息沟通不畅、协作配合缺位、案件管辖不协调等问题集中出现。大力加强刑检工作已成为当前和今后一个时期铁路运输检察的一项重要而紧迫的任务。

会议要求,全国铁路运输检察机关要统一思想、坚定信念、深化调研、明确部署,变压力为动力,化挑战为机遇,把刑检工作推向一个新的台阶,形成有铁路运输检察特色的刑检工作品牌。

第一,提高认识,转变观念,积极应对铁路运输检察刑检工作新局面。一要提高对刑检工作的认识,把刑检工作作为铁路运输检察工作的重中之重抓紧抓好。二要以贯彻落实新刑事诉讼法为契机,加速转变执法观念。三要积极应对新刑事诉讼法对铁路运输检察工作的特有挑战。如核实证据和落实证人出庭作证问题,没有相应社区管理机构情况下,如何开展社区矫正法律监督的问题。

第二,积极创新工作模式,探索建立科学有效的铁路运输检察刑检工作新机制。铁路运输检察厅要加强对铁路运输检察刑检业务的督导,调研分析铁路运输领域的犯罪动态,深入研究相关法律政策问题,充分发挥检察业务考核的引导促进效果,努力构建新时期铁路运输检察刑检业务工作的新机制。省级检察院要切实加强对铁路运输检察刑检工作的领导,认真研究解决刑检工作中存在的突出问题,积极为刑检部门创造良好的工作条件。铁路运输检察机关要主动接受省检察院领导,自觉融入当地工作大局,要积极借鉴地方经验,打造铁路运输检察刑检工作品牌,不断提升执法公信力和社会满意度。

第三,坚持服务"平安铁路"建设,充分履行铁路运输检察刑检职能。铁路运输检察的管理体制虽然变了,但其服务铁路安全稳定发展的职能定位和工作宗旨没有变,在新的体制下更应放下羁绊,甩开膀子,争取为"平安铁路"建设作出更大的贡献。要以服务平安铁路建设为抓手,严厉打击刑事犯罪,全力保障铁路安全稳定,深化社会管理创新,主动服务铁路企业科学发展。

第四,加强铁路运输检察刑检队伍和能力建设,为刑检工作提供有力的人才保障。一是加强刑检队伍管理,不断完善刑检办案和执法保障工作机制。二是应对新形势新任务,不断提升刑检干警的法律监督能力。三是立足现在,着眼长远,加强对铁路运输检察刑检专门人才的培养。

会议强调,新时期、新形势下铁路运输检察工作面临着重要转折期,也正是事业开拓创新、建功立业的难得机遇。全国铁路运输检察机关要紧紧围绕中心工作,服务铁路发展大局,充分履行专门检察职能,勇于创新、扎实工作,努力推动铁路运输检察刑检工作的科学发展。

(最高人民检察院铁路运输检察厅　易小斌)

职务犯罪预防工作　2013年,各级检察机关职务犯罪预防部门坚持以推动惩防体系建设、推动社会管理创新、促进深化改革、促进依法治国为目标,以专业化、社会化、法治化和现代化为导向,强化治本之策、制度反腐、法治推动,不断开拓新领域、探索新方法、创造新经验,开创新局面,各项预防工作取得新的成效,为强化法律监督,推进反腐倡廉建设作出了积极贡献。

一、深入学习贯彻习近平总书记"预防职务犯罪出生产力"重要讲话,推动职务犯罪预防工作与时俱进。

2013年3月8日,习近平总书记出席十二届全国人大一次会议江苏代表团全体会议就预防职务犯罪工作发表重要讲话,提出"预防职务犯罪出生产力"重要论断后,最高人民检察院职务犯罪预防厅组织预防系统全体人员认真研习习近平总书记的重要讲话和曹建明检察长的批示精神,结合学习贯彻党的十八大精神,进一步提高认识,厘清思路,强化措施,推动各项职务犯罪预防工作深入开展。

一是深入学习宣传。及时召开学习贯彻习近平总书记"预防职务犯罪出生产力"座谈会,专门下发《关于认真学习贯彻习近平总书记关于职务犯罪预防工作重要讲话精神的通知》,组织11个省级检察院检察长撰写学习体会文章,在《检察日报》集中刊载,开辟"预防职务犯罪出生产力"专题栏目,组织有关新闻媒体开展集中宣传活动。

二是切实贯彻落实。召开深入学习贯彻习近平总书记重要讲话推进会,切实把讲话精神落到实处。各级检察院围绕"预防职务犯罪出生产力"这一重要论断,谋划、调整职务犯罪预防工作的思路和重点,坚持把预防工作摆到经济社会发展大局之中,找准服务经济发展的着力点,提出具体的贯彻落实要求。各级职务犯罪预防部门深化职务犯罪预防调查、检察建议、专题报告、年度报告等工作,加强职务犯罪预防文化建设,在职能发挥中认真落实"预防职务犯罪出生产力"这一重要论断。

三是创新工作方式。各级职务犯罪预防部门以"预防职务犯罪出生产力"重要论断为指导,更新理念,结合实际,开拓创新,推出了上海东方航空"文化+制度+科技"立体预防、陕西未央—长庆模式、吉林服务大项目、黑龙江非公领域预防、河南容积率预防调查等特色亮点工作,积极探索"预防职务犯罪出生产力"的实现方式,取得了一批好的经验。

二、突出专项工作牵引作用,推进职务犯罪预防工作的深化。

一是深入开展"五进"专题预防职务犯罪活动。制定下发了《全国检察机关查办和预防发生在群众身边、损害群众利益职务犯罪专项工作实施方案》和《全国检察机关"进机关、进企业、进乡村、进学校、进社区"专题预防职务犯罪活动方案》,各地检察机关及时研究制定了本地检察机关"五进"活动方案,结合实际迅速贯彻落实,推动"五进"活动扎实开展,并把"五进"活动作为参与以为民务实清廉为主题的党的群众路线教育实践活动的具体行动。最高人民检察院职务犯罪预防厅与公安部边防局共同开展了法律服务进警营活动。甘肃检察机关开展"两联系、两促进"专项行动,受到企业的普遍欢迎和好评。贵州省检察院举办"服务企业发展——两长(检察长、董事长)座谈会",为企业提供坚强的法律保障。安徽省检察院大力开展涉农专项预防工作和预防职务犯罪进农村百场宣讲活动,取得了很大成效。

二是对全国百个重大工程建设项目进行挂牌督办。最高人民检察院职务犯罪预防厅下发了《关于对100个预防项目挂牌督办的通知》,加强重点领域职务犯罪风险防控,提高职务犯罪预防工作科学化水平。各地职务犯罪预防部门除100个重大预防项目外,还各自确定了一批项目进行挂牌督办。最高人民检察院职务犯罪预防厅带头抓好"南水北调工程建设预防"和"神华物资采购集团防控体系建设"两个重点项目的研究和实施。

三是加强联系配合,开展民政系统预防职务犯罪专门工作。在《关于在民政系统预防职务犯罪工作中加强联系配合的意见》的基础上,最高人民检察院与民政部共同研究制定了《关于在全国民政系统开展预防职务犯罪工作实施方案》,并以会议纪要形式下发全国,指导工作开展。最高人民检察院职务犯罪预防厅撰写了《2008年—2012年民政系统职务犯罪案件的特点、成因及预防对策》，编辑了《民政系统典型案例》，为深入推进民政系统专项预防工作打下了基础。各级职务犯罪预防部门与民政部门普遍建立了工作联系机制，深入进行职务犯罪预防调查，共同开展专项预防，推动建立健全了一批预防职务犯罪制度，取得了阶段性成果。

四是推进行贿犯罪档案查询工作规范发展。开发行贿犯罪档案查询系统（管理版）软件，对查询系统进行升级和改造。《最高人民检察院关于行贿犯罪档案查询工作的规定》公布施行。有力促进了各地市场廉洁准入、监督机制的建立健全，形成了一批刚性制度，取得较好成效。2013年，全国检察机关共受理行贿犯罪档案查询1484608次，涉及被查询单位2022004家，个人2811681人。其中，最高人民检察院职务犯罪预防厅行贿犯罪档案查询管理中心共受理查询114次，涉及被查询单位439家，被查询个人298人。行贿犯罪档案查询的社会影响力日益扩大，社会参与度明显提高，查询自觉性明显增强，促进了社会信用体系建设。

五是坚持侦防一体、惩防联动，推动以防促打。各地在开展职务犯罪预防工作中，特别是在开展预防调查、警示教育活动中，注意发现职务犯罪线索，鼓励群众举报，教育犯罪嫌疑人自首，开辟案源，以防促打。2013年在预防工作中共移送职务犯罪线索2819件。吉林省吉林市检察院在全市组织开展了农业保险系统专项预防工作，共敦促有关人员投案136人，退还赃款300余万元，对其中情节严重的106人依法立案侦查。

2013年，各级检察机关共制作年度报告和其他预防报告30306件，通过职务犯罪预防报告推动建立制度13083件，在促进惩防腐败体系建设方面发挥了积极作用；结合执法办案，深入进行典型职务犯罪分析30908件，开展职务犯罪预防调查48740件，对职务犯罪特点规律的把握更加深刻；共提出职务犯罪预防检察建议39516件，有33641件被采纳，推动建立制度16277件，有力消除了犯罪隐患，受到有关方面的重视和肯定。

三、以评比为抓手，推动职务犯罪预防宣传和警示教育在更高水平上开展。

为积极培育和创建集社会主义法治文化和廉政文化于一体、具有检察特色的职务犯罪预防文化，在更高层次和水平上加强职务犯罪宣传和警示教育工作，最高人民检察院职务犯罪预防厅和政治部组织开展了百优预防职务犯罪警示教育基地评选活动。根据警示教育基地整体建设、组织管理、基地展示内容的深度、领域、地域特色以及社会效果等情况，评选出100个全国检察机关优秀预防职务犯罪警示教育基地和2个最具特色预防职务犯罪警示教育基地，有力推动了警示教育基地建设和规范化管理，充分发挥了警示教育基地在预防职务犯罪中的独特作用。同时，为积极探索职务犯罪预防宣传和警示教育的新模式、新途径，最高人民检察院职务犯罪预防厅还举办了全国检察机关首届廉政短片公益广告评选活动，共评选出特等奖5个、一等奖10个、二等奖20个、三等奖30个、优秀奖100个、组织奖6个、最佳影像奖1个、最具创意奖1个，一批富有教育意义、深受群众喜爱的预防职务犯罪宣传作品脱颖而出，丰富了职务犯罪预防宣传教育的内容和形式，提升了职务犯罪预防宣传教育的水平和质量，推动了职务犯罪预防文化建设深入健康发展。

各级检察机关结合实际，强化措施，创新方式，加大职务犯罪预防宣传和警示教育的力度。不少地方建立了省级、市级和县级预防职务犯罪宣讲团，进行巡回宣讲，各级检察长带头宣讲；普遍开展预防职务犯罪进党校、进行政学院，建立健全预防职务犯罪警示教育和职务犯罪预防宣传长效机制，使该项工作制度化、常态化，进一步提高职务犯罪预防宣传教育的针对性和实效性；积极借助新兴媒体等，推出了一批预防职务犯罪警示宣传教育的栏目和品牌，廉政短片、公益广告和廉政海报在公共场所、公众媒介广泛播出、张贴，进一步扩大了职务犯罪预防宣传的覆盖面和社会认知度，促进了职务犯罪预防文化蓬勃发展。2013年，各级职务犯罪预防部门共开展警示宣传教育165878次，受教育人数达8536682人。在山东省济南市召开的国际反贪局联合会研讨会上还专设了廉政海报展示区，受到与会代表的高度评价。

四、以健全完善制度法规为重点，职务犯罪预防工作内外工作机制规范化建设取得较大突破。

一是预防业务应用系统正式上线运行。在全国检察机关统一业务应用系统领导小组的组织下，顺利完成了统一业务应用系统预防业务的研发设计并正式上线运行，将预防业务纳入全国检察机关统一执法规范之中，以信息化技术和刚性制度全面规范预防工作。同时,首部检察机关预防业务专项培训教材《检察机关预防职务犯罪教程》出版发行,为指导推动职务犯罪预防工作提供了理论规范。

二是预防法治化进程加快。各省级检察院积极推动预防职务犯罪法治化建设,职务犯罪预防工作的制度化保障进一步加强。云南省、青海省人大常委会制定通过了《预防职务犯罪条例》,吉林省人大常委会审议通过了修订的《吉林省预防职务犯罪工作条例》。江苏省宿迁市等地人大常委会还作出了关于加强检察建议的决定等。全国已有19个省出台了预防职务犯罪条例或决议,预防职务犯罪的法治化水平不断提高。同时,各地检察机关依据《条例》,主动把职务犯罪预防工作纳入地方工作责任制目标考核之中,有力增强了职务犯罪预防工作的执行力。

三是社会化预防机制规范有序发展。江苏预防职务犯罪人民阵线全面推开,吉林改组了省预防职务犯罪协会,积极开展预防职务犯罪责任区创建活动,广西开展预防职务犯罪示范县创建活动,浙江推动预防职务犯罪纳入"平安浙江"建设,云南、宁夏等省级检察院积极推动党委成立预防职务犯罪领导机制。全国已有18个省(自治区、直辖市)、315个地(市)、2261个县(区)建立了党委预防职务犯罪领导小组(指导委员会),预防职务犯罪联席会议制度不断深化,社会化预防工作格局不断完善。

五、以职务犯罪预防能力建设为核心,深入推进队伍机构建设。

一是积极开展群众路线教育实践活动。最高人民检察院职务犯罪预防厅和各省级检察院职务犯罪预防部门按照党的群众路线教育实践活动安排,围绕保持党的先进性和纯洁性和为民务实清廉的主题,认真开展群众路线教育实践活动。在职务犯罪预防系统组织开展了向林志梅同志学习活动,以典型引领,提振精神,鼓舞干劲,弘扬实干创新的预防品格,职务犯罪预防系统争先创优、比学赶超的势头进一步高涨。

二是开展"首届全国检察机关职务犯罪预防素能比武优胜标兵"评定活动。最高人民检察院职务犯罪预防厅组织开展了为期一年的全国检察机关职务犯罪预防部门岗位练兵、素能比武活动,举办了"全国检察机关职务犯罪预防人员应知应会知识考试"和全国检察机关第七期预防业务培训班,组织了"首届全国检察机关职务犯罪预防素能比武优胜标兵"业务竞赛,评定出110名"全国检察机关预防素能比武优胜标兵",初步建立了全国检察机关预防人才库。各地按照《全国检察机关职务犯罪预防部门岗位练兵素能比武活动实施方案》,积极开展预防调查报告评比、预防调查比武、检察建议写作、演讲比赛、行贿犯罪分析报告等练兵比武活动,有力促进了职务犯罪预防的政治业务素质、法律政策水平和实际工作能力的全面提升。

三是职务犯罪预防机构建设取得较大进展。各级检察机关职务犯罪预防机构更名设局步伐加快,吉林、广西、贵州在全国率先成立了省级检察院职务犯罪预防局,进一步整合了力量,强化了职能,推进了工作。职务犯罪预防队伍力量逐渐壮大,专兼职工作人员超过1万名,年轻、高学历、法律专业人员增加,职务犯罪预防队伍的素质水平有了明显提高。

(最高人民检察院职务犯罪预防厅)

司法解释工作 2013年,最高人民检察院单独或者联合其他单位制发了一批司法解释和司法解释性质文件,废止了一批最高人民检察院单独或者联合其他单位制发的司法解释或者司法解释性质文件。

一、制发司法解释和司法解释性质文件

(一)《最高人民法院、最高人民检察院关于办理盗窃刑事案件适用法律若干问题的解释》(法释〔2013〕8号)

经2013年3月8日最高人民法院审判委员会第1571次会议、2013年3月18日最高人民检察院第十二届检察委员会第一次会议通过,最高人民法院、最高人民检察院制发了《关于办理盗窃刑事案件适用法律若干问题的解释》,自2013年4月4日起施行。《解释》根据《刑法修正案(八)》对盗窃罪的修改和盗窃犯罪的新情况新问题,进一步明确了盗窃罪的具体认定问题及定罪量刑标准。具体是:

1.《解释》第一条明确了盗窃罪"数额较大"、"数额巨大"、"数额特别巨大"的认定标准,即盗窃公私财物价值1000元至3000元以上、3万元至10万元以上、30万元至50万元以上的,应当分别认定盗窃罪"数额较大"、"数额巨大"、"数额特别巨大"。各省、自治区、直辖市高级人民法院、人民检察院可以根据本地区经济发展状况,并考虑社会治安状况,在上述数额幅度内,确定本地区执行的具体数额标准,报最高人民法院、最高人民检察院批准。

2.《解释》第二条明确了盗窃罪"数额较大"的特殊认定标准,即具有下列情形之一的,"数额较大"的标准可以按照《解释》第一条规定标准的50%确定:(1)曾因盗窃受过刑事处罚的;(2)一年内曾因盗窃受过行政处罚的;(3)组织、控制未成年人盗窃的;(4)自然灾害、事故灾害、社会安全事件等突发事件期间,在事件发生地盗窃的;(5)盗窃残疾人、孤寡老人、丧失劳动能力人的财物的;(6)在医院盗窃病人或者其亲友财物的;(7)盗窃救灾、抢险、防汛、优抚、扶贫、移民、救济款物的;(8)因盗窃造成严重后果的。

3.《解释》第三条明确了"多次盗窃"、"入户盗窃"、"携带凶器盗窃"、"扒窃"的认定问题。

4.《解释》第四条、第五条明确了盗窃数额的认定方法:(1)被盗财物有有效价格证明的,根据有效价格证明认定;无有效价格证明,或者根据价格证明认定盗窃数额明显不合理的,应当按照有关规定委托估价机构估价。(2)盗窃外币的,按照盗窃时中国外汇交易中心或者中国人民银行授权机构公布的人民币对该货币的中间价折合成人民币计算;中国外汇交易中心或者中国人民银行授权机构未公布汇率中间价的外币,按照盗窃时境内银行人民币对该货币的中间价折算成人民币,或者该货币在境内银行、国际外汇市场对美元汇率,与人民币对美元汇率中间价进行套算。(3)盗窃电力、燃气、自来水等财物,盗窃数量能够查实的,按照查实的数量计算盗窃数额;盗窃数量无法查实的,以盗窃前6个月月均正常用量减去盗窃后计量仪表显示的月均用量推算盗窃数额;盗窃前正常使用不足6个月的,按照正常使用期间的月均用量减去盗窃后计量仪表显示的月均用量推算盗窃数额。(4)明知是盗接他人通信线路、复制他人电信码号的电信设备、设施而使用的,按照合法用户为其支付的费用认定盗窃数额;无法直接确认的,以合法用户的电信设备、设施被盗接、复制后的月缴费额减去被盗接、复制前6个月的月均电话费推算盗窃数额;合法用户使用电信设备、设施不足6个月的,按照实际使用的月均电话费推算盗窃数额。(5)盗接他人通信线路、复制他人电信码号出售的,按照销赃数额认定盗窃数额。(6)盗窃不记名、不挂失的有价支付凭证、有价证券、有价票证的,应当按票面数额和盗窃时应得的孳息、奖金或者奖品等可得收益一并计算盗窃数额。(7)盗窃记名的有价支付凭证、有价证券、有价票证,已经兑现的,按照兑现部分的财物价值计算盗窃数额;没有兑现,但失主无法通过挂失、补领、补办手续等方式避免损失的,按照给失主造成的实际损失计算盗窃数额。

5.《解释》第六条明确了盗窃罪"其他严重情节"、"其他特别严重情节"的认定标准:具有《解释》第二条第三项至第八项规定情形之一,或者入户盗窃、携带凶器盗窃,数额达到《解释》第一条规定的"数额巨大"、"数额特别巨大"50%的,可以分别认定为"其他严重情节"或者"其他特别严重情节"。

6.《解释》第七条明确了盗窃情节轻微可不起诉或者免除处罚的情形。《解释》第八条明确了偷拿家庭成员或者近亲属财物的处理问题。

7.《解释》第九条明确了盗窃文物的数额标准认定问题。《解释》第十条明确了偷开他人机动车的处理问题。

8.《解释》第十一条明确了盗窃财物并造成财物毁损的处理问题。《解释》第十二条明确了盗窃未遂的处理问题。

9.《解释》第十三条明确了单位组织、指使盗窃,符合刑法第二百六十四条及本解释有关规定的,应当以盗窃罪追究组织者、指使者、直接实施者的刑事责任。

10.《解释》第十四条还规定,因犯盗窃罪,依法判处罚金刑的,应当在1000元以上盗窃数额的二倍以下判处罚金;没有盗窃数额或者盗窃数额无法计算的,应当在1000元以上10万元以下判处罚金。

(二)《最高人民法院、最高人民检察院关于办理敲诈勒索刑事案件适用法律若干问题的解释》(法释〔2013〕10号)

经2013年4月15日最高人民法院审判委员会第1575次会议、2013年4月1日最高人民检察院第十二届检察委员会第二次会议通过,最高人民法院、最高人民检察院制发了《关于办理敲诈勒索刑事案件适用法律若干问题的解释》,自2013年4月27日起施行。《解释》根据《刑法修正案(八)》对敲诈勒索罪的修改和敲诈勒索犯罪的新情况新问题,进一步明确了敲诈勒索罪的具体认定问题及定罪量刑标准。具体是:

1.《解释》第一条明确了敲诈勒索罪"数额较

大"、"数额巨大"、"数额特别巨大"的认定标准,即敲诈勒索公私财物价值2000元至5000元以上、3万元至10万元以上、30万元至50万元以上的,应当分别认定为"数额较大"、"数额巨大"、"数额特别巨大"。各省、自治区、直辖市高级人民法院、人民检察院可以根据本地区经济发展状况和社会治安状况,在前款规定的数额幅度内,共同研究确定本地区执行的具体数额标准,报最高人民法院、最高人民检察院批准。

2.《解释》第二条明确了敲诈勒索罪"数额较大"的特殊认定标准,即具有下列情形之一的,"数额较大"的标准可以按照《解释》第一条规定标准的50%确定:(1)曾因敲诈勒索受过刑事处罚的;(2)一年内曾因敲诈勒索受过行政处罚的;(3)对未成年人、残疾人、老年人或者丧失劳动能力人敲诈勒索的;(4)以将要实施放火、爆炸等危害公共安全犯罪或者故意杀人、绑架等严重侵犯公民人身权利犯罪相威胁敲诈勒索的;(5)以黑恶势力名义敲诈勒索的;(6)利用或者冒充国家机关工作人员、军人、新闻工作者等特殊身份敲诈勒索的;(7)造成其他严重后果的。

3.《解释》第三条明确了二年内敲诈勒索3次以上的,应当认定为"多次敲诈勒索"。

4.《解释》第四条明确了敲诈勒索罪"其他严重情节"、"其他特别严重情节"的认定标准:具有《解释》第二条第三项至第七项规定情形之一,数额达到《解释》第一条规定的"数额巨大"、"数额特别巨大"80%的,可以分别认定为"其他严重情节"、"其他特别严重情节"。

5.《解释》第五条明确了敲诈勒索情节轻微可不起诉或者免除处罚的情形。《解释》第六条明确了对敲诈勒索近亲属财物和因被害人过错引起的敲诈勒索的处理问题。《解释》第七条明确了敲诈勒索共同犯罪的认定和处理。

6.《解释》第八条还规定,对犯敲诈勒索罪的被告人,应当在2000元以上、敲诈勒索数额的二倍以下判处罚金;被告人没有获得财物,应当在2000元以上10万元以下判处罚金。

(三)《最高人民法院、最高人民检察院关于办理危害食品安全刑事案件适用法律若干问题的解释》(法释〔2013〕12号)

经2013年4月28日最高人民法院审判委员会第1576次会议、2013年4月28日最高人民检察院第十二届检察委员会第五次会议通过,最高人民法院、最高人民检察院制发了《关于办理危害食品安全刑事案件适用法律若干问题的解释》,自2013年5月4日起施行。《解释》针对惩治危害食品安全犯罪中遇到的法律适用问题,进一步明确了危害食品安全犯罪的定罪量刑标准以及相关罪名的司法认定标准。具体是:

1.《解释》第一条明确了生产、销售不符合安全标准的食品罪"足以造成严重食物中毒事故或者其他严重食源性疾病"的认定标准:(1)含有严重超出标准限量的致病性微生物、农药残留、兽药残留、重金属、污染物质以及其他危害人体健康的物质的;(2)属于病死、死因不明或者检验检疫不合格的畜、禽、兽、水产动物及其肉类、肉类制品的;(3)属于国家为防控疾病等特殊需要明令禁止生产、销售的;(4)婴幼儿食品中生长发育所需营养成分严重不符合食品安全标准的;(5)其他足以造成严重食物中毒事故或者严重食源性疾病的情形。

2.《解释》第二条明确了生产、销售不符合安全标准的食品罪"对人体健康造成严重危害"的认定标准:(1)造成轻伤以上伤害的;(2)造成轻度残疾或者中度残疾的;(3)造成器官组织损伤导致一般功能障碍或者严重功能障碍的;(4)造成10人以上严重食物中毒或者其他严重食源性疾病的;(5)其他对人体健康造成严重危害的情形。

3.《解释》第三条明确了生产、销售不符合安全标准的食品罪"其他严重情节"的认定标准:(1)生产、销售金额20万元以上的;(2)生产、销售金额10万元以上不满20万元,不符合食品安全标准的食品数量较大或者生产、销售持续时间较长的;(3)生产、销售金额10万元以上不满20万元,属于婴幼儿食品的;(4)生产、销售金额10万元以上不满20万元,一年内曾因危害食品安全违法犯罪活动受过行政处罚或者刑事处罚的;(5)其他情节严重的情形。

4.《解释》第四条明确了生产、销售不符合安全标准的食品罪"后果特别严重"的认定标准:(1)致人死亡或者重度残疾的;(2)造成3人以上重伤、中度残疾或者器官组织损伤导致严重功能障碍的;(3)造成10人以上轻伤、5人以上轻度残疾或者器官组织损伤导致一般功能障碍的;(4)造成30人以上严重食物中毒或者其他严重食源性疾病的;(5)其他特别严重的后果。

5.《解释》第五条明确了生产、销售有毒、有害食品罪"对人体健康造成严重危害"的认定标准,与第二条生产、销售不符合安全标准的食品罪"对人体健康造成严重危害"的认定标准是一致的。

6.《解释》第六条明确了生产、销售有毒、有害食品罪"其他严重情节"的认定标准:(1)生产、销售金额20万元以上不满50万元的;(2)生产、销售金额10万元以上不满20万元,有毒、有害食品的数量较大或者生产、销售持续时间较长的;(3)生产、销售金额10万元以上不满20万元,属于婴幼儿食品的;(4)生产、销售金额10万元以上不满20万元,一年内曾因危害食品安全违法犯罪活动受过行政处罚或者刑事处罚的;(5)有毒、有害的非食品原料毒害性强或者含量高的;(6)其他情节严重的情形。

7.《解释》第七条明确了生产、销售有毒、有害食品罪"致人死亡或者有其他特别严重情节"的认定标准:生产、销售金额50万元以上,或者具有《解释》第四条规定的情形之一的。

8.《解释》第八条明确了违反食品安全标准,滥用食品添加剂等行为的定性处理问题。《解释》第九条明确了食品非法添加行为的定性处理问题。《解释》第十条明确了生产、销售不符合安全标准的食品添加剂、食品相关产品行为的定性处理问题。《解释》第十一条明确了生产、销售国家禁止食品使用物质行为的定性处理问题。《解释》第十二条明确了非法从事生猪屠宰、销售行为的定性处理问题。

9.《解释》第十三条明确了危害食品安全犯罪竞合的处理原则。《解释》第十四条明确了危害食品安全犯罪共同犯罪的处理原则。《解释》第十五条明确了食品虚假广告行为的定性处理问题。

10.《解释》第十六条明确了食品监管渎职犯罪的定性处理问题。

11.《解释》第十七条、第十八条分别对危害食品犯罪判处罚金的标准和从严适用缓刑的问题作了规定。

12.《解释》第十九条明确了单位实施危害食品安全犯罪的定罪量刑标准。

13.《解释》第二十条明确了"有毒、有害的非食品原料"的范围。《解释》第二十一条明确了"足以造成严重食物中毒事故或者其他严重食源性疾病""有毒、有害非食品原料"难以确定时的司法认定问题。

(四)《最高人民法院、最高人民检察院关于办理环境污染刑事案件适用法律若干问题的解释》(法释〔2013〕15号)

经2013年6月8日最高人民法院审判委员会第1581次会议、2013年6月8日最高人民检察院第十二届检察委员会第七次会议通过,最高人民法院、最高人民检察院制发了《关于办理环境污染刑事案件适用法律若干问题的解释》,自2013年6月19日起施行。《解释》针对惩治环境污染犯罪的法律适用问题,进一步明确了污染环境罪、非法处置进口的固体废物罪、擅自进口固体废物罪、环境监管失职罪等犯罪的定罪量刑标准以及环境污染犯罪涉及的从重处罚、共同犯罪、犯罪竞合、术语界定等法律适用问题。具体是:

1.《解释》第一条明确了污染环境罪"严重污染环境"的认定标准:(1)在饮用水水源一级保护区、自然保护区核心区排放、倾倒、处置有放射性的废物、含传染病病原体的废物、有毒物质的;(2)非法排放、倾倒、处置危险废物3吨以上的;(3)非法排放含重金属、持久性有机污染物等严重危害环境、损害人体健康的污染物超过国家污染物排放标准或者省、自治区、直辖市人民政府根据法律授权制定的污染物排放标准3倍以上的;(4)私设暗管或者利用渗井、渗坑、裂隙、溶洞等排放、倾倒、处置有放射性的废物、含传染病病原体的废物、有毒物质的;(5)两年内曾因违反国家规定,排放、倾倒、处置有放射性的废物、含传染病病原体的废物、有毒物质受过两次以上行政处罚,又实施前列行为的;(6)致使乡镇以上集中式饮用水水源取水中断12小时以上的;(7)致使基本农田、防护林地、特种用途林地5亩以上,其他农用地10亩以上,其他土地20亩以上基本功能丧失或者遭受永久性破坏的;(8)致使森林或者其他林木死亡50立方米以上,或者幼树死亡2500株以上的;(9)致使公私财产损失30万元以上的;(10)致使疏散、转移群众5000人以上的;(11)致使30人以上中毒的;(12)致使3人以上轻伤、轻度残疾或者器官组织损伤导致一般功能障碍的;(13)致使一人以上重伤、中度残疾或者器官组织损伤导致严重功能障碍的;(14)其他严重污染环境的情形。

2.《解释》第二条明确了具有《解释》第一条第六项至第十三项规定情形之一的,应当认定为刑

第三百三十九条"致使公私财产遭受重大损失或者严重危害人体健康"、第四百零八条"致使公私财产遭受重大损失或者造成人身伤亡的严重后果"。

3.《解释》第三条明确了刑法第三百三十八条、第三百三十九条"后果特别严重"的认定标准：(1)致使县级以上城区集中式饮用水水源取水中断12个小时以上的；(2)致使基本农田、防护林地、特种用途林地15亩以上，其他农用地30亩以上，其他土地60亩以上基本功能丧失或者遭受永久性破坏的；(3)致使森林或者其他林木死亡150立方米以上，或者幼树死亡7500株以上的；(4)致使公私财产损失100万元以上的；(5)致使疏散、转移群众15000人以上的；(6)致使100人以上中毒的；(7)致使10人以上轻伤、轻度残疾或者器官组织损伤导致一般功能障碍的；(8)致使3人以上重伤、中度残疾或者器官组织损伤导致严重功能障碍的；(9)致使一人以上重伤、中度残疾或者器官组织损伤导致严重功能障碍，并致使五人以上轻伤、轻度残疾或者器官组织损伤导致一般功能障碍的；(10)致使一人以上死亡或者重度残疾的；(11)其他后果特别严重的情形。

4.《解释》第四条明确了环境污染犯罪的从重处罚情节：(1)阻挠环境监督检查或者突发环境事件调查的；(2)闲置、拆除污染防治设施或者使污染防治设施不正常运行的；(3)在医院、学校、居民区等人口集中地区及其附近，违反国家规定排放、倾倒、处置有放射性的废物、含传染病病原体的废物、有毒物质或者其他有害物质的；(4)在限期整改期间，违反国家规定排放、倾倒、处置有放射性的废物、含传染病病原体的废物、有毒物质或者其他有害物质的。

5.《解释》第五条明确了环境污染犯罪的从宽处罚情节。《解释》第六条明确了单位实施环境污染犯罪的定罪量刑标准。

6.《解释》第七条明确了污染环境罪的共同犯罪问题。《解释》第八条明确了实施环境污染犯罪同时构成其他犯罪的处理原则。

7.《解释》第九条明确了"公私财产损失"的计算范围。《解释》第十条明确了"有毒物质"的范围和认定标准。《解释》第十一条明确了环境污染专门性问题的鉴定机构及程序。

（五）《最高人民法院、最高人民检察院关于办理寻衅滋事刑事案件适用法律若干问题的解释》（法释〔2013〕18号）

经2013年5月27日最高人民法院审判委员会第1579次会议、2013年4月28日最高人民检察院第十二届检察委员会第五次会议通过，最高人民法院、最高人民检察院制发了《关于办理寻衅滋事刑事案件适用法律若干问题的解释》，自2013年7月22日起施行。《解释》针对依法惩治寻衅滋事犯罪中遇到的法律适用问题，进一步明确了寻衅滋事罪的定罪量刑标准以及与其他犯罪的关系等法律适用问题。具体是：

1.《解释》第一条明确了认定寻衅滋事罪的一般原则：(1)行为人为寻求刺激、发泄情绪、逞强耍横等，无事生非，实施刑法第二百九十三条规定的行为的，应当认定为"寻衅滋事"；(2)行为人因日常生活中的偶发矛盾纠纷，借故生非，实施刑法第二百九十三条规定的行为的，应当认定为"寻衅滋事"，但矛盾系由被害人故意引发或者被害人对矛盾激化负有主要责任的除外；(3)行为人因婚恋、家庭、邻里、债务等纠纷，实施殴打、辱骂、恐吓他人或者损毁、占用他人财物等行为的，一般不认定为"寻衅滋事"，但经有关部门批评制止或者处理处罚后，继续实施前列行为，破坏社会秩序的除外。

2.《解释》第二条明确了随意殴打他人"情节恶劣"的认定标准：(1)致一人以上轻伤或者二人以上轻微伤的；(2)引起他人精神失常、自杀等严重后果的；(3)多次随意殴打他人的；(4)持凶器随意殴打他人的；(5)随意殴打精神病人、残疾人、流浪乞讨人员、老年人、孕妇、未成年人，造成恶劣社会影响的；(6)在公共场所随意殴打他人，造成公共场所秩序严重混乱的；(7)其他情节恶劣的情形。

3.《解释》第三条明确了追逐、拦截、辱骂、恐吓他人"情节恶劣"的认定标准：(1)多次追逐、拦截、辱骂、恐吓他人，造成恶劣社会影响的；(2)持凶器追逐、拦截、辱骂、恐吓他人的；(3)追逐、拦截、辱骂、恐吓精神病人、残疾人、流浪乞讨人员、老年人、孕妇、未成年人，造成恶劣社会影响的；(4)引起他人精神失常、自杀等严重后果的；(5)严重影响他人的工作、生活、生产、经营的；(6)其他情节恶劣的情形。

4.《解释》第四条明确了强拿硬要或者任意损毁、占用公私财物"情节严重"的认定标准：(1)强拿硬要公私财物价值1000元以上，或者任意损毁、占用公私财物价值2000元以上的；(2)多次强拿硬要或者任意损毁、占用公私财物,造成恶劣社会影响的;(3)强拿硬要或者任意损毁、占用精神病人、残疾人、流浪乞讨人员、老年人、孕妇、未成年人的财物,造成恶劣社会影响的;(4)引起他人精神失常、自杀等严重后果的;(5)严重影响他人的工作、生活、生产、经营的;(6)其他情节严重的情形。

5.《解释》第五条明确了在公共场所起哄闹事"造成公共场所秩序严重混乱"的认定标准:在车站、码头、机场、医院、商场、公园、影剧院、展览会、运动场或者其他公共场所起哄闹事,应当根据公共场所的性质、公共活动的重要程度、公共场所的人数、起哄闹事的时间、公共场所受影响的范围与程度等因素,综合判断是否"造成公共场所秩序严重混乱"。

6.《解释》第六条明确了纠集他人多次寻衅滋事的认定处理问题。《解释》第七条明确了实施寻衅滋事犯罪同时构成其他犯罪的处理原则。《解释》第八条明确了寻衅滋事罪的从宽处罚情节。

(六)《最高人民法院、最高人民检察院关于办理利用信息网络实施诽谤等刑事案件适用法律若干问题的解释》(法释〔2013〕21号)

经2013年9月5日最高人民法院审判委员会第1589次会议、2013年9月2日最高人民检察院第十二届检察委员会第九次会议通过,最高人民法院、最高人民检察院制发了《关于办理利用信息网络实施诽谤等刑事案件适用法律若干问题的解释》,自2013年9月10日起施行。《解释》针对有关网络犯罪的新情况新特点,明确了利用信息网络实施的诽谤、寻衅滋事、敲诈勒索、非法经营等犯罪的定罪量刑标准。具体是:

1.《解释》第一条明确了利用信息网络实施诽谤罪的行为方式,即具有下列情形之一的,应当认定为"捏造事实诽谤他人":(1)捏造损害他人名誉的事实,在信息网络上散布,或者组织、指使人员在信息网络上散布的;(2)将信息网络上涉及他人的原始信息内容篡改为损害他人名誉的事实,在信息网络上散布,或者组织、指使人员在信息网络上散布的;(3)明知是捏造的损害他人名誉的事实,在信息网络上散布,情节恶劣的,以"捏造事实诽谤他人"论。

2.《解释》第二条明确了利用信息网络实施诽谤行为的入罪标准:(1)同一诽谤信息实际被点击、浏览次数达到5000次以上,或者被转发次数达到500次以上的;(2)造成被害人或者其近亲属精神失常、自残、自杀等严重后果的;(3)二年内曾因诽谤受过行政处罚,又诽谤他人的;(4)其他情节严重的情形。

3.《解释》第三条明确了利用信息网络实施诽谤犯罪适用公诉程序条件:(1)引发群体性事件的;(2)引发公共秩序混乱的;(3)引发民族、宗教冲突的;(4)诽谤多人,造成恶劣社会影响的;(5)损害国家形象,严重危害国家利益的;(6)造成恶劣国际影响的;(7)其他严重危害社会秩序和国家利益的情形。

4.《解释》第四条明确了多次实施诽谤行为数量累计计算的原则。

5.《解释》第五条、第六条、第七条分别明确了利用信息网络实施寻衅滋事罪、敲诈勒索罪、非法经营罪的司法认定问题。

6.《解释》第八条明确了利用信息网络实施有关犯罪的共同犯罪认定问题。

7.《解释》第九条明确了利用信息网络实施诽谤、寻衅滋事、敲诈勒索、非法经营犯罪与其他犯罪竞合及处罚原则。

8.《解释》第十条对信息网络的概念和范围作出了规定。

(七)《最高人民法院、最高人民检察院关于办理抢夺刑事案件适用法律若干问题的解释》(法释〔2013〕25号)

经2013年9月30日最高人民法院审判委员会第1592次会议、2013年10月22日最高人民检察院第十二届检察委员会第十二次会议通过,最高人民法院、最高人民检察院制发了《关于办理抢夺刑事案件适用法律若干问题的解释》,自2013年11月18日起施行。《解释》针对抢夺犯罪的新情况新问题,进一步明确了抢夺罪的具体认定问题及定罪量刑标准。具体是:

1.《解释》第一条明确了抢夺罪"数额较大"、"数额巨大"、"数额特别巨大"的认定标准,即抢夺公私财物价值1000元至3000元以上、3万元至8万元以上、20万元至40万元以上的,应当分别认定为"数额较大"、"数额巨大"、"数额特别巨大"。各省、自治区、直辖市高级人民法院、人民检察院可以根据本地区经济发展状况,并考虑社会治安状况,在前款规定的数额幅度内,确定本地区执行的具体数额标准,报最高人民法院、最高人民检察院批准。

2.《解释》第二条明确了抢夺罪"数额较大"的特殊认定标准,即具有下列情形之一的,"数额较大"的标准可以按照《解释》第一条规定标准的50%确定:(1)曾因抢劫、抢夺或者聚众哄抢受过刑事处罚的;(2)一年内曾因抢夺或者哄抢受过行政处罚的;(3)一年内抢夺3次以上的;(4)驾驶机动车、非机动车抢夺的;(5)组织、控制未成年人抢夺的;(6)抢夺老年人、未成年人、孕妇、携带婴幼儿的人、残疾人、丧失劳动能力人的财物的;(7)在医院抢夺病人或者其亲友财物的;(8)抢夺救灾、抢险、防汛、优抚、扶贫、移民、救济款物的;(9)自然灾害、事故灾害、社会安全事件等突发事件期间,在事件发生地抢夺的;(10)导致他人轻伤或者精神失常等严重后果的。

3.《解释》第三条明确了抢夺罪"其他严重情节"的认定标准:(1)导致他人重伤的;(2)导致他人自杀的;(3)具有《解释》第二条第三项至第十项规定的情形之一,数额达到《解释》第一条规定的"数额巨大"50%的。

4.《解释》第四条明确了抢夺罪"其他特别严重情节"的认定标准:(1)导致他人死亡的;(2)具有《解释》第二条第三项至第十项规定的情形之一,数额达到《解释》第一条规定的"数额特别巨大"50%的。

5.《解释》第五条明确了抢夺情节轻微可不起诉或者免予刑事处罚的情形:(1)具有法定从宽处罚情节的;(2)没有参与分赃或者获赃较少,且不是主犯的;(3)被害人谅解的;(4)其他情节轻微、危害不大的。

6.《解释》第六条还对驾驶车辆夺取财物的定性问题作了规定。

(八)《最高人民检察院关于审查起诉期间犯罪嫌疑人脱逃或者患有严重疾病的应当如何处理的批复》(高检发释字〔2013〕4号)

经2013年12月19日最高人民检察院第十二届检察委员会第十四次会议通过,自2014年1月1日起施行。《批复》明确了人民检察院在审查起诉期间发现犯罪嫌疑人脱逃或者身患严重疾病丧失诉讼行为能力如何处理的程序,对于检察机关正确理解适用法律处理此类案件,确保犯罪嫌疑人的合法权益具有重要意义。

(九)《人民检察院刑事诉讼法律文书格式样本(2013年版)》(高检发研字〔2013〕4号),于2013年10月8日印发。

为配合全国检察机关统一业务应用系统的需要,对刑事诉讼法律文书作了进一步修改完善,《人民检察院刑事诉讼法律文书格式样本(2013年版)》将与全国检察机关统一业务应用系统同步使用。修改前的2012年发布的刑事诉讼法律文书格式样本共有223种,此次新增了23种文书,删除了8种文书,并对74种文书进行了修改,目前的文书格式样本共有238种。

(十)《人民检察院办理未成年人刑事案件的规定》(高检发研字〔2013〕7号),于2013年12月27日修订印发。

为了适应刑事诉讼法和人民检察院刑事诉讼规则的重大修改,进一步总结检察机关办理未成年人刑事案件的实践经验,正确履行检察职能,依法办理好未成年人刑事案件,切实保障未成年人的合法权益,修订后的《规定》对检察机关办理未成年人刑事案件的程序予以进一步完善、细化。修订后的《规定》共六章八十三条,对办理未成年人刑事案件的方针和原则、未成年人刑事案件的审查逮捕、审查起诉与出庭支持公诉、法律监督、刑事申诉检察予以全面规范。

(十一)《最高人民检察院、解放军总政治部军人违反职责罪案件立案标准的规定》(政检〔2013〕1号),于2013年2月26日印发。

该《立案标准》根据刑法、刑事诉讼法和其他有关规定,结合军队司法实践,对2002年解放军总政治部《关于军人违反职责罪案件立案标准的规定(试行)》作了全面系统的修订,明确了刑法第十章规定的31种军人违反职责犯罪的立案标准,为查办军人违反职责犯罪案件提供了适用法律依据。

(十二)《最高人民法院、最高人民检察院、公安部关于依法惩处侵害公民个人信息犯罪活动的通知》(公通字〔2013〕12号),于2013年4月23日印发。

该《通知》明确了侵害公民个人信息犯罪的法律适用问题,对出售、非法提供公民个人信息罪和非法获取公民个人信息罪的认定问题作了规定,要求公安机关、人民检察院、人民法院坚决打击侵害公民个人信息犯罪活动,确保执法司法及时高效,建立防范、打击长效工作机制。

(十三)《最高人民法院、最高人民检察院、公安部、农业部、国家食品药品监督管理总局关于进一步加强麻黄草管理严厉打击非法买卖麻黄草等违法犯罪活动的通知》(公通字〔2013〕16号),于2013年5月21日印发。

该《通知》明确了非法采挖、买卖麻黄草等犯罪行为的定性处理问题,要求公安机关、人民检察院、人民法院严格落实麻黄草采集、收购许可证制度,切实加强对麻黄草采挖、买卖和运输的监督检查,依法查处非法采挖、买卖麻黄草等犯罪行为。

(十四)《最高人民法院、最高人民检察院、公安部、司法部关于依法惩治性侵害未成年人犯罪的意见》(法发〔2013〕12号),于2013年10月23日印发。

该《意见》对办理性侵害未成年人案件提出了总体要求,并就有关法律适用问题和刑事政策的把握提出了系统的意见。《意见》从依法严惩性侵害犯罪、加大对未成年被害人的保护力度两个方面作了规定,包括性侵害未成年人犯罪的立案,奸淫幼女等性侵害犯罪中主观明知的认定,奸淫幼女与嫖宿幼女的界限,负有特殊职责的人员性侵害未成年人行为性质的认定,"在公共场所当众实施强奸、猥亵、侮辱"的认定,强奸、猥亵犯罪七种从重处罚的情形,严惩组织、强迫未成年人卖淫等犯罪,从严控制缓刑适用,未成年人实施性侵害未成年人案件把握的刑事政策,强化对未成年被害人的经济赔偿和救助,保护未成年被害人隐私权利和诉讼参与权利等十二个方面的内容。

(十五)《最高人民法院、最高人民检察院、公安部关于办理组织领导传销活动刑事案件适用法律若干问题的意见》(公通字〔2013〕37号),于2013年11月14日印发。

该《意见》根据刑法和有关司法解释的规定,结合司法实践,进一步明确了组织、领导传销活动罪的有关法律适用问题。主要规定了六个方面的问题:一是关于传销组织层级及人数的认定问题;二是关于传销活动有关人员的认定和处理问题;三是关于"骗取财物"的认定问题;四是关于组织、领导传销活动罪"情节严重"的认定问题;五是关于"团队计酬"行为的处理问题;六是关于罪名的适用问题。

(十六)《最高人民法院、最高人民检察院、公安部关于办理醉酒驾驶机动车刑事案件适用法律若干问题的意见》(法发〔2013〕15号),于2013年12月18日印发。

该《意见》根据刑法和刑事诉讼法的有关规定,结合侦查、起诉、审判实践,进一步明确了醉酒驾驶机动车犯罪的有关法律适用问题。主要规定了七个方面的问题:一是关于醉酒驾驶机动车的入罪标准;二是关于醉酒驾驶机动车的从重处罚情形;三是关于数罪并罚的规定;四是关于适用罚金刑的规定;五是关于公安机关办理醉驾案件收集证据的要求;六是关于醉酒的认定依据;七是关于醉驾案件适用强制措施的规定。

二、司法解释集中清理

2013年2月,最高人民检察院向全国人民代表大会常务委员会提交了《最高人民检察院关于司法解释集中清理工作情况的报告》。2013年4月,十二届全国人大常委会第二次会议审议并通过了《全国人大常委会法制工作委员会关于司法解释集中清理工作情况的报告》,标志着这次司法解释集中清理工作圆满完成。

(最高人民检察院法律政策研究室 韩耀元 吴峤滨 宋丹)

检察专题调研工作 2013年,检察专题调研工作围绕检察工作中的热点、难点展开,充分发挥为领导决策服务、为检察业务工作服务的职能作用。

上级人民检察院切实做好专题调研工作的指导、组织工作。一是通过下发重点调研题目,指导各级检察机关专题调研工作的方向。2013年1月,最高人民检察院法律政策研究室针对检察工作中的重点内容,拟定了26个检察专题调研重点题目,下发了《关于印发〈2013年检察专题调研重点题目〉的通知》,要求各省级检察机关研究室结合本地实际,针对检察工作和改革中的重点、难点问题大兴调研之风,切实发挥其为检察业务工作和领导决策服务的积极作用。要注重上下级人民检察院和本院各部门之间的协同与配合,充分调动各级、各部门工作人员的积极性,创新调研工作机制。重点题目涵盖落实十八大精神,深入推进依法治国,深化检察改革,刑法和刑事诉讼法适用及民事、行政检察工作等方面。地方检察机关领导和研究室同志高度重视,结合本地区、本部门的实际,积极开展专题调研工作。二是积极推广宣传优秀调研成果。最高人民检察院法律政策研究室和省级检察院通过向全国或者全省转发、向领导专报、在内部刊物上刊载等方式,积极向全国或者本地区宣传推广优秀调研成果,充分调动了各级、各部门工作人员的积极性,有效推动了调研成果的转化应用。三是充分发挥检察应用调研在推动检察工作科学发展中的积极作用,最高人民检察院法律政策研究室拟定了34个检察应用理论研究备选题目印发各地,批准立项了60个检察应用理论研究重点课题。

做好修改后刑事诉讼法和刑事诉讼规则的专题调研。2013年5月,赴上海和江苏,就修改后刑事诉讼法和刑事诉讼规则执行情况进行调研,完成了《关于上海、江苏检察机关执行修改后刑事诉讼法和刑事诉讼规则情况的调研报告》;同时,根据北京市、山东省、湖北省、广东省、四川省报送的贯彻落实修改后刑事诉讼法和刑事诉讼规则的数据材料,形成了《2013年上半年检察机关执行修改后刑事诉讼法有关情况的调研报告》,作为领导参阅件刊发。

举办刑事诉讼法和刑事诉讼规则适用问题培训班。为确保修改后刑事诉讼法和刑事诉讼规则更好地贯彻落实,同时也为进一步修订刑事诉讼规则做准备,最高人民检察院法律政策研究室于10月中旬在江苏徐州举办了全国"刑事诉讼法和刑事诉讼规则适用问题高级培训、研讨班",邀请知名专家授课,并就修改后刑事诉讼法和刑事诉讼规则适用中的新情况、新问题及对策组织了六场专题研讨,取得了很好的效果。

(最高人民检察院法律政策研究室　王　佳)

检察委员会工作　2013年,在最高人民检察院党组和曹建明检察长的领导下,检察委员会工作取得了成效,议事质量和效率明显提高,检察委员会办事机构作用进一步发挥,较好地完成了服务检察委员会的各项工作。

一、召开检察委员会会议情况

2013年,最高人民检察院检察委员会共召开会议17次(第十一届第八十四至八十六次、第十二届第一至十四次),讨论议题35件次。

共审议案件8件次。在审议的案件中,包括山东省人民政府原副省长黄胜涉嫌受贿案,铁道部原部长、党组书记刘志军涉嫌受贿、滥用职权案,中共吉林省委原常委、吉林省人民政府原常务副省长、吉林银行原党委书记、董事长田学仁涉嫌受贿案,中共广东省委原常委、统战部长周镇宏涉嫌受贿、巨额财产来源不明案以及湖南省人民检察院报请核准追诉的舒大柱故意杀人案等。

共审议司法解释和规范性文件20件次。审议的司法解释和规范性文件主要有:《检察机关执法工作基本规范》、《最高人民法院、最高人民检察院关于办理盗窃刑事案件适用法律若干问题的解释》、《最高人民法院、最高人民检察院关于办理敲诈勒索刑事案件具体应用法律若干问题的解释》、《最高人民法院、最高人民检察院关于办理危害食品安全刑事案件适用法律若干问题的解释》、《最高人民法院、最高人民检察院、公安部关于办理寻衅滋事刑事案件适用法律若干问题的意见》、《最高人民法院、最高人民检察院、公安部关于办理醉酒驾驶机动车刑事案件适用法律若干问题的意见》、《最高人民法院、最高人民检察院关于办理环境污染刑事案件适用法律若干问题的解释》、《最高人民法院、最高人民检察院关于办理抢夺刑事案件适用法律若干问题的解释》、《最高人民检察院关于切实履行检察职能防止和纠正冤假错案的若干意见》、《最高人民法院、最高人民检察院关于办理利用信息网络实施诽谤等刑事案件适用法律若干问题的解释》、《最高人民检察院关于行贿犯罪档案查询工作的规定》、《人民检察院司法警察条例》、《人民检察院民事检察监督规则(试行)》、《最高人民检察院关于进一步加强新形势下涉法涉诉信访工作的意见》、《全国检察机关统一业务应用系统使用管理办法(试行)》、《人民检察院法医工作细则(试行)》、《人民检察院文件检验工作细则(试行)》、《人民检察院不立案举报线索审查工作办法》、《人民检察院办理未成年人刑事案件的规定(二次修订)》以及《最高人民检察院关于审查起诉期间犯罪嫌疑人脱逃或者患有严重疾病的应当如何处理的批复》等。

共审议其他议题7件。审议了曹建明检察长拟向第十二届全国人民代表大会第一次会议作的《最高人民检察院工作报告》、《关于最高人民法院、最高人民检察院及与有关部门1997年7月1日至2011年12月31日制发的司法解释和司法解释性质文件的清理情况及司法解释集中清理工作总体情况的报告》、《最高人民检察院2013年司法解释工作计划》、《最高人民检察院第三批指导性案例》、《最高人民检察院关于反贪污贿赂工作情况的报告》等。

二、举办检察委员会集体学习情况

根据《关于改进和加强最高人民检察院检察委员会工作的意见》的要求,2013年最高人民检察院检察委员会举办了四次集体学习。先后邀请中国环境科学学会副理事长杨朝飞作了"我国环境保护中的若干问题"专题讲座,邀请清华大学周光权教授作了"刑法观的转变与防止错案"专题讲座,邀请中国人民大学汤维建教授作了"尊重规律——民事诉讼法修改后检察制度的新发展"专题讲座,还举行了"科技信息化与检察机关统一业务应用系统"的专题学习。除委员外,各内设机构和直属事业单位的主要负责同志均参加了集体学习。检察委员会集体学习还通过视频会议系统向各省级人民检察院和最高人民检察院机关全体人员进行现场直播,进一步扩展了集体学习效果。

三、检察委员会及办事机构工作

加强对地方检察委员会工作的督促和指导。2013年,继续将对各地检察委员会工作的督促和指导作为主抓的一项重点工作。检察委员会办公室坚持通过会议纪要备案、调研、解答疑问等形式加强工作指导,推动地方检察委员会工作有序开展。将《检察委员会工作情况》作为检察委员会工作指导和经验交流的平台,全年编发了三期《检察委员会工作情况》,转发各地工作中的好经验、好做法十余篇。通过调研,了解地方人民检察院检察委员会工作情况特别是检察委员会专职委员建设等情况,对存在的问题及时加以指导,促进了检察委员会工作科学发展。

举办首次全国检察机关检察委员会专职委员培训班。2013年12月15日至18日,在江苏省南京市举办了全国检察机关检察委员会专职委员培训班。最高人民检察院检察委员会专职委员陈连福就检察机关在贯彻落实党的十八届三中全会精神、深化司法体制改革的大背景下,如何加强检察委员会制度理论研究、强化检察委员会职能作用、加大检察委员会制度执行力等提出了具体要求;最高人民检察院法律政策研究室陈国庆主任和韩耀元副主任分别就司法改革和有关司法解释的理解及适用作了专题讲座;北京市检察院等11家单位就检察委员会工作进行了交流发言。培训期间,陈连福专职委员组织8个省级检察院的专职委员就当前检察委员会工作中存在的问题以及如何加强和改进检察委员会工作进行了座谈。参训同志表示,培训班虽然时间较短,但达到了提高认识、明确任务、强化措施、推进工作的目的。

继续做好检察委员会办事机构日常工作。一是认真做好会前议题审查工作。坚持对提请检察委员会审议的议题进行把关,从办理程序、报告内容到附件准备等提出审查意见,经反复沟通,指导议题提请部门修改完善议题材料。受领导指派,对一些重要议题进行认真审核,提出明确修改意见,确保议题的质量和规范。二是认真做好会议记录、纪要起草及决定事项跟踪督办等工作。坚持会中对检察委员会委员发言情况进行速录,会后及时核对会议记录、起草会议纪要,不断提高起草质量和工作效率。定期对检察委员会决定事项进行督办跟踪,并总结报告督办情况,确保检察委员会决定得到贯彻执行。三是开展法律核稿工作。2013年完成《检察机关执法工作基本规范》、《人民检察院司法警察条例》、《人民检察院民事检察监督规则(试行)》、《人民检察院法医工作细则(试行)》、《人民检察院办理未成年人刑事案件的规定》等业务规范性文件法律核稿18件。核稿工作中,坚持个人承办、集体研究、层层把关的工作原则,认真贯彻检察委员会决定精神,严把核稿质量关。四是做好检察长列席最高人民法院审判委员会会议沟通协调工作。根据《最高人民法院、最高人民检察院关于人民检察院检察长列席人民法院审判委员会会议的实施意见》的规定,积极与最高人民法院审判管理办公室沟通协调,2013年联系办理最高人民检察院分管副检察长八次列席最高人民法院审判委员会会议相关事宜。

(最高人民检察院法律政策研究室　谢晓歌)

案例指导工作　2013年5月,经最高人民检察院第十二届检察委员会第六次会议审议通过,第三批指导性案例发布了李泽强编造、故意传播虚假恐怖信息案等三个案例。其中,李泽强编造、故意传播虚假恐怖信息案的指导意义在于,明确了编造、故意传播虚假恐怖信息罪是选择性罪名。编造恐怖信息以后向特定对象散布,严重扰乱社会秩序的,构成编造虚假恐怖信息罪。编造恐怖信息以后向不特定对象散布,严重扰乱社会秩序的,构成编造、故意传播虚假恐怖信息罪。对于实施数个编造、故意传播虚假恐怖信息行为的,不实行数罪并罚,但应当将其作为量刑情节予以考虑。卫学臣编造虚假恐怖信息案的指导意义在于,编造、故意传播虚假恐怖信息造成"严重扰乱社会秩序"的认定,应当结合行为对正常的工作、生产、生活、经营、教学、科研等秩序的影响程度、对公众造成的恐慌程度以及处置情况等因素进行综合分析判断。对于编造、故意传播虚假恐怖信息威胁民航安全,引起公众恐慌,或者致使航班无法正常起降的,应当认定为"严重扰乱社会秩序"。袁才彦编造虚假恐怖信息案的指导意义在于说明,以编造虚假恐怖信息的方式,实施敲诈勒索等其他犯罪的,应当根据案件事实和证据情况,择一重罪处断。对于编造虚假恐怖信息造成有关部门实施人员疏散,引起公众极度恐慌的,或者致使相关单位无法正常营业,造成重大经济损失的,应当认定为"造成严重后果"。

(最高人民检察院法律政策研究室
韩耀元 吴峤滨 宋 丹)

案件管理工作 2013年,全国检察机关案件管理工作全面启动,案件管理职能扎实履行,案件管理机构队伍、制度体系、基础保障建设持续推进,统一业务应用系统研发成功并陆续在全国部署应用。

一、夯实组织基础,案件管理机构队伍建设取得新进展

一是案件管理机构基本实现全覆盖。全国案件管理机构数增加到3400个,占检察院总数的93%。33个省级检察院除军事检察院外,全部建立了案件管理机构。经编办批复成立的机构数量达到2716个,占案件管理机构总数的80%。二是一批年轻化、专业化的高素质人才充实到案件管理工作一线。全国案件管理机构实有工作人员13550名,大学本科以上学历的占90%,40岁以下的占72%,从事过刑检、自侦及其他业务工作的占87%,案件管理部门负责人系检察委员会委员的占28%,为案件管理工作提供强大支撑。

二、认真履行职责,案件管理职能作用得到有效发挥

一是开展流程管理。全国检察机关案件管理部门统一受理案件160余万件,接收各类案件卷宗310余万册,要求补送更正近3万件,不予接收1万余件,移送案件110余万件;流程监控中针对办案活动中不规范情形口头向办案部门予以提示的共3万余件,已纠正2.3万余件;向办案部门发出流程监控通知书共1.3万余件,已纠正并书面回复的1万余件。二是开展质量管理。全国开展案件质量评查的检察院为3030多个,占检察院总数的83%。全国有1857个检察院案件管理部门开展了检察业务考评工作,占检察院总数的51%。各级案件管理部门通过案件质量评查和业务考评,有效提升了办案质量。三是开展统计信息管理。全国统计工作划归案件管理部门的检察院增至2987个,占全国检察院总数的82%。全国案件管理部门共发现并反馈业务不规范问题1.5万余件,纠正数据质量问题近3万个,在服务领导决策、服务业务工作方面发挥了重要作用。四是开展辩护人、诉讼代理人接待工作。全国案件管理部门共接待辩护人、诉讼代理人向检察院提出的各类申请、要求17万余次,接待案件信息查询24万余次,基本实现了由专门机构、专门人员在专门场所利用专门设备为当事人提供一站式服务。五是开展分析研判工作。各地建立健全案件监督管理情况报告、通报机制,定期通报本地区执法办案及案件管理基本情况,积极开展专题分析研判,为检察工作创新发展提供参考依据。

三、积极统筹谋划,统一业务应用系统研发和部署工作实现新突破

一是认真参与组织系统研发。最高人民检察院案件管理办公室充分发挥组织协调作用,牵头组织系统研发,累计召开各类讨论会50余次,形成共计160余万字的需求报告,修改完善检察机关法律文书和工作文书样本800余种,三次组织全国检察机关各业务条线进行运行测试。在全国检察机关的共同参与和具有顶尖技术优势科研院所的大力支持下,成功研发出功能齐全、运行稳定、操作便捷的完整版统一业务应用系统。二是扎实做好系统试点工作。最高人民检察院案件管理办公室会同其他部门加强统筹规划,山东、广东、宁夏三省(自治区)检察机关案件管理部门会同技术信息等部门做好组织协调,圆满完成了试点工作任务。三是加强系统应用培训。最高人民检察院案件管理办公室牵头组织了全国检察机关业务骨干师资培训班和最高人民检察院相关业务部门系统培训班,积极推动最高人民检察院检察委员会集体学习科技信息化与检察机关统一业务应用系统,在全国检察机关产生了强大示范效应。四是着力开展系统部署应用工作。最高人民检察院案件管理办公室认真做好全国检察机关统一业务应用系统部署工作会

议的会务工作,最高人民检察院检察长曹建明、常务副检察长胡泽君、副检察长柯汉民出席会议并作了重要讲话,为全面做好部署应用工作指明了方向。截至2013年底,统一业务应用系统在最高人民检察院机关和近半数省份检察机关正式上线运行,尚未上线的省份正在积极做好各项准备工作,争取尽快上线。

四、加强调研指导,案件管理规范化建设取得新进步

各地采取行之有效的措施,不断强化调研指导,大力加强制度建设,促进了案件管理工作规范、有序开展。一是强化制度建设。最高人民检察院案件管理办公室办牵头组织完成《检察机关执法工作基本规范》(2013年版)的修订,制定下发《全国检察机关统一业务应用系统使用管理办法(试行)》,组织编写《全国检察机关统一业务应用系统使用指引手册》,初步建立起涵盖执法办案、案件管理及信息化管理等内容的案件管理制度体系。二是强化理论研究与学习交流。最高人民检察院案件管理办公室承担了最高人民检察院重点课题"案件管理与检察机关内部监督"和国家检察官学院"案件管理"课题,已经顺利通过评审。最高人民检察院定期编发案件管理工作情况简报,举办了案件管理理论与实务培训班和检察统计培训班,积极改进调研指导方式,多个省份将案件管理工作纳入绩效考核,督促引导各级检察院全面推进案件管理工作。

(最高人民检察院案件管理办公室)

全国检察机关统一业务应用系统部署工作会议
2013年10月31日至11月1日,最高人民检察院在山东省济南市召开全国检察机关统一业务应用系统部署工作会议。会议的主要任务是:认真学习贯彻党的十八大和全国政法工作会议关于大力推进信息化建设的要求,研究部署全国检察机关统一业务应用系统,以执法办案信息化促进执法规范化、管理科学化,推动检察工作创新发展。最高人民检察院检察长曹建明、副检察长胡泽君、柯汉民出席会议并作了重要讲话。

会议指出,全面推行统一业务应用系统,是深入推进检察信息化建设、进一步提升检察工作现代化水平的重大举措,是进一步规范执法行为、提升检察机关执法公信力的迫切需要,是强化执法管理和内部监督制约、促进自身公正廉洁执法的有力保障。各级检察机关要切实把全面推行统一业务应用系统作为"一把手"工程来抓,检察长要担负起领导责任,亲自组织实施,重大问题亲自组织研究、协调解决。案件管理部门、技术信息部门要统筹协调,政工、计财等部门要在人员、经费、装备等方面加大支持力度,业务部门要主动承担起全面推行的主要职责,形成各尽其责、协同配合的工作格局。要坚持"统一入轨、全线贯通,统一应用、规范操作,统一管理、确保安全,统一改进、逐步完善"的基本要求,扎扎实实做好宣传动员、齐心协力做好部署实施等各项工作。

会议要求,一要加快基础平台建设。相关省级检察院要在会后组建专门工作班子,对照技术平台建设指导方案全面完成建设任务。尽快通过分级保护测评,同步配套建设线路加密、身份认证、电子印章、个人电子签章等系统,为网络安全保密提供技术支撑。二要高质高效完成软件初始化配置。各级检察机关要抓紧收集组织机构、人员角色、最低审批权限等基础资料,做好初始化配置的准备工作。技术、案件管理和业务人员要同步参与,严格遵守系统使用管理办法,深入了解本地检察机关业务运行、管理实际情况,熟悉系统的后台操作。要加强配置后的测试工作,确保系统安全稳定。三要扎实开展全员培训。各地要及时组织开展业务骨干培训和全员培训,务必做到不留死角。要充分保证培训时间,构建多元化立体培训模式,制定严格的培训考核标准,把信息化培训融入各类业务培训中,普遍提高检察人员信息化应用水平,以适应网上办案的需要。四要尽快启动上线运行。各地要抓紧工作,保证统一业务应用系统尽快全面上线运行。各级检察机关自行研发的、已经被统一业务应用系统涵盖的业务软件不再使用,个别确实需要过渡的要将过渡方案报最高人民检察院审核,并在规定时间内完成过渡。统一业务应用系统部署完成后,要按照"全员、全面、全程、规范"的要求抓好应用。五要做好系统运行维护和升级完善工作。要建立问题收集研判机制,各级业务部门要确定固定的部门负责人和业务骨干,专门收集研究使用过程中发现的不适应、不适用问题,技术信息部门和案件管理部门要设置专门的运行维护电话、信箱,专人值守,实行首问责任制,及时收集、解答问题,并汇总到最高人民检察院。六要以此次会议为契机,充分运用统一业务应用系统,进一步深化案件管理

机制改革,真正建立起统一受理、全程管理、案后评查、综合考评的案件集中管理机制。进一步加强技术和保密队伍建设,为统一业务应用系统的持续完善和信息化长远发展提供人才保障。

会议期间,山东、广东、宁夏等省(自治区)检察院介绍了试点工作经验,研发单位有关人员介绍了系统总体情况,山东省检察院进行了统一业务应用系统运用情况的演示。

(最高人民检察院案件管理
办公室案件综合管理处)

检察机关统一业务应用软件试点工作会议 2013年2月26日,最高人民检察院在山东省济南市召开检察机关统一业务应用软件试点工作会议。会议主要任务是:进一步统一思想,明确任务,扎实做好检察机关统一业务应用软件试点工作,努力提高检察机关信息化应用水平,促进执法规范化,推动检察工作科学发展。会议采取电视电话会议形式召开。最高人民检察院副检察长柯汉民,山东省委常委、省委政法委书记才利民,最高人民检察院案件管理办公室、检察技术信息研究中心主要负责同志以及统一业务软件开发小组成员,广东省人民检察院、宁夏回族自治区人民检察院分管院领导和有关部门负责人,软件研发单位代表等出席了会议。

会议指出,自2012年8月最高人民检察院党组决定集中研发融办案、管理、统计于一体的全国检察机关统一业务应用软件以来,最高人民检察院案件管理办公室、检察技术信息研究中心牵头,与有关部门密切配合,充分调动全国各级检察机关的技术力量,加班加点,攻坚克难,形成160多万字的需求报告,2013年1月又成功研发出试点版统一业务应用软件,具备了在全国检察机关进行试点的条件。最高人民检察院信息化领导小组在充分考虑各地信息化应用条件、人员队伍素质、业务规范化水平、典型性、代表性等因素的基础上,慎重选择了在山东、广东、宁夏三地检察机关进行软件试点。

会议强调,软件关键在应用,难点在理念,成败在领导,统一业务软件的应用将对检察机关各项工作产生全方位、根本性的影响,要创新思想理念和工作模式,改变工作习惯和管理方式,克服阻力,排除困难,把软件试点工作抓好、抓出成效。要加强对试点工作的统一领导、统筹规划和组织协调,把软件试点作为"一把手"工程,检察长要高度重视,亲自过问,及时研究解决工作中的实际困难和问题。各业务部门领导要亲自负责,认真组织开展好本部门、本条线的软件试运行工作。要做好完整版软件的开发完善工作,根据试点过程中提出的修改意见,进一步修改完善软件,并尽快将民事行政检察、职务犯罪预防、铁路运输检察、死刑复核检察等业务纳入软件中来,使软件涵盖所有检察业务范围。在完整版软件中增加电子印章、身份认证及完整的统计功能。要抓好软件运行的各项保障工作,完善各级检察机关统筹推进软件推广工作的机制,明确不同层级检察院、不同职能部门的职责任务。加强与软件运行相适应的制度建设,进一步加大培训力度,提高软件运用能力和水平,全面做好软硬件维护,保障软件顺畅运行。

(最高人民检察院案件管理
办公室业务信息化管理处)

纪检监察工作 2013年,全国各级检察机关紧紧围绕强化法律监督、强化自身监督、强化队伍建设这一检察工作总要求,顺应人民群众对公共安全、司法公正、权益保障的新期待,严明党的纪律和检察工作纪律,切实转变工作作风,扎实推进惩治和预防腐败体系建设,检察机关党风廉政建设各项工作取得新的成效。

一、认真学习领会党的十八大和十八届中央纪委二次全会精神,贯彻中央反腐败工作决策部署有新举措。十八大以来,以习近平同志为总书记的党中央把党风廉政建设和反腐败斗争提到新高度,作出一系列重要部署。各级检察机关坚持把贯彻党的十八大和十八届中央纪委二次全会精神作为首要的政治任务,结合实际狠抓落实。最高人民检察院党组及时召开专题会议,传达学习会议精神,研究提出贯彻落实的具体意见和措施。向全国检察机关下发通知,对学习贯彻会议精神提出明确要求。将纪检监察工作会议更名为反腐倡廉建设工作会议,更加聚焦主业,明确中心任务和责任担当。最高人民检察院机关各内设机构、直属事业单位和地方各级检察机关采取有效措施,切实加强党风廉政建设和反腐败工作,确保中央和最高人民检察院决策部署落到实处。

二、深入贯彻落实中央八项规定精神和最高人民检察院实施办法,着力解决"四风"问题,检察机关作风建设有新进展。制定实施检察机关厉行勤俭节约反对铺张浪费若干规定、检察人员八小时外行为禁令,用更严的标准、更高的要求规范检察人员行为。把力戒"四风"作为巡视监督的重要内容,对发现的问题进行诫勉谈话。组织对山西、内蒙古等 10 个省(区、市)90 个检察院改进工作作风、密切联系群众情况开展交叉督察,督促整改落实。最高人民检察院机关出台会议活动管理办法、从地方检察机关借用人员管理办法等 10 多项制度,对机关副厅级以上领导干部办公用房超标问题进行清理整改。2013 年,最高人民检察院机关印发的文件、简报数量同比下降 26.8%,召开的会议同比减少 38.6%,会议费支出同比下降 34.3%;因公出国(境)费、公务接待费、公车运行维护费同比分别下降 10.9%、25.6% 和 8.7%。坚持正风肃纪,严肃查处 15 名违反中央八项规定精神的检察人员,对山西省检察院原副检察长文晓平等人违反规定参加奢靡娱乐活动典型案件进行通报,组织全国检察机关开展纪律作风专项整顿和警示教育。地方各级检察机关紧密联系实际纠正"四风"问题,效果明显。

三、严格执行党风廉政建设责任制,强化廉洁从检教育,责任意识和自律意识有新提高。坚持充分发挥党风廉政建设责任制的龙头作用,积极推动落实党风廉政建设联席会议制度,深化党风廉政建设责任的检查考核与监督。严格落实领导干部报告个人有关事项制度,派员参加下级检察院党组专题民主生活会,组织 9 个省级检察院检察长述职述廉,指导各级检察院落实"三谈两述"制度。编辑出版《警示与镜戒——检察人员违纪违法典型案例剖析》。深化、拓展和延伸廉洁从检书画摄影创作展览活动,开辟网上展馆,开展"看展览、谈体会、促廉洁"活动,点击率达 17 万人次。最高人民检察院机关各部门、各单位强化党风廉政建设,有的对本系统发生的违纪违法案件进行通报,有的组织开展整顿作风、严明纪律、规范执法专项教育检查,有的下发通知要求所属单位加强党风廉政建设和纪检监察工作,有的制定廉洁规范执法行为准则。各地检察机关积极探索廉政风险防控机制建设,剖析通报检察人员违纪违法典型案例,开展纪律作风教育月活动,强化检察人员的廉洁意识。

四、坚持把强化自身监督放在与强化法律监督同等重要位置来抓,严格规范权力行使,司法公信力有新提升。充分发挥检察巡视对领导班子和领导干部的监督作用,最高人民检察院制定实施 2013—2017 年巡视工作规划,先后派出两批巡视组,对 7 个省级检察院领导班子进行检察巡视,共发现各类问题 56 个,向被巡视单位提出整改意见 35 条。加强执法办案内部监督,巩固深化规范执法和办案安全专项检查活动成果,督促落实同步录音录像、办案区规范化建设和办案工作区准用证等制度。积极应对和引导网络舆情,核查涉检网络舆情案件线索 43 件,查实或部分查实 12 件,对构成违纪违法的严肃处理。一些地方检察机关加强巡视、督察工作,开展扣押冻结涉案款物专项督察,积极探索规范执法办案"倒逼机制",健全和完善执法办案考评、决策指导等机制,促进了检察权正确行使。

五、始终坚持从严治检,有案必查,案件查办工作有新突破。坚持把查办检察人员违纪违法案件放在突出位置,在 12309 举报网站开设"检察干警违纪违法举报"专区,以"零容忍"的态度查处违纪违法案件。2013 年,全国检察机关纪检监察机构共受理检察人员违纪违法案件线索 2462 件,初核 1998 件,同比上升 8.6% 和 7.8%;立案查办 170 件 210 人,已结案件 175 件 222 人(含上年积存案件),立结案人数同比上升 26.2% 和 26.9%;给予党纪处分 83 人,检纪处分 185 人,双重处分 53 人;移送追究刑事责任 26 人。强化案件督办力度,最高人民检察院纪检组监察局会同反贪污贿赂总局、渎职侵权检察厅等部门对反映检察机关违规扣押冻结涉案款物案件实地督办,调查核实案件线索 6 起,对失实的予以澄清。

六、坚持改革创新,深入调查研究,党风廉政建设制度机制建设有新进展。按照中央司法体制和工作机制改革的部署和要求,开展案件责任终身负责制和检察官惩戒制度改革专题调研。加强对完善检察权运行制约监督体系、执法过错责任追究以及涉案款物管理、移送、上缴国库等问题的研究,提出进一步加强和改进的措施。坚持以理论创新推动机制创新和实践创新,组织开展检察巡视理论与实务和检务督察理论研究征文活动,分别征集理论文章 164 篇和 606 篇,一批优秀理论文章被《人民检察》杂志刊发,进一步夯实了检察机关内部监督工作的理论基础。

七、深入开展党的群众路线教育实践活动,着力加强自身建设,执纪执法能力有新提高。按照中央和最高人民检察院统一部署,紧密联系纪检监察工作实际,深入开展党的群众路线教育实践活动,以整风精神开展批评和自我批评,落实整改措施,切实纠正"四风"。扎实开展会员卡专项清理活动,严格落实中央八项规定和最高人民检察院实施办法。举办全国检察机关巡视干部培训班和纪检监察机构查办案件业务骨干培训班,着力提高纪检监察干部队伍素质和执纪执法水平。

(最高人民检察院监察局　曹　东)

全国检察机关党风廉政建设和反腐败工作会议

2013年2月20日至21日,最高人民检察院在北京召开全国检察机关党风廉政建设和反腐败工作会议。会议的主要任务是,深入学习贯彻党的十八大、十八届三中全会、十八届中央纪委三次全会、中央政法工作会议和全国检察长会议精神,回顾总结2012年检察机关党风廉政建设和反腐败工作,研究部署2013年任务。最高人民检察院检察长曹建明就深刻学习领会习近平总书记关于加强政法队伍建设的系列重要指示精神,扎实抓好2013年检察机关的反腐倡廉建设,进一步增强检察队伍的组织纪律性作了重要讲话。中央纪委驻最高人民检察院纪检组组长莫文秀作了题为《聚焦中心任务,强化责任担当,深入推进检察机关反腐倡廉建设》的工作报告。各省、自治区、直辖市人民检察院和新疆生产建设兵团人民检察院纪检组长、监察处长,单设检务督察机构负责人,军事检察院纪检监察工作负责人,各省会市、自治区首府和计划单列市人民检察院纪检组长参加会议。中央纪委、中央巡视办、中央政法委等有关部门的同志应邀出席会议。最高人民检察院机关各内设机构全体人员、直属事业单位四级以上职员参加20日上午的大会。最高人民检察院领导、检察委员会专职委员在主会场出席第二阶段电视电话会议,各省级检察院领导、检察委员会专职委员,内设机构、各事业单位负责同志,纪检监察机构全体人员在分会场参加会议。

会议认为,2012年,全国检察机关认真学习贯彻党中央关于党风廉政建设和反腐败斗争的新理念、新思路、新举措,自身反腐倡廉建设取得新进展。但当前检察机关自身反腐倡廉建设仍然面临不少突出问题和薄弱环节,要充分认识加强检察机关党风廉政建设和反腐败工作的重要性、紧迫性,进一步增强忧患意识、危机意识和责任意识,以更加坚定的决心、更加务实的作风、更加有力的措施,推动检察机关党风廉政建设和反腐败工作取得新成效。2013年,要全面贯彻党的十八大、十八届三中全会和十八届中央纪委三次全会和中央政法工作会议精神,牢牢把握党中央对党风廉政建设和反腐败工作提出的新要求,紧紧围绕强化法律监督、强化自身监督、强化队伍建设,坚持问题导向,增强责任意识,深入推进惩治和预防腐败体系建设,大力加强体制机制创新和制度保障,深入推进党风廉政建设和反腐败工作,为检察事业科学发展提供坚强有力的纪律作风保障。

会议指出,要深刻领会习近平总书记关于加强政法队伍建设的系列重要指示精神,切实增强推进自身反腐倡廉建设的自觉性和坚定性,始终把过硬检察队伍建设放到突出位置来抓,努力建设一支党和人民满意的高素质检察队伍。要全面落实政治过硬、业务过硬、责任过硬、纪律过硬、作风过硬的要求,进一步明确新形势下检察队伍建设的目标任务。要始终坚持以解决突出问题为切入口,树立问题意识,坚持问题导向,坚持不懈整改自身存在的突出问题。要牢固树立监督者更要解决自身监督问题的理念,不断强化自身监督制约,确保检察权在阳光下运行。要准确把握执法司法公信力的决定性因素,始终把公正廉洁执法作为对检察人员的本质要求,坚决抵制各种潜规则,铁面无私、秉公执法,杜绝法外开恩。要清醒认识司法腐败的严重危害,坚决查处检察人员自身腐败问题,坚决清除害群之马。

会议强调,要深化检察机关作风建设,持之以恒解决人民群众反映强烈的不正之风。紧紧扭住落实中央八项规定精神不放松,以"钉钉子"的精神认真执行中央和最高人民检察院有关规定、禁令。对群众反映强烈的不正之风开展专项整治。对检察人员特别是领导干部身上暴露出的不严格、不规范特别是不公正、不廉洁问题早发现、早提醒、早纠正,防止养痈遗患。

会议强调,要坚持有案必查,坚决查处检察人员违纪违法案件。进一步完善检察人员违纪违法问题举报机制,鼓励和支持社会各界和人民群众通过上网、来信等方式反映检察人员违纪违法问题。坚持有腐必惩,坚决有力惩治自身腐败。检察机关决不允许有腐败分子藏身之地。探索检察人员违纪违法案件查处机制改革,结合检察机关和干部队伍管理的实际,认真研究如何进一步完善检察人员违纪违法案件查处机制,增强监督刚性,更好地解决有的地方存在的有案不查、瞒案不报等问题。更加注重科学有效预防自身腐败,加强警示教育,引导检察人员心存敬畏而不是心存侥幸,珍惜权力、慎用权力、用好权力。

会议强调,要进一步强化监督制约,确保检察权依法规范运行。突出抓好对领导班子、领导干部特别是"一把手"的监督,完善领导干部接受党组织和党员群众监督的机制。突出抓好对执法办案活动的监督,建立健全廉政风险防控、执法办案说情报告和通报、廉政隐患摸排预警、重点岗位轮岗交流、防止利益冲突、回避等制度。大力推进检务公开,增强主动公开、主动接受监督的意识,依法及时公开各检察环节执法办案的依据、程序、流程、结果。

会议强调,要严格执行党风廉政建设责任制,落实主体责任和监督责任,强化责任追究。落实好各级检察院党组和各部门的主体责任;各级领导干部既要管好自己、当好廉洁从检的表率,又要认真履行"一岗双责";检察机关各内设机构对本部门、本系统的党风廉政建设也负有主体责任,必须坚持业务工作和队伍建设一起研究、一起部署、一起落实,确保两手抓、两手硬。要落实好纪检监察机构的监督责任。各级检察院纪检监察机构既要协助党组加强党风廉政建设和组织协调自身反腐倡廉工作,又要督促检查相关部门落实惩治和预防腐败工作任务。要切实强化责任追究。对发生重大腐败案件的单位,要实行"一案双查"制度,既追究当事人责任,又倒查追究相关人员的领导责任和监管责任。

会议强调,要充分认识严明组织纪律的极端重要性和现实紧迫性,大力加强检察机关组织纪律建设。一要切实增强组织观念。检察机关广大党员干部要切实增强党性,摆正个人与组织、下级与上级关系,牢记作为共产党员和检察人员的义务和责任,正确对待自己,正确对待组织,相信组织、依靠组织、服从组织,坚决执行中央和上级的部署要求,自觉接受组织安排和纪律约束。二要认真落实组织制度。认真执行民主集中制;要认真落实党内生活制度,认真执行"三会一课"制度;要落实和完善请示报告制度;严格执行领导干部个人事项报告制度。三要严格执行组织纪律。要进一步加大执行纪律的力度,切实维护纪律的权威性和严肃性。

会议要求,各级检察院党组要更加重视纪检监察工作,在优化检察资源配置、推进检察机构和人事制度改革等方面,都必须坚持和体现"纪检监察工作只能加强,不能削弱"这个原则。各级检察院纪检监察机构要牢记职责使命,注意转职能、转方式、转作风,提高工作能力和水平,更好发挥职能作用。

会议对2013年检察机关党风廉政建设和反腐败工作进行了部署。一是严明党的纪律和检察纪律,确保中央和最高人民检察院重大决策部署贯彻落实;二是聚焦"四风"和执法司法作风,深入推进检察机关作风建设;三是加大违纪违法案件查处和曝光力度,用铁的纪律带出过硬检察队伍;四是认真贯彻落实2013—2017年工作规划,全面推进检察机关惩治和预防腐败体系建设;五是严格执行党风廉政建设责任制,进一步健全反腐败领导体制和工作机制;六是进一步强化自身监督,建立健全检察权运行制约和监督体系;七是加强检察机关党风廉政建设和反腐败工作机制创新和制度保障,确保严格公正执法。

(最高人民检察院监察局 曹 东)

计划财务装备工作 2013年,全国检察机关计划财务装备部门认真落实《"十二五"时期检察计财装备工作发展规划》,不断强化法治思维和底线思维,努力在绩效管理、精细管理上下功夫,各项工作取得新进展。

一、大力争取资金支持,全面提高经费保障水平。一是加大系统经费保障力度,确保中央转移支付不缩水。在中央财政收入增长放缓,一般性支出统一压减5%的背景下,争取财政部支持,确保2013年检察机关中央财政转移支付资金未下降。在全系统组织专题调研的基础上,向财政部充分反映修改后刑事诉讼法和民事诉讼法实施带来的检察经费缺口,适时提出增加检察经费的要求。加大援藏援疆援灾力度,落实专项援助资金。调剂专项资金,对东三省洪灾地区、四川泸州地震灾区和其他受灾地区检察机关予以专项补助。二是强化本级经费保障,实现最高人民检察院机关经费水平新增长。预算结构更加科学合理,办案经费、培训费所占比重进一步增加。为解决修改后民事诉讼法实施后最高人民检察院信访接待量"井喷"问题,最高人民检察院决定把西区改造为来信来访接待场所,由此引发三个办公地点的连环搬迁改造,使2013年机关本级经费保障工作面临新的困难。最高人民检察院计划财务装备局积极向财政部汇报沟通,及时提出增加搬迁经费和行政运行费的申请,受到财政部的重视并使经费问题得到一定缓解。

二、落实投资保障机制,稳步推进基础设施建设。一是大力落实中央财政补助投资,支持各地基础设施建设。按照《"十二五"政法基础设施建设规划方案》,依法争取国家发改委支持,落实2013年中央预算内补助投资项目251个。二是贯彻中央规定,严明纪律要求。严格按照中央办公厅、国务院办公厅《关于党政机关停止新建楼堂馆所和清理办公用房的通知》要求,适时出台《关于在办案用房和专业技术用房建设中认真贯彻落实〈关于党政机关停止新建楼堂馆所和清理办公用房的通知〉的通知》。三是积极协助推动最高人民检察院机关三个工程项目建设。机关原改扩建工程收尾工作取得突破性进展,北戴河培训中心建设工程圆满完工并投入使用,香山办案基地建设项目取得新进展。

三、深化"科技强检"战略,着力提升科技装备水平。一是加快推进检察信息化建设。2013年会同有关部门完成七项建设任务,包括检察机关统一业务应用系统开发、软件运行、平台建设,一级专线网视频业务提速扩容,最高人民检察院门户网站升级改版等。二是不断提高装备服务保障水平。通过政府采购,先后为最高人民检察院机关更新台式电脑245台、打印机141台、笔记本电脑212台,采购服务器、照相机、摄像机、扫描仪等各类设备300余台,有效满足机关办公办案需要。三是指导各地贯彻落实装备配备标准。指导各省级检察院依据《县级人民检察院基本业务装备配备指导标准(试行)》,制定实施细则,推进装备配备标准的贯彻落实。四是争取财政部支持,提高服装配备标准。协调财政部上调服装配发标准,联合下发《关于调整人民检察院检察服采购指导价格的通知》,将检察服采购指导价格在2011年采购指导价增加25%的基础上再次上调10%。

四、加强工作调研,研究改革前瞻性问题。一是组织开展中央政法转移支付情况专题调研。最高人民检察院会同财政部对2009年以来政法经费保障体制改革落实情况开展专题调研,先后5批次深入全国9个省、市、自治区进行实地调查。根据调研情况,向财政部报送了《关于建议进一步完善政法经费保障体制的函》,提出《2008年以来深化检察经费保障体制改革的主要成效和进一步深化改革的意见》。二是组织开展探索构建检察经费省级统筹保障体制专题调研。根据中央政法委要求和最高人民检察院工作部署,先后组织12人次分赴甘、陕、皖三省进行调研,召开4次以"探索建立省级以下检察经费由省级统筹的保障体制"为主题的专题研讨。围绕如何进一步完善检察经费保障的长效机制,特别是探索建立检察经费省级统筹的保障体制问题,汇总30个省、市、自治区和5个计划单列市的意见并制作分析图表,形成《关于实行检察经费省级统筹的初步意见》,分别提出"暂不改、分步改、彻底改"的改革思路,引起中央政法委的关注。三是组织开展修改后刑事诉讼法和民事诉讼法实施相关检务保障问题的调研。"两法"修改后,检察机关职能任务、办案工作量大幅增加,各项检务保障工作也面临新的压力。为充分了解新法实施后检察经费保障、侦查装备建设和基础设施建设面临的新需求,在全系统组织开展专题调研,形成调研成果,努力争取财政、发改委等有关部门的专项支持。同时积极指导地方各级检察院做好有关预算编制工作,将新增经费需求列入预算,为"两法"顺利实施提供经费和物质保障。

五、攻坚克难,强化绩效管理,不断提高服务质量。一是强化绩效理念,促进预算管理更加科学化。绩效化管理的核心是提高资金的使用效益,强化"用钱必问效,无效必问责"的理念。按照统筹兼顾、保证重点的原则,妥善安排机关支出,对大要案办理、检察业务统一应用系统研发、专线网高清视频会议系统等重点项目给予充分保障。认真履行财务监督职能,贯彻落实中央八项规定和《党政机关厉行节约反对浪费条例》,压缩"三公经费"。2012年绩效管理工作获财政部表彰。二是全面做好资产清查。为加强最高人民检察院机关规范化建设,深化党的群众路线教育实践活动成果,提高机关资产管理科学化、精细化水平,经院领导批准并报财政部同意,最高人民检察院计划财务装备局于2013年组织完成了最高人民检察院机关资产清查工作。全面摸清了机关固定资产"家底",解决了历史积存的问题,夯实了固定资产管理基础,清查结果得到专业审计机构的确认,推动了机关资产管理创新发展。三是围绕中心工作,解决重点难题。

为保障最高人民检察院控告检察厅规范接访秩序，应急采购安保设备，快速处理控告检察厅举报处、案件管理办公室统计处服务器瘫痪等突发问题，对所需设备进行购置和维修更换；为保障反贪污贿赂总局办案紧急需要，应急采购办案设备；为办公厅保密办部署电子印章系统，紧急采购电子设备。

六、加强学习能力建设，提高业务素质。一是加强业务学习，提高业务能力。狠抓人员素质建设，加强系统培训与学习。举办第四期计财处长培训班，邀请财政部等部门专家授课。举办3期"计财装备论坛"，讲岗位职责、讲工作绩效、讲业务素养。二是坚持不懈地抓好廉政建设。进一步加强惩治和预防腐败体系建设，积极开展党员干部廉政风险点排查和防控，严格落实党风廉政建设责任制。加强岗位交流与轮岗，安排年轻干部在多个岗位上进行锻炼，以促进业务能力全面均衡发展。三是以制度建设为抓手，着力培养队伍的规范意识、服务意识。进一步规范工作职能、工作制度和工作程序，提升管理水平和保障能力。与财政部沟通联系，共同研究制定《人民检察院财务管理暂行办法》。制定《检察机关计划财务装备工作基本规范》，整理修订《最高人民检察院机关会议费管理办法》、《最高人民检察院机关通用办公设备家具配置标准（试行）》，研究制定《最高人民检察院内部审计工作暂行规定》、《最高人民检察院机关项目支出定额标准管理暂行办法》、《最高人民检察院机关国内公务接待管理实施办法》，汇编《检察机关计划财务装备工作手册》，切实做到行有方向，动有规矩，于法周延，于事简便。

（最高人民检察院计划财务装备局）

全国检察机关计划财务装备工作座谈会 2013年6月21日至22日在河北省秦皇岛市召开全国检察机关计划财务装备工作座谈会。会议的主要任务是：贯彻落实党的十八大关于进一步深化司法体制改革的部署，征求如何更好完善检察经费保障体制的意见建议，围绕"建立省级以下检察经费由省级统筹的保障体制"进行研讨；贯彻落实全国检察机关第七次计划财务装备工作会议精神，总结部署工作，交流经验做法；研究探讨加强计划财务装备工作绩效管理的思路、方法和措施。最高人民检察院副检察长张常韧出席会议并讲话，各省、自治区、直辖市人民检察院计划财务装备处处长，新疆生产建设兵团人民检察院计划财务装备处处长，各计划单列市人民检察院计划财务装备处处长，最高人民检察院计划财务装备局领导及有关同志参加会议。最高人民检察院副检察长张常韧强调指出，要坚持以党的十八大精神为指导，全面把握计划财务装备工作面临的新机遇、新任务、新要求，切实增强做好检务保障工作的责任感和使命感；要进一步深化司法体制改革，精心谋划新一轮检察经费保障体制改革，推动检务保障工作创新发展；要建设过硬的专业化队伍，努力打造一支讲大局、善协调、会管理、业务精、律己严、作风硬的队伍，为加强检务保障工作提供组织和人才保障，努力实现"保障有力，干警满意"的工作目标。最高人民检察院计划财务装备局局长王松苗对"七装会"以来计划财务装备工作进行了总结，并对进一步深化检察经费保障体制改革，统筹推进2013年计划财务装备工作，强化绩效意识、加强绩效管理，推动计划财务装备工作科学发展作出部署。

（最高人民检察院计划财务装备局）

检察改革工作 2013年，最高人民检察院以研究制定新一轮检察改革规划为重点，广泛征求各方意见，深入开展调研论证。启动检务公开、人民监督员、检察官办案责任制三项改革试点及检察机关涉法涉诉信访工作机制改革。

一、深入开展调查研究，精心拟定新一轮检察改革规划。

2013年，最高人民检察院司法体制改革领导小组召开会议，专题研究司法改革工作。最高人民检察院司法体制改革领导小组办公室在充分征求各方面意见的基础上，草拟了深化检察改革工作方案和重点调研方案，司法体制改革领导小组会议确定了11个重点调研专题，由最高人民检察院领导分别带队进行调研。最高人民检察院还要求各省级检察院就11个重点调研专题认真开展调研。调研结束后，形成了一批高质量的调研报告，为制定新一轮检察改革规划奠定扎实基础。

在大量实地调研和扎实准备工作基础上，最高人民检察院司法体制改革领导小组办公室组织专门力量起草检察改革意见稿。2013年7月，大检察官研讨班对检察改革意见稿进行了讨论。

二、认真落实中央政法委各项工作部署，着力推动新一轮司法体制改革。

党的十八大闭幕后,中央政法委书记孟建柱、副秘书长姜伟分别带队到最高人民检察院就司法改革进行专题调研。最高人民检察院积极配合中央政法委开展调研,组织专门写作班子,对检察改革情况进行系统梳理分析,起草汇报提纲,为推动检察改革进一步深化奠定了良好基础。

根据中央政法各单位司法体制改革领导小组办公室主任联席会议要求,最高人民检察院成立专题调研组,对检察干部管理体制、检察人员分类管理制度、基层检察官短缺问题、检察经费保障机制、司法权力运行机制及有效防止司法不公不廉等专题,进行深入调研并起草专题调研报告,报送中央司法体制改革领导小组办公室,为中央政法委制定新一轮司法改革意见提供参考。

三、积极推进三项改革试点工作和检察机关涉法涉诉信访工作机制改革。

根据中央政法工作会议及中央政法委的工作部署,最高人民检察院总结经验,深入调研,制定了《深化检务公开制度改革试点工作方案》、《深化人民监督员制度改革工作方案》和《检察官办案责任制改革试点方案》。报经中央政法委审议通过后,对方案进行了修改完善,于2013年年底前启动了检务公开和检察官办案责任制改革试点工作。同时,扎实推进涉法涉诉信访制度改革,建立涉法涉诉信访事项导入司法程序机制,依法完善涉法涉诉信访终结办法。

(一)推进检务公开制度改革。2013年10月,最高人民检察院下发《深化检务公开制度改革试点工作方案》,确定在黑龙江、上海、河南、四川、甘肃5个省级检察院及其辖区内14个地市级检察院、40余个基层检察院进行试点。2013年11月中旬全面启动了试点工作。

试点方案在检务公开的内容、公开的制度和措施、公开的保障机制等方面进行了拓展和深化:一是明确主动公开和依申请公开的内容以及责任主体;二是建立健全法律文书说理和公开制度,健全公开审查、公开答复制度,健全新闻发布制度等制度机制,拓展检务公开的途径和载体;三是建立健全检务公开的保障机制。

(二)推进人民监督员制度改革。人民监督员制度改革的主要内容为:优化人民监督员选任方式,由检察院选任人民监督员改革为由外部有关部门组成的选任委员会选任;完善人民监督员监督程序,充分保障人民监督员知情权,增设复议程序,增强对不同意检察机关处理决定的人民监督员监督权的救济。

为积极稳妥地推进人民监督员制度改革,最高人民检察院与司法部组成联合调研组,赴湖北省就人民监督员选任管理方式改革开展专题调研。通过调研及两部门之间的多次沟通,取得了共识,为制定改革方案打下了良好基础。

(三)推进检察官办案责任制改革。2013年11月,最高人民检察院印发《检察官办案责任制改革试点方案》,决定在全国7个省的17个检察院试点开展检察官办案责任制改革。此项改革旨在科学划分检察机关内部执法办案权限,改革完善检察机关执法办案责任体系。

改革的主要思路是:突出检察官办案主体地位,建立权责明确、协作紧密、制约有力、运行高效的专业化办案组织模式,落实和强化检察官执法责任,形成符合检察工作规律、检察职业特点、检察队伍管理和法律监督运行要求的组织结构、责任体系和运行机制。

(四)推进涉法涉诉信访制度改革。为落实中央涉法涉诉信访工作改革要求,建立涉法涉诉信访事项导入司法程序机制,完善涉法涉诉信访终结办法,最高人民检察院针对诉访分离、法律程序导入方面存在的突出问题,严格依照刑事诉讼法、民事诉讼法等规定,明确检察机关涉法涉诉信访案件范围,科学设定审查受理与甄别分流的条件和程序,建立健全了统一受理、诉访分离、快速移送、依法办理、监督制约、按期回复、公开答复、合力化解等工作机制。及时修订《人民检察院刑事诉讼规则(试行)》、《检察机关执法工作基本规范》等规范性文件,对刑事控告举报申诉的受理、办理、答复等环节作出具体规定。2013年11月,制定印发了《人民检察院民事诉讼监督规则(试行)》,对民事申诉的受理、办理、管理等环节作出具体规定,进一步细化审查受理范围和办理程序。研究制定了《最高人民检察院关于进一步加强新形势下涉法涉诉信访工作的意见》等规范性文件,对群众控告申诉的受理、办理、司法救助等作出具体规定,保障群众的控告申诉权利。

(最高人民检察院司法体制改革领导小组办公室)

地方、军事检察工作

北京市检察工作 2013年,北京市检察机关深入学习贯彻中共十八大、十八届三中全会精神,围绕服务经济社会发展、推进法治建设履行职责,切实维护社会公平正义。

批捕、起诉各类刑事犯罪。共批准逮捕16387人,提起公诉23272人。加大对危害国家安全、公共安全以及严重暴力、多发性侵财犯罪的惩治力度,办理了机场爆炸案、网络有组织制造传播谣言等案件。严厉打击危害食品、药品安全犯罪,起诉制售假药、有毒有害食品犯罪564人。加大打击金融诈骗、合同诈骗等犯罪力度,惩治涉众型经济犯罪,起诉了涉及4万余名被害人、涉案26亿多元的"巨鑫联盈"非法吸收公众存款等案件。起诉侵犯知识产权犯罪437人,向相关部门建议加强行政执法、网络监管,服务文化建设和科技创新发展。起诉非法占用耕地、非法采矿等严重破坏环境资源的犯罪86人,检察建议被相关单位采纳并参照整改。

查办贪污贿赂、渎职侵权犯罪。立案侦查贪污贿赂犯罪357人、渎职侵权犯罪81人,包括审查起诉了原铁道部部长刘志军及铁路系统31人贿赂和滥用职权等重大案件。整合全市侦查资源,立案侦查县处级国家工作人员59人,厅局级以上15人;贪污贿赂100万元、挪用公款1000万元以上案件57件;重特大渎职侵权犯罪21件。开展查办发生在群众身边、损害群众利益的职务犯罪专项活动,立案侦查207人,查办了一批国家工作人员失职渎职导致拆迁补偿款被骗、基层公务人员利用职权冒领养老保障金、执法司法人员徇私枉法的案件。

开展职务犯罪预防工作。针对在10余个重点领域查办职务犯罪的情况,开展预防调查,向有关部门提出防控风险、完善制度的建议。为招投标单位、企业提供行贿犯罪档案查询36673人次,同比增长42.7%,将查询纳入工程建设、"京交会"廉政准入制度。完善与国资委、民政局、卫生局、教委等行业主管单位的预防协作平台,开展警示教育3990次,市检察院反腐倡廉法制教育基地接待12962人参观。

严把案件事实关、证据关和程序关。严格把握逮捕标准,慎用逮捕强制措施。对审查认为可能构成犯罪,但事实不清、证据不足的案件,依法引导公安机关补充侦查、完善证据;依法不批捕431人。严格执行证据制度,加强对实物证据和技术鉴定意见的审查,探索建立关键证人、鉴定人出庭机制。对有非法取证嫌疑的案件,调取讯问犯罪嫌疑人的原始录音录像,对20件案件启动了非法证据排除。执行修改后刑事诉讼法规定,对12264件适用简易程序的案件全部派员出庭支持公诉。执行不负刑事责任的精神病人强制医疗程序,建立会见涉案精神病人、听取代理人意见的制度,向法院提出强制医疗申请31件。

维护诉讼参与人合法权益。执行审查逮捕阶段讯问犯罪嫌疑人规定,对捕后是否具有继续羁押的必要性进行审查,建议侦查机关对396人变更了强制措施。联合市妇联建立"妇女儿童维权通道"。对盲、聋、哑的犯罪嫌疑人协调法律援助机构提供辩护306件。对生活确有困难的被害人开展司法救助。会签《关于保障和规范律师刑事诉讼辩护的若干规定》,开通律师网上接待平台,接待辩护人阅卷6125人次,保障律师合法权利。推动完善合适成年人参与讯问、社会调查、犯罪记录封存等机制,对70名附条件不起诉的未成年人开展帮教工作。

深化诉讼监督工作。制定《2013—2017年深化诉讼监督工作规划纲要》。监督公安机关立案157件、撤销案件106件,对遗漏的犯罪嫌疑人依法追捕、追诉。对侦查行为不规范等启动调查核实程序,提出书面纠正意见195份。对认为确有错误的法院判决及裁定提出抗诉75件,法院已经审结的案件采纳抗诉意见率为46.9%。出台《进一步加强刑事二审工作的意见》,出席二审案件开庭287件,加强对一审判决认定事实和证据、定罪量刑的全面监督。针对"余刑三个月以上罪犯一律交监狱执行"的新规定,部署开展交付执行专项检察活动,集中清理不符合规定继续留在看守所服刑的情况。监督纠正不当减刑、假释、暂予监外执行65件。审结民事、行政申诉案件1722件,对不符合抗诉条件的1472件做好释法说理、息诉服判工作;对审查认为确有错误的提出抗诉90件,法院再审后原裁判改变率达84%,同比上升了9个百分点;提出再审检察建议53件,法院同期采纳21件,引导当事人达成和解25件。执行修改后民事诉讼法规定,开展对法院生效调解书、民事执行活动的监督,提出监督检察建议36件。

规范行使职务犯罪侦查权。建立电话、网上、来信和来访举报统一管理平台,实现全部案件线索由市检察院集中管理、分级评估、重点督办;优先办理、及时答复实名举报线索。立案侦查、逮捕职务犯罪嫌疑人全部报上一级检察院决定,拟撤销或不起诉的案件全部由市检察院审查批准,并组织人民监督员进行评议表决。对讯问职务犯罪嫌疑人实施"全面、全部、全程"同步录音录像,案件移送审查逮捕、审查起诉时必须同时移送录音录像,依法接受审查。

健全内部监督制约。全市各级检察院统一设立案件集中管理机构,启用覆盖全部执法办案活动的业务信息化系统。制定《进一步加强检务督察工作的意见》,复查立案后撤案、捕后不诉等1122件案件,对其中17件重点案件责令相关部门纠正,加强对重点环节、关键岗位执法活动的内部监督。市检察院派出5个巡视组对基层检察院开展集中巡视,共查处违纪检察人员3人。

建设为民务实清廉的检察队伍。开展群众路线教育实践活动,查摆和整改执法作风问题。市检察院部署开展了10个专项整改工作,健全了整治"四风"问题的工作机制。完成市检三分院成立、铁路运输检察院移交的工作。建立"检察官教检察官"师资库,推广面向实战、注重实效的培训模式。截至2013年年底,西城、昌平两个检察院被授予全国"先进基层检察院",51人被授予全国"检察业务专家"等称号,涌现出全国"五一劳动奖章"获得者邢庆、"人民满意公务员"彭燕等典型。

自觉接受人大及社会各界监督。配合市人大开展修改后刑事诉讼法执法检查专项工作,向市人大常委会专题报告贯彻实施刑事诉讼法工作情况,反馈落实审议意见的措施和成效。办结市人大交办的6件代表建议,代表均表示满意。就职务犯罪侦查工作规范化建设、刑事被害人救助等工作接受代表集中视察,组织观摩公诉人出庭支持公诉等活动,根据代表意见改进工作。建立直接联系代表制度,开展交流、调研活动40次。向人大代表、政协委员、民主党派、工商联、无党派人士通报检察工作情况,广泛听取意见建议。

不断深化检务公开。建立案件信息查询系统,实现当事人及其亲属在就近的检察院查询案件信息,共接待查询15069人次。对31件申诉案件邀请各界代表共同开展释法说理工作。通过北京检察网、检察微博微信、"月新闻发布会"、检察开放日等渠道,主动向社会各界通报履行职责情况。统一规范检务接待的工作标准、服务内容,全市14个检察院被评为全国检察机关"文明接待室"、"文明接待示范窗口"。

(北京市人民检察院法律政策研究室)

天津市检察工作 2013年,全市检察机关按照全国检察长会议的要求,忠实履行宪法和法律赋予的职责,着力强化法律监督、强化自身监督、强化队伍建设,各项检察工作取得新进展,为建设平安天津、法治天津、美丽天津提供了有力司法保障。

一、发挥检察职能作用,服务天津经济社会发展。围绕天津市"促发展、惠民生、上水平"的要求,深入经济管理部门和企事业单位开展司法调研服务,依法惩治和预防深化国有企业改革过程中的职务犯罪,加强对非公企业特别是小微企业合法权益的平等保护,结合调研中发现的问题向有关单位提出检察建议170余份。积极参与整顿和规范市场经济秩序,依法打击走私、传销、金融诈骗等犯罪,配合有关部门开展惩治侵犯知识产权犯罪专项行动,起诉破坏市场经济秩序犯罪嫌疑人872人,向社会提供行贿犯罪档案查询6000余次,有效维护了市场环境。积极参加食品药品安全专项整治,与市食品药品监管部门会签文件,建立衔接配合机制,起诉制售假冒伪劣商品、有毒有害食品犯罪嫌疑人35人。持续开展查办危害民生民利渎职侵权犯罪专项工作,加强对国土资源和生态环境的司法保护,起诉涉嫌污染环境犯罪嫌疑人40人。

二、维护社会稳定,推动平安天津建设。突出打击严重暴力犯罪、黑恶势力犯罪、多发性侵财犯罪、毒品犯罪和网络电信诈骗等犯罪,批准逮捕刑事犯罪嫌疑人8171人、提起公诉14683人。深入贯彻宽严相济刑事政策，不批准逮捕1062人、不起诉564人。强化社区矫正法律监督，在全国率先建立社区矫正人员动态管理系统，促进社区服刑人员教育转化。针对申诉信访数量增加和息诉止访难度加大的新情况，建立健全刑事和解、检调对接机制。办理群众信访9447件次，与2012年同期相比上升30%，继续保持涉检进京非正常上访为零。创立聘任检务翻译参与刑事诉讼的制度，注重维护涉案犯罪嫌疑人中外国人、少数民族及聋哑人的诉讼权利。推行涉罪未成年人羁押必要性审查和分案起诉、心理疏导、案后帮教、轻罪记录封存等制度，未检工作专业化水平不断提升。落实检察官接访、巡访下访、联合接访等工作机制，加强社区、乡镇检察室规范化建设，充分发挥联系社会、服务群众的纽带作用。

三、查办和预防职务犯罪，促进反腐倡廉建设。坚持有腐必反、有贪必肃，"老虎"、"苍蝇"一起打。立案侦查贪污贿赂等职务犯罪案件272件397人，与2012年同期相比分别上升6.3%和3.2%，大要案率88.9%，其中局处级国家工作人员19人，行政执法和司法工作人员15人。加大追赃追逃力度，全年共为国家挽回经济损失4.7亿元，决不让腐败分子在经济上得到好处、逃避法律制裁。严肃查处滥用司法权、行政执法权、行政审批权给国家和人民利益造成重大损失的案件，立案侦查渎职侵权犯罪案件59件76人，其中重特大案件39件。落实同步介入重大事故调查等机制，立案侦查重大责任事故背后的渎职侵权犯罪案件9件9人。与天津海关会签关于加强惩治预防渎职侵权违法犯罪的工作文件。广泛开展预防职务犯罪"五进"专题活动，坚持向党委、人大等机关提交惩治和预防职务犯罪年度报告，与市国资委、市民政局等联合开展专项预防工作，在4个基层检察院创建了警示教育基地，举办预防宣讲446场，受教育人数超过4.5万人，向有关单位提出预防建议422件。

四、强化诉讼活动法律监督，维护社会公平正义。着力加大监督力度，增强监督实效。加强刑事诉讼监督，重点监督纠正刑讯逼供、滥用强制措施、量刑畸轻畸重等问题，完善审查逮捕阶段讯问犯罪嫌疑人制度，对侦查活动中的违法情况提出纠正意见318件次，对认为确有错误的刑事裁判和违法情况分别提出抗诉62件、纠正意见34件次。切实转变"重刑轻民"观念，综合运用多种手段，重点监督虚假诉讼、违法调解和其他显失公正、严重损害公共利益和当事人、案外人合法权益的裁判，审查处理民事行政申诉案件1176件，提出抗诉和再审检察建议70件，法院已改变原裁判49件。加强刑罚执行和监管活动监督，制定实施检察机关履行死刑执行临场监督和减刑、假释法律监督工作规程，试点开展羁押必要性审查、指定居所监视居住和财产刑执行法律监督工作，推进与监管场所执法信息监控联网，开展罪犯交付执行与留所服刑、久押不决案件清理和夏季监管场所安全专项检察，对刑罚执行和监管活动中的违法情况提出纠正意见321件次。

五、加强检察机关自身建设，提高执法能力水平。深入开展教育实践活动，坚持高标准、严要求，认真学习理论、武装头脑，严格落实中央八项规定，深入对口社区、村镇开展调研和帮扶工作，广泛征求人大代表、政协委员、社会各界和基层干警的意见建议，制定实施关于加强领导班子作风建设、规范执法及机关管理等意见，"四风"和执法突出问题得到有效整改。大力加强能力素质建设，开展全员培训1.2万人次。深入推进检察人才重点工程，培养出2名全国检察业务专家、2名"全国十佳公诉人"、1名"全国监所检察标兵"和1名"全国侦查监督能手"等业务骨干，全系统硕士研究生以上人员比例提升到23%。继续办好检察论坛和检察讲坛，出版检察理论专著3部，公开发表成果1500余篇。切实强化执法监督制约，主动向人大及其常委会报告工作，积极配合开展代表视察、专题调研和执法检查活动。圆满完成第三届人民监督员、第六届特约检察员和第二届专家咨询委员选聘工作，并集中开展履职培训。举办检察系统人大代表、政协委员培训班，促进发挥"一身二任"的履职作用。举办"检察开放日"活动，创建"网上检察院"，注重运用网络等新媒体听民声、察民意。建立办案责任制和案件评查机制，全面加强检务督察和巡视工作。深入开展纪律作风专项检查，以"零容忍"的态度严肃查处违纪检察人员2人。

（天津市人民检察院研究室）

河北省检察工作 2013年，全省检察机关紧紧围绕全省经济社会发展大局，坚持以检察工作发展理念和执法理念为先导，坚持以执法办案为中心、以提升执法水平和执法公信力为着力点，忠实履行宪法法律赋予的职责,不断强化法律监督、强化自身监督、强化队伍建设,全力推进平安河北、法治河北建设,各项检察工作平稳健康发展,为建设经济强省、和谐河北提供了有力的司法保障。

一、积极查办和预防职务犯罪,促进反腐倡廉建设。

严肃查办贪污贿赂等职务犯罪。突出查办发生在领导机关和领导干部中的贪污贿赂犯罪案件,以及发生在重大工程建设、国土资源、金融证券、政府采购等领域中项目审批、资金管理等关键环节的案件。全年共立案侦查贪污贿赂犯罪案件1351件1932人,立案人数同比上升6.04%,其中,查办大案818件,查办涉嫌犯罪的厅级干部9人、县处级干部42人,为国家挽回经济损失3.23亿余元。

着力加强反渎职侵权检察工作。深入贯彻中央关于加大惩治和预防渎职侵权犯罪工作力度的要求,加强市级检察院侦查指挥平台建设,依法查办在土地征用等行政审批、环境监管、食品药品监管等行政执法以及司法活动中滥用职权、玩忽职守、徇私舞弊,给国家和人民利益造成重大损失的渎职侵权案件。共立案侦查渎职侵权犯罪案件440件949人,立案人数同比持平。

深入开展职务犯罪预防。认真做好专项预防、行业预防和系统预防,全年共开展预防教育8584次,提出预防建议2036件,接受行贿犯罪档案查询35523次。

二、依法打击刑事犯罪,大力推进平安河北建设。

依法严厉打击严重刑事犯罪,维护社会稳定。认真履行批捕、起诉职责,严惩危害公共安全、严重暴力犯罪、多发性侵财犯罪等影响群众安全感的刑事犯罪,积极参与打黑除恶、打击"两抢一盗"等专项行动,共依法批准逮捕各类犯罪嫌疑人33116人,起诉47026人。

依法打击各类经济犯罪,着力维护市场经济秩序。积极参与整顿和规范市场经济秩序活动,严厉打击合同诈骗、信用卡诈骗、非法吸收公众存款等破坏市场经济秩序犯罪,共批准逮捕破坏市场经济秩序犯罪嫌疑人1732人,起诉2794人。

依法打击破坏环境资源犯罪,加大生态环境司法保护力度。严厉打击环境污染刑事犯罪和各种破坏生态建设的刑事犯罪,共批准逮捕污染环境罪、非法占用农用地罪、非法采矿罪、盗伐滥伐林木罪等破坏环境资源保护犯罪案件196件272人,监督行政执法机关向公安机关移送此类犯罪案件43件59人,监督公安机关立案50件64人。

深入化解矛盾纠纷,促进社会和谐。全面贯彻宽严相济刑事政策,积极开展释法说理、检调对接、刑事和解等工作,把化解矛盾贯穿执法办案全过程。引导群众理性、合法、有序地表达诉求,办理群众信访案件7472件次。

三、深化诉讼监督工作,积极推进法治河北建设。

加强刑事诉讼监督。加强刑事立案和侦查活动监督,依法纠正有案不立、有罪不究、以罚代刑等问题,监督纠正侦查机关应当立案而不立案2422件、不应当立案而立案1766件;加大对漏罪漏犯的追捕追诉力度,纠正漏捕犯罪嫌疑人2926人,纠正遗漏罪行859件1387人,纠正遗漏同案犯570件1929人;对侦查活动中的违法情况提出书面纠正意见6351件次;加强审判活动监督,依法提出刑事抗诉504件,对刑事审判中的违法情况提出书面纠正意见1887件次。

加强民事行政诉讼监督。按照修改后民事诉讼法规定构建多元化监督格局,综合运用抗诉、检察建议和支持起诉等监督方式,稳步开展对民事行政诉讼的法律监督,依法提出民事行政抗诉214件、再审检察建议926件,办理支持起诉819件、督促履行职责1800件,对立案审查后决定不支持监督申请的1233件案件当事人做好息诉服判工作。

加强刑罚执行和监管活动监督。监督纠正混管混押、体罚虐待、违规使用械具和禁闭等监管违法行为1276件次,有效维护监管场所安全稳定;深化刑罚变更执行同步监督机制,监督纠正减刑、假释、暂予监外执行不当872件次;加强社区矫正检察监督,纠正监外执行和社区矫正违法情况1627人次;加强羁押和办案期限监督,集中清理久押不决案件50件105人;查办司法人员在刑罚执行和监管活动中的职务犯罪案件35件44人。

四、强化自身制约监督,依法正确行使检察权。

深化执法规范化建设。认真组织学习最高人民检察院制定的《人民检察院刑事诉讼规则(试行)》《人民检察院民事诉讼监督规则(试行)》和《检察机关执法工作基本规范(2013年版)》,教育全省检察人员切实增强人权保障意识、程序意识、证据意识,真正做到按程序执法、依规则办案,努力让规范执法成为每个检察人员的自觉行动和行为习惯。

深化内部监督制约。全面推进案件管理机制改革，建立统一受案、全程管理、动态监督、案后评查、综合考评执法办案集中管理监督机制，强化上级检察院对下级检察院执法工作的质量检查，及时发现和纠正办案中的违规违法情形。健全检察委员会议事规则，充分发挥检察委员会集体决策把关作用。加强廉政风险防控机制建设，对易发多发问题的执法岗位加强防控，着力防止发生违法办案行为。

深化检务公开。推进权力运行公开化，让检察权在阳光下运行。加强检察门户网站建设，开通省检察院官方微博，举办检察开放日活动，共有4500余名机关干部、企业职工、在校学生、媒体记者走进检察机关，增强了执法办案透明度。全面落实人民监督员制度，各级人民监督员共监督案件244件，对其中的11件提出了不同意见，检察机关认真研究后全部采纳。

五、狠抓检察队伍建设，提升整体素质能力。

深入开展党的群众路线教育实践活动。省检察院注重突出检察特色，创新载体和形式，广泛征求意见建议，针对人民群众反映的突出问题，积极开展领导干部正风肃纪、机关处室提质提效等5个专项工作。认真抓好克服"四风"问题12件实事，修订完善制度规范，建立长效机制，以实际成效检验活动成果。

扎实推进检察队伍专业化、职业化建设。紧紧围绕干部技能、修改后刑事诉讼法和民事诉讼法实施、信息化应用等内容，广泛开展岗位练兵、业务竞赛和专项业务培训，共组织培训110期。

切实加强检察队伍纪律作风建设。深入贯彻落实中央"八项规定"，坚持从严治检，认真执行党风廉政建设责任制，层层签订责任状，狠抓责任落实。

不断巩固基层基础建设。加强与党委、政府沟通协调，实行一院一策，努力解决影响基层检察工作开展的办案力量、经费保障、基础设施等方面的实际困难和突出问题，加快推进侦查信息化、装备现代化建设，努力建设执法规范化、队伍专业化、管理科学化、保障现代化的基层检察院。

（河北省人民检察院研究室）

山西省检察工作 2013年，山西省检察机关紧紧围绕服务转型跨越发展、保障人民群众权益、维护社会公平正义，忠实履行宪法和法律赋予的职责，强化法律监督、强化自身监督、强化队伍建设，各项检察工作取得新进展。

一、查办危害转型跨越发展的犯罪，积极服务和保障综改试验区建设。认真落实"全省检察机关服务保障综改试验区建设的12条意见"，积极参与"项目推进年"活动，严肃查办商业贿赂犯罪，严厉打击破坏土地资源、生态环境等犯罪，依法妥善处理涉企业的案件，查办侵害国有企业资产职务犯罪153件236人。围绕重点工程建设项目，开展职务犯罪专项预防410件，针对国有资产流失的问题，部署开展督促起诉专项活动，依法督促清收国有资产24.1亿元，及时向有关单位及其上级主管部门发出检察建议411份，帮助完善监管制度。针对农村教育培训、扶贫、林业等领域职务犯罪多发易发的特点，组织开展"小专项"行动，查办职务犯罪923件。

二、全力维护社会稳定，促进平安山西建设。着眼于增强人民群众安全感，以危害公共安全犯罪、严重暴力犯罪和多发性侵财犯罪为重点，深化打黑除恶专项斗争，批准逮捕各类刑事犯罪嫌疑人16262人，提起公诉25958人。认真落实宽严相济刑事政策，加强逮捕、羁押必要性审查，对轻微刑事犯罪依法决定不批捕1456人，决定不起诉836人，提出变更强制措施1091人，最大限度地减少社会对抗。学习借鉴"枫桥经验"，完善检调对接、和解息诉机制，积极开展社区矫正监督工作，依法纠正脱管漏管736人次。提起刑事被害人救助1007人，实际发放救助金721.27万元。办理轻微刑事和解案件666件，民事申诉和解案件679件。认真落实办案风险评估预警机制，建立法律文书说理制度，探索建立诉访分离机制，完善12309举报电话、网上信访、来信、来访"四位一体"的诉求表达机制，坚持检察长接待制度，落实巡访下访、联合接访、公开听证等制度，处理群众举报、控告、申诉信访8537件次，检察长接待信访2666件5269人。

三、加大查办职务犯罪力度。充分发挥侦查一体化机制作用，建立大要案侦查预审和质量追踪督导机制，确保办案质量。2013年以来，以社会影响恶劣、群众反映强烈的职务犯罪为重点，共查办各类职务犯罪1339件1819人，追缴赃款3.5亿元。

查办贪污贿赂犯罪876件1271人,其中大案697件,县处级以上领导干部要案80人(其中厅局级7人)。加大惩治行贿犯罪力度,对87名行贿人依法追究刑事责任。查办渎职侵权犯罪463件548人,其中大案205件,县处级以上领导干部要案11人。扎实开展查办发生在群众身边、损害群众利益职务犯罪专项工作,查办此类职务犯罪916件1212人。同步介入矿难、溃坝、爆炸等重大安全责任事故调查,查办事故背后的渎职犯罪89人。

四、突出抓好职务犯罪预防工作。认真贯彻习近平总书记"预防职务犯罪出生产力"的重要论述,深入推进《山西省预防职务犯罪工作条例》落实。在党委统一领导下,整合预防资源,加强警示教育基地建设,将预防教育纳入干部培训课程,推进警示教育常态化、制度化、规范化,使国家工作人员每年至少接受一次警示教育。省检察院成立预防职务犯罪宣讲团,针对煤焦、国企、金融、工程建设等6个行业领域的职务犯罪特点,主动进机关、农村、企业、社区、学校巡回宣讲,受众达10万余人次。针对山西省2013年发生的多起重大安全责任事故,开展"查办和预防渎职犯罪,促进安全生产"警示教育活动,制作《责任重于泰山》警示教育片,在党政机关和大中型企业播放,观众达80万人次。

五、强化对诉讼活动的法律监督。全面实施修改后刑事诉讼法、严格执行"两高"等六部门《关于实施刑事诉讼法若干问题的规定》和《人民检察院刑事诉讼规则(试行)》,与其他相关部门共同出台了16个规范性文件。加大对侦查活动的监督力度,全面推行案件首办责任制,在部分市县开展介入命案现场勘验检查试点工作,建立检察官"出现场"制度,从源头上防止瑕疵案件进入检察环节。开展危害民生刑事犯罪专项立案监督活动,监督行政执法机关移送涉嫌犯罪案件67件92人,监督侦查机关立案58件71人。开展对公安派出所执法办案情况专项检查等活动,监督侦查机关立案1633件、撤案1359件、追捕916人、追诉1009人。加强刑事审判监督,对认为确有错误的刑事裁判提出抗诉399件。加大刑罚执行和监管活动监督力度,纠正减刑、假释、暂予监外执行不当442人,清理久押不决94人,纠正超期羁押17人,监督交付监狱执行刑罚648人。探索建立保障修改后民事诉讼法实施的18项工作机制,在晋中召开全省检察机关推进民事诉讼法实施现场会,推广试点经验,加强

民事行政诉讼监督,全年受理各类案件6342件,对确有错误的民事行政裁判提出抗诉213件,发出再审检察建议320件,纠正民事行政审判活动违法行为1265次,办理督促起诉案件3237件,办理执行监督案件2215件,促进"执行难"问题的解决。

六、积极推进机构设置改革。省检察院反渎职侵权局等五个高配部门正式组建运行,进一步优化了组织机构,理顺了职责关系,减少了职能交叉。与省委组织部、省财政厅、人力资源和社会保障厅协调会签四个派出检察院管理办法的文件,完成了四个派出检察院资产、人员接收及检察官任命等一系列派出检察院收回省检察院管理的相关工作。积极推进基层检察院内设机构整合,指导市县两级检察院根据本地实际开展整合工作,组织专门力量深入基层,对《全省部分基层检察院内设机构整合工作指导意见》下发以来,基层检察院内设机构整合情况进行了专题调研。积极稳妥推进派驻乡镇检察室建设,开展巡回检察2000余次,为农民群众提供便捷高效的法律服务。

七、积极推进科技强检工作。认真落实全省检察信息化建设三年规划,建成省、市、县三级检察院局域网、专线网和数据中心,实现语音、高清视频和数据三网合一,在全国率先完成"两网"基础设施建设任务。完成了全国检察机关统一业务应用系统在山西省的安装、培训和上线工作,并在全国统一业务应用系统框架内,组织研发了适合全省实际的综合办公、队伍管理和检务保障等应用系统。

(山西省人民检察院研究室　尹桂珍)

内蒙古自治区检察工作　2013年,内蒙古检察机关认真贯彻落实自治区"8337"发展思路,全面履行法律监督职能,各项检察工作都取得了新的发展和进步。

服务大局、保障民生更加积极主动。积极营造促进发展的法治环境,内蒙古自治区检察院制定了《关于深入学习贯彻党的十八大精神充分发挥检察职能服务大局保障民生的意见》、贯彻"8337"发展思路的十五项措施,得到了自治区党委的充分肯定。依法打击破坏市场经济秩序犯罪、商业贿赂犯罪,深入全区重大工程项目开展职务犯罪预防,加强对发展壮大县域经济、非公经济的司法保护,正确把握法律政策界限,保护改革者,支持干事创业。高度关注民生,依法惩治严重侵害群众利益的犯

罪,组织开展查办发生在群众身边、损害群众利益的职务犯罪专项工作。妥善处理群众来信来访,办理控告申诉案件2392件,实现了涉检上访零积案。认真落实刑事被害人救助、刑事赔偿制度,切实维护诉讼当事人合法权益。延伸法律监督触角,截至年底设立派出基层检察室达269个,健全了联系群众的工作网络。

审查逮捕、审查起诉工作水平有新提高。围绕平安内蒙古建设,依法严厉打击各类严重危害社会安定和人民群众生命财产安全的刑事犯罪,批捕13937人、提起公诉26342人。正确适用宽严相济刑事政策,对罪行轻微的初犯、偶犯、过失犯等不批捕1797人,不起诉855人。狠抓办案质量,撤回抗诉率、职务犯罪不起诉率与2012年同期相比有所下降。加强检察环节的社会治安综合治理工作,结合办案及时向有关部门提出完善制度、堵塞漏洞的检察建议1328件,促进社会治理创新。

查办职务犯罪工作提升幅度进入全国前列。查办职务犯罪案件857件1375人,与2012年同期相比分别上升26%和32.7%。查处大案547件,要案57人(其中厅局级干部6人),与2012年同期相比上升37.8%和62.9%。查处涉案金额特别巨大的案件明显上升,查处贪污贿赂100万元、挪用公款1000万元以上案件56件,滥用职权、玩忽职守造成国家损失100万元以上案件69件,与2012年同期相比分别上升57.7%和50%。自治区检察院向自治区人大常委会报告了查办职务犯罪工作情况,受到充分肯定。积极推动将行贿犯罪档案查询作为政府采购和工程招投标的必经程序,全年受理查询2万余次。认真开展专项预防、警示教育、廉政文化"五进"等活动,较好地落实预防职务犯罪年度报告制度,预防工作不断深入。

对诉讼活动的监督力度进一步加大。认真学习修改后的刑事诉讼法,加强与法院、公安、司法行政等部门的协作配合,就庭前会议、非法证据排除等问题,联合制发15个规范性文件。抓住易发问题和薄弱环节,率先在全国制定了严防冤假错案的23项措施。强化刑事诉讼监督,监督立案684人,监督撤销案件470件,追捕追诉1283人。监督纠正侦查活动违法1567件次、刑事审判违法180件次。对刑事裁判显失公正的案件,提出抗诉89件。对违法减刑、假释、保外就医,监督纠正679件。加强民事行政检察,提出民事行政抗诉229件,与2012年同期相比上升27.2%。认真学习修改后的民事诉讼法,加强了对民事调解、执行和审判人员违法行为的监督。进一步加大了查办执法司法人员职务犯罪力度,查办案件与2012年同期相比上升70.6%。

党的群众路线教育实践活动取得明显成效。特别是在查摆问题环节,自治区检察院精心设计了以执法办案为重点、以发现问题为主的"检察工作科学发展抽样评估"这个自选动作。对一个分市级检察院和一个基层检察院2012年以来办理的各类案件和工作逐件逐项开展解剖麻雀式的检查评估,深入查摆"四风"方面的问题,促使全区检察人员反思警醒,认真整改。在建章立制、深入整改环节,进行"回头看"。组织两个分市检察院和相关基层检察院,采取同样的方法检查评估自治区检察院2012年的各项工作,再次揭短亮丑除病灶,促进整改落实。

"三个年"活动效果明显。对业务和综合工作、重点是对内部监督制约、办案程序、案件统一管理等方面的文件进行全面清理和"废改立",自治区检察院层面修改完善业务方面的规定45项、政务队伍保障等方面制度41项,"规范化建设启动年"活动取得了新进展。全区实现了网上办案,自治区检察院实行了网上办公办事,"信息化建设推进年"活动取得了新成绩。坚持抓党建带队建、强素质树形象,严肃工作纪律、整顿工作作风,加强警示教育,深入贯彻中央八项规定,以及厉行勤俭节约等一系列规定,党风廉政建设进一步加强,"队伍建设强化年"活动取得了新成效。

(内蒙古自治区人民检察院研究室)

辽宁省检察工作 一、全力维护社会和谐稳定,积极推进"平安辽宁"建设。全省检察机关认真履行批捕起诉职责,共依法批准逮捕各类刑事犯罪嫌疑人29396人,提起公诉47516人。严厉打击危害社会治安秩序的犯罪。批准逮捕故意杀人、强奸、抢劫、绑架、放火、爆炸、抢夺、盗窃、诈骗以及毒品犯罪嫌疑人16492人,起诉19730人。严肃查处破坏市场经济秩序的犯罪。批准逮捕破坏社会主义市场经济秩序犯罪嫌疑人1744人,提起公诉4574人。坚决惩处危害民生的犯罪。依法起诉生产销售有毒有害食品、生产销售假药劣药、生产销售伪劣化肥种子等制售伪劣商品犯罪嫌疑人1294人。起诉拐卖妇女儿童、收买被拐卖的妇女儿童犯罪嫌疑人36人。全面贯彻宽严相济刑事政策。对涉嫌犯罪但无逮捕必要的,决定不批准逮捕5567人;对犯罪情节轻微,依照刑法规定不需要判处刑罚或者免除刑罚的,决定不起诉2132人。积极探索推行轻微刑事案件快速办理、未成年人刑事案件分案起诉等工作机制,对主观恶性不大、犯罪情节轻微的未成年人、初犯、过失犯,以及因亲友邻里纠纷引发、当事人达成和解的轻微刑事案件,依法从轻处罚。其中,对涉嫌犯罪的未成年人依法决定不批准逮捕598人、不起诉109人。主动参与社会治理。出台了《辽宁省检察机关依法处理涉法涉诉信访问题实施细则》,完善落实公开听证、检调对接、刑事和解、法律文书说理、刑事被害人救助等制度。延伸检察工作触角,在乡镇、社区增设派出检察室,开展巡回检察,就地受理群众诉求、提供法律服务,并积极参与社区矫正工作。

二、深入查办和预防职务犯罪,积极推进反腐倡廉建设。共立案侦查职务犯罪案件1727件2640人,通过办案为国家挽回经济损失4亿余元。其中,立案侦查贪污贿赂犯罪嫌疑人1883人,立案侦查渎职侵权犯罪嫌疑人757人。集中查办大案要案。立案侦查贪污贿赂犯罪大案728件、渎职侵权犯罪重特大案件343件,查处涉嫌职务犯罪的县处级以上国家工作人员199人,其中厅局级9人。突出查办人民群众反映强烈的重点案件。共立案查办发生在群众身边、损害群众利益职务犯罪嫌疑人1640人。依法查处涉嫌贪赃枉法、徇私舞弊等犯罪的司法、执法工作人员147人。立案侦查重大责任事故背后的渎职犯罪39件51人。深入开展预防职务犯罪工作。省检察院起草了《2012年度我省职务犯罪发生情况发展趋势和预防对策的综合报告》等4份职务犯罪预防调查报告,得到省委、省政府的高度重视,为推动预防职务犯罪工作社会化建设、增强预防职务犯罪工作针对性和有效性发挥了积极作用。全省检察机关紧密结合执法办案实际,帮助发案单位建章立制、堵塞漏洞,起到了"查办一案、教育一片"的良好效果。同时,广泛开展"进机关、进企业、进乡村、进学校、进社区"专题预防活动,组织警示教育和宣传1607次、案例分析701件,发出检察建议584件。

三、不断强化诉讼监督,积极推进"法治辽宁"建设。加强刑事诉讼监督。对侦查机关应当立案而不立案的,监督立案966件;不应当立案而立案的,监督撤案292件。对应当逮捕而未提请逮捕、应当起诉而未移送起诉的,决定追加逮捕1398人、追加起诉976人。在依法惩治犯罪的同时,更加注重保障人权,认真开展犯罪嫌疑人羁押必要性审查,加强对重大案件犯罪嫌疑人讯问过程全程录音录像资料的审查,依法启动非法证据排除程序,对侦查活动中的违法情况提出纠正意见1372件次。提出刑事抗诉549件,对刑事审判中的违法情况提出纠正意见101件次。加强刑罚执行和监管活动监督。对减刑、假释、暂予监外执行案件提出纠正意见1653件。组织开展了"强化执行监督、强化人权保障"专项活动,依法纠正违法侵犯被监管人合法权益问题140余件。加强民事行政诉讼监督。全省检察机关共提出民事行政抗诉237件,提出检察建议444件。同时,坚决维护司法权威,对912件不服法院裁判的民事行政申诉案件依法决定不支持监督申请,并耐心做好服判息诉工作。

四、大力提升队伍素质,积极推进检察机关自身建设。加强思想作风建设。省检察院扎实开展以"为民、务实、清廉"为主要内容的党的群众路线教育实践活动,下发了《贯彻落实中共中央〈关于改进工作作风密切联系群众的八项规定〉的实施细则》,有力促进了执法作风的进一步好转和队伍形象的进一步改善。加强专业化建设。制定了《2013年检察教育培训工作要点》和《高层次检察人才管理办法》,积极构建完善覆盖全员的检察教育培训体系。分层分类开展专项业务培训、业务知识测试和岗位练兵、技能竞赛,共培训检察人员3.2万人次,选拔省级职务犯罪侦查人才库成员125人,培育全国检察业务专家6人。加强执法规范化建设。扎实开展"案件质量管理年"活动,在全省检察机关全面启动了"统一受案、全程管理、动态监督、案后评查、综合考评"的新型案件质量管理机制,专门召开全省检察机关防止和纠正冤假错案工作会议,健全完善防止、纠正冤假错案机制。严格落实职务犯罪案件审查逮捕上提一级、讯问职务犯罪嫌疑人全程同步录音录像制度,完善办案安全防范和预警机制,健全廉政风险防控机制,严格确保检察人员按照法定权限、法定程序履行职责。加强基层基础建设。切实强化对下级检察院领导班子的监督管理,积极协同地方党委认真做好市级检察院检察长换届、领导班子考核、班子成员配备和交流工作。采取定向培养、选调、招录等多种方式,为基层检察院补充检察人员500余人,进一步充实了基层力量。紧紧依靠各级党委、政府支持,重点解决贫困地区基层检察院经费困难问题。扎实做好沈阳铁路检察系统纳入国家统一司法管理体系的平稳过渡工作,出台了《辽宁省人民检察院关于进一步加强铁路检察工作的意见》。坚持科技强检战略,加快检察信息化建设,省检察院远程视频接访系统建设圆满完成。全省检察机关高清视频会议系统投入使用,统一业务应用系统基本建成。

(辽宁省人民检察院研究室)

吉林省检察工作 2013年,吉林省检察机关按照"务实、规范、创新、科学"发展的总基调,全面履行法律监督职责,各项检察工作取得了新的进展。

一、更加主动服务振兴发展。紧紧围绕吉林省委突出发展民营经济、加快推进科技创新等战略部署,提出了"有利于支持创业致富、有利于促进企业发展、有利于激发改革活力"的新理念,制定实施了服务民营经济、服务科技创新、服务重大项目等"三个文件",针对企业最关心、最现实的法律政策界限把握问题,明确了罪与非罪"六个正确区分"、执法方式"三个慎重"等工作原则。深入推进"服务企业年"和集中清理涉企案件工作,广泛开展"送法进千企"、"企业法律年检"等活动,走访企业项目2085家,举办法律讲座98场,帮助解决实际问题400多个,受到企业欢迎和社会各界好评。

二、全力维护社会和谐稳定。牢固树立"平安建设、检察有责"理念,把营造和谐、平安、稳定的环境作为服务大局重中之重的任务。充分发挥批捕起诉职能作用,集中精干力量,依法及时介入、有力公诉了"周喜军盗车杀婴案"等影响群众安全感的恶性刑事案件,批准逮捕12087人,提起公诉24870人;加强对惩治不力等问题的法律监督,依法纠正漏捕475人,漏诉910人。认真贯彻宽严相济刑事政策,对轻微刑事犯罪依法适用刑事和解等措施,不批捕4672人、不起诉2461人。积极参加安全生产专项治理活动,查办了白山八宝煤矿矿难、德惠"6·3"特大火灾等多起重特大安全生产责任事故所涉职务犯罪94人,协助做好平息事态、恢复秩序等工作,取得了良好的效果。认真做好涉检信访化解工作,组织开展了化解涉检上访老户案件专项活动,省、市级检察院班子成员包案化解了53件老案中的84%,并全部化解了最高人民检察院和吉林省委政法委交办案件,保持了全国、全省"两会"等敏感节点涉检进京访"零登记"。

三、进一步加大查办和预防职务犯罪工作力度。坚持"老虎"、"苍蝇"一起打,严肃查办了最高人民检察院交办的广西政协原副主席李达球受贿案,一汽集团原副总工程师周勇江受贿案,吉林省发改委原副主任、省能源局原局长赵全洲滥用职权、受贿案等一批有影响、有震动的大要案。深入开展了集中查办发生在群众身边、损害群众利益职务犯罪专项工作,组织开展了征地拆迁、农业保险、普九化债等小专项,重点查处侵害民生民利、司法不公、破坏软环境等社会反映强烈的职务犯罪。查处贪污贿赂犯罪1400人,与2012年同期相比上升8%,查处渎职侵权犯罪1038人,与2012年同期相比上升19%。

在毫不放松严肃查办职务犯罪的同时,从"使干部少犯错误、事业少受损失、党的形象少受伤害"出发,把预防职务犯罪工作摆在更加突出的位置。吉林省人民检察院建议吉林省委成立了预防职务犯罪工作领导小组,配合吉林省人大常委会修订了《吉林省预防职务犯罪工作条例》,在吉林省国资委等45个部门创建了预防责任区。全省三级检察院领导干部走进党校、部队、高校、中储粮等系统开展预防教育1749次,向有关部门提出检察建议2190件,向党委报送调查报告90个。吉林省国土厅采纳建议,建立24项制度规范全省土地整理工作。

四、扎实推进诉讼监督工作。坚持敢于监督、善于监督,全面正确实施修改后的刑事诉讼法和民事诉讼法。牢固树立"在保障人权中打击犯罪"的新理念,联合吉林省公安厅出台了《关于提高命案质量的指导意见》等三个文件,扩大监督公安派出所刑事执法活动试点,开展了整治诉讼违法行为、危害民生犯罪立案监督、清理久押不决案件等专项工作,监督侦查机关立案652件、撤案587件,提出刑事抗诉247件,纠正刑罚变更执行不当96件。着力把民事行政诉讼监督打造为新的增长点,吉林省人民检察院会同吉林省人民法院召开了双方主要领导参加的联席会议,就加强民事行政检察监督等问题达成了20条共识、会签了指导意见。努力构建"大民行"工作格局,综合运用多种手段纠正各类诉讼违法行为,共提出抗诉346件,建议再审569件,息诉罢访1773件。督促支持行政执法机关起诉案件175件,为国家挽回经济损失4亿元。

五、积极稳妥推动检察改革。林业、铁路运输检察管理体制改革基本完成,大力协调中央编办和吉林省有关部门,设立了长春、延边两个市级林区检察院和吉林省人民检察院铁路运输检察分院,组建了领导班子和内设机构,554名林业、138名铁路运输检察干警全部完成身份转换。案件管理机制改革进展顺利,制定实施了《案件管理办法》《综合业务考评实施办法》等制度规定,全国统一检察业务软件上线运行,实行案件统一入口、统一出口和扣押款物统一管理,实现了对案件的网上办理、全程管理和动态监督。法律监督机制改革有序推进,围绕解决司法实践中法律监督规定不明确、机制不完善等问题,积极争取省委政法委支持,坚持顶层设计和基层探索相结合,会同其他政法机关共同开展29项监督配合机制建设。目前,吉林省人民检察院牵头的19项机制已出台7项,其他正在征求有关方面意见,将于近期出台。

六、全面加强基层基础建设。制定实施了《基层基础建设提升工程五年规划》,切实加强检察队伍软实力、执行力建设。吉林省人民检察院率先开展党的群众路线教育实践活动,认真查摆出"四风"方面的173个问题,开展了清理警车、清理办公用房等8个专项治理活动,建立完善制度86个,机关会议压缩33%、警车压缩77%、会议经费减少了65%、办公用房缩减了42%。全省检察机关大力弘扬"六种风气",通过集中办班、教育网络培训干警8651人次,评选了第二批21名全省检察业务专家和第一批30名卓越检察人才,54名干警上挂下派锻炼、参加援藏援疆工作。统一选调招录干警271人,全部充实到基层。全面推广"主副岗"工作模式,有效缓解了案多人少矛盾。坚持"抓领导、领导抓监督",扎实推进自身反腐倡廉建设,吉林省人民检察院党组制定了落实中央八项规定的具体办法,听取和评议了四平、辽源、吉林3个市级检察院检察长的述职述廉报告,对松原、白城、白山3个市级检察院的领导班子进行了巡视,严肃查处了3名违法犯罪检察干警。着力加强检务保障,对22个检察院的经费使用情况进行内部审计、提出改进意见,省、市级检察院职务犯罪侦查"两化"建设基本完成,在41个看守所建成了职务犯罪同步录音录像讯问室,吉林省人民检察院司法鉴定实验室通过了国家监督评审、死刑二审远程视频提讯系统成功运行。

全省检察机关侦查监督、公诉、惩防职务犯罪、民事行政、教育培训、党的群众路线教育实践活动、检务保障等多项工作经验被全国推广,成功承办了全国检察机关第四次侦查监督工作会议,涌现出了以"全国十大最美检察官"颜廷民为代表的一大批先进典型。

(吉林省人民检察院研究室)

黑龙江省检察工作 2013年,全省检察机关切实履行检察职能,服务发展、维护稳定、保障民生,各项检察工作取得了新成效。

一、认真履行检察职能,积极促进经济社会科学发展。一是主动营造经济发展环境。认真落实省委优化发展环境的部署,把服务发展与严格执法有机结合起来,配合有关部门对经济发展环境进行专项整治,快捕快诉涉企刑事案件,依法惩治侵犯企业权益的各类犯罪。共批捕破坏经济秩序犯罪1220人,起诉3003人。二是全力维护社会和谐稳定。积极参加社会治安防控体系建设,切实加强检察环节的综合治理措施。共批准逮捕各类刑事犯罪21629人,提起公诉37603人。认真落实宽严相济刑事政策,对轻微犯罪依法从宽处理,不批捕2274人,不起诉510人。完善刑事和解、被害人司法救助、不捕说理等工作机制,妥善协调处理各方司法诉求。三是加大服务民生力度。将基层检察室和检察联络室作为全省三级检察院在乡镇、社区便民利民助民的服务平台。集中开展查办发生在群众身边、损害群众利益的职务犯罪专项工作,共查办1907人。持续开展涉农惠民领域专项工作,查办1200人。深入开展危害民生刑事犯罪专项立案监督活动,共监督行政执法机关向公安机关移送危害民生领域刑事案件248人。四是化解社会矛盾纠纷。排查出的120起疑难涉检信访积案已化解117件,一批疑难信访积案先后得以化解。

二、严厉惩处腐败,加大查办和预防职务犯罪力度。共查办职务犯罪2252人,与2012年同期相比上升14.8%。其中,查办贪污贿赂犯罪1694人、渎职侵权犯罪558人,县处级以上国家工作人员126人。开展专项推进。深入推进工程建设领域专项工作,查办647人。积极参与治理商业贿赂专项工作,查办397人。抓获在逃职务犯罪嫌疑人89人。

三、强化法律监督,严格执行修改后刑事诉讼法和民事诉讼法。办理公安机关应当立案不立案、不应当立案而立案案件565件。依法纠正漏捕878人、漏诉391人。对确有错误的刑事判决、裁定提出抗诉170件,与2012年同期相比上升5.6%。共提出民事抗诉151件,提出再审检察建议897件,法院采纳率为96.8%。针对减刑、假释、暂予监外执行不当等违法问题,提出纠正意见82件次,查办监管场所职务犯罪184人,与2012年同期相比上升22.7%。探索强制医疗案件审查起诉工作机制,提出精神病人强制医疗申请33人。以修改后"两法"及诉讼规则为主要内容,共举办各类岗位培训班151期,培训各类检察人员1.1万余人次。

四、提高执法水平和办案质量,坚守防止冤假错案底线。一是加强案件管理。实行案件流程监控和质量监督,从源头上预防执法不规范、不严格和粗放执法等问题的发生。二是依法排除非法证据。建立证据内部审查和纠错机制,查找办案中出现的证据审查、程序不当问题60余个,全部进行整改。三是强化内部监督制约。开展"规范执法年"活动,共检查案件1267件,发现实体和程序瑕疵112个,通过下发通报推进整改。推行量刑规范化改革,对22548名犯罪嫌疑人提出量刑建议,法院采纳率91.2%。

五、加强检察队伍建设,深入开展群众路线教育实践活动。全面落实中央八项规定和省委九项规定,修改制定厉行勤俭节约、反对铺张浪费以及会议、接待等6个方面21项制度。以"深化学习准则规定,促进干警廉洁从检"为主题开展廉政教育活动,深入开展职业道德教育、岗位廉政教育和警示教育。不断强化督导督察工作,开展督察活动370余次。立案查处违纪违法案件5件5人,均给予党政纪处分。自觉接受社会各界监督。共向人大报告工作398次,办理人大代表建议和政协委员提案62件。组织人民监督员评议案件1202人次。主动接受媒体监督,建立了检察机关与新闻媒体联系制度、新闻发布会制度和重要检情通报制度。举办"检察开放日"活动,增强了检察工作透明度。

(黑龙江省人民检察院研究室)

上海市检察工作 2013年,上海检察机关扎实推进修改后刑事诉讼法和民事诉讼法的贯彻实施,坚持严格执法,加强法律监督,提高执法水平,提升执法公信力,各项工作取得新的成效。

一、维护社会稳定、促进社会和谐有新成效。依法批准逮捕各类犯罪嫌疑人27465人,提起公诉28112件39020人;对轻微犯罪及初犯、偶犯、未成年人、老年人犯罪等依法慎捕慎诉,不批准逮捕4390人,与2012年同期相比上升41.2%;不起诉774人,与2012年同期相比上升71.6%;注重加大司法和解和司法救助的力度,对269件轻微刑事案件促成当事人达成和解;对230名刑事被害人及其近亲属给予司法救助。会同监管场所引入社会力量,为429名留所服刑罪犯提供职业技能培训和就业指导服务,预防和减少刑释人员重新违法犯罪。充分发挥检察机关在涉法涉诉案件依法审查中的作用,加强法律监督,对确有错误的判决依法抗诉的同时,对1082件不符合抗诉条件的申诉案件,加强释法说理,耐心细致工作,大部分做到息诉服判,案结事了。完善执法办案风险评估预警机制,对6656起案件开展风险评估,实现检察环节影响社会稳定重大事件零发生。

二、服务保障金融中心建设等中心工作有新亮点。找准检察机关服务保障金融中心建设的工作切入点,建立上海金融检察联席会议,加强与金融监管部门在案件查办和犯罪预防等工作中的紧密协作,依法打击集资诈骗、内幕信息、利用未公开信息交易等金融领域犯罪,维护金融安全。共批准逮捕618人,提起公诉1277人。发布《上海金融检察白皮书》和《2009—2012年上海市金融从业人员犯罪情况通报》,分析金融犯罪新情况、新特点和新趋势,提出完善金融监管、提升金融法治的对策建议,受到金融监管和纪检部门的高度重视。健全金融犯罪预防教育网络,与市金融纪工委共同建立金融从业人员犯罪预防教育基地,与市金融办共同主办"防范打击非法集资知识宣传进社区"专项活动,取得良好的效果。建立金融检察法治创新研究基地,充分发挥金融检察专业委员会的研究优势,加强金融法律政策和金融犯罪打击预防的理论实务研究。同时,加强对航运、知识产权的司法保护,提起公诉航运领域犯罪177人,知识产权犯罪673人。成立市检察院服务保障自贸试验区建设领导小组,设立市检察院派驻自贸试验区检察室,积极为自贸试验区建设提供法治保障。

三、稳步推进"两法"贯彻实施有新举措。强化人权意识、程序意识、证据意识、时效意识和监督意识,加强与公安、法院、司法等部门的协作配合,就侦查人员出庭、庭前会议适用、证据合法性审查、非法证据排除等问题,逐项研究达成共识,联合制发10余份规范性文件。积极开展非法证据排除工作,加强对言词证据和关键证据的审查核实,主动排除非法证据27份,要求补正或者合理解释瑕疵证据254份;积极开展逮捕后羁押必要性审查,共受理审查1057人,变更强制措施468人。强化对涉罪未成年人的司法保护,依法对涉罪未成年人适用附条件不起诉67人;对检察阶段的未成年人不起诉和轻罪记录全部予以封存;对465名涉罪未成年人进行观护帮教;推动并配合公安、文化、工商、青保等部门加强对未成年人在酒吧、网吧、KTV等娱乐场所犯罪问题的治理,"未成年人不得进入酒吧"的建议被市人大采纳,写入本市《未成年人保护条例修正案(草案)》。强化民事法律监督手段,运用民事调查核实权67件;加强民事执行监督,共向法院提出民事执行检察建议、公函34件。

四、检察机关的执法形象、执法公信力有新提升。深入开展"执法为民"主题实践活动,依法惩治侵害民生民利犯罪,开展危害民生刑事犯罪专项法律监督活动,加大对群众反映强烈的多发性侵财犯罪的打击力度,共提起公诉抢夺、盗窃、电信诈骗等犯罪10070人;严厉打击严重危害食品药品安全的犯罪,共提起公诉生产销售有毒有害食品犯罪44人,生产销售假药犯罪491人;重视保护公民个人信息安全,提起公诉非法获取公民个人信息犯罪66人。坚持以改革的精神推进执法办案的公开化、透明化,对部分存在较大争议的不批捕、不起诉、不抗诉,以及羁押必要性审查、和解、申诉案件实行公开听证、公开宣告,通知双方到场,做到充分听取各方意见,充分释明证据事实和法律依据,共公开审查和宣告案件371件。注重发挥律师在人权司法保障中的重要作用,制定《上海检察机关依法保障律师执业权利的十条意见》,依法保障律师的会见权、阅卷权、调查取证权等执业权利,建立律师网上预约平台,改建、扩建律师接待室和阅卷室,增设电子阅卷设备,为律师执业提供便捷服务;推进综合性接待等窗口建设,成立"葛海英工作室"、"俞国花工作室"、"正枫心灵家园"、"包莉娜工作室"等工作平台,加快推进"四访合一"检务接待机制,通过新闻发布会、社区法制宣传、检察微博等方式,加强与群众沟通互动;以"执法为民"为主题评选2013年度服务大局保障民生十佳案(事)例,结合制定《加强执法为民工作21条》,进一步弘扬执法为民理念,总结执法为民经验。

五、积极查办和预防职务犯罪有新作为。上半年,立案侦查贪污贿赂案件数量一度出现下滑,市检察院党组高度重视,引导各级检察院认真分析影响办案的主要原因,采取针对性的对策措施,推动办案工作逐步趋稳。全年共立案侦查贪污贿赂案件325件405人,立案人数与2012年同期相比略有上升,其中大案314件,局级干部4人,处级干部39人。高度重视群众反映和群众举报,查办损害群众利益的贪污贿赂案件106件129人,占全部反贪污贿赂案件的1/3。积极转变侦查方式,完善职务犯罪线索统一管理机制,加强情报信息工作和线索研判平台建设,拓展涉案信息集中查询渠道,强化侦查一体化机制的运用,全面推进落实全程同步录音录像制度,在公开、透明、信息化条件下突破案件的能力进一步提高。反渎职侵权工作保持连续几年的上升势头,共立案侦查国家机关工作人员玩忽职守、滥用职权等渎职侵权犯罪48人,与2012年同期相比上升11.6%。其中,重特大案件26件,占81.3%。查办司法人员职务犯罪8件10人。预防职务犯罪工作的机制和手段进一步完善,与市人大、市政协等部门联合开展针对国有资产、公共资源、财政资金等职务犯罪易发多发领域9项课题调研,积极推进预防职务犯罪地方立法;完善惩治和预防职务犯罪年度报告制度,在各级检察院报告提出的55项建议中,有28项转化为预防制度,促进工会资金管理、高校招生、万人就业项目等制度的完善;依托联席会议平台,探索"文化+制度+科技"立体预防模式;行贿犯罪档案查询向社会提供服务,共受理查询6.5万余次,发现行贿犯罪记录28次;在机关、企事业单位、社区、学校、农村等18个点巡展廉政公益海报;制作廉政公益广告短片并在全市2.9万余块户外显示屏上每日定时播放;充分发挥警示教育基地的作用,市检察院警示教育基地接待社会各界参观400多批次1.4万余人次。

六、诉讼监督力度有新加强。抓住执法不严、司法不公等突出问题,监督公安机关立案115件。对应当逮捕而未提请逮捕、应当起诉而未移送起诉的,纠正漏捕460人,纠正漏诉521人。向法院提出刑事抗诉45件、再审检察建议85件,法院采纳101件;提出民事行政抗诉80件、再审检察建议5件,法院改变原裁判63件。同步监督减刑、假释、暂予监外执行7023件,提出纠正意见223件。对社区矫正活动实行全方位监督,针对有的部门列管地不明确、判决执行交接脱节、出行手续不到位等问题,提出书面纠正意见383件。突出对一类案件问题的监督,针对同步录音录像制作不规范、部分毒品案件违法取证等问题,向公安机关提出监督建议303件;针对附加刑适用不当、诉前调解久调不决等问题,向法院提出监督建议32件;以及就实习律师执业、缓刑期间担任公司法定代表人等问题向司法行政等部门提出监督建议3件。为加强对公安派出所刑事执法活动的监督,与市公安局会签加强协作配合的若干意见,联合召开工作推进会,着力加强对派出所刑事立案、讯(询)问、强制措施适用、扣押财产管理等办案重点环节的监督。针对有的派出所安全防范漏洞、犯罪嫌疑人供述笔录与同步录音录像不一致、讯问人员主体资格不合法等问题提出纠正意见125件。

七、检察队伍的工作作风和精神面貌呈现出新气象。认真组织学习党的十八大、十八届三中全会精神和习近平总书记一系列重要讲话精神,提高检察干警的思想政治水平。一是扎实开展党的群众路线教育实践活动。根据中央、市委的部署,通过广泛听取人大代表、政协委员等社会各界意见,以及基层干警的意见,梳理形成90条具体意见和建议,在工作作风不够深入、抓落实不够有力、密切联系群众不够、服务意识不强,以及精神状态不够振奋等主要问题的基础上,确立49项具体整改措施,制定13项制度。严格抓好制度执行,简报种类减少38%,全市性会议与2012年同期相比减少43.5%,对公务出境考察的人员、内容和经费等均实行公示。二是切实加强领导班子建设。制定《上海市人民检察院关于进一步加强基层检察院领导班子建设的若干意见》,交流、提任局级干部10名,交流、提任基层检察院副检察长17名,进一步优化基层检察院领导班子的年龄、学历和性别结构。对3个区检察院班子进行巡视回访,对浦东、闵行区检察院检察长进行经济责任审计。举办领导干部研修班,加强各级检察院的后备干部队伍建设,组织25名年轻干部跨地区、跨部门、跨系统挂职,20名年轻干部在本市检察系统挂职,145名35岁以下青年干部到基层社区锻炼。三是以业务专家的培养带动队伍整体专业化能力的提升。组织开展上海检察机关第四届检察业务专家评审活动,全市共有3名同志荣获第三批"全国检察业务专家",17名同志被评为"上海检察机关第四届检察业务专家",9名同志在最高人民检察院业务竞赛中荣获"全国十佳公诉人"、"全国侦查监督业务标兵提名"等称号。四是大力加强检察理论研究。成功承办第十四届全国检察理论年会,制定《上海市人民检察院专家咨询委员工作规定》,在市检察院局域网启用指导性案例库、优秀法律文书库,形成一批有较大影响的调研和理论研究成果。五是进一步健全队伍管理监督机制。加强检察人员廉政风险防范体系建设,认真落实党风廉政建设责任制,召开党风廉政建设联席会议,组织开展"以案为镜、正风肃纪"专项警示教育活动,认真吸取违法违纪典型案事件的教训,制定并严格执行"五项严禁"制度,查处违纪1件1人。建立检察官反腐倡廉教育基地和廉政文化长廊,营造浓厚的廉政文化氛围。

八、检察管理和检务保障水平有新改善。进一步优化机构职能,市检察院正式成立社区检察指导处,社区矫正监督职能划归派驻社区检察室,场所内监控及同步录音录像制作管理职能划归信息中心。案件管理机制改革扎实推进,统计、案后评查和司法办案区管理等职能划归案件管理部门,进一步深化案件的流程监控、质量管理和办案场所管理。进一步加强检察信息化建设,加快检察业务综合管理信息平台和司法办案区音视频系统建设,推进数据中心建设和应用,推进派驻监管场所检察室"两网一线"建设,围绕统一业务应用系统,进一步强化网络平台、完善运行平台、优化运维平台、夯实保密平台,各级检察院分级保护方案均通过评审。制定《上海市人民检察院关于加强和规范技术办案的规定》,市检察院司法鉴定实验室通过国家认可,技术办案参与率明显提高。各级检察院普遍推行集中文印和电子印章,档案电子化工作有序推进。进一步加大检务保障力度,落实支持区县检察院办案业务及装备建设的专项建设经费,对450万元专项保障经费开展绩效评价,严格依规抓好各级检察院警车使用和管理,市检察院被评为市级预算管理工作考核和机关国有资产管理考核A级单位;将科技装备配置向侦查和监督等业务需要倾斜,努力提高全市检察机关装备配置水平。制定《上海检察机关2013至2015年执法办案基础建设规划》,出台司法办案区建设指导意见和司法办案用房使用管理规定,各级检察院从实际出发,通过新建、改建、扩建等方式积极推进询(讯)问室、听证室、宣告室等司法办案场所建设,逐步把执法办案活动移入司法办案场所,使诉讼参与人和社会公众通过看得见的法律程序感受到司法公正。铁路运输检察分院、基层检察院抓住体制改革契机,充分履行检察职能,全面加强自身建设,各项工作取得新进展。

(上海市人民检察院办公室)

江苏省检察工作 2013年,全省检察机关认真履行检察职能,全力推进平安江苏、法治江苏和过硬检察队伍建设,努力为全省深入推进"两个率先"提供司法保障。在第五次省级机关作风评议中,人民群众对省检察院的评价满意率为96.8%。

一、强化服务大局举措,全力维护人民群众合法权益。

着力服务全省经济转型升级。省检察院出台服务苏南现代化示范区建设等工作意见。依法打击影响深化产业结构调整、危害转变经济发展方式的各类犯罪,深入开展打击侵犯知识产权和制售假冒伪劣商品专项行动,加大惩处和预防破坏生态环境犯罪的力度,立案查处环保领域职务犯罪52人。

依法打击民生民利领域刑事犯罪。提起公诉黑恶势力犯罪和故意杀人、抢劫等严重暴力犯罪11321人,提起公诉盗窃、抢夺、电信诈骗等多发性侵财犯罪24324人,提起公诉集资诈骗、非法吸收公众存款等涉众型经济犯罪464件891人。组织开展打击"地沟油"等危害食品药品安全犯罪专项行动,共批准逮捕生产销售有毒有害食品和假药犯罪嫌疑人114人。

正确贯彻宽严相济刑事司法政策。共不批准逮捕涉嫌犯罪但无逮捕必要的5544人,决定相对不起诉2321人。对279名涉嫌犯罪未成年人作出附条件不起诉决定,对未成年人轻罪记录依法予以封存。支持1360件轻微犯罪案件被害人与加害人双方达成和解,促进修复社会关系。

积极回应人民群众诉求。省检察院出台执法为民七项公开承诺,对群众实名举报及时调查核实并限期联系举报人。接受、办理信访、控告申诉和举报案件36900余件,促进化解了疑难复杂的重点信访案件429件,对符合条件的1170件刑事案件的被害人及其近亲属发放救助金464.7万元。

二、保持反腐败高压态势,严肃查办积极预防职务犯罪。

坚持有案必办、有腐必惩。共立案侦查贪污贿赂犯罪案件1393件1646人,立案侦查渎职侵权犯罪案件367件509人,其中重特大案件222件。深入开展查办和预防发生在群众身边、损害群众利益职务犯罪专项工作,查处发生在征地拆迁、惠农补贴、社会保障等领域职务犯罪案件1400件1709人,查处农村基层组织人员职务犯罪369人。

坚持依法反腐、规范办案。省检察院制定专门工作意见和规划,推动侦查方式向科技信息型转变。认真落实讯问职务犯罪嫌疑人全面全部全程同步录音录像并随案移送审查逮捕、审查起诉制度,严格规范职务犯罪案件监视居住强制措施的适用。贪污贿赂案件初查成案率达92.8%,职务犯罪嫌疑人非羁押率为53.1%,职务犯罪案件被告人一审服判率达87.3%。

坚持惩防并举、更加注重预防。结合查办案件,有针对性地进行预防职务犯罪专项调查,提出检察建议1133份,推动了重点行业、重点领域的治理。大力构建预防职务犯罪人民防线,常态化开展争创预防职务犯罪先进单位、职务犯罪风险点排查防控和预防职务犯罪进机关、进企业、进社区、进学校、进乡村、进家庭活动,组织2000余名预防志愿者协助检察机关开展预防宣传、预防调查等工作,从源头上预防职务犯罪。

三、切实加强诉讼监督,着力维护公平正义。

深入开展刑事诉讼监督。加强刑事立案和侦查活动监督工作,对侦查机关应当立案而未立案的监督立案192件,对不应当立案而立案的监督撤案94件,纠正漏捕270人,纠正漏诉504人。加强刑事审判活动监督,对量刑畸轻畸重、有罪判无罪等案件提出抗诉138件,法院依法改判、发回重审88件。加强对刑罚执行和监管活动的监督,依法监督纠正久押不决案件79人;强化对减刑、假释、暂予监外执行的法律监督,纠正不当决定31人。

依法加大民事诉讼监督力度。对认为确有错误的生效民事裁判提出抗诉237件,法院再审后改判、发回重审和调解231件。提出民事再审检察建议503件;对1237件民事执行案件提出检察建议;对当事人申诉、信访要求监督的,息诉704件。监督纠正恶意串通损害国家、集体利益或他人合法权益的虚假诉讼案件375件,依法追究71名虚假诉讼行为人刑事责任。

坚守防止冤假错案底线。坚持疑罪从无原则，严把案件的事实关、证据关、程序关和法律适用关。严格落实非法证据排除制度，排除非法证据23件，29人因排除非法证据被不批准逮捕、不起诉。全面开展捕后羁押必要性审查，对认为没有继续羁押必要的1484名犯罪嫌疑人、被告人建议有关部门变更强制措施。

四、深入开展教育实践活动，打造过硬检察队伍。

围绕检察工作深查问题。省检察院先后召开人大代表、政协委员、律师、新闻媒体代表等13个座谈会征求意见，当面听取案件当事人、申诉人378人次意见，重点查出执法为民意识不牢、法律监督意识不强、执法作风不实等突出问题，深入研究整改措施，达到了"排毒治病"的目的。

围绕转变作风整改不足。省检察院坚决执行厉行节约、反对浪费各项规定，被评为"江苏省公共机构节能示范单位"。下发文件数量、召开会议次数分别减少32.5%和29.6%，"三公"经费支出有较大幅度下降，其中公务接待费下降31%。对5995件正在办理的各类案件进行逐案评查，向各市检察院提出整改意见，促进了严格公正执法。

围绕队伍建设狠抓落实。举办全省十佳公诉人、侦查监督办案能手评比等活动，开展案例教学，对办案一线干警进行有针对性的培训，检察干警的执法、司法水平普遍提高。加强对受理、立案、结案等办案环节的流程管理和动态监督，组织推行全国检察机关统一业务应用系统，促进了严格规范执法。深入学习全国最美基层干部、全国人民满意的公务员和全国模范检察官林志梅同志先进事迹，引导检察人员进一步增强秉公执法、干事创业的自觉性。全省检察机关有64个集体和51名个人受到中央以及最高人民检察院和省有关部门的表彰奖励，南京市秦淮区检察院李海青当选全国最美检察官。

五、自觉接受外部监督，不断提升执法公信力。

全省三级检察院共向各级人大及其常委会报告工作307次，落实人大代表、政协委员视察调研活动7656次。认真办理人大代表、政协委员提交的75件建议提案议案，确保件件有落实。举办检察开放月活动，8600余名社会各界群众走进检察机关，现场观摩办公办案场所，听取检察情况介绍和宣传讲解。省、市两级检察院选出新一届人民监督员718名，对检察机关125件拟撤案、拟不起诉等"七种情形"案件进行有效监督。省检察院就生态环境司法保护、虚假诉讼监督、打击危害民生民利犯罪等问题，多次召开专题新闻发布会，及时回应群众关切。在基层检察院开展终结性法律文书公开试点工作，主动接受社会查询和监督。

（江苏省人民检察院研究室）

浙江省检察工作 2013年，全省检察机关坚持把检察工作摆到全省工作大局中来谋划和推进，充分发挥检察职能作用，各项工作取得新进展。

一年来，全省检察机关严格履行宪法和法律赋予的职责，共依法批捕各类刑事犯罪70678人，起诉122437人；依法立案侦查职务犯罪1757人；依法提出抗诉、纠正违法意见等诉讼监督4913件（次），为浙江省经济社会发展创造安全稳定的社会环境、公平正义的法治环境和优质高效的服务环境。

一、维护社会和谐稳定。

依法惩治各类刑事犯罪。从严打击危害国家安全、危害国防利益犯罪。积极参加打黑除恶、治爆缉枪、打击"两抢一盗"等专项行动，批捕黑社会性质组织和恶势力团伙犯罪4623人，起诉6291人；批捕杀人、绑架、强奸等严重暴力犯罪9906人，起诉14485人。突出打击危害食品药品安全、环境污染等犯罪，批捕制售有毒有害食品犯罪495人，起诉763人；批捕非法排放污水等破坏环境资源犯罪259人，起诉525人。积极参与整顿和规范市场经济秩序，批捕走私、制假售假、合同诈骗、传销等严重破坏市场经济秩序犯罪2737人，起诉8070人。加强对市场主体合法权益的平等保护，批捕职务侵占、挪用公司资金、商业贿赂等犯罪420人，起诉1006人。积极服务创新驱动发展战略，建立与有关执法部门工作联动机制，加强知识产权司法保护，批捕侵犯知识产权犯罪244人，起诉987人。组建金融案件专业办案组，建立对涉金融案件的备案审查、定期研判制度，严厉打击金融诈骗、非法集资等犯罪，批捕477人，起诉1315人；对确因融资困难、所融资金投入实业的依法从宽处理。

纠正和防止冤假错案。及时监督纠正"两张叔侄强奸案"和"萧山五青年抢劫杀人案"两起历史错案，召开全省检察机关反思错案发生教训电视电话会议，组织开展严防冤假错案大讨论，严肃处理有关责任人员，制定防止和纠正冤假错案的十八条意见，全面推行以客观性证据为核心的审查批捕、审查起诉工作模式，这一做法在全国检察机关推广。与此同时，组织开展2012年以来全省10.8万件公诉案件、死刑案件质量大评查，对于发现的问题逐项落实整改。

有效化解社会矛盾。省检察院制定《关于办理当事人和解的刑事公诉案件的若干规定》，促成因民间纠纷等引起的轻微刑事案件当事人和解1682件，不起诉1169人。建立未成年人犯罪法律援助制度、建设未成年人案前社会调查及案后帮教基地，推进合适成年人参与诉讼，强化对涉罪未成年人的感化教育挽救，共对未成年人1313人次作出不捕、不诉决定。加强对不立案、不起诉、不抗诉等终结性决定开展释法说理，促进息诉罢访。加强司法救助工作，对349名生活确有困难的刑事被害人及其亲属提供司法救助金321万元。加强互联网检务中心建设，完善12309举报电话、网上信访、来信、来访"四位一体"机制，办理群众申诉控告案件25408件，依法办结息访25166件。加强对隐藏在案件背后的社会矛盾的研究分析，关于吸毒人员驾照管理、水污染治理等一批分析报告得到了省委和最高人民检察院的充分肯定。

二、惩治与预防职务犯罪。

依法惩治职务犯罪。建立健全奖励实名举报、网络反腐研判等制度，完善交办、督办、提办等机制。立案侦查贪污贿赂犯罪1046件1341人，其中，大案976件占93.3%，科级以上干部571人、处级干部139人、厅级干部7人；立案侦查渎职侵权犯罪325件416人，其中重特大案件159件。集中开展为期两年的查办发生在群众身边、损害群众利益职务犯罪专项工作，已依法立案查处1056人。加大打击行贿犯罪力度，依法查处危害严重的行贿犯罪285人。通过办案，为国家挽回经济损失3.47亿元，与2012年同期相比上升64.5%。

严格规范职务犯罪侦查工作。认真贯彻修改后刑事诉讼法关于保障人权、规范执法的要求，提高查办职务犯罪法治化水平。组织开展整顿作风、严明纪律、规范执法专项检查和职务犯罪案件专项质量评查。建立职务犯罪侦查环节非法证据防范机制，严格规范运用各种强制措施，主动防范和排除非法证据。出台办案工作区使用和管理实施细则，明确使用条件，落实管理责任，防止出现办案安全事故。会同有关部门出台职务犯罪侦查同步录音录像调取、查阅规定，严格按照"全面、全程、全部"原则执行同步录音录像制度，保障办案依法规范。

加强职务犯罪预防工作。深入贯彻《浙江省预防职务犯罪条例》，推进预防职务犯罪法制化、社会化、专业化。完善职务犯罪侦防一体化机制，加强案件剖析警示、预防建议、行贿犯罪档案查询等工作，重点预防"四大万亿工程"项目，并与金融、建设、教育等10个系统建立共同开展预防职务犯罪机制。组织开展进机关、企业、乡村、学校、社区等职务犯罪预防"五进"活动，开展警示教育3144次，受众人数达10万多。

三、强化法律监督和自身监督。

监督纠正执法不严、司法不公。共监督侦查机关立案1005件、撤案448件，纠正漏捕、漏诉1311人，纠正违法侦查行为1153件次。提出刑事抗诉353件，与2012年同期相比增长36.3%。提出民事行政抗诉202件，对民事执行违法行为提出纠正意见957件次，与2012年同期相比上升39.5%。开展对减刑、假释、保外就医等刑罚执行变更活动的同步监督，纠正相关违法行为693件次；开展久押不决案件专项检察；加强社区矫正法律监督，监督纠正监管改造违法行为244件次。坚决打击恶意串通虚假诉讼，提出再审检察建议、抗诉纠正错误民事裁判43件，向公安机关移送涉嫌刑事犯罪线索143件，追究刑事责任45人。深挖执法不严、司法不公背后的腐败问题，依法查处执法司法人员受贿、徇私枉法等犯罪124人。

维护诉讼参与人合法权益。全面落实审查逮捕阶段每案讯问犯罪嫌疑人制度，联合省公安厅推行审查逮捕社会危险性说明、探索开展羁押必要性审查，对构成犯罪但不具备社会危险性、无逮捕必要的4925名在押犯罪嫌疑人依法作出不捕决定，与2012年同期相比上升26.6%；对不需要羁押的264名犯罪嫌疑人及时提出释放或变更强制措施建议。及时审查答复有关侦查违法、阻碍诉讼权利行使的控告申诉，更加注重保障律师执业权利，专门召开律师界人大代表、政协委员座谈会听取意见建议，会同有关部门研究制定保障和规范律师执业权利行使的制度。

强化自身监督。按照修改后刑事诉讼法、民事诉讼法要求，完善执法办案各个环节规范化程序和工作要求，严格落实执法办案层级责任制，以突出规范执法为导向完善基层检察院工作考评体系。全面修订《执法办案内部监督暂行规定》，突出执法监督重点，完善监督程序，强化责任追究。以信息化手段全面推进案件集中管理，开展对办案程序、案件质量的全程同步监督。开展诉讼当事人权利保障、同步录音录像制度执行大检查，集中通报相关问题，并予限期整改纠正。

四、强化队伍和基层基础建设。

加强思想政治建设。积极开展做好新形势下群众工作能力、维护社会公平正义能力、新媒体时代社会沟通能力、科技信息化应用能力和拒腐防变能力等五个能力建设，扎实开展党的群众路线教育实践活动，组织开展正风肃纪专项警示教育。

提升贯彻实施修改后"两法"能力。省检察院成立贯彻实施修改后刑事诉讼法、民事诉讼法工作领导小组，专门制定工作方案，先后召开专题研讨班、专题推进会，研究确定简易程序案件全面出庭、侦查人员出庭作证等12个重点课题，积极开展专题调研、试点探索，制定出台19项规范化制度。组织各业务线开展针对性培训和实战练兵、业务竞赛评选等活动。

加强基层基础建设。组织开展基层检察院评估试点工作，细化工作要求和标准，督促基层检察院围绕大局有效履职。加快基层检察室建设，召开专题推进会进一步明确履职方式和具体要求，充分发挥基层检察室在排查化解基层矛盾、促进基层法治建设等方面的积极作用。大力推进侦查信息化建设，不断强化电子数据证据技术运用，探索运用电子技术提取、恢复和固定涉案电子数据证据。

（浙江省人民检察院研究室）

安徽省检察工作 2013年，安徽省检察机关紧紧围绕全省工作大局，全面履行法律监督职能，在依法打击犯罪、有效惩治腐败、维护公平正义等方面发挥了重要作用，为全省经济社会发展创造了良好环境、提供了有力保障。

第一，统筹谋划开局，明确了检察工作科学发展的新思路。省检察院提出了"一个中心、两个目标、三个强化、四个抓手"的总体思路，围绕这一总体思路，坚持把执法规范化建设、执法能力建设、执法信息化建设作为全局性、基础性工程，用力用心，抓实抓好。修改了市检察院工作考核标准，突出了办案数量、质量、效率、效果和安全协调发展。省检察院先后就推进检察队伍建设、加强基层基础工作、强化民事行政法律监督、服务民营经济发展等研究制定一系列指导意见，增强了工作的主动性、预见性和协调性。各地检察机关紧密结合自身实际，贯彻落实省检察院意见，推动了检察工作创先争优，有17个检察院获得省部级以上表彰，涌现出以全国人民满意的公务员集体灵璧县检察院、安庆市检察院检察官袁国霞为代表的一批先进集体和先进个人。

第二，狠抓执法办案，检察业务工作取得新成效。一是维护社会平安和谐扎实有力。积极参与平安创建，严厉打击各类严重刑事犯罪，全年共批准逮捕普通刑事犯罪嫌疑人22746人，提起公诉47216人。贯彻宽严相济刑事政策，对4241名情节轻微的初犯、偶犯等作出不批捕决定，与2012年同期相比上升9.7%；不起诉未成年犯罪嫌疑人190人，与2012年同期相比上升69.4%；对达成刑事和解协议的依法不批捕1102人，不起诉847人。主动参与社会治理，推进涉法涉诉信访工作机制改革试点，强化执法办案风险评估预警，立足检察职能化解社会矛盾，全年受理群众来信来访19038件次，与2012年同期相比上升22.5%，有1745件刑事申诉案件和1671件民事行政申诉案件在检察环节息诉罢访，分别占案件受理数的77.8%和21.8%。二是查办和预防职务犯罪成效显著。全年立案侦查职务犯罪1561件2061人，与2012年同期相比分别上升29.5%和17.5%，其中大案1278件，与2012年同期相比上升43.1%，大案率达81.9%，要案125人（厅级14人），与2012年同期相比上升73.6%，有罪判决率达100%。注重打击犯罪与服务发展的深度结合，在环保、国土、银行等系统和领域深挖了一批窝案串案。大力加强侦查信息化和装备现代化建设，全省检察机关侦查信息平台基本建成并投入使用，省检察院与沪、苏、浙三省市检察院签订了职务犯罪侦查协作协议，与省直21家单位建立信息查询绿色通道或达成合作意向，加快了侦查模式转型升级步伐。坚持查办案件与犯罪预防一体推进，全年共提出预防检察建议3121件，推动了相关问题的源头治理。深入开展涉农资金领域预防职务犯罪专项行动和预防职务犯罪百场讲座进乡村活动，推动了涉农资金管理使用制度化、规范化。三是诉讼监督工作稳步推进。认真贯彻修改后刑事诉讼法，刑事监督力度不断加大、质量明显提高。全省共提出刑事抗诉259件,与2012年同期相比上升21%,抗诉意见采纳率达96.7%。在省检察院监督下,于英生故意杀人案依法得到纠正。积极应对民事诉讼法修改带来的新挑战,集中清理积案1255件,扎实推进检察建议、执行监督、支持起诉等工作,多元化监督格局初步显现。全年共提出民事行政抗诉310件,提出再审检察建议618件,采纳率达61.3%。抓住群众反映强烈的久押不决、"减假保"不规范等问题,开展专项监督,监督纠正减刑、假释、暂予监外执行不当721人,纠正刑罚执行和监管活动违法3884件次,提高了诉讼监督的针对性和实效性。坚决惩治司法腐败,查处司法人员职务犯罪85人,与2012年同期相比上升14.9%。全年查办和预防职务犯罪、侦查监督、刑事审判监督、监所检察、民事行政检察、刑事申诉检察多项业务指标进入全国前列。

第三,推进规范化建设,检察执法公信力得到新提升。省检察院先后就防止冤假错案、加强案件质量评查、受理涉法涉诉信访等制定一系列规范性文件,制定办理简易程序、附条件不起诉、当事人和解、羁押必要性审查等指导性意见,明确执法标准,统一执法尺度。围绕学习贯彻修改后"两法"深入开展调研,强化学习培训。大力推进案件集中管理改革,全省124个检察院成立了案件管理机构,评查案件16986件,纠正统计质量及不规范问题1891件。针对检察环节积案较多的问题,组织开展未结案件专项清理检查,清理2012年以前公诉环节未结案件2313人,退侦1560人,结案593人。针对不起诉、捕后不诉、久拖不决、宣告无罪、发回重审死刑案件等进行了专项调研,分析查找自身存在问题,提出有针对性的改进措施,提高了执法规范化水平。

第四,打造"阳光检务",强化自身监督迈出新步伐。制定加强与人大代表、政协委员联系的工作办法,建立省人大代表持证约见检察长制度,开通代表委员手机短信及互联网联络平台,保障代表委员知情权,推进代表委员联络工作常态化。省检察院向省人大常委会专项报告了反贪污贿赂工作情况,并向省政协常委会进行了情况通报。举办检察开放日活动,2779名各界群众应邀走进检察机关,增强了检察工作的透明度。适应新媒体时代需求,完成省检察院门户网站改版升级,试点推进检察微博建设,积极应对涉检网络舆情,主动回应群众关切。

第五,认真开展群众路线教育,检察队伍建设取得新进展。以群众路线教育实践活动为契机,引导干警密切联系群众、真诚服务群众,提高检察工作群众满意度。大规模推进教育培训和岗位练兵,省检察院先后轮训检察人员3347人,5名同志在全国优秀公诉人、侦查监督业务竞赛中获奖。加大人才培养选拔力度,分类建立检察人才库,新增全国检察业务专家和全省检察业务专家10名,检察队伍专业化职业化水平进一步提高。贯彻落实中央"八项规定",切实改进作风。坚持从严治检,深入开展检务督察活动,严肃查处违纪检察人员,全年受理检察人员违法违纪举报诉103件,与2012年同期相比下降32.4%。征求社会各界意见建议131条,在联系服务基层、规范执法办案、加强队伍管理等方面推出43项措施,制定和完善61项制度。省检察院机关发文数量、会议经费、公务接待分别下降16%、71%和24%,"四风"和执法突出问题得到有效整改。

第六,抓基层打基础,在解决发展瓶颈问题上实现新突破。强化基层班子建设,平稳完成省市县三级检察院93名班子成员的交流调整。对两个市检察院进行了巡视,加强了对下级检察院领导班子建设的了解和督察。全省统一招录检察人员425名,提高了队伍年轻化、专业化程度。检察委员会专职委员职数从73名增加到141名。统筹推进经费保障、科技强检和信息化建设,为市县检察院争取政法转移支付资金3.6亿元,涉密信息分级保护建设顺利完成,统一业务应用系统在全国率先上线运行,检务保障水平有了新提升。

(安徽省人民检察院研究室)

福建省检察工作 2013年,福建省检察机关紧紧围绕改革发展稳定大局,以开展"两提升三过硬"建设为载体,凝聚共识,改进作风,强化法律监督、强化自身监督、强化队伍建设,深入推进平安福建、法治福建建设,各项检察工作取得新成效。

一、思想强检,工作理念不断更新。全省检察机关顺应人民群众新要求、新期待,部署开展"两提升三过硬"建设,提出了一系列措施,着力建设政治过硬、业务过硬、作风过硬的检察队伍,提升检察机关亲和力和执法公信力。更加注重围绕中心、服务大局,紧贴党委决策部署、区域经济发展、生态文明建设,提供法律服务和保障;更加注重强化民本意识、法治思维、文明风尚,加大惩治犯罪、服务群众、保障人权力度,切实落实执法为民;更加注重强化法律监督,既敢于监督,又善于监督,既抓好监督的全方位,又突出监督的重要环节;更加注重筑牢公正廉洁执法基础,鲜明提出坚守防止冤假错案、防范办案安全事故、廉洁自律三条底线。坚持思想强检,有效引领和推动各项检察工作和队伍建设发展进步。

二、把握大局,服务经济社会发展更加积极主动。在全局中谋划和推进检察工作,紧贴省委全面实施"三规划两方案"、持续打好"五大战役"、加快海洋经济发展、加快创新体系建设等重大战略部署,以及生态强省、平潭开放开发、综合改革试验区、台商投资创业园区建设等,制定具体服务措施。针对全省民营经济活跃特点,服务民营企业"二次创业",助推实体经济发展;参与规范市场经济秩序,加强对企业创新创造的司法保护,维护公平竞争市场环境;加强对生态环境、能源资源的司法保护,服务绿色经济发展,收到了良好的效果。

三、认真履职,法律监督职能进一步强化。坚持以人民群众平安需求、公正期盼为导向,忠诚履职,推进平安福建、法治福建建设。认真履行批捕起诉职责。共批捕各类刑事犯罪嫌疑人34536人、起诉61529人;依法不批捕3946人、不起诉3355人。完善执法办案风险评估预警机制,推行检调对接、非羁押诉讼、刑事和解等办案机制,化解社会矛盾。积极查办和预防职务犯罪。共立案侦查贪污贿赂案件895件1197人,渎职侵权案件183件252人。查办处级以上领导干部59人,其中厅级干部7人;查办百万元以上案件55件67人。加强警示教育基地建设,深化行贿犯罪档案查询,推进重点行业和领域职务犯罪预防。加强和改进诉讼活动监督。向省人大常委会专项报告侦查监督工作,落实审议意见,促进各项诉讼监督工作开展。认真贯彻执行修改后刑事诉讼法和民事诉讼法,加强与公安机关、法院协作配合,促进羁押必要性审查、未成年人检察、公诉案件刑事和解、精神病人强制医疗等新增职能的落实。

四、执法为民,服务群众自觉性进一步增强。大力倡导在检察工作中牢固树立民本意识,自觉践行群众路线,落实执法为民要求。开展查办和预防发生在群众身边、损害群众利益职务犯罪,扶贫开发领域职务犯罪,专项补贴资金管理领域渎职犯罪等专项工作,严肃查办征地拆迁、保障性住房建设、医药购销、惠农资金管理等领域职务犯罪案件。积极参与开展食品药品安全专项整治,开展危害民生刑事犯罪专项立案监督活动,严惩危害民生、侵害民利犯罪。落实"马上就办",开展"四下基层"、"六个在基层"活动,推行下访巡访、联合接访、巡回检察等制度,就地为群众排忧解难。加强服务窗口建设,开展文明接待室创建活动,拓展群众诉求渠道。共受理群众控告、申诉、举报24444件,排查化解重点涉检信访案件69件。

五、建设过硬队伍,检察机关亲和力和执法公信力逐步提升。高度重视检察队伍建设,坚持不懈建队伍、强素质、改作风、树形象,着力提升检察机关亲和力和执法公信力。突出教育实践活动,整肃"四风"。紧紧围绕"照镜子、正衣冠、洗洗澡、治治病"总要求,开展群众路线教育实践活动,严格把握各环节,扎实学习抓认识,听取意见摆问题,自选动作创特色,讲求实效两促进。研究制定了领导班子改进作风、解决"门难进脸难看事难办"问题等具体意见,强学风、正文风、转会风、严检风。突出素质强检,致力"三个过硬"。抓政治过硬,开展主题报告、现身宣讲等系列活动,倡导学习自觉,坚定"三个自信",增强群众观念、服务意识;抓业务过硬,加强人员培训,制定实施推进检察人才重点工程的具体意见,评选全省检察业务专家、业务尖子和办案能手,开展"检察业务专家基层行",带动整体业务素质提高;抓作风过硬,开展"讲纪律、正作风、树形象"专项检务督察,严肃查处违法违纪人员。突出底线思维,坚守"三条底线"。完善内部监督制约机制,制定防止冤假错案具体意见,推进全省检察机关统一业务应用系统建设和使用,加强案件管理,开展案件评查,坚守防止冤假错案底线;落实办案纪律和安全防范措施,规范讯问、询问工作,组织开展专项检查,坚守防范办案安全事故底线;严格执行党风廉政建设责任制,落实下级检察院检察长向上级检察院述职述廉制度,推行廉政风险防控、廉政信访谈话提醒等制度,坚守廉洁自律底线。突出固本强基,推进基层检察院建设。完善基层检察院建设考评机制,制定联系基层检察院制度,树立正确工作导向,引导基层检察院依法履职、推动发展。全省检察机关共有76个集体和个人获得省级以上表彰,7个单位被最高人民检察院评为全国先进基层检察院。

(福建省人民检察院研究室)

江西省检察工作 2013年,江西省检察机关在省委和最高人民检察院的领导下,在省人大及其常委会的监督下,认真贯彻落实"发展升级、小康提速、绿色崛起、实干兴赣"方针,忠实履行宪法和法律赋予的职责,着力强化法律监督、强化自身监督、强化队伍建设,各项检察工作取得了新的发展。

一、深入践行执法为民宗旨,回应人民群众新期待。

一是积极营造良好发展环境。积极参与整顿和规范市场经济秩序,批准逮捕破坏市场经济秩序犯罪嫌疑人989人,提起公诉1684人。深入国有大型企业和重点民营企业了解服务需求,制定《关于充分发挥检察职能服务企业发展的意见》。二是着力维护群众合法权益。部署开展了查办发生在群众身边、损害群众利益职务犯罪专项工作,依法立案655件1073人。针对国家政策性补贴领域渎职犯罪问题,开展"小专项"集中行动,依法立案67件103人,为国家挽回经济损失5000余万元。依法监督行政执法机关移送涉嫌犯罪案件67件87人,监督侦查机关立案34件49人。三是完善便民利民工作措施。健全检察民生服务热线、12309举报电话、网上信访、来信、来访"五位一体"信访工作机制,畅通群众诉求渠道,依法妥善处理群众来信来访9445件。进一步完善检察长接待日制度,积极开展预约接访、带案下访,各级检察长共接待群众来访1734件次。省检察院制定了办理民事检察案件加强内部协作配合的规定,依法审查处理民事申请监督案件4620件,与2012年同期相比上升35.7%。新设派出检察室39个,进一步完善直接联系和服务群众的工作网络。

二、依法履行法律监督职责,维护社会公平正义。

一是全力维护社会稳定。依法批准逮捕各类刑事犯罪嫌疑人20267人,提起公诉27898人。突出打击危害公共安全犯罪、严重暴力犯罪和"两抢一盗"等多发性侵财犯罪,批准逮捕此类犯罪嫌疑人9951人,提起公诉12532人。依法开展刑事和解,不批捕645人、不起诉749人。加强对涉罪未成年人的特殊司法保护,通知法律援助机构为212名未成年被告人指派辩护律师;对1043名未成年犯罪嫌疑人、被告人进行了社会调查,为依法适用逮捕措施和附条件不起诉提供参考。认真做好涉检信访工作,定期排查涉检信访矛盾,对重大疑难涉检信访案件逐案落实化解责任,依法妥善办结涉检信访案件575件,全省没有发生严重影响社会稳定的重大涉检信访案件。加强刑事被害人救助工作,帮助生活确有困难的被害人解决救助资金311万余元。二是积极查办和预防职务犯罪。依法立案侦查各类职务犯罪案件1120件1707人,立案人数与2012年同期相比上升14.9%。其中,涉嫌贪污贿赂犯罪1292人,与2012年同期相比上升9.6%;涉嫌渎职侵权犯罪415人,与2012年同期相比上升35.6%。突出查办大案要案,依法立案侦查职务犯罪大案902件,与2012年同期相比上升26.2%;查办县处级以上领导干部要案85人(含厅级干部9人),与2012年同期相比上升21.4%。向各级党委、人大、政府及有关部门报送惩治和预防职务犯罪年度报告以及专项调查报告291件,发出预防检察建议2975件。组织廉政公益海报评选活动,推动廉政公益广告上电视,举办预防宣传和警示教育讲座3945场次,积极营造廉荣贪耻的社会氛围。完善行贿犯罪档案查询系统,向社会提供查询2078次。省检察院分别与省水利厅、省教育厅联合下发文件,将行贿犯罪档案查询作为水利工程、高校工程建设招投标活动的必经程序,实现预防关口前移。三是强化对诉讼活动的法律监督。第一,加强刑事诉讼监督。对认为确有错误的刑事裁判,依法提出抗诉215件。对侦查活动和刑事审判活动中的违法情形,提出书面纠正意见562件次。监督纠正减刑、假释、暂予监外执行不当964人次,监督纠正监管改造场所违法情形389人次。第二,加强民事行政诉讼监督。对不服法院生效判决、裁定、调解书申请监督案件,审查后向法院提出抗诉111件,提出再审检察建议176件。依法监督纠正民事行政审判活动中的违法情形506件次,监督纠正民事执行不当情形924件次。第三,加强诉讼活动中的人权保障。依法要求侦查机关补正或书面解释42件,纠正以非法方式收集证据情形11件,因排除非法证据而不予逮捕17人、不起诉11人。加强捕后羁押必要性审查,对不需要继续羁押的1495人,向有关机关提出了予以释放或者变更强制措施的书面建议。

在依法全面履行法律监督职能的同时,注重抓好执法规范化建设。一方面,加强执法办案制度建设,制定并实施全省检察机关领导干部执法办案"八条禁令"、执法办案责任暂行规定、防止干扰执法办案说情备案规定、案例指导工作规定,建立检察委员会定期审议检察业务工作等制度;与省司法厅、省律师协会联合制定关于保障和规范律师在刑事诉讼中依法行使会见、调查取证和阅卷权利的若干意见。另一方面,加强案件管理和案件质量评查。全省117个检察院设立了案件管理机构,全面推行检察机关统一业务应用系统。建立全省检察机关案件质量评查员信息库,研究制定案件评查标准,组织评查案件2536件。注重纠正办案质量中的苗头性、倾向性问题,省检察院对部分设区市近两年起诉金额10万元以上贪污贿赂案件判缓刑等情况进行专题调研,就检察机关案件侦查和审查起诉工作中的问题提出改进措施,对量刑畸轻的案件提出监督意见。

三、着力强化队伍建设和自身监督,提升执法公信力。

一是坚定理想信念。深入学习党的十八大和十八届三中全会精神,特别是习近平总书记系列重要讲话精神,认真开展向全国道德模范龚全珍学习活动。二是提升素质能力。完善教育培训方式方法,深化检察机关与高等院校合作,推行检察业务专家巡回讲学,举办各类岗位培训班31期,培训3935人次。广泛开展岗位练兵和业务竞赛活动,举办修改后刑事诉讼法和民事诉讼法知识竞赛,评选"全省十佳暨优秀公诉人"和"全省侦查监督十佳检察官",有9名检察人员分别被最高人民检察院授予全国检察业务专家、优秀公诉人、侦查监督业务能手等荣誉称号。省检察院制定机关干部交流轮岗规定,继续选派干部到基层、信访接待一线锻炼。三是改进纪律作风。研究制定了改进工作作风的25条实施意见,出台了公用经费使用、公务车辆管理、公务接待以及出差出国休假请假等制度,开展文山会海专项整治,利用科技手段加强公车管理。开展以检察人员执行八小时外行为禁令为主要内容的专项纪律整顿和警示教育活动,通报违纪典型案件。开展纠正"四风"、铁面执纪专项检务督察活动,及时通报并跟踪督促纠正发现的问题。坚持从严治检,严肃查处9名违法违纪检察人员。四是夯实基层基础。积极争取并促成最高人民检察院出台《关于支持赣南等原中央苏区检察工作发展的意见》,积极协调落实帮扶措施,推动赣南等原中央苏区检察工作全面协调发展。深入推进基层检察院"培优工程",深化基层创先争优工作,九江市浔阳区检察院、吉安县检察院等6个单位被评为"全国先进基层检察院",省检察院和赣州市检察院被授予"全国检察机关基层检察院建设组织奖"。充分利用中央政法转移支付资金,加强侦查装备和信息化建设,改善执法办案条件。五是自觉接受监督。各级检察院向同级人大及其常委会专题报告工作126次。省检察院向省人大常委会专题报告未成年人刑事检察工作。邀请人大代表视察检察工作169次,按时办结人大代表建议130件。主动接受政协民主监督,定期通报检察工作情况,认真办结政协委员提案43件。深化人民监督员制度,人民监督员对12件拟作不起诉决定的职务犯罪案件进行了监督评议。进一步深化检务公开,广泛开展举报宣传周、检察开放日等活动,推行刑事申诉案件公开审查,认真落实新闻发布制度,积极回应涉检网络舆情,切实保障人民群众对检察工作的知情权、参与权和监督权。

(江西省人民检察院研究室)

山东省检察工作 一、围绕中心、服务大局,保障经济社会持续健康发展。

全力服务经济发展。认真贯彻落实中央、省委关于稳增长、调结构、促改革的决策部署,先后推出新的服务举措452项。开展千名检察官联系重大项目活动,组织2230多名检察人员深入关系国计民生的1280余个大项目,提供法律咨询5180余次,协助制定廉政风险防控措施2060多项。开展查办危害公共投资、生态能源职务犯罪专项行动,依法查处政府采购、产权交易、环境保护、矿产资源开发等领域职务犯罪732人。积极参与整顿和规范市场经济秩序,依法办理非法集资、信用卡诈骗、合同诈骗等犯罪3071件,办理侵犯商业秘密、假冒注册商标和专利等犯罪258件。

依法保护企业合法权益。与4033家企业建立了工作联系机制,帮助解决涉法问题2930余个。惩治对企业强买强卖、敲诈勒索、强揽工程等犯罪175件,查办行政执法管理过程中向企业索贿受贿和滥用职权、玩忽职守造成企业重大损失的职务犯罪296件。妥善处理涉企案件,慎重使用强制措施,慎重扣押涉案款物,保障企业正常生产经营。通过办案,为国家和企业挽回损失27.3亿元。

扎实推进平安山东建设。全年共批捕犯罪嫌疑人43289人、起诉73088人。对10883名犯罪情节轻微的初犯、偶犯等作了不捕不诉决定;对1265

名涉罪未成年人依法作了宽缓处理,使503人重返校园,有35人考入大学。共接待群众来信来访20360件,全部妥善处理。

二、着力查办和预防职务犯罪,促进反腐倡廉建设。

加大办案力度。全省共立查各类职务犯罪嫌疑人3260人,其中大案要案2105件。立查县处级干部133人,厅级9人,副省级1人。圆满完成薄熙来案件的审查起诉和出庭公诉工作。依法惩治行贿犯罪,对171名行贿人追究刑事责任。

提高办案质量和效果。全省共起诉职务犯罪嫌疑人3177人,法院已判决2997人。正确把握法律政策,通过办案,为104名受到错告、诬告的领导干部和企业负责人澄清是非,还以清白。成功举办国际反贪局联合会第五届研讨会,展示了检察机关的良好形象。

加强职务犯罪预防工作。深入3400多个党政机关和企事业单位开展预防警示教育巡回宣讲。在派驻检察室建成预防警示教育展览室474个,提供行贿犯罪档案查询4万余次,向有关部门提出预防建议792份,向党委、人大、政府及有关部门提交年度报告158份。

三、强化对诉讼活动的法律监督,维护社会公平正义。

强化刑事诉讼监督。加强刑事立案和侦查活动监督,共监督撤案2213件,决定不捕不诉16026人;监督立案1758件,追捕追诉5763人,起诉后法院已判决3380人。加强刑事审判监督,抗诉刑事案件330件,法院已改判和发回重审239件。依法监督纠正违法减刑、假释、暂予监外执行等案件177件,监督纠正监管活动和社区矫正中的违法问题2145个。

强化民事行政诉讼监督。提出抗诉和检察建议1145件,法院已改判、发回重审、调解结案387件,采纳检察建议565件;办理督促、支持起诉案件374件;开展诉讼违法调查1302次,监督纠正违法行为911件。依法办理行政执法监督案件778件,办理民事调解监督和执行监督案件992件,挽回经济损失8.3亿元。

强化诉讼监督实效。对不服公安机关正确决定和法院正确裁判的1190余起申诉案件,耐心做好服判息诉工作。坚持强化诉讼监督与查办职务犯罪相结合,查办执法司法不公背后的贪赃枉法、徇私舞弊等职务犯罪133人。

四、以人为本、执法为民,维护人民群众合法权益。

坚决惩治损害民生民利犯罪。协同公安机关和行政执法机关开展了制售有毒有害食品药品集中整治活动,办理"地沟油"、"病死猪"、"毒豆芽"、假劣药等犯罪836人,立查背后的监管失职渎职犯罪77人。开展危害民生民利刑事犯罪专项立案监督,依法督促行政执法机关移交案件416件,监督公安机关立案157件。开展查办发生在群众身边、损害群众利益职务犯罪专项工作,依法查处教育招生、医疗卫生、保障性住房等民生领域职务犯罪1777人;集中查办侵吞、截留征地补偿款、新农合资金、农机和小麦补贴等涉农领域职务犯罪884人,追回惠农资金1.6亿元。

加强对弱势群体和困难群众的司法保护。依法办理拐卖妇女儿童犯罪案件122件,对侵害幼女、伤害留守儿童、欺凌孤寡老人的违法犯罪,从重从快批捕479人、起诉537人。办理拖欠农民工工资、劳动争议等申诉案件208件,依法惩处拒不支付劳动报酬犯罪53人,督促发放农民工工资3000余万元。依法查办社会保障、扶贫救济、残疾救助、就业扶持等领域的职务犯罪212件。

健全联系服务群众长效机制。全面推行网络受理、远程视频接访,开通检察门户网站、检察微博、民生微信等290多个。深入推进"五进两服务"大走访活动,联系群众21.8万人次、企业1.2万家,提供法律服务3.6万次,帮扶困难家庭2.5万户,化解矛盾7660起,解决群众诉求4.1万起。

五、深入推进"三项建设",增强检察工作可持续发展实力。

执法规范化建设取得新进步。大力创建"五位一体"执法规范化建设新模式。编制《执法规范化建设制度汇编》,健全制度体系。深化案件管理机制改革,对执法办案实行流程管理和动态监督,探索推行律师预约和电子阅卷系统,三级检察院全部设立了案件受理服务大厅和标准化律师接待室,共接待律师阅卷、会见3.2万人次。

检察信息化建设取得新成效。山东省作为全国检察机关统一业务应用系统率先试点单位,将案件的受理、立案、侦查、批捕、起诉等业务流程,全部、全程在网上录入,网上运行,网上监督。最高人民检察院在山东省召开全国检察机关统一业务应用系统建设现场会。加强侦查情报信息系统建设和应用,加快推进涵盖政务管理、队伍管理、廉政风险防控等8大子系统的检务综合平台建设,以信息化促进资源整合和工作机制改革。

基层基础建设取得新突破。强化基层检察院规范化建设,夯实检察工作发展根基。全省共建成与派出法庭对应设置的派驻检察室556个,配备工作人员3106名。把法律监督触角延伸到乡镇街道、社区农村和辖区企业,开展警示教育5880场次,发现职务犯罪线索2096件,提供诉讼监督线索3260条,排查化解矛盾纠纷5573件。

六、深入开展党的群众路线教育实践活动,着力加强过硬检察队伍建设。

深入开展党的群众路线教育实践活动。坚持以学为先、开门搞活动、领导带头、边查边整边改,扎实整改落实、建章立制;严格执行中央八项规定、省委实施办法和省检察院具体实施意见;开展"守纪律、正检风、做表率"、清理违规公务用车等专项活动,集中整治庸懒散,作风建设取得明显成效。

加强理想信念和群众观点教育,夯实广大检察人员立检为公、执法为民的思想基础。制订实施加强和改进队伍建设的意见,广泛开展修改后刑事诉讼法、民事诉讼法学习培训和技能比武活动,共组织业务培训班812期、培训3.2万人次,开展岗位练兵活动810余次。加大人才引进力度,公开招录了624名大学毕业生和公务员充实基层。深入实施人才强检战略,培养了1530名检察专业人才。在最高人民检察院组织的5次全国性业务竞赛中,山东省6人进入前十名。高度重视自身反腐倡廉和纪律作风建设,层层签订廉政责任书,认真执行电子执法档案、述职述廉、诫勉谈话等制度,严密防范检察权的滥用。

全省广大检察人员奋发有为,敢于担当,涌现出一大批先进集体和个人。全省有119个检察院、346名检察人员受到省级以上表彰,有32个市县党委作出向检察院或检察人员学习的决定。据省社情民意调查中心电话随机抽查显示,2013年全省检察工作群众满意率为90.66%,与上一年同期相比提升0.64个百分点。

(山东省人民检察院研究室)

河南省检察工作 2013年,河南省检察机关坚持遵循规律、理性司法、务实发展,全面实施修改后的刑事诉讼法和民事诉讼法,全面履行法律监督职能,各项检察工作持续健康发展。

一、惩治各类犯罪活动,维护社会和谐稳定。

坚持严厉打击刑事犯罪,保障公共安全。快捕快诉维护稳定。共批准逮捕各类刑事犯罪嫌疑人47190人,提起公诉87099人。其中批捕严重危害公共安全犯罪、黑恶势力犯罪、严重暴力犯罪和重大侵财犯罪24256人,起诉38027人,有力震慑了犯罪分子。重大案件提前介入严格把关。对"8·19"安阳市公交车恶性杀人案等严重影响社会治安的重大案件依法快捕快诉,对省委政法委督办的20起涉黑案件,集中力量办理,17件已于2013年底前依法提起公诉。贯彻宽严相济刑事政策促进和谐。共对涉嫌犯罪但无社会危险性的7454人作出不批准逮捕决定;对经审查认为不构成犯罪的889人作出不批准逮捕决定;对犯罪情节轻微、社会危害较小的2659人作出不起诉决定;提出变更强制措施建议772人次,保障权益,减少对抗,增进社会和谐。加强源头治理化解矛盾纠纷。健全依法处理涉检信访问题工作机制,化解涉检信访积案176件,在信访总量上升的情况下,涉检赴省进京访下降75%和53.8%;开展司法救助,协调有关方面救助刑事被害人937人。加强调查研究,先后就规范户籍管理、加强校园安全和校车安全管理、整治矿山资源税费征管秩序、涉罪未成年人的教育矫正等,向有关部门提出建议或共同出台相关措施,促进社会治理。

坚持突出查办职务犯罪,彰显反腐倡廉成果。重点查办贪污贿赂犯罪大案要案。共立案侦查职务犯罪案件2852件4157人,其中国家工作人员涉嫌贪污贿赂犯罪2054件2861人,大案1667件,县处级以上干部179人,内有省部级干部1人,厅级干部19人。通过办案为国家挽回直接经济损失4.59亿元。根据最高人民检察院指定,省检察院查处了广东省委原常委、统战部部长周镇宏受贿案;直接查处了中隧集团原董事长郭大焕、原总经理张继奎,平顶山市政协原党组副书记祝义方等贿赂案;配合省纪委查处了安阳市委原书记张笑东、政协原主席赵微等领导干部职务犯罪案件。加大反渎职侵权工作力度。共立案侦查国家机关工作人员涉嫌渎职侵权犯罪798件1296人,其中县处级干部20人,重特大案件686件。加强对重点领域渎职犯罪案件查办工作,部署开展惩治滥发淘汰落后产能奖励资金、随意提高建设用地容积率等渎职犯罪专项活动,立案侦查涉嫌犯罪124人;发现和纠正涉容积率等问题509个,督促补交土地出让金9.58亿元。坚决查办执法不严、司法不公背后的职务犯罪,立案侦查涉嫌犯罪的行政执法人员547人、司法人员85人。与河南省高级人民法院会签《关于在办理渎职侵权刑事案件中严格适用法律若干问题的座谈纪要》,共同解决渎职侵权类案件缓免刑判决比例偏高问题。全面加强预防职务犯罪工作。针对所办案件,提出检察建议,促进完善管理制度。通过预防调查、提供行贿犯罪档案查询、开展法治宣传教育、参与施工过程监督等方法,加强重大工程建设项目同步预防。省检察院提出的加强对云台山风景区管理的检察建议,《河南省云台山景区保护条例》采纳了相关内容。全省检察机关共提供行贿犯罪档案查询18万余次,对郑州地铁、南水北调等2088个重大工程建设项目开展了同步预防。河南省检察院结合查处中储粮河南分公司系列案件开展专项预防调查,查出"转圈粮"28亿斤,涉及粮食资金7亿多元,提出完善国家粮食收储管理体制机制建议,引起中央有关部门重视,为确保国家粮食安全发挥了积极作用。加强预防宣传,组织廉政公益广告评选活动,推进廉政教育进党校、进机关、进企业、进社区、进乡村。全省172个预防职务犯罪警示教育基地,开封、濮阳等6个基地被评为全国检察机关"百优"教育基地。

二、服务富民强省大局,切实保障群众权益。

围绕中心工作,服务科学发展。主动服务企业发展。紧紧围绕河南省三大国家战略规划,牢固树立"服务大局首先就是服务发展,服务发展重点就是服务企业"的理念,组织开展服务调研,了解企业司法需求,查找服务工作薄弱环节;专门召开全省检察机关服务企业发展座谈会,明确检察工作服务企业发展的具体措施,出台或完善服务企业发展的意见,向产业集聚区派驻检察室、建立企业、行业协会联系人制度等,为企业发展创造法治化营商环境,受到党委、政府肯定和企业欢迎。依法服务现代市场体系。参与整顿和规范市场经济秩序工作,共批准逮捕涉嫌金融诈骗、非法经营、损害商业信誉商品声誉、强迫交易等犯罪2909件4110人,提起公诉4891件7445人。加强知识产权法律保护,批准逮捕涉嫌侵犯知识产权犯罪180人,起诉345人。立案查处国有企业工作人员涉嫌职务犯罪667人,推动企业规范经营。重在提升服务效果。坚持站位全局科学审视和判断,有利于企业发展的案件坚决查办,查案会对大局有不利影响的慎办、缓办;同等保护各种所有制合法利益,促进各种所有制经济依法平等使用生产要素、公开公平公正参与市场竞争;坚持规范服务,正确把握法律政策界限,慎用查封、扣押、冻结等强制措施,灵活把握办案时机,尽量避免办案对企业正常生产经营活动造成负面影响。河南省检察院在办理中加集团公司董事长李某涉嫌行贿案时,发现其正在与舞阳钢铁公司洽谈5.1亿元股权转让、合资建厂事宜后,即决定对李某取保候审,利于双方达成合作协议,维护了企业的正常发展。

保障群众权益,着力改善民生。履行打击职能维护民生民利。开展危害民生刑事犯罪专项立案监督活动,监督行政执法机关移送涉及食品药品安全、卫生教育、劳动保障、假种子假化肥等危害民生刑事案件315件402人。着眼维护合法财产权益,依法打击集资诈骗、非法吸收公众存款等犯罪行为,认真做好追赃挽损工作。着眼保障舌尖上的安全,配合公安机关开展专项行动,对4批122起生产销售"毒豆芽"、"病死猪肉"等有毒有害食品犯罪案件挂牌督办,依法批捕危害食品安全类犯罪1246人,起诉2671人。积极参与保护生态环境专项治理,共批准逮捕破坏环境资源犯罪219人,起诉1721人。严查损害群众切身利益的职务犯罪。开展查办和预防发生在群众身边、损害群众利益职务犯罪专项工作,受理群众举报9900件,立案侦查新农村建设、惠农资金管理等"三农"领域职务犯罪387件593人,教育、就业、医疗卫生、保障性住房、征地拆迁等领域职务犯罪1182件1706人。

三、严格坚持公平正义,努力维护司法公正。

依法加强刑事诉讼监督。对应当立案而没有立案的,监督公安机关立案1291件,对不应当立案而立案的,监督撤案800件;追加逮捕犯罪嫌疑人2306人、追加起诉被告人2996人;对认为人民法院确有错误的刑事判决、裁定,依法提出抗诉423件;依法监督纠正刑罚执行和监管活动违法问题4937人次。河南省检察院追诉的重大漏犯侯朝军,被法院以组织领导黑社会性质组织罪等7个罪名,判处死刑缓期两年执行,同案追诉的33名犯罪分子也分别被判处1年至16年有期徒刑。依法加强民事行政诉讼监督。适应修改后民事诉讼法要求,建立受理与审理分离和衔接机制、提出抗诉后跟进监督机制,依法清理积案457件。对认为人民法院确有错误的生效民事行政裁判提出抗诉399件,对认为裁判正确的,依法作出不支持监督申请决定579件,维护司法权威;提出再审检察建议1381件,法院采纳1194件。依法加强行政执法监督。推进行政执法与刑事司法衔接工作,共督促行政执法机关移送涉嫌犯罪案件279件361人,促进了依法行政、规范执法。严防冤假错案发生。贯彻疑罪从无,与法院、公安机关共同依法妥善处理李怀亮案件。与河南省高级人民法院、公安厅、司法厅会签《关于办理刑事案件排除非法证据的实施细则(试行)》等七个规范性文件,强化对刑事诉讼各个环节的监督,坚守防止冤假错案底线。与公安、法院、司法联合开展诉讼困难的久押不决案件专项清理活动,三年以上久押不决案件已依法清理96%。

四、始终坚持阳光司法,着力强化自身监督。

自觉接受党的领导、人大监督和政协民主监督。坚持重要工作和事项及时向省委、省人大常委会请示报告,及时向省人大常委会专题汇报全省检察机关反贪污贿赂工作情况。省检察院认真办理人大代表建议、政协委员提案和省人大常委会转办交办案事件38件,做到办前沟通、办中反馈、办后回访、件件落实。坚持三级检察院领导联系人大代表制度,定期向人大代表、政协委员通报检察工作重要情况,加强经常性联系。深入推进检务公开和司法民主建设。落实权利义务告知、重大疑难复杂案件公开听证、公开答复制度。完善检察门户网站功能,推进检察微博建设,定期编发检察手机报,适时召开新闻发布会,与新闻媒体联办专题栏目,及时通报情况,主动回应网络关切。利用检察专线网,组织三级检察院同步开展以"心系民生、服务群众"为主题的"检察开放日"活动,四级人大代表、政协委员及媒体、群众、网民代表4000余人参加,积极为检察工作科学发展建言献策,提出意见建议800余条。河南省检察院和郑州、许昌、南阳三市检察院按要求开展深化检务公开制度试点工作,公开内容拓展到执法办案全过程,公开形式延伸到新媒体,群众可以通过检察门户网站、"一站式"检务公开大厅、案件查询系统等平台,随时随地了解、参与、监督检察工作。深化人民监督员制度、特约检察员和专家咨询制度,建立与律师协会的联系机制。持续强化执法办案监督制约机制。推进案件集中管理机制改革,所有案件实行统一受理、全程管理、案后评查、综合考评,对办案期限、办案程序、办案质量进行同步管理、监督和预警。重点加强对职务犯罪查办工作的监督制约,发挥检察技术的支持保障作用,严格执行审查逮捕提一级、全程同步录音录像等制度,规范执法行为。开展反腐倡廉制度建设年活动,完善办案质量终身负责、安全事故责任追究等制度,规范权力行使。

五、全面加强检察队伍建设,努力打造高素质团队。

扎实开展党的群众路线教育实践活动。按照中央省委部署,切实做到"三个坚持"。坚持把学习教育贯穿始终,坚定理想信念,强化宗旨意识,增强改进作风、践行群众路线的主动性和自觉性。坚持把领导班子和领导干部,作为查摆剖析的重点。通过深入基层调研走访、剖析典型事例、分析网络热点、真诚谈心交流,省检察院共征求到意见建议260余条,院党组和机关各支部分别召开民主生活会和专题组织生活会,认真对照检查,严肃开展批评和自我批评。坚持上下联动抓整改,省检察院领导班子细化九方面整改措施,开展会议发文、节庆活动、清理办公用房、"三公"经费支出等专项治理活动,制定出台《关于切实改进工作作风密切联系群众的实施意见》等18项制度,从源头上防止作风不正、不实、不廉的问题,2013年省检察院"三公"费用下降13%。加强领导班子建设。健全领导班子集体学习、研讨交流制度,提高领导班子的学习力。坚持遵循规律、科学发展,建立重大问题调研制度,完善党组会、检察委员会议事规则,规范决策咨询工作,提高领导班子科学决策力。严格执行民主集中制,坚持集体领导,按程序办事,提高领导班子凝聚力。落实一岗双责,严明政治纪律,狠抓督促检查,严肃责任查究,提高领导班子执行力。克服监督重一般干警、轻领导干部现象,加强对领导班子和领导干部的管理监督,提高约束力。省检察院派员列席19个市分检察院党组民主生活会,对2个市检察院进行巡视,对2个市分检察院班子进行重点帮扶,4个市分检察院检察长到省检察院述职述廉。加强专业化、职业化建设。出台《加强和改进全省检察队伍建设的意见》。分级分类组织各类培训班61期8624人次,着力提高检察干警把握政治方向、执行法律政策、做好群众工作、运用信息化、新媒体时代沟通、廉洁执法等能力。组织开展岗位练兵、技能竞赛、精品案件评选活动,注重高层次专业人才培养,5名干警被评为第三批全国检察业务专家,13名干警被评为全国检察机关检察业务标兵。加强检察形象建设。树立"人人是检察形象、案案是公正载体"意识,规范执法行为,推行文明用语、规范用语、禁止用语,提升检察工作亲和力、公信力。加强和改进新媒体时代检察宣传工作,实现"面对面"交流与"键对键"沟通相结合,推动检民良性互动,传递检察正能量。公开招录465名公务员充实到基层,完善重点乡镇检察室职能,加强基层检察院信息化建设,提高基层检察院公正执法能力。省检察院组织20个督察组,对全省各级检察院落实八项规定、执行禁酒令等7个方面情况进行督察,对督察发现的问题点名通报、限期整改;强化内部监督,严肃处理违纪违法干警14人。开展创先争优活动,11个基层检察院被评为"全国先进基层检察院",10名检察干警被评为全省"人民满意十佳检察官"。

(河南省人民检察院　周登敏)

湖北省检察工作　2013年,全省检察机关全面履行法律监督职能,推进实力检察、创新检察、法治检察、文明检察、人本检察等"五个检察",各项工作取得了新成绩。

一是工作思路和发展战略更加清晰。鲜明提出"把握加强法治建设和提高执法公信力两个主基调,一手抓检察事业长远发展、一手抓各项工作任务落实"的总体思路,明确五个方面的发展战略,确立"五个检察"的发展目标和"三个体系"的发展布局,制定实施"五个检察"建设纲要等三个文件。提出要在政治建检、检察改革、群众工作创新方面走在全国检察机关前列,有效指导和推动了检察工作发展进步。

二是服务经济社会发展成效明显。紧紧围绕"五个湖北"建设,制定实施充分发挥检察职能优化法治环境促进经济发展的意见和深化细化实化检察机关群众工作的意见,全面部署、全员参与"发挥检察职能、优化发展环境"专项工作,深入开展打击和预防发生在群众身边、损害群众利益犯罪专项工作,充分发挥检察职能服务经济持续健康发展,维护社会和谐稳定,维护人民群众切身利益,维护社会公平正义,服务大局,执法为民水平进一步提升。

三是检察业务工作继续平稳健康发展。坚持以执法办案为中心,批捕刑事犯罪嫌疑人30797人、起诉42896人;严把事实关、证据关、程序关、法律适用关,严守防止冤假错案底线。坚持有案必办、有腐必惩,立案侦查职务犯罪2374人,其中大案1429件,要案173人(含厅局级干部15人)。组织全省公务人员参加预防渎职侵权违法犯罪集中教育培训,开展预防宣传、咨询、警示教育3800余次,发出预防检察建议4148件,深入推进三项预防职能整合。全面加强对诉讼活动的法律监督,监督立案3243件、撤案3276件,建议行政执法机关移送涉嫌犯罪案件1404件,提出刑事抗诉357件、民事抗诉265件、行政抗诉38件,监督纠正减刑、假释、暂予监外执行不当1141人次,加大对侦查、审判、执行、监管活动的监督力度,执法办案和法律监督工作体系进一步健全。

四是检察改革和工作机制创新深入推进。积极推进涉法涉诉信访改革,完善受理、审查、办理、终结机制,妥善处理涉法涉诉信访21173件次。积极推进司法权力运行机制改革,推进职务犯罪案件量刑规范化试点,继续深化检察工作一体化、诉讼违法调查、"两个适当分离"等机制建设。积极推进三项工作机制创新,探索开展诉讼监督工作制度化、规范化、程序化、体系化;加强检察机关组织体系及基本办案组织建设,在47个基层检察院深化和扩大内部整合改革试点,在67个检察院开展检察官办案责任制试点;推动执法办案转变模式转型发展,推进建立新型检律关系、"前紧后松"办案模式、完善执法办案风险和效果评估及预警处置防范工作体系等11项任务,与省司法厅共同制定并落实《关于建立新型检律关系的指导意见》,取得明显成效。

五是自身建设不断加强。扎实开展党的群众路线教育实践活动,认真查找"四风"突出问题以及执法作风问题,开展专项整治,健全长效机制。以教育实践活动为契机,深化细化实化检察机关群众工作,完善便民利民措施,建设检察门户网站、博客、微博、微信、手机客户端等五位一体"鄂检网阵",建立联系服务群众新机制,加强特殊性专门性群众工作。全面推进检察队伍思想政治、领导班子、检察人才队伍、专业化职业化、组织体系、基层检察院等"六项建设",加强队伍专业化职业化建设,培训检察人员7000余人次,与武汉大学共建卓越法律人才教育培养基地,评选新增34名全国、全省检察业务专家。加强廉政教育和风险防控,落实规范执法"倒逼"机制,抓好巡视督察。扎实开展

"转变执法观念、转变执法作风、狠抓检察管理、狠抓工作落实"活动推动检察工作,建立诉讼违法线索管理和案件统一管理制度。推进基层检察院综合配套改革和新型检察院建设,以贯彻执行修改后刑事诉讼法、民事诉讼法为重点加强检务保障,全力推进统一业务应用系统建设,法律监督能力和执法公信力进一步提升。

(湖北省人民检察院法律政策研究室　徐泽坤)

湖南省检察工作　2013年,湖南省检察机关深入贯彻党的十八大精神和习近平总书记对检察工作的一系列重要指示,紧紧围绕全省经济社会发展大局,落实"强化法律监督、强化自身监督、强化队伍建设"总要求,检察工作呈现出在规范中发展、在改进中提高的态势。

一、坚持围绕全省工作大局,充分履行打击、预防、监督、教育、保护等法定职能,努力为全省经济社会发展营造良好法治环境。全省共批准逮捕各类刑事犯罪嫌疑人37928人,提起公诉54485人。

二、围绕服务大局,出台优化经济发展环境的具体措施,为经济社会发展提供法治保障,努力使检察机关和检察工作成为良好经济发展环境的重要组成部分。

出台服务经济社会建设的规范性文件。省检察院出台实施《关于充分发挥查办和预防职务犯罪职能优化我省经济发展环境的意见》,从加大查办和预防损害经济发展环境职务犯罪案件力度、努力使检察机关成为良好经济发展环境维护者、确保不因执法办案影响经济发展、建立检察机关优化经济发展环境长效机制等五个方面,明确了14条规范性意见。14个市州检察院紧密结合实际,分别从保障经济建设、服务企业发展等角度研究制订了优化经济发展环境的具体措施。

发挥检察职能为经济社会发展提供法治保障。深入开展打黑除恶、禁赌禁毒、扫黄打非、打击"两抢一盗"等专项行动,做好提前介入侦查、督办重大案件、指导敏感复杂案件办理等工作,始终保持对严重刑事犯罪的高压态势。共批准逮捕黑恶势力犯罪、严重暴力犯罪、多发性侵财犯罪、涉黄赌毒犯罪嫌疑人22251人,提起公诉28982人。实施12309举报电话、网上信访、来信、来访"四位一体"群众诉求畅通机制,做好检察长接待、视频接访、乡镇检察室就地接访等工作,加大涉检信访处理力度,坚决纠正侵犯群众利益的执法过错,努力实现案结事了、群众满意的工作目标。共办结涉检信访案件333件、刑事申诉案件141件、实际救助刑事被害人55人。积极参与社会治安防控体系建设,配合整治重点地区、重点领域的突出问题,加强对监外执行罪犯、刑释解教人员、涉案未成年人等特殊人群的帮教管理,推进法律服务进乡村、进社区、进学校、进企业、进机关,促进社会长治久安。积极参与整顿和规范市场经济秩序,切实加大对破坏经济发展环境犯罪的惩处力度。共批准逮捕涉嫌生产销售伪劣商品、妨害公司企业管理秩序、破坏金融管理秩序、金融诈骗、侵犯知识产权、扰乱市场秩序、破坏环境资源保护犯罪嫌疑人2116人,提起公诉4480人;立案查办商业贿赂、工程建设、环境保护、土地领域和重大责任事故背后的职务犯罪674人。

注重改进执法办案的方式方法。在办理涉企案件时,坚持办案前考虑到运用何种方式不影响企业发展、办案中考虑到使用何种手段才能保证企业正常运转、办案后考虑到如何尽可能为企业挽回损失,严格区分经济纠纷与经济犯罪、不当得利和贪污受贿、改革失误与失职渎职、合法收入与非法所得的界限,不随意传唤企业主要负责人,不随意查封企业账册、冻结企业账户,不随意开警车、鸣警笛、穿警服到企业,不随意搜查、扣押企业财产,不随意干预企业生产秩序,严禁以办案为名到企业拉赞助,严禁借用企业车辆、通信等设备,严禁向企业报销各种费用,严禁插手企业经济纠纷,严禁接受企业的财物、吃请,决不因执法不当让地方的投资和发展环境受到损害、让守法的企业和企业家受到伤害。

三、认真贯彻修改后刑事诉讼法、民事诉讼法,推进新增检察职能正确履行,全面加强诉讼活动监督。全省各级检察院认真贯彻习近平总书记"努力让人民群众在每一个司法案件中都感受到公平正义"和"坚守防止冤假错案底线"的重要批示精神,积极落实修改后"两法"的新要求、新任务,提高办案质量,防范冤假错案,努力维护司法公正。

以正确履行新增检察职能为主线,推进修改后"两法"全面实施。适应修改后"两法"对保障人权提出的更高要求,采取培训、研讨、考试相结合的方式,强化对法律条文的学习。共举办"两法"专题讲座43期,全员考试35次,先后邀请20多名专家教授到检察院专题辅导。坚持边实践边总结,及时探索建立当事人权益保障、指定居所监视居住、非法证据排查、羁押必要性审查、简易审出庭、附条件不起诉、强化诉讼监督等工作机制。

以维护司法公正为目标,切实强化诉讼监督。落实省人大常委会《关于加强人民检察院对诉讼活动法律监督工作的决议》,着力强化对侦查活动、刑事审判活动、民事审判和行政诉讼、刑罚执行和监管活动的监督,维护司法公正。

四、认真落实反腐败总体部署,回应人民群众关切,坚持"老虎"、"苍蝇"一起打,依法查办大要案件和发生在群众身边的案件。

突出查办大要案件。运用侦查一体化机制,坚持省、市两级检察院带头办案。共立案查处贪污贿赂、渎职侵权大案980件,要案88人(厅局级8人)。及时立案查办了省交通厅原党组书记陈明宪、原副厅长李晓希、邹和平涉嫌特大受贿,怀化市政协原副主席杨冬英涉嫌滥用职权、受贿,醴陵市原市委书记蒋永清等人涉嫌贪污受贿等大要案件,彰显了党和国家惩治腐败的坚定决心。

着力查办发生在群众身边的案件。致力于关注民生、保障民利,开展查办发生在群众身边、损害群众利益的职务犯罪案件专项工作。

五、落实"预防职务犯罪出生产力"指示精神,坚持标本兼治、惩防并举,开拓预防职务犯罪工作新局面。

注重提高预防职务犯罪针对性。整合预防资源,服务央企发展,和中国水电八局共同发起建立跨七省、区联合预防职务犯罪协作机制。结合典型案件,开展类案预防,形成药品监管领域职务犯罪分析报告,联合省纪委召开全省药品监管领域预防职务犯罪分析会,提出预防对策。分析犯罪规律,做好专项预防,加强对涉农惠民领域预防职务犯罪的研究,形成《湖南省涉农惠民领域职务犯罪态势分析及防范对策》,促进相关职能部门严格落实惠民政策。整合预警信息,促成系统预防,对2008年以来公安系统的职务犯罪案件开展调查分析,形成专题分析报告,和省公安厅共同下发《关于在惩治和预防职务犯罪工作中加强协作的实施意见》。

不断提升职务犯罪预防实效性。把专业化、制度化建设作为加强和改进预防职务犯罪工作的基本努力方向,切实解决随意性强、工作务虚的问题。推行检察建议公示评议制度,检察建议全部在内网公示,接受评议,对检察建议质量每季度通报一次,切实解决检察建议乱发滥发、质量不高的问题。推行"双查双建"工作机制,把查办案件与查找"漏洞"结合起来,把向发案单位提出检察建议与向党委政府提出决策建言结合起来,促进侦查部门与职务犯罪预防部门人力资源和信息资源共享,充分发挥"以打促防,以防助打,打防结合"的整体效能,切实防止侦防脱节。在做好犯罪分析的同时,更加注重分析成果的推广运用,推行犯罪分析会工作模式,促使发案单位、相关主管部门落实预防措施,切实防止检察建议流于形式。

六、顺应法治文明进步,切实转变执法理念,规范检察权运行,使检察工作更加符合司法规律和群众期待。

狠抓执法理念转变。省检察院党组在全省检察机关部署开展为期半年的转变执法理念教育活动,通过举办执法理念专题讲座,组建执法理念巡讲团,清理与正确理念不符的文件规定,查摆、整改理念陈旧、执法机械等问题,促进理性平和文明规范执法。加强对执法办案的分析研究,分别就全省检察业务数据、撤回起诉、无罪案件判决等情况形成调研报告,召开专题会议研究推进改进措施,倒逼检察机关转变执法理念,践行司法公正,努力做到既坚决查处腐败,又注重保护、挽救干部;既依法打击犯罪,又把促进社会文明进步作为执法的价值追求;既监督纠正司法不公问题,又重视维护司法权威。

着力规范检察权运行。修改执法状况考评办法,制定案件集中管理实施细则,堵塞检察权规范运行的管理漏洞。每半年对全省执法状况交叉考评一次,发现问题及时整改。成立案件专门管理机构,对所有案件进行统一受案、同步管理、全程监督。

七、坚持打铁还需自身硬的原则,认真开展党的群众路线教育实践活动,建设过硬队伍,加强基层基础,夯实公正廉洁执法的根基。

深入开展党的群众路线教育实践活动。省检察院成立党的群众路线教育实践活动领导小组,制定活动实施方案,召开动员会议,对活动开展作了全面部署。

全面加强队伍建设和管理。全面开展领导素能、任职资格、岗位技能培训,广泛开展岗位练兵和业务竞赛活动,重视高层次人才培养和业务标兵评选,大力推进队伍专业化职业化建设。全省共举办培训班81期,参训8236人(次),4人被评为第3批"全国检察业务专家",3人被评为全国优秀公诉人,112人被录取攻读法律硕士专业学位。对执行中央"八项规定"、利益驱动办案、警车管理使用等情况进行了明察暗访,查处违纪违法案件2起,督办执法过错追责案件3起。

切实加强基层检察院建设。修改完善基层检察院建设分类综合考核办法,坚持"抓两头、促中间",树立示范院,确定重点联系院,采取省检察院领导挂点、业务部门对口指导、先进检察院结对帮扶等措施,提升基层检察院的建设品质。全省8个单位获评第五届"全国先进基层检察院",5个单位被评为省"文明窗口单位",67个单位获省级以上文明单位称号。坚持科技强检,全面加强检察业务统一应用软件建设和全省驻所检察室"两网一线"升级改造,着力推进电子检务工程、侦查信息化和装备现代化建设,努力提高检察工作科技含量。

八、自觉接受人大监督,积极扩大司法民主,不断拓展监督途径,确保检察权依法正确行使。

自觉接受人大监督。把加强与人大代表的联系作为一项经常性工作来抓,注意拓展接受人大监督的途径,认真办理人大交办事项和代表建议。省检察院班子成员走访省人大代表100余人次。省检察院向省人大常委会专题报告了贯彻执行《关于加强人民检察院对诉讼活动法律监督工作的决议》情况,逐条落实了审议意见;办结人大交办事项和代表建议,逐一当面作了答复。

积极推进司法民主。加强与政协委员的联系,主动接受政协民主监督。及时向民主党派、工商联和无党派人士通报检察工作情况。召开律师代表座谈会,听取律师意见,重视保证律师执业权。制定《人民监督员监督案件工作基本规范》,开展人民监督员向犯罪嫌疑人告知监督权利试点,人民监督员监督评议相关案件160件。深化专家咨询委员、特约检察员制度,邀请列席检察委员会讨论热点疑难案件,听取对检察决策事项的意见和建议。重视涉检网络舆情,妥善处置舆论关注的热点问题。运用民调机制测评检察工作,把公众评价作为加强和改进工作的重要依据。加强检务公开平台建设,着力推进执法过程公开。举办"检察开放日"活动,全省三级检察机关邀请6000多名社会各界代表听取工作汇报,观摩案件庭审。

(湖北省人民检察院研究室)

广东省检察工作 2013年,广东省检察机关全面履行法律监督职能,坚持严格公正执法,加强检察队伍建设,着力提升检察机关公信力和亲和力。

一、充分发挥检察职能,全力保障广东省经济持续健康发展。

着力服务保障粤东西北地区振兴发展。制定实施13条服务保障措施,主动服务产业园区、新型城镇化、民生事业等建设,积极查办和预防重大建设项目中的职务犯罪。

着力服务保障民生。立案侦查发生在安全生产、社会保障、医疗卫生等民生领域职务犯罪嫌疑人1994人。开展危害民生刑事犯罪专项立案监督活动,监督行政执法机关移送犯罪线索204件,监督公安机关立案439人。严厉打击危害食品药品安全犯罪,批捕生产销售"地沟油"等有毒有害食品药品犯罪嫌疑人973人,起诉905人。

着力服务保障广东省生态文明建设。针对人民群众高度关注的生态安全问题,组织开展查办与预防危害生态环境职务犯罪专项工作,立案侦查发生在资源开发和环境保护等领域职务犯罪嫌疑人626人。

着力营造公正有序的市场环境。积极参与整顿和规范市场经济秩序活动,强化知识产权司法保护,依法平等保护各类市场主体合法权益,批捕走私、金融诈骗、假冒注册商标等破坏社会主义市场经济秩序犯罪嫌疑人7562人,起诉8304人。

二、积极参与创建平安广东,确保社会安定有序。

更加注重落实宽严相济刑事政策。全年共批准逮捕犯罪嫌疑人122201人,提起公诉128776人。批捕故意杀人、强奸、绑架等严重暴力犯罪嫌疑人14123人,起诉14817人。对不构成犯罪以及主观恶性较轻、社会危害不大的初犯、偶犯、未成年人犯等,依法决定不批捕21193人、不起诉5891人。

更加注重运用法治思维和法治方式化解矛盾纠纷。深化刑事和解、检调对接等工作,加强对不批捕、不起诉、不抗诉等重点环节的释法说理,共办理当事人和解公诉案件776件,对2812件民事申诉案件通过调解实现息诉。稳步实施检察环节涉法涉诉信访改革,加大依法受理、纠错、赔偿、救助力度,审结刑事申诉案件1004件,提出抗诉11件,息诉910件;决定给予国家赔偿案件157件;对被害人或其近亲属发放救助金239万元。

更加注重发挥在社会治理创新中的法治保障作用。针对办案中发现的市场监管、专项资金拨付、公共安全等领域存在的管理漏洞,向政府和有关单位提出检察建议4552件,督促完善工作制度583项,其中省检察院提出的完善环境资源保护、完善住房改建资金申领管理等16条建议被有关部门采纳。

三、充分发挥查办和预防职务犯罪职能,促进党风廉政建设和反腐败斗争。

严肃查办贪污贿赂等职务犯罪。立案侦查贪污贿赂犯罪嫌疑人2347人,涉嫌犯罪的县处级干部170人、厅级干部32人,为国家挽回经济损失6.07亿元。加大查办行贿犯罪力度,共查处行贿犯罪嫌疑人487人。抓获在逃职务犯罪嫌疑人55人,追缴赃款810万元。依法查处揭阳市委原书记陈弘平、省水利厅原副厅长吕英明等大要案。坚决查办严重损害群众利益的基层组织职务犯罪案件,查办村官299人。

加大反渎侵权工作力度。立案侦查渎职侵权犯罪嫌疑人726人,重、特大案件198件,查办国家和省下拨的涉及科技扶持、教育培训等专项资金使用渎职犯罪嫌疑人65人,查办司法领域渎职侵权犯罪嫌疑人150人,查办重大责任事故背后渎职犯罪嫌疑人20人。

深化职务犯罪预防。开展案例剖析2830个、预防咨询12099次,撰写专项预防报告3631份。对港珠澳大桥珠海连接线等1802个工程项目实行同步预防。全省各地建成警示教育基地119个,开展警示教育6127场次,大力推进行贿犯罪档案查询纳入工程建设、政府采购廉政准入,为招投标等单位提供查询155767次。省检察院和21个市级检察院全部建立预防职务犯罪年度报告制度。

四、以贯彻落实修改后刑事诉讼法、民事诉讼法为重点,不断强化诉讼监督。

不断加大刑事诉讼监督力度。监督侦查机关立案1866件、撤案2103件,纠正侦查活动违法2931件,追加逮捕2949人,追加起诉1557人,对认为确有错误的刑事判决、裁定提出抗诉373件。推动出台加强广东省行政执法与刑事司法相衔接工作意见,与行政执法机关共同推进"两法衔接"工作机制和信息共享平台建设,运用平台建议行政执法机关移送涉嫌犯罪案件203件,强化对刑罚执行和监管活动的监督,派员参加减刑假释开庭审理案件6055件,开展罪犯交付执行与留所服刑专项检查、久押不决案件专项清理、看守所监管执法教育整顿等活动,共清理罪犯5405人,纠正久押不决案件53件269人,依法监督纠正减刑、假释、暂予监外执行案件1205件,纠正脱管漏管罪犯515人。处理、防范并化解监管安全隐患816起。

强化民事行政诉讼监督。全省检察机关共接收民事类控告、申诉7920件,探索开展督促起诉、支持起诉等工作,共督促行政机关及有关单位履行职责758件,支持起诉1204件。对认为确有错误的民事、行政裁判提出抗诉728件,提出再审检察建议208件,办理执行监督案件2904件。

抓好新增刑事诉讼监督职责的实施。全省共提出变更强制措施建议379人次,被采纳226人次,因非法证据排除不予逮捕49人,不起诉6人。听取律师意见2258件。强化对命案、死刑、超期羁押等案件的法律监督,坚守防止冤假错案的底线。

五、以开展教育实践活动为契机,全面加强检察队伍和基层基础建设。

一是深入开展党的群众路线教育实践活动。广东省检察院深入基层召开72场座谈会,广泛收集意见建议,制定实施改进作风密切联系群众的20条意见和加强作风建设8项公开承诺。在改进接访工作、完善便民利民措施、规范自身执法行为、接受外部监督等方面制定或修改51项制度。二是突出抓好法律监督能力建设。全省检察院共组织培训班77期、轮训干警89826人次,有17名干警分别获得全国模范检察官、全国侦查监督业务标兵、全国十佳公诉人等荣誉称号。

着力加强领导班子建设及大力加强基层基础建设。组织5个市级检察院检察长到省检察院述职述廉报告工作,对市级检察院开展新一轮巡视,强化对各级检察院领导班子的监督管理。积极落实基层检察院公用经费保障标准,将中央和省级财政转移支付资金全部用于15个欠发达地区的检察院。依托177个镇街检察室积极开展法制宣传、犯罪预防、矛盾化解、群众帮扶等工作,扎实推进基层检察院执法规范化、队伍专业化、管理科学化、保障现代化建设,广州天河、珠海香洲等10个基层检察院荣获"全国先进基层检察院"称号。

六、强化内外部监督制约,提升检察机关公

信力。

进一步深化阳光检务,深化案件管理机制改革。圆满完成全国检察机关统一业务应用系统试点工作,搭建纵向贯通、横向集成、资源共享的执法办案平台,提升了全省检察机关整体执法效能和水平。

健全监督制约机制。全面推行人民监督员制度,对检察机关直接立案侦查的 296 件职务犯罪案件实施监督。开展检务督察 1991 次,提出督察建议 630 条,严肃查处检察人员违法违纪 14 人。

自觉接受人大、政协监督。加强与人大代表、政协委员的联系,通过召开座谈会、邀请视察、观摩公诉人出庭等形式,虚心听取意见。12 件省人大代表建议和 9 件省政协委员提案全部在规定期限内办结。提出落实审议意见加强和改进工作的措施。

(广东省人民检察院研究室)

广西壮族自治区检察工作 2013 年,广西检察机关紧紧围绕自治区改革发展稳定大局,认真履行宪法和法律赋予的职责,各项检察工作取得新成效。自治区检察机关共批捕各类刑事犯罪嫌疑人 43081 人、提起公诉 44416 人,连续多年没有发生办案安全事故。职务犯罪预防工作成效突出,专项预防工作得到自治区领导批示肯定。服务群众工作成效显著,建设综合性检务接待中心等做法获得最高人民检察院充分肯定。检察队伍建设得到进一步加强,56 个集体、45 名个人获得自治区级以上表彰,9 名个人获得国家级表彰,8 个基层检察院被评为全国先进基层检察院。

服务大局,促进经济社会健康有序发展。努力找准发展稳定大局的切入点和着力点,制定了《关于充分发挥检察职能深入推进平安广西法治广西美丽广西建设的意见》等指导性文件和配套措施,要求自治区检察机关在办案时注重保障涉案人员合法权益,依法惩治犯罪者、挽救失足者、支持改革者。以开展服务"千百十亿元企业工程"行动和"五走进"等专项活动为抓手,积极投身"美丽广西·清洁乡村"活动,帮助协调解决建设中遇到的困难和问题。加强对经济领域新情况、新问题的研究,依法妥善处理经济发展过程中出现的新类型案件,为经济社会发展营造良好法治环境。

执法为民,保障人民群众安居乐业。协同有关部门开展食品药品安全专项整治,依法惩治生产销售有毒有害食品、假药劣药等犯罪,依法惩治危害民生犯罪。深入开展危害民生刑事犯罪专项立案监督活动,监督侦查机关立案侦查危害民生案件 137 件 196 人。高度重视对妇女儿童的司法保护,批捕拐卖、收买妇女儿童犯罪嫌疑人 106 人、起诉 104 人。推进刑事被害人救助工作,对 1714 名生活确有困难的被害人或其近亲属提供救助金 638 万多元。深入开展文明接待室创建活动,有 86 个检察院建成集控告申诉接访、案件受理、信息查询、律师阅卷等功能于一体的综合性检务接待中心,自治区基层检察院共设置派驻乡镇检察室 204 个。

惩治犯罪,有力维护社会大局稳定。坚决打击危害国家安全犯罪,打击敌对势力的分裂、渗透活动及邪教组织的犯罪活动,批捕犯罪嫌疑人 32 人、起诉 29 人。与有关部门建立办理边海防地区刑事案件联席会议、共同督办等协作机制打击涉边犯罪,批捕犯罪嫌疑人 228 人、起诉 203 人。依法严惩以报复社会为目的的危害公共安全和个人极端暴力犯罪,进一步健全提前介入、引导取证、挂牌督办等机制。自治区共批捕各类危害社会治安犯罪嫌疑人 41483 人、起诉 42979 人。全面贯彻宽严相济刑事政策,完善刑事和解、检调对接工作机制,对 1096 件轻微刑事案件开展刑事和解,分别对 227 人和 1110 人依法作出不批捕、不起诉决定。建立上下级检察院共同处理重大涉检涉诉信访案件机制,共办理群众信访 19055 件,更加注重预防和化解社会矛盾。

反腐倡廉,积极推进职务犯罪预防工作。认真贯彻中央关于反腐倡廉的决策部署,加强举报中心建设,健全与执法执纪部门的情况通报、案件移送等机制,共立案和查办贪污贿赂等职务犯罪案件 1002 件 1399 人,通过办案为国家和集体挽回直接经济损失 1.47 亿多元。突出查办大案要案,立案和查办大案 775 件、县处级以上国家工作人员 57 人(其中厅级 3 人)。立案和查办涉农领域国家工作人员和农村基层组织人员贪污贿赂犯罪嫌疑人 432 人,依法查办土地出让、产权交易、医药购销、招标投标等领域贪污贿赂犯罪嫌疑人 306 人,对 199 名行贿犯罪嫌疑人依法追究刑事责任。着力加强反渎职侵权工作,立案和查办渎职侵权犯罪案件 314 件 349 人,其中重特大案件 136 件。认真查处执法不严、司法不公背后的司法人员渎职犯罪 23 人,立案和查办重大环境污染事件、重大责任事故等背后渎职侵权犯罪案件17件19人。更加注重职务犯罪预防工作,建设广西检察机关预防职务犯罪宣传联播网,完善行贿犯罪档案查询系统,全面实行惩治和预防职务犯罪年度报告制度。

强化监督,力促实现社会公平正义。加强刑事立案监督,完善立案监督事后跟踪机制,重点监督纠正有案不立、有罪不究、动用刑事手段违法介入民事经济纠纷等问题。对应当立案而不立案的,监督侦查机关立案1454件;对不应当立案而立案的,监督撤案1052件。加强侦查活动监督,落实审查逮捕阶段讯问犯罪嫌疑人、听取律师意见、非法证据排除制度,加强对刑讯逼供、滥用强制措施、侵犯诉讼权利等问题的监督。对侦查活动中的违法情形提出纠正意见732件次,对漏捕、漏诉的犯罪嫌疑人依法追加逮捕3178人、追加起诉4021人。加强刑事审判监督,落实检察长列席审判委员会会议等制度,重点监督纠正有罪判无罪、无罪判有罪、量刑畸轻畸重以及程序违法影响公正审判等问题,对认为确有错误的刑事裁判提出抗诉180件,对审判程序中的违法情形提出纠正意见516件次。加强民事行政诉讼监督,重点监督严重损害国家利益、社会公共利益和当事人合法权益的民事行政裁判,依法提出抗诉241件、提出再审检察建议108件。

强基固本,注重队伍建设和基层基础建设。狠抓思想政治建设,坚持把党支部建到执法办案第一线,完善检察队伍思想动态定期分析、通报制度,加强社会主义法治理念教育。狠抓领导班子建设,做好市、县两级检察院领导班子调配工作,健全完善党组会、检察委员会等议事规则,确保重大案件、重大事项集体讨论决定。狠抓业务素能建设,分类开展培训,广泛开展岗位练兵和业务竞赛,有计划地组织上挂下派和内外交流挂职锻炼。狠抓执法作风建设,坚持班子成员带头认真学习理论,带头严格执行中央八项规定和整改"四风"、"六病",制定完善检察人员严禁以案谋私规定等16项制度。经过整改,自治区人民检察院与2012年相比,"三公"经费下降19%、会议缩减51%、文件减少25%,以"零容忍"态度严肃查处违法违纪检察人员4人,保持检察队伍的纯洁性。坚持人财物向基层倾斜,将新增的144名政法专项编制全部用于市、县两级检察院,推进检察机关统一业务应用软件系统、侦查指挥系统和高清视频会议系统建设,以信息化推进检察工作现代化。

自觉接受人大监督和社会各界监督。自治区十二届人大一次会议闭幕后,自治区人民检察院及时组织学习贯彻会议精神,自觉接受人大监督。对代表意见建议高度重视,逐项研究整改,各级人大常委会交办的12件建议全部按期办结。健全落实与各民主党派、工商联、无党派人士的联系制度,邀请政协委员参加座谈、视察和专题调研,坚持和完善特约检察员、专家咨询委员制度,自觉接受民主监督和社会监督。人民监督员共对104件拟作撤案、不起诉等处理的七类职务犯罪案件或事项进行了监督。严格执行讯问职务犯罪嫌疑人全程同步录音录像、省级以下检察院逮捕职务犯罪嫌疑人报上一级检察院审查决定等制度,专门设立案件监督管理机构开展监督检查,强化内部监督制约。

(广西壮族自治区人民检察院研究室)

海南省检察工作 2013年,海南省检察机关围绕中心,服务大局,忠实履行宪法和法律赋予的职责,不断强化法律监督、强化自身监督、强化队伍建设,检察工作在服务全省经济社会发展中取得了新成绩、新进步。

一、坚持充分发挥检察职能,着力服务海南科学发展、绿色崛起。自觉把检察工作放到海南省工作大局中谋划和推进,找准切入点、结合点,努力增强服务经济社会科学发展的实效。一是积极服务重大项目建设。省检察院实行服务重点建设项目挂牌督办,集中力量为文昌航天城、西环铁路等126个重点建设项目开展职务犯罪同步预防,积极帮助有关单位解决项目建设中遇到的法律政策问题,运用预防咨询、检察建议等帮助建设单位完善内部管理制度,提供行贿犯罪档案查询服务234次,力保"工程优质、干部廉洁、资金安全"。积极参与建设项目周边治安环境整治,共批准逮捕敲诈勒索、寻衅滋事等干扰项目建设犯罪嫌疑人449人,起诉418人,配合有关部门妥善化解征地拆迁、环境保护等方面矛盾纠纷47起。二是依法维护经济发展环境。积极参加整顿和规范市场经济秩序工作,共批准逮捕走私、金融诈骗、非法集资、非法传销等破坏市场经济秩序犯罪嫌疑人188人。提起公诉226人。海口市检察机关依法查办了刘越、李育胜等人利用网银系统非法转账套现587亿元案件,并就网上银行通转业务存在的监管漏洞,向相关部门提出对策建议,有效维护了金融监管秩序。围绕实施创新驱动发展战略,认真抓好打击制售假冒伪劣商品、侵犯知识产权等专项行动,共批准逮捕此类犯罪嫌疑人50人,提起公诉39人。在办理涉及企业案件时,做到"正确把握法律政策界限、正确把握执法方式方法、正确把握执法办案时机",坚决防止因自身执法不当给企业生产经营造成负面影响。三是强化生态环境司法保护。联合省林业厅部署开展"打击破坏森林资源犯罪保护海南生态环境"专项行动,依法批准逮捕盗伐滥伐林木、破坏林地等破坏环境资源犯罪嫌疑人163人,提起公诉337人。查办破坏森林资源刑事案件背后的渎职侵权犯罪36人。积极探索对行政执法活动法律监督,与国土、城建、环保、林业等部门建立健全联系协调机制,海口、三亚、陵水、屯昌等地检察机关针对侵占湿地非法养殖、违法排污等行为,通过检察建议、督促起诉等方式,督促相关行政执法部门加强监管、纠正违法,形成保护生态环境的执法合力,确保资源的可持续利用和生态环境安全。

二、坚持以执法办案为中心,着力推进平安海南、法治海南建设。依法打击刑事犯罪,重视化解社会矛盾,加强诉讼活动监督,努力维护社会和谐稳定和司法公正权威。一是严厉打击严重刑事犯罪。全年共批准逮捕各类刑事犯罪嫌疑人8339人,提起公诉9965人。严厉打击毒品犯罪、黑恶势力犯罪、严重暴力犯罪、"两抢一盗"等多发性侵财犯罪等严重影响群众安全感的犯罪、共批准逮捕四类犯罪嫌疑人6607人,起诉7370人。"5·8"万宁"校长开房案"发生后,检察机关及时介入侦查。引导侦查机关收集、固定、补充和完善证据,根据证据变化决定以涉嫌强奸罪提起公诉,依靠党委、政府做好受害人家属思想工作,惩治了犯罪,平息了舆情。正确适用宽严相济刑事政策,对罪行轻微的初犯、偶犯、过失犯等慎用刑事手段,给他们改过自新的机会,减少社会对抗、促进社会和谐,依法对423名犯罪嫌疑人不批准逮捕、对244名被告人不起诉。二是积极预防和化解社会矛盾。把执法办案向化解矛盾延伸。完善执法办案风险评估预警机制,预先研判和应对办案各环节可能发生的稳定风险、做到"早预警、早化解":对不批捕、不起诉、不抗诉等案件加强释法说理答疑,用阳光操作赢得信任、疏导情绪;加强特殊群体司法保护,会同有关部门加强拒不支付劳动报酬案件查处工作,维护劳动者特别是进城务工人员合法权益;加强涉检信访工作,集中开展领导干部大接访、"举报宣传周"等活动,落实重大信访案件领导包案、重信重访案件公开审查、刑事被害人救助等措施,受理群众举报、控告、申诉3342件,化解矛盾纠纷109起,防止因诉求渠道不畅引发社会矛盾。三是强化对诉讼活动的法律监督。强化刑事立案和侦查活动监督,会同省公安厅制定介入侦查活动、强化公安派出所刑事执法监督等实施办法,共监督刑事立案394件,监督撤案100件,纠正漏捕219人,漏诉111人。强化审判监督,依法提出刑事抗诉33件,法院审结43件,其中改判和发回重审34件,占79.1%;构建多元化民事行政检察工作格局,提出民事、行政抗诉和再审检察建议25件,监督民事执行64件,对189件裁判正确的民事行政申诉案件做好息诉服判工作,让人民群众在每一个案件中感受到公平正义。加强刑罚执行和监管场所监督,开展清理久押不决案件专项检查,纠正减刑、假释、暂予监外执行不当296件,纠正超期羁押8人次,监督纠正刑罚执行和监管活动违法145件,督促移送177名留所服刑罪犯至监狱执行刑罚,在全国率先完成罪犯交付执行与留所服刑专项检查。

三、坚持依法惩治和预防职务犯罪,着力促进反腐倡廉建设。充分发挥检察机关在惩防体系建设中的职能作用。一是坚决查处贪污贿赂大案要案。全年共立案侦查各类职务犯罪案件239件322人,与2012年同期相比分别增加13.3%和11.4%,保持了查处职务犯罪的高压态势。其中,立案侦查贪污贿赂案件194件261人,与2012年同期相比分别增加4.3%、1.2%。省检察院加强对查办重大案件的统一组织、指挥和协调,集中力量查办有影响有震动的大案要案,共立案侦查贪污贿赂大案158件,与2012年同期相比增加26.4%;涉案金额100万元以上的特大案件14件;查办涉嫌犯罪的县处级以上国家工作人员要案32人(含厅级干部5人),与2012年同期相比增加88.2%。加大查办行贿犯罪力度,立案侦查行贿犯罪嫌疑人33人,与2012年同期相比增加83.3%。二是着力解决发生在群众身边的腐败问题。严肃查办群众反映强烈的贪污贿赂犯罪,开展了查办和预防发生在群众身边、损害群众利益职务犯罪专项工作。围绕推进新型城镇化建设,依法惩治城镇化建设用地环节的职务犯罪,在土地审批出让、开发利用、征地拆迁等环节查办职务犯罪47件80人。围绕服务农村改革发展,严肃查办侵害农民利益、危害农业生产、影响农村稳定的涉农职务犯罪79件128人。围绕群众反映强烈的突出问题,在劳动就业、教育医疗、交通运输等领域查办职务犯罪62件64人。临高县检察院查办了县就业局原局长符坚坚先后倒卖62个公益性岗位指标,从中收受170余万元贿赂案;儋州市检察院查办了峨蔓镇盐丁小学原校长王琳贪污贫困寄宿生生活补助款17万元案,受到群众广泛好评。三是反渎职侵权工作显著加强。针对渎职侵权犯罪发现难、取证难、处理难的实际,省检察院制定了《关于进一步加强惩治和预防渎职侵权犯罪工作的实施意见》,健全举报宣传、线索管理、内外部协作等机制,增强突破案件能力,查办渎职侵权犯罪工作取得明显成效。全年共立案查办渎职侵权犯罪45件61人,与2012年同期相比分别上升87.5%和96.8%,其中重特大案件10件。主动邀请侦监、公诉部门提前介入,确定取证方向,完善证据链条,办案质量明显提升,法院已作出判决的46人均为有罪判决。四是深化职务犯罪预防工作。把预防犯罪放在与查办犯罪同等重要的位置。积极构建社会化"大预防"格局,与地税、公安、边防、电网等系统建立预防协作机制,帮助排查防范廉政风险,共建"不能为"的监督制约体系。围绕村级组织换届选举工作,组织开展专项预防,深入基层、面向选民进行预防教育71次,赠阅资料1100余份,积极防范拉票贿选和宗族、黑恶势力操纵、干扰选举等违法行为,为9400名新任农村"两委"干部开展换届选举专项预防警示教育。以加强预防工作促进创新社会治理,结合办案向有关单位提出堵塞漏洞、建章立制的检察建议139件,向各级党委、人大、政府提交预防职务犯罪年度报告,为源头治理腐败发挥了积极作用。

四、坚持认真贯彻实施修改后刑事诉讼法、民事诉讼法,全面加强执法规范化建设。主动适应修改后刑事诉讼法、民事诉讼法的新要求,全面履行新增法律监督职责,注重提高自身规范执法水平,保障检察权依法正确行使。一是全力抓好配套制度机制建设。坚持把执法规范化的要求贯穿于"两法"实施始终,切实加强工作制度和机制建设,以规范化建设促办案质量和公正执法。主动与省高级人民法院、公安厅、司法厅等单位沟通协商,会签了关于检察机关介入公安机关侦查、刑事案件换押、民事行政检察协作配合等事项的7个规范性文件,增进了监督共识,凝聚了监督合力。加强配套机制建设,制定排除非法证据、附条件不起诉、法律文书监督管理等13项工作制度,细化执法标准,引导和促进全省检察机关全面正确有效履行检察职能。二是切实加强涉罪未成年人司法保护。全省各级检察院均成立了专门的未检机构,建立起"捕诉监防一体化"的未成年人刑事检察工作模式。将"教育为主、惩罚为辅"的原则贯穿于办案始终,严格把握逮捕、起诉条件,共对涉罪未成年人不批捕182人、不起诉69人。认真落实涉罪未成年人分案起诉、轻罪记录封存等规定,积极探索运用社会资源构建涉罪未成年人观护帮教体系,共对涉案的670名涉罪未成年人封存犯罪记录,对97名涉罪未成年人落实帮教措施,均顺利复学或就业。三是强力推进案件集中管理。在全省检察机关规范设立案件管理中心,履行办案流程监督、案件质量评查以及律师接待等职责,构建起业务条线和案件管理中心"纵横结合"的监督管理模式。案件管理部门牵头对各项执法程序进行分解、细化和规范,出台了侦查终结、批准逮捕、审查起诉等业务流程监管指引,使执法办案的每个细节都有章可循。加强案件流程监控,每月通报工作情况,对自侦部门起诉意见书制作不规范、未成年犯罪嫌疑人权益保护不到位等问题进行了纠正。依托信息化建设推动检察工作提质增效,率先在全省检察机关正式上线运行统一业务应用系统,打造执法规范化建设的科技平台。

五、坚持加强检察机关自身建设,着力提高法律监督能力。以过硬检察队伍建设和基层基础建设为重点,深入推进检察机关自身建设,不断夯实检察工作发展根基。一是扎实开展党的群众路线教育实践活动。坚持学习教育为先,组织了检察长上党课、理论研讨会、专题辅导报告等活动。坚定理想信念,增强公仆意识。深入挖掘、巡回宣讲文昌市检察院检察官周经发同志先进事迹,教育和引导广大检察干警铸造忠诚品格,牢树为民宗旨,坚守廉洁操守。二是加强队伍素能建设。突出抓好领导班子建设,各级领导班子年龄、专业知识和学历结构进一步优化。以学习贯彻修改后刑事诉讼法、民事诉讼法为重点,举办各类培训班62期,培训人员7098人次。突出培训实效,引导干警在执法办案中强化素能训练。制定并实施全省卓越检察人才培养计划,组织全省检察机关十佳公诉人评选、侦查监督业务竞赛等活动,5名干警分别荣获全国检察业务专家、全国检察机关优秀公诉人、侦查监督业务标兵提名等称号。三是加强纪律作风建设。结合实际对改进文风、会风、开展调查研究、厉行节约等提出了具体要求和措施。坚持从严治检,开展"反特权思想、反霸道作风,整治违规驾车"专项活动,全面推进检察人员廉政风险防控机制建设,严格落实《检察人员八小时外行为禁令》,促进筑牢廉洁从检思想防线。四是加强基层基础建设。以全面规范派驻乡镇检察室工作为重点,深入推进基层检察院执法规范化、队伍专业化、管理科学化、保障现代化建设。围绕法律监督"触角"职能定位,合理界定派驻乡镇检察室"基础性工作重落实、核心性工作重质量、创新性工作重实效"三个层面履职体系,有效解决履职不分重点、没有主次等问题。制定出台派驻乡镇检察室工作流程,促进工作规范运行。一年来,全省37个派驻乡镇检察室深入乡村农户3907人次,化解矛盾纠纷188件次,向乡镇党委、政府提交调查报告73份,发现收集农村基层干部职务犯罪线索206件,派出检察院从中立案查处111人。2012年9月,三沙市三沙群岛检察院挂牌成立,三沙市两级检察院人员正式到位、依法履职。全省基层检察院有163个(次)集体、638名(次)个人受到省级以上表彰。澄迈县检察院、琼海市检察院荣获第五届全国先进基层检察院,基层检察队伍素质和法律监督能力进一步提升。

六、坚持加强自身监督制约,着力提升检察机关执法公信力。牢固树立监督者更要接受监督的意识,将自觉接受人大及社会各界监督作为推动规范执法的重要保证和强大动力,严防冤假错案发生,不断加强和改进检察工作。一是自觉接受人大监督和政协民主监督。每年召开驻琼全国人大代表和市县区人大主任座谈会,通报检察工作情况,广泛征求对检察工作的意见和建议。全省各级检察院也结合实际,积极加强与人大代表、政协委员沟通联系,共向人大及其常委会报告工作31次,通过编发检察信息及时通报检察工作的重要部署。以省人大常委会对贯彻执行《关于加强人民检察院法律监督工作的决议》情况开展专题调研为契机,及时收集、汇总整理调研中相关部门对检察工作的意见建议,研究确定了10个方面71项整改措施并逐项进行任务分解,进一步加强业务建设、促进规范执法。二是主动接受社会监督。制定《关于深化新形势下检务公开工作的意见》,促进检务公开工作制度化、规范化、长效化。认真落实新闻发言人、检察开放日等制度,全省统一开展"检察开放日"活动,定期向人民群众通报检察工作情况。通过省检察院天涯正义网和各级检察院案件查询系统向社会全面公开检察环节办案流程图。起诉书、不起诉决定书及案件办结情况的制度,确保检察权在阳光下运行。加强与新闻媒体的沟通联络,高度重视涉检网络舆情的收集、研判和应对工作,开通检察微博,主动回应社会关切,有效提升新媒体时代社会沟通能力。三是着力加强内部监督。严格按照"全面、全部、全程"的要求执行讯问职务犯罪嫌疑人同步录音录像,开展了反贪部门"整顿作风、严明纪律、规范执法"专项教育以及自侦部门规范执法情况专项检查,保证侦查权依法正确行使。建立律师业务办理预约服务制度,细化律师办理业务接待流程,大力推广电子卷宗并提供专门的阅卷场所,确保律师随到随时阅卷、依法保障律师执业权利。建立常态化的案件质量评查通报制度,坚持对捕后撤案、捕后绝对不起诉以及起诉后撤诉、判决无罪案件进行逐案分析,找准错捕错诉原因。提出改进措施建议,及时纠正办案中存在的普遍性、倾向性问题。

(海南省人民检察院研究室)

重庆市检察工作 2013年,重庆市检察机关依法批捕20119人、起诉32857人,查办涉嫌职务犯罪892人,审查办理信访7568件,对刑事民事行政裁判提出抗诉336件。

一、维护社会稳定,参与平安重庆建设。

依法履行打击犯罪职能。批捕涉嫌故意杀人、故意伤害、抢劫、绑架等犯罪1901人、起诉2993人。批捕多发性侵财犯罪和黄赌毒犯罪嫌疑人15415人、起诉19177人。依法打击了利用电信、网络实施犯罪的团伙13个。

努力推动社会矛盾化解。各级检察院依法不捕364人,依法不诉1540人,促成刑事和解406件。切实加强法律文书说理、重大敏感案件信访风险评估和涉检信访积案定期排查、专项化解工作,清理排查的26件积案已化解息诉24件。

促进社会治安综合治理。组织"莎姐"检察官深入中小学校宣讲法制206场,与晨报联办的"莎姐故事"普法专栏获全国法制好新闻奖项,市检察院公诉一处获评全国维护妇女儿童权益先进集体。围绕村居"两委"换届,举办法制教育235场,赠阅资料8万余份。

二、促发展护民生,加大司法保障力度。

积极服务经济发展。依法批捕金融诈骗、侵犯知识产权、扰乱市场秩序等犯罪嫌疑人601人、起诉966人。立案查办涉嫌在园区建设和重大建设项目招标投标、工程管理、款项支付等环节贿赂犯罪335人;深入查找职务犯罪风险控制点,促进相关单位完善内控制度146项。举办检察官讲堂230场,发放检察机关自编《民营企业防贪要诀》等预防读本5万余册,播放案例教育微电影56场。

积极维护群众合法权益。依法查处侵害民生职务犯罪嫌疑人582人;批捕制售有毒有害食品药品犯罪嫌疑人104人、起诉157人;建议工商、质监等部门移送涉嫌制假售假等危害民生犯罪578人。对侵害在校学生和农村留守妇女老人儿童权益的案件,依法批捕2289人、起诉2417人;对生活严重困难的刑事被害人给予司法救助523人,发放救助金203万元;尽力维护农户、农民工合法权益,支持1502人起诉维权。健全便民利民措施,积极推行接待群众"五心"工作法;夯实基层服务平台,70个检务联络室、19个派出检察室,辐射139个乡镇社区,形成"定点+巡回+联络员"工作模式。

积极开展对生态环境的司法保护。依法起诉非法采矿、非法占用农用地、盗伐滥伐林木等案件被告人283人,立案查办矿产开发、森林保护、林业补贴等环节职务犯罪案件44人。针对群众反映强烈的公害污染问题发出整改检察建议23件、建议有关部门提起民事诉讼3件。

三、惩防职务犯罪,促进反腐倡廉建设。

坚持"老虎""苍蝇"一起打。立案查办贪污贿赂案件634件771人,渎职侵权案件116件121人。重点查办职务犯罪,查处厅级干部7人、处级干部177人,涉案100万元以上的126人;依法查办涉嫌在行政审批环节权力寻租、索贿受贿犯罪115人。查办涉嫌在征地拆迁、城乡社保、涉农惠民、教育医疗等领域贪污贿赂犯罪397人。

立足办案加强职务犯罪预防。向市、区县党委提交查办预防职务犯罪年度报告。向发案单位及主管部门提出预防建议271件,被采纳236件。推动预防职务犯罪进党校、进机关、进企业、进村社,三级检察院到各级党校专题讲座170场,在一些部门、单位、国有企业开展预防讲座1518场。

四、加强诉讼监督,维护司法公正。

建立健全贯彻新刑事诉讼法的配套机制。加强监督、矫正、保护,制定附条件不起诉考察办法。与公安机关健全了定期分析通报刑事案件质量联席会议制度、出台了适用逮捕强制措施的指导意见、制定了对公安派出所刑事执法监督协作的意见。整体规划、统一指导在全市看守所建成适应远程讯问和同步录音录像要求的检察讯问室;制发指定居所监视居住管理办法;制定对事实清楚证据充分、被告人认罪并同意适用简易程序案件的办理规则。加强当事人权利告知、投诉处置工作。依托网上办案系统全面实现律师电子阅卷,积极推行预约接待。

加强刑事诉讼监督。对审查逮捕、审查起诉中发现证据不足和不构成犯罪的,决定不捕332人、不诉381人;对庭审控辩中发现证据变化或证据疑点的案件,启动自我纠错程序撤回起诉46人;对法院判决无罪的12人,倒查侦查、检察环节疏漏,剖析两审分歧;加强在案证据审查,强化与行政执法衔接,监督立案560件,追诉408人。提出量刑建议20527件,法院采纳率92.2%。检察机关提出的刑事抗诉案件法院审结37件,改判15件、发回重审8件。提出刑事再审检察建议25件,法院决定再审14件,改判10件、以裁定补正形式纠正3件。督促纠正呈报或裁定减刑、假释、暂予监外执行不当45人次,督促纠正混关混押等监管违规106件次,督促纠正监外执行罪犯脱漏管648人。

加强民事行政诉讼监督。检察机关提出的民事行政裁判抗诉案件法院审结333件,改判48件、发回重审9件、再审调解结案249件、当事人和解撤诉6件;提出民事行政再审检察建议371件,法院采纳358件。对应当立案而不立案、消极执行等提出改进工作检察建议177件。

同时,加大查处司法腐败力度,依法查办涉嫌贪赃枉法、滥用职权、刑讯逼供等犯罪的司法人员26人。

五、狠抓"三基"工程,推进检察队伍建设。

强化思想武装。把群众路线教育实践活动与检察工作、队伍建设紧密结合,扎实开展惩防民生领域职务犯罪、化解涉检信访积案、危害民生刑事犯罪立案监督、完善便民利民机制、正风肃纪五个专项行动。增强执法素能。分层分类制定人才培养规划,构建岗位素能标准体系。推行案例教学、疑案研讨等实训模式,市检察院集中培训3021人次。夯实基层基础。持续开展规范化检察院创建活动,依托电子检务实现对执法办案的全程、实时、动态、统一管理监督。统一招录208人重点补充基层,完善遴选办法。从严整肃风纪。结合实际出台检察机关改进作风实施意见和纪律"十严禁",开展为期4个月的专项督查。邀请78名人民监督员参与39次检风检纪督查和检察人员违纪线索核查。坚持从严治检,9名干警受到党纪政纪处分。

六、自觉接受监督,不断改进检察工作。

全市检察机关向两级人大常委会报告专项工作39次。认真办理代表建议16件、政协提案17件,满意率100%。邀请代表、委员观摩公诉出庭、参加逮捕必要性审查和微罪不诉社会帮教等活动1179人次。聘请10位民主党派、工商联、无党派人士担任第四届特约检察员。深化"阳光检务",重庆检察机关法律监督网站公开发布案件流程信息4.83万件;对拟不起诉、撤案的42件职务犯罪案件全部提交人民监督员监督,对人民监督员提出可能存在违规办案情形的29件全部启动监督;邀请群众2.3万人次观摩案件公开审查、业务竞赛等活动。

(重庆市人民检察院研究室)

四川省检察工作 2013年,全省检察机关围绕推进"三大发展战略",与全国同步全面建成小康社会的奋斗目标,认真贯彻落实修改后的刑事诉讼法和民事诉讼法,全面强化法律监督,取得新进展。

一、充分发挥检察职能作用,全力服务经济跨越提升。

依法打击各类经济犯罪,努力营造规范有序的市场环境。突出打击破坏市场经济秩序犯罪,批捕1254人,起诉1935人。深化商业贿赂、工程建设领域突出问题专项治理,查办780人。依法打击制假售假、侵犯知识产权犯罪,批捕165人,起诉238人。依法妥善处理涉及民间金融机构、实体经济和小微企业的案件,办理督促、支持起诉727件,依职权提起刑事附带民事诉讼117件。

严厉打击破坏环境资源犯罪,着力促进生态文明建设。开展集中打击整治破坏森林和野生动植物资源违法犯罪专项行动,批捕323人,起诉852人。突出打击非法采矿、造成重大环境污染事故等犯罪,批捕64人,起诉87人。查办生态环境保护领域职务犯罪211人。

二、全面强化执法办案,积极推进平安四川建设。

突出打击严重刑事犯罪,有力维护全省社会稳定。积极参与打黑除恶、扫黄打非、禁毒、打击"两抢一盗"、打击拐卖妇女儿童、平安铁路建设等专项整治,依法严惩个人极端暴力犯罪,严厉打击侵害在校学生、农村留守儿童安全的犯罪,加大对网络犯罪等新型犯罪的打击力度。共批捕37270人,起诉57692人。

坚决惩治危害民生民利的犯罪,切实保障群众合法权益。查办教育、医疗、征地拆迁、社会保障等民生领域职务犯罪1821人。开展危害民生刑事犯罪专项立案监督,监督行政执法机关移送涉嫌犯罪案件401件532人,监督公安机关立案352件457人。组织依法保障和促进安全生产专项检查,查办重大安全责任事故背后的渎职犯罪57人。深化农民工法律维权工作,办理维权案件268件,帮助追付工资586万元。加强刑事被害人救助,发放救助金620万元。

注重化解社会矛盾,着力增进社会和谐。落实宽严相济刑事政策,对无逮捕必要的不捕5354人,对犯罪情节轻微的不诉2096人,对捕后无羁押必要的484人提出释放或变更强制措施建议。完善检调对接机制,促成民事和解400件,促成刑事和解后不捕317人、不诉496人。

三、着力加强惩防职务犯罪工作,积极推进反腐倡廉建设。

坚持"老虎"、"苍蝇"一起打,保持惩治职务犯罪高压态势。立案查办职务犯罪1797件2384人,其中贪污贿赂犯罪1443件1933人,渎职侵权犯罪354件451人,为国家挽回直接经济损失3.5亿余元。

适应查办职务犯罪新要求,积极转变办案模式。加强举报线索集中管理、实名举报核实答复、举报线索不立案审查工作。深化侦查一体化机制,有效整合全省检察机关侦查力量。大力推进侦查信息化和装备现代化建设。

树立"预防职务犯罪出生产力"的理念,不断增强预防工作效果。开展预防职务犯罪进机关、进企业、进乡村、进社区、进学校活动。深入行业系统开展预防调查、提供预防咨询211件(次),组织参观警示教育基地4949人(次)。坚持惩治和预防职务犯罪年度报告制度,完善行贿犯罪档案查询工作。

四、切实履行法律监督职责,积极推进法治四川建设。

不断强化诉讼监督,全力维护司法公正。加强刑事诉讼监督,监督立案1011件,纠正不当立案364件;追捕716人、追诉860人;提出刑事抗诉221件。组织开展清理纠正久押不决案件、罪犯交付执行与留所服刑专项检查活动,书面纠正监管活动违法行为1491件(次)。深化诉讼结果、过程及执行程序"三位一体"的民事行政诉讼监督格局,提出抗诉、再审检察建议597件。

坚守防止冤假错案底线,着力提升司法公信力。依法适用侦查措施和强制措施,严格执行讯问职务犯罪嫌疑人全程同步录音录像制度,规范职务犯罪侦查工作。严格把好审查逮捕、起诉关,完善证据审查认定制度,依法排除非法证据。加强死刑二审案件审查、出庭工作。深化案件管理机制改革,全省三级检察院均设立案件管理机构,依托案件管理大厅接待辩护人、诉讼代理人及当事人案件查询、阅卷、申请会见承办人20625人(次)。

深化"两法衔接"工作,合力推进依法行政。推进全省三级"两法衔接"信息共享平台建设,推动"两法衔接"工作纳入省依法行政和社会治理综治考核。开展重大行政执法案件同步监督,建议行政执法机关移送涉嫌犯罪案件755件903人,公安机关已立案694件837人。

参与创新社会治理,促进提高社会治理法治化水平。完善未成年人法律援助、附条件不起诉、犯罪记录封存等制度,加强对涉罪未成年人的教育、感化和挽救。开展对依法不负刑事责任的精神病人进行强制医疗的监督,提出强制医疗申请60人,纠正强制医疗决定和执行不当8件。强化对监外执行和社区矫正的法律监督,对脱管、漏管等违法问题提出书面纠正意见2354件。

五、以提高执法公信力为核心,积极推进检察机关自身建设。

扎实开展党的群众路线教育实践活动。深入查摆检察机关在"四风"和执法方面存在的问题,逐项进行整改。制定加强纪律作风建设、改进文风会风等相关规定,修改公务接待、车辆管理等制度。认真开展"实现伟大中国梦、建设美丽繁荣和谐四川"主题教育活动和"转变作风、司法为民"活动。

突出抓好班子队伍素质能力建设。认真落实巡视、领导干部报告个人事项、任期经济责任检查、述职述廉等制度。深化"人才强检"工程,制定全省检察人才队伍建设中长期规划。组织基层检察人员全员轮训,培训7828人(次)。

不断强化内外部监督制约。制定涉案财物管理实施细则,组织干警执法规范在线考试,完善干警执法档案。深化廉政风险防控机制建设,加大自身反腐倡廉力度。自觉接受人大监督和政协民主监督,邀请人大代表、政协委员参加"检察开放日"、工作视察、听庭评议等活动892人(次)。深化人民监督员、特约检察员制度。开展深化检务公开改革试点工作。

着力加强基层基础工作。推进基层检察院执法规范化、队伍专业化、管理科学化和保障现代化建设。11个检察院被评为全国先进基层检察院,26个检察院被评为全省"四化"建设示范院或检察文化建设示范院。加快推进检察涉密信息系统分级保护、远程视频接访、看守所远程提讯等建设。

(四川省人民检察院研究室)

贵州省检察工作 2013年,贵州省检察机关以"让党满意、让人民满意"为目标,全面履行检察职责,各项工作取得明显进步,为贵州经济社会发展提供了强有力的司法保障。

一、服务发展大局更加主动。

一是服务大局的重点突出。积极服务"生态文明先行区"建设,建立生态环境保护检察工作机构,批捕、起诉了一批破坏生态环境的犯罪,有效保护了贵州的绿水青山。二是服务大局的措施有力。制定《关于积极发挥检察职能,服务保障企业发展的意见》,多层次召开检察长、董事长"两长"座谈会,搭建起了检企共建的新平台。省检察院建立派驻贵安新区检察工作联络办公室,各级检察院在11个工业园区建立检察工作室,服务180余个国家投资重大项目。三是服务大局的效果明显。积极服务"黔中水利枢纽建设"、"贵阳国际金融中心建设"等一批国家重大投资项目,帮助完善内控机制,确保了投资安全。

二、维护社会稳定更加有力。

一是惩治刑事犯罪力度进一步加大。紧紧围绕增强人民群众的安全感,严厉打击危害国家安全犯罪、严重暴力犯罪、黑恶势力犯罪和多发性侵财犯罪,加大打击制售假药劣药、有毒有害食品等犯罪的力度,共批准逮捕各类刑事犯罪嫌疑人31142人,提起公诉39952人,确保了社会大局稳定。二是贯彻落实宽严相济政策力度进一步加大。对一批无逮捕、起诉必要的初犯、偶犯、未成年犯依法不批捕、不起诉,体现了司法人文关怀,有效减少了社会对抗。对涉嫌犯罪的未成年人,坚持教育为主、惩罚为辅的原则,推行亲情会见、案后帮教等制度,有5个基层检察院荣获全省优秀"青少年维权岗"称号。三是化解社会矛盾力度进一步增强。认真开展重大突出矛盾集中化解"百日攻坚战",扎实做好政法挂帮、同步小康驻村等工作,排查化解了一批矛盾纠纷。全面推行刑事和解、检调对接工作机制,切实加强释法说理和执法办案风险评估预警工作,加强羁押必要性审查,促进了社会和谐。

三、服务和保障民生效果更加明显。

一是服务和保障民生水平不断提高。深入开展查办和预防发生在群众身边、损害群众利益的职务犯罪专项工作,及时立案查办了一批发生在征地拆迁、移民安置、社会保障、医疗卫生、食品安全等领域的职务犯罪,为确保国家惠民利民政策落到实处作出了积极贡献,得到最高人民检察院和省委的充分肯定。进一步加大对困难群众、留守儿童、孤寡老人、进城务工人员的司法保护力度,严厉打击招工诈骗、强迫劳动、拒不支付劳动报酬、拐卖妇女儿童等犯罪。二是服务群众工作水平不断提高。制定并认真落实司法便民十条措施,积极开展"走千家农户,访民生民情,送法律服务"活动,赢得了人民群众的好评。

四、查办和预防职务犯罪成绩更加显著。

一是查办重点突出。突出查办了一批有影响、有震动的大案要案,为国家挽回经济损失1.99亿元。其中立案侦查了程孟仁、沙先贵、洪金洲、王术君等厅级领导干部要案。在全国率先设立重大责任事故检察调查专员,立案侦查各类安全事故背后的职务犯罪35人。二是预防犯罪效果显著。组织开展了"预防职务犯罪,保障投资安全"、"百日助推重大工程项目建设"等专项预防工作,全程跟踪服务276个重点工程,保障了国家投资4200多亿元的资金安全。

五、发挥诉讼监督职能更加有效。

一是诉讼监督工作得到强化。对刑事诉讼活动和刑罚执行的监督全面加强,对不当减刑、假释、暂予监外执行的监督纠正更加深入。开展罪犯交付执行与留所服刑专项检查活动取得实效。特别是通过办理死刑案件,发现审判活动中的问题,敢于监督、善于监督,受到最高人民检察院的肯定。二是督促起诉工作得到加强。与国土部门建立防止国有资产流失的协作机制,开展国有土地出让金督促起诉活动,共督促起诉1689件,为国家追回国有资产11.63亿元。

六、执法作风和工作作风更加务实。

通过开展群众路线教育实践活动和"转变作风年"活动,"当日事当日毕"、"谁主管谁负责"的理念深入人心,机关作风明显好转,工作效能明显提高。在全国首创基层检察院执法规范化、队伍专业化、管理科学化、保障现代化与检察文化建设相结合的"4+1"工程,大力实施检察骨干队伍建设工程和检察干警素质能力提升工程,打造"贵州品牌"。全省检察机关执法公信力和社会满意度进一步提高,人民群众对检察院工作满意度为95.26%,在全省政法机关中名列前茅,与2012年同期相比上升0.51个百分点,62个先进集体和个人获得省级以上表彰。

(贵州省人民检察院研究室)

云南省检察工作 全省检察机关紧紧围绕工作大局和云南省"翻两番、增三倍、促跨越、奔小康"的目标,全面履行法律监督职责,不断加强自身建设,各项工作取得了新的成效。

一、推进平安云南建设。

按照"坚持打击犯罪、教育挽救、综合治理相结合,努力建设基础更牢、层次更高、群众更加满意的平安云南"的要求,全省检察机关认真履行批捕、起诉职责,共批捕各类刑事犯罪嫌疑人34699人、起诉46181人。突出打击重点,批捕"两抢一盗"等多发性侵财犯罪嫌疑人13065人、起诉14616人;批捕走私、贩卖、运输、制造毒品等犯罪嫌疑人7853人、起诉7530人;批捕故意杀人、故意伤害、危害食品药品安全等犯罪嫌疑人6320人、起诉7824人;综合运用检调对接、简易程序等工作机制办理轻微刑事案件,决定不批捕9246人、不起诉2080人,建议审判机关对具有自首、立功等情节的1851名被告人从轻、减轻处罚,办理符合法定条件的当事人自愿和解案件366件,达成和解协议312件;办理未成年人犯罪案件采取分案起诉、亲情会见、犯罪记录封存等保护性措施,决定不批捕1213人、附条件不起诉315人；认真做好综合治理工作，全力投入"扫黄打非"、治爆缉枪等专项整治行动，参加对287个治安重点地区的排查整治，提出完善打防控体系建设的检察建议206件。

二、服务经济社会科学发展。

全省检察机关积极服务桥头堡建设，开展边境地区专项整治，批捕妨害出境管理秩序等犯罪嫌疑人196人，起诉199人，派出9个检察室入驻姐告、畹町、猴桥等口岸所在地乡镇；继续加强与周边国家边境地区检察机关的司法合作，共同打击跨国犯罪，批捕外籍犯罪嫌疑人155人，起诉189人，依法监督湄公河中国船员遇害案糯康等罪犯的刑罚执行；切实维护涉外企业、外籍人员合法权益，办理涉外民事经济申诉案件121件，促进兴边睦邻；省检察院及时制定服务南博会的实施意见，突出工作重点，逐级落实责任，保障首届南博会顺利举办；完成省政府决策咨询课题《桥头堡战略实施中与周边国家刑事司法协助问题研究》，为加强桥头堡建设的司法保障提供了前瞻性决策参考。着力维护经济秩序，坚决打击制假售假、集资诈骗、侵犯知识产权等犯罪，批捕犯罪嫌疑人1235人，起诉1577人；办理涉及企业的民事行政监督案件1260件。依法保障生态文明建设，坚决打击盗伐林木、非法采矿等犯罪，追究1904名被告人的刑事责任；及时介入调查重大环境污染等事故，依法查办事故背后的渎职犯罪嫌疑人47人；加强对破坏环境资源违法行为的法律监督，采取督促起诉、支持起诉等方式办理环境公益诉讼民事案件327件；省检察院根据执法办案中发现的问题，组织对三江并流核心区保护工作开展调研，促进扶贫攻坚与环境资源保护工作协调发展。

三、加大惩治和预防职务犯罪工作力度。

全省检察机关依法查办贪污贿赂、渎职侵权犯罪案件1596件1935人，与2012年同期相比分别上升6.1%和9.6%；挽回经济损失5.14亿元，与2012年同期相比上升67.1%。其中，查办县处级以上干部84人（厅级6人），与2012年同期相比上升25.4%；查办损害群众利益的扶贫救灾、医药卫生、社会保障等领域职务犯罪案件1049件，与2012年同期相比上升10.1%；查办司法工作人员职务犯罪案件59件，与2012年同期相比上升9.3%。进一步规范侦查行为，把好案件质量关，职务犯罪案件有罪判决率为100%。

积极履行《云南省预防职务犯罪工作条例》规定的职责，选择典型职务犯罪案件开展案例剖析、预防调查等工作，提出预防检察建议961件，采纳率93.5%；开展警示教育14317次，制作5部廉政宣传短片在云南电视台播出，与省纪委、司法厅等单位共同举办"以案说法·反腐倡廉"大型巡回展，收到良好效果。

四、加强和规范诉讼监督。

依法规范诉讼监督。建立羁押必要性审查、民事执行监督等机制，完善刑罚变更执行同步监督、检察长列席审判委员会等制度，全面开展侦查违法行为调查、非法证据排除等工作，坚决防止和纠正冤假错案。共监督侦查机关立案2156件，纠正漏捕漏诉4564件，纠正减刑、假释、暂予监外执行不当2349件，纠正各类诉讼违法行为4585件，对认为确有错误的判决裁定提出抗诉318件。

切实加强内部监督。全面开展案件集中管理，统一实行办案流程监控，对涉案款物处置不当、履行法律监督职责不到位等情形提出监督意见542件，对重点案件开展质量评查8709件。强化检察执法各环节之间的监督制约，完善办案层级负责等机制，严格执行廉政风险防控管理、执法业绩档案、检务督察等制度，严肃开展诫勉谈话、责任倒查等工作，确保检察权依法规范运行。

主动接受外部监督。各级检察院认真执行人大及其常委会决议和审议意见，共向同级人大常委会专题报告工作354次，配合开展专题调研和执法检查252次。办理代表建议16件、政协提案8件，按时办结率、面商协商率、代表委员满意率均为100%。依法保障人民监督员履行职责，122件案件进入监督程序，监督意见采纳率为83.3%。坚持和完善特约检察员、检察开放日、案件公开审查等制度，保障人民群众对检察机关执法活动的知情权、参与权和监督权。

五、践行为民宗旨解决群众诉求。

始终把解决群众诉求作为贯彻党的群众路线的有力措施，共受理并全部分流处理控告、申诉和举报18033件，与2012年同期相比上升43.2%；坚持矛盾纠纷定期排查和办案风险评估预警制度，综合运用领导包案、依法复查、公开听证等方式办理涉检信访案件1405件，息诉罢访率为90.3%。认真执行《云南省涉诉特困人员救助条例》，依法为刑事被害人申请并发放救助金538万元，协调有关单位提供低保医保、就业援助等社会保障救助。大力加强云南检察门户网站、检察长电子信箱、微博、微信集群化建设,回应社会关切,解答群众疑惑,传播法治正能量。

六、强化自身建设。

省检察院紧密结合工作实际,深入开展党的群众路线教育实践活动,查摆出28个"四风"和自由主义、执法不规范等方面的问题,提出59条整改措施并立行立改,办文办会、公车使用、经费管理等工作进一步规范,基层和群众反映的突出问题得到及时整改。坚持从严治检,8名违纪违法检察人员被追究责任。

切实加强教育培训工作,采取网络培训、基层巡讲等方式举办各类业务培训班48期、培训3.2万余人次。采取与中国政法大学共建"卓越法律人才教育培训基地"等方式,加大选拔培养高层次检察人才力度,现共有硕士研究生以上学历人员633名、全国检察业务专家10名。继续做好"西部定向生"和少数民族"双语生"的委托培养工作。

深入推进基层基础建设,以向省人大常委会专题报告基层检察院建设情况为契机,进一步加大帮扶力度、促进工作水平整体提升,8个基层检察院获评"全国先进基层检察院",怒江州贡山县检察院独龙族检察官江德华当选"全国最美检察官",昆明市西山区检察院杨竹芳被授予第八届"全国人民满意公务员"荣誉称号。

(云南省人民检察院研究室)

西藏自治区检察工作 2013年,西藏自治区检察院在区党委和最高人民检察院坚强领导下,带领全区检察机关充分履行宪法和法律赋予的职能,全力维护社会和谐稳定与公平正义,深入开展党的群众路线教育实践活动,切实加强检察机关自身建设,各项检察工作实现了新的发展。

一、围绕全区中心工作,全力服务大局。一是综合运用检察职能维护稳定。积极参加敏感时段和重点部位值班备勤工作,全区检察干警在岗率保持在98%以上。积极参与守边护路,先后投入检力40000人次,对500公里铁路沿线、25个口岸(边境通道)、65个油气站、100座寺庙进行管护,三级检察院班子成员深入维稳一线"跑面"督导维稳工作937人次。全区检察机关有2367人参与和支持城镇网格化和农村(居委会)"先进双联户"建设,有效促进了社会和谐稳定。二是积极参与驻村工作。全区检察机关进驻210个行政村,对19950户91000余名群众进行面对面服务。在促进驻村经济发展中,科学规划、合理布局,解决基础设施和公共服务项目344个,筹集资金7000余万元,帮助老百姓办实事974件。在维护驻村社会稳定中,实现了"四零一降",即所驻村危安案件发案率为零、非法出入境人员为零、群体性事件为零、越级上访为零,刑事治安案件和各种矛盾纠纷显著下降。在建强驻村"两委"班子中,对班子建设、议事规则、村务公开等提出建议580余条,培养和发展基层入党积极分子、党员1500余名。进村入户进行感党恩教育、新旧西藏对比教育和法制宣传教育,受教育群众达20余万人次。在驻村工作中,全区检察机关涌现出59个先进集体和157名先进个人。三是不断深化职务犯罪预防工作。通过办案开展个案预防,根据发案单位存在的问题,及时发出有针对性的检察建议,促使发案单位进一步完善制度、加强管理、堵塞漏洞。以点带面开展行业和系统预防,与发改委、财政、建设、卫生、交通等重点部门和行业共同建立健全预防机制,注意总结带有行业特点的职务犯罪发案规律,制定有针对性的防范措施。结合重点工程开展专项预防,对"拉林公路"、"拉日铁路"等重点工程项目在实施之前和全过程中开展同步预防,努力实现工程优质、干部优秀的预防效果。

二、围绕法律监督职能,全面维护社会和谐稳定与公平正义。一是全面强化诉讼监督职能。全年依法批捕各类刑事犯罪嫌疑人1125人,提起公诉1457人。依法决定不捕、不诉385人,追捕、追诉41人。加大审判监督力度,依法对人民法院生效判决提出抗诉,人民法院改判、发回重审或调解结案率达66.7%。依法向人民法院、公安、司法行政等部门发出检察建议107件。依法监督减刑、缓刑、假释、监外执行1133人,深入监管场所对提审、会见、监管、看守以及收押、释放、执行等环节开展执法检查2331人次。二是积极推进查办职务犯罪工作。全区检察机关立案侦查各类职务犯罪嫌疑人39人,为国家挽回经济损失1400余万元。突出查办职务犯罪大案要案,查办要案人数同比上升了150%。

三、围绕体制机制建设,不断改革创新检察工作。一是探索接受监督的新措施。实行刑事申诉、民事行政监督案件公开审查制度,建立健全人大代表、政协委员对检察工作意见建议专项办理机制,邀请人大代表、政协委员视察检察工作。不断深化人民监督员制度改革,强化检察机关办理职务犯罪案件外部监督制约。二是探索履行检察职能的新方法。积极配合有关部门开展对重点地区和重点部位的集中整治,深挖各类不稳定因素背后的经济、政治根源,建立检察一体化专案办理与移送机制。扎实推进案件管理制度改革,统一案件入口和出口,建立了统一受案、全程管理、动态监督、案后评查、综合考评的执法办案管理新机制。三是探索队伍管理的新机制。将每人每月所做的工作科学测评为相应分值,作为考核依据。解决了机关管理工作中存在的"定性考核多、定量考核少"、"干多干少一个样"的问题。

四、围绕提升执法公信力,切实加强检察队伍建设。一是切实在政治理论学习上下功夫。重点学习领会习近平总书记关于法治建设、西藏工作的系列新思想、新论断、新要求和党的十八届三中全会关于全面深化改革的新理论、新观点、新举措,全区检察人员的进取意识、机遇意识、责任意识进一步增强。二是切实在深入开展群众路线教育实践活动上下功夫。活动开展以来,自治区检察院组织学习讨论30次,征求意见建议768条,开展批评与自我批评858人次,提出整改措施44条。自治区检察院党组班子成员和处级干部带头对照检查、带头自我批评、带头作出承诺、带头立改立行,使教育活动抓住了重点、抓住了关键、触到了痛处、改到了实处。三是切实在加强基层基础建设上下功夫。加强基层基础设施、技术装备和信息化建设,建成了全区检察机关的数据存储中心、大要案指挥中心、统一业务应用系统数据交换中心,积极推行网上办公、办案,提高科技强检水平。大力开展教育培训工作,全年共举办各类培训班100余期,培训各类检察人员5000余人次,有5人被评为全国优秀公诉人、全国侦查监督业务能手,司法考试通过率达36%,同比上升10%。四是切实在受援工作上下功夫。先后选派77名业务骨干到援藏省市检察机关跟班学习,邀请46名专家能手赴藏开展个案指导,合作举办研究生学历教育108人,为进一步推动西藏检察事业全面发展注入了新的活力。

(西藏自治区人民检察院研究室)

陕西省检察工作 2013年,陕西省检察机关顺应人民群众对公共安全、司法公正、权益保障的新期待,紧紧围绕富裕、和谐、美丽陕西建设,不断强化法律监督、强化自身监督、强化队伍建设,各项检察工作取得新进展。

一、坚持服务大局,促进陕西省经济社会持续健康发展。加大打击经济犯罪力度,共批捕扰乱市场秩序犯罪嫌疑人1253人,起诉1111人;批捕破坏金融管理秩序犯罪嫌疑人179人,起诉138人;批捕侵犯知识产权犯罪嫌疑人131人,起诉92人;查办商业贿赂犯罪嫌疑人46人。着力保障政府投资安全,共深入1034个重点工程项目,提供行贿犯罪档案查询33084次;依法查办项目决策、规划审批等环节职务犯罪嫌疑人90人。着力促进改善民生政策的落实,依法查办民生领域的贪污贿赂犯罪嫌疑人193人;批捕制售"毒豆芽"等危害食品药品安全犯罪嫌疑人379人,起诉291人;依法查办重大食品药品安全事件、重大安全生产事故背后的职务犯罪嫌疑人42人。着力加强对生态环境的司法保护,共批捕破坏生态环境资源的刑事犯罪嫌疑人116人,起诉265人;查办水利建设、矿产资源开发利用、环境监管中的职务犯罪嫌疑人60人。

二、全力维护社会稳定,促进和谐陕西建设。共批捕各类刑事犯罪嫌疑人21980人,起诉27723人。其中,批捕危害国家安全犯罪、严重暴力犯罪、黑恶势力犯罪、多发性侵财犯罪和毒品犯罪嫌疑人18108人,起诉22020人;批捕侵害公民个人信息犯罪以及由此滋生的电信诈骗、网络诈骗、敲诈勒索等犯罪嫌疑人1332人,起诉1120人。对涉嫌犯罪但无逮捕必要的,依法不批捕1176人;对犯罪情节轻微、社会危害性不大的,依法不起诉1212人。推进刑事被害人救助工作,共办理救助案件934件,救助金额共计263.45万元。坚持检察长接访日和下访、巡访等制度,依法办理群众来信来访7536件次。开展"基层检察院涉检赴省进京零上访"活动,全省有106个基层检察院辖区内无涉检进京访,105个基层检察院辖区内无涉检赴省访。积极参与社会治理创新,深入开展"检察官进社区(村组)"、"两下移三贴近"等活动。结合办案向有关部门提出改进社会治理的检察建议7615件。

三、依法查办和预防职务犯罪,促进反腐倡廉建设。坚持惩治和预防两手抓,努力遏制和减少职务犯罪。共查办各类职务犯罪嫌疑人1421人,与2012年同期相比上升1.9%。其中,查办贪污贿赂大案和渎职侵权重特大案件491件、要案58人,与2012年同期相比分别上升10.1%和1.8%,通过办案为国家挽回经济损失1.2亿元。查办发生在群众身边、损害群众利益职务犯罪嫌疑人879人。办理侦查协作案件110件,抓获在逃职务犯罪嫌疑人27人。职务犯罪案件有罪判决率达到100%,未发生办案安全事故。深入开展职务犯罪预防工作"进机关、进企业、进乡村、进学校、进社区"活动,建立预防职务犯罪警示教育基地97个,受教育180037人次。向有关单位提出预防建议885件。

四、强化对诉讼活动的法律监督,维护司法公正。认真贯彻落实修改后的刑事诉讼法、民事诉讼法和省人大常委会《关于加强人民检察院对诉讼活动法律监督工作的决议》,对应当立案而未立案的,依法监督侦查机关立案916件;对不应当立案而立案的,依法监督撤案827件。对应当逮捕而未提请逮捕、应当起诉而未移送起诉的,依法追捕2246人、追诉1626人;对不应当追究刑事责任或证据不足的,依法不批捕2408人、不起诉189人。依法提出刑事抗诉72件,民事行政抗诉161件,提出再审检察建议291件。依法监督纠正不当减刑、假释、暂予监外执行885人。查办涉嫌贪赃枉法、失职渎职等职务犯罪的司法工作人员80人。

五、加强自身执法监督,确保检察权依法正确行使。坚持以执法办案信息化促进执法规范化,检察机关统一业务应用系统全面上线运行,实现了全省检察机关全程网上办案。强化上级检察院对下级检察院执法办案活动的监督,严格落实职务犯罪案件审查逮捕决定权上提一级等制度。全面推进特约检察员工作,聘任56位民主党派成员和无党派人士为特约检察员。坚持人民监督员制度,共组织评议案件74件。

六、扎实开展党的群众路线教育实践活动,深入推进过硬队伍建设和基层基础建设。深入开展党的群众路线教育实践活动,全面加强思想政治建设,进一步加强各级检察院领导班子自身建设;大规模推进教育培训工作,举办各类业务培训班288期,培训检察人员14944人次,进一步提升执法能力;加大对基层检察院建设的帮扶力度,帮助解决办案力量不足、装备滞后等实际问题。深入开展创先争优活动,有25个集体和75名干警受到省级以上表彰奖励。

自觉接受人大及其常委会的监督,是不断加强和改进检察工作的重要保证。全省检察机关认真落实人大及其常委会的决议和要求,主动向人大常委会报告工作,积极配合人大开展集中视察、专题调研和执法检查,主动邀请代表、委员视察检察工作,参加庭审观摩、案件评析等活动,及时通报检察工作重要情况。

(陕西省人民检察院研究室)

甘肃省检察工作 2013年,甘肃省各级检察机关紧紧围绕全省工作大局,坚持以改革创新、勇创一流为动力,以强化监督、维护公正为主题,以忠诚为民、务实清廉为追求,全面推进平安甘肃、法治甘肃、执法公信力建设,各项工作取得了新的发展进步。

一是服务全省经济建设有新成效。坚持在服务发展稳定中体现职能,以履行职能促进发展稳定。围绕推进法治建设的部署要求,省检察院出台了《甘肃省人民检察院推进法治建设工作的实施意见》。围绕"十大行动"和"3341"项目建设,查办项目审批、土地征用等环节的职务犯罪147人;批捕诈骗、职务侵占等破坏生产经营和侵害企业权益的犯罪嫌疑人1187人,起诉2277人;批捕生产销售"毒蔬菜"、"假羊肉"、合同诈骗等破坏市场经济秩序的犯罪嫌疑人282人,起诉473人;监督行政执法部门向公安机关移送犯罪案件319件375人。

二是维护社会稳定工作有新加强。紧紧围绕平安甘肃建设,解决影响人民群众安全感的突出问题,全年共批捕各类刑事犯罪嫌疑人12676人,起诉19773人,与2012年同期相比分别上升4.2%和8.1%;不批捕766人,不起诉181人。批捕"两抢一盗"、拐卖妇女儿童及网络诈骗等犯罪嫌疑人4227人,起诉5522人;批捕寻衅滋事、敲诈勒索等欺压群众、横行乡里的犯罪嫌疑人998人,起诉1283人。不批捕未成年人239人,不起诉100人。受理涉检信访100件,已全部办结;立案复查刑事申诉案件299件。排查出的12件疑难信访积案基本化解完毕。

三是惩治职务犯罪有新进展。紧紧围绕项目建设、涉农惠民等重点领域,坚持"老虎"、"苍蝇"一起打,既查办有影响、有震动的大要案,又严肃查办发生在群众身边的职务犯罪,扎实开展查办损害群众利益的职务犯罪专项行动,切实维护群众利益,推动查办职务犯罪工作深入发展。共立案侦查贪污贿赂犯罪603件999人,与2012年同期相比分别上升4.3%和5.5%,其中,大案、要案与2012年同期相比分别上升10.3%和22%。省检察院带头查办了酒泉市政协原主席杨林受贿1350余万元案等一批大要案。立案侦查渎职侵权案件188件372人,与2012年同期相比分别上升53%和78%,其中,重特大案件105件,要案22人,与2012年同期相比分别上升110%和214.3%。查办国家助学金管理环节渎职侵权犯罪50人。立案侦查行政执法人员犯罪123人;立案侦查司法人员犯罪42人。

四是职务犯罪预防工作有新亮点。全省检察机关积极深入企业做好"六项工作",在权力密集部门推行警示提醒制、训诫督导制、责令纠错制"三项制度"。以职务犯罪预防为切入点组织开展了"两联系、两促进"专项行动,为省列总投资1.2万亿元的200个重大项目提供法律服务。制定《甘肃省检察机关服务重大项目建设工作实施办法(试行)》,规范了检察机关服务重大项目建设工作,提升了服务经济社会发展效果。共设立检察服务室803个,开展走访调研1355次,帮助整章建制551项,调处矛盾纠纷159件,依法督促政府有关部门及时为企业办理手续292项。结合办案,对群众和社会有反映的192人进行警示提醒;对存在不当履职隐患的234人进行训诫督导;对履职有过错的76人责令纠错,及时教育挽救了一批干部。

五是法律监督工作有新发展。继续加大对刑事立案、侦查、审判活动的监督力度,着力解决有案不立、有罪不究、司法不公等突出问题。认真开展对指定居所监视居住执行、羁押和办案期限、看守所执法活动、刑事裁判执行、强制医疗执行等各项监督工作。准确把握民事行政检察监督的范围和方式,深入开展对生效裁判、民事调解书、执行活动的监督,努力构建抗诉、检察建议、诉讼违法行为调查等多元化监督格局。共监督侦查机关立案639件,监督撤案1400件,与2012年同期相比分别上升20.1%和91.8%;追捕972人,追诉330人,与2012年同期相比分别上升11.3%和91.9%。对认为确有错误的刑事、民事、行政判决、裁定提出抗诉271件,法院审结189件,改判、发回重审132件。办理民事执行监督1122件,法院采纳1038件,采纳率为92.5%。监督纠正请减刑、假释、暂予监外执行不当763人次。

六是自我监督意识有新增强。狠抓作风建设,坚持强化法律监督和强化自身监督两手抓,通过抓落实、抓监督、抓效果,全省检察机关努力形成风清气正、求真务实、干事创业、团结和谐、创先争优的氛围。主动接受外部监督,各级检察院向同级人大常委会报告专项工作98次;认真办理人大代表转交的案件69件;三级检察院339名检察官分层级联系所在地的全国和省人大代表。组织人民监督员监督案件37件。通过门户网站、检察微博等平台及时向社会公布重大工作部署和重大案件办理情况392次。不断完善内部监督制度,省检察院制定了搜查工作规定、防范冤假错案工作意见等24项规章制度;先后两次派出11个工作组赴市县两级检察院就执法办案开展专项督察。

七是队伍能力素质有新提高。认真开展党的群众路线教育实践活动,征求意见建议372条,查摆出"四风"方面的问题32个,并逐个进行了整改;针对执法办案等方面的问题,建立完善了25项制度。共举办各类培训班461期,培训检察人员10420人次;189名干警通过司法考试。组织360名领导干部开展大调研活动,形成调研报告43份,专题召开"破解发展难题、推动工作进位"现场办公会,解决制约发展的问题83个。

(甘肃省人民检察院研究室)

青海省检察工作 2013年,全省检察机关按照省十二届人大一次会议的决议要求和全国检察长会议、全省政法工作会议的部署,进一步强化法律监督、强化自身监督、强化队伍建设,全面履行宪法和法律赋予的职责,各项检察工作取得了新的进展。

一、更加主动地服务经济社会发展大局。全省检察机关始终坚持把服务大局作为第一要务,注重运用法治思维和法治方式谋划和推进检察工作,致力于提升服务经济社会发展的能力和水平。及时研究制定了《青海省检察机关贯彻落实〈青海省创建民族团结进步先进区近期重点任务分工方案〉的工作方案》,明确推进创建工作的目标任务和要求,各级检察院倾力抓好省检察院服务经济社会发展系列措施的落实,切实保障全省经济社会健康持续发展。不断加强保障和改善民生工作,深入开展查办和预防发生在群众身边、损害群众利益职务犯罪和危害民生刑事犯罪专项立案监督活动,共立查此类职务犯罪案件48件64人,批捕危害民生刑事案件12件19人,全力维护人民群众的合法利益。依法妥善处理企业特别是非公企业的案件,平等保护各类市场主体的合法权益,批准逮捕侵犯知识产权和制售假冒伪劣商品案件15件23人,积极参与开展防范和打击非法集资宣传日活动,为经济社会发展营造良好的法治环境。

二、更加有力地维护社会和谐稳定。全省检察机关紧紧围绕平安青海、法治青海建设,坚持惩罚犯罪与保障人权并重,努力提高维护社会和谐稳定能力。

依法严惩各类刑事犯罪。认真履行批捕、起诉等职责,与有关部门密切配合,加大打击黑恶势力犯罪、严重暴力犯罪、多发性侵财犯罪、涉枪涉毒等严重刑事犯罪力度,共批准逮捕各类刑事犯罪案件2398件3884人,提起公诉3293件5270人,出席一、二审法庭3235件,法院已对4279人作出有罪判决,有罪判决率99.9%。严格贯彻宽严相济刑事政策,不批捕678人,不起诉281人。对西宁地区文奎、苟建平为首的两个黑社会性质组织40余名团伙成员依法提起公诉,切实增强人民群众的安全感。

坚决惩治危害国家安全犯罪。深入开展"反自焚"专项斗争和对"全能神"邪教组织的专项整治工作,加强提前介入和引导取证工作,依法快捕快诉。共批捕自焚刑事案件22件33人,提起公诉19件30人,法院一审判决17件27人。共批捕"全能神"邪教案件11件27人,提起公诉11件26人。结合案件办理,进行总结剖析,以案例分析提出防范建议,为党委决策提供参考。

十分注重化解社会矛盾。召开全省检察机关控告申诉检察工作会议,制定出台《关于加强和改进控告申诉检察工作的意见》,稳步推进涉法涉诉信访改革,全省涉检信访案件明显下降。进一步畅通群众诉求表达渠道,健全完善12309统一举报电话、网上信访、来信、来访"四位一体"机制,落实刑事和解、检调对接、视频接访、法律文书说理、执法办案风险评估预警制度,及时研判和化解执法中的不稳定因素。共排查化解重点涉检信访案件23件。加强刑事被害人救助和刑事案件公开审查工作,共救助刑事被害人58人,支付救助金34.23万元。

三、更加深入地查办和预防职务犯罪。全省检察机关认真贯彻标本兼治、综合治理、惩防并举、注重预防方针,切实加大执法办案的力度,促进反腐倡廉建设。

严肃查办各类腐败案件。突出查办危害民生民利的案件,主动回应人民群众的关切,保持了惩治腐败的高压态势。共立案侦查贪污贿赂案件150件192人,与2012年同期相比分别上升8.7%和1.6%。其中,大案96件,要案12人,大要案率与2012年同期相比上升35%。在立查案件中,涉农职务犯罪案件43件59人,工程建设领域职务犯罪案件32件35人,商业贿赂案件10件11人。

着力加强反渎职侵权工作。继续狠抓《青海省人民检察院关于进一步加强和改进新形势下惩治和预防渎职侵权犯罪工作的实施意见》的落实工作,落实同步介入重大事故调查、重大复杂案件专案调查、非法干预查处渎职侵权违法犯罪工作情况沟通和处理三个机制。立案侦查渎职侵权犯罪案件21件30人,为国家挽回经济损失1400多万元。

推动侦查工作方式转变。进一步突出办案重点,强化初查工作,实现工作重心前移,严格落实全程同步录音录像制度,加强同金融、电信、税务、公安、房产等单位的沟通协调,建成全省职务犯罪侦查信息快速查询平台,实现侦查方式从传统人力型向综合运用情报信息、科技手段的转变。运用侦查一体化机制突破案件71件92人。

不断深化职务犯罪预防。协助召开青海省预防职务犯罪工作领导小组会议,组织召开由预防职务犯罪工作领导小组办公室负责人、成员单位负责人、省直有关单位负责人、各市州纪委书记和检察长共100多人参加的惩治和预防职务犯罪年度通报分析会,明确各成员单位预防职责;5个市州和26个区县成立了预防职务犯罪领导机构,各市州检察院和29个基层检察院也积极落实这项工作。认真参与《青海省预防职务犯罪工作条例》(以下简称《条例》)的制定,以检察人员"五进"活动为依托,在全省检察机关集中组织开展了《条例》"宣传月"活动,致力于推动建立社会化预防工作大格局。启动了与省交通厅等部门共同预防职务犯罪联动工作,联合下发了《关于在交通基础设施建设中共同开展职务犯罪预防工作的实施意见》。在省纪委举办的县委书记、县长党风廉政建设培训班及重点单位进行了警示教育讲座。在全省中小学标准化学校建设项目、曹家堡临空经济园区整体搬迁集中安置项目等投资额高、社会影响大、涉及国计民生的重大基础设施、重大产业项目、重大惠民工程中突出系统预防,实行挂牌督办。共开展警示教育443场次,提供行贿犯罪档案查询4394次,发出检察建议169件。玉树州检察机关对97个百万元以上的灾后重建项目进行专项预防,确保灾后重建项目资金安全。

四、更加有效地加强对诉讼活动法律监督。继续深入贯彻落实省人大常委会《关于加强人民检察院对诉讼活动的法律监督工作的决定》,努力顺应人民群众对司法公正和权益保障的新期待,促进法治青海建设。

加强立案监督和侦查监督。注重保障人权,重点监督纠正非法取证、滥用强制措施、侵犯诉讼权利等问题。共受理立案监督案件99件,要求侦查机关说明不立案理由94件,侦查机关主动立案36件、执行立案17件;对不应当立案而立案的,督促撤案19件。对认为确有错误的刑事裁判提出抗诉27件。会同省公安厅出台了《关于刑事诉讼适用"另案处理"若干问题的规定》,积极推进量刑建议工作,促进量刑公开公正。

加强刑罚执行和监管活动监督。省检察院在省看守所设立派驻检察室,实现全省监管场所派驻检察工作全覆盖,全面完成与监管场所的监控联网。与食品药品监管部门对重点监管场所食品药品安全进行联合检查,部署开展罪犯交付执行与留所服刑专项检查活动,继续加大清理久押不决案件工作力度,加强对刑罚变更执行的监督,审查减刑4739件、假释41件、暂予监外执行109件,发出书面纠正违法通知24件。针对在监外执行和社区矫正中存在的问题,发出书面检察建议125件,监督纠正不及时换押和超期羁押案件12件16人。

加强民事行政检察工作。向省人大常委会专题报告了全省民事行政检察工作情况,制定了贯彻落实审议意见的工作方案,着力构建和推进民事行政检察多元化监督格局,得到省人大常委会的充分肯定。共审查处理民事行政申请检察监督案件345件,其中,提出抗诉7件,发出再审检察建议7件,督促起诉20件,支持起诉11件,检察和解23件,发出检察建议78件,作出不支持监督申请决定92件。

五、更加积极地推进改革创新工作。继续下大力气深化检察体制机制改革,着力把检察权力的行使纳入法治轨道、关进制度笼子。

全力推进执法规范化建设。坚持把执法规范化建设作为一项基础性、先导性、全局性工作,部署开展了为期两年的"执法规范化建设年"活动,对2012年以来办理的九类案件14个节点行为组织执法评查,逐案件逐事项进行评估,深入查找办案质量、法律监督水平、业务能力素质、规范执法情况、法律文书质量等方面存在的问题,并进行了及时督促整改。

切实推进案件管理机制改革。进一步完善案件集中管理模式,理顺案件受理、办理、管理关系,推进办案期限预警、办案程序监控、办案态势研判、涉案财物监管等工作,加强执法管理、流程监控和质量管理,省检察院及部分市州检察院、基层检察院成立了案件管理机构,为强化自身监督、促进执法规范化建设提供组织保障和机制支撑。省检察院新建案件管理中心大厅投入运行。

稳妥推进修改后"两法"新增监督职能。积极适应修改后"两法"实施的有关要求,注重从发现的冤假错案中吸取教训,切实防止"带病"批捕、起诉现象的发生,坚守防止冤假错案的底线。省检察院组织七个调研组,对实施情况进行了专题调研,切实解决"两法"实施中存在困难和问题。认真履行羁押必要性审查、侦查人员和证人出庭、强制医疗执行监督、简易程序出庭、庭前会议、非法证据排除、远程视频讯问等新增监督职责,保障律师介入、阅卷等辩护权利,规范死刑执行临场监督工作。

注重运用信息技术提高执法监督管理水平。牢固树立向科技要战斗力的观念,加大执法办案的科技管理投入,推进全国检察机关统一业务软件应用工作,建成纵向贯通、横向集成、资源共享的执法办案平台,依托网上办案加强对执法办案活动的全程、统一、实时、动态监管,使执法规范的"软约束"变成了网络运行的"硬要求",检察人员的程序意识、过程控制意识和持续改进工作意识不断增强,通过网络办案5200余件,执法办案规范化水平、工作效率和案件质量得到提升。

六、更加扎实地落实检察队伍建设和基层基础建设措施。坚持不懈地加强对检察队伍的教育、管理和监督,更加重视抓基层、打基础工作。

深入开展党的群众路线教育实践活动。省检察院把开展教育实践活动作为重要政治任务,围绕"为党尽职、为民奉献、为检尽责"的要求,坚持强化理论武装,在学思践悟中磨砺党性心性,推动广大检察人员在坚持党的群众路线、强化法律监督方面做到知行合一。坚持开门纳谏,通过在机关设立意见箱、检察微博设立专栏、召开座谈会等形式,共征求到系统内外对省检察院工作的意见建议254条。把握关键环节,聚焦"四风"问题,以整风精神开展批评与自我批评,积聚检察工作的"正能量"。突出检察特色,通过组织开展向先进典型学习、检察人员"五进"活动和检务公开效能提升、民生检察等八项行动,在凸显"检察元素"中增强群众认同,推动联系服务群众工作制度化、常态化。切实整改落实。坚持边查边改、即行即改,研究制定切实改进工作作风、密切联系群众的23条措施,着力改进文风、会风、工作作风;制定整改方案,细化整改措施,明晰分工责任,固化教育实践活动成果。全省性检察工作会议、文件、简报数量与2012年同期相比分别下降26%、18.9%和11.4%,领导干部下基层调研与2012年同期相比增加42.3%,会议费用、"三公"经费与2012年同期相比下降27.2%和5%。狠抓建章立制工作,共修改42个、新制定37个、废止12个制度。

突出推进素能建设。以专业化职业化为方向,持续推进"大学习、大培训、大练兵"活动,坚持以办案一线检察人员为重点,着力加强执法技能培训,通过举办各类业务培训班和竞赛活动,培训人员1935人(次)。强化高层次人才培养,共有16名同志分别被确定为全国检察业务专家和全省检察业务专家,组织开展全省公诉、侦监、"双语"诉讼等岗位竞赛活动,发现和培养了一批业务骨干。继续抓好司法考试集中培训工作,37人通过司法考试,通过率48.1%。加强检察文化建设,成立青海省检察官文联,增强检察文化软实力。西宁市检察院沙沨同志荣获"全国模范检察官"称号,格尔木市检察院陈永洁同志荣获全国十大"最美检察官"称号。

切实抓好内部监督。坚持把强化自身监督与强化法律监督摆到同等重要的位置,持续开展扣押冻结款物、警车管理使用、同步录音录像、办案安全和质量、规范安全文明执法等工作的交叉督查检查,认真解决自身违法违规办案的突出问题。听取和评议两个市州检察院检察长述职述廉报告,接受最高人民检察院巡视组巡视,组织开展了廉洁从检承诺、廉政风险防控机制建设"回头看"活动,健全领导干部廉政档案和检察人员执法档案。进行正风肃纪专项整治,通过采取岗位警示教育、明察暗访、严格考勤等措施,促进机关作风进一步好转。

注重强化基层检察院建设。以提高执法能力为核心,着力推进基层检察院执法规范化、队伍专业化、管理科学化、保障现代化建设,建立健全重心下移、检力下沉、保障下沉的工作机制。坚持人、财、物向基层倾斜,加快构建经费保障、基础设施、科技装备、后勤服务"四位一体"检务保障格局建设的步伐。强化铁路运输检察工作,理顺工作关系,稳定铁检队伍。对9个全省先进基层检察院、3个基层检察院建设组织奖单位进行了表彰。15个检察院被命名为全省文明单位。

(青海省人民检察院研究室)

宁夏回族自治区检察工作 2013年,宁夏回族自治区检察院紧紧围绕经济社会发展大局,突出"强化法律监督,维护公平正义"检察工作主题,忠实履行宪法和法律赋予的职责,各项检察工作取得了新进步,为自治区经济发展与社会和谐稳定作出了应有的贡献。

一、服务经济社会发展有成效。自治区检察机关自觉把检察工作放在大局中来谋划和推进,自治区检察院制定《宁夏检察机关全面推进"两区"建设大发展,服务开放富裕和谐美丽宁夏建设的意见》,对自治区检察机关服务"两大战略"和"两区"建设作出全面部署。各级检察机关充分发挥打击、监督、预防、教育等职能,服务经济社会发展。积极参与整顿和规范市场经济秩序工作,依法批捕合同诈骗、非法经营、生产销售伪劣商品等各类破坏市场经济秩序的犯罪嫌疑人153人,提起公诉241人。积极服务村级"两委"换届选举,有效预防贿选等非法干扰换届选举问题发生,确保村级"两委"换届选举依法有序进行。自治区党委、政府办公厅转发了《关于进一步推进行政执法与刑事司法衔接工作的实施意见》,将"两法"衔接工作纳入县级以上地方人民政府绩效考核,有力促进了依法行政。通过督促行政机关履行职责,督促土地管理、环保、人防、税务等部门清理收回拖欠国有资金4.89亿元。

二、维护社会和谐稳定更加有力。全面贯彻宽严相济刑事政策,依法打击各类刑事犯罪,维护社会和谐稳定。突出打击重点,批捕故意杀人、故意伤害、爆炸、绑架、抢劫、抢夺、盗窃等犯罪嫌疑人1922人,提起公诉2567人。对公安部挂牌督办、社会广泛关注的杨海等65人组织、领导、参加黑社会性质组织犯罪案件,彭阳"10·14"等重大恶性刑事犯罪案件,及时提前介入引导公安机关收集固定完善证据,依法快捕快诉,保持了对严重刑事犯罪的高压态势。全面开展检调对接、刑事和解、附条件不起诉等工作。对犯罪情节轻微、社会危害不大的未成年人、老年人、初犯、从犯等犯罪,依法适用轻缓刑事政策,减少社会对抗,促进社会和谐。全年依法不批捕1023人,不起诉181人。建立完善非法证据排除、羁押必要性审查、死刑案件客观性证据审查等机制,严把案件质量关,有效提高了办案质量。积极参与社会矛盾化解和社会治理创新。在街道、社区设立23个社区矫正检察官办公室,强化社区矫正法律监督。集中清理涉法涉诉信访积案,对可能引发群体性事件、赴京非正常上访、重复信访等案件进行重点化解,依法息诉18件积案。通过宁夏检察微博发现并成功处置37起涉检网络舆情。加强刑事被害人困难救助工作,向刑事案件困难被害人发放救助金60.5万元。

三、查办和预防职务犯罪工作平稳发展。坚持办案数量、质量、效率、效果、安全有机统一,充分运用侦查一体化机制,采取督办、参办和异地交办等方式,依法惩治职务犯罪。全年共立案查处贪污贿赂、渎职侵权等职务犯罪案件270件409人,立案件数与人数与2012年同期相比有所增加。查处大案158件,要案23人。重视查办行贿犯罪,共查办行贿案件68人,与2012年同期相比上升30.8%。通过办案共挽回经济损失1412万元。集中开展"查办和预防发生在群众身边、损害群众利益职务犯罪"专项工作,立案查办损害群众利益的职务犯罪案件194人。查办职务犯罪案件取得显著成效。

牢固树立"预防职务犯罪出生产力"的理念,深入推进"黄河预防工程",对阅海湾中央商务区、中北部土地开发整治工程、黄河疏浚工程等55个自治区重大工程项目招投标、资金使用等关键环节实行同步预防。在生态移民、食品安全、安居工程等领域开展专项预防。会同预防腐败局、民政厅在民政系统开展违纪违法及职务犯罪预防专项活动,对社会救灾救助、优抚安置、社会捐赠等民政资金拨付发放情况进行专项检查,确保国家惠民政策落到实处。全年提供预防咨询1076次,预防调查239次,撰写专题预防报告76份,地方党政主要领导作出批示44份。结合办案,提出预防建议309件,被有关单位采纳301件。提供行贿犯罪档案查询1.5万次,7个单位因有行贿犯罪记录被取消投标资格。与党校、监狱、看守所共同建立警示教育基地23个,先后有4万余人到警示教育基地接受廉政教育。全面落实预防职务犯罪年度综合报告制度。

四、诉讼监督工作不断加强。自治区检察机关共监督公安机关立案67件,撤销不当立案176件,纠正漏捕95人,追诉漏犯34人,追诉遗漏犯罪事实和罪名77起163人。深入推进量刑建议工作,法院对量刑建议采纳率为86.2%。刑事抗诉案件质量稳步提升,对刑事判决提出抗诉29件,法院审理改判26件。刑罚执行监督和监管活动不断深入。完善了刑罚变更执行同步监督、羁押期限预警提示、在押人员约见检察官等制度。开展集中清理"久押不决"案件和监管场所举报申诉案件专项活动,对核查出的3件"久押不决"案件及时协调有关部门解决。依法监督纠正减刑、假释、暂予监外执行不当65人,脱管漏管28人。积极开展"全国看守所在押人员投诉处理机制"试点工作,经验在全国投诉处理机制与羁押巡视制度研讨会上交流。

认真执行修改后的民事诉讼法,共提出抗诉45件,法院审结并作出裁判66件(含旧存案件),提出《再审检察建议》29件,法院再审25件,改变原判决20件。办理民事行政执行监督案件403件,提出《检察建议》385件,法院已采纳291件。办理民事行政审判违法行为监督案件244件,提出《检察建议》238件,法院采纳率为92%。对正确裁判,依法引导当事人服判息诉63件,维护了法律权威。

五、行政执法监督深入推进。自治区检察院在银川市道路运输系统集中开展行政执法案件专项检查,针对执法不规范问题发出检察建议。自治区道路运输管理局在自治区道路运输管理系统开展了专项整治活动。加强行政执法与刑事司法衔接工作。自治区检察机关与区、市、县630个行政执法单位签订《关于建立行政执法与刑事司法"网上衔接、信息共享"工作机制协议》,率先在全国检察系统建成县级以上"两法"衔接信息平台。通过信息平台录入案件3392件,监督有关行政执法机关移送涉嫌犯罪案件12件12人,法院已作有罪判决8人。

六、执法规范化建设不断深化。深入开展"规范执法巩固年"活动,制定《关于进一步提高办案质量严防冤假错案的意见》、《关于非法证据排除实施办法》、《关于在职务犯罪案件中加强侦、捕、诉协作配合与监督制约规定(试行)》等制度规范,进一步完善内部监督制约机制,通过抓规范促办案,案件质量效果有了明显提升,撤案率、不起诉率、撤回起诉率、无罪判决率大幅下降,有罪判决率、抗诉改判率、再审检察建议和纠正违法检察建议采纳率明显上升,全年没有发生办案安全事故。加强检务督察,各级检察院纪检监察部门对自侦部门查办职务犯罪案件实行跟踪监督。在自治区统一开展捕后不起诉案件、撤回起诉案件、撤销案件等五类重点案件评查工作。从评查结果看,所评查的案件基本上认定事实清楚,证据充分,适用法律正确;绝大部分案件能按照修改后刑事诉讼法和刑事诉讼规则程序办理,做到了程序合法,无重大程序错误。

七、检察队伍素质不断提高。按照自治区党委部署,自治区检察院、吴忠市检察院和中卫市检察院深入开展党的群众路线教育实践活动。通过召开专题座谈会、下基层走访民情、开展"六个一"活动等形式,加强队伍群众路线、群众观点教育,从执法理念、执法作风等方面积极查摆解决"四风"方面存在的问题,检察队伍更加为民务实清廉。

坚持以队伍专业化、职业化建设为目标,实施"素质强检"工程。与清华大学、中国人民大学、国家检察官学院建立合作关系,积极开展领导素能、专项业务和任职资格培训,全年培训2000余人次。自治区检察院实施"青年检察人才育才工程",通过进修培训、岗位练兵、业务竞赛、技能比武等形式,培养实用型、骨干型和复合型人才。35名干警考取在职法律硕士研究生,为历年来最多;1名干警被评为"全国检察业务专家";2名干警被提名为全国"最美检察官"候选人,1名干警入围全国"最美检察官"提名奖;9名干警在全国检察系统业务竞赛中取得优异成绩;全年有48个集体和98人次受到自治区级以上表彰奖励。

八、基层基础建设进一步加强。积极争取中央专项及地方配套资金,用于办案经费补助和基层检察院建设。全面完成视频远程讯问系统、看守所全程同步录音录像讯问系统和办案区数字化升级改造。扎实推进统一业务应用系统试点工作。自治区14个检察院被授予"全国文明接待室",4个检察院被评为"全国文明接待示范窗口"。完成银川铁路运输检察院平稳移交工作。自治区检察院和5个市级检察院成立案件管理办公室,基层检察院全部启动并积极开展案件管理工作。

(宁夏回族自治区人民检察院研究室)

新疆维吾尔自治区检察工作 2013年,新疆检察机关紧紧围绕自治区跨越式发展和长治久安两大历史任务,全面履行法律监督职责,各项检察工作取得新的成效。

一、依法严厉打击民族分裂宗教极端暴力恐怖犯罪,全力维护社会稳定。新疆检察机关始终把依法严厉打击"三股势力"犯罪活动作为首要政治任务,坚持"一反两讲",依法快捕快诉了喀什、吐鲁番、和田等地系列暴恐犯罪案件。严厉打击各类严重刑事犯罪,全年共批准逮捕刑事犯罪嫌疑人13876人,提起公诉21853人。坚持宽严相济刑事政策,依法决定不批捕2575人、不起诉1500人,与2012年同期相比分别上升23.3%和17.1%。结合办案化解社会矛盾,促进社会和谐。加大推进刑事和解、社区矫正试点、检调对接和释法说理等工作,化解涉检信访积案。积极参与重点地区、重点领域的社会治安综合治理,针对执法办案中发现的苗头性、倾向性问题,及时向有关部门提出检察建议。

二、全面履行检察职责,努力服务跨越式发展。全年共批准逮捕破坏市场经济秩序犯罪嫌疑人426人,提起公诉585人。深入开展查办和预防发生在群众身边、损害群众利益职务犯罪专项工作,查办重点领域贪污贿赂案件393件414人。开展涉农惠民专项工作和危害民生刑事犯罪专项立案监督活动,挂牌督办11起案件,查办案件117件183人。开展查办骗取家电下乡补贴资金背后渎职犯罪专项行动,立案侦查国家公职人员犯罪案件75件88人。协调有关部门,对昌吉"6·18"、奎屯"10·28"重大交通事故、呼图壁白杨沟煤矿"12·13"重大瓦斯爆炸事故和乌鲁木齐米东区北沙窝区域上千亩国家公益林被污水损毁事件介入同步调查。深化行政执法与刑事司法衔接工作,积极参与网络信息、食品药品安全等领域专项整治行动。

三、查办和预防职务犯罪有效果。全年立案查办贪污贿赂犯罪案件547件580人,与2012年同期相比上升18.1%和11.3%,其中大案262件,要案29人(厅局级5人),立案查办行贿犯罪嫌疑人95人。查办渎职侵权犯罪案件121件132人,与2012年同期相比上升22%和16.8%,其中重特大案件34件36人。依法查办了和田行署原副专员艾山江·尕依提、新疆煤田灭火工程局原局长齐德香等一批贪污受贿犯罪案件。通过办案为国家挽回经济损失8400余万元。结合查办案件开展职务犯罪预防,对乌鲁木齐市田字型快速通道二期工程等30个重点项目开展挂牌预防。完善职务犯罪年度报告制度,向有关部门提出检察建议236件。开通全国检察机关网络举报线索分流系统,109个检察院公布和开通了12309"双语"举报电话。提供行贿犯罪档案查询服务7865次。

四、诉讼监督工作进一步加强。全年监督纠正侦查机关应当立案而不立案案件145件,不应当立案而立案案件100件。追加逮捕155人、追加起诉180人,与2012年同期相比分别上升67%和24%。落实审查逮捕阶段讯问犯罪嫌疑人、听取律师意见制度,对侦查中的违法情况提出纠正意见636件次。加强审判监督,落实检察长列席审判委员会议等制度,对认为确有错误的刑事裁判提出抗诉72件。加强民事行政检察工作,对认为确有错误的民事行政裁判提出抗诉165件,办理民事执行监督案件121件。加强刑罚执行监督力度,清理久押不决案件149人,纠正超期羁押114人,对刑罚执行和监管活动中的违法情况提出纠正意见324件次。

五、强化自身监督机制。深入推进讯问职务犯罪嫌疑人全程同步录音录像制度,严格落实非法证据排除规定、职务犯罪案件审查逮捕"上提一级"和职务犯罪案件一审判决上下两级检察院同步审查制度。制定了《关于加强规范执法严防冤假错案的意见》《关于侦查监督部门对重大案件适时介入的规定》等制度。深化案件管理机制改革,全疆已有112个检察院建立了案件管理机构。深化检务公开,制定了《深化"检务公开"工作的实施意见》,广泛开展检察长接待日、检察开放日和"举报宣传周"活动。全面推行人民监督员制度,改进人民监督员选任方式,全年有69件案件进入人民监督员监督程序。

六、切实加强检察队伍建设。召开全疆检察机关队伍建设工作会议,制定了《关于加强和推进新时期新疆检察机关队伍建设的实施意见》和《关于加强检察机关内部监督工作的实施意见》等指导规范性文件。突出抓好领导班子建设,坚持德才兼备原则选拔干部,不断强化对各级检察院领导班子的监督管理。注重发现和培养基层先进典型,广泛开展向"全国模范检察官"张飚同志学习活动。5个基层检察院荣获全国先进基层检察院称号,24个基层检察院荣获全区先进基层检察院称号。认真贯彻落实修改后刑事诉讼法、民事诉讼法,广泛开展全员业务培训和岗位练兵。举办各类专项培训班108期,参训人员7900余人次。严格执行各项禁令和纪律规定,严肃查处违法违纪检察人员4人。

七、以正风肃纪为重点,狠抓纪律作风建设。自治区检察院作为第一批开展党的群众路线教育实践活动单位,按照自治区党委和最高人民检察院的统一部署,以为民务实清廉为主题,围绕保持党的先进性和纯洁性,在坚决反对"四风"的同时,坚持把突出政治坚强作为正风肃纪的核心,切实加强组织领导,完善和细化各环节工作安排。坚持开门搞活动,召开社会各界座谈会、深入基层和联系点,广泛听取意见,精心组织召开领导班子民主生活会,认真查摆和解决存在的问题,大力开展批评与自我批评,切实加强班子建设,改进工作作风,提高群众工作本领。制定自治区检察院《关于改进作风、提高执法能力、主动接受监督的公开承诺》,切实在立行立改、健全和完善党的群众路线长效机制等方面,抓好整改落实和建章立制工作。

八、加快基层基础建设与科技强检。坚持把夯实基层基础作为根本任务,下大力气解决基层缺编少员问题。面向社会公开招录检察人员455人、定向招录36人,全部充实基层一线。进一步加大"两房"建设和装备建设力度,落实在建国家和自治区下达的14个基层检察院"两房"建设项目。加快国家检察官学院新疆分院建设,现已建成投入使用。加大信息化建设力度,以推行检察机关统一业务应用软件为契机,认真开展检察专网基础网络平台建设,完成检察专网分级保护工作。坚持以提高法律监督能力和执法办案水平为重点,统筹抓好检察对口援疆工作。

(新疆维吾尔自治区人民检察院研究室)

军事检察工作 2013年,全军和武警部队检察机关紧紧围绕实现强军目标,紧贴部队中心任务,认真履行检察职能,各项工作取得明显成效,队伍建设有了新的进步。

一、学习贯彻党的十八大和习主席重要指示精神深入扎实。全军各检察院按照"走在前列、标准更高"要求,切实把学习贯彻党的十八大和习主席一系列重要指示精神作为首要政治任务,紧密联系军事检察工作实际,全面理解、深刻把握习主席提出的一系列重大理论观点、重大战略思想、重大工作部署,努力在武装头脑、指导实践、推动工作上下功夫。扎实开展"坚定信念、铸牢军魂"主题教育活动，高举旗帜、听党指挥的信念更加坚定。深入开展"学习贯彻党章、弘扬优良作风"教育活动和党的群众路线教育实践活动，进一步纯正思想作风、端正执法作风、改进工作作风，为做好新形势下军事检察工作提供坚强保证。

二、维护部队安全稳定坚决有力。着眼维护部队高度集中统一和安全稳定，运用批捕起诉职能，依法严厉打击各类严重刑事犯罪活动。办案中，严格证据标准，坚持提前介入，快捕快诉、快侦快结，确保办案质量。针对案件中暴露出的问题，积极向领导提出法律建议，帮助发案单位剖析原因、完善机制、堵塞漏洞，搞好综合治理。严格履行立案、侦查、审判和执行监督职责，依法审查监督劳教、保外就医、监外执行、假释等情况。积极开展矛盾纠纷排查化解工作，指导有关单位妥善处理涉法涉诉上访，维护了军队和社会的安全稳定。

三、查办职务犯罪案件成效显著。进一步加大查办职务犯罪工作力度，认真抓好案件线索核查工作。加强线索受理、评估和初查初核工作，努力提高成案率，有力推动了办案工作的开展。切实加大办案指导力度。上级检察院坚持靠前指导，全力为下级检察院查办案件排忧解难，充分发挥侦查一体化优势，形成整体合力；院领导深入办案一线，亲自组织和参加调查取证，确保办案工作顺利开展。集中力量攻坚克难。军事检察院和一些大单位军事检察院统一调用办案力量，与地方检察机关紧密协作，实行整体作战，加大突破案件力度，提高了办案效率。

四、预防职务犯罪工作不断深化。深入开展法制宣传教育。扎实搞好预防职务犯罪警示教育巡回宣讲，积极开展送法进机关、下基层、到边防活动，持续推动新老兵和随机性经常性法纪教育，为部队授课1360余场，听课和受教育官兵达48万人（次）；编发教材和录像资料片10余种（部），下发部队68000余册（盘）；开展法律咨询7200人（次），解决涉法问题610余个，受到部队和官兵广泛好评。认真研究解决新情况、新问题。深入开展重点行业领域预防职务犯罪工作调研，有针对性地制定加强预防工作的措施。组织召开全军预防职务犯罪工作座谈会，紧紧围绕实现强军目标，研究部署加强新形势下预防职务犯罪工作。大力推广先进经验。利用《解放军报》、《检察日报》、全军政工网等平台，总结推广了19个单位预防职务犯罪典型经验，形成了依靠典型引领抓预防的鲜明导向。注重完善制度机制。认真落实惩治和预防职务犯罪年度报告制度，为部队党委领导提供预防决策咨询。积极探索建立预防职务犯罪警示教育基地、教学示范基地、研究中心等预防职务犯罪工作平台，不断健全完善预防职务犯罪联系点、预防职务犯罪工作联席会议等机制，推进预防职务犯罪工作的制度化经常化。持续抓好军营法律文化建设，进一步浓厚了部队法律文化氛围，增强了官兵法律意识。

五、在开展多样化军事任务中检察工作积极主动。着眼服务保障部队圆满完成各项任务，积极探索开展各项检察工作。按照军事斗争准备检验评估标准要求，进一步细化完善战时检察工作方案预案，调整充实后备人才和资料库，配备改进战时检察装备器材，有效加强了开展战时检察工作的能力。积极开展多样化军事任务中检察工作。在部队进行抗击四川芦山和甘肃岷县、漳县地震，以及新疆维稳工作中，有关军事检察院立足检察职能，指导部队提高依法应急处置能力，帮助官兵及时解决涉法问题，为各项任务的圆满完成提供强有力的法律服务保障。深入研究探索特点规律。围绕维护国家领土主权和海洋权益等重大现实问题，在抢险救灾、维稳处突、安保警戒、维护权益、远洋护航等任务中开展检察工作研究，认真梳理总结特点规律，形成了一批有情况、有分析、有价值的研究成果，有力推动了多样化军事任务检察工作的开展。

六、法规制度建设扎实推进。积极适应形势任务变化和办案工作需要，不断健全完善法规制度。认真抓好《关于加强军事检察机关与地方检察机关协作工作的意见》的贯彻落实，积极协调建立区域性军地检察机关协作机制。目前，7个战区检察院、50个基层军事检察院与地方检察机关建立了协作机制。组织起草《军人违反职责罪案件立案标准的规定》，报请最高人民检察院和解放军总政治部联署签发，进一步明确了军职罪案件罪与非罪的界限，为查处军人违反职责犯罪、深入开展预防工作提供了基本依据。研究起草《军队重点行业领域预防职务犯罪工作细则》，目前已下发四总部相关业务部门和大单位军事检察院征求意见。牵头修订中央军委《关于军队执行〈中华人民共和国刑事诉讼法〉若干问题的暂行规定》，现正在征求有关国家机关意见。根据"两高"相关司法解释，会同解放军军事法院制定军队办理盗窃、诈骗、敲诈勒索等罪名的数额认定标准,经"两高"备案审查后颁布实施。各大单位军事检察院也结合实际进一步细化完善了有关规定,全面提升军事检察工作正规化、规范化水平。

七、检察干部队伍和基层检察院建设水平进一步提升。各军事检察院在加强思想政治建设的同时,注重加强检察业务建设和基层基础建设,切实打牢检察工作发展进步的根基。加大业务培训力度。先后组织31个班次80余名检察干部参加最高人民检察院组织的专题培训。各军事检察院还以组织"依法抓建年"、"学习服务年"等活动为抓手,采取多种形式,普遍开展岗位练兵、业务培训活动,一些军事检察院还有计划地安排干部到地方检察院见学实习,有效提高了检察干部的业务素质。广泛开展创先争优活动。大力培育宣扬先进典型,有3个大单位军事检察院、2个基层军事检察院和5名检察干部受到最高人民检察院表彰,18个基层军事检察院和64名检察干部受到军事检察院表彰。广泛开展向先进典型学习活动,不断激发检察干部爱岗敬业、立足本职作贡献的积极性主动性。大力加强基层军事检察院建设。举办全军基层检察院检察长培训班,在深入调研、摸清基层检察院建设现状基础上,总结交流2009年以来基层检察院建设工作经验,研究部署加强新形势下基层军事检察院建设工作任务,有力推动了基层军事检察院全面建设。

(中国人民解放军军事检察院办公室)

新疆生产建设兵团检察工作 2013年,兵团检察院紧紧围绕兵团"两个率先、两个力争"工作目标,以服务兵团工作大局为中心,以提升执法能力和执法公信力为抓手,不断强化法律监督、自身监督和队伍建设,各项检察工作取得新的进展。

一、落实修改后刑事诉讼法和民事诉讼法要求,全面履行新职责。找准职能定位,切实增强履行新职责新任务的能动性和规范性。一是不断更新执法理念。加强新增业务受理工作,按照规定范围、程序、期限办理。提高民事申诉案件的办案效率,在法律规定的三个月期限内办结案件。坚守法律底线,转变"构罪即捕"的观念,不断加强逮捕案件的证据审查和"社会危险性"条件的把握,防止冤假错案。二是加强沟通配合,形成合力。进一步发挥联席会议的纽带作用,加强与公安机关、法院等部门的联系和协调,完善制度,及时交换意见,达成共识,推进了监督工作的开展。三是适应执法新要求,加强和改进侦查工作水平。严格落实讯问职务犯罪嫌疑人全程同步录音录像制度,依法全面客观收集证据,坚决排除非法证据,推动侦查工作从封闭式办案向开放、透明条件下侦查办案转变。四是开展犯罪举报线索、积案清理活动。兵团检察机关对2012年12月31日前受理的7件民事行政检察监督案件已于2013年3月31日前全部审查终结,并将情况及时上报最高人民检察院。

二、着眼平安建设,依法严厉打击各类刑事犯罪活动。兵团检察机关牢固树立稳定压倒一切的思想,着力维护兵团长治久安。深入开展反分裂、反渗透、反恐怖斗争,依法审查起诉危害国家安全案件13件52人。严厉打击影响职工群众安全感的各种刑事犯罪活动。深入开展清理涉检信访积案和矛盾化解工作,共受理举报、控告、申诉案件526件,成功化解了7起长达10余年的涉检信访积案。认真做好节假日和敏感时期的维护社会稳定工作,加强维稳值班备勤工作,购置处突装备,制定安保工作方案和维稳预案,组织应急分队强化训练和拉动演练。

三、坚持打防并举,深入查办和预防职务犯罪。继续深入开展查办商业贿赂犯罪专项工作和工程建设领域突出问题专项治理,立案查办商业贿赂案件25件25人,工程建设领域贪污贿赂案件7件7人。结合犯罪调查和分析提出预防检察建议50件,预防咨询123件,结合办案进行职务犯罪案例剖析49件,帮助落实预防措施5项,受理行贿犯罪档案查询580次,开展预防警示教育147次,受教育人数23288人次。

四、强化法律监督职能,诉讼监督工作成效明显。兵团各级检察机关坚持把诉讼监督作为重点工作来抓,狠抓薄弱环节,增强监督实效。向公安机关提出纠正违法6件次,提出检察建议19件;对法院民事行政审判提出纠正违法检察建议6件,对法院执行活动违法提出检察建议3件。

五、着力提高执法水平,不断推进执法规范化建设。一是以制度机制建设为突破口,构建执法规范化长效机制。二是以基础设施建设为保障,搭建规范执法平台。完成"全国组织机构代码共享平台"新旧密钥的更换工作。全面落实职务犯罪同步录音录像,对办案区实行全程视频监控,强化看审、审录强制物理隔离建设,划定办案人工作区和嫌疑人活动区。三是深化专项考评检查,促进执法规范良性循环,在全系统开展了为期三年的"端正执法理念、规范执法行为、改进执法作风"的教育整顿活动。

六、着力推进分类培训和岗位练兵,提高检察干警素质。以增强法律监督能力为核心,组织开展多层次、多形式、分类别的大规模培训,深化岗位练兵和业务竞赛活动。共有3600人次参加了各类培训,各级检察院共举办各类培训班149期。成功组织兵团检察机关第六届"优秀公诉人"评选活动,选拔3名兵团级优秀公诉人参加全国十佳暨全国优秀公诉人业务竞赛,1人获"全国优秀公诉人",2人获"全国优秀公诉人"提名。

七、强化工作措施,全面推进统一业务应用系统部署工作。兵团检察院积极建设、整体推进统一业务应用系统执法办案平台,使规范执法步入标准化、信息化的快车道。不断深入推进基础平台建设。目前,三级检察院的线路加密工作已全部完成,兵团检察院的线路加密、身份认证和电子签章系统建设正在加班加点进行。全国检察机关统一业务应用系统部署工作会议之后,及时召开电视电话会议,学习传达会议精神,对兵团检察机关统一业务应用系统上线运行进行了全面部署。

八、严格落实党风廉政建设责任制,切实加强自身反腐倡廉和纪律作风建设。一是完善廉政风险防控机制。健全"三重一大"决策制度,对历年来制定的反腐倡廉规章制度进行了一次全面梳理和检查,保留、修订、出台制度11个。二是加强检察人员廉洁从检工作。层层签订2013年度党风廉政建设和预防检察人员违法违纪《目标责任书》,认真履行"一岗双责",严格履行最高人民检察院《检察人员八小时外行为禁令》。积极开展岗位廉政教育、警示教育,组织开展和参加了第四个廉政文化建设月和兵团第十五个党风廉政建设教育月活动。三是加大对下级检察院巡视。2013年年底,由兵团检察院领导带队对13个师检察分院落实党风廉政建设和惩防体系建设工作情况进行了检查和考核。

(新疆生产建设兵团人民检察院 法律政策研究室 李长义)

第五部分

最高人民检察院重要文件选载

最高人民检察院关于贯彻执行《中华人民共和国民事诉讼法》若干问题的通知

2013年1月9日　高检发民字〔2013〕1号

各省、自治区、直辖市人民检察院,军事检察院,新疆生产建设兵团人民检察院:

2012年8月31日第十一届全国人民代表大会常务委员会第二十八次会议审议通过的《关于修改〈中华人民共和国民事诉讼法〉的决定》,已于2013年1月1日起施行。为正确适用修改后民事诉讼法,现就有关问题通知如下:

一、人民检察院对于2012年12月31日前受理但尚未审查终结的案件,应当在2013年3月31日前审查终结。

二、当事人在2013年1月1日后向人民检察院申请监督的,人民检察院应当依照修改后民事诉讼法第二百零八条、第二百零九条的规定进行审查,符合上述规定的,应当受理。当事人未向人民法院申请再审,直接向人民检察院申请监督的,人民检察院应当依照第二百零九条第一款的规定不予受理。

三、当事人申请对民事审判程序中审判人员违法行为、民事执行活动进行监督,法律规定当事人可以提出异议、申请复议、提起诉讼,当事人没有按照法律规定行使权利或者人民法院正在处理的,人民检察院不予受理。

四、当事人向人民检察院申请监督,由作出生效判决、裁定、调解书或者正在审理、执行案件的人民法院的同级人民检察院控告检察部门受理。人民检察院受理监督申请时,应当要求当事人提交申请书、相关法律文书、身份证明和相关证据材料。

人民检察院控告检察部门在接收材料后应进行审查,并作出是否受理的决定。符合受理条件的,控告检察部门应当在决定受理之日起三日内向申请人、被申请人送达《受理通知书》。

下级人民检察院向上级人民检察院提请抗诉的,由上级人民检察院案件管理部门受理。

五、人民检察院自2013年1月1日起受理的案件,应当在受理之日起三个月内进行审查,作出提出检察建议、抗诉的决定,或者作出不支持监督申请的决定。

六、人民检察院在受理后经审查,认为申请监督的理由和依据不能成立的,应当作出不支持监督申请的决定并制作决定书送达案件当事人。

七、人民检察院经审查决定提出检察建议或者抗诉,应当制作检察建议书或者抗诉书发送同级人民法院,并将提出检察建议或者抗诉的决定通知案件当事人。

提出再审检察建议应当经本院检察委员会决定,并报上一级人民检察院备案。

人民检察院经审查决定不提出检察建议或者抗诉的,应当制作不支持监督申请的决定书送达案件当事人。

八、人民检察院提请抗诉,应当制作提请抗诉报告书连同案件卷宗报送上一级人民检察院,并将提请抗诉的决定通知案件当事人。

人民检察院经审查决定不提请抗诉的,应当制作不支持监督申请的决定书并送达案件当事人。

九、人民检察院已经作出检察监督决定或者人民法院基于检察监督作出判决、裁定、决定的,当事人再次申请监督,人民检察院不予受理。

人民检察院提出检察建议或者抗诉后,人民法院对检察建议未予采纳或者作出的再审判决、裁定确有错误的,人民检察院可以依据修改后民事诉讼法第二百零八条的规定,依职权进行监督。

本通知自印发之日起执行。各级人民检察院在执行本通知过程中遇到的问题,请及时层报最高人民检察院。

最高人民法院　最高人民检察院　公安部　司法部
关于印发《关于刑事诉讼法律援助工作的规定》的通知

2013年2月4日　司发通〔2013〕18号

各省、自治区、直辖市高级人民法院、人民检察院、公安厅（局）、司法厅（局），解放军军事法院、军事检察院、总政司法局，新疆维吾尔自治区高级人民法院生产建设兵团分院、新疆生产建设兵团人民检察院、公安局、司法局、监狱管理局：

为贯彻实施修改后刑事诉讼法有关法律援助的规定，加强和规范刑事法律援助工作，在深入调研论证和广泛征求意见的基础上，最高人民法院、最高人民检察院、公安部、司法部对2005年9月28日联合印发的《关于刑事诉讼法律援助工作的规定》进行了修改。现印发你们，请遵照执行。

关于刑事诉讼法律援助工作的规定

第一条　为加强和规范刑事诉讼法律援助工作，根据《中华人民共和国刑事诉讼法》、《中华人民共和国律师法》、《法律援助条例》以及其他相关规定，结合法律援助工作实际，制定本规定。

第二条　犯罪嫌疑人、被告人因经济困难没有委托辩护人的，本人及其近亲属可以向办理案件的公安机关、人民检察院、人民法院所在地同级司法行政机关所属法律援助机构申请法律援助。

具有下列情形之一，犯罪嫌疑人、被告人没有委托辩护人的，可以依照前款规定申请法律援助：

（一）有证据证明犯罪嫌疑人、被告人属于一级或者二级智力残疾的；

（二）共同犯罪案件中，其他犯罪嫌疑人、被告人已委托辩护人的；

（三）人民检察院抗诉的；

（四）案件具有重大社会影响的。

第三条　公诉案件中的被害人及其法定代理人或者近亲属，自诉案件中的自诉人及其法定代理人，因经济困难没有委托诉讼代理人的，可以向办理案件的人民检察院、人民法院所在地同级司法行政机关所属法律援助机构申请法律援助。

第四条　公民经济困难的标准，按案件受理地所在的省、自治区、直辖市人民政府的规定执行。

第五条　公安机关、人民检察院在第一次讯问犯罪嫌疑人或者采取强制措施的时候，应当告知犯罪嫌疑人有权委托辩护人，并告知其如果符合本规定第二条规定，本人及其近亲属可以向法律援助机构申请法律援助。

人民检察院自收到移送审查起诉的案件材料之日起三日内，应当告知犯罪嫌疑人有权委托辩护人，并告知其如果符合本规定第二条规定，本人及其近亲属可以向法律援助机构申请法律援助；应当告知被害人及其法定代理人或者近亲属有权委托诉讼代理人，并告知其如果经济困难，可以向法律援助机构申请法律援助。

人民法院自受理案件之日起三日内，应当告知被告人有权委托辩护人，并告知其如果符合本规定第二条规定，本人及其近亲属可以向法律援助机构申请法律援助；应当告知自诉人及其法定代理人有权委托诉讼代理人，并告知其如果经济困难，可以向法律援助机构申请法律援助。人民法院决定再审的案件,应当自决定再审之日起三日内履行相关告知职责。

犯罪嫌疑人、被告人具有本规定第九条规定情形的,公安机关、人民检察院、人民法院应当告知其如果不委托辩护人,将依法通知法律援助机构指派律师为其提供辩护。

第六条 告知可以采取口头或者书面方式,告知的内容应当易于被告知人理解。口头告知的,应当制作笔录,由被告知人签名;书面告知的,应当将送达回执入卷。对于被告知人当场表达申请法律援助意愿的,应当记录在案。

第七条 被羁押的犯罪嫌疑人、被告人提出法律援助申请的,公安机关、人民检察院、人民法院应当在收到申请二十四小时内将其申请转交或者告知法律援助机构,并于三日内通知申请人的法定代理人、近亲属或者其委托的其他人员协助向法律援助机构提供有关证件、证明等相关材料。犯罪嫌疑人、被告人的法定代理人或者近亲属无法通知的,应当在转交申请时一并告知法律援助机构。

第八条 法律援助机构收到申请后应当及时进行审查并于七日内作出决定。对符合法律援助条件的,应当决定给予法律援助,并制作给予法律援助决定书;对不符合法律援助条件的,应当决定不予法律援助,制作不予法律援助决定书。给予法律援助决定书和不予法律援助决定书应当及时发送申请人,并函告公安机关、人民检察院、人民法院。

对于犯罪嫌疑人、被告人申请法律援助的案件,法律援助机构可以向公安机关、人民检察院、人民法院了解案件办理过程中掌握的犯罪嫌疑人、被告人是否具有本规定第二条规定情形等情况。

第九条 犯罪嫌疑人、被告人具有下列情形之一没有委托辩护人的,公安机关、人民检察院、人民法院应当自发现该情形之日起三日内,通知所在地同级司法行政机关所属法律援助机构指派律师为其提供辩护:

(一)未成年人;
(二)盲、聋、哑人;
(三)尚未完全丧失辨认或者控制自己行为能力的精神病人;
(四)可能被判处无期徒刑、死刑的人。

第十条 公安机关、人民检察院、人民法院通知辩护的,应当将通知辩护公函和采取强制措施决定书、起诉意见书、起诉书、判决书副本或者复印件送交法律援助机构。

通知辩护公函应当载明犯罪嫌疑人或者被告人的姓名、涉嫌的罪名、羁押场所或者住所、通知辩护的理由、办案机关联系人姓名和联系方式等。

第十一条 人民法院自受理强制医疗申请或者发现被告人符合强制医疗条件之日起三日内,对于被申请人或者被告人没有委托诉讼代理人的,应当向法律援助机构送交通知代理公函,通知其指派律师担任被申请人或被告人的诉讼代理人,为其提供法律帮助。

人民检察院申请强制医疗的,人民法院应当将强制医疗申请书副本一并送交法律援助机构。

通知代理公函应当载明被申请人或者被告人的姓名、法定代理人的姓名和联系方式、办案机关联系人姓名和联系方式。

第十二条 法律援助机构应当自作出给予法律援助决定或者收到通知辩护公函、通知代理公函之日起三日内,确定承办律师并函告公安机关、人民检察院、人民法院。

法律援助机构出具的法律援助公函应当载明承办律师的姓名、所属单位及联系方式。

第十三条 对于可能被判处无期徒刑、死刑的案件,法律援助机构应当指派具有一定年限刑事辩护执业经历的律师担任辩护人。

对于未成年人案件,应当指派熟悉未成年人身心特点的律师担任辩护人。

第十四条 承办律师接受法律援助机构指派后,应当按照有关规定及时办理委托手续。

承办律师应当在首次会见犯罪嫌疑人、被告人时,询问是否同意为其辩护,并制作笔录。犯罪嫌疑人、被告人不同意的,律师应当书面告知公安机关、人民检察院、人民法院和法律援助机构。

第十五条 对于依申请提供法律援助的案件,犯罪嫌疑人、被告人坚持自己辩护,拒绝法律援助机构指派的律师为其辩护的,法律援助机构应当准许,并作出终止法律援助的决定;对于有正当理由要求更换律师的,法律援助机构应当另行指派律师为其提供辩护。

对于应当通知辩护的案件,犯罪嫌疑人、被告人拒绝法律援助机构指派的律师为其辩护的,公安机关、人民检察院、人民法院应当查明拒绝的原因,有正当理由的,应当准许,同时告知犯罪嫌疑人、被告人需另行委托辩护人。犯罪嫌疑人、被告人未另行委托辩护人的,公安机关、人民检察院、人民法院应当及时通知法律援助机构另行指派律师为其提供辩护。

第十六条 人民检察院审查批准逮捕时,认为犯罪嫌疑人具有应当通知辩护的情形,公安机关未通知法律援助机构指派律师的,应当通知公安机关予以纠正,公安机关应当将纠正情况通知人民检察院。

第十七条 在案件侦查终结前,承办律师提出要求的,侦查机关应当听取其意见,并记录在案。承办律师提出书面意见的,应当附卷。

第十八条 人民法院决定变更开庭时间的,应当在开庭三日前通知承办律师。承办律师有正当理由不能按时出庭的,可以申请人民法院延期开庭。人民法院同意延期开庭的,应当及时通知承办律师。

第十九条 人民法院决定不开庭审理的案件,承办律师应当在接到人民法院不开庭通知之日起十日内向人民法院提交书面辩护意见。

第二十条 人民检察院、人民法院应当对承办律师复制案卷材料的费用予以免收或者减收。

第二十一条 公安机关在撤销案件或者移送审查起诉后,人民检察院在作出提起公诉、不起诉或者撤销案件决定后,人民法院在终止审理或者作出裁决后,以及公安机关、人民检察院、人民法院将案件移送其他机关办理后,应当在五日内将相关法律文书副本或者复印件送达承办律师,或者书面告知承办律师。

公安机关的起诉意见书,人民检察院的起诉书、不起诉决定书,人民法院的判决书、裁定书等法律文书,应当载明作出指派的法律援助机构名称、承办律师姓名以及所属单位等情况。

第二十二条 具有下列情形之一的,法律援助机构应当作出终止法律援助决定,制作终止法律援助决定书发送受援人,并自作出决定之日起三日内函告公安机关、人民检察院、人民法院:

(一)受援人的经济收入状况发生变化,不再符合法律援助条件的;

(二)案件终止办理或者已被撤销的;

(三)受援人自行委托辩护人或者代理人的;

(四)受援人要求终止法律援助的,但应当通知辩护的情形除外;

(五)法律、法规规定应当终止的其他情形。

公安机关、人民检察院、人民法院在案件办理过程中发现有前款规定情形的,应当及时函告法律援助机构。

第二十三条 申请人对法律援助机构不予援助的决定有异议的,可以向主管该法律援助机构的司法行政机关提出。司法行政机关应当在收到异议之日起五个工作日内进行审查,经审查认为申请人符合法律援助条件的,应当以书面形式责令法律援助机构及时对该申请人提供法律援助,同时通知申请人;认为申请人不符合法律援助条件的,应当维持法律援助机构不予援助的决定,并书面告知申请人。

受援人对法律援助机构终止法律援助的决定有异议的,按照前款规定办理。

第二十四条 犯罪嫌疑人、被告人及其近亲属、法定代理人,强制医疗案件中的被申请人、被告人的法定代理人认为公安机关、人民检察院、人民法院应当告知其可以向法律援助机构申请法律援助而没有告知,或者应当通知法律援助机构指派律师为其提供辩护或者诉讼代理而没有通知的,有权向同级或者上一级人民检察院申诉或者控告。人民检察院应当对申诉或者控告及时进行审查,情况属实的,通知有关机关予以纠正。

第二十五条 律师应当遵守有关法律法规和法律援助业务规程,做好会见、阅卷、调查取证、解答咨询、参加庭审等工作,依法为受援人提供法律服务。

律师事务所应当对律师办理法律援助案件进行业务指导,督促律师在办案过程中尽职尽责,恪守职业道德和执业纪律。

第二十六条 法律援助机构依法对律师事务所、律师开展法律援助活动进行指导监督,确保办案质量。

司法行政机关和律师协会根据律师事务所、律师履行法律援助义务情况实施奖励和惩戒。

公安机关、人民检察院、人民法院在案件办理过程中发现律师有违法或者违反职业道德和执业纪律行为,损害受援人利益的,应当及时向法律援助机构通报有关情况。

第二十七条 公安机关、人民检察院、人民法院和司法行政机关应当加强协调,建立健全工作机制,做好法律援助咨询、申请转交、组织实施等方面的衔接工作,促进刑事法律援助工作有效开展。

第二十八条 本规定自2013年3月1日起施行。2005年9月28日最高人民法院、最高人民检察院、公安部、司法部下发的《关于刑事诉讼法律援助工作的规定》同时废止。

最高人民检察院关于印发《最高人民检察院关于行贿犯罪档案查询工作的规定》的通知

2013年2月6日 高检发预字〔2013〕2号

各省、自治区、直辖市人民检察院,军事检察院,新疆生产建设兵团人民检察院:

《最高人民检察院关于行贿犯罪档案查询工作的规定》已于2013年1月16日由最高人民检察院第十一届检察委员会第八十四次会议通过,现予印发,请认真贯彻执行。

最高人民检察院关于行贿犯罪档案查询工作的规定

目 录

第一章 总则
第二章 行贿犯罪档案库
第三章 查询受理
第四章 查询与告知
第五章 应用与反馈
第六章 异议与投诉
第七章 法律责任
第八章 附则

第一章 总 则

第一条 为了充分发挥法律监督职能作用,有效遏制贿赂犯罪,促进诚信建设,服务经济社会科学发展,人民检察院实行行贿犯罪档案查询制度。

第二条 人民检察院统一建立全国行贿犯罪档案库,录入行贿犯罪信息,向社会提供查询。

第三条 行贿犯罪档案查询工作应当依法、客观、及时、便利。

单位、个人应用行贿犯罪档案查询结果应当正当、诚实、守信,不得滥用。

第四条 人民检察院不参与、不干预对经查询有行贿犯罪记录的单位和个人的具体处置。

第五条 人民检察院应当对行贿犯罪档案查询结果应用情况进行跟踪、了解。

第六条 人民检察院在行贿犯罪档案查询工作中,应当保障当事人的合法权益,不得泄露国家秘密、商业秘密和个人隐私。

第七条 人民检察院行贿犯罪档案查询工作接受社会监督。

第二章 行贿犯罪档案库

第八条 人民检察院收集、整理、存储经人民检察院立案侦查并由人民法院生效判决、裁定认定的行贿罪、单位行贿罪、对单位行贿罪、介绍贿赂罪等犯罪信息,建立行贿犯罪档案库。

第九条 人民检察院自人民法院判决、裁定生效之日起三十日内将行贿犯罪等信息录入行贿犯罪档案库。

第十条　行贿犯罪等信息一经录入不得修改、删除。但是，下列情形除外：

（一）人民法院对贿赂犯罪案件改判的；

（二）录入信息内容存在错误、遗漏的。

第三章　查询受理

第十一条　单位和个人可以根据需要直接到人民检察院申请查询行贿犯罪档案，也可以通过电话或者网络预约查询。

第十二条　国家机关主管部门对有关单位或者个人进行行贿犯罪档案查询的，由同级人民检察院受理。

国家机关主管部门以外的单位对其他单位或者个人进行行贿犯罪档案查询的，由申请单位住所地人民检察院受理。

第十三条　公司、企业对本公司、企业进行行贿犯罪档案查询的，由公司、企业住所地或者业务发生地人民检察院受理。

个人对本人进行行贿犯罪档案查询的，由个人住所地人民检察院受理。

第十四条　涉及国（境）外的行贿犯罪档案查询，由省级以上人民检察院受理。

第十五条　申请查询应当提交查询申请和身份证明。

单位申请查询的，应当提交查询申请（加盖单位公章），经办人有效身份证明及复印件，以及相关证明材料。申明查询事由，详细提供被查询单位名称和组织机构代码，被查询个人的姓名和身份证号码。

公司、企业申请查询的，还应当提交企业营业执照（副本）原件以及复印件。

个人申请查询的，应当提交查询申请，本人有效身份证明以及复印件。

受委托进行查询的，还应当提交委托方的委托证明、受委托方的相关证明、经办人的有效身份证明以及复印件。

第十六条　人民检察院对符合条件、事由正当的查询申请应当受理；对不符合条件、无正当事由的查询申请，不予受理，并应当说明理由。

第十七条　人民检察院对国家机关主管部门、有关单位提出的以下针对其他单位或者个人的行贿犯罪档案查询，应当受理：

（一）为招标进行资格审查需要的；

（二）为采购进行供应商资格审查需要的；

（三）为行业管理、市场管理、业务监管等进行资质、资格审查需要的；

（四）为信用管理需要的；

（五）为招聘、录用、选任人员等人事管理需要的；

（六）纪检监察、司法机关为办案需要的；

（七）金融机构为贷款进行资信审查需要的；

（八）其他应当受理的情形。

第十八条　人民检察院对公司、企业、个人提出的以下针对本公司、企业、本人的行贿犯罪档案查询，应当受理：

（一）公司、企业根据有关部门或者单位招标要求，为投标需要的；

（二）公司、企业、个人为信贷需要的；

（三）公司、企业、个人为从事商贸合作或者谈判需要的；

（四）个人为求职、应聘需要的；

（五）公司、企业、个人应国（境）外公司、企业或者组织要求，为在国（境）外投标、融资、信贷、商贸合作或者谈判等需要的；

（六）其他应当受理的情形。

第十九条　人民检察院对国际组织、有关国家或者我国香港、澳门、台湾等地区的单位为在中国境内招标、投资、信贷、商贸合作或者谈判而提出的针对其他单位、个人的行贿犯罪档案查询，应当受理。

人民检察院对国（境）外公司、企业、个人为在中国境内投标、融资、信贷、商贸合作或者谈判而提出的针对本公司、企业、个人在中国境内实施的行贿犯罪档案查询，应当受理。

第四章　查询与告知

第二十条　人民检察院应当根据查询申请进行查询，在受理查询之日起三个工作日内将查询结果告知查询单位和个人。

对于涉外查询，在受理查询之日起五个工作日内将查询告知查询单位和个人。

第二十一条　查询结果以查询告知函的形式告知查询单位和个人，加盖人民检察院行贿犯罪档案查询专用章。

行贿犯罪档案查询告知函自出具之日起二个月内有效，复印件无效。

第二十二条 查询结果告知的内容包括：
（一）有无行贿犯罪记录；
（二）有行贿犯罪记录的，应当列明作出判决、裁定的人民法院，判决时间和结果，行贿犯罪的实施时间和犯罪数额；
（三）有多次行贿犯罪的，依人民法院判决、裁定的时间顺序，列明所有行贿犯罪记录；
（四）对有行贿犯罪记录但已经进行整改并采取预防措施的单位，可以附加告知有关整改和预防的信息；
（五）其他相关内容。

第二十三条 行贿犯罪信息的查询期限为十年。单位犯罪自人民法院判决、裁定生效之日起，个人犯罪自刑罚执行完毕之日起，超过十年的，行贿犯罪信息不向社会提供查询。但是，纪检监察、司法机关为办案需要提出的查询，以及有关部门和单位依据法律法规、管理规定提出具体期限的查询除外。

多次行贿犯罪的，自人民法院最后一次判决、裁定生效之日起计算行贿犯罪信息的查询期限。

第五章 应用与反馈

第二十四条 单位和个人应当按照查询申请的事由应用查询结果，不得用于查询申请事由之外的其他事项，不得利用查询结果进行不正当竞争或者从事非法活动。

第二十五条 有关单位根据相关法律法规、管理规定的要求，对经查询有行贿犯罪记录的单位和个人进行处置的，应当将处置结果在三十日内反馈提供查询结果告知函的人民检察院。

人民检察院应当对处置结果进行登记备案，并跟踪、了解相关情况。

第二十六条 人民检察院应当与国家机关主管部门、纪检监察、司法机关以及有关单位加强联系与协作，建立合作机制，实现信息交流与共享，推动行贿犯罪档案查询结果的合理应用。

第六章 异议与投诉

第二十七条 查询单位和个人、被查询单位和个人，以及其他利益相关单位和个人，可以针对下列情形，向人民检察院提出书面异议：
（一）查询结果告知函存在瑕疵，需要核查予以确认或者重新出具的；
（二）查询结果与事实不符，需要更正的；
（三）录入信息内容存在错误、遗漏，需要更正或者补充的；
（四）其他情形。

提出异议时，应当提交必要的证据材料。

第二十八条 查询结果异议由受理查询并提供查询结果告知函的人民检察院受理。

人民检察院应当对受理的异议进行复核，在受理异议后五个工作日内回复异议申请人。

对于情况复杂的异议，可以适当延长复核时间，但是复核时间最长不得超过二十个工作日。

第二十九条 对人民检察院的复核意见仍有异议的，可以申请上一级人民检察院重新复核。

上一级人民检察院的重新复核为最终复核。

最高人民检察院受理的查询异议的复核为最终复核。

第三十条 单位和个人认为行贿犯罪档案查询工作侵害其合法权益的，可以向省级以上人民检察院进行投诉。省级以上人民检察院受理投诉后应当及时调查处理，并予以答复。

第七章 法律责任

第三十一条 任何单位和个人不得伪造、变造行贿犯罪档案查询结果告知函，构成犯罪的，依法追究刑事责任。

第三十二条 有关部门、单位及其工作人员违反相关法律法规、管理规定，对经查询有行贿犯罪记录的单位和个人应当处置而不处置，或者滥用行贿犯罪档案查询结果，造成严重后果或者恶劣影响的，应当追究相关人员的法律责任或者其他责任。

第三十三条 人民检察院行贿犯罪档案查询工作人员违反法律、纪律规定和保密规定的，应当追究相应责任。构成犯罪的，依法追究刑事责任。

第八章 附 则

第三十四条 本规定由最高人民检察院负责解释。

第三十五条 本规定自发布之日起施行。2009年6月10日最高人民检察院颁布施行的《关于行贿犯罪档案查询工作规定》同时废止。

最高人民检察院 解放军总政治部印发《军人违反职责罪案件立案标准的规定》

2013年2月26日　　政检〔2013〕1号

各省、自治区、直辖市人民检察院,解放军军事检察院,新疆生产建设兵团人民检察院,各军区、各军兵种、各总部、军事科学院、国防大学、国防科学技术大学、武警部队政治部:

为依法惩治军人违反职责犯罪,保护国家军事利益,根据《中华人民共和国刑法》《中华人民共和国刑事诉讼法》和其他有关规定,结合军队司法实践,最高人民检察院、解放军总政治部制定了《军人违反职责罪案件立案标准的规定》。现印发你们,请遵照执行。

军人违反职责罪案件立案标准的规定

为了依法惩治军人违反职责犯罪,保护国家军事利益,根据《中华人民共和国刑法》《中华人民共和国刑事诉讼法》和其他有关规定,结合军队司法实践,制定本规定。

第一条 战时违抗命令案(刑法第四百二十一条)

战时违抗命令罪是指战时违抗命令,对作战造成危害的行为。

违抗命令,是指主观上出于故意,客观上违背、抗拒首长、上级职权范围内的命令,包括拒绝接受命令、拒不执行命令,或者不按照命令的具体要求行动等。

战时涉嫌下列情形之一的,应予立案:

(一)扰乱作战部署或者贻误战机的;

(二)造成作战任务不能完成或者迟缓完成的;

(三)造成我方人员死亡一人以上,或者重伤二人以上,或者轻伤三人以上的;

(四)造成武器装备、军事设施、军用物资损毁,直接影响作战任务完成的;

(五)对作战造成其他危害的。

第二条 隐瞒、谎报军情案(刑法第四百二十二条)

隐瞒、谎报军情罪是指故意隐瞒、谎报军情,对作战造成危害的行为。

涉嫌下列情形之一的,应予立案:

(一)造成首长、上级决策失误的;

(二)造成作战任务不能完成或者迟缓完成的;

(三)造成我方人员死亡一人以上,或者重伤二人以上,或者轻伤三人以上的;

(四)造成武器装备、军事设施、军用物资损毁,直接影响作战任务完成的;

(五)对作战造成其他危害的。

第三条 拒传、假传军令案(刑法第四百二十二条)

拒传军令罪是指负有传递军令职责的军人,明知是军令而故意拒绝传递或者拖延传递,对作战造成危害的行为。

假传军令罪是指故意伪造、篡改军令,或者明知是伪造、篡改的军令而予以传达或者发布,对作战造成危害的行为。

涉嫌下列情形之一的,应予立案:

(一)造成首长、上级决策失误的;

（二）造成作战任务不能完成或者迟缓完成的；

（三）造成我方人员死亡一人以上，或者重伤二人以上，或者轻伤三人以上的；

（四）造成武器装备、军事设施、军用物资损毁，直接影响作战任务完成的；

（五）对作战造成其他危害的。

第四条　投降案（刑法第四百二十三条）

投降罪是指在战场上贪生怕死，自动放下武器投降敌人的行为。

凡涉嫌投降敌人的，应予立案。

第五条　战时临阵脱逃案（刑法第四百二十四条）

战时临阵脱逃罪是指在战斗中或者在接受作战任务后，逃离战斗岗位的行为。

凡战时涉嫌临阵脱逃的，应予立案。

第六条　擅离、玩忽军事职守案（刑法第四百二十五条）

擅离、玩忽军事职守罪是指指挥人员和值班、值勤人员擅自离开正在履行职责的岗位，或者在履行职责的岗位上，严重不负责任，不履行或者不正确履行职责，造成严重后果的行为。

指挥人员，是指对部队或者部属负有组织、领导、管理职责的人员。专业主管人员在其业务管理范围内，视为指挥人员。

值班人员，是指军队各单位、各部门为保持指挥或者履行职责不间断而设立的、负责处理本单位、本部门特定事务的人员。

值勤人员，是指正在担任警卫、巡逻、观察、纠察、押运等勤务，或者作战勤务工作的人员。

涉嫌下列情形之一的，应予立案：

（一）造成重大任务不能完成或者迟缓完成的；

（二）造成死亡一人以上，或者重伤三人以上，或者重伤二人、轻伤四人以上，或者重伤一人、轻伤七人以上，或者轻伤十人以上的；

（三）造成枪支、手榴弹、爆炸装置或者子弹十发、雷管三十枚、导火索或者导爆索三十米、炸药一千克以上丢失、被盗，或者不满规定数量，但后果严重的，或者造成其他重要武器装备、器材丢失、被盗的；

（四）造成武器装备、军事设施、军用物资或者其他财产损毁，直接经济损失三十万元以上，或者直接经济损失、间接经济损失合计一百五十万元以上的；

（五）造成其他严重后果的。

第七条　阻碍执行军事职务案（刑法第四百二十六条）

阻碍执行军事职务罪是指以暴力、威胁方法，阻碍指挥人员或者值班、值勤人员执行职务的行为。

凡涉嫌阻碍执行军事职务的，应予立案。

第八条　指使部属违反职责案（刑法第四百二十七条）

指使部属违反职责罪是指指挥人员滥用职权，指使部属进行违反职责的活动，造成严重后果的行为。

涉嫌下列情形之一的，应予立案：

（一）造成重大任务不能完成或者迟缓完成的；

（二）造成死亡一人以上，或者重伤二人以上，或者重伤一人、轻伤三人以上，或者轻伤五人以上的；

（三）造成武器装备、军事设施、军用物资或者其他财产损毁，直接经济损失二十万元以上，或者直接经济损失、间接经济损失合计一百万元以上的；

（四）造成其他严重后果的。

第九条　违令作战消极案（刑法第四百二十八条）

违令作战消极罪是指指挥人员违抗命令，临阵畏缩，作战消极，造成严重后果的行为。

违抗命令，临阵畏缩，作战消极，是指在作战中故意违背、抗拒执行首长、上级的命令，面临战斗任务而畏难怕险，怯战怠战，行动消极。

涉嫌下列情形之一的，应予立案：

（一）扰乱作战部署或者贻误战机的；

（二）造成作战任务不能完成或者迟缓完成的；

（三）造成我方人员死亡一人以上，或者重伤二人以上，或者轻伤三人以上的；

（四）造成武器装备、军事设施、军用物资或者其他财产损毁，直接经济损失二十万元以上，或者直接经济损失、间接经济损失合计一百万元以上的；

（五）造成其他严重后果的。

第十条　拒不救援友邻部队案（刑法第四百二十九条）

拒不救援友邻部队罪是指指挥人员在战场上，明知友邻部队面临被敌人包围、追击或者阵地将被攻陷等危急情况请求救援,能救援而不救援,致使友邻部队遭受重大损失的行为。

能救援而不救援,是指根据当时自己部队(分队)所处的环境、作战能力及所担负的任务,有条件组织救援却没有组织救援。

涉嫌下列情形之一的,应予立案:

(一)造成战斗失利的;

(二)造成阵地失陷的;

(三)造成突围严重受挫的;

(四)造成我方人员死亡三人以上,或者重伤十人以上,或者轻伤十五人以上的;

(五)造成武器装备、军事设施、军用物资损毁,直接经济损失一百万元以上的;

(六)造成其他重大损失的。

第十一条 军人叛逃案(刑法第四百三十条)

军人叛逃罪是指军人在履行公务期间,撤离岗位,叛逃境外或者在境外叛逃,危害国家军事利益的行为。

涉嫌下列情形之一的,应予立案:

(一)因反对国家政权和社会主义制度而出逃的;

(二)掌握、携带军事秘密出境后滞留不归的;

(三)申请政治避难的;

(四)公开发表叛国言论的;

(五)投靠境外反动机构或者组织的;

(六)出逃至交战对方区域的;

(七)进行其他危害国家军事利益活动的。

第十二条 非法获取军事秘密案(刑法第四百三十一条第一款)

非法获取军事秘密罪是指违反国家和军队的保密规定,采取窃取、刺探、收买方法,非法获取军事秘密的行为。

军事秘密,是关系国防安全和军事利益,依照规定的权限和程序确定,在一定时间内只限一定范围的人员知悉的事项。内容包括:

(一)国防和武装力量建设规划及其实施情况;

(二)军事部署,作战、训练以及处置突发事件等军事行动中需要控制知悉范围的事项;

(三)军事情报及其来源,军事通信、信息对抗以及其他特种业务的手段、能力、密码以及有关资料;

(四)武装力量的组织编制,部队的任务、实力、状态等情况中需要控制知悉范围的事项,特殊单位以及师级以下部队的番号;

(五)国防动员计划及其实施情况;

(六)武器装备的研制、生产、配备情况和补充、维修能力,特种军事装备的战术技术性能;

(七)军事学术和国防科学技术研究的重要项目、成果及其应用情况中需要控制知悉范围的事项;

(八)军队政治工作中不宜公开的事项;

(九)国防费分配和使用的具体事项,军事物资的筹措、生产、供应和储备等情况中需要控制知悉范围的事项;

(十)军事设施及其保护情况中不宜公开的事项;

(十一)对外军事交流与合作中不宜公开的事项;

(十二)其他需要保密的事项。

凡涉嫌非法获取军事秘密的,应予立案。

第十三条 为境外窃取、刺探、收买、非法提供军事秘密案(刑法第四百三十一条第二款)

为境外窃取、刺探、收买、非法提供军事秘密罪是指违反国家和军队的保密规定,为境外的机构、组织、人员窃取、刺探、收买、非法提供军事秘密的行为。

凡涉嫌为境外窃取、刺探、收买、非法提供军事秘密的,应予立案。

第十四条 故意泄露军事秘密案(刑法第四百三十二条)

故意泄露军事秘密罪是指违反国家和军队的保密规定,故意使军事秘密被不应知悉者知悉或者超出了限定的接触范围,情节严重的行为。

涉嫌下列情形之一的,应予立案:

(一)泄露绝密级或者机密级军事秘密一项(件)以上的;

(二)泄露秘密级军事秘密三项(件)以上的;

(三)向公众散布、传播军事秘密的;

(四)泄露军事秘密造成严重危害后果的;

(五)利用职权指使或者强迫他人泄露军事秘密的;

(六)负有特殊保密义务的人员泄露的;

(七)以牟取私利为目的泄露军事秘密的;

(八)执行重大任务时泄密的;

(九)有其他情节严重行为的。

第十五条 过失泄露军事秘密案(刑法第四百

三十二条)

过失泄露军事秘密罪是指违反国家和军队的保密规定,过失泄露军事秘密,致使军事秘密被不应知悉者知悉或者超出了限定的接触范围,情节严重的行为。

涉嫌下列情形之一的,应予立案:

(一)泄露绝密级军事秘密一项(件)以上的;

(二)泄露机密级军事秘密三项(件)以上的;

(三)泄露秘密级军事秘密四项(件)以上的;

(四)负有特殊保密义务的人员泄密的;

(五)泄露军事秘密或者遗失军事秘密载体,不按照规定报告,或者不如实提供有关情况,或者未及时采取补救措施的;

(六)有其他情节严重行为的。

第十六条 战时造谣惑众案(刑法第四百三十三条)

战时造谣惑众罪是指在战时造谣惑众,动摇军心的行为。

造谣惑众,动摇军心,是指故意编造、散布谣言,煽动怯战、厌战或者恐怖情绪,蛊惑官兵,造成或者足以造成部队情绪恐慌、士气不振、军心涣散的行为。

凡战时涉嫌造谣惑众,动摇军心的,应予立案。

第十七条 战时自伤案(刑法第四百三十四条)

战时自伤罪是指在战时为了逃避军事义务,故意伤害自己身体的行为。

逃避军事义务,是指逃避临战准备、作战行动、战场勤务和其他作战保障任务等与作战有关的义务。

凡战时涉嫌自伤致使不能履行军事义务的,应予立案。

第十八条 逃离部队案(刑法第四百三十五条)

逃离部队罪是指违反兵役法规,逃离部队,情节严重的行为。

违反兵役法规,是指违反国防法、兵役法和军队条令条例以及其他有关兵役方面的法律规定。

逃离部队,是指擅自离开部队或者经批准外出逾期拒不归队。

涉嫌下列情形之一的,应予立案:

(一)逃离部队持续时间达三个月以上或者三次以上或者累计时间达六个月以上的;

(二)担负重要职责的人员逃离部队的;

(三)策动三人以上或者胁迫他人逃离部队的;

(四)在执行重大任务期间逃离部队的;

(五)携带武器装备逃离部队的;

(六)有其他情节严重行为的。

第十九条 武器装备肇事案(刑法第四百三十六条)

武器装备肇事罪是指违反武器装备使用规定,情节严重,因而发生责任事故,致人重伤、死亡或者造成其他严重后果的行为。

情节严重,是指故意违反武器装备使用规定,或者在使用过程中严重不负责任。

涉嫌下列情形之一的,应予立案:

(一)影响重大任务完成的;

(二)造成死亡一人以上,或者重伤二人以上,或者轻伤三人以上的;

(三)造成武器装备、军事设施、军用物资或者其他财产损毁,直接经济损失三十万元以上,或者直接经济损失、间接经济损失合计一百五十万元以上的;

(四)严重损害国家和军队声誉,造成恶劣影响的;

(五)造成其他严重后果的。

第二十条 擅自改变武器装备编配用途案(刑法第四百三十七条)

擅自改变武器装备编配用途罪是指违反武器装备管理规定,未经有权机关批准,擅自将编配的武器装备改作其他用途,造成严重后果的行为。

涉嫌下列情形之一的,应予立案:

(一)造成重大任务不能完成或者迟缓完成的;

(二)造成死亡一人以上,或者重伤三人以上,或者重伤二人、轻伤四人以上,或者重伤一人、轻伤七人以上,或者轻伤十人以上的;

(三)造成武器装备、军事设施、军用物资或者其他财产损毁,直接经济损失三十万元以上,或者直接经济损失、间接经济损失合计一百五十万元以上的;

(四)造成其他严重后果的。

第二十一条 盗窃、抢夺武器装备、军用物资案(刑法第四百三十八条)

盗窃武器装备罪是指以非法占有为目的,秘密窃取武器装备的行为。

抢夺武器装备罪是指以非法占有为目的,乘人不备,公然夺取武器装备的行为。

凡涉嫌盗窃、抢夺武器装备的,应予立案。

盗窃军用物资罪是指以非法占有为目的,秘密窃取军用物资的行为。

抢夺军用物资罪是指以非法占有为目的,乘人不备,公然夺取军用物资的行为。

凡涉嫌盗窃、抢夺军用物资价值二千元以上,或者不满规定数额,但后果严重的,应予立案。

第二十二条　非法出卖、转让武器装备案（刑法第四百三十九条）

非法出卖、转让武器装备罪是指非法出卖、转让武器装备的行为。

出卖、转让,是指违反武器装备管理规定,未经有权机关批准,擅自用武器装备换取金钱、财物或者其他利益,或者将武器装备馈赠他人的行为。

涉嫌下列情形之一的,应予立案：

（一）非法出卖、转让枪支、手榴弹、爆炸装置的；

（二）非法出卖、转让子弹十发、雷管三十枚、导火索或者导爆索三十米、炸药一千克以上,或者不满规定数量,但后果严重的；

（三）非法出卖、转让武器装备零部件或者维修器材、设备,致使武器装备报废或者直接经济损失三十万元以上的；

（四）非法出卖、转让其他重要武器装备的。

第二十三条　遗弃武器装备案（刑法第四百四十条）

遗弃武器装备罪是指负有保管、使用武器装备义务的军人,违抗命令,故意遗弃武器装备的行为。

涉嫌下列情形之一的,应予立案：

（一）遗弃枪支、手榴弹、爆炸装置的；

（二）遗弃子弹十发、雷管三十枚、导火索或者导爆索三十米、炸药一千克以上,或者不满规定数量,但后果严重的；

（三）遗弃武器装备零部件或者维修器材、设备,致使武器装备报废或者直接经济损失三十万元以上的；

（四）遗弃其他重要武器装备的。

第二十四条　遗失武器装备案（刑法第四百四十一条）

遗失武器装备罪是指遗失武器装备,不及时报告或者有其他严重情节的行为。

其他严重情节,是指遗失武器装备严重影响重大任务完成的；给人民群众生命财产安全造成严重危害的；遗失的武器装备被敌人或者境外的机构、组织和人员或者国内恐怖组织和人员利用,造成严重后果或者恶劣影响的；遗失的武器装备数量多、价值高的；战时遗失的,等等。

凡涉嫌遗失武器装备不及时报告或者有其他严重情节的,应予立案。

第二十五条　擅自出卖、转让军队房地产案（刑法第四百四十二条）

擅自出卖、转让军队房地产罪是指违反军队房地产管理和使用规定,未经有权机关批准,擅自出卖、转让军队房地产,情节严重的行为。

军队房地产,是指依法由军队使用管理的土地及其地上地下用于营房保障的建筑物、构筑物、附属设施设备,以及其他附着物。

涉嫌下列情形之一的,应予立案：

（一）擅自出卖、转让军队房地产价值三十万元以上的；

（二）擅自出卖、转让军队房地产给境外的机构、组织、人员的；

（三）擅自出卖、转让军队房地产严重影响部队正常战备、训练、工作、生活和完成军事任务的；

（四）擅自出卖、转让军队房地产给军事设施安全造成严重危害的；

（五）有其他情节严重行为的。

第二十六条　虐待部属案（刑法第四百四十三条）

虐待部属罪是指滥用职权,虐待部属,情节恶劣,致人重伤、死亡或者造成其他严重后果的行为。

虐待部属,是指采取殴打、体罚、冻饿或者其他有损身心健康的手段,折磨、摧残部属的行为。

情节恶劣,是指虐待手段残酷的；虐待三人以上的；虐待部属三次以上的；虐待伤病残部属的,等等。

其他严重后果,是指部属不堪忍受虐待而自杀、自残造成重伤或者精神失常的；诱发其他案件、事故的；导致部属一人逃离部队三次以上,或者二人以上逃离部队的；造成恶劣影响的,等等。

凡涉嫌虐待部属,情节恶劣,致人重伤、死亡或者造成其他严重后果的,应予立案。

第二十七条　遗弃伤病军人案（刑法第四百四十四条）

遗弃伤病军人罪是指在战场上故意遗弃我方

伤病军人,情节恶劣的行为。

涉嫌下列情形之一的,应予立案:

（一）为挟嫌报复而遗弃伤病军人的;

（二）遗弃伤病军人三人以上的;

（三）导致伤病军人死亡、失踪、被俘的;

（四）有其他恶劣情节的。

第二十八条 战时拒不救治伤病军人案（刑法第四百四十五条）

战时拒不救治伤病军人罪是指战时在救护治疗职位上,有条件救治而拒不救治危重伤病军人的行为。

有条件救治而拒不救治,是指根据伤病军人的伤情或者病情,结合救护人员的技术水平、医疗单位的医疗条件及当时的客观环境等因素,能够给予救治而拒绝抢救、治疗。

凡战时涉嫌拒不救治伤病军人的,应予立案。

第二十九条 战时残害居民、掠夺居民财物案（刑法第四百四十六条）

战时残害居民罪是指战时在军事行动地区残害无辜居民的行为。

无辜居民,是指对我军无敌对行动的平民。

战时涉嫌下列情形之一的,应予立案:

（一）故意造成无辜居民死亡、重伤或者轻伤三人以上的;

（二）强奸无辜居民的;

（三）故意损毁无辜居民财物价值五千元以上,或者不满规定数额,但手段恶劣、后果严重的。

战时掠夺居民财物罪是指战时在军事行动地区抢劫、抢夺无辜居民财物的行为。

战时涉嫌下列情形之一的,应予立案:

（一）抢劫无辜居民财物的;

（二）抢夺无辜居民财物价值二千元以上,或者不满规定数额,但手段恶劣、后果严重的。

第三十条 私放俘虏案（刑法第四百四十七条）

私放俘虏罪是指擅自将俘虏放走的行为。

凡涉嫌私放俘虏的,应予立案。

第三十一条 虐待俘虏案（刑法第四百四十八条）

虐待俘虏罪是指虐待俘虏,情节恶劣的行为。

涉嫌下列情形之一的,应予立案:

（一）指挥人员虐待俘虏的;

（二）虐待俘虏三人以上,或者虐待俘虏三次以上的;

（三）虐待俘虏手段特别残忍的;

（四）虐待伤病俘虏的;

（五）导致俘虏自杀、逃跑等严重后果的;

（六）造成恶劣影响的;

（七）有其他恶劣情节的。

第三十二条 本规定适用于中国人民解放军的现役军官、文职干部、士兵及具有军籍的学员和中国人民武装警察部队的现役警官、文职干部、士兵及具有军籍的学员以及执行军事任务的预备役人员和其他人员涉嫌军人违反职责犯罪的案件。

第三十三条 本规定所称"战时",是指国家宣布进入战争状态、部队受领作战任务或者遭敌突然袭击时。部队执行戒严任务或者处置突发性暴力事件时,以战时论。

第三十四条 本规定中的"违反职责",是指违反国家法律法规,军事法规、军事规章所规定的军人职责,包括军人的共同职责,士兵、军官和首长的一般职责,各类主管人员和其他从事专门工作的军人的专业职责等。

第三十五条 本规定所称"以上",包括本数;有关犯罪数额"不满",是指已达到该数额百分之八十以上。

第三十六条 本规定中的"直接经济损失",是指与行为有直接因果关系而造成的财产毁损、减少的实际价值;"间接经济损失",是指由直接经济损失引起和牵连的其他损失,包括失去在正常情况下可能获得的利益和为恢复正常管理活动或者为挽回已经造成的损失所支付的各种费用等。

第三十七条 本规定中的"武器装备",是实施和保障军事行动的武器、武器系统和军事技术器材的统称。

第三十八条 本规定中的"军用物资",是除武器装备以外专供武装力量使用的各种物资的统称,包括装备器材、军需物资、医疗物资、油料物资、营房物资等。

第三十九条 本规定中财物价值和损失的确定,由部队驻地人民法院、人民检察院和公安机关指定的价格事务机构进行估价。武器装备、军事设施、军用物资的价值和损失,由部队军以上单位的主管部门确定;有条件的,也可以由部队驻地人民法院、人民检察院和公安机关指定的价格事务机构进行估价。

第四十条 本规定自2013年3月28日起施行。2002年10月31日总政治部发布的《关于军人违反职责罪案件立案标准的规定(试行)》同时废止。

最高人民检察院关于分、州、市人民检察院向下级人民检察院交办职务犯罪案件应严格执行审批程序和报备程序有关规定的通知

2013年4月2日 高检发侦监字[2013]3号

各省、自治区、直辖市人民检察院,军事检察院,新疆生产建设兵团人民检察院:

2013年1月8日,最高人民检察院下发了《关于印发〈人民检察院直接受理立案侦查职务犯罪案件管辖规定〉的通知》(以下简称《管辖规定》)。该《管辖规定》第十四条规定:"上级人民检察院向下级人民检察院交办或者指定异地侦查职务犯罪案件,应当经本院检察长批准。"第十六条第一款规定:"上级人民检察院将本院管辖的案件交由下级人民检察院侦查,应当作出《交办案件决定书》,并抄送本院侦查监督、公诉部门。分、州、市人民检察院向下级人民检察院交办案件,应当同时将《交办案件决定书》报省、自治区、直辖市人民检察院侦查监督部门备案。"新修订的《人民检察院刑事诉讼规则(试行)》(以下简称《刑诉规则》)第十八条第三款规定:"分、州、市人民检察院办理直接立案侦查的案件,需要将属于本院管辖的案件指定下级人民检察院管辖的,应当报请上一级人民检察院批准。"2013年2月6日最高人民检察院下发的《检察机关执法工作基本规范(2013年版)》(以下简称《执法规范》)第4·16条重申了《刑诉规则》的这一规定。对上述规定,有的地方在执行中产生了不同的理解。为统一执法程序,特通知如下:

一、《刑诉规则》和《执法规范》是检察机关执行刑事诉讼法的基本准则和基本规范,各级人民检察院应当严格执行。分、州、市人民检察院需要将属于本院管辖的案件向下级人民检察院交办的,应当根据《刑诉规则》和《管辖规定》的有关规定,由本院侦查部门报经本院检察长批准后,报请省、自治区、直辖市人民检察院审批。

二、省、自治区、直辖市人民检察院经审查批准交办案件的,应当书面批复分、州、市人民检察院。分、州、市人民检察院应当按照《管辖规定》第十六条第一款的规定制作《交办案件决定书》,送达下级人民检察院;同时抄送本院侦查监督、公诉部门,并报省、自治区、直辖市人民检察院侦查监督部门备案。

最高人民法院 最高人民检察院 公安部
关于依法惩处侵害公民个人信息犯罪活动的通知

2013年4月23日 公通字〔2013〕12号

各省、自治区、直辖市高级人民法院、人民检察院、公安厅、局，新疆维吾尔自治区高级人民法院生产建设兵团分院，新疆生产建设兵团人民检察院、公安局：

近年来，随着我国经济快速发展和信息网络的广泛普及，侵害公民个人信息的违法犯罪日益突出，互联网上非法买卖公民个人信息泛滥，由此滋生的电信诈骗、网络诈骗、敲诈勒索、绑架和非法讨债等犯罪屡打不绝，社会危害严重，群众反响强烈。为有效遏制、惩治侵害公民个人信息犯罪，切实保障广大人民群众的个人信息安全和合法权益，促进社会协调发展，维护社会和谐稳定，现就有关事项通知如下：

一、切实提高认识，坚决打击侵害公民个人信息犯罪活动。当前，一些犯罪分子为追逐不法利益，利用互联网大肆倒卖公民个人信息，已逐渐形成庞大"地下产业"和黑色利益链。买卖的公民个人信息包括户籍、银行、电信开户资料等，涉及公民个人生活的方方面面。部分国家机关和金融、电信、交通、教育、医疗以及物业公司、房产中介、保险、快递等企事业单位的一些工作人员，将在履行职责或者提供服务过程中获取的公民个人信息出售、非法提供给他人。获取信息的中间商在互联网上建立数据平台，大肆出售信息牟取暴利。非法调查公司根据这些信息从事非法讨债、诈骗和敲诈勒索等违法犯罪活动。此类犯罪不仅严重危害公民的信息安全，而且极易引发多种犯罪，成为电信诈骗、网络诈骗以及滋扰型"软暴力"等新型犯罪的根源，甚至与绑架、敲诈勒索、暴力追债等犯罪活动相结合，影响人民群众的安全感，威胁社会和谐稳定。各级公安机关、人民检察院、人民法院务必清醒认识此类犯罪的严重危害，以对党和人民高度负责的精神，统一思想，提高认识，精心组织，周密部署，依法惩处侵害公民个人信息犯罪活动。

二、正确适用法律，实现法律效果与社会效果的有机统一。侵害公民个人信息犯罪是新型犯罪，各级公安机关、人民检察院、人民法院要从切实保护公民个人信息安全和维护社会和谐稳定的高度，借鉴以往的成功判例，综合考虑出售、非法提供或非法获取个人信息的次数、数量、手段和牟利数额、造成的损害后果等因素，依法加大打击力度，确保取得良好的法律效果和社会效果。出售、非法提供公民个人信息罪的犯罪主体，除国家机关或金融、电信、交通、教育、医疗单位的工作人员之外，还包括在履行职责或者提供服务过程中获得公民个人信息的商业、房地产业等服务业中其他企事业单位的工作人员。公民个人信息包括公民的姓名、年龄、有效证件号码、婚姻状况、工作单位、学历、履历、家庭住址、电话号码等能够识别公民个人身份或者涉及公民个人隐私的信息、数据资料。对于在履行职责或者提供服务过程中，将获得的公民个人信息出售或者非法提供给他人，被他人用以实施犯罪，造成受害人人身伤害或者死亡，或者造成重大经济损失、恶劣社会影响的，或者出售、非法提供公民个人信息数量较大，或者违法所得数额较大的，均应当依法以出售、非法提供公民个人信息罪追究刑事责任。对于窃取或者以购买等方法非法获取公民个人信息数量较大，或者违法所得数额较大，或者造成其他严重后果的，应当依法以非法获取公民个人信息罪追究刑事责任。对使用非法获取的个人信息，实施其他犯罪行为，构成数罪的，应当依法予以并罚。单位实施侵害公民个人信息犯罪的，应当追究直接负责的主管人员和其他直接责任人员的刑事责任。要依法加大对财产刑的适用力度，剥夺犯罪分子非法获利和再次犯罪的资本。

三、加强协作配合，确保执法司法及时高效。

侵害公民个人信息犯罪网络覆盖面大，关系错综复杂。犯罪行为发生地、犯罪结果发生地、犯罪分子所在地等往往不在一地。同时，由于犯罪行为大多依托互联网、移动电子设备，通过即时通信工具、电子邮件等多种方式实施，调查取证难度很大。各级公安机关、人民检察院、人民法院要在分工负责、依法高效履行职责的基础上，进一步加强沟通协调，通力配合，密切协作，保证立案、侦查、批捕、审查起诉、审判等各个环节顺利进行。对查获的侵害公民个人信息犯罪案件，公安机关要按照属地管辖原则，及时立案侦查，及时移送审查起诉。对于几个公安机关都有权管辖的案件，由最初受理的公安机关管辖。必要时，可以由主要犯罪地的公安机关管辖。对管辖不明确或者有争议的刑事案件，可以由有关公安机关协商。协商不成的，由共同的上级公安机关指定管辖。对于指定管辖的案件，需要逮捕犯罪嫌疑人的，由被指定管辖的公安机关提请同级人民检察院审查批准；需要提起公诉的，由该公安机关移送同级人民检察院审查决定；人民检察院对于审查起诉的案件，按照刑事诉讼法的管辖规定，认为应当由上级人民检察院或者同级其他人民检察院起诉的，应当将案件移交有管辖权的人民检察院；人民检察院认为需要依照刑事诉讼法的规定指定审判管辖的，应当协商同级人民法院办理指定管辖有关事宜。在办理侵害公民个人信息犯罪案件的过程中，对于疑难、复杂案件，人民检察院可以适时派员会同公安机关共同就证据收集等方面进行研究和沟通协调。人民检察院对于公安机关提请批准逮捕、移送审查起诉的相关案件，符合批捕、起诉条件的，要依法尽快予以批捕、起诉；对于确需补充侦查的，要制作具体、详细的补充侦查提纲。人民法院要加强审判力量，准确定性，依法快审快结。

四、推进综合治理，建立防范、打击长效工作机制。预防和打击侵害公民个人信息犯罪是一项艰巨任务，必须标本兼治，积极探索和构建防范、打击的长效工作机制。各地公安机关、人民检察院、人民法院在依法惩处此类犯罪的同时，要积极参与综合治理，注意发现保护公民个人信息工作中的漏洞和隐患，及时通报相关部门，提醒和督促有关部门和单位加强监管、完善制度。要充分利用报纸、广播、电视、网络等多种媒体平台，大力宣传党和国家打击此类犯罪的决心和力度，宣传相关的政策和法律法规，提醒和教育广大群众运用法律保障和维护自身合法权益，提高自我防范的意识和能力。

各地接此通知后，请迅速传达至各级人民法院、人民检察院、公安机关。执行中遇到的问题，请及时报最高人民法院、最高人民检察院、公安部。

最高人民检察院关于印发《人民检察院司法警察条例》的通知

2013年5月8日　　高检发〔2013〕8号

各省、自治区、直辖市人民检察院，军事检察院，新疆生产建设兵团人民检察院：

《人民检察院司法警察条例》已经2013年1月16日最高人民检察院第十一届检察委员会第八十四次会议审议通过，现印发你们，请认真贯彻执行。

人民检察院司法警察条例

(2013年1月16日最高人民检察院第十一届检察委员会第八十四次会议通过)

第一章 总 则

第一条 为了加强人民检察院司法警察队伍建设,保障司法警察依法行使职权,根据《中华人民共和国人民检察院组织法》、《中华人民共和国公务员法》和《中华人民共和国人民警察法》等法律,制定本条例。

第二条 人民检察院司法警察是中华人民共和国人民警察的警种之一,依法参与检察活动。

第三条 人民检察院司法警察的任务是通过行使职权,维护社会主义法制,维护检察工作秩序,预防、制止妨碍检察活动的违法犯罪行为,保障检察工作的顺利进行。

第四条 最高人民检察院领导地方各级人民检察院和专门人民检察院司法警察工作,上级人民检察院领导下级人民检察院司法警察工作。

第五条 人民检察院司法警察必须忠实执行宪法和法律,服务人民,忠于职守,清正廉洁,纪律严明,服从命令,严格、公正、文明、规范执法。

第六条 人民检察院司法警察依法执行职务,受法律保护。

第二章 职 权

第七条 人民检察院司法警察依法履行下列职责:

(一)保护人民检察院直接立案侦查案件的犯罪现场;

(二)执行传唤、拘传;

(三)协助执行监视居住、拘留、逮捕,协助追捕在逃或者脱逃的犯罪嫌疑人;

(四)参与搜查;

(五)提押、看管犯罪嫌疑人、被告人和罪犯;

(六)送达有关法律文书;

(七)保护出席法庭、执行死刑临场监督检察人员的安全;

(八)协助维护检察机关接待群众来访场所的秩序和安全,参与处置突发事件;

(九)法律、法规规定的其他职责。

第八条 人民检察院司法警察在检察官的指挥下履行职责。

第九条 对以暴力、威胁或者其他方法阻碍检察人员依法执行职务的,人民检察院司法警察应当及时予以控制,并依法采取强行带离现场或者采取法律规定的其他措施。

第十条 对涉诉信访人员及其他人员在人民检察院办公区域或者门前实施自杀、自伤等过激行为或者其他违法行为的,人民检察院司法警察应当及时采取措施予以制止和协助救治,必要时应当对其采取约束性保护措施,并视情节移送公安机关。

第十一条 对严重危害人民检察院工作人员人身安全及检察机关财产安全的,人民检察院司法警察应当采取制止、控制等处置措施。对涉嫌违法犯罪的,及时移送公安机关。

第十二条 遇有拒捕、拦劫囚车、抢夺枪支或者其他暴力行为的紧急情况,人民检察院司法警察可以依照国家有关规定使用警械;使用警械不能制止或者不使用武器制止可能发生严重后果的,可以依照国家有关规定使用武器。

第十三条 对检察官或者其他办案人员在一定场所的讯问、询问活动中的违法违规行为,人民检察院司法警察应当及时提醒,必要时可以向分管检察长报告。

第三章 组织管理

第十四条 人民检察院司法警察依法实行警衔制度。人民检察院授予警衔的人员应当使用政法专项编制,具有司法警察职务,并履行司法警察职责。

第十五条 人民检察院司法警察的编制、建制，由最高人民检察院规定。

第十六条 人民检察院司法警察实行编队管理。最高人民检察院设立司法警察局；省、自治区、直辖市人民检察院设立司法警察总队；省、自治区、直辖市人民检察院分院和自治州、省辖市人民检察院设立司法警察支队；县、市、自治县和市辖区人民检察院设立司法警察大队。

第十七条 最高人民检察院司法警察局管理全国检察机关司法警察工作，其主要职责：

（一）研究、制定司法警察工作的规划和规章制度；

（二）指导、考评司法警察业务工作；

（三）监督、检查司法警察执行法律、法规的情况；

（四）协调跨省区的重大警务活动；

（五）指导、组织司法警察的教育培训；

（六）管理司法警察警衔；

（七）管理司法警察警用装备；

（八）完成检察长交办的其他任务。

第十八条 司法警察总队和司法警察支队管理本级和下级人民检察院司法警察工作，其主要职责：

（一）组织落实司法警察工作的条例、规定及其他相关文件；

（二）指导司法警察队伍建设，制定队伍管理的规章制度；

（三）指导、考评司法警察业务工作；

（四）组织司法警察履行职责；

（五）协调跨地区的重大警务活动；

（六）组织司法警察的教育培训；

（七）管理或者协同管理警司以下司法警察的警衔；

（八）管理司法警察警用装备；

（九）完成检察长交办的其他任务。

第十九条 司法警察大队管理本院司法警察工作，其主要职责：

（一）组织司法警察履行职责；

（二）落实司法警察工作的条例、规定及其他相关文件；

（三）制定本院司法警察管理的规章制度；

（四）制定司法警察工作计划；

（五）组织司法警察进行训练；

（六）管理司法警察警用装备；

（七）完成检察长交办的其他任务。

第二十条 人民检察院录用的司法警察，应当符合国家规定的条件。

人民检察院录用司法警察，应当按照国家规定，公开考试，严格考核，择优选用。

司法警察录用试用期为一年。试用期满经考核合格的，正式任职并评定、授予相应警衔；不合格的，取消录用资格。

第二十一条 调任、转任到人民检察院拟任司法警察职务的，应当符合担任人民检察院司法警察的条件和拟任职位所要求的资格条件。

第二十二条 人民检察院司法警察的任职、晋升职务或者授予、晋升警衔，应当经过司法警察专业培训并考试考核合格。未经过培训的，一年内安排补训。

第二十三条 人民检察院司法警察实行警察职务序列，分为警官职务序列、警员职务序列和警务技术职务序列。

第二十四条 人民检察院司法警察应当按照规定着装，佩带警用标志，保持警容严整，举止端庄。

人民检察院司法警察在执行职务时，应当携带人民警察证。

第二十五条 人民检察院司法警察的奖惩按照国家有关法律法规和最高人民检察院的有关规定办理。

第四章 警务保障

第二十六条 人民检察院司法警察必须执行上级的决定和命令。

人民检察院司法警察认为决定和命令有错误的，可以按照规定提出意见，但不得中止或者改变决定和命令的执行；提出的意见不被采纳时，必须服从决定和命令，执行决定和命令的后果由作出决定和命令的上级负责。

人民检察院司法警察对超越法律、法规规定的人民检察院司法警察职责范围的命令和指令，有权拒绝执行，并同时向上级机关报告。

对办案检察官指令的执行，依照前款规定。

第二十七条 人民检察院司法警察的警用标志、制式服装、武器和警械，由公安部统一监制，最高人民检察院会同公安部管理，其他个人和组织不得非法制造、贩卖。

人民检察院司法警察的警用标志、制式服装、武器、警械、人民警察证为司法警察专用,其他个人和组织不得持有和使用。

第二十八条 人民检察院司法警察工作和训练所需经费应当得到保证,并列入人民检察院财务预算。

第二十九条 人民检察院应当加强司法警察装备现代化建设,有计划地改善司法警察工作必需的警用装备、交通、通讯等装备设施。

第三十条 人民检察院司法警察部门应当建立严格的装备管理制度,经常开展爱护装备和管理、使用装备的教育,定期组织检查和维护,保证装备始终处于良好状态。

第三十一条 人民检察院司法警察实行国家公务员工资制度,并享受国家规定的警衔津贴和其他津贴、补贴、抚恤以及社会保险等福利待遇。

第五章 附 则

第三十二条 本条例自公布之日起施行。最高人民检察院1996年8月14日公布的《人民检察院司法警察暂行条例》同时废止。

第三十三条 本条例由最高人民检察院负责解释。

最高人民法院 最高人民检察院 公安部 农业部 国家食品药品监督管理总局关于进一步加强麻黄草管理严厉打击非法买卖麻黄草等违法犯罪活动的通知

2013年5月21日 公通字〔2013〕16号

各省、自治区、直辖市高级人民法院,人民检察院,公安厅、局,农业(农牧、畜牧)厅、局,食品药品监督管理局(药品监督管理局),解放军军事法院、军事检察院,新疆维吾尔自治区高级人民法院生产建设兵团分院,新疆生产建设兵团人民检察院、公安局、畜牧兽医局:

近年来,随着我国对麻黄碱类制毒物品及其复方制剂监管力度的不断加大,利用麻黄碱类制毒物品及其复方制剂制造冰毒的犯罪活动得到有效遏制。但是,利用麻黄草提取麻黄碱类制毒物品制造冰毒的问题日益凸显,麻黄草已成为目前国内加工制造冰毒的又一主要原料。2012年,全国共破获利用麻黄草提取麻黄碱类制毒物品制造冰毒案件46起、缴获麻黄草964.4吨,同比分别上升91.7%、115.5%。为进一步加强麻黄草管理,严厉打击非法买卖麻黄草等违法犯罪活动,根据《中华人民共和国刑法》、《国务院关于禁止采集和销售发菜制止滥挖甘草和麻黄草有关问题的通知》(国发〔2000〕13号)等相关规定,现就有关要求通知如下:

一、严格落实麻黄草采集、收购许可证制度

麻黄草的采集、收购实行严格的许可证制度,未经许可,任何单位和个人不得采集、收购麻黄草,麻黄草收购单位只能将麻黄草销售给药品生产企业。农牧主管部门要从严核发麻黄草采集证,统筹确定各地麻黄草采挖量,禁止任何单位和个人无证采挖麻黄草;严格监督采挖单位和个人凭采集证销售麻黄草;严格控制麻黄草采挖量,严禁无证或超量采挖麻黄草。食品药品监管部门要督促相关药品生产企业严格按照《药品生产质量管理规范(2010年修订)》规定,建立和完善药品质量管理体系,特别是建立麻黄草收购、产品加工和销售台账,并保存2年备查。

二、切实加强对麻黄草采挖、买卖和运输的监督检查

农牧主管部门要认真调查麻黄草资源的分布和储量,加强对麻黄草资源的监管;要严肃查处非法采挖麻黄草和伪造、倒卖、转让采集证行为,上述行为一经发现,一律按最高限处罚。食品药品监管部门要加强对药品生产、经营企业的监督检查,对违反《药品管理法》及相关规定生产、经营的,要依法处理。公安机关要会同农牧主管等部门,加强对麻黄草运输活动的检查,在重点公路、出入省通道要部署力量进行查缉,对没有采集证或者收购证以及不能说明合法用途运输麻黄草的,一律依法扣押审查。

三、依法查处非法采挖、买卖麻黄草等犯罪行为

各地人民法院、人民检察院、公安机关要依法查处非法采挖、买卖麻黄草等犯罪行为,区别情形予以处罚:

(一)以制造毒品为目的,采挖、收购麻黄草的,依照刑法第三百四十七条的规定,以制造毒品罪定罪处罚。

(二)以提炼麻黄碱类制毒物品后进行走私或者非法贩卖为目的,采挖、收购麻黄草,涉案麻黄草所含的麻黄碱类制毒物品达到相应定罪数量标准的,依照第三百五十条第一款、第三款的规定,分别以走私制毒物品罪、非法买卖制毒物品罪定罪处罚。

(三)明知他人制造毒品或者走私、非法买卖制毒物品,向其提供麻黄草或者提供运输、储存麻黄草等帮助的,分别以制造毒品罪、走私制毒物品罪、非法买卖制毒物品罪的共犯论处。

(四)违反国家规定采挖、销售、收购麻黄草,没有证据证明以制造毒品或者走私、非法买卖制毒物品为目的的,依照刑法第二百二十五条的规定构成犯罪的,以非法经营罪定罪处罚。

(五)实施以上行为,以制造毒品罪、走私制毒物品罪、非法买卖制毒物品罪定罪处罚的,涉案制毒物品数量按照三百千克麻黄草折合一千克麻黄碱计算;以制造毒品罪定罪处罚的,无论涉案麻黄草数量多少,均应追究刑事责任。

最高人民检察院关于印发第三批指导性案例的通知

2013年5月27日 高检发研字〔2013〕3号

各省、自治区、直辖市人民检察院,军事检察院,新疆生产建设兵团人民检察院:

经2013年5月27日最高人民检察院第十二届检察委员会第六次会议决定,现将李泽强编造、故意传播虚假恐怖信息案,卫学臣编造虚假恐怖信息案,袁才彦编造虚假恐怖信息案三个案例印发你们,供参考。

李泽强编造、故意传播虚假恐怖信息案

(检例第9号)

【关键词】

编造、故意传播虚假恐怖信息罪

【要旨】

编造、故意传播虚假恐怖信息罪是选择性罪名。编造恐怖信息以后向特定对象散布,严重扰乱社会秩序的,构成编造虚假恐怖信息罪。编造恐怖信息以后向不特定对象散布,严重扰乱社会秩序的,构成编造、故意传播虚假恐怖信息罪。

对于实施数个编造、故意传播虚假恐怖信息行为的,不实行数罪并罚,但应当将其作为量刑情节予以考虑。

【相关立法】

《中华人民共和国刑法》第二百九十一条之一

【基本案情】

被告人李泽强,男,河北省人,1975年出生,原系北京欣和物流仓储中心电工。

2010年8月4日22时许,被告人李泽强为发泄心中不满,在北京市朝阳区小营北路13号工地施工现场,用手机编写短信"今晚要炸北京首都机场",并向数十个随意编写的手机号码发送。天津市的彭某收到短信后于2010年8月5日向当地公安机关报案,北京首都国际机场公安分局于当日接警后立即通知首都国际机场运行监控中心。首都国际机场运行监控中心随即启动紧急预案,对东、西航站楼和机坪进行排查,并加强对行李物品的检查和监控工作,耗费大量人力、物力,严重影响了首都国际机场的正常工作秩序。

【诉讼过程】

2010年8月7日,李泽强因涉嫌编造、故意传播虚假恐怖信息罪被北京首都国际机场公安分局刑事拘留,9月7日被逮捕,11月9日侦查终结移送北京市朝阳区人民检察院审查起诉。2010年12月3日,朝阳区人民检察院以被告人李泽强犯编造、故意传播虚假恐怖信息罪向朝阳区人民法院提起公诉。2010年12月14日,朝阳区人民法院作出一审判决,认为被告人李泽强法制观念淡薄,为泄私愤,编造虚假恐怖信息并故意向他人传播,严重扰乱社会秩序,已构成编造、故意传播虚假恐怖信息罪;鉴于被告人李泽强自愿认罪,可酌情从轻处罚,依照《中华人民共和国刑法》第二百九十一条之一、第六十一条之规定,判决被告人李泽强犯编造、故意传播虚假恐怖信息罪,判处有期徒刑一年。一审判决后,被告人李泽强在法定期限内未上诉,检察机关也未提出抗诉,一审判决发生法律效力。

卫学臣编造虚假恐怖信息案

(检例第10号)

【关键词】

编造虚假恐怖信息罪 严重扰乱社会秩序

【要旨】

关于编造虚假恐怖信息造成"严重扰乱社会秩序"的认定,应当结合行为对正常的工作、生产、生活、经营、教学、科研等秩序的影响程度、对公众造成的恐慌程度以及处置情况等因素进行综合分析判断。对于编造、故意传播虚假恐怖信息威胁民航安全,引起公众恐慌,或者致使航班无法正常起降的,应当认定为"严重扰乱社会秩序"。

【相关立法】

《中华人民共和国刑法》第二百九十一条之一

【基本案情】

被告人卫学臣,男,辽宁省人,1987年出生,原系大连金色假期旅行社导游。

2010年6月13日14时46分,被告人卫学臣带领四川来大连的旅游团用完午餐后,对四川导游李忠键说自己可以让飞机停留半小时,遂用手机拨打大连周水子国际机场问询处电话,询问3U8814航班起飞时间后,告诉接电话的机场工作人员说"飞机上有两名恐怖分子,注意安全"。大连周水子国际机场接到电话后,立即启动防恐预案,将飞机安排到隔离机位,组织公安、安检对飞机客、货舱清仓,对每位出港旅客资料核对确认排查,查看安检现场录像,确认没有可疑问题后,当日19时33分,3U8814航班飞机起飞,晚点33分钟。

【诉讼过程】

2010年6月13日,卫学臣因涉嫌编造虚假恐怖信息罪被大连市公安局机场分局刑事拘留,6月25日被逮捕,8月12日侦查终结移送大连市甘井子区人民检察院审查起诉。2010年9月20日,甘井子区人民检察院以被告人卫学臣涉嫌编造虚假恐怖信息罪向甘井子区人民法院提起公诉。2010年10月11日,甘井子区人民法院作出一审判决,认为被告人卫学臣故意编造虚假恐怖信息,严重扰乱社会秩序,其行为已构成编造虚假恐怖信息罪;鉴于被告人卫学臣自愿认罪,可酌情从轻处罚,依照《中华人民共和国刑法》第二百九十一条之一之规定,判决被告人卫学臣犯编造虚假恐怖信息罪,判处有期徒刑一年六个月。一审判决后,被告人卫学臣在法定期限内未上诉,检察机关也未提出抗诉,一审判决发生法律效力。

袁才彦编造虚假恐怖信息案

(检例第11号)

【关键词】

编造虚假恐怖信息罪　择一重罪处断

【要旨】

对于编造虚假恐怖信息造成有关部门实施人员疏散,引起公众极度恐慌的,或者致使相关单位无法正常营业,造成重大经济损失的,应当认定为"造成严重后果"。

以编造虚假恐怖信息的方式,实施敲诈勒索等其他犯罪的,应当根据案件事实和证据情况,择一重罪处断。

【相关立法】

《中华人民共和国刑法》第二百七十四条、第二百九十一条之一

【基本案情】

被告人袁才彦,男,湖北省人,1956年出生,无业。

被告人袁才彦因经济拮据,意图通过编造爆炸威胁的虚假恐怖信息勒索钱财。2004年9月29日,被告人袁才彦冒用名为"张锐"的假身份证,在河南省工商银行信阳分行红星路支行体彩广场分理处申请办理了牡丹灵通卡账户。

2005年1月24日14时许,被告人袁才彦拨打上海太平洋百货有限公司徐汇店的电话,编造已经放置炸弹的虚假恐怖信息,以不给钱就在商场内引爆炸弹自杀相威胁。要求上海太平洋百货有限公司徐汇店在1小时内向其指定的牡丹灵通卡账户内汇款人民币5万元。上海太平洋百货有限公司徐汇店即向公安机关报警,并进行人员疏散。接警后,公安机关启动防爆预案,出动警力300余名对商场进行安全排查。被告人袁才彦的行为造成上海太平洋百货有限公司徐汇店暂停营业3个半小时。

1月25日10时许,被告人袁才彦拨打福州市新华都百货商场的电话,称已在商场内放置炸弹,要求福州市新华都百货商场在半小时内将人民币5万元汇入其指定的牡丹灵通卡账户。接警后,公安机关出动大批警力进行人员疏散、搜爆检查,并对现场及周边地区实施交通管制。

1月27日11时,被告人袁才彦拨打上海市铁路局春运办公室的电话,称已在火车上放置炸弹,并以引爆炸弹相威胁要求春运办公室在半小时内将人民币10万元汇入其指定的牡丹灵通卡账户。接警后,上海铁路公安局抽调大批警力对旅客、列车和火车站进行安全检查。

1月27日14时,被告人袁才彦拨打广州市天河城百货有限公司的电话,要求广州市天河城百货有限公司在半小时内将人民币2万元汇入其指定的牡丹灵通卡账户,否则就在商场内引爆炸弹自杀。

1月27日16时,被告人袁才彦拨打深圳市天虹商场的电话,要求深圳市天虹商场在1小时内将人民币2万元汇入其指定的牡丹灵通卡账户,否则就在商场内引爆炸弹。

1月27日16时32分,被告人袁才彦拨打南宁市百货商场的电话,要求南宁市百货商场在1小时内将人民币2万元汇入其指定的牡丹灵通卡账户,否则就在商场门口引爆炸弹。接警后,公安机关出动警力300余名在商场进行搜爆和安全检查。

【诉讼过程】

2005年1月28日,袁才彦因涉嫌敲诈勒索罪

被广州市公安局天河区分局刑事拘留。2005年2月案件移交袁才彦的主要犯罪地上海市公安局徐汇区分局管辖,3月4日袁才彦被逮捕,4月5日侦查终结移送上海市徐汇区人民检察院审查起诉。2005年4月14日,上海市人民检察院将案件指定上海市人民检察院第二分院管辖,4月18日上海市人民检察院第二分院以被告人袁才彦涉嫌编造虚假恐怖信息罪向上海市第二中级人民法院提起公诉。2005年6月24日,上海市第二中级人民法院作出一审判决,认为被告人袁才彦为勒索钱财故意编造爆炸威胁等虚假恐怖信息,严重扰乱社会秩序,其行为已构成编造虚假恐怖信息罪,且造成严重后果,依照《中华人民共和国刑法》第二百九十一条之一、第五十五条第一款、第五十六条第一款、第六十四条的规定,判决被告人袁才彦犯编造虚假恐怖信息罪,判处有期徒刑十二年,剥夺政治权利三年。一审判决后,被告人袁才彦提出上诉。2005年8月25日,上海市高级人民法院二审终审裁定,驳回上诉,维持原判。

最高人民检察院关于依法严厉打击编造、故意传播虚假恐怖信息威胁民航飞行安全犯罪活动的通知

2013年5月31日　　高检发侦监字〔2013〕5号

各省、自治区、直辖市人民检察院,军事检察院,新疆生产建设兵团人民检察院:

近期,我国接连发生多起编造虚假恐怖信息威胁民航飞行安全的犯罪案件,造成了多架次航班备降、返航或延迟起飞,严重影响了民航运输正常秩序,对人民群众生命财产安全造成严重威胁。各级检察机关要充分发挥职能作用,坚决依法从重从快严厉打击此类犯罪,维护民航运营秩序,保障民航飞行安全,保护人民群众生命财产安全。现就有关问题通知如下:

一、充分发挥检察职能作用,坚决严厉打击编造、故意传播虚假恐怖信息威胁民航飞行安全犯罪。此类犯罪对民航运输正常秩序和广大乘客的生命财产安全影响巨大,社会反响强烈。各级检察机关要充分认识这类犯罪的严重社会危害性,充分发挥检察职能,加大打击力度。要加强与公安机关的沟通,及时派员介入侦查活动,对收集证据、适用法律提出意见。符合批捕、起诉条件的,要从重从快批捕、起诉。同时,加强与公安机关、人民法院的协调配合,及时研究解决办案中遇到的问题,形成打击犯罪的合力。

二、准确把握犯罪构成要件,确保从重打击。根据刑法第291条之一的有关规定,编造虚假恐怖信息并向特定对象散布,严重扰乱社会秩序的,即构成编造虚假恐怖信息罪。编造虚假恐怖信息以后向不特定对象散布,严重扰乱社会秩序的,构成编造、故意传播虚假恐怖信息罪。对于编造、故意传播虚假恐怖信息,引起公众恐慌,或者致使航班无法正常起降,破坏民航正常运输秩序的,应当认定为"严重扰乱社会秩序"。工作中,要准确把握犯罪构成要件,依法引导取证,加强法律监督,防止打击不力。

三、加强舆论宣传和引导工作。突出对此类犯罪危害及其所负法律后果的宣传,使人民群众充分认识到编造、故意传播虚假恐怖信息威胁民航飞行安全行为对社会造成的严重危害,实施该行为可能面临的法律后果。宣传报道要适度,减少对犯罪细节的报道,避免引发效仿。要通过宣传有效震慑犯罪分子,争取人民群众的支持,有效遏制此类犯罪的多发势头。

各地办理此类案件的情况,实行一案一报,批捕、决定起诉后要及时层报最高人民检察院。

最高人民法院 最高人民检察院 公安部 国家安全部 司法部 国土资源部 住房和城乡建设部 交通运输部 农业部 人民银行 林业局 银监会 证监会 保监会 民航局关于印发《公安机关办理刑事案件适用查封、冻结措施有关规定》的通知

2013年9月1日 公通字〔2013〕30号

各省、自治区、直辖市高级人民法院，人民检察院，公安厅、局，国家安全厅、局，司法厅、局，国土资源厅、局，住房和城乡建设厅、局，交通运输厅、委，农业（渔业）厅、局、委，林业厅、局，银监局，证监局，保监局；中国人民银行上海总部，各分行、营业管理部，省会（首府）城市中心支行，副省级城市中心支行；国家开发银行，各政策性银行，国有商业银行，股份制商业银行，中国邮政储蓄银行；中国民用航空局各地区管理局；新疆维吾尔自治区高级人民法院生产建设兵团分院，新疆生产建设兵团人民检察院、公安局、国家安全局、司法局、国土资源局、建设局、交通局、农业局、林业局：

为了保障《中华人民共和国刑事诉讼法》的正确实施，规范公安机关办理刑事案件适用查封、冻结措施，加强法律监督，强化公安机关与相关行政监管、经济管理部门以及金融机构、证券公司等单位的协作配合，公安部会同有关部门和单位共同研究制定了《公安机关办理刑事案件适用查封、冻结措施有关规定》。现印发给你们，请各地公安机关和各有关部门、单位认真贯彻执行，执行中遇到的问题，请及时上报。

公安机关办理刑事案件适用查封、冻结措施有关规定

第一章 总 则

第一条 为进一步规范公安机关办理刑事案件适用查封、冻结措施，加强人民检察院的法律监督，保护公民、法人和其他组织的合法权益，保障刑事诉讼活动的顺利进行，根据《中华人民共和国刑事诉讼法》及其他有关法律、法规、规章，制定本规定。

第二条 根据侦查犯罪的需要，公安机关依法对涉案财物予以查封、冻结，有关部门、单位和个人应当协助和配合。

本规定所称涉案财物，是指公安机关在办理刑事案件过程中，依法以查封、冻结等方式固定的可用以证明犯罪嫌疑人有罪或者无罪的各种财产和物品，包括：

（一）犯罪所得及其孳息；

（二）用于实施犯罪行为的工具；

（三）其他可以证明犯罪行为是否发生以及犯

罪情节轻重的财物。

第三条 查封、冻结以及保管、处置涉案财物,必须严格依照法定的适用条件和程序进行。与案件无关的财物不得查封、冻结。查封、冻结涉案财物,应当为犯罪嫌疑人及其所扶养的家属保留必要的生活费用和物品。

严禁在立案之前查封、冻结财物。对于境外司法、警察机关依据国际条约、协议或者互惠原则提出的查封、冻结请求,可以根据公安部的执行通知办理有关法律手续。

查封、冻结的涉案财物,除依法应当返还被害人或者经查明确实与案件无关的以外,不得在诉讼程序终结之前作出处理。法律和有关规定另有规定的除外。

第四条 查封、冻结的涉案财物涉及国家秘密、商业秘密、个人隐私的,应当保密。

第二章 查 封

第五条 根据侦查犯罪的需要,公安机关可以依法查封涉案的土地、房屋等不动产,以及涉案的车辆、船舶、航空器和大型机器、设备等特定动产。必要时,可以一并扣押证明其财产所有权或者相关权益的法律文件和文书。

置于不动产上的设施、家具和其他相关物品,需要作为证据使用的,应当扣押;不宜移动的,可以一并查封。

第六条 查封涉案财物需要国土资源、房地产管理、交通运输、农业、林业、民航等有关部门协助的,应当经县级以上公安机关负责人批准,制作查封决定书和协助查封通知书,明确查封财物情况、查封方式、查封期限等事项,送交有关部门协助办理,并及时告知有关当事人。

涉案土地和房屋面积、金额较大的,应当经设区的市一级以上公安机关负责人批准,制作查封决定书和协助查封通知书。

第七条 查封期限不得超过二年。期限届满可以续封一次,续封应当经作出原查封决定的县级以上公安机关负责人批准,在期限届满前五日以内重新制作查封决定书和协助查封通知书,送交有关部门协助办理,续封期限最长不得超过一年。

案件重大复杂,确需再续封的,应当经设区的市一级以上公安机关负责人批准,在期限届满前五日以内重新制作查封决定书和协助查封通知书,且每次再续封的期限最长不得超过一年。

查封期限届满,未办理续封手续的,查封自动解除。

公安机关应当及时将续封决定告知有关当事人。

第八条 查封土地、房屋等涉案不动产,需要查询不动产权属情况的,应当经县级以上公安机关负责人批准,制作协助查询财产通知书。

侦查人员到国土资源、房地产管理等有关部门办理查询时,应当出示本人工作证件,提交协助查询财产通知书,依照相关规定办理查询事项。

需要查询其他涉案财物的权属登记情况的,参照上述规定办理。

第九条 国土资源、房地产管理等有关部门应当及时协助公安机关办理查询事项。公安机关查询并复制的有关书面材料,由权属登记机构或者权属档案管理机构加盖印章。

因情况特殊,不能当场提供查询的,应当在五日以内提供查询结果。

无法查询的,有关部门应当书面告知公安机关。

第十条 土地、房屋等涉案不动产的权属确认以国土资源、房地产管理等有关部门的不动产登记簿或者不动产权属证书为准。不动产权属证书与不动产登记簿不一致的,除有证据证明不动产登记簿确有错误外,以不动产登记簿为准。

第十一条 国土资源、房地产管理等有关部门在协助公安机关办理查封事项时,认为查封涉案不动产信息有误无法办理的,可以暂缓办理协助事项,并向公安机关提出书面审查建议,公安机关应当及时审查处理。

第十二条 查封土地、房屋等涉案不动产的,应当经县级以上公安机关负责人批准,制作协助查封通知书,明确涉案土地、房屋等不动产的详细地址、权属证号、权利人姓名或者单位名称等事项,送交国土资源、房地产管理等有关部门协助办理,有关部门应当在相关通知书回执中注明办理情况。

侦查人员到国土资源、房地产管理等有关部门办理土地使用权或者房屋查封登记手续时,应当出示本人工作证件,提交查封决定书和协助查封通知书,依照有关规定办理查封事项。

第十三条 查封土地、房屋等涉案不动产的侦查人员不得少于二人,持侦查人员工作证件和相关法律文书,通知有关当事人、见证人到场,制作查封笔录,并会同在场人员对被查封的财物查点清楚,当场开列查封清单一式三份,由侦查人员、见证人和不动产所有权人或者使用权人签名后,一份交给不动产所有权人或者使用权人,一份交给公安机关保管人员,一份连同照片、录像资料或者扣押的产权证照附卷备查,并且应当在不动产的显著位置张贴公告。必要时,可以张贴制式封条。

查封清单中应当写明涉案不动产的详细地址、相关特征和置于该不动产上不宜移动的设施、家具和其他相关物品清单,注明已经拍照或者录像以及是否扣押其产权证照等情况。

对于无法确定不动产相关权利人或者权利人拒绝签名的,应当在查封笔录中注明情况。

第十四条 国土资源、房地产管理等有关部门对被公安机关依法查封的土地、房屋等涉案不动产,在查封期间不予办理变更、转让或者抵押权、地役权登记。

第十五条 对依照有关规定可以分割的土地、房屋等涉案不动产,应当只对与案件有关的部分进行查封,并在协助查封通知书中予以明确;对依照有关规定不可分割的土地、房屋等涉案不动产,可以进行整体查封。

第十六条 国土资源、房地产管理等有关部门接到协助查封通知书时,已经受理该土地、房屋等涉案不动产的转让登记申请,但尚未记载于不动产登记簿的,应当协助公安机关办理查封登记。

第十七条 对下列尚未进行权属登记的房屋,公安机关可以按照本规定进行查封:

(一)涉案的房地产开发企业已经办理商品房预售许可证但尚未出售的房屋;

(二)犯罪嫌疑人购买的已经由房地产开发企业办理房屋权属初始登记的房屋;

(三)犯罪嫌疑人购买的已经办理商品房预售合同登记备案手续或者预购商品房预告登记的房屋。

第十八条 查封地上建筑物的效力及于该地上建筑物占用范围内的建设用地使用权,查封建设用地使用权的效力及于地上建筑物,但建设用地使用权与地上建筑物的所有权分属不同权利人的除外。

地上建筑物和土地使用权的登记机构不是同一机构的,应当分别办理查封登记。

第十九条 查封车辆、船舶、航空器以及大型机器、设备等特定动产的,应当制作协助查封通知书,明确涉案财物的名称、型号、权属、地址等事项,送交有关登记管理部门协助办理。必要时,可以扣押有关权利证书。

执行查封时,应当将涉案财物拍照或者录像后封存,或者交持有人、近亲属保管,或者委托第三方保管。有关保管人应当妥善保管,不得转移、变卖、损毁。

第二十条 查封土地、房屋等涉案不动产或者车辆、船舶、航空器以及大型机器、设备等特定动产的,可以在保证侦查活动正常进行的同时,允许有关当事人继续合理使用,并采取必要保值保管措施。

第二十一条 对以公益为目的的教育、医疗、卫生以及社会福利机构等场所、设施,保障性住房,原则上不得查封。确有必要查封的,应当经设区的市一级以上公安机关负责人批准。

第二十二条 查封土地、房屋以外的其他涉案不动产的,参照本规定办理。查封共有财产、担保财产以及其他特殊财物的,依照相关规定办理。

第三章 冻 结

第二十三条 根据侦查犯罪的需要,公安机关可以依法冻结涉案的存款、汇款、证券交易结算资金、期货保证金等资金,债券、股票、基金份额和国务院依法认定的其他证券,以及股权、保单权益和其他投资权益等财产。

第二十四条 在侦查工作中需要冻结财产的,应当经县级以上公安机关负责人批准,制作协助冻结财产通知书,明确冻结财产的账户名称、账户号码、冻结数额、冻结期限、冻结范围以及是否及于孳息等事项,送交银行业金融机构、特定非金融机构、邮政部门、证券公司、证券登记结算机构、证券投资基金管理公司、保险公司、信托公司、公司登记机关和银行间市场交易组织机构、银行间市场集中清算机构、银行间市场登记托管结算机构、经国务院批准或者同意设立的黄金交易组织机构和结算机构等单位协助办理,有关单位应当在相关通知书回执中注明办理情况。

第二十五条 有关单位接到公安机关协助冻结财产通知书后,应当立即对涉案财物予以冻结,办理相关手续,不得推诿拖延,不得泄露有关信息。

有关单位办理完毕冻结手续后,在当事人查询时可以予以告知。

第二十六条　冻结存款、汇款、证券交易结算资金、期货保证金等资金,或者投资权益等其他财产的期限为六个月。需要延长期限的,应当经作出原冻结决定的县级以上公安机关负责人批准,在冻结期限届满前五日以内办理续冻手续。每次续冻期限最长不得超过六个月。

对重大、复杂案件,经设区的市一级以上公安机关负责人批准,冻结存款、汇款、证券交易结算资金、期货保证金等资金的期限可以为一年。需要延长期限的,应当按照原批准权限和程序,在冻结期限届满前五日以内办理续冻手续。每次续冻期限最长不得超过一年。

冻结债券、股票、基金份额等证券的期限为二年。需要延长冻结期限的,应当经作出原冻结决定的县级以上公安机关负责人批准,在冻结期限届满前五日以内办理续冻手续。每次续冻期限最长不得超过二年。

冻结期限届满,未办理续冻手续的,冻结自动解除。

第二十七条　冻结涉案账户的款项数额,应当与涉案金额相当。不得超出涉案金额范围冻结款项。

第二十八条　冻结股权的,应当经设区的市一级以上公安机关负责人批准,冻结上市公司股权应当经省级以上公安机关负责人批准,并在协助冻结财产通知书中载明公司名称、股东姓名或者名称、冻结数额或者股份等与登记事项有关的内容。冻结股权期限为六个月。需要延长期限的,应当按照原批准权限和程序,在冻结期限届满前五日以内办理续冻手续。每次续冻期限最长不得超过六个月。

第二十九条　冻结保单权益的,应当经设区的市一级以上公安机关负责人批准,冻结保单权益期限为六个月。需要延长期限的,应当按照原批准权限和程序,在冻结期限届满前五日以内办理续冻手续。每次续冻期限最长不得超过六个月。

冻结保单权益没有直接对应本人账户的,可以冻结相关受益人的账户,并要求有关单位协助,但不得变更受益人账户,不得损害第三方利益。

人寿险、养老险、交强险、机动车第三者责任险等提供基本保障的保单原则上不得冻结,确需冻结的,应当经省级以上公安机关负责人批准。

第三十条　对下列账户和款项,不得冻结:

(一)金融机构存款准备金和备付金;

(二)特定非金融机构备付金;

(三)封闭贷款专用账户(在封闭贷款未结清期间);

(四)商业汇票保证金;

(五)证券投资者保障基金、保险保障基金、存款保险基金;

(六)党、团费账户和工会经费集中户;

(七)社会保险基金;

(八)国有企业下岗职工基本生活保障资金;

(九)住房公积金和职工集资建房账户资金;

(十)人民法院开立的执行账户;

(十一)军队、武警部队一类保密单位开设的"特种预算存款"、"特种其他存款"和连队账户的存款;

(十二)金融机构质押给中国人民银行的债券、股票、贷款;

(十三)证券登记结算机构、银行间市场交易组织机构、银行间市场集中清算机构、银行间市场登记托管结算机构、经国务院批准或者同意设立的黄金交易组织机构和结算机构等依法按照业务规则收取并存放于专门清算交收账户内的特定股票、债券、票据、贵金属等有价凭证、资产和资金,以及按照业务规则要求金融机构等登记托管结算参与人、清算参与人、投资者或者发行人提供的、在交收或者清算结算完成之前的保证金、清算基金、回购质押券、价差担保物、履约担保物等担保物,支付机构客户备付金;

(十四)其他法律、行政法规、司法解释、部门规章规定不得冻结的账户和款项。

第三十一条　对金融机构账户、特定非金融机构账户和以证券登记结算机构、银行间市场交易组织机构、银行间市场集中清算机构、银行间市场登记托管结算机构、经国务院批准或者同意设立的黄金交易组织机构和结算机构、支付机构等名义开立的各类专门清算交收账户、保证金账户、清算基金账户、客户备付金账户,不得整体冻结,法律另有规定的除外。

第三十二条　办案地公安机关需要异地办理冻结的,应当由二名以上侦查人员持办案协作函、法律文书和工作证件前往协作地联系办理,协作地公安机关应当协助执行。

在紧急情况下，可以将办案协作函、相关法律文书和工作证件复印件通过传真、电传等方式发至协作地县级以上公安机关委托执行，或者通过信息化应用系统传输加盖电子签章的办案协作函、相关法律文书和工作证件扫描件。协作地公安机关收到材料后，经审查确认，应当在传来法律文书上加盖本地公安机关印章，及时到有关银行业金融机构执行冻结，有关银行业金融机构应当予以协助。

第三十三条　根据侦查犯罪的需要，对于涉案账户较多，办案地公安机关需要对其集中冻结的，可以分别按照以下程序办理：

涉案账户开户地属同一省、自治区、直辖市的，应当由办案地公安机关出具协助冻结财产通知书，填写冻结申请表，经该公安机关负责人审核，逐级上报省级公安机关批准后，由办案地公安机关指派二名以上侦查人员持工作证件，将冻结申请表、协助冻结财产通知书等法律文书送交有关银行业金融机构的省、区、市分行。该分行应当在二十四小时以内采取冻结措施，并将有关法律文书传至相关账户开户的分支机构。

涉案账户开户地分属不同省、自治区、直辖市的，应当由办案地公安机关出具协助冻结财产通知书，填写冻结申请表，经该公安机关负责人审核，逐级上报公安部按照规定程序批准后，由办案地公安机关指派二名以上侦查人员持工作证件，将冻结申请表、协助冻结财产通知书等法律文书送交有关银行业金融机构总部。该总部应当在二十四小时以内采取冻结措施，并将有关法律文书传至相关账户开户的分支机构。

有关银行业金融机构因技术条件等客观原因，无法按照前款要求及时采取冻结措施的，应当向公安机关书面说明原因，并立即向中国银行业监督管理委员会或者其派出机构报告。

第三十四条　冻结市场价格波动较大或者有效期限即将届满的债券、股票、基金份额等财产的，在送达协助冻结财产通知书的同时，应当书面告知当事人或者其法定代理人、委托代理人有权申请出售、如期受偿或者变现。如果当事人或者其法定代理人、委托代理人书面申请出售或者变现被冻结的债券、股票、基金份额等财产，不损害国家利益、被害人利益、其他权利人利益，不影响诉讼正常进行的，以及冻结的汇票、本票、支票的有效期即将届满的，经作出冻结决定的县级以上公安机关负责人批准，可以依法在三日以内予以出售或者变现，所得价款应当继续冻结在其对应的银行账户中；没有对应的银行账户的，所得价款由公安机关在银行专门账户保管，并及时告知当事人或者其近亲属。

第四章　解除查封冻结

第三十五条　公安机关在采取查封、冻结措施后，应当及时查清案件事实，在法定期限内对涉案财物依法作出处理。

经查明查封、冻结的财物确实与案件无关的，应当在三日以内解除查封、冻结。

第三十六条　对查封、冻结的涉案财物及其孳息，应当制作清单，随案移送。对作为证据使用的实物应当随案移送，对不宜移送的，应当将其清单、照片或者其他证明文件随案移送。对于随案移送的财物，人民检察院需要继续查封、冻结的，应当及时书面通知公安机关解除原查封、冻结措施，并同时依法重新作出查封、冻结决定。

第三十七条　人民检察院决定不起诉并对涉案财物解除查封、冻结的案件，公安机关应当在接到人民检察院的不起诉决定和解除查封、冻结财物的通知之日起三日以内对不宜移送而未随案移送的财物解除查封、冻结。对于人民检察院提出的对被不起诉人给予行政处罚、行政处分等检察意见中涉及查封、冻结涉案财物的，公安机关应当及时予以处理或者移送有关行政主管机关处理，并将处理结果通知人民检察院。

第三十八条　公安机关决定撤销案件或者对犯罪嫌疑人终止侦查的，除依照法律和有关规定另行处理的以外，应当在作出决定之日起三日以内对侦查中查封、冻结的涉案财物解除查封、冻结。需要给予行政处理的，应当及时予以处理或者移交有关行政主管机关处理。

第三十九条　解除查封的，应当在三日以内制作协助解除查封通知书，送交协助查封的有关部门办理，并通知所有权人或者使用权人。张贴制式封条的，启封时应当通知当事人到场；当事人经通知不到场，也未委托他人到场的，办案人员应当在见证人的见证下予以启封。提取的有关产权证照应当发还。必要时，可以予以公告。

第四十条　解除冻结的，应当在三日以内制作协助解除冻结财产通知书，送交协助办理冻结的有关单位，同时通知被冻结财产的所有人。有关单位接到协助解除冻结财产通知书后,应当及时解除冻结。

第四十一条 需要解除集中冻结措施的,应当由作出冻结决定的公安机关出具协助解除冻结财产通知书,银行业金融机构应当协助解除冻结。

上级公安机关认为应当解除集中冻结措施的,可以责令下级公安机关解除。

第五章 协作配合

第四十二条 有关行政主管机关与公安机关在案件移送过程中,涉及查封、冻结涉案财物的,应当密切配合,加强协作,防止涉案财物发生转移、隐匿、损毁、灭失。

第四十三条 已被有关国家机关依法查封、冻结的涉案财物,不得重复查封、冻结。需要轮候查封、冻结的,应当依照有关部门共同发布的规定执行。查封、冻结依法解除或者到期解除后,按照时间顺序登记在先的轮候查封、冻结自动生效。

第四十四条 不同国家机关之间,对同一涉案财物要求查封、冻结的,协助办理的有关部门和单位应当按照送达相关通知书的先后顺序予以登记,协助首先送达通知书的国家机关办理查封、冻结手续,对后送达通知书的国家机关作轮候查封、冻结登记,并书面告知该涉案财物已被查封、冻结的有关情况。

第四十五条 查封、冻结生效后,协助办理的有关部门和单位应当在其他轮候查封、冻结的公安机关出具的查封、冻结通知书回执中注明该涉案财物已被查封、冻结以及轮候查封、冻结的有关情况。相关公安机关可以查询轮候查封、冻结的生效情况。

第四十六条 公安机关根据侦查犯罪的需要,对其已经查封、冻结的涉案财物,继续办理续封、续冻手续的,或者公安机关移送审查起诉,人民检察院需要重新办理查封、冻结手续的,应当在原查封、冻结期限届满前办理续封、续冻手续。申请轮候查封、冻结的其他国家机关不得以送达通知书在先为由,对抗相关办理续封、续冻手续的效力。

第四十七条 要求查封、冻结涉案财物的有关国家机关之间,因查封、冻结事项发生争议的,应当自行协商解决。协商不成的,由其共同上级机关决定;分属不同部门的,由其各自的上级机关协商解决。

协助执行的部门和单位按照有关争议机关协商一致后达成的书面意见办理。

第四十八条 需要查封、冻结的或者已被查封、冻结的涉案财物,涉及扣押或者民事诉讼中的抵押、质押或民事执行等特殊情况的,公安机关应当根据查封、冻结财物的权属状态和争议问题,与相关国家机关协商解决。协商不成的,各自报请上级机关协商解决。

协助执行的部门和单位按照有关争议机关协商一致后达成的书面意见办理。

第六章 执法监督与法律责任

第四十九条 公安机关应当加强对办理刑事案件适用查封、冻结措施的执法监督。违法采取查封、冻结措施的,根据人民警察在办案中各自承担的职责,区分不同情况,分别追究案件审批人、审核人、办案人及其他直接责任人的责任。构成犯罪的,依法追究刑事责任。

需要异地办理查封、冻结措施的,应当严格执行办案协作的有关规定。违反办案协作的有关规定,造成严重后果的,按照前款规定处理。

第五十条 公安机关应当严格执行有关规定,建立健全涉案财物管理制度,指定专门部门,建立专门台账,对涉案财物加强管理、妥善保管。任何单位和个人不得贪污、侵占、挪用、私分、调换、抵押或者违反规定使用、处置查封、冻结的涉案财物,造成查封、冻结的涉案财物损毁或者灭失的,应当承担相应的法律责任。

第五十一条 当事人和辩护人、诉讼代理人、利害关系人对于公安机关及其侦查人员有下列行为之一的,有权向该机关申诉或者控告:

(一)对与案件无关的财物采取查封、冻结措施的;

(二)明显超出涉案范围查封、冻结财物的;

(三)应当解除查封、冻结不解除的;

(四)贪污、侵占、挪用、私分、调换、抵押、质押以及违反规定使用、处置查封、冻结财物的。

受理申诉或者控告的公安机关应当及时进行调查核实,并在收到申诉、控告之日起三十日以内作出处理决定,书面回复申诉人、控告人。发现公安机关及其侦查人员有上述行为之一的,应当立即纠正。

当事人及其辩护律师、诉讼代理人、利害关系人对处理决定不服的,可以向上级公安机关或者同级人民检察院申诉。上级公安机关发现下级公安机关存在前款规定的违法行为或者对申诉、控告事项不按照规定处理的,应当责令下级公安机关限期纠正,下级公安机关应当立即执行。必要时,上级公安机关可以就申诉、控告事项直接作出处理决定。人民检察院对申诉查证属实的,应当通知公安机关予以纠正。

第五十二条 公安机关办理刑事案件适用查封、冻结措施,因违反有关规定导致国家赔偿的,应当承担相应的赔偿责任,并依照《国家赔偿法》的规定向有关责任人员追偿部分或者全部赔偿费用,协助执行的部门和单位不承担赔偿责任。

第五十三条 国土资源、房地产管理等有关部门根据有关国家机关的协助查封通知书作出的协助查封行为,公民、法人或者其他组织不服提起行政诉讼的,人民法院不予受理,但公民、法人或者其他组织认为协助查封行为与协助查封文书内容不一致的除外。

第五十四条 根据本规定依法应当协助办理查封、冻结措施的有关部门、单位和个人有下列行为之一的,公安机关应当向有关部门和单位通报情况,依法追究相应责任:

(一)对应当查封、冻结的涉案财物不予查封、冻结,致使涉案财物转移的;

(二)在查封冻结前向当事人泄露信息的;

(三)帮助当事人转移、隐匿财产的;

(四)其他无正当理由拒绝协助配合的。

第五十五条 公安机关对以暴力、威胁等方法阻碍有关部门和单位协助办理查封、冻结措施的行为,应当及时制止,依法查处。

第七章 附 则

第五十六条 对查封、冻结、保管和处理涉案财物,本规定未规范的,依照《公安机关办理刑事案件程序规定》等有关规定办理。此前有关公安机关查封、冻结的规范性文件与本规定不一致的,以本规定为准。

第五十七条 本规定施行后适用查封、冻结措施的,按照本规定办理。本规定施行前已生效的查封、冻结措施,依照措施适用时的有关规定执行。

第五十八条 国家安全机关依照法律规定,办理危害国家安全的刑事案件适用查封、冻结措施的,适用本规定。

第五十九条 本规定的"有关国家机关",是指人民法院、人民检察院、公安机关、国家安全机关,以及其他法律法规规定有权实施查封、冻结措施的行政机关或者具有管理公共事务职能的组织。

第六十条 本规定自印发之日起施行。

最高人民法院 最高人民检察院 公安部 司法部印发《关于依法惩治性侵害未成年人犯罪的意见》的通知

2013年10月23日 法发〔2013〕12号

各省、自治区、直辖市高级人民法院、人民检察院、公安厅(局)、司法厅(局),解放军军事法院、军事检察院,新疆维吾尔自治区高级人民法院生产建设兵团分院,新疆生产建设兵团人民检察院、公安局、司法局:

为依法惩治性侵害未成年人犯罪,加大对未成年人合法权益的司法保护,现将《最高人民法院、最高人民检察院、公安部、司法部关于依法惩治性侵害未成年人犯罪的意见》印发给你们,请认真贯彻执行。

最高人民法院　最高人民检察院　公安部　司法部
关于依法惩治性侵害未成年人犯罪的意见

为依法惩治性侵害未成年人犯罪,保护未成年人合法权益,根据刑法、刑事诉讼法和未成年人保护法等法律和司法解释的规定,结合司法实践经验,制定本意见。

一、基本要求

1. 本意见所称性侵害未成年人犯罪,包括刑法第二百三十六条、第二百三十七条、第三百五十八条、第三百五十九条、第三百六十条第二款规定的针对未成年人实施的强奸罪,强制猥亵、侮辱妇女罪,猥亵儿童罪,组织卖淫罪,强迫卖淫罪,引诱、容留、介绍卖淫罪,引诱幼女卖淫罪,嫖宿幼女罪等。

2. 对于性侵害未成年人犯罪,应当依法从严惩治。

3. 办理性侵害未成年人犯罪案件,应当充分考虑未成年被害人身心发育尚未成熟、易受伤害等特点,贯彻特殊、优先保护原则,切实保障未成年人的合法权益。

4. 对于未成年人实施性侵害未成年人犯罪的,应当坚持双向保护原则,在依法保护未成年被害人的合法权益时,也要依法保护未成年犯罪嫌疑人、未成年被告人的合法权益。

5. 办理性侵害未成年人犯罪案件,对于涉及未成年被害人、未成年犯罪嫌疑人和未成年被告人的身份信息及可能推断出其身份信息的资料和涉及性侵害的细节等内容,审判人员、检察人员、侦查人员、律师及其他诉讼参与人应当予以保密。

对外公开的诉讼文书,不得披露未成年被害人的身份信息及可能推断出其身份信息的其他资料,对性侵害的事实注意以适当的方式叙述。

6. 性侵害未成年人犯罪案件,应当由熟悉未成年人身心特点的审判人员、检察人员、侦查人员办理,未成年被害人系女性的,应当有女性工作人员参与。

人民法院、人民检察院、公安机关设有办理未成年人刑事案件专门工作机构或者专门工作小组的,可以优先由专门工作机构或者专门工作小组办理性侵害未成年人犯罪案件。

7. 各级人民法院、人民检察院、公安机关和司法行政机关应当加强与民政、教育、妇联、共青团等部门及未成年人保护组织的联系和协作,共同做好性侵害未成年人犯罪预防和未成年被害人的心理安抚、疏导工作,从有利于未成年人身心健康的角度,对其给予必要的帮助。

8. 上级人民法院、人民检察院、公安机关和司法行政机关应当加强对下指导和业务培训。各级人民法院、人民检察院、公安机关和司法行政机关要增强对未成年人予以特殊、优先保护的司法理念,完善工作机制,提高办案能力和水平。

二、办案程序要求

9. 对未成年人负有监护、教育、训练、救助、看护、医疗等特殊职责的人员(以下简称负有特殊职责的人员)以及其他公民和单位,发现未成年人受到性侵害的,有权利也有义务向公安机关、人民检察院、人民法院报案或者举报。

10. 公安机关接到未成年人被性侵害的报案、控告、举报,应当及时受理,迅速进行审查。经审查,符合立案条件的,应当立即立案侦查。

公安机关发现可能有未成年人被性侵害或者接报相关线索的,无论案件是否属于本单位管辖,都应当及时采取制止违法犯罪行为、保护被害人、保护现场等紧急措施,必要时,应当通报有关部门对被害人予以临时安置、救助。

11. 人民检察院认为公安机关应当立案侦查而不立案侦查的,或者被害人及其法定代理人、对未成年人负有特殊职责的人员据此向人民检察院提出异议的,人民检察院应当要求公安机关说明不立案的理由。人民检察院认为不立案理由不成立的,应当通知公安机关立案,公安机关接到通知后应当立案。

12. 公安机关侦查未成年人被性侵害案件,应当依照法定程序,及时、全面收集固定证据。及时对性侵害犯罪现场进行勘查,对未成年被害人、犯罪嫌疑人进行人身检查,提取体液、毛发、被害人和犯罪嫌疑人指甲内的残留物等生物样本,指纹、足迹、鞋印等痕迹,衣物、纽扣等物品;及时提取住宿登记表等书证,现场监控录像等视听资料;及时收集被害人陈述、证人证言和犯罪嫌疑人供述等证据。

13. 办案人员到未成年被害人及其亲属、未成年证人所在学校、单位、居住地调查取证的,应当避免驾驶警车、穿着制服或者采取其他可能暴露被害人身份、影响被害人名誉、隐私的方式。

14. 询问未成年被害人,审判人员、检察人员、侦查人员和律师应当坚持不伤害原则,选择未成年人住所或者其他让未成年人心理上感到安全的场所进行,并通知其法定代理人到场。无法通知、法定代理人不能到场或者法定代理人是性侵害犯罪嫌疑人、被告人的,也可以通知未成年被害人的其他成年亲属或者所在学校、居住地基层组织、未成年人保护组织的代表等有关人员到场,并将相关情况记录在案。

询问未成年被害人,应当考虑其身心特点,采取和缓的方式进行。对与性侵害犯罪有关的事实应当进行全面询问,以一次询问为原则,尽可能避免反复询问。

15. 人民法院、人民检察院办理性侵害未成年人案件,应当及时告知未成年被害人及其法定代理人或者近亲属有权委托诉讼代理人,并告知其如果经济困难,可以向法律援助机构申请法律援助。对需要申请法律援助的,应当帮助其申请法律援助。法律援助机构应当及时指派熟悉未成年人身心特点的律师为其提供法律帮助。

16. 人民法院、人民检察院、公安机关办理性侵害未成年人犯罪案件,除有碍案件办理的情形外,应当将案件进展情况、案件处理结果及时告知被害人及其法定代理人,并对有关情况予以说明。

17. 人民法院确定性侵害未成年人犯罪案件开庭日期后,应当将开庭的时间、地点通知未成年被害人及其法定代理人。未成年被害人的法定代理人可以陪同或者代表未成年被害人参加法庭审理、陈述意见,法定代理人是性侵害犯罪被告人的除外。

18. 人民法院开庭审理性侵害未成年人犯罪案件,未成年被害人、证人确有必要出庭的,应当根据案件情况采取不暴露外貌、真实声音等保护措施。有条件的,可以采取视频等方式播放未成年人的陈述、证言,播放视频亦应采取保护措施。

三、准确适用法律

19. 知道或者应当知道对方是不满十四周岁的幼女,而实施奸淫等性侵害行为的,应当认定行为人"明知"对方是幼女。

对于不满十二周岁的被害人实施奸淫等性侵害行为的,应当认定行为人"明知"对方是幼女。

对于已满十二周岁不满十四周岁的被害人,从其身体发育状况、言谈举止、衣着特征、生活作息规律等观察可能是幼女,而实施奸淫等性侵害行为的,应当认定行为人"明知"对方是幼女。

20. 以金钱财物等方式引诱幼女与自己发生性关系的;知道或者应当知道幼女被他人强迫卖淫而仍与其发生性关系的,均以强奸罪论处。

21. 对幼女负有特殊职责的人员与幼女发生性关系的,以强奸罪论处。

对已满十四周岁的未成年女性负有特殊职责的人员,利用其优势地位或者被害人孤立无援的境地,迫使未成年被害人就范,而与其发生性关系的,以强奸罪定罪处罚。

22. 实施猥亵儿童犯罪,造成儿童轻伤以上后果,同时符合刑法第二百三十四条或者第二百三十二条的规定,构成故意伤害罪、故意杀人罪的,依照处罚较重的规定定罪处罚。

对已满十四周岁的未成年男性实施猥亵,造成被害人轻伤以上后果,符合刑法第二百三十四条或者第二百三十二条规定的,以故意伤害罪或者故意杀人罪定罪处罚。

23. 在校园、游泳馆、儿童游乐场等公共场所对未成年人实施强奸、猥亵犯罪,只要有其他多人在场,不论在场人员是否实际看到,均可以依照刑法第二百三十六条第三款、第二百三十七条的规定,认定为在公共场所"当众"强奸妇女,强制猥亵、侮辱妇女,猥亵儿童。

24. 介绍、帮助他人奸淫幼女、猥亵儿童的,以强奸罪、猥亵儿童罪的共犯论处。

25. 针对未成年人实施强奸、猥亵犯罪的,应当从重处罚,具有下列情形之一的,更要依法从严惩处:

(1)对未成年人负有特殊职责的人员、与未成

年人有共同家庭生活关系的人员、国家工作人员或者冒充国家工作人员,实施强奸、猥亵犯罪的;

(2)进入未成年人住所、学生集体宿舍实施强奸、猥亵犯罪的;

(3)采取暴力、胁迫、麻醉等强制手段实施奸淫幼女、猥亵儿童犯罪的;

(4)对不满十二周岁的儿童、农村留守儿童、严重残疾或者精神智力发育迟滞的未成年人,实施强奸、猥亵犯罪的;

(5)猥亵多名未成年人,或者多次实施强奸、猥亵犯罪的;

(6)造成未成年被害人轻伤、怀孕、感染性病等后果的;

(7)有强奸、猥亵犯罪前科劣迹的。

26. 组织、强迫、引诱、容留、介绍未成年人卖淫构成犯罪的,应当从重处罚。强迫幼女卖淫、引诱幼女卖淫的,应当分别按照刑法第三百五十八条第一款第(二)项、第三百五十九条第二款的规定定罪处罚。

对未成年人负有特殊职责的人员、与未成年人有共同家庭生活关系的人员、国家工作人员,实施组织、强迫、引诱、容留、介绍未成年人卖淫等性侵害犯罪的,更要依法从严惩处。

27. 已满十四周岁不满十六周岁的人偶尔与幼女发生性关系,情节轻微、未造成严重后果的,不认为是犯罪。

四、其他事项

28. 对于强奸未成年人的成年犯罪分子判处刑罚时,一般不适用缓刑。

对于性侵害未成年人的犯罪分子确定是否适用缓刑,人民法院、人民检察院可以委托犯罪分子居住地的社区矫正机构,就对其宣告缓刑对所居住社区是否有重大不良影响进行调查。受委托的社区矫正机构应当及时组织调查,在规定的期限内将调查评估意见提交委托机关。

对于判处刑罚同时宣告缓刑的,可以根据犯罪情况,同时宣告禁止令,禁止犯罪分子在缓刑考验期内从事与未成年人有关的工作、活动,禁止其进入中小学校区、幼儿园园区及其他未成年人集中的场所,确因本人就学、居住等原因,经执行机关批准的除外。

29. 外国人在我国领域内实施强奸、猥亵未成年人等犯罪的,应当依法判处,在判处刑罚时,可以独立适用或者附加适用驱逐出境。对于尚不构成犯罪但构成违反治安管理行为的,或者因实施性侵害未成年人犯罪不适宜在中国境内继续停留居留的,公安机关可以依法适用限期出境或者驱逐出境。

30. 对于判决已生效的强奸、猥亵未成年人犯罪案件,人民法院在依法保护被害人隐私的前提下,可以在互联网公布相关裁判文书,未成年人犯罪的除外。

31. 对于未成年人因被性侵害而造成的人身损害,为进行康复治疗所支付的医疗费、护理费、交通费、误工费等合理费用,未成年被害人及其法定代理人、近亲属提出赔偿请求的,人民法院依法予以支持。

32. 未成年人在幼儿园、学校或者其他教育机构学习、生活期间被性侵害而造成人身损害,被害人及其法定代理人、近亲属据此向人民法院起诉要求上述单位承担赔偿责任的,人民法院依法予以支持。

33. 未成年人受到监护人性侵害,其他具有监护资格的人员、民政部门等有关单位和组织向人民法院提出申请,要求撤销监护人资格,另行指定监护人的,人民法院依法予以支持。

34. 对未成年被害人因性侵害犯罪而造成人身损害,不能及时获得有效赔偿,生活困难的,各级人民法院、人民检察院、公安机关可会同有关部门,优先考虑予以司法救助。

最高人民法院 最高人民检察院 公安部关于办理组织领导传销活动刑事案件适用法律若干问题的意见

2013年11月14日 公通字〔2013〕37号

各省、自治区、直辖市高级人民法院、人民检察院、公安厅、局，解放军军事法院、军事检察院，新疆维吾尔自治区高级人民法院生产建设兵团分院，新疆生产建设兵团人民检察院、公安局：

为解决近年来公安机关、人民检察院、人民法院在办理组织、领导传销活动刑事案件中遇到的问题，依法惩治组织、领导传销活动犯罪，根据刑法、刑事诉讼法的规定，结合司法实践，现就办理组织、领导传销活动刑事案件适用法律问题提出以下意见：

一、关于传销组织层级及人数的认定问题

以推销商品、提供服务等经营活动为名，要求参加者以缴纳费用或者购买商品、服务等方式获得加入资格，并按照一定顺序组成层级，直接或者间接以发展人员的数量作为计酬或者返利依据，引诱、胁迫参加者继续发展他人参加，骗取财物，扰乱经济社会秩序的传销组织，其组织内部参与传销活动人员在三十人以上且层级在三级以上的，应当对组织者、领导者追究刑事责任。

组织、领导多个传销组织，单个或者多个组织中的层级已达三级以上的，可将在各个组织中发展的人数合并计算。

组织者、领导者形式上脱离原传销组织后，继续从原传销组织获取报酬或者返利的，原传销组织在其脱离后发展人员的层级数和人数，应当计算为其发展的层级数和人数。

办理组织、领导传销活动刑事案件中，确因客观条件的限制无法逐一收集参与传销活动人员的言词证据的，可以结合依法收集并查证属实的缴纳、支付费用及计酬、返利记录，视听资料，传销人员关系图，银行账户交易记录，互联网电子数据，鉴定意见等证据，综合认定参与传销的人数、层级数等犯罪事实。

二、关于传销活动有关人员的认定和处理问题

下列人员可以认定为传销活动的组织者、领导者：

（一）在传销活动中起发起、策划、操纵作用的人员；

（二）在传销活动中承担管理、协调等职责的人员；

（三）在传销活动中承担宣传、培训等职责的人员；

（四）曾因组织、领导传销活动受过刑事处罚，或者一年以内因组织、领导传销活动受过行政处罚，又直接或者间接发展参与传销活动人员在十五人以上且层级在三级以上的人员；

（五）其他对传销活动的实施、传销组织的建立、扩大等起关键作用的人员。

以单位名义实施组织、领导传销活动犯罪的，对于受单位指派，仅从事劳务性工作的人员，一般不予追究刑事责任。

三、关于"骗取财物"的认定问题

传销活动的组织者、领导者采取编造、歪曲国家政策，虚构、夸大经营、投资、服务项目及盈利前景，掩饰计酬、返利真实来源或者其他欺诈手段，实施刑法第二百二十四条之一规定的行为，从参与传销活动人员缴纳的费用或者购买商品、服务的费用中非法获利的，应当认定为骗取财物。参与传销活动人员是否认为被骗，不影响骗取财物的认定。

四、关于"情节严重"的认定问题

对符合本意见第一条第一款规定的传销组织的组织者、领导者，具有下列情形之一的，应当认定为刑法第二百二十四条之一规定的"情节严重"：

（一）组织、领导的参与传销活动人员累计达一百二十人以上的；

（二）直接或者间接收取参与传销活动人员缴

纳的传销资金数额累计达二百五十万元以上的；

（三）曾因组织、领导传销活动受过刑事处罚，或者一年以内因组织、领导传销活动受过行政处罚，又直接或者间接发展参与传销活动人员累计达六十人以上的；

（四）造成参与传销活动人员精神失常、自杀等严重后果的；

（五）造成其他严重后果或者恶劣社会影响的。

五、关于"团队计酬"行为的处理问题

传销活动的组织者或者领导者通过发展人员，要求传销活动的被发展人员发展其他人员加入，形成上下线关系，并以下线的销售业绩为依据计算和给付上线报酬，牟取非法利益的，是"团队计酬"式传销活动。

以销售商品为目的、以销售业绩为计酬依据的单纯的"团队计酬"式传销活动，不作为犯罪处理。形式上采取"团队计酬"方式，但实质上属于"以发展人员的数量作为计酬或者返利依据"的传销活动，应当依照刑法第二百二十四条之一的规定，以组织、领导传销活动罪定罪处罚。

六、关于罪名的适用问题

以非法占有为目的，组织、领导传销活动，同时构成组织、领导传销活动罪和集资诈骗罪的，依照处罚较重的规定定罪处罚。

犯组织、领导传销活动罪，并实施故意伤害、非法拘禁、敲诈勒索、妨害公务、聚众扰乱社会秩序、聚众冲击国家机关、聚众扰乱公共场所秩序、交通秩序等行为，构成犯罪的，依照数罪并罚的规定处罚。

七、其他问题

本意见所称"以上"、"以内"，包括本数。

本意见所称"层级"和"级"，系指组织者、领导者与参与传销活动人员之间的上下线关系层次，而非组织者、领导者在传销组织中的身份等级。

对传销组织内部人数和层级数的计算，以及对组织者、领导者直接或者间接发展参与传销活动人员人数和层级数的计算，包括组织者、领导者本人及其本层级在内。

最高人民检察院关于印发《人民检察院办理未成年人刑事案件的规定》的通知

2013年12月27日　高检发研字〔2013〕7号

各省、自治区、直辖市人民检察院，军事检察院，新疆生产建设兵团人民检察院：

为适应刑事诉讼法和《人民检察院刑事诉讼规则（试行）》的重大修改，依法办理好未成年人刑事案件，切实保障未成年人的合法权益，最高人民检察院对《人民检察院办理未成年人刑事案件的规定》进行了修订。修订后的《人民检察院办理未成年人刑事案件的规定》已于2013年12月19日经最高人民检察院第十二届检察委员会第十四次会议通过，现印发给你们，请遵照执行。各地在执行中遇到的问题，请及时报告最高人民检察院。

人民检察院办理未成年人刑事案件的规定

(2002年3月25日最高人民检察院第九届检察委员会第一百零五次会议通过 2006年12月28日最高人民检察院第十届检察委员会第六十八次会议第一次修订 2013年12月19日最高人民检察院第十二届检察委员会第十四次会议第二次修订)

目 录

第一章 总则
第二章 未成年人刑事案件的审查逮捕
第三章 未成年人刑事案件的审查起诉与出庭支持公诉
　第一节 审查
　第二节 不起诉
　第三节 附条件不起诉
　第四节 提起公诉
第四章 未成年人刑事案件的法律监督
第五章 未成年人案件的刑事申诉检察
第六章 附则

第一章 总 则

第一条 为了切实保障未成年犯罪嫌疑人、被告人和未成年人罪犯的合法权益,正确履行检察职责,根据《中华人民共和国刑法》、《中华人民共和国刑事诉讼法》、《中华人民共和国未成年人保护法》、《中华人民共和国预防未成年人犯罪法》、《人民检察院刑事诉讼规则(试行)》等有关规定,结合人民检察院办理未成年人刑事案件工作实际,制定本规定。

第二条 人民检察院办理未成年人刑事案件,实行教育、感化、挽救的方针,坚持教育为主、惩罚为辅和特殊保护的原则。在严格遵守法律规定的前提下,按照最有利于未成年人和适合未成年人身心特点的方式进行,充分保障未成年人合法权益。

第三条 人民检察院办理未成年人刑事案件,应当保障未成年人依法行使其诉讼权利,保障未成年人得到法律帮助。

第四条 人民检察院办理未成年人刑事案件,应当在依照法定程序和保证办案质量的前提下,快速办理,减少刑事诉讼对未成年人的不利影响。

第五条 人民检察院办理未成年人刑事案件,应当依法保护涉案未成年人的名誉,尊重其人格尊严,不得公开或者传播涉案未成年人的姓名、住所、照片、图像及可能推断出该未成年人的资料。

人民检察院办理刑事案件,应当依法保护未成年被害人、证人以及其他与案件有关的未成年人的合法权益。

第六条 人民检察院办理未成年人刑事案件,应当加强与公安机关、人民法院以及司法行政机关的联系,注意工作各环节的衔接和配合,共同做好对涉案未成年人的教育、感化、挽救工作。

人民检察院应当加强同政府有关部门、共青团、妇联、工会等人民团体,学校、基层组织以及未成年人保护组织的联系和配合,加强对违法犯罪的未成年人的教育和挽救,共同做好未成年人犯罪预防工作。

第七条 人民检察院办理未成年人刑事案件,发现有关单位或者部门在预防未成年人违法犯罪等方面制度不落实、不健全,存在管理漏洞的,可以采取检察建议等方式向有关单位或者部门提出预防违法犯罪的意见和建议。

第八条 省级、地市级人民检察院和未成年人刑事案件较多的基层人民检察院,应当设立独立的未成年人刑事检察机构。地市级人民检察院也可以根据当地实际,指定一个基层人民检察院设立独立机构,统一办理辖区范围内的未成年人刑事案件;条件暂不具备的,应当成立专门办案组或者指定专人办理。对于专门办案组或者专人,应当保证其集中精力办理未成年人刑事案件,研究未成年人犯罪规律,落实对涉案未成年人的帮教措施等工作。

各级人民检察院应当选任经过专门培训,熟悉未成年人身心特点,具有犯罪学、社会学、心理学、教育学等方面知识的检察人员承办未成年人刑事案件,并加强对办案人员的培训和指导。

第九条 人民检察院根据情况可以对未成年犯罪嫌疑人的成长经历、犯罪原因、监护教育等情况进行调查,并制作社会调查报告,作为办案和教育的参考。

人民检察院开展社会调查,可以委托有关组织和机构进行。开展社会调查应当尊重和保护未成年人名誉,避免向不知情人员泄露未成年犯罪嫌疑人的涉罪信息。

人民检察院应当对公安机关移送的社会调查报告进行审查,必要时可以进行补充调查。

提起公诉的案件,社会调查报告应当随案移送人民法院。

第十条 人民检察院办理未成年人刑事案件,可以应犯罪嫌疑人家属、被害人及其家属的要求,告知其审查逮捕、审查起诉的进展情况,并对有关情况予以说明和解释。

第十一条 人民检察院受理案件后,应当向未成年犯罪嫌疑人及其法定代理人了解其委托辩护人的情况,并告知其有权委托辩护人。

未成年犯罪嫌疑人没有委托辩护人的,人民检察院应当书面通知法律援助机构指派律师为其提供辩护。

第十二条 人民检察院办理未成年人刑事案件,应当注重矛盾化解,认真听取被害人的意见,做好释法说理工作。对于符合和解条件的,要发挥检调对接平台作用,积极促使双方当事人达成和解。

人民检察院应当充分维护未成年被害人的合法权益。对于符合条件的被害人,应当及时启动刑事被害人救助程序,对其进行救助。对于未成年被害人,可以适当放宽救助条件、扩大救助的案件范围。

人民检察院根据需要,可以对未成年犯罪嫌疑人、未成年被害人进行心理疏导。必要时,经未成年犯罪嫌疑人及其法定代理人同意,可以对未成年犯罪嫌疑人进行心理测评。

在办理未成年人刑事案件时,人民检察院应当加强办案风险评估预警工作,主动采取适当措施,积极回应和引导社会舆论,有效防范执法办案风险。

第二章 未成年人刑事案件的审查逮捕

第十三条 人民检察院办理未成年犯罪嫌疑人审查逮捕案件,应当根据未成年犯罪嫌疑人涉嫌犯罪的事实、主观恶性、有无监护与社会帮教条件等,综合衡量其社会危险性,严格限制适用逮捕措施,可捕可不捕的不捕。

第十四条 审查逮捕未成年犯罪嫌疑人,应当重点审查其是否已满十四、十六、十八周岁。

对犯罪嫌疑人实际年龄难以判断,影响对该犯罪嫌疑人是否应当负刑事责任认定的,应当不批准逮捕。需要补充侦查的,同时通知公安机关。

第十五条 审查逮捕未成年犯罪嫌疑人,应当审查公安机关依法提供的证据和社会调查报告等材料。公安机关没有提供社会调查报告的,人民检察院根据案件情况可以要求公安机关提供,也可以自行或者委托有关组织和机构进行调查。

第十六条 审查逮捕未成年犯罪嫌疑人,应当注意是否有被胁迫、引诱的情节,是否存在成年人教唆犯罪、传授犯罪方法或者利用未成年人实施犯罪的情况。

第十七条 人民检察院办理未成年犯罪嫌疑人审查逮捕案件,应当讯问未成年犯罪嫌疑人,听取辩护律师的意见,并制作笔录附卷。

讯问未成年犯罪嫌疑人,应当根据该未成年人的特点和案件情况,制定详细的讯问提纲,采取适宜该未成年人的方式进行,讯问用语应当准确易懂。

讯问未成年犯罪嫌疑人,应当告知其依法享有的诉讼权利,告知其如实供述案件事实的法律规定和意义,核实其是否有自首、立功、坦白等情节,听取其有罪的供述或者无罪、罪轻的辩解。

讯问未成年犯罪嫌疑人,应当通知其法定代理人到场,告知法定代理人依法享有的诉讼权利和应当履行的义务。无法通知、法定代理人不能到场或者法定代理人是共犯的,也可以通知未成年犯罪嫌疑人的其他成年亲属,所在学校、单位或者居住地的村民委员会、居民委员会、未成年人保护组织的代表等合适成年人到场,并将有关情况记录在案。到场的法定代理人可以代为行使未成年犯罪嫌疑人的诉讼权利,行使时不得侵犯未成年犯罪嫌疑人的合法权益。

未成年犯罪嫌疑人明确拒绝法定代理人以外的合适成年人到场,人民检察院可以准许,但应当另行通知其他合适成年人到场。

到场的法定代理人或者其他人员认为办案人员在讯问中侵犯未成年犯罪嫌疑人合法权益的,可以提出意见。讯问笔录应当交由到场的法定代理人或者其他人员阅读或者向其宣读,并由其在笔录上签字、盖章或者捺指印确认。

讯问女性未成年犯罪嫌疑人,应当有女性检察人员参加。

询问未成年被害人、证人,适用本条第四款至第七款的规定。

第十八条 讯问未成年犯罪嫌疑人一般不得使用械具。对于确有人身危险性,必须使用械具的,在现实危险消除后,应当立即停止使用。

第十九条 对于罪行较轻,具备有效监护条件或者社会帮教措施,没有社会危险性或者社会危险性较小,不逮捕不致妨害诉讼正常进行的未成年犯罪嫌疑人,应当不批准逮捕。

对于罪行比较严重,但主观恶性不大,有悔罪表现,具备有效监护条件或者社会帮教措施,具有下列情形之一,不逮捕不致妨害诉讼正常进行的未成年犯罪嫌疑人,可以不批准逮捕:

(一)初次犯罪、过失犯罪的;

(二)犯罪预备、中止、未遂的;

(三)有自首或者立功表现的;

(四)犯罪后如实交待罪行,真诚悔罪,积极退赃,尽力减少和赔偿损失,被害人谅解的;

(五)不属于共同犯罪的主犯或者集团犯罪中的首要分子的;

(六)属于已满十四周岁不满十六周岁的未成年人或者系在校学生的;

(七)其他可以不批准逮捕的情形。

对于不予批准逮捕的案件,应当说明理由,连同案卷材料送达公安机关执行。需要补充侦查的,应当同时通知公安机关。必要时可以向被害方作说明解释。

第二十条 适用本规定第十九条的规定,在作出不批准逮捕决定前,应当审查其监护情况,参考其法定代理人、学校、居住地公安派出所及居民委员会、村民委员会的意见,并在审查逮捕意见书中对未成年犯罪嫌疑人是否具备有效监护条件或者社会帮教措施进行具体说明。

第二十一条 对未成年犯罪嫌疑人作出批准逮捕决定后,应当依法进行羁押必要性审查。对不需要继续羁押的,应当及时建议予以释放或者变更强制措施。

第三章 未成年人刑事案件的审查起诉与出庭支持公诉

第一节 审 查

第二十二条 人民检察院审查起诉未成年人刑事案件,自收到移送审查起诉的案件材料之日起三日以内,应当告知被害人及其法定代理人或者其近亲属、附带民事诉讼的当事人及其法定代理人有权委托诉讼代理人。

对未成年被害人或者其法定代理人提出聘请律师意向,但因经济困难或者其他原因没有委托诉讼代理人的,应当帮助其申请法律援助。

未成年犯罪嫌疑人被羁押的,人民检察院应当审查是否有必要继续羁押。对不需要继续羁押的,应当予以释放或者变更强制措施。

审查起诉未成年犯罪嫌疑人,应当听取其父母或者其他法定代理人、辩护人、被害人及其法定代理人的意见。

第二十三条 人民检察院审查起诉未成年人刑事案件,应当讯问未成年犯罪嫌疑人。讯问未成年犯罪嫌疑人适用本规定第十七条、第十八条的规定。

第二十四条 移送审查起诉的案件具备以下条件之一,且其法定代理人、近亲属等与本案无牵连的,经公安机关同意,检察人员可以安排在押的未成年犯罪嫌疑人与其法定代理人、近亲属等进行会见、通话:

(一)案件事实已基本查清,主要证据确实、充分,安排会见、通话不会影响诉讼活动正常进行;

(二)未成年犯罪嫌疑人有认罪、悔罪表现,或者虽尚未认罪、悔罪,但通过会见、通话有可能促使其转化,或者通过会见、通话有利于社会、家庭稳定;

(三)未成年犯罪嫌疑人的法定代理人、近亲属对其犯罪原因、社会危害性以及后果有一定的认识,并能配合司法机关进行教育。

第二十五条 在押的未成年犯罪嫌疑人同其法定代理人、近亲属等进行会见、通话时,检察人员应当告知其会见、通话不得有串供或者其他妨碍诉讼的内容。会见、通话时检察人员可以在场。会见、通话结束后,检察人员应当将有关内容及时整理并记录在案。

第二节 不 起 诉

第二十六条 对于犯罪情节轻微,具有下列情形之一,依照刑法规定不需要判处刑罚或者免除刑罚的未成年犯罪嫌疑人,一般应当依法作出不起诉决定:

(一)被胁迫参与犯罪的;

(二)犯罪预备、中止、未遂的;

(三)在共同犯罪中起次要或者辅助作用的;

(四)系又聋又哑的人或者盲人的;

(五)因防卫过当或者紧急避险过当构成犯罪的;

(六)有自首或者立功表现的;

(七)其他依照刑法规定不需要判处刑罚或者免除刑罚的情形。

第二十七条 对于未成年人实施的轻伤害案件、初次犯罪、过失犯罪、犯罪未遂的案件以及被诱骗或者被教唆实施的犯罪案件等,情节轻微,犯罪嫌疑人确有悔罪表现,当事人双方自愿就民事赔偿达成协议并切实履行或者经被害人同意并提供有效担保,符合刑法第三十七条规定的,人民检察院可以依照刑事诉讼法第一百七十三条第二款的规定作出不起诉决定,并可以根据案件的不同情况,予以训诫或者责令具结悔过、赔礼道歉、赔偿损失,或者由主管部门予以行政处罚。

第二十八条 不起诉决定书应当向被不起诉的未成年人及其法定代理人宣布,并阐明不起诉的理由和法律依据。

不起诉决定书应当送达公安机关,被不起诉的未成年人及其法定代理人、辩护人,被害人或者其近亲属及其诉讼代理人。

送达时,应当告知被害人或者其近亲属及其诉讼代理人,如果对不起诉决定不服,可以自收到不起诉决定书后七日以内向上一级人民检察院申诉,也可以不经申诉,直接向人民法院起诉;告知被不起诉的未成年人及其法定代理人,如果对不起诉决定不服,可以自收到不起诉决定书后七日以内向人民检察院申诉。

第三节 附条件不起诉

第二十九条 对于犯罪时已满十四周岁不满十八周岁的未成年人,同时符合下列条件的,人民检察院可以作出附条件不起诉决定:

(一)涉嫌刑法分则第四章、第五章、第六章规定的犯罪;

(二)根据具体犯罪事实、情节,可能被判处一年有期徒刑以下刑罚;

(三)犯罪事实清楚,证据确实、充分,符合起诉条件;

(四)具有悔罪表现。

第三十条 人民检察院在作出附条件不起诉的决定以前,应当听取公安机关、被害人、未成年犯罪嫌疑人的法定代理人、辩护人的意见,并制作笔录附卷。被害人是未成年人的,还应当听取被害人的法定代理人、诉讼代理人的意见。

第三十一条 公安机关或者被害人对附条件不起诉有异议或争议较大的案件,人民检察院可以召集侦查人员、被害人及其法定代理人、诉讼代理人、未成年犯罪嫌疑人及其法定代理人、辩护人举行不公开听证会,充分听取各方的意见和理由。

对于决定附条件不起诉可能激化矛盾或者引发不稳定因素的,人民检察院应当慎重适用。

第三十二条 适用附条件不起诉的审查意见,应当由办案人员在审查起诉期限届满十五日前提出,并根据案件的具体情况拟定考验期限和考察方案,连同案件审查报告、社会调查报告等,经部门负责人审核,报检察长或者检察委员会决定。

第三十三条 人民检察院作出附条件不起诉的决定后,应当制作附条件不起诉决定书,并在三日以内送达公安机关、被害人或者其近亲属及其诉讼代理人、未成年犯罪嫌疑人及其法定代理人、辩护人。

送达时,应当告知被害人或者其近亲属及其诉讼代理人,如果对附条件不起诉决定不服,可以自收到附条件不起诉决定书后七日以内向上一级人民检察院申诉。

人民检察院应当当面向未成年犯罪嫌疑人及其法定代理人宣布附条件不起诉决定,告知考验期限、在考验期内应当遵守的规定和违反规定应负的法律责任,以及可以对附条件不起诉决定提出异议,并制作笔录附卷。

第三十四条 未成年犯罪嫌疑人在押的,作出附条件不起诉决定后,人民检察院应当作出释放或者变更强制措施的决定。

第三十五条 公安机关认为附条件不起诉决定有错误,要求复议的,人民检察院未成年人刑事检察机构应当另行指定检察人员进行审查并提出审查意见,经部门负责人审核,报请检察长或者检察委员会决定。

人民检察院应当在收到要求复议意见书后的三十日以内作出复议决定,通知公安机关。

第三十六条 上一级人民检察院收到公安机关对附条件不起诉决定提请复核的意见书后,应当交由未成年人刑事检察机构办理。未成年人刑事检察机构应当指定检察人员进行审查并提出审查意见,经部门负责人审核,报请检察长或者检察委员会决定。

上一级人民检察院应当在收到提请复核意见书后的三十日以内作出决定,制作复核决定书送交提请复核的公安机关和下级人民检察院。经复核改变下级人民检察院附条件不起诉决定的,应当撤销下级人民检察院作出的附条件不起诉决定,交由下级人民检察院执行。

第三十七条 被害人不服附条件不起诉决定,在收到附条件不起诉决定书后七日以内申诉的,由作出附条件不起诉决定的人民检察院的上一级人民检察院未成年人刑事检察机构立案复查。

被害人向作出附条件不起诉决定的人民检察院提出申诉的,作出决定的人民检察院应当将申诉材料连同案卷一并报送上一级人民检察院受理。

被害人不服附条件不起诉决定,在收到附条件不起诉决定书七日后提出申诉的,由作出附条件不起诉决定的人民检察院未成年人刑事检察机构另行指定检察人员审查后决定是否立案复查。

未成年人刑事检察机构复查后应当提出复查意见,报请检察长决定。

复查决定书应当送达被害人、被附条件不起诉的未成年犯罪嫌疑人及其法定代理人和作出附条件不起诉决定的人民检察院。

上级人民检察院经复查作出起诉决定的,应当撤销下级人民检察院的附条件不起诉决定,由下级人民检察院提起公诉,并将复查决定抄送移送审查起诉的公安机关。

第三十八条 未成年犯罪嫌疑人及其法定代理人对人民检察院决定附条件不起诉有异议的,人民检察院应当作出起诉的决定。

第三十九条 人民检察院在作出附条件不起诉决定后,应当在十日内将附条件不起诉决定书报上级人民检察院主管部门备案。

上级人民检察院认为下级人民检察院作出的附条件不起诉决定不适当的,应当及时撤销下级人民检察院作出的附条件不起诉决定,下级人民检察院应当执行。

第四十条 人民检察院决定附条件不起诉的,应当确定考验期。考验期为六个月以上一年以下,从人民检察院作出附条件不起诉的决定之日起计算。考验期不计入案件审查起诉期限。

考验期的长短应当与未成年犯罪嫌疑人所犯罪行的轻重、主观恶性的大小和人身危险性的大小、一贯表现及帮教条件等相适应,根据未成年犯罪嫌疑人在考验期的表现,可以在法定期限范围内适当缩短或者延长。

第四十一条 被附条件不起诉的未成年犯罪嫌疑人,应当遵守下列规定:

(一)遵守法律法规,服从监督;

(二)按照考察机关的规定报告自己的活动情况;

(三)离开所居住的市、县或者迁居,应当报经考察机关批准;

(四)按照考察机关的要求接受矫治和教育。

第四十二条 人民检察院可以要求被附条件不起诉的未成年犯罪嫌疑人接受下列矫治和教育:

(一)完成戒瘾治疗、心理辅导或者其他适当的处遇措施;

(二)向社区或者公益团体提供公益劳动;

(三)不得进入特定场所,与特定的人员会见或者通信,从事特定的活动;

(四)向被害人赔偿损失、赔礼道歉等;

(五)接受相关教育;

(六)遵守其他保护被害人安全以及预防再犯的禁止性规定。

第四十三条 在附条件不起诉的考验期内,人民检察院应当对被附条件不起诉的未成年犯罪嫌疑人进行监督考察。未成年犯罪嫌疑人的监护人应当对未成年犯罪嫌疑人加强管教,配合人民检察院做好监督考察工作。

人民检察院可以会同未成年犯罪嫌疑人的监

护人、所在学校、单位、居住地的村民委员会、居民委员会、未成年人保护组织等的有关人员定期对未成年犯罪嫌疑人进行考察、教育,实施跟踪帮教。

第四十四条 未成年犯罪嫌疑人经批准离开所居住的市、县或者迁居,作出附条件不起诉决定的人民检察院可以要求迁入地的人民检察院协助进行考察,并将考察结果函告作出附条件不起诉决定的人民检察院。

第四十五条 考验期届满,办案人员应当制作附条件不起诉考察意见书,提出起诉或者不起诉的意见,经部门负责人审核,报请检察长决定。

人民检察院应当在审查起诉期限内作出起诉或者不起诉的决定。

作出附条件不起诉决定的案件,审查起诉期限自人民检察院作出附条件不起诉决定之日起中止计算,自考验期限届满之日起或者人民检察院作出撤销附条件不起诉决定之日起恢复计算。

第四十六条 被附条件不起诉的未成年犯罪嫌疑人,在考验期内有下列情形之一的,人民检察院应当撤销附条件不起诉的决定,提起公诉:

(一)实施新的犯罪的;

(二)发现决定附条件不起诉以前还有其他犯罪需要追诉的;

(三)违反治安管理规定,造成严重后果,或者多次违反治安管理规定的;

(四)违反考察机关有关附条件不起诉的监督管理规定,造成严重后果,或者多次违反考察机关有关附条件不起诉的监督管理规定的。

第四十七条 对于未成年犯罪嫌疑人在考验期内实施新的犯罪或者在决定附条件不起诉以前还有其他犯罪需要追诉的,人民检察院应当移送侦查机关立案侦查。

第四十八条 被附条件不起诉的未成年犯罪嫌疑人,在考验期内没有本规定第四十六条规定的情形,考验期满的,人民检察院应当作出不起诉的决定。

第四十九条 对于附条件不起诉的案件,不起诉决定宣布后六个月内,办案人员可以对被不起诉的未成年人进行回访,巩固帮教效果,并做好相关记录。

第五十条 对人民检察院依照刑事诉讼法第一百七十三条第二款规定作出的不起诉决定和经附条件不起诉考验期满不起诉的,在向被不起诉的未成年人及其法定代理人宣布不起诉决定书时,应当充分阐明不起诉的理由和法律依据,并结合社会调查,围绕犯罪行为对被害人、对本人及家庭、对社会等造成的危害,导致犯罪行为发生的原因及应当吸取的教训等,对被不起诉的未成年人开展必要的教育。如果侦查人员、合适成年人、辩护人、社工等参加有利于教育被不起诉未成年人的,经被不起诉的未成年人及其法定代理人同意,可以邀请他们参加,但要严格控制参与人范围。

对于犯罪事实清楚,但因未达刑事责任年龄不起诉、年龄证据存疑而不起诉的未成年犯罪嫌疑人,参照上述规定举行不起诉宣布教育仪式。

第四节 提起公诉

第五十一条 人民检察院审查未成年人与成年人共同犯罪案件,一般应当将未成年人与成年人分案起诉。但是具有下列情形之一的,可以不分案起诉:

(一)未成年人系犯罪集团的组织者或者其他共同犯罪中的主犯的;

(二)案件重大、疑难、复杂,分案起诉可能妨碍案件审理的;

(三)涉及刑事附带民事诉讼,分案起诉妨碍附带民事诉讼部分审理的;

(四)具有其他不宜分案起诉情形的。

对分案起诉至同一人民法院的未成年人与成年人共同犯罪案件,由未成年人刑事检察机构一并办理更为适宜的,经检察长决定,可以由未成年人刑事检察机构一并办理。

分案起诉的未成年人与成年人共同犯罪案件,由不同机构分别办理的,应当相互了解案件情况,提出量刑建议时,注意全案的量刑平衡。

第五十二条 对于分案起诉的未成年人与成年人共同犯罪案件,一般应当同时移送人民法院。对于需要补充侦查的,如果补充侦查事项不涉及未成年犯罪嫌疑人所参与的犯罪事实,不影响对未成年犯罪嫌疑人提起公诉的,应当对未成年犯罪嫌疑人先予提起公诉。

第五十三条 对于分案起诉的未成年人与成年人共同犯罪案件,在审查起诉过程中可以根据全案情况制作一个审结报告,起诉书以及出庭预案等应当分别制作。

第五十四条 人民检察院对未成年人与成年人共同犯罪案件分别提起公诉后,在诉讼过程中出现不宜分案起诉情形的,可以建议人民法院并案审理。

第五十五条 对于符合适用简易程序审理条件的未成年人刑事案件,人民检察院应当在提起公诉时向人民法院提出适用简易程序审理的建议。

第五十六条 对提起公诉的未成年人刑事案件,应当认真做好下列出席法庭的准备工作:

(一)掌握未成年被告人的心理状态,并对其进行接受审判的教育,必要时,可以再次讯问被告人;

(二)与未成年被告人的法定代理人、合适成年人、辩护人交换意见,共同做好教育、感化工作;

(三)进一步熟悉案情,深入研究本案的有关法律政策问题,根据案件性质,结合社会调查情况,拟定讯问提纲、询问被害人、证人、鉴定人提纲、举证提纲、答辩提纲、公诉意见书和针对未成年被告人进行法制教育的书面材料。

第五十七条 公诉人出席未成年人刑事审判法庭,应当遵守公诉人出庭行为规范要求,发言时应当语调温和,并注意用语文明、准确,通俗易懂。

公诉人一般不提请未成年证人、被害人出庭作证。确有必要出庭作证的,应当建议人民法院采取相应的保护措施。

第五十八条 在法庭审理过程中,公诉人的讯问、询问、辩论等活动,应当注意未成年人的身心特点。对于未成年被告人情绪严重不稳定,不宜继续接受审判的,公诉人可以建议法庭休庭。

第五十九条 对于具有下列情形之一,依法可能判处拘役、三年以下有期徒刑,有悔罪表现,宣告缓刑对所居住社区没有重大不良影响,具备有效监护条件或者社会帮教措施、适用缓刑确实不致再危害社会的未成年被告人,人民检察院应当建议人民法院适用缓刑:

(一)犯罪情节较轻,未造成严重后果的;

(二)主观恶性不大的初犯或者胁从犯、从犯;

(三)被害人同意和解或者被害人有明显过错的;

(四)其他可以适用缓刑的情节。

建议宣告缓刑,可以根据犯罪情况,同时建议禁止未成年被告人在缓刑考验期限内从事特定活动,进入特定区域、场所,接触特定的人。

人民检察院提出对未成年被告人适用缓刑建议的,应当将未成年被告人能够获得有效监护、帮教的书面材料于判决前移送人民法院。

第六十条 公诉人在依法指控犯罪的同时,要剖析未成年被告人犯罪的原因、社会危害性,适时进行法制教育,促使其深刻反省,吸取教训。

第六十一条 人民检察院派员出席未成年人刑事案件二审法庭适用本节的相关规定。

第六十二条 犯罪的时候不满十八周岁,被判处五年有期徒刑以下刑罚的,人民检察院应当在收到人民法院生效判决后,对犯罪记录予以封存。

对于二审案件,上级人民检察院封存犯罪记录时,应当通知下级人民检察院对相关犯罪记录予以封存。

第六十三条 人民检察院应当将拟封存的未成年人犯罪记录、卷宗等相关材料装订成册,加密保存,不予公开,并建立专门的未成年人犯罪档案库,执行严格的保管制度。

第六十四条 除司法机关为办案需要或者有关单位根据国家规定进行查询的以外,人民检察院不得向任何单位和个人提供封存的犯罪记录,并不得提供未成年人有犯罪记录的证明。

司法机关或者有关单位需要查询犯罪记录的,应当向封存犯罪记录的人民检察院提出书面申请,人民检察院应当在七日以内作出是否许可的决定。

第六十五条 对被封存犯罪记录的未成年人,符合下列条件之一的,应当对其犯罪记录解除封存:

(一)实施新的犯罪,且新罪与封存记录之罪数罪并罚后被决定执行五年有期徒刑以上刑罚的;

(二)发现漏罪,且漏罪与封存记录之罪数罪并罚后被决定执行五年有期徒刑以上刑罚的。

第六十六条 人民检察院对未成年犯罪嫌疑人作出不起诉决定后,应当对相关记录予以封存。具体程序参照本规定第六十二条至第六十五条规定办理。

第四章 未成年人刑事案件的法律监督

第六十七条 人民检察院审查批准逮捕、审查起诉未成年犯罪嫌疑人,应当同时依法监督侦查活动是否合法,发现有下列违法行为的,应当提出纠正意见;构成犯罪的,依法追究刑事责任:

（一）违法对未成年犯罪嫌疑人采取强制措施或者采取强制措施不当的；

（二）未依法实行对未成年犯罪嫌疑人与成年犯罪嫌疑人分别关押、管理的；

（三）对未成年犯罪嫌疑人采取刑事拘留、逮捕措施后，在法定时限内未进行讯问，或者未通知其家属的；

（四）讯问未成年犯罪嫌疑人或者询问未成年被害人、证人时，未依法通知其法定代理人或者合适成年人到场的；

（五）讯问或者询问女性未成年人时，没有女性检察人员参加；

（六）未依法告知未成年犯罪嫌疑人有权委托辩护人的；

（七）未依法通知法律援助机构指派律师为未成年犯罪嫌疑人提供辩护的；

（八）对未成年犯罪嫌疑人威胁、体罚、侮辱人格、游街示众，或者刑讯逼供、指供、诱供的；

（九）利用未成年人认知能力低而故意制造冤、假、错案的；

（十）对未成年被害人、证人以暴力、威胁、诱骗等非法手段收集证据或者侵害未成年被害人、证人的人格尊严及隐私权等合法权益的；

（十一）违反羁押和办案期限规定的；

（十二）已作出不批准逮捕、不起诉决定，公安机关不立即释放犯罪嫌疑人的；

（十三）在侦查中有其他侵害未成年人合法权益行为的。

第六十八条　对依法不应当公开审理的未成年人刑事案件公开审理的，人民检察院应当在开庭前提出纠正意见。

公诉人出庭支持公诉时，发现法庭审判有下列违反法律规定的诉讼程序的情形之一的，应当在休庭后及时向本院检察长报告，由人民检察院向人民法院提出纠正意见：

（一）开庭或者宣告判决时未通知未成年被告人的法定代理人到庭的；

（二）人民法院没有给聋、哑或者不通晓当地通用的语言文字的未成年被告人聘请或者指定翻译人员的；

（三）未成年被告人在审判时没有辩护人的；对未成年被告人及其法定代理人依照法律和有关规定拒绝辩护人为其辩护，合议庭未另行通知法律援助机构指派律师的；

（四）法庭未告知未成年被告人及其法定代理人依法享有的申请回避、辩护、提出新的证据、申请重新鉴定或者勘验、最后陈述、提出上诉等诉讼权利的；

（五）其他违反法律规定的诉讼程序的情形。

第六十九条　人民检察院发现有关机关对未成年人犯罪记录应当封存而未封存的，不应当允许查询而允许查询的或者不应当提供犯罪记录而提供的，应当依法提出纠正意见。

第七十条　人民检察院依法对未成年犯管教所实行驻所检察。在刑罚执行监督中，发现关押成年罪犯的监狱收押未成年人罪犯的，未成年犯管教所违法收押成年罪犯的，或者对年满十八周岁时余刑在二年以上的罪犯留在未成年犯管教所执行剩余刑期的，应当依法提出纠正意见。

第七十一条　人民检察院在看守所检察中，发现没有对未成年犯罪嫌疑人、被告人与成年犯罪嫌疑人、被告人分别关押、管理或者对未成年犯留所执行刑罚的，应当依法提出纠正意见。

第七十二条　人民检察院应当加强对未成年犯管教所、看守所监管未成年人罪犯活动的监督，依法保障未成年人罪犯的合法权益，维护监管改造秩序和教学、劳动、生活秩序。

人民检察院配合未成年犯管教所、看守所加强对未成年人罪犯的政治、法律、文化教育，促进依法、科学、文明监管。

第七十三条　人民检察院依法对未成年人的社区矫正进行监督，发现有下列情形之一的，应当依法向公安机关、人民法院、监狱、社区矫正机构等有关部门提出纠正意见：

（一）没有将未成年人的社区矫正与成年人分开进行的；

（二）对实行社区矫正的未成年人脱管、漏管或者没有落实帮教措施的；

（三）没有对未成年社区矫正人员给予身份保护，其矫正宣告公开进行，矫正档案未进行保密，公开或者传播其姓名、住所、照片等可能推断出该未成年人的其他资料以及矫正资料等情形的；

（四）未成年社区矫正人员的矫正小组没有熟悉青少年成长特点的人员参加的；

（五）没有针对未成年人的年龄、心理特点和身心发育需要等特殊情况采取相应的监督管理和教

育矫正措施的;

(六)其他违法情形。

第七十四条 人民检察院依法对未成年犯的减刑、假释、暂予监外执行等活动实行监督。对符合减刑、假释、暂予监外执行法定条件的,应当建议执行机关向人民法院、监狱管理机关或者公安机关提请;发现提请或者裁定、决定不当的,应当依法提出纠正意见;对徇私舞弊减刑、假释、暂予监外执行等构成犯罪的,依法追究刑事责任。

第五章 未成年人案件的刑事申诉检察

第七十五条 人民检察院依法受理未成年人及其法定代理人提出的刑事申诉案件和国家赔偿案件。

人民检察院对未成年人刑事申诉案件和国家赔偿案件,应当指定专人及时办理。

第七十六条 人民检察院复查未成年人刑事申诉案件,应当直接听取未成年人及其法定代理人的陈述或者辩解,认真审核、查证与案件有关的证据和线索,查清案件事实,依法作出处理。

案件复查终结作出处理决定后,应当向未成年人及其法定代理人当面送达法律文书,做好释法说理和教育工作。

第七十七条 对已复查纠正的未成年人刑事申诉案件,应当配合有关部门做好善后工作。

第七十八条 人民检察院办理未成年人国家赔偿案件,应当充分听取未成年人及其法定代理人的意见,对于依法应当赔偿的案件,应当及时作出和执行赔偿决定。

第六章 附 则

第七十九条 本规定所称未成年人刑事案件,是指犯罪嫌疑人、被告人实施涉嫌犯罪行为时已满十四周岁、未满十八周岁的刑事案件,但在有关未成年人诉讼权利和体现对未成年人程序上特殊保护的条文中所称的未成年人,是指在诉讼过程中未满十八周岁的人。犯罪嫌疑人实施涉嫌犯罪行为时未满十八周岁,在诉讼过程中已满十八周岁的,人民检察院可以根据案件的具体情况适用本规定。

第八十条 实施犯罪行为的年龄,一律按公历的年、月、日计算。从周岁生日的第二天起,为已满××周岁。

第八十一条 未成年人刑事案件的法律文书和工作文书,应当注明未成年人的出生年月日、法定代理人或者到场的合适成年人、辩护人基本情况。

对未成年犯罪嫌疑人、被告人、未成年人罪犯的有关情况和办案人员开展教育感化工作的情况,应当记录在卷,随案移送。

第八十二条 本规定由最高人民检察院负责解释。

第八十三条 本规定自发布之日起施行,最高人民检察院2007年1月9日发布的《人民检察院办理未成年人刑事案件的规定》同时废止。

第六部分

最高人民检察院司法解释选载

最高人民检察院关于废止1980年1月1日至1997年6月30日期间制发的部分司法解释和司法解释性质文件的决定

(2012年4月25日最高人民检察院第十一届检察委员会第七十五次会议通过 2013年1月4日最高人民检察院公告公布 自2013年1月18日起施行)

高检发释字〔2013〕1号

为了适应完善中国特色社会主义法律体系的总体要求,保证国家法律的统一正确实施,最高人民检察院对1980年1月1日至1997年6月30日期间单独制发和联合其他单位制发的司法解释和司法解释性质文件进行了集中清理。现决定:

一、对最高人民检察院1980年1月1日至1997年6月30日期间单独制发的25件司法解释和司法解释性质文件予以废止。

二、经征得有关单位同意,对最高人民检察院与有关单位1980年1月1日至1997年6月30日期间联合制发的2件司法解释性质文件予以废止。

决定废止的1980年1月1日至1997年6月30日期间单独制发的司法解释和司法解释性质文件目录(25件)

序号	司法解释和司法解释性质文件名称	发文日期、文号	废止理由
1	最高人民检察院关于劳改犯加刑案件的公判和通奸案件的处理问题的请示报告的批复	1980年5月8日 〔1980〕高检监函第1号	刑法及相关法律、司法解释已有新规定。
2	最高人民检察院关于在办理强奸案件中可否检查处女膜问题的批复	1981年7月27日 〔81〕高检刑函第137号	刑事诉讼法及相关司法解释已作出规定。
3	最高人民检察院关于批捕外籍犯问题的通知	1982年11月1日 〔82〕高检刑函第99号	相关司法解释已有新规定。
4	最高人民检察院关于上级检察院能否调阅下级人民法院审判卷宗问题的批复	1985年4月27日 高检研发字〔1985〕第14号	该批复的内容已被2010年6月11日《最高人民法院办公厅、最高人民检察院办公厅关于调阅诉讼卷宗有关问题的通知》所替代。

续表

序号	司法解释和司法解释性质文件名称	发文日期、文号	废止理由
5	最高人民检察院关于转发四川省人民检察院《关于检察机关办案人员到外省、外县执行搜查任务应当同当地检察机关取得联系的请示》的通知	1986年6月21日 高检二发字〔1986〕第26号	2000年10月12日《最高人民检察院关于人民检察院侦查协作的暂行规定》已作出规定。
6	最高人民检察院关于破坏电力设备罪几个问题的批复	1986年12月9日 高检研发字〔1986〕第16号	相关司法解释已作出规定。
7	最高人民检察院"关于执行法(研)发(1987)6号文件有关问题的请示"的批复	1987年8月10日 高检研发字〔1987〕第7号	刑法及相关司法解释已作出规定。
8	最高人民检察院关于非邮电工作人员非法开拆他人信件并从中窃取财物案件定性问题给广东省人民检察院的批复	1989年9月15日 高检法发字〔1989〕第2号	刑法已作出规定。
9	最高人民检察院关于检察机关受理后被告人死亡的经济犯罪案件赃款赃物如何处理问题的批复	1990年6月12日 高检研发字〔1990〕第5号	刑事诉讼法已作出规定。
10	最高人民检察院关于进一步加强举报工作的通知	1990年10月9日 高检发控字〔1990〕13号	2009年4月23日修订的《人民检察院举报工作规定》已作出规定。
11	最高人民检察院关于贩卖假毒品案件如何定性问题的批复	1991年4月2日 高检发研字〔1991〕2号	相关司法解释已作出规定。
12	最高人民检察院关于下发《人民检察院办案工作中的保密规定》的通知	1991年9月20日 高检发保委字〔1991〕2号	该规定的内容已被2005年11月16日《最高人民检察院办公厅关于印发〈人民检察院办案工作中的保密规定〉和〈关于确定检察机关工作秘密的意见〉的通知》所替代。
13	最高人民检察院关于管教干警强奸女犯案件管辖问题的批复	1992年3月2日 高检发监字〔1992〕1号	刑事诉讼法及相关司法解释已作出规定。

续表

序号	司法解释和司法解释性质文件名称	发文日期、文号	废止理由
14	最高人民检察院关于在厂（矿）区内机动车造成伤亡事故的犯罪案件如何定性处理问题的批复	1992年3月23日 高检发研字〔1992〕3号	刑法及相关司法解释已作出规定。
15	最高人民检察院关于重申检察机关赴外地办案的几项规定	1992年9月12日 高检发〔1992〕29号	2000年10月12日《最高人民检察院关于人民检察院侦查协作的暂行规定》已作出规定。
16	最高人民检察院办公厅关于印发《人民检察院看守所检察工作规范（试行）》和《关于劳改、劳教检察工作实行经常化、制度化的意见》的通知	1992年10月7日 高检办发〔1992〕19号	该通知的制定依据已被废止。
17	最高人民检察院关于印发《最高人民检察院关于加强举报工作的决定》的通知	1993年3月27日 高检发控字〔1993〕4号	该决定的内容已被2009年4月23日修订的《人民检察院举报工作规定》所替代。
18	最高人民检察院关于如何计算被盗手持式移动电话机价值的批复	1993年6月18日 高检发研字〔1993〕2号	形势已变化，该批复不再适用。
19	最高人民检察院关于加强举报工作的通知	1993年9月4日 高检发举字〔1993〕3号	该通知的内容已被2009年4月23日修订的《人民检察院举报工作规定》所替代。
20	最高人民检察院关于办理离退休国家工作人员受贿罪案件有关问题的批复	1993年11月10日 高检发研字〔1993〕10号	该批复的制定依据已被废止。
21	最高人民检察院关于严格贯彻执行《中华人民共和国对外贸易法》的通知	1994年8月2日 高检发研字〔1994〕8号	刑法对该通知涉及的定罪问题已作出规定。
22	最高人民检察院关于认真执行《劳动法》、《城市房地产管理法》和《预算法》的通知	1994年12月30日 高检发研字〔1994〕10号	刑法、刑事诉讼法对该通知涉及的重大责任事故罪、强迫劳动罪及案件管辖等问题已作出规定。
23	最高人民检察院关于盐酸二氢埃托啡是否属毒品及适用法律问题的批复	1996年11月28日 高检发研字〔1996〕6号	刑法及相关司法解释已作出规定。

续表

序号	司法解释和 司法解释性质文件名称	发文日期、文号	废止理由
24	最高人民检察院办公厅关于复查刑事申诉案件有关问题的通知	1996年12月5日 〔1996〕高检办发第102号	该通知的制定依据已被废止。
25	最高人民检察院关于被判处徒刑宣告缓刑仍留原单位工作的罪犯在缓刑考验期内能否调动工作的批复	1997年1月20日 高检发释字〔1997〕2号	该批复的内容已被2012年1月10日《最高人民法院、最高人民检察院、公安部、司法部关于印发〈社区矫正实施办法〉的通知》所替代。

决定废止的1980年1月1日至1997年6月30日期间与有关单位联合制发的司法解释性质文件目录(2件)

序号	司法解释和 司法解释性质文件名称	发文日期、文号	废止理由
1	最高人民检察院、监察部关于在两个《通告》规定期限内受理自首坦白的贪污贿赂案件相互移送问题的联合通知	1989年10月23日 〔89〕高检发电32号	通知适用期已过,相关司法解释已作出规定。
2	最高人民检察院、邮电部印发《关于查处邮电工作人员渎职案件的暂行规定》的通知	1990年6月20日 〔1990〕高检会(法)字第12号	刑法、刑事诉讼法已作出规定。

最高人民检察院关于废止1997年7月1日至2012年6月30日期间制发的部分司法解释性质文件的决定

(2012年8月30日最高人民检察院第十一届检察委员会第七十八次会议通过
2013年3月1日最高人民检察院公告公布 自2013年4月8日起施行)

高检发释字〔2013〕2号

为了适应完善中国特色社会主义法律体系的总体要求,保证国家法律的统一正确实施,最高人民检察院对1997年7月1日至2012年6月30日期间单独制发和联合其他单位制发的司法解释和司法解释性质文件进行了集中清理。现决定对最高人民检察院1997年7月1日至2012年6月30日期间单独制发的11件司法解释性质文件予以废止。

决定废止的1997年7月1日至2012年6月30日期间单独制发的司法解释性质文件目录（11件）

序号	司法解释和司法解释性质文件名称	发文日期、文号	废止理由
1	最高人民检察院关于重新明确监所检察部门办案范围的通知	1998年6月12日 高检发监字〔1998〕2号	该通知的内容已在2008年3月《最高人民检察院关于印发〈人民检察院监狱检察办法〉、〈人民检察院看守所检察办法〉、〈人民检察院劳教检察办法〉和〈人民检察院监外执行检察办法〉的通知》中作出明确规定。
2	最高人民检察院关于对已生效的中止诉讼的裁定能否提出抗诉的答复	1999年9月10日 高检发研字〔1999〕13号	民事诉讼法对抗诉范围已作出明确规定。
3	最高人民检察院关于检察机关的法医能否根据省级人民政府指定医院作出的医学鉴定作出伤情程度结论问题的批复	1999年10月11日 高检发研字〔1999〕20号	该批复不再适用。
4	最高人民检察院关于挪用公款给私有公司、私有企业使用行为的法律适用问题的批复	2000年3月14日 高检发研字〔2000〕7号	该批复的内容已在2002年4月《全国人民代表大会常务委员会关于〈中华人民共和国刑法〉第三百八十四条第一款的解释》中作出明确规定。
5	最高人民检察院关于认真贯彻执行《人民检察院刑事赔偿工作规定》的通知	2000年12月28日 高检发刑申字〔2000〕1号	通知依据已被2010年11月《人民检察院国家赔偿工作规定》废止。
6	最高人民检察院关于严禁将刑讯逼供获取的犯罪嫌疑人供述作为定案依据的通知	2001年1月2日 高检发诉字〔2001〕2号	刑事诉讼法对相关内容已作出明确规定。
7	最高人民检察院检察委员会议事规则	2003年7月3日 高检发研字〔2003〕9号	该规则已被2009年10月《人民检察院检察委员会议事和工作规则》所替代。

续表

序号	司法解释和司法解释性质文件名称	发文日期、文号	废止理由
8	最高人民检察院办公厅关于印发《民事行政检察厅关于贯彻〈关于调整人民检察院直接受理案件侦查分工的通知〉认真做好查办审判人员职务犯罪案件工作的意见》的通知	2005年1月18日 高检办发〔2005〕2号	2009年7月《最高人民检察院关于完善抗诉工作与职务犯罪侦查工作内部监督制约机制的规定》对相关内容已作出明确规定。
9	最高人民检察院关于人民检察院办理刑事赔偿确认案件拟作不予确认决定报上一级人民检察院批准的规定	2005年11月9日 高检发刑申字〔2005〕1号	2010年11月《人民检察院国家赔偿工作规定》取消了检察机关刑事赔偿确认程序，该规定不再适用。
10	最高人民检察院关于受理行贿犯罪档案查询的暂行规定	2006年3月4日 高检发预字〔2006〕1号	该规定已被2009年6月《最高人民检察院关于行贿犯罪档案查询工作规定》所替代。
11	最高人民检察院关于依法快速办理轻微刑事案件的意见	2007年1月30日	

人民检察院民事诉讼监督规则（试行）

(2013年9月23日最高人民检察院第十二届检察委员会第十次会议通过 2013年11月18日最高人民检察院公告公布并施行)

高检发释字〔2013〕3号

第一章　总则
第二章　管辖
第三章　回避
第四章　受理
第五章　审查
　第一节　一般规定
　第二节　听证
　第三节　调查核实
　第四节　中止审查和终结审查

第六章　对生效判决、裁定、调解书的监督
　第一节　一般规定
　第二节　再审检察建议和提请抗诉
　第三节　抗诉
　第四节　出庭
第七章　对审判程序中审判人员违法行为的监督
第八章　对执行活动的监督
第九章　案件管理

第十章　其他规定
第十一章　附则

第一章　总　则

第一条　为了保障和规范人民检察院依法履行民事检察职责,根据《中华人民共和国民事诉讼法》、《中华人民共和国人民检察院组织法》及其他有关规定,结合人民检察院工作实际,制定本规则。

第二条　人民检察院依法独立行使检察权,通过办理民事诉讼监督案件,维护司法公正和司法权威,维护国家利益和社会公共利益,维护公民、法人和其他组织的合法权益,保障国家法律的统一正确实施。

第三条　人民检察院通过抗诉、检察建议等方式,对民事诉讼活动实行法律监督。

第四条　人民检察院办理民事诉讼监督案件,应当以事实为根据,以法律为准绳,坚持公开、公平、公正和诚实信用原则,尊重和保障当事人的诉讼权利,监督和支持人民法院依法行使审判权和执行权。

第五条　民事诉讼监督案件的受理、办理、管理工作分别由控告检察部门、民事检察部门、案件管理部门负责,各部门互相配合,互相制约。

第六条　人民检察院办理民事诉讼监督案件,实行检察官办案责任制。

第七条　最高人民检察院领导地方各级人民检察院和专门人民检察院的民事诉讼监督工作,上级人民检察院领导下级人民检察院的民事诉讼监督工作。

上级人民检察院对下级人民检察院作出的决定,有权予以撤销或者变更,发现下级人民检察院工作中有错误的,有权指令下级人民检察院纠正。上级人民检察院的决定,下级人民检察院应当执行。下级人民检察院对上级人民检察院的决定有不同意见的,可以在执行的同时向上级人民检察院报告。

第八条　人民检察院检察长在同级人民法院审判委员会讨论民事抗诉案件或者其他与民事诉讼监督工作有关的议题时,可以依照有关规定列席会议。

第九条　人民检察院办理民事诉讼监督案件,实行回避制度。

第十条　检察人员办理民事诉讼监督案件,应当依法秉公办案,自觉接受监督。

检察人员不得接受当事人及其诉讼代理人请客送礼,不得违反规定会见当事人及其诉讼代理人。

检察人员有收受贿赂、徇私枉法等行为的,应当追究法律责任。

第二章　管　辖

第十一条　对已经发生法律效力的民事判决、裁定、调解书的监督案件,最高人民检察院、作出该生效法律文书的人民法院所在地同级人民检察院和上级人民检察院均有管辖权。

第十二条　对民事审判程序中审判人员违法行为的监督案件,由审理案件的人民法院所在地同级人民检察院管辖。

第十三条　对民事执行活动的监督案件,由执行法院所在地同级人民检察院管辖。

第十四条　人民检察院发现受理的民事诉讼监督案件不属于本院管辖的,应当移送有管辖权的人民检察院,受移送的人民检察院应当受理。受移送的人民检察院认为不属于本院管辖的,应当报请上级人民检察院指定管辖,不得再自行移送。

第十五条　有管辖权的人民检察院由于特殊原因,不能行使管辖权的,由上级人民检察院指定管辖。

人民检察院之间因管辖权发生争议,由争议双方协商解决;协商不能解决的,报请其共同上级人民检察院指定管辖。

第十六条　上级人民检察院认为确有必要的,可以办理下级人民检察院管辖的民事诉讼监督案件。

下级人民检察院对有管辖权的民事诉讼监督案件,认为需要由上级人民检察院办理的,可以报请上级人民检察院办理。

第十七条　军事检察院等专门人民检察院对民事诉讼监督案件的管辖,依照有关规定执行。

第三章　回　避

第十八条　检察人员有《中华人民共和国民事诉讼法》第四十四条规定情形之一的,应当自行回避,当事人有权申请他们回避。

前款规定,适用于书记员、翻译人员、鉴定人、勘验人等。

第十九条　检察人员自行回避的,可以口头或者书面方式提出,并说明理由。口头提出申请的,应当记录在卷。

第二十条　当事人申请回避,应当在人民检察院作出提出抗诉或者检察建议等决定前以口头或者书面方式提出,并说明理由。口头提出申请的,应当记录在卷。根据《中华人民共和国民事诉讼法》第四十四条第二款规定提出回避申请的,应当提供相关证据。

被申请回避的人员在人民检察院作出是否回避的决定前,应当暂停参与本案工作,但案件需要采取紧急措施的除外。

第二十一条　检察长的回避,由检察委员会讨论决定;检察人员和其他人员的回避,由检察长决定。检察委员会讨论检察长回避问题时,由副检察长主持,检察长不得参加。

第二十二条　人民检察院对当事人提出的回避申请,应当在三日内作出决定,并通知申请人。申请人对决定不服的,可以在接到决定时向原决定机关申请复议一次。人民检察院应当在三日内作出复议决定,并通知复议申请人。复议期间,被申请回避的人员不停止参与本案工作。

第四章　受　理

第二十三条　民事诉讼监督案件的来源包括:
(一)当事人向人民检察院申请监督;
(二)当事人以外的公民、法人和其他组织向人民检察院控告、举报;
(三)人民检察院依职权发现。

第二十四条　有下列情形之一的,当事人可以向人民检察院申请监督:
(一)已经发生法律效力的民事判决、裁定、调解书符合《中华人民共和国民事诉讼法》第二百零九条第一款规定的;
(二)认为民事审判程序中审判人员存在违法行为的;
(三)认为民事执行活动存在违法情形的。

第二十五条　当事人向人民检察院申请监督,应当提交监督申请书、身份证明、相关法律文书及证据材料。提交证据材料的,应当附证据清单。

申请监督材料不齐备的,人民检察院应当要求申请人限期补齐,并明确告知应补齐的全部材料。申请人逾期未补齐的,视为撤回监督申请。

第二十六条　本规则第二十五条规定的监督申请书应当记明下列事项:
(一)申请人的姓名、性别、年龄、民族、职业、工作单位、住所、有效联系方式,法人或者其他组织的名称、住所和法定代表人或者主要负责人的姓名、职务、有效联系方式;
(二)其他当事人的姓名、性别、工作单位、住所、有效联系方式等信息,法人或者其他组织的名称、住所、负责人、有效联系方式等信息;
(三)申请监督请求和所依据的事实与理由。

申请人应当按照其他当事人的人数提交监督申请书副本。

第二十七条　本规则第二十五条规定的身份证明包括:
(一)自然人的居民身份证、军官证、士兵证、护照等能够证明本人身份的有效证件;
(二)法人或者其他组织的营业执照副本、组织机构代码证书和法定代表人或者主要负责人的身份证明等有效证照。

对当事人提交的身份证明,人民检察院经核对无误留存复印件。

第二十八条　本规则第二十五条规定的相关法律文书是指人民法院在该案件诉讼过程中作出的全部判决书、裁定书、决定书、调解书等法律文书。

第二十九条　当事人申请监督,可以依照《中华人民共和国民事诉讼法》的规定委托代理人。

第三十条　当事人申请监督符合下列条件的,人民检察院应当受理:
(一)符合本规则第二十四条的规定;
(二)申请人提供的材料符合本规则第二十五条至第二十八条的规定;
(三)本院具有管辖权;
(四)不具有本规则规定的不予受理情形。

第三十一条　当事人根据《中华人民共和国民事诉讼法》第二百零九条第一款的规定向人民检察院申请监督,有下列情形之一的,人民检察院不予受理:
(一)当事人未向人民法院申请再审或者申请再审超过法律规定的期限的;
(二)人民法院正在对民事再审申请进行审查的,但超过三个月未对再审申请作出裁定的除外;
(三)人民法院已经裁定再审且尚未审结的;
(四)判决、调解解除婚姻关系的,但对财产分割部分不服的除外；

（五）人民检察院已经审查终结作出决定的；

（六）民事判决、裁定、调解书是人民法院根据人民检察院的抗诉或者再审检察建议再审后作出的；

（七）其他不应受理的情形。

第三十二条　对人民法院作出的一审民事判决、裁定，当事人依法可以上诉但未提出上诉，而依照《中华人民共和国民事诉讼法》第二百零九条第一款第一项、第二项的规定向人民检察院申请监督的，人民检察院不予受理，但有下列情形之一的除外：

（一）据以作出原判决、裁定的法律文书被撤销或者变更的；

（二）审判人员有贪污受贿、徇私舞弊、枉法裁判等严重违法行为的；

（三）人民法院送达法律文书违反法律规定，影响当事人行使上诉权的；

（四）当事人因自然灾害等不可抗力无法行使上诉权的；

（五）当事人因人身自由被剥夺、限制，或者因严重疾病等客观原因不能行使上诉权的；

（六）有证据证明他人以暴力、胁迫、欺诈等方式阻止当事人行使上诉权的；

（七）因其他不可归责于当事人的原因没有提出上诉的。

第三十三条　当事人认为民事审判程序中审判人员存在违法行为或者民事执行活动存在违法情形，向人民检察院申请监督，有下列情形之一的，人民检察院不予受理：

（一）法律规定可以提出异议、申请复议或者提起诉讼，当事人没有提出异议、申请复议或者提起诉讼的，但有正当理由的除外；

（二）当事人提出异议或者申请复议后，人民法院已经受理并正在审查处理的，但超过法定期间未作出处理的除外；

（三）其他不应受理的情形。

第三十四条　当事人根据《中华人民共和国民事诉讼法》第二百零九条第一款的规定向人民检察院申请检察建议或者抗诉，由作出生效民事判决、裁定、调解书的人民法院所在地同级人民检察院控告检察部门受理。

当事人认为民事审判程序中审判人员存在违法行为或者民事执行活动存在违法情形，向人民检察院申请监督的，由审理、执行案件的人民法院所在地同级人民检察院控告检察部门受理。

第三十五条　人民法院裁定驳回再审申请或者逾期未对再审申请作出裁定，当事人向人民检察院申请监督的，由作出原生效民事判决、裁定、调解书的人民法院所在地同级人民检察院控告检察部门受理。

第三十六条　人民检察院控告检察部门对监督申请，应当根据以下情形作出处理：

（一）符合受理条件的，应当依照本规则规定作出受理决定；

（二）属于人民检察院受理案件范围但不属于本院管辖的，应当告知申请人向有管辖权的人民检察院申请监督；

（三）不属于人民检察院受理案件范围的，应当告知申请人向有关机关反映；

（四）不符合受理条件，且申请人不撤回监督申请的，可以决定不予受理。

应当由下级人民检察院受理的，上级人民检察院应当在七日内将监督申请书及相关材料移交下级人民检察院。

第三十七条　控告检察部门应当在决定受理之日起三日内制作《受理通知书》，发送申请人，并告知其权利义务。

需要通知其他当事人的，应当将《受理通知书》和监督申请书副本发送其他当事人，并告知其权利义务。其他当事人可以在收到监督申请书副本之日起十五日内提出书面意见，不提出意见的不影响人民检察院对案件的审查。

第三十八条　控告检察部门应当在决定受理之日起三日内将案件材料移送本院民事检察部门，同时将《受理通知书》抄送本院案件管理部门。

第三十九条　当事人以外的公民、法人和其他组织认为人民法院民事审判程序中审判人员存在违法行为或者民事执行活动存在违法情形的，可以向同级人民检察院控告、举报。控告、举报由人民检察院控告检察部门受理。

控告检察部门对收到的控告、举报，应当依据《人民检察院信访工作规定》、《人民检察院举报工作规定》等办理。

第四十条　控告检察部门可以依据《人民检察院信访工作规定》，向下级人民检察院交办涉及民事诉讼监督的信访案件。

第四十一条 具有下列情形之一的民事案件,人民检察院应当依职权进行监督:

(一)损害国家利益或者社会公共利益的;

(二)审判、执行人员有贪污受贿、徇私舞弊、枉法裁判等行为的;

(三)依照有关规定需要人民检察院跟进监督的。

第四十二条 下级人民检察院提请抗诉、提请其他监督等案件,由上一级人民检察院案件管理部门受理。

依职权发现的民事诉讼监督案件,民事检察部门应当到案件管理部门登记受理。

第四十三条 案件管理部门接收案件材料后,应当在三日内登记并将案件材料和案件登记表移送民事检察部门;案件材料不符合规定的,应当要求补齐。

案件管理部门登记受理后,需要通知当事人的,民事检察部门应当制作《受理通知书》,并在三日内发送当事人。

第五章 审 查

第一节 一般规定

第四十四条 民事检察部门负责对受理后的民事诉讼监督案件进行审查。

第四十五条 上级人民检察院可以将受理的民事诉讼监督案件交由有管辖权的下级人民检察院办理。交办的案件应当制作《交办通知书》,并将有关材料移送下级人民检察院。下级人民检察院应当依法办理,不得将案件再行交办,作出决定前应当报上级人民检察院审核同意。

交办案件需要通知当事人的,应当制作《通知书》,并发送当事人。

第四十六条 上级人民检察院可以将案件转有管辖权的下级人民检察院办理。转办案件应当制作《转办通知书》,并将有关材料移送下级人民检察院。

转办案件需要通知当事人的,应当制作《通知书》,并发送当事人。

第四十七条 人民检察院审查民事诉讼监督案件,应当围绕申请人的申请监督请求以及发现的其他情形,对人民法院民事诉讼活动是否合法进行审查。其他当事人也申请监督的,应当将其列为申请人,对其申请监督请求一并审查。

第四十八条 申请人或者其他当事人对提出的主张,应当提供证据材料。人民检察院收到当事人提交的证据材料,应当出具收据。

第四十九条 人民检察院应当告知当事人有申请回避的权利,并告知办理案件的检察人员、书记员等的姓名、法律职务。

第五十条 人民检察院审查案件,应当听取当事人意见,必要时可以听证或者调查核实有关情况。

第五十一条 人民检察院审查案件,可以依照有关规定调阅人民法院的诉讼卷宗。

通过拷贝电子卷、查阅、复制、摘录等方式能够满足办案需要的,可以不调阅诉讼卷宗。

第五十二条 承办人审查终结后,应当制作审查终结报告。审查终结报告应当全面、客观、公正地叙述案件事实,依据法律提出处理建议。

承办人通过审查监督申请书等材料即可以认定案件事实的,可以直接制作审查终结报告,提出处理建议。

第五十三条 案件应当经集体讨论,参加集体讨论的人员应当对案件事实、适用法律、处理建议等发表明确意见并说明理由。集体讨论意见应当在全面、客观地归纳讨论意见的基础上形成。

集体讨论形成的处理意见,由民事检察部门负责人提出审核意见后报检察长批准。

检察长认为必要的,可以提请检察委员会讨论决定。

第五十四条 人民检察院对审查终结的案件,应当区分情况作出下列决定:

(一)提出再审检察建议;

(二)提请抗诉;

(三)提出抗诉;

(四)提出检察建议;

(五)终结审查;

(六)不支持监督申请。

控告检察部门受理的案件,民事检察部门应当将案件办理结果书面告知控告检察部门。

第五十五条 人民检察院在办理民事诉讼监督案件过程中,当事人有和解意愿的,可以建议当事人自行和解。

第五十六条 人民检察院受理当事人申请对人民法院已经发生法律效力的民事判决、裁定、调解书监督的案件,应当在三个月内审查终结并作出决定。

对民事审判程序中审判人员违法行为监督案件和对民事执行活动监督案件的审查期限,依照前款规定执行。

第二节 听 证

第五十七条 人民检察院审查民事诉讼监督案件,认为确有必要的,可以组织有关当事人听证。

根据案件具体情况,可以邀请与案件没有利害关系的人大代表、政协委员、人民监督员、特约检察员、专家咨询委员、人民调解员或者当事人所在单位、居住地的居民委员会委员以及专家、学者等其他社会人士参加听证。

第五十八条 人民检察院组织听证,由承办该案件的检察人员主持,书记员负责记录。

听证应当在人民检察院专门听证场所内进行。

第五十九条 人民检察院组织听证,应当在听证三日前通知参加听证的当事人,并告知听证的时间、地点。

第六十条 参加听证的当事人和其他相关人员应当按时参加听证,当事人无正当理由缺席或者未经许可中途退席的,不影响听证程序的进行。

第六十一条 听证应当围绕民事诉讼监督案件中的事实认定和法律适用等问题进行。

对当事人提交的证据材料和人民检察院调查取得的证据,应当充分听取各方当事人的意见。

第六十二条 听证应当按照下列顺序进行:

(一)申请人陈述申请监督请求、事实和理由;

(二)其他当事人发表意见;

(三)申请人和其他当事人提交新证据的,应当出示并予以说明;

(四)出示人民检察院调查取得的证据;

(五)案件各方当事人陈述对听证中所出示证据的意见;

(六)申请人和其他当事人发表最后意见。

第六十三条 听证应当制作笔录,经当事人校阅后,由当事人签名或者盖章。拒绝签名盖章的,应当记明情况。

第六十四条 参加听证的人员应当服从听证主持人指挥。

对违反听证秩序的,人民检察院可以予以训诫、责令退出听证场所;对哄闹、冲击听证场所,侮辱、诽谤、威胁、殴打检察人员等严重扰乱听证秩序的,依法追究责任。

第三节 调查核实

第六十五条 人民检察院因履行法律监督职责提出检察建议或者抗诉的需要,有下列情形之一的,可以向当事人或者案外人调查核实有关情况:

(一)民事判决、裁定、调解书可能存在法律规定需要监督的情形,仅通过阅卷及审查现有材料难以认定的;

(二)民事审判程序中审判人员可能存在违法行为的;

(三)民事执行活动可能存在违法情形的;

(四)其他需要调查核实的情形。

第六十六条 人民检察院可以采取以下调查核实措施:

(一)查询、调取、复制相关证据材料;

(二)询问当事人或者案外人;

(三)咨询专业人员、相关部门或者行业协会等对专门问题的意见;

(四)委托鉴定、评估、审计;

(五)勘验物证、现场;

(六)查明案件事实所需要采取的其他措施。

人民检察院调查核实,不得采取限制人身自由和查封、扣押、冻结财产等强制性措施。

第六十七条 人民检察院可以就专门性问题书面或者口头咨询有关专业人员、相关部门或者行业协会的意见。口头咨询的,应当制作笔录,由接受咨询的专业人员签名或者盖章。拒绝签名盖章的,应当记明情况。

第六十八条 人民检察院对专门性问题认为需要鉴定、评估、审计的,可以委托具备资格的机构进行鉴定、评估、审计。

在诉讼过程中已经进行过鉴定、评估、审计的,一般不再委托鉴定、评估、审计。

第六十九条 人民检察院认为确有必要的,可以勘验物证或者现场。勘验人应当出示人民检察院的证件,并邀请当地基层组织或者当事人所在单位派人参加。当事人或者当事人的成年家属应当到场,拒不到场的,不影响勘验的进行。

勘验人应当将勘验情况和结果制作笔录,由勘验人、当事人和被邀参加人签名或者盖章。

第七十条 需要调查核实的,由承办人提出,部门负责人或者检察长批准。

第七十一条 人民检察院调查核实,应当由二人以上共同进行。

调查笔录经被调查人校阅后,由调查人、被调查人签名或者盖章。被调查人拒绝签名盖章的,应当记明情况。

第七十二条 人民检察院可以指令下级人民检察院或者委托外地人民检察院调查核实。

人民检察院指令调查或者委托调查的,应当发送《指令调查通知书》或者《委托调查函》,载明调查核实事项、证据线索及要求。受指令或者受委托人民检察院收到《指令调查通知书》或者《委托调查函》后,应当在十五日内完成调查核实工作并书面回复。因客观原因不能完成调查的,应当在上述期限内书面回复指令或者委托的人民检察院。

人民检察院到外地调查的,当地人民检察院应当配合。

第七十三条 人民检察院调查核实,有关单位和个人应当配合。拒绝或者妨碍人民检察院调查核实的,人民检察院可以向有关单位或者其上级主管部门提出检察建议,责令纠正;涉嫌犯罪的,依照规定移送有关机关处理。

第四节 中止审查和终结审查

第七十四条 有下列情形之一的,人民检察院可以中止审查:

(一)申请监督的自然人死亡,需要等待继承人表明是否继续申请监督的;

(二)申请监督的法人或者其他组织终止,尚未确定权利义务承受人的;

(三)本案必须以另一案的处理结果为依据,而另一案尚未审结的;

(四)其他可以中止审查的情形。

中止审查的,应当制作《中止审查决定书》,并发送当事人。中止审查的原因消除后,应当恢复审查。

第七十五条 有下列情形之一的,人民检察院应当终结审查:

(一)人民法院已经裁定再审或者已经纠正违法行为的;

(二)申请人撤回监督申请或者当事人达成和解协议,且不损害国家利益、社会公共利益或者他人合法权益的;

(三)申请监督的自然人死亡,没有继承人或者继承人放弃申请,且没有发现其他应当监督的违法情形的;

(四)申请监督的法人或者其他组织终止,没有权利义务承受人或者权利义务承受人放弃申请,且没有发现其他应当监督的违法情形的;

(五)发现已经受理的案件不符合受理条件的;

(六)人民检察院依职权发现的案件,经审查不需要采取监督措施的;

(七)其他应当终结审查的情形。

终结审查的,应当制作《终结审查决定书》,需要通知当事人的,发送当事人。

第六章 对生效判决、裁定、调解书的监督

第一节 一般规定

第七十六条 人民检察院发现人民法院已经发生法律效力的民事判决、裁定有《中华人民共和国民事诉讼法》第二百条规定情形之一的,依法向人民法院提出再审检察建议或者抗诉。

第七十七条 人民检察院发现民事调解书损害国家利益、社会公共利益的,依法向人民法院提出再审检察建议或者抗诉。

第七十八条 下列证据,应当认定为《中华人民共和国民事诉讼法》第二百条第一项规定的"新的证据":

(一)原审庭审结束前已客观存在但庭审结束后新发现的证据;

(二)原审庭审结束前已经发现,但因客观原因无法取得或者在规定的期限内不能提供的证据;

(三)原审庭审结束后原作出鉴定意见、勘验笔录者重新鉴定、勘验,推翻原意见的证据;

(四)当事人在原审中提供的,原审未予质证、认证,但足以推翻原判决、裁定的主要证据。

第七十九条 有下列情形之一的,应当认定为《中华人民共和国民事诉讼法》第二百条第二项规定的"认定的基本事实缺乏证据证明":

(一)认定的基本事实没有证据支持,或者认定的基本事实所依据的证据虚假、缺乏证明力的;

(二)认定的基本事实所依据的证据不合法的;

(三)对基本事实的认定违反逻辑推理或者日常生活法则的;

（四）认定的基本事实缺乏证据证明的其他情形。

第八十条 有下列情形之一的，应当认定为《中华人民共和国民事诉讼法》第二百条第六项规定的"适用法律确有错误"：
（一）适用的法律与案件性质明显不符的；
（二）认定法律关系主体、性质或者法律行为效力错误的；
（三）确定民事责任明显违背当事人有效约定或者法律规定的；
（四）适用的法律已经失效或者尚未施行的；
（五）违反法律溯及力规定的；
（六）违反法律适用规则的；
（七）适用法律明显违背立法本意的；
（八）适用诉讼时效规定错误的；
（九）适用法律错误的其他情形。

第八十一条 有下列情形之一的，应当认定为《中华人民共和国民事诉讼法》第二百条第七项规定的"审判组织的组成不合法"：
（一）应当组成合议庭审理的案件独任审判的；
（二）人民陪审员参与第二审案件审理的；
（三）再审、发回重审的案件没有另行组成合议庭的；
（四）审理案件的人员不具有审判资格的；
（五）审判组织或者人员不合法的其他情形。

第八十二条 有下列情形之一的，应当认定为《中华人民共和国民事诉讼法》第二百条第九项规定的"违反法律规定，剥夺当事人辩论权利"：
（一）不允许或者严重限制当事人行使辩论权利的；
（二）应当开庭审理而未开庭审理的；
（三）违反法律规定送达起诉状副本或者上诉状副本，致使当事人无法行使辩论权利的；
（四）违法剥夺当事人辩论权利的其他情形。

第二节 再审检察建议和提请抗诉

第八十三条 地方各级人民检察院发现同级人民法院已经发生法律效力的民事判决、裁定有下列情形之一的，可以向同级人民法院提出再审检察建议：
（一）有新的证据，足以推翻原判决、裁定的；
（二）原判决、裁定认定的基本事实缺乏证据证明的；
（三）原判决、裁定认定事实的主要证据是伪造的；
（四）原判决、裁定认定事实的主要证据未经质证的；
（五）对审理案件需要的主要证据，当事人因客观原因不能自行收集，书面申请人民法院调查收集，人民法院未调查收集的；
（六）审判组织的组成不合法或者依法应当回避的审判人员没有回避的；
（七）无诉讼行为能力人未经法定代理人代为诉讼或者应当参加诉讼的当事人，因不能归责于本人或者其诉讼代理人的事由，未参加诉讼的；
（八）违反法律规定，剥夺当事人辩论权利的；
（九）未经传票传唤，缺席判决的；
（十）原判决、裁定遗漏或者超出诉讼请求的；
（十一）据以作出原判决、裁定的法律文书被撤销或者变更的。

第八十四条 符合本规则第八十三条规定的案件有下列情形之一的，地方各级人民检察院应当提请上一级人民检察院抗诉：
（一）判决、裁定是经同级人民法院再审后作出的；
（二）判决、裁定是经同级人民法院审判委员会讨论作出的；
（三）其他不适宜由同级人民法院再审纠正的。

第八十五条 地方各级人民检察院发现同级人民法院已经发生法律效力的民事判决、裁定具有下列情形之一的，应当提请上一级人民检察院抗诉：
（一）原判决、裁定适用法律确有错误的；
（二）审判人员在审理该案件时有贪污受贿、徇私舞弊、枉法裁判行为的。

第八十六条 地方各级人民检察院发现民事调解书损害国家利益、社会公共利益的，可以向同级人民法院提出再审检察建议，也可以提请上一级人民检察院抗诉。

第八十七条 对人民法院已经采纳再审检察建议进行再审的案件，提出再审检察建议的人民检察院一般不得再向上级人民检察院提请抗诉。

第八十八条 人民检察院提出再审检察建议，应当制作《再审检察建议书》，在决定提出再审检察建议之日起十五日内将《再审检察建议书》连同案件卷宗移送同级人民法院，并制作决定提出再审检察建议的《通知书》,发送当事人。

人民检察院提出再审检察建议,应当经本院检察委员会决定,并将《再审检察建议书》报上一级人民检察院备案。

第八十九条 人民检察院提请抗诉,应当制作《提请抗诉报告书》,在决定提请抗诉之日起十五日内将《提请抗诉报告书》连同案件卷宗报送上一级人民检察院,并制作决定提请抗诉的《通知书》,发送当事人。

第九十条 人民检察院认为当事人的监督申请不符合提出再审检察建议或者提请抗诉条件的,应当作出不支持监督申请的决定,并在决定之日起十五日内制作《不支持监督申请决定书》,发送当事人。

第三节 抗 诉

第九十一条 最高人民检察院对各级人民法院已经发生法律效力的民事判决、裁定、调解书,上级人民检察院对下级人民法院已经发生法律效力的民事判决、裁定、调解书,发现有《中华人民共和国民事诉讼法》第二百条、第二百零八条规定情形的,应当向同级人民法院提出抗诉。

第九十二条 人民检察院提出抗诉,应当制作《抗诉书》,在决定抗诉之日起十五日内将《抗诉书》连同案件卷宗移送同级人民法院,并制作抗诉的《通知书》,发送当事人。

第九十三条 人民检察院认为当事人的监督申请不符合抗诉条件的,应当作出不支持监督申请的决定,并于决定之日起十五日内制作《不支持监督申请决定书》,发送当事人。下级人民检察院提请抗诉的案件,上级人民检察院可以委托提请抗诉的人民检察院将《不支持监督申请决定书》发送当事人。

第四节 出 庭

第九十四条 人民检察院提出抗诉的案件,人民法院再审时,人民检察院应当派员出席法庭。

第九十五条 受理抗诉的人民法院将抗诉案件交下级人民法院再审的,提出抗诉的人民检察院可以指令再审人民法院的同级人民检察院派员出庭。

第九十六条 检察人员出席再审法庭的任务是:

(一)宣读抗诉书;

(二)对依职权调查的证据予以出示和说明。

检察人员发现庭审活动违法的,应当待休庭或者庭审结束之后,以人民检察院的名义提出检察建议。

第七章 对审判程序中审判人员
违法行为的监督

第九十七条 《中华人民共和国民事诉讼法》第二百零八条第三款规定的审判程序包括:

(一)第一审普通程序;

(二)简易程序;

(三)第二审程序;

(四)特别程序;

(五)审判监督程序;

(六)督促程序;

(七)公示催告程序;

(八)海事诉讼特别程序;

(九)破产程序。

第九十八条 《中华人民共和国民事诉讼法》第二百零八条第三款的规定适用于法官、人民陪审员、书记员。

第九十九条 人民检察院发现同级人民法院民事审判程序中有下列情形之一的,应当向同级人民法院提出检察建议:

(一)判决、裁定确有错误,但不适用再审程序纠正的;

(二)调解违反自愿原则或者调解协议的内容违反法律的;

(三)符合法律规定的起诉和受理条件,应当立案而不立案的;

(四)审理案件适用审判程序错误的;

(五)保全和先予执行违反法律规定的;

(六)支付令违反法律规定的;

(七)诉讼中止或者诉讼终结违反法律规定的;

(八)违反法定审理期限的;

(九)对当事人采取罚款、拘留等妨害民事诉讼的强制措施违反法律规定的;

(十)违反法律规定送达的;

(十一)审判人员接受当事人及其委托代理人请客送礼或者违反规定会见当事人及其委托代理人的;

(十二)审判人员实施或者指使、支持、授意他

人实施妨害民事诉讼行为,尚未构成犯罪的;

(十三)其他违反法律规定的情形。

第一百条 人民检察院依照本规则第九十九条提出检察建议的,应当制作《检察建议书》,在决定提出检察建议之日起十五日内将《检察建议书》连同案件卷宗移送同级人民法院,并制作决定提出检察建议的《通知书》,发送申请人。

第一百零一条 人民检察院认为当事人申请监督的审判程序中审判人员违法行为不存在或者不构成的,应当作出不支持监督申请的决定,并在决定之日起十五日内制作《不支持监督申请决定书》,发送申请人。

第八章 对执行活动的监督

第一百零二条 人民检察院对人民法院在民事执行活动中违反法律规定的情形实行法律监督。

第一百零三条 人民检察院对民事执行活动提出检察建议的,应当经检察委员会决定,制作《检察建议书》,在决定之日起十五日内将《检察建议书》连同案件卷宗移送同级人民法院,并制作决定提出检察建议的《通知书》,发送当事人。

第一百零四条 人民检察院认为当事人申请监督的人民法院执行活动不存在违法情形的,应当作出不支持监督申请的决定,并在决定之日起十五日内制作《不支持监督申请决定书》,发送申请人。

第九章 案件管理

第一百零五条 人民检察院案件管理部门对民事诉讼监督案件实行流程监控、案后评查、统计分析、信息查询、综合考评等,对办案期限、办案程序、办案质量等进行管理、监督、预警。

第一百零六条 民事检察部门在办理案件过程中有下列情形之一的,应当在作出决定之日起三日内到本院案件管理部门登记:

(一)决定中止和恢复审查的;

(二)决定终结审查的。

第一百零七条 案件管理部门发现本院办案部门或者办案人员在办理民事诉讼监督案件中有下列情形之一的,应当及时提出纠正意见:

(一)法律文书使用不当或存在明显错漏的;

(二)无正当理由超过法定的办案期限未办结案件的;

(三)侵害当事人、诉讼代理人诉讼权利的;

(四)未依法对民事审判活动以及执行活动中的违法行为履行法律监督职责的;

(五)其他违反规定办理案件的情形。

具有前款规定的情形但情节轻微的,可以向办案部门或者办案人员进行口头提示;情节较重的,应当向办案部门发送《案件流程监控通知书》,提示办案部门及时查明情况并予以纠正;情节严重的,应当向办案部门发送《案件流程监控通知书》,并向检察长报告。

办案部门收到《案件流程监控通知书》后,应当在五日内将核查情况书面回复案件管理部门。

第一百零八条 案件管理部门对以本院名义制发的民事诉讼监督法律文书实施监督管理。

第一百零九条 人民检察院办理的民事诉讼监督案件,办结后需要向其他单位移送案卷材料的,统一由案件管理部门审核移送材料是否规范、齐备。案件管理部门认为材料规范、齐备,符合移送条件的,应当立即由有关部门按照相关规定移送;认为材料不符合要求的,应当及时通知办案部门补送、更正。

第一百一十条 人民法院向人民检察院送达的民事判决书、裁定书或者调解书等法律文书,由案件管理部门负责接收,并即时登记移送民事检察部门。

第一百一十一条 人民检察院在办理民事诉讼监督案件过程中,当事人及其诉讼代理人提出有关申请、要求或者提交有关书面材料的,由案件管理部门负责接收,需要出具相关手续的,案件管理部门应当出具。案件管理部门接收材料后应当及时移送民事检察部门。

第十章 其他规定

第一百一十二条 有下列情形之一的,人民检察院可以提出改进工作的检察建议:

(一)人民法院对民事诉讼中同类问题适用法律不一致的;

(二)人民法院在多起案件中适用法律存在同类错误的;

(三)人民法院在多起案件中有相同违法行为的;

(四)有关单位的工作制度、管理方法、工作程序违法或者不当,需要改正、改进的。

第一百一十三条 民事检察部门在履行职责

过程中,发现涉嫌犯罪的行为,应当及时将犯罪线索及相关材料移送本院相关职能部门。

人民检察院相关职能部门在办案工作中,发现人民法院审判人员、执行人员有贪污受贿、徇私舞弊、枉法裁判等违法行为,可能导致原判决、裁定错误的,应当及时向民事检察部门通报。

第一百一十四条 人民检察院向人民法院或者有关机关提出监督意见后,发现监督意见确有错误或者有其他情形确需撤回的,应当经检察长批准或者检察委员会决定予以撤回。

上级人民检察院发现下级人民检察院监督错误或者不当的,应当指令下级人民检察院撤回,下级人民检察院应当执行。

第一百一十五条 人民法院对人民检察院监督行为提出建议的,人民检察院应当在一个月内将处理结果书面回复人民法院。人民法院对回复意见有异议,并通过上一级人民法院向上一级人民检察院提出的,上一级人民检察院认为人民法院建议正确,应当要求下级人民检察院及时纠正。

第一百一十六条 人民法院对民事诉讼监督案件作出再审判决、裁定或者其他处理决定后,提出监督意见的人民检察院应当对处理结果进行审查,并填写《民事诉讼监督案件处理结果审查登记表》。

第一百一十七条 有下列情形之一的,人民检察院应当按照有关规定跟进监督或者提请上级人民检察院监督:

(一)人民法院审理民事抗诉案件作出的判决、裁定、调解书仍符合抗诉条件的;

(二)人民法院对人民检察院提出的检察建议未在规定的期限内作出处理并书面回复的;

(三)人民法院对检察建议的处理结果错误的。

第一百一十八条 地方各级人民检察院对适用法律确属疑难、复杂,本院难以决断的重大民事诉讼监督案件,可以向上一级人民检察院请示。

请示案件依照最高人民检察院关于办理下级人民检察院请示件、下级人民检察院向最高人民检察院报送公文的相关规定办理。

第一百一十九条 制作民事诉讼监督法律文书,应当符合规定的格式。

民事诉讼监督法律文书的格式另行制定。

第一百二十条 人民检察院可以参照《中华人民共和国民事诉讼法》有关规定发送法律文书。

第一百二十一条 人民检察院发现制作的法律文书存在笔误的,应当作出《补正决定书》予以补正。

第一百二十二条 人民检察院办理民事诉讼监督案件,应当按照规定建立民事诉讼监督案卷。

第一百二十三条 人民检察院办理民事诉讼监督案件,不收取案件受理费。申请复印、鉴定、审计、勘验等产生的费用由申请人直接支付给有关机构或者单位,人民检察院不得代收代付。

第十一章 附　则

第一百二十四条 本规则自发布之日起施行。本院之前公布的其他规定与本规则内容不一致的,以本规则为准。

最高人民检察院关于审查起诉期间犯罪嫌疑人脱逃或者患有严重疾病的应当如何处理的批复

(2013年12月19日最高人民检察院第十二届检察委员会第十四次会议通过
2013年12月27日最高人民检察院公告公布　自2014年1月1日起施行)

高检发释字〔2013〕4号

北京市人民检察院:

你院京检字〔2013〕75号《关于审查起诉期间犯罪嫌疑人潜逃或身患严重疾病如何处理的请示》收悉。经研究,批复如下:

一、人民检察院办理犯罪嫌疑人被羁押的审查起诉案件，应当严格依照法律规定的期限办结。未能依法办结的，应当根据刑事诉讼法第九十六条的规定予以释放或者变更强制措施。

二、人民检察院对于侦查机关移送审查起诉的案件，如果犯罪嫌疑人脱逃的，应当根据《人民检察院刑事诉讼规则（试行）》第一百五十四条第三款的规定，要求侦查机关采取措施保证犯罪嫌疑人到案后再移送审查起诉。

三、人民检察院在审查起诉过程中发现犯罪嫌疑人脱逃的，应当及时通知侦查机关，要求侦查机关开展追捕活动。

人民检察院应当及时全面审阅案卷材料。经审查，对于案件事实不清、证据不足的，可以根据刑事诉讼法第一百七十一条第二款、《人民检察院刑事诉讼规则（试行）》第三百八十条的规定退回侦查机关补充侦查。

侦查机关补充侦查完毕移送审查起诉的，人民检察院应当按照本批复第二条的规定进行审查。

共同犯罪中的部分犯罪嫌疑人脱逃的，对其他犯罪嫌疑人的审查起诉应当照常进行。

四、犯罪嫌疑人患有精神病或者其他严重疾病丧失诉讼行为能力不能接受讯问的，人民检察院可以依法变更强制措施。对实施暴力行为的精神病人，人民检察院可以商请公安机关采取临时的保护性约束措施。

经审查，应当按照下列情形分别处理：（一）经鉴定系依法不负刑事责任的精神病人的，人民检察院应当作出不起诉决定。符合刑事诉讼法第二百八十四条规定的条件的，可以向人民法院提出强制医疗的申请；

（二）有证据证明患有精神病的犯罪嫌疑人尚未完全丧失辨认或者控制自己行为的能力，或者患有间歇性精神病的犯罪嫌疑人实施犯罪行为时精神正常，符合起诉条件的，可以依法提起公诉；

（三）案件事实不清、证据不足的，可以根据刑事诉讼法第一百七十一条第二款、《人民检察院刑事诉讼规则（试行）》第三百八十条的规定退回侦查机关补充侦查。

五、人民检察院在审查起诉期间，犯罪嫌疑人脱逃或者死亡，符合刑事诉讼法第二百八十条第一款规定的条件的，人民检察院可以向人民法院提出没收违法所得的申请。

此复。

第七部分

案例选载

第十部分

综合应用

刘志军受贿、滥用职权案

被告人刘志军,男,1953年1月29日出生,汉族,湖北省鄂州市人,研究生文化,原系铁道部部长、党组书记。曾任郑州铁路局武汉铁路分局党委书记、分局长,郑州铁路局副局长,沈阳铁路局局长,原铁道部运输总调度长、副部长。2012年7月24日因涉嫌受贿罪、滥用职权罪被逮捕。

被告人刘志军受贿、滥用职权案,由最高人民检察院侦查终结,2012年12月6日,最高人民检察院将案件经北京市人民检察院移交北京市人民检察院第二分院审查起诉。北京市人民检察院第二分院受理后,在法定期限内告知刘志军有权委托辩护人等诉讼权利,讯问了刘志军,审查了全部案件材料。因案情重大、复杂,二次延长了审查起诉期限各半个月,二次将该案退回补充侦查。2013年4月9日案件再次移送审查起诉。2013年4月10日,北京市人民检察院第二分院向北京市第二中级人民法院提起公诉。被告人刘志军的犯罪事实如下:

一、受贿罪

1986年至2011年,被告人刘志军先后利用担任郑州铁路局武汉铁路分局党委书记、分局长,郑州铁路局副局长,沈阳铁路局局长,原铁道部(以下称铁道部)运输总调度长、副部长、部长、党组书记的职务便利,为刘敏霖、刘爱党、舒仁义、尤肃生、邵力平、王子博、何洪达、梁映光、安路勤、吴俊光、丁羽心在职务晋升、亲友就业、承揽工程、获取铁路运输计划等事项上提供帮助,非法收受上述人员给予的财物,共计折合人民币6460.54万元。

1.1987年初至1998年,被告人刘志军利用担任郑州铁路局武汉铁路分局党委书记、分局长,郑州铁路局副局长、铁道部运输总调度长、副部长的职务便利,接受时任郑州铁路局武汉铁路分局多种经营办公室经济开发部副经理刘敏霖的请托,为刘敏霖先后4次职务晋升、职务变动提供帮助。其间,刘志军还接受刘敏霖的请托,为刘敏霖亲属到铁路系统就业以及武汉铁路分局生活供应总站下属企业武汉铁路万通物资运贸公司获得铁路货物运输计划提供了帮助。为此,刘志军于1986年春节前至2003年春节前,先后28次收受刘敏霖给予的人民币152.5万元、港元2万元、美元2.8万元。

2.1993年底至1994年10月,被告人刘志军利用担任沈阳铁路局局长职务上的便利,接受时任沈阳盛发装饰工程有限公司法定代表人刘爱党的请托,为该公司承揽沈阳铁路局东方大厦装修工程、刘爱党亲属调入铁路系统工作提供了帮助。为此,刘志军于1995年3月收受刘爱党给予的人民币20万元。

3.1994年至1997年,被告人刘志军利用担任铁道部运输总调度长、副部长的职务便利,接受时任郑州铁路局下属企业深圳郑铁实业发展有限公司总经理舒仁义的请托,为舒仁义获取铁路货物运输计划提供帮助。为此,刘志军于1992年初至1997年10月底,先后8次收受舒仁义给予的人民币20万元、港币60万、美元2万元。

4.1994年至2001年11月,被告人刘志军利用担任沈阳铁路局局长、铁道部副部长职务上的便利,接受时任北京东泽达科技有限公司总经理、香港宇昌发展有限公司总经理尤肃生的请托,为尤肃生朋友任职的华海(海南)国际有限公司向沈阳铁路局延期还款,以及尤肃生筹办集装箱堆场、销售X-射线检测器和列车移动补票机等事项提供了帮助。为此,刘志军于1994年至2004年,先后9次收受尤肃生给予的人民币10万元、港币30万元、美元15.3万元、欧元3万元。

5.1999年9月至2008年9月,被告人刘志军利用担任铁道部副部长、部长、党组书记职务上的便利,接受时任郑州铁路局武汉铁路分局分局长邵力平的请托,为邵力平先后担任柳州铁路局党委书记、局长,南昌铁路局局长等职务提供了帮助。为此,刘志军于1999年至2009年初,先后7次收受邵力平给予的人民币620万元、美元15万。

6.2000年初,被告人刘志军利用担任铁道部副部长职务上的便利,接受时任沈阳铁路局长春铁路分局列车段段长王子博的请托,为王子博担任沈阳铁路局长春铁路分局副分局长提供帮助。为此,刘志军于1996年4月至2000年初,先后3次收受王子博给予的美元5万元。

7.2000年4月至2003年7月,被告人刘志军利用担任铁道部副部长、部长、党组书记职务上的便利,为时任哈尔滨铁路局党委书记何洪达(已判刑)先后担任哈尔滨铁路局局长、铁道部政治部主任等职务提供帮助。为此,刘志军于1997年下半年至2002年10月,先后5次收受何洪达给予的美元10万元。

8. 2002年至2003年1月,被告人刘志军利用担任铁道部副部长、部长、党组书记职务上的便利,接受时任北京铁路局天津铁路分局分局长梁映光的请托,为天津铁路分局在铁道部"108场项目"改造工程中不投入资金,以及推荐梁映光为第十届全国人民代表大会代表候选人等事项提供了帮助。为此,刘志军于2002年7月至2004年上半年,先后4次收受梁映光给予的人民币5万元、美元5万元和欧元5000元。

9. 2003年5月至2007年10月,被告人刘志军利用担任铁道部部长、党组书记职务上的便利,为时任北京铁路局北京铁路分局分局长的安路勤担任北京铁路局局长、推荐为中国人民政治协商会议第十一届全国委员会委员人选等事项提供了帮助。为此,刘志军于2004年春节前至2009年春节前,先后6次收受安路勤给予的美元8万元、欧元2万元。

10. 2003年6月,被告人刘志军利用担任铁道部部长、党组书记职务上的便利,为时任广州铁路(集团)公司总经理的吴俊光兼任该公司董事长提供了帮助。为此,刘志军于2003年11月初至2006年12月中旬,先后22次收受吴俊光给予的人民币20.8888万元、港币10万元和美元5万元。

11. 2004年至2011年,被告人刘志军利用担任铁道部部长职务上的便利,接受博宥投资管理集团有限公司法定代表人丁羽心(因涉嫌非法经营罪、行贿罪另案处理)的请托,为丁羽心及其亲属实际控制的公司获得铁路货物运输计划、获取经营动车组轮对项目公司的股权、运作铁路建设工程项目中标、解决企业经营资金困难等事项提供帮助。2007年12月,铁道部政治部原主任何洪达因涉嫌严重违纪被调查,刘志军担心自己收受何洪达贿赂的事情暴露,指使丁羽心疏通关系帮助何洪达逃避查处。为此,丁羽心先后给予谎称有能力运作此事的刘琳(另案处理)等人共计人民币4400万元。2008年至2010年,刘志军为了给自己职务调整创造条件,指使丁羽心疏通关系,为此,丁羽心于2010年下半年给予谎称有能力运作此事的于振勇500万元。丁羽心将上述钱款支付情况均告知了刘志军。

二、滥用职权罪

被告人刘志军在担任铁道部部长期间,违反规定,徇私舞弊,为丁羽心及其亲属实际控制的公司获得铁路货物运输计划、获取经营动车组轮对项目公司的股权、运作铁路建设工程项目中标、解决企业经营资金困难等事项提供帮助,使丁羽心及其亲属获得巨额经济利益,致使公共财产、国家和人民利益遭受特别重大损失。

1. 2004年至2011年,被告人刘志军接受丁羽心的请托,徇私舞弊、滥用职权,违反《公务员法》、《铁道部工作规则》等规定,指使、授意时任铁道部运输局副局长苏顺虎、呼和浩特铁路局局长林奋强等人,为丁羽心及其亲属实际控制的公司安排铁路货物运输计划,丁羽心及其亲属通过倒卖等方式非法获利共计人民币4.1亿元,刘志军的上述行为严重破坏铁路运营秩序,造成了特别恶劣的社会影响,致使国家和人民利益遭受特别重大损失。

2. 2006年6月至2009年,被告人刘志军在铁道部开展动车组轮对国产化过程中,接受丁羽心的请托,徇私舞弊,违反《公务员法》、《招标投标法》、《铁道部工作规则》等规定,在未经铁道部党组会或部长办公会集体研究的情况下,擅自决定由丁羽心推荐的山西煤炭进出口集团有限公司(以下简称山煤集团)参与动车组轮对组装生产项目,并指使时任铁道部运输局局长张曙光等人具体落实。山煤集团成立智波交通运输设备有限公司(以下简称智波公司)参与经营轮对项目,并按照与丁羽心的约定,为丁羽心出资人民币9000万元,最终使丁羽心实际控制的公司无偿持有智波公司60%的股权,经鉴定,立案时该股权价值人民币2.11亿元,刘志军上述行为致使公共财产、国家和人民利益遭受特别重大损失。

3. 2007年至2010年,被告人刘志军在铁路建设工程招标过程中,接受丁羽心的请托,徇私舞弊,滥用职权,违反《招标投标法》、《关于进一步规范铁路建设项目招标投标工作的通知》等规定,为帮助丁羽心推荐的企业中标铁路建设工程项目,非法干预招投标,指令铁道部工作人员具体落实,最终使丁羽心推荐的23家企业先后中标53个铁路建设工程项目,丁羽心等人以收取约定"中介费"等名义,非法获利共计折合人民币32.3亿元。刘志军的上述行为严重扰乱了铁路建设项目招投标市场的正常秩序,造成了极其恶劣的社会影响,致使公共财产、国家和人民利益遭受特别重大损失。

4. 2010年,被告人刘志军在铁道部主办第七届世界高速铁路大会(以下简称高铁大会)过程中,为帮助丁羽心实际控制的高铁传媒广告有限公司解决经营资金困难,徇私舞弊,滥用职权,违反《公务员法》、《铁道部工作规则》等规定,擅自决定由该公司为高铁大会的赞助企业做宣传,并指令张曙光(另案处理)扩大赞助企业范围、提高赞助资金数额,将赞助资金人民币1.25亿元转入高铁传媒广告有限公司。后该公司将该款用于与高铁大会无关的事项,刘铁军的上述行为致使公共财产、国家和人民利益遭受特别重大损失。

案发后,司法机关对被告人刘志军的受贿赃款进行追缴,其中,于本案扣押共计人民币1835万余元、美元12万余元、港币4万元,于其他相关案件中,扣押、冻结人民币2305万余元、股票山东黄金27700股、佳电股份66万股、以人民币300万元购买的理财产品;因被告人刘志军滥用职权罪造成的经济损失,于其他相关案件中,扣押、冻结共计人民币7.9亿余元、美元23万余元、欧元223万余元、港币8525万余元、加元15万余元,冻结房产37套,冻结伯豪瑞庭酒店100%股权和房产337套,扣押汽车16辆,冻结英才会所100%股权、智波公司60%股权,扣押书画、饰品等物品612件。

2013年6月9日,北京市第二中级人民法院依法组成合议庭公开审理了此案。法庭审理认为:

被告人刘志军身为国家工作人员,利用职务上的便利,为他人谋取利益,非法收受他人财物,其行为已构成受贿罪,且数额特别巨大,情节特别严重。刘志军身为国家机关工作人员,徇私舞弊,滥用职权,致使公共财产、国家和人民利益遭受特别重大损失,其行为已构成滥用职权罪,且情节特别严重,均应依法惩处并数罪并罚。北京市人民检察院第二分院指控被告人刘志军犯受贿罪、滥用职权罪的事实清楚,证据确实充分,指控罪名成立。刘志军的受贿行为严重侵害了国家工作人员职务行为的廉洁性,败坏了国家工作人员的声誉,论罪应当判处死刑。鉴于刘志军利用被有关机关调查期间,能够如实供述自己的罪行,并主动交代办案机关尚未掌握的部分受贿犯罪事实,且认罪悔罪。案发后赃款已大部分被追缴,对其判处死刑,可不立即执行。刘志军徇私舞弊,滥用职权,犯罪的情节和后果均特别严重,虽造成的经济损失已大部分被挽回,但不足以对其从轻处罚。

2013年7月8日,北京市第二中级人民法院依照《中华人民共和国刑法》第三百八十五条第一款、第三百八十六条,第三百八十三条第一款(一)项、第二款,第三百九十七条,第六十一条,第四十八条,第六十七条第三款,第五十一条,第五十七条,第五十七条第一款,第五十九条,第十二条,第六十九条,第六十四条及《最高人民法院关于处理自首和立功具体应用法律若干问题的解释》第四条,《最高人民法院、最高人民检察院关于办理渎职刑事案件适用法律若干问题的解释(一)》第一条、第三条之规定,作出如下判决:

一、被告人刘志军犯受贿罪,判处死刑,缓期两年执行,剥夺政治权利终身,并处没收个人全部财产;犯滥用职权罪,判处有期徒刑十年,决定执行死刑缓期两年执行,剥夺政治权利终身,并处没收个人全部财产。

二、扣押在案的赃款依法予以没收。不足部分继续追缴,予以没收,上缴国库。

三、扣押、查封、冻结的其余款物在其他关联案件中依法处理。

一审宣判后,被告人刘志军在法定期限内没有提出上诉,检察机关也没有提出抗诉。

北京市第二中级人民法院将该案件报送北京市高级人民法院核准。北京市高级人民法院依法组成合议庭对案件进行了复核。法庭认为:

被告人刘志军身为国家工作人员,利用职务上的便利,为他人谋取利益,非法收受他人财物,其行为已构成受贿罪,且数额特别巨大,情节特别严重。刘志军身为国家机关工作人员,徇私舞弊,滥用职权,致使公共财产、国家和人民利益遭受特别重大损失,其行为已构成滥用职权罪,且情节特别严重,应依法惩处并数罪并罚。刘志军的受贿行为严重侵害了国家工作人员职务行为的廉洁性,败坏了国家工作人员的声誉,论罪应当判处死刑。鉴于刘志军在被有关机关调查期间,能够如实供述自己的罪行,并主动交代办案机关尚未掌握的部分受贿犯罪事实,且认罪悔罪。案发后赃款已大部分被追缴,对其判处死刑,可不立即执行。刘志军徇私舞弊,滥用职权,犯罪的情节和后果均特别严重,虽造成的经济损失已大部分被挽回,但不足以对其从轻处罚。原审法院根据刘志军犯罪的事实、性质、情节及对于社会的危害程度所作的判决,事实清楚,证据确实、充分,定罪及适用法律正确,量刑适当,审判程序合法,应予核准。

2013年8月27日,北京市高级人民法院作出裁定,依法核准对被告人刘志军以受贿罪判处死刑缓期两年执行,剥夺政治权利终身,并处没收个人全部财产;以滥用职权罪,判处有期徒刑十年,决定执行死刑缓期两年执行,剥夺政治权利终身,并处没收个人全部财产的刑事判决。

(最高人民检察院公诉厅)

刘自荣工伤认定纠纷抗诉案

2001年1月7日,新疆米泉市铁厂沟镇三矿副矿长刘自荣得知该矿井下三水平三米八煤层第三采仓仓顶被拉空,将会给煤矿生产安全带来隐患且炮工也无法下井生产,工人按规定也将被单位处罚。2001年1月8日晚10时左右,刘自荣与炮工余远贵一起在工人周天清的宿舍内,将瞬发电雷管改制成延期电雷管时发生爆炸,将刘自荣的左手拇指、食指、中指炸去,无名指受伤。事发后,铁厂沟镇煤矿立即将刘自荣送往医院救治,并承担了刘自荣的全部医疗费用。2001年3月21日,铁厂沟镇煤矿与刘自荣达成赔偿协议,由铁厂沟镇煤矿给刘自荣一次性补助15000元的今后生活费、营养费。2001年4月9日,刘自荣向米泉市劳动人事社会保障局(以下简称米泉市劳动局)申请工伤认定。2001年4月25日,米泉市劳动局作出不予认定工伤决定。刘自荣不服,申请新疆昌吉回族自治州劳动人事局复议,昌吉回族自治州劳动人事局维持了米泉市劳动局不予认定工伤决定。刘自荣不服,向米泉市人民法院提起行政诉讼,米泉市人民法院经审理以(2001)米行初字第14号行政判决撤销了米泉市劳动局2001年4月25日作出不予认定工伤决定。2001年10月20日,米泉市劳动局重新作出米劳人职安(2001)第1号工伤认定通知书,不予认定工伤。刘自荣又向米泉市人民法院提起行政诉讼,米泉市人民法院以(2002)米行初字第2号行政判决撤销了米泉市劳动局米劳人职安字(2001)第1号工伤认定通知书。2002年7月3日,米泉市劳动局再次作出米劳人字(2002)24号《关于不予认定刘自荣为工伤的决定》(以下简称第24号《决定》)。不予认定工伤的主要理由有两点:一是刘自荣改造电雷管的行为未经领导指派,属个人私自制造行为,且不在工作时间和工作区域内,不符合劳动人事部发(1996)266号《企业职工工伤保险试行办法》(以下简称《工伤保险试行办法》)第八条第(四)项及其他条款的规定;二是刘自荣与炮工余远贵的行为违反了《中华人民共和国民用爆炸物品管理条例》和公安部2001年8月28日《关于对未经许可将火雷管改为电发雷管的行为如何处理问题的批复》,是一种非法制造爆炸物的行为,属违法行为,依据《工伤保险试行办法》第九条第(一)项"犯罪或违法的"不予认定工伤。刘自荣不服,再次向米泉市人民法院提起诉讼,请求撤销第24号《决定》。

2002年9月29日,米泉市人民法院作出(2002)米行初字第9号行政判决认为:该院于(2002)米行初字第2号行政判决以适用法律错误,对米泉市劳动局(2001)米劳人职安字第1号不予以认定工伤通知予以撤销。首先,米泉市劳动局在此通知中没有认定事实。其次,漏用了相关的法律、法规,而第24号《决定》对刘自荣负伤的事实进行了认定,同时,对不予以认定工伤的理由作出了改变。改变了主要事实或主要理由的,不属于《中华人民共和国行政诉讼法》第五十五条规定的情形。故米泉市劳动局又重新作出相同结论的决定不违反该条的规定。米泉市劳动局对刘自荣重新作出不予认定为工伤的决定,其理由有两点,一是不在工作的时间和区域内,因不安全因素所受伤,二是刘自荣的行为属违法行为。公安部《关于对将瞬发电雷管改制为延期电雷管的行为如何定性的意见》中明确答复,对将瞬发电雷管改制为延期电雷管的行为不应定性为非法制造爆炸物品。因此,米泉市劳动局第二项不认定工伤的理由缺乏法律依据不能成立。我国制定劳动法的目的之一是为了保护劳动者的合法权益,刘自荣改制雷管的行为从根本上说与企业利益相关,是为了避免煤矿生产安全上存在隐患,是从事与企业有利的行为。即使不在工作的时间和区域,只要刘自荣的行为不构成违法、犯罪或蓄意违章,则应对其认定为工伤,享受相应的待遇,因此,米泉市劳动局认定刘自荣不属工伤的理由不能成立。所适用的相关的法律、法规条款错误。依据《中华人民共和国行政诉讼法》第五十四条第二项之规定,判决:撤销米泉市劳动局第24号《决定》。

米泉市劳动局不服,提出上诉。2002年12月18日,昌吉回族自治州中级人民法院作出(2002)昌中行终字第32号行政判决认为:米泉市劳动局所作的第 24 号《决定》，对刘自荣受伤的基本事实认定清楚。刘自荣身为煤矿副矿长，理应严格遵守国家关于爆炸物品的管理规定，但其与所管理的炮工在工作之余私自改制延期雷管，造成人身伤害，其改制雷管的行为不但是在非工作时间和非工作区域内，且严重违反了国家有关的安全生产的规定，具有一定的社会危害性。根据《工伤保险试行办法》第九条第一项之规定，不应认定为工伤，米泉市劳动局对刘自荣的工伤申请所作的认定决定，认定事实清楚，适用法律正确，决定程序合法，原审判决予以撤销属于适用法律错误，米泉市劳动局的上诉理由成立，予以支持。依照《中华人民共和国行政诉讼法》第六十一条第一款第二项之规定，判决：撤销米泉市人民法院（2002）米行初字第 9 号行政判决，维持米泉市劳动局第 24 号《决定》。

刘自荣不服（2002）昌中行终字第 32 号行政判决，向昌吉回族自治州中级人民法院申请再审，昌吉回族自治州中级人民法院以（2003）昌中行监字第 5 号驳回再审通知书驳回了刘自荣的再审申请。刘自荣又向新疆维吾尔自治区高级人民法院申请再审，该院以（2005）新行监字第 4 号行政裁定书裁定中止原判决的执行，由其对本案提审。

2006 年 5 月 17 日，新疆维吾尔自治区高级人民法院作出（2006）新行再字第 2 号行政判决认为：本案中刘自荣身体受到伤害是不争的事实，其受伤的时间和地点固然在工作时间和工作区域之外，但其改制雷管行为的目的是为了第二天的工作准备，与其工作是有关联的。作为副矿长，对于如何安排工作是有一定职权的，不是必须经过矿长的同意。但是，是否在工作时间和工作区域不是本案的争议所在，本案争议的关键是刘自荣行为的定性。根据公安部公治办〔2002〕867 号《关于将瞬发雷管改制为延期电雷管的行为如何定性的意见》，在没有任何防护条件下将瞬发雷管改制为延期电雷管，属于严重违反国家有关安全规定和民爆器材产品质量技术性能规定的行为，不应定性为非法制造爆炸物品的行为。刘自荣身为煤矿副矿长，具有煤矿特种作业人员操作资格。作为专业的放炮工，理应严格遵守国家有关爆炸物品的管理规定，其改制雷管的行为虽然不构成非法制造爆炸物品的行为，但也属于严重违反国家有关安全规定和民爆器材产品质量技术性能规定的行为，具有一定的社会危害性。《中华人民共和国民用爆炸物品管理条例》对爆破器材的使用有严格的限制性规定，无论是使用雷管的企业和操作人员均有义务严格遵守。刘自荣称其依照企业惯例进行操作，作为煤矿特种作业人员，不应以企业惯例来对抗国家的强制性规定，且其改制雷管的行为是为了避免工人因工作失误受到处罚，而不是为了企业的合法利益或重大利益。一审法院将此种行为认定为系为了避免煤矿生产安全上存在隐患，是从事与企业有利的行为显属不当。刘自荣在申诉过程中提供了周天清的证词，证明该煤矿一直将瞬发雷管改为慢发，同时也是由矿长指派而为。由于周天清在米泉市劳动局工伤认定调查中也有相关的证言证词，现以刘自荣对其威胁利诱导致其向米泉市劳动局提供了虚假的证词为由要求采纳现有证词，但其未提供相应证据证明刘自荣的威胁利诱行为存在，故该院对周天清的证词不予采纳。米泉市劳动局认定刘自荣不属工伤的理由充分，适用法律法规正确。原一审法院适用法律错误，二审法院予以改判是正确的。依据《中华人民共和国行政诉讼法》第六十一条第（一）项的规定，判决：维持昌吉回族自治州中级人民法院（2002）昌中行终字第 32 号行政判决。

刘自荣不服，向新疆维吾尔自治区人民检察院提出申诉，该院审查后提请最高人民检察院抗诉。最高人民检察院经审查，于 2011 年 3 月 31 日以高检行抗〔2011〕2 号行政抗诉书向最高人民法院提出抗诉。

一、米泉市劳动局第 24 号《决定》第一条认定刘自荣不属工伤认定事实证据不足，适用法律错误。第一，煤矿仓顶拉空，对煤矿安全造成隐患，且炮工无法下井工作，对生产造成影响这一事实客观存在。虽然刘自荣改制慢发雷管有避免工人因工作失误受到处罚的因素，但从根本上说是其身为副矿长为保证生产正常进行，为了避免煤矿生产安全上存在隐患，与其工作相关联，是从事于企业有利的行为。即使不在工作的时间和区域，只要刘自荣的行为不构成违法、犯罪或蓄意违章，则应对其认定为工伤，享受相应的待遇。终审判决认定刘自荣改制雷管的行为是为了避免工人因工作失误受到处罚，而不是为了企业的合法利益或重大利益属认定事实的证据不足。根据《工伤保险试行办法》第八条规定："职工由于下列情形之一负伤、致残、死亡的，应当认定为工伤：（一）从事本单位日常生产、工作或者本单位负责人临时指定的工作的，在紧急情况下,虽未经本单位负责人指定但从事直接关系本单位重大利益的工作的……(四)在生产工作的时间和区域内,由于不安全因素造成意外伤害的,或者由于工作紧张突发疾病造成死亡或经第一次抢救治疗后全部丧失劳动能力的。……"该条规定是应当认定工伤的几种情形,据此刘自荣应依据该条第一项规定定为工伤。第二,《工伤保险试行办法》第九条规定:"职工由于下列情形之一造成负伤、致残、死亡的,不应认定为工伤:(一)犯罪或违法;(二)自杀或自残;(三)斗殴;(四)酗酒;(五)蓄意违章;(六)法律、法规规定的其他情形。"该条规定的是不应当认定工伤的几种情形。而米泉市劳动局第24号《决定》适用《工伤保险试行办法》第八条第(四)项情形,对刘自荣不予认定工伤,并未排除其他应认定工伤的情形,适用法律错误。二、米泉市劳动局第24号《决定》第二条不认定刘自荣工伤的理由,适用法律错误。公安部《关于对未经许可将火雷管改为电发雷管的行为如何处理问题的批复》规定将火雷管改为电发雷管属非法制造爆炸物行为,而刘自荣与余远贵等人是将瞬发电雷管改制为延期电雷管,不符合该批复规定情形。公安部公治办〔2002〕867号《关于将瞬发雷管改制为延期电雷管的行为如何定性的意见》中明确答复,对将瞬发电雷管改制为延期电雷管的行为不应定性为非法制造爆炸物品。终审判决对刘自荣将瞬发电雷管改制为延期电雷管的行为不应定性为非法制造爆炸物品进行了确认,既然刘自荣的行为不应定性为非法制造爆炸物品,其行为就不构成违法或犯罪。米泉市劳动局第24号《决定》适用公安部《关于对未经许可将火雷管改为电发雷管的行为如何处理问题的批复》和《工伤保险试行办法》第九条第(一)项的规定认定刘自荣不属工伤,适用法律错误。终审判决先认定"改制雷管的行为属于严重违反国家有关安全规定和民爆器材产品质量技术性能规定的行为,具有一定的社会危害性",从而认定"米泉市劳动局认定刘自荣不属工伤的理由充分,适用法律法规正确。"是错误的。三、终审判决适用法律错误。人民法院审理行政案件,主要是对行政行为的合法性进行审查,具体来说主要是审查行政机关作出的具体行政行为所依据的事实证据是否充分,适用法律法规是否正确。具体行政行为有主要证据不足、适用法律、法规错误、违反法定程序、超越职权、滥用职权五种情形之一的,根据《中华人民共和国行政诉讼法》第五十四条的规定应判决予以撤销。本案终审判决已认定刘自荣改造电雷管行为不属非法制造爆炸物品行为,也就对米泉市劳动局第24号《决定》中不认定刘自荣工伤的一条理由予以了否定,按照法律规定应当判决予以撤销。

最高人民法院受理抗诉后,裁定提审并依法组成合议庭审理了本案,于2013年3月21日作出(2011)行提字第15号行政判决。

最高人民法院再审审理查明的事实除与原一、二审查明的事实一致外,另查明,新疆维吾尔自治区米泉市于2005年4月30日与乌鲁木齐市东山区合并后更名为乌鲁木齐市米东区,原米泉市劳动局现更名为乌鲁木齐市米东区人力资源和社会保障局。原审第三人米泉市铁厂沟镇第三煤矿业已关停。

最高人民法院再审认为:《企业职工工伤保险试行办法》第八条第(一)项规定,从事本单位日常生产、工作或者本单位负责人临时指定的工作的,在紧急情况下,虽未经本单位负责人指定但从事直接关系本单位重大利益的工作负伤、致残、死亡的,应当认定为工伤。刘自荣作为米泉市铁厂沟镇第三煤矿副矿长,其基于煤矿正常生产的需要而与其他炮工一起在工人宿舍内将瞬发电雷管改制成延期电雷管,并因雷管爆炸而受伤,尽管其中不能排除具有避免工人因工作失误遭受处罚的因素,但该行为显然与本单位工作需要和利益具有直接关系,符合《企业职工工伤保险试行办法》第八条第(一)项规定的情形。公安部《关于对将瞬发电雷管改制为延期电雷管的行为如何定性的意见》(公治办〔2002〕867号)认为,雷管中含有猛炸药、起爆药等危险物质,在没有任何防护的条件下将瞬发电雷管改制为延期电雷管,属于严重违反国家有关安全规定和民爆器材产品质量技术性能规定的行为,不应定性为非法制造爆炸物品的行为。参照上述规定,本案刘自荣将瞬发电雷管改制成延期电雷管的行为,不属于《企业职工工伤保险试行办法》第九条第(一)项规定的"犯罪或违法"情形。原米泉市劳动局作出第24号《决定》的理由和依据,与本案事实和有关规定不符,不予支持。新疆维吾尔自治区高级人民法院(2006)新行再字第2号行政判决认定刘自荣改制雷管行为是为了避免工人因工作失误受到处罚,而不是为了企业的合法利益或重大利益,并据此判决维持昌吉回族自治州中级人民法院(2002)昌中行终字第32号行政判决,属于认定事实证据不足,适用法律不当,应予纠正。最高人民检察院抗诉理由成立,予以采纳。根据《中华人民共和国行政诉讼法》第五十四条第(二)项、第六十一条第(二)项之规定,判决如下:一、撤销新疆维吾尔自治区高级人民法院作出的(2006)新行再字第2号行政判决;二、撤销新疆维吾尔自治区昌吉回族自治州中级人民法院(2002)昌中行终字第32号行政判决;三、维持新疆维吾尔自治区米泉市人民法院(2002)米行初字第9号行政判决;四、新疆维吾尔自治区乌鲁木齐市米东区人力资源和社会保障局应在收到本判决之日起两个月内重新作出具体行政行为。

(最高人民检察院民事行政检察厅　王天颖)

第八部分

对外交流与合作

第八暗号

古代文流合名料

检察外事工作 2013年,最高人民检察院积极开展国际、区际司法交流与合作,加大刑事司法协助力度,稳步推进各项检察外事工作。

一、结合贯彻中央外事管理新精神、新要求,有序推进高层互访与交流。

2013年,最高人民检察院认真贯彻中央八项规定和关于外事管理工作的新精神,适度压缩出访团组数量。组织实施了最高人民检察院领导出访团组5个,出访国家包括印度、阿塞拜疆、巴拿马、俄罗斯、丹麦、韩国、吉尔吉斯斯坦、肯尼亚和亚美尼亚。接待了包括新加坡总检察长庄泓翔、哈萨克斯坦总检察长道巴耶夫、法国总检察长让·克劳德·马兰、朝鲜最高检察所第一副所长李铁等率领的国外高层来访团组9个,还安排了其他临时重要来访23场162人次,来访人员包括阿塞拜疆驻华大使甘基洛夫、韩国大法院院长梁承泰、比利时驻华大使奈斯等。最高人民检察院检察长曹建明等院领导分别代表最高人民检察院与法国、朝鲜最高检察机关以及印度尼西亚反腐败委员会签署了合作谅解备忘录。根据2012年与亚美尼亚总检察院签署的2012年至2013年合作计划,在北京主办了第二届中亚(亚美尼亚)检察业务研讨会,进一步巩固和扩大了交流成果,为今后开展双边务实合作奠定了坚实基础。

二、扎实推进多层次的出国(境)培训和考察,服务检察工作科学发展。

2013年,最高人民检察院出台了《关于进一步规范检察机关工作人员因公临时出国(境)的意见》,科学规划检察机关工作人员因公出国,正确执行限量规定,严格外事活动报审程序,加强团组行前教育,推行团组信息网上公示制度,保障检察外事活动有序进行。组织全国检察机关向国家外国专家局申请并获批立项因公出国(境)培训项目36个。办理省级人民检察院因公出国(境)请示批复145件。虽然出国(境)培训、交流工作规模有所缩减,但质量稳步提升,业务内容进一步拓宽,涉及案件管理机制、检察人员执法活动内部监督和纪律惩戒、社区矫正与刑法执行监督、证据认定和证人保护等诸多领域。根据工作需要,多次派员出席国际会议、参与国际谈判或执行境外办案任务,开展全方位、多层次的检察外事交流与协作。编辑出版《全国检察机关因公出国(境)访问和培训成果报告集(2012)》,并将部分高层对外交流情况和优秀考察、培训报告编发简报34期在局域网发布,促进经验交流,实现成果共享。

三、积极履行国际公约义务,认真开展刑事司法协助。

根据《联合国反腐败公约》履约机制安排,我国于2013年首次接受履约审议。最高人民检察院积极派员参加《联合国反腐败公约》各工作组相关会议,密切跟踪履约审议机制的规则细化工作,认真做好《联合国反腐败公约》自评清单填写工作。积极推进国际刑事司法协助深入开展,有效维护中国检察机关忠实履行司法互助义务的国际形象。2013年,办理刑事司法协助案件103件,涉及近20个国家。积极参与中国司法机关与外国司法机关订立双边司法条约工作,不断拓宽刑事司法协助的渠道,先后派员参加了中埃(埃塞俄比亚)引渡条约第一轮谈判、中阿(阿根廷)被判刑人移管条约谈判、中阿(阿塞拜疆)被判刑人移管条约谈判、中阿(阿尔巴尼亚)刑事司法协助条约和引渡条约谈判、中越(越南)刑事司法协助条约和引渡条约谈判和中荷(荷兰)案件磋商会议等。

四、办好重大国际会议,充分利用检察国际交流平台。

2013年,国际反贪局联合会执委会、第五届研讨会、第七次年会、第十一次上海合作组织成员国总检察长会议相继在印度、中国、巴拿马以及吉尔吉斯斯坦等国家召开。最高人民检察院主办或派员协助筹办了相关会议。参会的中国检察机关领导充分利用这些交流平台认真发言,积极与境外司法、执法机关领导人及相关国际组织负责人进行了大量会晤、磋商。通过这种高层频繁交流,积极宣传我国打击腐败的做法和成效,向世界展示我国检察机关在人权保护、治理犯罪等方面取得的成绩,在提高中国检察机关形象的同时,极大地改善了中国司法外交的大环境,切实推动了国际司法合作实务中难点问题的解决。

五、加强与港、澳地区的司法交流,有力推动个案协查案件的办理。

2013年,最高人民检察院分别接待了香港特别行政区保安局局长黎栋国、律政司司长袁国强、律政司国际法律专员陆少冰,以及澳门特别行政区检察院检察长何超明、终审法院院长岑浩辉等港澳地区法律界高级官员和香港大学学生代表团,协调天津市人民检察院协助香港特别行政区廉政公署举办第33届总调查主任指挥课程。办理涉港澳个案协查案件40余件,内地检察机关与港澳有关部门互派人员取证15次。年初,最高人民检察院检察委员会专职委员杨振江率代表团访问香港。年末,最高人民检察院国际合作局局长郭兴旺率代表团赴香港与香港特区政府代表团就《内地与香港特别行政区关于刑事司法协助的安排》启动磋商,双方就文本的主要内容基本达成一致,并商定在下一年择时进行第二轮磋商。

(最高人民检察院国际合作局 韩 弋 吴 楠)

国际反贪局联合会新德里执委会 2013年4月8日至10日,最高人民检察院检察长曹建明率中国检察代表团赴印度出席国际反贪局联合会执委会会议。代表团成员有吉林省人民检察院检察长杨克勤、江西省人民检察院检察长刘铁流、海南省人民检察院检察长贾志鸿以及最高人民检察院国际合作局局长郭兴旺等。

会议的主要任务是总结和通报2012年工作情况,研究和部署来年工作要点和活动安排。会议由印度中央监察委员会承办,印度国务部长纳拉亚纳萨米出席会议开幕式并致辞。曹建明检察长作为国际反贪局联合会主席主持执委会议并在开幕和闭幕时分别致辞。会上,国际反贪局联合会副主席维特、乌干达总检察长理查德·布特阿、阿塞拜疆司法部长马门多夫、欧盟反欺诈局新任局长乔万尼·凯斯勒、印度中央监察委员会主席普拉迪普·库玛、西班牙加泰罗尼反欺诈局局长丹尼尔·阿方索·拉索、国际反贪局联合会秘书长叶峰以及香港特别行政区廉政公署和国际反贪局联合会秘书处工作人员分别就有关会议议题作了专题发言。

曹建明检察长在开幕致辞中回顾了国际反贪局联合会2012年的工作。2012年,国际反贪局联合会以深化国际合作、促进信息交流与分享、推进技术援助、共同提升治理跨国腐败犯罪水平为主要内容,以办好执委会、研讨会、年会及会员代表大会为重要载体,深入推进知识管理系统建设,国际反贪局联合会成员间的相互合作和信息交流得到进一步加强和深化;积极开展国际廉政宣传活动,充分发挥廉政宣传短片在营造反腐倡廉良好氛围方面的积极作用,增强社会公众的反腐倡廉意识;成立专门小组继续修订国际反贪局联合会工作规划,补选执委并做好执委会换届的准备工作,着力完善工作规划和组织机构。2013年春季执委会依照会议议程,就准备开展的重要活动、重要工作进行了研究讨论。

与会执委和执委代表按照议程逐项讨论研究了会议的各项议题。会议审议了关于国际反贪局联合会第五届研讨会、第七次年会暨会员代表大会的筹备情况并提出意见;研究讨论了国际反贪局联合会工作规划修改意见、执委会2013年换届选举准备工作、知识管理体系建设问题以及廉政宣传短片、海报、歌曲等展览与比赛计划;审议通过了国际反贪局联合会2014年春季执委会、第八次年会暨会员代表大会召开的时间和地点等事项。会议还研究讨论了关于国际反贪局联合会成员间跨国腐败犯罪信息交流以及雅加达原则等问题。

曹建明检察长在闭幕时要求国际反贪局联合会继续加强与会员国反贪执法机构及相关反腐败国际组织的密切联系,积极促进《联合国反腐败公约》的全面有效实施。会议期间,曹建明检察长还分别会见了法国、卡塔尔、印度和中国香港、澳门以及联合国毒品和犯罪署等有关国家、地区和国际组织的与会代表,就推动国际反贪局联合会各项工作开展以及加强与中国内地检察机关的友好交流与合作关系等问题深入交换意见,并利用会议间隙,逐一同与会的每位执委、执委代表致意或进行交谈,加深了解,增进友谊,凝聚共识。

(最高人民检察院国际合作局 张笑寒)

国际反贪局联合会第五届研讨会 国际反贪局联合会第五届研讨会于2013年6月23日至24日在山东省济南市举行。来自70多个国家和地区的总检察长、司法部长、监察部长、反贪机构负责人和国际组织领导人、专家学者等300多名代表参加了研讨和交流。中共中央政治局委员、中央政法委书记孟建柱接见了部分与会贵宾,出席了会议开幕式并发表重要讲话。山东省委书记、省人大常委会主任姜异康,山东省委副书记、省长郭树清等领导出席会议开幕式,姜异康书记致辞。

孟建柱同志向与会代表简要介绍了中国十八大以来加强反腐败司法工作的情况,并以加强反腐败区域和全球性技术与信息合作为切入点,呼吁与会代表以务实的态度切实推进合作,更加有效地惩治和预防腐败。

国际反贪局联合会主席、最高人民检察院检察长曹建明主持会议开幕式,并分别在第一次全体会议和闭幕式上发表主旨讲话和致辞。

曹建明在致辞中介绍了中国最高人民检察院近年来在打击和预防腐败犯罪工作中的成果和经验,以及国际反贪局联合会近年来的工作和发展情况。他表示,国际反贪局联合会以促进《联合国反腐败公约》有效实施为宗旨,在大家的共同努力下,已逐步发展成为各国、各地区反贪执法机构开展反腐败经验交流、探讨反腐败国际合作的重要平台。在这个多边平台上,来自各国、各地区反贪执法机构的代表就反腐败及国际合作的不同专题进行了经验交流、学术研讨和技能培训,达成许多共识,取得丰硕成果。中国检察机关愿意与各国、各地区反贪机构进一步加强交流合作,推动国际反腐败事业不断深入发展。与会代表对中国检察机关为反腐败国际合作付出的努力表示赞赏,对国际反贪局联合会成立以来取得的成绩给予高度评价。也希望进一步加强与中国检察机关的交流合作,共同推进反腐败国际合作。

研讨会以"联合国反腐败公约第六章:技术援助和信息交流"为主题,并结合反腐败国际合作中该领域的实际需求和具体案例进行了深入探讨。参会代表们普遍认为,以技术援助和信息交流为内容的国际反腐败合作大有可为。与会代表通过全体会议发言、分组讨论等形式,就落实公约规定展开了热烈研讨,并结合各自国家和地区的工作实践,对技术援助的重点、信息交流的渠道等问题提出了很多积极建议。与会代表一致同意,在反腐败立法、腐败犯罪资料的收集、交流和分析上相互提供便利和协助,积极利用国际反贪局联合会提供的平台和渠道,充分发挥组织网络和联系广泛的优势,密切会员间的交流与合作,并就落实技术援助措施、进一步加大技术转让力度等方面形成了共识。

国际反贪局联合会还就研讨会改革、举办反腐败宣传视频、海报及歌曲博览会等议题进行了专门讨论和展示。

会议期间,曹建明检察长会见了包括爱尔兰、斯里兰卡、波黑、佛得角、罗马尼亚、印尼、泰国、乌干达、老挝、马尔代夫、英国、越南、牙买加、纳米比亚、贝宁、马里、多哥、南非、柬埔寨、津巴布韦、白俄罗斯、匈牙利、坦桑尼亚、香港、澳门等国家和地区的总检察长、反腐败委员会主席、反贪局局长、廉政专员以及联合国秘书长代表、国际检察官联合会主席在内的多名与会高官,通过双边会谈的形式强化了国际反贪局联合会以及中国检察机关与上述国家和地区司法、执法机关以及国际组织的交流与合作。最高人民检察院常务副检察长胡泽君、副检察长邱学强等也参加了本次会议。

会议期间,曹建明检察长还与印度尼西亚反腐败委员会主席祖卡奈恩共同签署了《中华人民共和国最高人民检察院与印度尼西亚共和国反腐败委员会合作谅解备忘录》。

(最高人民检察院国际合作局 张笑寒)

国际反贪局联合会第七次年会暨会员代表大会

2013年11月23日至24日,国际反贪局联合会第七次年会暨会员代表大会在巴拿马城召开。国际反贪局联合会主席、最高人民检察院检察长曹建明率中国检察代表团出席会议。代表团成员有河北省人民检察院检察长童建明、甘肃省人民检察院检察长路志强、最高人民检察院反贪污贿赂总局局长徐进辉、最高人民检察院国际合作局局长郭兴旺等。中国香港特别行政区廉政公署、澳门特别行政区检察院和廉政公署也分别率团参加会议。

会议由巴拿马国家透明度和信息开放管理局承办,是《联合会反腐败公约》正式开放签署十周年之际国际反腐败合作领域的一次盛会。会议历时一天半,会议的主题是"法治与反腐败:挑战与机遇"。来自97个国家、地区和8个国际组织的检察长、法院院长、司法部长、监察部长、廉政公署专员、反贪污调查局局长、反欺诈局局长等400多名代表出席会议。会议围绕"变化中世界之反贪机构:独立、责任和透明"、"'老虎'、'苍蝇'一起打:非选择性的反贪执法"和"重点预防策略:高层声音、政治改革及公众参与"三个问题进行深入交流和探讨,50余名代表在两次全体会议和6场分组研讨会作了专题发言。

国际反贪局联合会主席、最高人民检察院检察长曹建明分别在开、闭幕式上致辞。在回顾了前一年的工作后,曹建明检察长对进一步加强反腐败法治建设的交流与合作提出三点意见。一是求同存异、相互信任,共同促进反腐败向纵深发展。二是健全权力运行监督制约体系,用法治思维和法治方式惩治腐败犯罪。法治反腐是《联合国反腐败公约》的要求,也是当今世界各国打击腐败的主要做法。各国、各地区反贪执法机构应在反腐败的立法、执法和司法等各个环节充分运用法治思维,弘扬法治精神,不断健全权力监督制约机制,以法治方式和手段有效监督和制约权力滥用,努力从根源上铲除腐败滋生和蔓延的土壤。三是加强反贪机构建设,进一步提升打击和预防腐败的能力。各国、各地区应按照《联合国反腐败公约》和联合会系列宣言的相关要求,完善对反贪机构人力和物力保障,加强反贪机构及人员专业化建设,不断提高惩治和预防腐败犯罪的能力水平。曹建明检察长希望与会代表以此次会议为契机,进一步增进了解、扩大共识,采取更加积极、开放的合作态度,探索更加灵活、有效的合作方式,共同推动国际反腐败事业向纵深发展。

会议期间,来自各国、各地区、各反腐败国际组织代表及反腐败领域的专家学者,围绕会议主题进行了全面深入的研讨,提出了许多建设性的意见和建议,取得了丰硕的成果。一是选举曹建明检察长再次担任联合会主席。大家对曹建明检察长担任主席以来在推动联合会工作有效深入开展、扩大联合会在国际反腐败舞台影响力,以及为各位会员搭建交流合作平台等方面所付出努力和取得成绩给予高度肯定和积极评价;表示将继续关心和支持联合会和曹建明主席工作,共同推动联合会工作向纵深发展。二是研究讨论了联合会相关工作规划。在对2012年联合会工作进行总结和评议的基础上,执行委员会各位委员就联合会研讨会的举行方式、培训班的课程安排、师资力量和授课形式,以及成员间跨国腐败犯罪信息交流和雅加达原则等重要问题进行了认真的研究和讨论,对联合会的长远发展进行了科学规划,明确了方向。三是会议根据联合会章程,审议通过了联合会执行委员会改选方案和新一届执行委员会执委名单。会议选举了一批有能力、有影响并热心国际反贪事业的优秀人选充实到了执行委员会,并改选增加了中美洲、非洲、中亚和东欧代表,人员构成的地区和职业分布更加平衡,专业性和影响力更具有代表性,执行委员会的组织机构更加趋于完善。

会议发表了《国际反贪局联合会巴拿马宣言》。宣言高度评价了中国政府对于推动反腐败国际交流合作所作的积极努力和重要贡献,表明了与会代表推动法治进步、加强国际反腐败合作的坚定决心。《宣言》呼吁各国、各地区重视法治在反腐败执法中的重要性,坚持求同存异,秉持相互尊重,相互信任,互惠互利的原则,加强反腐倡廉法治信息交流;健全和完善反腐倡廉法治建设,确保反贪机构的独立性、专业性和有效性;落实《联合国反腐败公约》以及联合会巴厘宣言和马拉喀什宣言的相关要求,进一步加强反贪机构建设,全面提升打击和预防腐败犯罪的能力等等。会后,联合会秘书处把《宣言》递交给了联合国反腐败公约缔约国大会及联合国相关机构,并交各会员国广泛宣传。

与会代表就以法治方式治理腐败形成广泛共识。一是积极推进民主与法治建设,健全国家权力监督制约机制,完善反腐败法律体系,积极推进专业、有效的反贪执法机构建设。二是坚持严格执法,做到"老虎"和"苍蝇"一起打,既坚决查办高级官员严重腐败案件,也依法惩治发生在公众身边、侵害公众权益的基层官员腐败,切实防止选择性执法等问题。三是重视惩治和预防腐败工作,注重发动社会和公众力量参与惩治和预防腐败工作,促进反腐败工作深入开展。

(最高人民检察院国际合作局 张笑寒)

中国检察代表团赴印度出席国际反贪局联合会执委会议并访问阿塞拜疆 以最高人民检察院检察长曹建明为团长的中国检察代表团于2013年4月5日至14日赴印度出席国际反贪局联合会执委会议,并访问阿塞拜疆。代表团成员包括:吉林省人民检察院检察长杨克勤、江西省人民检察院检察长刘铁流、海南省人民检察院检察长贾志鸿等。我国香港特别行政区廉政公署廉政专员白韫六和澳门特别行政区检察院何超明分别率团与会。

4月8日至10日,国际反贪局联合会执委会议在印度首都新德里召开。曹建明检察长作为国际反贪局联合会主席主持执委会议并在开幕和闭幕时分别致辞。

4月11日至14日,中国检察代表团应邀访问阿塞拜疆。这次访问,对于巩固和发展中国检察机关与阿有关司法机构的友好关系具有重要意义。阿方对此访高度重视,阿总统阿利耶夫在总统府亲切会见了曹建明检察长;阿总检察长加拉洛夫与曹建明检察长举行工作会谈,签署了《中华人民共和国最高人民检察院与阿塞拜疆共和国总检察院合作谅解备忘录》。中国检察代表团还先后访问了阿司法部和最高法院,司法部长马门多夫和最高法院院长拉扎耶夫与曹建明检察长进行了坦诚友好的交流;在马门多夫的陪同下代表团参观访问了舍基市司法局、法院和监狱,并与舍基市市长、检察长及部分法官和检察官进行了交流。

(最高人民检察院国际合作局
国际交流处　龙　梅　汪　伟)

中国检察代表团赴亚美尼亚出席亚总检察院建院九十五周年庆典活动　以最高人民检察院检察委员会专职委员陈连福为团长的中国检察代表团于2013年6月30日至7月4日赴亚美尼亚出席了亚总检察院建院95周年庆典活动。最高人民检察院刑事申诉检察厅副厅长鲜铁可等3人随同出访。

亚美尼亚总检察院建院九十五周年庆典活动在首都埃里温举行。11个国家和国际组织的50多名代表应邀参加。亚美尼亚总统谢尔日·萨尔基相在总统府会见了各国代表团团长,并就各国检察制度的特点与大家进行了座谈、交流。亚美尼亚总理季格兰·萨尔基相出席了庆祝晚会并致辞。亚美尼亚总检察长奥夫谢皮扬为出席活动的各国代表团颁发了勋章。其间,陈连福专职委员向奥夫谢皮扬总检察长转交了最高人民检察院检察长曹建明亲笔签名信,奥夫谢皮扬愉快接受此信并对曹建明检察长表示感谢。

亚美尼亚总检察长奥夫谢皮扬在与中国检察代表团座谈时表示,亚美尼亚检察机关非常重视发展与中国检察机关之间的友好关系,希望亚美尼亚总检察院与中国最高人民检察院之间的交流合作越来越密切。陈连福专职委员首先感谢奥夫谢皮扬总检察长的盛情邀请和热情接待,代表中国最高人民检察院并以曹建明检察长的名义,对亚美尼亚总检察院建院九十五周年表示衷心的祝贺,希望进一步加强中亚两国检察机关之间的友好往来和经验交流,表示中亚两国检察机关应该通过加强研讨、交流等务实合作方式,互相借鉴对方法制建设方面的成功经验,不断完善和发展本国检察制度。根据曹建明检察长与奥夫谢皮扬检察长2012年签署的《中华人民共和国最高人民检察院和亚美尼亚共和国总检察院二〇一二年至二〇一三年合作计划》(以下简称《合作计划》),2012年已在亚美尼亚埃里温举办了一次检察研讨会,中国最高人民检察院正在积极筹备将在中国北京举办的第二次研讨会。中亚两国应该在现有的交流平台和机制的基础上,加强在检察理论研究、检察业务交流、检察人员培训、检察信息共享等领域多层次、多渠道的合作交流,进一步探讨更加直接高效的合作机制,不断提高打击、遏制和防范跨国犯罪的能力和效率。

(最高人民检察院国际合作局
国际交流处　龙　梅　汪　伟)

中国检察代表团赴俄罗斯出席国际检察官联合会第十八届大会并访问丹麦、韩国　以最高人民检察院常务副检察长胡泽君为团长的中国检察代表团于2013年9月赴俄罗斯莫斯科出席国际检察官联合会第十八届大会并访问丹麦、韩国。代表团成员包括河南省人民检察院检察长蔡宁、四川省人民检察院检察长邓川和安徽省人民检察院检察长薛江武等。

应国际检察官联合会和俄罗斯总检察院柴卡总检察长的共同邀请,胡泽君常务副检察长出席了在莫斯科举行的国际检察官联合会第十八届年会,并在9月9日上午开幕大会上作了题为"中国检察机关在依法治国中的地位和作用"的主题发言。俄方非常重视此次大会,俄联邦总统办公厅主任谢尔盖·伊万诺夫在大会开幕式上专门宣读了俄总统普京的贺信。国际检察官联合会主席汉密尔顿先生在开幕式祝词,俄联邦总检察院总检察长柴卡和几位副总检察长全程参会。此次国际检察官联合会第十八届年会以"检察官和法治"为主题,共有来自美国、巴西、英国、法国、澳大利亚、新西兰、新加坡、尼日利亚、联合国有关组织和欧盟等70多个国家、地区和国际组织的300多名检察官参加。中国澳门特别行政区检察院检察长何超明也率团参加了大会。除大会演讲外,胡泽君常务副检察长利用会议间隙,与来自英国、新加坡、尼日利亚和国际检察官联合会的代表进行了亲切交流。他们对胡泽君常务副检察长的发言给予了高度的评价,认为通过宣传和介绍比较全面地了解了中国政府和中国检察机关完善法制和实现法治上的决心和成就。9月10日,胡泽君常务副检察长代表最高人民检察院与俄联邦总检察院亚历山大·茨维雅金采夫副总检察长共同签署了《中华人民共和国最高人民检察院和俄罗斯联邦总检察院合作协议(1997年3月29日)的补充协议》以及《中华人民共和国最高人民检察院和俄罗斯联邦总检察院二〇一四年至二〇一五年合作计划》。大会期间,胡泽君常务副检察长还专程赴中国驻俄罗斯大使馆,就访问和会议情况向李辉大使作了通报。

在丹麦期间,胡泽君常务副检察长会见了新上任的丹麦总检察长欧·哈赛嘉德。胡泽君常务副检察长首先对哈赛嘉德检察长履新表示祝贺,并对他的盛情邀请和热情接待表示感谢。两位检察长愉快地回忆了两国检察机关的交往历程。胡泽君常务副检察长简要介绍了中国检察机关的主要职能和工作。哈赛嘉德检察长对中国检察代表团表示热烈欢迎,他向代表团介绍了丹麦检察机关在起诉网络犯罪、严重欺诈犯罪和儿童色情犯罪等刑事案件中所做的工作。此外,双方还就反腐败和打击跨国犯罪等共同关心的问题进行了交流。中国驻丹麦大使李瑞宇参加了会谈。

在韩国访问期间,胡泽君常务副检察长与韩国大检察厅检察次长吉兑基进行了工作会谈。胡泽君常务副检察长首先简要介绍了中国检察机关的法律监督和检察改革工作,并就我代表团关心的有关韩国检察机关体制外监督和其他司法合作的议题与韩方进行了深入交流。韩国吉兑基检察次长对中国检察代表团的访问表示热烈欢迎,并向代表团介绍了韩国的检察体制、司法改革和市民委员会对韩检察机关的监督情况。会谈结束后,代表团参观了设在韩大检察厅的国家数码法医鉴定中心。韩方检察官向代表团介绍了DNA鉴定技术,现场演示了数码成像和监视识别系统,展示了韩国检察机关在刑事案件指挥侦查程序中的主动权和把握诉讼证据上的裁决权。

(最高人民检察院国际合作局
国际交流处 龙 梅 汪 伟)

中国检察代表团赴吉尔吉斯斯坦出席第十一次上海合作组织成员国总检察长会议并访问肯尼亚 以最高人民检察院副检察长柯汉民为团长的中国检察代表团于2013年9月25日至10月2日赴吉尔吉斯斯坦出席了第十一次上海合作组织成员国总检察长会议并访问肯尼亚。代表团成员包括最高人民检察院刑事申诉检察厅厅长夏道虎、福建省人民检察院常务副检察长何小敏、四川省人民检察院副检察长朱晚林等。

第十一次上海合作组织成员国总检察长会议于9月26日在吉尔吉斯共和国比什凯克市举行。哈萨克斯坦共和国总检察长阿·道巴耶夫、中国最高人民检察院副检察长柯汉民、吉尔吉斯共和国总检察长阿·萨良诺娃、俄罗斯联邦副总检察长亚·茨维亚采金夫、塔吉克斯坦共和国总检察长舍·萨利姆佐达、乌兹别克斯坦共和国副总检察长兼军事检察长舒·乌扎科夫分别代表本国检察机关率团参加了会议。会议由吉尔吉斯共和国总检察长萨良诺娃主持,上海合作组织副秘书长科·杜晒巴耶夫和上海合作组织地区反恐怖机构副主任阿·比洛夫出席会议并在开幕式上致辞。此次会议着重就两个司法合作议题进行了深入探讨与交流,形成广泛共识,与会六方领导人签署了会议纪要和《关于〈上海合作组织成员国总检察长会议规则〉的修改和补充方案》。会议接受乌兹别克斯坦共和国总检察院的建议,决定于2014年秋在乌兹别克斯坦的塔什干市召开第十二次上海合作组织成员国总检察长会议。中国检察代表团专程拜会了吉尔吉斯共和国总检察长萨良诺娃。柯汉民副检察长转达了最高人民检察院检察长曹建明的诚挚问候并转交了亲笔信,并代表曹建明检察长邀请萨良诺娃总检察长在适当时候访华。萨良诺娃总检察长表示感谢并请转达她对曹建明检察长的诚挚问候,表示将于明年春天访问中国。访吉期间,柯汉民副检察长应吉方盛情邀请,在中国驻吉大使馆白景勋参赞陪同下,出席了吉尔吉斯共和国政府直属法律学院孔子课堂揭牌仪式并致辞,中国驻吉大使馆临时代办任仕陪同代表团出席了相关活动。

访问肯尼亚期间,中国检察代表团在中国驻肯尼亚大使刘光源陪同下,与肯尼亚总检察长吉苏·穆伊加伊进行了工作会谈。柯汉民副检察长对吉苏·穆伊加伊总检察长的热情接见表示感谢,转达了曹建明检察长对他的问候,并邀请他在方便的时候访问中国。代表团访问了肯尼亚防治腐败委员会,该委员会副主席保诺女士会见了代表团一行,双方就防治腐败的机构设置、内部职权配置、犯罪侦查、海外追赃、预防和宣传等共同关心的问题进行了深入交流和探讨。

(最高人民检察院国际合作局
国际交流处 龙 梅 汪 伟)

新加坡检察代表团访华 应最高人民检察院检察长曹建明的邀请,新加坡总检察长庄泓翔率6人代表团于2013年4月17日至21日访华。代表团访问了北京和陕西。

曹建明检察长于4月18日下午在北京会见了代表团一行,双方就进一步密切两国检察机关交流与合作进行了亲切友好的会谈。新加坡驻华大使罗家良、最高人民检察院常务副检察长胡泽君参加会见。曹建明检察长对庄泓翔总检察长率团访问最高人民检察院表示热烈欢迎并表示,中新两国发展势头很好,在各个领域的合作成果显著,新加坡经济的发展、法治制度的完善、政府的廉洁高效、司法体制机制,都值得我们学习。两国检察机关也一直交往频繁,特别是近年来,在双方的共同努力下,友好合作关系得到不断发展和深化。此次总检察长来访,是两国检察机关友好关系的再一次印证,必将推动两国检察机关进一步密切合作,为续写两国检察机关友好合作的新篇章发挥重要作用。多年来,中新双方不但在高层互访、信息互换、检察官交流培训等双边合作上取得了令人满意的成果,而且中新两国都是中国—东盟总检察长会议的倡导者和推动者,在中国与东盟总检察长会议多边机制框架下,双方进行了卓有成效的合作。中国检察机关愿意作中新友好关系的积极推动者,希望与新加坡同行一道,探索开辟双方司法机关特别是检察机关交流合作的新领域,为推进两国各领域互利合作作出新的贡献。

庄泓翔总检察长对曹建明检察长的热情会见表示衷心的感谢。他说,新中两国建交之后,两国检察机关的联系非常密切,在司法合作领域内,新加坡与中国检察官交流频繁。通过这种渠道,彼此更进一步加深了了解。2013年,新加坡派遣两名检察官来华研修学习,回国后将安排他们在新加坡检察院讲述中国的司法制度和学习的经验体会。

庄泓翔总检察长认为虽然新中两国司法制度不同,但将来两国的司法协助将会与日俱增。他表示将继续推动两国检察机关之间业已存在的友好合作关系,加强国际司法协助,共同打击跨国犯罪,将两国检察机关的良好关系推向新的高度。

在北京和陕西期间,司法部副部长张苏军、陕西省人民检察院检察长胡太平分别会见了代表团。

(最高人民检察院国际合作局
国际交流处 龙 梅 汪 伟)

哈萨克斯坦检察代表团访华 应最高人民检察院检察长曹建明的邀请,哈萨克斯坦总检察长道巴耶夫率5人代表团于2013年5月30日至6月2日访华。代表团访问了北京和上海。

5月30日上午,曹建明检察长在北京会见了来访的哈萨克斯坦检察代表团一行。双方就进一步密切两国检察机关的交流与合作进行了亲切友好的会谈。哈萨克斯坦驻华大使叶尔梅科巴耶夫、最高人民检察院检察委员会专职委员张德利参加会见。曹建明检察长对道巴耶夫首次率代表团来最高人民检察院访问表示欢迎并表示,哈总检察长来访体现了对两国检察机关交流合作的高度重视,也体现了两国人民的深厚情谊。中哈是友好邻邦和全面战略伙伴。建交21年来,两国关系不断迈上新台阶。特别是近年来,两国高层来往密切,互信不断加深,两国在上海合作组织、联合国等多边框架内紧密合作、互相支持。道巴耶夫总检察长的此次来访,不仅会增进两国的友谊,而且会促进两国检察机关之间更加紧密的交流合作。曹建明检察长指出,随着两国经贸等领域合作的深化,中哈两国检察机关加强更加紧密务实的合作越来越重要。两国虽然法律制度和司法体系不同,但在打击犯罪、维护稳定、促进发展方面的目标是相同的。中国检察机关愿与哈萨克斯坦同行分享成功经验,相互借鉴,共同进步。中方愿与哈方一道,进一步加强两国检察机关执法司法交流合作,共同打击跨国犯罪,维护地区稳定,维护企业合法权益,促进经济发展,巩固和发展两国友好关系。

道巴耶夫总检察长感谢曹建明检察长的热情接待,表示愿为发展哈中传统友谊,加强两国检察机关交流合作作出贡献。中国是哈萨克斯坦重要的战略合作伙伴,在经贸、能源、人文交流以及其他方面合作不断深化,取得可喜成绩。哈萨克斯坦愿意做中国的好朋友、好伙伴,愿意成为中国连接中亚、其他独联体国家乃至整个欧洲的桥梁和枢纽。

访华期间,司法部部长吴爱英、北京市人民检察院检察长池强、上海市人民检察院副检察长陈辐宽会见了代表团。

(最高人民检察院国际合作局
国际交流处 龙 梅 汪 伟)

亚美尼亚检察代表团访华 根据中国与亚美尼亚两国检察机关签署的《中华人民共和国最高人民检察院和亚美尼亚共和国总检察院二〇一二年至二〇一三年合作计划》,2013年8月15日,亚美尼亚总检察院副总检察长达尼耶良·阿尔曼率4人代表团抵达北京参加第二届中亚检察业务研讨会,最高人民检察院检察长曹建明于会前亲切会见了亚方代表。

曹建明检察长指出,根据两国总检察长签署的《中华人民共和国最高人民检察院和亚美尼亚共和国检察院二〇一二年至二〇一三年合作计划》,第一届中亚检察业务研讨会于2012年12月在埃里温成功举办,标志着双方的交流与合作进入了新的务实发展阶段。此次在北京举办第二届研讨会,双方将详细介绍彼此在打击腐败犯罪领域的方法、成果和经验,相互学习和借鉴各自的成功经验和做法,必将进一步丰富和深化两国检察机关交流与合作的形式与内容,不断推动两国友好关系全面发展。

达尼耶良·阿尔曼副总检察长向主办会议的中国检察机关表示诚挚的谢意并向曹建明检察长转达了奥夫谢皮扬总检察长的问候。他认为腐败犯罪是当前国际社会最棘手的问题之一,希望通过此次研讨会进一步促进两国在打击腐败犯罪方面的交流和合作,并表示将为加强两国检察机关的友好交流与务实合作作出新的贡献。

2013年8月16日,研讨会在最高人民检察院电视电话会议室顺利召开。会议的主题是"打击腐败犯罪的方法、成果和经验"。亚美尼亚副总检察长达尼耶良·阿尔曼、最高人民检察院国际合作局局长郭兴旺出席研讨会并致词。最高人民检察院侦查监督厅、反贪污贿赂总局、职务犯罪预防厅、法律政策研究室、国际合作局、国家检察官学院、检察理论研究所相关负责人及有关领域的专家、学者共计20余人参加研讨会。研讨会上,最高人民检察院反贪污贿赂总局、职务犯罪预防厅、法律政策研究室的专家们以及亚美尼亚总检察院公共犯罪案件监督局局长等先后进行了主题发言,分别围绕检察机关预防与惩治腐败犯罪的法律依据、职权职责、主要措施及实践成效与经验,特别是针对新刑事诉讼法规定的技术侦查手段、犯罪嫌疑人、被告人逃逸、死亡案件违法所得的没收程序等方面的内容展开了积极的交流和热烈的讨论。

与会代表一致认为,此次检察业务研讨会,增进了彼此的了解,架起了友谊的桥梁,促进了两国在打击腐败犯罪方面的交流与合作。亚方代表对本次研讨会的成功举办表示高度赞赏,认为中亚检察业务研讨会是双方共同探讨重要法律问题的有效平台,对强化两国检察机关间的交流与务实合作

具有重要意义,并表示将认真筹划和准备即将在埃里温举行的下一届中亚检察业务研讨会。

(最高人民检察院国际合作局
国际交流处 龙 梅 汪 伟)

法国检察代表团访华 应最高人民检察院检察长曹建明的邀请,法国最高法院检察院总检察长让·克劳德·马兰率代表团一行6人于2013年10月9日至13日访华。代表团访问了北京、陕西和上海。

2013年10月9日,最高人民检察院检察长曹建明在北京会见了法国最高法院检察院总检察长马兰一行,双方共同签署了《中华人民共和国最高人民检察院与法兰西共和国最高法院检察院合作谅解备忘录》。最高人民检察院政治部主任李如林、法国驻华公使白良参加会见并出席了合作谅解备忘录签署仪式。曹建明检察长首先对马兰率团来最高人民检察院访问表示欢迎,并表示中法两国友谊源远流长,自1964年建交以来,两国关系坚定前行,历久弥新。特别是2013年4月,两国元首在北京进行深入友好交流,取得重要共识。明年两国将迎来建交50周年,相信阁下此次来访,不仅会进一步深化两国检察机关之间的密切合作,也必将对推动中法全面战略伙伴关系继续向前发展起到积极的作用。

曹建明检察长指出,虽然中法两国法律制度和司法体系不同,但两国检察机关在维护公平正义、促进社会和谐发展方面的目标和任务都有着许多相同或相似之处。随着经济全球化、社会信息化趋势逐步加强,两国司法机关之间关系将愈发紧密,交流合作将愈发频繁。近年来,两国检察机关始终保持着良好关系,高层互访不断,司法交流密切,特别是法国检察机关每年都积极派员参加并大力支持国际反贪局联合会活动,双方友好关系稳步深入发展。今天我们共同签署的两国检察机关合作谅解备忘录,不仅是两国检察机关传统友谊的见证和交流合作历史进程的记录,而且也标志着双方司法合作进入了更加务实的阶段,必将把两国检察机关友好关系推进到一个新的更高的台阶。中国检察机关愿与法国同行一道,以签署备忘录为契机,进一步加强包括人员培训、访问考察等在内的全方位交流往来;共同分享立法、执法、司法和司法改革方面经验,相互学习,取长补短;更加紧密地深化合作,加强司法协助,不断充实中法全面战略伙伴关

系内涵。马兰总检察长感谢曹建明检察长的亲切会见，表示十分珍惜与中国检察机关的友谊，愿为巩固和发展两国检察机关友好关系、加强两国检察机关交流合作作出努力。宾主双方还就司法改革、打击跨国犯罪以及执法司法中共同感兴趣的话题坦诚深入地交换了意见。

访华期间，陕西省人民检察院检察长胡太平、上海市人民检察院检察长陈旭分别与代表团进行了工作会谈。

（最高人民检察院国际合作局
国际交流处　龙　梅　汪　伟）

朝鲜检察代表团访华　应最高人民检察院的邀请，朝鲜最高检察所第一副所长李铁率6人代表团于2013年10月26日至11月2日访华。代表团访问了北京、上海和浙江。

10月28日，最高人民检察院检察长曹建明会见了朝鲜最高检察所第一副所长李铁一行，最高人民检察院常务副检察长胡泽君与朝鲜代表团举行了工作会谈，并与朝方签署了两国检察机关合作谅解备忘录。朝鲜驻华大使池在龙参加会见并出席合作谅解备忘录签署仪式。

胡泽君常务副检察长首先对李铁率团来华访问表示热烈欢迎并表示，中朝是山水相连的友好邻邦，两国人民的友谊具有深厚的历史基础。中朝建交64年来，两国两党的领导人经常往来，保持着密切的沟通。中朝两国历史上唇齿相依、患难与共。不管未来国际和地区局势如何风云变幻，中朝友谊都能经受住各种考验，两国都能在国际舞台上保持一致，密切合作。李铁副检察长率团来访，充分地表明了朝鲜对发展中朝两国司法交流与合作的重视，一定会开启双方友好合作的新篇章。此次共同签署两国检察机关合作谅解备忘录是中朝两国深化检察交流与合作的见证，标志双方的司法合作进入了更加务实的阶段，沟通交流的渠道进一步拓宽。

李铁对曹建明检察长的热情会见表示感谢，对两国检察机关合作谅解备忘录的签署表示高兴。他说，朝鲜高度重视发展与中国的检察合作，将认真落实合作谅解备忘录和会晤达成的共识，推动两国检察合作不断取得新进展。

访问期间，代表团访问了北京市人民检察院第二分院，上海市人民检察院检察长陈旭、浙江省人民检察院检察长陈云龙分别与代表团进行了工作会谈。

（最高人民检察院国际合作局
国际交流处　龙　梅　汪　伟）

2013年内地与港澳检察代表团互访情况　一、港澳司法界高官来访频繁，高层交流密切。2013年，最高人民检察院先后接待了香港特别行政区终审法院首席大法官马道立、保安局长黎栋国、律政司司长袁国强，以及澳门特别行政区终审法院岑浩辉院长、检察院何超明检察长等港澳司法界高官率领的代表团。在2013年11月的国际反贪局联合会大会期间，最高人民检察院检察长曹建明还专门与香港廉政公署专员白韫六单独会谈。三地间司法界的高层交往，一是增进了三地司法界高层的个人友谊；二是更加深入地宣传了党的十八大和十八届三中全会关于司法改革的重要内容和法治建设的成果，同时也进一步了解了港澳地区最新的司法动态；三是更进一步推动了三地的司法合作。在双方的共同推进下，由最高人民检察院牵头，组成最高人民法院、公安部和国务院港澳办派员参加的代表团在2013年12月初赴香港启动了《内地与香港特别行政区关于刑事司法协助安排》的首轮磋商。

二、内地与港澳多层次的法律交流促进了务实的司法合作。2013年，最高人民检察院接待了香港大学、香港中文大学等法学院的香港大学生内地培训班，并邀请最高人民检察院公诉厅、反贪污贿赂总局、法律政策研究室的业务负责人与香港大学法律院的大学生进行面对面的法律交流；接待了香港廉政公署组织的总调查主任培训班，安排来自港澳的执法人员在内地基层检察机关参观学习，相互交流工作经验；派员参加了中央统战部组织的港澳社会经济培训班。通过交流，向港澳法律界人士介绍内地的检察工作，宣传内地的法治建设和司法改革成果。港澳各界人士对内地检察机关的工作，尤其是两地的司法合作表现出了极大的兴趣，并表达了希望进一步促进两地务实司法合作、提高合作效率的愿望。

（最高人民检察院国际合作局）

2013年中华人民共和国最高人民检察院与外国检察院签订的合作协议一览表

合作协议名称	签字日期	签字地点	我方签字人	对方签字人	生效日期
1. 中华人民共和国最高人民检察院与印度尼西亚共和国反腐败委员会合作谅解备忘录	2013年6月24日	济南	中华人民共和国最高人民检察院检察长曹建明	印度尼西亚共和国反腐败委员会主席祖卡奈恩	2013年6月24日
2. 中华人民共和国最高人民检察院和俄罗斯联邦总检察院合作协议（1997年3月29日）的补充协议	2013年9月10日	莫斯科	中华人民共和国最高人民检察院常务副检察长胡泽君	俄罗斯联邦总检察院副总检察长亚历山大·茨维亚金采夫	2013年9月10日
3. 中华人民共和国最高人民检察院和俄罗斯联邦总检察院二〇一四年至二〇一五年合作计划	2013年9月10日	莫斯科	中华人民共和国最高人民检察院常务副检察长胡泽君	俄罗斯联邦总检察院副总检察长亚历山大·茨维亚金采夫	2013年9月10日
4. 中华人民共和国最高人民检察院与法兰西共和国最高法院检察院合作谅解备忘录	2013年10月9日	北京	中华人民共和国最高人民检察院检察长曹建明	法兰西共和国最高法院检察院总检察长让·克劳德·马兰	2013年10月9日
5. 中华人民共和国最高人民检察院和朝鲜民主主义人民共和国最高检察所合作谅解备忘录	2013年10月28日	北京	中华人民共和国最高人民检察院常务副检察长胡泽君	朝鲜民主主义人民共和国最高检察所第一副检察长李铁	2013年10月28日

中华人民共和国最高人民检察院与印度尼西亚共和国反腐败委员会合作谅解备忘录

本备忘录体现中华人民共和国最高人民检察院与印度尼西亚共和国反腐败委员会（以下简称"一方"或"双方"）就腐败对国家政治稳定、法治以及持续的社会和经济发展带来的严重危害达成的共识。

第一条
目标

双方签署本备忘录，基于平等和互利的原则，意在加强、促进和发展双方在反腐败领域的合作。

本备忘录不得解释为任何个人、团体或单位私人诉权的依据，不得影响双方因参加国际条约或因其国内法律和规定及惯例所产生的权利和义务。

第二条
合作领域

在双方各自法律、法规和政策的框架下，双方确立合作领域，并发展相关技术合作项目，共同打击腐败。合作包括以下内容：

1. 交流双方共同感兴趣的信息；
2. 发展和实施相关技术合作项目，以解决反腐败领域的重要问题；
3. 交流各自办理腐败案件、洗钱案件以及其他案件的方法和做法；
4. 交流在信息收集和侦查腐败犯罪案件方面有效的侦查技术和好的经验；
5. 双方可开展在情报搜集和侦查等领域的专业知识培训；
6. 其他需要合作的内容。

第三条
实施

为了实施本备忘录，双方应当直接沟通。

代表中华人民共和国最高人民检察院实施本备忘录的部门是国际合作局。

代表印度尼西亚反腐败委员会实施本备忘录的部门是促进机构间合作网络委员会。

双方各自指定官员作为合作的联络员。双方应组织定期磋商会议，以便双方高级官员讨论合作计划及其实施情况。

第四条
保密

在实施本备忘录期间，双方均应承担对提供和接受的文件、信息和数据的保密义务。

在未得到对方的书面同意之前，一方不得公开或者转移相关文件、信息或其他数据。

第五条
费用安排

本备忘录不产生任何一方对对方的经济义务。

双方均应承担本方履行本备忘录所产生的成本和费用。

如果在执行请求过程中发现需要超常性质的费用，双方应当协商确定可以继续执行请求的要求和条件。

第六条
修改和补充

双方经协商同意，可对本备忘录进行修改和补充。修改和补充的部分应以书面形式由双方授权代表签字后予以互换，并于双方商定日期生效。

第七条
争议的解决

关于因解释、执行和适用本备忘录所产生的一切分歧和争议，双方应本着相互理解的原则，通过磋商或谈判解决。

第八条
生效及终止

本备忘录自签字之日起生效，有效期五年。

若在有效期期满前180天，任何一方均未以书面形式通知另一方终止备忘录，则本备忘录将自动延长五年,并依此法顺延。

任何一方均可以随时以书面形式通知对方终止本备忘录。终止自该通知发出之日后第180天生效。

本备忘录于2013年6月24日在济南签署,一式两份,每份均用中文、印尼文和英文写成。三种文本同等作准。如遇文字解释方面的歧义,以英文为准。

中华人民共和国	印度尼西亚共和国
最高人民检察院	反腐败委员会
检察长	主席
曹建明	祖卡奈恩

中华人民共和国最高人民检察院和俄罗斯联邦总检察院合作协议(1997年3月29日)的补充协议

中华人民共和国最高人民检察院和俄罗斯联邦总检察院,以下称双方,依据平等、尊重主权和国际公认的保护人权和自由的原则和准则愿意对双方于1997年3月29日签订的《中华人民共和国最高人民检察院和俄罗斯联邦总检察院合作协议》(以下称协议)进行补充,特议定以下条款:

第一条

双方根据合作协议和本补充协议,依法并恪守本国国际义务,在自己的职权范围内开展合作。

第二条

一、双方的合作可包括:

1. 交流关于犯罪现状和发展趋势及保护人权和自由方面的信息;

2. 就引渡和相互提供司法协助所涉及的个案、实体及法律问题进行协商;

3. 交流关于法律体系和本国法律方面的信息;

4. 交流打击犯罪的经验,包括打击有组织犯罪、极端主义、恐怖主义、贪污、非法贩卖武器、毒品和精神药品、经济领域的犯罪、高科技领域犯罪和其他对社会构成严重威胁的犯罪的经验;

5. 就组织研讨和交流检察工作经验举行会晤,会晤的议题、规模和时间根据双方合作的实际需要确定;

6. 在培训和提高检察官技能方面互相配合。

二、本补充协议不妨碍双方根据本条第一款以双方能够接受的形式进行其他合作。

第三条

双方边境地区检察机关按照双方商定的程序可就本补充协议第二条第一款第1、2、4项规定的事项直接进行合作。

第四条

一方请求另一方通报信息或履行特定行为,须提供充分的依据。

第五条

从被请求方取得的信息或文件,如果需要用于其他目的事先需征得被请求方的书面同意。

第六条

1. 双方在合作协议和本补充协议框架内的合作由下列部门进行协调:

中方——中华人民共和国最高人民检察院国际合作局

俄方——俄罗斯联邦总检察院国际司法合作总局

2. 各方确定一名或几名负责与对方保持联系的人员。本补充协议签订后一个月内,双方互相通报联络人员姓名及相关联系信息。联络人员及联系信息发生变化时,双方应在最短的时间内互相通报。

第七条

因履行合作协议或本补充协议而在本国发生的费用由各方单独承担。需要协商的情况除外。

第八条

双方可就彼此关注并符合合作协议相应目的的问题进行协商。

第九条

双方同意后,可以对本补充协议进行修改和补充。

第十条

本补充协议从签订之日起适用,与合作协议有效期相同。

本补充协议于 2013 年 9 月 10 日在莫斯科市签订,一式两份,分别用中文和俄文书就,两种文本同样作准。

代表中华人民共和国　　代表俄罗斯联邦
最高人民检察院　　　　总检察院
中华人民共和国　　　　俄罗斯联邦
最高人民检察院　　　　总检察院副总检察长
常务副检察长　　　　　亚历山大·茨维亚金采夫
胡泽君

中华人民共和国最高人民检察院和俄罗斯联邦总检察院二〇一四年至二〇一五年合作计划

为落实中华人民共和国最高人民检察院和俄罗斯联邦总检察院于一九九七年三月二十九日签署的合作协议的精神,中华人民共和国最高人民检察院和俄罗斯联邦总检察院经过协商,同意在二〇一四年至二〇一五年共同开展以下检察业务交流活动:

二〇一四年

一、举办研讨会,会议主题是"交流打击腐败犯罪的实践、成果、有效方式及经验"。(五月,俄罗斯)

二、举办圆桌会议,会议主题是"中国和俄罗斯检察机关在保障航运、遵守中俄界河安全规定以及界河污染预防等方面的组织协作"。(八月,中国)

二〇一五年

三、举办圆桌会议,会议主题是"交流禁止极端组织活动和通过互联网打击极端主义和恐怖主义活动的经验"。(四月,中国)

四、举办研讨会,会议主题是"检察机关通过运用监督权维护商业组织权利的特点"。(十二月,莫斯科)

二〇一四年至二〇一五年

五、交换部门刊物、学术刊物和中俄两国关于检察机关组织活动的资料。

负责落实本合作计划的部门,中方是指中华人民共和国最高人民检察院国际合作局;俄方是指俄罗斯联邦总检察院国际司法合作总局。

本合作计划具体实施程序和条件由双方补充商定。

本合作计划于 2013 年 9 月 10 日在莫斯科市签署,一式两份,每份由中文和俄文写成。

代表中华人民共和国　　代表俄罗斯联邦
最高人民检察院　　　　总检察院
中华人民共和国　　　　俄罗斯联邦
最高人民检察院　　　　总检察院
常务副检察长　　　　　副总检察长
胡泽君　　　　　　　　亚历山大·茨维亚金采夫

中华人民共和国最高人民检察院与法兰西共和国最高法院检察院合作谅解备忘录

中华人民共和国最高人民检察院与法兰西共和国最高法院检察院,为延续和扩大彼此友谊和合作关系,同意在各自职权范围内加强和扩大合作,在尊重主权和平等互利的基础上,达成协议如下:

第一条

双方对以下问题表示关注:
—打击腐败
—打击有组织犯罪
—打击计算机犯罪
—检察官的行政和司法权力
—分享各自行使职权的检察实践
—其他共同感兴趣的问题

第二条

双方同意就共同感兴趣的题目每年轮流举办一次或多次会议。

第三条

双方认识到通过检察官互访开展研究或就共同商定的重点题目进行业务交流的重要性,并且同意在此情况下交换相关范本和司法裁决。

第四条

双方同意对每年开展的活动进行联合评估,并提出新的研究题目以及在各自职权范围内可以提高合作效率的新的工作方法。

第五条

双方同意各自在本机关内指定一个负责沟通的联络人,同时互派法律专家访问以更新和丰富双方专业知识。

第六条

本备忘录在解释和适用上如发生分歧,双方应依据合作和相互尊重的原则,通过协商解决。

第七条

依据同样的原则,双方可以通过协商对本备忘录内容进行补充或修改。

第八条

本备忘录自签字之日起生效,有效期五年。若在期满前六个月,一方未以书面形式通知另一方终止,则本备忘录自动延长五年,并依此法顺延。

自本备忘录生效之日起,2006年签署的《中华人民共和国最高人民检察院和法兰西共和国检察院合作协议》终止。

本备忘录于2013年10月9日在北京签订,一式两份,每份均用中文、法文和英文写成,所有文本同等作准。遇有解释的分歧,以英文本为准。

中华人民共和国	法兰西共和国
最高人民检察院	最高法院检察院
检察长	总检察长
曹建明	让·克劳德·马兰

中华人民共和国最高人民检察院和朝鲜民主主义人民共和国最高检察所合作谅解备忘录

中华人民共和国最高人民检察院和朝鲜民主主义人民共和国最高检察所（以下简称"双方"），为进一步加强中朝传统友谊，在互相尊重主权和平等互利的基础上，根据两国检察工作的合作和交流，达成合作谅解备忘录如下：

第一条

本谅解备忘录的目的在于规定实现双方之间交流和合作的一般性原则。

第二条

双方可互派检察人员，进行专业研究或培训。特别是加强交换有关提高检察人员资质培训问题的经验交流，促进该领域的双边合作。

第三条

应一方要求，双方可交换关于检察机关的组织、职能、使命和作用等相关法律文件、检察工作信息及法律出版物。

第四条

双方可定期互派代表团访问，讨论双方工作中共同感兴趣的问题。

第五条

双方可在必要时互相通报各自参加或对各自发展有促进作用的活动。

第六条

双方在侦查和起诉方面的司法协助请求及执行、引渡等通过外交途径进行。但出于应急考虑，双方也可直接联络。

第七条

在以上述形式进行合作时，如双方认为有必要，可就商定的问题签订协议书。本备忘录未规定的内容，也可在协商一致的情况下，各自权限范围内扩大和深化合作。

第八条

本备忘录解释和执行中出现的问题，由双方代表本着互相谅解和互相尊重的精神予以协商解决。

第九条

应一方要求，双方可通过谈判对本备忘录的内容进行修改。任何修改内容经双方的代表签字后即生效。

第十条

本备忘录中方由中华人民共和国最高人民检察院国际合作局，朝鲜民主主义人民共和国最高检察所参事室负责进行本协议书规定的关于双方合作活动的调整。

第十一条

本备忘录自签字之日起生效，本备忘录有效期五年。若在本备忘录期满前六个月，一方未以书面形式通知另一方终止备忘录，本备忘录将自动延长五年，并依此顺延。任何一方向另一方用书面通知终止本备忘录的意见，自接受通知起60日后，终止本备忘录。

本备忘录于2013年10月28日在北京签订。本备忘录一式两份，每份均用中文和朝文写成，两种文本具有同等效力。

中华人民共和国	朝鲜民主主义人民共和国
最高人民检察院	最高检察所
常务副检察长	第一副检察长
胡泽君	李　铁

第九部分

检察理论研究 报刊出版 学院 技术信息 协会基金会

检察理论研究工作 2013年对于全国检察系统来说是极为关键的一年,两大诉讼法在2012年相继修改后于本年度正式施行,《人民检察院刑事诉讼规则(试行)》也于2013年1月1日起正式生效。十八届三中全会的召开,正式开启了新一轮司法改革的大幕,检察改革站在了回顾总结与探索展望的新的历史交汇点。严格规范检察执法,完善行政检察监督职能,推进检察管理向更高层级迈进,都对检察权的正确规范行使提出了更高的要求。这些都极大地激发了全国检察系统和理论界从事检察理论研究的热情,检察理论研究成果数量众多,精品佳作频传。本年度检察理论研究的突出特点是向纵深化和精细化推进。从公开出版和发表的成果来看,2013年的检察理论研究主要从以下几个方面展开:

一、立法完善与制度发展:两大诉讼法施行与检察工作推进

法律的颁行或者修改,能够推动社会制度的嬗变。2013年是修改后的刑事诉讼法和民事诉讼法正式施行的第一年,两大诉讼法的修正完善,在推动其他诉讼制度发展的同时,也必将带动检察制度的发展。同时,作为新刑事诉讼法司法解释之一的《人民检察院刑事诉讼规则(试行)》,也于2013年1月1日起正式施行。检察机关作为国家的法律监督机关,负有保障两大诉讼法贯彻实施的重要职责,应加强制度创新、机制创新,将两法新创设的诉讼制度、新修正的法律条款细化、具体化,为两法的顺利施行提供机制保障,准确把握我国检察制度的发展演变规律和未来走向,全面推进检察工作科学发展。这些都给检察理论研究提供了全新的素材。

(一)刑事诉讼法施行与检察工作推进。新刑事诉讼法实施已近一年,其效果如何,是否还存在一些问题,又该如何化解,检察机关参与其中的效果怎样,是理论界较为关注的问题。有学者以半年为时间点,对新刑事诉讼法进行了总体评判,认为其整体执行状况应予肯定,但也存在一些有待解决的问题。为此,应强化法治思维,采取有效措施,严格执法,纠正违法。改善执法状况,保障法律实施,继续转变执法方式和办案机制,推动司法体制改革。该论者还特别强调,检察机关要加强法律实施监督,重视司法救济,及时启动调查与纠正机制,切实履行审查发现和排除非法证据的责任,切实履行监督和督促纠正侦查、审判机关程序违法的责任。本年度,研究者更多地将视角集中在对新刑事诉讼法具体制度的微观理解把握以及新法施行过程中出现的全新问题,并结合新施行的《人民检察院刑事诉讼规则(试行)》,对今后检察业务工作的推进提出具体的建议,着重探讨了如下重要问题:

1. 关于诉讼监督工作。诉讼监督是检察机关法律监督职能的重要方面,长期以来,检察机关依法履行诉讼监督职能,对保障诉讼公正发挥了重要作用。朱孝清副检察长认为,强化立案和侦查活动监督,当前要着力从以下六个方面入手:强化立案监督、深化提前进入侦查工作、探索对公安派出所刑事执行活动的监督、坚决监督纠正非法取证行为,及时排除非法证据、认真履行法律新赋职责、完善监督机制。有论者认为,新刑事诉讼法通过拓展检察机关的诉讼监督范围、完善诉讼监督渠道、明确诉讼监督手段、增加诉讼监督方式等途径,使检察机关的诉讼监督制度更加健全。也有论者认为,新刑事诉讼法对侦查监督工作的理念和工作方式都产生了重要影响,侦监部门应抓住机遇,直面挑战,提高审查逮捕案件质量,进一步强化和规范对侦查活动的监督。还有学者在分析了我国目前刑事立案监督的困境及其成因之后指出,可以通过拓展立案信息的线索来源、充分发挥现有监督权的功能、加强检察机关内部各部门的配合与人员调剂整合等途径,走出目前刑事立案监督工作所面临的重重困境。

2. 关于职务犯罪侦查工作。正确适用新刑事诉讼法关于审查逮捕的有关规定,确保职务犯罪审查逮捕权正确有效行使,是检察机关面临的一项重要任务。有论者认为,检察机关应转变执法理念,强化逮捕必要性审查,增强逮捕程序的诉讼性,明确非法证据排除规则,深化羁押必要性审查。还有论者在对新刑事诉讼法对职务犯罪侦查工作带来的全新要求进行分析的基础上,指出,检察机关必须积极推进侦查理念转型,有效强化执法策略,深入推进侦查队伍素质建设。

3. 关于公诉工作。新刑事诉讼法通过赋予检察机关公诉环节新的职权、扩充检察机关的裁量权等方式,强化了检察机关的公诉权。有论者指出,量刑建议权、违法所得没收程序和强制医疗程序启动权的确立,赋予了检察机关提起公诉制度新的内涵,审查起诉环节非法证据排除权的确立,将提升审查起诉制度的运行质量,附条件不起诉制度的确立,丰富了不起诉制度的内容,而简易程序案件出

庭责任的明确,则充实了出庭支持公诉制度的内涵。也有论者对《人民检察院刑事诉讼规则(试行)》涉及公诉工作的十七项重点问题进行了细致解读,并对公诉部门如何理解和适用上述规定进行了对策研究。

4. 关于监所检察工作。有论者认为《人民检察院刑事诉讼规则(试行)》贯彻了"三个维护"有机统一的监所检察工作理念和大刑事执行监督的理念,将刑事执行监督职责统一交由监所检察部门承担,即指定居所监视居住执行监督、羁押必要性审查、死刑执行临场监督、刑罚变更执行同步监督、强制医疗执行监督等。还有论者指出了新刑事诉讼法背景下监所检察部门参与社会管理创新的三种基本途径:一是强化监督功能,促进刑罚执行公平公正和监管活动依法文明管理。二是推进社区矫正体系建设。三是强化社会矛盾化解功能,推动被监管人合法权益保障机制建设。

5. 关于刑事申诉检察工作。有论者指出,新刑事诉讼法的修改,使刑事申诉检察工作的法律属性更加凸显,内部制约职能进一步强化,保障权利、化解矛盾的责任更加明确,工作任务也更加繁重。刑事申诉检察部门及人员面临执法理念、证据审查判断能力、出庭支持抗诉能力、群众工作能力、办案力量和素质能力等各方面的挑战。必须切实增强监督制约意识,着力加强申诉、赔偿案件办理工作,推进制度建设,落实工作保障措施,以推进刑事申诉检察工作的创新发展。还有论者提出了构建检察一体化刑事申诉案件办理机制的设想,其具体路径是上下级检察院刑事申诉检察部门实现办案一体联动,上下级检察院实现办案权限责任上的依法合理分工与办案过程中的协作配合,并以信息化技术手段推进办案的一体化程度。

6. 关于刑事特别程序中的刑事检察工作。新刑事诉讼法以专章的形式规定了具有中国特色的刑事特别程序,检察机关作为刑事特别程序的重要参与者,其工作理念、工作方式和工作机制,都面临着重大调整,这也成为2013年检察理论研究的一个热点领域。关于未成年人刑事检察制度,有论者认为检察机关应进一步明确国家监护人及法律监督机关的双重定位,确立未成年人检察工作专业化、一体化模式,推动司法保护与社会保护相融合,促进对涉罪未成年人非刑事化、非监禁化、非刑罚化处理理念的落实。关于违法所得没收程序,有论者认为检察机关在提出没收财产申请时,应当从犯罪证据、涉案财产证据、司法程序证据等方面提供证据材料。为更好地履行该程序中的检察职能,检察机关要着重增强追赃意识、人权保护意识、法律监督意识和国际合作意识。关于强制医疗程序,有论者认,为检察机关对强制医疗程序的诉讼法律监督是一种程序性的监督而非实体性的监督,应通过明确强制医疗机构的主体、强化检察机关法律监督的效力,完善交付执行阶段法律监督的衔接机制,来完善检察机关强制医疗的法律监督。

(二)民事诉讼法施行与检察工作推进。新民事诉讼法的施行与检察工作推进,也是本年度检察理论研究的一个重要议题。讨论的范围既有民事检察监督等理论议题,也有检察机关提起公益诉讼等实践议题。针对民事检察监督,有论者指出,新民事诉讼法有关检察监督的内容体现了全面监督与有限监督相结合的原则,以保障检察监督的张弛有度。应进一步完善检察监督立法,将侵害案外第三人合法权益的调解书纳入检察监督的范围。作为民事执行监督的主要方式,应明确检察建议的程序性规则,使之更有程序法特征。为确保裁判的稳定性,应严格限定"再审判决、裁定有明显错误"的申请抗诉事由的适用范围,并为当事人申请抗诉设定最长时限。检察监督的对象应仅限于法院的审判与执行行为。将检察机关对法院执行的协助纳入检察监督的范围并寻求法理上的正当性,容易消解检察机关在民事诉讼中作为法律监督者的原本的角色担当。还有论者对新民事诉讼法背景下的检察监督制度进行了宏观、中观和微观三个层面的定位研究。宏观定位试图揭示民事检察监督制度的司法规律,中观定位旨在探讨民事检察监督制度的诉讼规律,而微观定位则意在探讨民事检察监督制度的监督规律。

针对检察机关提起公益诉讼,有论者专门以新民事诉讼法第五十五条为切入点,探讨了检察机关参与环境公益诉讼的相关问题,其认为,新民事诉讼法开创了我国环境公益司法救济机制的先河,突破了传统的当事人理论,检察机关可以通过直接起诉、支持起诉和刑事附带民事诉讼等方式,参与到环境公益诉讼程序之中。针对该条文,另一论者指出,基于宪法、人民检察院组织法的立法精神和司法实践,有理由也有必要对人民检察院的公益诉讼起诉权予以肯定。在检察机关提起公益诉讼的原告主体资格、受案范围、环境损害评估及其举证责任、法律程序、诉讼费用承担和案件执行等问题上,有必要完善立法,进一步明确。还有学者认为,检察机关公益诉讼受案范围应由立法解释确定,而检察机关进行公益诉讼的具体程序规则则应由司法解释予以构建。

二、加强监督与职能完善:行政检察监督职能的强化

人民检察院有权对行政诉讼活动实行法律监督,是行政诉讼法确立的一项基本原则,这也是检察机关的一项重要权能。强化行政检察监督,促进行政检察职能完善,规范检察机关在行政诉讼中的职能作用,是检察理论研究的一个重点议题。孙谦副检察长在本年度的一次学术会议上明确指出,必须从依法治国和宪政的高度认识检察机关监督行政诉讼的重要性。应建立行政公诉制度,但检察机关提起行政公诉,出发点不一定是公益救济,而是约束行政权。尽管在行政公诉过程中私权也可能会得到保障,但检察监督的根本出发点还是让公权受到约束。

本年度,有论者就检察机关行政诉讼监督的范围问题进行了探讨,并提出限定检察机关提起公诉的职权范围,将有利于明确检察监督的职责。还可考虑在正式提起行政诉讼之前,设置检察建议这一前置程序。有论者认为,在行政诉讼法修改过程中,有必要重新界定检察机关在行政诉讼中的功能。而检察机关的功能定位,则受制于检察机关的性质和行政诉讼的功能。随着行政诉讼功能从救济法层面向组织法层面的过渡,检察机关不仅应当继续发挥救济法的诉讼监督功能,而且也应当承担起组织法上的法律监督功能,即代表国家通过行政诉讼实现对行政组织及其运作的法律控制。还有学者指出,检察机关作为法律监督机关对行政诉讼实行法律监督,必须厘清行政权、审判权、检察权在行政诉讼中的关系。也有不少学者就检察机关对行政诉讼活动实行法律监督应遵循的原则、修改行政诉讼法是否应对行政检察监督范围和监督方式进行调整、修改行政诉讼法应如何规定检察机关的抗诉、检察机关在行政公益诉讼制度中处于何种地位等重要议题,进行了广泛深入讨论。

三、历史回顾与进路探索:检察改革进入新的历史时期

十八届三中全会明确提出了深化司法改革的要求,中央高层也就新一轮司法改革进行了全方位部署。检察改革是司法改革的重要组成部分,如何在新的历史时期、站在全新的起点谋划未来几年的检察改革,是值得认真思考的重要课题。有论者在对我国检察改革的历史阶段进行梳理回顾的基础上指出,新时期检察改革必将在过去改革成果的基础上向前推进,由此决定,新一轮检察改革进路的确定,要体现补强与拓展相结合、符合检察规律、提升检察执法公信力等原则的要求,具体围绕检察机关的组织结构、检察办案组织、检察人员分类管理和检察职业保障的改革而展开。要通过改革,增强检察机关内部机构设置的科学化程度,彰显检察权的司法属性,确立检察官的司法官地位,凸显检察一体的特征,增强检察执法的独立性和公正性。还有论者认为,作为中央与国家整体司法改革组成部分的检察改革,应当以实现司法公正与消除司法腐败为主要改革方向,并着重研究以下课题:一是检察权的改革有无继续大规模推进的必要,二是如何确保依法独立行使检察权,三是检察权内部运行机制的完善与检察官责任制,四是检察官的职业化改革。

强化执法规范建设,确保检察权正确规范行使,是检察改革的一个关键保障。2013年2月,最高人民检察院制定印发了《检察机关执法基本规范(2013年版)》,使执法办案流程进一步细化,更加具有可操作性,对于规范检察机关及广大检察人员的执法行为,提高办案质量和办案效率,具有重大而深远的意义。关于强化检察机关执法规范化建设,有论者对执法规范编纂的意义、检察机关执法规范化建设的发展历程、检察机关为适应执法规范化的要求所采取的措施、检察机关的内部监督制约、执法规范对新增检察业务的规定、执法规范对检察队伍建设和检察人员素质提升提出的要求等宏观和微观问题,进行了深入系统研讨。

加强检察管理,推进检察管理向更高层级迈进,是深入推进检察改革的必然要求。在此领域,研究者重点从检察工作效果管理、组织机构管理和人员管理等方面进行了探讨。有论者认为,随着检察改革的深入发展,检察工作的效果管理逐渐进入检察管理的视野,并且逐步从包含在检察工作质量管理、检察工作效率管理的混合状态中独立出来,与它们并列成为检察管理的三大目标之一。应从个案效果的管理机制、整体效果的管理机制和检察

工作效果管理的考核机制等三方面,来构建检察工作效果的管理机制。检察机关的内设机构是检察权运行的组织载体,也是检察机关机构管理的组织基础。有论者指出,检察机关内设机构改革应坚持保证检察权全面公正高效行使、优化检察权内部配置、统一分级设置的原则,对内设业务机构进行合理调整、充实和完善,为科学管理奠定坚实的组织基础。还有论者指出,检察人员分类管理是推进和深化检察官制度改革的前提,应根据检察官职业特点确定检察官职业发展阶梯,根据行使检察权的需要确定检察官数量,按照适当缩小工资差距、设置最低起点等思路设计检察官工资制度,按照吸引检察官爱岗敬业的要求设计检察官遴选与晋升标准与规则。

四、夯实基础与关注热点:继续深化对检察基础理论的探究

本年度,对检察监督、检察权、检察政策、检察文化、检察伦理等检察基础理论的研究继续深化,涌现了不少同时兼具理论深度和实践价值的优秀成果。值得一提的是,在本年度防范冤假错案的一系列讨论中,检察研究者亦参与其中,着重从检察机关如何守住防范冤假错案的底线的视角,进行了阐释。

关于检察监督,有论者指出,传统检察监督的思想都是强调法律监督的权威、独立、超然、单向,并因此逐渐形成检察机关与被监督机关之间的巨大"隔阂",以及以双方潜意识中对抗为基础的对立式监督模式。而这种对峙格局已难以满足国家社会对中国检察制度的客观需求。因此,"交互工作机制"能为检察监督实践构建一座生动而现实的桥梁,也为创新中国特色检察监督制度提供了新的分析路径。关于检察权,有论者指出在我国"人大"政体架构下,检察权的宪法定位比西方国家高得多,是独立于行政权和审判权的法律监督型检察权。然而我国检察权的现实落差很大,检察权囿于行使公诉职能和刑事审判监督而怠于行政监督。而对行政权力的检察监督缺位,是导致腐败蔓延的重要原因。必须适应社会转型发展的需要在行政监督和公益诉讼等方面拓展和完善检察职能。关于检察政策,有论者在对我国检察政策的演进及实践规律进行分析梳理的基础上,指出应合理构建体现和符合党的国家工作大局、积极回应人民群众的新要求新期待、实现检察权规范运行的检察政策,还应通过根植检察政策观念、区别检察政策的适用路径等方式,来规范调适检察政策。最后,还应建立健全促进检察政策实施效果的评价体系。关于检察文化,有论者指出我国近些年出现的有代表性的检察文化的观点都或多或少地存在缺陷。从进一步推进研究和实践的角度考虑,可以将检察文化界定在精神成果的范畴之内,突出检察职业规定性的本质特征。其认为可以将检察文化的内容划分为检察观念、检察理论和检察形象等三个层次,从而为检察文化建设和理论研究提供基础性的框架和路径。还有论者认为,检察文化的建设具有凝聚作用、导向作用、激励作用和约束作用,而培育检察理念文化、突出核心价值文化、构筑检察文化载体、突出检察文化特色,应成为检察文化建设的方向与路径。关于检察伦理,有学者在对我国检察官职业伦理的内容与国际规定进行详尽比较之后指出,检察官职业伦理的构建应该给予一种"内在的视角",立足于检察官职业自身的特性,而不应混同于社会大众伦理或一般常人的伦理要求。通过完善的检察官职业伦理规范设定和实践,彰显检察官职业伦理的职业特性,促进检察官依法履职、保障人权,维护职业地位和职业尊严,应成为我国检察官职业伦理建设的努力方向。

坚守防止冤假错案底线,是保障社会公平正义的重要方面。本年度,防范刑事冤假错案,加大对刑事被害人的救济,是理论界和实务界较为关注的热点话题。朱孝清副检察长为此专门撰文,明确指出确保办案质量、坚守防止冤假错案的底线,是每一个执法办案人员的终生追求和重大责任。要明确案件质量的内涵,把握好"冤假错案"认定的标准。该文还从起诉和批捕两个视角,探讨了检察机关守住防止冤假错案底线的具体工作标准。

总之,随着检察理论研究在全国检察系统和学术界的全面展开以及法律规范的逐步定型,今后的检察理论研究在继续深化对基础理论研究的同时,可能会将聚焦点集中在司法改革和法律实施中出现的新命题、检察职权如何更科学规范地行使等方面,对与检察实践密切相关的检察应用理论的研究会更加深入。我们深信,检察理论研究将为建设有中国特色社会主义检察制度、推进检察工作科学发展贡献更多的优秀成果,提供更大的智力支持。

(最高人民检察院检察理论研究所
王守安 蔡雅琦)

检察日报社工作 2013年,检察日报社根据最高人民检察院的统一部署和要求,按照"一体两翼三化"的发展思路推进工作,稳中求进,稳中有进,各项工作继续呈现良好的发展势头。

全年共有33件新闻作品在社外获奖。其中,中国人大新闻奖5件,全国法制好新闻奖16件,中国报纸副刊作品年赛4件,中国新闻奖摄影作品8件。李雪慧同志论文获中央纪委征文一等奖。正义网荣获"中央国家机关青年文明号"称号。报社党委被评为最高人民检察院机关先进基层党组织。报社工会午餐会制度入选全国机关党的建设群众工作典型案例。

一、紧紧围绕党和国家工作大局及检察中心工作,牢牢把握舆论导向,发挥专业优势,唱出检察"好声音"。

(一)倾力打造专业平台,顺利完成检察宣传任务。2013年,报社按照"专业化发展"思路,围绕检察工作中心,全力做好服务最高人民检察院机关和全国各级检察机关工作,落实"检察新闻社会化,社会新闻法治化,法治新闻专业化"的检察宣传要求。

1. 紧紧把握换届特点,两会宣传报道广受好评。2013年两会会前推出"2012法治记忆"、"公正司法为人民"、"@探寻检察微博"、"五年检察印记"等栏目,会议期间在四版共推出14个专版,组织精干编辑力量共同完成13期"法治中国"两会特刊,充分采用碎片化报道在内的全媒体报道方式,内容专业、形式创新、信息量大,得到最高人民检察院领导肯定并受到广大读者好评。

2. 精心策划,宣传报道最高人民检察院向全国人大常委会专题报告反贪工作成为亮点。2013年10月22日,曹建明检察长代表最高人民检察院就反贪工作向全国人大常委会做专项报告。报告前,报社分三个阶段陆续推出铺垫报道,既围绕各省反贪工作亮点,进行横向报道,也对整体反贪工作进行了纵向拆解报道,从不同侧面、用不同形式宣传检察机关的反贪污贿赂工作;正义网开设网络专题,组织推出系列述评,充分宣传和总结回顾2008年以来检察机关开展反贪工作取得的成绩。报告中,报社微博实时直播曹建明检察长报告全程,取得非常好的传播效果。报告后,编辑与记者紧密协调,每天推出深度报道,广泛展示全国人大常委会组成人员、部分全国人大代表和社会各界以及境外主流媒体对报告的积极评价,以及法学专家和反贪污贿赂总局负责人对报告内容的深度解读。全面、立体式的报道,受到院领导和读者的高度肯定。

3. 深入做好群众路线教育实践活动的宣传报道。2013年初,报社结合中央八项规定和检察机关特点制定了《关于贯彻落实中央八项规定改进规范新闻报道的实施办法》并被最高人民检察院办公厅转发。活动伊始,本报连续刊发7篇评论员文章进行动员引导。活动期间,在一版开设"为民务实清廉——深入开展党的群众路线教育实践活动"专栏和省级检察院检察长"大检察官访谈"栏目,三版开设"群众路线与检察工作大家谈"栏目,高检网、正义网开设专题专页,检察日报微博、正义手机报在第一时间动态发布信息,实现多媒体联动。根据教育实践活动各环节进展情况,通过署名文章、消息、评论、侧记、综述、人物报道及图片新闻等多种形式,及时关注报道中央关于开展群众路线教育实践活动的重要精神及动态情况,充分报道最高人民检察院深入开展教育实践活动的新要求、新指示、新进展,密集报道各地开展教育实践活动中涌现出的新做法、新经验、新模范,在坚持发出高层声音强调指导性的同时,更注重贴近一线、贴近实践。活动期间共刊发稿件510篇,其中评论员文章10篇,专版5个。

(二)关注法治热点,不断提升报纸的社会影响力。

1. 聚焦法治进程,精心策划专版专栏。2013年,报社配合不同时期工作重点和宣传主题,先后推出全面推进检察机关队伍建设、深入贯彻落实深化平安中国建设工作会议精神等系列评论;两法实施,推出"见证两法实施"、"两法实施进行时"专栏;结合社会热点和检察工作重点,先后推出"打击危害食品安全犯罪"、"剑指身边的腐败"、"预防也出生产力"、"新媒体与司法"等专栏;刊发全国检察长座谈会、举报宣传周特别报道,推出全国检察机关统一业务应用软件、最高人民检察院机关第七个检察开放日等重头报道。特别是年中推出"中国梦·法治路"系列述评14篇文章,立足本报特色,紧扣社会热点,结合现实需要,围绕实现"中国梦"亟待厘清的重大法治问题、应对思路、实现方式,对法治推进中国梦实现进行了全面、深入梳理,充分彰显了本报专业特色,提升了本报的社会影响力。

2. 关注社会热点,引导社会舆论。高度重视对重大热点社会新闻、法治新闻和检察新闻的及时跟进、深入挖掘,刊发了一批关注度高、引导及时的新闻精品。2013年新创办的"法问"和"微观察"两个栏目立足本报特色,主动出击,及时关注社会热点。"法问"全年发稿82篇,先后推出《"非主流"预报地震:预测还是谣言?》《大连中石油连发大火烧出了什么?》《设立"弃婴岛":善举缘何引争议》等一批关注度高、引导及时的深度报道;"微观察"全年发稿144篇,紧跟热点,观点鲜明,力求在社会热点面前不失声、发好声。对薄熙来案、刘志军案、雷政富案等重大案件和吉林白山矿难、厦门公交车纵火等社会热点的报道,在确保稳妥的前提下展现特色,提升了报纸的社会影响力。

二、突出市场导向作用,以强化品牌活动为着力点,努力提升报业实力,传递媒体"正能量"。2013年是报社经营发展稳步推进的一年,在"市场化运营"思想指引下,统筹把握好系统内和系统外两个市场,旗下各媒体找准定位,不断拓展市场。

(一)报刊发行保持良好势头,报业母体运行平稳。2013年,《检察日报》报纸发行量再创历史新高,同时入选"2013年中国邮政发行报刊百强排行榜"、名列"报纸50强"第13位。

(二)报社所属媒体各展所长,提升核心竞争力。

1.《人民检察》杂志以不断提升核心期刊的影响力为目标,继续办好人民检察论坛、疑案精解、检察聚焦等拳头栏目,并以举办"检察权行使主体暨检察官办案责任制"等研讨会为载体,充分发挥了研讨业务、指导实践和服务法治的平台作用。

2.《方圆》杂志以创刊二十周年为契机,加强原创报道,加强重大选题策划,社会影响力进一步增强。在由中国新闻出版研究院等机构评选的2013数字阅读影响力期刊TOP100中名列国内公图阅读第80名。这是从4200家不同领域、不同载体的杂志中,按照一年的电子阅读影响力和数量评选出的。

3.正义网作为政法系统内被纳入国信办直接管理的唯一一家新闻网站,以不断提升网络舆论传播能力为目标,逐渐成为多平台、多介质传播渠道集成的"法治资讯数字化集成服务平台"。正义网官方微博因在"大案直播,微直播,微解析最高人民检察院报告,开创特色板块#新闻说法#"等方面的突出表现,荣获"2013腾讯微博媒体影响力排行榜"事实前沿奖。2013年,最高人民检察院门户网站改版后,进一步细化实化栏目和内容,同时,报社统筹兼顾做好最高人民检察院机关党建网、职务犯罪预防网、检察文化网等专门网站建设工作。在不断加强反腐倡廉等警示教育基地的大型展览项目建设同时,继续做好法律博客、微博、手机报、检察视频台等其他新媒体工作。

4.加强优秀社会题材、法治题材和检察题材的影视剧创作生产,增强影视产品的影响力。大型检察题材电视连续剧《正义的重量》已在央视八套黄金档热播,"青春防线"系列话剧走向学校大舞台。圆满完成全国检察机关首届微电影展播活动,200余部作品大都由一线检察人员自编自导自演,展现了当代检察官坚守职业道德、维护公平正义的精神风貌。

(三)"立足检察、面向社会",通过众多品牌活动夯实中检报业的软实力。

1.创办检察日报官网和官方微博,通过多平台、多渠道不断扩大报业影响力。经过7个月的努力,截至2013年底,官方微博粉丝量已达40万,一些重大事件实现了微博同步直播。

2."寻找最美检察官"评选活动历时2个月圆满完成。组委会共计收到1300万余张网络投票,经过后期评委会百名评委定评,10名检察官光荣当选。该项活动社会影响面广,反响积极,得到最高人民检察院领导表扬。

3.办好《地方视窗》特刊,举办"基层检察院软实力建设"研讨会,寻求新的经济增长点。

4.创建读者俱乐部,加强读者与报社之间的互动联系;成立中检报业图书出版中心,集合自身优势,加强报业图书出版工作。

5.报社联合多家政法媒体与中国政法大学共同创建新闻传播与法制新闻协同创新中心,与中国政法大学和法制日报社等6家媒体签订人员互聘协作协议,互相提供人才支持。报社党委书记、社长李雪慧同志受聘担任中国政法大学兼职教授。

6.编制年度中国法治蓝皮书,举办检察文学笔会,开展"正义网博友基层行"等活动,2013年年底,报社举办年度正义人物和精英律师评选,召开政法微博峰会,不断扩大报业影响力。

三、完善内部管理机制,重视人才队伍建设,不断提高精细化管理水平。按照精细化管理要求,报社更加注重规章制度建设,更加强调管理理念和管理机制的创新,更加突出报业文化建设。

（一）群众路线教育实践活动进展顺利、成效明显。持续半年多的党的群众路线教育实践活动,不仅给报社带来工作作风的改进,更有思想认识和政治觉悟的提高,达到了预期目的。

（二）强化智慧管理理念,改进综合行政管理工作,进一步完善目标管理部门日常管理机制。

1. 在完善采编业务部门年度"十佳采编明星"、"十佳影响力报道"评选基础上,建立综合行政、经营管理部门年度"经管服务明星"评选机制,有效调动了广大行政管理及经营服务人员的积极性和创造性。

2. 加强对报刊发行数据的分析研究,编制出版发行工作手册,根据市场需求增加分印点,逐步建立规范有序的发行工作制度。

3. 通过实行分级负责制、签订承诺书、人员备案制等途径,加强对报社目标管理部门聘用人员的管理,做到采编与经营严格分开、工作人员身份正当、依法开展各种活动。出台《五条禁令》,对人员管理等设置"红线",以"负面清单"方式设立禁行标志。一旦逾越,在编人员按党纪、政纪处分,聘用人员一律解聘;触犯刑律的,移送司法机关处理。

2013年初,报社实现了目标管理部门人员的工资福利完全由本部门负责,责权利进一步明确。

（三）重视人才队伍建设,破除身份限制,拓宽优秀人才脱颖而出的机制。

1. 围绕人事工作制度的改革及报社的可持续发展问题,报社召开人事工作专题座谈会,来自报社不同部门和岗位的18名同志畅所欲言,对涉及切身利益的工资福利、职称评定、职业规划和报业发展等问题提出意见建议。最高人民检察院党组副书记、常务副检察长胡泽君同志听取发言后发表重要讲话,对报社党委在可持续发展、干部队伍建设方面所做的努力给予充分肯定。

2. 首次突破身份限制,在全社劳动合同制人员中开展部门副职选聘工作,经过报名、民主推荐、述职答辩、组织考察等程序,两名优秀聘用人员走上副职领导岗位,极大提升了合同制人员对报社的归属感和工作积极性。

（四）注重文化建设,唱响中检报业主旋律。2013年年初,报社设计启用了新的社徽社旗并制定了使用办法。在坚持每月一次"工会午餐会"基础上,继续大力加强报业文化建设,工会相继组织开展了春游、参观园博园、登山、长走、游泳、唱歌等丰富多彩的业余文体活动,特别是足球队在简陋的条件下仍坚持锻炼。这些活动培育了报社团结和谐健康的文化氛围。

（检察日报社　刘　梅）

群众路线与新媒体时代社会沟通能力研讨会　当前,媒体格局、舆论生态的深刻变化,给检察工作带来了前所未有的挑战。检察机关如何全面提升新媒体时代的社会沟通能力和应对引导突发事件舆情的能力,是一个重大课题。顺应这样的时代背景,2013年9月23日由检察日报社组织,在内蒙古自治区包头市召开了群众路线与新媒体时代社会沟通能力研讨会。研讨会由检察日报社和内蒙古自治区人民检察院以及包头市人民检察院共同主办,会议邀请中国政法大学新闻与传播学院副院长刘徐州作了关于新媒体方面的专题讲座。内蒙古自治区人民检察院、武汉市人民检察院等10余个检察院的代表作主题发言,浙江省人民检察院副巡视员岳耀勇作为特邀专家就研讨内容作了点评。内蒙古自治区人民检察院党组书记、检察长马永胜,包头市委副书记、政法委书记刘德君出席研讨会并致辞。17个省、自治区、直辖市检察机关的代表围绕会议主题展开研讨。最高人民检察院党组副书记、常务副检察长胡泽君同志参加会议并发表重要讲话。

胡泽君同志指出,全国各级检察机关要认真学习贯彻习近平总书记在全国宣传思想工作会议上的重要讲话精神,结合当前党的群众路线教育实践活动和检察宣传工作的实际,着力提升新媒体时代条件下的舆论引导能力和社会沟通能力,着力提升新时期检察宣传工作的质量和水平,传播检察好声音,释放检察正能量,最大限度地争取广大人民群众和社会各界对检察工作的理解与支持。

胡泽君同志强调,深入学习领会习近平总书记的重要讲话精神,关键是要理论联系实际,学用结合、学有所悟、用有所得。各级领导干部要带头学,当好表率,作好榜样,充分认识到做好检察宣传工作的极端重要性,真正为检察宣传工作提供有力的支持和保障。检察事业越是发展进步,各种社会沟通互动就越多,检察宣传工作在整个检察工作中的重要作用就越发凸显。要切实找准检察宣传工作在检察工作全局中的定位,坚持把检察宣传工作与检察业务工作同谋划、同部署、同检查、同落实,牢牢把握检察宣传工作的领导权、管理权、话语权,着力加强检察宣传的主力军、主阵地、主渠道建设,进一步扩大检察主流媒体的覆盖面和影响力,把握好涉检舆论引导的时、度、效,不断增强检察宣传工作的吸引力、感染力、传播力。

胡泽君同志指出,互联网的发展对宣传思想工作的影响是全方位、深层次的,媒体格局、舆论生态的深刻变化,特别是论坛、博客、微博、微信的广泛应用给检察宣传工作带来了前所未有的挑战。对于检察宣传工作来讲,全面提升新媒体时代的社会沟通能力,要着力提升听民声、察民意的能力,着力提升应对引导突发事件舆情的能力,着力提升检察人员的媒介素养。

胡泽君同志要求,检察日报社要依托自有媒体平台和专业积累的优势,积极做好对社会公众的答疑解惑工作,协助各级检察机关做好社会沟通能力的专门培训,充分发挥检察主流媒体应有的作用。同时,要充分重视新媒体在检察宣传中的重要作用,加快推进检察机关门户网站建设,积极运用正义网等检察新媒体平台深入开展社会沟通和检察宣传工作。

(检察日报社)

中国检察出版社工作 2013年,中国检察出版社深入学习贯彻党的十八大精神,紧紧围绕检察工作大局和最高人民检察院的重大部署,以党的群众路线教育实践活动为载体,抓学习、查问题、搞整改,不断推进发展。

2013年出版新书183种,实现净利润1233万元,与2012年相比增长了23.3%,净利润率在9家专业法律出版社中名列前茅。从未分配利润中增加注册资本400万,使注册资本达到1000万元。

一、认真学习,以学促建

自开展党的群众路线教育实践活动以来,中国检察出版社按照中央和最高人民检察院的要求,努力做到"五个贯穿始终"。本着不断提高工作人员知识化、专业化水平的原则,2013年年初,制定学习培训方案,紧密结合工作中的问题,切实做到学以致用,用以促学。

二、发挥检察出版职能,服务检察工作大局

一是积极参与《检察机关执法工作基本规范(2013年版)》及其配套教材和教学大纲的编辑工作。《检察机关执法工作基本规范(2013年版)》是最高人民检察院贯彻落实中央关于深化司法体制和工作机制改革要求、立足检察机关执法规范化建设实际制定的重要基础性文件。出版社编辑出版了《检察机关执法工作基本规范(2013版)》、《检察机关执法规范培训学程》、《检察机关执法规范培训教学大纲》等三种图书。

二是积极参与全国检察机关统一业务应用软件配套用书的编辑出版。全国检察机关统一业务应用软件是最高人民检察院为适应法律修改和案件管理机制改革对软件开发工作提出的新要求而建立的促进规范执法的有效平台。为帮助检察人员方便快捷地掌握该软件的使用方法,出版社编辑出版《检察机关统一业务应用系统使用指引手册》,并将发送到全国31家省级检察院、87家分州市检察院、1609家县级检察院,有力地促进了全国检察机关统一业务应用系统部署工作的全面推进。

三是配合最高人民检察院各厅局重点工作的开展。第一,配合党章知识竞赛活动,印制《党章知识学习竞赛资料汇编》。3月初起至6月底,最高人民检察院机关开展党章知识竞赛活动。出版社协助机关党委汇总学习内容,编写成《党章知识学习竞赛资料汇编》。第二,与监察局共同设计开发"廉洁从检书画摄影展网上展馆"。为促进"廉洁从检书画摄影展网上展馆"的建设,出版社配合最高人民检察院负责该项目的设计开发工作。第三,协助政治部申报检察教育培训网络学院项目。政治部拟建设范围覆盖最高人民检察院、省级检察院、分州市检察院、县级检察院四级检察机关,具备信息共享、资料查询、在线学习等功能的干部教育培训网络学校,出版社提供了大量人力物力支持。

四是努力为基层检察干警办实事,积极推进基层检察院图书资料室建设。2013年以来,出版社适当调整检察实务类图书所占比例,及时补充基层人员特别需要的检察业务类品种。完成为西部基层检察院配备图书室项目122多家,发书9.2万余册,发货码洋488万余元。出版社自行开发的资料室配书共计发书1.26万余册,发货码洋68万余元。两项共计完成160多个地市、县级检察院图书资料室的配书工作,配送图书10多万册,发货码洋550

多万元。

三、积极推进检察理论研究

2013年，出版社推出了两套具有较高学术水平和历史价值的丛书。一是"专家论检察"丛书。该丛书汇集了十几位长年研究检察理论的专家多年的成果，系统阐述了我国检察制度的基本原理、范畴、特征和规律，总结了检察理论研究成果和实践经验，对我国检察理论的不断完善与发展具有重大意义。二是"人民检察制度创立史研究"丛书。该丛书整理收录了大量珍贵的历史档案、照片等史料，对人民检察制度的机构设置、领导体制、实际运行状况等进行详细阐述，归纳地方人民检察制度创立、发展的历史贡献，从而填补了地方人民检察制度创立、发展历史的研究空白。

四、海外版权输出取得新进展

2013年，《中国特色检察制度》在韩国出版，全面介绍了中国特色社会主义检察制度，反响良好。当代侦探大师破案实录系列图书共10本，已入选国家新闻出版广电总局"经典中国"国际出版工程，获得国家资助59.9万元。出版社制作的37集电视剧《守望正义》已与越南国家电视台签约，越南以每集200美元购得越语发行权。

五、加强管理，不断提高服务质量和效率

出版社通过多种方式广泛征求意见，并针对征集到的意见和问题，逐条研究和落实整改措施。组织修订了《中国检察出版社机构设置及考评方案》，加强责任落实。改进发行管理机制，改造出版社门户网站，简化图书订购程序，提高邮寄发票和图书送达效率。

通过加强管理，出版社获得了经济效益和社会效益的双丰收。2013年9月，普法栏目剧《雪莲》获全国普法办公室、中华全国法制新闻学会颁发的2011至2012年度全国法制题材电影电视节目普法栏目剧一等奖（前两名）。出版社创作并摄制的七集普法栏目剧《白山黑土》，获得2011至2012年度全国法制题材电影电视节目普法栏目剧二等奖（前四名）。普法教育节目《青春法治防线》入选国家"十二五规划"出版规划，被列为新闻出版广电总局未来五年内400个国家级重点项目之一。

（中国检察出版社）

国家检察官学院工作 2013年，国家检察官学院大力推进正规化、现代化建设，努力贯彻落实最高人民检察院大规模培训战略，狠抓教学改革，提升培训质量，较好完成了各项工作任务。

一、努力落实最高人民检察院大规模培训战略

2013年，配合最高人民检察院关于西区和香山工程建设的重大决策，克服困难，在短时间内顺利完成香山校区搬迁工作。在香山校区暂停培训功能的情况下，挖掘潜力，2013年全年共举办86个班次，培训8518人次，基本保持了2012年的培训规模。其中，沙河校区培训5700人次。检察官国际交流中心在国家检察官学院分院举办15个班次，培训检察干警2000余人次。在最高人民检察院的协调下，与中国检察教育基金会、西藏自治区检察院共同启动西藏检察官培养工程，第一期培训已于2013年内举办。

全年开办了省级检察院新任检察长培训班（11位副省级干部参加）、省级检察院领导班子成员专题研修班、分州市检察院常务副检察长专题研修班等地方各级检察院领导素能培训，举办38期专项业务培训班。同时加强新型班次开发，举办舆情引导专题研修班、全国检察机关新闻发言人培训班、刑事诉讼规则师资培训班、检察巡视工作培训班等新型班次，占全年培训班次的29%。

二、全面深化检察教育培训改革创新

2013年重点推行了以下改革创新举措：第一，加强和鼓励新课程的开发，启动百门精品课程建设。制定《国家检察官学院2013年精品课程评审办法》，梳理课程资源，评选出30门精品课程。第二，深化教学方式和教学手段改革，增强培训的吸引力、感染力和实效性。拓展破冰、结构式研讨、情景模拟、案例教学、实战演练等个性化、丰富多彩的互动式新型教学方式已在各个班次普遍采用，受到学员欢迎和肯定。第三，继续推进教学组织形式和运行机制的改革，总结和完善培训项目管理制度。全年五个教研部主导15个班次实施了培训项目管理制度。在培训内容、课程结构、教学形式等方面进行了创造性的探索，取得满意效果。

三、围绕学院教学和检察实务，推进科研工作

2013年，学院教师获得3项省部级科研课题。学院立项36项课题，还首次设立了新刑事诉讼法和刑事诉讼规则实施与检察教育培训改革创新两个学院重大课题，组织教师集体攻关，形成科研合力和检察特色。教师完成科研成果总字数484.24万字，其中个人撰写、主编或参编著作25部，发表

在核心期刊上的论文14篇。《国家检察官学院学报》编辑出版6期,编辑字数180万字,实现了在中国知网的优先出版。《国家检察官学院学报》刊文被人大《复印报刊资料》转载16篇,并成为CSSCI扩展版来源期刊。《中国检察官》编辑出版24期,编辑字数360万字。完成《检察论丛》第18卷的编辑出版工作,共38万余字。与中国行政法学研究会共同主办"行政诉讼法修改与检察制度的完善"学术研讨会;与中国人民大学法学院在黑龙江省大庆市联合举办主题为"法治思维与检察工作"的第九届国家高级检察官论坛,扩大了学院的学术影响力。

四、提升学历教育的办学层次和水平

第一,继续与中国人民大学法学院合作培养博士后研究人员,选拔6位合作培养人选进站研究学习。第二,继续与澳门大学法学院联合培养法学硕士研究生和博士研究生,招收硕士研究生11名和博士研究生6名。第三,加强对法律硕士和法律本科的招生、教学和日常管理,提升教学质量和管理水平。2013年,法律硕士在校生达90余人,有27人通过硕士论文答辩并取得法律硕士学位,法律本科在校生820余人,328人顺利毕业,185人获得学士学位,18人通过国家司法考试。

五、进一步拓宽国际交流合作渠道

2013年,以中欧法学院为平台,举办三期专题研修班,邀请国外法学专家和司法官员为检察官授课。开展对国外检察官的培训,举办莫桑比克共和国、吉尔吉斯共和国检察官专题研修班,培训国外检察官16人次。正式启动与美国纽黑文大学李昌钰法庭科学研究所的合作项目。继续开展与韩国法务研修院、越南检察大学、澳门法律及司法培训中心、台湾"韩忠谟教授法学基金会"等机构的合作。继续开展中瑞"检察官与人权保障"培训项目,进行检察官人权培训课程开发,组织部分项目成员赴瑞典、丹麦进行学习考察。与法国司法官学校达成新的合作意向,并合作举办第五届中法国际学术研讨会。全年组织出国(境)访问、讲学、学习考察及参加国际会议等共计10个团组20人次。接待国(境)外相关访问、讲学、研修团组13个,70人次。

六、加强教职工队伍建设,健全公正、公开的用人机制

2013年,在最高人民检察院领导和政治部的关心支持下,学院人事工作和队伍建设取得扎实成效。一是在事业单位分类定位中,学院被定为公益一类事业单位,为学院的长远发展赢得了政策保障。二是积极探索适合学院实际的竞争上岗、人事管理等机制。首次启动专技小档次晋升和高级职称内聘工作。三是制定教师2014—2015年挂职锻炼工作计划,建立灵活多样的教师挂职锻炼途径。四是支持教师进修培养,积极为教师走上检察官培训讲台创造条件,2013年度检察官培训课程中院内教师授课比重比2012年提高了12个百分点。

七、加快推进以教学保障体系为核心的现代化校园建设

继续推动检察文献中心建设。2013年新增图书8500多册,总藏书已达14.5万册;大力推进教学设施现代化。建立学院信息发布系统;完成多个多媒体教室教学系统的升级改造;提升学员宿舍电视系统,为学员宿舍配备电脑;设立远程教育培训部,开展了远程培训的前期准备;细化校园的绿化、美化工作;装修改造50间学生宿舍用于检察官培训;完成光伏电站建设,已发电45万度。

八、扎实抓好党的群众路线教育实践活动,提升管理的民主化、规范化、科学化水平

以深入开展党的群众路线教育实践活动为契机,推进校园思想文化建设,加强党建工作,广泛听取教职工、老干部包括分院和教学实践示范基地等各方面意见,逐条整改,立改立行。在简化接待程序、严格接待标准、合并领导群众用餐场所,精简会议、文件,简化开学和结业典礼仪式,加强公务用车管理,勤俭办学,节能减排等方面均取得了扎实成效。修改、制定20余个规章制度,加强在维修改造工程、大宗物品采购及其他敏感岗位、环节的警示教育和监督制约。举办办公规范化全员培训,不断提升管理的民主化、规范化、科学化水平。

(国家检察官学院)

"检察官与人权保障"国际研讨会 国家检察官学院与法国国家司法官学校共同举办的"检察官与人权保障"国际研讨会于2013年4月23日—24日在北京举行。本次研讨会是学院与法国国家司法官学校合作举办的第五届国际学术研讨会,旨在通过对亚欧相关国家立法及执法层面的比较研究,深入探讨各国检察官在人权保障中的职能与作用,学习并分享各自先进的人权保障理念和经验。

最高人民检察院副检察长孙谦同志出席了研讨会开幕式并讲话。孙谦副检察长表示,中国政府

十分关注人权和民生事业,卓有成效地开展了人权保障工作。中国新修订的刑事诉讼法在总则中明确规定要"尊重和保障人权",并以人权保障为价值导向对刑事诉讼制度和程序进行了完善,为中国人权保障事业的发展打下了坚实的基础。他希望,通过中法等国家之间相关法律制度及司法实践的比较研究和理论探讨,深入研究检察官在保障人权方面的功能与作用。国家检察官学院院长胡卫列和法国司法官学院校长洪森分别在开幕式上致辞。郭立新副院长主持开幕式。

研讨会为期一天半,中国、法国、韩国和意大利等国家的16位专家和检察官围绕"检察官在侦查中的人权保障"、"公诉与人权保障"、"检察官在未成年人刑事案件中的人权保障"和"检察官在刑罚执行中的人权保障"等四个专题作了主题发言。来自最高人民检察院和12个省级检察院的50余名检察官和学院部分教师参加会议交流和研讨。

研讨会开幕式前,国家检察官学院与法国国家司法官学校举行了合作协议签字仪式。孙谦副检察长出席签字仪式并会见了法方代表团成员。孙谦副检察长充分肯定了两校自2000年以来合作与交流的成果,希望双方能够借此机会,继续深入探讨合作的方式和内容,不断拓宽合作领域,并表示对双方今后的合作与交流充满期待。胡卫列院长与洪森校长签署了国家检察官学院与法国国家司法官学校合作协议。双方同意在未来四年中开展全方位的合作与交流,包括检察官、师资、资料等方面的交流,以及继续共同举办国际学术研讨会。

(国家检察官学院)

省级检察院新任检察长培训班、分州市检察院领导班子成员专题研修班、基层检察院新任检察长培训班培训 2013年,国家检察官学院举办一期省级检察院新任检察长培训班,培训27人;举办二期分州市检察院领导班子成员专题研修班,共培训137人;举办三期基层检察院新任检察长培训班,共培训362人。

一、省级检察院新任检察长培训班

省级检察院新任检察长培训班于5月5日至5月25日在沙河校区举行。围绕"新形势下战略思维创新与检察领导管理"这一主题,培训采取了"1+4"培训模式,即设置"一个专题、四个模块"的培训内容。先专题安排党的十八大、"两会"精神的学习研讨,再从中国特色社会主义理论体系与检察制度建设、修改后两法与检察工作对策研究、领导管理科学与检察队伍建设、战略思维创新与世情国情教育四个模块进行教学。

培训旨在提高参训学员在新形势下的战略思维创新能力与检察领导管理水平,提升其新形势下的群众工作能力、维护社会公平正义能力、新媒体时代舆论引导能力、拒腐防变能力、识人用人能力、把握检察工作科学发展方向的能力,从而带领当地检察机关全面正确履行法律监督职责,推动业务建设和队伍建设的全面发展进步。

二、分州市检察院领导班子成员专题研修班

第一期、第二期分州市检察院领导班子成员专题研修班分别于5月5日至5月19日和11月27日至12月11日举行,培训主题分别为"修改后刑事诉讼法与反贪工作"及"修改后刑诉法与公诉工作"。针对不同的主题,两期班次分别设置了不同的培训单元。第一期培训围绕政治理论、新刑事诉讼法实施与公诉工作、公诉业务综合视角和公诉领导能力素能提升等四个单元展开。第二期培训则分中国特色社会主义制度、领导管理科学与素能提升、刑事诉讼法修改与反贪工作对策研究三个单元内容进行。

培训除邀请院内外知名专家学者集中授课外,还安排了破冰、现场教学、主题研讨、结构式研讨、工作交流等新型授课方式,取得了良好的教学效果。

三、基层检察院新任检察长培训班

第八、九、十期基层检察院新任检察长培训班分别于3月17日至3月31日、5月5日至5月19日、10月20日至11月3日举行,培训主题为"新形势下如何当好基层检察院检察长"。三个班次围绕主题设置了不同培训单元。第八期培训班的培训内容为"政治理论"、"领导素能"、"立法前沿与检察理论"、"世情国情教育"四个单元;第九期培训班设置"政治理论"、"领导素能"、"立法前沿与检察理论"三个单元;第十期培训为"政治理论"、"新形势下的检察工作"、"检察长领导力提升"和"世情国情与综合素养"四个单元。

(国家检察官学院)

第九届国家高级检察官论坛 2013年8月21日至22日,由国家检察官学院与中国人民大学法学院联合主办,黑龙江省大庆市人民检察院承办的第九届国家高级检察官论坛在黑龙江省大庆市举行。论坛的主题为"法治思维与检察工作"。

最高人民检察院副检察长孙谦同志出席论坛开幕式并讲话,国家检察官学院党委书记、院长胡卫列同志主持开幕式,中国人民大学法学院副院长龙翼飞、黑龙江省人民检察院党组副书记、常务副检察长车承军、中共大庆市委副书记、政法委书记沈宏宇等致辞。中国人民大学法学院张志铭、范愉、李学军等专家学者,国家检察官学院副院长郭立新和部分教师以及来自最高人民检察院、地方各级检察机关的高级检察官、检察业务专家,国家检察官学院分院、教学示范基地负责人共100余人参加论坛。与会人员围绕"检察官的法治思维及其养成"、"法治思维与检察官职业伦理"、"法治思维与依法独立行使检察权"、"法治思维与优化检察权配置"及"法治思维与检察机关自身监督制约机制建设"等议题进行了深入讨论。

(国家检察官学院)

检察技术信息工作 2013年,检察技术信息研究中心(以下简称"中心")围绕检察工作大局,以党的群众路线教育实践活动为指引,以检察机关统一业务应用系统全国部署为重点,不折不扣地贯彻落实最高人民检察院党组决策部署,凝心聚气,统筹推进检察技术和信息化工作的"两翼"齐飞,检察技术和信息化工作取得了新进展、新成效。

一、扎实开展党的群众路线教育实践活动

"中心"精心组织开展党的群众路线教育实践活动,坚持规定动作做到位、自选动作做深入,教育实践活动扎实推进。一是深化学习效果。坚持领导带头学习,每周一处以上领导交流学习体会,解决学习中遇到的问题。二是认真查摆问题。"中心"通过面对面听取、发放意见表、开通微信微博等形式征求最高人民检察院26个厅室局和直属事业单位、32个省级检察院技术信息部门和部分基层检察院的意见。"中心"分成四个组深入17个省市检察院召开17个座谈会,听取基层的意见建议;在"中心"内部,通过个别谈心、集体交流、党小组会、背对背点评等形式,认真细致查摆出"中心"所存在的问题。三是坦诚开展批评。主要领导带头对自身在"四风"方面存在的12个问题进行了查摆和剖析,作了诚恳的自我批评,并对班子成员进行批评。

四是积极进行整改。将整改方案对外公布,接受各方面监督;适时进行回头看,确保教育实践活动取得明显成效。

二、集中力量,全面推进统一业务应用系统部署使用

坚决贯彻最高人民检察院党组的决策部署,配合相关部门做好统一业务应用系统研发、试点、部署及上线运行等工作。一是精心配合做好系统研发工作。"中心"一名领导专门负责应用系统的各项工作,并从各处室抽调精兵强将全力支持,夜以继日参与研发工作;毫无保留提供研发资料,确保系统研发的圆满完成。二是积极推进基础平台建设。制定下发了建设方案。2013年5月在济南召开专题部署会,组织5个工作组深入到28个省级检察院进行督导检查,定期通报情况,编制专刊加强宣传指导。三是协作配合做好试点和全面部署工作。配合最高人民检察院案件管理办公室,指导山东、广东、宁夏三个省级检察院和部分基层检察院进行了试点试用。根据试点经验,对全国160名师资技术骨干和最高人民检察院15个厅局的人员及院领导进行了专题培训,为各级检察院部署运行统一业务应用系统提供种子力量和技术支撑;10月,召开全国检察机关统一业务应用系统部署会,对系统在全国各级检察院上线运行作出总体部署。

三、强化协作,加快电子检务和科技支撑项目等工作的实施步伐

紧紧围绕检察机关信息化建设需要,加速推进重点工作的落实,为检察事业的发展提供技术保障和支撑。一是电子检务工作立项获得批复。先后10多次到中办、国家发改委、国家信息中心等部门汇报电子检务工程相关情况,争取理解和支持;配合评估单位完成了《电子检务工程项目建议书》的评估工作,2013年8月终获批复。这项工作从2005年启动历时8年。二是科技支撑项目扎实推进。科技强检电子信息系统研发工作得到科技部主管部门的肯定取得阶段性成果。三是相关检察信息化系统建设卓有成效。"中心"组织全国各省级检察院圆满完成了高清视频会议系统建设;建设了侦查指挥系统和远程视频接访系统;开发完成了"中心"一体的自动化办公系统。四是运维保障工作奋力前行。全年保障各类电视电话会议70余次,其他会议150余次;为内外网提供邮箱注册、故障排除等420余次。

四、加强指导，着力强化检察技术在执法办案中的应用

着眼需求和基础建设及规范化管理，全面提升检察技术在执法办案中应用水平。一是检察技术办案的力度加大。2013年全国各级检察技术部门共受理案件208355件，其中勘验检查1771件、技术协助105568件、检验鉴定15981件、技术性证据审查85035件，鉴定人出庭176次。全程同步录音录像130753次，录制时长435590小时，录制案件数65938件，被录制人数74820人。办案总数同比增长12.73%，检验鉴定同比增长5.77%，技术性证据审查同比增长8.93%，勘验检查同比增长82.9%，技术协助同比增长16.41%，鉴定人出庭同比增长234.67%。二是司法鉴定实验室建设和认可有成效。对《2009年—2013年人民检察院司法鉴定实验室建设规划》进行全面梳理，截至2013年底，全国检察机关共有13个省级检察院和49个地市级检察院完成司法鉴定实验室建设。组织力量，对革命老区江西赣州司法鉴定实验室建设进行实地考察论证，提出帮扶的意见和建议。三是规范化建设得到加强。全年，对581名新增鉴定人、19名鉴定人增加鉴定项目进行了核准，对88名鉴定人进行了注销；对8个新增鉴定机构、66个鉴定机构申请增加鉴定项目进行了审核批准；对1505名鉴定人进行了年度资格延续审核。同时，下发了《人民检察院讯问职务犯罪嫌疑人全程同步录音录像系统建设规范》；修订了《人民检察院法医工作细则（试行）》和《人民检察院文件检验工作细则（试行）》等，为检察技术工作规范化开展提供了保障。

五、积极开展各项司法鉴定业务

2013年，"中心"办理了法医、文检、司法会计、电子证据、声纹鉴定、毒物等专业案件的检验鉴定，出具鉴定书、检验报告35份。高标准完成了刘志军、薄熙来、刘铁男专案的司法会计、文检、声纹等鉴定工作。先后组织、参与全国刑事技术标准化委员会法医检验标准化分技术委员会申报的《罪犯保外就医医学评定准则》、同步录音录像技术标准、声纹鉴定国标行标的制定和修改工作；应邀参加了全国公安机关科技进步奖评审、2013年度全国刑事技术标准化委员会2个"国家标准"、5个"行业标准"的评审、司法部司法鉴定所组织的全国司法鉴定能力验证评审等工作。

六、大力加强系统和自身建设

面对人员少、任务重的矛盾，着力在加强能力素质建设、充分调动各方积极性和创造性下功夫。一是创建相互交流平台。创建了《检察技术与信息化》连续出版物，为全国检察技术信息部门及人员提供了相互交流、对外宣传的平台。利用新媒体，建立了"中心"微博及检察IT之乡、检察技术信息中心两个微信群。二是修订完善各项制度规范。对现有的40个制度规范进行全面分析梳理，完全不适应的及时废除；部分条文不适应的及时修改；针对新情况、新问题，制定了新的制度规定和流程规范。三是加强日常学习和培训。坚持围绕新技术、新理论，每月组织"中心"全体人员进行两次夜校学习。通过专题办班、网络培训等形式，对3000多名检察技术信息化人员进行专业培训。同时，还鼓励开展学术研究，两篇论文发表在SCI国际期刊，4篇论文分别在全国法医大会、全国司法鉴定规范化管理与检验新技术应用研讨会上交流。

（最高人民检察院检察技术信息研究中心）

全国检察机关深入推进统一业务应用系统平台建设会议 2013年5月23日至24日，全国检察机关深入推进统一业务应用系统平台建设会议在山东省济南市召开。会议的主要任务是，深入贯彻落实最高人民检察院党组对加快推进全国检察机关统一业务应用系统平台建设的要求，了解掌握各地软件统一准备工作落实情况，通报检察机关业务应用软件统一工作进展，安排部署下一阶段工作任务。

最高人民检察院副检察长柯汉民就如何认识和评价业务应用软件统一工作取得的成效，如何促进和提高应用软件平台建设水平，如何改进和完善信息化建设保障机制等问题发表了讲话。山东省委常委、政法委书记才利民，山东省人民检察院检察长吴鹏飞出席会议并致辞。各省、自治区、直辖市人民检察院和新疆生产建设兵团人民检察院分管检察信息化工作的院领导和技术信息部门负责人，最高人民检察院办公厅、案件管理办公室、计划财务装备局、中国检察出版社、检察技术信息研究中心和统一业务应用系统开发组负责人，总第57研究所有关负责人等79名代表参加会议。最高人民检察院检察技术信息研究中心主任赵扬作了会议总结，并对贯彻落实会议精神提出具体意见。与会代表听取了山东省检察院关于全国检察机关统

一业务应用系统试点工作的经验介绍,观摩了统一业务应用系统现场演示,并专题学习了全国检察机关统一业务应用系统总体方案。围绕如何进一步改进和加强统一业务应用系统平台建设工作进行了讨论,并结合本地实际提出了很多很好的意见和建议。

柯汉民副检察长指出,检察机关业务应用系统统一是最高人民检察院党组在检察工作创新发展的关键时期作出的一项战略决策,事关检察工作全局和检察事业的长远发展。最高人民检察院党组、最高人民检察院信息化领导小组对此高度重视,多次听取情况汇报。曹建明检察长、胡泽君常务副检察长多次作出批示和指示,对软件统一的各个阶段给予及时指导和大力支持。自2012年8月最高人民检察院党组决定以地方成熟软件为基础开发检察机关统一业务应用系统以来,最高人民检察院各部门以高度的责任感和使命感,配合开发单位做了大量工作。各地也按照最高人民检察院的统一部署,结合本地实际,扎实开展了各项准备工作。从目前的情况看,检察机关业务应用软件统一工作稳步推进,取得了阶段性成果,呈现出良好的发展态势。

柯汉民副检察长强调,统一业务应用系统平台建设是统一业务应用系统推广部署的基础和保障,必须提早动手,先期完成。全国检察机关要充分认识平台建设的重要性和复杂性,加快开展系统运行平台建设,大力实施安全保密平台建设,抓紧抓好运维保障平台建设,尽快完善基础网络平台功能,紧密结合信息化总体规划开展建设。根据《全国检察机关统一业务应用系统开发工作方案》采取两级集中部署模式的要求,最高人民检察院和省级检察院都要建立统一业务应用系统平台,按照目前统一业务应用系统完整版开发进度,第二批试点单位要在2013年7月底前、其他省级检察院要在9月底前务必完成系统运行平台、安全保密平台、运维保障平台和基础网络平台等统一业务应用系统平台建设任务。

柯汉民副检察长要求,各地多措并举,切实做好软件平台建设保障工作。一是要进一步统一思想、提高认识,各级检察院各部门特别是"一把手"要高度重视,切实加强对软件统一工作的领导。二是要进一步完善软件统一制度规范体系,强化顶层设计,逐步形成涵盖统一业务应用系统建设、应用和管理等方面的标准化、规范化管理体系。三是要进一步加强信息化队伍建设,逐步优化科技队伍的年龄结构和知识结构,逐步提升科技队伍的职业自信心和工作向心力,逐步改善技术人员的发展环境和提高相应待遇。四是要进一步改进信息化保障体系建设,积极协调,落实经费预算,全力保障建设资金及时、足额到位,及时组织政府采购。五是要进一步加强对平台建设各个环节的管理力度,加强平台建设过程中的廉政建设,切实落实廉政责任制度,按照"好用够用、适度超前"的原则进行项目设计和工程实施,防止因盲目投资、设备闲置造成浪费。

在这次会议上,与会代表结合本地工作实际,实事求是、深入全面地汇报了工作,也提出了一些意见和建议。一是希望建立软件统一工作"一把手"负责机制。二是希望最高人民检察院加强平台建设工作指导。三是希望开发组做好并开放数据接口,便于数据迁移和拓展应用。四是希望最高人民检察院制定应用管理办法,加强应用培训。五是希望最高人民检察院加强技术队伍建设。

针对大家的意见和建议及会议任务部署,最高人民检察院检察技术信息中心在会后要抓好以下几项重点工作。一是加紧修改完善相关办法和意见。二是加大对各地系统平台建设督导力度。三是尽快完成最高人民检察院本级系统平台建设。

(最高人民检察院检察技术信息研究中心)

中国检察官协会工作 2013年,中国检察官协会高举中国特色社会主义伟大旗帜,以邓小平理论、"三个代表"重要思想和科学发展观为指导,秉承协会章程,结合协会工作实际,团结全国检察官,强化法律监督、强化自身监督、强化队伍建设,做了卓有成效工作。

一、举办"新刑事诉讼法适用下的未成年人检察制度"研讨会。2013年5月7日,由中国检察官协会主办、广东省检察院协办、广东省佛山市禅城区检察院承办的"新刑事诉讼法适用下的未成年人检察制度"研讨会在广东佛山召开。来自全国各省、自治区、直辖市以及新疆生产建设兵团检察机关的代表参加了会议,还特别邀请了部分专家学者与会。会议围绕"未成年人刑事检察机制研究"、"未成年人刑事检察证据和诉讼程序研究"、"未成年人刑事案件附条件不起诉专题研究"等问题进行了深入研讨。

研究未成年人检察制度既是检察机关贯彻修

改后刑事诉讼法实施的重要工作,更是推动中国特色司法制度不断进步和完善的关键举措。与会代表的发言和提交的论文,为进一步探索和完善未成年人检察制度,为拓展实务工作和丰富学术研究提供了新的视角,同时,也是修改后刑事诉讼法实施半年之际,对未成年人刑事诉讼程序这一特殊的刑事诉讼程序的实践反馈,在时间点上具有特殊意义。

会议共收到400多篇参会论文,经过筛选最后收录77篇论文汇集成册。有13位检察官进行了大会主题发言,同时安排了自由发言环节,给予大家充分交流和探讨的机会和时间。

会议期间还召集了与会的各省、自治区、直辖市及新疆生产建设兵团检察官协会秘书长就学习贯彻党的十八大和全国检察长会议精神,全面开创检察官协会工作新局面进行了专题座谈,并就中国检察官协会换届工作进行了工作部署。《中国刑事法杂志》编辑部与检察系统内外的各位作者和读者也举行了编读往来座谈会。

二、举办"讯问技巧培训班"和"刑事诉讼法新增程序和制度操作实务培训班"。

(一)举办"讯问技巧培训班"。2013年6月16日至17日,中国检察官协会与丹麦人权研究所在武汉联合召开了讯问技巧培训班,有200多名中国检察官参加了培训。会上,来自英国、美国和台湾的法官、检察官和学者讲解了讯问中的录音录像、沉默权和讯问录音录像方面的法律和经验、非法证据排除规则;非法证据排除听证会、美国警察询问法律要求。中外检察官、法官、学者及学员进行了学术互动,讲演人现场回答了学员提出的问题。课中还演习了有关国家和地区法官和警察讯问的方式方法。

(二)举办"刑事诉讼法新增程序和制度操作实务培训班"。为提高检察工作人员适用、掌握刑事诉讼法新增程序和制度的技能,中国检察官协会和丹麦人权研究所于2013年8月13日至15日,在江西省井冈山市举办了"刑事诉讼法新增程序和制度操作实务培训班"。邀请最高人民检察院侦查监督厅厅长万春,渎职侵权检察厅副厅长(挂职)、清华大学法学院教授张建伟,公诉厅副厅级检察员史卫忠,检察理论研究所副所长、研究员谢鹏程授课,来自全国各级人民检察院的学员300多人参加了培训。

三、筹备召开中国检察官协会第五次会员代表大会。筹备召开中国检察官协会第五次会员代表大会,选举中国检察官协会第五届理事会领导机构,是2013年中国检察官协会的重要工作。在最高人民检察院党组坚强领导下、政治部大力配合下,中国检察官协会第五次会员代表大会的各项筹备工作有条不紊地进行。中国检察官协会会长办公会研究通过了第五届理事会理事及常务理事候选人名单和领导人名单,决定提交第五次会员代表大会表决;同意中国检察官协会常务副会长胡泽君代表第四届理事会的工作报告,决定提交第五次会员代表大会审议。

(最高人民检察院检察理论研究所 石京学)

中国女检察官协会工作 2013年,中国女检察官协会按照年初确定的总体目标和要求,坚持围绕中心、服务工作大局,坚持立足基层、服务女检察官,坚持求真务实、勇于改革创新,团结、动员和带领全国广大女检察官深入学习、深刻领会党的十八大精神,统一思想和行动,在强化法律监督、维护公平正义、推动科学发展、促进社会和谐,努力开创中国特色社会主义检察事业新局面的伟大实践中继续发挥"半边天"作用,作出了积极贡献。

一、认真贯彻落实党中央的指示精神和全国妇联、最高人民检察院的重大工作部署,认真谋划、及时调整、组织实施全年工作,努力推进协会科学发展。

二、紧紧围绕检察工作中心和岗位实际开展各项工作,为检察事业贡献力量。围绕修改后刑事诉讼法、民事诉讼法和修订后《人民检察院刑事诉讼规则(试行)》的实施,女检察官协会组织开展了女检察官征文活动。截至2013年11月底,中国女检察官协会陆续收到各省级女检察官协会推荐的征文3500余篇,是女检察官协会征集征文历史上最多的一次。

三、坚持以人为本,努力建设广大女检察官的"温暖之家",切实为女检察官排忧解难,更好地服务检察事业科学发展。2013年,中国女检察官协会在全国12个省市开展了女检察官心理健康实证调查研究。按照实证研究的基本规律和要求,采取问卷调查和人物访谈的方法进行。中国女检察官协会拟在汇总、梳理、分析和研究的基础上,形成详实的实证调查研究报告,为院党组和相关部门进一步关心、重视女检察官这一特殊群体的健康和发展提供参考。结合工作实际,中国女检察官协会为女检察官进行有针对性的学习培训,提高女检察官的整体素质和法律监督能力。2013 年 11 月 15 日至 20 日在浙江举办了基层检察院女检察长素能培训班。参加此次培训的有全国范围内的 81 名基层检察院女检察长，最高人民检察院常务副检察长胡泽君、中央纪委驻最高人民检察院纪检组组长莫文秀分别出席了培训班的开班仪式和结业仪式，并相继作了重要讲话。

四、认真配合、积极参加全国妇联组织的各项活动，切实发挥好团体会员的作用。一是扎实做好中国妇女十一大代表和全国妇联第十一届执委候选人的推荐工作。二是认真履行我会的团体会员职责，为中国妇女十一大顺利召开贡献力量。三是积极参与全国妇联组织的妇女儿童事业调研活动，组织推荐《中国检察机关预防和矫治未成年人犯罪机制研究》和《当前女性犯罪的特点、原因以及对策建议》两篇调研报告参加全国妇联的评选。四是参加全国妇联党组和其相关部门组织的征求意见会议，负责任地提出意见和建议。

五、积极开展合作与交流，拓展协会工作的空间。2013 年 1 月 31 日，中国女检察官协会商中央国家机关妇工委联合主办了中央国家机关女领导干部、女检察官"立足本职、创先争优"座谈会；应邀参加了全国妇联权益部、联合国儿童基金会于 12 月 4 日举办主题为"共同行动——停止对儿童暴力促进儿童保护"的主题宣传日活动；全国总工会女职工工作专家委员会、中国妇女报社联合举办的"理想·健康·中国梦"健康管理论坛等会议和活动，学习借鉴其他单位、组织和部门的经验和好的做法，进一步拓展了协会工作的空间。

六、进一步创新工作方式，扩大工作覆盖面，加强对下指导，增强工作实效。2013 年 3 月 8 日，正义网《检察》频道《女检察官》子频道正式开播。这一新媒体形式，以对外宣传和对内服务为主要目的，以全国女检察官及检察系统女干部职工为主要服务对象，是中国女检察官协会的外部网络阵地，女检察官频道的开通，为协会宣传搭建了平台，注入了新的活力。2013 年，各省级女检察官协会换届较多，针对这种情况，中国女检察官协会整理了省级女检察官协会换届指南，内附换届涉及的各种表格、程序性文件模板，方便各地参考。另外，编发《中国女检察官协会工作情况》2013 年 1—14 期，及时、有力地宣传和指导各地女检察官协会和女检察官小组的工作。

七、进一步加强了协会的基础性工作和规范化建设。一是通过了财务审计。二是通过了民政部组织的年度检查。三是建立了全国女检察长信息库。四是修订了《全国省级女检察官协会通讯录（2013 年版）》。

（中国女检察官协会 傅 侃）

中国检察官教育基金会工作 2013 年，中国检察官教育基金会在最高人民检察院的领导下，以检察教育需求为导向，积极稳妥地开展基金募集工作，着力在改进筹募资金方式、加强内部管理和服务、促进信息公开透明等方面下功夫，圆满完成了各项工作任务。

一、深入贯彻党的十八大精神和中央八项规定要求，以纪念建会二十周年为契机，推动基金会工作平稳健康发展。2013 年，适逢中国检察官教育基金会成立二十周年。中国检察官教育基金会积极践行党的群众路线，认真贯彻落实曹建明检察长、孙谦副检察长关于基金会工作的重要批示精神，以筹备召开第四届理事会第八次会议暨建会二十周年座谈会为契机，坚持厉行节约，反对铺张浪费，切实改进工作作风，做到依法规范、积极稳妥、廉洁诚信办会。中国检察官教育基金会回顾总结了建会二十年来的工作经验和有益做法，研究部署了当前和今后一个时期的工作任务，坚持从提高检察队伍整体素质和维护社会公平正义大局出发，突出检察人才发展优先战略，加强检察教育重大工程项目资助工作，继续把支持西部地区、革命老区、民族地区、边疆地区和贫困地区基层检察教育作为主要任务，深入推进"两个工程、四个项目"组织实施，研究开辟新的教育培训资助服务。一年来，传统项目持续推进，新增项目脱颖而出，全年公益事业资助支出 2889.14 万元。

二、改进筹募资金动员模式，检察教育基金募集工作取得新的成效。多形式、多渠道筹措募集检察教育基金是做好基金会工作的重要任务，也是基金会工作平稳健康发展的关键。2013 年，中国检察官教育基金会坚持依法、规范、低调、稳妥的原则，进一步加强和改进基金募集工作，特别是以纪念建会二十周年为契机，进一步加大筹资工作力度，筹措募集资金取得了新的成绩。据统计，中国检察官教育基金会全年共取得各项公益收入 2431.35 万元。共有 55 家单位和个人捐赠资金 2084 万元。在做好筹措募集资金的同时,中国检察官教育基金会按照"安全、合法、有效"的原则,利用定向捐赠在账资金,积极开展理财活动,通过银行短期理财、定期存款等方式,进一步加强了资金运作,全年投资理财收益335.46万元,利息收入11.89万元,实现了检察教育基金存量资金的保值增值。截至2013年年底,基金会资产总额达10341.27万元。

三、明确资助方向,突出资助重点,西部地区检察官专业培养工程顺利推进实施。西部地区检察官专业培养工程是服务西部地区教育培训工作的重大举措。2010年启动以来,已累计拨付资助金3350万元,培训西部地区市县两级检察业务骨干2557人。其中,2013年拨付资助金350万元,开设各类业务培训班9期,培训学员526名。西部工程培训突出了检察工作的主要任务、工作重点和岗位技能,把握了司法改革、检察改革的重点和进程,在提高西部地区广大基层干警业务素质、办案能力和执法水平方面发挥了积极作用。参加学习的受助人员都来自西部地区市县两级检察院执法办案第一线,作为检察教育基金的受益者,他们十分珍惜来之不易的学习机会,学习刻苦,纪律严明。通过学习培训,拓宽了视野、丰富了知识、增强了技能、提高了水平。同时,在检察理论研究、检察实务探索方面也学有所成,撰写形成了一批学术论文和理论成果。

四、继续加大检察图书室建设资助力度,基层检察院图书室建设工程任务完成大半。2013年,继续把资助基层检察院图书室建设作为重要任务,年初,研究制定了年度工作方案,先后投入资助金459.72万元,资助建设基层检察图书室129个。基层检察院图书室建设工程的实施,受到了广大基层检察人员的广泛欢迎与好评。截至年底,该工程已累计投入2235.85万元,建立检察图书室和电子图书室811个,按照工作发展规划和工程方案确定的目标,西部地区基层检察图书室建设任务已完成大半。

五、按照海峡两岸两会达成的合作备忘录,海峡两岸检察教育交流合作项目正式启动实施。2012年9月,中国检察官教育基金会和台湾"韩忠谟教授法学基金会"就加强海峡两岸检察教育学术交流,启动两岸检察教育交流合作项目达成共识。2013年4月14日至25日,中国检察官教育基金会派员组团赴台,双方在台北市举行了交流合作项目启动仪式暨大陆首批高级检察官赴台开展学术交流研习活动,最高人民检察院副检察长柯汉民出席启动仪式并发表讲话。大陆15名高级检察官与台湾法律实务界专家,围绕两岸法律制度下司法官教育这个主题展开研讨,相互展示了法律制度、刑事执法和检察教育方面的特色与优势,展现了双方参与人员良好的法律素养和高水平的业务能力。

六、研究生学历(学位)教育资助项目启动并拨付首批学历教育资助金。2013年,中国检察官教育基金会正式启动研究生学历(学位)教育资助项目,并制发了实施方案和2013年度工作方案,明确了项目的目标任务、分配名额、资助方式、实施步骤、保障措施。在资助名额分配上坚持以西部地区和贫困地区基层检察人员为重点,兼顾东中部地区困难检察人员,使有限的资金向基层倾斜,向困难检察人员倾斜。10月,经对18个地方报送的31份资助申请进行审核,符合资助条件的28人,决定每人资助2万元,分两期支付。首批资助款28万元已正式拨付到受助人个人账户。同时,基金会还支持部分省市检察院与有关高校举办研究生学历(学位)教育。据统计,2013年共拨付研究生学历(学位)教育资助金108.82万元。

七、扩大检察教育资助范围,丰富检察教育资助方式,检察教育专项业务培训资助取得新的成果。2013年,根据各地教育培训需要,安排专项预算,支持各地开展多种形式的检察业务培训,进一步突出对专项业务培训资助工作,特别是按照先急后缓、扎实推进、稳步实施的原则,全年拨付专项业务培训资助金731.4万元。一年来,各项业务培训资助突出职业化、专业化建设,以岗位基本素能标准为依据,不断加强对领导素能、岗位技能、一线骨干的培训工作,支持各地开展符合本地区需要的专项业务培训。通过专项业务培训,增强了基层检察人员的领导素质、专业素质和岗位技能,增强了实践能力,挖掘了内部潜力,缓解了西部贫困地区检察人才短缺问题。

司法考试培训、双语教学资助项目也取得了新的成效。据统计,2012年资助参加司法考试培训1785人,其中666人通过司法考试,取得任职资格。2013年,按照有需求、有申请、有资助的程序,拨付西部12个省级单位司法考试培训资助金154.2万元。双语教学项目有序开展。2013年,资助新疆维吾尔自治区检察院100万元,用于开展双语人才培养;拨付资助金41.44万元,用于支持新疆哈萨克语法律法规翻译、黑龙江省俄罗斯语、吉林省朝鲜族语言教学和翻译。经报最高人民检察院领导批准,2013年推出了新的西藏自治区检察官专业培养工程,并于8月26日在西藏林芝举行了工程协议签字仪式。该工程从2014年开始,基金会分5年,每年拨付资助金120万元,将使西藏全体检察人员普遍接受一次系统的检察业务培训,提高西藏检察人员的整体素质和自身培训能力。

八、以基金会提升为4A级社会组织为契机,加强和改进信息披露和社会宣传工作。近年来,中国检察官教育基金会不断加强自身建设,坚持信息公开透明、专业化、规范化运作,社会公益性和公信力不断提高。2012年,按照民政部部署要求,上报了本会组织机构、工作制度、财务报表、工作绩效等综合评估申报材料。民政部经过全面审查、实地考核和综合评估,于2013年8月公布了第二次评估定级结果,中国检察官教育基金会由3A级提升为4A级基金会。这次社会组织等级评估,是对基金会自身建设、服务能力等重要指标的检验,是对基金会近年来工作的肯定,也是政府登记管理机构的权威发布和社会公众的认可。一年来,中国检察官教育基金会以提升晋级为契机,进一步加强和改进信息披露和社会宣传工作,先后编印了建会二十周年纪念画册——《光荣历程》和中国检察官教育基金会《公益人物传》,改革了信息披露平台,增设了《信息公开》和《公益人物》栏目,丰富了信息披露的内容、方式和效率。

(中国检察官教育基金会 董同会)

中国检察官教育基金会成立二十周年座谈会暨第四届理事会第八次会议 中国检察官教育基金会成立二十周年座谈会暨第四届理事会第八次会议于2013年7月3日在北京召开。最高人民检察院检察长曹建明、常务副检察长胡泽君、副检察长孙谦、政治部主任李如林等院领导接见看望了与会代表,副检察长孙谦出席会议并发表重要讲话,基金会理事长王振川作主题工作报告,回顾了中国检察官教育基金会成立二十周年来的工作经验,研究部署了当前和今后一个时期基金会工作的思路和措施。副理事长兼秘书长付志安主持会议并作总结讲话。基金会理事、监事、高级顾问、特邀理事以及各省级检察院联络员、部分捐赠企业代表共计120余人参加会议。

会议以党的十八大精神和党中央关于加强政法队伍建设的决策部署为指导,深入学习了曹建明检察长、孙谦副检察长关于基金会工作重要批示精神;会议回顾了中国检察官教育基金会成立二十年来的工作,总结了基金会工作的经验和做法,审议通过了基金会工作报告,研究部署了当前和今后一个时期基金会工作的任务和措施;审议通过了2012年基金会财务预算执行情况报告和2013年度财务预算安排;审议通过了有关理事会人事任免事项;举行了现场捐赠。

会议强调,基金会工作是检察事业的有机组成部分。当前和今后一个时期,基金会工作的总体思路是以党的十八大精神为指导,深入贯彻中央加强社会组织建设和政法队伍建设决策部署,认真落实最高人民检察院党组和曹建明检察长关于基金会工作重要指示精神,继续坚持积极稳妥、依法规范、力争做好的指导思想,围绕检察队伍"五大建设、六项工程"总任务,按照募集资金项目化、资助项目品牌化、运作管理专业化之路,创新募资捐赠方式方法,推动检察教育基金规模平稳健康发展;扩大服务检察教育和人才培养的辐射范围,加大西部贫困地区教育设施建设和高端检察人才培养的资助力度;完善内部治理结构,规范资金项目运作,提高管理运作效能,全面加强公益能力建设和社会公信力建设,为新形势下开创服务检察人才培养和检察队伍建设新局面而努力奋斗。

最高人民检察院副检察长孙谦在讲话中强调,中国检察官教育基金会成立20年来,在最高人民检察院的正确领导和亲切关怀下,在各级检察机关和广大检察人员、社会各界特别是热心检察教育公益事业的企业人士的大力支持下,始终秉持致力于检察人才培养、服务检察事业发展的办会宗旨,紧紧围绕党和国家工作大局,依法争取社会支持,热诚服务检察教育,募集资金、使用资金、管理资金各项工作不断取得新成绩,为检察教育特别是西部地区和贫困地区检察教育的进步发展作出了积极贡献。他指出,党的十八大对社会建设和社会组织管理体制改革作出了重大部署,明确提出要加快形成现代社会组织体制,鼓励引导社会力量兴办教育,支持发展公益慈善事业。这些新精神、新举措对于推动社会组织管理制度改革,引导和促进社会组织健康有序发展具有重要意义。中国检察官教育基金会要抓住机遇,谋划发展,推动基金会工作健康有序发展;要创新措施,优化环境,做好中国检察官教育基金会的培育发展工作;要完善制度,彰显法治,加强和改进中国检察官教育基金会的监督与管理;要真抓实干,低调运作,为检察人才培养和检察队伍建设多做贡献;要确保基金会工作正确的发展方向和强劲的发展动力,努力开创新形势下基金会工作的新局面,为检察人才培养和检察队伍建设作出新的更大贡献。

王振川理事长以继往开来、务实创新,努力开创服务检察教育和人才培养工作新局面为题,总结了基金会成立二十年来的工作。他强调,2013年,是贯彻落实党的十八大精神的开局之年,是中国检察官教育基金会成立二十周年,也是继往开来、推动基金会工作创新发展之年,基金会面临良好的发展机遇,要依法募集资金,正确使用资金,严格管理资金,为新时期检察教育和人才培养作出积极贡献。他说,中国检察官教育基金会的成立是检察教育事业发展史上的一件大事,自成立以来,始终围绕党和国家工作大局,紧贴检察工作全局。始终秉承服务检察教育基金办会宗旨,热忱服务检察教育;始终把募捐捐赠和筹资理财作为主要任务;始终抓住组织建设、制度建设和规范化建设不放松,不断加强内部管理和自身建设。他指出,开展基金会工作的经验和体会主要有五个方面:一是主动争取和自觉接受主管单位的领导;二是始终围绕党和国家大局、检察中心工作来谋划推动基金会工作;三是始终坚持基金会工作正确的指导思想和工作方法;四是有坚强的组织保障,充分发挥组织力量;五是高度重视推介宣传和沟通交流,不断增强基金会的社会公益性和社会公信力。

王振川理事长对今后一个时期基金会工作作出了部署。他要求,基金会要正确把握社会组织管理改革和检察人才队伍建设的形势和任务,推动基金会工作取得新的更大突破;要置身于社会建设和经济发展的大视野之中,动员和争取更多社会力量支持检察教育公益事业;要适应检察人才培养和检察队伍建设的需要,不断丰富和发展服务检察教育的内容和有效载体;要拓宽基金会工作专业化发展之路,进一步提高募资捐赠和公益资助的专业化管理水平;要进一步加强党的建设和组织建设,为新形势下基金会工作健康有序发展提供有力的组织保证。

付志安副理事长兼秘书长对会议作了总结发言。他充分肯定了基金会成立二十年来的工作,并对贯彻落实最高人民检察院孙谦副检察长重要讲话精神和王振川理事长工作部署提出了要求。他强调,要及时向所在单位领导汇报会议精神,认真学习孙谦副检察长的重要讲话和王振川理事长的工作报告,结合本地实际情况,积极主动争取领导的重视和支持,进一步创新基金募集思路,拓宽基金募集渠道,加大基金募集力度,将会议部署的各项任务落到实处。

(中国检察官教育基金会　李君瑞)

中国检察官教育基金会第四届理事会第九次会议

中国检察官教育基金会第四届理事会第九次会议于2013年12月19日在海南省海口市召开。王振川理事长出席会议并讲话,海南省人民检察院党组副书记、常务副检察长彭忠学出席会议并致辞。副理事长兼秘书长付志安作2013年理事会工作报告,会议由副秘书长董同会主持。本会理事、监事和部分特邀理事、联络员及捐赠企业代表共70余人参加会议。

会议深入学习贯彻党的十八届三中全会精神,审议通过了中国检察官教育基金会2013年理事会工作报告,回顾总结了2013年的工作,研究部署了2014年工作任务和措施;审议通过了2013年度财务执行情况和2014年财务预算安排;授权基金会秘书处按照有关规定募集资金,利用闲置资金开展投资理财,确保检察教育基金有效增值;举行了现场捐赠,为参加现场捐赠的企业代表颁发了牌匾或证书。

会议认为,2013年,中国检察官教育基金会在开拓筹资渠道、创新筹资思路、推进检察教育资助、谋划基金会工作持续健康发展方面做了大量工作,取得了新的成效,为检察教育公益事业的平稳健康发展作出了重要贡献。会议强调,要深入学习、深刻领会党的十八届三中全会精神,紧紧围绕法治中国建设、社会事业改革和全国检察教育总体部署,把基金会工作摆在推动检察事业和社会事业改革发展的大局中来认识、谋划和推动。要适应法治中国建设和社会事业改革创新的需要,遵照最高人民检察院加快推进检察人才六项重点工程的意见、曹建明检察长关于加大对西部地区检察教育帮扶支持力度的指示精神,坚持依法规范、稳中求进的方针,稳健务实、开拓进取,以广辟筹资渠道、稳控资助规模为主线,继续推进"募集资金项目化、资助项目品牌化、运作管理专业化"之路,确保基金会工作持续健康向前迈进,为检察教育培训和检察人才培养作出新的更大贡献。

王振川理事长强调,要深入学习和贯彻落实党的十八届三中全会精神,把基金会工作摆在推进检察事业和社会事业改革发展的大局中来认识和推动;要认真学习和借鉴开展基金会工作的成功经验和有益做法,推动检察教育基金会工作持续健康向前迈进;加大对西部地区和贫困地区检察教育帮扶支持力度,为新时期检察人才培养和检察队伍建设贡献力量。他指出,从事基金会工作的同志,要把推进法治中国建设与创新社会治理体制结合起来,把推进司法体制改革与推进社会事业改革创新联系起来。当前,我国经济社会发展进入新的阶段,加快社会体制改革,推进社会事业改革创新,进一步激发社会组织活力,已成为一个重大课题,包括基金会在内的社会组织的改革发展,是社会建设的重要内容。新形势下,党中央关于社会组织建设的指导思想更加清晰,关于社会组织发展的方针政策更为明确,对各项工作的要求也更加具体。概括起来就是:发展是前提,建设是核心,培育与监管是手段,发挥基金会在内的社会组织积极作用是根本目的。在新的历史时期,基金会要清醒认识检察教育培训工作面临的形势任务,以专业化、职业化为方向,完善检察教育培训体系,进一步加大对西部地区和贫困地区检察教育培训的帮扶支持力度,加大政策倾斜和经费支持力度,充分发挥重大工程、重点项目的示范带头作用。进一步统一思想认识,明晰而准确地把握基金会的定位,对基金会工作形成共识;要进一步明确工作任务,有一份干事的责任心,研究提出开展基金会工作的具体措施;要投入一点精力,切实在抓落实见成效上下功夫,推动检察教育公益事业实现新的更大发展。

付志安副理事长兼秘书长对基金会2013年工作作了总结,对2014年的工作作出了安排。2013年,以纪念建会二十周年为契机,积极稳妥地开展基金募集工作,继续加大"两个工程、四个项目"资助力度,在改进筹募资金方式、加强内部管理和服务、促进信息公开透明等方面下功夫,圆满完成了各项工作任务。一是以纪念建会二十周年为契机,推动基金会工作平稳健康向前迈进;二是改进筹募资金动员模式,检察教育基金募集工作取得新的成效;三是明确资助方向,突出资助重点,西部地区检察官专业培养工程顺利推进实施;四是继续加大检察图书室建设资助力度,基层检察院图书室建设工程任务完成大半;五是海峡两岸检察教育交流合作项目正式启动实施;六是研究生学历(学位)教育资助项目启动并拨付首批学历教育资助金;七是扩大检察教育资助范围,丰富检察教育资助方式,检察教育专项业务培训资助取得新的成果;八是以基金会晋升为4A级社会组织为契机,加强和改进信息披露和社会宣传工作。关于2014年的工作,从五个方面作出了安排。一是以学习贯彻党的十八届三中全会精神为契机,推动基金会工作持续健康发展;二是广泛联系抓住重点,寻求筹资方式改革,进一步加强和改进资金募集工作;三是突出重大工程项目和地方特色教育培训资助,圆满完成本届理事会工作发展规划各项任务;四是加强工程项目实施和资助金使用情况跟踪问效,进一步增强和突出资助检察教育培训效果和社会公益性;五是加强西部地区和贫困地区检察教育调查研究,研究提出基金会工作持续健康发展的新思路和新举措。

(中国检察官教育基金会 李君瑞)

2013 年中国检察出版社出版图书目录

刑事案例诉辩审评——贪污罪、私分国有资产罪　李文峰　徐彦丽主编　2013 年 1 月

刑事案例诉辩审评——责任事故类犯罪　冷必元　肖世杰主编　2013 年 1 月

刑事案例诉辩审评——敲诈勒索罪　刘中发主编　2013 年 1 月

刑事案例诉辩审评——挪用公款罪　罗猛主编　2013 年 1 月

刑事案例诉辩审评——妨害对公司、企业的管理秩序罪　陆敏主编　2013 年 1 月

刑事典型疑难问题适用指导与参考——侵犯公民人身权利、民主权利罪卷　王然　林晓萌　蓝彩箫编著　2013 年 1 月

刑事法适用典型疑难案件新释新解　刘建国主编　2013 年 1 月

法律援助理论与实务　付少军　刘燕玲主编　2013 年 1 月

公安部　最高人民检察院　最高人民法院　司法部　国家安全部　全国人大法工委实施新刑事诉讼法相关规定通览　中国检察出版社法律法规编写组编 2013 年 1 月

刑事典型疑难问题适用指导与参考（总则卷）　赵路　米铁男主编　2013 年 1 月

刑事抗诉重点与方法　周永年主编　2013 年 1 月

职务犯罪预防指引（2012.6）　最高人民检察院职务犯罪预防厅编　2013 年 1 月

中外刑事和解之辩　刘路阳著　2013 年 1 月

追凶十八年——我证明辛普森无罪　（美）迪尔著　2013 年 2 月

全国检察机关廉洁从检书画摄影展作品集　中央纪委驻最高人民检察院纪检组　最高人民检察院监察局　最高人民检察院政治部　检察日报社　中国检察官文联编　2013 年 2 月

侦查监督指南（2012 年第 3 辑总第 4 辑）　最高人民检察院侦查监督厅编　2013 年 2 月

危害食品药品安全渎职案件侦查方略　李文生　李忠诚主编 2013 年 2 月

修改后刑诉法实施与检察工作　曾页九主编　2013 年 2 月

公民权利与义务·世界各国宪法的规定　孙谦　韩大元主编　2013 年 2 月

立法机构与立法制度·世界各国宪法的规定　孙谦　韩大元主编　2013 年 2 月

行政机关·世界各国宪法的规定　孙谦　韩大元主编　2013 年 2 月

司法机构与司法制度·世界各国宪法的规定　孙谦　韩大元主编　2013 年 2 月

地方制度·世界各国宪法的规定　孙谦　韩大元主编　2013 年 2 月

宪法实施的保障·世界各国宪法的规定　孙谦　韩大元主编　2013 年 2 月

警示与镜戒——检察人员违纪违法典型案例剖析　中央纪委驻最高人民检察院纪检组　最高人民检察院监察局编　2013 年 2 月

法治新闻传播（2013 年）　赵信主编　2013 年 2 月

检察机关执法工作基本规范（2013 年版）　最高人民检察院编　2013 年 2 月

检察机关执法工作基本规范（修订注释）　最高人民检察院编　2013 年 2 月

检察机关执法工作基本规范（新旧对照）　最高人民检察院编　2013 年 2 月

检察前沿报告——理论与实务（第 4 辑）　胡卫列　石少侠主编　2013 年 2 月

职务犯罪案件侦查讯问实务　吴克利著　2013 年 3 月

职务犯罪侦查破案 36 计　邵朝模著　2013 年 3 月

非洲十国宪法　孙谦　韩大元主编　2013 年 3 月

反贪工作指导（2013.1）　最高人民检察院反贪污贿赂总局编　2013 年 3 月

中国检察（第 22 卷）　王守安主编　2013 年 3 月

牛头马嘴集　老土著　2013 年 3 月

欧洲十国宪法　孙谦　韩大元主编　2013 年 3 月

美洲大洋洲十国宪法　孙谦　韩大元主编　2013 年 3 月

亚洲十国宪法　孙谦　韩大元主编　2013 年 3 月

理想与探索——检察理论与实践前沿　吴雪芳主编　2013 年 3 月

监所检察工作指导（2013 年第 1 辑）　最高人民检

察院监所检察厅编 2013年4月
反渎职侵权工作指导与参考(2012第6辑) 最高人民检察院渎职侵权检察厅编 2013年4月
侦查监督指南(2012年第4辑:总第5辑) 最高人民检察院侦查监督厅编 2013年4月
检察委员会制度研究 刘昌强著 2013年4月
新型贿赂犯罪疑难问题研究与司法适用 孙应征主编 2013年4月
挥舞人生画笔,让命运的天空飘满彩霞 陈名海著 2013年4月
未成年人道路交通安全知识通俗读本 陈闯主编 2013年4月
未成年人权益保护读本 王庆新主编 2013年4月
职务犯罪预防指引(2013.1) 最高人民检察院职务犯罪预防厅编 2013年4月
农村儿童安全宝典 安斌主编 2013年4月
检察官的智慧 张学军著 2013年5月
侦查监督指南(2013年第1辑总第6辑) 最高人民检察院侦查监督厅编 2013年5月
反贪工作指导(2013.2) 最高人民检察院反贪污贿赂总局编 2013年5月
反渎职侵权工作指导与参考(2013年第1辑) 最高人民检察院渎职侵权检察厅编 2013年5月
反渎职侵权工作指导与参考(2013年第2辑) 最高人民检察院渎职侵权检察厅编 2013年5月
学生权利及其司法保护 张静著 2013年5月
反贪精细化初查实战运作 陈波著 2013年5月
刑法竞合问题研究 赵丙贵著 2013年5月
论检察(卞建林) 卞建林著 2013年5月
论检察(王桂五) 王桂五著 2013年5月
论检察(樊崇义) 樊崇义著 2013年5月
论检察(陈光中) 陈光中著 2013年5月
论检察(童建明) 童建明著 2013年5月
论检察(傅宽芝) 傅宽芝著 2013年5月
论检察(陈云生) 陈云生著 2013年5月
论检察(徐益初) 徐益初著 2013年5月
论检察(孙谦) 孙谦著 2013年5月
不起诉的实体根据研究 李继华著 2013年5月
铁路常用刑事民事法律法规选辑(2013版) 最高人民检察院铁路运输检察厅编 2013年5月
党员干部警示教育学习读本 刘国权 姚小滨主编 2013年5月

中华人民共和国刑法·修正历程及罪名适用 张三保编 2013年5月
最高人民检察院关于行贿犯罪档案查询工作的规定 最高人民检察院职务犯罪预防厅编 2013年5月
国际法与比较法论丛(第22辑) 李双元主编 2013年5月
第二届"迎新春、送文化"春联征集优秀作品集 中国检察官文学艺术联合会 广东省检察官文学艺术联合会编 2013年5月
检察工作规律与检察管理研究 罗堂庆主编 2013年5月
职务犯罪预防指引(2013.2) 最高人民检察院职务犯罪预防厅编 2013年5月
法治评论道与技 王松苗著 2013年5月
检察理论与实务前沿(2012年) 河北省人民检察院法律政策研究室编 2013年5月
全国检察机关侦查监督检察建议书精选 万春主编 2013年5月
新刑事诉讼法实施中的人权保障机制建设 最高人民检察院渎职侵权检察厅 中国人权发展基金会编 2013年5月
检察理论与实践(2013年第1卷) 广西壮族自治区人民检察院主编 2013年5月
检察基础理论论丛(第1卷) 中国检察学研究会基础理论专业委员会编 2013年6月
中华人民共和国刑法、刑法修正案及相关司法解释适用大全 许金军主编 2013年6月
检察机关预防职务犯罪教程 宋寒松主编 2013年6月
小明微故事之寻法记 广州市黄埔区人民检察院编写 2013年6月
债权保护与追索瓶颈破解 王振友著 2013年6月
检察工作与社会管理创新理论与实践 陈旭主编 2013年6月
控告举报工作重点与方法 王高生主编 2013年6月
刑事举证责任研究 宁松著 2013年7月
行政执法和刑事司法衔接的理论与实践 杨永华主编 2013年7月
检察理念与实务研究集萃 张铁英主编 2013年7月

侦查监督实务与技巧　刘晴主编　2013年7月
检察业务文书制作方法与范例　刘晴主编　2013年7月
执行检察制度新论　孙加瑞著　2013年7月
民事检察制度新论　孙加瑞著　2013年7月
反贪工作指导（2013.3）　最高人民检察院反贪污贿赂总局编　2013年7月
职务犯罪预防指引（2013.3）　最高人民检察院职务犯罪预防厅编　2013年7月
刑事案例诉辩审评——抢劫罪、抢夺罪　梅传强主编　2013年8月
刑事案例诉辩审评——杀人罪、伤害罪　刘湘廉主编　2013年8月
论检察（龙宗智）　龙宗智著　2013年8月
论检察（张智辉）　张智辉著　2013年8月
贪污贿赂犯罪侦查谋略与技巧　吴克利著　2013年8月
中国检察年鉴（2012）　最高人民检察院《中国检察年鉴》编辑部编　2013年8月
优秀公诉人的路径与练成　王振峰　王伟主编　2013年8月
预防职务犯罪十五讲　吴岳坚著　2013年8月
监所检察工作指导（2013年第2辑）　最高人民检察院监所检察厅编　2013年8月
预防职务犯罪学刊（1301）　李广森主编　2013年8月
预防职务犯罪学刊（1302）　李广森主编　2013年8月
法律读库（2013年第1辑总第1辑）　赵志刚编著　2013年8月
社会转型期国家公职人员犯罪侦查　关福金著　2013年8月
大案背后　李玲　李剑峰主编　2013年8月
张仲瀚传奇　陈柯钧　谭征　陈虹著　2013年8月
检察机关执法规范培训学程（2013年版）　最高人民检察院组织编写　2013年8月
检察研究（2013年第1卷）　方晓林主编　2013年8月
民事行政检察指导与研究（总第12集）　最高人民检察院民事行政检察厅编　2013年8月
中国检察官文联年鉴（2012）　《中国检察官文联年鉴》编委会编　2013年9月
方工先生荣休文集　方工著　2013年9月
犯罪人处遇研究　周国强　鲁宽　刘春花　吴秋元著　2013年9月
诉讼法学研究（第18卷）　卞建林主编　2013年9月
刑事案例诉辩审评——合同诈骗罪　杨辉忠主编　2013年9月
检察机关新刑事诉讼法问题研究　邓思清主编　2013年9月
刑法规范精解集成　谭淼编著　2013年9月
党员干部警示教育学习读本　张强　姚晓滨主编　2013年9月
反贪工作指导（2013.4）　最高人民检察院反贪污贿赂总局编　2013年9月
中外检察法律研究　薛伟宏著　2013年9月
侦查监督指南（2013年第2辑：总第7辑）　最高人民检察院侦查监督厅编　2013年9月
法治思维与检察工作——第九届国家高级检察官论坛论文集　胡卫列　韩大元主编　2013年9月
遏制贿赂和促进诚信的创新之举——检察机关开展行贿犯罪档案查询工作的探索与实践　最高人民检察院职务犯罪预防厅行贿犯罪档案查询管理中心编　2013年9月
刑事案例诉辩审评——票据诈骗罪、信用卡诈骗罪、保险诈骗罪　高保京主编　2013年9月
刑事案例诉辩审评——诈骗罪　张淼主编　2013年9月
刑事案例诉辩审评——贷款诈骗罪　庄建南主编　2013年9月
刑事案例诉辩审评——交通肇事罪、危险驾驶罪　邓思清主编　2013年9月
刑事案例诉辩审评——非法经营罪、组织领导传销活动罪　刘晖　劳娃主编　2013年9月
刑事案例诉辩审评——集资诈骗罪　庄建南主编　2013年9月
行政检察制度论　张步洪著　2013年9月
检察理论与实践（2013年第2卷）　广西壮族自治区人民检察院主编　2013年9月
城乡规划领域公众参与机制研究　裴娜著　2013年9月
刑事司法改革试点研究　刘辉著　2013年9月
反渎职侵权工作指导与参考（2013第3辑）　最高

人民检察院渎职侵权检察厅编　2013年9月
监所检察案例教程　荣彰主编　2013年9月
贪污贿赂犯罪侦查案例教程　胡克勤主编　2013年9月
渎职侵权犯罪侦查案例教程　胡克勤主编　2013年9月
职务犯罪预防案例教程　秦文峰主编　2013年9月
侦查监督案例教程　严奴国主编　2013年9月
刑事申诉检察案例教程　王国宏主编　2013年9月
公诉案例教程　曹改莲主编　2013年9月
民事行政检察案例教程　王国宏主编　2013年9月
刑法应用一本通　江海昌编著　2013年9月
监所检察工作指导（2013年第3辑）　最高人民检察院编　2013年9月
刑事证据的收集、审查与运用　杨迎泽　孙锐主编　2013年9月
犯罪学教程　董士昙主编　2013年9月
检察机关执法规范培训教学大纲（2013年版）　国家检察官学院编著　2013年9月
教育管理与学生维权常用法律法规精编　最高人民检察院《法律手册》编委会编　2013年10月
贪污贿赂犯罪案件侦查实务　最高人民检察院反贪污贿赂总局编　2013年10月
贪污贿赂案件收集证据参考标准　徐进辉主编　2013年10月
反贪污贿赂岗位素能培训习题集　徐进辉主编　2013年10月
人民检察院刑事诉讼法律文书适用指南　陈国庆主编　2013年10月
民事办案图解一本通——程序法手册　付欣欣编著　2013年10月
中国证据制度的传统与近代化　郭成伟主编　2013年10月
反贪污贿赂工作实用法律法规汇编（2013版）　最高人民检察院反贪污贿赂总局编　2013年10月
刑事案例诉辩审评——侵犯知识产权罪　陈磊　卞飞　闵凯主编　2013年10月
刑事案例诉辩审评——盗窃罪　段启俊主编　2013年10月
刑事案例诉辩审评——寻衅滋事罪　孟庆华　马章民主编　2013年10月
贪污贿赂案件重点难点疑点新释新解　倪泽仁主编　2013年10月
检察笔录制作方法与技巧　薛伟宏著　2013年10月
反贪侦查岗位必备素能全书　张亮著　2013年10月
检察技术与信息化　赵志刚主编　2013年10月
信访救济手记　徐观潮著　2013年10月
死刑贪官　顾军主编　2013年10月
检察理论与实践（2013年第3卷）　广西壮族自治区人民检察院主编　2013年10月
边缘法学史　李振宇著　2013年10月
当代检察（2013.1：总第1辑）　《当代检察》编辑部编　2013年10月
检察学新论　石少侠主编　2013年10月
犯罪防控与平安中国建设——中国犯罪学学会年会论文集：2013年　张凌　郭立新　黄武主编　2013年10月
修改后刑事诉讼法适用与应对研究　河北省唐山市人民检察院编　2013年10月
渎职侵权犯罪侦查实务教程　胡克勤主编　2013年11月
检察案例与业务指导（第3辑）　重庆市人民检察院编　2013年11月
检察委员会委员常用工作手册（2013版）　最高人民检察院《法律手册》编委会编　2013年11月
刑事案例诉辩审评——黑社会（性质）组织犯罪　贾凌主编　2013年11月
刑事案例诉辩审评——强奸罪、拐卖妇女儿童罪　黎宏　何洋主编　2013年11月
刑事案例诉辩审评——妨害司法罪　周少华主编　2013年11月
刑事案例诉辩审评——走私罪　陈雷主编　2013年11月
侵权犯罪的司法认定与证据适用　缪树权　刘林呐著　2013年11月
检察研究（2013年第2卷）　徐安　方晓琳主编　2013年11月
民事行政检察精品案例选（第1辑）　最高人民检察院民事行政检察厅编　2013年11月
检察机关新进人员培训讲堂　刘林呐著　2013年11月

初任检察官培训专题讲义　石少侠　胡卫列主编　2013年11月

反渎职侵权工作指导与参考（2013年第4辑）　最高人民检察院渎职侵权检察厅编　2013年11月

关东解放区的人民检察制度·人民检察史丛书　赵建伟主编　2013年11月

中国检察机关反贪污贿赂工作情况报告　最高人民检察院著　2013年11月

刑事办案必备依据集成·主流观点·疑难案例（实体法分册）　郑智辉编著　2013年12月

侵财犯罪案件专业化公诉样本　李斌　葛燕　万兵　王帅著　2013年12月

反渎职侵权典型案例选编　李文峰主编　2013年12月

预防职务犯罪学刊（1303）　李广森主编　2013年12月

刑事司法论丛（第1卷）　孙长永主编　2013年12月

预防职务犯罪学刊（1304）　李广森主编　2013年12月

司法会计概论　于朝著　2013年12月

检察机关统一业务应用系统使用指引手册——检察机关统一业务应用系统概论　《检察机关统一业务应用系统使用指引手册》编辑委员会编　2013年12月

检察机关统一业务应用系统使用指引手册——职务犯罪预防业务　《检察机关统一业务应用系统使用指引手册》编辑委员会编　2013年12月

检察机关统一业务应用系统使用指引手册——检委办业务　《检察机关统一业务应用系统使用指引手册》编辑委员会编　2013年12月

检察机关统一业务应用系统使用指引手册——案件管理业务　《检察机关统一业务应用系统使用指引手册》编辑委员会编　2013年12月

检察机关统一业务应用系统使用指引手册——侦查监督业务　《检察机关统一业务应用系统使用指引手册》编辑委员会编　2013年12月

检察机关统一业务应用系统使用指引手册——公诉业务　《检察机关统一业务应用系统使用指引手册》编辑委员会编　2013年12月

检察机关统一业务应用系统使用指引手册——反贪污贿赂业务　《检察机关统一业务应用系统使用指引手册》编辑委员会编　2013年12月

检察机关统一业务应用系统使用指引手册——渎职侵权检察业务　《检察机关统一业务应用系统使用指引手册》编辑委员会编　2013年12月

检察机关统一业务应用系统使用指引手册——监所检察业务　《检察机关统一业务应用系统使用指引手册》编辑委员会编　2013年12月

检察机关统一业务应用系统使用指引手册——民事行政检察业务　《检察机关统一业务应用系统使用指引手册》编辑委员会编　2013年12月

检察机关统一业务应用系统使用指引手册——控告检察业务　《检察机关统一业务应用系统使用指引手册》编辑委员会编　2013年12月

检察机关统一业务应用系统使用指引手册——刑事申诉检察业务　《检察机关统一业务应用系统使用指引手册》编辑委员会编　2013年12月

检察机关统一业务应用系统使用指引手册——铁路运输检察业务　《检察机关统一业务应用系统使用指引手册》编辑委员会编　2013年12月

检察机关统一业务应用系统使用指引手册——人民监督员业务　《检察机关统一业务应用系统使用指引手册》编辑委员会编　2013年12月

检察机关统一业务应用系统使用指引手册——死刑复核检察业务　《检察机关统一业务应用系统使用指引手册》编辑委员会编　2013年12月

检察机关统一业务应用系统使用指引手册——检察技术业务　《检察机关统一业务应用系统使用指引手册》编辑委员会编　2013年12月

检察机关统一业务应用系统使用指引手册——电子签章与身份认证使用指引手册　《检察机关统一业务应用系统使用指引手册》编辑委员会编　2013年12月

检察机关统一业务应用系统使用指引手册——运维管理教程　《检察机关统一业务应用系统使用指引手册》编辑委员会编　2013年12月

检察机关统一业务应用系统使用指引手册——系统二次开发教程　《检察机关统一业务应用系统使用指引手册》编辑委员会编　2013年12月

人民检察制度的历史变迁·人民检察史丛书　孙谦主编　2013年12月

未成年人刑事检察制度研究　周军　高维俭主编　2013年12月

反渎职侵权工作指导与参考（2013年第5辑）　最高人民检察院渎职侵权检察厅编　2013年12月

检察理论与实践（2013年第4卷） 广西壮族自治区人民检察院主编 2013年12月
职务犯罪侦查文书填制要领 薛伟宏著 2013年12月
未成年人刑事检察论纲 万春 黄建波主编 2013年12月
职务犯罪认定与侦查实务精解 郑广宇 王会丽主编 2013年12月
司法评论（第4卷） 谢佑平主编 2013年12月
职务犯罪预防指引（2013.4） 最高人民检察院职务犯罪预防厅编 2013年12月
鄂豫皖革命根据地人民检察制度的发展 刘建国主编 2013年12月
中央苏区人民检察制度的初创和发展·人民检察史丛书 林海主编 2013年12月
反贪工作指导（2013.6） 最高人民检察院反贪污贿赂总局编 2013年12月
知云短语 张志云著 2013年12月
山东抗日根据地的人民检察制度 吕涛主编 2013年12月
陕甘宁边区的人民检察制度·人民检察史丛书 巩富文主编 2013年12月
检察疑难案件解析（2013年） 北京市门头沟区人民检察院编 2013年12月
刑事案例诉辩审评——走私、贩卖、运输、制造毒品罪 曾粤兴主编 2013年12月
刑事案例诉辩审评——生产销售伪劣商品罪 刘晓刚主编 2013年12月
刑事案例诉辩审评——渎职罪 刘为波 秦雪娜 方军主编 2013年12月
刑事案例诉辩审评——破坏金融管理秩序罪 吴卫军主编 2013年12月
刑事案例诉辩审评——危害税收征管罪 周洪波主编 2013年12月
刑事案例诉辩审评——职务侵占罪、挪用资金罪 莫开勤 罗庆东主编 2013年12月
刑事案例诉辩审评——绑架罪、非法拘禁罪 李永升主编 2013年12月
民事检察监督制度研究 刘东平 赵信会 张光辉编著 2013年12月
检察官札记 王福成主编 2013年12月
检察机关党的建设理论研讨文集 中共最高人民检察院机关委员会编 2013年12月
分州市院3+2公诉动态管理模式 张伟军著 2013年12月
司法会计师业务与案例·司法会计理论与实务丛书 于朝著 2013年12月
中国司法会计师执业准则（专家拟制稿）·司法会计理论与实务丛书 于朝 庞建兵著 2013年12月
岳麓刑事法论坛（第2卷） 邱兴隆主编 2013年12月
岳麓刑事法论坛（第3卷） 邱兴隆主编 2013年12月
渎职罪规范研究 卢海霞 张伟珂 王聚强 王新光著 2013年12月
司法会计鉴定实务·司法会计理论与实务丛书 于朝著 2013年12月
司法会计检查实务·司法会计理论与实务丛书 于朝著 2013年12月
监所检察工作指导（2013年第4辑） 最高人民检察院监所检察厅编 2013年12月
看守所检察监督实证与比较研究 叶小琴 李婕 王少博著 2013年12月
税收犯罪的司法实践与理论探索——税收刑法学的多维视角研究 肖太福 曾明生著 2013年12月
检察理论与实务热点研究（2013年） 北京市门头沟区人民检察院编 2013年12月
刑事疑难案例精析 罗堂庆主编 2013年12月
人民检察院组织法修改研究 刘东平 赵信会 逯其彦著 2013年12月
证据法专论 刘东平 赵信会 赵东著 2013年12月
中国慈善事业法律体系建构研究 胡卫萍 赵志刚著 2013年12月
社会组织建设的法治化路径 王利军等著 2013年12月
涉众型经济犯罪专业化公诉样本 王伟 马迎辉 杨鹏飞著 2013年12月
廉史鉴 张耕主编 2013年12月
网络犯罪案件专业化公诉样本 孙春雨 韩雪 郭俐编著 2013年12月
廉政文化与检察队伍建设研究——第二届检察文化论坛获奖论文集 张耕主编 2013年12月
查办渎职侵权犯罪案件方法与技巧 李文生主编

2013年12月
公良正反腐记 程德慎著 2013年12月
最严格水资源管理制度河北实施论 丁渠著 2013年12月
法治进程中的社会组织发展研究 郭广辉等著 2013年12月
职务犯罪预防指引(2013.5) 最高人民检察院职务犯罪预防厅编著 2013年12月
2014国家司法考试法律法规汇编 原永红 许海波 公续亮 杨红梅 瞿改卉 李彦 董瑜 张华 于伟赞编著 2013年12月

马克思法哲学的当代阐释 武建敏著 2013年12月
职务犯罪侦查教程(第三版) 朱孝清著 2013年12月
西部检察(第5卷) 黄常明主编 2013年12月
检察权优化配置研究 张智辉主编 2013年12月
检察手册(2010) 最高人民检察院法律政策研究室编 2013年12月
检察理论与实践(2013年第5卷) 广西壮族自治区人民检察院主编 2013年12月

(中国检察出版社)

2013年部分检察理论检察工作文章目录

一、检察制度与司法改革

走中国特色社会主义法治道路 孙谦 《求是》2013年第6期
建立健全检察诉讼监督机制 杨迎泽 蒋建国 薛伟宏 《检察日报》2013年1月23日
检察机关考核考评制度科学化研究 乔汉荣 《检察日报》2013年2月4日
法治构建的中国道路 孙谦 《检察日报》2013年2月18日
探索主任检察官办案组织制度 陈宝富 《检察日报》2013年4月2日
检察机关的公权监督与私权救济 谢鹏程 《检察日报》2013年5月8日
完善立法推动检察制度向前发展 王守安 《检察日报》2013年6月3日
司法改革背景下的检察改革 陈卫东 《检察日报》2013年7月23日
探索建立科学的检察办案组织 陈旭 《检察日报》2013年8月19日
刑事诉讼目的转型与诉讼法律监督 樊崇义 《检察日报》2013年9月3日
深入实施刑事诉讼法应加快检察理念更新 卢乐云 《检察日报》2013年12月18日
刑诉法修改与检察制度发展 向泽选 《人民检察》2013年第1期
探究检察原理关注制度运行 王守安 《人民检察》2013年第3期

深化我国铁路运输检察体制改革的若干思考 徐向春 《人民检察》2013年第4期
检察机关内部监督工作机制的创新和完善 李明蓉 《人民检察》2013年第4期
检察机关内部监督机制的运行与完善 沈曙昆 张福全 贾永强 《人民检察》2013年第6期
检察官制度改革要论 张步洪 《人民检察》2013年第6期
走中国特色社会主义法治道路 孙谦 《人民检察》2013年第7期
检察理论要从司法实践中汲取滋养 向泽选 《人民检察》2013年第7期
检察机关对公安派出所监督机制实证研究 检察机关对公安派出所监督机制研究课题组 《人民检察》2013年第9期
主任检察官制度的实践探索 潘祖全 《人民检察》2013年第10期
检察权内部配置若干问题研究 王传红 关雅红 维英 《人民检察》2013年第14期
主任检察官制改革探索调查 蔡雅奇 《人民检察》2013年第14期
主诉(办)检察官制度改革回顾及启示 邓思清 《人民检察》2013年第14期
检察官办案责任制比较研究 蔡巍 《人民检察》2013年第14期
论主诉检察官办案责任制 于双彪 《人民检察》2013年第17期

主办检察官负责制的框架设计与核心要素　徐汉明
　　金鑫等　《人民检察》2013年第19期
检察工作主题的更新发展　向泽选　《人民检察》
　　2013年第21期
检察工作效果管理机制的构建　路志强　《中国刑
　　事法杂志》2013年第9期
检察一体的历史与现实　邵晖　《国家检察官学院
　　学报》2013年第1期
检察权内部配置与检察机关内设机构改革　邓思清
　　《国家检察官学院学报》2013年第2期
对我国检察官职业伦理的初步认识　张志铭
　　徐媛媛　《国家检察官学院学报》2013年第5期
新一轮检察改革的三个问题　程雷　《国家检察官
　　学院学报》2013年第5期
乡镇检察室制度及其发展　周光清　胡勇　《国家
　　检察官学院学报》2013年第5期
司法改革：问题与思考　张智辉　《国家检察官学
　　院学报》2013年第5期
台湾地区检察事务官制度改革的经验及启示
　　万毅　《中国检察官》2013年第1期(上)
试论鄂豫皖革命根据地对前苏联早期检察制度的
　　移植　司凌丽　龚坚强　《中国检察官》2013年
　　第6期(上)
关于深化司法改革若干问题的思考　陈光中　龙
　　宗智　《中国法学》2013年第4期
新时期检察改革的进路　向泽选　《中国法学》
　　2013年第5期
完善检察机关"捕诉衔接"工作机制研究　天津市
　　河北区人民检察院课题组　《法学杂志》2013年
　　第1期
列宁一般监督理论的制度实践与借鉴价值　王建国
　　《法学评论》2013年第2期
列宁检察垂直领导理论及其实践价值　王建国
　　《法律科学》2013年第3期

二、司法解释司法文件解读

解读"两高"关于办理盗窃刑事案件司法解释
　　陈国庆　韩耀元　宋丹　《检察日报》2013年6
　　月5日
危害食品安全犯罪两个基本罪名的定罪量刑标准
　　卢宇蓉　吴峤滨　《检察日报》2013年7月5日

如何理解适用危害食品安全犯罪相关规定　卢宇蓉
　　吴峤滨　《检察日报》2013年7月7日
网络诽谤入罪标准的细化科学合理　赵秉志
　　袁彬　《检察日报》2013年9月18日
《关于办理妨害国(边)境管理刑事案件应用法律若
　　干问题的解释》理解与适用　陈国庆　韩耀元
　　吴峤滨　《人民检察》2013年第3期
《关于办理行贿刑事案件具体应用法律若干问题的
　　解释》理解与适用　陈国庆　韩耀元　宋丹
　　《人民检察》2013年第3期
《关于办理渎职刑事案件适用法律若干问题的解释
　　(一)》理解与适用　陈国庆　韩耀元　卢宇蓉
　　吴峤滨　《人民检察》2013年第5期
《关于行贿犯罪档案查询工作的规定》解读　柳晞春
　　《人民检察》2013年第6期
《关于加强和改进刑事申诉检察工作的意见》解读
　　吴旭明　《人民检察》2013年第9期
《关于办理危害食品安全刑事案件适用法律若干问题
　　的解释》理解与适用　陈国庆　韩耀元　吴峤滨
　　《人民检察》2013年第13期
《人民检察院司法警察条例》解读　王少峰　《人民
　　检察》2013年第14期
《关于办理敲诈勒索刑事案件适用法律若干问题的
　　解释》理解和适用　陈国庆　韩耀元　卢宇蓉
　　宋丹　《人民检察》2013年第14期
《关于办理寻衅滋事刑事案件适用法律若干问题的
　　解释》理解与适用　陈国庆　韩耀元　侯庆奇
　　《人民检察》2013年第20期
《关于办理利用信息网络实施诽谤等刑事案件适用
　　法律若干问题的解释》解读　最高人民检察院法
　　律政策研究室　《人民检察》2013年第23期

三、职务犯罪检察

以制度的建立破解反腐"梗阻"　吴建雄　《检察日
　　报》2013年1月8日
遏制腐败必须严惩行贿犯罪　徐进辉　阿儒汗
　　《检察日报》2013年4月22日
职务犯罪适用指定居所监视居住的三个要点
　　郑广宇　《检察日报》2013年5月21日
对贪贿犯罪要注重适用资格刑财产刑　罗猛　《检
　　察日报》2013年6月26日

预防工作要实现理论实践制度创新　陈正云　《检察日报》2013年8月12日

职务犯罪侦查若干"新问题"释疑　万毅　《检察日报》2013年9月25日

职务犯罪预防工作具有四大价值　陈正云　《检察日报》2013年11月13日

中介组织贪污贿赂犯罪及对策　徐进辉　詹复亮　《人民检察》2013年第2期

职务犯罪侦查模式的转变　李伟泉　《人民检察》2013年第2期

检察机关预防调查制度基本问题研究　宋寒松　《人民检察》2013年第8期

技术侦查立法与职务犯罪侦查模式转变　甄贞　张慧明　《人民检察》2013年第9期

职务犯罪侦查中辩护律师权利保障　单民　董坤　《人民检察》2013年第12期

职务犯罪案件逮捕措施适用状况实证分析　张际枫　孙军　《人民检察》2013年第14期

职务犯罪关联案件并案侦查机制研究　顾军　马军　许婷　《人民检察》2013年第24期

纪检监察机关与检察机关办案证据衔接及拓宽机制研究　邹绯箭　郭华　《中国刑事法杂志》2013年第1期

职务犯罪轻刑化法律监督探讨　杨凤宁　何斐明　《中国刑事法杂志》2013年第1期

我国非法证据排除制度的完善对防治腐败的启示　宋寒松　《中国法学》2013年第6期

论职务犯罪技术侦查措施的批准与执行　甄贞　张慧明　《法学杂志》2013年第3期

职务犯罪侦查权独立性研究——以法律监督为视角　刘广三　马云雪　《法学杂志》2013年第6期

四、刑事诉讼法律监督

侦监部门实施修改后刑诉法需把握若干问题　万春　《检察日报》2013年1月7日

监所检察部门执行修改后刑诉法应注意几个问题　袁其国　《检察日报》2013年1月14日

审查起诉阶段如何进行羁押必要性审查　刘凌轩　赵亮　《检察日报》2013年1月15日

非法证据排除三问题研究　马贵翔　胡巧绒　《检察日报》2013年1月21日

完善死刑复核法律监督工作机制　刘仁文　郭莉　《检察日报》2013年1月30日

侦查阶段证据合法性审查六议题　刘景　《检察日报》2013年2月3日

以监所检察工作为视角看巡视检察　袁其国　《检察日报》2013年2月25日

准确掌握侦查文书制作新要求　王会丽　《检察日报》2013年3月10日

检察机关介入刑事和解对策探析　熊欣　《检察日报》2013年5月12日

对"坚守防止冤假错案底线"的几点认识　朱孝清　《检察日报》2013年7月8日

新时期侦查监督工作特点与定位　苗生明　《检察日报》2013年7月22日

细化措施提高侦查监督履职能力　贾世民　《检察日报》2013年7月26日

突出监督重点增强监督合力　印仕柏　《检察日报》2013年7月29日

我国证人保护制度构想　于天敏　《检察日报》2013年7月31日

审查逮捕致力于司法化、公开化　周越强　《检察日报》2013年8月2日

强化客观公正义务做好侦监工作　黄卫平　古卫爽　《检察日报》2013年8月9日

做好侦查监督工作，规范化是基础　郑锦春　《检察日报》2013年8月16日

规范证据运用防止冤假错案　卞建林　邹长恩　《检察日报》2013年9月11日

刑事诉讼中司法权力规制及法律监督　肖振猛　付文利　《检察日报》2013年10月9日

修改后刑诉法的实施与看守所检察工作　袁其国　《检察日报》2013年11月20日

检察机关推进电子数据取证工作的实践思考　常智余　《人民检察》2013年第2期

检察机关技术侦查权限的界定与规范　郭华　《人民检察》2013年第3期

刑事辩护与检察　朱孝清　《人民检察》2013年第5期

刑事错案理性预防思考　蓝向东　《人民检察》2013年第7期

监所检察部门临场监督执行死刑问题初探　樊石虎
　　《人民检察》2013年第8期
减刑假释案件庭审检察监督的制度构建　高祥阳
　　许世腾　《人民检察》2013年第10期
侦查监督的工作格局　朱孝清　《人民检察》2013年第14期
指定居所监视居住的侦查监督实务问题分析
　　元明　张庆彬　朱荣力　《人民检察》2013年第17期
财产刑执行检察监督制度研究　尚爱国　《人民检察》2013年第18期
侦查环节犯罪嫌疑人权利实现机制探讨　李忠诚
　　《人民检察》2013年第22期
刑事执行检察监督的若干问题　周伟　《人民检察》2013年第24期
侦查环节的权利保障机制初探　苏喜民　阎玮
　　《中国刑事法杂志》2013年第1期
论检察机关出席第二审法庭的机制构建及完善
　　李俊　《中国刑事法杂志》2013年第2期
试析审查逮捕环节排除非法证据的程序构建
　　冯兴吾　刁岚松　《中国刑事法杂志》2013年第3期
防范刑讯逼供的制度机制研究　夏黎阳　王艳阳
　　《中国刑事法杂志》2013年第4期
刑事立案监督的困境及破解路径　孙琴　邓勇
　　《中国刑事法杂志》2013年第5期
检察机关强制医疗法律监督问题研究　刘延祥
　　李洪涛　《中国刑事法杂志》2013年第5期
公诉环节羁押必要性审查的制度构建　戚进松
　　刘丽娜　《中国刑事法杂志》2013年第6期
论监视居住制度的司法完善　汪建成　胡星昊
　　《中国刑事法杂志》2013年第6期
实然与应然：新刑事诉讼法适用下的未成年人检察工作检讨与展望　桂万先　李艳　《中国刑事法杂志》2013年第7期
论检察机关办理未成年人刑事案件社会调查的路径　彭智刚　卫杰　《中国刑事法杂志》2013年第9期
我国检察机关侦查监督模式的问题及完善路径
　　何秉群　陈玉忠　王雷　《中国刑事法杂志》2013年第10期
论检察机关对死刑二审案件的法律监督　刘仁文
　　田森　《中国刑事法杂志》2013年第11期

论刑事检察理念的更新　卢乐云　《中国刑事法杂志》2013年第12期
侦查监督工作贯彻新刑诉法若干问题　万春　《国家检察官学院学报》2013年第1期
刑事诉讼规则在公诉工作中的理解与适用　黄河
　　《国家检察官学院学报》2013年第1期
刑事诉讼规则在反贪工作中的理解与适用　最高人民检察院反贪污贿赂总局　《国家检察官学院学报》2013年第1期
刑事诉讼规则在监所工作中的理解与适用　袁其国
　　《国家检察官学院学报》2013年第1期
尊重和保障人权与诉讼法律监督　樊崇义　《国家检察官学院学报》2013年第1期
人民检察院适用非法证据排除规则若干问题的思考
　　陈卫东　《国家检察官学院学报》2013年第1期
捕后羁押必要性审查制度的理解与适用　顾永忠
　　李辞　《国家检察官学院学报》2013年第1期
检察机关排除非法证据机制建设　卢乐云　《国家检察官学院学报》2013年第2期
检察机关不批捕案件复核工作研究　朱士阔　《国家检察官学院学报》2013年第4期
刑事执行检察：监所检察理论与实践的发展　周伟
　　《国家检察官学院学报》2013年第4期
新刑诉法实施中检察工作面临的问题及对策
　　甄贞　《国家检察官学院学报》2013年第6期
强制医疗程序及其检察监督　王志坤　《国家检察官学院学报》2013年第6期
公安派出所刑事执法的检察监督　元明　张庆彬
　　《国家检察官学院学报》2013年第6期
审查逮捕听证制度研究　肖中华　饶明党　林静
　　《法学杂志》2013年第12期

五、公诉制度研究

附条件不起诉适用把握五个条件　尚蠹弘　《检察日报》2013年2月6日
重新厘定公诉人角色定位　万毅　《检察日报》2013年3月25日
附条件不起诉的附加条件具有五性　杜邈　《检察日报》2013年4月3日
简易程序公诉工作不能"简而无当"　王世楠　《检察日报》2013年7月21日
"点、线、面、体"：公诉防错案方法论　卢乐云　《检察日报》2013年9月4日

存疑不起诉：防止冤假错案的重要关口　崔峰　张宇宏　《检察日报》2013年9月11日

附条件不起诉义务规定的衡量与适用　郭斐飞　《检察日报》2013年10月18日

附条件不起诉制度若干问题研究　张寒玉　吕卫华　《人民检察》2013年第9期

公诉环节非法证据排除规则的适用　黄曙　张提　周甲准　《人民检察》2013年第10期

试论刑事撤诉　朱孝清　《人民检察》2013年第18期

附条件不起诉制度的规范架构与完善建议　范仲瑾　《人民检察》2013年第21期

论我国新刑事诉讼法下的公诉方式变革　韩红兴　《中国刑事法杂志》2013年第4期

检视与完善：我国未成年人附条件不起诉制度若干问题探讨　张中剑　《中国刑事法杂志》2013年第7期

人权保障视角下公诉工作转型的现实思考　黄曙　张提　《中国刑事法杂志》2013年第10期

试论附条件不起诉之适用问题　郭建龙　刘奎芬　《中国刑事法杂志》2013年第11期

附条件不起诉制度的适用　程晓璐　《国家检察官学院学报》2013年第6期

六、民事行政诉讼法律监督

控告检察部门民事监督案件接访流程建议　张弛　《检察日报》2013年1月22日

民事检察制度在修法后得到重大完善　邵世星　《检察日报》2013年1月28日

行政诉讼法修改与检察制度的完善　祁菲　《检察日报》2013年2月8日

以正确监督理念促进民事检察工作发展　郑青　《检察日报》2013年2月20日

准确把握民事诉讼法律监督职能定位　俞大军　《检察日报》2013年2月22日

民事检察工作的转型发展　傅国云　《检察日报》2013年2月25日

强化对民事审判违法行为的监督　雷丰超　《检察日报》2013年2月27日

民事检察：厘清监督理念　改进监督方式　肖中杨　《检察日报》2013年3月1日

找准定位确保民事执行监督实效　广民检　《检察日报》2013年3月6日

检察机关介入民事诉讼方式辨析　彭建安　《检察日报》2013年3月18日

完善民事检察业务管理机制的路径　郑锦春　《检察日报》2013年4月17日

民事抗诉制度要把握四大"主义"　汤维建　《检察日报》2013年5月6日

民事检察制度在逐步强化　汤维建　《检察日报》2013年8月21日

民行执行监督立法技术体现三个价值　汤维建　《检察日报》2013年9月23日

民事检察和解构建探讨　赵芳芳　《人民检察》2013年第2期

民事检察监督模式的内容与形式　北京市门头沟区人民检察院课题组　《人民检察》2013年第3期

新形势下民事抗诉制度的优化发展　李强　《人民检察》2013年第8期

完善民事检察业务管理机制的路径选择　郑锦春　乌兰　《人民检察》2013年第12期

民事执行检察监督基本问题辨析　巩富文　黄海　《人民检察》2013年第23期

我国行政检察监督的缺陷及立法完善　葛晓燕　《人民检察》2013年第24期

民事强制执行与检察监督　肖建国　《国家检察官学院学报》2013年第1期

民事检察监督制度的定位　汤维建　《国家检察官学院学报》2013年第2期

我国民事检察的功能定位和权力边界　最高人民检察院法律政策研究室　《中国法学》2013年第4期

七、检察机关刑事申诉与刑事赔偿

完善信访制度的几点思考　朱孝清　《人民检察》2013年第3期

国家赔偿执法工作中的若干重大疑难问题　尹伊君　《人民检察》2013年第12期

刑事诉讼规则在控告检察工作中的理解与适用　王小新　李高生　《国家检察官学院学报》2013年第1期

刑事申诉检察工作面临的挑战及应对　穆红玉　《国家检察官学院学报》2013年第1期

八、案件管理

案件管理监督职能理论问题探究 王晋 《人民检察》2013年第19期

《全国检察机关统一业务应用系统使用管理办法（试行）》解读 王晋 刘志远 《人民检察》2013年第22期

以刑事诉讼规则为指导推进案件管理工作 王晋 《国家检察官学院学报》2013年第1期

检察机关案件管理模式的扁平化 钱业桐 《国家检察官学院学报》2013年第6期

检察机关案件管理类型化研究 胡勇 胡涛 《中国检察官》2013年第2期（上）

（最高人民检察院法律政策研究室）

第十部分

大事记

第十階段

大審判

2013年检察机关大事记

一月

4日 最高人民检察院印发《关于印发〈最高人民检察院关于民事行政检察工作情况的报告〉的通知》。

9日 最高人民检察院在机关召开部分省级检察院检察长述职述廉报告工作会议。最高人民检察院检察长曹建明出席并讲话,常务副检察长胡泽君主持,副检察长邱学强等领导出席。

10日至11日 最高人民检察院在北京召开全国检察长会议。最高人民检察院检察长曹建明出席并讲话,常务副检察长胡泽君主持,副检察长邱学强等领导出席。各省级检察院检察长,解放军各大单位检察院检察长,最高人民检察院机关各内设机构、各直属事业单位负责人参加会议。胡泽君常务副检察长作总结讲话。

10日 最高人民检察院在北京召开特约检察员、专家咨询委员座谈会。最高人民检察院检察长曹建明出席并讲话,常务副检察长胡泽君主持,副检察长邱学强出席。45名特约检察员、专家咨询委员参加座谈会。

15日 最高人民检察院印发《关于印发全国检察长会议文件的通知》。

17日至18日 最高人民检察院在湖南长沙召开全国检察机关第二次刑事申诉检察工作会议。最高人民检察院常务副检察长胡泽君出席并讲话,湖南省委常委、政法委书记孙建国出席并致辞,最高人民检察院副检察长柯汉民主持,湖南省人民检察院检察长龚佳禾、党组书记游劝荣出席会议。各省级检察院分管副检察长和刑事申诉(控申)检察部门负责人参加会议。柯汉民副检察长作会议总结。

22日 最高人民检察院在机关召开离退休干部座谈会,最高人民检察院检察长曹建明主持,常务副检察长胡泽君介绍2012年检察工作主要情况和2013年主要安排,副检察长张常韧、政治部主任李如林出席会议。

23日 最高人民检察院检察长曹建明会见联合国秘书长代表迪米隆和国际反贪局联合会副主席维特,常务副检察长胡泽君参加会见。

29日 最高人民检察院在机关召开全国检察机关电视电视会议,最高人民检察院常务副检察长胡泽君主持并讲话,副检察长姜建初、柯汉民分别讲话,邀请最高人民法院立案一庭庭长姜启波、立案二庭庭长郑学林分别作经验介绍。各省级检察院检察长,分管民事行政检察、控告申诉检察部门的院领导参加各地分会场会议。

二月

1日 最高人民检察院在机关召开最高人民检察院机关2012年度总结表彰会暨春节团拜会,最高人民检察院检察长曹建明出席,常务副检察长胡泽君讲话,副检察长邱学强主持,副检察长朱孝清等领导出席,政治部主任李如林宣读表彰决定。

6日 最高人民检察院印发《关于印发〈检察机关执法工作基本规范(2013年版)〉的通知》。

20日 最高人民检察院检察长曹建明主持召开座谈会,听取社会各界人士对最高人民检察院工作报告(征求意见稿)的意见。常务副检察长胡泽君、副检察长邱学强出席。中国航天科工集团第二研究院党委副书记、纪委书记马杰等10人应邀请出席座谈会。

21日至22日 最高人民检察院在北京召开全国检察机关反腐倡廉建设工作会议。最高人民检察院检察长曹建明出席并讲话,常务副检察长胡泽君主持,副检察长邱学强等领导出席。全国检察机关反腐倡廉建设工作会议代表参加主会场会议。各省级检察院领导班子成员参加各分会场会议。中央纪委驻最高人民检察院纪检组组长莫文秀作工作报告。

26日 最高人民检察院检察长曹建明会见阿塞拜疆驻华大使拉季夫·甘基洛夫一行。

三月

4日 最高人民检察院在机关召开"两会"检察系统人大代表、政协委员和列席人员座谈会。最高人民检察院检察长曹建明主持并讲话,常务副检察长胡泽君通报《最高人民检察院工作报告》有关情况,副检察长邱学强等领导出席。出席"两会"的检察系统人大代表、政协委员,列席人大会的省级检察院检察长参加座谈会。

10日　最高人民检察院检察长曹建明在十二届全国人大一次会议第三次全体会议上作最高人民检察院工作报告。常务副检察长胡泽君、副检察长邱学强等领导列席会议。

15日　在十二届全国人大一次会议第五次全体会议上，曹建明同志当选为最高人民检察院检察长。常务副检察长胡泽君、副检察长邱学强等领导列席会议。

19日　最高人民检察院党组书记、检察长曹建明主持召开党组扩大会，听取"两会"各旁听小组汇报代表、委员对最高人民检察院工作报告的审议意见并研究贯彻"两会"精神的意见，常务副检察长胡泽君、副检察长邱学强等领导出席。

20日　最高人民检察院印发《关于印发十二届全国人大一次会议〈关于最高人民检察院工作报告的决议〉和曹建明检察长在会上所作的〈最高人民检察院工作报告〉的通知》。

22日　最高人民检察院在机关召开全国检察机关学习贯彻全国"两会"精神电视电话会议。最高人民检察院检察长曹建明出席并讲话，常务副检察长胡泽君主持，副检察长邱学强等领导出席。各省级人民检察院和已开通视频会议系统的市、县级人民检察院领导，各大军区检察院检察长参加各地分会场会议。

25日　最高人民检察院印发《最高人民检察院关于加强和改进刑事申诉检察工作的意见》和《最高人民检察院关于深入推进民事行政检察工作科学发展的意见》。

26日至27日　最高人民检察院在北京召开全国检察机关队伍建设工作会议暨第五届全国先进基层检察院表彰大会。在26日上午的大会上，中共中央政治局委员、中央政法委书记孟建柱出席并讲话，最高人民检察院检察长曹建明主持并讲话，常务副检察长胡泽君，副检察长邱学强等领导出席，政治部李如林主任宣读《关于表彰第五届"全国先进基层检察院"和"全国检察机关基层检察院建设组织奖"先进集体的决定》。各省级检察院政治部主任、军事检察院有关负责人，全国先进基层检察院代表参加会议。李如林主任作工作报告。

27日　最高人民检察院在机关举行最高人民检察院党组中心组（扩大）学习党章专题辅导报告会，邀请中央党校教授叶笃初作"认真学习领会十八大党章的新内容新要求"专题报告。最高人民检察院检察长曹建明出席，常务副检察长胡泽君主持，副检察长邱学强等领导出席。

28日　最高人民检察院、中共江苏省委在江苏南京联合召开命名表彰大会，授予江苏省南京市检察院职务犯罪预防局局长林志梅同志全国"模范检察官"、"全省优秀共产党员"荣誉称号。最高人民检察院检察长曹建明，江苏省委书记罗志军出席并分别讲话，最高人民检察院政治部主任李如林宣读最高人民检察院《关于授予林志梅同志全国"模范检察官"荣誉称号的决定》，江苏省委常委、政法委书记李小敏宣读江苏省委《关于授予林志梅同志"全省优秀共产党员"荣誉称号的决定》，江苏省检察院检察长徐安介绍林志梅同志先进事迹，林志梅同志作专题发言。

四月

6日至15日　最高人民检察院检察长曹建明率中国检察代表团赴印度出席国际反贪局联合会执委会议并访问阿塞拜疆。

8日　最高人民检察院印发《孟建柱同志在全国检察机关队伍建设工作会议暨第五届全国先进基层检察院表彰大会上的讲话》。

18日　最高人民检察院检察长曹建明会见新加坡总检察长庄泓翔一行，常务副检察长胡泽君参加会见。

22日　中共中央政治局委员、中央政法委书记孟建柱同志到最高人民检察院调研司法改革工作，主持召开座谈会并作重要讲话。中央政法委副秘书长陈训秋、王其江、姜伟陪同调研并出席座谈会。最高人民检察院检察长曹建明汇报关于进一步加强检察机关自身监督和法律监督工作的意见，常务副检察长胡泽君、副检察长邱学强等领导先后发言。

25日　最高人民检察院检察长曹建明会见比利时驻华大使奈斯一行。

五月

9日　最高人民检察院印发《关于印发〈人民检察司法警察条例〉的通知》。

14日至15日　最高人民检察院在上海召开第十四届全国检察理论研究年会。最高人民检察院副检察长孙谦出席并讲话，上海市人大常委会副主任薛潮、上海市人民检察院检察长陈旭出席并分别致辞。最高人民检察院检察理论研究领导小组成员、各省级检察院研究室主任、2012年度最高人民检察院重点课题组代表、入选年会论文作者和获奖作者代表参加会议。

20日 最高人民检察院举行党组中心组(扩大)学习专题辅导报告会,邀请中国社会科学院党组副书记、副院长李慎明同志作"正确认识当前意识形态领域形势,切实提高领导意识形态工作能力"专题报告。最高人民检察院检察长曹建明出席,常务副检察长胡泽君主持,副检察长孙谦等领导出席。

21日 最高人民检察院在国家检察官学院召开省级检察院新任检察长培训班学员座谈会。最高人民检察院检察长曹建明主持并讲话,常务副检察长胡泽君等领导出席。省级检察院新任检察长培训班学员先后在座谈会上发言。

22日 最高人民检察院检察长曹建明会见韩国大法院院长梁承泰一行。

23日至24日 最高人民检察院在山东济南召开全国检察机关深入推进统一业务应用软件平台建设会议。最高人民检察院副检察长柯汉民出席并讲话,山东省委常委、政法委书记才利民,山东省人民检察院检察长吴鹏飞出席会议并致辞。各省级检察院分管院领导和信息技术部门的负责人参加会议。

29日 最高人民检察院在机关召开全国检察机关电视电话会议。最高人民检察院检察长曹建明出席会议并讲话,副检察长朱孝清主持会议,副检察长孙谦等领导出席会议。各省级检察院领导参加各地分会场会议。

30日 最高人民检察院检察长曹建明会见哈萨克斯坦总检察长道巴耶夫一行,检察委员会专职委员张德利参加会见。

六月

4日 最高人民检察院、中共青海省委在青海西宁联合召开授予青海省西宁市检察院公诉处副处长沙沨同志全国"模范检察官"荣誉称号命名表彰大会。最高人民检察院检察长曹建明,青海省委书记、省人大常委会主任骆惠宁出席并讲话,最高人民检察院政治部主任李如林宣读最高人民检察院《关于授予沙沨同志全国"模范检察官"荣誉称号的决定》,青海省委常委、政法委书记王令浚出席,青海省人民检察院检察长王晓勇主持会议。

17日 最高人民检察院印发《关于充分发挥检察职能深入推进平安中国建设的通知》。

21日至22日 最高人民检察院在吉林长春召开全国检察机关第四次侦查监督工作会议。最高人民检察院检察长曹建明、吉林省委书记王儒林出席会议并分别讲话,最高人民检察院副检察长朱孝清主持会议,吉林省委常委、政法委书记金振吉,吉林省人民检察院检察长杨克勤出席会议。各省级检察院分管副检察长、侦查监督部门负责人,两届全国十佳侦查监督检察官和侦监工作联系点代表等参加会议。朱孝清副检察长作总结讲话。

22日 最高人民检察院检察长曹建明在山东济南会见参加国际反贪局联合会第五届研讨会的部分国家和地区代表,常务副检察长胡泽君参加会见。

23日至24日 国际反贪局联合会第五届研讨会在山东济南召开。在23日上午的开幕式上,中共中央政治局委员、中央政法委书记孟建柱出席并讲话。最高人民检察院检察长、国际反贪局联合会主席曹建明主持会议。联合国秘书长代表、联合国毒品与犯罪署官员迪米埠,国际检察官联合会主席汉密尔顿,山东省委书记、省人大常委会主任姜异康出席会议并先后致辞。省委副书记、省长郭树清,最高人民检察院常务副检察长胡泽君、副检察长邱学强等领导出席。70多个国家和地区的总检察长、司法部长、监察部长、反贪机构负责人和国际组织领导人、专家学者共300多人参加研讨会。在24日下午的闭幕式上,曹建明检察长出席并讲话。

24日 最高人民检察院检察长曹建明在山东济南与印度尼西亚反腐败委员会主席祖卡奈恩签署《中华人民共和国最高人民检察院与印度尼西亚反腐败委员会合作谅解备忘录》。常务副检察长胡泽君、检察委员会专职委员陈连福出席。

27日 最高人民检察院检察长曹建明会见香港特别行政区律政司司长袁国强一行。

28日 最高人民检察院在机关召开"七一"表彰大会,表彰最高人民检察院机关先进基层党组织、优秀共产党员和优秀党务工作者。最高人民检察院党组书记、检察长曹建明出席并讲话,副检察长孙谦等领导出席,政治部主任、机关党委书记李如林主持会议。

28日 最高人民检察院在机关举行以"发挥

检察职能,维护民生民利"为主题的第六次"检察开放日"活动。最高人民检察院检察长曹建明出席并讲话。常务副检察长胡泽君在欢迎仪式上致辞并主持座谈会,政治部主任李如林出席。中央国家机关代表,知名博主、网络知名人士、新闻媒体代表,法学专家代表,北京市东城区建国门街道社区代表等社会各界人士23人应邀参加开放日系列活动。

七月

2日 最高人民检察院第十二届检察委员会进行第一次集体学习,邀请中国环境科学学会副理事长杨朝飞作"我国环境保护法与环境司法保护的若干问题"的专题讲座。最高人民检察院检察长曹建明主持并讲话,最高人民检察院其他院领导、检察委员会专职委员、检察委员会委员和机关各内设机构、各直属事业单位主要负责人参加学习并就有关问题进行讨论。

3日 最高人民检察院在机关召开最高人民检察院机关党的群众路线教育实践活动动员大会。最高人民检察院检察长曹建明,中央第十七督导组组长张维庆出席并分别讲话。最高人民检察院常务副检察长胡泽君主持会议,副检察长邱学强宣读关于成立最高人民检察院机关教育实践活动领导小组及其办事机构的通知。中央第十七督导组副组长刘玉功,最高人民检察院副检察长朱孝清等领导出席大会。最高人民检察院机关处长以上党员、干部和直属单位领导班子成员参加大会并对最高人民检察院领导班子及班子成员进行了民主评议。

5日 最高人民检察院检察长曹建明会见土耳其最高行政法院总检察长梅夫律特·切丁卡亚一行。

9日至12日 最高人民检察院在最高人民检察院北戴河培训中心举办大检察官研讨班。最高人民检察院检察长曹建明出席并讲话。常务副检察长胡泽君、副检察长邱学强等领导出席。各省级检察院检察长、大检察官,最高人民检察院机关各内设机构、各直属事业单位主要负责人参加研讨班。最高人民检察院部分专家咨询委员、挂职最高人民检察院的法学专家和其他法学专家应邀请参加研讨班。研讨班期间,胡泽君常务副检察长作总结讲话。

9日 最高人民检察院在最高人民检察院北戴河培训中心举行大检察官颁证暨宣誓仪式。最高人民检察院检察长曹建明先后为胡泽君、邱学强等21名大检察官颁发大检察官等级证书并讲话。最高人民检察院副检察长朱孝清主持仪式。

10至11日 最高人民检察院在最高人民检察院北戴河培训中心召开省级检察院检察长座谈会,征求对最高人民检察院开展党的群众路线教育实践活动、加强作风建设等方面的意见和建议。最高人民检察院检察长曹建明主持并讲话,常务副检察长胡泽君等领导出席。各省级检察院检察长分两批参加座谈会并先后发言。

11日 最高人民检察院在最高人民检察院北戴河培训中心召开法学专家学者座谈会,听取对最高人民检察院开展党的群众路线教育实践活动以及对检察工作、检察队伍建设的意见和建议。最高人民检察院检察长曹建明主持并讲话,常务副检察长胡泽君等领导出席。中国人民大学副校长王利明等10位法学专家学者先后发言。

16日 最高人民检察院在机关召开律师界全国人大代表、全国政协委员座谈会,听取对检察工作、检察队伍建设和最高人民检察院开展党的群众路线教育实践活动的意见和建议。最高人民检察院检察长曹建明主持并讲话,常务副检察长胡泽君通报2013年以来检察工作主要情况和下步工作安排,副检察长邱学强等领导出席。北京天达律师事务所主任、北京律师协会会长李天进等13名律师界全国人大代表、全国政协委员应邀出席座谈会并先后发言。

18日 最高人民检察院检察长曹建明会见香港特别行政区终审法院首席法官马道立一行,常务副检察长胡泽君参加会见。

19日 最高人民检察院在机关举行党组中心组(扩大)学习专题辅导报告会,邀请中央党校哲学教研部教授刘毅强作"马克思主义唯物史观和群众观点群众路线"专题辅导讲座。最高人民检察院检察长曹建明出席,常务副检察长胡泽君主持报告会,副检察长邱学强等领导出席。

24日 最高人民检察院在机关召开基层全国人大代表、全国政协委员座谈会,听取对检察工作特别是最高人民检察院贯彻党的群众路线、加强作风建设的意见建议。最高人民检察院检察长曹建明主持并讲话,常务副检察长胡泽君通报2013年以来检察工作主要情况和下步工作安排,副检察长朱孝清等领导出席。北京市怀柔区长城国际文化村联合党总支书记王全等12名基层全国人大代表、全国政协委员应邀出席座谈会并先后发言。

25日 最高人民检察院党组召开党的群众路线专题研讨会。最高人民检察院党组书记、检察长曹建明主持并讲话，中央第十七督导组副组长刘玉功出席，最高人民检察院领导班子成员、检察委员会专职委员出席并先后发言。

八月

15日 最高人民检察院检察长曹建明会见亚美尼亚副总检察长达尼耶良·阿尔曼一行。

19日 最高人民检察院党组书记、检察长曹建明主持党组中心组（扩大）"专门工作与群众路线"集体互动学习，邀请中国政法大学教授、博士生导师樊崇义作专题讲座。中央督导组组长张维庆出席。最高人民检察院领导班子成员、检察委员会专职委员及各厅级单位主要负责人参加集体学习。

22日 最高人民检察院在机关举行各厅级单位党的群众路线教育实践活动专题学习交流会。最高人民检察院常务副检察长胡泽君出席并讲话，中央纪委驻最高人民检察院纪检组组长莫文秀出席，政治部主任李如林主持会议。

23日 最高人民检察院在机关举行"模范践行党的群众路线先进事迹报告会"。最高人民检察院检察长曹建明出席，常务副检察长胡泽君主持并讲话，副检察长孙谦等领导出席报告会。全国"模范检察官"、江苏省南京市检察院职务犯罪预防局局长林志梅等5位先进典型先后作报告。

29日 最高人民检察院在机关召开厅级单位党的群众路线教育实践活动汇报会，听取机关各内设机构、各直属事业单位负责人汇报本部门、本单位"学习教育、听取意见"环节工作情况。最高人民检察院检察长曹建明出席，常务副检察长胡泽君讲话，副检察长邱学强等领导出席，政治部主任李如林主持会议。

九月

1日 曹建明、胡泽君、邱学强等领导到八宝山革命公墓参加刘复之同志遗体送别活动。

5日 最高人民检察院检察长曹建明会见香港特别行政区保安局局长黎栋国一行。

9日 最高人民检察院在机关召开西部检察教育研讨班暨教师节座谈会。最高人民检察院检察长曹建明出席并讲话，副检察长孙谦代表最高人民检察院向国家检察官学院发放教师节慰问金，政治部主任李如林主持座谈会。赴西部地区巡讲教师、西部12个省（区、市）检察院教育培训部门负责人参加座谈会。

9日 最高人民检察院检察长曹建明会见比利时根特大学校长库文博格一行。

9日 最高人民检察院印发《最高人民检察院关于深入学习贯彻习近平总书记系列讲话精神的通知》和《关于印发〈最高人民检察院关于切实履行检察职能防止和纠正冤假错案的若干意见〉的通知》。

10日 最高人民检察院检察长曹建明会见罗马尼亚宪法法院院长泽格雷安·奥古斯丁一行，副检察长孙谦参加会见。

12日 最高人民检察院在最高人民检察院北戴河培训中心举行第三批全国检察业务专家颁证仪式。最高人民检察院检察长曹建明出席并讲话，政治部主任李如林主持仪式，检察委员会专职委员张德利宣读《关于授予朱小芹等80名同志第三批"全国检察业务专家"称号的决定》。新当选的第三批全国检察业务专家、各省级检察院教育培训处处长参加仪式。

13日 最高人民检察院第十二届检察委员会进行第二次集体学习，邀请清华大学法学院教授、最高人民检察院公诉厅副厅长（挂职）周光权作"刑法观的转变与防止错案"专题报告。最高人民检察院检察长曹建明主持并讲话，最高人民检察院其他领导、检察委员会专职委员、检察委员会委员和机关各内设机构、各直属事业单位负责人参加学习。

18日 最高人民检察院在机关举行党的群众路线教育实践活动专题辅导报告会。最高人民检察院检察长曹建明出席，常务副检察长胡泽君围绕"新形势下检察机关如何践行党的群众路线"作专题报告，副检察长邱学强等领导出席，政治部主任李如林主持报告会。

十月

9日 最高人民检察院检察长曹建明会见法国最高法院检察总总察长马兰，双方共同签署了两国检察机关合作谅解备忘录，政治部主任李如林参加会见。

15日 最高人民检察院党组书记、检察长曹建明主持召开党组专题民主生活会,按照"照镜子、正衣冠、洗洗澡、治治病"的要求,以整风的精神开展批评和自我批评。中央第十七督导组长张维庆出席并对会议作点评。最高人民检察院领导班子成员、检察委员会专职委员出席并先后发言。

21日 最高人民检察院检察长曹建明会见澳门特别行政区检察长何超明一行,常务副检察长胡泽君参加会见。

21日 最高人民检察院检察长曹建明会见新西兰司法部长朱迪斯·柯林斯一行,检察委员会专职委员陈连福参加会见。

22日 最高人民检察院检察长曹建明在第十二届全国人大常委会第五次会议第二次全体会议上作最高人民检察院关于检察机关反贪污贿赂工作情况的报告。

24日 最高人民检察院检察长曹建明会见香港特别行政区律政司司长袁国强一行。

28日 最高人民检察院检察长曹建明会见朝鲜最高检察所第一副所长李铁一行。常务副检察长胡泽君与李铁一行举行工作会谈,并共同签署两国检察机关合作谅解备忘录。

31日至11月1日 最高人民检察院在山东济南召开全国检察机关统一业务应用系统部署工作会议。31日上午大会以电视电话形式召开至全国各级检察院。在主会场,最高人民检察院检察长曹建明出席并讲话,山东省委书记姜异康出席并致辞,最高人民检察院常务副检察长胡泽君对全面推行统一业务应用系统工作作出部署,副检察长柯汉民主持会议。最高人民检察院机关各内设机构、直属事业单位负责人,各省级检察院分管院领导,案件管理部门、技术和信息部门负责人,软件研发单位代表参加主会场会议。最高人民检察院副检察长朱孝清等领导出席最高人民检察院分会场会议。地方各级检察院领导参加各地分会场会议。

十一月

4日 最高人民检察院召开院党组专题民主生活会情况通报会。最高人民检察院党组书记、检察长曹建明主持会议并讲话,中央第十七督导组组长张维庆出席会议并讲话,党组副书记、常务副检察长胡泽君通报院党组专题民主生活会情况。最高人民检察院党组成员、副检察长朱孝清等领导出席通报会。

4日 最高人民检察院印发《关于印发〈最高人民检察院关于检察机关反贪污贿赂工作情况的报告〉的通知》。

7日 最高人民检察院举行第十二届检察委员会进行第三次集体学习"科技信息化与检察机关统一业务应用系统",最高人民检察院检察长曹建明主持并讲话,最高人民检察院其他院领导、检察委员会专职委员、检察委员会委员和机关各内设机构、各直属事业单位负责人参加学习。

14日 最高人民检察院在机关召开学习贯彻党的十八届三中全会精神大会。最高人民检察院检察长曹建明主持会议并讲话,常务副检察长胡泽君传达十八届三中全会精神,副检察长邱学强等领导出席会议。

18日 最高人民检察院印发《关于认真学习贯彻党的十八届三中全会精神的通知》。

21日 最高人民检察院在机关举办学习贯彻党的十八届三中全会精神专题辅导报告会。邀请中国社会科学院原党组副书记、副院长李慎明作"全面深化改革,坚持和发展中国特色社会主义"专题报告。最高人民检察院常务副检察长胡泽君主持报告会,副检察长朱孝清等领导出席。

25日 最高人民检察院印发《关于印发〈2014—2018年基层人民检察院建设规划〉的通知》。

28日 最高人民检察院检察长曹建明会见韩国前检察总长金畯圭和韩国驻华大使权宁世一行。

29日 最高人民检察院在机关召开全国人大代表、政协委员座谈会,听取对检察改革的意见建议。最高人民检察院检察长曹建明主持会议并讲话,常务副检察长胡泽君通报检察机关学习贯彻党的十八届三中全会精神、深入推进检察改革的有关情况。副检察长邱学强等领导出席。全国人大代表、黑龙江省龙电律师事务所律师李亚兰等11人应邀出席座谈会并分别发言。

十二月

2日 最高人民检察院在机关召开学习贯彻习近平总书记系列讲话精神培训班开班动员大会暨党组中心组(扩大)学习专题报告会。最高人民检察院检察长曹建明出席并讲话,中央第十七督导组组长张维庆出席动员大会,常务副检察长胡泽君主持,副检察长邱学强等领导出席。动员会后邀请国家行政学院党委书记、副院长陈宝生作"与时俱进，求真务实的理论创新——学习习近平总书记系列讲话的几个问题"的专题报告。

15日 最高人民检察院检察长曹建明会见国际反贪局联合会执委、西班牙加泰罗尼亚反欺诈局局长阿方索一行。

17日 最高人民检察院在机关举行以"发挥检察职能，服务经济发展"为主题的第七次"检察开放日"活动。最高人民检察院常务副检察长胡泽君在欢迎仪式上致辞并在座谈会上讲话，副检察长张常韧主持欢迎仪式和座谈会，全国工商联专职副主席谢经荣出席活动并讲话。北京、江苏等地非公有制经济企业家共25人应邀参加开放日系列活动。

23日 最高人民检察院第十二届检察委员会举行第四次集体学习，邀请中国人民大学法学院教授、最高人民检察院民事行政检察厅副厅长（挂职）汤维建作"尊重规律：民事诉讼法修改后检察制度的新发展"专题讲座。最高人民检察院检察长曹建明主持并讲话，最高人民检察院其他领导、检察委员会专职委员、检察委员会委员和机关各内设机构、各直属事业单位主要负责人参加集体学习。

（最高人民检察院办公厅）

第十一部分

统 计 资 料

全国检察机构统计表

截至 2013 年 12 月底　　　　　　　　　　　　　　　　　　　　　　单位：个

院　别		机构数
合　计		3653
最高人民检察院		1
省级人民检察院		33
分、州、市级人民检察院	小　计	401
	分、州、盟、市检察院	372
	军事检察院分院	12
	铁路运输检察院分院	17
县级人民检察院	小　计	2963
	县（市、旗、区）检察院	2851
	军事检察院	53
	铁路运输检察院	59
派出检察院	小　计	255
	工矿区检察院	6
	农垦区检察院	37
	林区检察院	54
	监狱劳教场所检察院	74
	油田检察院	1
	开发区检察院	50
	其他检察院	33

注：33 个省级检察院中包括解放军军事检察院 1 个和新疆生产建设兵团检察院 1 个。

全国检察机关人员统计表

截至 2013 年 12 月底　　　　　　　　　　　　　　　　　　　　　　单位：人

职　务		人　数
合　计		250479
检察人员	小　计	236568
	检察长	3532
	副检察长	11809
	检察委员会委员	19192
	检察员	93173
	助理检察员	30340
	书记员	23453
	司法警察	16757
	其他干部	38312
工勤人员		13911

2013年人民检察院立案侦查职务犯罪案件情况统计表

案件类别	受案	立案 合计		其中		结案 合计	
				大案	要案		
	件	件	人	件	人	件	人
合计	49044	37551	51306	27681	2871	35903	49225
贪污案	14381	9494	16167	6865	370	9199	15647
贿赂案	18885	15940	18101	13395	1867	14778	16808
挪用公款案	2839	2695	3511	2237	105	2730	3547
集体私分案	212	160	376	59		186	430
巨额财产来源不明案	129	15	15		5	3	4
滥用职权案	4945	3650	5043	2462	296	3401	4718
玩忽职守案	5454	4261	5764	2187	125	4217	5680
徇私舞弊案	1164	638	874	270	26	632	865
其他	1035	698	1455	265	18	757	1526

指标解释：

1. 人民检察院立案侦查职务犯罪案件：指按照管辖规定，由人民检察院直接立案侦查的贪污贿赂犯罪、渎职犯罪、国家机关工作人员利用职权实施的侵犯公民人身权利和民主权利犯罪以及经省级人民检察院决定立案侦查的国家机关工作人员利用职权实施的其他重大犯罪案件。

2. 受案：指本年新受理的案件。

3. 立案：指人民检察院对受理的案件进行初步调查后，认为存在职务犯罪事实，应当追究刑事责任，并决定作为刑事案件进行侦查的诉讼活动，是追究犯罪的开始。

4. 结案：指侦查活动结束。

5. 大案：指立案中，贪污贿赂案件数额在五万元以上，挪用公款数额在十万元以上，以及按照《人民检察院直接受理立案侦查的渎职侵权重特大案件标准（试行）》认定的案件。

6. 要案：指立案的县处级以上干部犯罪案件。

2013年人民检察院审查逮捕、提起公诉案件情况统计表

案件类别	批捕、决定逮捕		提起公诉	
	件	人	件	人
合　计	642671	896403	958727	1369865
危害公共安全案	46974	51042	194456	201442
破坏社会主义市场经济秩序案	32146	47017	51727	84202
侵犯公民人身、民主权利案	125158	161807	176505	237959
侵犯财产案	255104	360344	301184	444401
妨害社会管理秩序案	168062	258530	202172	355250
危害国防利益案	203	274	247	338
军人违反职责案		6	5	5
贪污贿赂案	12963	14679	24780	34722
渎职侵权案	1529	1767	7044	10162
其　他	532	937	607	1384

指标解释：

1. 批准逮捕：指人民检察院对公安、国家安全、监狱管理机关提请批准逮捕的犯罪嫌疑人进行审查，根据事实，依法作出逮捕的决定。

2. 决定逮捕：指人民检察院对直接立案侦查的案件，认为需要逮捕犯罪嫌疑人时，依法作出的逮捕决定。

3. 提起公诉：指人民检察院对公安、国家安全机关、监狱管理机关和检察机关侦查部门移送起诉的案件进行审查，根据事实，决定起诉的案件。

2013年人民检察院出庭公诉情况统计表

单位:件

案件类别	适用简易程序	其中检察机关建议适用	出庭公诉			
			合计	一审	二审上诉、抗诉	再审
合　　计	490021	403061	420415	396010	23735	670
贪污贿赂案件	4127	3000	21302	19208	2029	65
渎职侵权案件	1070	737	5702	5481	212	9
刑事案件	484824	399324	393411	371321	21494	596
军人违反职责						

指标解释:
1. 刑事案件:指按照管辖规定由公安机关、国家安全机关、监狱管理机关侦查的案件。
2. 适用简易程序:指人民法院审判员一人独任审判。包括可能判处三年以下有期徒刑、拘役、管制、单处罚金的公诉案件,事实清楚,证据充分,人民检察院建议或者同意适用简易程序的;告诉才处理的案件;被害人起诉的有证据证明的轻微刑事案件。
3. 一审:指公诉案件的第一审程序。
4. 二审上诉、抗诉:指上级人民法院根据当事人及其法定代理人的上诉或人民检察院的抗诉,对下一级人民法院未生效的判决、裁定进行重新审判的程序。
5. 再审:指人民法院按照审判监督程序重新审判的案件。

2013年人民检察院办理刑事抗诉案件情况统计表

案件类别	提出抗诉	审判结果合计	改判		维持原判	指令再审
			小计			
	件	件	件	人	件	件
合　　计	6354	4458	2490	3636	807	1161
二审程序小计	5421	3715	2121	3161	740	854
贪污贿赂案件	672	475	210	264	132	133
渎职侵权案件	117	76	26	30	16	34
刑事案件	4632	3164	1885	2867	592	687
再审程序小计	813	670	312	418	60	298
贪污贿赂案件	68	65	35	48	4	26
渎职侵权案件	16	9	2	4		7
刑事案件	729	596	275	366	56	265
申诉部门小计	120	73	57	57	7	9

指标解释:
1. 提出抗诉:指人民检察院对人民法院的判决、裁定认为确有错误,向人民法院提出对案件重新进行审理的诉讼活动。包括按照第二审程序提出的抗诉和按照审判监督程序提出的抗诉。

2013年人民检察院办理民事、行政抗诉案件情况统计表

单位:件

案件类别	受理	提请抗诉	抗诉	提出再审检察建议	抗诉案件再审情况					
					合计	改判	发回重审	调解	维持原判	其他
合　　计	164029	6016	6018	9520	5962	2225	686	1380	1183	488
民事案件	133041	5609	5727	9186	5781	2157	653	1374	1120	477
行政案件	30988	407	291	334	181	68	33	6	63	11

指标解释:
1. 提请抗诉:指本级人民检察院将本院有提请抗诉权的案件交下级人民检察院办理,下级人民检察院审查认为应当提请抗诉,建议上级人民检察院提请抗诉的案件。
2. 抗诉:指本级人民检察院提出抗诉的案件。
3. 提出再审检察建议:指人民检察院办理的民事、行政申诉案件,不采取抗诉方式启动再审程序,而是向人民法院提出检察建议,由人民法院自行启动再审程序进行重新审理。

2013年人民检察院纠正违法情况统计表

项　　目	书面提出纠正		已纠正	
	件次	人次	件次	人次
合　　计	147316	—	141780	—
立案监督小计	57381	—	54570	—
监督立案	31754	—	29359	—
监督撤案	25627	—	25211	—
侦查监督小计	72718	—	70432	—
审查批捕环节	37684	—	36650	—
审查起诉环节	35034	—	33782	—
刑事审判监督	17217	—	16778	—
刑罚执行监督小计	—	60750	—	60013
监管活动	—	43389	—	42873
超期羁押	—	455	—	432
减刑假释暂予监外执行不当	—	16906	—	16708

指标解释:
1. 立案监督:指人民检察院对侦查机关刑事立案活动的监督。包括对应当立案而不立案的监督和对不应当立案而立案的监督。
2. 监督立案:包括侦查机关接到要求说明不立案理由后主动立案和执行通知立案。

3. 监督撤案:指人民检察院已纠正的不应当立案而立案的案件。
4. 监管活动:指人民检察院对监狱等监管改造场所的管理活动进行的监督。

2013年人民检察院办理刑事申诉案件情况统计表

单位:件

案件类别	受理	立案复查	结案	
			小计	其中改变原决定
合计	22646	15805	15268	1636
不服不批捕	1468	992	980	136
不服不起诉	4357	3258	3060	359
不服撤案	63	42	43	10
不服原免予起诉	74	52	56	6
不服刑事判决裁定	13387	9160	8866	—
其他	3297	2301	2263	1125

指标解释:
1. 受理:指人民检察院接受申诉案件。包括来信来访。
2. 立案复查:指人民检察院接受申诉后,经审查决定立案进行复查。
3. 结案:指立案复查有结果的案件。

2013年人民检察院受理举报、控告、申诉案件情况统计表

单位:件

类别	受理	处理	其中	
			分送检察机关	转其他机关
合计	378582	365982	203988	71231
首次举报	140392	137280	98402	8491
首次控告	75990	71288	28995	23930
首次申诉	162200	157414	76591	38810

指标解释:
1. 首次举报:指单位或个人以来信、来访等形式检举国家工作人员涉嫌职务犯罪。
2. 首次控告:指单位或个人以来信、来访等形式检举国家工作人员违法或涉嫌刑事犯罪。
3. 首次申诉:以来信、来访等形式不服人民检察院处理决定,不服人民法院判决、裁定的。
4. 分送检察机关:指人民检察院对受理的举报、控告、申诉案件,经审查转本院有关部门或转其他人民检察院。

(最高人民检察院案件管理办公室)

第十二部分

名　　录

令唔三十章

朱 夈

大检察官名单
(47名)

首席大检察官
曹建明　最高人民检察院检察长

一级大检察官
胡泽君(女)　最高人民检察院副检察长
邱学强　最高人民检察院副检察长
李晓峰　解放军军事检察院检察长

二级大检察官
朱孝清　最高人民检察院副检察长
孙　谦　最高人民检察院副检察长
姜建初　最高人民检察院副检察长
张常韧　最高人民检察院副检察长
柯汉民　最高人民检察院副检察长
李如林　最高人民检察院检察委员会委员
张德利　最高人民检察院检察委员会专职委员
陈连福　最高人民检察院检察委员会专职委员
池　强　北京市人民检察院检察长
于世平　天津市人民检察院检察长
童建明　河北省人民检察院检察长
杨　司　山西省人民检察院检察长
马永胜　内蒙古自治区人民检察院检察长
肖　声　辽宁省人民检察院检察长
杨克勤　吉林省人民检察院检察长
徐　明　黑龙江省人民检察院检察长
陈　旭　上海市人民检察院检察长
徐　安　江苏省人民检察院检察长
陈云龙　浙江省人民检察院检察长
薛江武(女)　安徽省人民检察院检察长
何泽中　福建省人民检察院检察长
刘铁流　江西省人民检察院检察长
吴鹏飞　山东省人民检察院检察长
蔡　宁　河南省人民检察院检察长
敬大力　湖北省人民检察院检察长
游劝荣　湖南省人民检察院检察长
郑　红　广东省人民检察院检察长
崔智友　广西壮族自治区人民检察院检察长
贾志鸿　海南省人民检察院检察长
余　敏(女)　重庆市人民检察院检察长
李钺锋　重庆市人民检察院副检察长
邓　川　四川省人民检察院检察长
袁本朴　贵州省人民检察院检察长
王田海　云南省人民检察院检察长
倪慧芳(女)　云南省人民检察院副检察长
张培中　西藏自治区人民检察院检察长
胡太平　陕西省人民检察院检察长
路志强　甘肃省人民检察院检察长
王晓勇　青海省人民检察院检察长
尼相·依不拉音　新疆维吾尔自治区人民检察院检察长
郭连山　新疆维吾尔自治区人民检察院副检察长
张道发　解放军军事检察院副检察长
高建国　解放军军事检察院副检察长

最高人民检察院检察长、副检察长名单

检察长　　　曹建明
副检察长　　胡泽君(女)　邱学强　朱孝清　孙谦　姜建初　张常韧　柯汉民

中央纪委驻最高人民检察院纪检组组长名单

莫文秀（女）

最高人民检察院政治部主任名单

李如林

最高人民检察院检察委员会专职委员名单

张德利　　陈连福

最高人民检察院检察委员会委员名单

曹建明　　胡泽君（女）　邱学强　　朱孝清　　孙　谦　　姜建初　　张常韧　　柯汉民
李如林　　张德利　　陈连福　　张仲芳　　叶　峰　　王　晋　　陈国庆　　李文生

最高人民检察院咨询委员名单

陈大豪　　周振华　　郭永运　　师梦雄　　高来夫　　胡克惠（女）王振川　　董智明
郝银飞（女）张　耕　　邢宝玉　　张金锁　　陈俊平　　哈斯木·马木提　　王鸿翼
张振海　　付志安　　崔　伟　　倪英达　　曾页九　　龚佳禾　　张少康　　乔汉荣
杨肇季　　王晓新

最高人民检察院各部门负责人名单

（不含挂职干部）

办公厅
主　任　张本才
副主任　赵　扬（正厅长级）　张红生　董桂文

政治部
副主任　王少峰　胡尹庐（女）　张　巍
干部部部长　熊少敏

宣传部部长　李　辉
干部教育培训部部长　王卫东
办公室主任　邓　云
侦查监督厅
　　厅　长　万　春
　　副厅长　黄海龙　元　明　黄卫平
公诉厅
　　厅　长　彭　东
　　副厅长　聂建华　黄　河　史卫忠
反贪污贿赂总局
　　局　长　徐进辉
　　副局长　王利民　杨书文　詹复亮
渎职侵权检察厅
　　厅　长　李文生
　　副厅长　李忠诚（正厅级）　关福金
监所检察厅
　　厅　长　袁其国
　　副厅长　王光辉　周　伟
　　驻秦城监狱检察室主任　申国君
民事行政检察厅
　　厅　长　郑新俭
　　副厅长　贾小刚　吕洪涛
控告检察厅
　　厅　长　穆红玉（女）
　　副厅长　孙立泉　刘太宗
刑事申诉检察厅
　　厅　长　夏道虎
　　副厅长　鲜铁可　罗庆东
铁路运输检察厅
　　厅　长　阎敏才
　　副厅长　徐向春　王光月
职务犯罪预防厅
　　厅　长　宋寒松
　　副厅长　陈正云　高云涛
法律政策研究室
　　主　任　陈国庆
　　副主任　韩耀元　王建平
案件管理办公室
　　主　任　王　晋
　　副主任　许山松　刘志远
死刑复核检察厅
　　主　任　叶　峰
　　副主任　于　萍（女）　张相军
监察局（与中央纪委驻最高人民检察院纪检组合署办公）
　　中央纪委驻最高人民检察院纪检组副组长、监察
　　　局局长　王洪祥
　　中央纪委驻最高人民检察院纪检组副组长
　　　　　　段湘晖（女）
　　最高人民检察院巡视办公室副主任　张汝杰
　　监察局副局长　张晓玉
国际合作局
　　局　长　郭兴旺
　　副局长　李　新（女）
计划财务装备局
　　局　长　王松苗
　　副局长　于洪滨　许泽虎
机关党委
　　书　记　李如林（兼）
　　常务副书记　张志杰
　　副书记兼纪委书记　张秀杰
离退休干部局
　　局　长　时振祥
　　副局长　顾义友
司法体制改革领导小组办公室（非常设机构）
　　主　任　张智辉
　　副主任　张新泽　张安平（女）
机关服务中心
　　主　任　李　晓
　　副主任　武金钟　张守文　杨柏松
国家检察官学院
　　名誉院长　张思卿
　　党委书记、院长　胡卫列
　　党委副书记、纪委书记　陈德毅
　　副院长　朱建华　王　鑫　杨迎泽　刘　彦
　　　　　　郭立新
检察日报社
　　党委书记、社长　李雪慧
　　总编辑　钱　舫
　　副总编辑　王守泉　赵　信
　　副社长　肖中扬
　　副总编辑　肖　玮（女）

纪委书记　柏　荣(女)　　　　　　　检察理论研究所
中国检察出版社　　　　　　　　　　所　长　王守安
社　长　阮丹生　　　　　　　　　　副所长　向泽选　谢鹏程　单　民
副总编辑　安　斌　　　　　　　　　**检察技术信息研究中心**
副社长　常　艳(女)　　　　　　　　副主任　赵志刚　幸　生　贺德银

最高人民检察院检察员名单
(以任检察员时间排序)

吴建平	马丽莉(女)	叶　峰	夏道虎	彭　伟	宋寒松	刘永胜	俞元华(女)
邱学强	张仲芳	王　晋	曹　康	于　萍(女)	刘小青(女)	张志杰	宋志伟
石秀琴(女)	王洪祥	陈国庆	王少峰	时振祥	聂建华	徐进辉	王高生
张汝杰	黄海龙(壮族)		王　军	王伦轩	尹伊君(满族)		李忠诚
骆满昌	刘雅清(女)	金其荣	于　千(女)	穆红玉(女)	陈玉栋	文盛堂	杨书文
孙　超(女)	王向东	冯　慧	李景晗	谢　鸣	孙立泉		朱建华(满族)
段湘晖(女)	缐　杰(女,满族)		黄　河	关福金(满族)		刘慧玲(女)	董同会
鲁晓刚	陈正云	傅　侃(女)	张雪昆	王卫东	韩耀元	赖红军(女)	元　明
黄卫平	陈　波	马海滨(回族)		陈连福	李文生	张相军	王守安
霍亚鹏(女)	孙忠诚	王景琦(女)	赵　扬(女)	鲜铁可	吕洪涛	王光辉	曾洪强
肖亚军	王利民	周常志	李庆发	高景峰	史卫忠	钱　舫	杨兴国
贾小刚	张　巍	罗庆东(彝族)		张凤艳(女)	许山松	陈雪芬(女)	田　力
孙加瑞	任长义	张玉梅(女)	万　春	顾义友(满族)		贺湘君(女)	韩　英(女)
曲　璟(女)	王国平	杨　静	刘太宗(回族)		杜亚起	向泽选	王建平
杨虎德	张红霞(女)	韩晓峰	张鹏宇	许道敏	杜爱平	张晓津	赵武安
刘　岳	张晓玉	王德光(回族)		肖正磊	白会民	李　峰	邱利军
李　晓	周　伟	肖中扬	侯亚辉	詹复亮	吴孟栓	刘　颖(女)	邹绯箭
王蜀青	王　莉(女,民事行政检察厅)			高　虎	李效安(女)	韩凤英(女)	王保权
张安平(女)	孙　明	邓　云(瑶族)		刘志远	张寒玉(女)	李林虎	阿儒汗(蒙古族)
任宜新	杨　钊(女,回族)		黄　耕	欧阳春	王天颖(女)	马　滔(回族)	
郭明聪	黄　岩(女)	张步洪	林礼兴	王光月	王　莉(女,法律政策研究室)		
陈成霞(女)	李　辉	牛正良(基诺族)		王庆豹	代　锋	刘福谦	徐向春
李连成	王　健	顾　华(女)	王　洪	齐占洲	白凤云(女)	张红生	梁贵斌
田书彩(女)	孙　勤	孙林平(女)	王亚卿(满族)		荣晓红	黄　璞	胡卫列
李金声	周惠永	袁其国	于双侠	陈　雷	卜大军	韩国光	申国君
史维军	钱永兰(女)	罗　箭(女)	苗　泽(女)	董桂文	何延安	郑建秋	王建义(回族)
陈　晓(女)	王凤琴(女)	韩晓黎(女)	姚　燕	孟燕菲	姜　郁(女)	张建红	曹红虹(女)
刘桂平(女)	张华昌	郑立新	芦庆辉	范文喜	马　锐	张立新(女)	熊少敏
柳晞春	殷　毅	卢蓉	杨洪川	穆爱华(女)	方剑明	李满旺	尚洪涛
董　妍(女)	刘继国	贾怀珍(女)	王　宁(女)	陈　颖(女,回族)		焦瑞金	孙灵珍

第十二部分 名 录

刘 波（回族）	解振营	胡健泼	王 波（女）	曲燕敏（女）	郭文梅（女）	杨安瑞
宋安明	张庆彬	张希靖（女）	马顺华	秦 弢	王 昀（女）	张碧洁（女）	李文峰
李 伟	那艳芳（女，满族）		李高生（苗族）	郑新俭	张建忠	吴旭明
陈有贤	刘 喆	李俊平（女）	曹书君	陈鸷成	张智辉	马 骐	李清亮
丁旭涛	王 海	孙铁成	宗克华	赵东平	李 京	张金凤	欧阳鹏
王庆民	刘东斌	申云天	石献智	刘明超	杨复晗	高丽蓉	陈金亮（回族）
王 猛（满族）	许永强	王文利	韩 弋（女）	邱景辉	黄琳（女）	霍冰华
束纯剑	阎 丽（女）	刘洪林	王炳江	张本才	张新泽	郭全新	易志斌

（以上名单由最高人民检察院政治部干部部提供）

地方各级(专门)人民检察院检察长名单

北京市

池 强 男,汉族,1952年8月生,河北石家庄人,研究生学历,法学专业,1969年2月参加工作,1971年3月加入中国共产党。

1969年2月后为空军工程兵第八总队战士,1974年2月后为北京铁路分局丰台机务段司炉、副司机、宣传干事,1978年10月后为北京铁路分局宣传部干事,1981年4月后任全国铁路运输检察院办公室秘书科秘书、研究室副主任,1985年10月后任全国铁路运输检察院北京分院副检察长,1986年8月后任全国铁路运输检察院法纪检察处处长,1986年11月后任全国铁路运输检察院北京分院副检察长,1989年7月后任北京铁路分局党委政法委副书记、政法办公室主任,1993年2月后任北京铁路运输中级法院副院长、党组副书记,1993年6月后任北京铁路运输中级法院代理院长、党组书记,1993年12月后任北京铁路运输中级法院院长、党组书记,2000年4月后任北京市高级人民法院副院长、党组成员,2002年12月后任北京市高级人民法院副院长、党组副书记(正厅级),2003年9月后任北京市第一中级人民法院院长、党组书记,2007年5月后任北京市高级人民法院副院长、党组副书记,2008年1月后任北京市高级人民法院院长、党组书记,2013年2月后任北京市人民检察院检察长、党组书记。

北京市人民检察院检察长	池 强
北京市人民检察院副检察长	卢 希(女)
	甄 贞(女)
	李新生
	高祥阳
	郭兴旺(挂职)
	苗生明
	张幸民
北京市人民检察院第一分院检察长	高保京
北京市人民检察院第二分院检察长	顾 军
北京市人民检察院第三分院检察长	王一俊
东城区人民检察院检察长	蓝向东(代)
西城区人民检察院检察长	张铁军(代)
朝阳区人民检察院检察长	王向明(代)
丰台区人民检察院检察长	叶文胜
石景山区人民检察院检察长	王春风
海淀区人民检察院检察长	王 伟
门头沟区人民检察院检察长	许晓闽
房山区人民检察院检察长	王建平
通州区人民检察院检察长	李 华(女)
顺义区人民检察院检察长	张守良
昌平区人民检察院检察长	邹开红(代)
大兴区人民检察院检察长	杨永华
怀柔区人民检察院检察长	李继征(代)
平谷区人民检察院检察长	贺 卫(代)
密云县人民检察院检察长	张京文(代)
延庆县人民检察院检察长	段福华(代)
清河人民检察院检察长	(空缺)
团河地区人民检察院检察长	张 博
北京市人民检察院北京铁路运输分院检察长	张家贞
北京铁路运输检察院检察长	孙晓刚

天津市

天津市人民检察院检察长	于世平
天津市人民检察院副检察长	史建国
	王玉良
	王 东
	王悦群(女)
天津市人民检察院第一分院检察长	刘宝霞(女)
天津市人民检察院第二分院检察长	张铁英
天津市滨海新区人民检察院检察长	张海波
和平区人民检察院检察长	田建国
河东区人民检察院检察长	齐冠军
河西区人民检察院检察长	孙学文
南开区人民检察院检察长	闫秀锁

河北区人民检察院检察长	韩 东
红桥区人民检察院检察长	张春明
天津市滨海新区塘沽人民检察院	
检察长	冯云翔(兼)
天津市滨海新区汉沽人民检察院	
检察长	李若宽(兼)
天津市滨海新区大港人民检察院	
检察长	王 煜(兼)
东丽区人民检察院检察长	侯 智
西青区人民检察院检察长	杨 杰
津南区人民检察院检察长	张俊奇
北辰区人民检察院检察长	李卫东
武清区人民检察院检察长	郭 庆
宝坻区人民检察院检察长	吉树海
蓟县人民检察院检察长	薛九如
宁河县人民检察院检察长	肖荣会
静海县人民检察院检察长	杨克兴
天津铁路运输检察院检察长	李 欣

河北省

童建明 男,汉族,1963年6月生,浙江淳安人,研究生学历,法学硕士,刑法学专业,1986年8月参加工作,1985年11月加入中国共产党。

　　1980年9月后为中国人民大学法律系学生,1984年7月后为中国人民大学法律系刑法学专业硕士研究生,1986年8月后为最高人民检察院法纪检察厅、办公厅干部,1991年4月后为最高人民检察院办公厅副处级干部、检察长办公室副主任,1995年12月后任最高人民检察院办公厅主任助理,1997年1月后任最高人民检察院办公厅副主任,2002年5月后任最高人民检察院政治部副主任,2005年3月后任最高人民检察院办公厅主任,2005年4月后任最高人民检察院检察委员会委员、办公厅主任,2009年9月后任最高人民检察院检察委员会副部级专职委员、办公厅主任,2009年10月后任最高人民检察院检察委员会副部级专职委员,2012年12月后任河北省人民检察院党组书记,2013年2月后任河北省人民检察院党组书记、检察长。

河北省人民检察院检察长	童建明
河北省人民检察院副检察长	陈晓颖
	史建明
	申占群
	张 峰
	何秉群
	周庆平
石家庄市人民检察院检察长	侯建华
长安区人民检察院检察长	张伟新
桥东区人民检察院检察长	张合乡
桥西区人民检察院检察长	兰志伟(女,兼)
新华区人民检察院检察长	崔少波(兼)
裕华区人民检察院检察长	宋庆绵(女)
井陉矿区人民检察院检察长	赵志涛
辛集市人民检察院检察长	李延生
藁城市人民检察院检察长	李建敏
晋州市人民检察院检察长	高鲁民
新乐市人民检察院检察长	安少锋
鹿泉市人民检察院检察长	肖瑞海
井陉县人民检察院检察长	王国政
正定县人民检察院检察长	张青山
栾城县人民检察院检察长	张 森
行唐县人民检察院检察长	何步云
灵寿县人民检察院检察长	王雷音
高邑县人民检察院检察长	陈 英
深泽县人民检察院检察长	王彦芳
赞皇县人民检察院检察长	徐立辉
无极县人民检察院检察长	李京辉
平山县人民检察院检察长	王玉录
元氏县人民检察院检察长	赵 力
赵县人民检察院检察长	李新成
石家庄市高新技术开发区人民检察院	
检察长	郝增录
石家庄市冀中南地区人民检察院检察长	李芳栋
张家口市人民检察院检察长	**白剑平**
桥西区人民检察院检察长	张晓英(女)
桥东区人民检察院检察长	刘伟洪
宣化区人民检察院检察长	葛阿刚
下花园区人民检察院检察长	裴玉生
宣化县人民检察院检察长	谢利军(女)
张北县人民检察院检察长	赵 刚
康保县人民检察院检察长	杨文武
沽源县人民检察院检察长	李玉川
尚义县人民检察院检察长	付燕江
蔚县人民检察院检察长	徐光桥
阳原县人民检察院检察长	穆 春

怀安县人民检察院检察长	乔 军	滦南县人民检察院检察长	（空缺）
万全县人民检察院检察长	封志江	乐亭县人民检察院检察长	冯博元
怀来县人民检察院检察长	王 晢	迁西县人民检察院检察长	郑金宽
涿鹿县人民检察院检察长	张建军	玉田县人民检察院检察长	周金刚
赤城县人民检察院检察长	郭文先	曹妃甸区人民检察院检察长	周春林
崇礼县人民检察院检察长	于德泳	汉沽管理区人民检察院检察长	（空缺）
涿鹿县赵家蓬区人民检察院检察长	彭田旺	芦台经济技术开发区人民检察院检察长	张世新
张家口经济技术开发区人民检察院检察长	高圣慧	海港经济开发区人民检察院检察长	陈长存
承德市人民检察院检察长	**段丽荣（女）**	唐山市冀东地区人民检察院检察长	李学军（兼）
双桥区人民检察院检察长	郭玉峰（女）	唐山高新技术产业开发区人民检察院检察长	张炳泽
双滦区人民检察院检察长	吕 山（代）		
鹰手营子矿区人民检察院检察长	任淑文（女，代）	**廊坊市人民检察院检察长**	**冀运福**
承德县人民检察院检察长	张乾瑞	广阳区人民检察院检察长	李向海
兴隆县人民检察院检察长	李宏伟	安次区人民检察院检察长	尹志国
平泉县人民检察院检察长	王景华	霸州市人民检察院检察长	孙志义
滦平县人民检察院检察长	布显军	三河市人民检察院检察长	狄文阁
隆化县人民检察院检察长	武瑞国（代）	固安县人民检察院检察长	王德峰
丰宁满族自治县人民检察院检察长	金学武（代）	永清县人民检察院检察长	孙贺增
宽城满族自治县人民检察院检察长	张宏民	香河县人民检察院检察长	李金亭
围场满族蒙古族自治县人民检察院检察长	张志林（代）	大城县人民检察院检察长	刘振华
安定里地区人民检察院检察长	徐树龙（兼）	文安县人民检察院检察长	武建新
秦皇岛市人民检察院检察长	**杨 浩**	大厂回族自治县人民检察院检察长	李恩芝
海港区人民检察院检察长	陈 巍	廊坊经济技术开发区人民检察院检察长	杨 华（女）
山海关区人民检察院检察长	毕海东（代）	**保定市人民检察院检察长**	**傅君佳（代）**
北戴河区人民检察院检察长	陈国栋（代）	新市区人民检察院检察长	（空缺）
昌黎县人民检察院检察长	张会英（女）	北市区人民检察院检察长	张 炜（女）
抚宁县人民检察院检察长	温明卓	定州市人民检察院检察长	杨文萍（女）
卢龙县人民检察院检察长	周江勇（代）	南市区人民检察院检察长	戴军峰
青龙满族自治县人民检察院检察长	耿洪涛	涿州市人民检察院检察长	李玉龙
秦皇岛市经济技术开发区人民检察院检察长	赵全海	安国市人民检察院检察长	宋进朝
秦皇岛北戴河新区人民检察院检察长	熊 伟（代）	高碑店市人民检察院检察长	聂卫新
唐山市人民检察院检察长	**高树勇**	满城县人民检察院检察长	曹建国
路北区人民检察院检察长	魏宝成（代）	清苑县人民检察院检察长	杨宗豪
路南区人民检察院检察长	孙 岩（代）	易县人民检察院检察长	何建刚
古冶区人民检察院检察长	李云飞	徐水县人民检察院检察长	滕秋安
开平区人民检察院检察长	周立杰（代）	涞源县人民检察院检察长	韩建强
丰润区人民检察院检察长	伦慧津	定兴县人民检察院检察长	刘宝山
丰南区人民检察院检察长	李 瑛	顺平县人民检察院检察长	曹金耀
遵化市人民检察院检察长	吴锡东	唐县人民检察院检察长	董品辉
迁安市人民检察院检察长	孙玉军	望都县人民检察院检察长	何俊乔（女）
滦县人民检察院检察长	王玉成	涞水县人民检察院检察长	孟国平
		高阳县人民检察院检察长	王秀英（女）

安新县人民检察院检察长	李春青	邢台县人民检察院检察长	杲守强(代)
雄县人民检察院检察长	杨福增	临城县人民检察院检察长	陈志刚
容城县人民检察院检察长	王立丁	内丘县人民检察院检察长	高晶波(女)
曲阳县人民检察院检察长	王　辉	柏乡县人民检察院检察长	王英芳
阜平县人民检察院检察长	(空缺)	隆尧县人民检察院检察长	霍庆泽
博野县人民检察院检察长	孟耀斌	任县人民检察院检察长	张雪彦
蠡县人民检察院检察长	(空缺)	南和县人民检察院检察长	吕登文
保定市冀中地区人民检察院检察长	卢彦芬(女)	宁晋县人民检察院检察长	焦朝坤(代)
沧州市人民检察院检察长	**王胜喜**	巨鹿县人民检察院检察长	李晓波(女)
运河区人民检察院检察长	康　人(女)	新河县人民检察院检察长	侯瑞玲(女,代)
新华区人民检察院检察长	王志杰	广宗县人民检察院检察长	丁凤江
泊头市人民检察院检察长	庞维华	平乡县人民检察院检察长	赵丽杰(女)
任丘市人民检察院检察长	姜天力	威县人民检察院检察长	王吉儒(代)
黄骅市人民检察院检察长	赵广杰	清河县人民检察院检察长	李秋成
河间市人民检察院检察长	崔志华	临西县人民检察院检察长	王安华
沧县人民检察院检察长	刘金铎	邢台经济开发区人民检察院检察长	李少军
青县人民检察院检察长	刘耀东	**邯郸市人民检察院检察长**	**贾振之**
东光县人民检察院检察长	庞丽敏(女,代)	丛台区人民检察院检察长	韩欣悦
海兴县人民检察院检察长	李国庆	邯山区人民检察院检察长	毕骞晋
盐山县人民检察院检察长	石培德(代)	复兴区人民检察院检察长	韩世国
肃宁县人民检察院检察长	于　靖	峰峰矿区人民检察院检察长	蔡　玺
南皮县人民检察院检察长	郭志江(代)	武安市人民检察院检察长	黄亚军
吴桥县人民检察院检察长	窦清晓	邯郸县人民检察院检察长	李清林
献县人民检察院检察长	张广龙	临漳县人民检察院检察长	孙洪涛
孟村回族自治县人民检察院检察长	张本刚	成安县人民检察院检察长	宴金红(女)
渤海新区人民检察院检察长	(空缺)	大名县人民检察院检察长	杨建生
衡水市人民检察院检察长	**李永志**	涉县人民检察院检察长	王俊学
桃城区人民检察院检察长	张玉书(兼)	磁县人民检察院检察长	杨万庆
冀州市人民检察院检察长	王占生	肥乡县人民检察院检察长	王　磊
深州市人民检察院检察长	杨金才	永年县人民检察院检察长	韩文周
枣强县人民检察院检察长	郑瑞华	邱县人民检察院检察长	李献力
武邑县人民检察院检察长	王淑娟(女)	鸡泽县人民检察院检察长	罗汉涛
武强县人民检察院检察长	吕新华	广平县人民检察院检察长	秦学文
饶阳县人民检察院检察长	王建东	馆陶县人民检察院检察长	申玉良
安平县人民检察院检察长	刘　伟	魏县人民检察院检察长	赵海彬
故城县人民检察院检察长	常彦杰	曲周县人民检察院检察长	温建军
景县人民检察院检察长	金　涛	石家庄铁路运输检察院检察长	刘苏建
阜城县人民检察院检察长	姜连中		
邢台市人民检察院检察长	**陈晓明**	## 山西省	
桥东区人民检察院检察长	要晓伟		
桥西区人民检察院检察长	钱志民(代)	山西省人民检察院检察长	杨　司
南宫市人民检察院检察长	杜家明	山西省人民检察院副检察长	荣　彰
沙河市人民检察院检察长	姚献军		曹改莲(女)

	严奴国	郊区人民检察院检察长	史书义
	胡克勤	潞城市人民检察院检察长	王慧琴(女)
	王国宏	长治县人民检察院检察长	李国善
太原市人民检察院检察长	**周茂玉**	襄垣县人民检察院检察长	魏国敏
杏花岭区人民检察院检察长	路效国	屯留县人民检察院检察长	张晓林
小店区人民检察院检察长	王宏亮	平顺县人民检察院检察长	郭红亮
迎泽区人民检察院检察长	陈加林	黎城县人民检察院检察长	刘 忠
尖草坪区人民检察院检察长	孙向荣	壶关县人民检察院检察长	张云骏
万柏林区人民检察院检察长	田树平	长子县人民检察院检察长	张昀光(女)
晋源区人民检察院检察长	(空缺)	武乡县人民检察院检察长	王建宏
古交市人民检察院检察长	孙中杰	沁县人民检察院检察长	牛红宇
清徐县人民检察院检察长	马 江	沁源县人民检察院检察长	史高峰
阳曲县人民检察院检察长	王金华	**晋城市人民检察院检察长**	**张润才**
娄烦县人民检察院检察长	郭 刚	城区人民检察院检察长	赵贵炉
西峪地区人民检察院检察长	王小燕(女)	高平市人民检察院检察长	许关生
大同市人民检察院检察长	**霍永宁**	泽州县人民检察院检察长	王红玲(女)
城区人民检察院检察长	杜玺元	沁水县人民检察院检察长	申中华
矿区人民检察院检察长	苑曙光	阳城县人民检察院检察长	苏文革
南郊区人民检察院检察长	张丽珍(女)	陵川县人民检察院检察长	王向东
新荣区人民检察院检察长	王永明	晋普山地区人民检察院检察长	赵仰政
阳高县人民检察院检察长	陈景杰	**忻州市人民检察院检察长**	**闫绪安**
天镇县人民检察院检察长	李君文	忻府区人民检察院检察长	牛 文
广灵县人民检察院检察长	李继禹	原平市人民检察院检察长	李秉玺
灵丘县人民检察院检察长	韩贵福	定襄县人民检察院检察长	樊亚夫
浑源县人民检察院检察长	郭明哲	五台县人民检察院检察长	史秀云
左云县人民检察院检察长	靳玉祯	代县人民检察院检察长	郭耀庭
大同县人民检察院检察长	田爱农	繁峙县人民检察院检察长	郝贵清
朔州市人民检察院检察长	**原维宁**	宁武县人民检察院检察长	桑凡林
朔城区人民检察院检察长	武日强(代)	静乐县人民检察院检察长	张陆翔
平鲁区人民检察院检察长	梁海萍(女,代)	神池县人民检察院检察长	马贵清
山阴县人民检察院检察长	乔振文(代)	五寨县人民检察院检察长	康瑞琴(女)
应县人民检察院检察长	魏元贵(代)	岢岚县人民检察院检察长	安锐峰
右玉县人民检察院检察长	宫子奇(代)	河曲县人民检察院检察长	岳岐峰
怀仁县人民检察院检察长	吴占胜(代)	保德县人民检察院检察长	陈 强
阳泉市人民检察院检察长	**王守林**	偏关县人民检察院检察长	席晓明
城区人民检察院检察长	贾建胜	**晋中市人民检察院检察长**	**史书贤**
矿区人民检察院检察长	严志勇	榆次区人民检察院检察长	千晋左
郊区人民检察院检察长	王建明	介休市人民检察院检察长	陈延廷
平定县人民检察院检察长	孔海峰	榆社县人民检察院检察长	周马兰
盂县人民检察院检察长	高秀瑾	左权县人民检察院检察长	张晓玲(女)
荫营地区人民检察院检察长	邓百福	和顺县人民检察院检察长	冯耀环
长治市人民检察院检察长	**李曾贵**	昔阳县人民检察院检察长	尹教礼
城区人民检察院检察长	郭建斌	寿阳县人民检察院检察长	张群星

太谷县人民检察院检察长	高 屹	兴县人民检察院检察长	白林平
祁县人民检察院检察长	刘东升	临县人民检察院检察长	刘新平
平遥县人民检察院检察长	魏智勇	方山县人民检察院检察长	张小玲(女)
灵石县人民检察院检察长	梁守义	柳林县人民检察院检察长	史晋斌
临汾市人民检察院检察长	**苑 涛**	岚县人民检察院检察长	刘国钢
尧都区人民检察院检察长	张宁红	交口县人民检察院检察长	薛金生
侯马市人民检察院检察长	杜振峰	交城县人民检察院检察长	梁明光
霍州市人民检察院检察长	王 华	石楼县人民检察院检察长	任建中
曲沃县人民检察院检察长	刘俊茂	**山西省人民检察院太原铁路运输分院**	
翼城县人民检察院检察长	马兴元	**检察长**	**张双喜**
襄汾县人民检察院检察长	刘俊明	大同铁路运输检察院检察长	南世勤
洪洞县人民检察院检察长	张旭生	太原铁路运输检察院检察长	刘志军
古县人民检察院检察长	翟 海	临汾铁路运输检察院检察长	黄建华
安泽县人民检察院检察长	郭丽生		
浮山县人民检察院检察长	赵忠庆	## 内蒙古自治区	
吉县人民检察院检察长	王志刚		
乡宁县人民检察院检察长	王登龙	**内蒙古自治区人民检察院检察长**	**马永胜**
蒲县人民检察院检察长	张临生	**内蒙古自治区人民检察院副检察长**	**韦亚力(女)**
大宁县人民检察院检察长	权建威		**张 敏(女)**
永和县人民检察院检察长	崔晓纲		**李茂林**
隰县人民检察院检察长	曾新平		**郑锦春**
汾西县人民检察院检察长	郑宏亮		**曲云清**
运城市人民检察院检察长	**郝跃伟**		**郝泽军**
盐湖区人民检察院检察长	朱文峰	**呼和浩特市人民检察院检察长**	**王汉武**
永济市人民检察院检察长	廉新纪	新城区人民检察院检察长	修仕军
河津市人民检察院检察长	刘少华	回民区人民检察院检察长	郭建华
芮城县人民检察院检察长	刘军宁	玉泉区人民检察院检察长	徐建斌
临猗县人民检察院检察长	郑立新	赛罕区人民检察院检察长	云志宏
万荣县人民检察院检察长	卫 霞(女)	托克托县人民检察院检察长	云兰兰(女)
新绛县人民检察院检察长	段 浩	武川县人民检察院检察长	杨 力
稷山县人民检察院检察长	鲁双良	和林格尔县人民检察院检察长	徐荣生
闻喜县人民检察院检察长	毛毓登	清水河县人民检察院检察长	云飞龙
夏县人民检察院检察长	师晓彬	土默特左旗人民检察院检察长	李晓磊
绛县人民检察院检察长	王 虹	**包头市人民检察院检察长**	**乔青山**
平陆县人民检察院检察长	王金祥	昆都仑区人民检察院检察长	石玉玺
垣曲县人民检察院检察长	钱如山	东河区人民检察院检察长	齐 荣(女)
董村地区人民检察院检察长	姚江华	青山区人民检察院检察长	尚震宇
吕梁市人民检察院检察长	**宁建新**	石拐区人民检察院检察长	马艳丽(女)
离石区人民检察院检察长	赵晓东	白云鄂博矿区人民检察院检察长	邬卫君
孝义市人民检察院检察长	王贵勇	九原区人民检察院检察长	郭新忠
汾阳市人民检察院检察长	闫廷君	固阳县人民检察院检察长	牛利军
文水县人民检察院检察长	高秀臻	土默特右旗人民检察院检察长	徐亚光
中阳县人民检察院检察长	林 毅	达尔罕茂明安联合旗人民检察院检察长	张培昶

包头稀土高新技术产业开发区人民检察院
  检察长   钱亚洲
乌海市人民检察院检察长   宋伟燕(女)
海勃湾区人民检察院检察长   魏玉柱
海南区人民检察院检察长   薛兴君
乌达区人民检察院检察长   慕晓鹏
赤峰市人民检察院检察长   张秀峰
红山区人民检察院检察长   吕鹏举
元宝山区人民检察院检察长   王占军
松山区人民检察院检察长   赵晓明
宁城县人民检察院检察长   韩　峰
林西县人民检察院检察长   姜聚武
阿鲁科尔沁旗人民检察院检察长 赵永祥
巴林左旗人民检察院检察长   于术民
巴林右旗人民检察院检察长   王元清
克什克腾旗人民检察院检察长   徐国锋
翁牛特旗人民检察院检察长   王晓文
喀喇沁旗人民检察院检察长   张　栋
敖汉旗人民检察院检察长   王慧泽
通辽市人民检察院检察长   布　和
科尔沁区人民检察院检察长   潘　俊
霍林郭勒市人民检察院检察长   刘文忠
开鲁县人民检察院检察长   陈景忠
库伦旗人民检察院检察长   包英兰(女)
奈曼旗人民检察院检察长   张　程
扎鲁特旗人民检察院检察长   付　强
科尔沁左翼中旗人民检察院检察长 邓广丰
科尔沁左翼后旗人民检察院检察长 李玉良
呼伦贝尔市人民检察院检察长   于海富
海拉尔区人民检察院检察长   毛云恒
满洲里市人民检察院检察长   孙　海
扎兰屯市人民检察院检察长   赵国章
牙克石市人民检察院检察长   冯伟卓
根河市人民检察院检察长   苗树成
额尔古纳市人民检察院检察长   于建民
阿荣旗人民检察院检察长   张雪岩
新巴尔虎右旗人民检察院检察长 包玉山
新巴尔虎左旗人民检察院检察长 白海清
陈巴尔虎旗人民检察院检察长   韩　峰
鄂伦春族自治旗人民检察院检察长 邢占江
鄂温克族自治旗人民检察院检察长 王殿元
莫力达瓦达斡尔族自治旗人民检察院
  检察长   李保华

满洲里市扎赉诺尔矿区人民检察院
  检察长   杨振良(兼)
陈巴尔虎旗宝日希勒矿区人民检察院
  检察长   吴建民(兼)
鄂温克族自治旗大雁矿区人民检察院
  检察长   哈斯其木格(兼)
鄂伦春族自治旗大杨树地区人民检察院
  检察长   刘兴权
鄂伦春族自治旗甘河地区人民检察院
  检察长   张　彬
鄂尔多斯市人民检察院检察长 云　晓(女)
东胜区人民检察院检察长   李唯东
达拉特旗人民检察院检察长   解骡宁
准格尔旗人民检察院检察长   额尔登达来
鄂托克前旗人民检察院检察长   武树林
鄂托克旗人民检察院检察长   马韵波
杭锦旗人民检察院检察长   王治录
乌审旗人民检察院检察长   恩克吉日格勒
伊金霍洛旗人民检察院检察长   左晨光
乌兰察布市人民检察院检察长   孙建民
集宁区人民检察院检察长   郑瑞明
丰镇市人民检察院检察长   郝小平
卓资县人民检察院检察长   姚志伟
化德县人民检察院检察长   王晓龙
商都县人民检察院检察长   吴德霖
兴和县人民检察院检察长   齐春雷
凉城县人民检察院检察长   张志敏
察哈尔右翼前旗人民检察院检察长 巩　跙
察哈尔右翼中旗人民检察院检察长 吕建明
察哈尔右翼后旗人民检察院检察长 安世杰
四子王旗人民检察院检察长   刘文辉
巴彦淖尔市人民检察院检察长   张复弛
临河区人民检察院检察长   张文博
五原县人民检察院检察长   王力军
磴口县人民检察院检察长   何斯琴(女)
乌拉特前旗人民检察院检察长   杨利春
乌拉特中旗人民检察院检察长   刘文斌
乌拉特后旗人民检察院检察长   苏远程
杭锦后旗人民检察院检察长   黄晨阳
内蒙古自治区人民检察院兴安盟分院
  检察长   梁　晨
乌兰浩特市人民检察院检察长   郭玉发
阿尔山市人民检察院检察长   张国庆

突泉县人民检察院检察长	张　鹤
科尔沁右翼前旗人民检察院检察长	赵劲松
科尔沁右翼中旗人民检察院检察长	于朝华
扎赉特旗人民检察院检察长	李巴图
内蒙古自治区人民检察院锡林郭勒盟分院检察长	田忠宝
锡林浩特市人民检察院检察长	赵　文（代）
二连浩特市人民检察院检察长	韩平强（代）
多伦县人民检察院检察长	董建军
阿巴嘎旗人民检察院检察长	米福利
苏尼特左旗人民检察院检察长	伊拉图
苏尼特右旗人民检察院检察长	孙　岩
东乌珠穆沁旗人民检察院检察长	宝力道
西乌珠穆沁旗人民检察院检察长	乌云毕力格
太仆寺旗人民检察院检察长	张艳军
镶黄旗人民检察院检察长	李胜革
正镶白旗人民检察院检察长	那日苏
正蓝旗人民检察院检察长	孙守臣
内蒙古自治区人民检察院阿拉善盟分院检察长	张作厚
阿拉善左旗人民检察院检察长	张尚明
阿拉善右旗人民检察院检察长	陶金玉
额济纳旗人民检察院检察长	张华元
内蒙古自治区人民检察院呼和浩特铁路运输分院检察长	李　健
呼和浩特铁路运输检察院检察长	徐树山
包头铁路运输检察院检察长	霍建军
集宁铁路运输检察院检察长	马炳和
海拉尔铁路运输检察院检察长	刘博才
通辽铁路运输检察院检察长	曾庆新
保安沼地区人民检察院检察长	徐　卓（女）
小黑河地区人民检察院检察长	王　进

辽宁省

辽宁省人民检察院检察长	肖　声
辽宁省人民检察院副检察长	闫建成
	宋兴伟
	孙　黎
	吴　喆
	于　昆
	田洪举
	郑　辉
	杨新立
沈阳市人民检察院检察长	张东阳
沈河区人民检察院检察长	黄　伟
和平区人民检察院检察长	史启林
大东区人民检察院检察长	田桂娟（女）
皇姑区人民检察院检察长	徐宏捷
铁西区人民检察院检察长	邵　杰（女）
苏家屯区人民检察院检察长	张丰才
东陵区人民检察院检察长	吴　波
沈北新区人民检察院检察长	孟秋野
于洪区人民检察院检察长	徐　适
新民市人民检察院检察长	张遂志
辽中县人民检察院检察长	颜国军
康平县人民检察院检察长	赵永林
法库县人民检察院检察长	靳　伟
沈阳经济技术开发区人民检察院检察长	韩　壮
沈阳高新技术产业开发区人民检察院检察长	方世义
城郊地区人民检察院检察长	肖　爽
大连市人民检察院检察长	赵建伟
西岗区人民检察院检察长	奚家升
中山区人民检察院检察长	姜洪星
沙河口区人民检察院检察长	林乐大
甘井子区人民检察院检察长	林　徽
旅顺口区人民检察院检察长	郑家为
金州区人民检察院检察长	王　伟
瓦房店市人民检察院检察长	李　彤（女）
普兰店市人民检察院检察长	于文峰
庄河市人民检察院检察长	王志鹏
长海县人民检察院检察长	孙茂元
大连经济技术开发区人民检察院检察长	冯　涛（女）
城郊地区人民检察院检察长	李雅新（女）
鞍山市人民检察院检察长	王　军
铁东区人民检察院检察长	王晋鲁
铁西区人民检察院检察长	张振中
立山区人民检察院检察长	陈世卓（女）
千山区人民检察院检察长	江明海
海城市人民检察院检察长	刘富民
台安县人民检察院检察长	曾思宇
岫岩满族自治县人民检察院检察长	冯　斌
抚顺市人民检察院检察长	徐志飞
顺城区人民检察院检察长	李　颜

新抚区人民检察院检察长	王　旭	海州区人民检察院检察长	王志金
东洲区人民检察院检察长	郭　伟	新邱区人民检察院检察长	徐晓波
望花区人民检察院检察长	时为侠	太平区人民检察院检察长	张武杰
抚顺县人民检察院检察长	曲　懿（女）	清河门区人民检察院检察长	刘凤斌
新宾满族自治县人民检察院检察长	刘　莹（女）	彰武县人民检察院检察长	付海庭
清原满族自治县人民检察院检察长	徐　刚	阜新蒙古族自治县人民检察院检察长	代　玲（女）
抚顺经济技术开发区人民检察院检察长	王保强	**辽阳市人民检察院检察长**	**孙　策（代）**
抚顺市矿区人民检察院检察长	孙绍杰	白塔区人民检察院检察长	冯　莹
城郊地区人民检察院检察长	朱桂莲（女）	文圣区人民检察院检察长	曾宪琦
本溪市人民检察院检察长	**姜　科**	宏伟区人民检察院检察长	侯飞跃（女）
平山区人民检察院检察长	卢　晶（女）	弓长岭区人民检察院检察长	韩志刚
溪湖区人民检察院检察长	秦晓杰（女）	太子河区人民检察院检察长	刘永波
明山区人民检察院检察长	王建廷	灯塔市人民检察院检察长	许广龙
南芬区人民检察院检察长	何　毅	辽阳县人民检察院检察长	石成杰
本溪满族自治县人民检察院检察长	郭静涛	城郊地区人民检察院检察长	（空缺）
桓仁满族自治县人民检察院检察长	孙伯涛	**铁岭市人民检察院检察长**	**于　凯**
丹东市人民检察院检察长	**段文龙**	银州区人民检察院检察长	王洪彬
振兴区人民检察院检察长	王学平	清河区人民检察院检察长	赵宏伟
元宝区人民检察院检察长	姜纬宇	调兵山市人民检察院检察长	康家生
振安区人民检察院检察长	李　琦	开原市人民检察院检察长	张晓光
凤城市人民检察院检察长	邢永明	铁岭县人民检察院检察长	郭丽梅（女,代）
东港市人民检察院检察长	王颖兰（女）	西丰县人民检察院检察长	田　浩
宽甸满族自治县人民检察院检察长	孙继权	昌图县人民检察院检察长	付振和
锦州市人民检察院检察长	**金晓鹏**	**朝阳市人民检察院检察长**	**赵伟光（女）**
太和区人民检察院检察长	范　利	双塔区人民检察院检察长	蔡曙光
古塔区人民检察院检察长	王世元	龙城区人民检察院检察长	孙进喜
凌河区人民检察院检察长	李首山	北票市人民检察院检察长	穆德权
凌海市人民检察院检察长	王庆军	凌源市人民检察院检察长	罗　明
北镇市人民检察院检察长	张　丽（女）	朝阳县人民检察院检察长	李国明
黑山县人民检察院检察长	孙月华	建平县人民检察院检察长	隋景宏
义县人民检察院检察长	于　萍（女）	喀喇沁左翼蒙古族自治县人民检察院	
经济技术开发区人民检察院检察长	赵万忱	检察长	景力伟
城郊地区人民检察院检察长	钟　波	城郊地区人民检察院检察长	韩　军
营口市人民检察院检察长	**王静春**	**盘锦市人民检察院检察长**	**邴志凯**
站前区人民检察院检察长	常　亮	兴隆台区人民检察院检察长	刘荣志
西市区人民检察院检察长	高　兵	双台子区人民检察院检察长	张书合
鲅鱼圈区人民检察院检察长	高长安	大洼县人民检察院检察长	王志强
老边区人民检察院检察长	栾　勇	盘山县人民检察院检察长	肖　俊
大石桥市人民检察院检察长	张继华	城郊地区人民检察院检察长	王忠瑞
盖州市人民检察院检察长	刘　琪（女）	**葫芦岛市人民检察院检察长**	**慕　宁**
城郊地区人民检察院检察长	侯　莉（女）	龙港区人民检察院检察长	白银燕（女）
阜新市人民检察院检察长	**陈　岩**	连山区人民检察院检察长	关德权
细河区人民检察院检察长	杨　利	南票区人民检察院检察长	高志军

兴城市人民检察院检察长	叶 蓬	蛟河市人民检察院检察长	王 杨
绥中县人民检察院检察长	刘海彬	桦甸市人民检察院检察长	别旭东
建昌县人民检察院检察长	杨忠伟	舒兰市人民检察院检察长	敖 翔
辽宁省人民检察院沈阳铁路运输分院		永吉县人民检察院检察长	付春魁
检察长	胡 玉(女)	城西人民检察院检察长	刘守杰
沈阳铁路运输检察院检察长	唐铁军	高新区人民检察院检察长	朱红月
大连铁路运输检察院检察长	李圣良	**四平市人民检察院检察长**	**李万山**
丹东铁路运输检察院检察长	李 伟	铁西区人民检察院检察长	王 超
锦州铁路运输检察院检察长	孙中兴	铁东区人民检察院检察长	张树森
辽宁省人民检察院辽河油田分院检察长	**王爱军**	双辽市人民检察院检察长	薄守东
辽河油田人民检察院检察长	李春巍	公主岭市人民检察院检察长	王静彪
		梨树县人民检察院检察长	陈 忠
## 吉林省		伊通满族自治县人民检察院检察长	张爱钧
		四平市平东地区人民检察院检察长	张志军
吉林省人民检察院检察长	**杨克勤**	**辽源市人民检察院检察长**	**赵彦峰**
吉林省人民检察院副检察长	陈凤超	龙山区人民检察院检察长	周振利
	韩起祥	西安区人民检察院检察长	赵俊峰
	李振华	东丰县人民检察院检察长	于伟光
	盛美军	东辽县人民检察院检察长	高东民
长春市人民检察院检察长	**张海胜**	**松原市人民检察院检察长**	**吴长智**
朝阳区人民检察院检察长	徐安怀	宁江区人民检察院检察长	郭永泉
南关区人民检察院检察长	张颖彧	扶余县人民检察院检察长	金万钧
二道区人民检察院检察长	姜博仁	长岭县人民检察院检察长	张 雷
双阳区人民检察院检察长	孙冠夫	乾安县人民检察院检察长	宋彦军
宽城区人民检察院检察长	李崇峰	前郭县人民检察院检察长	李文学
绿园区人民检察院检察长	刘志民	**白城市人民检察院检察长**	**张宝才**
九台市人民检察院检察长	焦成千	洮北区人民检察院检察长	张跃云(女)
榆树市人民检察院检察长	卢 炬	大安市人民检察院检察长	彭大羽
德惠市人民检察院检察长	李忆农	洮南市人民检察院检察长	张国强
农安县人民检察院检察长	刑立明	镇赉县人民检察院检察长	张 华
长春经济技术开发区人民检察院检察长	王茂义	通榆县人民检察院检察长	冉志远
长春高新技术产业开发区人民检察院		**通化市人民检察院检察长**	**薛国君**
检察长	张宏山	东昌区人民检察院检察长	王景富
长春汽车经济技术开发区人民检察院检察长	李岫春	二道江区人民检察院检察长	张君清
城郊地区人民检察院检察长	卢 刚	梅河口市人民检察院检察长	李志刚
长春净月高新技术产业开发区人民检察院		集安市人民检察院检察长	曲昌文
检察长	(空缺)	通化县人民检察院检察长	孟若萍(女)
吉林市人民检察院检察长	**谢茂田**	辉南县人民检察院检察长	姜景铭
昌邑区人民检察院检察长	郭志强	柳河县人民检察院检察长	闫树龙
船营区人民检察院检察长	原 满	**白山市人民检察院检察长**	**喻春江**
龙潭区人民检察院检察长	杨 光	浑江区人民检察院检察长	王哲敏
丰满区人民检察院检察长	魏立国	江源区人民检察院检察长	孙振杰
磐石市人民检察院检察长	周 晖	临江市人民检察院检察长	丁玉杰

抚松县人民检察院检察长	颜廷民	南岗区人民检察院检察长	刘　杰
靖宇县人民检察院检察长	林　勇	道外区人民检察院检察长	李士凯
长白朝鲜族自治县人民检察院检察长	由晓军	香坊区人民检察院检察长	王　威
延边朝鲜族自治州人民检察院检察长	**金光镇**	平房区人民检察院检察长	项海杰
延吉市人民检察院检察长	金南浩	呼兰区人民检察院检察长	于小雅
图们市人民检察院检察长	李柱善	阿城区人民检察院检察长	王云飞
敦化市人民检察院检察长	赵佰忠	双城市人民检察院检察长	王景侠
珲春市人民检察院检察长	金京日	尚志市人民检察院检察长	杨孝清
龙井市人民检察院检察长	宋志强	五常市人民检察院检察长	李卓勋
和龙市人民检察院检察长	文昌海	依兰县人民检察院检察长	陆小庆
汪清县人民检察院检察长	郑　峰	方正县人民检察院检察长	王志福
安图县人民检察院检察长	付洪勇	宾县人民检察院检察长	关永吉
吉林省四方坨子人民检察院检察长	**曹　宝**	巴彦县人民检察院检察长	刘艳昌
吉林省长春林业检察院检察长	**张家林**	木兰县人民检察院检察长	李永志
抚松林业检察院检察长	于长彦	通河县人民检察院检察长	徐　军
江源林业检察院检察长	李　伟	延寿县人民检察院检察长	刘力波
临江林业检察院检察长	刘朝越	滨江地区人民检察院检察长	王庆昆
红石林业检察院检察长	李树庆	**齐齐哈尔市人民检察院检察长**	**张坤明**
白石山林业检察院检察长	臧　琦	建华区人民检察院检察长	刘　杨
吉林省延边林业检察院检察长	**张立华**	龙沙区人民检察院检察长	王　艺
敦化林业检察院检察长	史善斌	铁峰区人民检察院检察长	艾　勇
和龙林业检察院检察长	赵延民	昂昂溪区人民检察院检察长	沈小革
汪清林业检察院检察长	曹广林	富拉尔基区人民检察院检察长	李宇光
白河林业检察院检察长	杨家磊	碾子山区人民检察院检察长	刘　韬（女）
珲春林业检察院检察长	邢茂林	梅里斯达斡尔族人民检察院检察长	于国华
吉林省人民检察院铁路运输分院检察长	**（空缺）**	讷河市人民检察院检察长	李　国
长春铁路运输检察院检察长	张　锋	龙江县人民检察院检察长	石伟斌
吉林铁路运输检察院检察长	张子杰（代）	依安县人民检察院检察长	刘德强
通化铁路运输检察院检察长	张成名（代）	泰来县人民检察院检察长	王孝明
图们铁路运输检察院检察长	冯文杰	甘南县人民检察院检察长	赵福忠
白城铁路运输检察院检察长	杜忠宝	富裕县人民检察院检察长	李雪峰
		克山县人民检察院检察长	孙太德
		克东县人民检察院检察长	解博冠
		拜泉县人民检察院检察长	宋炳勋

黑龙江省

		齐嫩地区人民检察院检察长	吴廷显
黑龙江省人民检察院检察长	**徐　明**	**牡丹江市人民检察院检察长**	**金银墙**
黑龙江省人民检察院副检察长	车承军	东安区人民检察院检察长	石　扬（女）
	王　军	爱民区人民检察院检察长	张雪彤
	闫世斌	阳明区人民检察院检察长	王成才
	杨春雷	西安区人民检察院检察长	金海石
	张中华	穆棱市人民检察院检察长	孔祥铎
哈尔滨市人民检察院检察长	**王克伦**	绥芬河市人民检察院检察长	张克强
松北区人民检察院检察长	刘宜俭	海林市人民检察院检察长	马进群
道里区人民检察院检察长	孙长国		

第十二部分 名录

宁安市人民检察院检察长	王剑峰	宝山区人民检察院检察长	于文庆
东宁县人民检察院检察长	孙艳林	集贤县人民检察院检察长	孙少林
林口县人民检察院检察长	王喜军	友谊县人民检察院检察长	吕守荣
牡南地区人民检察院检察长	赵文军	宝清县人民检察院检察长	彭世君
佳木斯市人民检察院检察长	**高伟利**	饶河县人民检察院检察长	程铜锋
前进区人民检察院检察长	谭景春(代)	**伊春市人民检察院检察长**	**聂生奎**
向阳区人民检察院检察长	吴 畏(代)	伊春区人民检察院检察长	任凤忠
东风区人民检察院检察长	肖 阳	南岔区人民检察院检察长	彭文权
郊区人民检察院检察长	李铁民	友好区人民检察院检察长	孟庆东
同江市人民检察院检察长	张树伟	西林区人民检察院检察长	王慧一
富锦市人民检察院检察长	陈 强	翠峦区人民检察院检察长	李忠海
桦南县人民检察院检察长	周绍忠	新青区人民检察院检察长	陈玉春
桦川县人民检察院检察长	刘涤非	美溪区人民检察院检察长	杨雪哲
汤原县人民检察院检察长	姜 山	金山屯区人民检察院检察长	丁屹峰
抚远县人民检察院检察长	商学敏	五营区人民检察院检察长	李国伟
合江地区人民检察院检察长	唐加振	乌马河区人民检察院检察长	于 伟
大庆市人民检察院检察长	**姜 廉**	汤旺河区人民检察院检察长	赵建林
萨尔图区人民检察院检察长	张 斌	带岭区人民检察院检察长	何 利
龙凤区人民检察院检察长	刘力学	乌伊岭区人民检察院检察长	郭 阳
让胡路区人民检察院检察长	刘振魁	红星区人民检察院检察长	韩东伟
大同区人民检察院检察长	阮之华	上甘岭区人民检察院检察长	凌万强
红岗区人民检察院检察长	钟国庆	铁力市人民检察院检察长	张季林
肇州县人民检察院检察长	迟庆军	嘉荫县人民检察院检察长	赵志刚
肇源县人民检察院检察长	逄瑞川	双丰林区人民检察院检察长	许建国
林甸县人民检察院检察长	杨 威	铁力林区人民检察院检察长	范利民
杜尔伯特蒙古族自治县人民检察院检察长	姜凯志	桃山林区人民检察院检察长	周文峰
大庆高新技术产业开发区人民检察院		朗乡林区人民检察院检察长	王岐岭
检察长	李儒彬	**七台河市人民检察院检察长**	**徐恒才**
鸡西市人民检察院检察长	**高 杉**	桃山区人民检察院检察长	白福录
鸡冠区人民检察院检察长	陈忠元	新兴区人民检察院检察长	张进学
恒山区人民检察院检察长	毕文利	茄子河区人民检察院检察长	郭 峰
滴道区人民检察院检察长	赵 奎	勃利县人民检察院检察长	姜世兴
梨树区人民检察院检察长	李炳太	**鹤岗市人民检察院检察长**	**姚绪庆**
城子河区人民检察院检察长	王长林	向阳区人民检察院检察长	伍 波(女,代)
麻山区人民检察院检察长	金连坤	兴山区人民检察院检察长	赵延军
虎林市人民检察院检察长	江吉成	工农区人民检察院检察长	倪桂芹(女)
密山市人民检察院检察长	曲卫东	南山区人民检察院检察长	刘德友
鸡东县人民检察院检察长	王铁玉	兴安区人民检察院检察长	姜铁成
鸡台地区人民检察院检察长	张国辉	东山区人民检察院检察长	张凤翔
双鸭山市人民检察院检察长	**刘恒源**	萝北县人民检察院检察长	尤丕琳
尖山区人民检察院检察长	张树立	绥滨县人民检察院检察长	于晓林
岭东区人民检察院检察长	曾庆祥	**绥化市人民检察院检察长**	**闫 华**
四方台区人民检察院检察长	李德忠	北林区人民检察院检察长	赵沂河

安达市人民检察院检察长	宋英德	东方红林区人民检察院检察长	朱晓飞
肇东市人民检察院检察长	经贵超	大海林林区人民检察院检察长	邱继东
海伦市人民检察院检察长	于建国	柴河林区人民检察院检察长	叶永福
望奎县人民检察院检察长	刘喜江	绥阳林区人民检察院检察长	孙文生
兰西县人民检察院检察长	于占发	方正林区人民检察院检察长	徐遮民
青冈县人民检察院检察长	程　前	苇河林区人民检察院检察长	董秀婕(女)
庆安县人民检察院检察长	魏鹏飞	山河屯林区人民检察院检察长	韩　非
明水县人民检察院检察长	相　巍	绥棱林区人民检察院检察长	夏立强
绥棱县人民检察院检察长	王连华(女)	桦南林区人民检察院检察长	关　立
黑河市人民检察院检察长	**乔洪翔**	穆棱林区人民检察院检察长	鞠永斌
爱辉区人民检察院检察长	高彦斌(女,代)	海林林区人民检察院检察长	王玉祥
北安市人民检察院检察长	王洪君	通北林区人民检察院检察长	李晰儒
五大连池市人民检察院检察长	李宝库	清河林区人民检察院检察长	国　晶(女)
嫩江县人民检察院检察长	魏庆林	鹤立林区人民检察院检察长	张树林
逊克县人民检察院检察长	袁红军	双鸭山林区人民检察院检察长	姜雪龙
孙吴县人民检察院检察长	郭凤奎	林口林区人民检察院检察长	宫铁川
黑北地区人民检察院检察长	曹　军	迎春林区人民检察院检察长	孙立新
黑龙江省人民检察院大兴安岭分院检察长	**王金力**	八面通林区人民检察院检察长	马大力
呼玛县人民检察院检察长	孙希谦	**黑龙江省人民检察院哈尔滨铁路运输分院**	
塔河县人民检察院检察长	刘新生	**检察长**	**万　野**
漠河县人民检察院检察长	王继新	哈尔滨铁路运输检察院检察长	孙成毅
加格达奇区人民检察院检察长	王维国	齐齐哈尔铁路运输检察院检察长	张　喆
松岭区人民检察院检察长	徐殿学	牡丹江铁路运输检察院检察长	尹建国
新林区人民检察院检察长	李朝阳	佳木斯铁路运输检察院检察长	邹向杰
呼中区人民检察院检察长	王庆国		
图强林区人民检察院检察长	刘守林		

上海市

阿木尔林区人民检察院检察长	张海斌
十八站林区人民检察院检察长	张延中

十八站林区人民检察院检察长	张延中	上海市人民检察院检察长	陈　旭
黑龙江省人民检察院农垦分院检察长	**邹　鹏**	上海市人民检察院副检察长	陈辐宽
红兴隆农垦区人民检察院检察长	刘　斌		余啸波
宝泉岭农垦区人民检察院检察长	王学林		郑鲁宁
建三江农垦区人民检察院检察长	白柏林		许佩琴(女)
牡丹江农垦区人民检察院检察长	唐　健		周越强
北安农垦区人民检察院检察长	孙登志	上海市人民检察院第一分院检察长	叶　青
九三农垦区人民检察院检察长	杨建华	上海市人民检察院第二分院检察长	柳小秋(女)
齐齐哈尔农垦区人民检察院检察长	程远兴	浦东新区人民检察院检察长	陈宝富
绥化农垦区人民检察院检察长	李桂祥	黄浦区人民检察院检察长	王润生
黑龙江省人民检察院林区分院检察长	**卢孝东**	徐汇区人民检察院检察长	储国樑
亚布力林区人民检察院检察长	陈明华	长宁区人民检察院检察长	陈　明
沾河林区人民检察院检察长	李　冬	静安区人民检察院检察长	朱云斌
兴隆林区人民检察院检察长	孙　强	普陀区人民检察院检察长	杨恒进
鹤北林区人民检察院检察长	谷庆伟	闸北区人民检察院检察长	丁　嘉
东京城林区人民检察院检察长	刘先根	虹口区人民检察院检察长	陈思群(女)

杨浦区人民检察院检察长	岳　杨	吴中区人民检察院检察长	陈　飞
宝山区人民检察院检察长	林　立	相城区人民检察院检察长	钱云华
闵行区人民检察院检察长	潘祖全	吴江区人民检察院检察长	朱文瑞
嘉定区人民检察院检察长	阮祝军	昆山市人民检察院检察长	皇甫觉新
金山区人民检察院检察长	龚培华	太仓市人民检察院检察长	杜建伟
松江区人民检察院检察长	杨玉俊	常熟市人民检察院检察长	陆建中
青浦区人民检察院检察长	徐燕平	张家港市人民检察院检察长	蔡　蔚
奉贤区人民检察院检察长	孙　静（女）	苏州工业园区人民检察院检察长	钱根源
崇明县人民检察院检察长	倪　峰	**无锡市人民检察院检察长**	**蒋永良**
浦东新区张江地区人民检察院检察长	潘建清	崇安区人民检察院检察长	李　赢
军天湖农场区人民检察院检察长	贝永虎	南长区人民检察院检察长	何　莹（女，代）
白茅岭农场区人民检察院检察长	（空缺）	北塘区人民检察院检察长	李勇忠
四岔河农场区人民检察院检察长	肖裕国	滨湖区人民检察院检察长	陆剑凌
川东农场区人民检察院检察长	（空缺）	惠山区人民检察院检察长	徐盛希
青东农场区人民检察院检察长	何方荣	锡山区人民检察院检察长	黄懿斌
上海市人民检察院上海铁路运输分院		江阴市人民检察院检察长	丁正红
检察长	苏华平	宜兴市人民检察院检察长	王玉珏
上海铁路运输检察院检察长	谈信友	无锡市开发区人民检察院检察长	苟小军
		常州市人民检察院检察长	**游巳春**

江苏省

		新北区人民检察院检察长	许岳华
		钟楼区人民检察院检察长	徐逸峰
江苏省人民检察院检察长	徐　安	天宁区人民检察院检察长	范荣生
江苏省人民检察院副检察长	严　明	戚墅堰区人民检察院检察长	王　俊
	方晓林	武进区人民检察院检察长	蒋国强
	陈剑虹	金坛市人民检察院检察长	蔡和方
	邵建东	溧阳市人民检察院检察长	周常春
	范　群	天目湖地区人民检察院检察长	朱文俊
	王方林	**镇江市人民检察院检察长**	**俞波涛**
南京市人民检察院检察长	**葛晓燕（女）**	京口区人民检察院检察长	方红卫
玄武区人民检察院检察长	陆宁平	润州区人民检察院检察长	鲁　宽
秦淮区人民检察院检察长	朱　赫	丹徒区人民检察院检察长	黄　进（代）
建邺区人民检察院检察长	葛　冰	扬中市人民检察院检察长	司马兆二
鼓楼区人民检察院检察长	杨建萍（女）	丹阳市人民检察院检察长	李　军
浦口区人民检察院检察长	翟建明	句容市人民检察院检察长	毛康林
六合区人民检察院检察长	王珍祥	镇江市经济技术开发区人民检察院检察长	朱国忠
栖霞区人民检察院检察长	倪一斌	金山地区人民检察院检察长	朱　毅（兼）
雨花台区人民检察院检察长	张宁生	**南通市人民检察院检察长**	**赵志凯**
江宁区人民检察院检察长	金　波	崇川区人民检察院检察长	钱国泉
溧水区人民检察院检察长	于　刚	港闸区人民检察院检察长	毛　喆
高淳区人民检察院检察长	韩晓帆	通州区人民检察院检察长	李建国
苏州市人民检察院检察长	**王君悦**	海门市人民检察院检察长	李　铁
姑苏区人民检察院检察长	薛国骏（兼）	启东市人民检察院检察长	瞿　忠
虎丘区人民检察院检察长	顾雪荣	如皋市人民检察院检察长	何　强

如东县人民检察院检察长	顾祖林	泗阳县人民检察院检察长	谢兆宝
海安县人民检察院检察长	李 平	泗洪县人民检察院检察长	吴 杰（女）
南通市经济技术开发区人民检察院检察长	邹建华	洪泽湖地区人民检察院检察长	李红阳（女）
泰州市人民检察院检察长	**周剑浩**	**徐州市人民检察院检察长**	**杨其江**
海陵区人民检察院检察长	沙建国	云龙区人民检察院检察长	韩卫东
高港区人民检察院检察长	华为民	鼓楼区人民检察院检察长	孙 晋
靖江市人民检察院检察长	刘 贵（代）	贾汪区人民检察院检察长	曲 旭
泰兴市人民检察院检察长	蔡红卫	泉山区人民检察院检察长	张成刚
姜堰区人民检察院检察长	丁军青	铜山区人民检察院检察长	吕 青（女）
兴化市人民检察院检察长	陆红梅（女）	邳州市人民检察院检察长	艾新平
泰州医药高新技术产业开发区人民检察院	何建明	新沂市人民检察院检察长	徐 炜
扬州市人民检察院检察长	**闵正兵**	睢宁县人民检察院检察长	吴为民
广陵区人民检察院检察长	郭锦勇	沛县人民检察院检察长	王 岩
邗江区人民检察院检察长	许玛明	丰县人民检察院检察长	姚 辉
江都区人民检察院检察长	于 力	徐州市经济技术开发区检察院检察长	佟光喜
仪征市人民检察院检察长	蒋桂芳（女）	**连云港市人民检察院检察长**	**汪 跃**
高邮市人民检察院检察长	鞠 进	新浦区人民检察院检察长	吴 明
宝应县人民检察院检察长	张晓强	连云区人民检察院检察长	何素红（女）
盐城市人民检察院检察长	**戴 飞（女）**	海州区人民检察院检察长	（空缺）
亭湖区人民检察院检察长	吕志平	赣榆县人民检察院检察长	万树早
盐都区人民检察院检察长	张永娣（女）	灌云县人民检察院检察长	唐 张
东台市人民检察院检察长	张扣华（代）	东海县人民检察院检察长	宋金玲（女）
大丰市人民检察院检察长	张春山	灌南县人民检察院检察长	张克晓
射阳县人民检察院检察长	许正胜	南京铁路运输检察院检察长	邱友根
阜宁县人民检察院检察长	钱亚祥	徐州铁路运输检察院检察长	沙锦瑞
滨海县人民检察院检察长	樊 杉		
响水县人民检察院检察长	陈宏成		

浙江省

建湖县人民检察院检察长	胡立东
大中地区人民检察院检察长	征汉年
淮安市人民检察院检察长	**成吉喜**
清河区人民检察院检察长	赵春虎
清浦区人民检察院检察长	黄国梁
淮安区人民检察院检察长	张建龙
淮阴区人民检察院检察长	张洪斌
金湖县人民检察院检察长	葛 蕾（女）
盱眙县人民检察院检察长	徐蔚敏（女）
洪泽县人民检察院检察长	范秋云（女）
涟水县人民检察院检察长	王 刚
淮安市经济技术开发区检察院检察长	杨小平
宿迁市人民检察院检察长	**王 鹏**
宿城区人民检察院检察长	殷 勇
宿豫区人民检察院检察长	王昌翔
沭阳县人民检察院检察长	夏 玮（女）

浙江省人民检察院检察长	**陈云龙**
浙江省人民检察院副检察长	庄建南
	顾雪飞
	刘晓刚
	王育君
	张雪樵
	王祺国
浙江省余杭临平地区人民检察院检察长	孙 勇（兼）
杭州铁路运输检察院检察长	石建国
杭州市人民检察院检察长	**吴春莲（女）**
拱墅区人民检察院检察长	罗有顺
上城区人民检察院检察长	李森红（女）
下城区人民检察院检察长	潘松萍
江干区人民检察院检察长	余国利

第十二部分 名 录

西湖区人民检察院检察长	张 鸣	秀洲区人民检察院检察长	赵陆鸣
滨江区人民检察院检察长	陈平祥	平湖市人民检察院检察长	沈小平
余杭区人民检察院检察长	孙 勇	海宁市人民检察院检察长	陈建钢
萧山区人民检察院检察长	方顺才	桐乡市人民检察院检察长	郭军毅
临安市人民检察院检察长	陈云高	嘉善县人民检察院检察长	陈伟良
富阳市人民检察院检察长	王晓光	海盐县人民检察院检察长	宋 跃
建德市人民检察院检察长	江波均(女)	**绍兴市人民检察院检察长**	**胡东林**
桐庐县人民检察院检察长	郑建军	越城区人民检察院检察长	钱昌夫
淳安县人民检察院检察长	钱 铖	柯桥区人民检察院检察长	丁 飞
杭州经济技术开发区检察院检察长	吕金芳	上虞区人民检察院检察长	周慧娟(女)
宁波市人民检察院检察长	**戎雪海**	诸暨市人民检察院检察长	戴建华
海曙区人民检察院检察长	吕海庆	嵊州市人民检察院检察长	戚建文
江东区人民检察院检察长	周如郁(女)	新昌县人民检察院检察长	周 江
江北区人民检察院检察长	高 杰	**金华市人民检察院检察长**	**毛建岳**
北仑区人民检察院检察长	李 钟	婺城区人民检察院检察长	徐洪彬
镇海区人民检察院检察长	顾玉敏(女)	金东区人民检察院检察长	章宏军
鄞州区人民检察院检察长	华志苗	兰溪市人民检察院检察长	徐 强(女)
慈溪市人民检察院检察长	傅其云	永康市人民检察院检察长	王宪峰
余姚市人民检察院检察长	毛纪华	义乌市人民检察院检察长	彭 中
奉化市人民检察院检察长	王春媛(女)	东阳市人民检察院检察长	胡宇翔
宁海县人民检察院检察长	吕益军	武义县人民检察院检察长	陈世河
象山县人民检察院检察长	董顺来	浦江县人民检察院检察长	李良才
宁波市大榭开发区人民检察院检察长	于国利	磐安县人民检察院检察长	蒋凌军
温州市人民检察院检察长	**金连山**	**衢州市人民检察院检察长**	**孙 颖(女)**
鹿城区人民检察院检察长	张纯亮	柯城区人民检察院检察长	黄耀奎
龙湾区人民检察院检察长	梅山群	衢江区人民检察院检察长	吴 刚
瓯海区人民检察院检察长	赵卫华	江山市人民检察院检察长	郑柯迅
瑞安市人民检察院检察长	王美鹏	常山县人民检察院检察长	郑慧胜
乐清市人民检察院检察长	赵海霞(女)	开化县人民检察院检察长	柯耀根
永嘉县人民检察院检察长	林长汉	龙游县人民检察院检察长	周恩强
文成县人民检察院检察长	潘 勇	**舟山市人民检察院检察长**	**周招社**
平阳县人民检察院检察长	林锡铭	定海区人民检察院检察长	王 彬
泰顺县人民检察院检察长	宣章良	普陀区人民检察院检察长	柯建平
洞头县人民检察院检察长	金 依(女)	岱山县人民检察院检察长	任建兴
苍南县人民检察院检察长	陈贤木	嵊泗县人民检察院检察长	寿利根
湖州市人民检察院检察长	**黄生林**	**台州市人民检察院检察长**	**陈志君(女)**
吴兴区人民检察院检察长	刘突飞	椒江区人民检察院检察长	虞 彪
南浔区人民检察院检察长	戴立新	黄岩区人民检察院检察长	戴 平
长兴县人民检察院检察长	潘如新	路桥区人民检察院检察长	李计旦
德清县人民检察院检察长	吴志新	临海市人民检察院检察长	陈 青
安吉县人民检察院检察长	周晓杨	温岭市人民检察院检察长	潘万贵
嘉兴市人民检察院检察长	**孙厚祥**	三门县人民检察院检察长	周尧正
南湖区人民检察院检察长	黄 敏(女)	天台县人民检察院检察长	郭建平

仙居县人民检察院检察长	王　煊
玉环县人民检察院检察长	俞信波
丽水市人民检察院检察长	**陈海鹰**
莲都区人民检察院检察长	王小刚
龙泉市人民检察院检察长	葛朝华（女）
缙云县人民检察院检察长	吴林雄
青田县人民检察院检察长	阙建平
云和县人民检察院检察长	蔡建彧
遂昌县人民检察院检察长	谢云生
松阳县人民检察院检察长	吴剑锋
庆元县人民检察院检察长	张晓峰
景宁畲族自治县人民检察院检察长	夏逸敏

安徽省

薛江武　女，汉族，1958年1月生，黑龙江双城人，研究生学历，法学硕士，管理学博士，1976年12月参加工作，1989年6月加入中国共产党。

1976年12月后为江西造船厂电工，1979年9月后为华东政法学院法律专业学生，1983年7月后为江西省高级人民法院书记员、助理审判员，1989年3月后为江西省高级人民法院副处级审判员，1994年2月后任江西省高级人民法院研究室副主任，1995年4月后任江西省高级人民法院经济审判第一庭副庭长，1996年12月后任江西省高级人民法院办公室主任，1998年4月后任江西省高级人民法院经济审判第一庭庭长，2000年2月后任江西省高级人民法院副院长、党组成员，2003年11月后任江西省高级人民法院副院长、党组成员（正厅级），2004年8月后任江西省高级人民法院副院长、党组副书记，2010年3月后任江西省人民检察院副检察长、党组副书记，2013年2月后任安徽省人民检察院检察长、党组书记。

安徽省人民检察院检察长	**薛江武（女）**
安徽省人民检察院副检察长	**鲍国友**
	高宗祥
	翟高潮
	陈晓燕（女）
	李卫东
安徽省南湖人民检察院检察长	丁银舟
安徽省白湖人民检察院检察长	洪卫东
安徽省九成坂人民检察院检察长	王　青
合肥铁路运输检察院检察长	朱南斌
合肥市人民检察院检察长	**张　棉**
高新技术产业开发区人民检察院检察长	闫丹慧
城郊地区人民检察院检察长	（空缺）
肥东县人民检察院检察长	杨　柯
肥西县人民检察院检察长	童祖权
长丰县人民检察院检察长	徐佐钧
庐江县人民检察院检察长	许蔚军
瑶海区人民检察院检察长	李　军
庐阳区人民检察院检察长	晏维友
蜀山区人民检察院检察长	万　山
包河区人民检察院检察长	潘孝峰
巢湖市人民检察院检察长	李　健
淮北市人民检察院检察长	**徐从锋**
濉溪县人民检察院检察长	施红波
相山区人民检察院检察长	韦群庆
杜集区人民检察院检察长	魏毅标
烈山区人民检察院检察长	毛　强
亳州市人民检察院检察长	**耿标（代）**
蒙城县人民检察院检察长	梁德友
涡阳县人民检察院检察长	赵昊平（兼）
谯城区人民检察院检察长	葛绍志（代）
利辛县人民检察院检察长	陈红阳（女）
宿州市人民检察院检察长	**张晓光**
埇桥区人民检察院检察长	胡崇实
砀山县人民检察院检察长	李文艳（女）
萧县人民检察院检察长	马群（代）
灵璧县人民检察院检察长	郭建军（代）
泗县人民检察院检察长	朱　军
蚌埠市人民检察院检察长	**盛大友**
龙子湖区人民检察院检察长	关礼林
蚌山区人民检察院检察长	吴正传
禹会区人民检察院检察长	王俊峰
淮上区人民检察院检察长	杨家泉
怀远县人民检察院检察长	毛志平
固镇县人民检察院检察长	苏　醒
五河县人民检察院检察长	左腾宇
阜阳市人民检察院检察长	**李德文（代）**
颍上县人民检察院检察长	于月刚（代）
界首市人民检察院检察长	朱长虹
临泉县人民检察院检察长	方　自
阜南县人民检察院检察长	刘彦峰
太和县人民检察院检察长	袁维彬
颍州区人民检察院检察长	艾　民

颍东区人民检察院检察长	赵亚东	宣城市人民检察院检察长	**谢效珉**
颍泉区人民检察院检察长	马千里	宣州区人民检察院检察长	徐大鹏
淮南市人民检察院检察长	**朱新武**	郎溪县人民检察院检察长	解 兵
田家庵区人民检察院检察长	芮红军	广德县人民检察院检察长	张 伟
大通区人民检察院检察长	刘 琰(女)	宁国市人民检察院检察长	吴小明
谢家集人民检察院检察长	盛吉洋	泾县人民检察院检察长	刘 军
八公山区人民检察院检察长	王 玉	绩溪县人民检察院检察长	陈绍君
潘集区人民检察院检察长	李文敏	旌德县人民检察院检察长	尚昌虎
凤台县人民检察院检察长	查政权	**铜陵市人民检察院检察长**	**曹 敏(女)**
滁州市人民检察院检察长	**郑 光**	铜官山区人民检察院检察长	夏乐安
琅琊区人民检察院检察长	成学斌	狮子山区人民检察院检察长	樊春来
南谯区人民检察院检察长	卫晓霞(女)	郊区人民检察院检察长	潘 虎
来安县人民检察院检察长	吴 杰	铜陵县人民检察院检察长	储 杨
全椒县人民检察院检察长	喻尊晏(女)	**池州市人民检察院检察长**	**张 兵**
定远县人民检察院检察长	王志明	贵池区人民检察院检察长	余文庆
凤阳县人民检察院检察长	张平龙	东至县人民检察院检察长	盛叶春
明光市人民检察院检察长	周寿忠	石台县人民检察院检察长	叶丰林
天长市人民检察院检察长	张 斌	青阳县人民检察院检察长	赵 恺
六安市人民检察院检察长	**桂 青**	九华山风景区人民检察院检察长	钱三贵
金安区人民检察院检察长	石耀辉	**安庆市人民检察院检察长**	**李 军**
裕安区人民检察院检察长	邵 蔚	怀宁县人民检察院检察长	欧阳水根
霍邱县人民检察院检察长	李宝元	桐城市人民检察院检察长	江 晨
寿县人民检察院检察长	杨敬勋	枞阳县人民检察院检察长	梅耐冬
舒城县人民检察院检察长	程宗林	潜山县人民检察院检察长	房振球
霍山县人民检察院检察长	汪长华	太湖县人民检察院检察长	金 林
金寨县人民检察院检察长	沈立新	宿松县人民检察院检察长	金落实
马鞍山市人民检察院检察长	**马胜利**	望江县人民检察院检察长	徐光华
花山区人民检察院检察长	冷玉梅(女)	岳西县人民检察院检察长	程 峰
雨山区人民检察院检察长	徐 飞	迎江区人民检察院检察长	丁胜兵
博望区人民检察院检察长	李生林	大观区人民检察院检察长	吴才广
当涂县人民检察院检察长	龙家胜	宜秀区人民检察院检察长	孙庆健
和县人民检察院检察长	潘乔山	**黄山市人民检察院检察长**	**张德宏**
无为县人民检察院检察长	张晓龙	屯溪区人民检察院检察长	吴大圣
芜湖市人民检察院检察长	**胡胜友**	黄山区人民检察院检察长	占斗星
芜湖经济技术开发人民检察院检察长	吴 敏	徽州区人民检察院检察长	胡 敏(女)
芜湖县人民检察院检察长	张 宁(女)	歙县人民检察院检察长	王绩城
繁昌县人民检察院检察长	蒋仲春	休宁县人民检察院检察长	徐茂林
南陵县人民检察院检察长	陈邦峰	黟县人民检察院检察长	毛建国
无为县人民检察院检察长	蔡晓东	祁门县人民检察院检察长	汪翠瑜(女)
镜湖区人民检察院检察长	李晓玲(女)		
鸠江区人民检察院检察长	毕道群		
弋江区人民检察院检察长	马 卫		
三山区人民检察院检察长	梁英斌		

福建省

何泽中 男,汉族,1956年3月生,湖南临湘人,研究生学历,法学专业,法学博士,研究员,1976年11月参加工作,1976年1月加入中国共产党。

1976年11月后为湖南省临湘县羊楼司公社卫生院会计、公社行政秘书,1978年6月后为湖南省临湘县委组织部干部,1982年8月后为湖南省岳阳地委信访办公室干部、地委办公室干部,1986年8月后为湖南省委组织部组织员办公室副主任科员、主任科员,1991年12月后任湖南省委组织部组织指导处副处长、办公室副主任,1995年3月后任湖南省委组织部组织指导处处长,1998年5月后任湖南省委组织部干部四处处长,2000年12月后为湖南省委组织部副厅级组织员,2002年4月后任湖南省委组织部副部长,2007年11月后任湖南省湘西土家族苗族自治州州委副书记,2008年3月后任湖南省湘西土家族苗族自治州州委书记,2013年2月后任福建省人民检察院检察长、党组书记。

福建省人民检察院检察长	**何泽中**
福建省人民检察院副检察长	何小敏
	顾卫兵
	林贻影
	李明蓉(女)
	吴超英
	邬勇雷
福州铁路运输检察院检察长	冯路平
福州市人民检察院检察长	**叶燕培**
鼓楼区人民检察院检察长	严孟灿
台江区人民检察院检察长	林 航
仓山区人民检察院检察长	陈秀云
马尾区人民检察院检察长	林 荣
晋安区人民检察院检察长	柯华强
福清市人民检察院检察长	郑龙清
长乐市人民检察院检察长	郑 东
闽侯县人民检察院检察长	卢志坚
连江县人民检察院检察长	丁 璇(女)
罗源县人民检察院检察长	吴仰晗(女)
闽清县人民检察院检察长	兰跃林
永泰县人民检察院检察长	郭有旭
平潭县人民检察院检察长	施建清
鼓山地区人民检察院检察长	叶爱国(兼)
南平市人民检察院检察长	**王金文(代)**
延平区人民检察院检察长	陈 斌(兼)
邵武市人民检察院检察长	蔡振银(女)
武夷山市人民检察院检察长	万 勇
建瓯市人民检察院检察长	洪运华
建阳市人民检察院检察长	徐 斌
顺昌县人民检察院检察长	叶丽民
浦城县人民检察院检察长	黄丽英(女)
光泽县人民检察院检察长	林 建
松溪县人民检察院检察长	刘子华
政和县人民检察院检察长	林忠怀
三明市人民检察院检察长	**张时贵(代)**
梅列区人民检察院检察长	罗建平
三元区人民检察院检察长	卢新桦(代)
永安市人民检察院检察长	李剑平
明溪县人民检察院检察长	乐绍勇
清流县人民检察院检察长	程凤娟(女)
宁化县人民检察院检察长	黄小斌
大田县人民检察院检察长	陈福东
尤溪县人民检察院检察长	杨良文
沙县人民检察院检察长	黄金丹(女,代)
将乐县人民检察院检察长	谢复兴
泰宁县人民检察院检察长	叶建朝(代)
建宁县人民检察院检察长	傅祥儒
莆田市人民检察院检察长	**于南生**
城厢区人民检察院检察长	林秀冰(代)
涵江区人民检察院检察长	吴建伟(代)
荔城区人民检察院检察长	蒋福华
秀屿区人民检察院检察长	吴丽仙(女)
仙游县人民检察院检察长	蔡剑风
泉州市人民检察院检察长	**欧秀珠(女)**
丰泽区人民检察院检察长	许金约
鲤城区人民检察院检察长	程和平
洛江区人民检察院检察长	甘泽阳
泉港区人民检察院检察长	黄清源
石狮市人民检察院检察长	张温龙
晋江市人民检察院检察长	邱仲华
南安市人民检察院检察长	陈凤华(女)
惠安县人民检察院检察长	许金标
安溪县人民检察院检察长	胡激洋
永春县人民检察院检察长	陈 林
德化县人民检察院检察长	林建平
厦门市人民检察院检察长	**黄延强**
思明区人民检察院检察长	李永军
海沧区人民检察院检察长	陈子龙
湖里区人民检察院检察长	林育清
集美区人民检察院检察长	吴华峰

同安区人民检察院检察长	林建木
翔安区人民检察院检察长	洪庆福
漳州市人民检察院检察长	**洪　清**
芗城区人民检察院检察长	刘英俊
龙文区人民检察院检察长	蔡松俊
龙海市人民检察院检察长	周跃武
云霄县人民检察院检察长	刘锦太
漳浦县人民检察院检察长	林文井
诏安县人民检察院检察长	卢群川
长泰县人民检察院检察长	马　宁
东山县人民检察院检察长	曾有才
南靖县人民检察院检察长	陈　超
平和县人民检察院检察长	林超群
华安县人民检察院检察长	汤诏生
龙岩市人民检察院检察长	**罗　辉**
新罗区人民检察院检察长	张剑亮
漳平市人民检察院检察长	陈日金
长汀县人民检察院检察长	胡毅杰
永定县人民检察院检察长	戴宇明
上杭县人民检察院检察长	陈炳旺
武平县人民检察院检察长	陈上翼
连城县人民检察院检察长	陈芸星
青草盂地区人民检察院检察长	柳春军
宁德市人民检察院检察长	**林　豪**
蕉城区人民检察院检察长	张文杰（代）
福安市人民检察院检察长	毋寿明
福鼎市人民检察院检察长	宁江荣（代）
寿宁县人民检察院检察长	林映华（女）
霞浦县人民检察院检察长	李启新
柘荣县人民检察院检察长	叶光良
屏南县人民检察院检察长	林　琦
古田县人民检察院检察长	郑其文
周宁县人民检察院检察长	叶荣建

江西省

刘铁流　男，汉族，1955年10月生，安徽含山人，中央党校研究生学历，法学理论专业，1974年3月参加工作，1983年8月加入中国共产党。

1974年3月后为安徽省含山县运漕小学教师，1977年3月后为安徽省含山县化肥厂工人，1979年9月后为安徽大学经济系经济学专业学生，1983年7月后为安徽省人大常委会法制工作委员会办公室干部，1988年12月后任安徽省人大常委会法制工作委员会办公室副主任，1993年12月后任安徽省人大常委会法制工作委员会办公室主任，1997年11月后任安徽省人大常委会法制工作委员会副主任，2001年1月后任安徽省人大常委会内务司法工作委员副主任，2002年9月后任安徽省人大常委会研究室主任、机关党组成员，2004年2月后任安徽省人大常委会副秘书长、研究室主任、机关党组成员，2007年1月后任安徽省人民检察院副检察长（正厅级）、党组成员，2010年4月后任安徽省人民检察院副检察长、党组副书记，2013年2月后任江西省人民检察院检察长、党组书记。

江西省人民检察院检察长	刘铁流
江西省人民检察院副检察长	段景来
	李　智
	张国轩
	罗晓泉
南昌市人民检察院检察长	徐胜平
南昌市东湖区人民检察院检察长	杜迎春（女,代）
南昌市西湖区人民检察院检察长	涂平贵
南昌市青云谱区人民检察院检察长	刘立娜（女）
南昌市湾里区人民检察院检察长	朱国根
南昌市青山湖区人民检察院检察长	雷　武（代）
南昌县人民检察院检察长	吴曙明（代）
新建县人民检察院检察长	余声汉
安义县人民检察院检察长	王　勇
进贤县人民检察院检察长	罗祥发
南昌高新技术产业开发区人民检察院检察长	易志华
南昌经济技术开发区人民检察院检察长	王林才（兼）
南昌长垅地区人民检察院检察长	刘　敏
九江市人民检察院检察长	**熊少健**
九江市浔阳区人民检察院检察长	吴义祥（兼）
九江市庐山区人民检察院检察长	李修江
瑞昌市人民检察院检察长	彭文忠
九江县人民检察院检察长	王建民
武宁县人民检察院检察长	向正荣
修水县人民检察院检察长	陈新河
永修县人民检察院检察长	单　凯
德安县人民检察院检察长	肖　军
星子县人民检察院检察长	蔡官华
都昌县人民检察院检察长	鄢　凯

湖口县人民检察院检察长	姜金河	赣州经济技术开发区人民检察院检察长	刘　敏
彭泽县人民检察院检察长	曹　繁	**上饶市人民检察院检察长**	**黄严宏**
共青城市人民检察院检察长	林丹云(女)	上饶市信州区人民检察院检察长	章　晖
庐山人民检察院检察长	高学华	德兴市人民检察院检察长	吴邦顺
景德镇市人民检察院检察长	**黄永茂**	上饶县人民检察院检察长	刘志勇
景德镇市昌江区人民检察院检察长	伍　强	广丰县人民检察院检察长	吴伯翔
景德镇市珠山区人民检察院检察长	郑志刚	玉山县人民检察院检察长	王长凤
乐平市人民检察院检察长	计新明	铅山县人民检察院检察长	郑章根
浮梁县人民检察院检察长	朱璀琳(女)	横峰县人民检察院检察长	叶　鹏
景德镇浮南地区人民检察院检察长	袁镇兴	弋阳县人民检察院检察长	徐杨芳(女)
鹰潭市人民检察院检察长	**罗庆华**	余干县人民检察院检察长	吴　波
鹰潭市月湖区人民检察院检察长	廖小平	鄱阳县人民检察院检察长	肖连华
贵溪市人民检察院检察长	杨高生	万年县人民检察院检察长	蒋昌福
余江县人民检察院检察长	王　湖	婺源县人民检察院检察长	喻志蕴(女)
新余市人民检察院检察长	**刘　炽**	上饶珠湖地区人民检察院检察长	吴建新
新余市渝水区人民检察院检察长	华玉光	**抚州市人民检察院检察长**	**何　刚**
分宜县人民检察院检察长	刘水华	抚州市临川区人民检察院检察长	李仲学(兼)
新余望城工矿人民检察院检察长	林小华	南城县人民检察院检察长	邹时来
萍乡市人民检察院检察长	**朱德才**	黎川县人民检察院检察长	王小凤(女)
萍乡市安源区人民检察院检察长	杨青林	南丰县人民检察院检察长	蔡伟明
萍乡市湘东区人民检察院检察长	周克纯	崇仁县人民检察院检察长	何新华
莲花县人民检察院检察长	陈　刚	乐安县人民检察院检察长	杨建军
上栗县人民检察院检察长	周　波	宜黄县人民检察院检察长	傅壮伟
芦溪县人民检察院检察长	颜建良(兼)	金溪县人民检察院检察长	雷　鸣
赣州市人民检察院检察长	**胡火箭**	资溪县人民检察院检察长	王小平
赣州市章贡区人民检察院检察长	杜世助	东乡县人民检察院检察长	衷建军
瑞金市人民检察院检察长	邓荣平	广昌县人民检察院检察长	丁旴平
南康市人民检察院检察长	马维新	**宜春市人民检察院检察长**	**熊金文**
赣县人民检察院检察长	方立春	宜春袁州区人民检察院检察长	王小龙
信丰县人民检察院检察长	江　炜	丰城市人民检察院检察长	袁剑波(兼)
大余县人民检察院检察长	郭复彬	樟树市人民检察院检察长	杨　文
上犹县人民检察院检察长	蔡晓荣	高安市人民检察院检察长	吴子牛
崇义县人民检察院检察长	刘红卫(女)	奉新县人民检察院检察长	钟文凤(女,代)
安远县人民检察院检察长	钟福英(女)	万载县人民检察院检察长	姜　彬
龙南县人民检察院检察长	王小荣	上高县人民检察院检察长	钱　骞
定南县人民检察院检察长	(空缺)	宜丰县人民检察院检察长	郑法才
全南县人民检察院检察长	吴永河	靖安县人民检察院检察长	杨峥嵘
宁都县人民检察院检察长	陈京东	铜鼓县人民检察院检察长	邓新国
于都县人民检察院检察长	曹胜民	宜春新华地区人民检察院检察长	任共华(兼)
兴国县人民检察院检察长	王井平(代)	**吉安市人民检察院检察长**	**谢　健**
会昌县人民检察院检察长	俞　萍(女)	吉安市吉州区人民检察院检察长	王志军
寻乌县人民检察院检察长	温　斌	吉安市青原区人民检察院检察长	肖　键
石城县人民检察院检察长	葛振瑞	井冈山市人民检察院检察长	王　斌

吉安县人民检察院检察长	李干民	阳谷县人民检察院检察长	蒋文利
吉水县人民检察院检察长	李康康	莘县人民检察院检察长	任国龙
峡江县人民检察院检察长	郭勉飞	茌平县人民检察院检察长	隋　军
新干县人民检察院检察长	蔡新茂	东阿县人民检察院检察长	孙吉祥
永丰县人民检察院检察长	贺浩明	冠县人民检察院检察长	高德鹏
泰和县人民检察院检察长	刘林如	高唐县人民检察院检察长	贾金坤
遂川县人民检察院检察长	宋智敏	**德州市人民检察院检察长**	**李万堂**
万安县人民检察院检察长	陈红桃(女)	德城区人民检察院检察长	周方宝
安福县人民检察院检察长	尹光宇	乐陵市人民检察院检察长	尹国岭
永新县人民检察院检察长	刘崇幼	禹城市人民检察院检察长	任少伟(代)
江西省人民检察院南昌铁路运输		陵县人民检察院检察长	姜山彤(代)
分院检察长	丁高保	平原县人民检察院检察长	冯爱民
南昌铁路运输检察院检察长	董　波	夏津县人民检察院检察长	郭建龙
		武城县人民检察院检察长	(空缺)

山东省

		齐河县人民检察院检察长	范树林
		临邑县人民检察院检察长	戴志军
山东省人民检察院检察长	吴鹏飞	宁津县人民检察院检察长	李振刚
山东省人民检察院副检察长	王成波	庆云县人民检察院检察长	钟云东
	周立军	德州经济开发区人民检察院检察长	马玉坤
	吕　涛	**东营市人民检察院检察长**	**张爱军**
	王会伟(挂职)	东营区人民检察院检察长	李守勤(代)
	王环海	河口区人民检察院检察长	宋继圣
	吕盛昌	垦利县人民检察院检察长	田开封(代)
	崔久明	利津县人民检察院检察长	王智海
	张振忠	广饶县人民检察院检察长	崔汉刚(代)
	李建新	东营经济技术开发区人民检察院检察长	刘忠太
济南市人民检察院检察长	**郭鲁生**	**淄博市人民检察院检察长**	**黄敬波**
历下区人民检察院检察长	吴　强(代)	张店区人民检察院检察长	司继涛
市中区人民检察院检察长	曲立春	淄川区人民检察院检察长	聂利民
槐荫区人民检察院检察长	张笑剑	博山区人民检察院检察长	李继东(代)
天桥区人民检察院检察长	韩　清	周村区人民检察院检察长	赵长琳
历城区人民检察院检察长	刘　建(代)	临淄区人民检察院检察长	李玉泉(代)
长清区人民检察院检察长	王　文(代)	桓台县人民检察院检察长	杨宝刚(代)
章丘市人民检察院检察长	韩秉林	高青县人民检察院检察长	柳　辉
平阴县人民检察院检察长	段　刚	沂源县人民检察院检察长	陈　新
济阳县人民检察院检察长	赵性雨(代)	淄博高新技术开发区人民检察院检察长	李家玉
商河县人民检察院检察长	高成华(代)	城郊地区人民检察院检察长	毕玉宝
济南市高新技术产业开发区人民检察院		**潍坊市人民检察院检察长**	**杨洪旭**
检察长	李　虹	奎文区人民检察院检察长	徐　军
城郊地区人民检察院检察长	(空缺)	潍城区人民检察院检察长	朱国宝
聊城市人民检察院检察长	**王学军**	寒亭区人民检察院检察长	邓树刚
东昌府区人民检察院检察长	杨茂宏	坊子区人民检察院检察长	于清友
临清市人民检察院检察长	杨　青(女)	安丘市人民检察院检察长	于建立

昌邑市人民检察院检察长	张　杰	日照市人民检察院检察长	巩盛昌
高密市人民检察院检察长	隋国华	东港区人民检察院检察长	陈为永
青州市人民检察院检察长	高文军	岚山区人民检察院检察长	高月清
诸城市人民检察院检察长	王重国	莒县人民检察院检察长	管锡露
寿光市人民检察院检察长	孙　炜	五莲县人民检察院检察长	武传忠
临朐县人民检察院检察长	张素敏	日照经济技术开发区人民检察院	
昌乐县人民检察院检察长	郑爱之	检察长	李建鸣（女）
城郊地区人民检察院检察长	周金明	**临沂市人民检察院检察长**	**鲍　峰**
潍坊高新技术产业开发区人民检察院		兰山区人民检察院检察长	苏　波
检察长	刘利宁	罗庄区人民检察院检察长	李　平
烟台市人民检察院检察长	**段连才（代）**	河东区人民检察院检察长	苏　波
莱山区人民检察院检察长	王宏伟	郯城县人民检察院检察长	张宗涛
芝罘区人民检察院检察长	王莫中	苍山县人民检察院检察长	王纪起
福山区人民检察院检察长	陈　勇	沂水县人民检察院检察长	朱广胜
牟平区人民检察院检察长	郑昌河	沂南县人民检察院检察长	臧得勇
栖霞市人民检察院检察长	周玉琨（女）	平邑县人民检察院检察长	曹卫军
海阳市人民检察院检察长	王永远	费县人民检察院检察长	尹德新
龙口市人民检察院检察长	毕红光	蒙阴县人民检察院检察长	高文韶
莱阳市人民检察院检察长	李富宁	莒南县人民检察院检察长	李政国
莱州市人民检察院检察长	徐志涛	临沭县人民检察院检察长	汲广虎
蓬莱市人民检察院检察长	欧大力	临沂高新技术产业开发区人民检察院	
招远市人民检察院检察长	王嘉林	检察长	张西军
长岛县人民检察院检察长	林兰剑	临沂经济开发区人民检察院检察长	张玉新
烟台市经济技术开发区人民检察院检察长	李世国	**枣庄市人民检察院检察长**	**于家珍**
威海市人民检察院检察长	**马英川**	薛城区人民检察院检察长	彭云龙
环翠区人民检察院检察长	孟　莲（女）	市中区人民检察院检察长	张志强
荣成市人民检察院检察长	刘海波（代）	峄城区人民检察院检察长	李伟泉
乳山市人民检察院检察长	毕新状	台儿庄区人民检察院检察长	范奉一
文登市人民检察院检察长	芮海波	山亭区人民检察院检察长	高　峰
威海火炬高技术产业开发区人民检察院		滕州市人民检察院检察长	陈　东
检察长	王　健	**济宁市人民检察院检察长**	**张庆建**
威海经济技术开发区人民检察院检察长	耿建忠	市中区人民检察院检察长	王聿连
青岛市人民检察院检察长	**董以志**	任城区人民检察院检察长	张　斌
市南区人民检察院检察长	程宏谟	曲阜市人民检察院检察长	张治国（代）
市北区人民检察院检察长	杨　光	兖州市人民检察院检察长	安如喜
黄岛区人民检察院检察长	门洪训	邹城市人民检察院检察长	殷宪龙
崂山区人民检察院检察长	王同庆	微山县人民检察院检察长	徐　新（女）
城阳区人民检察院检察长	高　林	鱼台县人民检察院检察长	揭向东
李沧区人民检察院检察长	张春宜	金乡县人民检察院检察长	孙长雨
胶州市人民检察院检察长	毛永强	嘉祥县人民检察院检察长	廉　彪
即墨市人民检察院检察长	翟慧格	汶上县人民检察院检察长	刘宏武
平度市人民检察院检察长	张钦利	泗水县人民检察院检察长	王　岗
莱西市人民检察院检察长	孙　健	梁山县人民检察院检察长	臧卫华

城郊地区人民检察院检察长	刘汉瑞		贾世民
泰安市人民检察院检察长	**胡宗智**		牛学理
泰山区人民检察院检察长	王增爱		周新萍(女)
岱岳区人民检察院检察长	姚红秋(女)		李自民
新泰市人民检察院检察长	卜静波(女)		田效录
肥城市人民检察院检察长	张宏伟	**郑州市人民检察院检察长**	**杨祖伟**
宁阳县人民检察院检察长	尚晓兵	中原区人民检察院检察长	王 青(女)
东平县人民检察院检察长	张 亮	二七区人民检察院检察长	丁铁梅(女)
泰安高新技术产业开发区人民检察院		金水区人民检察院检察长	梁 平
检察长	黄建民	管城回族区人民检察院检察长	王耀世
莱芜市人民检察院检察长	**王桂春**	惠济区人民检察院检察长	贾 佳(女)
莱城区人民检察院检察长	焦念强	上街区人民检察院检察长	汪新亚
钢城区人民检察院检察长	亓 民	巩义市人民检察院检察长	陈宏钧
滨州市人民检察院检察长	**邵汝卿**	登封市人民检察院检察长	刘文胜
滨城区人民检察院检察长	王俊民(代)	新密市人民检察院检察长	张 东
惠民县人民检察院检察长	程志民	荥阳市人民检察院检察长	李国强
阳信县人民检察院检察长	张炳琪(代)	新郑市人民检察院检察长	李广建
无棣县人民检察院检察长	生寿禄(代)	中牟县人民检察院检察长	张捍卫
沾化县人民检察院检察长	黄鲁滨(代)	郑州高新技术产业开发区人民检察院	
博兴县人民检察院检察长	陈学敏(代)	检察长	王 伟
邹平县人民检察院检察长	韩呈祥(代)	**开封市人民检察院检察长**	**张志超**
滨州经济开发区人民检察院检察长	刘源吉	兰考县人民检察院检察长	张 震
菏泽市人民检察院检察长	**朱庆安**	开封县人民检察院检察长	杨保全
牡丹区人民检察院检察长	张敬艳	杞县人民检察院检察长	肖亚群
曹县人民检察院检察长	刘绍军	通许县人民检察院检察长	宗永恒
定陶县人民检察院检察长	袁建东	尉氏县人民检察院检察长	刘金威
成武县人民检察院检察长	吴三军	金明区人民检察院检察长	王 剑
单县人民检察院检察长	郑建生	鼓楼区人民检察院检察长	冯建国
巨野县人民检察院检察长	周文伟	龙亭区人民检察院检察长	张红战
郓城县人民检察院检察长	逯其彦	顺河回族区人民检察院检察长	石超亭
鄄城县人民检察院检察长	赵 东	禹王台区人民检察院检察长	唐 勇
东明县人民检察院检察长	张光辉	**洛阳市人民检察院检察长**	**种松志**
菏泽经济开发区人民检察院检察长	张新德	偃师市人民检察院检察长	蔡金良
山东省人民检察院济南铁路运输分院		孟津县人民检察院检察长	万宏伟
检察长	刘日平	新安县人民检察院检察长	马颖弟
济南铁路运输检察院检察长	(空缺)	伊川县人民检察院检察长	郭现营
青岛铁路运输检察院检察长	徐荣初	宜阳县人民检察院检察长	任印强
		汝阳县人民检察院检察长	王振中
河南省		洛宁县人民检察院检察长	陈红伟
		栾川县人民检察院检察长	吕瑞君
		嵩县人民检察院检察长	杨建刚
河南省人民检察院检察长	**蔡 宁**	涧西区人民检察院检察长	谢晓阳
河南省人民检察院副检察长	**张国臣**	西工区人民检察院检察长	张金海
	贺恒扬		

老城区人民检察院检察长	宋 涛	卫滨区人民检察院检察长	卢玉峰
瀍河回族区人民检察院检察长	姜卫国	牧野区人民检察院检察长	任常明
洛龙区人民检察院检察长	宋胜杰	凤泉区人民检察院检察长	董 颖(女)
吉利区人民检察院检察长	袁晓峰(女)	**焦作市人民检察院检察长**	**朱亚滨**
洛阳高新技术产业开发区人民检察院检察长	李学华	沁阳市人民检察院检察长	聂全武
		孟州市人民检察院检察长	李振华
平顶山市人民检察院检察长	**刘新年**	温县人民检察院检察长	漆泽民
汝州市人民检察院检察长	刘新义	博爱县人民检察院检察长	郑新年
舞钢市人民检察院检察长	马国兴	武陟县人民检察院检察长	张春峰
宝丰县人民检察院检察长	王建军	修武县人民检察院检察长	刘 青
郏县人民检察院检察长	孙军伟	解放区人民检察院检察长	郭跃进
鲁山县人民检察院检察长	渠清师	山阳区人民检察院检察长	林贵保
叶县人民检察院检察长	李振刚	中站区人民检察院检察长	刘卫星
新华区人民检察院检察长	乔义恩	马村区人民检察院检察长	苗东升
卫东区人民检察院检察长	马东光	**濮阳市人民检察院检察长**	**郭建新**
湛河区人民检察院检察长	常 辉	濮阳县人民检察院检察长	韩德岗
石龙区人民检察院检察长	武文斌	清丰县人民检察院检察长	裴大伟
安阳市人民检察院检察长	**高进学**	南乐县人民检察院检察长	周韶迅
林州市人民检察院检察长	李树旗	范县人民检察院检察长	马传禹
安阳县人民检察院检察长	李建军	台前县人民检察院检察长	赵子红
滑县人民检察院检察长	郝东生	华龙区人民检察院检察长	乔永成
内黄县人民检察院检察长	田万祥	**许昌市人民检察院检察长**	**张湘衡**
汤阴县人民检察院检察长	路畅勇	禹州市人民检察院检察长	任国强
文峰区人民检察院检察长	付建恩	长葛市人民检察院检察长	马光禹
北关区人民检察院检察长	徐财启	许昌县人民检察院检察长	李书勤(女)
殷都区人民检察院检察长	王劲晓	鄢陵县人民检察院检察长	殷志力
龙安区人民检察院检察长	王 飞	襄城县人民检察院检察长	侯华生
鹤壁市人民检察院检察长	**阎兴振**	魏都区人民检察院检察长	王 柯
浚县人民检察院检察长	冯天平	**漯河市人民检察院检察长**	**赵顺宗**
淇县人民检察院检察长	王朝晖	临颍县人民检察院检察长	王春华(女)
淇滨区人民检察院检察长	张 军	舞阳县人民检察院检察长	燕 红(女)
山城区人民检察院检察长	张新江	郾城区人民检察院检察长	翟金林
鹤山区人民检察院检察长	王丽红(女)	源汇区人民检察院检察长	孙留喜
新乡市人民检察院检察长	**阎河川**	召陵区人民检察院检察长	郁孟喜
卫辉市人民检察院检察长	王 刚	**三门峡市人民检察院检察长**	**邱 恺**
辉县市人民检察院检察长	赵 莉(女)	湖滨区人民检察院检察长	赵 荣
新乡县人民检察院检察长	蔡 利	义马市人民检察院检察长	李文翔
获嘉县人民检察院检察长	范江涛	渑池县人民检察院检察长	袁 博
原阳县人民检察院检察长	范卫彬	陕县人民检察院检察长	王 峰
延津县人民检察院检察长	安新生	灵宝市人民检察院检察长	蒋小平
封丘县人民检察院检察长	贾敏谦	卢氏县人民检察院检察长	郭振涛
长垣县人民检察院检察长	唐建伟	**南阳市人民检察院检察长**	**刘在贤**
红旗区人民检察院检察长	刘 鹰	宛城区人民检察院检察长	冯景合

卧龙区人民检察院检察长	赵新强	扶沟县人民检察院检察长	鲁建军
镇平县人民检察院检察长	曹建煜	**驻马店市人民检察院检察长**	**李庆照**
内乡县人民检察院检察长	黄玉林	驿城区人民检察院检察长	聂旭光
西峡县人民检察院检察长	梁志敏	遂平县人民检察院检察长	戴海建
淅川县人民检察院检察长	高宛梅(女)	西平县人民检察院检察长	余卫东
邓州市人民检察院检察长	齐 杰	上蔡县人民检察院检察长	孟卫民
新野县人民检察院检察长	杨柯一	汝南县人民检察院检察长	田冬松
唐河县人民检察院检察长	闫兴中	平舆县人民检察院检察长	魏道军
桐柏县人民检察院检察长	曾 军	新蔡县人民检察院检察长	闫 宝
社旗县人民检察院检察长	张继国	正阳县人民检察院检察长	刘 冰(女)
方城县人民检察院检察长	李相峰	确山县人民检察院检察长	侯亚军
南召县人民检察院检察长	孙保平	泌阳县人民检察院检察长	黎梅香(女)
商丘市人民检察院检察长	**曹忠良**	**河南省人民检察院济源分院检察长**	**马修道**
梁园区人民检察院检察长	徐爱国	济源市人民检察院检察长	朱孟侠
睢阳区人民检察院检察长	武 瑛(女)	**河南省人民检察院郑州铁路运输分院**	
永城市人民检察院检察长	路 鸣	**检察长**	**刘玉生**
夏邑县人民检察院检察长	马南桦	郑州铁路运输检察院检察长	杜永召
虞城县人民检察院检察长	廉金英	洛阳铁路运输检察院检察长	杨保国
柘城县人民检察院检察长	宋新法		
宁陵县人民检察院检察长	赵维冠	## 湖北省	
睢县人民检察院检察长	林光第		
民权县人民检察院检察长	薛德峰	湖北省人民检察院检察长	敬大力
信阳市人民检察院检察长	**刘建国**	湖北省人民检察院副检察长	张正新
浉河区人民检察院检察长	熊建中		王铁民
平桥区人民检察院检察长	梁高峰		郑 青(女)
罗山县人民检察院检察长	涂卫东		许发民
潢川县人民检察院检察长	王才远		龚举文
固始县人民检察院检察长	聂家君		王永金
息县人民检察院检察长	吕 钺	**武汉市人民检察院检察长**	**孙应征**
淮滨县人民检察院检察长	陈晓东(代)	江岸区人民检察院检察长	黄定海
光山县人民检察院检察长	付大银	江汉区人民检察院检察长	王海滨
商城县人民检察院检察长	杨恩华	硚口区人民检察院检察长	江巧云(女)
新县人民检察院检察长	陈 军	汉阳区人民检察院检察长	陈重喜
周口市人民检察院检察长	**禹星轸**	武昌区人民检察院检察长	胡 捷
川汇区人民检察院检察长	郭 煜	青山区人民检察院检察长	吴家峰
项城市人民检察院检察长	李 磊	洪山区人民检察院检察长	张继生
鹿邑县人民检察院检察长	韩晓相	东西湖区人民检察院检察长	胡 俊
郸城县人民检察院检察长	朱自军	汉南区人民检察院检察长	(空缺)
沈丘县人民检察院检察长	周 威	蔡甸区人民检察院检察长	李智雄
太康县人民检察院检察长	李世龙	江夏区人民检察院检察长	付 斌(代)
淮阳县人民检察院检察长	严新爱(女)	黄陂区人民检察院检察长	王建中
商水县人民检察院检察长	顾 涛	新洲区人民检察院检察长	宋建伟(代)
西华县人民检察院检察长	郑清朝	武汉市经济技术开发区人民检察院检察长	常家爽

武汉东湖新技术开发区人民检察院检察长	查日平	红安县人民检察院检察长	商　林
武汉市城郊地区人民检察院检察长	张振国	罗田县人民检察院检察长	刘　敏(代)
十堰市人民检察院检察长	**白章龙**	英山县人民检察院检察长	董　昌
张湾区人民检察院检察长	徐宜斌	浠水县人民检察院检察长	喻艳如
茅箭区人民检察院检察长	赵晓军	蕲春县人民检察院检察长	张　亚
郧县人民检察院检察长	章海明	黄梅县人民检察院检察长	肖　波
郧西县人民检察院检察长	杨砚华	团风县人民检察院检察长	石　玲(女,代)
竹山县人民检察院检察长	黄德胜	**鄂州市人民检察院检察长**	**古　峰**
竹溪县人民检察院检察长	何昌波	鄂城区人民检察院检察长	汪元金
房县人民检察院检察长	郑　轩	梁子湖人民检察院检察长	何池生
丹江口市人民检察院检察长	万华庭	华容区人民检察院检察长	姚文忠
襄阳市人民检察院检察长	**常本勇**	**黄石市人民检察院检察长**	**尹晔斌(代)**
襄城区人民检察院检察长	邹进康	下陆区人民检察院检察长	邓中钢
樊城区人民检察院检察长	柳振华	黄石港区人民检察院检察长	朱自启
襄州区人民检察院检察长	叶先国	西塞山区人民检察院检察长	王　晶(代)
老河口市人民检察院检察长	王天稚	铁山区人民检察院检察长	瞿义强
枣阳市人民检察院检察长	徐　东	大冶市人民检察院检察长	王红英(女)
宜城市人民检察院检察长	胡芝春	阳新县人民检察院检察长	潘柳荫
南漳县人民检察院检察长	毛　伟	**咸宁市人民检察院检察长**	**罗继洲**
谷城县人民检察院检察长	张欲晓	咸安区人民检察院检察长	蒋志强
保康县人民检察院检察长	马　力(女)	赤壁市人民检察院检察长	王义军
襄阳市高新技术产业开发区人民检察院检察长	肖　劲	嘉鱼县人民检察院检察长	邓佛围
城郊地区人民检察院检察长	李乡生	通城县人民检察院检察长	刘　军(女)
荆门市人民检察院检察长	**刘光圣**	崇阳县人民检察院检察长	朱希辉
东宝区人民检察院检察长	靳良志	通山县人民检察院检察长	汪　隽
掇刀区人民检察院检察长	孔小波	**荆州市人民检察院检察长**	**汪存锋(代)**
钟祥市人民检察院检察长	刘天尧	沙市区人民检察院检察长	张立宪
沙洋县人民检察院检察长	韩立金	荆州区人民检察院检察长	夏叶林
京山县人民检察院检察长	肖　军	石首市人民检察院检察长	朱　斌
沙洋地区人民检察院检察长	刘尚君	洪湖市人民检察院检察长	易贤准
孝感市人民检察院检察长	**韩先清(代)**	松滋市人民检察院检察长	刘新洲
孝南区人民检察院检察长	周　伦	江陵县人民检察院检察长	何山权
应城市人民检察院检察长	黄先华(代)	公安县人民检察院检察长	杨清华
安陆市人民检察院检察长	夏　明(代)	监利县人民检察院检察长	谢俊嵩
汉川市人民检察院检察长	程世明	江北地区人民检察院检察长	薛　荣
孝昌县人民检察院检察长	胡　军	**宜昌市人民检察院检察长**	**孙光骏**
大悟县人民检察院检察长	田俊明	西陵区人民检察院检察长	李永华
云梦县人民检察院检察长	龙华桥	伍家岗区人民检察院检察长	秦长友
黄冈市人民检察院检察长	**冯新华**	点军区人民检察院检察长	汪文明
黄州区人民检察院检察长	易孝猛	猇亭区人民检察院检察长	陈　侃
麻城市人民检察院检察长	彭正元	夷陵区人民检察院检察长	冯　毅
武穴市人民检察院检察长	刘松青	枝江市人民检察院检察长	杨玉超
		宜都市人民检察院检察长	郑　斌

当阳市人民检察院检察长	陈杨林
远安县人民检察院检察长	陈 莉
兴山县人民检察院检察长	李 云
秭归县人民检察院检察长	梁昌全
长阳土家族自治县人民检察院检察长	彭颂东
五峰土家族自治县人民检察院检察长	王会甫
葛洲坝区人民检察院检察长	马晓黎
三峡坝区人民检察院检察长	李长红
随州市人民检察院检察长	**洪领先**
曾都区人民检察院检察长	周爱国
广水市人民检察院检察长	潘 旭
随县人民检察院检察长	徐德超
湖北省人民检察院汉江分院检察长	罗堂庆
仙桃市人民检察院检察长	刘 阳
天门市人民检察院检察长	李序军
潜江市人民检察院检察长	周少宏
神农架林区人民检察院检察长	项金桥
恩施土家族苗族自治州人民检察院检察长	**吴忠良**
恩施市人民检察院检察长	向朝敏
利川市人民检察院检察长	刘仕华
建始县人民检察院检察长	田崇忠
巴东县人民检察院检察长	向宏明
宣恩县人民检察院检察长	李美福
咸丰县人民检察院检察长	詹晓红（女）
来凤县人民检察院检察长	肖功平
鹤峰县人民检察院检察长	张 国
湖北省人民检察院武汉铁路运输分院检察长	**廖焱清**
武汉铁路运输检察院检察长	牛忠喜
襄樊铁路运输检察院检察长	倪勇毅

湖南省

游劝荣 男，汉族，1963 年 8 月生，福建上杭人，研究生学历，经济学博士，政治经济专业，1983 年 7 月参加工作，1985 年 3 月加入中国共产党。

1979 年 9 月后为西南政法学院法律系法律专业学习，1983 年 7 月后为福建省委党校教员、讲师，1985 年 3 月后为福建省政法管理干部学院讲师，1989 年 7 月后任福建省司法厅法律政策研究室副主任，1993 年 2 月后任福建省法学会秘书长，1996 年 9 月后任福建省政府法制局副局长，2001 年 7 月后任福建省人大常委会法制工作委员会副主任，2006 年 12 月后任福建省人大常委会法制工作委员会副主任、省青联副主席，2008 年 1 月后任福建省人大法制委员会副主任委员、省人大常委会法制工作委员会主任，2011 年 9 月后任福建省人大常委会副秘书长、省人大法制委员会副主任委员、省人大常委会法制工作委员会主任，2012 年 1 月后任福建省人大常委会副秘书长、办公厅主任，2013 年 2 月后任湖南省人民检察院检察长、党组书记。

湖南省人民检察院检察长	**游劝荣**
湖南省人民检察院副检察长	**卢乐云**
	常智余
	印仕柏
	白贵泉
	薛献斌
	朱国祥
长沙铁路运输检察院检察长	申彦斐
衡阳铁路运输检察院检察长	兰建平
怀化铁路运输检察院检察长	刘兴无
长沙市人民检察院检察长	**陈绍纯**
岳麓区人民检察院检察长	盛 智
芙蓉区人民检察院检察长	凌 云
天心区人民检察院检察长	陈立民
开福区人民检察院检察长	谢 勇
雨花区人民检察院检察长	谭剑辉
浏阳市人民检察院检察长	喻湘川
长沙县人民检察院检察长	石 华
望城区人民检察院检察长	宋宽馀
宁乡县人民检察院检察长	罗 斌（代）
星城地区人民检察院检察长	李宗戈
张家界市人民检察院检察长	**赵 荣**
永定区人民检察院检察长	郁大成
武陵源区人民检察院检察长	鲁礼平
慈利县人民检察院检察长	高云峰
桑植县人民检察院检察长	罗湘平
常德市人民检察院检察长	**刘清生**
武陵区人民检察院检察长	柳立武
鼎城区人民检察院检察长	雷光宇
津市市人民检察院检察长	荣 明
安乡县人民检察院检察长	李拥军
汉寿县人民检察院检察长	苏基云
澧县人民检察院检察长	卜兴炎
临澧县人民检察院检察长	谢正平
桃源县人民检察院检察长	张美权

石门县人民检察院检察长	夏　阳	南岳区人民检察院检察长	王一平
白洋堤地区人民检察院检察长	汪建保	常宁市人民检察院检察长	宋顺武
益阳市人民检察院检察长	**张　勇**	耒阳市人民检察院检察长	左才轩
赫山区人民检察院检察长	曾炎辉	衡阳县人民检察院检察长	杨晓春
资阳区人民检察院检察长	王　贤	衡南县人民检察院检察长	陈文新
沅江市人民检察院检察长	白　峰	衡山县人民检察院检察长	聂志文
南县人民检察院检察长	肖新阶	衡东县人民检察院检察长	宾锡湘
桃江县人民检察院检察长	王国余	祁东县人民检察院检察长	张兴德
安化县人民检察院检察长	戴新安	上堡地区人民检察院检察长	董谢云
大通湖管理区人民检察院检察长	万红美	华新地区人民检察院检察长	黄龙庆
岳阳市人民检察院检察长	**罗　青**	**郴州市人民检察院检察长**	**王勋爵**
岳阳楼区人民检察院检察长	汤尧光	北湖区人民检察院检察长	徐湘龙
君山区人民检察院检察长	何小山	苏仙区人民检察院检察长	傅晓斌（女）
云溪区人民检察院检察长	李建军	资兴市人民检察院检察长	李　可
汨罗市人民检察院检察长	徐迪辉	桂阳县人民检察院检察长	汪德华
临湘市人民检察院检察长	刘群林	永兴县人民检察院检察长	罗志卫
岳阳县人民检察院检察长	段德平	宜章县人民检察院检察长	唐小琳
华容县人民检察院检察长	杨　晖	嘉禾县人民检察院检察长	胡永庆
湘阴县人民检察院检察长	赵承卓	临武县人民检察院检察长	王郴林
平江县人民检察院检察长	徐立泉	汝城县人民检察院检察长	李福江
屈原管理区人民检察院检察长	吴健思	桂东县人民检察院检察长	周　杰
荆剑地区人民检察院检察长	余国宏	安仁县人民检察院检察长	林贵平
株洲市人民检察院检察长	**胡　波**	**永州市人民检察院检察长**	**文兆平**
天元区人民检察院检察长	刘新文	冷水滩人民检察院检察长	朱跃陆
荷塘区人民检察院检察长	彭物明	零陵区人民检察院检察长	冯湘琳（女）
芦淞区人民检察院检察长	李云开	东安县人民检察院检察长	刘繁荣
石峰区人民检察院检察长	杨瑞斌	道县人民检察院检察长	蒋江陵
醴陵市人民检察院检察长	王友武	宁远县人民检察院检察长	蒋大文
株洲县人民检察院检察长	陈毅清	江永县人民检察院检察长	周　辉
攸县人民检察院检察长	冯雅文	蓝山县人民检察院检察长	吕新陵
茶陵县人民检察院检察长	周育平	新田县人民检察院检察长	蒋长春
炎陵县人民检察院检察长	刘永初	双牌县人民检察院检察长	杨建国
湘潭市人民检察院检察长	**潘爱民**	祁阳县人民检察院检察长	唐筱勇
岳塘区人民检察院检察长	周裕阳	江华瑶族自治县人民检察院检察长	胡华清
雨湖区人民检察院检察长	龚铮宏	**邵阳市人民检察院检察长**	**戴华峰**
湘乡市人民检察院检察长	刘德邦	大祥区人民检察院检察长	贺益清
韶山市人民检察院检察长	胡湘晖	双清区人民检察院检察长	张小林
湘潭县人民检察院检察长	曹海平	北塔区人民检察院检察长	焦毕华（女）
衡阳市人民检察院检察长	**李　平**	武冈市人民检察院检察长	范赞科
蒸湘区人民检察院检察长	罗名志	邵东县人民检察院检察长	张世杰
雁峰区人民检察院检察长	刘中柱	邵阳县人民检察院检察长	吴青山
珠晖区人民检察院检察长	唐　晨	新邵县人民检察院检察长	刘南霞（女）
石鼓区人民检察院检察长	贺晓斌	隆回县人民检察院检察长	唐志军

洞口县人民检察院检察长	宋志刚		许达雄
绥宁县人民检察院检察长	唐智友	**广州市人民检察院检察长**	**王福成**
新宁县人民检察院检察长	伍顺亮	越秀区人民检察院检察长	王雄飞
城步苗族自治县人民检察院检察长	戴哲建	海珠区人民检察院检察长	蔡世葵
怀化市人民检察院检察长	**熊文辉**	荔湾区人民检察院检察长	胡 筱
鹤城区人民检察院检察长	张立波	天河区人民检察院检察长	刘志民
洪江市人民检察院检察长	毛 晖	白云区人民检察院检察长	黎伟文
沅陵县人民检察院检察长	江 超	黄埔区人民检察院检察长	赵 剑
辰溪县人民检察院检察长	刘永荫	花都区人民检察院检察长	江伟松
溆浦县人民检察院检察长	李德林	番禺区人民检察院检察长	暨中党
中方县人民检察院检察长	田昌喜	南沙区人民检察院检察长	张中剑
会同县人民检察院检察长	杨铧	萝岗区人民检察院检察长	范 虹（女）
麻阳苗族自治县人民检察院检察长	刘岗	从化市人民检察院检察长	蒋 晋
新晃侗族自治县人民检察院检察长	黄翔	增城市人民检察院检察长	谭可为
芷江侗族自治县人民检察院检察长	米双文	**深圳市人民检察院检察长**	**白新潮**
靖州苗族侗族自治县人民检察院检察长	陈志国	福田区人民检察院检察长	孙爱军
通道侗族自治县人民检察院检察长	彭海波	罗湖区人民检察院检察长	张宏城
怀化市洪江人民检察院检察长	田安定	南山区人民检察院检察长	胡 捷（女）
娄底市人民检察院检察长	**刘孙承**	盐田区人民检察院检察长	徐 猛
娄星区人民检察院检察长	王理丽（女）	宝安区人民检察院检察长	宋继江
冷水江市人民检察院检察长	陈 志	龙岗区人民检察院检察长	叶 鹏
涟源市人民检察院检察长	胡志泽	**珠海市人民检察院检察长**	**关英彦**
双峰县人民检察院检察长	刘 辉（女）	香洲区人民检察院检察长	李红平
新化县人民检察院检察长	李加新	金湾区人民检察院检察长	向少良
湘西土家族苗族自治州人民检察院检察长	**肖建雄**	斗门区人民检察院检察长	叶祖怀
吉首市人民检察院检察长	李卫国	横琴新区人民检察院检察长	（空缺）
泸溪县人民检察院检察长	杨庆华	**汕头市人民检察院检察长**	**赖德贵**
凤凰县人民检察院检察长	王 岸（代）	金平区人民检察院检察长	杨汉金
花垣县人民检察院检察长	高从军	龙湖区人民检察院检察长	吴胜球
保靖县人民检察院检察长	印道波	澄海区人民检察院检察长	曾 涛
古丈县人民检察院检察长	麻宗福	濠江区人民检察院检察长	陈武松
永顺县人民检察院检察长	张应国	潮阳区人民检察院检察长	陈辉光
龙山县人民检察院检察长	张清明	潮南区人民检察院检察长	黄灿辉
		南澳县人民检察院检察长	李 珩

广东省

		佛山市人民检察院检察长	**金 波**
		高明区人民检察院检察长	郭俊峰
广东省人民检察院检察长	郑 红	三水区人民检察院检察长	梁俭明
广东省人民检察院副检察长	陈 武	禅城区人民检察院检察长	张浩辉
	佟 缊	顺德区人民检察院检察长	杨 炯
	梁德标	南海区人民检察院检察长	陈国生
	欧名宇	**韶关市人民检察院检察长**	**阙定胜**
	王雁林	曲江区人民检察院检察长	邵 林
	黄 武	浈江区人民检察院检察长	栾怀持

武江区人民检察院检察长	李亚军(女)	第一市区人民检察院检察长	彭郑坡
乐昌市人民检察院检察长	刘　坚	第二市区人民检察院检察长	潘雪亮
南雄市人民检察院检察长	赖正志	**江门市人民检察院检察长**	**向　斌**
仁化县人民检察院检察长	肖建红	蓬江区人民检察院检察长	陈智勇
始兴县人民检察院检察长	陈伟东	江海区人民检察院检察长	李权威
乳源瑶族自治县人民检察院检察长	袁瑞刚	新会区人民检察院检察长	卢树图
翁源县人民检察院检察长	许细桥	台山市人民检察院检察长	刘冬根
新丰县人民检察院检察长	梁云峰	开平市人民检察院检察长	徐宏康
黄岗地区人民检察院检察长	黎　润	鹤山市人民检察院检察长	陈锡章
乐昌市中山地区人民检察院检察长	陈奕荣	恩平市人民检察院检察长	黄　文
河源市人民检察院检察长	**李粤贵**	**阳江市人民检察院检察长**	**洪结发**
源城区人民检察院检察长	李小明	阳春市人民检察院检察长	邓康成
东源县人民检察院检察长	骆德忠	江城区人民检察院检察长	陈建光
紫金县人民检察院检察长	廖志越	阳东县人民检察院检察长	刘昌念
龙川县人民检察院检察长	吴志雄	阳西县人民检察院检察长	李希派
连平县人民检察院检察长	张佩玲(女)	**湛江市人民检察院检察长**	**黄黎明**
和平县人民检察院检察长	曾少平	湛江市经济技术开发区人民检察院检察长	揭琦龙
梅州市人民检察院检察长	**许伟谋**	赤坎区人民检察院检察长	彭文基
梅江区人民检察院检察长	钟兴周	霞山区人民检察院检察长	李建明
兴宁市人民检察院检察长	张炎华	麻章区人民检察院检察长	陈　蕾(女)
梅县区人民检察院检察长	钟　坚	坡头区人民检察院检察长	李　伟
平远县人民检察院检察长	周福香	廉江市人民检察院检察长	刘真才
蕉岭县人民检察院检察长	蓝　海	雷州市人民检察院检察长	李观贤
大埔县人民检察院检察长	梁振悦	吴川市人民检察院检察长	李　军
丰顺县人民检察院检察长	张映文	徐闻县人民检察院检察长	陈德斌
五华县人民检察院检察长	黄明仰	遂溪县人民检察院检察长	梁　广
惠州市人民检察院检察长	**陈华贵**	**茂名市人民检察院检察长**	**张毅敏**
惠城区人民检察院检察长	庄豪源	茂南区人民检察院检察长	黄兵国
惠东县人民检察院检察长	叶海松	茂港区人民检察院检察长	黄　沛
大亚湾经济技术开发区人民检察院检察长	曾伟标	信宜市人民检察院检察长	吴晨虹
博罗县人民检察院检察长	袁卫国	高州市人民检察院检察长	吴帝镗
龙门县人民检察院检察长	黄顺恒	化州市人民检察院检察长	郑硕成
惠阳区人民检察院检察长	刘小军	电白县人民检察院检察长	朱冠恒
汕尾市人民检察院检察长	**张占忠**	**肇庆市人民检察院检察长**	**张平坦**
陆丰市人民检察院检察长	蔡在扬	端州区人民检察院检察长	何文强
海丰县人民检察院检察长	黄友瑜	鼎湖区人民检察院检察长	陈保民
陆河县人民检察院检察长	陈汉明	高要市人民检察院检察长	黎更生
汕尾市城区人民检察院检察长	陈嘉涛	四会市人民检察院检察长	苏　斌
东莞市人民检察院检察长	**黄文艾**	广宁县人民检察院检察长	杨新华
第一市区人民检察院检察长	刘满光	德庆县人民检察院检察长	梁永新
第二市区人民检察院检察长	李　勇	怀集县人民检察院检察长	胡韶深
第三市区人民检察院检察长	吴淦森	封开县人民检察院检察长	肖建华
中山市人民检察院检察长	**叶祥考**	**云浮市人民检察院检察长**	**江理达**

云城区人民检察院检察长	方淑明(女)
罗定市人民检察院检察长	黄卫东
新兴县人民检察院检察长	李炳生
郁南县人民检察院检察长	巫永均
云安县人民检察院检察长	梁锦裘(女)
清远市人民检察院检察长	**刘祥福**
清城区人民检察院检察长	王运成
清新区人民检察院检察长	李灶阳
英德市人民检察院检察长	郑灿光
连州市人民检察院检察长	阮 阳
佛冈县人民检察院检察长	卢跃科
连山壮族瑶族自治县人民检察院检察长	范志良
连南瑶族自治县人民检察院检察长	林耀京
阳山县人民检察院检察长	曾德波
潮州市人民检察院检察长	**来向东**
潮安区人民检察院代检察长	余键平
饶平县人民检察院检察长	庄沛钊
湘桥区人民检察院代检察长	许业彬
揭阳市人民检察院检察长	**张思忠**
榕城区人民检察院检察长	陈建雄
揭东区人民检察院检察长	林楚峰
普宁市人民检察院检察长	朱喜荣
揭西县人民检察院检察长	魏伟填
惠来县人民检察院检察长	吴树华
广东省人民检察院广州铁路运输分院检察长	王雁林(兼)
广州铁路运输人民检察院检察长	罗 强
肇庆铁路运输人民检察院检察长	林定明

广西壮族自治区

崔智友 男,汉族,1957年10月生,河南温县人,研究生学历,宪法学与行政法学专业,法学博士,1985年7月参加工作,1983年10月加入中国共产党。

1978年10月后为中国人民大学中共党史系学习,1982年9月后为中国人民大学中共党史系中国近现代政治思想史专业学习,1985年7月后为中央宣传部宣传局干部、主任科员,1988年10月后为中央宣传部副处级秘书、正处级秘书,1993年3月后为中国社会科学院正处级秘书,1994年3月后任中国社会科学院办公厅副主任,1997年11月后任中国社会科学院办公厅主任,2002年4月后为中国社会科学院正局级干部,2003年11月后任广西壮族自治区党委宣传部副部长(正厅级),2008年1月后任广西壮族自治区崇左市委书记,2008年2月后任广西壮族自治区崇左市委书记、市人大常委会主任,2010年1月后任广西壮族自治区人大常委会秘书长、党组成员、机关党组书记,2013年2月后任广西壮族自治区人民检察院检察长、党组书记。

广西壮族自治区人民检察院检察长	崔智友
广西壮族自治区人民检察院副检察长	邓海华
	曾学愚
	蒙永山
	刘继胜
	卫福喜
南宁市人民检察院检察长	黄建波
青秀区人民检察院检察长	郭 魏
兴宁区人民检察院检察长	王运华
江南区人民检察院检察长	林 中
西乡塘人民检察院检察长	黄朝科
良庆区人民检察院检察长	曾祥桐
邕宁区人民检察院检察长	玉明建
武鸣县人民检察院检察长	温守东
横县人民检察院检察长	王少华
宾阳县人民检察院检察长	黎民诚
上林县人民检察院检察长	姜学庆
隆安县人民检察院检察长	马 闯
马山县人民检察院检察长	李 栋
茅桥地区人民检察院检察长	白 勇
桂林市人民检察院检察长	**林鼎立(代)**
象山区人民检察院检察长	李劲松
叠彩区人民检察院检察长	胡川平
秀峰区人民检察院检察长	陶建立
七星区人民检察院检察长	韦新华
雁山区人民检察院检察长	邓锦波
阳朔县人民检察院检察长	廖国忠
临桂县人民检察院检察长	刘冰轮
灵川县人民检察院检察长	曾秀维(女)
全州县人民检察院检察长	王唐飞
兴安县人民检察院检察长	唐陆林
永福县人民检察院检察长	阳莉琳(女)
灌阳县人民检察院检察长	秦奕明
资源县人民检察院检察长	余学龙
平乐县人民检察院检察长	唐善智
荔浦县人民检察院检察长	陈世志

龙胜各族自治县人民检察院检察长	王兴林	海城区人民检察院检察长	邓毅昌
恭城瑶族自治县人民检察院检察长	彭武林	银海区人民检察院检察长	杨伟才
城郊地区人民检察院检察长	徐铭周	铁山港区人民检察院检察长	李河长
柳州市人民检察院检察长	**罗绍华**	合浦县人民检察院检察长	许 齐
柳北区人民检察院检察长	吴 虹	**防城港市人民检察院检察长**	**金明华**
城中区人民检察院检察长	陈 燎	港口区人民检察院检察长	王小清
鱼峰区人民检察院检察长	彭 志	防城区人民检察院检察长	梁恪嘉
柳南区人民检察院检察长	廖兰辉	东兴市人民检察院检察长	林京仪
柳江县人民检察院检察长	梁 钰	上思县人民检察院检察长	傅启杰
柳城县人民检察院检察长	梁 韬	**崇左市人民检察院检察长**	**王 荐**
鹿寨县人民检察院检察长	吴永辉	江州区人民检察院检察长	（空缺）
融安县人民检察院检察长	陈雄彪	凭祥市人民检察院检察长	凌少锋
三江侗族自治县人民检察院检察长	周智华	扶绥县人民检察院检察长	（空缺）
融水苗族自治县人民检察院检察长	文代钊	大新县人民检察院检察长	叶永亮
露塘地区人民检察院检察长	陈德忠	天等县人民检察院检察长	钟德康
鹿寨地区人民检察院检察长	赵文斌	宁明县人民检察院检察长	冯荣飞
梧州市人民检察院检察长	**潘婧奎（女）**	龙州县人民检察院检察长	吴培光
长洲区人民检察院检察长	杨柳青（女）	**百色市人民检察院检察长**	**文秋德**
万秀区人民检察院检察长	蓝兴瑞	右江区人民检察院检察长	何耀林
龙圩区人民检察院检察长	梁 琪（女）	田阳县人民检察院检察长	赵杏珍（女）
岑溪市人民检察院检察长	金兆军	田东县人民检察院检察长	许 剑
苍梧县人民检察院检察长	周 军	平果县人民检察院检察长	覃晓林
藤县人民检察院检察长	覃祖瑜	德保县人民检察院检察长	农忠纯
蒙山县人民检察院检察长	李海清	靖西县人民检察院检察长	李 岩
贵港市人民检察院检察长	**兰志才**	那坡县人民检察院检察长	方 铭
港北区人民检察院检察长	陆石秋	凌云县人民检察院检察长	黄客霖
港南区人民检察院检察长	黄戈文	乐业县人民检察院检察长	黄朝忠
覃塘区人民检察院检察长	黄荣煜	西林县人民检察院检察长	申书敏
桂平市人民检察院检察长	卢海德	田林县人民检察院检察长	黄 俊
平南县人民检察院检察长	陈 勇	隆林各族自治县人民检察院检察长	黎锦云
玉林市人民检察院检察长	**杨天寿**	**河池市人民检察院检察长**	**舒金生**
玉州区人民检察院检察长	覃广雄	金城江区人民检察院检察长	王积然
北流市人民检察院检察长	许 安（女）	宜州市人民检察院检察长	何绍崇
兴业县人民检察院检察长	刘翼飞	南丹县人民检察院检察长	陈清杨
容县人民检察院检察长	李海旋	天峨县人民检察院检察长	莫东方
陆川县人民检察院检察长	周雪操	凤山县人民检察院检察长	周柳松
博白县人民检察院检察长	黄忠华	东兰县人民检察院检察长	陆汉刚
钦州市人民检察院检察长	**周信权**	巴马瑶族自治县人民检察院检察长	王列成
钦南区人民检察院检察长	罗 乐	都安瑶族自治县人民检察院检察长	卢 锋
钦北区人民检察院检察长	黄 戊	大化瑶族自治县人民检察院检察长	黄天强
灵山县人民检察院检察长	李 娟（女）	罗城仫佬族自治县人民检察院检察长	马晓晨
浦北县人民检察院检察长	颜家强	环江毛南族自治县人民检察院检察长	麦 雁（女）
北海市人民检察院检察长	**王大春**	**来宾市人民检察院检察长**	**（空缺）**

兴宾区人民检察院检察长	王　斌
合山市人民检察院检察长	黄干胜
象州县人民检察院检察长	黎拥军
武宣县人民检察院检察长	覃凤红
忻城县人民检察院检察长	韦玉祥
金秀瑶族自治县人民检察院检察长	曾家秀
贺州市人民检察院检察长	叶建辉
八步区人民检察院检察长	周　玲(女)
昭平县人民检察院检察长	谢　睿
钟山县人民检察院检察长	陈贤清
富川瑶族自治县人民检察院检察长	廖正聪
广西壮族自治区人民检察院南宁铁路运输分院检察长	阳寿嵩
柳州铁路运输检察院检察长	韦九报
南宁铁路运输检察院检察长	杨怀民

海南省

贾志鸿　男,汉族,1956年9月生,北京市人,中央党校大学学历,经济管理专业,工商管理硕士,1975年4月参加工作,1977年3月加入中国共产党。

1975年4月后为河北省张家口市一建、三建公司工人、政工员,1978年3月后为张家口师范专科学校中文系汉语言文学专业学习,1981年3月后为河北省张家口市教育局干事,1982年2月后为河北省张家口市人民检察院办公室科员、副主任、主任、正科级检察员、副处级检察员,1990年5月后任河北省张家口市桥东区人民检察院代理检察长、检察长,1992年12月后任海南省人民检察院海南分院反贪局负责人、副局长,1993年11月后任海南省三亚市人民检察院副检察长,1998年2月后任海南省三亚市人民检察院党组副书记、副检察长,1998年3月后任海南省三亚市人民检察院党组书记、检察长,2000年7月后任海南省人民检察院副检察长,2001年12月后任海南省人民检察院副检察长兼反贪局局长(2007年11月正厅级),2008年11月后任海南省人民检察院党组副书记、副检察长兼反贪局局长,2012年7月后任海南省人民检察院党组书记、副检察长兼反贪局局长、代理检察长,2013年后任海南省人民检察院检察长、党组书记。

海南省人民检察院检察长	贾志鸿
海南省人民检察院副检察长	彭忠学
	陈马林
	李燕兵
	吴　彦
海南省人民检察院第一分院检察长	高海燕(女)
海南省人民检察院第二分院检察长	李思阳
海口市人民检察院检察长	苟守吉
美兰区人民检察院检察长	郭慧丽(女)
龙华区人民检察院检察长	林　静(女)
秀英区人民检察院检察长	张　晖
琼山区人民检察院检察长	邓兴国(代)
三亚市人民检察院检察长	鲍　剑
三亚市城郊人民检察院检察长	刘海燕
三沙市人民检察院检察长	陈亚春
三沙市三沙群岛人民检察院检察长	(空缺)
儋州市人民检察院检察长	陈　旭
海南洋浦经济开发区人民检察院检察长	池晓娟(女)
琼海市人民检察院检察长	赵喜和
文昌市人民检察院检察长	方建华(代)
万宁市人民检察院检察长	范建绥(代)
东方市人民检察院检察长	徐金明
五指山市人民检察院检察长	徐亚军
定安县人民检察院检察长	唐名兴
屯昌县人民检察院检察长	罗凡兴
澄迈县人民检察院检察长	褚以海
临高县人民检察院检察长	吴聿名
昌江黎族自治县人民检察院检察长	黄　杨
乐东黎族自治县人民检察院检察长	杨　翔(代)
白沙黎族自治县人民检察院检察长	王　巍
琼中黎族苗族自治县人民检察院检察长	曾广津
保亭黎族苗族自治县人民检察院检察长	许　俊(代)
陵水黎族自治县人民检察院检察长	佟莉莉(女)

重庆市

重庆市人民检察院检察长	余　敏(女)
重庆市人民检察院副检察长	王定顺
	南东方
	陈胜才
	李钺锋
	梁　田
重庆市人民检察院第一分院检察长	于天敏

重庆市人民检察院第二分院检察长	杨洪梅(女)
重庆市人民检察院第三分院检察长	冉孟辉
重庆市人民检察院第四分院检察长	葛森林
重庆市人民检察院第五分院检察长	戴仕俸
重庆铁路运输检察院检察长	李玉林
渝中区人民检察院检察长	夏　阳
大渡口区人民检察院检察长	李荣辰
江北区人民检察院检察长	张　恺
沙坪坝区人民检察院检察长	陈　宏
九龙坡区人民检察院检察长	赵　凡
南岸区人民检察院检察长	高松林
北碚区人民检察院检察长	戴　萍(女)
渝北区人民检察院检察长	钟　勇
巴南区人民检察院检察长	郭祖祥
万州区人民检察院检察长	杨春畅
涪陵区人民检察院检察长	周　军
黔江区人民检察院检察长	张德江
长寿区人民检察院检察长	梁经顺
江津区人民检察院检察长	蒋文军(女)
合川区人民检察院检察长	李家全
永川区人民检察院检察长	李建超
南川区人民检察院检察长	许创业
綦江区人民检察院检察长	邓正平
大足区人民检察院检察长	程　权
潼南县人民检察院检察长	刘　瑜
铜梁县人民检察院检察长	曾廷全
荣昌县人民检察院检察长	田远未
璧山县人民检察院检察长	孟卫红(女)
垫江县人民检察院检察长	李志军
武隆县人民检察院检察长	程晋意
丰都县人民检察院检察长	赵　磊
城口县人民检察院检察长	欧　彬
梁平县人民检察院检察长	王鸣隆
开县人民检察院检察长	陈　康
巫溪县人民检察院检察长	张　超
巫山县人民检察院检察长	刘　峰
奉节县人民检察院检察长	阳　彬
云阳县人民检察院检察长	王子毅
忠县人民检察院检察长	逯反修
石柱土家族自治县人民检察院检察长	储再仁
彭水苗族土家族自治县人民检察院检察长	封　兵
酉阳土家族苗族自治县人民检察院检察长	张　强
秀山土家族苗族自治县人民检察院检察长	杨　译

四川省

四川省人民检察院检察长	邓　川
四川省人民检察院副检察长	刘　勤
	夏黎阳
	郭　彦
	张晓勇
	朱晚林
	罗春梅(女)
成都市人民检察院检察长	王　波
青羊区人民检察院检察长	敬　川
锦江区人民检察院检察长	伍　健
金牛区人民检察院检察长	连小可
武侯区人民检察院检察长	黄维智
成华区人民检察院检察长	陈建勇
龙泉驿区人民检察院检察长	姚广平
青白江区人民检察院检察长	何文全
新都区人民检察院检察长	潘　昆
温江区人民检察院检察长	向　波
都江堰市人民检察院检察长	钱小军
彭州市人民检察院检察长	胡立新
邛崃市人民检察院检察长	赵　峰
崇州市人民检察院检察长	龚亚明
金堂县人民检察院检察长	钟　磊
双流县人民检察院检察长	景逢均
郫县人民检察院检察长	赵桂英(女)
大邑县人民检察院检察长	邹军平
蒲江县人民检察院检察长	唐劲松
新津县人民检察院检察长	张鸿林
成都高新技术产业开发区人民检察院检察长	宋　华(女)
自贡市人民检察院检察长	刘红立
自流井区人民检察院检察长	黄卫东
大安区人民检察院检察长	刘宏宇
贡井区人民检察院检察长	胡晓明
沿滩区人民检察院检察长	张可畏
荣县人民检察院检察长	齐　力
富顺县人民检察院检察长	杨熙琳(女)
攀枝花市人民检察院检察长	卢旭东
东区人民检察院检察长	庄　严
西区人民检察院检察长	张克难
仁和区人民检察院检察长	周树明

米易县人民检察院检察长	梁 兵	射洪县人民检察院检察长	刘红兵
盐边县人民检察院检察长	亢 锋	大英县人民检察院检察长	段 雄
泸州市人民检察院检察长	**封 安**	**内江市人民检察院检察长**	**钟长鸣**
江阳区人民检察院检察长	张 聪	市中区人民检察院检察长	裴运华
纳溪区人民检察院检察长	胡运汉	东兴区人民检察院检察长	葛 伟
龙马潭区人民检察院检察长	王忠杰	威远县人民检察院检察长	刘明亮
泸县人民检察院检察长	易从中	资中县人民检察院检察长	安国勇
合江县人民检察院检察长	徐显忠	隆昌县人民检察院检察长	魏 勇
叙永县人民检察院检察长	李华超	**乐山市人民检察院检察长**	**龚 毅**
古蔺县人民检察院检察长	朱亚梅(女)	市中区人民检察院检察长	谯 民
德阳市人民检察院检察长	**陆广平**	沙湾区人民检察院检察长	陈 强
旌阳区人民检察院检察长	陈 伟	五通桥区人民检察院检察长	易思永
什邡市人民检察院检察长	郑存文	金口河区人民检察院检察长	李明双
广汉市人民检察院检察长	史小立	峨眉山市人民检察院检察长	刘 卫
绵竹市人民检察院检察长	张学伟	犍为县人民检察院检察长	周发祥
罗江县人民检察院检察长	郭志华	井研县人民检察院检察长	李 召
中江县人民检察院检察长	何履润	夹江县人民检察院检察长	施海平
绵阳市人民检察院检察长	**支卫平**	沐川县人民检察院检察长	殷志斌(女)
涪城区人民检察院检察长	陈 安	峨边彝族自治县人民检察院检察长	周 宇
游仙区人民检察院检察长	杨育正	马边彝族自治县人民检察院检察长	吴 皓
江油市人民检察院检察长	勾支洋	**南充市人民检察院检察长**	**廖全军**
三台县人民检察院检察长	王建平	顺庆区人民检察院检察长	朱 瑛(女)
盐亭县人民检察院检察长	景中强	高坪区人民检察院检察长	王朝富
安县人民检察院检察长	张 涛	嘉陵区人民检察院检察长	何晓荣
梓潼县人民检察院检察长	赵 伟	阆中市人民检察院检察长	洪 峰
北川羌族自治县人民检察院检察长	李 成	南部县人民检察院检察长	敬永国
平武县人民检察院检察长	申 勇	营山县人民检察院检察长	罗 伟
四川省科学城人民检察院检察长	片希营	蓬安县人民检察院检察长	杨元勇
绵阳高新技术开发区人民检察院检察长	陈志勃	仪陇县人民检察院检察长	唐 蔚(女)
广元市人民检察院检察长	**张树壮**	西充县人民检察院检察长	唐恒博
利州区人民检察院检察长	王绍连	**宜宾市人民检察院检察长**	**蒋世林**
昭化区人民检察院检察长	肖光志	翠屏区人民检察院检察长	杨运康
朝天区人民检察院检察长	李 红(女)	宜宾县人民检察院检察长	毛兴刚
旺苍县人民检察院检察长	邓海国	南溪区人民检察院检察长	凌 华
青川县人民检察院检察长	肖 杰	江安县人民检察院检察长	岳 亮
剑阁县人民检察院检察长	董升礼	长宁县人民检察院检察长	蔡晓东
苍溪县人民检察院检察长	杨志宏	高县人民检察院检察长	李 杰
荥山地区人民检察院检察长	解占泽	筠连县人民检察院检察长	苏 平
嘉川地区人民检察院检察长	白跃生	珙县人民检察院检察长	李延军
遂宁市人民检察院检察长	**杨 辉**	兴文县人民检察院检察长	刘清文
船山区人民检察院检察长	胡邦勇	屏山县人民检察院检察长	向学军
安居区人民检察院检察长	何广川	芙蓉地区人民检察院检察长	周 青
蓬溪县人民检察院检察长	王荣华	**广安市人民检察院检察长**	**孔凡示**

广安区人民检察院检察长	李志春	汶川县人民检察院检察长	（空缺）
前锋区人民检察院检察长	谢 彬	理县人民检察院检察长	万福清
华蓥市人民检察院检察长	杨洪云	茂县人民检察院检察长	王 西
岳池县人民检察院检察长	谭安民	松潘县人民检察院检察长	郭登林
武胜县人民检察院检察长	卿东进	九寨沟县人民检察院检察长	侯定云
邻水县人民检察院检察长	郑伦贵	金川县人民检察院检察长	刘晓虹（女）
达州市人民检察院检察长	**（空缺）**	小金县人民检察院检察长	王应强
通川区人民检察院检察长	杨辉霞（女）	黑水县人民检察院检察长	呷尔玛
万源市人民检察院检察长	黄 中	壤塘县人民检察院检察长	扎西姆（女）
达川区人民检察院检察长	刘文武	阿坝县人民检察院检察长	薛 伟
宣汉县人民检察院检察长	徐学锋	若尔盖县人民检察院检察长	刘兴亮
开江县人民检察院检察长	王春明	红原县人民检察院检察长	彭忠勇
大竹县人民检察院检察长	陈建平	**甘孜藏族自治州人民检察院检察长**	**吴长福**
渠县人民检察院检察长	向可成	康定县人民检察院检察长	吴东阳
巴中市人民检察院检察长	**魏战海**	泸定县人民检察院检察长	鲜 丽（女）
巴州区人民检察院检察长	文利军	丹巴县人民检察院检察长	喻孟秋（代）
恩阳区人民检察院检察长	张家洪	九龙县人民检察院检察长	苏知斌
通江县人民检察院检察长	顾恒荣	雅江县人民检察院检察长	沈永亮
南江县人民检察院检察长	汪 海	道孚县人民检察院检察长	周华康
平昌县人民检察院检察长	李良彬	炉霍县人民检察院检察长	泽 多
雅安市人民检察院检察长	**杨长云**	甘孜县人民检察院检察长	杨学斌
雨城区人民检察院检察长	吴双文	新龙县人民检察院检察长	张继强
名山县人民检察院检察长	赵学东	德格县人民检察院检察长	泽仁扎西
荥经县人民检察院检察长	王颐辉	白玉县人民检察院检察长	布 洛
汉源县人民检察院检察长	兰树林	石渠县人民检察院检察长	巴 宗
石棉县人民检察院检察长	周富林	色达县人民检察院检察长	向 华
天全县人民检察院检察长	刘 奇	理塘县人民检察院检察长	翁海波
芦山县人民检察院检察长	刘劲松	巴塘县人民检察院检察长	韩小平
宝兴县人民检察院检察长	杨洪媛（女）	乡城县人民检察院检察长	呷它四郎
眉山市人民检察院检察长	**陈 兵**	稻城县人民检察院检察长	扎西尼玛
东坡区人民检察院检察长	李 群	得荣县人民检察院检察长	达玛志玛（女,代）
仁寿县人民检察院检察长	李知易	**凉山彝族自治州人民检察院检察长**	**米 滨**
彭山县人民检察院检察长	李 懿	西昌市人民检察院检察长	熊贵华
洪雅县人民检察院检察长	龙 科	盐源县人民检察院检察长	邱发喜
丹棱县人民检察院检察长	樊正祥	德昌县人民检察院检察长	陈 莉（女）
青神县人民检察院检察长	牟 敏	会理县人民检察院检察长	刘合什布
资阳市人民检察院检察长	**吕 杰**	会东县人民检察院检察长	曹文军
雁江区人民检察院检察长	李 翔	宁南县人民检察院检察长	张志军
简阳市人民检察院检察长	潘 登	普格县人民检察院检察长	毛泽禹
乐至县人民检察院检察长	杨 俊	布拖县人民检察院检察长	李明列
安岳县人民检察院检察长	张 恒	金阳县人民检察院检察长	吉各玖哈
阿坝藏族羌族自治州人民检察院检察长	**王疆立**	昭觉县人民检察院检察长	白只博
马尔康县人民检察院检察长	王金泉	喜德县人民检察院检察长	沙永福

冕宁县人民检察院检察长	阿木尔举	赤水市人民检察院检察长	伍应新
越西县人民检察院检察长	莫色乌合	仁怀市人民检察院检察长	张明波
甘洛县人民检察院检察长	熊佐德	遵义县人民检察院检察长	胡　静
美姑县人民检察院检察长	苏　刚	桐梓县人民检察院检察长	刘红云
雷波县人民检察院检察长	曲木拉鹏	绥阳县人民检察院检察长	梁隆刚
木里藏族自治县人民检察院检察长	张华晷	正安县人民检察院检察长	谢陆臻
安宁地区人民检察院检察长	胡昌临	凤冈县人民检察院检察长	陈昌余
四川省人民检察院成都铁路运输分院		湄潭县人民检察院检察长	罗议军
检察长	王　红	余庆县人民检察院检察长	班兴伟
成都铁路运输检察院检察长	李民宪	习水县人民检察院检察长	张　杰
西昌铁路运输检察院检察长	韩志成	道真仡佬族苗族自治县人民检察院	
		检察长	卢大琼(女)
		务川仡佬族苗族自治县人民检察院检察长	郑泽发

贵州省

		安顺市人民检察院检察长	**吴　英(女)**
贵州省人民检察院检察长	**袁本朴**	西秀区人民检察院检察长	陈　英(女)
贵州省人民检察院副检察长	**何　冀**	平坝县人民检察院检察长	张　豫
	叶亚玲(女)	普定县人民检察院检察长	杜学坤
	肖振猛	关岭布依族苗族自治县人民检察院检察长	冉　明
	万庭祥	镇宁布依族苗族自治县人民检察院检察长	卢世华
	余　敏(女)	紫云苗族布依族自治县人民检察院检察长	彭　胜
	杨承志	**毕节市人民检察院检察长**	**石子友**
	高云涛(挂职)	七星关区人民检察院检察长	徐　永
贵阳铁路运输检察院检察长	冯　涛	大方县人民检察院检察长	陈恩志
贵阳市人民检察院检察长	**陈雪梅(女)**	黔西县人民检察院检察长	卓英武
乌当区人民检察院检察长	杨宏兵	金沙县人民检察院检察长	王荣波
南明区人民检察院检察长	黄　林	织金县人民检察院检察长	廖显东
云岩区人民检察院检察长	饶红焰	纳雍县人民检察院检察长	邓　斌
花溪区人民检察院检察长	王筑生	威宁彝族回族苗族自治县人民检察院	
白云区人民检察院检察长	丁泽军	检察长	王光强
观山湖区人民检察院检察长	钟　雷	赫章县人民检察院检察长	刘　永
清镇市人民检察院检察长	李　钧	**铜仁市人民检察院检察长**	**范建军**
开阳县人民检察院检察长	刘少坤	碧江区人民检察院检察长	李茂才(代)
修文县人民检察院检察长	段　炼	江口县人民检察院检察长	姚华权
息烽县人民检察院检察长	贾兆玉	石阡县人民检察院检察长	李世昌
贵阳市筑城地区检察院检察长	魏　冀	思南县人民检察院检察长	简　洁(代)
六盘水市人民检察院检察长	**龙晨明**	德江县人民检察院检察长	罗　勇
钟山区人民检察院检察长	钱廷刚	玉屏侗族自治县人民检察院检察长	任康廷
盘县人民检察院检察长	肖　力	印江土家族苗族自治县人民检察院检察长	杨胜龙
六枝特区人民检察院检察长	余　松	沿河土家族自治县人民检察院检察长	苏　维
水城县人民检察院检察长	蒋金安	松桃苗族自治县人民检察院检察长	李　强(代)
遵义市人民检察院检察长	**杨　滨**	万山区人民检察院检察长	田国强
汇川区人民检察院检察长	吴　唫	**黔东南苗族侗族自治州人民检察院检察长**	**陈继忠**
红花岗区人民检察院检察长	任炳强	凯里市人民检察院检察长	徐德华

黄平县人民检察院检察长	吴世鑫		倪慧芳（女）
施秉县人民检察院检察长	陆祖贵		李若昆
三穗县人民检察院检察长	姜贵云		李　波
镇远县人民检察院检察长	赵建军	昆明市人民检察院检察长	沈曙昆
岑巩县人民检察院检察长	李家彬	呈贡区人民检察院检察长	李庆华
天柱县人民检察院检察长	谢德锰	五华区人民检察院检察长	王松柏
锦屏县人民检察院检察长	向传奎	盘龙区人民检察院检察长	谭　虹（女）
剑河县人民检察院检察长	杨洪冰	官渡区人民检察院检察长	傅轶迅
台江县人民检察院检察长	周礼静	西山区人民检察院检察长	崔庆林
黎平县人民检察院检察长	刘光彩	东川区人民检察院检察长	徐　勇
榕江县人民检察院检察长	吴正国	晋宁县人民检察院检察长	孙跃文
从江县人民检察院检察长	刘安黔	富民县人民检察院检察长	景碧昆
雷山县人民检察院检察长	郭苏斌	宜良县人民检察院检察长	绪　伟
麻江县人民检察院检察长	吴永吉	石林彝族自治县人民检察院检察长	闫晓东
丹寨县人民检察院检察长	刘宗凯	嵩明县人民检察院检察长	贾永强
黔南布依族苗族自治州人民检察院检察长	**乔冀安**	禄劝彝族苗族自治县人民检察院检察长	尹　松
都匀市人民检察院检察长	胡　鸿（女）	寻甸回族彝族自治县人民检察院检察长	李　勇
福泉市人民检察院检察长	孙庆阳	安宁市人民检察院检察长	肖　洁（女）
荔波县人民检察院检察长	岑小明	昆明市城郊地区人民检察院	陈　智
贵定县人民检察院检察长	唐中林	**曲靖市人民检察院检察长**	**王江华**
瓮安县人民检察院检察长	谭必刚（代）	麒麟区人民检察院检察长	张志敏
独山县人民检察院检察长	董贵成	马龙县人民检察院检察长	邹跃权
平塘县人民检察院检察长	朱启松	陆良县人民检察院检察长	何跃东
罗甸县人民检察院检察长	罗　勇（代）	师宗县人民检察院检察长	张红梅（女）
长顺县人民检察院检察长	唐万千	罗平县人民检察院检察长	鲍顺林
龙里县人民检察院检察长	吴劲松	富源县人民检察院检察长	陈　庚
惠水县人民检察院检察长	韦　松	会泽县人民检察院检察长	顾华斌
三都水族自治县人民检察院检察长	莫桂梅（女）	沾益县人民检察院检察长	王　强
黔西南布依族苗族自治州人民检察院		宣威市人民检察院检察长	徐正良
检察长	**杨光杰**	曲靖市城郊地区人民检察院	孙跃周
兴义市人民检察院检察长	余诗豪	**玉溪市人民检察院检察长**	**张德勋**
兴仁县人民检察院检察长	张　宏	红塔区人民检察院检察长	褚绍明
普安县人民检察院检察长	龚德雄	江川县人民检察院检察长	资云坤
晴隆县人民检察院检察长	曾　英（女）	澄江县人民检察院检察长	杨绍平
贞丰县人民检察院检察长	王夏林	通海县人民检察院检察长	李发桢
望谟县人民检察院检察长	孙国祥	华宁县人民检察院检察长	鳌建忠
安龙县人民检察院检察长	潘建农	易门县人民检察院检察长	瞿　伟
册亨县人民检察院检察长	吴　军	峨山彝族自治县人民检察院检察长	吕玉雄
		新平彝族傣族自治县人民检察院检察长	杨　飞
		元江哈尼族彝族傣族自治县人民检察院	

云南省

		检察长	王政云
云南省人民检察院检察长	王田海	保山市人民检察院检察长	孙甸鹤
云南省人民检察院副检察长	肖　卓	隆阳区人民检察院检察长	张苓青

施甸县人民检察院检察长	郑家耀	检察院检察长	吴尚杰
腾冲县人民检察院检察长	娄广文	耿马傣族佤族自治县人民检察院	
龙陵县人民检察院检察长	夏润光(代)	检察长	杜丽萍(女)
昌宁县人民检察院检察长	李 茜(女)	沧源佤族自治县人民检察院检察长	李成能
昭通市人民检察院检察长	**刘远清**	**楚雄彝族自治州人民检察院检察长**	**戴富才**
昭阳区人民检察院检察长	吴 林	楚雄市人民检察院检察长	陈 剑
鲁甸县人民检察院检察长	罗宏文	双柏县人民检察院检察长	刘 萍(女)
巧家县人民检察院检察长	石安军	牟定县人民检察院检察长	刘建武
盐津县人民检察院检察长	李劲松	南华县人民检察院检察长	王德云
大关县人民检察院检察长	申 炜	姚安县人民检察院检察长	张翔会
永善县人民检察院检察长	周 弢	大姚县人民检察院检察长	徐 艳(女)
绥江县人民检察院检察长	陈鸣梅(女)	永仁县人民检察院检察长	李全华
镇雄县人民检察院检察长	贺 煜	元谋县人民检察院检察长	段正明
彝良县人民检察院检察长	锁江涛	武定县人民检察院检察长	丁 伟
威信县人民检察院检察长	王建雄	禄丰县人民检察院检察长	李 云
水富县人民检察院检察长	唐 琨	**红河哈尼族彝族自治州人民检察院检察长**	**王亚锋**
丽江市人民检察院检察长	**郝建勋**	蒙自市人民检察院检察长	杜培祥
古城区人民检察院检察长	和永红	个旧市人民检察院检察长	万买富
玉龙纳西族自治县人民检察院检察长	和金红	开远市人民检察院检察长	方勇明
永胜县人民检察院检察长	石瑞文	屏边苗族自治县人民检察院检察长	崔 俊
华坪县人民检察院检察长	沙雄峰	建水县人民检察院检察长	余淑瑾(女)
宁蒗彝族自治县人民检察院检察长	洪继伟	石屏县人民检察院检察长	刘付勇
普洱市人民检察院检察长	**庄李全**	弥勒市人民检察院检察长	刘海兵
思茅区人民检察院检察长	颜仕鹏	泸西县人民检察院检察长	赵锡萍(女)
宁洱哈尼族彝族自治县人民检察院检察长	谢鸿宾	元阳县人民检察院检察长	吕 琨
墨江哈尼族自治县人民检察院检察长	祝文明	红河县人民检察院检察长	梁 伟
景东彝族自治县人民检察院检察长	杨忠于	金平苗族瑶族傣族自治县人民检察院	
景谷傣族彝族自治县人民检察院检察长	孔 华	检察长	马春明
镇沅彝族哈尼族拉祜族自治县人民检察院		绿春县人民检察院检察长	糜 华
检察长	吴永红	河口瑶族自治县人民检察院检察长	徐 翔
江城哈尼族彝族自治县人民检察院		**文山壮族苗族自治州人民检察院检察长**	**周和玉**
检察长	王 莉(女)	文山市人民检察院检察长	王滇奇
孟连傣族拉祜族佤族自治县人民检察院		砚山县人民检察院检察长	王 强
检察长	赵志荣	西畴县人民检察院检察长	韦 东
澜沧拉祜族自治县人民检察院检察长	郭江孟	麻栗坡县人民检察院检察长	郑传达
西盟佤族自治县人民检察院检察长	杨成斌	马关县人民检察院检察长	廖忠玲(女)
临沧市人民检察院检察长	**杨永华**	丘北县人民检察院检察长	杨春明(代)
临翔区人民检察院检察长	杨诏清(代)	广南县人民检察院检察长	汪砚明
凤庆县人民检察院检察长	王兴安	富宁县人民检察院检察长	赵云萍(女)
云县人民检察院检察长	姚 葵	**西双版纳傣族自治州人民检察院检察长**	**胡 跃**
永德县人民检察院检察长	赵国平	景洪市人民检察院检察长	李 青
镇康县人民检察院检察长	王 斌	勐海县人民检察院检察长	张 宇
双江拉祜族佤族布朗族傣族自治县人民		勐腊县人民检察院检察长	刘 宏

大理白族自治州人民检察院检察长	普赵辉		李九西（女）
大理市人民检察院检察长	蒙海燕		赤列晋美
漾濞彝族自治县人民检察院检察长	杨志明		彭光华
祥云县人民检察院检察长	杨莉妮（女）		黄振中（援藏）
宾川县人民检察院检察长	许仁旺		李满旺（援藏）
弥渡县人民检察院检察长	李光辉		邱利军（援藏）
南涧彝族自治县人民检察院检察长	高杨	拉萨市人民检察院检察长	田建设
巍山彝族回族自治县人民检察院检察长	张晓丹（女）	城关区人民检察院检察长	谢延生
		林周县人民检察院检察长	解树立
永平县人民检察院检察长	王秀山	当雄县人民检察院检察长	次旺晋美
云龙县人民检察院检察长	张猛	尼木县人民检察院检察长	扎西
洱源县人民检察院检察长	马卫平	曲水县人民检察院检察长	李涛
剑川县人民检察院检察长	杨玉奇	堆龙德庆县人民检察院检察长	李华
鹤庆县人民检察院检察长	孔宪府	达孜县人民检察院检察长	尹维强
		墨竹工卡县人民检察院检察长	索朗次仁
德宏傣族景颇族自治州人民检察院检察长	铁楠（女）	西藏自治区人民检察院那曲分院检察长	向敬诚
芒市人民检察院检察长	李兴明	那曲县人民检察院检察长	索朗次仁
瑞丽市人民检察院检察长	牛晓东	嘉黎县人民检察院检察长	陈洪玖
梁河县人民检察院检察长	王瑞兴	比如县人民检察院检察长	吴涛
盈江县人民检察院检察长	董文宏	聂荣县人民检察院检察长	索朗拉姆（女）
陇川县人民检察院检察长	王莉琼（女）	安多县人民检察院检察长	刘发林
怒江傈僳族自治州人民检察院检察长	周晓铭	申扎县人民检察院检察长	朗杰
泸水县人民检察院检察长	丁金龙	索县人民检察院检察长	边巴次仁
福贡县人民检察院检察长	罗星文	班戈县人民检察院检察长	康英（女）
贡山独龙族怒族自治县人民检察院检察长	罗嘉堂	巴青县人民检察院检察长	阿珠
兰坪白族普米族自治县人民检察院检察长	唐兴海	尼玛县人民检察院检察长	彭措扎西
迪庆藏族自治州人民检察院检察长	李世清	双湖县人民检察院检察长	欧珠
香格里拉县人民检察院检察长	和润天	西藏自治区人民检察院昌都分院检察长	贺建军
德钦县人民检察院检察长	庄小平	昌都县人民检察院检察长	李建明
维西傈僳族自治县人民检察院检察长	和庆华	江达县人民检察院检察长	程军
云南省人民检察院昆明铁路运输分院检察长	王克勤	贡觉县人民检察院检察长	陶德斌
		类乌齐县人民检察院检察长	孙永杰
昆明铁路运输检察院检察长	易昆渝	丁青县人民检察院检察长	（空缺）
开远铁路运输检察院检察长	陈卫平	察雅县人民检察院检察长	白雪峰
		八宿县人民检察院检察长	张永春

西藏自治区

		左贡县人民检察院检察长	嘎玛旺姆（女）
		芒康县人民检察院检察长	四郎欧珠
西藏自治区人民检察院检察长	张培中	洛隆县人民检察院检察长	边巴次仁
西藏自治区人民检察院副检察长	王双全	边坝县人民检察院检察长	公秋次仁
	占堆	西藏自治区人民检察院林芝分院检察长	陈宏东
	王平	林芝县人民检察院检察长	徐东明
	多吉	工布江达人民检察院检察长	巩雷斌
	加永仁青	米林县人民检察院检察长	次仁

墨脱县人民检察院检察长	索朗加措	措勤县人民检察院检察长	王　峰
波密县人民检察院检察长	胡　波		
察隅县人民检察院检察长	段林波	## 陕西省	
朗县人民检察院检察长	王　丽(女)		
西藏自治区人民检察院山南分院检察长	刘志刚	陕西省人民检察院检察长	胡太平
乃东县人民检察院检察长	潘华川	陕西省人民检察院副检察长	毛　海
扎囊县人民检察院检察长	旺　久		程紫平
贡嘎县人民检察院检察长	次仁曲桑		史建泉
桑日县人民检察院检察长	蒋光全		巩富文
琼结县人民检察院检察长	索朗顿珠		王英杰
曲松县人民检察院检察长	格桑多吉		吕　萍(女)
措美县人民检察院检察长	张　军	**西安市人民检察院检察长**	张民生
洛扎县人民检察院检察长	朱建军	新城区人民检察院检察长	马　文
加查县人民检察院检察长	马文清	碑林区人民检察院检察长	刘琪荣(女)
隆子县人民检察院检察长	索朗次仁	莲湖区人民检察院检察长	王　洪
错那县人民检察院检察长	李　勇	灞桥区人民检察院检察长	刘　瑞
浪卡子县人民检察院检察长	洛桑次仁	未央区人民检察院检察长	李亚军
西藏自治区人民检察院日喀则分院检察长	旦　增	雁塔区人民检察院检察长	同振魁
日喀则市人民检察院检察长	索　旦	阎良区人民检察院检察长	王　君
南木林县人民检察院检察长	刘英武	临潼区人民检察院检察长	胡晓静(女)
江孜县人民检察院检察长	尼玛平措	长安区人民检察院检察长	张继锋
定日县人民检察院检察长	达瓦次仁	蓝田县人民检察院检察长	李文凯
萨迦县人民检察院检察长	达娃穷达	周至县人民检察院检察长	沙　瑞
拉孜县人民检察院检察长	欧吉巴(女)	户县人民检察院检察长	苑　伟
昂仁县人民检察院检察长	邹昌云(女)	高陵县人民检察院检察长	李　洁(女)
谢通门县人民检察院检察长	尼　琼	沙坡地区人民检察院检察长	徐永安
白朗县人民检察院检察长	格桑次仁	**宝鸡市人民检察院检察长**	**霍永库**
仁布县人民检察院检察长	旺　久	金台区人民检察院检察长	张俊昆
康马县人民检察院检察长	次　珍(女)	渭滨区人民检察院检察长	孙小为
定结县人民检察院检察长	张　诚	陈仓区人民检察院检察长	刘金良
仲巴县人民检察院检察长	仁　增	凤翔县人民检察院检察长	韩利明
亚东县人民检察院检察长	秦　静(女)	岐山县人民检察院检察长	李劲峰
吉隆县人民检察院检察长	朗　加	眉县人民检察院检察长	董　秦
聂拉木县人民检察院检察长	次　旺	扶风县人民检察院检察长	穆永强
萨嘎县人民检察院检察长	旦　增	凤县人民检察院检察长	马宝峰
岗巴县人民检察院检察长	次仁顿珠	陇县人民检察院检察长	刘亚琴(女)
西藏自治区人民检察院阿里分院检察长	**勇　扎**	千阳县人民检察院检察长	张长全
噶尔县人民检察院检察长	阮永红	太白县人民检察院检察长	李恩林
普兰县人民检察院检察长	扎西次仁	麟游县人民检察院检察长	任　升
札达县人民检察院检察长	巴　桑	**咸阳市人民检察院检察长**	**崔景文**
日土县人民检察院检察长	刘保泉	秦都区人民检察院检察长	王一凡
革吉县人民检察院检察长	桑杰旦增	渭城区人民检察院检察长	魏　涛
改则县人民检察院检察长	李　新	兴平市人民检察院检察长	王兴文

乾县人民检察院检察长	惠　欣	榆林市人民检察院检察长	梁　曦
礼泉县人民检察院检察长	张　辉	榆阳区人民检察院检察长	张玉林
泾阳县人民检察院检察长	李养志	神木县人民检察院检察长	王文生
三原县人民检察院检察长	安　钢	府谷县人民检察院检察长	张旭东
武功县人民检察院检察长	杜　虎	定边县人民检察院检察长	杨国炜
长武县人民检察院检察长	樊长征	靖边县人民检察院检察长	田飞鹏
淳化县人民检察院检察长	赵宏民	横山县人民检察院检察长	王　勇
旬邑县人民检察院检察长	马云鹏	绥德县人民检察院检察长	刘小东
彬县人民检察院检察长	郭云宏	米脂县人民检察院检察长	李士贤
永寿县人民检察院检察长	王平信	佳县人民检察院检察长	谢安洲
杨陵区人民检察院检察长	成永涛	吴堡县人民检察院检察长	张　海
铜川市人民检察院检察长	**王其敏**	清涧县人民检察院检察长	张春耕
崔家沟地区人民检察院检察长	王保成	子洲县人民检察院检察长	王海峰
王益区人民检察院检察长	田　琦	**汉中市人民检察院检察长**	**李志虎**
印台区人民检察院检察长	宋　卓	汉台区人民检察院检察长	王建宁
耀州区人民检察院检察长	郝陆卿	南郑县人民检察院检察长	何治安
宜君县人民检察院检察长	朱忠虎	城固县人民检察院检察长	张久安
渭南市人民检察院检察长	**刘伟发**	洋县人民检察院检察长	陈新建
临渭区人民检察院检察长	吕晓春	西乡县人民检察院检察长	邵　波
华县人民检察院检察长	柳英学	勉县人民检察院检察长	全玉安
华阴市人民检察院检察长	崔宏武	略阳县人民检察院检察长	李建红
潼关县人民检察院检察长	高北慰	宁强县人民检察院检察长	王建庆
蒲城县人民检察院检察长	曹澄鸣	镇巴县人民检察院检察长	龚新伟
白水县人民检察院检察长	雷敦祥	留坝县人民检察院检察长	李剑明
富平县人民检察院检察长	任天利	佛坪县人民检察院检察长	王　衡
大荔县人民检察院检察长	申江生	**安康市人民检察院检察长**	**李逸强**
合阳县人民检察院检察长	周加强	汉滨区人民检察院检察长	唐　奇
韩城市人民检察院检察长	石　列	汉阴县人民检察院检察长	王开富
澄城县人民检察院检察长	闫永江	镇坪县人民检察院检察长	罗善斌
延安市人民检察院检察长	**赵亚光**	平利县人民检察院检察长	王炳武
宝塔区人民检察院检察长	杨万耀	岚皋县人民检察院检察长	胡海东
吴起县人民检察院检察长	王建成	石泉县人民检察院检察长	万　浩
志丹县人民检察院检察长	袁新昌	宁陕县人民检察院检察长	孙启斌
安塞县人民检察院检察长	赵　祥	白河县人民检察院检察长	王保康
子长县人民检察院检察长	张彦学	旬阳县人民检察院检察长	孙自清
延川县人民检察院检察长	胡永富	紫阳县人民检察院检察长	杨小明
延长县人民检察院检察长	韩凡凯	**商洛市人民检察院检察长**	**孟庆忠**
甘泉县人民检察院检察长	王存财	商州区人民检察院检察长	赵　勇
洛川县人民检察院检察长	成芳萍（女）	丹凤县人民检察院检察长	王　斌
富县人民检察院检察长	宗六一	商南县人民检察院检察长	李书志
宜川县人民检察院检察长	师　蒙	镇安县人民检察院检察长	陶　炜
黄龙县人民检察院检察长	冯海龙	柞水县人民检察院检察长	马春景
黄陵县人民检察院检察长	闫富平	洛南县人民检察院检察长	张鹏波

山阳县人民检察院检察长	彭生民
陕西省人民检察院西安铁路运输分院检察长	李 华
西安铁路运输检察院检察长	赵 豫
安康铁路运输检察院检察长	段高根

甘肃省

路志强 男,汉族,1957年8月生,陕西洋县人,在职研究生学历,法学理论专业,1980年2月参加工作,1977年2月加入中国共产党。

1978年2月后为陕西省商业学校计划统计专业学生,1980年2月后为陕西省委组织部干部调配处科员、副主任科员,1988年1月后任陕西省监察厅干部处干事、副处长、机关党委副书记,1991年7月后任陕西省监察厅干部培训中心主任,1993年2月后为陕西省纪委宣教室负责人、纪检监察干部培训中心负责人,1994年11月后任陕西省纪委宣教室副主任、主任,1999年9月后任陕西省纪委、省监察厅宣教室主任,2003年7月后任陕西省榆林市委副书记、副市长,2006年4月后任陕西省委政法委副书记兼秘书长、省人大法制委员会委员,2008年3月后任陕西省司法厅厅长、党组书记兼省监狱管理局第一政委,2013年2月后任甘肃省人民检察院检察长、党组书记。

甘肃省人民检察院检察长	路志强
甘肃省人民检察院副检察长	张 清
	高继明
	徐维忠
	李保刚
	王 幸
	李东亮
兰州市人民检察院检察长	华 风
城关区人民检察院检察长	王 锐
七里河人民检察院检察长	席正清
西固区人民检察院检察长	敬庆萍(女)
安宁区人民检察院检察长	周永麟
红古区人民检察院检察长	张晓波
永登县人民检察院检察长	蒲 军
皋兰县人民检察院检察长	高志勇
榆中县人民检察院检察长	曹玉梁
大沙坪地区人民检察院检察长	刘朝纯
嘉峪关市人民检察院检察长	丁霞敏(女)
嘉峪关城区人民检察院检察长	李军虎
金昌市人民检察院检察长	张 喜
金川区人民检察院检察长	沈晓岩
永昌县人民检察院检察长	聂飞华
白银市人民检察院检察长	张 伟
白银区人民检察院检察长	王云命
平川区人民检察院检察长	魏正武
靖远县人民检察院检察长	杨世华
会宁县人民检察院检察长	蒋志仁
景泰县人民检察院检察长	吴永鹏
寺儿坪地区人民检察院检察长	贺 晋
天水市人民检察院检察长	(空缺)
秦州区人民检察院检察长	王全社
麦积区人民检察院检察长	张 钊
清水县人民检察院检察长	郭怀炜
秦安县人民检察院检察长	刘 曦
甘谷县人民检察院检察长	高保德
武山县人民检察院检察长	闫忠祥
张家川回族自治县人民检察院检察长	姜 云
武威市人民检察院检察长	魏文德
凉州区人民检察院检察长	姜立新
民勤县人民检察院检察长	刘应忠
古浪县人民检察院检察长	张永生
天祝藏族自治县人民检察院检察长	马 晓
酒泉市人民检察院检察长	蒋昱程
肃州区人民检察院检察长	邓志宏
玉门市人民检察院检察长	张 清
敦煌市人民检察院检察长	王晋方
金塔县人民检察院检察长	郭 红(女)
瓜州县人民检察院检察长	潘玉明
肃北蒙古族自治县人民检察院检察长	斯琴巴依尔
阿克塞哈萨克族自治县人民检察院检察长	袁占兵
张掖市人民检察院检察长	俞新民
甘州区人民检察院检察长	姚煜道
民乐县人民检察院检察长	徐宏继
临泽县人民检察院检察长	李存爱
高台县人民检察院检察长	岳淬川
山丹县人民检察院检察长	李召文
肃南裕固族自治县人民检察院检察长	王立庆
庆阳市人民检察院检察长	田 金
西峰区人民检察院检察长	鄂廷印
庆城县人民检察院检察长	郭旭文
环县人民检察院检察长	蒋继成

华池县人民检察院检察长	石 岩	合作市人民检察院检察长	靳晓峥
合水县人民检察院检察长	陈广军	临潭县人民检察院检察长	马如海
正宁县人民检察院检察长	朱晓东	卓尼县人民检察院检察长	黄正勇
宁县人民检察院检察长	任 斌	舟曲县人民检察院检察长	陈育红
镇原县人民检察院检察长	张 发	迭部县人民检察院检察长	李勇忠
庆阳市子午岭林区人民检察院检察长	慕若舟	玛曲县人民检察院检察长	斗格加
平凉市人民检察院检察长	**张发魁**	碌曲县人民检察院检察长	王 业
崆峒区人民检察院检察长	王建明	夏河县人民检察院检察长	王晓潭
泾川县人民检察院检察长	苏亚军	**甘肃省人民检察院白龙江林区分院检察长**	**权有让**
灵台县人民检察院检察长	杨 青	舟曲林区人民检察院检察长	陈育民
崇信县人民检察院检察长	刘海宇	迭部林区人民检察院检察长	龚文龙
华亭县人民检察院检察长	黄正华	洮河林区人民检察院检察长	张树科
庄浪县人民检察院检察长	陈书平	白水江林区人民检察院检察长	王继荣
静宁县人民检察院检察长	崔晓晖	**甘肃矿区人民检察院检察长**	**蔡玉霞（女）**
定西市人民检察院检察长	**王 炜**	甘肃省人民检察院兰州铁路运输分院	
安定区人民检察院检察长	李文娟（女）	检察长	任剑炜
通渭县人民检察院检察长	杨 林	兰州铁路运输检察院检察长	孙峻林
临洮县人民检察院检察长	李小平	武威铁路运输检察院检察长	闫沛垠
漳县人民检察院检察长	赵金铸		
岷县人民检察院检察长	马绍林	**青海省**	
渭源县人民检察院检察长	纪 祥		
陇西县人民检察院检察长	张 武	**青海省人民检察院检察长**	**王晓勇**
陇南市人民检察院检察长	**高连城**	**青海省人民检察院副检察长**	**朱雅频**
武都区人民检察院检察长	卢学世		李繁荣（女）
成县人民检察院检察长	车 瑛		尚洪斌
宕昌县人民检察院检察长	李小军		张 杰（女）
康县人民检察院检察长	王礼平		王景琦（女，援青）
文县人民检察院检察长	马红斌	**西宁市人民检察院检察长**	**余国龙**
西和县人民检察院检察长	南海生	城中区人民检察院检察长	刘喜阳
礼县人民检察院检察长	杨 炳	城东区人民检察院检察长	寇 峥（代）
两当县人民检察院检察长	朱晓伟	城西区人民检察院检察长	方复东
徽县人民检察院检察长	张全民	城北区人民检察院检察长	李 伟
临夏回族自治州人民检察院检察长	**陈其功**	大通回族土族自治县人民检察院检察长	孙向东
临夏市人民检察院检察长	柴继玲（女）	湟源县人民检察院检察长	鲍延青（代）
临夏县人民检察院检察长	安卫东	湟中县人民检察院检察长	苗拓武
康乐县人民检察院检察长	杨生东	南滩地区人民检察院检察长	索玉兰（女）
永靖县人民检察院检察长	马忠贤	**海东市人民检察院检察长**	**吴海燕（女）**
广河县人民检察院检察长	马忠良	平安县人民检察院检察长	李诗渭
和政县人民检察院检察长	冶成华	乐都区人民检察院检察长	吕有红
东乡族自治县人民检察院检察长	马学智	民和回族土族自治县人民检察院检察长	贾玉栋
积石山保安族东乡族撒拉族自治县		互助土族自治县人民检察院检察长	董永焕
人民检察院检察长	马礼平	化隆回族自治县人民检察院检察长	常湟源
甘南藏族自治州人民检察院检察长	**扎 西**	循化撒拉族自治县人民检察院检察长	权国麟

海北藏族自治州人民检察院检察长	刘小玲（代）
海晏县人民检察院检察长	吴有义
祁连县人民检察院检察长	于建国
刚察县人民检察院检察长	易　钧
门源回族自治县人民检察院检察长	孙金林
海南藏族自治州人民检察院检察长	王　智
共和县人民检察院检察长	周本加
同德县人民检察院检察长	才项仁增
贵德县人民检察院检察长	何明泉
兴海县人民检察院检察长	董绍元
贵南县人民检察院检察长	拉旦加
黄南藏族自治州人民检察院检察长	苟军德
同仁县人民检察院检察长	才旦加
尖扎县人民检察院检察长	丁　云
泽库县人民检察院检察长	刘　洪（代）
河南蒙古族自治县人民检察院检察长	杨子平
果洛藏族自治州人民检察院检察长	王　宏
玛沁县人民检察院检察长	何俊安
班玛县人民检察院检察长	多　朵
甘德县人民检察院检察长	金　江
达日县人民检察院检察长	李　锋
久治县人民检察院检察长	阿泽斯特
玛多县人民检察院检察长	苏海生
玉树藏族自治州人民检察院检察长	潘志刚
玉树市人民检察院检察长	宁玛才仁
杂多县人民检察院检察长	邦　巴
称多县人民检察院检察长	周永文
治多县人民检察院检察长	贾小平
囊谦县人民检察院检察长	欧要才仁
曲麻莱县人民检察院检察长	扎西江
海西蒙古族藏族自治州人民检察院检察长	台　本
德令哈市人民检察院检察长	杜维东
格尔木市人民检察院检察长	向春明
乌兰县人民检察院检察长	黎　伟
都兰县人民检察院检察长	张耀山
天峻县人民检察院检察长	黄　伟
茫崖矿区人民检察院检察长	梅　松
冷湖矿区人民检察院检察长	张永奎
大柴旦矿区人民检察院检察长	苏国富
西宁铁路运输检察院检察长	李俊德

宁夏回族自治区

李定达　男，汉族，1956年8月生，云南腾冲人，全日制教育大学学历，数学专业，在职教育研究生学历，政治学理论专业，1974年8月参加工作，1985年4月加入中国共产党。

1974年8月后为云南省腾冲县第三中学教师，1978年2月后云南大学数学系数学专业学习，1982年2月后为云南省人口普查办公室干部，1984年8月后为云南省公安厅三处干部，1985年10月后任云南省公安厅三处居民身份证科副科长，1987年10月后任云南省公安厅三处主任科员、副处长、处长，1999年1月后任云南省公安厅治安管理总队副总队长，1999年10月后任云南省委政法委秘书长，2002年12月后任云南省委政法委副书记（正厅级），2008年9月后任云南省人民检察院党组副书记、副检察长，2013年5月后任宁夏回族自治区人民检察院党组书记、副检察长、代理检察长。

宁夏回族自治区人民检察院检察长	李定达（代）
宁夏回族自治区人民检察院副检察长	汪　敬
	戴向晖
	李桂兰（女）
	吕　敏
银川市人民检察院检察长	李学军
兴庆区人民检察院检察长	刘定远
金凤区人民检察院检察长	雷鸣博
西夏区人民检察院检察长	王殿宏
灵武市人民检察院检察长	马京宁
永宁县人民检察院检察长	乔玉成
贺兰县人民检察院检察长	张学信
上前城地区人民检察院检察长	董克仁
石嘴山市人民检察院检察长	韩　军
大武口区人民检察院检察长	金立栋
惠农区人民检察院检察长	王　军
平罗县人民检察院检察长	高　勇
红果子地区人民检察院检察长	周　杰
吴忠市人民检察院检察长	马国武
利通区人民检察院检察长	马　良
青铜峡市人民检察院检察长	莫忠和
盐池县人民检察院检察长	韩　震（代）
同心县人民检察院检察长	王　钧（代）
红寺堡区人民检察院检察长	苏海东

固原市人民检察院检察长	李清伟	察布查尔锡伯自治县人民检察院检察长	齐晓黎
原州区人民检察院检察长	张静隆(兼)	尼勒克县人民检察院检察长	
西吉县人民检察院检察长	魏凯		努尔兰·阿布都克力木
隆德县人民检察院检察长	张建勋	特克斯县人民检察院检察长	(空缺)
泾源县人民检察院检察长	穆存祥	巩留县人民检察院检察长	乃比·艾买提
彭阳县人民检察院检察长	王维强	昭苏县人民检察院检察长	杨斌

中卫市人民检察院检察长 许金军

伊犁哈萨克自治州人民检察院塔城分院检察长

沙坡头区人民检察院检察长	顾海峰(兼)		买吐送·吐地买买提
中宁县人民检察院检察长	孙凤玲(代)	塔城市人民检察院检察长	帕尔哈提·艾则孜
海原县人民检察院检察长	李万刚	额敏县人民检察院检察长	古丽其开·沙力克(女)
银川铁路运输检察院检察长	尤自明	乌苏市人民检察院检察长	迪力木拉提·伊布拉音

新疆维吾尔自治区

沙湾县人民检察院检察长 沈新华
托里县人民检察院检察长 也力木拉提·热扎别克
裕民县人民检察院检察长 李念东(女)

新疆维吾尔自治区人民检察院检察长
尼相·依不拉音

和布克赛尔蒙古自治县人民检察院检察长
那道日吉·孟和那日苏

新疆维吾尔自治区人民检察院副检察长 郭连山

伊犁哈萨克自治州人民检察院阿勒泰分院检察长
叶尔扎提·托肯

肖明生	
史少林	阿勒泰市人民检察院检察长 (空缺)
孙宝平	青河县人民检察院检察长 哈力木·艾特克
张彩霞(女)	吉木乃县人民检察院检察长 达吾力·孔盖
阿德勒别克·德肯	哈巴河县人民检察院检察长 木拉提·拜山拜
金利岷	富蕴县人民检察院检察长 金恩斯·马木尔汗
多力坤·玉素甫	福海县人民检察院检察长 阿克尔别克·哈巴西
张凤艳(女,援藏)	布尔津县人民检察院检察长 叶克奔·库尔马汗

乌鲁木齐市人民检察院检察长

博尔塔拉蒙古自治州人民检察院检察长 张玮

吾提库尔·阿不都热合曼

天山区人民检察院检察长	周斌	博乐市人民检察院检察长	李厚升
沙依巴克区人民检察院检察长	松晓明	温泉县人民检察院检察长	张钢
新市区人民检察院检察长	孟庆和	精河县人民检察院检察长	董汝京

昌吉回族自治州人民检察院检察长 葛军

水磨沟区人民检察院检察长	李岩(女)	昌吉市人民检察院检察长	孟兆侠
米东区人民检察院检察长	王挺	阜康市人民检察院检察长	袁向东
头屯河区人民检察院检察长	田升	玛纳斯县人民检察院检察长	窦青林
乌鲁木齐县人民检察院检察长	侯强辉	呼图壁县人民检察院检察长	刘兵元
达坂城区人民检察院检察长	杨永平	吉木萨尔县人民检察院检察长	徐虎

伊犁哈萨克自治州人民检察院检察长
达列力汗·沙布尔汗

奇台县人民检察院检察长 任昌盛
木垒哈萨克自治县人民检察院检察长
马哈依·木里达汗

伊宁市人民检察院检察长	单保荣(女)		
奎屯市人民检察院检察长	李忠		
新源县人民检察院检察长	伊力哈木江·木哈西		

新疆维吾尔自治区人民检察院哈密分院
检察长 李玲(女)

伊宁县人民检察院检察长
排孜热合曼·阿不都热合曼
霍城县人民检察院检察长 石建强

哈密市人民检察院检察长 白成林
巴里坤哈萨克自治县人民检察院检察长 常玉群
伊吾县人民检察院检察长 马军

新疆维吾尔自治区人民检察院吐鲁番分院
  检察长   韩界龙
吐鲁番市人民检察院检察长 安尼瓦尔·卡德尔
鄯善县人民检察院检察长   陈　于
托克逊县人民检察院检察长 买买提·木特力甫
巴音郭楞蒙古自治州人民检察院检察长 胡远征
库尔勒市人民检察院检察长   朱　明
焉耆回族自治县人民检察院检察长 索　超
和静县人民检察院检察长   邓　波
博湖县人民检察院检察长   王新伟
和硕县人民检察院检察长   赵卫东
轮台县人民检察院检察长   薛银川
尉犁县人民检察院检察长   孟海峰
若羌县人民检察院检察长   沈文涛
且末县人民检察院检察长   嵇友生
新疆维吾尔自治区人民检察院阿克苏分院
  检察长   帕塔尔·吐尔逊
阿克苏市人民检察院检察长   （空缺）
库车县人民检察院检察长   阿里木·力提甫
温宿县人民检察院检察长 迪力夏提·司马义
沙雅县人民检察院检察长   依明江·买买提
新和县人民检察院检察长   帕尔哈提·艾麦提
拜城县人民检察院检察长   （空缺）
乌什县人民检察院检察长   阿木提·马木
阿瓦提县人民检察院检察长   艾合麦提·库尔班
柯坪县人民检察院检察长 阿不都外力·阿力木
克孜勒苏柯尔克孜自治州人民检察院
  检察长   艾孜木江·阿不拉
阿图什市人民检察院检察长 斯拉木江·吾斯曼
阿克陶县人民检察院检察长 吐尔托合提·加开
乌恰县人民检察院检察长
        吐逊古丽·吾肉孜阿力（女）
阿合奇县人民检察院检察长
         买买提努尔·库其巴依
新疆维吾尔自治区人民检察院喀什分院检察长
          甫拉提·阿不列孜
喀什市人民检察院检察长   吾拉木江·买买提
莎车县人民检察院检察长 阿布都沙塔尔·木一丁
疏附县人民检察院检察长   艾尔肯·尤努斯
疏勒县人民检察院检察长   艾斯开尔·乌热依木
伽师县人民检察院检察长   依明·那曼
泽普县人民检察院检察长 凯赛尔·阿布都热依木
叶城县人民检察院检察长   吐鲁洪·托合提
岳普湖县人民检察院检察长
        麦迪尼叶提·司马义（女）
巴楚县人民检察院检察长 麦麦提依明·阿木克
麦盖提县人民检察院检察长   （空缺）
塔什库尔干塔吉克自治县人民检察院检察长
          帕米尔·马热非
英吉沙县人民检察院检察长   买买提江·依明
新疆维吾尔自治区人民检察院和田分院检察长
         亚力坤·买合木提
和田市人民检察院检察长 努尔买买提·加马力
皮山县人民检察院检察长   阿布力米提·吾守尔
墨玉县人民检察院检察长 凯沙尔·吾热孜阿力
和田县人民检察院检察长 阿卜杜杰力力·喀斯木
洛浦县人民检察院检察长   买买提托乎提·莫明
策勒县人民检察院检察长   艾力·阿布力米提
于田县人民检察院检察长   阿不来·斯拉木
民丰县人民检察院检察长   阿布来依·卡孜木
克拉玛依市人民检察院检察长   王大军
克拉玛依区人民检察院检察长   袁晓东
白碱滩区人民检察院检察长   蔡建国
独山子区人民检察院检察长   张芳（女）
乌尔禾区人民检察院检察长   蔡建国（兼）
石河子市人民检察院检察长   杨　将
新疆生产建设兵团人民检察院检察长 肖明生（兼）
新疆生产建设兵团人民检察院第一师分院
  检察长   李新建
阿拉尔垦区人民检察院检察长   窦新军
阿克苏垦区人民检察院检察长   朱　平
沙井子垦区人民检察院检察长   张　欣（女）
新疆生产建设兵团人民检察院第二师分院
  检察长   邵庆云
库尔勒垦区人民检察院检察长   张健康
焉耆垦区人民检察院检察长   范　杰
乌鲁克垦区人民检察院检察长   万明坤
新疆生产建设兵团人民检察院第三师分院
  检察长   高建中
图木舒克垦区人民检察院检察长   戴卫东
喀什垦区人民检察院检察长   沈　真（女）
新疆生产建设兵团人民检察院第四师分院
  检察长   王玉杰
伊宁垦区人民检察院检察长   刘传东
霍城垦区人民检察院检察长   刘　力
昭苏垦区人民检察院检察长   张运新

新疆生产建设兵团人民检察院第五师分院		新疆维吾尔自治区莎车牌楼地区人民	
检察长	张建新	检察院检察长	艾肯·艾沙
博乐垦区人民检察院检察长	高　健	新疆维吾尔自治区于田卡尔汉地区人民	
塔斯海垦区人民检察院检察长	殷新云	检察院检察长	拜合提牙尔·吾拉木
新疆生产建设兵团人民检察院第六师分院		阿拉尔市人民检察院检察长	窦新军（兼）
检察长	于　军	图木舒克市人民检察院检察长	戴卫东（兼）
五家渠垦区人民检察院检察长	李新科	五家渠市人民检察院检察长	李新科（兼）
芳草湖垦区人民检察院检察长	戚兴录	铁门关市人民检察院检察长	张健康（兼）
奇台垦区人民检察院检察长	赵志东	北屯市人民检察院检察长	孙明珠（兼）

新疆生产建设兵团人民检察院第七师分院
　　检察长　　　　　　　　　　张凤军

军事检察院

奎屯垦区人民检察院检察长	李茂林
车排子垦区人民检察院检察长	王　伟
新疆生产建设兵团人民检察院第八师分院	
检察长	张　毅
莫索湾垦区人民检察院检察长	陈文君（女）
下野地垦区人民检察院检察长	（空缺）
新疆生产建设兵团人民检察院第九师分院	
检察长	赵铁实
额敏垦区人民检察院检察长	张乐全
叶尔盖提垦区人民检察院检察长	杜　平
新疆生产建设兵团人民检察院第十师分院	
检察长	（空缺）
北屯区人民检察院检察长	孙明珠
巴里巴盖垦区人民检察院检察长	王　岩
新疆生产建设兵团人民检察院第十二师分院	
检察长	赵　刚
乌鲁木齐垦区人民检察院检察长	覃　斌
三坪垦区人民检察院检察长	张红辉（女）
新疆生产建设兵团人民检察院第十三师分院	
检察长	任德军
哈密垦区人民检察院检察长	弯增喜
巴里坤垦区人民检察院检察长	信金祥
新疆生产建设兵团人民检察院第十四师分院	
检察长	何桂宝
和田垦区人民检察院检察长	丁新革
新疆维吾尔自治区人民检察院乌鲁木齐	
铁路运输分院检察长	吴立新
乌鲁木齐铁路运输检察院检察长	尤国庆
哈密铁路运输检察院检察长	万　军
库尔勒铁路运输检察院检察长	吴　勇
新疆维吾尔自治区乌鲁木齐八家户地区	
人民检察院检察长	房建中

解放军军事检察院检察长	李晓峰
解放军军事检察院副检察长	张道发
	高建国
总直属队军事检察院检察长	王秀会
总直属队第二军事检察院检察长	王云诚
海军军事检察院检察长	陈卫超
海军直属军事检察院检察长	邓东月
北海舰队军事检察院检察长	朱心雪
东海舰队军事检察院检察长	陈宏伟
南海舰队军事检察院检察长	李　军
空军军事检察院检察长	康玉生
空军直属军事检察院检察长	焦晓北
沈阳军区空军军事检察院检察长	朱秀成
北京军区空军军事检察院检察长	焦克坚
兰州军区空军军事检察院检察长	张晓山
济南军区空军军事检察院检察长	李宪臣
南京军区空军军事检察院检察长	包明忠
广州军区空军军事检察院检察长	刘　律
成都军区空军军事检察院检察长	周成军
沈阳军区军事检察院检察长	**张卫国**
沈阳军区直属军事检察院检察长	赵晓成
吉林军事检察院检察长	杨永嘉
黑龙江军事检察院检察长	闫林业
北京军区军事检察院检察长	**李　军**
北京军区直属军事检察院检察长	古海源
天津军事检察院检察长	张静波
河北军事检察院检察长	姚罗灿
山西军事检察院检察长	杨　武
内蒙古军事检察院检察长	靳明臣
兰州军区军事检察院检察长	**孙　明**
兰州军区直属军事检察院检察长	张彦民

第十二部分 名 录

新疆军事检察院检察长	张 莉	广西军事检察院检察长	危玉华
新疆军事检察院南疆分院检察长	闫好荣	海南军事检察院检察长	陈永庚
陕西军事检察院检察长	闫永健	驻香港部队军事检察院检察长	王晓国
青海军事检察院检察长	姜立国	**成都军区军事检察院检察长**	**郑 军**
63600部队军事检察院检察长	高万翔	成都军区直属军事检察院检察长	曹建中
63650部队军事检察院检察长	刘树林	重庆军事检察院检察长	秦中军
济南军区军事检察院检察长	**陈化海**	云南军事检察院检察长	陈江奇
济南军区直属军事检察院检察长	卢树明	西藏军事检察院检察长	杜 华
河南军事检察院检察长	毕 煜	**武警部队军事检察院检察长**	**孙 宏**
南京军区军事检察院检察长	**丁爱国**	武警部队北京军事检察院检察长	田祥荣
南京军区直属军事检察院检察长	余 超	武警部队沈阳军事检察院检察长	杨志国
上海军事检察院检察长	吴晓峰	武警部队济南军事检察院检察长	欧阳向东
浙江军事检察院检察长	胡 伟	武警部队上海军事检察院检察长	刘显存
安徽军事检察院检察长	吴广迎	武警部队广州军事检察院检察长	刘 玉
福建军事检察院检察长	舒爱民	武警部队西安军事检察院检察长	乌 楠
广州军区军事检察院检察长	**李怀北**	武警部队成都军事检察院检察长	顾体军
广州军区直属军事检察院检察长	黄运湘	武警部队乌鲁木齐军事检察院检察长	马小龙
湖北军事检察院检察长	王晋军	武警部队拉萨军事检察院检察长	蒋清平
湖南军事检察院检察长	肖 宪		

（最高人民检察院政治部提供）

2013年最高人民检察院表彰的先进集体和先进个人名单

"模范检察官"荣誉称号名单

张 飚　　新疆维吾尔自治区石河子市人民检察院原检察员
刘宝奇　　陕西省人民检察院公诉二处原正科级助理检察员（追授）

记集体一等功名单

最高人民检察院《人民检察院刑事诉讼规则》修改小组
最高人民检察院北戴河宝石路1号工程项目办公室
云南省人民检察院
云南省昆明市人民检察院

记个人一等功名单

宋兴伟　　辽宁省人民检察院副检察长
胡　玉（女）辽宁省人民检察院副检察长
曲满堂　　辽宁省丹东市人民检察院副检察长
于长瑞　　辽宁省丹东市人民检察院副检察长
肖　卓　　云南省人民检察院副检察长
李若昆　　云南省人民检察院副检察长
孙志红（女）云南省人民检察院检察委员会专职委员
张维婷（女）云南省人民检察院公诉三处检察员
郭从实（女）云南省人民检察院侦查监督处副处长
赵　明　　云南省昆明市人民检察院副检察长
李　凌（女）云南省昆明市人民检察院公诉四处检察员
巩玉明　　河北省衡水市冀州市人民检察院原副检察长（追记）
祁胜军　　甘肃省兰州市人民检察院侦查监督处原助理检察员（追记）
彭大良（侗族）贵州省锦屏县人民检察院纪检组原组长（追记）
曹　锋　　最高人民检察院监所检察厅看守所劳教检察处原处长

（最高人民检察院政治部宣传部提供）

第五届"全国先进基层检察院"名单

北京市
西城区人民检察院
昌平区人民检察院
天津市
东丽区人民检察院
静海县人民检察院
河北省
石家庄市桥西区人民检察院
邯郸市邯山区人民检察院
保定市北市区人民检察院
唐山市路北区人民检察院
秦皇岛市山海关区人民检察院
沙河市人民检察院
文安县人民检察院
武强县人民检察院
隆化县人民检察院
怀来县人民检察院
山西省
太原市尖草坪区人民检察院
临汾市尧都区人民检察院
阳城县人民检察院
右玉县人民检察院
运城市盐湖区人民检察院
灵石县人民检察院
临县人民检察院
内蒙古自治区
准格尔旗人民检察院

扎兰屯市人民检察院
赤峰市元宝山区人民检察院
扎鲁特旗人民检察院
土默特右旗人民检察院
辽宁省
庄河市人民检察院
鞍山市铁东区人民检察院
丹东市振兴区人民检察院
营口市鲅鱼圈区人民检察院
辽阳市弓长岭区人民检察院
开原市人民检察院
凌源市人民检察院
盘锦市双台子区人民检察院
吉林省
长春市南关区人民检察院
桦甸市人民检察院
公主岭市人民检察院
辉南县人民检察院
靖宇县人民检察院
黑龙江省
鸡西市恒山区人民检察院
同江市人民检察院
海林市人民检察院
七台河市桃山区人民检察院
伊春市南岔区人民检察院
讷河市人民检察院
安达市人民检察院
逊克县人民检察院
红兴隆农垦区人民检察院
大庆市龙凤区人民检察院
上海市
奉贤区人民检察院
宝山区人民检察院
江苏省
南京市秦淮区人民检察院
江阴市人民检察院
徐州市云龙区人民检察院
常州市新北区人民检察院
常熟市人民检察院
海安县人民检察院
东海县人民检察院
响水县人民检察院
沭阳县人民检察院

浙江省
杭州市上城区人民检察院
余姚市人民检察院
瑞安市人民检察院
湖州市南浔区人民检察院
绍兴市越城区人民检察院
衢州市柯城区人民检察院
台州市路桥区人民检察院
龙泉市人民检察院
安徽省
芜湖县人民检察院
灵璧县人民检察院
合肥市瑶海区人民检察院
六安市金安区人民检察院
望江县人民检察院
明光市人民检察院
铜陵市狮子山区人民检察院
福建省
福州市鼓楼区人民检察院
石狮市人民检察院
永安市人民检察院
莆田市城厢区人民检察院
福鼎市人民检察院
南靖县人民检察院
江西省
九江市浔阳区人民检察院
景德镇市珠山区人民检察院
贵溪市人民检察院
瑞金市人民检察院
吉安县人民检察院
南丰县人民检察院
山东省
济南市天桥区人民检察院
平度市人民检察院
滕州市人民检察院
烟台市芝罘区人民检察院
寿光市人民检察院
邹城市人民检察院
新泰市人民检察院
苍山县人民检察院
聊城市东昌府区人民检察院
博兴县人民检察院
河南省
新密市人民检察院

兰考县人民检察院
栾川县人民检察院
汝州市人民检察院
辉县市人民检察院
孟州市人民检察院
禹州市人民检察院
唐河县人民检察院
夏邑县人民检察院
西华县人民检察院
新蔡县人民检察院
湖北省
武汉市青山区人民检察院
阳新县人民检察院
郧县人民检察院
当阳市人民检察院
枣阳市人民检察院
荆门市东宝区人民检察院
应城市人民检察院
湖南省
醴陵市人民检察院
长沙市芙蓉区人民检察院
长沙市开福区人民检察院
涟源市人民检察院
邵东县人民检察院
临武县人民检察院
中方县人民检察院
衡阳县人民检察院
广东省
广州市海珠区人民检察院
广州市天河区人民检察院
深圳市龙岗区人民检察院
珠海市香洲区人民检察院
中山市第二市区人民检察院
四会市人民检察院
汕头市澄海区人民检察院
博罗县人民检察院
阳山县人民检察院
乳源瑶族自治县人民检察院
广西壮族自治区
南宁市兴宁区人民检察院
博白县人民检察院
灵山县人民检察院
平乐县人民检察院

贵港市港北区人民检察院
北海市海城区人民检察院
罗城仫佬族自治县人民检察院
海南省
琼海市人民检察院
澄迈县人民检察院
重庆市
南岸区人民检察院
涪陵区人民检察院
九龙坡区人民检察院
四川省
成都市成华区人民检察院
自贡市自流井区人民检察院
泸州市江阳区人民检察院
三台县人民检察院
内江市市中区人民检察院
峨眉山市人民检察院
仪陇县人民检察院
宜宾县人民检察院
渠县人民检察院
名山县人民检察院
乐至县人民检察院
贵州省
思南县人民检察院
贵阳市花溪区人民检察院
遵义县人民检察院
天柱县人民检察院
盘县人民检察院
贞丰县人民检察院
云南省
昆明市盘龙区人民检察院
彝良县人民检察院
昌宁县人民检察院
广南县人民检察院
弥勒县人民检察院
景洪市人民检察院
孟连傣族拉祜族佤族自治县人民检察院
贡山独龙族怒族自治县人民检察院
西藏自治区
拉萨市城关区人民检察院
安多县人民检察院
噶尔县人民检察院

陕西省
宝鸡市渭滨区人民检察院
旬邑县人民检察院
商南县人民检察院
旬阳县人民检察院
西安市长安区人民检察院
黄陵县人民检察院
甘肃省
榆中县人民检察院
白银市白银区人民检察院
华亭县人民检察院
民勤县人民检察院
礼县人民检察院
青海省
共和县人民检察院
西宁市城东区人民检察院
宁夏回族自治区
同心县人民检察院
盐池县人民检察院
新疆维吾尔自治区
伊宁市人民检察院
民丰县人民检察院
精河县人民检察院
额敏县人民检察院
克拉玛依市克拉玛依人民检察院
新疆生产建设兵团
霍城垦区人民检察院
解放军军事检察院
济南军区直属军事检察院
武警部队拉萨军事检察院
铁路运输检察院
南宁铁路运输检察院
北京铁路运输检察院
监所检察院
辽宁省沈阳市城郊地区人民检察院
福建省福州市鼓山地区人民检察院

"全国检察机关基层检察院建设组织奖"名单

北京
北京市人民检察院

河北省
邯郸市人民检察院
石家庄市人民检察院
山西省
太原市人民检察院
内蒙自治区
赤峰市人民检察院
辽宁省
大连市人民检察院
吉林省
吉林市人民检察院
黑龙江省
黑龙江省人民检察院
伊春市人民检察院
牡丹江市人民检察院
江苏省
江苏省人民检察院
南京市人民检察院
徐州市人民检察院
浙江省
湖州市人民检察院
安徽省
宿州市人民检察院
芜湖市人民检察院
福建省
福州市人民检察院
江西省
江西省人民检察院
赣州市人民检察院
山东省
山东省人民检察院
济南市人民检察院
青岛市人民检察院
河南省
河南省人民检察院
郑州市人民检察院
南阳市人民检察院
湖北省
湖北省人民检察院
武汉市人民检察院
十堰市人民检察院
湖南省
郴州市人民检察院

广东省
广东省人民检察院
韶关市人民检察院
肇庆市人民检察院
广西壮族自治区
玉林市人民检察院
贵港市人民检察院
四川省
四川省人民检察院
成都市人民检察院
绵阳市人民检察院
内江市人民检察院
贵州省
贵阳市人民检察院
云南省
普洱市人民检察院
红河哈尼族彝族自治州人民检察院
西藏自治区
西藏自治区人民检察院阿里分院
陕西省
咸阳市人民检察院
甘肃省
兰州市人民检察院
青海省
海南藏族自治州人民检察院
宁夏回族自治区
吴忠市人民检察院
新疆维吾尔自治区
伊犁哈萨克自治州人民检察院
新疆生产建设兵团
新疆生产建设兵团人民检察院第四师分院
解放军军事检察院
兰州军区军事检察院
铁路运输检察院
南宁铁路运输分院

（最高人民检察院政治部办公室提供）

索 引

使用说明

1. 本索引采用内容分析索引法编制。除按"大事记"形式编排的内容外,年鉴中有实质检索意义的内容均予以标引,以供检索使用。

2. 本索引基本上按汉语拼音音序排列。具体排列规律如下:以数字开头的标目,排在前面;汉字标目则按首字的音序、音调依次排列;首字相同时,则以第二个字排序,并依此类推。

3. 索引标目后的数字,表示检索内容所在的年鉴正文页码,数字后面的英文字母a、b,表示正文中的栏别,合在一起即指该页码及左右两个版面区域。年鉴中以表格形式反映的内容,则在索引标目后用括号注明(表)字,以区别于文字标目。

4. 为反映索引款目间的逻辑关系,对于二级标目,采取在一级标目下缩二格的形式编排,之下再按数字和字母顺序、汉语拼音音序音调排列。

0~9

2013年部分检察理论检察工作文章目录 459
2013年检察机关大事记 467
2013年内地与港澳检察代表团互访情况 423b
2013年人民检察院办理民事、行政抗诉案件情况统计表(表) 481
2013年人民检察院办理刑事抗诉案件情况统计表(表) 480
2013年人民检察院办理刑事申诉案件情况统计表(表) 482
2013年人民检察院出庭公诉情况统计表(表) 480
2013年人民检察院纠正违法情况统计表(表) 481
2013年人民检察院立案侦查职务犯罪案件情况统计表(表) 478
2013年人民检察院审查逮捕、提起公诉案件情况统计表(表) 479
2013年人民检察院受理举报、控告、申诉案件情况统计表(表) 482
2013年中国检察出版社出版图书目录 453
2013年中华人民共和国最高人民检察院与外国检察院签订的合作协议一览表(表) 424
2013年最高人民检察院表彰的先进集体和先进个人名单 540

A

安徽省检察工作 299a
　　发展瓶颈问题解决 300b
　　规范化建设 300a
　　检察队伍建设 300a

检察工作科学发展新思路 299a
检察业务工作 299b
检察执法公信力 300a
群众路线教育 300a
统筹谋划 299a
阳光检务 300a
执法办案 299b
抓基层打基础 300b
自身监督 300a

安徽省人民检察院工作报 132
查办贪污贿赂犯罪 133b
惩治和预防职务犯罪 133b
法律监督 136b
法律监督能力建设 135b
反渎职侵权工作 133b
反腐倡廉建设 133b
服务和保障美好安徽建设 136b
服务经济发展 133a
服务兴皖富民大局 132b
工作回顾 132a
工作任务 136a
工作体会 136a
公正廉洁执法水平 135a
过硬队伍建设 137a
基层基础工作 137a
基层基础建设 135b
检察队伍建设 135a
检察工作存在问题 136a
检察权依法正确行使 134b
检察文化建设 135b
检察职能 132b、136a
民事审判和行政诉讼监督 134b
内部监督 135a
内外监督制约 134b
平安安徽、法治安徽、和谐安徽建设 136b
思想政治建设 135b
诉讼活动法律监督 134a
维护民生民利 133a
维护社会公平正义 134a
维护社会和谐稳定 132b
刑罚执行和监管活动监督 134b
刑事诉讼监督 134b
严惩司法腐败 134a

执法规范化建设 135a
执法亲和力和公信力 137a
职务犯罪预防 134a
自身反腐倡廉和纪律作风建设 135b

案件管理工作 274a
案件管理规范化建设 274b
案件管理机构队伍建设 274a
案件管理职能作用 274a
调研指导 274b
履行职责 274a
统筹谋划 274b
统一业务应用系统研发和部署工作 274b
组织基础 274a

案例指导工作 273b

B

办理盗窃刑事案件适用法律若干问题的解释 264b
办理环境污染刑事案件适用法律若干问题的解释 267a
办理利用信息网络实施诽谤等刑事案件适用法律若干问题的解释 269a
办理民事、行政抗诉案件情况统计表（表） 481
办理抢夺刑事案件适用法律若干问题的解释 269b
办理敲诈勒索刑事案件适用法律若干问题的解释 265b
办理危害食品安全刑事案件适用法律若干问题的解释 266a
办理未成年人刑事案件的规定 270b、374
办理刑事抗诉案件情况统计表（表） 480
办理刑事申诉案件情况统计表（表） 482
办理寻衅滋事刑事案件适用法律若干问题的解释 268a
办理组织领导传销活动刑事案件适用法律若干问题的意见 271a、372
办理醉酒驾驶机动车刑事案件适用法律若干问题的意见 271a
保障和促进经济社会发展 227a
保障和改善民生 227b
北京市检察工作 283a

案件事实关、证据关和程序关 283b
查办渎职侵权犯罪 283a
查办贪污贿赂犯罪 283a
检察队伍建设 284a
检务公开 284b
内部监督制约 284a
人大监督 284a
社会各界监督 284a
诉讼监督 283b
维护诉讼参与人合法权益 283b
刑事犯罪批捕、起诉 283a
职务犯罪预防 283a
职务犯罪侦查权 284a

北京市人民检察院工作报告 85
保障民生 87a
查办渎职侵权犯罪 86a
查办和预防职务犯罪职能履行 85b
查办贪污贿赂犯罪 85b
惩治刑事犯罪 85a
从宽政策落实 85a
党风廉政建设 85b
法律监督 89a
法治建设水平 89a
反腐败斗争 85b
服务大局水平和效果 87a
服务经济社会发展大局 87a
服务群众 87a
高素质专业化队伍建设 87b
工作回顾 85a
工作建议 88b
化解矛盾 85b
基层检察工作水平 88a
检察改革 87b
检察工作存在不足 88b
检察工作科学谋划 87b
检察工作全面协调发展 87b
检察职能作用发挥 89a
经济社会科学发展司法保障 89a
科学管理 87b
民事、行政诉讼活动监督 86b
民主监督 88a
人大常委会决议贯彻落实 86a
人大监督 88a

社会管理创新 87b
社会监督 88a
首都中心工作 87a
司法公信力 89b
诉讼活动法律监督 86a
维护首都和谐稳定 85a
维护司法公正和权威 86a
刑事检察职能履行 85a
刑事诉讼活动监督 86b
预防职务犯罪 86a
政协监督 88a
自身监督制约 88a、88b
自身建设 87b
自身科学发展 89b

编造、故意传播虚假恐怖信息案 358
编造虚假恐怖信息案 359、360
部分省（市）检察机关反贪工作座谈会 49

C

蔡宁 151
曹建明 3、8、15、19、24、27、30、34、40、232b、234b、247b、416a、416b、417a、417b
曾页九 142
查办和预防职务犯罪 228a
查办和预防重点领域职务犯罪 227a
查办群众反映强烈的腐败犯罪 228b
查办职务犯罪大案要案 228a
朝鲜检察代表团访华 423a
陈旭 117
陈云龙 127
惩处侵害公民个人信息犯罪活动 353
惩治破坏市场经济秩序犯罪 227a
惩治性侵害未成年人犯罪 368、369
惩治严重刑事犯罪 227b
池强 490a
重庆市检察工作 317b
惩防职务犯罪 318a
促发展护民生 317b
反腐倡廉建设 318a
检察队伍建设 318b
检察工作 319a

接受监督　319a
　　平安重庆建设　317b
　　三基工程　318b
　　司法保障　317b
　　诉讼监督　318a
　　维护社会稳定　317b
　　维护司法公正　318a
重庆市人民检察院工作报告　180
　　案件集中管理　183b
　　保障经济建设　185b
　　保障民生　181a
　　查办和预防职务犯罪　182b
　　惩防并举　185b
　　惩防腐败　181a
　　打击犯罪与化解矛盾相结合　182a
　　打击刑事犯罪　182a
　　队伍建设　184a
　　法律监督　183a
　　法律监督工作机制　183a
　　反腐倡廉建设　182b
　　服务发展　181a
　　改革创新　181b
　　高素质检察队伍建设　184a
　　工作存在问题和不足　185a
　　工作回顾　180a
　　工作机制　183b
　　工作思路　185a
　　工作体会　184b
　　公正廉洁执法水平　184a
　　机制创新　183b
　　基层基础　181b
　　基层检察院建设　184a
　　纪律作风建设　184b
　　检察队伍教育、管理和监督　184a
　　检察服务　185b
　　检察工作助推社会管理效能　183b
　　检察职能作用发挥　182a
　　接受监督　184b
　　接受监督机制措施　184b
　　廉洁政治建设　185b
　　良好法治环境营造　185a
　　矛盾纠纷化解　182a
　　民事行政检察与法律援助协作机制　184a

　　派驻基层检察室建设　183b
　　批捕起诉职能履行　182a
　　平安建设　185b
　　人大及其常委会监督　184b
　　社会管理创新　183b
　　社会稳定基础　182a
　　司法公信力　183a
　　思想政治建设　184a
　　诉讼监督　183a、186a
　　维护社会和谐稳定　182a、185b
　　维护市场经济秩序　182a
　　维护司法公正　186a
　　未成年人刑事检察工作制度　183b
　　预防职务犯罪　182b
　　政协和社会各界监督　184b
　　执法公信力　186a
　　执法能力建设　184a
　　执法水平　181b
　　主要工作　182a
　　主要任务　185a
　　自身建设　186a
出庭公诉情况统计表（表）　480
创新社会治理方式　228a
崔伟　132
崔智友　521a

D

打击非法买卖麻黄草等违法犯罪活动　270b、357b
大检察官名单　485
大检察官研讨班　232b
大事记　467
党的建设理论研讨会　238a
党的群众路线教育实践活动　230a、235a
　　动员大会　34
党风廉政建设和反腐败工作会议　277b
到最高人民检察院挂职法学专家座谈会　27
邓川　186
地方各级（专门）人民检察院检察长名单　490
地方检察工作　283
第二次刑事申诉检察工作会议　64、258b
第九届国家高级检察官论坛　443b

第三届全国检察机关侦查监督业务竞赛　245a
第三批到最高人民检察院挂职法学专家座谈会　27
第三批指导性案例　358
第十二届全国人民代表大会第一次会议关于最高
　人民检察院工作报告的决议　3
第十四届检察理论研究年会　57
第十一次上海合作组织成员国总检察长会
　议　420a
第四次侦查监督工作会议　30、51、243a
第五届全国先进基层检察院表彰大会　19、
　76、237a
第五届全国先进基层检察院名单　540b
第五届全国优秀公诉人业务竞赛　247b
电视电话会议　43、59
队伍建设　235a
　　　　工作会议　19、76

E

二级大检察官　485a

F

法国检察代表团访华　422a
法治中国建设　228b
反渎职侵权部门部署查办和预防发生在群众身边、
　损害群众利益职务犯罪专项工作具体实施方案
　电视电话会议　251b
反渎职侵权部门与公安机关纪检监察部门联席会
　议制度座谈会暨第九次联席会议　250b
反渎职侵权工作　249a
　　保障群众权益　249b
　　查办案件力度　249a
　　工作机制落实　250a
　　过硬队伍建设　250a
　　协作配合　250a
　　刑事诉讼法和刑事诉讼规则贯彻执行　249b
　　宣传预防　250b
　　侦查方式转变　249b
　　执法办案　249a
　　职能作用　250a

专项工作　249b
反腐败工作会议　277b
反腐倡廉建设工作会议　15、70
反贪工作座谈会　49
反贪污贿赂工作　248a
　　反贪污贿赂办案工作　248a
　　反贪污贿赂侦查能力　248b
　　工作情况　8
　　规范执法水平　248b
　　过硬反贪污贿赂队伍建设　249a
　　修改后刑事诉讼法执行　248b
　　整体素质　249a
　　执法公信力　249b
　　中央反腐败决策部署贯彻落实　248a
防止冤假错案底线　228b
访问阿塞拜疆　418b
访问丹麦　419b
访问韩国　419b
访问肯尼亚　420a
废止1980年1月1日至1997年6月30日期间制
　发的部分司法解释和司法解释性质文件的决
　定　385
废止1997年7月1日至2012年6月30日期间制
　发的部分司法解释性质文件的决定　388
分州市检察院领导班子成员专题研修班
　443a、443b
福建省检察工作　300b
　　把握大局　301a
　　法律监督职能　301a
　　服务经济社会发展　301a
　　服务群众自觉性　301a
　　工作理念　300b
　　过硬队伍建设　301b
　　检察机关亲和力　301a
　　履职能力　301a
　　思想强检　300b
　　执法公信力　301b
　　执法为民　301a
福建省人民检察院工作报告　137
　　保障和改善民生　139a
　　查办和预防职务犯罪　138a、141a
　　打击严重经济犯罪　137b
　　党的领导　140b

服务大局　137a
　　服务福建科学发展跨越发展　141a
　　改革创新　139b
　　化解社会矛盾　138a
　　基层基础工作　139b
　　基层基础建设　141b
　　检察队伍建设　139b、141b
　　检察工作　141a
　　检察工作存在不足　140b
　　检察工作回顾　137a
　　检察工作机制　139b
　　检察权公正行使　140b
　　平安福建、法治福建建设　141a
　　人大监督　140b
　　实事求是　139b
　　诉讼活动法律监督　138b、141b
　　围绕中心　137a
　　以人为本　139a
　　执法为民　139a
付志安　451b、452b
副检察长名单　485

G

甘肃省检察工作　325b
　　惩治职务犯罪　325b
　　队伍能力素质　326b
　　法律监督　326a
　　服务全省经济建设　325b
　　维护社会稳定　325b
　　预防工作　326a
　　自我监督意识　326a
甘肃省人民检察院工作报告　206
　　查办渎职侵权犯罪案件　207b
　　查办和预防职务犯罪　207a
　　查办贪污贿赂大案要案　207a
　　查办执法司法不公背后职务犯罪　208a
　　惩治破坏市场经济秩序犯罪　206a
　　打击刑事犯罪　206a
　　队伍建设　210b
　　队伍专业化建设　209a
　　法律监督　210a

　　法律监督能力　208b
　　反腐倡廉建设　207a
　　服务大局意识　210a
　　服务经济社会发展　206a
　　服务举措　206a
　　公正廉洁执法水平　210a
　　基层基础建设　209b、211a
　　纪律作风建设　208b
　　绩效管理　208a
　　检察工作　206a
　　检察工作存在的问题　209b
　　检察工作打算　210a
　　检察工作根基　211a
　　检察管理创新　208a
　　检察管理机制建设　208b
　　检察环节社会管理综治措施落实　206b
　　检察权依法正确行使　210b
　　检察职能　206a
　　精准化水平　208a
　　宽严相济刑事政策落实　207a
　　领导班子建设　209a
　　矛盾纠纷化解　207a
　　民事审判和行政诉讼监督　208a
　　司法保障　210a
　　思想政治建设　208b
　　诉讼活动法律监督　207b
　　外部监督机制　208b
　　维护公平正义　210a
　　维护社会和谐稳定　206b
　　维护司法公正　207b
　　刑罚执行活动和监管活动监督　208a
　　严惩严重刑事犯罪　206b
　　预防职务犯罪　207a
　　侦查活动和刑事审判活动监督　207b
　　执法办案监督管控　208b
　　自身监督制约　210b
　　自身建设　208b
各部门负责人名单　486
工伤认定纠纷抗诉案　408a
公安机关办理刑事案件适用查封、冻结措施有关规
　　定　362
公诉工作　246a
　　打击各类犯罪　246b

打击严重破坏市场经济秩序犯罪大案要案和
　　侵害民生民利犯罪活动　246b
打击严重刑事犯罪　246b
打击职务犯罪　246b
队伍建设　247a
工作机制　247a
公诉队伍纪律作风建设　247b
公诉队伍文化建设　247b
公诉工作规范化建设　247a
公诉环节诉讼监督　246b
公诉理论研究　247b
公诉业务培训　247a
经济活动发展　246b
社会公信力　247a
维护社会和谐稳定　246b
维护司法公正和法制权威　246b
未成年人刑事检察工作　247a
新修改刑事诉讼法和刑事诉讼规则贯彻实
　　施　247a
刑事审判监督工作数量质量　247a
刑事诉讼法实施中重点难点问题解决　247a
侦查监督　246b
执法水平　247a
重大案件介入侦查引导取证　247a
龚佳禾　161
关于办理盗窃刑事案件适用法律若干问题的解
　　释　264b
关于办理利用信息网络实施诽谤等刑事案件适用
　　法律若干问题的解释　269a
关于办理抢夺刑事案件适用法律若干问题的解
　　释　269b
关于办理敲诈勒索刑事案件适用法律若干问题的
　　解释　265b
关于办理危害食品安全刑事案件适用法律若干问
　　题的解释　266a
关于办理寻衅滋事刑事案件适用法律若干问题的
　　解释　268b
关于办理组织领导传销活动刑事案件适用法律若
　　干问题的意见　271a、372
关于办理醉酒驾驶机动车刑事案件适用法律若干
　　问题的意见　271a
关于废止1980年1月1日至1997年6月30日期
　　间制发的部分司法解释和司法解释性质文件的
　　决定　385
关于废止1997年7月1日至2012年6月30日期
　　间制发的部分司法解释性质文件的决定　388
关于分、州、市人民检察院向下级人民检察院交办
　　职务犯罪案件应严格执行审批程序和报备程序
　　有关规定的通知　352
关于贯彻执行《中华人民共和国民事诉讼法》若干
　　问题的通知　339
关于检察机关反贪污贿赂工作情况的报告　8
关于进一步加强麻黄草管理严厉打击非法买卖麻
　　黄草等违法犯罪活动的通知　270b、357
关于审查起诉期间犯罪嫌疑人脱逃或者患有严重
　　疾病的应当如何处理的批复　270a、400
关于刑事诉讼法律援助工作的规定　340
关于行贿犯罪档案查询工作的规定　343
关于依法惩处侵害公民个人信息犯罪活动的通知
　　270b、353
关于依法惩治性侵害未成年人犯罪的意见　271a、
　　368、369
关于依法严厉打击编造、故意传播虚假恐怖信息威
　　胁民航飞行安全犯罪活动的通知　361
关于印发第三批指导性案例的通知　358
关于印发《公安机关办理刑事案件适用查封、冻结
　　措施有关规定》的通知　362
关于印发《关于刑事诉讼法律援助工作的规定》的
　　通知　340
关于印发《人民检察院办理未成年人刑事案件的规
　　定》的通知　373
关于印发《人民检察院司法警察条例》的通知　354
关于印发《最高人民检察院关于行贿犯罪档案查询
　　工作的规定》的通知　343
关于最高人民检察院工作报告的决议　3
贯彻执行《中华人民共和国民事诉讼法》若干问题
　　的通知　339
广东省检察工作　311a
　　保障广东省经济发展　311a
　　查办和预防职务犯罪职能　312a
　　党风廉政建设　312a
　　反腐败斗争　312a
　　基层基础建设　312b
　　检察队伍建设　312b
　　检察机关公信力　312b
　　检察职能　311a

教育实践活动　312b
　　内外部监督制约　312b
　　平安广东创建　311b
　　社会安定有序　311b
　　诉讼监督　312a
　　修改后刑事诉讼法、民事诉讼法贯彻落
　　　实　312a
广东省人民检察院工作报告　166
　　案件集中管理机制　168b
　　查办和预防职务犯罪　167b
　　查办贪污贿赂大要案　167b
　　打击刑事犯罪　167b
　　队伍专业化建设　169a
　　法律监督能力　169a
　　法治广东建设　170a
　　反渎职侵权工作　167b
　　反腐倡廉建设　167b、170b
　　服务保障全省经济社会发展　166a
　　服务和保障民生　166b
　　服务经济社会发展　170b
　　工作体会　169b
　　基层基础建设　169a
　　纪律作风建设　169a
　　检察改革　170b
　　检察工作存在困难和问题　169b
　　检察职能发挥　166a
　　民事诉讼和行政诉讼监督　168a
　　批捕起诉职责履行　167a
　　平安广东建设　170a
　　社会管理创新　167b
　　社会矛盾化解　167a
　　深化改革　168b
　　思想政治教育　169a
　　诉讼活动法律监督　168a
　　维护社会和谐稳定　167a
　　维护司法公正　168b
　　刑罚执行和监管活动监督　168a
　　刑事诉讼监督　168b
　　阳光检务　168b
　　执法公信力　168b
　　执法规范化建设　168b
　　职务犯罪预防　167b
　　重点工作　170a

　　重点领域突出问题专项治理　166b
　　自身建设　169a
广西壮族自治区检察工作　313a
　　保障人民群众安居乐业　313a
　　惩治犯罪　313b
　　队伍建设　314a
　　反腐倡廉　313b
　　服务大局　313a
　　基层基础建设　314a
　　经济社会发展　313a
　　强化监督　313b
　　强基固本　314a
　　人大监督　314a
　　社会各界监督　314a
　　社会公平正义　313b
　　维护社会大局稳定　313b
　　执法为民　313a
　　职务犯罪预防　313b
广西壮族自治区人民检察院工作报告　170
　　保障和促进经济发展　171a
　　保障和维护人民群众合法权益　172a
　　保障经济发展　175a
　　保障民生　175a
　　查办渎职侵权犯罪　172b
　　查办和预防职务犯罪　172a、175b
　　查办贪污贿赂犯罪　172a
　　惩治损害群众切身利益犯罪　172a
　　打击刑事犯罪　171b
　　队伍建设　175b
　　法律政策界限把握　172b
　　反腐倡廉建设　172a
　　服务经济建设　171a
　　服务群众　172a
　　服务社会和谐稳定　171b
　　服务重点企业和重大项目专项活动　171a
　　工作回顾　170a
　　工作体会　174b
　　工作意见　175a
　　和谐执法　171b
　　基层基础建设　173b、174a、175b
　　纪律作风建设　174a
　　加强和创新社会管理　171b
　　监督与支持并重　173a

检察队伍建设　173b
　　检察工作中存在的主要问题　174b
　　检察文化建设　174a
　　困难群众和特殊群体司法保护　172a
　　联系群众、服务群众长效机制　172a
　　民事行政诉讼监督　173a
　　内部监督　173a
　　平安广西、法治广西建设　175a
　　人大监督　173a
　　社会各界监督　173a、173b
　　涉检信访　171b
　　思想政治建设　173b
　　诉讼活动法律监督　172b
　　维护经济发展良好环境　171a
　　维护社会公平正义　172b
　　维护司法公正和法制权威　175b
　　刑罚执行和监管活动监督　173a
　　刑事立案和侦查监督　172b
　　刑事审判监督　173a
　　整体素质能力　173b
　　政协监督　173a、173b
　　执法方式　171b
　　执法行为规范　173b
　　职务犯罪预防　172b
　　专业化建设　174a
贵州省检察工作　320b
　　查办和预防职务犯罪　321a
　　服务发展大局　320b
　　服务和保障民生　321a
　　工作作风　321b
　　诉讼监督职能　321a
　　维护社会稳定　320b
　　执法作风　321b
贵州省人民检察院工作报告　189
　　保障和促进经济社会发展　189a
　　查办和预防职务犯罪　189b
　　打击工程建设领域犯罪和涉农犯罪　189a
　　打击破坏市场经济秩序犯罪　189a
　　打击严重刑事犯罪　189b
　　队伍建设　190b、191b
　　法治意识　192a
　　反腐倡廉建设　189b
　　防治腐败　191b
　　服务和保障民生　191a
　　服务和保障重大项目建设　189a
　　服务经济发展　191a
　　工作回顾　189a
　　工作任务　192a
　　公正廉洁执法　190b
　　公正执法　192b
　　检察队伍建设　190b
　　检察工作存在问题和困难　191b
　　检察权依法正确行使　190a
　　检察职能　189a
　　宽严相济刑事政策落实　189b
　　民事审判和行政诉讼监督　190a
　　民主监督　190b
　　批捕起诉职责履行　189b
　　人大及社会监督　190a
　　社会监督　190b
　　使命意识　192b
　　思想政治建设　190b
　　诉讼活动法律监督　190a
　　维护公平正义　190a
　　维护人民群众权益　192b
　　维护社会和谐稳定　189b、191a
　　刑罚执行和监管活动监督　190a
　　刑事诉讼监督　190a
　　预防职务犯罪　189b
　　责任意识　192a
　　政治意识　192a
　　主要工作　191a
　　自身反腐倡廉建设　190b
　　自身监督　190b
国际反贪局联合会第七次年会暨会员代表大会　417b
国际反贪局联合会第五届研讨会　416b
国际反贪局联合会新德里执委会　416a
国际反贪局联合会执委会议　418b
国际检察官联合会第十八届大会　419b
国家高级检察官论坛　443b
国家检察官学院工作　441a
　　党的群众路线教育实践活动　442b
　　管理水平　442b
　　国际交流合作渠道　442a
　　检察教育培训改革创新　441b

教学保障体系　442b
　　教职工队伍建设　442a
　　科研工作　441b
　　现代化校园建设　442b
　　学历教育办学层次和水平　442a
　　学院教学和检察实务　441b
　　用人机制　442a
　　最高人民检察院大规模培训战略落实　441b
国家检察官学院新任检察长培训班开学典礼　24

H

哈萨克斯坦检察代表团访华　421a
海南省检察工作　314b
　　惩治和预防职务犯罪　315b
　　反腐倡廉建设　315b
　　服务海南科学发展、绿色崛起　314b
　　检察机关执法公信力　317a
　　检察机关自身建设　316b
　　检察职能　314b
　　平安海南、法治海南建设　315a
　　修改后刑事诉讼法、民事诉讼法贯彻实
　　　　施　316a
　　执法办案　315a
　　执法规范化建设　316a
　　自身监督制约　317a
海南省人民检察院工作报告　176
　　把握大局需求　176a
　　保障国际旅游岛建设　176a
　　保障和改善民生　180a
　　保障政府投资安全　176a
　　查办和预防职务犯罪　177b、180a
　　惩治危害民生民利犯罪　177a
　　打击刑事犯罪　177a
　　法律监督　177b
　　服务保障措施　176a
　　服务保障工作　180a
　　工作体会　179b
　　基层基础建设　179a、180b
　　纪律作风和自身反腐倡廉建设　179a
　　检察队伍建设　180b
　　检察工作存在差距和不足　179b

　　检察工作公信力、亲和力　178b
　　检察工作制度机制　178a
　　科学发展活力　178a
　　民事督促起诉制度　178b
　　派驻乡镇检察室　178a
　　平安海南建设　176b
　　群众工作机制　177b
　　人大监督　179a
　　社会各界监督　179a
　　社会管理创新　177a
　　社会矛盾化解　177a
　　生态环境司法保护　176b
　　思想政治建设　178b
　　四位一体检察管理机制　178b
　　诉讼监督　178a、180b
　　为民执法　177b
　　为群众排忧解难　177b
　　维护海南和谐稳定　180a
　　维护人民群众合法权益　177a
　　维护社会和谐稳定　176b
　　维护市场经济秩序　176b
　　政协监督　179a
　　执法办案　177b
　　执法能力建设　179a
　　职务犯罪预防　178a
　　自身建设　178b
合作协议一览表(表)　424
何泽中　507b
河北省检察工作　285b
　　查办和预防职务犯罪　286a
　　查办贪污贿赂等职务犯罪　286a
　　打击经济犯罪　286a
　　打击破坏环境资源犯罪　286a
　　打击刑事犯罪　286a
　　党的群众路线教育实践活动　287a
　　法治河北建设　286b
　　反渎职侵权检察　286a
　　反腐倡廉建设　286a
　　基层基础建设　287a
　　检察队伍建设　287a
　　检察权正确行使　286b
　　检务公开　287a
　　矛盾纠纷化解　286b

民事行政诉讼监督　286b
　　内部监督制约　287a
　　平安河北建设　286a
　　诉讼监督　286b
　　刑罚执行和监管活动监督　286b
　　刑事诉讼监督　286b
　　整体素质能力　287a
　　执法规范化建设　286b
　　职务犯罪预防　286a
　　自身制约监督　286b
河北省人民检察院工作报告　94
　　保护能源资源和生态环境　94b
　　保障重大项目建设　95a
　　查办渎职侵权犯罪案件　95b
　　查办和预防职务犯罪　95b、97b
　　查办贪污贿赂犯罪案件　95b
　　惩防体系建设　95b
　　打击严重刑事犯罪　95a
　　队伍建设　98a
　　法律监督能力建设　96b
　　服务大局　94a
　　服务经济强省建设　97b
　　化解矛盾　95a
　　基层基础建设　96b
　　纪律作风建设　96b
　　检察队伍建设　96b
　　检察改革措施　96a
　　检察工作存在的主要问题　97b
　　检察工作科学发展根基　96b
　　检察权依法正确行使　97a
　　接受监督　97a
　　经济发展司法保障　94a
　　民事行政诉讼监督　96a
　　平安河北建设　97b
　　社会管理创新　95a、95b
　　涉检信访　95b
　　涉农检察　95a
　　思想政治建设　96b
　　诉讼活动法律监督　96a
　　诉讼监督机制　96a
　　围绕中心　94a
　　维护社会和谐稳定　95a
　　维护市场经济秩序　94b

　　维护司法公正　96a、98a
　　刑事诉讼监督　96a
　　执法办案程序规范　96a
　　执法规范化建设　96a
　　职务犯罪预防　95b
　　自身执法办案监督管理　96b
河南省检察工作　305a
　　保障公共安全　305a
　　保障群众权益　306a、306b
　　查办职务犯罪　305b
　　惩治犯罪活动　305a
　　打击刑事犯罪　305a
　　党的领导　307a
　　党的群众路线教育实践活动　307b
　　反腐倡廉　305b
　　服务富民强省大局　306a
　　服务科学发展　306a
　　改善民生　306b
　　高素质团队打造　307b
　　公平正义　306b
　　检察队伍建设　307b
　　人大监督　307a
　　维护社会和谐稳定　305a
　　维护司法公正　306b
　　刑事诉讼监督　306b
　　阳光司法　307a
　　政协民主监督　307a
　　中心工作　306b
　　自身监督　307a
河南省人民检察院工作报告　151
　　保障和改善民生　153b、156a
　　查办职务犯罪　152b
　　从严治检　154a
　　党的领导　156b
　　党的十八大精神和中纪委二次全会精神贯彻
　　　落实　156a
　　党委领导　154b
　　服务经济社会发展　151b
　　服务中原经济区建设　156a
　　工作存在问题　155b
　　基层基础建设　154a
　　检察队伍建设　156b
　　检察工作建议　155b

检察工作情况　151a
　　理性司法　151a
　　内部监督　154b
　　人大监督　154b、156b
　　社会监督　156b
　　司法规律遵循　151a
　　维护社会和谐稳定　152a
　　维护司法公正和法制权威　153a
　　预防职务犯罪　153a
　　政协民主监督　156b
黑龙江省检察工作　292b
　　办案质量　293a
　　查办和预防职务犯罪　292b
　　惩处腐败　292b
　　法律监督　292b
　　防止冤假错案底线　293a
　　检察队伍建设　293a
　　检察职能履行　292b
　　经济社会科学发展　292b
　　群众路线教育实践活动　293a
　　修改后刑事诉讼法和民事诉讼法执行　292b
　　执法水平　293a
黑龙江省人民检察院工作报告　113
　　惩治预防犯罪能力　116b
　　惩治预防职务犯罪　114a
　　队伍综合素质　115a
　　法律监督　114b、116b
　　服务工作大局能力　116a
　　服务经济社会发展大局　113a
　　服务民生工作　114a
　　更好更快发展　116a
　　检察队伍建设能力　117a
　　检察工作存在不足和差距　115b
　　检察工作简要回顾　113a
　　检察工作总体安排　115b
　　进反腐倡廉建设　116b
　　平安龙江建设　116a
　　社会各界监督　115b
　　维护和谐稳定能力　116a
　　维护社会公平正义　116b
　　维护社会和谐稳定　113b
　　执法公信力　117a
胡太平　201

胡泽君　43、46、234b、439b、440a
湖北省检察工作　308a
　　发展战略　308a
　　服务经济社会发展成效　308a
　　工作思路　308a
　　检察改革和工作机制创新　308b
　　检察业务工作　308a
　　自身建设　308b
湖北省人民检察院工作报告　157
　　保障民生　160b
　　惩治和预防职务犯罪　158b、161a
　　查办职务犯罪　158b
　　惩治和纠正损害民生违法犯罪　157b
　　打击严重刑事犯罪　158a
　　反腐倡廉建设　158b
　　服务发展　160b
　　服务湖北科学发展、跨越式发展　157a
　　公正司法　159a
　　湖北重大发展战略实施保障　157a
　　基层基础工作　159b、161b
　　加强和创新社会管理　158b
　　检察队伍建设　161b
　　检察队伍素质　159b
　　检察改革和工作机制创新　160a
　　检察工作自身科学发展　161a
　　检察机关自身建设　159b
　　检察职能作用　157a
　　民事、行政诉讼监督　159a
　　批捕、起诉等职责履行　158a
　　群众工作能力和水平　160a
　　社会矛盾化解　158a
　　司法工作人员诉讼违法、渎职行为监督　159b
　　诉讼活动法律监督　159a、161a
　　特殊群体和困难群众司法保护　158a
　　维护和保障民生　157b
　　维护经济发展环境　157b
　　维护社会和谐稳定　158a、160b
　　刑事诉讼监督　159a
　　严格执法　159a
　　以人为本　157b
　　预防职务犯罪　158b
　　执法公信力　159b
　　执法规范化建设　160a

执法为民　157b
湖南省检察工作　309a
　　标本兼治、惩防并举　310a
　　查办大要案件　310a
　　查办发生在群众身边的案件　310a
　　打铁还需自身硬　310b
　　党的群众路线教育实践活动　310b
　　法定职能履行　309a
　　法治环境　309a
　　法治文明进步　310b
　　反腐败总体部署落实　310a
　　服务大局　309a
　　工作大局　309a
　　公正廉洁执法根基　310b
　　过硬队伍建设　310b
　　基层基础　310b
　　监督途径　311a
　　检察权运行　310b、311a
　　经济社会发展法治保障　309a
　　老虎、苍蝇一起打　310a
　　人大监督　311a
　　人民群众关切　310a
　　司法民主　311a
　　诉讼活动监督　309b
　　新增检察职能履行　309b
　　修改后刑事诉讼法、民事诉讼法贯彻　309b
　　优化经济发展环境措施　309a
　　预防职务犯罪　310a
　　预防职务犯罪出生产力指示精神落实　310a
　　执法理念　310b
湖南省人民检察院工作报告　161
　　保障人民群众知情权、参与权和监督权　164b
　　标本兼治　162a
　　惩治和预防职务犯罪　162a
　　大局意识　162a
　　队伍素能　163b
　　法律监督　165b
　　法律监督职能履行　161b
　　防范和化解矛盾　162a
　　服务发展保障民生　162a
　　服务和促进社会管理创新　162b
　　服务经济社会科学发展　161b
　　服务全省工作大局　165a

　　改革创新　163a
　　根本政治制度意识　164b
　　工作机制创新　163a
　　工作设想　165a
　　工作体会　164b
　　公正廉洁执法　165b
　　基层基础　164a
　　基层基础建设　163b
　　检察队伍建设　163b、165a
　　检察改革　165b
　　检察工作存在困难和问题　165a
　　检察工作主要情况　161a
　　检察权依法正确行使　164a
　　检察职能履行　165b
　　经济社会发展司法保障　161b
　　理论武装　163b
　　内部监督管理　163a
　　司法民主建设　164b
　　司改部署落实　163a
　　诉讼监督　162b
　　外部监督　166a
　　维护法制统一和权威　162b
　　维稳责任　162a
　　依法履职意识　164b
　　政治性、人民性和法律性有机统一　164a
　　执法办案　161b
　　执法保障　164a
　　执法规范化建设　163a
　　执法为民根本立场　164b
　　中国特色社会主义道路自信　164b
　　自身监督　163a
　　自身建设　163b、165b
　　综合治理　162b
化解社会矛盾　228a

J

基层基础　236b
基层检察院建设　230b
　　组织奖名单　543a
基层检察院女检察长素能培训班　239a
基层检察院新任检察长培训班培训情况　443a

基层检察院新任检察长培训班　443b
吉林省检察工作　291a
　　查办和预防职务犯罪　291b
　　服务振兴发展　291a
　　基层基础建设　292a
　　检察改革　292a
　　诉讼监督　291b
　　维护社会和谐稳定　291a
吉林省人民检察院工作报告　110
　　查办和预防职务犯罪　110b、112a
　　打基础利长远　112b
　　队伍建设　111a
　　服务发展大局　112a
　　服务经济社会发展　110a
　　工作难题破解　111a
　　基层基础建设　111a
　　检察队伍建设　112b
　　检察工作　110a
　　检察工作存在的问题　111b
　　检察工作主要任务　111b
　　检察工作总的基调　111b
　　检察工作总的目标　112a
　　检察工作总体设想　111b
　　人大监督　111a
　　社会各界监督　111a
　　深化改革　112b
　　诉讼活动法律监督　111a、112a
　　维护稳定　110a
计划财务装备工作　279b
　　服务质量　280b
　　工作调研　280a
　　攻坚克难　280b
　　基础设施建设　279b
　　绩效管理　280b
　　经费保障水平　279b
　　科技强检战略　280a
　　科技装备水平　280a
　　前瞻性问题研究改革　280a
　　投资保障机制　279b
　　学习能力建设　280a
　　业务素质　280b
　　资金支持　279b
　　座谈会　61、281a

记个人一等功名单　540a
记集体一等功名单　540a
纪检监察工作　276b
　　案件查办　277b
　　从严治检　277b
　　党的群众路线教育实践活动　277b
　　党的十八大和十八届中央纪委二次全会精神学习领会　276b
　　党风廉政建设责任制　277a
　　党风廉政建设制度机制建设　277b
　　调查研究　277b
　　法律监督　277a
　　改革创新　277b
　　廉洁从检教育　277a
　　四风问题解决　276b
　　有案必查　277b
　　中央八项规定精神和最高人民检察院实施办法贯彻落实　276b
　　中央反腐败工作决策部署新举措贯彻　276b
　　自身监督　277a
纪检组组长名单　486
纪律作风建设　230a
加强麻黄草管理严厉打击非法买卖麻黄草等违法犯罪活动的通知　357b
贾志鸿　176、523a
监所检察工作　253b
　　查办刑罚执行和监管活动中职务犯罪案件　254a
　　监所检察队伍建设素质能力建设　254a
　　监所检察信息化建设　254b
　　减刑、假释、保外就医监督　253b
　　久押不决案件清理　253b
　　派出派驻机构建设　254b
　　日常监督　254a
　　修改后刑事诉讼法和刑事诉讼规则有关监所检察内容贯彻落实　253b
　　巡视检察　254a
　　专项检察　254a
检察代表团　418b、419a、419b、420a
检察队伍建设　230a、235a
检察队伍整体素质和执法水平　230a
检察改革工作　281b
　　调查研究　281b

检察官办案责任制改革　282b
　　检察机关涉法涉诉信访工作机制改革　282a
　　检务公开制度改革　282a
　　人民监督员制度改革　282a
　　三项改革试点工作　282a
　　涉法涉诉信访制度改革　282b
　　新一轮检察改革规划　281b
　　新一轮司法体制改革　281b
　　中央政法委工作部署落实　281b
检察工作　227
检察官办案责任制改革试点工作部署会　240a
检察官与人权保障国际研讨会　442b
检察机构统计表（表）　477
检察机关大事记　467
　　一月　467a
　　二月　467b
　　三月　467b
　　四月　468b
　　五月　468b
　　六月　469a
　　七月　470a
　　八月　471a
　　九月　471a
　　十月　471b
　　十一月　472a
　　十二月　472b
检察机关党的建设理论研讨会　238a
检察机关党风廉政建设和反腐败工作会议　277b
检察机关第二次刑事申诉检察工作会议　64、258b
检察机关第四次侦查监督工作会议　30、51、243a
检察机关电视电话会议　43、59
检察机关队伍建设工作会议　19、76、237a
检察机关反渎职侵权部门部署查办和预防发生在群众身边、损害群众利益职务犯罪专项工作具体实施方案电视电话会议　251b
检察机关反渎职侵权部门与公安机关纪检监察部门联席会议制度座谈会暨第九次联席会议　250b
检察机关反腐倡廉工作新局面　70
检察机关反腐倡廉建设工作会议　15、70
检察机关反贪工作座谈会　49
检察机关反贪污贿赂工作情况的报告　8
检察机关计划财务装备工作座谈会　61、281a

检察机关人员统计表（表）　477
检察机关深入推进统一业务应用系统平台建设会议　445b
检察机关统一业务应用软件试点工作会议　276a
检察机关统一业务应用系统部署工作会议　275a
检察机关新闻发言人培训班　239b
检察机关宣传工作研讨班　239b
检察机关学习贯彻全国两会精神电视电话会议　230b
检察机关侦查监督业务竞赛　245a
检察机关职务犯罪预防素能比武优胜标兵评定活动　264a
检察技术信息工作　444a
　　党的群众路线教育实践活动　444a
　　电子检务和科技支撑项目工作实施　444b
　　检察技术应用　445a
　　司法鉴定业务　445a
　　统一业务应用系统部署使用　444b
　　系统建设　445b
　　自身建设　445b
检察理论检察工作文章目录　459
　　案件管理　464a
　　公诉制度研究　462b
　　检察机关刑事申诉与刑事赔偿　463b
　　检察制度与司法改革　459a
　　民事行政诉讼法律监督　463a
　　司法解释司法文件解读　460a
　　刑事诉讼法律监督　461a
　　职务犯罪检察　460b
检察理论研究工作　433a
　　关注热点　436a
　　夯实基础　436a
　　监督与职能完善　435a
　　检察改革　435a
　　检察基础理论探究　436a
　　进路探索　435a
　　历史回顾　435a
　　立法完善　433b
　　民事诉讼法施行与检察工作　434b
　　诉讼法施行与检察工作　433a
　　刑事诉讼法施行与检察工作　433a
　　行政检察监督职能　435a
　　制度发展　433a

检察理论研究年会　57
检察权运行制约和监督体系　229b
检察日报社工作　437a
　　报刊发行　438a
　　报社所属媒体核心竞争力　438a
　　报业实力　438a
　　报纸社会影响力　437b
　　党和国家工作大局及检察中心工作　437a
　　法治热点关注　437b
　　检察好声音　437a
　　检察宣传任务　437a
　　立足检察、面向社会　438b
　　目标管理部门日常管理机制　439a
　　内部管理机制　438b
　　品牌活动　438a
　　群众路线教育实践活动　439a
　　人才队伍建设　438b、439a
　　身份限制破除　439a
　　市场导向作用　438a
　　文化建设　439a
　　优秀人才脱颖而出机制　439a
　　舆论导向　437a
　　智慧管理理念　439a
　　中检报业软实力　438b
　　中检报业主旋律　439a
　　专业平台打造　437a
　　专业优势　437a
　　综合行政管理　439a
检察外事工作　415a
　　多层次出国（境）培训和考察　415a
　　服务检察工作科学发展　415a
　　高层互访与交流　415a
　　个案协查案件办理　415b
　　国际公约义务履行　415b
　　检察国际交流平台利用　415b
　　刑事司法协助　415b
　　与港、澳地区司法交流　415b
　　中央外事管理新精神、新要求贯彻　415a
　　重大国际会议　415b
检察委员会工作　272a
　　会议情况　272a
　　集体学习情况　272b
　　检察委员会及办事机构工作　273a

检察委员会委员名单　486
检察委员会专职委员名单　486
检察员名单　488
检察长、副检察长名单　485
检察长名单　490
检察职能作用　227a
检察专题调研工作　271b
检务公开　229b
江苏省检察工作　296a
　　查办预防职务犯罪　296a
　　反腐败高压态势　296a
　　服务大局举措　296a
　　过硬检察队伍打造　297a
　　教育实践活动　297a
　　诉讼监督　296b
　　外部监督　297a
　　维护公平正义　296b
　　维护人民群众合法权益　296a
　　执法公信力　297a
江苏省人民检察院工作报告　122
　　保障和促进经济社会科学发展　126b
　　查办和预防职务犯罪　123a、126b
　　惩治刑事犯罪　122a
　　党的十八大召开和谐稳定社会环境创造　122a
　　反腐倡廉建设　123a
　　服务转变经济发展方式　123a
　　基层检察院建设　124b
　　检察队伍建设　124a、124b
　　检察工作　122a
　　检察工作发展保障　124a
　　检察工作亲和力和公信力　127a
　　检察工作主要成效和体会　125b
　　检察工作主要任务　126a
　　检察权依法正确行使　124b
　　检察文化建设　124a
　　检察职能作用发挥　122a
　　经济发展　123a
　　内部监督制约　125a
　　人大监督　125a
　　社会各界监督　125a
　　社会管理创新　122b
　　社会矛盾纠纷化解　122b

思想政治建设　124a
　　诉讼活动法律监督　123b、126b
　　诉讼监督工作水平　124a
　　诉讼监督效果　124a
　　维护司法公正　123b
　　问题和不足　125a
　　新形势下检察机关群众工作　127a
　　侦查规范化水平　123b
　　政协民主监督　125a
　　职务犯罪预防　123b
　　自身监督制约　124b
江西省检察工作　302a
　　队伍建设　303a
　　法律监督职责履行　302a
　　人民群众新期待　302a
　　维护社会公平正义　302a
　　执法公信力　303a
　　执法为民宗旨践行　302a
　　自身监督　303a
江西省人民检察院工作报告　142
　　办案工作　143b
　　保障重大项目建设和政府投资安全　142a
　　查办和预防职务犯罪　143a
　　查办危害民生民利的案件　143b
　　惩治刑事犯罪　142b
　　党风廉政和纪律作风建设　144b
　　队伍专业化水平　145a
　　发展环境　142b
　　法律监督能力　145a
　　反腐倡廉建设　143a
　　服务经济社会科学发展　142a
　　服务企业改革发展　142b
　　工作体会　145b
　　化解社会矛盾　143a
　　基层基础　145a
　　加强和创新社会管理　143a
　　监督机制　144a
　　监督职能履行　143b
　　检察队伍建设　145a
　　检察工作存在问题和不足　145b
　　检察职能　142b
　　理想信念教育　145a
　　群众诉求解决　143a

　　融入全省工作大局　142a
　　诉讼监督　143b
　　外部监督　144b
　　维护社会和谐稳定　142b
　　维护司法公正　143b
　　执法公信力　144a
　　执法规范化建设　144b
　　职务犯罪预防　143b
　　专项监督　144a
　　自身监督　144a
姜建初　59
教育培训　230a
进一步加强麻黄草管理严厉打击非法买卖麻黄草等违法犯罪活动的通知　270b、357
敬大力　157
纠正违法情况统计表(表)　481
决定废止的1980年1月1日至1997年6月30日期间单独制发的司法解释和司法解释性质文件目录(表)　385
决定废止的1980年1月1日至1997年6月30日期间与有关单位联合制发的司法解释性质文件目录(表)　388
决定废止的1997年7月1日至2012年6月30日期间单独制发的司法解释性质文件目录(表)　389
军人违反职责罪案件立案标准的规定　270b、346
军事检察工作　283、332b
　　查办职务犯罪案件　333a
　　党的十八大和习主席重要指示精神学习贯彻　332b
　　多样化军事任务中检察工作　333b
　　法规制度建设　333b
　　基层检察院建设　333b
　　检察干部队伍建设　333b
　　维护部队安全稳定　332b
　　预防职务犯罪　333a

K

柯汉民　64、445b、446a
控告检察工作　256a
　　案件办理　256b

本院办理案件中违法行为控告审查办
　　理　256b
长效机制　256b
窗口建设　257a
党的群众路线教育实践活动　257a
举报初核和不立案举报线索审查　256b
举报工作　256b
举报宣传周工作　257a
来访接待安全防范　256b
矛盾纠纷排查化解　256a
民事申诉案件审查受理　256b
敏感时期维稳工作　256a
群众诉求表达渠道　256b
涉法涉诉信访改革　257a
实际问题处理解决　256b
文明接待室创建评比　257a
新增业务开展　256b
业务培训指导　256b
自身队伍建设　257a
阻碍辩护人、诉讼代理人依法行使诉讼权利控
　　告或申诉　256b

L

滥用职权案　405a
李定达　535a
李如林　76
李文生　252a、252b
李泽强　358
立案侦查职务犯罪案件情况统计表（表）　478
辽宁省检察工作　289b
　　查办和预防职务犯罪　290a
　　队伍素质　290b
　　法治辽宁建设　290a
　　反腐倡廉建设　290a
　　检察机关自身建设　290b
　　平安辽宁建设　289b
　　诉讼监督　290a
　　维护社会和谐稳定　289b
辽宁省人民检察院工作报告　106
　　查办和预防职务犯罪　107a、109b
　　反腐倡廉建设　107a

　　服务工作大局　109b
　　服务全省经济社会发展　106a
　　监督制约　108b
　　检察工作　108b
　　检察工作存在的问题　109a
　　检察机关自身建设　108a
　　接受监督　110a
　　司法公正　107b
　　诉讼监督　107b、109b
　　维护和谐稳定　109b
　　维护社会和谐稳定　106a
　　执法公信力　108a
　　自身建设　109b
领导班子建设　235b
刘铁流　509a
刘志军　405a
刘自荣　408a
路志强　206、532b
律师界全国人大代表全国政协委员座谈会　40

M

麻黄草管理　270b、357b
马永胜　102
孟建柱　416b
民事诉讼监督规则　390
民事行政检察工作　254b
　　队伍建设　256a
　　多元化监督格局　255a
　　监督力度　255a
　　民事行政检察人员监督能力　256a
　　全国人大常委会审议民事行政检察工作专项
　　　　报告意见贯彻落实　254b
　　人民检察院民事诉讼监督规则（试行）　255a
　　修改后民事诉讼法贯彻实施　255a
　　制度建设　255a
民事行政诉讼监督　229a
民主监督　229b
模范检察官荣誉称号名单　540a
莫文秀　70
慕平　85

N

内地与港澳检察代表团互访情况　423b
内蒙古自治区检察工作　288b
　　保障民生　288b
　　查办职务犯罪　289a
　　党的群众路线教育实践活动　289b
　　服务大局　288b
　　三个年活动　289b
　　审查逮捕、审查起诉工作水平　289a
　　诉讼活动监督　289a
内蒙古自治区人民检察院工作报告　102
　　保障经济社会发展　102a
　　保障民生　103a
　　查办和预防职务犯罪　102b
　　从严治检　104a
　　队伍建设　105a
　　发展环境　103a
　　法律监督能力　105a
　　服务大局　102a
　　公正廉洁高效执法　104a
　　基层基础　105a、105b
　　检察工作差距　105b
　　检察工作根基　105b
　　检察工作科学发展　105a
　　检察工作总体思路　106a
　　检察环节维稳职责履行　102a
　　检察职能　102a
　　接受监督　104a
　　解决群众反映强烈的问题监督　103b
　　领导班子建设　105a
　　内部监督制约　104b
　　群众工作机制　104a
　　群众工作平台　104a
　　人大监督　104a
　　社会和舆论监督　104b
　　社会环境营造　102a
　　思想政治建设　105a
　　为群众排忧解难　104a
　　维护群众切身利益　103a
　　维护社会公平正义　103a、103b
　　以人为本　103a
　　影响经济发展的突出问题解决　103a
　　政务环境　102b
　　政协监督　104a
　　重点工作　106a
尼相·依不拉音　220
倪英达　137
宁夏回族自治区检察工作　329b
　　查办和预防职务犯罪　330a
　　服务经济社会发展　329b
　　基层基础建设　331a
　　检察队伍素质　331a
　　诉讼监督　330a
　　维护社会和谐稳定　329b
　　行政执法监督　330a
　　执法规范化建设　330b
宁夏回族自治区人民检察院工作报告　216
　　查办大案要案　217a
　　惩治和预防职务犯罪　217a、219a
　　打击犯罪、化解矛盾职能作用　219a
　　党的十八大精神学习贯彻　218b
　　队伍建设　218a、219b
　　队伍能力素质建设　218a
　　服务发展大局　216a
　　服务和谐富裕新宁夏建设　218b
　　工作思路　218b
　　关注民生、走近群众主题实践活动　216a
　　规范执法巩固年活动　219a
　　基层基础建设　218b
　　纪律作风建设　218b
　　检察工作差距　218b
　　检察工作回顾　216a
　　检察机关党的建设　218a
　　领导班子建设　218a
　　平安宁夏、法治宁夏建设　219a
　　司法保障　216a
　　诉讼监督　217a
　　维护公平正义　217a
　　五个能力　219b
　　新形势新要求适应　219a
　　行政执法与刑事司法衔接工作　216b
　　整体素质　218a
　　执法公信力　219b

执法行为　217b
　　自身监督　217b
女检察长素能培训班　239a

P

平安中国建设　227b

Q

青海省检察工作　326b
　　查办和预防职务犯罪　327a
　　服务经济社会发展大局　326b
　　改革创新工作　328a
　　基层基础建设措施　328b
　　检察队伍建设　328b
　　检察队伍教育、管理和监督　328b
　　检察体制机制改革　328a
　　诉讼活动法律监督　327b
　　维护社会和谐稳定　326b
　　抓基层、打基础工作　328b
青海省人民检察院工作报告　211
　　保障经济社会发展　215a
　　查办和预防职务犯罪　212a、215b
　　打击严重刑事犯罪　212a
　　党的绝对领导　214b
　　队伍建设　215b
　　法律监督能力　213b
　　反腐倡廉建设　212a
　　服务全省经济社会发展　211a
　　工作安排　215a
　　工作大局　215a
　　工作回顾　211a
　　工作机制创新　213a
　　工作体会　214b
　　关注和保障民生　215b
　　基层基础建设　214a
　　基层检察工作　215b
　　检察队伍建设　213b、215b
　　检察队伍整体素质　213b
　　检察改革　213a

　　检察工作差距　215a
　　检察工作科学发展根基　214a
　　检察工作政治方向　215a
　　检察职责履行　211a
　　人大监督　214b
　　诉讼活动法律监督　213a
　　维护社会和谐稳定　212a
　　维护司法公正　213a
　　修改后民事诉讼法贯彻实施　215b
　　修改后刑事诉讼法贯彻实施　215b
　　执法规范化建设水平　215b
邱学强　49
全国基层检察院女检察长素能培训班　239a
全国检察工作　227
全国检察机构统计表（表）　477
全国检察机关党的建设理论研讨会　238a
全国检察机关党风廉政建设和反腐败工作会议　278a
全国检察机关第二次刑事申诉检察工作会议　64、258b
全国检察机关第四次侦查监督工作会议　30、51、243a
全国检察机关电视电话会议　43、59
全国检察机关队伍建设工作会议　19、76、237a
全国检察机关反渎职侵权部门部署查办和预防发生在群众身边、损害群众利益职务犯罪专项工作具体实施方案电视电话会议　251b
全国检察机关反渎职侵权部门与公安机关纪检监察部门联席会议制度座谈会暨第九次联席会议　250a
全国检察机关反腐倡廉建设工作会议　15、70
全国检察机关基层检察院建设组织奖名单　543a
全国检察机关计划财务装备工作座谈会　61、281a
全国检察机关人员统计表（表）　477
全国检察机关深入推进统一业务应用系统平台建设会议　445b
全国检察机关统一业务应用系统部署工作会议　275a
全国检察机关新闻发言人培训班　239b
全国检察机关宣传工作研讨班暨涉检网络舆情导控高级研修班　239b
全国检察机关学习贯彻全国两会精神电视电话会议　230b

全国检察机关侦查监督业务竞赛 245a
全国检察机关职务犯罪预防素能比武优胜标兵评定活动 264a
全国人大代表议案建议和全国政协提案交办会 46
全国铁路运输检察机关刑检工作座谈会 261a
全国先进基层检察院表彰大会 19、76、237a
全国先进基层检察院名单 540b
全国优秀公诉人业务竞赛 247b
全国政协提案交办会 46
群众路线与新媒体时代社会沟通能力研讨会 439b

R

人才队伍建设 235b
人大监督 229b
人民检察院办理民事、行政抗诉案件情况统计表（表） 481
人民检察院办理未成年人刑事案件的规定 270b、374
人民检察院办理刑事抗诉案件情况统计表（表） 480
人民检察院办理刑事申诉案件情况统计表（表） 482
人民检察院出庭公诉情况统计表（表） 480
人民检察院纠正违法情况统计表（表） 481
人民检察院立案侦查职务犯罪案件情况统计表（表） 478
人民检察院民事诉讼监督规则 390
人民检察院审查逮捕、提起公诉案件情况统计表（表） 479
人民检察院受理举报、控告、申诉案件情况统计表（表） 482
人民检察院司法警察条例 355
人民检察院刑事诉讼法律文书格式样本（2013年版） 270a
人员统计表（表） 477

S

山东省检察工作 303b

办案力度 303b
办案质量和效果 304a
保护企业合法权益 303b
保障经济社会发展 303b
查办和预防职务犯罪 303b
惩治损害民生民利犯罪 304a
党的群众路线教育实践活动 305a
反腐倡廉建设 303b
服务大局 303b
服务经济发展 303b
过硬检察队伍建设 305a
基层基础建设 304b
检察工作可持续发展实力 304b
检察信息化建设 304b
理想信念和群众观点教育 305a
联系服务群众长效机制 304b
民事行政诉讼监督 304a
平安山东建设 303b
弱势群体和困难群众司法保护 304b
三项建设 304b
诉讼活动法律监督 304a
诉讼监督实效 304a
围绕中心 303b
维护人民群众合法权益 304a
维护社会公平正义 304a
刑事诉讼监督 304a
以人为本 304a
执法规范化建设 304b
执法为民 304a
职务犯罪预防 304a
山东省人民检察院工作报告 146
把握大局 146a
保障经济发展 146b
保障民生 147b、150b
查办和预防职务犯罪 150b
惩防并举 147a
惩治司法腐败与维护司法权威相结合 148b
第一责任履行 147a
队伍素质能力建设 150a
法律监督 148b、151a
反腐倡廉建设 147a
服务第一要务 146b
服务经济发展 150b

服务经济文化强省建设　146a
　　工作存在差距和不足　150b
　　工作体会　150a
　　公正廉洁执法水平　149b
　　基层基础建设　149b
　　监督纠正违法与维护群众权益相统一　148b
　　检察队伍建设　149b、151b
　　检察工作发展根基　149a
　　检察信息化建设　149a
　　领导班子建设　150a
　　内部监督制约机制建设　149b
　　群众工作机制　148a
　　三项建设　149a、151a
　　涉检信访　148a
　　思想政治建设　149b
　　维护群众合法权益　147b
　　维护社会公平正义　148b
　　维护社会和谐稳定　147a
　　严惩危害民生犯罪　147b
　　以人为本　147b
　　执法规范化建设　149a
山西省检察工作　287b
　　查办危害转型跨越发展的犯罪　287b
　　查办职务犯罪　287b
　　服务和保障综改试验区建设　287b
　　机构设置改革　288b
　　科技强检　288b
　　平安山西建设　287b
　　诉讼活动法律监督　288a
　　维护社会稳定　287b
　　职务犯罪预防　288b
山西省人民检察院工作报告　98
　　保障社会和谐稳定　101b
　　查办和预防职务犯罪　99b
　　存在困难和问题　101a
　　党的十八大精神学习贯彻　101a
　　队伍建设　100a
　　反腐倡廉建设　101b
　　服务和保障民生　99a、101b
　　服务全省经济社会发展　98b、101a
　　高素质检察队伍打造　100a
　　机关作风建设　100b
　　基层基础建设　100b
　　检察队伍公信力　101b
　　检察工作发展根基　100b
　　检察体制机制改革　100b
　　教育培训　100b
　　解放思想　98a
　　科技强检建设　100a
　　两个监督并重　99a
　　领导班子建设　100a、100b
　　履行检察职责　98b
　　思想政治建设　100a
　　维护党的执政地位　99b
　　维护社会公平正义　99a、101b
　　信息化建设　100a
　　修改后刑事诉讼法、民事诉讼法学习贯
　　　彻　100a
　　争创一流目标　98a
　　执法办案公信力　100a
　　执法为民宗旨　99a
陕西省检察工作　324a
　　查办和预防职务犯罪　324b
　　党的群众路线教育实践活动　325a
　　反腐倡廉建设　324b
　　服务大局　324a
　　过硬队伍建设　325a
　　和谐陕西建设　324b
　　基层基础建设　325a
　　检察权行使　325a
　　陕西省经济社会发展　324a
　　诉讼活动法律监督　325a
　　维护社会稳定　324b
　　维护司法公正　325a
　　自身执法监督　325a
陕西省人民检察院工作报告　201
　　案件质量　202b
　　办案力度　202b
　　保障经济社会科学发展　201a
　　查办和预防职务犯罪　202a、203a、205a
　　惩治腐败高压态势　205a
　　从严治检　204a
　　打击严重刑事犯罪　201b
　　党的十八大精神学习贯彻　204b
　　反腐倡廉建设　202a
　　服务大局　201a

索 引

服务和保障企业正常经营发展 201b
改善民生政策落实 201b
高素质队伍建设 203b
公正廉洁执法 203b、205b
固本强基 204a
基层基础建设 205b
基层检察院建设 204a
检察队伍建设 205b
检察改革 203a
检察工作 204a
检察工作和队伍存在的不足和问题 204b
检察工作科学发展 204b
检察机关主要任务 204b
检察职能 202b
检务公开 203b
宽严相济刑事司法政策贯彻 202a
领导干部队伍建设 203b
批捕起诉工作 201b
人大监督 204a
人民监督员制度 203a
社会管理创新 202a
社会环境和法治环境营造 204b
社会矛盾化解 202b
涉检信访工作 201b
诉讼活动法律监督 202b、205a
素质强检 203b
维护国家安全和社会稳定 204b
维护社会和谐稳定 201b
维护社会主义市场经济秩序 201a
维护司法公正 202b
刑罚执行和监管活动监督 203a
刑事立案和侦查活动监督 202b
刑事审判和民事行政诉讼活动监督 203a
修改后刑事诉讼法和民事诉讼法贯彻 205a
预防职务犯罪 202b
政府投资安全司法保护 201a
政治建检 203b
执法活动监督制约 203a
执法能力建设 203b
执法行为 202b
自身党风廉政建设 204a
自身执法活动监督 203b

上海合作组织成员国总检察长会议 420a

上海市检察工作 293a
 查办和预防职务犯罪 294b
 服务保障金融中心建设等中心工作 293b
 检察队伍工作作风和精神面貌 295a
 检察管理 295b
 检察机关执法形象 294a
 检务保障水平 295b
 两法贯彻实施新举措 293b
 社会和谐 293a
 诉讼监督 294b
 维护社会稳定 293a
 执法公信力 294a

上海市人民检察院工作报告 117
 查办和预防职务犯罪 118a、121b
 查办人民群众反映强烈的案件 118b
 查办司法领域犯罪案件 118b
 查办贪污贿赂大案要案 118b
 从严治院 121b
 存在的问题 121a
 打击危害民生犯罪 118a
 打击严重刑事犯罪 118a
 队伍职业素养 121b
 队伍专业化建设 120b
 法律监督 118b、121b
 法律监督环境 119a
 反渎职侵权工作 118b
 反腐倡廉建设 118a
 服务保障国际金融、航运中心建设 118a
 服务保障经济社会发展 118a
 公正廉洁执法 121b
 化解社会矛盾 118a
 基层基础工作 120b
 基层刑事执法活动监督 119b
 加强和创新社会管理 119b
 检察队伍整体素质 120a
 检察工作 120b
 检察工作新局面 121a
 检察工作总体思路 121a
 检察建议作用发挥 119b
 检察职能履行 118a
 接受监督 120b
 领导班子建设 120a
 民事、行政诉讼监督 119a

派驻社区检察室建设 119b
青年干部培养 120a
社会管理法治化 119b
社区矫正监督 120a
思想政治建设 120a
维护司法公正 118b
未成年人司法保护新举措 119b
刑罚执行同步监督 119a
刑事诉讼监督 119b
修改后刑事诉讼法和民事诉讼法执行 121b
一类问题监督 119a
执法水平 121b
职务犯罪源头预防 118b
重点工作 121a
自身监督制约 120b
自身建设 120a
涉检网络舆情导控高级研修班 239b
深入贯彻中央纪委二次全会精神 努力开创检察机关反腐倡廉工作新局面 70
查办违纪违法案件 71b、75a
惩防体系建设 70b
惩治和预防腐败体系建设 74a
从严治检 75a
存在问题和薄弱环节 72b
党的纪律 73a
党风廉政建设责任制 74a
反腐倡廉教育 70b
反腐倡廉制度 71a、75b
工作作风 73b
会议主要任务 70a
纪检监察机构自身建设 72a
检察机关反腐倡廉工作主要任务 72b
检察机关纪检监察机构自身建设 75b
检察机关自身反腐倡廉工作回顾 70a
检察纪律 73a
检察权运行监督制约 74b
廉政文化建设 70b
内部监督 71a
权力正确行使 74b
思想政治建设 75b
素质能力建设 76a
源头上防治腐败 75b
中央八项规定和最高人民检察院实施办法遵守 73b
中央反腐倡廉决策部署贯彻 70a
中央和最高人民检察院决策部署贯彻落实 73a
重点工作 73a
专项治理 71b
组织建设 76b
作风建设 75b
深入推进统一业务应用系统平台建设会议 445b
审查逮捕、提起公诉案件情况统计表（表）479
审查起诉期间犯罪嫌疑人脱逃或者患有严重疾病的应当如何处理的批复 270a、400
省级检察院新任检察长培训班 443a
首届全国检察机关职务犯罪预防素能比武优胜标兵评定活动 264a
首席大检察官 485b
受贿、滥用职权案 405a
受理举报、控告、申诉案件情况统计表（表）482
司法解释工作 264b
司法解释和司法解释性质文件 264b
司法解释集中清理 271b
司法警察条例 355
四川省检察工作 319a
惩防职务犯罪 319b
法律监督职责履行 319b
法治四川建设 319b
反腐倡廉建设 319b
服务经济跨越提升 319a
检察机关自身建设 320a
检察职能作用 319b
平安四川建设 319a
执法办案 319a
执法公信力 320a
四川省人民检察院工作报告 186
保障民生 187a
创新发展 187b
打击损害民生民利犯罪 187a
队伍建设 188a、188b
法律监督 187b、188b
服务大局 186a
服务四川经济社会发展大局 188b
工作打算 188a
公正司法 188b

固本强基　188a
　　基层基础建设　188a
　　检察改革　187b
　　检察工作存在问题和困难　188a
　　检察工作回顾　186a
　　检察工作科学发展　188a
　　检察工作总体思路　188a
　　检察职能作用发挥　188b
　　维护社会稳定　188b
　　宪法定位　187b
　　执法为民　187a
　　自身监督　187b
诉讼活动法律监督　228b
孙谦　57、442b、450b

T

特约检察员、专家咨询委员座谈会　234b
提起公诉案件情况统计表（表）　479
天津市检察工作　284b
　　查办和预防职务犯罪　285a
　　反腐倡廉建设　285a
　　服务天津经济社会发展　284b
　　检察机关自身建设　285b
　　检察职能作用　284b
　　平安天津建设　284b
　　诉讼活动法律监督　285a
　　维护社会公平正义　285a
　　维护社会稳定　284b
　　执法能力水平　285b
天津市人民检察院工作报告　89
　　保障人民群众合法权益　94a
　　惩防职务犯罪　90b
　　打击刑事犯罪　90b
　　调研工作　91b
　　法治环境　91a
　　服务经济社会发展　90a
　　改革创新　91a
　　改革工作　91b
　　管理机制　91b
　　基层基础建设　93a
　　纪律作风建设　92b
　　检察队伍建设　92a
　　检察工作存在问题　93a
　　检察工作机制改革　94a
　　检察工作科学发展　90a
　　检察工作水平　91a
　　检察机关自身建设　94b
　　检察能力建设　92b
　　检察权依法正确行使　91b
　　检察职能作用发挥　90a
　　解放思想　91a
　　经济社会科学发展　93b
　　科学思路引领检察工作　90a
　　领导班子建设　92b
　　民主监督　92a
　　内部监督　92a
　　平安环境　90b
　　全市工作大局　90a
　　人大监督　91b
　　社会管理创新　90a
　　社会环境　91a
　　社会监督　92a
　　涉检信访办理　91a
　　司法保障　90a
　　思想政治建设　92a
　　诉讼监督　91a
　　维护全市社会和谐稳定　93b
　　争创活动　91a
　　政务环境　90b
　　执法办案能力素质　92a
　　重点工作　93b
　　自身监督制约　91b
铁路运输检察工作　259a
　　诉讼活动监督　260a
　　铁路检察改革　260b
　　铁路检察职能定位把握　259b
　　维护司法公平正义　260a
　　维护铁路安全稳定发展大局　259b
　　修改后两法学习贯彻　260a
　　业务能力　260a
　　移交后续工作　260b
　　执法规范化水平　260a
铁路运输检察机关刑检工作座谈会　261a
童建明　94、491a

统一业务应用软件试点工作会议 276a
统一业务应用系统部署工作会议 275a

W

王田海 193
王晓勇 211
王雁飞 216
王振川 451a、452a
维护社会和谐稳定 227b
卫学臣 359
吴鹏飞 146

X

西部检察教育研讨班暨教师节座谈会 238b
西藏自治区检察工作 323a
 法律监督职能 323b
 服务大局 323a
 检察队伍建设 324a
 检察工作改革创新 323b
 全区中心工作 323a
 体制机制建设 323b
 维护社会和谐稳定与公平正义 323b
 执法公信力 324a
西藏自治区人民检察院工作报告 197
 查办侵害人民群众切身利益的案件 198b
 查办职务犯罪大案要案 198b
 查处和预防职务犯罪 198b
 打击犯罪 198a
 打击危害国家安全犯罪活动 198a
 大局观念 198a
 党的十八大精神学习贯彻 200a
 队伍整体素质 198b
 法律监督职能 200a
 服务意识 198a
 工作体会 199b
 化解矛盾 198a
 基础固检工程 199a
 基础设施建设 199a
 检察工作差距 199b
 检察工作回顾 197a
 检察工作建议 199b
 检察机关自身建设 200b
 检察业务援助 199a
 检察援藏 199a
 科技强检工程 199a
 民事审判和行政诉讼监督能力 198b
 批捕起诉职责履行 198a
 强基惠民活动 198a
 三项工程 198b
 社会矛盾纠纷化解 198a
 诉讼监督职能 198b
 素质兴检工程 199a
 维护社会稳定 198a
 刑事立案监督 198b
 刑事诉讼监督能力 198b
 预防职务犯罪 198b
 援藏工作 199a
 执法公信力 200b
 中央反腐败斗争总体部署贯彻 198b
先进个人名单 540
先进基层检察院表彰大会 19、76、237a
先进集体名单 540
肖声 106
新加坡检察代表团访华 420b
新疆生产建设兵团检察工作 334a
 查办和预防职务犯罪 334b
 打防并举 334b
 打击刑事犯罪活动 334b
 党风廉政建设责任制 335a
 法律监督职能 334b
 分类培训 334b
 岗位练兵 334b
 工作措施 335a
 纪律作风建设 335b
 检察干警素质 334b
 履行新职责新任务能动性和规范性 334a
 平安建设 334b
 诉讼监督 334b
 统一业务应用系统部署工作 335a
 新职责履行 334a
 刑事诉讼法和修改后民事诉讼法落实 334a
 执法规范化建设 334b

执法水平　334b
职能定位　334a
自身反腐倡廉　335b
新疆维吾尔自治区检察工作　331a
　　查办和预防职务犯罪　331b
　　打击民族分裂宗教极端暴力恐怖犯罪　331a
　　服务跨越式发展　331b
　　基层基础建设　332b
　　纪律作风建设　332a
　　检察队伍建设　332a
　　检察职责履行　331b
　　科技强检　332b
　　诉讼监督　331b
　　维护社会稳定　331a
　　正风肃纪　332a
　　自身监督机制　332a
新疆维吾尔自治区人民检察院工作报告　220
　　保障和促进经济社会发展　220a
　　查办和预防职务犯罪　220b、223a
　　打击严重刑事犯罪　220a
　　党的十八大精神学习贯彻　222b
　　队伍建设　223b
　　队伍整体素质　221b
　　反腐倡廉建设　220b
　　基层基础工作　221b
　　基层基础建设　223b
　　基层检察院建设　221b
　　加强和创新社会管理　223b
　　检察队伍建设　221b
　　检察改革　221a
　　检察工作存在问题和不足　222b
　　检察工作基本情况　220a
　　检察机关主要任务　222b
　　检察权依法正确行使　222a
　　检察职能作用　220a
　　民主监督　223b
　　批捕、起诉职能履行　220a
　　人大监督　222a、223b
　　社会监督　223b
　　诉讼活动法律监督　221a、223a
　　维护国家安全和社会稳定　223a
　　维护司法公正　221a
　　政协监督　222a

　　自身执法活动监督制约　221a
　　新闻发言人培训班　239b
　　刑罚执行和监管活动监督　229a
　　刑事申诉检察工作　257b
　　　办案工作　257b
　　　调查研究　257b
　　　改革工作　258a
　　　工作创新发展智力支撑　258a
　　　工作会议　64、258b
　　　理论建设　258a
　　　业务指导　257b
　　　执法公信力　258a
　　　执法规范化水平　258a
　　　执法水平　258a
　　　制度机制建设　258a
　　　自身建设　258a
　　刑事诉讼法律援助　340
　　刑事诉讼监督　229a
徐安　122
徐明　113
宣传工作研讨班　239b
薛江武　506a

Y

亚美尼亚检察代表团访华　421b
亚总检察院建院九十五周年庆典活动　419a
严惩司法人员职务犯罪　229a
杨克勤　110
杨司　98
一级大检察官　485a
依法惩处侵害公民个人信息犯罪活动的通知　270b、353
依法惩治性侵害未成年人犯罪的意见　271a、368、369
依法严厉打击编造、故意传播虚假恐怖信息威胁民航飞行安全犯罪活动的通知　361
印发第三批指导性案例的通知　358
印发《公安机关办理刑事案件适用查封、冻结措施有关规定》的通知　362
印发《关于刑事诉讼法律援助工作的规定》的通知　340

印发《关于依法惩治性侵害未成年人犯罪的意见》
　　的通知　368
印发《军人违反职责罪案件立案标准的规定》　346
印发《人民检察院办理未成年人刑事案件的规定》
　　的通知　373
印发《人民检察院司法警察条例》的通知　354
印发《最高人民检察院关于行贿犯罪档案查询工作
　　的规定》的通知　343
优秀公诉人业务竞赛　247b
游劝荣　517a
有案必查　228a
有腐必惩　228a
于世平　89
余敏　180
袁本朴　189
袁才彦　360
云南省检察工作　321b
　　惩治和预防职务犯罪　322a
　　服务经济社会科学发展　321b
　　平安云南建设　321b
　　群众诉求解决　322b
　　诉讼监督　322b
　　为民宗旨　322b
　　自身建设　322b
云南省人民检察院工作报告　193
　　办案质量　194b
　　保护干事创业积极性　194b
　　保护绿色经济发展　193b
　　查办和预防职务犯罪　194a
　　惩治刑事犯罪　193b
　　队伍专业化建设　195b
　　反腐倡廉建设　196b
　　服务保障民生　194a
　　服务大局　193a
　　服务经济发展　196b
　　服务企业发展　193a
　　工作安排　196a
　　工作回顾　193b
　　工作重点　194a
　　公正廉洁执法　194b
　　基层基础建设　195b
　　检察工作存在不足　196a
　　检察工作主要任务　196a

　　检察机关自身建设　197b
　　检察权行使监督制约　197a
　　经济健康发展　193a
　　农村改革发展　193b
　　平安云南建设　196b
　　社会管理创新　194a
　　审判监督　195a
　　思想作风建设　195a
　　诉讼活动监督　194b
　　维护社会公平正义　197a
　　维护社会和谐稳定　193b
　　维护市场经济秩序　193a
　　刑罚执行和监管活动监督　195a
　　刑事立案和侦查活动监督　195a
　　预防和化解社会矛盾　194a
　　预防职务犯罪　194b
　　政务环境营造　194a
　　执法能力　195a
　　执法司法腐败案件严查　195a
　　自身监督　195b
　　自身建设　195b
　　综治维稳职责履行　193b

Z

在部分省（市）检察机关反贪工作座谈会上的讲
　　话　49
　　办案力度　49b
　　反贪办案　49b
　　反贪队伍建设　50b
　　反贪改革　50b
　　紧迫感　49a
　　修改后刑事诉讼法贯彻执行　50a
　　责任感　49a
　　执法规范化水平　50a
　　执法能力　50b
　　职业素质　50b
　　制约反贪工作发展难点问题破解　50b
　　做好反贪工作意义　49a
在第三批到最高人民检察院挂职法学专家座谈会
　　上的讲话　27
　　法学理论研究和法治建设实践结合　28a

法学专家对中国法治建设和检察事业科学发
　　展推动作用　27b
法学专家投身于中国特色社会主义检察事
　　业　28b
法学专家在检察机关开展工作良好条件　29a
检察改革和检察理论研究带头作用　28b
检察工作决策参谋作用　28b
检察机关接受社会监督　28a
检察机关与法学界交流桥梁作用　29a
检察机关专业化建设和职业化建设　28a
检察业务实践骨干作用　29a
专家发挥专长平台和机会　29b
专家工作和生活保障　29b
专家履行职责便利条件　29b
在第十四届检察理论研究年会上的讲话　57
法治思维　58a
司法理念更新　58a
司法品质　58b
在国家检察官学院新任检察长培训班开学典礼上
　　的讲话　24
检察队伍思想政治建设　25a
检察队伍专业化建设　26a
检察业务学习培训　26a
马克思主义理论和党的路线方针政策学
　　习　25b
社会主义法治理念学习　25b
素质能力　24a
学习之风　24a
政治理论教育方式方法　26a
政治理论学习　25a
主题教育实践活动　25b
专业化机制制度　27a
专业化教育培训　26b
专业技能实践锻炼　26b
专业知识学习积累　26a
在律师界全国人大代表全国政协委员座谈会上
　　的讲话　40
保障律师调查取证权　42a
保障律师会见权　42a
保障律师阅卷权　42a
保障律师知情权　42b
检察官与律师良性互动关系构建　41a
检察机关办案质量　43a

检察机关保障和促进律师依法执业　41b
检察机关队伍素质　43a
检察权依法公正行使　43b
交流协作机制　43b
律师辩护意见听取　42b
律师对检察机关监督制约　43b
律师建言献策　43a
律师界关心、支持检察工作　43a
律师履行职责　43a
律师在诉讼活动中地位和作用　40b
其他执法司法机关妨碍律师依法执业法律监
　　督职责履行　42b
维护司法公正和法制权威　43a
在全国检察机关第二次刑事申诉检察工作会议上
　　的讲话　64
工作任务落实　66b
工作制度　68b
观念更新　69a
化解矛盾　67a
会议基本情况　64a
会议精神贯彻　66b、69a
监督制约　68a
检察权依法行使　66a
精神信心　65a
理论研究　69a
目标任务　65a
内部监督　66b
社会矛盾化解　65b
司法公信　65b
司法公正　65b
思想认识　64b
维护人民根本利益　65b
维护社会和谐稳定　65b
刑事申诉检察工作　65a
执法办案　66b
执法为民根本宗旨践行　65b
在全国检察机关第四次侦查监督工作会议上的讲
　　话　30、51
案件质量内涵　55b
办案质量　32a、55a
防止冤假错案底线　32a、55a
化解矛盾纠纷　31b
会议任务　30a

加强和创新社会管理　31b
检察机关守住防止冤假错案底线具体工作标
　　准　56a
紧迫感　30a
立案和侦查活动监督　32b
平安中国、法治中国建设　30b
维护国家安全　31a
维护社会公平正义　31a
维护社会和谐稳定　31a
修改后刑事诉讼法贯彻落实　32a
严格公正规范文明执法　33a
冤假错案标准　55b
冤假错案成因总结　32a
责任感　30a
侦查监督地位、作用　51b
侦查监督队伍建设　34a
侦查监督工作　30b、31a、31b、33b、53b
侦查监督工作领导　33b、57a
侦查监督工作面临的任务　30a、52a
侦查监督信息化建设　34b
正确执法理念　32a
自身监督制约机制　33a
组织领导　33b
在全国检察机关电视电话会议上的讲话　43、59
　　不服法院再审裁判民事申诉案件办理原
　　　　则　44b
　　调查研究　60a
　　服判息诉　60a
　　工作措施　59b
　　工作落实　46a
　　检察机关内部协调配合　45b
　　民事申诉案件办理　44b
　　民事申诉制度改革重要性和紧迫性　44a
　　民事诉讼法实施　44a
　　民行检察部门与控告检察部门工作配合　59a
　　民行检察监督权运行　60b
　　民行检察监督职责履行　59a
　　内部监督制约　45b
　　强化认识　59b
　　审限规定执行　59b
　　维护当事人合法权益　44b
　　维护社会和谐稳定　44b
　　修改后民事诉讼法第二百零九条规定把
　　　　握　59a
　　修改后民事诉讼法实施过程中出现新情况新
　　　　问题发现和应对　60a
　　与法院沟通联系　45b
　　执法保障工作　45a
　　职能定位　60a
　　自身监督　60b
　　组织领导　46a
在全国检察机关队伍建设工作会议暨第五届全国
　　先进基层检察院表彰大会上的讲话　19、76
　　队伍管理制度机制　77a
　　队伍建设工作科学化水平　81b、82a、82b
　　反腐倡廉建设　77b、81a
　　改革创新　81b
　　攻坚克难　82a
　　会议主要任务　76a
　　基层基础　82b
　　基层检察工作和队伍建设水平　23a
　　基层检察院建设　23a
　　基层建设指导机制　23b
　　纪律作风建设　77b、81a
　　加强检察队伍建设重要性和紧迫性　19b
　　坚强领导集体建设　22b
　　检察队伍存在的问题　78a
　　检察队伍建设　78b
　　检察队伍建设工作基本情况和主要经验　76b
　　检察队伍建设工作科学化水平　81b
　　检察队伍职业化建设　21a、21b、80b
　　检察队伍专业化建设　21a、21b、80a
　　检察人才队伍建设　21a
　　检察人才重点工程　79b
　　检察文化建设　21a
　　检察宣传文化工作　77b
　　教育培训　77b
　　领导班子监督管理　22b
　　领导班子建设　22a、79a
　　领导班子执行力　22b
　　领导干部管理监督　77a
　　领导能力和水平　22b
　　民主集中制贯彻落实　22a
　　人才培养　77b
　　人才强检战略　21a
　　思想理论教育　77a

思想政治建设　20b、78b
　　四化建设　23a
　　西部和贫困地区基层检察院支持　23a
　　新时期队伍建设目标　78b
　　职业道德教育　77a
　　制度机制　81b
　　中国特色社会主义理论体系学习教育　20b
　　中国特色社会主义事业建设者、捍卫者　20b
　　主题教育实践活动　21a
　　自身建设　82b
　　组织领导　81b
在全国检察机关反腐倡廉建设工作会议上的工作报告　70
在全国检察机关反腐倡廉建设工作会议上的讲话　15
　　查处违纪违法案件　18a
　　纪律建设　16a
　　纪律执行　16b
　　加强检察机关自身反腐倡廉建设重要性和紧迫性　15a
　　检察机关统一思想、统一行动、步调一致　16a
　　检察机关自身反腐倡廉建设　17b
　　检察机关作风建设　16b
　　检察权运行公开化　18a
　　检察权运行制约和监督体系　17b
　　检令畅通　16b
　　领导干部行使权力监督　17b
　　政治纪律　16a
　　执法办案活动监督制约　17b
　　中央八项规定落实　16b
　　作风建设　16b、17a
在全国检察机关计划财务装备工作座谈会上的讲话　61
　　党风廉政建设　63b
　　党中央对依法治国新部署　61a
　　各级检察院推动经费保障体制改革积极性　63b
　　加强检务保障工作新机遇　61a
　　加强检务保障工作新挑战　61b
　　检察机关执法办案面临的新情况　61b
　　检务保障工作创新发展　62a
　　检务保障工作理念方法新要求　62a
　　检务保障工作组织和人才保障　63a

　　经费保障体制改革　62a、62b
　　全社会对党风政风新期待　62a
　　思想政治建设　63b
　　统一思想　62a
　　新机遇新任务新要求把握　61a
　　新一轮经费保障体制改革　62a
　　职业道德素质　63b
　　专业化队伍建设　63a
　　专业素养　63b
　　座谈会主要任务　61a
　　做好检务保障工作责任感和使命感　61a
在全国人大代表议案建议和全国政协提案交办会上的讲话　46
　　办理工作实效　48b
　　办理效率　48a
　　办理质量　47a
　　加强领导　47a
　　联系沟通　48a
　　满意度　48a
　　提案研究和审核　47a
　　吸收落实　48b
　　协调配合　48a
　　责任落实　47a
在最高人民检察院机关党的群众路线教育实践活动动员大会上的讲话　34
　　大会任务　34a
　　党的执政基础和执政地位　35a
　　督导检查　39b
　　检察队伍建设　35b
　　检察机关根本属性　35a
　　检察职能作用发挥　35a
　　教育实践活动　34b、36a、36b
　　教育实践活动关键环节　38b
　　教育实践活动基本原则　37b
　　教育实践活动目标要求　36a
　　教育实践活动指导思想　36a
　　教育实践活动主要内容　36a
　　教育实践活动总要求　37a
　　开展教育实践活动重大意义　35a
　　开展教育实践活动主要内容　36b
　　领导责任　39b
　　群众反映强烈突出问题解决　35b
　　思想认识统一　34b

统筹兼顾　39b
　　舆论引导　39b
　　执法为民宗旨　35a
　　组织领导　39b
张常韧　61
张培中　197
张少康　170
浙江省检察工作　297b
　　惩治刑事犯罪　297b
　　惩治与预防职务犯罪　298a
　　队伍建设　299a
　　法律监督　298b
　　贯彻实施修改后两法能力　299a
　　基层基础建设　299a
　　纠正和防止冤假错案　297b
　　社会矛盾化解　298a
　　思想政治建设　299a
　　维护社会和谐稳定　297b
　　维护诉讼参与人合法权益　298b
　　职务犯罪预防　298b
　　职务犯罪侦查　298a
　　自身监督　298b
浙江省人民检察院工作报告　127
　　查办大案要案　128b
　　惩治和预防职务犯罪职责履行　128b
　　打击严重经济犯罪　128a
　　打击严重刑事犯罪　127a
　　队伍建设　130b
　　法律监督机制制度建设　130b
　　法治浙江建设　132a
　　反腐败工作职能作用　131b
　　反腐倡廉建设　128b
　　服务大局　129b、130a
　　服务经济社会发展职能作用　131b
　　干部清正、政府清廉和政治清明　131b
　　工作存在问题和不足　131a
　　基层基础建设　130b、131a、132b
　　检察队伍建设　130b、132a
　　检察自身建设　130b
　　民事行政诉讼活动监督　129b
　　批捕、起诉等职责履行　127a
　　平安浙江建设　131b
　　群众反映强烈的问题解决　128b

　　人大及其常委会监督　131a
　　人民群众满意度　130a
　　社会和谐　128a
　　诉讼监督职责履行　129a
　　维护社会安全稳定职能作用　131b
　　维护社会和谐稳定　127a
　　维护司法公正　129a
　　维护司法公正和促进依法行政职能作用　132a
　　刑罚执行和监管活动监督　129a
　　刑事诉讼活动监督　129a
　　严格执法　129b
　　执法公信力　132b
　　执法水平　129b
　　执法为民　129b
　　职务犯罪预防　128b
　　制度建设　130b
　　重点工作　131a
侦查监督工作　241a
　　保障经济社会发展大局　241b
　　长效机制建设　242b
　　打击经济犯罪和危害民生犯罪　241a
　　打击严重刑事犯罪　241a
　　逮捕措施适用　241b
　　党的群众路线践行　243a
　　党的十八大、十八届三中全会精神学习贯彻　243a
　　第三届全国检察机关侦查监督业务竞赛活动　243a
　　调查研究　243a
　　队伍建设　243a
　　非法证据排除　241b
　　工作机制　241b、242a
　　过硬侦查监督队伍建设　243a
　　化解矛盾　241a
　　监督范围、程序　242b
　　监督渠道　242a
　　监督重点　242a
　　宽严相济刑事政策贯彻　241a
　　立案监督与侦查活动监督实效　242a
　　两法衔接工作　242b
　　社会管理发展　241b
　　社会管理综合治理　241b

社会危险性审查　241b
审查逮捕案件质量　241b
审查逮捕职能作用　241a
探索试点　242b
维护社会和谐稳定　241a
修改后刑事诉讼法和刑事诉讼规则贯彻执
　　行　241b
修改后刑事诉讼法探索试点工作　242a
讯问犯罪嫌疑人、询问诉讼参与人和听取律师
　　意见工作　242a
业务指导　243a
侦查监督能力建设　243a
证据审查　241b
职责履行　241a
专项监督　242a
专项整治　241b
《最高人民检察院关于加强侦查监督能力建设
　　的决定》贯彻落实　243a
侦查监督工作会议　30、51、243a
侦查监督业务竞赛　245a
郑红　166
政治部主任名单　486
执法办案监督管理　229b
职务犯罪预防工作　228b、262a
　　队伍机构建设　264a
　　工作方式　262a
　　警示教育　263a
　　联系配合　262b
　　民政系统预防职务犯罪专门工作　262b
　　内外工作机制规范化建设　263b
　　全国百个重大工程建设项目挂牌督办　262b
　　群众路线教育实践活动　264a
　　社会化预防机制　264a
　　首届全国检察机关职务犯罪预防素能比武优
　　　　胜标兵评定活动　264a
　　五进专题预防职务犯罪活动　262b
　　习近平总书记预防职务犯罪出生产力重要讲
　　　　话学习贯彻　262a
　　行贿犯罪档案查询工作规范发展　263a
　　学习宣传　262a
　　以防促打　263a
　　预防法治化　263b
　　预防工作　262a、262b

　　预防机构建设　264b
　　预防能力建设　264a
　　预防宣传　263a
　　预防业务应用系统　263b
　　侦防一体、惩防联动　263a
　　制度法规　263b
　　专项工作牵引作用　262b
职务犯罪预防素能比武优胜标兵评定活动　264a
中国检察出版社工作　440a
　　出版图书目录　453
　　服务检察工作大局　440b
　　服务质量和效率　441a
　　海外版权输出　441a
　　加强管理　441a
　　检察出版职能　440b
　　检察理论研究　441a
　　以学促建　440a
中国检察代表团　418b、419a、419b、420a
中国检察官教育基金会工作　448b
　　筹募资金动员模式　448b
　　党的十八大精神和中央八项规定要求贯
　　　　彻　448b
　　第四届理事会第八次会议　450a
　　海峡两岸检察教育交流合作项目　449a
　　基金会成立二十周年座谈会　450a
　　基金会第四届理事会第九次会议　451b
　　检察教育资助范围　449b
　　检察图书室建设资助　449a
　　社会宣传工作　450a
　　信息披露　450a
　　研究生学历(学位)教育资助项目　449b
　　资助方向　449a
　　资助重点　449a
中国检察官协会工作　446b
　　新刑事诉讼法适用下的未成年人检察制度研
　　　　讨会　446b
　　刑事诉讼法新增程序和制度操作实务培训
　　　　班　447a
　　讯问技巧培训班　447a
　　中国检察官协会第五次会员代表大会　447a
中国女检察官协会工作　447b
　　党中央指示精神和全国妇联、最高人民检察院
　　　　重大工作部署贯彻落实　447b

工作方式　448a
　　合作与交流　448a
　　检察工作中心　447b
　　全国妇联组织活动　448a
　　团体会员作用　448a
　　为检察事业贡献力量　447b
　　温暖之家　447b
　　协会工作空间拓展　448a
　　协会规范化建设　448a
　　协会基础性工作　448a
　　以人为本　447b
中华人民共和国最高人民检察院和朝鲜民主主义人民共和国最高检察所合作谅解备忘录　429
中华人民共和国最高人民检察院和俄罗斯联邦总检察院二〇一四年至二〇一五年合作计划　427
中华人民共和国最高人民检察院和俄罗斯联邦总检察院合作协议的补充协议　426
中华人民共和国最高人民检察院与法兰西共和国最高法院检察院合作谅解备忘录　428
中华人民共和国最高人民检察院与外国检察院签订的合作协议一览表（表）　424
中华人民共和国最高人民检察院与印度尼西亚共和国反腐败委员会合作谅解备忘录　425
中央纪委二次全会精神贯彻　70
中央纪委驻最高人民检察院纪检组组长名单　486
朱孝清　51
专业化职业化建设　236a
咨询委员名单　486
自身反腐倡廉　230a
自身监督　229b
《最高人民法院　最高人民检察院　公安部关于办理组织领导传销活动刑事案件适用法律若干问题的意见》　271a、372
《最高人民法院　最高人民检察院　公安部关于办理醉酒驾驶机动车刑事案件适用法律若干问题的意见　271a
《最高人民法院　最高人民检察院　公安部关于依法惩处侵害公民个人信息犯罪活动的通知》　270b、353
最高人民法院　最高人民检察院　公安部　农业部　国家食品药品监督管理总局关于进一步加强麻黄草管理严厉打击非法买卖麻黄草等违法犯罪活动的通知　270b、357
最高人民法院　最高人民检察院　公安部　司法部关于依法惩治性侵害未成年人犯罪的意见　271a、369
最高人民法院　最高人民检察院　公安部　司法部关于印发《关于刑事诉讼法律援助工作的规定》的通知　340
最高人民法院　最高人民检察院　公安部　司法部印发《关于依法惩治性侵害未成年人犯罪的意见》的通知　368
《最高人民法院　最高人民检察院关于办理盗窃刑事案件适用法律若干问题的解释》　264b
《最高人民法院　最高人民检察院关于办理环境污染刑事案件适用法律若干问题的解释》　267a
《最高人民法院　最高人民检察院关于办理利用信息网络实施诽谤等刑事案件适用法律若干问题的解释》　269a
《最高人民法院　最高人民检察院关于办理抢夺刑事案件适用法律若干问题的解释》　269b
《最高人民法院　最高人民检察院关于办理敲诈勒索刑事案件适用法律若干问题的解释》　265b
《最高人民法院　最高人民检察院关于办理危害食品安全刑事案件适用法律若干问题的解释》　266a
《最高人民法院　最高人民检察院关于办理寻衅滋事刑事案件适用法律若干问题的解释》　268a
最高人民检察院表彰的先进集体和先进个人名单　540
最高人民检察院各部门负责人名单　486
最高人民检察院工作报告　3
　　保障经济发展　3a、7a
　　查办和预防职务犯罪　4b
　　法治中国建设　7a
　　反腐倡廉建设　4b、7b
　　服务大局　3a
　　过硬队伍建设　7b
　　基层基础建设　6a
　　检察队伍建设　6a
　　检察工作存在的问题　6b
　　检察工作回顾　3a
　　检察工作主要安排　7a
　　检察权依法正确行使　5b
　　决议　3
　　矛盾化解　4b

索 引

　　平安中国建设　7a
　　诉讼活动法律监督　5a
　　素质能力　6a
　　围绕中心　3a
　　维护人民群众合法权益　4a
　　维护社会公平正义　5a
　　维护社会和谐稳定　4b
　　依法惩治犯罪　4b
　　以人为本　4a
　　执法为民　4a
　　自身监督　5b
最高人民检察院关于废止1980年1月1日至1997年6月30日期间制发的部分司法解释和司法解释性质文件的决定　385
最高人民检察院关于废止1997年7月1日至2012年6月30日期间制发的部分司法解释性质文件的决定　388
最高人民检察院关于分、州、市人民检察院向下级人民检察院交办职务犯罪案件应严格执行审批程序和报备程序有关规定的通知　352
最高人民检察院关于贯彻执行《中华人民共和国民事诉讼法》若干问题的通知　339
最高人民检察院关于检察机关反贪污贿赂工作情况的报告　8
　　查办发生在群众身边反映强烈的贪污贿赂犯罪　8b
　　查办和预防贪污贿赂犯罪　8a
　　查办经济社会发展重点领域贪污贿赂犯罪　8b
　　惩治贪污贿赂犯罪高压态势　11a
　　党的十八大精神贯彻　11a
　　反贪队伍建设　10a
　　反贪污贿赂工作存在的问题　10b
　　反贪污贿赂工作法治化水平　11a
　　反贪污贿赂工作规范化建设　9b
　　反贪污贿赂工作水平　9a
　　反贪污贿赂能力建设　11b
　　机制创新完善　9a
　　纪律作风建设　10b
　　检察机关内部监督制约　10a
　　举报工作机制　9a
　　举报中心建设　9a
　　履行职责　8a

　　人大及其常委会监督　10a
　　思想政治建设　10b
　　贪污贿赂犯罪预防　11b
　　外部监督制约机制　10a
　　协作配合机制　9b
　　严格规范公正文明执法　9b
　　依法惩治贪污贿赂犯罪　8a
　　源头上预防贪污贿赂犯罪　9a
　　侦查一体化办案机制　9b
　　执法公信力　10a
　　执法环境　11b
　　执法能力建设　10b
　　自身监督　9b
《最高人民检察院关于审查起诉期间犯罪嫌疑人脱逃或者患有严重疾病的应当如何处理的批复》　270a、400
最高人民检察院关于行贿犯罪档案查询工作的规定　343
最高人民检察院关于依法严厉打击编造、故意传播虚假恐怖信息威胁民航飞行安全犯罪活动的通知　361
最高人民检察院关于印发《人民检察院办理未成年人刑事案件的规定》的通知　373
最高人民检察院关于印发《人民检察院司法警察条例》的通知　354
最高人民检察院关于印发《最高人民检察院关于行贿犯罪档案查询工作的规定》的通知　343
最高人民检察院关于印发第三批指导性案例的通知　358
最高人民检察院和朝鲜民主主义人民共和国最高检察所合作谅解备忘录　429
最高人民检察院和俄罗斯联邦总检察院二〇一四年至二〇一五年合作计划　427
最高人民检察院和俄罗斯联邦总检察院合作协议的补充协议　426
最高人民检察院机关党的群众路线教育实践活动动员大会　34
最高人民检察院检察委员会委员名单　486
最高人民检察院检察委员会专职委员名单　486
最高人民检察院检察员名单　488
最高人民检察院检察长、副检察长名单　485
最高人民检察院解放军总政治部印发《军人违反职责罪案件立案标准的规定》　270b、346

最高人民检察院与法兰西共和国最高法院检察院
　合作谅解备忘录　428
最高人民检察院与外国检察院签订的合作协议一
　览表（表）　424
最高人民检察院与印度尼西亚共和国反腐败委员
　会合作谅解备忘录　425
最高人民检察院政治部主任名单　486
最高人民检察院咨询委员名单　486

（王彦祥　毋栋　编制）

PROCURATORIAL YEARBOOK OF CHINA 2014

Contents

Part I Special Edition

Resolution of the First Session of the 12th National People's Congress
  on the Work Report of the Supreme People's Procuratorate ·················· (3)
Work Report of the Supreme People's Procuratorate ··············· Cao Jianming (3)
Report of the Supreme People's Procuratorate on Anti-embezzlement
  and Bribery by the Procuratorial Organs ····················· Cao Jianming (8)

Part II Selection of Important Reports and Speeches of the Leaders of the Supreme People's Procuratorate

Speech at the Work Meeting of the National Procuratorial Organs on
  Combating Corruption and Building a Clean Government
  (February 21, 2013) ·· Cao Jianming (15)
Speech at the Work Meeting of the National Procuratorial Organs on
  Personnel Management and the 5th Commendation Meeting for
  Outstanding County-level Procuratorates (March 26, 2013) ··· Cao Jianming (19)
Speech at the Opening Ceremony of the Workshop for the Newly-
  appointed Chief Prosecutors in the National Prosecutors College
  (May 6, 2013) ·· Cao Jianming (24)
Speech at the Forum of the 3rd Batch of Legal Experts Temporarily-
  posted in the Supreme People's Procuratorate (May 9, 2013) ········· Cao Jianming (27)
Speech at the 4th Work Meeting of the National Procuratorial Organs
  on Supervision over Investigation (June 21, 2013) ··············· Cao Jianming (30)
Speech at the Mobilization Meeting for the Departments of the
  Supreme People's Procuratorate on the CPC Program of Mass Line
  Education and Practice (July 3, 2013) ····························· Cao Jianming (34)
Speech at the Forum Attended by the Deputies of the NPC and
  Members of the National Committee of CPPCC from the Lawyers
  Circle (July 16, 2013) ·· Cao Jianming (40)

Speech at the Video-Telecom Meeting of the National Procuratorial
　　Organs (January 29, 2013) ··· Hu Zejun (43)
Speech at the Meeting on the Processing of Bills and Proposals by
　　the Deputies of NPC and Members of CPPCC (April 9, 2013) ············ Hu Zejun (46)
Speech at the Forum of Selected Provincial Procuratorial Organs on
　　Anti-corruption Work (March 29, 2013) ······················· Qiu Xueqiang (49)
Speech at the 4th Work Meeting of the National Procuratorial Organs
　　on Supervision over Investigation (June 22, 2013) ············· Zhu Xiaoqing (51)
Speech at the 14th National Annual Symposium on Procuratorial
　　Theory Research (May14, 2013) ································· Sun Qian (57)
Speech at the Video-Telecom Conference of the National Procuratorial
　　Organs (January 29, 2013) ···································· Jiang Jianchu (59)
Speech at the Work Forum of the National Procuratorial Organs on
　　Financial Planning and Equipment (June 21, 2013) ············ Zhang Changren (61)
Speech at the 2nd Work Meeting of the National Procuratorial Organs
　　on Review of Criminal Decisions (January 18, 2013) ············· Ke Hanmin (64)
Fully Implementing the Decisions by the 2nd Plenary Session of the
　　Central Committee for Discipline Inspection and Waging a New
　　Campaign against Corruption for a Clean Government (February
　　21, 2013) ··· Mo Wenxiu (70)
Speech at the Work Meeting of the National Procuratorial Organs on
　　Personnel Management and the 5th Commendation Meeting for
　　Outstanding County-level Procuratorates (March 26, 2013) ········· Li Rulin (76)

Part Ⅲ　Work Reports of the People's Procuratorates of Provinces, Autonomous Regions and Municipalities directly under the Central Government

Work Report of the People's Procuratorate of Beijing Municipality (excerpts) ············· (85)
Work Report of the People's Procuratorate of Tianjin Municipality (excerpts) ············· (89)
Work Report of the People's Procuratorate of Hebei Province (excerpts) ·················· (94)
Work Report of the People's Procuratorate of Shanxi Province (excerpts) ················· (98)
Work Report of the People's Procuratorate of Inner Mongolia Autonomous
　　Region (excerpts) ·· (102)
Work Report of the People's Procuratorate of Liaoning Province (excerpts) ··············· (106)
Work Report of the People's Procuratorate of Jilin Province (excerpts) ·················· (110)
Work Report of the People's Procuratorate of Heilongjiang Province (excerpts) ··········· (113)
Work Report of the People's Procuratorate of Shanghai Municipality (excerpts) ··········· (117)

Work Report of the People's Procuratorate of Jiangsu Province (excerpts) ……………… (122)
Work Report of the People's Procuratorate of Zhejiang Province (excerpts) ……………… (127)
Work Report of the People's Procuratorate of Anhui Province (excerpts) ……………… (132)
Work Report of the People's Procuratorate of Fujian Province (excerpts) ……………… (137)
Work Report of the People's Procuratorate of Jiangxi Province (excerpts) ……………… (142)
Work Report of the People's Procuratorate of Shandong Province (excerpts) ……………… (146)
Work Report of the People's Procuratorate of Henan Province (excerpts) ……………… (151)
Work Report of the People's Procuratorate of Hubei Province (excerpts) ……………… (157)
Work Report of the People's Procuratorate of Hunan Province (excerpts) ……………… (161)
Work Report of the People's Procuratorate of Guangdong Province (excerpts) ……………… (166)
Work Report of the People's Procuratorate of Guangxi Zhuang Autonomous
   Region (excerpts) ……………… (170)
Work Report of the People's Procuratorate of Hainan Province (excerpts) ……………… (176)
Work Report of the People's Procuratorate of Chongqing Municipality (excerpts) ……………… (180)
Work Report of the People's Procuratorate of Sichuan Province (excerpts) ……………… (186)
Work Report of the People's Procuratorate of Guizhou Province (excerpts) ……………… (189)
Work Report of the People's Procuratorate of Yunnan Province (excerpts) ……………… (193)
Work Report of the People's Procuratorate of Tibet Autonomous Region (excerpts) ……………… (197)
Work Report of the People's Procuratorate of Shaanxi Province (excerpts) ……………… (201)
Work Report of the People's Procuratorate of Gansu Province (excerpts) ……………… (206)
Work Report of the People's Procuratorate of Qinghai Province (excerpts) ……………… (211)
Work Report of the People's Procuratorate of Ningxia Hui Autonomous Region
   (excerpts) ……………… (216)
Work Report of the People's Procuratorate of Xinjiang Uygur Autonomous
   Region (excerpts) ……………… (220)

Part IV Overview of the Procuratorial Work

National Procuratorial Work

Summary ……………… (227)
The Video-Telecom Meeting on Implementing the Decisions by the Plenary
   Sessions of the NPC and CPPCC ……………… (230)
Seminar of Grand Prosecutors ……………… (232)
Symposium of Specially-Invited Prosecutors and Expert Consultants ……………… (234)
Personnel Management ……………… (235)
Work Meeting of the National Procuratorial Organs on Personnel Management
   and the 5th Commendation Meeting for Outstanding County-level Procur-
   atorates ……………… (237)

Seminar of the National Procuratorial Organs on Theoretical Research of CPC Construction （238）
Symposium on Prosecutors Education in Western China and Forum Marking the Teachers' Day （238）
Training Session for County-level Women Chief Prosecutors （239）
Training Session for Spokesman from the National Procuratorial Organs （239）
Symposium on Information and Advanced Training Session on Internet Public Opinion Involving Procuratorates （239）
Work Meeting for Pilot Project on Prosecutors' Accountability System （240）
Work of Supervision over Investigation （241）
The 4th Work Meeting of the National Procuratorial Organs on Supervision over Investigation （243）
The 3rd Professional Competition on Supervision over Investigation of the National Procuratorial Organs （245）
Work of Public Prosecution （246）
The 5th Professional Competition of National Brilliant Public Prosecutors （247）
Work against Embezzlement and Bribery （248）
Work against Dereliction of Duty and Infringement upon Peoples' Rights （249）
Forum on the Joint Meeting Mechanism between the Departments against Dereliction of Duty and Infringement upon Peoples' Rights of the National Procuratorial Organs and the Departments for Discipline and Inspection of Public Security （250）
The Video-Telecom Meeting on Launching the Special Campaign against Crimes Violating Peoples' Rights and Interests Organized by Departments against Dereliction of Duty and Infringement upon People's Rights in the Peoples' Procuratorates Nationwide （251）
Procuratorial Work of Prisons and Detention-Centers （253）
Procuratorial Work of Civil and Administrative Cases （254）
Procuratorial Work of Complains （256）
Procuratorial Work of Review of Criminal Decisions （257）
The 2nd Work Meeting on Review of Criminal Decisions of the National Procuratorial Organs （258）
Procuratorial Work of Railway Transportation （259）
Work Meeting of the National Procuratorial Organs on Criminal Prosecution in Railway Transportation （261）
Work of Prevention of Duty Crimes （262）
Work of Judicial Interpretation （264）
Research on Special Procuratorial Subjects （271）
Work of the Procuratorial Committee （272）

Work of Case Instruction ……………………………………………………………………… (273)
Work of Cases-Management ……………………………………………………………… (274)
Work Meeting on the Introduction of the Unified Cases-Management System of
    the National Procuratorial Organs ………………………………………………… (275)
Work Meeting on the Pilot Project of the Unified Cases-Management System of
    the Procuratorial Organs …………………………………………………………… (276)
Work of Discipline and Inspection ……………………………………………………… (276)
Work Meeting of the National Procuratorial Organs on Clean Government
    Construction and Anti-corruption ………………………………………………… (278)
Work of Financial Planning and Equipment ………………………………………… (279)
Work Forum of the National Procuratorial Organs on Financial Planning and
    Equipment ……………………………………………………………………………… (281)
Work on Procuratorial Reform …………………………………………………………… (281)

Local and Military Procuratorial Work

Procuratorial Work of Beijing Municipality …………………………………………… (283)
Procuratorial Work of Tianjin Municipality …………………………………………… (284)
Procuratorial Work of Hebei Province …………………………………………………… (285)
Procuratorial Work of Shanxi Province ………………………………………………… (287)
Procuratorial Work of Inner Mongolia Autonomous Region ………………………… (288)
Procuratorial Work of Liaoning Province ……………………………………………… (289)
Procuratorial Work of Jilin Province …………………………………………………… (291)
Procuratorial Work of Heilongjiang Province ………………………………………… (292)
Procuratorial Work of Shanghai Municipality ………………………………………… (293)
Procuratorial Work of Jiangsu Province ………………………………………………… (296)
Procuratorial Work of Zhejiang Province ……………………………………………… (297)
Procuratorial Work of Anhui Province …………………………………………………… (299)
Procuratorial Work of Fujian Province ………………………………………………… (300)
Procuratorial Work of Jiangxi Province ………………………………………………… (302)
Procuratorial Work of Shandong Province ……………………………………………… (303)
Procuratorial Work of Henan Province ………………………………………………… (305)
Procuratorial Work of Hubei Province …………………………………………………… (308)
Procuratorial Work of Hunan Province ………………………………………………… (309)
Procuratorial Work of Guangdong Province …………………………………………… (311)
Procuratorial Work of Guangxi Zhuang Autonomous Region ……………………… (313)
Procuratorial Work of Hainan Province ………………………………………………… (314)
Procuratorial Work of Chongqing Municipality ……………………………………… (317)
Procuratorial Work of Sichuan Province ………………………………………………… (319)
Procuratorial Work of Guizhou Province ……………………………………………… (320)

Procuratorial Work of Yunnan Province ………………………………………………… (321)
Procuratorial Work of Tibet Autonomous Region ……………………………………… (323)
Procuratorial Work of Shaanxi Province ………………………………………………… (324)
Procuratorial Work of Gansu Province …………………………………………………… (325)
Procuratorial Work of Qinghai Province ………………………………………………… (326)
Procuratorial Work of Ningxia Hui Autonomous Region ……………………………… (329)
Procuratorial Work of Xinjiang Uygur Autonomous Region …………………………… (331)
Work of Military Procuratorates …………………………………………………………… (332)
Procuratorial Work of Xinjiang Production and Construction Corps ………………… (334)

Part V Selection of Important Documents of the Supreme People's Procuratorate

Notice of the Supreme People's Procuratorate on Issues for Implementing the Civil Procedural Law of PRC (January 9, 2013) …………………………………… (339)
Notice of Stipulations on the Work of Legal Aid in Criminal Procedure Issued by the Supreme People's Court, the Supreme People's Procuratorate, Ministry of Public Security and Ministry of Justice (February 4, 2013) ……… (340)
Stipulations on the Work of Legal Aid in the Criminal Procedure ………………… (340)
Notice of the Supreme People's Procuratorate on Issuing the Stipulations of the Supreme People's Procuratorate on the Work of Consulting the Bribery-Offering Files (February 6, 2013) ……………………………………………………… (343)
Stipulations of the Supreme People's Procuratorate on the Work of Consulting the Bribery-Offering Files ……………………………………………………………… (343)
Stipulations on the Standard for Filing Cases Involving Soldiers Violating Military Duty Issued by the Supreme People's Procuratorate and PLA General Political Department (February 26, 2013) ……………………………… (346)
The Standard for Filing Cases Involving Soldiers Violating Military Duty ……… (346)
Notice of the Supreme People's Procuratorate Stressing the Approval and Report Procedure in Cases of Duty Crime Referred to Lower-level Procuratorates by Provincial Branches, Prefecture Procuratorates as well as City Procuratorates (April 2, 2013) ……………………………………………………… (352)
Notice of Punishing Criminal Activities Infringing the Citizens' Personal Information Issued by the Supreme People's Court, the Supreme People's Procuratorate and Ministry of Public Security (April 23, 2013) ………………… (353)
Notice of the Supreme People's Procuratorate on Issuing the Regulations on Judicial Police of the People's Procuratorates (May 8, 2013) …………………… (354)
Regulations on Judicial Police of the People's Procuratorates …………………… (355)

Notice for Further Strengthening the Management of Ephedra Herb and Striking Hard on Criminal Activities of Illegal Transaction of Ephedra Herb Issued by the Supreme People's Court, the Supreme People's Procuratorate, Ministry of Public Security, Ministry of Agriculture and China Food and Drug Administration (May 21, 2013) ······ (357)

Notice of the Supreme People's Procuratorate on Issuing the 3rd Batch of Guiding Cases (May 27, 2013) ······ (358)

Case of Fabricating and Disseminating False Terrorist Information Intentionally by Li Zeqiang ······ (358)

Case of Fabricating False Terrorist Information by Wei Xuechen ······ (359)

Case of Fabricating False Terrorist Information by Yuan Caiyan ······ (360)

Notice of the Supreme People's Procuratorate on Striking Hard in Accordance with the Law on Criminal Activities of Fabricating and Disseminating False Terrorist Information Intentionally Aimed at Threatening Civil Aviation Safety (May 31, 2013) ······ (361)

Notice of Stipulations of Public Security Organs on Applying Seizure and Freezing Measures in Handling Criminal Cases Issued by the Supreme People's Court, the Supreme People's Procuratorate, Ministry of Public Security, Ministry of Justice, Ministry of Land and Resources, Ministry of Housing and Urban-Rural Development, Ministry of Transportation, Ministry of Agriculture, People's Bank of China, Bureau of Forestry, China Banking Regulatory Commission, China Securities Regulatory Commission, China Insurance Regulatory Commission and Bureau of Civil Aviation (September 1, 2013) ······ (362)

Stipulations of Public Security Organs on Applying Seizure and Freezing Measures in Handling Criminal Cases ······ (362)

Notice of Instructions on Punishing Sexual Assault against Juveniles in Accordance with the Law Issued by the Supreme People's Court, the Supreme People's Procuratorate, Ministry of Public Security and Ministry of Justice (October 23, 2013) ······ (368)

Instructions on Punishing Sexual Assault against Juveniles in Accordance with the Law Issued by the Supreme People's Court, the Supreme People's Procuratorate, Ministry of Public Security and Ministry of Justice ······ (369)

Instructions on Application of the Law in Handling Criminal Cases of Organizing and Leading Pyramid Sales Issued by the Supreme People's Court, the Supreme People's Procuratorate and Ministry of Public Security (November 14, 2013) ······ (372)

Notice of the Supreme People's Procuratorate on Issuing Stipulations on Handling Criminal Cases Involving Juveniles by the People's Procuratorates (December 27, 2013) ······ (373)

Stipulations on Handling Criminal Cases Involving Juveniles by the People's Procuratorates ………………………………………………………………………… (374)

Part VI Selection of the Judicial Interpretations of the Supreme People's Procuratorate

Decision of the Supreme People's Procuratorate on Abolishing Part of the Interpretations and Documents with Interpretation Nature Issued between January 1, 1980 and June 30, 1997 ……………………………………………… (385)
Decision of the Supreme People's Procuratorate on Abolishing Part of the Documents with Interpretation Nature Issued between July1, 1997 and June 30, 2012 ……………………………………………………………………………… (388)
Rules for Supervision over Civil Procedure by the People's Procuratorates (Trial Implementation) …………………………………………………………… (390)
Reply by the Supreme People's Procuratorate on Dealing with Cases Involving Suspects Escaping or Suffering Grievous Disease in the Process of Review and Prosecution ……………………………………………………………………… (400)

Part VII Selection of Cases

Case of Bribery Taking and Power Abusing Committed by Liu Zhijun ……………… (405)
Prosecution Appeal Case with Dispute on Determination of Occupational Injury of Liu Zirong …………………………………………………………………………… (408)

Part VIII Exchange and Cooperation

Summary of International Cooperation by the Procuratorates ……………………… (415)
The Executive Committee Meeting of IAACA in New Delhi ………………………… (416)
The 5th Symposium of IAACA ……………………………………………………… (416)
The 7th Annual Conference and General Meeting of IAACA ……………………… (417)
China Procuratorial Delegation Attending the Executive Committee Meeting of IAACA in India and Visiting Azerbaijan …………………………………………… (418)
China Procuratorial Delegation Visiting Armenia and Attending the 95th Anniversary of its Prosecutor-General's Office ……………………………………… (419)
China Procuratorial Delegation Attending the 18th General Meeting of International Association of Prosecutors in Russia and Visiting Denmark and South Korea ………………………………………………………………………… (419)

China Procuratorial Delegation Visiting Kyrgyzstan and Attending the 11th
　　Prosecutors-General Conference of Shanghai Cooperation Organization
　　Member States and Visiting Kenya ·· (420)
Singaporean Prosecutorial Delegation Visiting China ·· (420)
Kazakhstan Prosecutorial Delegation Visiting China ··· (421)
Armenian Prosecutorial Delegation Visiting China ·· (421)
French Prosecutorial Delegation Visiting China ··· (422)
DPRK Prosecutorial Delegation Visiting China ·· (423)
Summary of Exchange of Visits between Chinese Mainland Procuratorial
　　Organs and Hong Kong SAR and Macau SAR ·· (423)
List of the Cooperation Agreements between the Supreme People's Procura-
　　torate of China and Foreign Procuratorial Organs 2013 ···································· (424)
MOU between the Supreme People's Procuratorate of China and the Anti-
　　corruption Committee of Indonesia ··· (425)
Supplementary Agreement to the Cooperation Agreement (March 29, 1997)
　　between the Supreme People's Procuratorate of China and the Prosecutor-
　　General's Office of the Russian Federation ·· (426)
The Co-operation Plan for 2014-2015 between the Supreme People's
　　Procuratorate of China and the Prosecutor-General's Office of the Russian
　　Federation ·· (427)
MOU between the Supreme People's Procuratorate of China and the Procura-
　　torate of the Supreme Court of France ·· (428)
MOU between the Supreme People's Procuratorate of China and the Supreme
　　Institute of Prosecution of DPRK ··· (429)

Part IX　Procuratorial Theories and Research, Newspaper and Periodicals Publication, College, Procuratorial Technology and Information, Society and Foundation

Work of Procuratorial Theory and Research ·· (433)
Work on the Procuratorate Daily ·· (437)
Seminar on the Mass Line and Communication Capacity Building in the New
　　Media Era ·· (439)
Work of China Procuratorate Press ·· (440)
Work of National Prosecutors College ·· (441)
International Seminar on Prosecutors and Human Rights Protection ······················· (442)

Summary of Training Programmes and Symposiums for Newly-appointed Chief
  Prosecutors of the Provincial Procuratorates, Core Members of Provincial
  Branches and Autonomous Prefecture as well as City Procuratorates and the
  Newly-appointed Chief Prosecutors of County-level Procuratorates ……………… (443)
The 9th National Forum for Senior Prosecutors ……………………………………… (443)
Work of Procuratorial Technology and Information ……………………………… (444)
Work Meeting of the National Procuratorial Organs on Promoting the Unified
  Cases-Management System ……………………………………………………… (445)
Work of China Prosecutors Society ……………………………………………… (446)
Work of China Women Prosecutors Society ……………………………………… (447)
Work of China Education Foundation for Prosecutors …………………………… (448)
Forum of 20th Anniversary of China Education Foundation for Prosecutors and
  8th Conference of the 4th Council ……………………………………………… (450)
The 9th Conference of the 4th Council of China Education Foundation for
  Prosecutors ……………………………………………………………………… (451)
Table of Books Published by China Procuratorate Press in 2013 ………………… (453)
Table of Some Papers on Procuratorial Theory and Practice in 2013 …………… (459)

Part X Important Events

Chronicle of Events of the Procuratorial Organs in 2013 ………………………… (467)

Part XI Statistics

National Statistics of Procuratorial Organs ……………………………………… (477)
National Statistics of Procuratorial Personnel …………………………………… (477)
Statistics of the Cases of Duty Crime Directly Filed and Investigated by the
  People's Procuratorates in 2013 ………………………………………………… (478)
Statistics of Arrests Authorization and Public Prosecution by the Procuratorates
  in 2013 …………………………………………………………………………… (479)
Statistics of the Prosecutors' Appearance in Court in 2013 ……………………… (480)
Statistics of Prosecution Appeal against Criminal Cases by the People's
  Procuratorates in 2013 …………………………………………………………… (480)
Statistics of Prosecution Appeal against Civil and Administrative Cases against
  the Court's Decisions by the People's Procuratorates in 2013 ………………… (481)
Statistics of Illegal Activities Rectified by the People's Procuratorates in 2013 ……… (481)
Statistics of Criminal Decisions Reviewed by the People's Procuratorates in 2013 ……… (482)

Statistics of Reports, Accusations and Petitions Filed by the People's Procuratorates in 2013 ·············· (482)

Part XII Directory

The Name List of Grand Prosecutors ·············· (485)
The Name List of the Prosecutor-General and Deputy Prosecutors-General of the Supreme People's Procuratorate ·············· (485)
The Name List of the Chief Discipline Inspector in the Supreme People's Procuratorate Dispatched by the Central Discipline Inspection Committee ·············· (486)
The Name List of the Director of the Political Department of the Supreme People's Procuratorate ·············· (486)
The Name List of the Full-time Members of the Procuratorial Committee of the Supreme People's Procuratorate ·············· (486)
The Name List of the Members of the Procuratorial Committee of the Supreme People's Procuratorate ·············· (486)
The Name List of the Advisory Members of the Supreme People's Procuratorate ·············· (486)
The Name List of Directors in Charge of Each Department of the Supreme People's Procuratorate ·············· (486)
The Name List of Prosecutors of the Supreme People's Procuratorate ·············· (488)
The Name List of Chief Prosecutors of Local and Special People's Procuratorates ·············· (490)
The Name List of Outstanding Individuals and Groups Awarded by the Supreme People's Procuratorate in 2013 ·············· (540)
The Name List of Model Prosecutors ·············· (540)
The Name List of Exemplary Groups Awarded with First Grade Merit ·············· (540)
The Name List of Exemplary Individuals Awarded with First Grade Merit ·············· (540)
The Name List of the 5th National Outstanding County-level Procuratorates ·············· (540)
The Name List of the National Award for Construction and Organization of County-level Procuratorates ·············· (543)
Index ·············· (545)
Table of Contents in English ·············· (581)

（张新泽　季美君译）